人権新聞縮刷版4

創立70周年記念

70

70th Anniversary of
Japan Civil Liberties Union

JCLU

公益社団法人 自由人権協会

刊行のことば

自由人権協会は、今年、二〇一七年に創立70周年を迎えました。

これを記念する各種事業の一環として、『人権新聞縮刷版4　第三六五号―第四〇三号』をお送りします。これは、一九八七年の協会成立40周年を期に、『人権新聞縮刷版』を編んで以来、10年おきに編纂しているものです。収録された「人権新聞」（現在は、"JCLU Newsletter"に改称されています）の発行期間は、二〇〇八年二月二九日～二〇一七年七月二四日となっています。

この10年は、日本の政治状況の激動の時期でした。総理大臣も、福田康夫氏、麻生太郎氏の自民党内閣から、二〇〇九年九月には鳩山由紀夫氏、菅直人氏、野田佳彦氏の民主党内閣に変わりましたが、再び二〇一二年一二月からは安倍晋三氏の自民党内閣に戻っています。このように政権交代が二度ありましたが、日本の政治は10年前より良くなったと言えるでしょうか。特に、この五年は、特定秘密保護法案、安全保障法案、共謀罪法案、そして憲法改正問題と、協会の存立の基盤を揺るがしかねない動きが次々に政府の側から打ち出されてきたことは記憶に新しいところです。

協会はこれらの動きに全力を挙げて対応してきました。そのことは、巻末の索引を見ても、協会の十八番ともいうべき言論・表現の自由、情報公開・知る権利、思想・良心の自由などとならんで、上に掲げた喫緊の課題に関する記事が多数収録されていることからおわかりいただけると思います。

もちろん、こういったものと並んで、協会の総会記念講演や例会などでは、女性差別、刑事法・刑事手続、国際人権などの問題が取り上げられていますし、「外国人連続セミナー」や、「メディアのいま」など、特定の問題を連続的に取り上げる息の長い企画が実行されていることもご理解いただけるでしょう。

そして、追悼のコーナーに目を向ければ、この10年の間にも、原後山治氏、伊藤和夫氏、伊藤正巳氏、清水英夫氏、山田卓生氏、奥平康弘氏、宮崎繁樹氏といった、人権協会を作り上げてくださった代表理事や理事の方々が鬼籍に入られたことも改めて想起されます。

このように、この『人権新聞縮刷版4』は、毎号を見るだけでは必ずしも意識されない協会の歴史を目の当たりにさせるものです。どうか協会の内外の方がこれを手に取っていただき、協会のこの10年を感じていただければ幸いです。

二〇一七年一〇月

公益社団法人自由人権協会
代表理事　喜田村　洋一
同　紙谷　雅子
同　芹澤　齊
同　升味　佐江子

目次

号数・発行年月日対照表

号　数	発行年月日	号　数	発行年月日
365	2008/2/29	385	2013/1/29
366	2008/9/29	386	2013/4/25
367	2008/12/5	387	2013/7/29
368	2009/2/20	388	2013/10/29
369	2009/4/30	389	2014/1/28
370	2009/7/24	390	2014/4/28
371	2009/10/1	391	2014/7/28
372	2009/11/25	392	2014/10/28
373	2010/3/25	393	2015/1/27
374	2010/4/30	394	2015/4/27
375	2010/7/15	395	2015/7/27
376	2010/10/28	396	2015/10/27
377	2011/1/31	397	2016/1/27
378	2011/4/25	398	2016/4/27
379	2011/7/29	399	2016/7/27
380	2011/10/25	400	2016/10/27
381	2012/1/25	401	2017/1/27
382	2012/4/24	402	2017/4/24
383	2012/7/24	403	2017/7/24
384	2012/10/23		

人権新聞縮刷版4

第三六五号—第四〇三号

人権新聞
JCLU Newsletter
発行所　社団法人自由人権協会
〒105-0002 東京都港区愛宕1-6-7 愛宕弁護士ビル306
TEL 03-3437-5466 FAX 03-3578-6687
URL http://jclu.org/ Mail jclu@jclu.org
協会設立:1947.11.23　本紙創刊:1950.5.1

創立60周年を迎え記念事業を展開

社団法人自由人権協会（JCLU）は、2007年11月、創立60周年を迎えた。

JCLUでは、この60周年記念事業のイベントとして、2007年11月22日、日本プレスセンターホール（東京・内幸町）に井上ひさし氏を招き、「『憲法』を熱く語ろう」と題するトークショーを開催した。開会挨拶と閉会挨拶は、代表理事弘中惇一郎氏、同庭山正一郎氏が行った。当日は多くの参加者が会場を埋め、井上氏と山田健太事務局長とが熱く語った『憲法』対談に聞き入った。井上氏のお話は、豊富な語彙とユニークかつ的確な例え話がいっぱいで、とてもわかりやすく、会場には何度も笑いが起こった。紙面の都合ですべてを紹介できないのが大変残念である。

また、トークショーのなかでフロアから、憲法訴訟の当事者として、法廷メモ訴訟や情報公開について原告のローレンス・レペタさんから、サリドマイド訴訟とその後のお話しを被害者であり原告である佐藤嗣道さんから伺った。

トークショーの後は、同じプレスセンター内の日本記者クラブ宴会場で60周年記念レセプションを行い、こちらにも100名近い多くの出席者で賑わった。井上ひさし氏の乾杯に始まり、各界からの来賓もまじえ、昔話に花が咲くとともに、今日の人権状況を憂うる声もまた多く聞かれた。紙面では、来賓三方の挨拶を紹介する。

記念出版物は、『人権新聞縮刷版』に加え、会員有志の著作『市民的自由の広がり』を出版した。またJCLUとしては珍しく、風呂敷・クリアファイルの記念グッズの販売も行っている。

「憲法」を熱く語ろう

井上ひさし氏（作家）

聞き手：山田健太（JCLU事務局長）

山田　日本国憲法が歩んできた60年の歴史、ちょうどそれは人権協会60年の歴史でもあるわけですが、この60年がどういう時代だったかを、まずお話しいただければと思います。

井上　憲法前文の前半「日本国民は」という主語のあとに、「政府の行為によつて再び戦争の惨禍が起ることのないやうにすることを決意し」とあるのを読んだとき大変ショックでした。それまでは日本の国と自分というのは一体だと思い込んでいたわけです。ところが、戦争を起こす主体は政府であって、戦争というのは政府の行為である。その政府の行為を止めるのは主権を持つ国民以外だれもいない。小さいころに憲法ができて、憲法とともに育って大きくなって、もう三途の川をどう渡るかと思案するようなトシになって、一言で言いますと政府というのと国民は全く違うんだと。戦争を起こすのは必ず政府と行政府の官僚であり、そのツケを税金と命で払わされるのが国民であって、これをはっきり分けて、戦争をしたがる時の政府とその官僚たち、行政府の官僚たちと実は対立しているんだということが最近になって実によくわかってきたんですね。この60年間はそれをはっきり自覚する60年間だったと思います。

山田　井上さんはよく本の中でも「空気」が戦争に向かっていったんだという言い方をされています。

井上　あれほどの気が狂った戦争をするためには、国民も気が狂ってないとだめなんですよね。国民が冷めていてあんな戦争できるわけがありませんから。だから、そういう言葉にのらないように、いつも憲法に戻る、憲法は研ぎ石で、自分の感覚が鈍ったり言葉が鈍ったりするときにもう一度ここに戻る。「自分の運命は自分以外決められちゃ困る。オレの運命はオレが決めるんだ」っていうのが基本的人権でしょう。ひとの意見でなんで自分を全部託してしまうのか。これが不思議だし、これは人権問題ですね、逆に（笑）。

山田　しかしいま、その憲法を変えるための手続法が通りました。

井上　国民投票法は非常に憲法が変わりやすくつくられた法律だと、素人目から見てもそういうふうに見えます。まず、期間が非常に短い。僕の考えでは少なくとも1年ぐらいは主権者の国民が、憲法をこれから変えるのか変えないのかを考えたり議論したりする時間が必要だし、できたらその間に、争点はたった一つで、憲法を変えるか変えないかということを議論し総選挙をやってほしい。日本の憲法は自衛装置が非常に充実していまして、つまり硬性憲法といいましてなかなか改正できないようになっているんです。国会の3分の2、そして国民投票で有権者の半数以上というのはかなり高いハードルですが、それが国民投票法で柔らかい軟性憲法、変わりやすい憲法にしてしまったんですね。

山田　新聞とかテレビで憲法改正、改正って言ってると、言葉というのは使ってるうちにそれに束縛される。「改正」と言ってると、たぶんいいほうに変わるんだろうなんていうイメージになるので、どう言えばいいんだろうと記者の方からも聞かれました。

井上　我々文筆業の仕事はその一点に尽きますよね。つまり、成長とか発展とか国際化とか民営化とか、ポンと出された言葉に全て、新しいいいこと、素晴らしいことというふうに考えながら受け止めるわけですよね。これが非常に危険だと。僕は昔から机の前の壁に「ツルツル言葉をやめよう」と自分に言い聞かせるために貼ってあるんです。「ツルツル言葉」というのは、意味が確定してないのに、あるいは使われすぎてほとんど意味が磨滅しているのにその言葉を使ってしまうということ、これはどんな言葉もそうだと思います。例えば「民営化」「小さな政府」、全部そうですね。内容はわからないんです。私たち、わかろうとしないし、何かよさそうだなあというふうにすぐ考えてそのとおり動いてしまう。

山田　9条のいう戦争放棄あるいは平和というものを、どういうふうにきちんと相手の人にも理解してもらえるか、あるいは伝えていけばいいのでしょうか。

井上　憲法に書いてありますよ、これからどう生きていくかってこと。つまり、「平和を維持し、専制と隷従、圧迫と偏狭を地上から永遠に除去しようと努めてゐる国際社会において、名誉ある地位を占めたいと思ふ」というのは、もうこれで平和を求めている。それから、心の狭さとか圧迫とか専制、それから奴隷のように服従する、そういうことから抜け出そうとしている国際社会で名誉ある位置を占めようと思っている。

永久平和というのはアメリカから教わったわけでも何でもない。西洋ではサン・ピエールという人とか、それから引き継いだルソーとかカントとか、いろんな人たちが永久平和、それで世界政府みたいなことをずっと考えてきました。日本も、幕末の横井小楠という越前藩の政治顧問、この人は万国政府というのを考えていますし、植木枝盛とか中江兆民とか、みんなゆくゆくは国家主権というのをもっと上のところへ共同で、国家が国際連合のように連合して、その連合したところへみんなで国家の主権を預けると。武力を放棄し戦争も放棄するということはアメリカから押しつけられたわけでも何でもなくて、日本にもしっかりありましたし、西洋にももちろんありました。その流れを受け継いでいるだけです。

山田 しかも、その日本国憲法の精神は、どんどん広がっています。

井上 日本国憲法っていうのはべつに日本人が発明したわけでもなくて、日本人も人類の一員ですから、人類が圧政や奴隷制とかいろんなことに苦しんで苦しんで闘って、人間として必要なものを少しずつ獲得してきたその歴史の塊が憲法です。奇跡的に、たまたま日本に人類の英知、それまでの血と汗と涙、それから命を固めたいろんな価値がここに集まっちゃったわけです。だから、この憲法は、たとえ日本人に冷たくされて、「あれは床の間に上げとけ」とか黙視されたりしたとしても、孝行息子のように静かに、南極条約を決め、ラテンアメリカ条約とかも決め、地球の半分以上を非核兵器地帯にしたんです。日本国憲法がこれまでやったことを数えたら、南極条約、宇宙条約、海底非核化条約、ラロトンガ条約とあり、それで中米と南米二十何カ国、南太平洋、アフリカ大陸、東南アジア、南極、海底、それから大気圏を抜けた宇宙空間すべて非核兵器地帯になっているんです。僕はいつも地球儀に赤で非核兵器地帯になったところを塗っていくわけです。そうすると、地球の6割近くがもう核兵器の使えない地帯になっているんですよ。それらの条約を詳しく読んでいくと、必ず前文にあたるところで日本国憲法の前文のどこかがちゃんと引用されてるんですね。くどくなりますけれども、この憲法には人類が、

人間が苦しんで獲得した様々な知恵とか権利とか、そういうことが一気に流れ込んじゃったものですね。

山田 では、これから僕らはどうしていけば……。

井上 ナチスドイツが、つまりヒトラーが国内からユダヤ人がいなくなればドイツは素晴らしい国になるという演説をする、独裁者というのは必ず国内に敵をつくるんですよ。つまり国民を同じ方向へ持っていくためには必ず国内に一つ悪者をつくるわけです。それから、国外にも悪者をつくるんです。僕はどうもタバコがそうじゃないかと思うんですよね（笑）。この10年間の統計でタバコを吸う人はちょうど半分に減ったんです。けれども、一斉に灰皿が消えていくって、これは恐ろしいですよ。ある日突然、喫茶店からレストランから建物から一切消えていく。これね、タバコだったらまだいいんですよ。ひとに迷惑をかけないように吸えば、自分の運命は自分で決めているわけですからね。ほかの何かだったら大変ですよね。つまり、タバコのいい悪いよりも一斉にやめていくというのが怖いんです。国の雰囲気がキューッと変わってしまうというのはすごく怖いんですよ。それは、僕が体験した8月15日、夏休みが始まる前に国民学校の校長先生が黒板に「撃ちてし止まむ」とか書いて、夏休みの間に戦争が終わっちゃう。で、新学期になったら「これからは民主主義だ」みたいなことを書くわけでしょう（笑）。一気に変わっちゃうんですよ、世界が。これが僕は怖いんです。

昨日の生活が今日も続いて明日も続きながら、少しはいろんなことがましになっているというのが僕は平和だと思っているんです。その

ために、私たちは常にこれまでどうも否定形で「するべからず」「守れ」、つまり武器を持たないとか、戦争をしないとか、常に否定形でいろんな運動を進めてきたような気がするんです。でもこれからは、肯定的に「する」ほうへ、半歩でも前へ進まないとだめだな、本当にわずかに進むために前へ出ていくしかない。非常に抽象的ですけれども、それ以外もうないだろうと。つまり、憲法を守るということをやりながら、実は憲法を実現していく。たとえば、ジュネーブ条約の第59条無防備地区。紛争当事者が、戦争をしている者同士が、無防備地区を攻撃することは手段のいかんを問わずこれを禁止する。無防備地区になる条件は、都市なら都市に全ての戦闘員がいない、移動可能な兵器は全部外に出ている。固定された軍事施設というのはあっても使われないようにする、市民が戦う意思がない。この4つの条件を満たすと無防備地区になれるわけです。ここを攻撃すると国際法上の犯罪になるわけです。

例えば藤沢市、それから鎌倉市が横須賀を無防備地区で取り囲んだらどうなるかということを、憲法の9条を守るということと同時にやっていかないといけない。もう受け身一方、「守る」「するな」というのは疲れたわけです。憲法を守るというよりも、憲法をもって前へ進む、まともな前進をしたいという気が起きて、私たちは今住んでるところでそれをやっているわけで、議会と首長、市長、町長、村長をウンと言わせなきゃいけませんから、ふだんの選挙から大事になってくるわけです。そういうことを、これは国際条約ですから世界あちこちで準備が始まっています。オレたちはもう戦わないという意思が尊重される時代が実は始まっているんです。守ったりなんかするんじゃなくて、こっちからやっていこうという時期がもうきている。ですから、日頃の生き方の中に、公平さや平和というものを含んだ生き方をして、毎日大変だけど前へとにかく行こうというふうに切り換えたいと、私はそう思っています。

山田 私たちも憲法をもって、もっともっと前に進んで行きたいと思います。本日は、どうもありがとうございました。（文責：編集部）

記念レセプション

富田善範氏（法務省人権擁護局）

この度は、社団法人自由人権協会が60周年を迎えましたことは、まことにおめでたいことであり、改めてお祝い申し上げます。

私ども法務省の人権擁護機関も来年の2月で60周年を迎えるわけですが、国の人権擁護機関よりも先に、自主的にこのような協会が作られ、わが国では人権擁護の最も先駆けとして、永い間活動してこられたということに対しても、改めて敬意を表したいと思っております。

私は、昨年6月に東京地裁から法務省人権擁護局長としてまいりました。改めてこういう立場になってみますと、わが国の人権をめぐる状況というのは、なかなか改善を見ていない。むしろ、いじめ問題やインターネットをはじめとする誹謗中傷の問題等も含めて、わが国の人権の状況はむしろ悪くなっているのではないかとすら思えます。先ごろ内閣府で人権意識調査をやりましたけれども、やはり、人権侵害と感じられるような状況が増えているという結果も出ております。

人権擁護の仕事というのは、国の擁護機関だけでは、到底できるものではないということを感じているところです。やはり、国あるいは地方公共団体、そして自由人権協会のような団体を筆頭とする各種団体やNPO法人、その他ボランティア団体等が、もっと連携をもって効果的な啓発の方法を考えていかなければいけないとつくづく思います。

来年は世界人権宣言60周年ということで、私どももさまざまな行事を計画していますが、それに先駆けまして自由人権協会が60周年を迎えら

れるということは非常に意義深いものだと思っております。今後とも、高い識見のもと国民の人権擁護のために、大きな力を、役割を果たしていかれることを祈念いたします。

構美佳氏（アムネスティインターナショナル日本理事長）

社団法人自由人権協会のみなさま、60周年、本当におめでとうございます。「JCLU60年の歩み」という文章を見せていただきますと、沖縄の人権問題に取り組まれ、さまざまな訴訟を支援なさって来られ、国際会議には代表団を派遣され、その時代時代に即した人権問題を捉えて、みなさま本当に精一杯のお力を尽くしてこられたのだということに、改めて尊敬の念を深くいたしました。人権問題について、常に考え、発信して声を上げて、そして状況を変えてこられたのだと思います。

私たちも、社団法人として人権を護っているわけですけれども、風当たりの強さも感じます。今年の2月、当時の文部科学大臣が人権をバターにたとえて「あんまり食べ過ぎると日本は人権メタボリック症候群になるよ」というようなことをおっしゃいました。大変危惧しております。また昨今は、「テロとの戦い」と言えば何でもできるような状況があり、アメリカに次いで外国人の方の指紋を出入国の際に取るようになったということで、これもまた非常に危惧しております。こうした状況は、日本で、自由人権協会や他のNGOの方々が、これまで皆さん一生懸命手を携えて築いてきたものがもしかしたら今失われつつある、反動にあっているのではないかとも思えます。

来年は、世界人権宣言60周年です。井上ひさし先生のお話でとても感じるところがあったのですが、どうしても我々、「No」「これやっちゃだめ」「これは人権侵害」「これはやるな！」って言いがちです。それもすごく大切なことなのですが、ただこれからは、「YES」、オルタナティブな人権のカルチャーみたいなものを日本に一生懸命広めていかなければいけないというふうに思いました。これからもどうぞよろしくお願いします。一緒にやっていきましょう。

奥平康弘氏（自由人権協会評議員、憲法学者）

人権協会ができた60年前の1947年、僕はまだ高校生でした。旧制最後の1953年に卒業して間もなく大学助手を勤めましたが、その頃から自由人権協会にコンタクトを持ちました。その時代、海野晋吉先生が理事長であられ、森川金寿先生が事務局長であられました。そこにいろいろなさまざまな先生方がお見えになっているという、そういう状況をこの目で見て、記憶にとどめている数少ない一人になってしまいました。

その頃は、ある意味で「我々の敵は何か」ということが目に見えていた。少なくとも僕はそういうふうに思っていました。誤解かもしれないし、もっと複雑で複合的であったのかもしれません。けれども当時は、自由人権協会が立ち向かうべき問題っていうのは、比較的一元的で、見える形で現れてきていたのだと思います。

しかし、例えば、サリドマイドの事件がそうであるようなことから、少しずつ少しずつ「社会全体の仕組みの中で人権を護る」って、どういうことなんだということを考え始めるようになってきました。例えば今日、その問題の複雑さを象徴するのに「報道の自由」の問題があります。原告と被告が民事訴訟で争う時に、原告も被告もともに代理人が、あるいは重要な活躍をなさっている弁護士が、どっちも自由人権協会のメンバーなんですね。片一方は報道の自由を語る。片一方は、名誉に関する、あるいはプライバシーに関する人権を語るということで、両方が人権を語り合うというというそういう状況がある。もう一つは、今後国際的なレベルの仕事とどのように取り組んでいくかということがあります。

これからの60年間を、そのような問題に「新しい心」で立ち向かっていただきたいと思います。

記念出版・記念グッズ

60周年を記念して、3つの出版事業を行った。またあわせて、記念グッズを製作しお世話になった皆さんへのお礼とともに、会員向けの販売を継続して行っている。

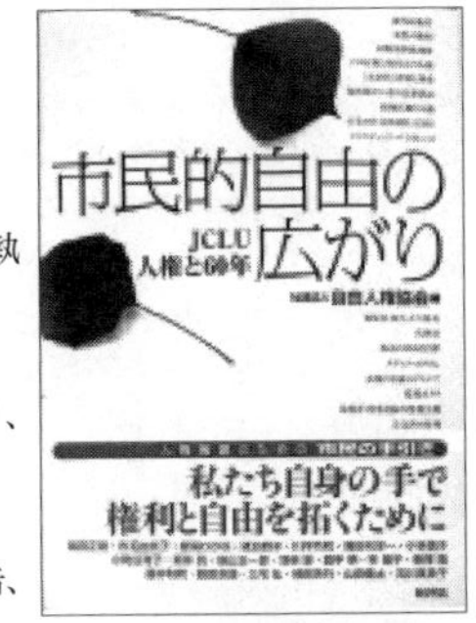

〈記念出版〉

『市民的自由の広がり』新評論、3150円

いままさに問題となっている〈人権状況〉に会員を中心とする17人の執筆者が鋭くそして平易な文書で迫る。

『人権新聞縮刷版　3』自由人権協会、5250円

第1巻・第2巻とあわせると、戦後60年の〈人権の歴史〉が集約されており、資料的価値も高いものとなっている。

『予防接種被害の救済』新山社、1000円（税別）

フルテキストは『東京予防接種禍訴訟 上・下』(2005、信山社)。新たに原告、弁護団、研究者によるシンポジウムの記録を加え、廉価版として刊行。

〈記念グッズ〉

新マーク入りの『ふろしき』（1枚2500円）

新マーク入りの『クリアファイル』（10枚セット500円）

寄付者名簿

60周年記念事業に際し寄付をいただいた方々のお名前を掲載し、ここに改めてお礼申し上げます。寄付金は「人権基金」に組み入れ、今後の人権擁護活動に有効に活用させていただく所存です。

300口	弘中惇一郎
100口	庭山正一郎
40口以上	羽柴駿、近藤卓史、三宅弘ほか2名
20口以上	佐藤優、林陽子、山川洋一郎、秋山幹男、小町谷育子、高英毅、杉山真一、東澤靖、飯田正剛、濱田邦夫、山田健太ほか1名、自由人権協会大阪兵庫支部
10口以上	北沢義博、久保利英明、坂井眞、山岸洋、尾崎純理、関谷巖、吉川精一、熊谷裕夫、山岸和彦、古本晴英、江副浩正、廣瀬知弘ほか6名
5口以上	鈴木武志、柏木俊彦ほか3名
1口以上	久保田康史、多田武、今村嗣夫、宮山雅行、山内久光、山口広、秋山淳、福島啓氏、上柳敏郎、菊地一郎、荻野芳夫、紀藤正樹、清水英夫、古田典子、ローレンス・レペタ、小倉良弘、大西幸男、坂入高雄、本橋美智子、二瓶和敏、塚本誠一、西立野園子、中川利彦、宮川泰彦、須田清、錦織淳、高野百三、下條正浩、立石雅彦、笹森学、番敦子、樋渡俊一、千葉景子、岩崎政孝、櫻井光政、八重樫和裕、野村務、野村和造、高橋讓嗣、菊地美穂、角田由紀子、黒田純吉、菅野泰、若柳義朗、後藤英治、鈴木富七郎、柴田勝之、荒山国雄、本田兆司、高草木優、竹之下好弘、湯本みち子、牧田潤一朗、小川政亮、宮崎繁樹、長屋憲一、古屋野泰也、南典男、相川裕、骨董通り法律事務所、福田拓、吉峯康博、脇田康司、日隅一雄、川副正敏、阿部良二、秋山亘ほか40名、自由人権協会京都、自由法曹団

以上151人、3団体、総額660万円

日本版 US-VISIT は何をもたらすか
――越境する人々への国際的な監視強化へ

旗手　明
（会員、外国人の権利小委員会）

2007 年 11 月 20 日、日本全国の国際空港 27 カ所、海港 126 カ所で、日本版 US-VISIT がスタートした。これは、外国人の入国に際し、指紋や顔画像という生体情報を提供させ、ブラックリストと照合し、ヒットした者について上陸を許さず退去させるというもので、究極の出入国管理システムといえる。米国に次ぎ世界で 2 番目の導入となるため、マスコミも高い関心を示し、新聞や TV でも大きく報道された。

JCLU としても、一昨年の国会審議段階からこのシステムについて、ほぼすべての来日する外国人から強制的に生体情報を収集することは、憲法第 13 条で保障するプライバシー・幸福追求権を違法に侵害するものであり、到底許されることではない、と問題点を指摘してきた（06 年 3 月 27 日：「テロの未然防止」を目的とした「出入国管理及び難民認定法の一部を改正する法律案」に反対する緊急声明）。

米国より広範なシステム

この制度の対象から除外される外国人は、特別永住者、16 歳未満の者、外交・公用、国の行政機関の長が招聘した者などである。米国では、80 歳以上の者や一般永住者の再入国、またカナダ人・メキシコ人・カリビアン（カリブ海出身者）は対象とならないし、特に陸路は穴だらけだ。出国時もチェックする建前だが、実際上は対応できていないことも判明した。日本では、臨時に上陸地となる海港・空港でも、ポータブルな機器で対応する。こうして、日本版 US-VISIT は、米国よりも広範なシステムとなっている。

日本版 US-VISIT で収集される生体情報は年間 700 万件以上にのぼると推定されるが、警察等から個別照会があれば、法務省側がデータベースでチェックして回答する。これは、「行政機関個人情報保護法」に基づく目的外利用とされるが、ほかにも刑事訴訟法・民事訴訟法・国会法などに基づく多くの目的外利用が想定されている。こうして、究極の個人情報が、行政機関を中心として自由に利用される事態を招くことになる。

しかも、外国の捜査機関から生体情報提供の要請があれば、行政機関個人情報保護法ばかりでなく、国際捜査共助等に関する法律に基づいて提供することも想定されている。

この生体情報の保有期間は、「テロリストや国際犯罪組織メンバーに有益な情報を与えることになる」として、内部基準は作成されるものの、公表はされない。いまのところ、法務省は「運用状況を見て決めていく」としているが、米国は 75 年間保有するとしており、日本でも同様となるおそれが強い。究極の個人情報を膨大な数かつ長期間にわたり保有することの危険性（情報漏えい・目的外利用など）は言うまでもない。一般の入国者は犯罪者ではないのであり、チェック済みの指紋を保有する必要性はなく、入国時のチェックが済み次第、ただちに生体情報を廃棄すべきである。

テロ対策としての有効性は疑問

そもそも照合すべきテロリストの指紋情報を、日本政府はほとんど持っていないと言われている。国会論議では、テロリストのリストとして、「国連安保理制裁委員会に指定されたタリバンの関係者等約 480 の個人、団体がございます」としていた。これは、資産凍結に関連したリストで、多くが団体と推測される。したがって、テロリスト個人のリストは少なく、かつその指紋情報まで有するケースはきわめて限られたものでしかないと考えられる。

では、一体、どのようなブラックリストと照合するのだろうか。結局、被退去強制者のリスト 80 万件以上、ICPO（国際刑事警察機構）手配を含む指名手配者 1 万数千件との照合ということになる。実際、スタートして 1 ヶ月間で 95 人（うち、40 人程は再入国を認められた）が上陸拒否事案となったと報道されているが、テロリストではなく、指名手配者 1 人を除き過去の被退去強制者リストと一致したからであった。米国でも、2004 年 1 月からの実施後 3 年間で一般犯罪者・入管法違反者を約 1,800 人摘発しているが、テロリストが含まれていたという情報はなく、US-VISIT のテロ対策としての有効性は大いに疑問である。

したがって、日本版 US-VISIT の本当の目的はテロリスト対策ではなく、被退去強制者の再入国対策や指名手配者対策であると考えざるを得ない。しかし、生体情報を提供させる徹底した出入国管理を実施するには、テロ対策を標榜するほかないのである。

このほか米国では、US-VISIT に密接に関係する外国人ブラックリストとして「ウォッチリスト」が作成され、そこにはテロリスト 75 万人分を含め、一般犯罪者・入管法違反者等 350 万人分ものリストとなっている。こんなに多くのテロリストがいるとはまったく信じられないのであり、現に米国政府に批判的な学者がリストに掲載され、米国への再入国を拒否されたケースも報告されている。

このようなずさんなリストを、日本政府がそのまま退去処分の根拠として利用することは考えづらいが、内々の参考資料として使い、リストに掲載された外国人に対して慎重な入国審査を行なうことはあり得るであろう。

チェック体制は未整備

米国の US-VISIT に対しては、連邦議会に属する GAO（行政監査院）が毎年厳しい監査を行なっている。昨年 7 月の GAO 報告では、「US-VISIT 計画を支援する各システムには情報の安全性管理に関して重大な脆弱性があり、このため部外秘かつ個人の特定が可能な情報が、権限のない者に読み取られ、改ざん、あるいは悪用、破壊され、場合によってはそのことが察知されることなく行なわれるおそれが増している」との指摘がなされた。したがって、日本版 US-VISIT を米国 US-VISIT に連動させるのはとても危険なことであり、決して実施してはならない。

他方、日本版 US-VISIT に対しては、法的に確立されたチェック体制はなく、会計検査院か総務省行政評価局によるほかない。テロ対策となると、関連する情報が事実上秘密扱いとなって、国民によるチェックが効きにくくなる傾向が増大する。現に、昨年 11 月の法務省交渉において、「テロリストの認定に係る関係省庁連絡会議」の開催状況について問いただしたが回答は拒否されたし、すでにテロリス

トとして退去強制された者がいるかどうかという質問に対しても同様であった。また、スカイマーシャル（テロ・ハイジャック等の制圧を任務とする警察官が航空機に警乗する制度。2004 年 6 月の G8 サミットでスカイマーシャルに関する国際協力の強化が合意され、日本政府は同年 12 月に導入した）の運用状況についても、情報公開されていない。テロ対策という名目で権力作用がブラックボックス化することは、民主主義の原則に反するばかりでなく、人権への脅威を高めることにつながる。日本版 US-VISIT をはじめ、テロ対策全体に対する市民からの監視体制の確立は急務である。

国際的な監視の強化へ

このように、日本版 US-VISIT は、疑問だらけのままスタートを切った。そして、越境する人びとに対する国家による管理強化は、とどまるところを知らない。米国政府は、US-VISIT の運用を変更し、昨年 11 月 29 日からワシントン・ダレス空港において「両手すべての指紋採取」を開始し、段階的に全米で実施するとしている。英国では、同 11 月 8 日から、ビザ申請して入国する外国人から、指紋 10 指と顔写真を採取することにした。また、最近、中国でも出入国管理に生体認証を取り入れることを積極的に検討している、との報道が流れた。さらに、EU では、e パスポート（IC 旅券化）の第 2 段階として、2009 年 6 月 28 日を期限に 2 指の指紋情報を搭載したパスポートへの移行を呼びかけている。

私たちは、越境する人びとに対する国際的な監視強化の奔流の中におかれていることを再確認するとともに、国際的な連帯を含め、基本的人権を確保する方策を探っていかなければならない。

「ビデ倫」捜索事件の意味するもの
――自主規制団体への捜索と表現の自由

内田 剛弘
（弁護士、会員）

突然の強制捜査

ビデオ、DVDなどの映像について、業界の自主的倫理審査団体として「日本ビデオ倫理協会（略して「ビデ倫」）がある。1972年の設立であるからすでに35年の歴史がある。

映画の世界には、先輩格の映像管理委員会（いわゆる「「映倫」）がある。これは、1949年設立の映画倫理規定管理委員会を前身とし、1956年に改組されたものである。発足当初は、元文部大臣高橋誠一郎を委員長に、有光次郎（元文部次官）、宮沢俊義（東大教授）、大浜英子（東京家裁調停委員）、渋沢秀雄（随筆家）の委員でスタートした。すでに50年の歴史を有する。その後、映像媒体の発展により、新しくビデオなどを対象として映倫に模した団体が業界の自主的協力により生まれたのである。

この団体は、映画会社や成人向けポルノビデオ、DVD製作会社から8名ほどの理事が選出され、元映画会社出身OBが15名審査員を委嘱され、メーカーとは独立して審査業務を担当する仕組みとなっている。設立以来35年間、事故なくこの業界で倫理審査を遂行してきた実績を有する。

この団体に2007年8月23日、突然、警視庁生活安全部保安課による強制捜査が入った。協会の会員2社が制作した3作品が、性器のモザイク処理が薄いということで、制作会社の役員は、わいせつ図画頒布罪の容疑で、協会の新・旧理事長と審査部統括部長の3名が同幇助罪の容疑であった。

協会に対する捜査は、当日、午前11時30分頃から午後9時40分頃まで行われ、押収品目録によると281品目、565点が押収された。協会の業務用の映像関係器材をはじめ、理事会や審査関係、事務局の膨大な記録、資料が押収され、協会は翌日から正常な事務ができない事態に追い込まれた。

常軌を逸した執拗な事情聴取

その上連日、警視庁係官による審査員、事務局員に対する執拗な事情聴取がこれでもか、これでもかと連日のように続けて行われた。例えば、ある審査員は、一人で約30回以上事情聴取された。これは例外ではない。二十数回、十数回はざらである。事情聴取された人の中には病気になった者も出てくるほどであった。

言うまでもなく、任意の取調について、刑事訴訟法198条は、被疑者への出頭要求、取調について、逮捕又は勾留されている場合を除いては、出頭を拒み、又は出頭後いつでも退去することができること、意に反する供述を強いられないこと、供述内容の録取内容について変更の申立てができること、調書への署名、捺印を拒むことができることが規定されているものの、一般に善良な市民が警察の呼び出しや供述を拒んだり、途中で退出したり、録取された調書の内容の訂正を求めたり、さらには署名、捺印を拒んだりすることはかなり勇気のいることである。

ビデ倫関係者は、協会の日常業務が性表現の自主的規制で仕事の性質上、警察に親和性を持っていることから（歴代の事務局長は、警察の幹部出身者だった）、個人的事情や都合を犠牲にして警察の事情聴取に協力してきたのが実態であった。しかし、連日の事情聴取が続いて、体調の異常を訴える者も出てきたので、12月4日協会は、警視総監宛に、理事・審査員連名で以下の内容の「要望書」を提出した（すでに、8月27日と9月7日にも声明を発表済み）。

「今日に至る捜査の経緯では、去る8月23日の家宅捜索において業務上の書類、資料はもとよりパソコン、映像審査機器等を押収、同日以降任意ではありますが、この100日間に延べ71日、常勤の役職員24名中22名、延べ212名（11月30日現在・審査員の内訳は別紙）に対し、わいせつ図画頒布幇助罪捜査の名の下に、当初は土曜・日曜を問わず長時間に亘る事情聴取が行われ、精神的、肉体的苦痛は計り知れません。従いまして今後は健康問題や業務への多大な影響は勿論、家庭事情をも含めて考慮いたしますと、刑事訴訟法の定めもあり事情聴取要請には直ちに応じられないことがあります。このような観点から本件捜査を早急に終結されますよう当協会理事及び、審査員一同、連署を以て強く要望いたします。」

自主審査機関への警察権介入の意味

かつて1972年、日活ポルノ映画事件があった。制作責任者2名と監督4名が、わいせつ図画公然陳列罪で起訴され、さらに映倫審査員3名が同幇助罪で起訴された事件である。結局、映像のわいせつ性を否定され、一、二審とも全員が無罪判決を受け、確定した。裁判所は判決の中で、映倫の審査団体としての社会的役割を高く評価した。この事件の後、映倫に対する警察の捜査はない。

ビデ倫については、2000年10月16日の東京地裁八王子支部の判決がある。これは、ポルノ、ビデオ販売店店長が、わいせつ図画販売目的所持で起訴された事件であるが、対象のポルノビデオ多数の中に、ビデ倫の捜査済みの作品が含まれていたところ、ビデ倫の審査団体としての社会的存在意義を認め、審査済ビデオの販売については犯意を欠くとして無罪としたものであった。この判決は理由中に、ビデ倫について「右協会は、映像ソフト関係事業者の自主的団体ではあるが、学識関係者等を運営に参加させるなどとして、右事業者らからは一定の独立性を有しているといえるし、その審査基準も具体的であり、刑法上のわいせつ概念に照らしても合理的なものであって、その審査判定は、一応信頼できるものといえる」と評価している。

いずれの判決も、わいせつ性の最終的判断権は、裁判所にあることを保留した上ではあるが各業界の審査機能を正当に評価したのであった。ビデ倫も設立以来35年間、刑法175条関係で警察の捜査を受けたことがないことは警察も権力的介入を自制し、審査を受けない作品が警察の取調の対象となり、ある意味で業務の棲み分けが定着していたということができる。ところが今回の捜索は、警察が定着したこの関係を覆す挙に出たと言える。

業界自主的運営の成果

前世紀末から先進諸国では、性表現を刑事罰から解放する風潮が定着してきている。これは、表現の自由に対する公権力の規制は抑制されるべきであるとする成熟した民主主義社会のコンセンサスがしからしめていることでもある。わが国でも、児童ポルノや青少年への各種表現媒体の取扱いについてのきめ細かい対処が法律は勿論、各自治体の条例規制や業界の自主的運用面で成果を挙げている。過激な暴力や残酷な表現、過度の性表現などの未成年者に対するビデオ、DVDの販売規制については、業界自体が規制し、長年実績を積み重ねてきている。

例えば、放送の分野では、2003年7月設立の放送倫理番組向上機構（略してBPO。前身は、1997年5月設立の「放送と人権等権利に関する委員会機構」。略してBRO）がある。これは、人権や青少年と放送の問題を中心に、放送番組に対する苦情を受け付け、審議を行い、各放送局へ意見を伝え、番組品質の向上に役立てようとする任意組織である。BPOに置かれる委員会の出す勧告や見解等に法的な拘束力はないが、各放送事業者がその内容を尊重し、表現の向上に向けて自主的に取り組むものとされている。

出版の世界でも、社団法人日本雑誌協会は2001年9月、協会内に第三者の有識者を含むゾーニング委員会を設けて、雑誌等の製作、販売面で青少年への配慮をするような自主的規制を行ってきている。具体的には、青少年が読むには好ましくない作品について、18歳以下販売・購入規制のマークを義務づけ、シール止めをするなどの指導を行っている。それぞれの業界が工夫して、自主的に倫理的規制に努めており、大方の社会的同意を得てきているということができる。

このような環境の下で、業界の自主規制を無視しての直接的警察権力の介入は、各種表現の自由を畏縮させ、ひいては憲法21条の表現の自由の保障を奇胎に瀕する事態を招くものといわなければならない。

なお、ビデ倫は、よりよい審査機構を目指して有識者会議（座長清水英夫）を設け、組織・審査体制・事務局などの検討を開始している。

警視庁による事情聴取状況（2008年2月4日現在、ビデ倫協会資料）

	人員	延べ人員	延べ日数	平均回数	
審査員	15	257	105	17	全員聴取、最高30回
事務局員	7	36	31	5	事務局員8名中7名聴取
役員	9	16	16	2	退職者6名を含む
計	31	309	105	9.9	

※08年に入って地検の取調べも並行して進められているが略す。

「最高裁判所の報道介入に反対するとともに、報道機関にいっそうの人権配慮を求める声明」を発表

JCLUは2008年2月13日、公判報道(事件報道及び裁判報道)に関する以下の声明を発表しました。同問題に関してはすでに、裁判員法が議論されていた2003年段階にマスメディア小委員会での議論をもとにした報告書を発表しています。あわせてご参照ください（JCLUウエブサイトwww.jclu.orgからダウンロードが可能です)。

裁判員制度の実施を来年に控え、裁判報道はどうあるべきかについて、議論が進んでいる。そうした中、07年9月最高裁判所が、報道各社に対し裁判員に予断を与えないよう事件報道の自主規制を求めていることが明らかになった。これに関連して、日本新聞協会は08年1月、「裁判員制度開始にあたっての取材・報道指針」を発表した。

私たち社団法人自由人権協会は、表現の自由を守る観点から、最高裁判所の報道介入に強く反対するとともに、報道機関が、これまでの報道スタイルを反省して被疑者・被告人の人権侵害防止に積極的に取り組み、本来期待された権力チェックの役割を十分果たしていくよう求める。

1. 最高裁に対して

確かに、裁判員に予断を持つことなく刑事裁判に臨んでもらうことは重要である。しかしそれは、裁判員にその旨を個別に説明して審理に加わってもらえれば済む話ではないのか。

最高裁の平木正洋総括参事官は、昨年9月のマスコミ倫理懇談会全国協議会の全国大会で、「被疑者が自供していることやその内容」など6つの項目を挙げて報道の問題点を指摘した。裁判員の選任などの制度設計を担当している最高裁の幹部が、公的な会合で、このような指摘をすることの、メディアに対する萎縮効果は計り知れない。

そもそも裁判員制度が導入されたのは、一般市民の常識を取り入れた健全な刑事司法を実現することにあったはずである。裁判員制度のスタートを理由に、従来はなかった報道制限の要請をすること自体、最高裁が一般市民の能力や常識を軽く見ていることを示すものである。

最高裁には、報道各社に対する自主規制の要請を速やかに撤回するよう求める。

2. 報道界に対して

私たちは、国内の主要新聞・通信・放送各社から構成される日本新聞協会が「裁判員制度開始にあたっての取材・報道指針」を発表したのを機に、あらためて、これまでの事件・裁判報道の問題点を見つめ直し、真に市民の側に立った報道ルールを確立するよう求める（なお、同時期に民放各社からなる日本民間放送連盟も同趣旨の「事件報道に関する考え方」をまとめているが、主要民放局とともにNHKも構成社に含む新聞協会が作成した指針を、報道界の共通認識と理解する)。

メディア各社が拠って立つ「表現の自由」は、市民の知る権利を保障する観点からも極めて重要であり、報道機関の活動には最大の自由が認められるべきである。しかし、報道機関には、当然に、その自由に見合った重大な社会的責務が課されている。

これまでの事件・裁判報道には、被疑者・被告人を最初から犯人扱いした報道など、同じく憲法の保障を受ける被疑者・被告人の権利との関係で、しばしば問題が生じてきたのは周知の通りである。今回の指針には、その点を一体どう改めていくのか、納得できる説明はない。

また、「指針」は、報道による権力チェックの必要性と報道機関の役割を力強く宣言しているが、しかし、これまでの事件・裁判報道が、本当に権力チェックの役割を果たしてきただろうか。警察・検察という国家権力を監視するのではなく、むしろこれらの国家機関を主たる情報源として、裁判の結果に先立って、被疑者・被告人を一方的に断罪する役割を果たしてきたのが現実ではないか。

「指針」では、被疑者・被告人に関する情報を一手に握った警察や検察に頼らざるを得ない今の報道機関の現実を、一体どのように改めようとしているのか、残念ながら見えてこない。

私たちが期待するのは、精神論ではない。実際に権力に対するチェック機能を具体的にどう果たすのか、すなわち、公平で客観的な記事を書くための具体的な取材体制や報道スタイルの改善である。

報道界とりわけ新聞・通信各社に対しては、読者に真摯に向き合い、これまでの報道スタイルの何が問題であったのかを正直に語り、それを具体的にどのように変えていくのか、それによって権力にではなく市民の側に立った報道機関をどのように確立するのかを、明らかにすることを求めたい。

同時に、今回の「指針」では具体的に触れられなかった裁判員に対する取材・報道については、裁判員自身が公権力の一部となって、被告人を裁く立場にあることを十分に認識し、取材・報道の対象としていくことを報道界として確認することを強く求める。

なお、今回の「指針」には、例えば、捜査段階の供述については、情報提供者の立場によってニュアンスが異なりうることや時間とともに変遷する可能性があることから十分な配慮を要することを、報道界として初めて認めるなど、評価できる点もある。

私たちは、「指針」の中で具体的な言及があった、捜査段階の供述や被疑者の成育歴、識者コメントの扱いなどの諸問題について、報道機関の具体的な改善努力を期待しつつ、今後、紙面・番組にどのような変化がみられるか注意深く見守っていきたい。

08年度総会及び記念シンポジウムのお知らせ

以下の要領で総会と記念シンポジウムを開催します。予め、ご予定おきいただければ幸いです。詳細は、追ってご連絡いたします。

◆日時：2008年5月31日（土）午後1時から
◆場所：虎ノ門パストラル宴会場
◆シンポジウムテーマ：徹底討論「裁判員裁判」（仮）
◆討論者（予定)：四宮啓弁護士、高山俊吉弁護士ほか

あたごの杜から
事務局長日誌

会員諸氏のおかげをもちまして、無事に60周年が迎えられたことを改めて感謝申しあげます。次の10年に向けて、さらなる活動の発展を期待したいと思います。

この周年事業に前後して、JCLUの活動を基礎となる問題が理事会で話し合われています。1つは、現在の事務所は森ビルのご厚意によってお借りしていますが、この賃貸借契約の変更についての検討が始まっています。また、2003年よりJCLUは国連NGO資格を取得し活動の場を大きく広げた訳ですが、この資格審査が今年は行われます。すでに必要書類の提出は終わっていますが、東澤理事、古屋会員のお力を借りながら、資格の継続が実現できることを願っています。

また、今年から来年にかけてはすでにお知らせしているとおり、国際人権条約の政府審査等が続く大切な年です。事務局の力不足によって、NGOのなかできちんとした役割を担うことができない状況が続いていますが、会員個々の力を少しだけ振り向けていただけることを強く希望します。国際人権NGOネットワークの会合や、ICCPR(自由権規約)等の勉強会がこの間も継続的に行われました。

前号の発行から時間が随分経過していますので、詳細な報告はスペース上難しいですが、この間の主な行事を以下にご報告します。もちろん、60周年関係では下記に記した正式会合以外にも、記念行事や出版に関連して多くの方々にさまざまなかたちでご協力をいただきました。とりわけ、縮刷版の出版に関しては前事務局員の熊野さんにご尽力をいただいたことを特に記します。

＊＊＊＊

9月3日　60周年実行委員会
9月19日　理事会
10月18日　理事会
10月24日　60周年実行委員会
10月24日　記念グッズ「風呂敷」完成
10月31日　記念グッズ「クリアファイル」完成
11月1日　日弁連人権擁護大会（静岡）で出張販売
11月5日　記念出版『市民的自由の広がり』刊行
11月8日　理事会
11月16日　記念出版『人権新聞縮刷版3』刊行
11月22日　60周年記念事業
12月19日　理事会・忘年会

2008年
(1月の理事会は持ち回り)
2月6日　例会「ビデ倫強制捜査をめぐって」(内田剛弘弁護士)
2月12日　歴代事務局長会議
2月13日　公判報道声明発表
2月20日　理事会
※この他、各小委員会のプロジェクトチーム、予防接種基金委等の会合を開催。

【発行日】 2008年2月29日
【発　行】 社団法人自由人権協会
〒105-0002 東京都港区愛宕1-6-7 愛宕山弁護士ビル306
TEL:03-3437-5466 FAX:03-3578-6687
(大阪・兵庫支部)
〒530-0047 大阪市北区西天満1-10-8 西天満第11松屋ビル3F 堺筋共同法律事務所内
TEL:06-6364-3051 FAX:06-6364-3054

購読料：年間2,500円　**郵便振替**：00180-3-62718
発行人：山田健太

人権新聞 Japan Civil Liberties Union
JCLU Newsletter
発行所 社団法人 自由人権協会
JCLU
〒105-0002 東京都港区愛宕1-6-7 愛宕山弁護士ビル306
TEL:03-3437-5466 FAX:03-3578-6687
URL:http://jclu.org/ Mail:jclu@jclu.org
協会設立:1947.11.23
本紙創刊:1950.5.1
購 読 料:年間2,500円

間近に迫った自由権規約政府報告書審査

来月10月、ジュネーブで開催される自由権規約委員会第94会期において、1966年12月の国連総会で採択された市民的及び政治的権利に関する国際規約（自由権規約＝ICCPR）に関する第5回政府報告書が審議される。同規約は、1948年の世界人権宣言の内容を拘束力のある法規範にするため制定されたもので、日本は1979年6月に批准している（同規約の発効は76年）。その内容は、憲法と同様に最高位の人権規範として、日本国内においても法的効力を持つものであることはいうまでもない。

前回の審査が1998年であるから、まさに10年ぶりに、国連の場で幅広に日本の人権状況が審査される機会が訪れるということになる。ICCPRに記されている自由権の範囲が日本の憲法で保障される権利条項をおおよそカバーする広範なものでもあり、包括的に日本国内の人権保障状況が国際スタンダードでチェックされる意味は大変大きいと考えられる。

国際人権条約に基づき設置されている条約機関による政府報告書審査は、国内の法・制度の対応が十分でないために発生する人権侵害状況を国際基準から指摘し、政府への勧告を通じてそれらの状況を改善する道筋を具体的に示す場として大きな意義がある。10月に開催される報告書審査は、政府報告書とNGOから提出されたリポートなどに基づき、日本の規約実施状況を審査するプロセスであり、条約締約国（日本政府）と規約委員会とが建設的対話を行い、それを通じて規約に定められた人権基準の実施と改善のために行われるものである。

なかでも自由権規約は、包括的なテーマを扱い、多岐にわたる他の国際人権条約全体の基盤となるため重要度が高く、実際、多くの団体・個人の人権問題に直接的に関わり、その後の立法・行政方針にも大きな影響をもってきた。したがってこれまでの審査においてJCLUは、会を挙げての取り組みを展開し、カウンターレポートを発表するほか、期間中には現地に会員を派遣し積極的なロビーイングを行うなど、国内NGOの中で重要な活動の一端を占めてきた（その経緯は例えば、「ウォッチ　規約人権委員会　国際人権NGOネットワーク編」（日本評論社1999年）、「国連オリエンテーション・マニュアル―人権委員会・小委員会の活動と手続」（自由人権協会1993年）、「国際人権規約と日本の人権―JCLUカウンターレポート'93」（明石書店1993年）参照）。ただし今回の政府審査については、国際人権NGOネットワーク（以下、人権ネット）の活動の中での関わりにとどまっており、残念ながら個別のレポートの提出や現地での活動は予定されていない。

本号では、この審査に向けて進められてきたNGO間ネットワークの取り組みを改めて振り返りつつ、10月15日から3日間の日程で行われるジュネーブでの議論を注目し、さらにはその後のフォローアップにつなげていきたいと考える（本稿は全面的に、IMADR-JC＝反差別国際運動日本委員会事務局の小笠原純恵さん作成の資料・執筆原稿をもとにしています。この場をお借りして改めて感謝申しあげます）。

CONTENTS

ICCPR 日本審査に関わる動き

最初に、8月末現在の情報に基づいた政府審査の流れと、それに向けての人権ネットの活動を概観しておく。

〈日本政府報告書審査の流れ〉

日本報告書提出：2006年12月20日（本来の提出期限は2002年）

＊「市民的及び政治的権利に関する国際規約第40条1（b）に基づく第5回政府報告（仮訳）」は外務省ウエブサイト（http://www.mofa.go.jp/Mofaj/gaiko/kiyaku/pdfs/40_1b_5.pdf）でダウンロードできる。

タスク・フォースによる質問リスト採択：2008年3月31日（自由権規約委員会第92会期＝ニューヨーク）

同質問リスト公開：2008年5月23日

本審査：2008年10月15～16日（自由権規約委員会第94会期＝ジュネーブ）

＊94会期は08年10月13日から31日までであり、そのうち、日本報告書審査は、15日午後と16日午前に予定されている。これにともない、NGOと委員会委員の公式なランチョン・ブリーティングは、14日昼時間帯に開催される予定である（現時点では未確定）。

なお、本審査に先立ち、NGOから委員会に情報提供（カウンターレポート等を提出）する方法は、自由権規約委員会事務局へ文書を電子メールで送信し、同時に印刷したものを30部郵送することが定められている（郵送先：Human Rights Committee, Secretary Ms. Nathalie Prouvez, UNOG-OHCHR, CH-1211 Geneva 10, Switzerland　メールアドレス：nprouvez@ohchr.org）。遅くとも94会期開始の1ヶ月前（9月13日）には到着することが求められているため、本誌発行時点では提出は不可能であるが、非公式に現地において委員会委員へのペーパー等の配布は物理的には可能である。

自由権規約委員会による一般的な審査の流れとしては、本審査より前の会期において、委員会から選出される国別「タスク・フォース」が、委員会から示される「質問リスト」を採択する。本審査では、「質問リスト」への対象国政府からの回答、自由権規約委員会からの質問、それに対する政府の再回答がなされる。また同時に、NGOからの情報提供が行われ、それに基づく委員会から政府への質問も行われる。ただしその段階においては、質問リストに拘束されることなく、NGOからの指摘や情報提供を受け、リストから欠落していた問題についての質問が委員会からなされることもある。その後、委員会の非公開審議による最終見解の採択などがなされる。

日本報告書審査にむけた「タスク・フォース」は、2008年3月に開催された第92会期に行われた。5月23日に明らかになった日本政府に対する29項目の質問リスト（文書番号CCPR/C/JPN/Q/5）の本文は、国連人権高等弁務官事務所ウェブサイトの該当ページ（http://www2.ohchr.org/english/bodies/hrc/docs/AdvanceDocs/CCPR-C-JPN-Q5.doc）でみることができる（英文）。

この会合は非公開だが、文書での情報提供は可能であるため、人権ネットからの情報提供をIMADR-JC取りまとめ、28団体の共同書名を得て2月29日に委員会に送付している（後掲）。そこでは、広範な問題関心と活動対象を持つ多様な団体に共有される課題を、5つの大項目に分けて提示している。なお、人権ネットのほかにも同委員会ウェブサイトで公開されている限りで、日本内外から15団体・NGOから情報提供がなされている模様である。

〈国際人権NGOネットワークの活動について〉

国際人権NGOネットワークは、政府・国会・NGOによる国際人権活動を有機的に結びつけ、それぞれの活動がより効果的になされることに寄与することを目的として1993年に立ち上げられたネットワーク。主要な加盟団体としてはJCLUのほか、反差別国際運動日本委員会、市民外交センター、アムネスティ・インターナショナル日本。前回の政府報告書審査（1998年）において、委員会へのNGOレポートの提出、審査が開催されたジュネーブ国連欧州本部での委員への働きかけ、国内においては国会議員やメディアへの働きかけなど、あらゆる場面でNGO間の連携・共同作業が重要な役割を果たした（国際人権NGOネットワーク編『ウォッチ！規約人権委員会』（日本評論社1999年）参照）。98年時においては、その連絡先事務局をJCLUが担ったが、今回は

IMADR-JC が事務局・連絡先の役割を果たしている。

【アンケート】

第 1 回（2007 年 6 月 15 日～26 日）

■回答者：51 団体／個人（アンケート用紙 31、口頭 20）

■現段階で何らかの活動を予定している人：23 団体／個人（NGO レポート作成 18、審査参加 2）＊「未定」「検討中」の場合は、便宜上「予定なし」に分類

NGO 間の連携が必要と考える人：30 団体／個人

■共同行動の内容に関する提案（自由回答）

・小規模の勉強会。審査や政府報告書だけでなく、参加団体同士でお互いの問題意識と実態や政府報告書がどう違っているのか、1 回あたり 1 つのテーマで開催するなど。
・概要・網羅的なレポートの編集・作成
・情報共有、行政交渉、議員、メディアへの共同対応
・マイノリティ当事者間でそれぞれの課題を共有しながら、共通のカウンターレポートの作成
・情報共有、政府との事前交渉、議員・メディアへの共同働きかけ、ジュネーブ又はニューヨークでのコーディネート

第 2 回（2007 年 12 月 26 日～1 月 10 日）

■回答者：30 団体／個人

■何らかの活動を予定または取り組みを開始している人：17 団体／個人

■共同行動の内容に関する提案（自由回答）

・情報共有、政府との事前交渉、議員・メディアへの共同働きかけ、ジュネーブ又はニューヨークでのコーディネート
・共同の NGO レポートの作成
・各団体によるカウンターレポートのサマリー編集
・審査参加団体が、現地に行かない団体の声を届ける
・情報提供内容集約のための会合開催

第 3 回（2008 年 8 月～9 月）

（現在集計中）

【連続学習会】

第 1 回（2007 年 9 月 15 日）：

申惠丰さん「人権条約の報告制度をどう活かすか—自由権規約第 5 回政府報告書をめぐって」

（青山学院大学教授）

第 2 回（2007 年 10 月 17 日）：

寺中誠さん「NGO レポートの作成にむけて——レポート作成ガイドラインの解説」

（アムネスティ日本事務局長）

＊前回審査以来新たに作成された報告書作成外ガイドラインの解説

第 3 回（2007 年 11 月 30 日）：

岩沢雄司さん「自由権規約委員会の活動について」

（東京大学教授）

＊自由権規約と報告制度に関する概説

第 4 回（2008 年 1 月 15 日）：

武村二三夫さん「日弁連の報告書作成状況について」

（日本弁護士連合会）

＊審査過程への NGO としての具体的関わり

【タスク・フォースへの情報提供】

2008 年 2 月 29 日、国際人権 NGO ネットワークおよび 28 団体の共同署名

JCLU は作成については関与したものの、共同署名は行っていない（提出文書については次頁掲載。データは、http://www.imadr.org/japan/un/ICCPR92_J.pdf 参照）。

〈その他団体の取り組みについて〉

ここでは、日本弁護士会の動きについてのみ、簡単に紹介しておく。同会は 9 月 22 日（大阪では 19 日）、日本に自由権規約委員会委員長のラファエル・リヴァス・ポサダ氏と同副委員長のアイヴァン・シーラー氏を招待し、NGO との意見交換会を実施する予定である。委員長および副委員長と、審査本番 1 ヵ月を切る時点で直接対話できる意味合いは極めて大きく、事実上のプレ審査ともいえる状況ですらある（滞在中には、日本政府側とも懇談を予定しているという）。

また、同会は会期期中の現地において、志布志事件を題材にした代用監獄撤廃を訴える映画「つくられる自白—志布志の悲劇—」の上映会を 14 日に開催し、委員会委員を招待する予定でいるほか、それに引き続いてレセプションを行うという。すでに同会は、カウンターレポートのほか、アップデイトレポートを提出済みのほか、現地でも要約ペーパーを配布する準備を進めている。

本稿執筆現在、現地への派遣を予定している NGO 団体はほかに、アムネスティ日本、反差別国際運動日本委員会、監獄人権センター、部落解放同盟、国際人権活動委員会、国民救援会、自由法曹団などがある。

〈資料〉第 5 回日本報告書審査に関するタスク・フォースへの情報提供

国際人権 NGO ネットワークならびに署名する 28 団体の連名にて、この文書を提出する。国際人権 NGO ネットワークは、政府と NGO との協力関係を促進するため 1993 年に立ち上げられたネットワークである。この文書では、市民的及び政治的権利に関する国際規約（以下、「規約」）への政府の取り組みに関する横断的・一般的問題に関して、委員会から政府への質問を提案し、その背景となる情報提供を行なう。

1. 規約の取扱、既存の国内法との整合性（2 条）

a) 独立した国内人権機関を設置する見通しはあるか。あれば具体的に提示すること。

背景：1998 年の審査で、委員会から強く勧告を受けているにも関わらず、日本にはいまだに政府から独立した国内人権機関は存在しない。法務省の人権擁護局が人権関係の行政を担当しているのみであるものの、職員総数は全国で 250 名程（法務局・地方法務局含む）である。法務省の人権擁護行政を補完する「人権擁護委員制度」は、民間のボランティアによるもので、その職務は事後的な調停機能中心で、人権侵害の救済に十分に対処できていない。

人権擁護局の幹部職員は検察官で充当されている。国や行政による人権侵害も少なくないため、行政による人権侵害には限界がある。また、司法による人権救済には時間・費用がかかり、人権侵害された者の負担が大きい。よって、人権侵害された者を簡易・迅速・実効的に救済するため、国家機関（国内人権機関）の地位に関する原則（パリ原則）を踏まえ、独立した国内人権機関を設置すべきである。

「人権擁護法案」が 2002 年 3 月に閣議決定され国会に上程され、翌 2003 年 10 月に廃案となったが、同法案によって設置が提案されていた国内人権委員会は、独立性、実効性、多元性の観点から不十分なものであり、メディア規制条項も含まれており問題があった。日本政府は、政府・与党内において同法案の再提出が検討されていることを理由に、国内人権機関設置の努力が続いていると釈明することが予測されるが、同法案により設置が提案される国内人権委員会が、パリ原則に則り独立性、実効性、多元性を持ったものになるよう勧告がなされることが期待される。

b) 差別禁止法を制定する見通しはあるか。あれば具体的に提示すること。

背景：日本は 1995 年に人種差別撤廃条約に加入し、私人や団体による人種差別を禁止・終了させる義務を負ったが、そのための国内法の整備は何ら行われなかった。そのため現在も、私人間における差別を禁止する包括的な法令はない。その結果、雇用、住宅入居や商店への入店、婚姻などの分野で、人種や民族、世系などを理由とする差別が生じやすい。裁判所が、私人による差別を不法行為と認め損害賠償を命じる例はあるが、あくまで事後救済であり、また、差別を禁止する具体的な法令は依然存在しないために、起こりうる差別を防止する効果は薄い。裁判所による救済を求めても時間と費用がかかることから、泣き寝入りとなるケースも多い。この種の差別に対する簡易・迅速な救済システム（国内人権機関など）も存在しない。

c) 1998 年の第 4 回報告書審議ののち、委員会は日本が選択議定書に参加するよう勧告した。これに関する進展はあるか。

背景：日本は、自由権規約をはじめ、締結している諸条約の個人通報制度をいずれも受け入れておらず、人権侵害の被害者を救済する国際的手段がいまだに閉ざされている。なお、第 2 選択議定書の批准にむけた動きもまったく進んでおらず、反対に死刑判決数や死刑執行数は増加している（2007 年は 3 回、9 人に対して死刑が執行された）。

d) 拷問・ジェノサイドが、国内法で処罰対象の犯罪となっていないことについて、法改正の予定などはあるか。

背景：人権保護に関する個別の枠組みの問題に関して、日本の国内法は、拷問・ジェノサイドおよび様々な差別を、関連の国際条約の規定に沿った形で個別に処罰対象の犯罪としていない。

e) 民法上に残存する婚外子差別や、中国帰国者・アイヌ民族・沖縄人・在日コリアン・被差別部落出身者、移住者・外国人などのマイノリティ・グループに対する個別の救済の枠組みがないことについて、改善の見通しはあるか。

背景：婚外子差別や、中国帰国者[1]・アイヌ民族・沖縄人・在日コリアン・被差別部落出身者、移住者・外国人などのマイノリティに対する差別・人権侵害

を対象として位置づけた人権救済の枠組みは存在しない。

f) 規約の条文および委員会の一般的勧告・分析が、裁判プロセスにおいて適用された実例を挙げること。

背景：裁判所の判断に、日本が締結している条約が反映されない例や、条約の解釈について委員会が出している一般的意見・勧告、見解が考慮されない例はあり、また、特に裁判官・法執行機関に対する人権教育・規約および委員会の一般的見解の研修などが不十分で、法執行機関において国際人権規範が無視されている現状がある[2]。

2. 規約で確認されている人権の保障（2条）

a) 人権伸長や人権侵害の防止について行なっている活動について、その効果を測るためどのような調査を行なっているか。また、どのような効果が得られているか。

背景：日本政府は、人権伸長や人権侵害の防止について、ポスター等による広報・啓発活動を行っているとしているが、実効性のある人権保護・促進プログラムはなく、現存のものはその効果には極めて疑問が持たれる。

「人権教育のための国連10年」の国内行動計画を推進したが、公権力に従事する人々に対する人権教育が系統的になされていない。

b) いわゆる「慰安婦」制度の被害者の被害回復について取り組む予定があるか。あれば具体的に提示すること[3]。

背景：1990年代以降、条約機関、人権委員会、ILOなど数々の国連人権機関が、また2007年には米国下院議会、オランダ議会、カナダ議会、EU議会など外国議会が、それぞれ未解決の課題として日本政府の責任を指摘しているが、日本政府は国際社会の勧告に真摯に対応する姿勢を見せていない。なお、日本政府が道義的責任を果たすとして設置した民間基金、「アジア女性基金」は2007年3月末日をもって終了している。

3. 差別の禁止（3、23、26条）、マイノリティの権利（27条）

a) 1998年の第4回報告書審議ののち、委員会は、差別の禁止ならびにマイノリティの権利に関わる以下の問題について懸念を表明し、また改善を勧告した。これらに対する進展、または改善の見通しはあるか。

i) アイヌ民族への先住民族としての認識、土地権や資源権、文化権などに対する権利侵害と、これらの人びとへの差別に関して、進展はあるか。

背景[4]：政府は、1987年以来アイヌ民族が主張し続けている先住民族としての地位及びその権利を依然として一切認めていない。政府は、「『先住民族』という言葉の国際的な定義がないため、検討中である」と繰り返し、先住民族の権利を認めるべきであるとする勧告を無視している。

ii) 外国籍の在日コリアン、および日本国籍を取得したKorean Japaneseの人びとへの、規約27条にいうマイノリティとしての認識に関して進展はあるか。

背景[5]：政府は自由権規約の第1回報告書（1980年）で「本規約に規定する意味でのマイノリティはわが国には存在しない」と記した。第3回報告書（91年）では、アイヌ民族だけを規約第27条のマイノリティと認め、これに対し委員会は最終見解で、在日韓国・朝鮮人を除外していることについて懸念を表明している。

第4回日本政府定期報告書審議時、HRCによる(i)「日本に住んでいる多数の朝鮮民族出身者」について、その「民族的、宗教的、言語的少数者としての取り扱い」について「いかなる法的規定が存在するか」：(ii) 第4回政府報告の中で、なぜ（第26条、27条の下で）朝鮮民族出身者に関する記述がないのか；(iii) これらの人々が自らの文化を享受する権利を否定するいかなる障害があるのか、という質問に対し、日本政府代表は、「韓国・朝鮮籍の人々について、種族的、宗教的および言語的少数民族として取り扱った法令は存在していない」と答えるのみで、(ii) (iii)には答えなかった。またここで、HRCが「朝鮮民族出身者」と言ったのに対し、政府は「韓国・朝鮮籍の人々」として、50万人近くいる日本国籍の韓・朝鮮人（そのほとんどが国籍取得にあたり日本人名に変えている）を除外した。

iii) 朝鮮学校を含む外国人学校に対する差別的処遇に関しては進展があるか。

背景：外国人学校卒業生の国立大学受験資格について、政府は、母国の学校で提供されている教育と法的に同等のものであると位置づけられた教育をおこなっているものと「公的に確認」できる外国人学校等に大学受験資格を拡大したが、朝鮮学校については朝鮮民主主義人民共和国と国交がないので「公的に確認」ができないとして学校単位での大学受験資格を認めなかった[6]。現在も、卒業生個々人が、志望する各大学から個別に高校卒業と同等以上の学力があると認められなければ大学受験資格が認められない。その他の外国人学校も、朝鮮学校と同様に、日本の学校と比べて制度的に差別されており、正規の学校として認められていない。

iv) 被差別部落に対して、日本報告書で2002年に特別措置法を終了したとしているが、その後の措置としてどのような施策を想定しているか。また、上記の措置を検討する根拠となる、特別措置法終了後の被差別部落の状況について、どのような調査を行なっているか。

背景[7]：1969年の同和対策事業特別措置法制定以降の同和行政によって、環境改善面を中心に部落の実態は改善されてきている。また、この間の教育・啓発活動によって、部落に対する差別的な見方も改善されてきている。しかしながら、2005年度に鳥取県や大阪府等の自治体によって実施された県民や府民の意識の実態に関する調査などから明らかなように、部落に対する否定的な見方は依然として深刻なものがある。また、これまでの特別措置に基づく施策に対する「ねたみ差別」も強く、こうした問題を克服するための積極的な教育・啓発が求められている。また、「特別措置法」終了後の、被差別部落出身者の進学率や就職率などの現状を明らかにし、適切な施策を実施するため、政府は部落の実態を調査する必要があるが、そのような調査は行なわれていない。

v) 婚外子に対する差別について、1998年の第4回報告書審議時より、政府が状況改善の必要性をすでに認めていることをうけ、これまでに日本政府がこの問題に対して遂行した対策の内容を説明し、関連の法改正・啓発活動を含め今後実行される措置の具体的見通しを述べること。

背景[8]：婚外子の相続分が嫡出子の2分の1とされている問題については、自由権規約をはじめとする条約機関から再三の改善勧告を受けているにも関わらず、いまだに改善されていない。

また、出生届でも、依然として嫡出子かそうでないかという記載欄が残存しており、婚外子であることは戸籍で直ちに判明する事柄となっている。婚外子の相続分に関わる民法の改正は、1996年に法務省の法制審議会答申で提案されているにも関わらず、いまだに国会に上程されていない。日本政府は第5回報告書において、婚外子の差別的続柄記載について「当事者の申出に基づいて更正できることとされた。」と述べている。しかし、同制度導入後も、一部の当事者の申し出[9]については、公務員の事務負担を理由に拒否されている。

日本政府は、前回審査の際、「パンフレットを作成して配布している」と答弁しているが、このようなパンフレットの実在は知られていない。法務省人権擁護局は「人権教育のための国連10年」の国内行動計画においてを含め、婚外子を人権啓発の対象として取り上げたことは全くない。

婚外子は母の氏を称するとされ、父の氏を称する時には、家庭裁判所の審判をうけなればならない。父に配偶者がいたり配偶者の子である嫡出子がいた時には、裁判所が配偶者や嫡出子の意向を聞くという慣行が行われている。氏の呼称は人格権であるので、これは婚外子の人権を他者の支配下に置く行為であり、法制度の改正が必要である。日本政府は、国連から差別的であるから法制度や慣行から除くように勧告されている「嫡出でない子」という語を使い続けている。これは日本政府が条約を遵守して、国内法を整備する意志がないことを示している。

b) 以下のような、規約に反する人権侵害につながる国内法制度に関して、改正の予定はあるか。

i) 被差別部落出身者や婚外子に対する差別が起因する一つの要素である戸籍制度の抜本改正について

背景[10]：日本における市民登録である戸籍には、人権侵害につながる記載が無批判になされてきた経緯がある。戸籍は家族単位で記載され、また祖先の出身をたどることができるので、婚姻の状況や親族関係、また被差別部落出身であることや外国籍からの帰化などを知ることができる。企業や個人に委託された調査会社などが法曹資格者に依頼し、法曹資格者が不正に職務権限を行使して戸籍を不正取得している実態がある。その結果として、被差別部落出身者や婚外子が結婚・就職において差別を受ける事例が多発している。この戸籍の不正取得については、実際に手を汚した法曹資格者が処分されることがあっても、依頼した企業や個人が処罰されることは

1) 詳細は中国帰国者サービスによる意見書を参照のこと
2) 最近の例として、2007年12月、在日外国人（主に植民地出身者の子孫であるコリアン）障害者が、年金制度から排除されていることについて、日本政府に国際人権規約違反（特に、自由権規約26条違反）として提訴した裁判で、最高裁が原告の訴えを棄却した。（在日無年金問題については、在日本朝鮮人人権協会からの提供情報を参照のこと）
3) 詳細は、アジア女性資料センターからの情報提供を参照のこと
4) 詳細は、部落解放・人権研究所の情報提供文書参照
5) 詳細は、移住労働者と連帯する全国ネットワーク他、および部落解放・人権研究所の情報提供文書参照

6) 同じく国交がない台湾系学校については、財団法人交流協会を通じて「公的に確認」を行うという柔軟な姿勢をとっており、差別的取り扱いである。
7) 詳細は、部落解放・人権研究所の情報提供文書参照
8) 詳細は、添付資料①参照
9) 既婚の婚外子の、出生時の戸籍など。それらの戸籍にある差別的続柄記載は全て見ることができる。
10) 詳細は、部落解放・人権研究所の提供情報、および添付資料②参照

ない。戸籍を個人単位にするか、事件別の登録にするなど、戸籍制度の抜本的改革、ならびに戸籍の不法取得やそれに基づく差別への対策が不可欠である。とりわけ、不法取得を防止するために有効な方策として、戸籍謄本等を取られた本人に通知が行く制度を早急に導入する必要がある。

ii) 国籍法・外国人登録法・入国管理法による、日本で生まれ育った者を含む外国籍者などへの差別について

背景[11]：日本の国籍法下では、父親が日本国籍で母親が外国籍である婚外子は、胎内にいるときに認知を受けなければ、日本国籍を取得することができない。

外国人登録法は、外国人登録証明書を常時携帯していない永住外国人を含む外国人を罰則（刑事罰または行政罰）の対象とするという差別的なものである。

日本政府は、第4回報告書審査の最終見解における委員会の勧告に従わず、在日韓国・朝鮮人の二世、三世などの永住者が出国する際に再入国許可申請を課し、法務大臣の裁量で不許可にできる出入国管理及び難民認定法第26条を変わることなく存続させている。

2000年8月には、国務大臣（内閣総理大臣臨時代理）答弁書として、上記の問題に対するHRCの勧告を否定する見解を示している。また政府は2006年7月5日、いわゆる「朝鮮籍」を有する在日コリアンの人びとの再入国許可申請に制約を加える、入国管理局長通達「北朝鮮による飛翔体発射に関する官房長官発表に基づく措置について」（法務省管在第2477号）を発し、再び再入国許可制度を外国籍者に対する制裁に使っている。入国管理法はさらに、2006年に改訂され、ほとんどの外国人から入国の際に生態情報（指紋と顔写真）を一方的に収集する制度が採用された（後述）。

c) 2006年5月に入国管理法を改訂し、2007年11月から日本への入国時、大多数の外国人の生体情報（指紋・顔写真）を一方的に収集・管理する制度を導入した経緯について説明すること。また、今後改正の予定はあるか。

背景[12]：2007年11月に施行された改定入管法は、大多数の外国人の個人情報を、「テロの未然防止」を理由に強制的・一方的に収集・管理するもので、外国人であることのみを理由として「テロ容疑者」として見なす人種差別的制度であるとして、専門的見地からも問題点が指摘されているところである。

d) 沖縄人の人権状況、とりわけ米軍基地の集中によりもたらされるとくに女性や子どもを犠牲者とする人権侵害事例に関して、具体的にどのような対応策を講じる予定であるか。また、沖縄人の人種差別実態や歴史的、文化的アイデンティティおよび民族性の否定の現状に対し、どのような認識を持っており、それへの対処方針を持っているか。

背景[13]：沖縄人は、1879年に日本に強制統合されるまで、独自な歴史や文化を育んできたが、こうした権利は保障されず、先住民族性はおろか民族性すら認められていない。また、第2次世界大戦終戦後、沖縄はアメリカの支配下に置かれ、現在も、日米政府の合意の下で沖縄に集中する米軍基地は多くの住民に被害を及ぼしており、米軍人の地位を定めた日米地位協定には沖縄人の人権を保障するための条項が含まれておらず、女性や子どもの被害者に苦痛を強いている。また、2007年の教科書検定で、第二次大戦における沖縄人の集団自決が旧日本軍の命令によるものであるという記載に関して文部科学省から修正を求める意見がつけられ、その結果当該記述が教科書から削除された事態もある。

4. 刑事被拘禁者の取扱い、公正な裁判（7,9,10,14条）

a) 警察内部で留置部門・捜査部門に分かれているとはいえ、いまだに代用監獄制度をとっていることに関して、改善の予定はあるか。また、書面による取調べ記録の作成・保存に加え、今後、電磁的な方法での記録を導入するなど、取調べの全面的な可視化にむけた措置を進める見通しはあるか。

背景：政府は、警察の中で留置部門と捜査部門を分けていることを強く主張しているが、代用監獄制度が依然として維持されていることには変化がない。

2008年1月、警視庁が「警察捜査における取調べ適正化指針」を発表し、警察での取調べの内容を監督・一部可視化するための措置を提示したが、取調べへの弁護人の立会いの保障やビデオでの監視、第3者機関による監視などには触れられておらず、取調べの全面的な可視化がはかられているとは言いがたい。

b) 新刑事訴訟法のもとで、警察・警察保有記録ならびに捜査の過程で収集した証拠への弁護側のアクセスは、どのように保障されているか。これらの証拠が開示されるプロセスについて、開示の可否を判断する主体ならびにその際の判断基準を含めて、具体的に説明すること。

背景[14]：新刑訴法のもとでも、弁護側には警察・検察側の証拠リストが開示されないので、弁護側が証拠開示請求をしようとする際に、どのような証拠が収集されているのかわからないのが現状である。この点は、前回審査における委員会からの指摘にも関わらず改善されていない。また、証拠開示の可否を判断するのは検察官であり、原則開示義務とはなっていない。

c) 再審請求のために検察官手持ちの裁判未提出記録への弁護人のアクセスは保障されているか。誤判からの救済のための手続きはどのように整備されているか。

背景：裁判後も証拠は隠し続けられる。2007年に重大な誤判のケースが明らかになった。2002年、富山県でおきた強姦・強姦未遂事件で、警察の取調べにおける自白を根拠として有罪判決を受けた男性が、2年9ヵ月も服役後に真犯人が判明し無実であることが判明した。男性のアリバイを示す電話記録などが裁判には出されなかった。

自白したとして有罪判決を受けたが、えん罪を主張して何十年も再審請求をしている元被告が日本には多くいるが、再審の要件は制限されている。日本の法律では、新証拠の発見が再審を開始する要件とされているが、再審を請求する側への証拠開示を保障する制度はなく、実際にも、何十年も経過しながら検察官手持ち証拠が開示されていないと訴える元被告が多く存在する。

d) 未決被拘禁者に対する人権侵害について、改善の予定はあるか。

背景：前述のとおり、政府は、警察の中で留置部門と捜査部門を分けていることを強く主張しているが、代用監獄制度が依然として維持されていることには変化がない。

「警察捜査における取調べ適正化指針」において、各種捜査取調べ技法のうち、拷問や虐待にあたると考えられるものを明確に禁止し、犯罪化することは見送られている。また、長時間かつ深夜にわたる取調べが「やむをえない」場合において、事前の許可があればなお可能となること、禁じられた「監督対象行為」への違反が犯罪化されず、罰則も明らかでないなど、問題が多い。

現在も、検察による勾留請求はほとんどの場合認められており、安易な身柄拘束が行なわれている。また、起訴された者の99.9％以上が有罪判決を言い渡される状況下で、冤罪事件が後を絶たない。

e) 刑事被拘禁者、ならびに死刑確定者の処遇、とくに医療の問題について、改善の予定はあるか。

背景：刑事被拘禁者の医療状況は、非常に劣悪な状況にある。刑事被拘禁者の医療にあたる医師の体制が不十分で対応しきれず、歯科の治療のために6ヶ月から1年待たなければならない状況や、準看護士の資格を取った刑務官が医療措置をとるような状況が生じている。刑事被拘禁者への医療には保健が適用されないこともあり、医療費となる矯正当局の予算が大幅に不足している。このような現状のなか、医療にあたる担当者の質も下落し、医師による受刑者への悪質な虐待事件などが発生している。

死刑確定者については、面会できる範囲を広げる通達が法務省から出されたが、実際には、面会許可が出るのは非常に限定的な範囲であり、またメディアの取材などは一切認められていない。

f) 違法に逮捕、拘禁された者への賠償について、改善の予定はあるか。

背景：政府は、第3回政府報告第2部9条4.（a），（b）において、違法に逮捕、拘禁された者への賠償について報告している。しかし、無罪判決が確定した被告人に対して、刑事補償法は限定的であり、実際に被った損害や精神的な苦痛の補償とはいえない。また、逮捕、勾留されたが起訴されなかった被疑者に対して検察官が補償しないと判断した場合は、異議申し立てができない。それらの場合に賠償を求めるには国家賠償法による訴訟によるほかない。しかし、その訴訟により、警察官の責任が明らかにされ賠償を認めることは非常に希であり、検察官のそれが認められたことは未だかってない。

5. 報告書作成プロセス（40条）

a）日本政府は、規約に定められた人権に関する義務の履行に関して、市民社会と具体的にどのような協議プロセスを持っているか。その結果を、どのように報告書に反映させているか。

背景：ここ数年、国際人権システムの国内実施に関する政府と市民社会との間の協議プロセスは、決定的に失敗している。日本政府が人種差別撤廃条約、女性差別撤廃条約、子どもの権利条約、社会権規約などの政府報告書作成に関して設定した意見交換会の場では、その協議プロセスが、条約の理念に反するグループに対応しきれず、実りある市民参加を実現できていない。例えば、2007年8月には、人種差別撤廃条約の次回政府報告書作成に関する意見交換会において、差別撤廃を求める発言者に対し誹謗中傷・差別発言がなされたことがきっかけで会議が中断し、政府と当事者との貴重な意見交換の場を失う重大な問題を残した[15]。

11) 詳細は、移住労働者と連帯する全国ネットワーク他、および部落解放・人権研究所の情報提供文書参照
12) 添付資料③参照
13) 詳細は、部落解放・人権研究所提供情報を参照のこと。
14) 詳細は、部落解放同盟中央本部提供情報を参照のこと。
15) 詳細は添付資料④参照
16) 政策評価が発表されてから、それに対する意見募集が行なわれるが、次回の政策評価などにそれをどう活かすかは明らかにされない。

このような現状に対し政府は、条約・国連人権システムの積極的実施をめざす国内対話を模索するどころか、UPRに関して市民社会との意見交換会を開催しないなど、国内対話自体を放棄する方向に向かっている。

また、外務省が行なう人権政策を含む政策評価には、NGOやマイノリティ当事者が参画する余地がないため[16]、人権の保護・促進に関する活動について、どこまで実態に即した評価になっているかには疑問が残る。

今回の政府報告作成に関しては、2001年と2003年に1度ずつ政府とNGOとの会合が開催され、またウェブサイトを通じた意見募集も行なわれたが、NGOの意見を一方的に聞くだけのヒアリングになっており、相互的な意見交換は全くなされていない。NGOの意見への政府からの回答も全くない状態である。

〈参考〉ICCPR・第5回日本政府報告書　目次

（注）本報告書に記載されている内容は、具体的日付が明記されているものを除き、第4回政府報告提出後の1997年7月から2004年3月時点のものである。

代表理事・事務局長が替わりました

2008年6月1日から、代表理事の一部と事務局長が替わり、新しい執行部でスタートしています。5月開催の理事会で、弘中惇一郎、庭山正一郎両氏の代表理事退任と、新たに、羽柴駿、喜田村洋一、三宅弘各氏の代表理事就任が承認され、5月31日開催の総会で報告・了承されました。これにより、代表理事は2008年度から田中宏、紙谷雅子両氏とあわせ5人体制となります。

また、事務局長も古本晴英氏が就任しました。同氏は、日弁連の嘱託を勤めるかたわら、4人の子育てにも奔走する、エネルギッシュな気鋭の弁護士です。前事務局長の山田健太は、当面、渉外・人権新聞等で事務局をサポートすることになります。

新代表理事の横顔

羽柴　駿（はしば・しゅん）

第2次大戦後の日本は豊かで安全・平和な社会を作り上げてきました。同時に、単一民族社会の神話に典型的に表れているように、言語、宗教、風俗習慣から皮膚の色まで何もかもが共通であり、同一の集団として行動することを得意とする日本社会は、ともすれば異端を排斥し、没個性的に生きることを無意識のうちに強いる均質社会でもありました。人権保障の中心的課題である少数者の保護と差別の撤廃というものは、このような均質社会である日本社会が最も苦手とするところでもあります。

JCLUは戦後の創立期を除いて常に、弁護士、学者を中心とした良心的ではあるけれどもしかしごく少数のリベラル派知識人によって担われてきました。会員の拡大と財政状態の改善とは、私が会員となった30年以上前から絶えず叫ばれ、そして現在に至るまで一向に改善されない課題でもあります。しかし、嘆いてばかりいても何も解決されません。グローバル化の波が世界中を席巻しつつある現在、私たち人権派もまた世界中の仲間と手をつなぎ、ともすれば強者の論理のみが横行する国際資本主義の荒波の中で、不当な差別にさらされる人々のために声をあげ続けてゆかねばなりません。疑う余地なく人権は、今後も世界共通の理念として守り育ててゆかれるべきものなのですから。

一人でも多くの皆さんがJCLUに加わり、一緒に活動を担って下さることを期待します。

＊　＊

1947年3月、愛知県生まれ。一橋大学法学部卒。司法研修所を修了し（25期）、1973年弁護士登録（第二東京弁護士会）、現在に至る。登録当初からJCLUに加わり、事務局次長、理事、事務局長などを務め、2008年度より代表理事。これまでに手がけた主な事件は、JCLUの支援事件では薬害スモン訴訟、台湾人元日本兵戦死傷補償請求訴訟など。大島渚監督「愛のコリーダ」わいせつ裁判、ピース缶爆弾事件、リクルート事件など多数の刑事事件を弁護人として担当し、獲得した無罪判決はこれまでに合計6件。また、東京地方裁判所選任の破産管財人、あるいは民事再生監督委員として多数の倒産企業を整理、再建してきた。

主な著書に、「刑事法廷」（ちくま新書、筑摩書房）。以下はいずれもJCLU編（共著）「市民的自由の広がり」（新評論）、「アメリカ発　グローバル化時代の人権」（明石書店）、「ニッポン企業人権宣言」（ダイヤモンド社）、「高校生のための人権宣言」（ピレッジプレス）、「アメリカのめざす人権　ACLUポリシーガイド」（明石書店）。

喜田村洋一（きたむら・よういち）

JCLUが創立され60年が経ちました。私が会員になったのは1975年ですから、後半の30年余りを知っていることになります。

JCLUの姉妹組織であるACLUの会員数は50万人以上とされています。人口と歴史の違いがあるとはいえ、私たちの組織がその千分の1というのは余りに小さすぎます。社会からの認知度という点でも、ACLU が立法、訴訟など様々な分野で幅広い活動を行い、新聞紙上でも ACLU という名称を普通に見かけるのに対し、私たちの活動は残念ながらそれほど認められていません。

このことは私が事務局長を務めていた 10 年以上前から指摘されていましたが、現在も同じ問題が指摘されています。会員数を劇的に増やすことができればよいのですが、そんな魔法の杖はありません。したがって、地道な活動を通じて力をつけていくほかないのですが、限りある人員と財政では全ての人権問題に同じ力を注ぐことはできません。

JCLU の特色の一つは、弁護士、学者の数が多いということですから、これを利用するのが、組織として最も効果的な活動になると思います。具体的には、支援事件を増やすということになります。さらにいえば、JCLU として問題を見出し、訴訟を提起、支援することを積極的に考えたいと思います。ACLU は、「ACLU 対司法長官」といった事件を多数提起し、連邦最高裁などで憲法解釈を引き出しています。JCLU がそういった活動を行うことができれば、「JCLU の十八番の活動領域」とみなされ、他の人権団体や市民の間での認知も高まっていくのではないでしょうか。

事務局長のときは、2 年間という短い期間に協会の業務に習熟し、これを継続するだけで精一杯でした。代表理事となりましたので、もう少し長い目で JCLU の活動を活性化させる方策を考えたいと思います。皆様のご協力をお願いします。

＊　＊

1950 年東京生まれ。1975 年東京大学法学部卒。1977 年弁護士登録（29 期）。1981 年ミシガン大学ロースクール卒。1983 年ニューヨーク州弁護士登録。メディア関係の訴訟を数多く担当する外、刑事事件も取り扱う。

主な著書・論文に『報道被害者と報道の自由』（白水社、1999 年）、『MEMO がとれない――最高裁に挑んだ男たち』（有斐閣、1991 年）、「宣言判決と差止命令」（講座憲法訴訟（第 3 巻）所収、有斐閣、1987 年）。「最高裁の規則制定権――弁護士法との関連」（現代立憲主義の展開下所収、有斐閣、1993 年）、「反対尋問はどのように行うか」（刑事弁護の技術上所収、第一法規、1994 年）、「裁判の公開」（新刑事手続Ⅱ所収、悠々社、2002 年）など。

三宅　弘（みやけ・ひろし）

JCLU に入会したのは、1982 年、司法修習生の時でした。当時、JCLU 本体とその会員も中心となった「情報公開法を求める市民運動」が、日本における情報公開法の制定を求める立法運動をくり広げていました。先進的自治体が情報公開条例を制定し、条例から法律へという新しい形の立法運動でした。JCLU の情報公開小委員会を活動の拠点として、この運動に加わり、情報公開法や条例のモデル案の作成に加わり、案を携えて国会での立法運動などを、くり広げました。また、既にできつつあった地方自治体の情報公開条例に基づく情報公開裁判を数多く担当し、裁判を通じて条例の限界を明らかにして、その改正を求めるという運動にもかかわりました。当時としては、法律家としても新しい分野を開拓しているという感覚がありました。そして、1999 年の情報公開法の制定にまでたどりつきました。自由人権協会は、そのためのベースキャンプであったように思います。この間、1996 ～ 1997 年度に、JCLU の事務局長を務め、JCLU50 周年記念行事を中心的に行いました。

現在は、個人的には、当時からの人的関係を発展させつつ、情報公開法の改正と共に、現代と未来の世代に対する国の説明責任を果たすための日本の政府、国会、裁判所を対象とする公文書管理法の制定を求めています。また、北東アジアの平和と人権擁護のための日本と韓国の市民を中心とする日韓市民フォーラムを毎年開催しており、国際人権憲章を具体化した、アジア人権憲章とそれに基づくアジア人権裁判所の設立を構想していきたいと考えています。こちらは、まだまだ種まきの段階ですが。

JCLU の代表理事として、事務局長時代と同様、様々な人権救済の問題に係わることになりますが、一緒に活動を担ってくださる方々と共に、人権擁護と民主主義の発展のために尽くしていきたいと思います。

＊　＊

1953 年（昭和 28 年）8 月、福井県生まれ。東京大学法学部卒。司法研修所を修了し（35 期）、1983 年弁護士登録（第二東京弁護士会所属）、現在に至る。主として、情報公開小委員会を中心に活動した後、事務局長、理事を務め、2008 年代表理事。法廷でメモがとれることの契機となった法廷メモ事件や、情報公開条例に基づく多数の情報非公開処分取消訴訟に取り組み、情報公開立法運動を促し、その後、個人情報保護法案の修正提案などにもかかわる。

主な著書・論文に、『情報公開』（共著）（学陽書房、1987 年）、『MEMO がとれないー最高裁に挑んだ男たち』（共著）（有斐閣、1991 年）、『情報公開ガイドブック』（花伝社、1995 年）、自由人権協会編『情報公開条例の運用と実務（上）（下）』（信山社、1997 年）、『情報公開法の手引ー逐条分析と立法過程』（花伝社、1999 年）、"How the Freedom of Information Act Became Law in Japan" (May 24 , 2002)、共著『情報公開法解説第 2 版』（三省堂、2003 年）、『情報公開法の見直しと残された課題』（獨協ロー・ジャーナル 2 号、2007 年）、「公文書の管理」『市民的自由の広がり、JCLU 人権と 60 年』（新評論、2007 年）など。

新事務局長の横顔

古本晴英（ふるもと・はるひで）

JCLU の会員になったのは、司法修習生時代に情報公開訴訟に携わったのがきっかけです。その後も多数の会員弁護士に出会い、その自由でダイナミックな活動に感化され、まだ裁判官への任官も検討していた私の進路を方向付けることとなりました。現在の充実した弁護士生活を考えると、JCLU と会員の先輩方、仲間達には感謝の気持ちで一杯です。

JCLU は昨年、更田義彦実行委員長を中心に、60 周年の記念行事を無事に終えました。ときに機動性のなさが会員の批判を浴びることもある JCLU ですが、慎重な意思決定手続こそが 60 年分の重みと影響力を与えることがあることを改めて感じました。長年にわたる諸先輩方の活躍に敬意と感謝の気持ちを新たにしたところです。

華やかな記念行事の陰で、この 2 年間で、JCLU 事務局では、コンピュータシステムの改革、事務所レイアウトの刷新、ファイル整理、財務状況の改善などを行い、会員のサポート体制はかなり充実しました。これらは前事務局長の山田健太さんの功績が大きく、後任者としては作られたレールを走るだけで、たいへん楽をさせていただきます。JCLU は新たな時代を迎えました。

司法改革の弊害で、弁護士のサラリーマン化が懸念されておりますが、人権活動は数の勝負ではありませんし、若手会員の元気の良さは小委員会の活動を見れば一目瞭然です。ロースクールからも、毎年、JCLU をエクスターンシップ（実地研修）先に選ぶ学生が多数います。

伝統と歴史を尊重しつつも、若手会員の自由で多彩な活動を最大限フォローさせていただきたいと考えております。よろしくご指導をお願いいたします。

＊　＊

1971 年生まれ。上智大学法学部を卒業後、司法試験合格。司法研修所を終了し（50 期）、1998 年弁護士登録（東京弁護士会）。登録当初から日弁連で情報問題対策委員会の幹事、委員等を務める。現在は、人権救済調査室室長として、日弁連に申し立てられる年間 300 件を超える人権救済申立事件をさばいている。民事、刑事の訴訟実務のかたわら、弁護士会の個人情報保護対策の実施や、国民生活センターの客員講師として個人情報保護法の講座を担当している。国立市情報公開個人情報保護審査会委員を務めるなど自治体の情報公開制度も研究対象にしている。
JCLU では、2000 年から理事。2004 年から 06 年まで事務局次長。JCLU の支援事件である最高裁判所裁判官会議録非公開国賠事件などを担当した。

主な著書に、『Q&A 個人情報保護法』（三省堂、共著）、『個人情報管理・運用の実務』（新日本法規、共著）。

自由人権協会
大阪・兵庫支部から

プレカリアートって知ってますか

七堂眞紀

本年5月より、自由人権協会大阪兵庫支部の事務局長となりました大阪弁護士会の七堂眞紀と申します。勝手が分からず、至らないことばかりかと思いますが、皆様どうかよろしくお願いいたします。

解雇が無効だ残業代を払え、不当労働行為だ、この人は無実だ冤罪だとか、いろいろとやらせてもらっていますが、ひとつひとつの事件はすべて違う顔をしています。2000年から弁護士をやっているので今年で9年目ですが、いまだにいろいろと悩むことが多い日々です。

さて、自由人権協会大阪兵庫支部では、去る5月17日に神戸市勤労会館にて支部総会を行い、2007年度活動報告、同決算報告、2008年度活動計画及び予算案、役員異動について承認されました。

さらに記念講演として、「生きさせろ！襲来する貧困とプレカリアートの反撃！～雨宮処凛は語る～」と題して、作家の雨宮処凛さんにお話をお聞きしました。雨宮さんは、インタビュー形式を希望されたので、私が聞き手としてインタビューをさせていただきましたが、私はもともと雨宮さんのファンだったので、大変緊張しました。

雨宮さんは、不安定な労働を余儀なくされる層を意味する「プレカリアート」という言葉を日本に広めた功労者と言っても良いかもしれません。ロストジェネレーションと呼ばれる世代が、派遣、パート、偽装請負など雇用を中心としていろいろな意味で不安定な状態を余儀なくされている実態を話していただきました。

とくに製造業派遣は、「全国の工場を短期有期で転々とせざるを得ず、低賃金激務の長時間労働、工場までの交通費も請求されたりする、必要費を払うとほとんどお金は残らない、寮でも監視され、入場カードはサラ金のカードを兼ねている、スタンガンで脅されながら仕事をしている職場さえある」という状況だということで、かなり想像を絶するものでした。

また、雨宮さんが参加した「自由と生存のためのメーデー」の映像を再生し、若者たちが中心となって新宿で約1000人が参加してデモをやったときの様子を見せていただきました。新宿（アルタ前）での大規模デモは40年ぶりとのことで、音楽をかけて踊りながら若者がシュプレヒコールする姿はとても印象的でした。私自身は、韓国やフランスでは若者が集会やデモをするが、日本では集会やデモには年寄りしか集まらないと思っておりましたが、やはり若者たちがここまで追い詰められ、怒っていることから、今起きていることを真摯に受け止めなければいけないと強く思いました。

年配のいわゆる左翼の中には、雨宮さんのことを「世代意識が強すぎる」と言う人もいます。が、私自身は、彼女の話を聞いて、日本での労働者の急激かつ大々的な非正規化の影響をもろにかぶった最初の世代の状況を、他の世代はもっと知る必要があることを認識すべきではないかと思いました。彼女は、「若者のユニオンも、既存の労働組合から団体交渉やストライキについて教えてもらいながら取り組んでいる。他の世代とも連帯して状況を変えて行きたい」と言っておられました。

最近、製造業派遣の若者が秋葉原で無差別殺人を起こし、マスコミで大きな話題となっていますが、まさに、ロストジェネレーションとプレカリアートの問題は、今の日本の人権問題としては、もっとも重大かつ緊急なテーマです。その第一人者とも言える雨宮さんにお話が聞けたことは極めて有意義であり、参加者の反応もよく、講演会は無事成功に終わりました。

（大阪・兵庫支部事務局長、弁護士）

海野普吉・JCLU初代理事長の没後四十年記念集会に参加して

三宅　弘

（代表理事、弁護士）

2008年7月6日、静岡市内のもくせい会館において、弁護士海野普吉没後40周年記念集会が開催された。以下、集会での挨拶を記し報告にかえたい。

開会にあたり、記念集会実行委員長の大橋昭夫弁護士が、海野弁護士の生い立ちをはじめ、その足跡を紹介した。この集会を開催することで、海野弁護士がどのような思いで弁護士となり、どのような思いで人生を送ったのかについて知ることは、今を生きる私たちにとっても大切なものであると述べた。次いで、静岡県近代史研究会会長である荒川幸二静岡大学教授が、海野弁護士が裁判にかかわる関係資料を読み込んだという逸話は、事実を掘り下げる歴史研究にとっても通じるものである。さらに、海野弁護士は広い視野を有しており、沖縄問題についてもそのきっかけは海野先生の問題提起である。思想的にも安定し、時代の深いところを見る目をお持ちだった、と述べた。

海野法律事務所の門下生からなる海野会を代表して、小田成光弁護士が挨拶に立った。海野門下は20人で、そのうち物故者は10人である。小田弁護士は、1957年から海野先生の事務所に入られた。事務所には、自由人権協会と青年法律家協会の事務局があったということである。海野弁護士が日弁連会長を務めた直後の事務所には仕事がなく、修習生時代よりも低い車代しかいただけなかったようである。伊達判決について、米軍駐留が憲法9条違反と判示したことについて、最高裁の統治行為論の判決直後に弁護団を代表して、「右手にハンカチを握り締め、祖国を愛する学生諸君、平和を愛する労働者諸君。と呼びかけ、戦前国を誤らせたのは誰か…。戦いはこれからだ。今から国民の総力を結集し、これに答えよう」と述べられた。

さらに、横浜事件の竹澤哲夫弁護団長が、再審開始決定の際に喜んだこと、しかし、再審手続では無罪ではなく、事件の中味を吟味しない免訴判決だったとして、最高裁の今井補足意見をあげ、「免訴判決によって、有罪の確定判決がその効力を失う結果、被告人の不利益は完全にくつがえされることとなる」として、有罪の根拠は完全に消えているという趣旨がこめられている、と述べられた。

日本評論社会長の大石進氏からは、法律時報の編集長時代に、1967年3月から翌年5月までの15か月、海野弁護士の聞き語りをしたときのエピソードが話された。戦前の海野弁護士は、あるときから変わり、社会的活動もされた。河合栄次郎事件で出版法違反とされたとき、海野弁護士の弁護を受けた。横浜事件でも日評の編集者が逮捕された。その横浜事件では、海野弁護士が最後に裁判官と手打ちをしたミスを取り返すべく、その反省点に立脚して戦後、人権、護憲、沖縄と活動していた。そのことは、第二東京弁護士会の性格、さらには日弁連の人権擁護活動を性格づけてきたのだろうと思っている、と述べられた。

砂川事件関係者の土屋源太郎氏から、海野弁護団長が、平和憲法を守る、憲法9条に照らし、米軍駐留自体が憲法違反であり、かつ逮捕は違憲であるという、本質を見極めて戦うべきこと、さらに伊達判決に対し、飛躍上告がなされたことから怒っていて「何かある」と感じていたことなどを、話された。

JCLUを代表して出席した三宅から、JCLU機関紙である「人権新聞」を引用しつつ、協会における海野弁護士の足跡について紹介した。1947年5月に、ACLUロジャー・ボールドウィン氏が来日し、その際に「ぜひ日本人も個人の尊厳を守り、自由と人権とを擁護するために団結すべきであると強い示唆を与えてくれた」。これを受けて、JCLUは、1947年11月に設立され、初代理事長に海野普吉弁護士が就任した。1950年12月に創刊された人権新聞において、海野理事長は、JCLUについて、「日本に於る唯一の不偏不党の民間人権擁護の団体」と評している。また、1951年2月1日に、人権新聞3号では「忘れ得ぬ国連傍聴の半日」と題して、「あんな戦いさえしなかったら、日本代表はいるここで、アジアの第三勢力として、世界平和の鍵を握っていただろうと思うと、死んだ児の歳を数える愚だとは知りながらも、胸にグッと来る興奮をどうしようもなかった」と述べている。

1954年2月には、復帰前の米国占領下の沖縄人権問題の調査に着手している。現在、沖縄の平和祈念資料館には、自由人権協会の沖縄調査について展示されている。さらに海野理事長は、1964年1月1日の人権新聞102号では「改憲問題と本協会の立場」と題して、憲法擁護の立場を明らかにしている。その後のJCLUは、海野理事長の志を受け継いで、不偏不党の立場で様々な自由と人権の活動へ広がった。たとえば、サリドマイド薬害訴訟支援、情報公開法を求める市民の運動などでも、大きな社会的影響を与えた、などとその足跡を紹介した。

その後、橋本誠一静岡大学教授から「弁護士海野普吉から学ぶこと」と題した講演があり、人権は党派性を超えてすべての人に当てはまる。法律の専門家にいま求められているのは「法への忠誠」である、と指摘した。以下、少し長くなるが、講演内容を紹介しておきたい。

海野事務所に所属した芦田浩志弁護士は、事件については法廷でこそ発言すべきであり、そのため法廷における言論の自由をもたねばならないとの信念を貫かれた。しかし海野自身、審理中の事件についてあえて社会的発言をなす場合があった。砂川事件上告審口頭弁論は、司法権の独立も国家主権も蔑ろにされた中で進められていたからある。だからこそ、最高裁裁判官に対して〈法への忠誠〉を訴えたかったのではないか。

そしてそれは文字通り、海野自身の生き方を貫くものでもあった。端的に示すものとして、自由人権協会の活動などに代表される人権擁護活動をあげることができる。海野の人権擁護活動への取組みは、何よりも〈確固とした態度〉や〈一貫した姿勢〉などのキーワードで特徴づけることができるだろう。それは、次のような海野自身の発言からもうかがえる。「いかなる状勢の変化がきても、まもるべき私どもの一線たる、自由と基本的人権の擁護については、何らの変化を来たすべきでない。私どもはこの一線をまもるために最大の決意を要することを再認識せねばならないと思う」。

ここで海野は、日本における人権状況を歴史的視点から眺め、それは戦争という惨たんたる犠牲を払って日本国民が手に入れたものであるというだけでなく、今後も長期間にわたる国民自身の戦い＝権利運動によって勝ち取られていくものであることを展望している。森川金壽との共著である『人権の法律相談』は、さしずめ日本国民が自ら人権を戦いとるための手引、「権利のための闘争」の手引という意味合いが込められていたといえるのではないか。そして、人権問題と政治問題を峻別するのは実際には困難な場合が多かったと思われるが、海野は両者を峻別することにこだわり続けた。両者を混同すること、あるいは政治問題を人権問題に優先することは、人権運動の属性（普遍性）を拒否することにつながりかねないと考えたからであろう。

また、吉野源三郎は海野を評して「あれだけの大きな人物は、そう他に求めることはできない。一以って貫くなどと私は書いたが、大河が平原を横断するように悠々と貫いていった感じである」と言っている。河合栄次郎事件で一緒に特別弁護人として法廷に立った木村健康は、勇敢きわまりない人である一方、人に接するときにはいんぎん丁重で、この上なく謙虚な方であった。弁護の進め方の完璧さと事務処理の迅速さや遺漏なさは、驚嘆すべきものがあった、という。

続いて、海野門下生の集まりである海野会の事務局代表である柳沼八郎弁護士は、「海（海野）は広く、深かった。私たちはその中を自由に泳ぐことができた」と思い出を語った。海野先生は余分なものを知らない先生だった。法律家であり、啓蒙家であり、人生の師であった。お供をした初めての出張は静岡で、先生が71歳のときであり、先生の人間性にも感化を受けた。その時にも、「横浜事件だけは、まことに不本意」と言われた。横浜事件の記録も焼かれ、無念であるが、事件をして終結せざるをえなかった。

最後に、市原正恵氏から閉会の辞があった。2月に実行委員会を立ち上げて、良い機会を持ててよかった。また、パンフレットができたこともうれしい。なぜ、海野普吉か、というと、9条を守るという観点から、静岡の生んだすばらしい人物、不戦の人物を顕彰することができた、とまとめられた。約160人が参集して、もくせい会館の会場を埋め、盛況のうちに、記念の集会が終った。その後、関係者による会食がなされ、さらに多くの方々から、海野先生の思い出等が話された。会に先立って同市の法蔵禅寺では墓前祭も行われた。

あたごの杜から
事務局長日誌

編集作業を進めるさなか、原後山治・元代表理事の訃報に接しました。当協会を活動の柱を作り育ててくださった方を失う寂しさは言葉になりません。心よりご冥福をお祈りいたします。ちょうど本号では、海野初代理事長の回顧を掲載していますが、人権思想の定着のためにまさに闘い、獲得した時代との「継続」をいかにはかるのかは、「戦争」体験の断絶が語られると同様、重要な課題であろうと思います。

事務局長職2年間の締めくくりとして発行するはずだった当号は、結局夏を越してしまい、皆さんには「休刊？！」などと陰口をたたかれる状況に陥りましたことを、まずもってお詫び申しあげます。

＊　＊

特集テーマでは久しぶりの政府報告書審査となった自由権規約を取りあげていますが、これまでの4回はJCLUを挙げての取り組みを行い、会としてのカウンターレポートの発行などもしてきただけに、今回は十分な対応ができなかったことには忸怩たる思いがあります。しかし実際は、当協会の会員がそれぞれに所属のNGOで精力的な活動をされているのをみるにつけ、これ自体、国内の人権活動のありようの変化だと思います。JCLUのような「総合的」な人権擁護活動を行う団体としての運動の在り方を考えるきっかけでもあります。

今回の条約機関の審査には直接関係ないものの、この夏には無事、国連NGO資格を継続取得できたことを思えば、国際人権の分野においてできることがまだまだいっぱいあるばかりか、その必要性はさらに高まっていることはいうまでもありません。そうした意味では、この号で扱った自由権規約だけでなく、ちょうどいま、さまざまな人権条約の政府報告書の公表・審査がなされているなか、その検討やフォローアップに積極的に取り組む必要があると思います。

具体的には、08年春にはUPR（普遍的・定期的レビュー）がありました。国連では、人権分野への対処能力強化を目的として、06年3月に採択された総会決議に基づき旧・人権委員会に替えて人権理事会が創設されました。それに基づき、国連加盟国（192ヶ国）すべての国の人権状況を普遍的に審査する枠組みとして盛り込まれた制度であって、人権理事会理事国の勤めとして優先的に日本が審査を受けたものです。この新しい人権審査制度をどう使いこなすのか、フォローアップ作業は当協会の得意分野といえるかもしれません。

95年に加入した人種差別撤廃条約は、つい先日08年8月に提出・公表された第3・4・5・6回の政府報告書の審査が間近に迫っています。07年に行われた外務省主催の一般公開意見交換会が紛糾し、途中中断をしたままになっている経緯があるだけに、国内人権員会の設置問題（人権擁護法案の扱い）とも絡み、目が離せません。まずは、早急に報告書の内容を検討し、審査に向けてのカウンターレポート等の対応を考えねばなりません。

99年に加入した拷問禁止条約は、05年12月の第1回政府報告書の提出、それに対する委員会の勧告（07年5月、仮訳発表は8月）、1年以内の回答を求められていた政府の再反論の公表と続いており、すでにNGOネットワーク間で情報の共有と具体的な検討・活動が進んでいます。

また、85年に締結された女子差別撤廃条約（CEDAW）は、08年4月までにすでに6回の報告がなされていますが、08年には政府委員に当協会の理事・事務局長であった林陽子弁護士が就任されました（任期4年）。林弁護士はこれまでも、国連人権の保護・促進小委員会委員代理として国連人権活動とJCLUの橋渡しをしてくださっていました。

ほかにも、94年に批准した子どもの権利条約も第3回政府報告書も08年4月に公表されたばかりですし、07年に署名が行われた強制失踪条約や障害者権利条約についても、今後、その活用法について、さらなるアイデアと実践を積み上げていかなければならない状況にあります。もちろん、自由権規約と国際人権規約の両輪をなす社会権規約対応も忘れてはなりません。

＊　＊

もう1つ、この2年間に表現の自由の問題がいろいろと起こりました。放送に関わる問題としては、放送法改正や「有害」情報規制法、さらに情報通信法構想など、息つく暇もありませんでした。思想・良心の自由にも関わる、君が代訴訟やビラ配布訴訟、沖縄集団自決訴訟なども、危機感を募らせるものであります。社会の雰囲気は、日教組集会等の中止事件や靖国映画の上映延期にも現れています。こうした事件・立法・行政姿勢当を通じ、これまでの「当たり前」が次々と崩れ、表現の自由の軽さを思わずにはいられません。

JCLUの中心テーマが発足時より、言論・表現の自由の擁護であることを思うとき、この分野における当協会の役割は極めて重大であると思わざるを得ません。引き続き今後も、訴訟支援、例会等を通じ、是非とも具体的な活動が積極的に展開されることを願います。

最後に、初めての弁護士会員以外からの事務局長として、法律専門家以外への会員拡大や、他団体とのコラボレーション、一般市民向けの集会など、これまでと少しだけ違った目線と感覚での事務局運営をめざしましたが、その結果、多くの方にご苦労ご面倒をおかけしたことと思っています。ちょうど60周年事業ともかさなり、代表理事はじめ多くの会員の皆さまには本当に多くの力をお借りいたしました。この場をお借りして改めて感謝申しあげます。どうもありがとうございました。（前事務局長　山田健太）

＊　＊

本号までの編集は、飯田正剛、加城千波、近藤卓史、升味佐江子、三浦早結理、山田健太（順不同）の6人で行いました。

【発行日】2008年9月29日　【発　行】社団法人 自由人権協会
〒105-0002 東京都港区愛宕1-6-7 愛宕山弁護士ビル306
TEL:03-3437-5466　FAX:03-3578-6687　URL:http://jclu.org/　Mail:jclu@jclu.org
（大阪・兵庫支部）
〒530-0047 大阪市北区西天満1-10-8 西天満 第11松屋ビル3F 堺筋共同法律事務所内
FAX:06-6364-3054
協会設立:1947.11.23　本紙創刊:1950.5.1　購読料:年間2,500円　郵便振替:00180-3-62718　発行人:古本晴英
JCLU 社団法人 自由人権協会

人権新聞 Japan Civil Liberties Union
JCLU Newsletter
発行所 社団法人 自由人権協会
JCLU
〒105-0002 東京都港区愛宕1-6-7 愛宕山弁護士ビル306
TEL:03-3437-5466 FAX:03-3578-6687
URL:http://jclu.org/ Mail:jclu@jclu.org
協会設立:1947.11.23
本紙創刊:1950.5.1
購読料:年間2,500円

国連女性差別撤廃委員会の活動について
—初の民間出身委員である林陽子弁護士に聞く—

国連女性差別撤廃委員会は、1979年に国連総会で採択された「女性差別撤廃条約」(CEDAW)の実施状況を検討するために設置された条約機関であり、同条約は国連加盟国192ヶ国のうち185ヶ国が批准しています。女性差別撤廃委員会は、条約締結国による選挙によって選出された23名の委員によって構成されており、委員は自国政府の政策に拘束されない個人として職務を遂行するとされています(第17条1項参照)。

日本政府は1985年にCEDAWを批准しました。これまで日本から選出された委員は全て現職の公務員ないし元公務員であり、林陽子弁護士は、日本から選出された、公務員ではない初の委員であり、2008年1月から活動されています。

今般、ジュネーブ訪問の直前の多忙な折に、林弁護士にインタビューの機会を設けていただきましたので、下記のとおりご報告いたします。

Q. 女性差別撤廃委員会での活動の具体的内容を聞かせてください。

女性差別撤廃委員会は、年2回、ジュネーブで開催され、1回あたりの会期は3週間です(ただし、2010年以降年3回開催)。作業部会に所属すると、前後1週間を加えた合計5週間となります。

委員会では、批准国が4年に1度提出する条約実施状況に関する政府報告書が審議対象であり、1会期で8ヶ国程度の報告書を審議します。委員は、審議対象の政府報告書と、当該国のNGOが作成した女性差別の現状についてのレポートを読み、委員会で質疑応答を行い、意見をまとめて当該国に対して勧告を出します。委員会での質問は委員1人2回までと決められているので、委員全員が平等に質問の機会を持つことができます。会期中は、1日あたり午前・午後の各3時間会議を行い、1日1ヶ国の報告書を審議します。それ以外は、午後1時から3時までのランチブレイクに各国のNGOの主催する会議に出席してNGOの意見を聞き、夜はNGOの集会や各国大使主催のパーティーに出席して意見交換を行うなど、外交的な活動を行います。

委員会の活動の割合としては、約6割が政府報告書の審査、2割強が個人通報の審査、その他が条約解釈に関する審議であり、最終日までに質疑をまとめて報告書を作成します。

Q. 個人通報制度(個人等が委員会に人権侵害行為について通報し、委員会が審議の上見解を締約国に通知する制度)に関する委員会の具体的活動や問題点について教えてください。

委員のうち5名で個人通報についての作業部会を構成し、議論をして委員会としての見解の叩き台を作成します。個人通報は未だ公表されたもので11件であり、批准国においても制度の存在が国民に周知されていないのではないか、また、委員会の見解をVIEWと呼び、決定(Decision)と呼んでいないことから、軽い扱いを受けているのではないか、と言われています。また、個人通報の審査をして条約に違反するという判断が出た場合、どうやって各国に条約を守らせるかということも今後の課題となると考えられています。

CONTENTS

日本はまだ個人通報制度を批准していません。個人通報制度は国内での救済手続を尽くしたことが要件であり、日本では最高裁まで争わないといけません。そのため、最高裁の判断と委員会の判断が異なった場合の両者の関係が司法権の独立との関係で問題とされていました。現在、日本政府は批准について検討中ですが、以前より前進していると思います。

Q. 委員会として審議をする中で難しいのはどのような点でしょうか。

普遍的な人権というものと各国の文化的・宗教的多様性とをどのように調整するか、条約がどこまで独自の文化・宗教に入っていけるかというのが非常に難しい大きな問題です。例えば私は不貞を理由をする女性に対する投石刑を問題にしたのですが、当該国から女子差別撤廃条約の範囲外の問題だと回答されたことがあります。

しかし、今会期からフォローアップ手続が開始され、委員会から勧告を受けた国は勧告内容のうち委員会が重要と指定したものについては2年以内に改善結果を委員会に提示しなければなりません。委員会の勧告には法的拘束力はありませんが、このような形で各国が委員会の勧告に対しても何か応答せざるを得ないという状況ができることにより、少しずつではありますが状況も改善される可能性があります。

Q. 法曹実務家と委員活動との両立は大変だと思いますが。

年2回各3週間、2010年からは年3回になりますが、ジュネーブに滞在することや、事前に各国の80頁にもわたる報告書やNGOの報告書を検討することは、大きな負担です。しかし、委員会の会期は事前に分かりますから、早めに裁判所等と協議して期日を調整すること等によって対応しています。

委員会では法律家の肩書きをもつ人が多いですが、大学教授や外務省の職員をしていたり、コンサルタントとして政府の仕事をしている方が多く、現役で弁護士として仕事をしているのはあなただけではないかと言われたことがあります。困難なことは色々あるのですが、他のことを犠牲にしてもやる価値のある仕事だと思うので苦になりません。

Q. 国際人権の問題に弁護士や裁判所はどのようにかかわっていくべきでしょうか。

日本の裁判所の中でも、国際人権感覚をもって判断できる裁判官が多くなってほしいと思います。そのために弁護士は、通常の民事訴訟において、例えば規範的要件として何が過失であり、何が正当事由であり、何が差別かという議論をする中で、積極的に条約や国際人権の考え方を引用していくべきだと思います。弁護士が積極的に議論の場を作ることで、裁判所の理解も進んでいくと思います。先般下された婚外子に関する国籍法規定を違憲とした最高裁判所大法廷判決の多数意見では、市民的及び政治的権利に関する国際規約、並びに児童の権利に関する条約の規定について触れています。今まで少数意見で国際条約の趣旨に言及した裁判官はおりましたが、多数意見では初めてであり、大きな前進だと思います。

Q. JCLUに対し期待することは何ですか。

委員会では、来年の7月に日本の政府報告書の審査があります。委員会として日本政府に質問していくことになりますから、特にJCLUが従前から重視してきた分野、例えば表現の自由、司法権の独立、ドメスティック・バイオレンスの問題、あるいは裁判官等に対する国際人権教育の問題等について、現在何が足りないのかについて、委員に積極的に情報を提供していただければと思います。それと同時に、日本の社会の中にまだ根強く残っている女性に対する差別や暴力に立ち向かう活動を展開してほしいと思います。

Q. 今後の抱負をお聞かせください。

来年7月は日本の政府報告書の審査時期ですので、それまでに個人通報制度を周知させ、批准に向け尽力したいと思います。また、可能であれば個人通報制度についての作業部会にも所属し、少しでも人権をレベルアップさせる提言をできるようにしたいと思います。そのためにも、国際法の勉強や語学の勉強など、やることはまだまだ沢山あります。

裁判員制度は是か非か
――JCLU 総会記念シンポジウム「裁判員制度について考える」から

去る5月31日、当協会は、総会記念として「裁判員制度について考える」シンポジウムを虎ノ門パストラルにて開催した。

裁判員裁判は、2004年に開校した法科大学院による法曹養成、日本司法支援センター（法テラス）による法律扶助や国選弁護の充実と共に、三大司法改革の一つとして2009年5月からの実施が予定されている。シンポジウムでは、ニュースキャスターの小宮悦子氏と当協会会員坂井眞弁護士の司会で、神戸家庭裁判所の伊東武是判事、推進派の小池振一郎弁護士、反対派の高山俊吉弁護士らが刑事裁判の現状や問題点、新制度導入の課題について議論した。

冒頭、推進派の小池弁護士は「裁判員裁判は、供述調書を追認するだけの刑事裁判にメスを入れ、推定無罪の原則、公判中心主義を実現する絶好のチャンス」と指摘した。反対派の高山弁護士は「国の仕事に参加を強制する制度には疑問や反対の声が多い。絶対反対である」と述べた。

伊東判事は、推進・反対派の弁護士の意見をふまえ、大阪高裁などで刑事裁判に三十年以上携わった経験から「職業裁判官は類型的な判断をしがちであるが、市民の参加で判断に幅と深みが加わり、適正な判決に貢献することができる。自白偏重、調書裁判、裁判の遅延などの弊害もあった刑事裁判を改善、冤罪（えんざい）事件は間違いなく減る」と主張。「制度定着には市民の負担や不安に的確に対処し、協力をお願いする姿勢が必要」と述べた。

3者の基調報告の後、小宮キャスターの、時に鋭い質問で切り込む軽快な司会により、裁判員の守秘義務の範囲、多数決による評決の是非、取り調べの可視化についても、会場からの発言もまじえて活発に議論が交わされた。

絶望的な刑事司法に変革を迫る裁判員

小池振一郎弁護士

私は日弁連で長年拘禁二法反対運動から始まって、代用監獄の廃止、刑事司法の改革ということに関わってまいりました。1980年代からですから、もう四半世紀になります。

一番私が痛感していることは、日本の今の刑事司法がこれでいいのだろうかということです。とりわけ代用監獄における自白の強要。このシステムが全ての根幹にあるというふうに考えております。

代用監獄とは。警察が逮捕し、検察官に48時間以内に送致し、そして検察官が24時間以内に裁判官に勾留請求します。そして、裁判官がこの人は勾留しようというときに、その勾留場所は、法務省管轄の拘置所であるべきですが、残念ながら現実は警察留置場に戻されています。これを代用監獄といいます。

この代用監獄で自白を強要し、膨大な供述調書を作ります。この供述調書というのは取調べの警察官が作るんです。被疑者を尋問し、都合のいいところだけ、あるいは歪曲されながら作られていくんです。作成後、被疑者に確認させ、署名捺印させるのですが、もうへとへとになっていますから、もうどうでもいいやという気分になり、あるいはちょっとここはおかしいんじゃないかと言っても、無視され、無理やり署名捺印させられます。そしてそれが裁判所に出されます。証拠として採用され、裁判官は、この膨大な供述調書を読んで、心証を形成します。供述調書は、詳細で具体的にエピソードまで交えて書いていますから裁判官もコロリとだまされ、当の弁護人だって「いやぁ、これはやってるんじゃないのかな。」って思わせるぐらい真に迫った調書が作られています。法廷はそれを追認していく場で、儀式となっています。

これは、鹿児島の志布志事件のように、代用監獄でむりやり自白を強制したような裁判のケースのことを言っているわけですが、警察司法、検察司法と言われます。

この状況を、有名な刑事訴訟法の学者である元の東大教授の平野龍一さんは、1985年ころだったと思いますが、「もう日本の刑事司法は絶望的だ」という風に言いました。

これはなんとかしなければならない。代用監獄は廃止しなければならない。しかし、その問題をいくら言っても動かすことは出来ませんでした。密接に刑事司法のさまざまな手続きと結びついているんです。

90年代に私たちは日弁連で、イギリスのように逮捕された時に弁護人が付くような制度を作ろうじゃないかと、手弁当で当番弁護士制度を始めました。そして今は被疑者国選弁護制度が定着しつつあります。少しずつ司法改革が進んで来ました。その司法改革の中で今回の最大の目玉が裁判員制度です。

この裁判員制度は今までの日本の刑事司法と同じシステムでは絶対に成行きません。一般市民6人の裁判員が法廷で膨大な供述調書など読めません。今の裁判では、供述調書の中にこういうこと書いてますよと要旨を告げて、法廷に出されるのが現実なんですが、そんなこと裁判員制度になりますと、できっこありません。供述調書を証拠に出すのであれば全文朗読しなさい。これが原則であるって最高裁が言っています。でも、こんな膨大な供述調書を法廷で全文朗読したらどういうことになりますか。とても時間がありません。それよりも直接自分の目で見て、耳で聞いてこの証人はどういうことを言っているのかということを探る。そこで心証を取る。それを中心にしましょうよというのが裁判員制度です。

公判中心主義・直接主義というふうに我々は言っているんですが、膨大な供述調書を裁判官が後で読んで心証を取る今の日本の刑事司法の時代から、裁判員制度が実現することによって、調書裁判を打破し、公判中心の裁判にする絶好のチャンスになってきています。是非この制度を実現することによって、刑事司法の転換を図って行きたいと考えています。

（文責・編集部）

陪審とは違う裁判員に反対

高山俊吉弁護士

裁判員制度に私は絶対に反対です。発足させてはいけない制度だというそういう反対論です。いずれつぶれるであろうというような反対論ではありません。

代用監獄のこのひどさ、ガンだ。警察が。その警察が裁判員制度をやろうといっているんですよ。その代用監獄を前提にした刑事裁判を進めているのは検察庁ですよ。法務省ね。この法務省が裁判員制度を推進しようといっているんですよ。そしてそういう状況の中で、たとえば富山の氷見で、女性の暴行事件がありましたね。真犯人が出てきたけれども、冤罪の犯人とされていた人は刑務所まで入らされていた。この裁判官を統括する最高裁判所が裁判員制度を推進しているんだ。このことによって裁判員制度の本質・質というのは明らかだと私は思っています。

小池さんがおっしゃった現在の刑事裁判の惨憺たる状況と言うのはそれは実はその通りです。ひどいものです。人権が侵害され、被疑者被告人の人権が侵害され、刑事訴訟における基本原則ってのは憲法の中にたくさん規定があるんだけれども、それも一つ一つ潰されていって、そしてきちんと審議をされなければいけないその刑事裁判というものが今お話があったとおり、平野龍一さんが日本の刑事司法はほとんど絶望的であるという言葉まで言わせたほどにひどい状態にあるわけです。誰がひどい状態にしたのか。こういう問題が実はあるんだけれど、まずそういう状況がある。

さて、そういう状況の中で、もしかしたら裁判員制度はこの状況を変えるきっかけになるんじゃないだろうかこういう気持ちが出てくるのは、それは私にはわかる。例えがよくないけれど、溺れるものは藁をもつかむ。藁ではなくて、もっと悪いぞって所もあるんだけれども、その状況になる。

よく言われている陪審のようなものではないかという議論について極々短くお話をします。

1. 20 歳以上の人が裁判官（職業裁判官）といっしょにやる
2. 重大犯罪をやる。日本で 3000 件。300 万件ある刑事事件のうちの 3000 件だけ。一番頂点にある人の生死に関わる重大犯罪事件にだけ関わる。
   否認していようが自白していようが、つまりやってないと言っていようが、私がやりましたと言っていようがそのことに区別せずやる。全部関わる。
3. 量刑判断にも関わる。
4. 多数決で答えを出す。
5. 裁判員は原則として断れない。
6. 被告人は絶対に断れない。私は裁判員の裁判を受けたくない。それは駄目。

7.5日ぐらいで判決を出す。多くは3日ぐらいと言われている。

8.そして、多数の犯罪を犯したらどうするんだというのは、さいの目のように切って一個一個別々の裁判所にやらせる。部分判決っていうんです。

9.一審だけでやる。裁判員が参加した裁判が間違っているかどうかを控訴審が事後チェックをする。だから職業裁判官が最終的な結論を出す。

陪審員制度との違いを明らかにしておきましょう。

まず、陪審員制度はご承知のように、陪審員だけでやる。重大犯罪の事件に限るなどというそういう制約の仕方をしない。否認をしている事件だけやる。量刑判断は関係しない。陪審員を断ることが公判に事実上認められている。被告人は陪審員の裁判を受けないことができる。O.J.シンプソンは受けるか受けないか迷ったと言われています。長くやることはいくらでもありうる。O.J.シンプソン、10ヶ月。マイケルジャクソン3ヶ月。陪審の判決に関しては控訴ができない。最終判断。

アメリカの憲法は被告人は陪審の権利を持つと書いてある。陪審と言うのは被告人にとって権利なんだ。だからその利益を受けるか受けないかは自分で決められる。やりたくないって言えば、やらなくてもいい。陪審員が盾なんです。被告人に対して有罪を求める検察官が12人の陪審員を説得しきった時に有罪が与えられる。だから一人でも反対をするっていうことになったら、12人を説得し切れなかったということで検察官はとぼとぼと帰らなければならない。

日本は、多数決ですよ。5対4で有罪を決めていいんですよ。4人が無罪といっていても、5人で有罪にできる。さて今度は量刑ということになる。量刑も多数決です。そうすると無罪と主張した人4人も、有罪と決まりました。これからあなたは量刑について意見を言わなければいけない。こう言われるんですよ。無罪だと思っている人も量刑を言わなくちゃいけないんだ。それが多数決だからそうなる。

アメリカにはそういう制度はないっていうのは有罪か無罪かをきめる陪審員が盾として、あんたの説得は12人の陪審員がみんな納得した。あんたは有罪になってもしょうがないぞ。こういうことになったら、あと量刑の判断は裁判官がするってんでさっと帰っていくのが陪審。

陪審と裁判員は似ているようなものか。似てません。似て非なるものどころか似ても似つかぬものであるということをまず申し上げましょう。

さて、何故導入するのかということです。今日のシンポのために私が作った資料があります。裁判員制度を反対している文献、単行本、論文、いろんな一般誌、どんなに多くあるか見てみて下さい。裁判員制度は何故実施すべきなのかという本は数えるほどしかありません。みんなが納得してない。バラエティに富んでます。いろんな立場からいろんな意見で、裁判員制度はどうしても実施させてはいけないということの資料が山のようにあります。

何故導入するのか一言でいいましょう。最高裁がいってる言葉をそのまま紹介します。「裁判員制度で何故犯罪が成立し、どういう処遇を被告人に対してすればよいのかということを単に傍聴席で見たりすることじゃなくて法段に並んで実践をすることによって学んで帰ってもらいたい。司法学習である。現在の裁判はどこにも間違ってることはない。」小池さん。今の刑事裁判に絶望。そんなことないんですよ。ようするに今の裁判には問題がないって言っているんですよ。何のために来てくれっていってるのかというと、勉強だから来てくれって。だから義務だから強制。正当な理由なく来なければ処罰。処罰ですよ、皆さん。人を処罰しなかったらあなたが処罰される。そういう構造なんだ。そういうところに追い込んでも勉強させたい。何の勉強だ。治安学習だ。誰かがこの国を護ってくれるんじゃなくて、自分自身がこの国を護るというそういう思想を身の中につけて、そして帰ってもらいたい。仲間さんていう女優さんが出ている広告があるでしょ。あそこに書いてある言葉「裁判員裁判を経験することによってあなたは昨日までの自分とそれからの自分が変わる。」と書いてある。あなた方は人格が変わることが求められている。そういうことが今裁判員制度の目標としてある。

だからみんな反対するんですよ。つい最近最高裁判所は心のケアというシステムを発表しました。24時間体制で心が痛む人たちに対応するっていうんです。夜中に連絡がある人がいるってことを裁判所は認めた。心のケアだってPTSDだっていうんだよね。私に言わせれば、戸板は用意しましたから安心してぶっ倒れてくださいってことだ。さぁ、それならぶっ倒れてみようかという人が出てくるか。どうしてそこまでしてやらせなければいけないのかということにみんながいけないのではないか。私は今年の2月の日弁連の会長選挙に立候補しました。そこで裁判員制度絶対反対って言ったら投票した弁護士さんの43%の弁護士が私に投票された。現職の裁判官も、また検察官も、弁護士ものいい人たちも裁判員制度に関しては非常に消極的であるということを申し上げてスピーチにさせていただきます。

(文責・編集部)

国民の常識による裁判員裁判に賛成

伊東武是判事

私は裁判官になって38年を超えました。ここ2年ほどは家庭裁判所で少年審判を担当していますが、それまでは30年以上、刑事裁判に携わってまいりました。

さて、私は日本裁判官ネットワークというグループに属しています。裁判官ネットワークは司法改革の幾つかの点では最高裁の立場に必ずしも賛成せず、これまで最高裁に対して批判意見を出してきたりもしておりますが、この裁判員制度に関しては、最高裁判所がこれを成功させ、定着させたいと懸命に努力している姿勢を評価し、私どももこれに協力したいと思っております。

私が裁判員制度に賛成し、期待している点は、大きく分けて2つあります。1つはこれにより、刑事裁判の内容が従前の裁判官だけによる裁判よりも、幅と深みを持ち、適正な判決に貢献することになるだろうという点、もう1つはこの制度により、わが国の刑事裁判が戦後一貫して指摘され続けてきた問題点、例えば自白偏重とか、証書裁判とか裁判の遅延の問題を一気に解決し、刑事裁判手続きの適正化、近代化を一気に進める契機になるだろうという点であります。

しかし、国民の間には、この裁判員裁判に対して、根強い消極論があることも承知しております。大きくは2つであります。一つは負担の面、もう一つは不安の面であります。

まず負担に対してですが、裁判員になることを辞退できる自由を立法で定めたり、審理期間をできるだけ短くするなどの措置が取られています。プロの法律家だけで裁判をやっていると、どうしても考え方の幅が狭くなってしまうところがあります。裁判所が、裁判員になっていただくのは、よき裁判の実現のために役立つ、あるいはこんな意義があるんですよということをみなさんに積極的に示し、その上で、ご負担ではありましょうが、どうかご協力を願いたいということが大事ではないかと思います。

次に不安という点ですが、「裁判なんてそんな難しいことは私にはできない。」「その道の専門家にやって欲しい」という不安の声はかなり多いと思われます。この不安に対しては、職業裁判官を含めて誰しもが当然もつ不安、すなわち、人の人生をかえてしまうかもしれない裁判、死刑により人の命を奪ってしまうかもしれない裁判に対して、自分には的確な判断を下せるだろうかという不安はみんな同じであります。裁判に臨む以上は必ず誰しもが感じるところであり、またそうした恐れの気持ちを持たない裁判というものはかえって恐ろしいものではないかと思います。

ただ国民の不安の中には、法律を何も知らない自分に裁判はできないというような種類のものもあります。これに対しては法律は知らなくても大丈夫なんですという説明をする必要があると思います。被告人がこの家の軒下でガソリンを撒いてマッチで火をつけたかどうか、あるいはこの被告人の持っていた包丁が相手の体に刺さったことは間違いないが、それはわざと刺したのか、何かの拍子に刺さってしまったのか。というそういう人の行動的な部分、それを証拠から認められるかどうか。それを判断して貰うことが中心なので、そこには法律的なものはほとんど関係がないと言えると思います。法律的知識ではなく、常識を働かせて判断して貰えばいいということをしっかりと説明して理解してもらう必要があるのではないでしょうか。

国民は裁判員の仕事をやや多大なものとして捉えている面もあるのかもしれません。一人で裁判をするのではなく、ほか8人の人たちと協力し合って共同作業で裁判に臨むのであり、自分ひとりが全て責任を背負い込まなくちゃいけないと考える必要はないので、少し気を楽にして、みなさんの意見を聞きながら自分の考えを作っていくという作業でいいのではないでしょうか。

(文責・編集部)

原後先生と在日コリアン弁護士第１号

田中 宏（代表幹事・弁護士）

原後山治先生も逝ってしまわれた、金敬得（キム・キョンドク）弁護士について…。原後事務所の三宅弘先生から、「当時」のことを知らない人も増えているようなので、そのことを書き残しておいてほしい、と依頼された。

当時のこととは、もちろん在日コリアン司法修習生第１号誕生のことである。1977（昭和 52）年４月のことで、その２年後には金敬得氏は在日コリアン弁護士第１号となるのである。

1976 年 10 月、私は、親しかったシンガポール人留学生から、こんな話をもちかけられた。親友の在日朝鮮人の早稲田大の後輩が、今度司法試験に合格したが、“帰化”しないと司法研修所に入れないらしい、外国籍のまま弁護士になる道を開くのに力になってほしいと。アジア人留学生が在日コリアンに親近感を持っていることは以前から気づいていたが、この話もその一つである。

金敬得君の最高裁宛の「請願書」は歴史的な文書となるが、それがどれだけ人を動かせるかかがカギになると、何度もその推敲を促されたのが原後先生だった。紙幅の関係で原文を紹介できないのが残念である（金敬得『新版、在日コリアンのアイデンティティと法的地位』明石書店所収）。

原後先生の音頭で、これからは金君の願いを実現するべく、最高裁に理論戦を挑むんだと、さまざまな角度から、さまざまな史資料、論稿を駆使して「意見書」を相ついで提出することになった。東京・四谷三丁目の原後事務所に、泉博、鈴木五十三、杉田光義の三弁護士に原後先生と私の５人が集って議論し、結局６次にわたって最高裁に意見書を提出した。

運動の過程ではこんなこともあった。ある時、在日韓国居留民団の方で最高裁にデモをかけたいという話があったが、お断りした。頭の堅い 15 人の最高裁判事の考えを変えさせるために、いま理論戦を展開しているところである。翌年４月、金君が最終的に司法修習生になれなかってからにして欲しい、と応えたように思う。

たまたま「ニューヨークで女弁護士になる」（「現代」、77 年３月号）という文章が見つかると、原後先生は早速手紙を送られた。その返信には、「もし日本国籍を捨てなければアメリカ弁護士になれないとすれば、自分は資格をとることを断念していただろう」とあり、これだと一同うなづいたことを思い出す。もちろん、その手紙の写しは最高裁宛の意見書に添付された。

米連邦最高裁判決も見つかった。弁護士資格をアメリカ市民に限定するコネチカット州法は、憲法の「法の下の平等」に反し違憲との判決が出ていた（1973 年）。いわく「弁護士の究極の目的は依頼者の法律上の権利を守ること」であり、人種とか国籍とかの区分で法の適用を異にするのは「本質的に疑わしい（inherently suspect）」と指摘していた。判決原文を最高裁に提出したことはいうまでもない。

1977 年３月、最高裁は、金君を司法修習生に採用すると発表、もちろん理由など明らかにしなかった。原後先生も「私の予測に反して」と書かれている。私も同じ感想をもった。なぜなら、「要項」の欠格事由に「日本国籍を有しない者」とあったのに採用したことは、最高裁が「前言」を翻したことになるのである。

原後先生は、次年度の要項が発表されるまでに、最高裁に提出した意見書及び関係資料をまとめて出版する必要を説かれ、日本評論社と交渉された。それが『司法修習生＝弁護士と国籍』（1977）である。先日も、ある方から同書の貴重さを指摘されたところである。

金君は弁護士となり原後事務所に入所するが、原後先生はソウル留学を勧められ、ご存知のバイリンガル弁護士の誕生となるのである。金君の司法修習生採用問題のときの最高裁人事局任用課長だった泉徳治氏は、いまは最高裁判事の地位にある。金弁護士の追悼集の編集のときも、原後先生が最高裁の泉判事に依頼して下さり、追悼文をお寄せいただいたことも記しておきたい。

原後先生、ほんとうに有難うございました。金弁護士とあれこれ語らいながら、ともども私たちをお守り下さい。 合掌

あたごの杜から

事務局長日誌

６月に事務局長に就任してから、慌しく半年が過ぎました。本号も新しい編集体制で製作しています。

前号で詳しくご紹介した国連の自由権規約委員会が行っていた日本政府の報告書審査は、10 月 30 日に「最終見解」を公表しました。約 30 項目にも及ぶ国内人権状況について懸念を表明するもので、日本政府に強く改善を迫っています。ここには、事前に NGO が情報提供した内容が強く反映されており、改めて NGO が果たすべき役割の大きさを感じました。

国連における NGO の活動といえば、この間、JCLU についても 2003 年に取得した国連 NGO 協議資格について、継続のための資格審査が進められていました。国連からの連絡が遅れ、やきもきしましたが、無事、資格継続の連絡がありました。ご尽力いただいた理事の方々、古屋会員にこの場を借りて御礼申し上げます。

事務局内部では、06 年９月から働いていただいた松崎登茂子さんが退職されることになりました。60 周年記念行事の準備をしながらのレイアウト刷新、システム改善などは松崎さんの功績が大であります。感謝の気持ちを込め、新たな職場でのご活躍をお祈りいたします。

ということで、新たな事務局体制を模索中であります。多方面でご迷惑をおかけしていることと思いますが、何卒ご容赦下さい。

＊ ＊ ＊

JCLU 行事日誌（08 年３月～ 11 月）

３月 19 日 理事会
３月 28 日 院内集会「人権擁護法案について」（山崎公士・新潟大教授）
４月 17 日 理事会
４月 19 日 ４月例会「永住市民権の可能性～外国人参政権の国際比較から」（近藤敦・名城大教授）JCLU 事務所
５月 13 日 高崎中学訪問（事務局長対応）
５月 14 日 理事会
５月 17 日 大阪・兵庫総会（田中代表理事、山田事務局長出席）
５月 24 日 京都総会（弘中代表理事出席）
５月 27 日 大阪府知事宛要請書送付
５月 31 日 評議員会
同日 総会、記念シンポジウム「論点整理『裁判員制度』」（伊東武是・判事、小池振一郎・弁護士、高山俊吉・弁護士、小宮悦子・キャスター、坂井眞・弁護士）虎ノ門パストラルホテル
６月４日 早稲田大エクスターン説明会（羽柴代表理事出席）
６月 13 日 日本ペンクラブ共催シンポジウム「言論がアブナイ！『伝えるべきことを伝える大切さ』－少年供述調書と映画『靖国』を事例に考える－」（崎濱盛三・鑑定医、岡田裕・アルゴ・ピクチャーズ代表、原寿雄・ジャーナリスト、伊藤正志・毎日新聞記者、吉岡忍・作家、山田健太・JCLU 理事）大手町サンケイプラザ
６月 23 日 理事会
７月６日 海野没後四十周年記念集会（三宅代表理事出席）静岡市もくせい会館
７月 18 日 理事会・ビアパーティ
７月 25 日 ７月例会「NHK 番組改編事件最高裁裁判について」（中村秀一・弁護士）JCLU 事務所
８月～９月 エクスターン生受入（早稲田 LS3 名，一橋 LS2 名）
８月 12 ～ 15 日 事務局夏季休業
８月 25 日 原後山治元代表理事ご逝去
９月 11 日 ９月例会「安部英医師『薬害エイズ』事件の真実－誤った責任追及－」（弘中惇一郎・弁護士）弁護士会館
９月 24 日 理事会・エクスターン生送別会
10 月 20 日 理事会
10 月 28 日 法務省主催公益法人改革説明会に出席（小町谷理事、事務局長）
10 月 29 日 10 月例会「国際的な人の移動と IOM の活動」（中山暁雄・IOM（国際移住機関）駐日代表）
11 月 15 日 自由人権協会京都・関西合同例会「在日コリアンの無年金問題～貧しきを憂えず、等しからざるを憂う～」（金洙榮・在日外国人『障害者』年金訴訟原告団長、鄭明愛・在日外国人『障害者』年金訴訟を支える会、在日韓国・朝鮮人高齢者の年金訴訟を支える会事務局、伊山正和・弁護士）京都弁護士会館地下ホール
11 月 20 日 理事会

お詫びと訂正

前号 14 頁の「海野晋吉・JCLU 初代理事長の没後四十周年記念集会に参加して」の記事中、「横浜事件竹澤哲夫弁護団長」とあるのは、「横浜事件弁護団竹澤哲夫弁護士」の誤りでした。訂正の上、竹澤哲夫先生と関係者の方々にお詫び申し上げます。申し訳ありませんでした。

【発行日】2008年12月5日 【発 行】社団法人 自由人権協会
〒105-0002 東京都港区愛宕1-6-7 愛宕山弁護士ビル306
TEL：03-3437-5466 FAX：03-3578-6687 URL：http://jclu.org/ Mail：jclu@jclu.org
（大阪・兵庫支部）
〒530-0047 大阪市北区西天満1-10-8 西天満 第11松屋ビル3F 堺筋共同法律事務所内
FAX：06-6364-3054
協会設立：1947.11.23 本紙創刊：1950.5.1 購読料：年間2,500円 郵便振替：00180-3-62718 発行人：古本晴英
JCLU 社団法人 自由人権協会

人権新聞　Japan Civil Liberties Union
JCLU Newsletter
発行所　社団法人 自由人権協会
JCLU
〒105-0002 東京都港区愛宕1-6-7 愛宕山弁護士ビル306
TEL:03-3437-5466　FAX:03-3578-6687
URL:http://jclu.org/　Mail:jclu@jclu.org
協会設立:1947.11.23
本紙創刊:1950.5.1
購読料:年間2,500円

巻頭特集　高齢者虐待を救え！

虐待の実態と問題点を探る

理事　三浦 早結理

高齢化が進む中、家族や介護施設の職員が高齢者に暴力を振ったり、介護放棄したりする「高齢者虐待」が深刻な社会問題となっている。これに対応するため、2006年4月に「高齢者虐待防止・高齢者の養護者に対する支援等に関する法律」(以下「高齢者虐待防止法」) が施行された。

スタートから3年が経過した現在、被害者救済への扉は開かれたのか。虐待防止に取組む現場の実態や法律上の問題点、今後の課題などについて探った。

高齢化の中で増える「高齢者虐待」

日本では今、急速に高齢化が進んでいる。総人口に占める65歳以上の高齢者の割合は、昨年ついに22%を超え、2015年には4人に1人が65歳以上の高齢者になると推計されている。こうした状況の中で増えているのが、高齢者に対する虐待行為である。高齢者虐待には、主に家族や親族によって引き起こされる家庭内虐待と介護施設の職員などによる施設内虐待がある。虐待行為そのものについては、身体的虐待、心理的虐待、経済的虐待、ネグレクト、性的虐待の5種類に大別されている。

実は、この問題がクローズアップされるようになったのは、最近のことである。高齢者虐待では、被害者が虐待の事実を「家族の恥」として隠したり、世話になっているという引け目から被害を訴えることが少ない。また、虐待される高齢者の多くが介護を必要としていたり、認知症を患っていて、本人に「虐待されている」という自覚がないこともある。そのため、問題が表面化しにくく、虐待があっても、ほとんどが“家庭内の事情”として見過ごされてきた。

しかし、2000年に介護保険制度が導入され、家庭内に第三者の目が入りやすくなったことで、高齢者に対する虐待の事実が次第に明らかになってきた。介護をめぐる傷害事件や殺人事件が頻繁にメディアに取り上げられ、在宅介護支援センターなどに深刻な相談が寄せられるようになったことから、国もようやく重い腰を上げた。

2003年、厚生労働省が医療経済研究所機構に委託して行った初の全国規模の実態調査（家庭内虐待を対象）では、虐待が確認された事例のうち、「心身の健康に悪影響がある状態」は、約半数を占め、「生命に関わる危険な状態」も1割を超えるなど深刻な実態が明らかになった。これをきっかけに、法整備の必要性が叫ばれるようになり、高齢者虐待問題は法制化への一歩を踏み出した。

高齢者虐待防止法では、養護者による虐待を発見した者は、市区町村へ通報すること、また、通報を受けた市区町村は立入調査等により事実確認を行い、必要に応じて高齢者を一時保護するなどの措置を講じること、養護者に対する相談や助言を行うことなどが規定されている。

CONTENTS

多様で複雑な虐待の背景

国が対策に乗り出す以前から、独自に調査研究を行い、高齢者虐待防止に取り組んできた民間団体もある。「日本高齢者虐待防止センター（JCPEA）」は、その草分け的存在ある。同センターでは、高齢者虐待に関する調査研究や虐待防止プログラムの開発をはじめ、公開シンポジウムや講演会の開催を通じて、社会に虐待問題の重要性を訴え続け、高齢者虐待防止法の成立にも大きな役割を果たしてきた。また、ヘルプラインを設けて、電話やメール等による相談も行っている。事務局次長で自らも電話相談を担当している松丸真知子さんによると、同センターには、年間200件を超える電話相談が寄せられるという。

「厚労省の統計で最も多い虐待例は、身体的虐待と報告されていますが、うちでは心理的虐待の相談も多く、身体と経済的虐待、身体とネグレクトなど複合的な事案も目立ちます。」

高齢者虐待は、なぜ起きるのか。たとえば、家庭内虐待の場合、介護による身体的・精神的負担が引き金になるケースが多い。

――認知症のため、粗相して汚れた下着をタンスの中に入れてしまう母。我慢できずに叩いてしまうが、その度に後悔し、苦しくなる。

――義理の父は、いい人だから、本当はやさしくしてあげたいけれど、言うことを聞いてくれないと、病気だとわかっていても、怒鳴ったり、ののしったりしてしまう。

同センターにも、先の見えない介護に疲れ、追いつめられた虐待者自身から、救いを求めてこんな相談が寄せられる。

老老介護が虐待を招くこともある。たとえば、要介護度5の妻を要介護度3の夫が介護する、そんなケースが、今では珍しくないと松丸さんは言う。「奥さんに食事の介助が必要でも、ご主人はせいぜいお弁当を買って来て、そばに置いておくのが精一杯。知識不足や経済的理由で適切な介護サービスを受けられない高齢者も多く、虐待するつもりがなくても、結果的に、ネグレクトになってしまうことがあるんです。」

虐待の背景にあるのは、介護の問題だけではない。虐待者自身の人格や性格が大きく影響するほか、家族関係が円満でなかったり、経済的に困窮している場合もまた虐待につながりやすい。自己主張が強く、支配的、暴力的だった夫が、心身の衰えをきっかけに力関係が逆転し、妻や子どもから虐待を受けたり、最近では、長年ひきこもりだった子どもが、年老いて何もしてくれなくなった母親を虐待するケースも増えてきた。さらに、高齢者か養護者のどちらかが、アルコール依存症や精神障害などを抱えていると、虐待の状態はより深刻になる。虐待する側、される側双方がさまざまな問題を抱え、単に被害者と虐待者といった関係性だけでは語れないのが、高齢者虐待の特徴だと松丸さんは指摘する。こうした多様で複雑な背景が、高齢者虐待への対応を難しくしている。

図　養護者による高齢者虐待への具体的対応
（市町村における事務の流れ）

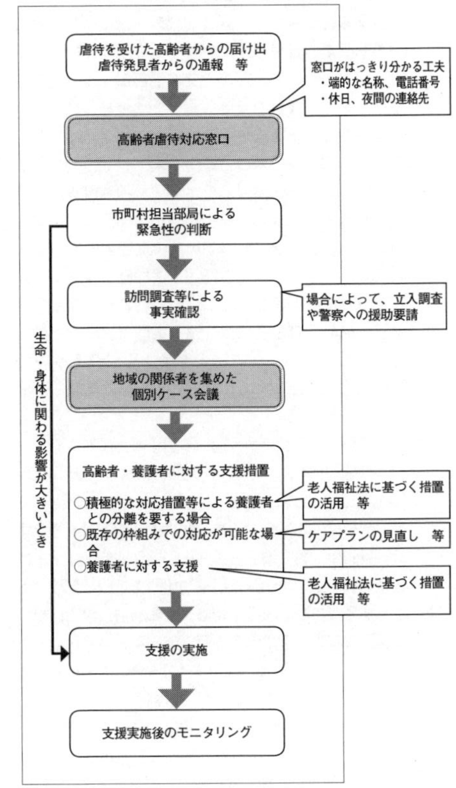

対応に苦慮する市町村

さまざまな虐待事例に対応する上で、高齢者虐待防止法は十分に機能しているのだろうか。厚労省による平成 19 年度の「高齢者虐待防止法に基づく対応状況等に関する調査」の結果では、地域包括支援センターを中心とする各市区町村の対応窓口の設置と住民への周知は、ほぼ 100％の実施率とされている。全国の市区町村に寄せられた養護者による虐待の相談・通報件数が 1 万 9971 件と、前年度より 1581 件増加していることからも、法律への理解が進んだことは間違いないだろう。しかし、実際に虐待事例に対応する職員等への研修や支援関係機関のネットワーク作りは、十分とは言い難い。松丸さんは、介入の難しさをこう語る。「虐待の相談や通報があった場合、私たちには立入調査等の権限はないので、まず市区町村の高齢者担当課の窓口に行って、相談するようにアドバイスしています。しかし、現場の職員の多くは、実際に虐待事例を扱った経験がほとんどないので、自信をもって対応できないのが実情です。まずは事実確認のために、虐待者に話を聞かなくてはなりませんが、発見から介入までのプロセスは知っていても、何をどう聞けばいいのかわからず、足がすくんでしまう人が多い。そういう意味では、専門的な知識プラス、経験も必要です。」

確かに、調査と聞いただけで、頑に心を閉ざしてしまう養護者や高齢者と対応するのは、容易なことではないだろう。ましてや、虐待を自覚することも、被害を訴えることもできない寝たきりの高齢者のケースでは、虐待が本当にあるかどうかの判断は、より難しくなる。また、明らかに虐待の事実があると確認でき、高齢者を養護者からうまく分離保護したとしても、それで終了というわけにはいかない。分離後、養護者からしつこく高齢者の居場所を教えるように求められ、対応に苦慮している自治体や担当者は少なくない。現場の職員は、あらゆる場面で高度なコミュニケーション力が必要となる。「当センターでも、自治体からの依頼で講師を派遣し、地域包括の担当職員やケアマネ、社会福祉士などの専門職を対象に、法律的な知識の研修やロールプレイングなどを行っています。今はまだ救済策、予防策のすべてにわたって学習段階ですが、こうしたトレーニングを積み重ねていけば、実際の対応も徐々に良くなっていくのではないかと期待しています。」

現場の意識の向上とスキルアップを

ところで、高齢者虐待防止法では、養護者に対する相談、助言、指導を行うことも規定されているが、現時点では、ほとんどケアされていないのが現状だ。虐待の大きな要因である介護負担の軽減なども含め、今後は、高齢者の保護だけでなく、問題を抱えた養護者とどう対応し、支援していくかついても、具体的に検討していくことが必要となる。

とはいえ、自治体の中には、やっかいな仕事は増やしたくないという理由から、持ち込まれた事案に対し、できるだけ介入を避けようとするところもある。逆に、リスクを覚悟で積極的にかかわろうとする自治体もあり、取組みの姿勢にはかなりの格差がある。

「法律的にグレーゾーンの部分は、判断が難しく、人によってどう解釈するかで対応の仕方はまったく変わってきます。縦割り行政の中では、命に係る危険なケースで、すぐに介入すべきだと担当者が判断しても、上から“うちの権限には当たらない”、“前例がない”などと言われ、対応できないという声を耳にします。しかし、いつ事件になるかわからないという緊急性がある時は、法律の枠がどうであれ、現場の判断で何らかの対応をすべきでしょう。」

松丸さんは、虐待防止を達成するために、何より必要なのは、市町村や地域包括などの担当職員一人ひとりが、リスクを背負ってでも、持ち込まれた事案に積極的に係わろうとする意識の高さだと強調する。「高齢者虐待は、いくつもの要因が複雑に絡み合って起きるので、“こうすれば防げる”という特効薬はありません。虐待が起きてしまった時、できるだけスピーディーに対応できるように、現場の職員の意識とスキルを全体的に底上げし、地域格差をなくしていくことが求められます。」

相談窓口の設置や市民への周知が進んだとはいえ、法制度が十分に機能し、生かされるためには、まだ多くの課題が残されている。人は誰でも必ず歳をとる。目の前の虐待を防止することは、やがて来る自分自身の老後の暮らしを守ることにもつながる。虐待による悲劇を防ぐために、自治体や関係者のさらなる取組みが期待される。

巻頭特集 高齢者虐待を救え！

〈インタビュー〉 高齢者虐待防止法の成果と課題を問う

弁護士 滝沢 香

高齢者虐待防止法は、施行から 3 年が経過し、見直しの時期を迎えている。日弁連人権擁護委員会委員、東京弁護士会高齢者・障害者の権利に関する委員会委員、日本高齢者虐待防止学会評議委員などを務め、専門家の立場から高齢者虐待問題に取り組む滝沢香弁護士に、高齢者虐待防止法の成果や問題点、法改正に向けての動きなどについて伺った。

現場の声を反映した法改正と支援ネットワークの構築を

――高齢者虐待防止法のポイントはどこにありますか？

この法律そのものは、民法のように私人間での法ではなく、行政が相談窓口を設置したり、権限を行使することを定めた法律です。児童虐待の場合は、児童福祉法で児童相談所、DV については配偶者暴力相談支援センターが、それぞれ中核機関と定められていますが、高齢者虐待防止法には、それに該当するような中核機関は明記されていません。しかし、老人福祉法上、老人福祉の実施責任が市区町村であるため、高齢者虐待防止法でも基本的には各自治体に責任を負わせ、法律が定める通報・届け出窓口の整備や事実の確認、措置の発動を行ったり、判断能力が低下した人に対し、市町村長が成年後見制度の申立をすることなどが、規定されています。

――児童虐待や DV に比べて、高齢者虐待への取組みは遅れている印象がありますが、法律の施行による成果は見えているのでしょうか？

高齢者虐待防止法が機能するためには、責任主体である市区町村の体制整備が不可欠ですが、全体的な実施状況は、十分とは言えません。法律で規定された内容を実施しなければならないという認識はされているので、地域包括支援センターを中心とした対応相談窓口等の設置については、ほとんどの自治体で実施されて進んでいますが、市区町村によって、責務に対する意識にかなりの温度差があることも事実です。独自にマニュアルや指針を作成し、積極的に取り組む自治体がある一方で、マニュアルやネットワークなどの整備もなく、市民への啓発活動も進んでいないところでは、仮に虐待があっても、虐待と認識されず、十分な対応がなされていないことが懸念されます。

――高齢者虐待防止法施行に伴い、弁護士は実務上、どのような係わり方をしているのでしょうか？

法律の規定（法 5 条）では、弁護士は虐待等を発見しやすい立場にある者として、早期発見・通報の義務を負うこととされ、個別に列記されてはいませんが、高齢者虐待対応協力者として（法 9 条）、弁護士も市町村と連携し対応することが求められています。具体的には、老人福祉法上の措置の発動、立入調査の実施、成年後見の申立など、法的な判断が伴うケースについて助言を行ったり、市町村や地域包括支援センターが主催するケース会議に出席して、様々な虐待事案にどうアプローチするか、法的な観点から担当者にアドバイスするといった取組みをしています。また、高齢者虐待対応担当研修などに講師を派遣することもあります。養護者による経済的虐待などの事案で、特に高齢者本人の判断能力が低下している場合は、市町村長による成年後見申立が救済の鍵となりますが、虐待に伴う成年後見の申立は、非常に紛争性が高くなるので、私たち弁護士が被虐待者の成年後見人として就任し、さまざまな調整や手続きに関与することも期待されています。

――高齢者虐待への対応について特に難しい点はどんなところですか？

現場が非常に困難を感じているのは、通報を受けた事案の事実確認について、どこまで踏み込むことができるかの判断です。児童虐待の場合、児童には基本的に判断能力がないという位置づけになっているため、客観的に虐待を疑わせる事実があれば、児童を児童相談所へ送致することもできます。しかし、高齢者の場合は、本人の意思の尊重も考慮しなくてはならないため、生命又は身体に重大な危険が生じているおそれがあると認められなければ、本人意思を無視してまで保護することはできません。本人の判断能力が低下していれば、市町村長による成年後見申立等を前提に客観的判断で介入することも可能ですが、被虐待者自身が強固に係わりを拒否したり、認知症等で判断能力が減退しているという明確な証拠がなければ、それ以上立ち入ることは困難です。客観的な虐待の状況と法律の狭間で、行政権限をどこまで行使するのかは、非常に難しいところです。

――明らかに虐待が疑われても、被虐待者本人が係わりを拒否すれば、救済の手立てがないのですね。

高齢者虐待防止法における立入調査は、強制力が伴うものではないので、どんなに緊急性があっても、鍵をこじ開けて入ることはできません。訪問を拒否したり、意図的に妨害したりすれば、罰金刑は課せられますが、これはあくまで立入調査が円滑になされることを促すためのものですから、現場が抱えるジレンマの要因は、やはり強制的な権限行使ができない点にあると思います。警察に援助要請することはできるので、うまく介入すれば、対応できる部分はありますが、警察は、基本的に民事不介入の立場です。そのため、援助要請の条文があるにもかかわらず、どの自治体も警察との連携の実践に苦慮しているのが実情です。

――立入調査権限について、法律上の改正などは考えられているのでしょうか？

児童虐待防止法は、昨年４月に改正法が施行され、立入調査については、裁判所が発布する令状で臨検や捜索差し押さえなどといった強制権限の行使ができるようになりました。高齢者虐待についても、現場が困難だと感じている部分との擦り合わせが必要だと思います。今後、児童虐待防止法改正法の施行状況などを見ながら、客観的に明白な問題がありそうな場合については、裁判所の許可令状による一歩踏み込んだ形での強制権限の行使の規定の要否を考えるべきでしょう。

――施設内虐待に対しては、どのような法的対応がなされているのでしょうか？

施設内の虐待に関しては、養介護施設従事者等による虐待についての規定が設けられていますが、はっきり言って、十分ではありません。家庭内虐待の規定に比べると、具体性に乏しく、ほとんどの部分を老人福祉法や介護保険法など他の関連法規による行政権限行使に託しているのが現状です。たとえば、法が規定するの適用対象施設については、限定列挙となっていて、療養型病床以外の医療施設や、介護保険法上届け出義務のない無届け施設については、適用されません。しかし、対象外の施設においても、現に虐待事件は発生しており、この点だけを見ても、現行法の枠内では、十分な対応が可能かどうか非常に疑問です。法律を改正するとしたら、むしろこちらをきちんと見直すべきでしょう。

――防止法施行後も虐待による悲惨な事件や死亡例が相次いでいますが、法律の見直しも含めて、今後どのような取組みが必要でしょうか？

高齢者虐待は、介護負担の重さが要因となることが多いことから、養護者支援を謳っていますが、具体的にどう支援するのか、現場の対応は手探りの状態です。この点も含め、立入調査や本人意思の尊重との兼ね合い部分、面会制限や分離後の市町村への養護者からの執拗な問い合わせへの対応、住民票の閲覧制限など、問題点を精査し、議論を重ね、現場の意見を反映させた法改正が必要です。しかし、法律の条項をいくら変えたとしても、市区町村がそれをきちんと実行できなければ、本当の意味での救済にはなり得ません。地域包括などに権利擁護の機能を発揮させるためには、未だ十分とは言えない各自治体の体制整備を一日も早く進めることが求められます。中でも、「関係専門機関介入支援ネットワーク」の構築は、非常に重要です。複雑な問題が幾重にも絡む高齢者虐待を解決に導くのに、私たち弁護士をはじめとする外部の専門家や関係機関との連携と協力は不可欠です。日弁連でも、日本社会福祉士会との連携で「在宅高齢者虐待対応専門職チーム」を立ち上げ、ケース会議に定期的に弁護士を派遣するなど、自治体を積極的にバックアップする取組みを行っているので、ぜひ活用していただきたいと思います。

――高齢者虐待への対応では、あらゆる面において、法的な知識や判断が必要になります。それだけに、弁護士への期待は大きいですね。

私たち弁護士は、家族関係や経済的な事情など多様な問題を抱える困難ケースに関して、市区町村や地域包括の担当者に法的観点から解決への方向性を検討する上での助言をし、後押ししてあげること、単に虐待に当たるかどうかの判断だけでなく、どこまで情報収集し、どうアプローチするのかなど踏み込んだアドバイスをすることが期待されています。しかし、残念ながら、高齢者虐待問題に係わる弁護士は圧倒的に不足しています。現場が弁護士を必要とし、様々な面で力を借りたいと思っても、肝心の担い手が足りないのが現状です。この法制度が、今後十分に機能していくために、私たち弁護士の力量も問われています。

泉徳治・最高裁判事に聞く
～最高裁判所の役割・裁判員制度～

違憲審査権という強大な権限を持ちつつも、違憲判決は少なく、「政府寄り」「国民の権利よりも公益偏重」という批判も強い最高裁判所。その最高裁判所に、事務総局勤務を含めると、裁判官人生の半分以上を捧げた泉徳治判事は、それでも違憲判断に対するためらいが少なくなってきたとみる。

人権新聞の編集部は、70 歳の定年退官に先立つ今年１月 15 日、泉判事を訪ね、事務総局時代から通算して 32 年あまりに及ぶ最高裁での仕事を振り返ってもらった。

（聞き手：北神英典）

司法の役割

――司法の役割をどのようにお考えですか

私は、憲法に明示されている人権や、政治過程に制約を与えるような立法、これは民主主義のシステムにかかわる立法と言い換えてもいいと思います。これらについて裁判所は、厳格に審査しなければいけないと考えています。表現の自由もこれに入ります。

一方で、その民主主義のシステムの中でできあがった法律の中身は、裁判所はあまり口を出すべきではありません。まずい法律ができたら国民が投票行動で変えることができます。仮に自民党がまずい法律を作ったら、今度は民主党か、共産党に政権を執らせて変えさせるということだってできるはずです。

――国会や行政にゆだねるべきものはゆだねよということですね？

そうです。とはいっても例外はあります。例えば非嫡出子は、本質的に少数者です。国民の 90％以上は嫡出子として誕生しています。非嫡出子に関する立法は、民主主義のシステムがうまくいったとしても、たとえ一票の格差が１対１であったとしても、彼らの人権を適切に救済できない場合があります。多数決原理ですから。それを是正するのは裁判所の役割です。憲法に違反しているのではないか、厳格に審査をしなければなりません。

――最高裁では、どういうことを意識して裁判をされましたか？

私が心がけたのは、司法の役割を自覚して裁判をすることでした。国民が正確に情報を取得して、意見を交換し、発表し、そういう過程を経て形成された意思を、投票を通じて正確に国会に反映することができるか、きちんと目配りすべきです。そのシステムに障害物があればそれを取り除くというのがわれわれの仕事です。

――どんな問題でも、多数派と少数派に分かれます。その点、司法が救済すべき少数者とはどういう少数者を指すのでしょうか、司法が救済する少数者と救済しない少数者との境界が明確でないように思われます。

一般的に言えば、51％と 49％では、51％が勝つというのが民主主義のルールといわざるを得ないでしょう。とはいうものの、事実上、自分の意見を国会に反映させるすべを持たない人がいます。選挙における投票行動を通じて、というルートでは、救済するのが困難な少数者。そういう人の救済は司法が引き受けるべきです。

――今の行政の運用では生活保護の申請を簡単には認めてもらえません。年越し派遣村でも社会問題になった、期間途中で解雇された派遣労働者や期間工については、生存権上の問題も生じています。

生存権は、憲法で明確に保障している権利です。（もし、法律で具体的権利の内容が明確になっていて）、これが脅かされているというのであれば、厳格に違憲審査をするべきでしょう。その一方で、消費税率をどのくらい引き上げるかどうかや、２万円の定額給付金を配ることの当否といった問題は、国会での議論を通じて決めればよい問題です。司法は口出しすべきではありません。不満ならば政権を変えるしかないと思います。

泉徳治（いずみ・とくじ）**氏略歴**
1963 年　東京地・家裁判事補任官／1973 年　金沢地・家裁判事／1975 年　最高裁人事局任用課長　以降、東京地裁判事、東京地裁部総括判事、最高裁調査官、最高裁秘書課長兼広報課長、最高裁民事局長兼行政局長、最高裁人事局長、最高裁事務次長、浦和地裁所長、最高裁事務総長、東京高裁長官を経て 2002 年 11 月　最高裁判事／2009 年１月 24 日　定年退官

定数訴訟で違憲判決が出ない理由

――具体的な裁判ではいかがですか？

最高裁はなかなか違憲判決を出さないといわれます。法令違憲は最高裁発足から 60 年余りで 8 件にすぎません。しかし私の任期中（2002 年 11 月～ 2009 年 1 月）に法令違憲の判決が 2 つありました。一つは在外選挙権訴訟[1]です。この訴訟は、まさに政治過程にかかわるものです。私が考えてきたことと最高裁の多数が一致するに至ったことに感慨を覚えました。

もう一つは国籍法訴訟[2]です。こちらは民主主義のシステムでは救えない権利を、裁判所が守ったというものです。この訴訟は、父は日本人、母はフィリピン人、父母が婚姻していないため子供はフィリピン人と扱われてきた母子の問題です。この人たちは、いくら日本の民主主義が立派になったとしても、救済されない存在です。

先ほどの在外選挙権訴訟の違憲判決と合わせて「最高裁としてここまで来たか」と感慨を覚えました。

――国政選挙の定数訴訟[3]では、泉さんは衆参両院とも一票の格差は 1 対 2 までしか許されない少数意見に立たれていました。

定数訴訟は、まさに司法が積極的に審査するべき訴訟です。国民の代表者である国会議員を選出するプロセスにゆがみを抱えたままでは、国民の意思を正確に国政に反映することができません。残念ながら、「一票の格差は 1 対 2 まで」という私の考え方は、最高裁では、少数意見にとどまったままでした。

――最高裁で、1 対 2 以上の格差を憲法違反とする考えがなかなか多数を占めないのはなぜだとお考えですか？

実際、1 対 2 以上の格差に対して違憲判決を出せば、全国に影響します。その影響を考えて慎重になるのだと思います。合憲の意見を示した裁判官のどなたも、そうは言いません。私が勝手にそう推測するだけです。

ご存じのように衆院定数訴訟では 1976 年に違憲判決があります。私はこれまでで一番の最高裁判決だったと思っています。

―― 2005 年総選挙の無効訴訟では、小選挙区の政党候補者を有利に扱う選挙制度に対し、泉さんは厳しい反対意見[4]を示されていました。

私はまったく不公平な制度だと思っています。既成政党が、例えば東京で一人だけ候補を立てるとすれば、東京でやる選挙活動はその一人のためにすることができます。無所属でやるとすれば自分一人でやるしかない。政党に属していると、国のお金で、タダでテレビにもラジオにも出ることができる。しかし無所属の候補者は、テレビにもラジオにも出てはいけない。ポスターの数や新聞広告も全然違う。選挙に出る前から勝負は付いています。

――既成政党が圧倒的に有利だと言うことですね。

そういう仕組みを国会が自ら直すはずがありません。この制度の恩恵を受けて当選してきた人たちが多数を占めておりますから。まさに司法がやるべき事柄だと思っています。民主主義国家としては、国民が平等に候補者の情報を得て、候補者を選択できなければいけないと思っています。

審理できるのはせいぜい年 50 件

――最高裁の今の処理件数についてはどう感じていますか？

年間、民事刑事合わせて、一つの小法廷に約 2000 件の事件が配点されます。このうち、中身をしっかり審理して判決という形で処理できるのは年間 50 件です。それ以外は決定で済ませています。

もちろん決定で済ませる事件も、見ていないわけではありません。判決にするか、決定にするかその選別のために審査しています。また、高裁の結論が妥当かどうかも審査します。結論が間違っている場合は判決として取り上げなければいけません。

ですから時間もかかります。裁判所にいる日中は、それに時間をとられ、じっくり資料を読み起案をするのは、専ら自宅でした。土、日も使いました。そうしないと、処理できないのです。これ以上事件が増えると、重要な裁判に、時間と労力をかけられなくなってしまいます。

――高裁の判決には、実際そんなに間違いがありますか？

3 つの小法廷を合わせると 6000 件の事件が来る。6000 件の中から探すと、やはり万全とは言えません。特に一審と二審の結論が違う場合は、高裁の判決の方がいいとは言えませんね。ざっくばらんなつかみで言うと、高裁の方が正しいのが半分、地裁の方が正しいのが半分です。

――深刻な問題ですね。

一審と二審の結論が逆になった場合は、これは一生懸命に取り組みます。当事者には、本当に最高裁が事件をみてくれたのかどうか分からないかもしれません。ですが、その三行半の結論を出すためには時間をかけています。

ただ、今以上の量は無理で、むしろ上告を制限する方向で取り組むべきです。

――今の上告受理制度[5]は、民事裁判の上告制限という趣旨で始まったものと理解していますが。

もちろん、上告受理制度が始まって、助かっている面もあります。旧民訴法時代は、決定ではなく判決を書いて処理をしていました。笑い話ですけど、各裁判官が判決に署名をするだけで、一日が終わる。墨を乾かすため、裁判官室に判決書を並べて裁判官が署名して歩く、なんてことがありました。上告受理制度で改善されました。

――限定的な効果しかなかったということですか。

法律上は、重要な法律問題を含まない限りは、不受理にしてもいいということになっています。とはいうものの、判決が間違っているときは、正そうという方向になります。計算間違いとか、小さな問題の時は、目をつぶろうというときもあります。

――その意味では、最高裁が蹴った事件でも正しいとは限らないと言うことですね。

正しいとは限りません。高裁の判決を完全に正そうと思ったら、もっと裁判に時間がかかってしまいます。事件はどんどん上がってきます。最高裁は身動きできなくなってしまいます。重要性の程度に応じて事件を絞る必要があると思います。

「判決の力」認識－最高裁調査官

――最高裁調査官時代の生活は？

最高裁調査官は 3 年 5 カ月やりました。質、量ともに濃密に仕事をしました。資料を自宅に持ち帰り、毎日夜の 12 時まで仕事をしました。

当時は土曜日も午前中は勤務があって、土曜の午後が唯一の息抜きの時間でした。映画を観ようと思い、映画館に立ち寄ったのですが「映画を観ないで帰ったら、1 件起案ができる」と思い直して、家に帰ったこともありました。

――調査官時代の最高裁判決で印象に残っているものはありますか？

1985年のサラリーマン税金訴訟の大法廷判決[6]です。サラリーマンの場合は、必要経費が認められません。給与所得控除といって一定額に決まっています。

それにサラリーマンだけ所得が 100％捕捉され不公平だという訴訟でした。結論は、源泉徴収も給与所得控除もやむを得ないとして合憲判断を示しました。これは経済問題ですから、国会の裁量で決めればいいというのが大法廷の考えでした。

しかし実際は、サラリーマンが割を食っているところはあります。補足意見がずいぶん付きました。補足意見を受けて、所得税法が改正されました。サラリーマンでも必要経費について申告しようと思えば、申告できる道ができたのです。

――最高裁判決の影響力を目の当たりにしたという意味ですか？

そうです、判決の影響力を感じました。

初の外国人修習生の受け入れ

――泉さんが最高裁任用課長時代、金敬得（キム・キョンドク）さん（弁護士・故人）が韓国籍のまま司法修習生に採用されました。

それまで修習生になる人には帰化してもらっていました。1976 年、最高裁任用課長室の狭い応接セットで、私は「修習生になる外国籍の方には、帰化してもらっています。あなたもそうなさってください」と告げました。修習生といえども検察庁で取り調べ修習をする、裁判所では起案をして、合議にも参加する。そういう準公務員的な役割をするのだから、と説明しました。

ところが、彼は「自分は韓国籍のまま修習生になりたい。それが実現するまで 1 年でも 2 年でも待つ」というのですね。あのときの彼の真剣なまなざしは今でも忘れられません。

周りの意見や法曹三者の意見も聞き、最高裁の裁判官会議に諮りました。弁護士には国籍条項はありません。実は、当時も戦前からの有資格者で、日本国籍がないのに弁護士になっている人がいました。とすれば、弁護士になるための途中の段階の修習生になれないというのは、矛盾であるという感じでした。

金さん以降、何十人もの外国籍の人が弁護士になりました。何か問題があったかというと、何も問題はありませんでした。

――そのお考えは、在日韓国人女性の東京都昇進差別訴訟[7]（憲法 14 条違反などとする反対意見）にも反映していると言ってもいいですか？

そういうことにもなりましょうね。あの反対意見を書いたときは、「日本人」「外国人」の 2 つに分けることが妥当なのかどうかを考えました。外国人といっても日本に永住権のある人もいれば、昨日入国したばかりの人もいます。同じ「外国人」というレッテルで扱うことが、私には一番疑問に

1) 2005 年 9 月 14 日大法廷判決（在外日本人が小選挙区、選挙区選出議員の国政選挙に参加できないとする旧公選法規定は憲法違反）
2) 2008 年 6 月 4 日大法廷判決（日本人を父とする非嫡出子に国籍を付与しない国籍法は違憲）
3) 2007 年 6 月 13 日大法廷判決など
4) 2007 年 6 月 13 日大法廷判決多数意見は、衆議院小選挙区での、政党候補者の選挙活動優遇措置を合憲と判断した

感じられるところでした。

――しかしその考えは、他の裁判官の共感を得られなかったのですね。

得られなかったですね。言葉は悪いですが、すべての外国人を一緒くたにしているような印象を受けました。

裁判員裁判で「違憲判決」は書けない？

――裁判員制度についてはどうお考えですか？

日本の国民は、選挙の投票さえもあまり積極的でもないし、とかく他人任せの面が強いように思います。国から政党への助成金が 320 億円も支出されているのに、自分たちが負担しているという意識が欠けているのではないか、と。

裁判員制度を通じて「司法」に国民が入っていくことは、国民が主体となって社会を動かしていく一つのきっかけになると思っています。それに、先進国で国民の司法参加の制度がない国はほとんどありません。

――裁判員制度については、いまだに賛否が割れています。従来の職業裁判官の刑事裁判がひどかったから、それが改まるきっかけになるという賛成もあれば、無実の人が罰せられる危険が高まるという反対もあります。

正直なところ、今の私には分かりません。

――運用次第と言うことですか？

去年 12 月から被害者参加制度が導入されました。これまで刑事裁判は、犯罪被害者の立場を軽視してきました。被害者が怒るのは十分に理解できます。

ただ、有罪かどうかを決める段階で裁判員裁判にも被害者が入ってくるわけです。裁判官も裁判員も、心して審理しないと危ないと思います。

――国民は、どうして自分たちがそんな危ないことを義務としてやらなければならないのか、理解が得られていないようにも思われます。

私は、国民の義務というよりも、裁判に参加する権利ととらえるべきだと思っています。立法も行政も司法も、国のシステムです。そのシステムを動かしていくのは主権者です。

――裁判員は死刑を宣告すべきかどうか問われる事件も審理することになります。もし、間違って死刑を言い渡し、後で真犯人が出てきたときに、国民も誤判の責めを負うことになります。

そういう面で、死刑については相当慎重に運用していかざるを得ないと思います。

――去年 11 月に司法研修所が、控訴審は裁判員の参加した一審判決をできる限り尊重するべきだとする報告書をまとめましたが、事実誤認に基づく一審の死刑判決に対して、高裁は萎縮してはいけないということですか。

報告書の詳しい内容は承知していませんが、高裁が、被告人に不利益な方向に変更するときは慎重にやるべきです。被告人が「疑わしい」にとどまっているのに有罪になっているなら、いくら裁判員の判断を尊重すべきだからといって、高裁がそれを破ることに遠慮してはいけません。

最高裁も、無実の人を処罰しないという役割を堅持しなければなりません。

――裁判員制度が始まれば、裁判員制度違憲論を基にした上告があると予想されます。その時、現在、裁判員制度を宣伝している最高裁が、違憲判決を出すことができますか？

率直に言って、難しいかもしれませんね。

――最高裁自らが作った立法や運用に対し、判決で「ノー」と言えますか？

……司法行政における判断と、裁判における判断とは別ですが、正直言って「ノー」とは言いにくい面があるでしょう。

裁判員制度は、3 年後に見直しがあります。私は、そこで、被告人が裁判員裁判を選ぶか、職業裁判官の裁判を選ぶか選択制にしてもいいのではないかと思っています。

裁判を受ける立場からすれば、どこの誰が入ってくるか分からない制度であるという点で、経験のある職業裁判官だけの裁判も選ぶことのできる制度の方がいい。選択権があっていいと思っています。

――裁判員に罰則付きの守秘義務が課されるのは重過ぎないですか？

建前として、そういう規定を設けても、しゃべったらすぐに刑罰を科すというのは妥当ではないでしょう。それから「賛成」「反対」と国民にもさまざまな考えの人がいるので、最初は同意してくれる人に裁判員になってもらえればいいのではないでしょうか。そして、国民の理解を深めていけばよい。杓子定規に運用するべきではないと思います。

5) 1998 年の新民事訴訟法施行により導入された
6) 所得税法が給与所得者に不利であり、憲法 14 条に違反すると主張し、争われた
7) 日本国籍がないことを理由に東京都が管理職試験の受験を拒否したことが、法の下の平等を定めた憲法に反するかどうかが争われた

特集 2 在日外国人のいま

2009 年法改定と外国籍の子どもたち

在日韓国人問題研究所 佐藤 信行

戦後入管体制

いま日本で暮らす外国籍住民は 215 万人（2007 年末の外国人登録者数）、その「国籍別」内訳は中国 61 万人、韓国・朝鮮 59 万人、ブラジル 32 万人、フィリピン 20 万人、ペルー 6 万人、米国 5 万人、その他 32 万人となるが、在日コリアンなど旧植民地出身者とその子孫は、特別永住者 43 万人＋αとなる（1945 ～ 52 年にかけての再渡日や、再入国期限が切れて再入国し一般永住とならざるを得なかった者が多数いる）。この人びとが「オールドカマー」であるが、戦後入管体制において過酷な管理下に置かれてきた。

私たちが改めて確認しなければならないのは、現在の外国人登録法（外登法）が、日本国民を対象とする住民基本台帳法と大きく異なっていることである。すなわち、(1) 顔写真の他、勤務先など数多くの登録事項を設けていること、(2) 外登証の常時携帯と、定期的な確認登録（切替登録）を義務づけていること、(3) これらの義務規定を、刑事罰によって強制していることである。

たとえば 1954 年から 80 年まで、「切替不申請」（そのほとんどが意図的な切替拒否ではなく過失による申請遅延）として自治体から告発され検察に送致された在日コリアンは年平均 5127 人にも上り、また、警官の街頭での尋問などによって「外登証不携帯」として送致された在日コリアンの数も年平均 3242 人にもなる。すなわち外登法は、外国籍住民の日常生活を監視し威嚇する装置としてあったのである。その監視・抑圧装置が徐々に“弛緩”していくのは、1980 年代から澎湃として起こった指紋拒否・外登法改正運動によってである。

したがって、今回の 2009 年法改定における「新たな在留管理制度」導入のねらいは明らかである。現在の「外登証」を「在留カード」に置き換えて、上記 (1) (2) (3)、すなわち在日外国人の日常生活をくまなく監視できるように、法務省・地方入管局の権限を格段と強化することにある。ここで対象とされる外国人は約 170 万人（特別永住者を除く外国人登録者数）＋新規入国者となるが、彼ら彼女らは、これまで以上に煩雑な手続きを求められるだけではなく、厳しい管理体制の下に置かれることになる。

オールドカマーの子どもたち

ところで、在日コリアンなど特別永住者については、2007 年 10 月から実施された外国人雇用状況報告制度の対象から除外され、また同年 11 月から始められた外国人指紋・顔写真登録制度からも免除された。そして今回、「新たな在留管理制度」でも対象外とされると共に、「外国人台帳制度」においてはその対象とされる。しかし、“その代わり”と言うべきか、入管特例法を改定して「特別永住カード」（名称未定）を、法務省が市町村の窓口を通して交付し、その常時携帯を義務づけるともいう。外登法に代わる新制度、すなわち新たな在留管理制度と外国人台帳制度は、「特別永住者」／「適法な中長期在留外国人」／「在留資格のない外国人」という形で、外国籍住民の間を分断して、「包摂と排除」をしつつ、それぞれに対する「管理と監視」システムを重層的に構築していこうというものになっているのである。

しかし在日コリアンは、こうした“特例的な地位”を求めているわけではない。恩恵として、例外として付与される「地位」とか、あるいは特別永住という「資格」などではなく、日本社会において「コリアンとして生きる権利」「人間として生きる権利」を求めているのである。

周知のように、戦後日本は在日コリアンに対して、植民地主義を克服することも、「原状回復」措置をとることもなく、追放政策を推し進めた。そして 1952 年の対日平和条約の発効以降は、在日コリアンに対する民族差別は「国籍による区別」として合理化されて、在日コリアンは基本的な権利すら剥奪された。その上、戦後日本で作られていった「単一民族国家」という言説の下で、日本社会の圧倒的な同化圧力によって自らのエスニシティを蹂躙されてきた。そうであるが故に、いま

在日コリアンが切実に求めているのは、戦後補償および社会保障における遡及措置・回復措置を受ける当然の権利であり、民族教育を受ける権利であり、住民自治・地方自治に参画する「住民」としての地位と権利なのである。これらの権利が旧植民地出身者とその子孫に保障されるならば、それ以外の在日外国人が、みずからの享有すべき権利を獲得する大きな契機となるはずである。

すでに在日コリアン四世、五世が生まれてきている現在、彼ら彼女らには「外登証」も「在留カード」も、まして「特別永住カード」も必要ない。在日四世、五世の子どもが16歳になった時、この高校生たちに向かって、カードを常時携帯しなさい、海外に修学旅行や留学に行く時も再入国許可をとりなさいと、この日本は強いつづけるのだろうか。

ニューカマーの子どもたち

米国の金融危機にきっかけに、日本はいま経済不況・雇用危機にある。そのなかで外国籍住民、とりわけニューカマーの多くは就労の場を奪われ、家族ともども窮地に追い込まれている。ここ 3 カ月間で、日本の学校にも外国人学校にも通えなくなった子どもたち、高校進学を断念した子どもたちが急増し、その数を把握することも困難である。子どもたちをサポートしている各地の NGO やキリスト教会からは、悲鳴と共に緊急要請が毎日のように届く。しかし、私たちができることは限られている。

2 月 3 日、愛知県・静岡県など外国籍住民が集住する県･市で作られた「多文化共生推進協議会」は、政府に緊急要望を出した。同協議会の添付資料（緊急に行われたサンプル調査）によっても、愛知県内のブラジル学校 16 校の在籍児童・生徒数はここ半年で 44%（1155 人）も減少し、静岡県内では浜松市・磐田市・菊川市にあるブラジル・ペルー学校 14 校での減少率はたった 3 カ月で 42%（822 人）にもなっている。

この子どもたちは、失職した親と共に帰国したのだろうか、あるいは日本の学校に通うようになったのだろうか。しかし、それは一部である。滋賀、岐阜、愛知、群馬の NGO からの報告によれば、外国人学校をやめた子どものほとんどは「自宅待機」の状態にある。

また滋賀県のサンプル調査では、「今後の滞在予定」という設問に、81%の世帯が「日本に残る」と答えている。子どもたちは今後、半年も 1 年も「不就学」のまま放置され続けるのだろうか。そして、これらの外国人学校（ブラジル学校 110 校･ペルー学校 3 校、そのうち各種学校と認可された学校 5 校）に対して国と自治体からの緊急支援がなされなければ、多くの学校が閉鎖に追い込まれ、さらに「不就学」の子どもが多数生み出されていくことになるだろう。

このような惨憺たる現実をもたらしたのは、使い捨て労働力としてのみ外国人を導入し利用してきた政府と経済界の労働政策にある。そして外国籍住民の基本的な労働権・生活権・教育権の保障に対して、政府があまりにも無策であったためである。

いま日本政府および日本社会に求められているのは、「新たな外国人管理制度」などではなく、ますます周縁化されていく人びとへの想像力と、徹底した「人権政策」の遂行しかないのである。私たち大人は、子どもたちの未来を奪ってはならない。

特集 2 在日外国人のいま

新たな在留管理制度のもたらすもの

理事 旗手 明

はじめに

現在、日本には約 215 万人（2007 年末の外国人登録者数）の外国人が長期的に在住している。この人びとの在留状況は、市区町村の法定受託事務として外国人登録制度により把握されている。そして、その外国人登録証明書には、受領義務・常時携帯義務・提示義務・定期的な切替義務が課され、厳しい管理のもとに置かれている。

今年の通常国会では、この外国人登録法を廃止し、「新たな在留管理制度」と「外国人台帳制度」に再編しようとする法改定が予定されており、さらに厳格な外国人管理制度が実現されようとしている。本稿では、想定される法改定の概要に触れながら、その問題点を明らかにしたい。

新たな在留管理制度の概要と問題点

新たな在留管理制度については、2005 年 7 月に犯罪対策閣僚会議の下に設置された「外国人の在留管理に関するワーキングチーム」で検討が重ねられ、その検討結果が 2007 年 7 月に出された。それを踏まえて、第五次出入国管理政策懇談会から 2008 年 3 月に「新たな在留管理制度に関する提言」として包括的な報告がなされた。そして、2009 年には外国人登録法を廃止し、一般永住者を含む中長期滞在者について入管法へ集約する方向が提案されている。なお、特別永住者はこの制度の対象外とされ、入管特例法の改定で「特別永住許可証明書」の発行が想定されるが、詳細はいまのところ不明である。非正規滞在者や難民申請中の者など正規の在留資格を持たない外国人も、従来外国人登録制度の対象であったが、新たな在留管理制度の対象とはならない。

新たな在留管理制度の要点は、「現在、外国人の在留情報について、入管法に基づく入国・在留関係の許可手続時と外登法に基づく外国人登録時に、各々法務大臣と市区町村の長とで二重に情報が把握、管理されている制度を入管法に集約・一元化した新たな制度として再構築する。」というものである。

具体的には、

①上陸許可、在留期間の更新、在留資格の変更等の許可の申請時に在留管理に必要な事項の記録を受けた上、当該許可に伴い、在留カードの交付を受ける。

②在留期間の途中で上陸許可等許可の申請時から変更された事項があれば、当該変更を法務大臣に届け出る（ただし、居住地については市区町村の長を経由して法務大臣に届け出る）こととする。

③法務大臣が、外国人の留・就学先、研修先等の所属機関から、所属する外国人に関する情報の提供を受ける制度を創設する。例えば、教育機関からは「氏名、生年月日、性別、国籍、在留資格、在留期間、在留カード番号、在籍事実、退学･除籍･所在不明事実など」を報告させる。

④関係行政機関において，それぞれの事務又は業務の遂行に必要な限度で，外国人に関する情報を相互に照会、提供できる仕組みを整備する。

⑤これにより、法務大臣は、外国人が届け出た情報と所属機関等から提供された情報とを照合するなどして、当該外国人の在留状況をより正確に把握する。

このように、新たな在留管理制度は、基本的に外国人の在留管理を市区町村から切り離し、法務省による一元的・継続的なものとし、かつ詳細・正確なものにしようとしている。しかも、外国人の各所属機関から情報提供させることにより、言わば各所属機関を入管局の出先化する。さらに、その情報を関係行政機関で相互照会・提供できるようにして、有効かつ効率的な運用をしようとしている。

また、在留資格変更や在留期間更新との関連で、考慮事項として「国税の納付状況、地方税の納付状況、社会保険の加入状況、雇用・労働条件、子弟の就学状況、日本語能力等」が挙げられ、その効率的な情報収集が可能となるよう検討することとされている。したがって、これら考慮事項の情報と「新たな在留管理制度」で得られた個人情報との結合も想定される。

さらに、「出入国管理業務の業務・システム最適化計画」（2007.8 改定）では、2010 年度以降、出入国管理システムの新たな体系を導入し、「統合データ管理システム」に外国人管理に関わるすべての情報を集中する予定である。

これらは、確かに「管理」の側面だけで見れば合理的なことであろうが、継続的・包括的に外国人に関わる個人情報を収集し保有し利用する制度を構築することに他ならず、プライバシー保護の観点から許容されるのか、疑問である。

日本人に関しては、2008 年 3 月、住基ネットに関する最高裁判決が、「データマッチングは本人確認情報の目的外利用に当たり」懲戒処分や刑罰の対象となり、「現行法上、・・・個人情報を一元的に管理することができる機関又は主体は存在しない」として、プライバシーへの具体的危険はないとした。

他方、外国人に関する新たな在留管理制度では、外国人の「公正な管理」目的のためならばデータマッチングは当然のこととされているように見える。しかし、外国人にもプライバシー権が認められるべきことは言うまでもないし、具体的・個別的な必要性という要件もなしに、その個人情報が容易に流通されてよい訳はない。もしこうした事

図 新たな在留管理のイメージ

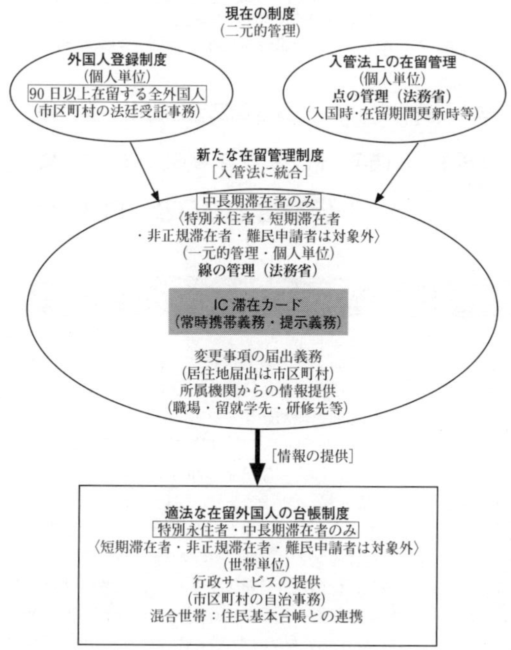

態を認めるならば、新たに外国人への制度的差別を生み出すものとなるであろうし、人権感覚の鈍さを証明するものとなろう。

外国人台帳制度の概要と問題点

外国人台帳制度については、2006 年 12 月の「規制改革・民間開放の推進に関する第 3 次答申」で外国人登録制度の「適法な在留外国人の台帳制度への改編」がうたわれ、その後も「規制改革推進 3 カ年計画」で再三確認されてきた。それらを受けて 2008 年 3 月、総務省・法務省により「適法な在留外国人の台帳制度についての基本構想」が示され、最終的に 2008 年 12 月、「外国人台帳制度に関する懇談会」の報告書が出された。

この制度の目的は、すべての市区町村が在留外国人の正確な情報を把握し、住民行政の基礎とすることにあり、外国人住民の利便を増進するとともに、行政の合理化に資するようにするものである。法定受託事務とされてきた外国人登録とは異なり、市区町村の自治事務とされる。

かかる外国人の住民登録制度自体は、外国人も地域住民の一員として行政サービスを受けるべきことから、必要な制度であることは言うまでもない。これまで存在しなかったことの方が、おかしなことであった。問題は、「適法な在留外国人」に限定されることにより、地方自治法上の「住民」とされるすべての外国人に対応するものとならないことであり、本来住民サービスとは別次元の在留管理制度に強く従属した構造をもつ点である。

すなわち、外国人台帳制度の対象となるのは、在留カードの交付を受ける中長期滞在者、特別永住者、出生してから 60 日以内の者だけであり、短期滞在者だけでなく、非正規滞在者や難民申請中の者などは、対象とならない。しかし、その地域に「生活の本拠」を有する者は、その在留資格の有無にかかわらず「住民」である（地方自治法第 10 条）。

現に、非正規滞在者であっても労働法規の適用はあり、学校教育を受ける権利、母子保健サービスを受ける権利（入院助産、養育医療、予防接種など）、精神保健サービスなど限られてはいるが、生きていく上で必要最低限の行政サービスは受けることができる。他方、非正規滞在者も税金を負担しているのである。

しかし、いま提案されている外国人台帳制度では、これらの人たちの必要最低限の権利に対する配慮は見られない。従来、これらの人たちは、90 日以上滞在すれば外国人登録を義務づけられてきたし、上記の各種サービスを受けるにあたって、多くは外国人登録で確認されてきた。非正規滞在者から、かかる公証制度を奪うことは、生きていく上で必要最低限の権利を奪うことになるおそれが強い。

私は、日本人の住民基本台帳制度に外国人も加えることとし、その対象をすべての「住民」とすべきである、と考える。

なお、新たな在留管理制度の詳細については、以下の URL を参照されたい。
http://www.repacp.org/aacp/

例会報告 「国際的な人の移動と IOM の活動について」
IOM 駐日代表 中山暁雄氏をお招きして

昨年 10 月 29 日開催の例会で、IOM（国際移住機関）駐日代表の中山暁雄氏及びプログラムコーディネータの橋本直子氏をお招きして、「国際的な人の移動と IOM の活動について」というテーマでお話をお伺いしました。

中山氏はフィリピンのマニラ事務所を皮切りに旧ユーゴ、パキスタンやアフガニスタンといった現地での支援活動に従事してこられました。その後 IOM 本部を経て 2004 年から駐日代表として東京事務所に赴任されています。当日のお話の内容を報告いたします。

1. IOM について

IOM は、国際的な人の移動の問題を専門に扱う国際機関ですが、その成り立ちは第 2 次世界大戦後の欧州での第三国定住支援活動であり、インドシナ難民問題を契機に世界的な機関へと変貌を遂げました。現在では 125 カ国が加盟し、フィールド事務所は 400 ヶ所を数えます。「正規のルートを通じて、人としての権利と尊厳を保障する形で行われる人の移動は、移民と社会の双方に利益をもたらす」という基本理念に基づき幅広い活動を行っていますが、国連に所属しない独立した国際機関である点や、日本国内でも政策提言やセミナーなどに加えて、移民に対する直接支援を行っている点などユニークな側面を持っています。

2. 国際的な人の移動をめぐる現状

国境を越えた「ヒト」の移動は、「モノ・カネ」に比べ各国政府の強い規制を受けており、移民の送出国と受入国の政策要因による影響も大きく、グローバル化というテーマに残された最後の課題といえます。

世界的に合意された「移民」の定義はありませんが、一般には、①経済移民（外国人労働者）、②家族移民、③人道移民に区別され、国連の統計によると、世界の移民は約 2 億人（世界人口の約 3%）に上ります。主要な移民受入国では、概ね家族移民が半数近くを占めています。欧州では家族呼び寄せに寛容な政策がとられていたのですが、域外からの移民に対する管理強化の流れが強まり、家族移民を規制しようとする動きが出てきています。

また、近年の特徴として、女性の移民労働者が増加している点が挙げられます。そのことは主要な働き手として女性のエンパワーメントにつながる面もありますが、就労分野が住込み家政婦であることが多く、労働法の適用がなかったり、人権侵害が外部からわからないといった問題も生じさせています。

このように、母国による保護も、受入国の保護も十分に受けられない移民について、その権利保護を促進すると共に、適正な移動の管理が実施されるように、IOM では国際人権法や人道法を含む国際移住法分野の形成に力を入れています。また、国際的な政府間協議の促進は、密室性に対する批判もありますが、多国間の相互理解と協力関係の端緒となるものであり、法を補完するものとして重視しています。

3. 諸外国の取り組み

移民の受け入れについては、家族移民などによる永住移民の受入を中心とする北米・オーストラリア型、労働市場と連動した選択型の移民受入を中心とする欧州型とそれぞれ特徴はありますが、お隣の韓国が注目すべき動向を見せています。韓国は短期循環雇用政策（最長 3 年、帰国 1 年後に再申請可能）を採用しているのですが、一定要件を満たす場合には永住資格を認めており、さらに家族呼び寄せを認める方向で検討が進められています。2007 年 4 月には在韓外国人処遇基本法を制定するなど、定住化の道を認める移民政策へと舵を切ったものと思われます。

また、移民政策で出入国管理と並ぶ柱が、社会統合政策であり、分離政策や同化政策に対するものとして、欧州で特に重視されています。日本ではこの社会統合政策が未整備ですが、EU では 2004 年 11 月に社会統合の共通基本原則を採択し、ドイツやオランダでは移民に対する統一的な語学研修制度が導入され、移民の市民生活への参加を促進する政策がとられています。二重構造化した社会を生み出さないという意味でも、社会統合は重要であり、長期的ビジョンに基づき、企業や地域社会などの様々なアクターが連携することが日本においても不可欠といえます。

4. 日本の課題と IOM の役割

日本における状況は、単純労働者を受け入れないという政策と実態とが乖離しており、社会統合政策も未整備であるなど、十分な移民政策が確立されていないのが現状です。そこで、IOM では、包括的社会統合の推進・移民庁の設置・国籍における一部生地主義の導入・経済連携協定等による育成型移民の受け入れ・人道的移民の受け入れ等の政策提言を行っています。

また、人身取引対策については、経済大国である日本は人身取引の受入国となっており、日本政府も国際的非難を受けて、2002 年 12 月に人身取引議定書に署名し、2004 年 12 月には人身取引対策行動計画を策定し関係法令の改正を進めるなど、主に訴追面での取り組みを進めています。

人身保護対策は、防止・保護・訴追という 3 つの側面からの対応が必要となりますが、IOM 東京事務所では被害者保護の面での取り組みを重視し、常駐のケースワーカ 1 名と、6 ヶ国語に対応した 13 人のケースワーカーが全国にスタンバイし、迅速な対応と被害者へのカウンセリングができるよう準備しています。その他にも啓発活動、入管職員の研修、人身取引被害者支援ハンドブックの翻訳等も行っております。

さらに、新日系フィリピン人の問題に関しまして、最高裁判決により日本国籍取得への道が大きく開けましたが、それだけでは必ずしも問題の解

決には結びつきません。フィリピンの出入国管理法上、15 歳までは保護者の同伴が必要なのですが、保護者が日本の入国ビザをとれないため、結局子どもも入国できないという事態が生じています。日本に入国したい親子は、支援者を装った人身売買の格好のターゲットになるおそれがあり、実際に支援者を装った悪質な被害が起きています。つまり国籍をとり易くなっただけでは、逆に被害者を増やす可能性があるのです。そこで、国籍問題の次のステップとして、日本での定住を希望する親子に対して、合法的に帰国し、安心して働ける環境を提供する定住支援ネットワークの構築を進めています。

※例会後の 2008 年 12 月に入り、日本政府の動きがありました。人道移民について、政府は第三国定住難民の受け入れ方針を閣議決定し、パイロットケースとして 2010 年度からミャンマー難民の受け入れを開始することになりました（12 月 16 日閣議了解）。また、日系ブラジル人など定住外国人の雇用や子供の教育、地域社会との共生を包括的に進める「総合支援プラン」（仮称）を作成する方針を固めたとの報道もありました（毎日新聞　2008 年 12 月 28 日）。

（報告　会員　藤田佳久）

Information -インフォメーション-

JCLU　2009 年総会

■日時　2009 年 5 月 30 日　土曜日　午後 0 時 15 分から

■場所　千代田区立内幸町ホール（JR 新橋駅から徒歩 5 分など）

総会では、公益法人法の制定に伴い、JCLU の組織改変について問題提起をさせていただく予定です。多くの会員の参加を期待しております。
総会記念講演も準備を進めています。楽しみにしてください。

あたごの杜から
事務局長日誌

人権協会は、昨年 12 月、公文書管理法の制定を求める JCLU8 原則についての意見書を発表しています（http://www.jclu.org/file/koubunshokanrihou.pdf）。情報公開制度はできたものの、行政庁の文書隠しの態度にはひどいものがあります。人権協会の会員も開示請求に関わる、沖縄返還密約に関する合意文書についても、米国で確認されているものを、外務省は不存在だと主張しています。果たしてそんなことが考えられるでしょうか。

行政機関に公文書の作成・保存・移管を義務づける公文書管理法があってこそ、真の情報公開が実現でき、国民の知る権利が満たされるのではないでしょうか。

さて、本号では、2 つの特集記事のほか、裁判官出身の現職最高裁判事にインタビューを行うという貴重な記事を掲載することができました。長い裁判官としての経験を踏まえて、幅広い話題について率直に語っていただいています。気になる裁判員制度については、なんと 3 年後の見直しについて具体的な提言を行っています。制度の実施主体である最高裁判所の現職判事が、これから始まる制度について不備があると自認しているとも読み取れる内容です。ただ、私には、ちまたで強調される裁判員になる市民の負担という側面よりも、裁判を受ける被告人の立場に立って提案していることが印象に残りました。皆さんはどのように感じられたでしょうか。

＊　＊　＊

2008 年　1 年間の JCLU

2008 年の JCLU の主な活動を再録します。小委員会等の活動については省略させていただきました。

1 月　理事会（持ち回り）
2 月 6 日　例会「ビデ倫強制捜査を巡って」（内田剛弘）
2 月 12 日　歴代事務局長会議
2 月 13 日　最高裁の報道介入と公判報道に関する声明発表
2 月 20 日　理事会
3 月 19 日　理事会
3 月 28 日　院内集会「人権擁護法案について」（山崎公士・新潟大教授）
4 月 17 日　理事会
4 月　国内自動車メーカーの 2007 年度 CSR 報告書評価を発表
4 月 19 日　4 月例会「永住市民権の可能性～外国人参政権の国際比較から」（近藤敦・名城大教授）
5 月 14 日　理事会
5 月 17 日　大阪・兵庫総会
5 月 24 日　京都総会
5 月 27 日　大阪府知事に対し、人権擁護活動の充実を要請
5 月 31 日　評議員会
同日　総会、記念シンポジウム「論点整理『裁判員制度』」（伊東武是・判事、小池振一郎・弁護士、高山俊吉・弁護士、小宮悦子・キャスター、坂井眞・弁護士）虎ノ門パストラルホテル
6 月 13 日　日本ペンクラブ共催シンポジウム「言論がアブナイ！『伝えるべきことを伝える大切さ』－少年供述調書と映画『靖国』を事例に考える－」（崎濱盛三・鑑定医、岡田裕・アルゴ・ピクチャーズ代表、原寿雄・ジャーナリスト、伊藤正志・毎日新聞記者、吉岡忍・作家、山田健太・JCLU 理事）大手町サンケイプラザ
6 月 23 日　理事会
7 月 6 日　海野没後 40 周年記念集会（静岡市もくせい会館）
7 月 18 日　理事会・ビアパーティ
7 月 25 日　7 月例会「NHK 番組改編事件最高裁裁判について」（中村秀一・弁護士）JCLU 事務所
8 月～9 月　エクスターン生受入（早稲田 LS, 一橋 LS）
8 月 12 ～ 15 日　事務局夏季休業
9 月 11 日　9 月例会「安部英医師『薬害エイズ』事件の真実－誤った責任追及－」（弘中惇一郎・弁護士）
9 月 24 日　理事会・エクスターン生送別会
10 月 20 日　理事会
10 月 28 日　法務省主催公益法人改革説明会に出席
10 月 29 日　10 月例会「国際的な人の移動と IOM の活動」（中山暁雄・IOM（国際移住機関）駐日代表）
11 月 15 日　自由人権協会京都・関西合同例会「在日コリアンの無年金問題～貧しきを憂えず、等しからざるを憂う～」（金洙榮・在日外国人『障害者』年金訴訟原告団長、鄭明愛・在日外国人『障害者』年金訴訟を支える会、在日韓国・朝鮮人高齢者の年金訴訟を支える会事務局、伊山正和・弁護士）京都弁護士会館地下ホール
11 月 20 日　理事会
12 月 10 日　理事会、忘年会
12 月 10 日　公文書管理法の制定を求める JCLU8 原則についての意見書発表

【発行日】2009 年 2 月 20 日【発　行】社団法人 自由人権協会
〒105-0002 東京都港区愛宕1-6-7 愛宕山弁護士ビル306
TEL:03-3437-5466　FAX:03-3578-6687　URL:http://jclu.org/　Mail:jclu@jclu.org
（大阪・兵庫支部）
〒530-0047 大阪市北区西天満1-10-8 西天満 第11松屋ビル3F 堺筋共同法律事務所内
FAX:06-6364-3054
協会設立:1947.11.23　本紙創刊:1950.5.1　購読料:年間2,500円　郵便振替:00180-3-62718　発行人:古本晴英
JCLU 社団法人 自由人権協会

人権新聞 Japan Civil Liberties Union
JCLU Newsletter
発行所 社団法人 自由人権協会
JCLU
〒105-0002 東京都港区愛宕1-6-7 愛宕山弁護士ビル306
TEL:03-3437-5466 FAX:03-3578-6687
URL:http://jclu.org/ Mail:jclu@jclu.org
協会設立:1947.11.23
本紙創刊:1950.5.1
購読料:年間2,500円

JCLU 公文書管理8原則を発表
政府が公文書管理法案を国会に提出

実現するか、国会・行政・司法の適正な文書管理

会員：西村 啓聡

JCLU 公文書管理8原則

協会は、去る2008年12月、JCLU公文書管理8原則を発表した。その主な内容は、①国民主権の理念に基づき、知る権利の具体化を法の目的とすること、②全ての公文書を公文書館への移管対象とすること、③公文書の作成義務・保存義務を法定化すべきこと、④中間書庫に移送したうえで保存することを法定化すべきこと、⑤公文書作成後30年経過により公文書を原則公開とすること、⑥IT化に対応した電子データを原本とする文書管理、⑦公文書の恣意的な廃棄についての罰則と過失による廃棄についての懲戒規定を設けること、⑧公文書管理庁・三権から独立した第三者機関としての国立公文書館に改編すること、である（その詳細を本紙5頁に掲載）。

公文書管理法案の主な内容

他方、政府は、昨年より、公文書管理の在り方に関する有識者会議を設け、その最終報告で公文書管理の基本的な方向性を提案してきたが、この3月、公文書等の管理に関する法律案を国会に上程した。その主な内容は、1)府省間に統一したルールを定め、独立行政法人国立公文書館の専門職が助言できる体制にする、2)文書を作成する段階で、将来、歴史公文書になるか否かを判断し、保存年限、公文書館に移管する期日など「レコードスケジュール」を定める、3)府省はレコードスケジュールを定めたファイルの管理簿を作り毎年度、内閣総理大臣に管理状況を報告、概要を公表する、4)公文書館は、国民の公文書を利用する権利にこたえ、デジタル化などで利用促進に努める、などである。

法案の問題点

では、JCLU公文書管理8原則との対比では、どのように評価することができるか。

第1に、上記①の点について、政府案は知る権利の具体化を法の目的とせずに、国民主権に基づく政府の国民への説明責任を法の目的としている。政府案は、あくまでも市民のための公文書管理法を制定するのではなく、政府がその責任を果たすための公文書管理法を制定しようとしているのであり評価できない。

第2に、上記②の点については、政府案は、行政機関から国立公文書館への文書の移管を各行政機関の長の裁量にゆだねている（公文書等の管理に関する法律案8条1項）。そして、その長の判断を担保するのは、各行政機関の管理状況の報告と内閣府による実地調査（同法案9条）及び内閣総理大臣の勧告である（同法案31条）。この実地調

CONTENTS

査を全行政機関に対して効果的に行うには膨大な人員を要する組織が必要となるが、政府案はそのような組織を想定していない。10名にも満たない公文書管理課のメンバーだけを予定している。

それゆえ、国立公文書館に移管される文書は、特に各行政機関が秘匿したい文書については現在の状況とほぼ変わらないと推測できる。これまでと同様に沖縄返還の密約文書のような歴史的価値が非常に高いものの各行政機関が秘匿したい文書が移管される可能性は低い。

第3に、上記③の点については、政府案は、行政機関の職員に文書の作成義務を課している（同法案4条）。また、行政機関の長には、文書の保存義務を課している（同法案6条）点で評価できる。

しかし、前者については、文書作成義務の対象が「行政機関の意思決定」に限定され、行政機関の意思決定の過程にまで拡大されていない。それゆえ、各行政機関で作成が義務付けられるのは組織の決裁文書に限定され、行政機関の意思決定の過程を市民が検証する証拠を確保することができないという問題が残っている。

第4に、上記④の点については、政府案は、中間書庫について、国立公文書館法で、国立公文書館の任務として規定されているというが、この法案で書庫として明示的に規定しておらず評価できない。中間書庫については、この法案の前提となった有識者会議の最終報告によれば、行政機関が中間書庫に文書を移管するかは自由とされていることから、国立公文書館の任務として加えただけでは、評価に値するものではないだろう。

そもそも行政機関の管理から外して公文書を中間書庫において管理保存することは、公文書の散逸・隠匿を防止する上で非常に重要であり、中間書庫を明示的に規定し、そこに一定の年数が経過した時点で行政機関に公文書の移管を義務付けるべきである。

第5に、上記⑤の点について、政府案は、国立公文書館において保存されている特定歴史公文書等について利用請求があった場合の非開示事由を詳細に規定している（同法案16条）ことから評価できない。公文書作成後30年経過により公文書は原則公開とするような明示された期間の経過により、公開の範囲が規定されるという観点が政府案にはなく妥当ではない。

第6に、上記⑥の点について、政府案は、IT化に対応した電子データを原本とする文書管理について規定しておらず評価できない。実際には、総務省は全省庁が採用する統一化された電子システムを導入する予定であると聞くが、電子データを活用することは重要であるが、電子データ特有の問題もある。その点を法で方針だけでも規定すべきであるし、電子データの原本化を5年以内に実現することを附則に入れてもよい。

第7に、上記⑦の点について、政府案は全く規定しておらず、評価できない。政府は、文書の保存期間中に廃棄文書が発生した場合等には、国家公務員法に規定する職務上の義務への違反として懲戒処分及び公文書毀棄罪により対処すると思われる。しかし、懲戒処分制度が機能していないのは顕著な事実であるし、公文書毀棄罪も同様である。

第8に、上記⑧の点について、政府案は、内閣府の公文書管理担当機関、公文書管理委員会、国立公文書館に役割を分担させている。しかし、公文書管理委員会は、行政組織法上の8条機関である審議会であり、独立性や権限が与えられているわけではない。政令の制定等の際にも諮問されるだけであり、自ら文書管理規則を建議できるわけではない。また、国立公文書館の機能も、アメリカのNARAのように拡充されたわけではなかった。また、同館は、三権から独立した特別の法人に改編されることもなかった。同館が、三権から独立してこそ、立法文書や司法文書の移管が進むのであり、この改編が見送られた点は非常に問題である。

以上のように、同法案は、JCLU公文書管理8原則をほとんど反映しておらず、非常に不十分なものとなっている。

知る権利を具体化する制度として

国の保有する公文書は、「公共財」であり、現在及び将来の「市民の共有財産」である。それゆえ、個々の行政機関による恣意的な公文書の管理を許してはならず、「市民が自らの共有財産を適切に管理するための公文書管理法」を制定するべきである。また、市民が国政を監視し自ら国政の意思決定過程に参加するためには、政府がその意思決定過程を文書化しその文書を適切に保存・管理して、市民に開示することが前提となる。それゆえ、公文書管理法は情報公開制度を実効あらしめるためのものとして、情報公開制度とともに「国民の知る権利を具体化する制度」として位置づけなければならない。

したがって、政府案は、政府が国民への説明責務を全うすることを趣旨とする点において、「政府のための公文書管理法」であり、根本的に誤っているのである。また、個々の公文書管理を各省庁の自主性に任せ、文書管理全体の取りまとめを内閣府が行い、内閣府は外部有識者による公文書管理委員会の答申を受けるという手法は、政府がその意思決定過程を文書化しその文書を適切に保存・管理して市民に開示することを担保するものとは到底いえない。このことは、これまでの各省庁の公文書管理の実態を精査すれば明らかである。

国会の審議は

上記法案は、GW 明けにも国会審議に入る予定である。

現在の各政党の情勢は、自民党は政府案に賛成。民主党は、枝野幸男議員を責任者とする公文書管理法 NC を結成し、政府案に反対の立場をとっている。社民党を代表としてその他の野党も、概ね政府案に反対であり、野党は共闘できる状況である。

市民レベルでは、私も設立に参加した公文書市民ネットが、幅広い分野の団体に個人レベルで参加を呼びかけ、政府案ではなく市民のための公文書管理法の制定を世に訴えているところである。本年 3 月 17 日に、国会内で学習会を開催したところ、与野党を問わず多くの議員関係者が参加し、この問題に対する議員の関心の高さが窺えた。

今後の国会審議の予測としては、現在の情勢では与党が押す政府案に野党が若干の修正を加えて政府案が成立する可能性が高い。

マスコミの論説委員と懇談して感じたことは、マスコミの論調は、今までの行政機関の公文書管理があまりにもひどかったことから、政府案が不十分であることはわかっているものの、官僚の反対にあわないうちに同法案を可決して不十分ながらも公文書管理をスタートさせようとものであった。主要マスコミは、概ねこのような論調である。私が実際に懇談した論説委員には、政府案の問題点を少しは認識してもらえたが、同法案の地味さや難しさもあいまって、マスコミを問わず一般には政府案の問題点が認識されていないのが現実である。これが、若干の修正が入るとしても政府案が成立する可能性が高いと私が思う理由である。

市民による行政監視のための試金石

この法案を詳細に分析し、責任をとらない官僚が密室で行う日本行政の問題点に思いをいたせば、公文書管理法は、行政改革の大きな柱の一つであることがわかるはずである。行政の意思決定過程についての文書が作成され役人が業務に関して取得した文書が収集され、それが適切に保存され、最終的に国立公文書館に移管されるようになれば、日本の行政は、情報公開によりガラス張りになり、市民による行政監視が可能になる。それゆえ、国会情勢については、政権交代を目指す民主党が、将来本気で日本の行政改革を行い、官僚による政治を打破し、市民が選んだ政党による政治主導の政治を目指すのであれば、公文書管理法において妥協すべきではない。この法案に対する態度が、同党の試金石となるのではないかと思う。

公文書管理法案の修正とともに情報公開法の改正を

代表理事：三宅 弘

情報公開法の改正法案

冒頭で述べたとおり、公文書管理法案の修正とともに情報公開法の改正も必要である。

この点、既に、日本弁護士連合会などでは、次の①から⑪までの改正要求を発表し、民主党も、このような改正項目を盛り込んだ情報公開法改正法案を発表し、従前の国会に提案されたことがある。これらの改正点は、当協会でも、おおむね、かねてから主張してきた点である。

①法律の目的に「国民の知る権利の保障」を明示する。
②個人情報の不開示の例外として、公務員の氏名も情報公開の開示内容とする。
③法人等の情報について、公にしないとの条件で任意に提供された情報を不開示とする規定を削除する。
④防衛・外交情報と犯罪情報の不開示情報につき、「…に支障を及ぼすおそれがあると行政機関の長が認めることにつき相当の理由がある情報」とあるのを、「…に支障を及ぼすおそれがある情報」に改め、行政の恣意的な不開示決定、存否応答拒否等を防ぐ[1]。
⑤存否応答拒否ができる場合を限定し、行政の恣意的な不開示決定、存否応答拒否等を防ぐ。
⑥手続の引き伸ばし、遅延を防ぐため、情報開示請求から開示決定までの期限を、現行法の「30日以内」「延長 30 日」「特例無期限」から、「14日以内」「延長 30 日」「特例 60 日」に短縮、明確化する。
⑦不服申立てを受けてから審査会への諮問までの期間について、現行法には定めがないが、これを「14 日以内」とする。
⑧現行法では、高等裁判所本庁所在地のみで提起が可能とされている訴訟を、47 都道府県の地方裁判所でも提起を可能とすることとし、情報公開に関する訴訟をより使い勝手のよいものにする。
⑨裁判官が情報の実物を見て可否を判断するインカメラ手続を導入する。
⑩手数料を引き下げ、さらに公益目的がある場合の減免規定を整備する。
⑪国会及び裁判所に対する情報公開についても、不服申立制度及び非公開処分取消訴訟制度を設ける[2]。

公文書管理法案と情報公開法改正の関係

このうち、①「知る権利の保障」の明記は、情報公開法の制定時から議論された。公文書管理法案 1 条も、その目的として、「現在及び将来の国民に説明する責務」を明記しているが、政府の責務にとどまり、憲法上の人権の具体化法としての観点が欠落している。それゆえ、特定歴史公文書等の利用請求権（法案 16 条）の利用拒否事由としても、情報公開法 5 条と同様の規定にとどまっている。これでは、公文書が国立公文書館に移管されても国民は利用できないという事態になりかねない。知る権利の保障に対応する説明責務という関係を明らかにするためにも、目的規定について、情報公開法の改正と公文書管理法案の修正が必要である。

同時に、②公務員の氏名の開示、③非公開条件付任意提供情報を不開示とする規定の削除、④防衛・外交情報と犯罪情報の不開示につき「行政機関の長」の第 1 次的判断の合理性審査にとどめる規定の削除、についても、情報公開法の改正と公文書管理法案の修正がともに必要な具体的条項である。

②は情報公開法 5 条 1 号、③は 5 条 2 号ロ、④は同 5 条 3 号、4 号の不開示情報規定の改正を求めるものであるが、不開示情報のうち、特に②～④によって、行政情報の情報公開が妨げられる傾向が顕著である。この②～④の不開示情報が、そのまま公文書管理法案においても援用されることによって、行政文書は、現用文書としても、非現用文書としても、不開示・利用拒否が半永久的に続くことにもなりかねない。

「30 年原則」か「時の経過」か

当協会は、公文書管理法の制定を求める JCLU8 原則においては、「⑤公文書作成後 30 年経過により公文書を原則公開とすること」を掲げているが、このことは、公文書管理法案は「時の経過を考慮する」というだけで、時限的な秘密解除の規定を設けていない。情報公開法の運用実例では、河野外相とフルシチョフ・ソ連第一書記との 1956 年 10 月 16 日～18 日の会議の議事録や、藤山外相とマッカーサー米大使との 1960 年 1 月 6 日の会議録が、いずれも一部不開示とされているが、50 年経過しても「時の経過」が考慮されないことを予測するものであって、公文書管理法案で、歴史的な防衛・外交文書が利用できることは期待できないこととなろう。

最高裁も望むインカメラ審理規定

⑩の裁判手続についてのインカメラ審理手続（裁判所だけが文書等を直接見分する方法により行われる非公開の審理）の導入は、情報不開示決定処分取消請求訴訟においても、また特定歴史公文書利用拒否処分取消訴訟においても、同様に当該公文書を見分して、これが不開示情報や利用拒否事由に該当するかを具体的に検討できる手続が必要である。

1) また、訴訟に関する書類及び押収物については、情報公開法の規定は適用しないとする刑事訴訟法第 53 条の 2 も削除されるべきである。
2) 衆議院には「衆議院事務局の保有する衆議院行政文書の開示等に関する事務取扱規程」が存在するが、参議院には同様の規定がないので、早急にこれと同種の規定を設けるべきである。

この点については、最高裁平成 21 年 1 月 15 日決定が、沖縄の米軍ヘリ墜落事故にかかる情報公開訴訟に関し、福岡高等裁判所が不開示情報について実質的なインカメラ審理を行うことを認めた検証物提示命令を破棄し、改めてこれを却下する旨の決定を下した。

この決定は、その理由として、現行法に明文の規定がない以上、文書の所持者にインカメラ審理を受忍すべき義務はない、とした。しかし、他方で、この決定は、明文の規定をおくことでインカメラ審理を採用できることは認め、しかも、泉裁判官は、インカメラ審理を「国民の知る権利の具体化として認められた行政文書開示請求権の司法上の保護を強化し、裁判の信頼性を高め、憲法 32 条の裁判を受ける権利をより充実させるもの」と評価し、また、宮川裁判官は、「インカメラ審理の導入について情報公開制度を実効的に機能させるために検討されることが望ましい」と述べている。

当協会は、日本で最初に、情報公開訴訟におけるインカメラ審理について様々な観点から検討を加えたうえで、ヴォーン・インデックス（不開示とした情報の項目と不開示とした理由について、文書で説明すること）を行ったうえでなお不開示事由の相当性についての判断ができないときは、インカメラ審理を行う旨、情報公開法を改正すべきであるとの提言をしてきた。

この決定により、立法により情報公開訴訟にインカメラ審理手続を導入する正当性及び必要性はさらに明確になった。公文書管理法案の修正と共に、情報公開法が改正されるべき、もっとも大切な点のひとつである。

公文書管理法の制定を求める JCLU8 原則についての意見書

JCLU 公文書管理 8 原則

①国民主権の理念に基づき、知る権利の具体化を法の目的とすること

法の目的については、国民主権の理念から導かれ、かつ憲法 21 条に基づく知る権利の具体化としての情報公開制度を実効あらしめるための制度とすべきであることを法に明記すべきである。

②全ての公文書を公文書館への移管対象とすること

法の対象範囲については、行政文書の他、独立行政法人等の法人文書、立法府・司法府の文書も管理ルールを適用する文書とすべきであり、しかもそれらを国立公文書館への移管対象とすべきである。

この場合に、司法公文書の特殊な重要性に鑑み、その保存等の在り方について、法曹三者の意見を反映できるようにすべきである。

地方公共団体の文書、民間法人化された法人が保有している文書（国・独立行政法人等であった当時の文書）、それ以外の民間法人が保有している文書については、その保存・管理の体制が整っていないものを、国立公文書館へ移管することができるようにするための法律上の根拠規定も設けるべきである。

③公文書の作成義務・保存義務を法定化すべきこと

作成・保存を義務付ける文書の範囲については、現行の「組織共用文書」という情報公開法の概念を適正に解釈、適用して用いるべきである。

なお、個人的メモは、情報公開法の対象文書ではないが、場合によっては重要な歴史的資料となりうることから、情報公開法の対象である「組織共用文書」に限定せずに、歴史的資料となりうる個人的メモの寄贈・保存を可能とする規定も設けるべきであると考える。

現用文書の保存については、文書の保存義務を法定化すべきであり、特に審議会等については委員の顕名による議事録の保存をすべきである。

作成・保存の義務化に伴って、情報公開法 22 条の改正及び同法施行令の法制化もあわせて行われるべきである。この場合に、上記作成を義務付ける文書については、一旦は一律に保存させるという、いわゆる神奈川県方式が採用されるべきである。

④中間書庫に移送したうえで保存することを法定化すべきこと

公文書の中間段階の保存については、中間書庫に法律上の根拠を付与すべきである。この場合に、上記保存が必要な文書は、すべて中間書庫の対象となる文書とすべきであり、その移送・利用の手続のために、概念（「移送」「半現用」）を明確化すると共に、対象文書の移管を義務化すべきである。また、中間書庫で保存される文書の保有主体は、各府省庁にあるとしてよいが、中間書庫への移送後は、専門職員（公文書館法）の権限と責任において、公文書管理庁（後述⑧参照）が管理を行うことができる旨の法制を確立すべきである（添付の図省略— JCLU の HP 参照）。

なお、延長・移管・廃棄の判断の手続きについては、移管についての公文書管理庁の判断を尊重すること、廃棄についての公文書管理庁の承認を要すること、廃棄スケジュールについて公文書管理庁が関与すること等が、法律上規定されるべきである。また、情報公開法施行令における文書保存年限中の「以上」という規定部分を撤廃し、有限の保存年限としたうえで、公文書の保存年限の延長手続を策定することとし、その延長については、5 年程度の期限を設け、期限到来時に、再延長するかの審査がなされるようにすべきである。移管後の文書の取扱いについては、移管後は、公文書は国立公文書館で原本を管理し、行政目的による利用についてどのように配慮するかは、原則として写によるものとすべきである。この場合に、デジタルアーカイブ化による利便性の向上が考えられてよい。

国立公文書館に移管された非現用文書についても、閲覧・謄写請求権を明定し、非公開について処分取消訴訟が提起できるようにすべきである。

⑤公文書作成後 30 年経過により公文書を原則公開とすること

有限の保存年度とされた公文書は、30 年経過によって、現用・非現用を問わず、原則公開とされるべきである。

⑥ IT 化に対応した電子データを原本とする文書管理

文書管理にあたっては、文書管理の業務.・システム最適化で整備する一元的な文書管理システムをすべての各府省庁に統一のものとして導入すべきである。その際、IT 化に対応した文書管理として、原本性の確保（完全性、機密性、見読性）についての技術的な問題点をクリアーした上で、電子データを原本とすべきである。

この点、韓国においては、95 パーセント以上の公文書が電子記録で生産され電子記録物に関する規定を進化させていることから、日本も、これを参考とするべく、早急に公文書の IT 化に関する有識者会議を開催して研究するべきである。

⑦罰則・懲戒規定

恣意的で不適切な廃棄やずさんな管理による紛失を防止するために、公用文書等毀棄罪や、公務員の過失による廃棄や紛失についての懲戒の積極的な運用を確認すべきである。

⑧公文書管理庁・三権から独立した第三者機関としての国立公文書館

国立公文書館等の組織形態の在り方については、政府部内には、文書の作成、保存、移管・廃棄という文書のライフサイクルを通じた管理を適切に行うとともに、国立公文書館への移管を円滑に行うための公文書管理担当機関として「公文書管理庁」を設け、さらに、立法府、司法府の文書の移管をも円滑に受けるための国立公文書館として、行政機関本体から独立させて、三権の機関の文書を同等に保管するのにふさわしい「特別の法人」とすべきである。

そして、「特別の法人」となるべき国立公文書館の担う役割として、制度官庁の政策立案や各府省の文書の移管・廃棄・保存等における専門家の知見等の反映、地方公共団体に対する技術的な助言・指導、専門家の養成（アーキビスト・レコードマネージャー）等が十分になしうる組織・予算上の措置をとるべきである。国立公文書館の所蔵資料の収集について、緊急の必要あるものとして、独立行政法人の保有文書や時限的な政府機関（司法制度改革推進本部など）等への拡大がはかられるべきである。

また、民事判決原本と同様に、一定期間経過後の刑事訴訟記録の移管も受けるべきである。刑事訴訟記録は、現在は、国立公文書館への移管対象とはなっておらず、廃棄されずに保存されたものの件数だけが公表されるにとどまっているが、歴史的資料としての意義を有する刑事訴訟記録について、このような公文書管理の例外は設けるべきではない。

奥平康弘先生と考える表現の自由のいま

会員：西村 啓聡・牧野 友香子・秋山 淳

去る3月7日と8日、神奈川県湯河原町の日本新聞協会湯河原荘において、奥平康弘先生をお招きして、人権協会やその会員がかかわる表現の自由をめぐる事件等を題材に、発表と意見交換がなされた。テーマは、図書館の閲覧制限と利用者の知る権利、ETV2001「問われる戦時性暴力」をめぐる法的問題、航空自衛隊元幕僚長の懸賞論文投稿が抱える問題である。

図書館の自由と利用者の知る権利

神戸連続児童殺害事件をめぐるフォーカス・新潮 45、『石に泳ぐ魚』、『僕はパパを殺すことに決めた』、厚生労働省元事務次官殺害事件に関連して官庁の職員録など、図書館に所蔵された資料について閲覧制限がなされた事例はあとをたたない。昨年には、国立国会図書館が法務省刑事局からの要請により米軍関係者の犯罪の一部について刑事裁判権を放棄するとの資料を閲覧制限した事案もあった（JCLU 支援事件）。そこで、特に、国会図書館による法務省刑事局資料の閲覧制限の事例を素材に、私たち市民が国立・公立図書館の資料を閲覧する権利について考えた。

冒頭、日隅一雄会員が、次のとおり、問題提起した。

本件において、原告は、国立国会図書館において、「合衆国軍隊構成員等に対する刑事裁判権関係実務資料〔検察提要六〕」（以下「本件資料」という。）の閲覧を求めたところ、閲覧を禁止された。その理由は、本件資料が国の機関において非公開とする公的な決定があったため、「国立国会図書館資料利用制限措置等に関する内規」4条4号の「国若しくは地方公共団体の諸機関又は次に掲げる法人により、又はこれらのもののために発行された資料で、その内容の公開を制限し、又は非公開とすることを当該機関又は法人が公的に決定したもの」に該当すること及び法務省の申出内容と異なる判断を国立国会図書館が下すに足りる理由を見出しえなかったということであった。

国立国会図書館は、市民に対して思想、意見その他の種々の情報を含む図書館資料を提供して、市民が民主主義に不可欠な情報を入手し、あるいはその教養を高めるための公的な場となっており、国内で出版・発行される図書・資料を包括的に収集し、これを市民の利用に供していることから、憲法 21 条の保障する国民の知る権利に寄与する極めて重要な役割を有している。それゆえ、同会員は、そのような役割を有している国会図書館が、行政庁が口をはさんだものについて閲覧制限をしてよいのかという問題を提起した。

そして、同会員は、この問題に対する考えを以下のように述べた。

国会図書館の館長は、国立国会図書館法 2 条に基づき、一般市民に資料を閲覧させる義務を負う以上、一般市民に対する資料の閲覧禁止・制限はあくまでも例外であり、他の人権との調整が必要な場合など極めて限定的な場合に限られなければならない。

それゆえ、法 21 条 1 項は「直接に・・・両議院、委員会及び議員並びに行政及び司法の各部門からの要求を妨げない限り、日本国民がこれを最大限に享受することができるようにしなければならない」と規定しているところ、この規定の「両議院、委員会及び議員並びに行政及び司法の各部門からの要求を妨げない限り」とは、両議院などと一般市民が同一の資料の利用を同時期に求めていた場合に、両議院などに対する資料の提供・閲覧を優先する必要があるために、その利用の調整があることを定めた規定にすぎず、これを超えて広く、両議院や行政部門などが一般市民による資料の閲覧を制限するよう要求できることを認めた規定ではないと解しなければならない。

また、国立国会図書館規則 8 条の「館長は、人権の侵害等により利用に供することが不適当と認められる資料の利用の制限・・・をすることができる」との規定は、上記のような国立国会図書館の役割及び市民が知る権利に基づき資料を閲覧する権利を有することに照らせば、閲覧・複写により人権の侵害を引き起こす資料について閲覧・複写を制限することも真にやむを得ない場合がありうることから規定したものと考えなければならない。そして、同規則 8 条の「人権の侵害等」という文言からも明らかなとおり、資料の閲覧・複写の制限は、人権の侵害ないしそれに匹敵するような重要な個人の権利の侵害に該当する場合に限定されなければならない。

ところが、このような本件処分の根拠とされる内規 4 条 4 号は、上記規則で定めた利用の制限とは全く異なる異質なものであることがわかる。なぜなら、4 号は、「国若しくは地方公共団体の諸機関又は次に掲げる法人により、又はこれらのもののために発行された資料で、その内容の公開を制限し、又は非公開とすることを当該機関又は法人が公的に決定したもの」と定めており、「人権の侵害等」に相当するような理由ではない。また、同号は、行政機関が公開を制限し、非公開とすることを公的に決定していれば、あたかも国立国会図書館が、その行政機関の意向に沿わなければならないかのような規定となっているからである。

それゆえ、同号は、法 21 条 1 項によって制定された規則 8 条が許容する利用制限から逸脱した基準を設定するものであり、委任の範囲を超えた無効のものである。

このような理由から、同会員を含む本件の弁護団は、そもそも閲覧制限の根拠となった上記内規 4 条 4 号自体が、法 21 条 1 項によって規定された規則 8 条が許容する利用制限から逸脱しており、委任の範囲を超えており無効であると考えていると説明した。

この後、質疑、意見交換がなされたが、奥平氏は、「アメリカでは、図書の閲覧請求権は『図書館の自由』として、表現の自由の一領域として捉えられている。」
とコメントした。

また、図書館において閲覧する権利を市民の知る権利から構成し直すべきではないかという意見も出た。

これに対しては、奥平氏から、「図書館の自由」と市民の知る権利の差異に関するコメント、すなわち、市民の知る権利と「図書館の自由」を直接結びつけることでは難しい、前者からは権利侵害を容易に構成することが可能であるが、後者からは、プロフェッショナルとしての図書館員としての位置付けを導くことができる、というコメントがあった。

（文責・西村 啓聡）

NHK　ETV2001「問われる戦時性暴力」をめぐる法廷問題

2008 年 6 月、最高裁判所は、NHK の放送した「問われる戦時性暴力」について、「放送事業者又は制作業者から素材収集のための取材を受けた取材対象者が、取材担当者の言動等によって、当該取材で得られた素材が一定の内容、方法により放送に使用されるものと期待し、あるいは信頼したとしても、その期待や信頼は原則として法的保護の対象とはならない」と判断した。この裁判の事実認定、法的構成のあり方、最高裁判決の問題点、放送における公正原則などの論点が考えられる。

冒頭、小町谷育子理事が、次のとおり問題提起した。

1　東京高裁判決の問題点

本件取材の当初から、編集、放送の経緯等を詳細に分析すると、東京高裁の判断は、①バウネットの期待と信頼の対象は何であったのかについての分析が不十分であった、② NHK の不法行為責任を認めるための根拠の分析が不十分であった、③「取材対象者の自己決定権」という文言が出てくるが、これが、権利なのか単なる意思決定という意味なのか、権利であるとすると、取材対象者の期待と信頼と、この自己決定権とはどのような関係にあるのかが明確になっていない、④「ドキュメンタリー又は教養番組においては」と両者を同等に扱っているが、ドキュメンタリーと教養番組とでは、公正さの判断に違いが出てくるのではないか、といった問題点の指摘があった。

2 最高裁判決の問題点

また、最高裁判決の判断については、①表現の自由は、本来、公権力の介入から表現行為を守るためのものである。しかし、本最高裁判決においては、政治家が番組作りに介入したことが認められるにもかかわらず、NHK の責任を否定することで、政治家の表現行為へのかかわりに免罪符を与えてしまった、②編集の自由の名の下に、経営者と現場の番組制作に対する意見が異なる場合の問題性を覆い隠してしまい、結果として現場の内部的自由がますます認められなくなるおそれがある、③表現の自由を持った放送事業者と取材対象者とに二分するメディア論が古いのではないか、すなわち、番組を作る際の基本は、番組制作者と取材の相手方のコミュニケーションであり、これが欠落した際の責任が、法的責任に高められなくてよいのか、④重要な事実を省いて結論を導いており、事実が希薄な判決になっている、といった問題点の指摘があった。

3 本件についての提言

さらに、本件についての提言として、①バウネット側は、期待と信頼を、バウネットとしてどうしても譲れない部分に絞って、これらが放送されなかったことが期待と信頼を侵害したとする等、期待と信頼をもう少しコアな部分に絞って主張しても良かったのではないか、②バウネットを単なる取材対象者ではなく、番組の制作協力者と位置づけて法律構成をすることも検討の余地があるのでないか、あるいは、期待権は一種のアクセス権を言葉をかえて言い表したものと思われるが、これをアクセス権議論とあわせてどう考えるのか、③内部的自由について、ドイツの議論等を参考にして、経営者と現場の二分論ではなく、両者が編集権を分有して、共同行使していると構成ができないか、表現者の内部的自由が守られてこそ、我々が情報を広く受け取ることが可能になるのであり、憲法 21 条との関係で内部的自由をどのように確保していくかも重要な問題である、との指摘があった。

この後、質疑、意見交換がなされ、奥平氏は、次のとおりコメントした。

本件については、当該番組が何の権利を侵害したか、すなわち、そもそもどのような権利があり、いかなる権利が侵害されたのかを、表現の自由とのかかわり方の中で検討するのが重要である。その一つとして、マスコミからの取材を受けた取材対象者が、一方的な対象になってしまい編集権の独裁下に入ってしまうという問題がある。この点について、法は、常に発展していくものであり、取材対象者に、番組編成に何らかの形で関与する権利、参加することを権利として考えることはできないかという視点でみていくことが必要であると指摘した。また、内部的自由に関して、番組に深く関わるのは現場であって、水準の高い番組を作ることは、プロでなければできないことであるし、よく鍛えられたプロにまかせるしかない事柄である。すなわち、内部的自由が確保され、現場のプロが自由にその能力を発揮できることが、表現の自由、知る権利に資するのであるし、プロが集まって、プロとして自由闊達に議論する場が必要であると指摘した。さらに、本件は、政治家の関与により、国際女性法廷の意味が消されている、すなわち、現在の内閣が、国際的に問題となっている、戦争が女性への暴力を伴うという事実認識を消そうとしたということを問題として問うという点で、民事訴訟のかたちはとっているが、公益に関する訴訟としての側面があると指摘した。

その後、参加者からは、次のとおり意見交換がなされた。

原告代理人から、本件の特殊性として、訴訟提起した当初は、番組改編に政治家の圧力があったことは明らかになっておらず、高裁の結審直前に、NHK 社員の内部告発によって、はじめて政治家の圧力の存在が明らかになったという事情があったこと等、本件訴訟の難しさについての説明があった。

また、取材して本を作る場合を考えると、発表する側の自由な編集を制約するのは難しい面があり、放送と通常の出版とはパラレルには考えられないのではないかという意見があった。インタビューやコメントについて、発言の趣旨を帳消しにして、違うメッセージにされて放送された場合には、人格権侵害や名誉毀損の問題が出てくるのであり、女性法廷についてもそのコアの部分を趣旨と違って放送されたとして同様に考えることも可能であろうとの意見もあった。そもそも、放送・編集の問題については、免許制等事前事後の調整が認められてきた領域であり、放送は誰のためのものかという視点から、放送法の改正も検討されることが必要である等活発な議論がなされた。

そして、最後に、法人としての表現の自由と個人（記者等）の表現の自由との関係について、奥平氏から、次のようなコメントがあった。

マスメディア、法人には、個人の自由ではありえない法人としての自由がある。すなわち、法人が放送するからこそ、大きな影響力があり、いわば公益性を託されているのであって、これは取材した個人の表現の自由ではない。そして、ニューヨークタイムズ紙がペンタゴンの秘密文書について公表した例をあげ、これは社内での大議論の上で、ニューヨークタイムズ紙が取り上げ発表したことの影響力と責任の問題であり、個人の表現の自由の問題ではないと説明した。表現の自由は、いわば国家への抵抗権であり、現代の表現の自由の担い手はマスメディアしかないと言える。そして、このマスメディアが表現の自由の主体であることと、内部的自由が確保され、内部で自由闊達な議論がなされているかということは、うらはらの関係にあると指摘した。　（文責・牧野 友香子）

航空自衛隊元幕僚長の懸賞論文投稿が抱える問題

航空自衛隊元幕僚長が、政府見解と異なる歴史認識を記載した論文を、在任中に民間企業の懸賞論文に投稿し、更迭された。国会の参考人質問のテレビ中継はなされなかった。元幕僚長の主張する「表現の自由」論は、表現の自由は何のために誰のためにあるのかを確認するよう私たちに促していると思われる。また、シビリアン・コントロール、政治家の歴史認識など投げかけられたその他の問題も考えた。

冒頭、荻野淳理事から、当時現職の航空自衛隊幕僚長であった田母神俊雄氏が、民間の懸賞論文に「日本は侵略国家であったのか」（以下「田母神論文」）と題する政府見解と異なる内容の論文を応募して更迭された問題（田母神問題）について、主にシビリアンコントロールの観点から、次の通り発表がなされた。

荻野理事は、田母神問題について概要を説明したうえで、同論文について、内容は歴史学的には評価されないものであるようだが、幕僚長という高い地位にある現職の自衛官が、政府見解と異なる歴史観を公に発表したことが問題であるとし、この問題から、自衛隊に対するシビリアンコントロールがどのように行われているのかが気になったとして問題提起を行った。また、JCLU として、何らかの声明を出すなどの対応を検討したが、実際に声明文を書こうとすると難しく、考えなければならない問題が数多くあると指摘した。

荻野理事は、田母神問題について、個人の政治的表現の自由は最大限保障されなければならないが、公務員的立場にある人物の政治的表現の自由はどのように制約されうるか、とくに本件では、自衛隊という組織の幹部であることの特殊性を考慮しなければならないという問題点があることを指摘し、この点ひとつとっても、難しい論点があるとした。また、本件のような問題が起きたことについて、田母神氏だけではなく、シビリアンコントロールとして自衛隊を統制する文民にも問題があり、たとえば、守谷事務次官（当時）の問題などがあったときに、文民が制服組に押されてしまう状況にあるのではないかとの指摘があったほか、防衛大臣をはじめとする政治家側から、制服組に対して積極的な発言を促すようなこともあり、政治家側が文民統制について理解を深めなければならない状況にあると指摘した。

その上で、田母神論文のような自衛隊幹部の発言を制約するための根拠として、実質的軍隊である自衛隊に対するシビリアンコントロール（文民統制）が考えられ、どのように統制することができるかは、まずシビリアンコントロール（文民統制）がどのようなものであるのか理解する必要があることが指摘された。そして、憲法学についての学者の著作には、文民統制とは何であるのかを具体的に論じた部分は少なく、文民統制の概念自体が具体的に確立されていないこと、日本国憲法制定当時は自衛隊の存在が具体的に想定されていなかったことから、憲法上もほとんど記載がないことが指摘され、文民統制を国民の立場からどのように考えていくべきなのかを議論しなければならない段階に来ているのではないかとの問題提起がなされた。

また、現在の自衛隊に対する文民統制は、防衛参事官という文官による統制であるが、自衛隊の実情を理解しない参事官による統制には不備があること、海外派遣等で実績を上げた自衛隊側が積極的に発言するようになってきていること、自衛隊は存在しない方がいいと考える国民が少数派になってきているようであることなどから、自衛隊側の発言力が相対的に高まってきていることも指摘された。さらに、最近の問題として、政治家が自衛隊をコントロールしようと考えなくなってきており、今後、戦争を知らない世代が主流になると、自衛隊（制服組）の発言力がより増大すること、軍事的合理性の観点から、背広組を関与させない方向になるという事態もあり得るとの懸念が指摘され、文民統制とはどのようなものであるのかについて、よく考えていく必要があるとされた。

これに対し、次の通り、参加者からの意見交換がなされた。

政府が決めた政策について、現場の公務員がこれに反対する行動、発言を行うことは、表現の自由を最大限保障する観点から許容されるべきだが、行政権の上層部にいる公務員に対しては、政府の政策に反対するような行動・発言はある程度制約することができるのではないかとの意見が出された。また、憲法による統治の観点からの意見も示され、比較法的には、文官がコントロールするというよりは、法的に軍隊をどのようにコントロールしているのかという点が問題とされ、共和制から発展したアメリカでは、軍事権が行政権に割り当てられ、議会が戦争宣言と予算統制をできるということで軍隊をコントロールする根拠となるが、議院内閣制の国（特に君主制から発達したイギリスなど）では、議会が軍隊をコントロールするという議論になりにくいということが紹介された。また、田母神氏のような人物が自衛隊のトップに就任したこと自体が問題であるとの議論がなされなければならず、処分を行わないことを批判するのは本質を外れているとの指摘がなされ、荻野理事も、現実に田母神氏が幕僚長の地位に就いたこと、自衛隊内で田母神氏の歴史観と同様の考えに基づく部隊教育が行われていたことについて議論しなければならないと指摘した。さらに、本件に関しては、合宿終了時の紙谷代表理事の挨拶において、田母神氏のような人物が JCLU に救済を求めてきた場合に、どのように対応すべきなのかは、JCLU にとっても重要な問題であるとして言及された。

奥平氏は、田母神問題の処理が、懲戒処分の法的対応を行わずに、問題発覚後ただちに幕僚長を更迭し、定年退職となり、公権力を発動せずに法律問題で処理されない形での幕引きが可能だった点に、この問題の特殊性があったと指摘した。その上で、革新といわれる人たちから、田母神論文は不適切であり、同氏を公権力によりに処分すべきであったとの声があがったが、表現の自由の保障の例外を認める立場の発言が簡単に出てくることが意外だったとの感想が述べられた。また、表現の自由の原則とは何か、表現の自由の原則をどのように貫くのかについて、ドイツの「闘う民主制」の議論が平和主義との絡みであらわれたのが田母神問題であり、オウム真理教の信者の住民登録申請が受理されなかったのと同じ問題であると指摘した。そして、奥平氏は、田母神論文の発表そのものは、政治目的に基づく行為ではないため、自衛隊法の自衛隊員の政治的行為の制限条項にはあたらず、同法が制限している「隊員としてふさわしくない行為」とは表現行為ではない行動について規定したもので、本件は適用の対象ではないことから、同法によって田母神氏を懲戒等することはできないこと、表現の自由の保障の例外を認めることになってしまうため、懲戒処分等を行うべきだったとする立場はとらないとした。

その上で、奥平氏は、本問題については公権力の発動を促すのではなく、表現の自由を貫徹することが民主主義に優位するのであり、田母神問題のような問題については、公権力ではなく政治的な運動によって批判・攻撃すべきであり、政治的な責任を負わせることが民主主義を資することにつながる、表現の自由にはまだまだ出番があるとコメントした。

（文責・秋山 淳）

JCLU2 月例会「沖縄集団自決裁判報告」

会員：橋本 陽介

沖縄戦の集団自決について、岩波書店発行の『沖縄ノート』（大江健三郎著）等の記述が、当時の座間味島の元隊長、渡嘉敷島の日本軍元隊長の名誉を傷つけたとして、元隊長らが名誉毀損による損害賠償、出版差止めを求める訴訟を起こしていた。

2008 年 3 月 28 日には、本件各書籍の発行時には隊長の命令を真実と信じる相当の理由があるとして名誉毀損の成立を否定する大阪地裁判決があり、さらに、同年 10 月 31 日、大阪高裁は、元隊長らの請求を退けた地裁判決を支持する判決を言い渡した。裁判自体が教科書検定問題とかかわり、歴史的事実に関する表現の自由が問題となった本件事件について、被告側代理人の立場から報告を受けた。

これまでの経過

1945. 3	沖縄座間味島、渡嘉敷島で「集団自決」
1945. 8	終戦
1968	『太平洋戦争』（家永三郎）発刊
1970	『沖縄ノート』（大江健三郎）発刊
2005. 8	大阪地方裁判所に訴訟提起
2007. 3	文部科学省　沖縄戦記述に検定意見
2007. 9	教科書検定意見撤回を求める県民大会
2007.12	文部科学省　検定意見を事実上修正
2008. 3	大阪地方裁判所　判決（請求棄却）
2008.10	大阪高等裁判所　判決（控訴棄却）
現在	最高裁判所に係属

事実関係・背景事情の報告

まず、本件の事実関係、背景事情について近藤卓史理事、秋山淳会員から報告がされた。

本件は訴訟の形式としては、日本軍の元隊長の名誉毀損に基づく損害賠償請求訴訟という形式がとられているが、背景としては、新しい歴史教科書をつくる会が全面的に原告を支援しており、日本の歴史をどう認識するのか、という個人の名誉毀損を越えた社会問題の側面もあった。

『太平洋戦争』『沖縄ノート』の記述は以前より議論されてきたが、2000 年には『母の遺したもの』（宮城晴美著）が刊行された。同書では著者の母である宮城初枝氏が従前は軍の強制を強制する証言をしていたところ、原告の主張に近い話をしており、これも原告が本件訴訟を提起する大きな要因となった（なお、著者の宮城晴美氏は第一審の証人尋問において、自分の書いた本が日本軍による集団自決の命令がなかったとする方向で使用されるのは心外であると証言した。）

訴訟が提起された 2005 年当時はそれほど大きな反響はなかったが、2007 年 3 月、文部科学省が教科書検定において、集団自決に日本軍が関与したとの記述を削除するよう修正を求める検定意見を出した。検定意見に本訴における原告の意見陳述が検定の資料とされたこともあり、本件訴訟も社会的に大きな注目を浴びることになった。教科書検定の検定意見が発表されたのが、本件訴訟の口頭弁論期日と同日であったが、原告代理人が期日後の記者会見で、「裁判の目的の一つは今日の検定意見で達成された」と述べた。

一方で、検定意見以降、被告側は大きな支援をえることになった。

2007 年 3 月の検定意見には、沖縄の方々は自分たちの歴史をゆがめるものとして怒りを感じられ、沖縄で支援の運動が始まった。島の生き残りの方々も今自分が話さなければ沖縄で起こったことが明らかにならなくなってしまうとの思いで語り始めたことも被告側には大きな支援となった。

本件は、法的にも困難な多くの問題があったが、社会的な問題としての側面も背景事情としては大きなものであった。

そして、2008 年 3 月 28 日に、第一審において請求棄却の判決があり、原告側は控訴したが、同年 10 月 31 日に控訴審においても請求棄却の判決が言い渡され、現在は原告側が上告、上告受理申立をしていることころであり、被告側としても反論の検討中である。

法的問題点の解説

次に法的問題点について解説がされた。

本件で特に争点となったのは、両書の記述の真実性、真実相当性であるが、真実性については、第一審、控訴審ともに『沖縄ノート』『太平洋戦争』の記載が真実であるとの証明はなされていな

いと判断され、真実相当性については第一審、控訴審で判断枠組みは異なるものの、被告らが真実であると信じるについての相当の理由があったとして、原告らの請求を棄却した。

判断の枠組みが異なったのは、第一審では本件各書籍の各発行時及び本訴口頭弁論終結時における真実相当性について、同一の基準で判断をしたが、控訴審では発行時の真実相当性の判断基準と、その後出版を継続することの違法性の判断基準を異なるものとして捉えたことである。近藤理事は、「控訴審で原告が、第一審で真実性が否定されたにもかかわらず、第一審後も出版を続けることは違法である、と主張したことに触発されたため、控訴審はこのような判断枠組みをだしたのではないか」と分析した。

控訴審は、出版の継続について、発行後「新しい資料の出現によりその真実性が覆り、あるいは真実相当性の判断が揺らいだというような場合に、直ちにそれだけで、当該記述を改めない限りその書籍の出版を継続することが違法になると解することは相当ではない。」とした上で、出版の継続について新たな基準を定立した。この点について原告は、控訴審の判断は、真実相当性の判断基準を定立した昭和41年最高裁判例に反しているとして、上告、上告申立をしており、最高裁でも争点になりうると考えられる。

質疑応答

近藤理事、秋山会員による報告の後、質疑応答が行われた。本件訴訟についての政治的圧力等の有無については、近藤会員は、政治的な圧力はなく、教科書検定と本件が直接に関係していたわけではないが、2007年3月の検定意見により反対に沖縄の方々から後押しを受けることができたと答えた。

近藤理事によれば、「本件は判決まで、結論が全く予想できませんでした。特に真実性、真実相当性の立証責任は被告側が負っているため、その点について立証ができたかどうかは確信が持てませんでした。沖縄の方々の支援を受けているだけに、判決の結果については責任を感じていた」とのことであった。

当日の会場は、事前に用意した座席が満席になり、予備の座席を用意するほどの多数の方が参加され、本件の問題に対する関心の高さがうかがわれ、両会員の報告に対して活発に質疑応答がなされ、報告は終了した。

Information -インフォメーション-

JCLU　2009年総会・総会記念講演

2009年5月30日　土曜日
千代田区立内幸町ホール（JR新橋駅から徒歩5分など）
総会　午後0時15分から
　公益法人法の施行に伴い、JCLUの組織改変について問題提起をさせていただく予定です。
記念講演　午後2時から
　『国連自由権規約委員会の活動』
　講師　**岩澤雄司**　東京大学教授・国連自由権規約委員会委員長
　コメンテーター　**林陽子**　会員・女性差別撤廃委員会委員
　コーディネーター　**小町谷育子**　理事

ブラジル人学校の現状

――日伯学園の実践例を中心として

小関 康平
会員・慶應義塾大学大学院

JCLUでは、2009年3月28日（土）の例会に於いて、群馬県大泉町にあるブラジル人学校・日伯学園の戸澤江梨香園長をお招きして、「ブラジル人学校の現状」と題し、殊に実際問題を中心として、お話を頂戴した。日伯学園とJCLUとの関係は、2006年にJCLUが日伯学園を見学訪問させて頂いた以来のものであって[1]、また、今般、経済対策の一環として支給が決定された定額給付金を資金とした日伯学園への寄付を、目下、計画・広報しているところである。

本稿は、3月例会の報告であるが、紙幅その他の都合で、戸澤園長のお話の全てを対象とすることができない。このことは、非常に残念ではあるが、予め御容赦頂きたい。

ブラジル人学校の存在意義

群馬県大泉町には、非常に多くのブラジル人が居住しているが、しかし、このことは日本ないし大泉町に限ったことではないそうだ。例えば、米国についても、ブラジル人移民――日系ブラジル人であれ、生粋のブラジル人であれ――は、200万人は存在しているという。それにも関わらず、「ブラジル人学校」というのは、日本に特徴的な施設であると、戸澤園長は語る。

というのも、米国ではプレスクール（preschool）という施設が設けられていて、これを経て学校へ通うという制度が採られているという。こうした制度が可能であるのは、英語とブラジルの公用語たるポルトガル語とが、共に、アルファベットを使用する言語であるという共通点がある所以であると戸澤園長は指摘する[2]。しかしながら、日本語は、無論アルファベットを用いない言語である。これ故に、一般的には、ブラジル人の子ども達が、日本語を学習する場合、彼らが英語などのヨーロッパ言語を学習する場合に比して容易ではあり得ず、その為に米国などと同様の制度では、対応し難いということなのであろう。

ところで、ブラジル人学校では、どの様な子ども達が学習しているのだろうか――戸澤園長に拠ると、実に様々な背景を持ち合わせた子ども達が存在するという。ブラジルに帰国するか否か分からない子ども達、日本の公立学校に馴染めずにドロップアウトしてくる子ども達、また、特に思うところなく差し当たりブラジル人学校に通っている子ども達……。

戸澤園長は、自身が日伯学園に関わり始めた約7年前を回想して、当時と現在とでは、状況に多少の変化が見られるという。以前は、ブラジルへの帰国を希望している家庭が比較的多く存在したが、現在では、子ども達自身がブラジルへの帰国を希望しなくなってきてしまっているそうだ。

その原因を戸澤園長は、次の様に指摘する。即ち、ブラジルに一時帰国をした際に、特に或る程度の年齢に達した子ども達は、現実のブラジルの状況――例えば、治安の悪さ等――にショックを受け、また、ポルトガル語理解力の格差、学歴社

1) この2006年の日伯学園の見学訪問につき、宮内博史「日伯学園が語る「在日ブラジル人」の子ども達」JCLU Newsletter（「人権新聞」改題）通巻第361号（2006年10月）11-12頁参照。
2) 戸澤園長に拠れば、以前、大泉町にあっても、プレスクール（preschool）を設立する計画が存在していたが、諸事情によって、この計画は具体的着手に至らず、頓挫してしまったという。

会の雰囲気などを肌身で感じてしまう為なのだという。

そうすると、しかしながら、子ども達の家庭は、将来的にはブラジルに帰国するつもりで、ブラジル人学校に通わせていたので、子ども達の日本での定住の希望を受けて、今後、どういった対応をとるべきかについて困惑してしまうのだという。

ブラジル人学校に於ける日本語教育の重要性

そうした事態を回避すべく、戸澤園長は、比較的初期の段階から、ブラジル人学校に於ける日本語教育の重要性を指摘してきた。だが、周囲の賛同を得るのは容易ではなかったそうだ。当時の学園スタッフでさえも、「どうせブラジルに帰国するのだから、日本語はいらないのではないか」などとして、日本語教育の意義について疑問視をしていたそうだ。

しかし、そうした困難な状況下に於いても、戸澤園長は、ブラジル人学校に於ける日本語教育の重要性を指摘し続け、漸次的に日本語教育を取り入れていった。このようにして、日伯学園は、毎日 8 時間授業の内、低学年にあっては毎日 1 時間ずつ、また、高学年にあっては毎日 2 時間ずつの日本語の授業を導入していった[3]。

戸澤園長は、この日本語教育については低学年に重点を置き、高学年については次第に規模縮小をしていくつもりであったそうだ。しかし、ちょうど 2 年程前から、高学年になってから、日伯学園を選択する子ども達が増えてきたという。これについて、戸澤園長は、「そういうのを見ていましても、子ども達が、もうブラジルに帰りたくないというのは一目瞭然になってきたかなという風に思います」と語っている。

地域社会との交流

日伯学園は、地域との交流も盛んに行っているようだ。これは、子ども達の日本語を用いる場面を増やす為でもある。また、ブラジル人学校は、しばしば地域から敬遠されがちであるので、なる

べく地域社会に参加するよう心掛けているのだという。

具体的には、地域の保育園・学校との交流、地域安全パトロール、地域清掃などを行っているそうだ。こうして、地域社会へ積極的に参加することによって、次第に地域住民もブラジル人学校に理解を示すようになってきているという。

子ども達の進学事情

高学年の子ども達については、日本語能力試験 1 級を目指して指導しているという。1 級を取得すれば、ブラジル人学校卒でも、日本の専門学校への進学が可能になるからだそうだ。また、1 級を取得すると、ブラジルへ帰国して大学受験をしてから、日本の大学へ入学するというルートもあるという。これは詰まり、ブラジルでは1級レヴェルの日本語学習者が少ないので、ブラジルから日本の大学への留学制度を利用するという可能性も開けてくるということだ。詰まり、日本語能力試験 1 級の取得が、子ども達の進路の選択可能性を大きく拡大させる "キー" であると言えそうだ。

更に、戸澤園長に拠ると、ブラジル人学校卒であると、通常の場合、日本の高等学校の入学試験を受験する資格がない。そこで、日伯学園では、通信制の学芸館高等学校と提携し、日本の高等学校へも通えるようにしている。加えて、学芸館高等学校の推薦枠によって、日本の大学・専門学校への進学も可能となるそうだ。

3)　筆者が以前にレヴュー（JCLU Newsletter（「人権新聞」改題）通巻 356 号（2005 年 9 月）7 頁）を書かせて頂いた岡本雅享監修・編著『日本の民族差別——人種差別撤廃条約からみた課題』（明石書店、2005 年）232 頁〔島本篤エルネスト執筆〕に拠れば、「ブラジル人学校は本国文部省の定める教育課程に基づき授業を行うが、そこでは日本語教育は想定されておらず、在日ブラジル人学校でも日本語教育の時間が軽視されている」というのが、ブラジル人学校に於ける日本語教育の現況であって、このことからしても、戸澤園長が日伯学園に於いて日本語教育に重点を置いていることは、非常に特徴的であると言える。

あたごの杜から
事務局長日誌

湯河原に参集して、久しぶりに JCLU 合宿を行いました。

奥平康弘先生をお招きしての合宿の内容報告は、本号記事中で行っています。

参加者は、勤務先の定年を話題にする方から、夜の街に繰り出す軍資金のカンパを募る若手会員まで、老若男女 30 名を超え、JCLU ならではの合宿であったと思います。合宿会場は、広間に孫文の書が掲げられた由緒ある新聞協会保養所。かけ流しの豊かな熱い温泉。はじめて利用させていただきましたが、贔屓の会員が多くいる理由がわかりました。無理な日程の設定や直前の予約変更など、わがまま放題でも気持ちよく応えてくれた宿の皆さん、コーディネイト役の山田健太理事にこの場を借りて御礼申し上げます。

この 3 月、"主管官庁" である法務省の定期検査（立入検査）があり、いくつかの改善項目を指摘されました。新公益法人法の施行直後ということもあってか、3 年前の検査よりも厳格に行われているように感じました。法務省に指摘された点は、直ちに改善は難しい点も含まれています。公益法人といっても多種多様な法人があるにも拘わらず、新聞紙上を賑わせている漢字検定協会などと同じ会計基準で評価されることに、そもそも無理があるように感じます。このような疑問が今度の新公益法人法の制定に繋がったともいえるのでしょうか。新公益法人法への対応は、本年度の大きな課題です。総会でも特別報告を予定していますので、注目をしてください。

事務局ではこの 1 月から、職員に安齋由紀さんを採用しました。真面目で仕事覚えも良く、早くも事務局には不可欠な存在になっています。この間、崩壊状態にあった事務局がようやく息を吹き返し、事務局長もほっと一安心です。まだまだ不慣れなこともあることと思いますが、みなさん暖かい目で見守ってください。

ご案内しておりますとおり、本年度の総会および総会記念講演は、5 月 30 日土曜日、午後 0 時 15 分から行います。事務局ではすでに準備に大わらわです。岩澤雄司先生の記念講演も貴重なお話がお聞きできます。必ず参加してください。

2009 年 1 月から 3 月までの JCLU

1 月 12 日	2009 年 JCLU 事務局始動
1 月 27 日	予防接種被害者救済基金運営委員会開催、協会事務所
1 月 28 日	1 月理事会、安齋由紀さん歓迎会「ラ・パッスィオーネ」
2 月 9 日	松崎登茂子さん送別会　紀尾井町「ロッソエネロ」
2 月 20 日	2 月例会「沖縄集団自決裁判報告」（近藤卓史理事、秋山淳会員（いずれも大江健三郎他代理人））霞ヶ関弁護士会館
2 月 23 日	2 月理事会
2 月 26 日	『国産自動車メーカーの CSR 報告書に対する評価（2008 年度）』発刊（600 円）
3 月 4 日	法務省の立入検査（山田健太理事、小町谷育子理事、事務局長で対応）
3 月 7 日、8 日	JCLU 合宿「奥平康弘先生とともに改めて表現の自由を考える」湯河原新聞協会保養所
3 月 18 日	3 月理事会、沖縄密約情報公開請求訴訟を支援決定
3 月	"定額給付金は日伯学園に寄付しよう" 寄付の呼びかけ開始
3 月 25 日	法務省から立入検査の結果が通知される。
3 月 28 日	3 月例会「ブラジル人学校の現状」（戸澤江梨香・日伯学園園長）
3 月 30 日	声明「横浜事件第 4 次再審判決に関する JCLU 声明」発表

【発行日】2009 年 4 月 30 日【発　行】社団法人 自由人権協会
〒105-0002 東京都港区愛宕1-6-7 愛宕山弁護士ビル306
TEL：03-3437-5466　FAX：03-3578-6687　URL：http://jclu.org/　Mail：jclu@jclu.org
（大阪・兵庫支部）
〒530-0047 大阪市北区西天満1-10-8 西天満 第11松屋ビル3F 堺筋共同法律事務所内
FAX：06-6364-3054
協会設立：1947.11.23　本紙創刊：1950.5.1　購読料：年間2,500円　郵便振替：00180-3-62718　発行人：古本晴英
JCLU 社団法人 自由人権協会

人権新聞 Japan Civil Liberties Union
JCLU Newsletter
発行所 社団法人 自由人権協会
JCLU
〒105-0002 東京都港区愛宕1-6-7 愛宕山弁護士ビル306
TEL:03-3437-5466 FAX:03-3578-6687
URL:http://jclu.org/ Mail:jclu@jclu.org
協会設立:1947.11.23
本紙創刊:1950.5.1
購 読 料:年間2,500円

低賃金・不安定・誇りなし——「非正規」という希望なき生き方

会員・弁護士 北神 英典

「将来は、正社員になりたい」。非正規社員を親に持つ小学生が、真顔でこんな夢を語ったという話は、もはや冗談には聞こえない。

今や、働く人の3分の1は派遣社員や雇用期間に限定のある有期契約従業員やパートなど非正規社員が占める。昨秋以降の急速な景気の冷え込みで、その非正規社員がバサバサとクビを切られ、東京・日比谷公園の「年越し派遣村」に多数の失業者が身を寄せた。

収入の格差に加え、「いつ切られるか分からない」不安な生活は、人間としての誇りも失わせる。「企業は必要な時に必要な人材が得られ、働く人も自由な働き方ができる」。バラ色のように語られた規制緩和が進んだ結果、正社員になること自体が「狭き門」になっていた。

働く人に希望を与えない、今の「非正規」という働かせ方を改めなければならない。

非正規労働者の解雇・雇止め21万人

厚生労働省のことし5月までの集計によると、昨年10月から今年6月までに、解雇や雇止めにより仕事を失った、あるいは、失うことが予定されている派遣社員、期間従業員などの非正規労働者は21万6408人に上っている。

これは、同省が集約できた3500あまりの事業所に限った数字であり、現実にはこれの何割も、あるいは何倍も多い非正規労働者が「切られている」とみるべきであろう。

非正規労働者の多くは、正社員と違って日給制であり、正月やお盆に連続して休むと収入が激減する。賞与もない。雇用期間も細切れにされている。景気がよければ、当然のように契約期間は更新されるが、景気が悪くなるとみれば真っ先にクビを切られる。深刻なのは、非正規労働者が会社の通常の基幹業務まで担うようになり、非正規労働者が生活を支える世帯が激増していることである。

今や「正社員」は、3人のプレーヤーに2席しか用意されていない、いす取りゲームのいすである。どんなに頑張っても、1人は「正社員」のいすに座ることができない社会になったのである。派遣会社の隆盛は、非正規社員が受け取るべき果実が、どれだけ吸い上げられているかを裏付けている。

病気で解雇された、あるいは、勤め先が倒産した中高年の労働者が、新しく正社員の職を見つけることは難しい。待っているのは「非正規」である。いったん非正規に「転落」すれば、もはや正規雇用に這い上がることはできず、格差は固定化する。

「派遣はお気楽だ」という見方も「自己責任論」も、現実に合わない。昨年来、私が面談した中高年の非正規社員は「切られたくない」「正社員に登用してくれるかもしれない」と、必死に働いていた。追い立てられるように猛烈に働いた非正規社員に対する企業の答えが、雇止めであり、中途解雇であったのである。

「脱法の温床」労働者派遣

08年12月26日いすゞに対する仮処分申立（横浜地裁前）

昨年12月に、いすゞ自動車が非正規切りを強行した際、同社藤沢工場で働いていた非正規労働者4人に話を聞き、地位保全の仮処分申し立てのため陳述書を作った。

そのうちのひとり佐藤良則さんは派遣社員、残る3人は「6か月」や「3か月」など細切れに雇用期間が設定され、契約更新が繰り返される期間従業員だった。

いすゞ自動車のような製造業の現場に、派遣社員が送り込まれて働くことはもともと禁止されていた。製造現場では、機械を使って金属や部品を切断したり熱したりする危険な作業が多く、労働者の事故が起きやすい。もし派遣を認めると、製造現場の労働環境を支配する派遣先と、労働者の安全について一義的な責任を負うべき派遣元とが分断されることで、使用者の責任があいまいになり、労働者の権利が十分に守られない恐れがあるためだった。

佐藤さんは、まだ製造業への労働者派遣が禁止されていた2003年4月、ある派遣会社に採用され、請負作業員として藤沢工場に送り込まれた。形式上は派遣会社が指揮して仕事を完成させる「請負」だったが、就労の実態は、いすゞが佐藤さんに直接指示をして仕事をさせる「派遣」であった。いわゆる「偽装請負」である。

「規制緩和」がもてはやされ、労働者保護の規制が次々と緩められる中で、04年3月、製造業現場への派遣も1年限りという限定付きで解禁された。派遣会社といすゞは、脱法行為を承知の上で多数の派遣社員を使い続けていた。

派遣先と派遣元の「共存共栄」

偽装請負に対する批判の高まりを受けて、いすゞは06年10月、派遣社員を自ら直接雇用する3カ月間の期間従業員に切り替えた。佐藤さんの労働条件は、派遣時代の5万円の寮費負担を、いすゞが払うことに切り替わり、契約期間満了の度に満了慰労金17万円をもらうことができるようになるなど改善した。

しかし、派遣社員の一斉直接雇用には、ウラがあった。いすゞが「直接雇用した従業員は、最長でも3年で雇止めにする」方針もPRしていたため、いすゞとの有期契約の更新を一切しないで、あえて待遇の悪い派遣社員に戻る従業員が相次いだのである。佐藤さんも悩みぬいた末、07年1月、派遣社員に戻る選択をした。

佐藤さんは言う。「06年12月、縁が切れたはずの派遣会社の現場監督が職場にやってきて、派遣社員に戻るよう声をかけられました。今なら派遣社員として再雇用するが、期間従業員を3年続けてからならば、もう雇わないということでした。私は、既に46歳でした。戻る話を断れば、3年後にまた仕事を探さなければなりません。49歳の職探しは、今より大変です。職を求めて断られ続けるという経験は、もう、したくありませんでした」。

佐藤さんは、一日も長く働き続けたいという思いから、契約更新をあきらめた。

期間従業員を派遣に戻せば、派遣会社は再びいすゞからもらう派遣料で潤い、いすゞは、直接の雇用責任を回避できるというメリットがある。派遣会社といすゞが意思を通じて、期間従業員を派遣社員に押し戻そうとしていたとしか考えられなかった。

この時、別の40代の派遣社員は、いすゞの正社員の上司から、派遣に戻ることを勧められたという。

そして、2008年12月、派遣も期間従業員も非正規は一斉に切られた。

大企業に「おいしい」労働者派遣

労働者派遣制度は、派遣社員を受け入れる企業

CONTENTS

にとって、おいしい制度である。

派遣社員は、派遣会社と雇用契約を結んでいる。派遣先が、派遣会社との労働者派遣契約を打ち切ると、派遣会社は、ほかの派遣先を紹介するか、紹介する仕事がなければ、派遣社員を解雇する。解雇された派遣社員は、解雇の当否を争う相手としては派遣会社しかなく、派遣先は、何の責任も問われることがなかった。

日本には、終身雇用という労働慣行が根ざす。直接雇用した正社員(期間の定めのない雇用契約)を解雇することは、厳しく制限され、簡単に解雇できない建前になっている。

それだけに、好景気の時は多数の派遣を受け入れ、景気が悪くなると派遣会社との派遣契約を切ることで、アッサリと人員整理ができる労働者派遣制度は、派遣先に大きなうまみがある。加えて、力関係から、派遣会社から派遣契約解除に対する損害賠償を求められることもない。

規制緩和が進んだ労働者派遣制度は、派遣先にとって極めて都合のいい「景気の調整弁」になった。ここ数年の日本企業の空前の好業績は、本来は正社員を雇用すべきところを、コストの安い派遣社員や期間従業員で代替することによって達成された見せかけの業績であると言っても過言ではない。

▽脱法のオンパレード

労働の現場では、規制緩和で緩くなったその規制さえも、使用者に守られていないのが実情である。

本来、労働者派遣が禁止されている業種に、業務請負を装って労働者を送り込む「偽装請負」、これから受け入れようとする派遣社員に対して、法が禁じた事前面接を強要する派遣先、派遣社員の受け入れ期間の制限を回避するため、一時的に直接雇用してまた派遣社員に戻す「偽装工作」…。

派遣会社と派遣先が組んだ脱法が横行する現実の中で、「自分が切られないために」派遣先や雇用主の言いなりにならざるを得ない派遣社員や期間従業員を、どのように救済していくか、解決の道筋を示すことが急務である。

脚光浴びる「黙示の労働契約論」

裁判の世界で、派遣先と派遣社員との間に雇用契約成立を認める「黙示の労働契約論」が注目されている。

きっかけは、08 年 4 月 25 日の松下プラズマディスプレイ (PDP) 事件の大阪高裁判決である。

この裁判で、派遣先と派遣会社間の「偽装請負」が疑われる状況の下で就労し、雇止めに遭った労働者は、派遣会社ではなく派遣先との間に雇用関係があると主張した。大阪高裁は、派遣会社と派遣先が締結した契約は公序良俗に反して無効であり、労働者が、派遣先との間に、事実上の使用従属、労務提供、賃金支払い関係があるとして、労働者と派遣先の間に黙示の雇用契約が成立していると認めたものである。

派遣会社に解雇された派遣社員は、派遣先とは直接の雇用契約関係がないという理屈で、派遣先に雇用を求めることはできないとみられてきた。それを覆し、黙示の労働契約の成立という考え方で、派遣社員を救済したのが、松下 PDP 事件の大阪高裁判決だった。

判決の後、派遣会社に解雇された派遣社員が、黙示の労働契約の成立を主張して、派遣先に直接雇用の確認を求める裁判を相次いで起こしている。

裁判の舞台は、東京、大阪だけでなく、横浜、名古屋、京都など各地に広がる。労働者派遣法の制限期間を超えて派遣社員を使っていた派遣先に対し、派遣社員が直接雇用するよう求めて労働局に申告する動きも増えている。使用者としての責任を果たすことなく、安い労働力を使うだけ使って、空前の利益を謳歌してきた派遣先の責任を問う動きは全国的な展開を見せている。

全国各地で争われている、派遣社員による主な地位確認訴訟

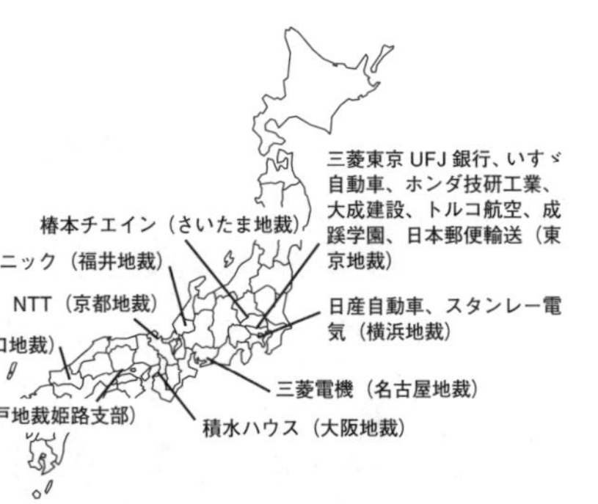

「切られた」声を聞いてくれ
「自動車会社の社長さんに会いたい」ツアー

2009 年 6 月 2 日、非正規切りに遭った自動車会社の元作業員らが、自動車会社の経営トップに「切られた」思いを届けようと、各社を巡回訪問する「社長さんに会いたい」ツアーが行われた。ツアーに参加したのは、日産自動車など大手 6 社の工場で働き、昨年末から今年春にかけて、雇止めに遭った非正規社員ら約 30 人。

自動車各社は、「派遣会社から切られた派遣社員の問題は、派遣会社の問題であり、派遣先のうちは関係がない」というスタンスを貫き、労働組合との団体交渉も拒否している。首都圏青年ユニオンなど労働組合を通じ事前に訪問を申し込んでいたものの、社長が応対するという会社は 1 社もなかった。応接室で声を聞いてくれる会社もあったが、門前払いのところもあり、大企業の厳しい態度を感じさせるツアーでもあった。ツアーに参加した、元派遣社員、岡田知明さん (35) に感想を述べてもらった。

岡田知明さん

「自動車会社の社長さんに会いたいツアー」と聞いて、普通ならどんなことを想像するでしょうか？例えば、今話題のすごいエコカーについての話が聞けるとか、試乗会があるとか、それとも経営に関しての新しい話がきけるとかいろいろ想像できます。でも、今回のツアーはちがいます。

日産自動車本社前で、担当者（右手前）に訴える派遣社員ら

僕は、日産自動車、日産車体と、合計約 4 年半にわたり、プレミアラインという派遣会社から派遣されていました。今年 2 月に、派遣元であるプレミアラインから、雇用契約の途中にもかかわらず、一方的に、解雇されました。入っていた日産車体の寮を追い出され、一週間、路上生活に近い状態にもなりました。

今回のツアーは、各自動車会社に事前に申し入れて、われわれ切られた側の話を、社長さんに直接伝えたいと要請していました。

僕は、日産からクビ切りにあったので 日産について話したいと思います。

6 月 2 日正午、東京・銀座にある日産の本社に着くと、敷地内には一歩たりとも入れないと、警備員に制止されました。カルロス・ゴーン社長をはじめ責任ある立場の人も出てきませんでした。ようやく出てきた担当者からは「通行人の邪魔になるから早くどけ」と言われました。私たちの話など全く聴いてもらえず、事前の申し入れも「知らない」と一蹴されました。

もちろん僕は、社長に会えるなんて期待していませんでした。しかし、今回のこの対応はあまりにもひどく、気がついたら涙がこぼれていました。あまりにもひどい対応に、悲しい涙から、怒りの涙に、変わっていきました。

他の自動車会社はというと、いすゞやトヨタなど、われわれの代表を会社内に入れて、切られた非正規社員の生活や家族について、一応耳を傾けてくれる形のところもありました。しかし各社の担当者の方からは「自動車が売れず、非正規切りは仕方ない」「われわれは、違法なことはしていない」などという答えがかえってくるばかりでした。

2009 年度総会・記念講演開催される

理事・弁護士　樫尾わかな

2009 年 5 月 30 日、2009 年度総会と記念講演が千代田区立内幸町ホールで開催された。

午後 0 時 15 分からの総会は、藤本美枝理事の進行により進められた。2008 年度の活動報告として、昨年度支援決定をした 3 件の事件の報告が各担当者から行われた。事業計画においては、事件支援に加え、国際人権活動の充実、情報公開制度の充実・拡充に向けた活動を強化することが提案された。最後に、特別報告として公益認定社団法人への移行に向けた問題点・課題に関する報告が行われ（本号の事務局長日誌をご覧下さい。）、予定されていた議案がすべて了承されて終了した。

午後 1 時半からの記念講演は、2009 年 3 月から自由権規約委員会委員長に就任されている、東京大学法学部教授・岩沢雄司氏により「自由権規約委員会の活動」というテーマで、同委員会の活動等につきお話しいただいた。会員以外の方にも多数ご参加いただき、会場は 110 名を超える参加者で満員となった。

以下、そのご講演の一部をご紹介したい。

自由権規約委員会の活動

国連の人権保障制度の 1 つに人権条約に基づく保障制度があるが、そのうち、自由権規約（1966 年）の下で締約国における規約の実施状況の監視を行う機関が、自由権規約委員会である。同委員会の主な活動に、①国家報告制度（各国に報告書を出させ、統括所見を出す）、②個人通報制度（個人による国の人権侵害の訴えに対し、見解を出す）、③一般意見の策定（規約規定の評釈等）がある。日本は、国際人権規約は批准しているが（本年は 30 年目にあたる）、選択議定書は批准しておらず、国による人権侵害があっても、個人通報制度を利用して訴えることができない。個人通報件数は 2008 年 7 月までに計 1800 件の通報があり、そのうち不受理は 504 件で受理率は高い。個人通報制度においては、規約違反を認定し、救済措置として裁判のやり直しや損害賠償を明示することもある。被通報国に 6 ヶ月以内にとった措置について報告を求める等のフォローアップ（追跡監視）がある。通報者に回復しがたい損害が生じるおそれがあるときには暫定措置を求めることができ、国は従う義務があるというのが委員会の立場である。

自由権規約委員会を含め、条約機関の課題としては、締約国における報告書作成の負担が大きく、報告書が未提出・遅延に陥る状況があること、条約機関間の審査方法や手続に差異があること、年 3 回の会合で事案を処理しており審議時間不足となること等に対する対応が問題となっているとのことであった。

岩沢教授の講演により、国連において人権保障制度がどのように機能しているか、また、日本においてはいまだ利用できない個人通報制度の利用状況・意義について、わかりやすく教示していただき、大変貴重かつ有意義なお話しをお伺いできたとともに、今後の日本における自由権規約の活用について大変考えさせられた。

また、当会会員の林陽子弁護士が、2008 年 1 月より女性差別撤廃委員会委員に選任されているため、同委員会の活動についてもご報告いただいた。女性差別撤廃条約は、1979 年に国連総会で採択され、日本は 1985 年に批准している。同条約批准により、男女雇用機会均等法制定等一定の国内法整備がなされ、また、女性に対する暴力を差別の

問題として扱う視点に基づき、DV 法、ストーカー規制法等の制定にも繋がった。今後の課題としては、障がいや外国人であること等による複合的な差別を受けている女性が、社会的により弱い立場にあることを踏まえて支援をしていくことや、宗教や文化の多様性を理解し、異なる文化との対話を継続していくことが重要との指摘があった。

自由人権協会京都　総会記念シンポジウム報告

表現の自由と少年の立ち直り　～奈良の調書流出事件を巡って～

理事・専修大学　山田健太

去る 5 月 23 日、自由人権協会京都 2009 年度総会記念シンポジウム「表現の自由と少年の立ち直り～奈良の調書流出事件を巡って～」が、キャンパスプラザ京都（京都駅前）を会場に開催された。折しも関西は新型インフルエンザの問題でお祭りや会合が自粛されており、京都に着くとほとんどがマスク姿という状況にたじろぎながら会場入りした。会場でも各大学主催の講座や授業はすべて休講でひっそりとした建物のなか、約 50 人の聴衆が集まり白熱の討議が繰り広げられた。

その要因は二人のパネリスト、高野嘉雄（鑑定医刑事事件の主任弁護人）と安保千秋（日弁連子どもの権利委員会幹事）の両弁護士が、真っ向勝負を行ったからに他ならない。二人のパネリストが意見を戦わす形となった。当日、講談社設置『僕はパパを殺すことに決めた』調査委員会委員であったことから進行役を引き受けた者として、当日の雰囲気をお伝えする。なお、本稿はおおよそ、自由人権協会京都・前事務局長の宮本恵伸氏の記録をもととしているが、文責は山田に帰すことをお断りしておく（以下、敬称略）。

＊　＊　＊

高野はいう——犯罪は常に社会性を持っており、社会の中で正面から事件について議論しなければならない。しかも事実は絶対に隠せない。だからこそ、事件に関する情報はできる限り開示されなければならないというのだ。検察は常に裁判に関する取材活動や裁判批判に対して大きく制約を科そうとしており、法廷や判決で明らかにされたこと以上の報道や判決批判はすべきでない、と検察の本音を語る。

だからこそ高野は、社会的に報道すべき価値がある事件について、起訴後であれば信頼できる記者に対してであれば、可能な限り事件記録を見せ意見交換をするようにしているという。そのうえで、それを受けてどのように報道するかは報道側が全責任を負うものであり、情報を提供する側が責任を負うものではないと断言する。刑事事件に長く携わり、数々の修羅場をくぐり抜けてきた者の言葉として凄みがある。

本件については、鑑定医との間の約束を破って「詐取」された調書に基づき、鑑定医の意図とは全く異なる内容でなされたものとの認識を改めて示し、鑑定医は少年に殺意がないことを指摘しようとしたものであって、殺意の有無は少年の更生に決定的な影響があり、そのことを社会に伝えたかったことに理解を求めた。

一方で、安保も少年事件を数多く手がけた者の立場から、優しく語りかける口調ではある者の、高野に敢然と反論した。非行があった場合、少年自身の生育歴や生活環境（学校や仕事先、時には交際相手など）について細かく調べられるし、虐待を受けていた場合には少年の親の生育歴などについても調査される。大人の事件以上に、その少年や家族の生きてきた全てといってよい情報を集めた上で審判に至ると、少年事件の特性を説明する。

そのために、特定事項の報道禁止や審判・記録の原則非公開が定められているということになる。また子どもは、いろいろなことで傷ついていることが多く、大人や社会に対する信頼を失っている場合が多いとも指摘する。だからこそ、付添人が少年との信頼関係を崩すようなことがあっては絶対にならないのであって、調書を見せるなどもってのほかだと主張する。それはまさに、少年の立ち直りを妨げるものであるという。

本件でいえば、少年や少年の父親は、裁判所が任命した鑑定医だということで、いろいろなことを話したのではないかとし、こうした鑑定医という立場で入手した調書を少年や少年の父親に何の説明もなく流してしまうことは専門家にあるまじき行為と批判した。そして、こうした行為は今後の鑑定や学会などの研究活動にも大きな支障が出つつあると危惧する。

戦前は、特定事項の報道について罰則が設けられていたが、戦後は表現の自由の関係で罰則がなくなった。しかし近年、子どもの権利条約の制定などを受け、表現の自由を上回る価値として子どもの成長発達権を保障する考えが示されている。報道する者が、少年の更生について責任を持てない以上、一般には自由を振りかざすことには躊躇するのが当然だろ。しかも今回のような場合、私人にできることは限られており告訴等かたちで公権力の力を借りることもやむを得ないという考え方もあるだろう。

しかし一方で、社会を震撼とさせるような重大事件であった場合、成人であろうが少年であろうが、社会全体で事件の背景を考えるためにも、できる限り多くの情報は開示されるべきであろうし、その役割は報道機関・作家が担っていることもまた事実であろう。この点、表現の自由における極々限定的な例外が、特定報道禁止に象徴される少年事件報道であって、条件次第では原則に戻るべきだというのが、表現の自由の立場からの当然の主張である。

＊ ＊ ＊

双方の言い分を間近で聞き、改めてそのバランスをどうとるべきなのか、考えさせられる時間であった。筆者も思うところは多々あるが、それはまた機会にしておきたい。

自由人権協会　大阪・兵庫支部総会も開催される

5 月 16 日には、大阪士城北市民学習センター（大阪市旭区）にて、自由人権協会大阪・兵庫支部の定例総会と記念講演が行われました。

記念講演は、「国際社会に問われた日本の人権」と題して、昨年 10 月に開催された自由権規約委員会における日本政府報告書の審査について、日本弁護士連合会の代表団の一員として、実際にジュネーブに行って政府報告書に対する審査に立ち会った武村二三夫弁護士、田島義久弁護士にお話を伺いました。

泉徳治元最高裁判事　講演会開かれる

7 月 3 日、弁護士会館 10 階において、今年 1 月 24 日まで最高裁判所の判事を務めた泉徳治さんの講演会「最高裁判所の役割」が、140 名を超える参加者を集めて開かれました。

泉さんには、退官を間近に控えた 1 月に編集委員がインタビューを行っており、その結果を本誌の 368 号に掲載しております。その内容が大変好評を得たことから、今回の講演会の企画に結びつきました。

講演会は、はじめにおよそ 1 時間にわたって、ご準備いただいたパワーポイントのレジュメにしたがってお話をお聞きしました。ご自身がかかわった裁判例を通じて、あるべき司法の「広さ」と「深さ」、すなわち司法権の範囲と司法が積極的に判断を下すべき領域についてお話をいただきました。特に、民主制に直接かかわる選挙権の行使の問題、これを支える表現の自由の規制に関する問題等については積極的に司法が判断しなければならないという信念に基づいた一連の判断をご紹介いただき、参加者一同感銘を受けました。

その後、長時間にわたって、会場からの質問にお答えいただきました。裁判所の内情をお聞きする少し意地悪な質問や弁護士からの実務的な質問など、さまざまな質問に丁寧にお答えいただき、真摯なお人柄にも触れることができました。

講演会の後には、企画を進めたメンバーを中心に懇親の機会も作っていただき、今後とも協会の活動にご協力いただけるとの大変ありがたいお言葉をいただきました。

あたごの杜から

事務局長日誌

皆様のご協力を得て総会を終えることができました。今年の総会では、活動報告、予算の承認などの通常の議題に加え、特別報告として JCLU の新公益法人制度への対応についてご報告、ご提案をさせていただきました。

昨年 12 月のいわゆる新公益法人法等の施行により、JCLU のような民法に根拠を持つ社団法人は、新法施行から 5 年の猶予期間内に新法に沿った手続きを経なければ、解散したとみなされてしまいます。JCLU は、来年度にも、一般法人法にしたがった組織改編を行うだけでなく、公益法人法にしたがった公益認定を得て、「公益認定社団法人」となることを目指します。

組織や機関のあり方としては、まずは自戒も込めて、現在の理事会のあり方は見直す必要がありそうです。定足数さえ定められていない現在の理事会は、出席率は必ずしも良いとは言えず、顔ぶれも特定の方々に偏っています。理事の定数を思い切って減らすことも検討課題になります。また、会員の皆さんの中にも、名簿の公開が義務づけられる「社員」になってまで法人の意思決定に加わるよりも、単なる「会員」として財政的援助をし、サービスを受けられればそれで十分だという方も多いと思います。これまで社員＝会員として取り扱ってきましたが、これを変更することも検討しなくてはなりません。このように考えると、組織・機関のあり方は大改革が必至です。

公益認定を受けるための財務的な要件のうち問題となるのが「公益事業比率」と「遊休財産制限」です。「公益事業比率」とは、支出に占める公益事業支出の割合ことで、これを 50％以上にしなければなりません。この基準については、支出科目の見直しを進めており、会計上の工夫でクリアできそうです。「遊休財産制限」とは、平たく言うと公益事業に必要な財産以外を貯め込んではならないというルールです。JCLU の昨年の決算を、決められた計算式に当てはめてみると、基準をクリアできません。もちろん JCLU が多額の資産を保有しているわけではありません。事務所の敷金が資産計上されてしまうことなどが主な理由です。事務所を手放すわけにもいかず、今後どのような解釈、運用によって公益認定が得られるか、検討を行わなければなりません。

いずれにせよ、これだけの大改革を行うため、来年行われる総会では、組織替え等のための定款変更が大きなテーマになります。会員の皆様それぞれと JCLU の関係を問い直す大事な 1 年がはじまりました。

JCLU 行事

4 月 24 日	4 月理事会
5 月 8 日	声明「入管法等改定案に対する緊急声明」発表
5 月 16 日	JCLU 大阪・兵庫支部総会 記念講演「国際社会に問われた日本の人権―2008 年 10 月国連人権（自由権）規約委員会における日本政府報告書審査」（武村二三夫・弁護士、田島義久・弁護士）大阪市城北市民学習センター
5 月 21 日	5 月理事会
5 月 23 日	JCLU 京都総会記念シンポジウム「表現の自由と少年の立ち直り－奈良の調書流出事件を巡って」（安保千秋・日弁連子どもの権利委員会幹事、高野嘉雄・鑑定医刑事事件の主任弁護人、山田健太・専修大学准教授）キャンパスプラザ京都
5 月 30 日	評議員会 第一ホテル東京・レストラン「アンシャンテ」 総会 総会記念講演「国連自由権規約委員会の活動」（岩澤雄司・自由権規約委員会委員長）千代田区立内幸町ホール
6 月 3 日	早稲田大学法科大学院エクスターン説明会（古本事務局長出席）
6 月 24 日	6 月理事会
7 月 3 日	講演会「最高裁判所の役割―私の少数意見を中心に」（泉徳治・元最高裁判所判事）弁護士会館

【発行日】2009 年 7 月 24 日【発　行】社団法人 自由人権協会
〒105-0002 東京都港区愛宕1-6-7 愛宕山弁護士ビル306
TEL：03-3437-5466　FAX：03-3578-6687　URL：http://jclu.org/　Mail：jclu@jclu.org
（大阪・兵庫支部）
〒530-0047 大阪市北区西天満1-10-8 西天満 第11松屋ビル3F 堺筋共同法律事務所内
FAX：06-6364-3054
協会設立：1947.11.23　本紙創刊：1950.5.1　購読料：年間2,500円　郵便振替：00180-3-62718　発行人：古本晴英

人権新聞 Japan Civil Liberties Union
JCLU Newsletter
発行所 社団法人 自由人権協会
JCLU
〒105-0002 東京都港区愛宕1-6-7 愛宕山弁護士ビル306
TEL:03-3437-5466 FAX:03-3578-6687
URL:http://jclu.org/ Mail:jclu@jclu.org
協会設立:1947.11.23
本紙創刊:1950.5.1
購 読 料:年間2,500円

入管法等改定はどうなったか

理事 旗手明

さる7月15日、改定入管法等が公布され、新たに「在留カード」を導入して外国人の在留管理制度を再編強化する部分は3年以内に施行されることとなった。これにより、外国人登録令から外国人登録法として60年以上にわたり在留管理を担ってきた制度は、全面的に改編されることとなった。今回の改定は、入管法のほか、入管特例法、住民基本台帳法の3法に関わるが、自由人権協会としては5月8日に緊急声明を発して問題点を指摘してきた。

本稿では、緊急声明の要旨に触れながら、法案修正部分を含む入管法等改定の意味を再確認したい。(制度改定の概要については、JCLU Newsletter本年2月号の拙稿を参照されたい。)

1. 新たな在留管理制度における中長期在留外国人の個人情報のデータマッチングは、明らかに外国人のプライバシー権を侵害するものであり、撤回されるべきである。

> 在留管理に必要な情報の継続的な把握のため、在留カード記載事項のほか、所属機関に関する情報及び所属機関からの情報が、法務省入管局に集中される。また、住基法上の外国人住民票記載事項まで入管局にもたらされる。この個人情報の集中は、日本人には許されないデータマッチングを可能とするものであり、憲法上疑義がある。中長期在留外国人のほぼ全ての人たちは何の問題もなく在留しているのであり、立法事実があるとはいえない。

これらに関する法案修正としては、「在留カード番号は交付ごとに異なる番号を定める」として、民間業者等による悪用防止策が入れられた。また、所属機関による情報提供は、努力義務に緩和された。入管局による情報集中については、「在留管理の目的を達成するために必要な最小限の範囲を超えて、情報を取得・保有してはならず、個人の権利の保護に留意しなければならない」との修正が加えられた。

しかし、入管局による外国人に関する個人情報の集中体制自体は確立されることとなった。

2. 地方自治の本旨に鑑み、自治体を新たな在留管理制度を担う機関とすべきではない。

> 市町村長は外国人住民票について記載の修正をしたとき、直ちに法務大臣に通知しなければならず、法務大臣は外国人住民の在留状況に変更があったとき、遅滞なく市町村長に通知しなければならない。自治体が、法務大臣からの通知を受けることは、自治体が在留管理の出先機関化することにつながりかねず適切ではない。

この点に関しては、何らの法案修正はなされなかった。本来、自治事務である住民登録制度が法目的を異にする入管制度に従属することは、自治体の住民サービスを貫く観点からは大きな制約となる。自治体業務を入管行政から切り離すことが必要だ。

3. 在留カード及び特別永住者証明書について、常時携帯義務を課すべきではない。

> 外登証については、国連・自由権規約委員会から「その常時携帯義務の違反に対して刑事罰を科すことは、自由権規約第26条に抵触する」と指摘されてきたのであり、在留カード及び特別永住者証明書について常時携帯義務を課すべきでない。

この点では、大きな修正があった。すなわち、特別永住者については、特別永住者証明書及び旅券の常時携帯義務はなくなることとなった。しかし、与野党の修正協議において、在留カードの常時携帯義務の削除については「新たな制度の根幹部分であり、応じられない」とされた。

4. 非正規滞在者や難民申請者を住民基本台帳制度から排除すべきではない。

> 何らかの事情でオーバーステイとなったり、難民申請中でありながら一時庇護上陸許可や仮滞在許可が受けられず仮放免で在留している者は、住基台帳制度の適用を除外される。在留資格がない者も、地方自治法上の住民であり、行政サービスから除外することは適切でない。

この点については、非正規滞在者や難民申請者への最低限の配慮から、改正住基法附則において「行政上の便益を受けられるように、適正な管理の在り方について検討を加え、必要な措置を講ずる」とされた。具体的な内容は明確ではないが、必要最低限の権利確保のための措置が講じられるよう注目していきたい。

5. DV被害者を苦しめる在留資格取消制度の拡大はやめるべきである。

> 日本人・永住者の配偶者が「配偶者の身分を有する者としての活動を継続して3月以上行わない」ことを在留資格の取消事由としている。DV被害者にとって、加害者から身を隠すことが在留資格の取消につながり、DV被害者の従属性をさらに強めてしまう。

この点については、3月以上が6月以上に延長され、当該活動をしないことについて正当な理由がある場合は、取消事由とならないこととなった。また、取り消そうとする場合には、在留資格の変更や永住許可の申請の機会を与えるよう配慮することとされた。

これによりDV被害者への一定の配慮はなされるが、そもそも身体的暴力ばかりでなく精神的暴力をも含めた明確な基準がなく、適正に対応されるか見守る必要がある。

6. 煩瑣な届出義務により中長期在留外国人に過度の負担を課すべきではない。

> 在留カードの記載事項の変更の際、住居地変更は市町村の窓口ですむが、その他の変更はすべて14日以内に入管局へ赴かなくてはならない。地方入管局の所在地は限定されており、中長期在留者の実際的な負担は大きい。届出事項の限定や届出期間の延長など、負担の軽減措置をとるべきである。また、届出義務の違反に対して刑事罰を科すのをやめ、過料にとどめるべきである。

この点に関しては、何らの法案修正がなされなかった。ただ、国会審議の中で、電子申請や郵送による届出も検討される方向が示された。しかし、軽減策として不十分であり、刑事罰で臨むことも差別的である。

台湾における外国籍配偶者の問題について～台湾より大成権真弓さんをお招きして～

外国人の権利小委員会報告

大成権(だいじょうごん)さんは、台湾人と結婚して20年程前から台北市に在住し、1999年の「居留問題を考える会」発足当初より会長を続けて来られました。「居留問題を考える会」は、日台間の国際結婚家庭の主に日本人配偶者が参加しているボランティアグループで、約400名の会員を有し、在台外国籍配偶者の居留環境改善のため、政府への陳情、講演会の開催、会報の発行などさまざまな活動を行っており、台湾政府からも一目置かれる存在です。

今回は、在台のJCLU会員である武田美紀子さんからの紹介もあり、さる8月4日「出入国管理・在留管理の国際比較」をテーマに取り組んでいる外国人の権利小委員会にお招きして、これまであまり情報のなかった台湾における出入国・在留管理の状況について「居留問題を考える会」の活動を通して見えてくることを中心にご報告いただきました。

1. 台湾の外国人

台湾は人口およそ2,300万人ですが、工作許可証、外僑居留証などをもつ中長期滞在外国人は2009年6月末現在で395,147人です。日本人は9,576人おり、ビジネスが1,932人、エンジニアが617人、教師が544人などとなっています。外労と呼ばれる外国人労働者は299,634人で、インドネシア、ベトナム、タイ、フィリピンの順に多く滞在しています。

国際結婚も多く、外国籍及び中国籍配偶者数は、2003年には54,634人に及び総結婚数の32％も占めましたが、2008年には21,729人（14％）と減少してきています。

2. 入出国及び移民法の成立、国籍法の改正

大成権さんが結婚した当時は、台湾人の配偶者であっても永住制度がなく3年間の配偶者ビザしかもらえなかったため、配偶者が亡くなると帰国せざるを得ないという状況でした。そこで、大成権さんたち外国籍配偶者が永住できるように陳情を行い、1999年「入出国及び移民法」の成立に結実しました。この時期は、外国人労働者も増加してきており、政府としても移民法を作ろうしていたことも幸いしたようです。その後、同法は2009年1月に改正され、申請資格や財産要件の緩和などがなされています。

これにより、合法で連続5年以上居留する長期滞在外国人や、台湾戸籍を有する国民の外国人配偶者・子女で合法10年以上居留する者などに「永久居留」が認められることになりました。

また、2000年には国籍法が改正され、父系血統主義から父母両系血統主義に変更されるとともに、1972年の日台断交以降認められていなかった日本人の帰化が可能となりました。帰化するためには、合法居留3年以上で帰化試験（基本言語能力、国民の権利義務に関する基本常識）に合格しなければなりません。「日本国籍喪失不受理証明書」を取得すれば、日本国籍を保持したまま帰化ができます。

このほか、「就業服務法」の2002・03年改正により、外国籍配偶者は台湾で仕事をするときに「工作許可」を申請しなくてよいことになりました。2007年からは「入出国及び移民署」が設立され、台湾国民と外国人の入出国が一括管理されることとなりました。

3. 日台の関係と国際結婚

日本と台湾との関係は、歴史的な変遷を辿ってきました。1895年から1945年まで続いた日本統治の時代は、日本語教育や皇民化運動が行われました。1945年の日本降伏後、1952年日華平和条約により国交回復しましたが、1972年の日中国交回復の結果、日台断交に至りました。1987年に戒厳令が解除され民主化が進む中、台湾総統の直接選挙が始まり、日本

小委員会における大成権さん（右）と羽柴駿代表理事

語も解禁されました。

1946年には台湾の日本人妻296人が居住登録されていましたが、2009年6月末現在では日本人妻は923人、日本人夫は903人が外僑居留証を取得しています。これは、台湾の外国籍配偶者53,291人の中で、ベトナム（29,570人）、タイ（6,155人）、インドネシア（5,512人）、フィリピン（3,000人）に次ぎ、5番目に多い国となっています。他方、中国籍配偶者は約27万人に及びます。

国際結婚の登録時には「姓名条例」が適用され、中文式の姓名を使用しなければなりません。外僑居留証にはアルファベットも入れられますが、戸籍にはアルファベットは使えません。なお、台湾には、住民登録制度はありません。

最近の移民法改正により、メールオーダーブライドなどと言われた国際結婚仲介業が2009年7月から禁止され、今後は登録許可の財団法人がお見合いパーティーなどを開催することとなるようです。

4. 「居留問題を考える会」の活動

会の主な活動としては、1999年台湾大地震の発生直後から通訳ボランティアが被災地に行き救援隊に協力したことを契機に作成した「災害緊急時の通訳ボランティア登録者リスト」、「外国人ハンドブック」の日本語訳、ある日本人妻の自殺を契機に毎年作成している「在台邦人各会連絡リスト」の配布などがあります。

このほか、日常的に行われている相談活動では、居留・帰化等の各種申請手続、工作許可・労働者保険等の労働関係、家の購入・夫婦財産等の経済問題、子どもの教育、国籍選択、DV・親権等の国際離婚問題など、さまざまな問題に取り組んでいます。

「居留問題を考える会」以外のNGOには、東南アジアからの外国籍配偶者を中心とする「南洋台湾姉妹会」や、労働移民等の権利を守るため訴訟やデモなどの活動をしている「移民移住人権修法聯盟」などがあります。

（文責　旗手明）

最高裁判所の役割

ー私の少数意見を中心にー

泉　徳治

当協会は、2009年7月3日、東京霞ヶ関弁護士会館において元最高裁判所判事である泉徳治氏による講演会を主催した。

6年余りにわたって最高裁判所判事を務められた泉徳治氏は、本年1月に46年にわたる裁判官を終え退官された。泉氏は、裁判官出身の最高裁判事としては異例ともいえる、多数の少数意見、補足意見を書いたことで知られている。退官から半年を経て、多くの裁判例の中から特に印象に残る訴訟を取り上げ、今でこそ語れる話を含め、判決の行間に隠された思いについての講演がなされた。講演は、パワーポイントを用いて、詳細に判決が紹介され、それぞれにコメントが付されたが、この記事では、その判決を中心に取りまとめた。

（文責編集部）

1　最高裁の事件負担

最初に、2008年の1年間の既済件数によって、最高裁判所裁判官の事件負担を概観すると、訴訟事件は民事が実質2952件、刑事が1952件、抗告事件は民事が約1500件、刑事が約500件で、これを365日で割ってみると、裁判官一人1日当たりの処理件数は、訴訟事件が4．5件、抗告事件が1.8件になる。

既済事由別の件数をみると、民事事件は、破棄判決が57件、棄却判決が25件、不受理決定が2418件、棄却決定が2008件、その他の決定が77件、和解成立が8件、その他が41件である。不受理件数が多く感じられるが、それぞれの事件について高裁判決及び地裁判決の実質的な審査を行うので、全体として忙しいのが現状である。不受理決定の中には、隠れた少数意見があり、4対1で判決にすると多数意見が判例となって判例集に載るので、やむなく1の少数意見を撤回して不受理とするものがある。

刑事事件は、破棄判決が3件、棄却判決が17件、棄却決定が1932件である。棄却判決の大部分は死刑判決事件である。上告受理申立ては、41件で、すべてが不受理決定だった。

米国連邦最高裁でも、年間約7000件の裁量上告受理申立て（サーシオレイライ）があるが、調査官を中心とした比較的簡略な審査で約70件を選び出し、それについて実質審議をしている。日本では、受理、不受理についても実質的な審議をしている。この点が、両国で異なる。

2　司法権の範囲

最高裁判所の役割を考える場合、まず司法権の範囲が問題となる。広がりの問題である。従来の判例は、原告適格や処分性を厳しくして行政訴訟の範囲を狭く解する傾向にあったが、**平成17年12月7日大法廷判決**・判時1920号13頁の法廷意見（全員一致の意見）は、「都市計画事業の事業地の周辺に居住する住民のうち事業が実施されることにより騒音、振動等による健康又は生活環境に係る著しい被害を直接的に受けるおそれのある者は、同事業の認可の取消しを求める訴訟の原告適格を有する」と判断した。原告適格を肯定する根拠として公害防止計画等を用いているので、他の事件でも応用が効く判断である。

また、**平成20年9月10日大法廷判決**・判時2020号21頁の法廷意見は、「市町村の施行に係る土地区画整理事業の事業計画の決定は、抗告訴訟の対象となる行政処分に当たる。」として、いわゆる青写真判決を変更し、処分性を広く解した。私は、「公告された事業計画の決定が抗告訴訟の対象となることの本来的な理由は、それが土地区画整理事業の施行権の付与という効果を有し、それにより施行

地区内の宅地所有者等が特段の事情のない限り自己の所有地等につき換地処分を受けるべき地位に立たされるということにある。」という補足意見を書いた。土地区画整理事業を執行するための公用換地は、土地収用の公用収用と同じで、強制力の行使という点で変わるところがないのである。

いずれも、行政訴訟の範囲を広げたものであり、よく考えれば、当たり前の判例変更であった。

3 司法権による審査

次に、司法が法律や処分の合憲性について、どこまで深く入り込んで審査するかという問題がある。深さの問題である。公共の福祉のためにやむを得ない制限であるとか、一応の合理性があるというような緩やかな基準で合憲性を判断してよい場合もあるが、すべての問題をこの基準で判断してはならない。立法・行政は、国民全体の福祉の実現等を基準に行動するが、その過程で個人の基本的人権が影響を受けることがある。個人の権利利益を擁護するのは司法の役割であり、基本的人権の性質によっては、これに影響を与える立法・行政上の判断の合憲性を厳しく審査しなければならないのである。

個人の基本的人権を擁護するという観点から、立法・行政上の判断の合憲性・適法性に関し厳格な司法審査を行使すべき分野として、次の3つがある。

1つは、精神的自由(思想・良心・信教・表現等の自由)を制約する立法等である。この観点から、芸術的・思想的価値のある文書、宗教的活動、新聞等の閲読、取材フィルム、謝罪広告などについて、従来の大法廷判決が示してきた判断を吟味してみる必要がある。

2つ目は、民主的政治過程(知る権利、集会・結社・言論・出版の自由、公正平等な選挙)を制約する立法等である。これは、国民が、正しい情報を得て、自分の意見をまとめ、これを集会等で表現し、同志で団体を作り、投票によって自分の意思を国政に反映していくという、民主主義のシステムの問題であり、このシステムの流れの中に障害物がないかどうかについて、司法は厳格に審査しなければならない。この観点から、平等な価値の選挙権、投票権行使の保障、平等な選挙運動、戸別訪問、文書の掲示・配布、集団行動、政治資金の寄付などに関する従来の大法廷判決を見直してみる必要がある。

3つ目は、社会的に分離し孤立した少数者の権利を制約する立法等である。民主主義のシステムがいかにうまく機能しても、国会に意見を反映することのできない少数派の人々の基本人権の擁護は、司法の役割である。この観点から、特別永住者や非嫡出子に関する従来の大法廷判決は再検討してみる必要がある。

4 精神的自由を制約する立法等に関する意見

所沢ダイオキシン報道事件の**平成15年10月16日第一小法廷判決**・判時1845号26頁で、「国民の健康に被害をもたらす公害の源を摘発し、生活環境の保全を訴える一連の報道の価値は、これを評価する。」、という趣旨の補足意見を述べたが、これは、報道の小さなミスにとらわれ、当該報道の大きな目標・価値を見失うことがあってはならないという趣旨である。

生活ほっとモーニング訂正放送事件の**平成16年11月25日第一小法廷判決**・判時1880号40頁では、「放送法4条1項は、事実でない事項の放送がされた場合において、放送内容の真実性の保障及び他からの干渉を排除することによる表現の自由の確保の観点から、放送事業者に対し、自律的に訂正放送等を行うことを国民全体に対する公法上の義務として定めたものである。」という趣旨の法廷意見を形成した。報道の自由という観点から報道機関の自主性を尊重するという趣旨である。

船橋市市立図書館事件の**平成17年7月14日第一小法廷判決**・判時1910号94頁では、「公立図書館は、住民に対して思想、意見その他の種々の情報を含む図書館資料を提供してその教養を高めること等を目的とする公的な場である。」という趣旨の法廷意見を示すことができたが、これは、図書館を国民が思想・意見を伝達する場であるパブリック・フォーラムと捉えたものである。

5 民主的政治過程を制約する立法等に関する意見

民主政のシステムの中に障害物がある場合、そのシステムによって選ばれてきている国会議員が自らこれを改めるということは期待できないのであるから、障害物を取り除くのは司法の役割であると考えている。

平成16年1月14日大法廷判決・判時1849号3頁では、「最大格差1対5.06の参議院議員選挙区選出議員の定数配分規定は、憲法に違反する。」、「民主主義のシステムが正常に機能しているかどうか、国民の意思を正確に議会に届ける流れの中に障害物がないかどうかを審査し、システムの中の障害物を取り除くことは、司法の役割である。議員定数配分の問題は、司法が憲法理念に照らして厳格に審査することが必要である。」という趣旨の反対意見を述べた。

平成18年10月4日大法廷判決・判時1955号19頁では、「最大格差1対5.13の参議院議員選挙区選出議員の定数配分規定は、憲法に違反する。」、「平等な選挙権は、表現の自由等と並んで民主主義体制を支える基本的権利であるから、投票価値に格差を設けることが憲法に適合するか否かを審査する場合には、格差を設けた目的が国民の意見を公正かつ効果的に国会に反映させるため真にやむを得ない合理的なものであるかどうか、格差の態様が上記目的と実質的な関連性を有するものであるかどうかを厳格に問う必要がある。」という趣旨の反対意見を述べた。

平成19年6月13日大法廷判決・判時1977号54頁では、「衆議院議員小選挙区の一人別枠方式は、憲法に違反する。」、「公選法が、小選挙区選挙の候補者のうち、既成政党に所属する者と、これに所属しない者との間に設けた政見放送等の選挙運動上の差別は、選挙人が候補者の適性、政見等に関する情報を均等に得て、選挙権を適切に行使することを妨げるものであるから、憲法に違反する。」、「国民が、平等な選挙権を有し、正確な情報を得て、代表者の投票を通じ、その政治的意見を国会に反映させるという議会制民主主義の過程自体にゆがみがある場合、ゆがみを抱えたままのシステムによって是正が図られることを期待するのは困難であるから、そのゆがみを取り除き、正常な民主政の過程を回復するのは、司法の役割であり、司法の出番なのである。」という趣旨の反対意見を述べた。

一人別枠方式とは、各都道府県の区域内の衆議院小選挙区の数を決める際、47を別枠として各都道府県に一ずつ配分し、残りの253を各都道府県の人口に比例して配分とするという方式であり、選挙運動上の差別とは、テレビの政見放送について、既成政党には無料で認めるのに対し、無所属には禁止としたり、新聞広告・ポスター・はがき等の数やスペースで、既成政党と無所属とで大きな格差を設けていることである。正常な民主制への回復措置を立法や行政で果せないならば、司法が果すべきである。

在外日本人選挙権剥奪違法確認等請求事件の**平成17年9月14日大法廷判決**・判時1908号36頁では、「公選法が、国外に居住していて国内の市町村の区域内に住所を有していない日本国民が国政選挙において投票をするのを全く認めていなかったことは、憲法に違反する。」、「国民の選挙権又はその行使を制限することは原則として許されず、国民の選挙権又はその行使を制限するためには、そのような制限をすることがやむを得ないと認められる事由がなければならないというべきである。そして、そのような制限をすることなしには選挙の公正を確保しつつ選挙権の行使を認めることが事実上不能ないし著しく困難であると認められる場合でない限り、上記のやむを得ない事由があるとはいえず、そのような事由なしに国民の選挙権の行使を制限することは、憲法に違反する。」という多数意見をまとめることができた。ここまできたなと感慨を覚えた事件だった。

「やむを得ないと認められる事由」「事実上不能ないし著しく困難であると認められる場合」という厳しい基準は、憲法判断に当たり大いに応用できる。また、公法上の当事者間の法律関係の確認の訴えが行政事件訴訟法4条に明記され、最高裁がこの事件で「国外に居住していて国内の市町村の区域内に住所を有していない日本国民が，次回の衆議院議員の総選挙における小選挙区選出議員の選挙及び参議院議員の通常選挙における選挙区選出議員の選挙において，在外選挙人名簿に登録されていることに基づいて投票をすることができる地位にあることの確認を求める訴えは，公法上の法律関係に関する確認の訴えとして適法である。」と判断したことで、公法上の法律関係の確認の訴えの今後における活用が期待される。

平成18年7月13日第一小法廷判決・判時1946号41頁では、「精神的原因によって投票所に行くことが困難な者の選挙権行使の機会を確保するための措置を講じていない公選法は、憲法の平等な選挙権の保障の要求に反する状態にある。」との趣旨の補足意見を述べた。

郵便投票は、介護保険の「要介護度5」クラスの人たちにのみ認められている。しかし、「要介護度」が4、3、2の人たちも、外出困難である。該当者は全国で200万人くらいおられるのではないか。この人たちに郵便投票を認めないのは問題である。

ところで、民主的政治過程において、国民は、そ

の意思を形成するために、まず正確な情報を取得することが必要である。そのために設けられた情報開示制度は、確実に日本の政治行政を変えたと思っている。しかし、行政機関の実際の運用には、まだまだ問題がある。

平成16年11月18日第一小法廷判決・判時1880号60頁では、「町議会の会議録作成のために議会の議事内容を収録した録音テープは、会議録がいまだ作成されていない段階でも、公開すべきである。」との趣旨の反対意見を述べた。町は、録音テープについてまだ決裁を受けていないから開示することができないと主張し、多数意見はそれを認めたものである。

平成17年7月14日第一小法廷判決・判時1908号122頁では、「市の局長等に係る交際費の支出に関する文書等は、交際の相手方が識別されるものでも、公開すべきである。」、「多数意見によると、相手方である団体が識別できる場合は『会費』や『賛助』に関する情報も非公開とすることができることになるが、非公開とすべき必要性が乏しいのに対し、非公開とすれば不明朗な公費の支出を招くという大きな弊害が想定され、民主的地方自治の精神に反する。」との趣旨の反対意見を述べた。

そもそも「交際事務」というような言葉は、裁判所が考えた用語である。情報公開により、行政暴力はかなり防げると思われる。この事件は、私もだいぶ力が入った事件であり、今では、交際費なしの自治体や、交際費のすべてを公開する自治体が現れるなど、いい方向に向かっていると思う。

平成18年4月20日第一小法廷判決・裁判集220号165頁では、「開示請求がされた公文書に虚偽の情報が記載されていた場合に、当該虚偽情報が非開示情報に当たるとして開示を拒否したことは、国賠法上違法である。」との趣旨の反対意見を述べた。川奈ホテルでのゴルフ接待の際に数人で費消した120万円を、70人くらいで使った数字に見せかけた事件である。

平成18年1月19日第一小法廷判決・判時1925号79頁では、「県が元県議会議員の親睦団体の事業を補助するために補助金を支出することは、違法である。」との趣旨の法廷意見を述べた。議員を辞めた後は、一般県民と変るところはないはずである。

6 少数者の権利を制約する立法等に関する意見

これは、立法・行政では権利擁護ができない分野である。

平成15年3月31日第一小法廷判決・判時1820号64頁では、「民法900条4号ただし書前段の規定は、憲法に違反する。」、「多数決原理の民主制の過程において、本件のような少数グループは代表を得ることが困難な立場にあり、司法による救済が求められている。」との反対意見を述べた。嫡出子・非嫡出子の相続分の規定についての判断である。フランス、ベルギー、オーストリアでも、同様な差別があったが、欧州人権条約に反するというヨーロッパ人権裁判所の判断により、ようやく法改正が行われた。裁判所が一歩前に出なければ解決が困難であるが、裁判所がはっきりとした判断を示せば解決する実例として、興味深い。

平成17年1月26日大法廷判決・判時1885号3頁では、「特別永住者は、本来、憲法が保障する法の下の平等原則及び職業選択の自由を享受するものであり、かつ、地方公務員となることを法律で特に制限されてはいない。職業選択の自由は、単に経済活動の自由を意味するにとどまらず、職業を通じて自己の能力を発揮し、自己実現を図るという人格権的側面を有している。」との反対意見を述べるにとどまった。

しかし、国籍確認請求事件の**平成20年6月4日大法廷判決**・判時2002号3頁では、「立法府に与えられた裁量権を考慮しても、なおそのような区別をすることの立法目的に合理的な根拠が認められない場合、又はその具体的な区別と上記の立法目的との間に合理的関連性が認められない場合には、当該区別は、合理的な理由のない差別として、憲法14条1項に違反する。」、「諸外国においては、非嫡出子に対する法的な差別的取扱いを解消する方向にあることがうかがわれ、国際人権規約B及び児童の権利に関する条約にも、児童が出生によっていかなる差別も受けないとする趣旨の規定が存する。」との趣旨の多数意見を形成することができた。

この基準は大いに利用価値がある。「ここまできたか」ということを認めてもらう2番目の例である。前段は、憲法の教科書からとってきたような審査基準であり、今後も使えそうである。

7 常識による救済の試みとしての意見

最高裁判所には、最終審の裁判所として、常識に合致した妥当な結論を導くという役割があると考えている。

平成17年4月21日第一小法廷判決・判時1898号57頁では、「被害者がその所有に係る証拠物を捜査機関に提出するのは、犯人の検挙・処罰に役立てることを目的とするものであって、告訴権の行使の一内容、あるいは告訴権に類似する人格的権利の行使ということができ、当該証拠物が捜査機関において捜査のために有効に活用され、捜査上必要である限り適正に保管されることの利益は、単に所有権の一部を構成するにとどまらず、上記の人格的権利に由来し、法的に保護された利益である。警察の年末不用品一斉処分の一環として証拠品を焼却したことは、国賠法上違法である。」との趣旨の反対意見を述べた。

平成17年12月8日小法廷判決・判時1923号26頁では、「患者が適時に適切な医療機関へ転送され、同医療機関において適切な検査、治療等の医療行為を受ける利益は、不法行為法上の保護利益に該当する。急性期の脳卒中患者であったにもかかわらず、拘置所での未決勾留を継続された上告人は、上記利益を侵害された。」との趣旨の反対意見を述べた。

平成19年10月10日第一小法廷決定・判時1988号152頁では、「京都駅八条口前で、白昼、成年女性を、口頭による脅迫だけで、車に乗せ、ホテルに連れ込んだとの公訴事実には、合理的疑いがある。」との趣旨の反対意見を述べた。

平成19年12月13日第一小法廷判決・判時1995号157頁では、「郵政事務官として採用された者が、採用前の公務執行妨害行為により懲役2月執行猶予2年の刑を受けた場合でも、刑の確定後約27年、刑の失効後約25年通常に勤務を継続していたときは、同人を失職扱いとすることは、信義則、権利濫用禁止の法理に照らし、許されない。」との趣旨の反対意見を述べた。

平成20年2月28日第一小法廷判決・判時2005号10頁では、「暴行現場に呼び出され、その場に居ることによって、BのAに対する暴行を激化させてその受傷の程度を重大なものとし、気絶状態のAが外部から発見されにくくする隠ぺい工作にも加担した少年らは、Aの身体生命に対する危険を増大させる行為を行ったことの責任として、危険の進行を食い止め、危険からの救出を図るべきで、Aが一刻も早く救急医療を受けられるように、Aの受傷を消防署等に通報する義務を負う。少年らは、通報を怠ることにより、Aの一刻も早く医療機関に搬送されて救急医療を受けるべき法的利益を侵害した。」との趣旨の反対意見を述べた。

最高裁には、日々新しい事件が持ち込まれてくる。これを従来の判例の枠の中だけで処理することはできない。柔軟な思考で、当該事案に合った妥当な結論を見つけていかなければならないと思う。

7月例会報告

改めて"和歌山カレー事件"を検証する

会員　藤原家康

2009年7月16日に開かれた本年7月例会では、最高裁の段階から、いわゆる和歌山カレー事件（以下「本件」といいます）の弁護人となった安田好弘弁護士を講師として、「改めて"和歌山カレー事件"を検証する」との演題の講演を催した。以下、その講演の内容を抜粋して紹介する。

本件における検察官立証においては、他の8件の被告人に対する保険金詐欺の起訴事件を前提として、それらの事件との類似事実の証明がなされたとされている点の指摘があった。その検察官立証の具体的な例として、被告人がヒ素の殺傷力を十分に理解していたことや、ヒ素を入れて人に摂取させるという手段・方法の類似性が挙げられた。しかし、前者は、被告人に限ったものではなく、また後者は、「類似事実」ではないとのことである。本件は動機が不明であり、また、保険金目的で行われたものではないから、保険金目的でヒ素が入れられたことは、本件でヒ素が入れられたことと類似していない、という。

また、本件の捜査段階及び1審で被告人は黙秘していたが、裁判所は、最近は、被告人の黙秘に対しては被告人有罪の心証を抱きがちであるという説明があった。さらに、本件では、被告人側が真犯人を連れてこないと無罪とならないほどであったが、それは弁護という領域を超えるものであるということや、そもそも人が1人でいるときしかヒ素が入れられないということ自体確かではないということの説明があった。

本件は、殺人事件ではなく食中毒事件であるという見方もあるとのことだった。ヒ素は、4つの鍋のうちの1つにしか入っていない。もし犯人がある人を確実に殺そうとするのであれば、犯人は鍋の全てにヒ素を入れるのではないかと考えられることが挙げられた。また、地元ではヒ素は殺虫剤として使用されており、ヒ素が使用されたことが殺人事件を端的に示すものであるとは限らない、とのご指摘もあった。

鍋のところにいた被告人を見たという女子高生の目撃証言にも問題があるという。例えば、その証言は、被告人が鍋から上がった湯気でのけぞった、としている。しかし、本当に女子高生の位置からその湯気が見えたのか（男女の区別さえできないはずであるとのこと）、あるいは、百歩譲って見えたとして、女子高生が見たのが、被告人に外見が良く似ている被告人の次女ではなかったのか、という点があげられるという。なお、その証言では、被告人がタオルを首に巻いていたとのことだが、被告人がタオルを首に巻いていなかったとする証言が他に2つあるという。

さらに、鑑定の内容にも問題があるという。被告人の自宅にあったヒ素と、本件で使用されたヒ素が同一であるとの鑑定結果が出たが、その鑑定資料の一部が、それが本当に存在したのであれば捜索開始後直ちに発見できるはずのものであるにもかかわらず、捜索3日目に出てきたとされているものがあるなど、不自然な点が多々存在するとのことである。

この他にも多くの疑問点が存在するが、そのような状況の中で、被告人に対する死刑判決が確定した。このことに、改めて驚きと恐ろしさを禁じ得ない。また、これらの疑問点が報道においてどこまで社会に的確に伝えられているかということも、検証する必要がある。

安田弁護士には、ご多忙の中貴重なご講演を頂き、改めて深く感謝申し上げます。

（文責・会員 藤原家康）

最近のアメリカのプライバシー状況

弁護士　牧田潤一朗

1　はじめに

日弁連客員研究員留学制度により米国カリフォルニア大学バークレー校ロースクールで研究をする機会を得ましたので、アメリカのプライバシー状況についてご報告します。

2　セクトラル方式の個人情報保護

個人情報保護はアメリカでも日本と同様に大きな関心事です。しかし、アメリカには、日本の個人情報保護法のような一般法はなく、特定の分野毎に個別の立法が数多く存在します。例えば、Children's Online Privacy Protection Actは、12歳以下の子供の情報をインターネットのウエブサイトで集収及び利用することを制限しています。また、Video Privacy Protection Actは、ビデオサービスの提供者について、利用者が利用したビデオのタイトルを本人の同意なく開示することを原則として禁止しています。これらの連邦法とは別に州法でも独自に規制をかけています。このような個別立法はセクトラル方式と言われています。利点としては、法律においてより細かく対立利益との調整が可能です。具体的な場面における個人情報保護の不適切な取扱いに対して、法定の最低損害賠償額を定めて救済を容易にすることも行われています。欠点としては、立法されてない分野において、個人情報の保護が不十分になります。近時は、米国のプライバシー研究者から、一般法の制定を求める声が出ています。逆に、一般法を作った日本は、アメリカの具体的な法規制を参考に、金融・医療等の個別分野でより具体的な立法をするべきだと考えます。

3　なりすまし犯罪(Identity Theft)

なりすまし犯罪とは、典型的には、他人の個人情報を利用して、他人になりすまして、同人名義のクレジットカードを作成して買い物をしたり、同人の既存口座から現金を引き出したりする行為です。アメリカでは、このなりすまし犯罪が大きな社会問題となっています。その原因は、クレジットスコアが普及していることにあります。

クレジットスコアとは、個人の返済能力（信用力）を表す3ケタの数字で、信用報告機関3社(Equifax, Experian, Trans Union)が、ほとんど全てのアメリカ市民の信用情報を保有し、これによりアメリカ市民の信用度を評価しています。クレジットスコアは、借入れだけでなく、就職、借家、保険加入等の重要な経済活動において利用され、数字が悪ければ不利益な取扱いがあります。

アメリカでは、1960年代までに、債権者が債務者の返済能力を確認する手段として、信用報告機関(credit reporting agencies)の報告書を利用することが普及してきました。この信用報告書(Credit report)には、個人の詳細な借入履歴、金融口座情報、主要な負債、破産履歴、担保権情報等が記載されます。その後、信用力を簡便に表すものとしてクレジットスコアが誕生しました。Fair Credit Reporting Act of 1970（FCRA）は、これらの信用情報の利用を限定して、本人の情報コントロール権を一定範囲で認めていますが、そもそも信用情報の利用を認める範囲が広すぎると批判されています。

なりすまし犯罪は、被害者のクレジットスコアを著しく低下させ、その回復には相当の時間と労力を要します（ある調査では、被害回復には平均2年、消費時間は平均175時間との報告もあります。）。信用情報回復までの間、被害者の就職活動やローンの設定等は容易でなく、現実の被害額よりも問題は深刻です。問題の広がりをうけて、Identity Theft and Assumption Deterrence Act of 1998が立法されましたが、いまだに大きな社会問題です。信用報告機関は日本でも活動しています。数字だけで人の経済活動を評価してしまうクレジットスコアのような仕組みが日本に導入されないよう注意しなければならないと思います。

4　連邦政府による盗聴等

2001年9月11日のアメリカ同時多発テロ後、アメリカ国家安全保障局（NSA）によって、アメリカ国民に対して、大規模な盗聴、電子メール閲覧、Web閲覧履歴のチェック等が無令状で行われたと報道され、2006年にプライバシー侵害の訴訟が提起されました（Hepting v. AT&T)。この訴訟では、民間大手電話通信会社AT&Tが盗聴等の行為に加担していたとしてクラスアクション訴訟の被告となりました（イメージ図参照)。しかし、当該訴訟の提起を受けて、ブッシュ政権は、2008年に国家の盗聴等に関与した通信会社を一定の要件下で遡って免責する法律を成立させ（FISA Amendment Act)、結果として、2009年6月に上記訴訟の第一審は原告敗訴に終わっています（http://www.eff.org/issues/nsa-spying)。

アメリカは、プライバシー権が最初に提唱され、これに対する問題意識も昔から高かった国ですが、政府による監視活動も活発になされてきた国です。例えば、FBIは公民権運動指導者でノーベル平和賞を受けたキング牧師を盗聴し、行動をやめさせるため脅迫を行っていたことはロースクールのテキストにも紹介されている有名な事実です。

アメリカの状況を見れば、国家によるプライバシー侵害が、過去のものでも遠い未来のものでもなく、しかもひとたび国家権力がプライバシー侵害を始めたら民間よりずっと重大な影響を与えることがわかります。住基ネット、納税者番号、監視カメラ、Nシステムといった国家がプライバシー情報を収集しやすくするシステムの構築はプライバシー侵害の危険を高めるもので注意が必要です。

5 おわりに

日本では、プライバシー問題として、民間での個人情報漏えい事件に注目が集まりがちです。しかし、注意すべきは、国家によるプライバシー侵害であるということを、アメリカは教えてくれます。

図 アメリカ連邦政府により行われたとされる盗聴の図解

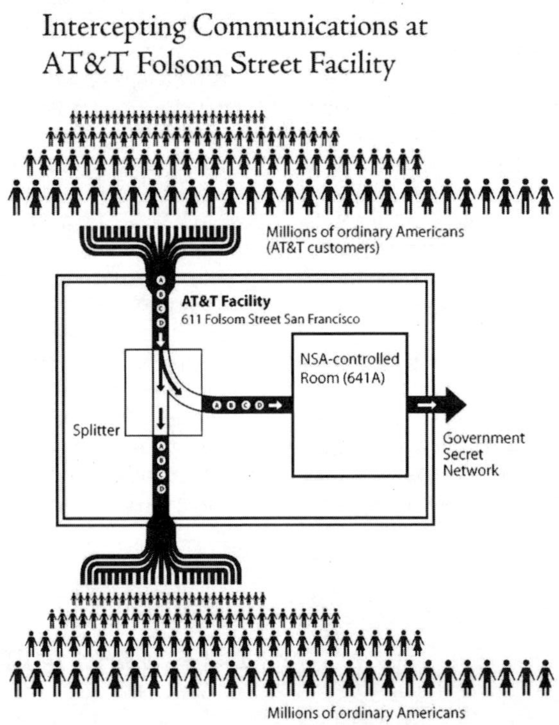

著作権者：Electronic Frontier Foundation（EFF）

CEDAW女性差別撤廃委員会の日本政府報告書審査を傍聴して

古屋恵美子

（会員 アメリカ弁護士、NY在住）

1.はじめに

去る2009年7月23日、ニューヨークの国連本部で開かれたCEDAW女性差別撤廃委員会の日本政府報告書審査をJCLUのNGO協議資格を活用して傍聴させていただく機会が与えられました。実際にカウンターレポート作成に関われたNGOから審査の細かい報告があると思いますので、全体的に受けた印象を中心にご報告させていただきます。

2.CEDAW女性差別撤廃委員会の活動内容

ご存知の通り、CEDAWは、30年前の1979年に国連総会で採択された女性差別撤廃条約に基づいて設立された条約監視機関です。現在、条約当事国は186カ国、選択議定書当事国は97カ国といわれています（ちなみにアメリカはまだ未批准)。CEDAW委員会は、二十数名の個人の資格で締約国政府から推薦された専門家から成る委員会で、政府報告審査、最終見解の採択、一般的勧告の起草、採択、そして選択議定書に基づく通報の審査、見解の採択を行います。年に3回、ジュネーブとニューヨークで数週間ずつ行われています。日本政府は1985年に条約を批准し、今回は第6期の報告書で、4回目の政府報告書審査となりました。

審査で審議された問題は多岐に渡ります。CEDAW選択議定書の未批准問題、国内司法とCEDAWをはじめとする国際人権法とのギャップ、公人による差別発言、慰安婦問題、間接差別、税法における差別的取扱い、教育、就職、人事、賃金格差、ポルノ漫画や暴力的ゲーム、夫婦別姓、非摘出子差別、マイノリティー女性、移住女性、研修生、非正規外国人女性、人身売買の被害者保護、堕胎罪、DV、女性に対する暴力、セクハラ、メディアの役割、農村地域の女性、等々。

特に驚いたのは、DVの被害者が求める加害者に対するTPO保護令を出すのに12日間もかかるということ（こういった保護令をだすには慎重でなければいけないし、緊急な保護が必要であれば警察が保護できる)、民法におけるあらゆる差別は世論がかわらないとかえられない、政府の回答で驚いたのは、230人のTrafficking の被害者のうち、104人は入管法違反が認められたものの特別在留許可がおりた（在留期間については言及されなかった)。移住女性で日本人と結婚したがDV以外の理由で離婚したり「棄てられたり」して在留資格を失った場合は、「個別の事情」で特別許可の判断をする。パート労働者の70％が女性であること自体、間接差別ではないか、という質問に対して、女性の理由は、自分の都合の良い、日数時間が短い、といろんな働き方があるから差別と言い難い、との回答。アンケートの回答を調べたわけではないが「都合の良い」というのは、殆どが専業主婦や子育てしている女性にとっての「家庭の責任分担に都合の良い」という意味ではないか、と疑問に思った。

3.女性の人権に関する日本の現状について

一委員からも指摘されたとおり、2007年UNDPの報告書によると日本は女性の地位のランキングから見ると世界各国中、43番目。女性差別を撤廃するのに効果的な手段として、政府が積極的にロールモデル（Role model）となること。国内啓蒙活動をNGOに頼りすぎている。政府として責任を取らなければならない。480人の国会議員の内、女性議員はたったの44人（2008年10月現在の数値)。242人の国の審議会の内、女性は33人。2028人の地方政府、市長、知事、のうち、女性は4人の指導者、市長は9人、町長は6人、と合計19人。この数字は日本のように経済発展を享受していない途上国に近いということを日本の指導者は認識するべきだ。公的分野（Public sphere）で正当な代表を出せていない。研究者が18.7％。

政治的にも安定している国、Rising Sun の日本として、あまりにも改善が遅々として進まないままである。前述の通り、CEDAW8条を違反している。指導者を養成する研修にもっと投資するべきである。ここで話したことを是非、日本に持って帰って審議してほしい。なにをもたもたしているのか経済大国日本。努力している。参議院議員時代に女性の差別撤廃に尽力し、産休もとれる、母乳する部屋もできるようになった。

私事ですが、1996年にロースクールに進学するために渡米してから、国際人権条約機関の会合に出席することもなく、すっかりアメリカ国内法に従事してきたので、久しぶりに触れた空気でした。JCLUの事務局で勤めていた90年初頭に、ICCPR規約人権委員会の日本政府報告書審査や「女性の権利は人権問題」と謳った世界人権会議に参加して以来だったので、新鮮でした。実は今回もひょんなことから、国連本部から近い私の所属する事務所（カトリックチャリティーズの移民難民法律サービス部）からやはり歩いていける距離にある日本政府国連代表部のある会議室で、国連フォーラム主催で、林陽子さん（JCLU会員でCEDAW委員）が講演されるということだったので、ご無沙汰していたこともあり、ご挨拶も兼ねてお話を伺いに行ったところ、日本政府報告書の審査があると、開催直前に知ったのでした。JCLUにお伺いしたところ、突然のお願いにも関わらず、事務局長、理事、事務局の安斉さんにご苦労をおかけしましたが、JCLUの名前でNGOパスをいただけることになった次第です。感謝しております。

4.政府報告書審査とNGOの活動

このブランクをあけて条約委員会の政府報告書審査とNGOの活動を見ることでいくつかの点が印象的でした。やはり圧倒的に存在感があり、この審査を実のあるものにしたのは、日本のNGOネットワークの活動でした。審査の前日の昼休みの時間を利用して行われたNGOブリーフィングでは、45団体、80人以上の参加者が会議場を埋め、委員会の委員を招待して日本のNGOの観点からの問題を指摘し、委員のQ&Aも受けていました。これは、とてもよく準備されていて、各団体から手短に問題の説明と情報提供がされ、すべてがス

CEDAW委員会の開かれていた国連の会議室にて、JCLU会員で林陽子先生のアシスタントをされていた猿田佐世弁護士（左）と筆者（右）

ムーズに英語で行われていました。この審査に向けて、長期間、NGOとして、ネットワークし、カウンターレポートの作成や、委員会にも提出されたであろう質問提起、意見調整、委員への働きかけなど、さぞかし大変なプロセスだったかと想像しました。93年の規約人権委員会でやはりカウンターレポートを作成したり、ロビイングをした経験から見ると、参加されているNGOの数も人数も多く、規模はかなり大きくなっているようでしたが、93年にまだゲリラ的に活動していた私からみると、なんとよく組織化され、きめ細やかにここまでプランされたなぁと関心しました（やはり殆ど日本の女性が活動しているから、なんていうと差別発言でしょうか？）。委員にとっても、その情報がどれだけ審査に貢献したか、歴然だと思います。世界中の政府報告書を審査しなければいけない委員にしてみれば、まったくNGOのインプットがない政府報告や審査では、何を質問していいのかさえ検討がつかないことがある、と聞いています。また、NGOの目と耳が実際に会議室に存在することで、政府の審査への取り組みもずいぶん違ってくるというのも明らかだと思います。審査の後も、NGOネットワーク主催で、日本新聞社相手の記者会見が行われ、そしてその後の懇親会には、日本政府代表団も代表部の公使もお招きしてのなごやかな会でした。その必ずしもいつも敵対していくのではなく、建設的なパートナーとして提言をしていけるNGOと政府の関係ができてきているということも、日本のNGOの成長ぶりを垣間見たようで嬉しく、誇りに思えました。

また、私自身も昨今の日本の女性差別にどういう問題があるのか、またどういう問題が未だに解決されていない、改善されていない点があるのか、など大いに勉強させてもらいました。そして、あらゆる統計に反映される驚くべき日本の男女の格差にあらためて、日本の抱える問題の深さと広がりにも考えされられるものでした。NGOの方々とお話しすることによって、聞いたことも考え付いたこともなかったあらゆる問題が浮かび上がってきました。現場で被害者として当事者として差別にあい、政府に問題提起し、是正を求めているこういった国内NGOの役割は、あらためて、替えられない価値があるものだと認識しました。世界に目を向けられて国際的な活動を主眼とする国際的NGOが例え地元のリサーチャーをつけても必ずしも得られない情報、知識と問題の理解度がこういった国内NGOにあるということを再認識させられました。また、元気な日本人女性に沢山お会いして、「大抵どんな国でもがんばっている女性は同じように進歩的だけど、違いが出るのは、その国の男性」とおっしゃっていた林先生のコメントに納得しました。

審査に望んだ日本政府も各省庁から14人の女性と6人の男性を代表団として送り込み、CEDAWに対する真摯な姿勢と積極的なメッセージを送っていたようです。93年の規約人権委員会の審査の折、政府が「オールジャパンで臨む」と意気込んでいたことを思い出しました。日本を出発する前まで、やはりNGOと懇談会や審議会をもつことはあっても、まず懇親会まではなかったし、審査の前後はかなり緊張感もあったように覚えています。ここまで一国の政府が条約機関の審査にエネルギーを入れていることも、稀でしょう。真面目で勤勉な日本政府とNGOの姿勢が現れていました。ただ、その努力の割には、なかなか委員会の中で評価が得られていないようで、残念にも思いました。特に委員から投げかけられる質問に対する回答があまりにも硬直的で国会答弁のようだ、と誰かが言っていました。もともと準備された回答はまだしも、その場で問題として提起された、それも繰り返し質問されたことについて、なかなか、率直な答えが出てこない場面が何度かあった。勿論、それぞれの各省庁の政府官僚組織から送られてきた比較的若い（少なくとも若く見えた）代表団では、シニオリティーが無く裁量も無いのかもしれないが、既に出された回答に対して更なる説明なり情報を求めているにも関わらず、同じ回答を繰り返すと、委員としては「対話になっていない」と思われても仕方がないように感じられた。大臣級の代表を送ってくれば、もう少し違うのかもしれないが、海外での発言を後でフォローする官僚の方が問題は大きいと見なされているのかもしれない。この他、日本語の通訳が、必ずしも正確ではなく、委員の質問が政府代表に正しく通訳されていないこともあり、そのため、政府代表の回答と食い違いがおこっていたようで、これも、対話になっていない印象を残したのは残念でした。

多岐に渡る女性差別問題の審査を経て、ある委員が元CEDAW委員でお亡くなりになった斎賀先生の功績を称え、後任としてこられた林先生を委員会に迎えられ、素晴らしい委員を送り出してる日本政府に礼を述べた。さらに、この審査で学ばれたことがあれば、日本にお帰りになってから、記者会見をされるご予定はあるのでしょうか、と聞かれていた。日本政府代表もそれはいい案で、大いに日本で広めたいと答えていました。その後、日本で報道されたのでしょうか。はるか遠いNYで政府とNGOと委員会が審議された日本の女性の人権問題、そしてCEDAWの存在自体も益々国全体に広めてほしいと思いました。そうすれば、日本社会からはみ出しがちな私のような在外日本人女性も帰りやすくなる、風通しの良い日本社会ができるかも、と個人的にも願ったものでした。

追記

8月7日、委員会から日本政府報告書審査の最終意見（Concluding Observations）が公表されました。13頁に渡るこの文書には、審査中に指摘された多くの点が多岐にわたる分野と課題について詳

細な意見と日本政府に対する女性差別の撤廃に向けて取られるべき措置と勧告が記述されています。改善された部分や政府の努力も認めつつ、厳しい勧告が出されている。中でも私が注目したのは、民法の改正、特に、婚姻年齢の男女差、待婚期間の男女差、夫婦別姓、非嫡出子の差別をなくすことが呼びかけられた。条約批准国の義務として、単に世論調査の動きにまかせるのではなく、条約にそった方向で国内法を整備するべきだとした。また、雇用、政治や公的な場(学問の世界も含めて)への女性の参加を促進する暫定的処置を導入すること。さらに指摘された点には、差別的なメディア、ビデオゲーム、公人の差別発言やステレオタイプをなくすための努力。DV被害者が保護令を速やかに得られるようにし、支援サービスを充実させること。女性に対する暴力は道徳的罪としてでなく、女性の権利侵害として刑罰もより重くするべき。大学の教員の女性を20％から真に平等なレベルに引き上げること。仕事と家庭の両立のために、政府が男女を支援しなければいけない、特に、啓蒙活動と育児施設の充実化も強調。マイノリティ（アイヌ、部落、在日韓国朝鮮人、沖縄女性）や弱い立場にある女性（外国人、農村、シングルマザー、障害者）に関する情報が今回の報告書から欠落していたので、これも次回の報告書までに、実態調査をし、意思決定過程に参加させること。外国人労働者の権利条約や障害者の権利条約の批准も促した。最後に、政府がこの最終意見を広く普及させることも要請。次回の7回目と8回目の報告書は2014年7月までに提出することになっている。最終意見の詳細は、国連やNGOのサイトを参照されたい。

カナダ自由人権協会会長が来日

三宅弘代表理事（左）と、デロージェ会長親子

さる8月7日、カナダ自由人権協会(Canadian Civil Liberties Association)のナサリー・デロージエ(Nathalie Des Rosiers)会長が、当協会の三宅弘代表理事と面談した。同会長は、カナダのオタワ大学教授でもあるが、今回は、東北大学で開催された学会のために来日し、7日に成田から離日するにあたり、時間を調整して、是非とも、当協会の関係者と会いたいということで、面談が実現した。カナダ人権協会は、会員約6000人で、当協会のように、さまざまな人権問題に取り組んでいるということであった。個人情報保護や、ジェンダー、入国管理などについての活動状況について、話が及んだが、デロージェ会長は、本年7月から会長になったということで、今後も、JCLUと緊密な関係をもちたい、招待状を送付した時には、是非カナダにも来てほしい、ということであった。

あたごの杜から 事務局長日誌

政権が変わりました。

JCLUは特定の政治勢力に肩入れするものではありません。しかし、情報公開、国際法による人権の保障、女性の権利の拡充、刑事手続の改革など、JCLUが地道に活動を続けて来た人権諸課題に関する主張は、これまでの政権与党には、なかなか受け入れてもらえなかったのが事実です。いきおい、当時の野党の活動と歩調をあわせて、政権与党に主張をぶつけるということもありました。

これが逆転したのです。しかも、複数のJCLU会員が、組閣名簿に名を連ねているではありませんか。こんな世が現実に来るなどとは、夢には思っても、本当に夢だけかと思っていました。

但し、喜ぶのはまだ早いです。ここは正念場です。千載一遇のチャンスです。JCLUが声高に主張してきた市民の権利の拡充は、まさに大きな国家戦略です。新しい政権は、行政刷新を行い、これから国家戦略を考えると言っています。われわれの主張を政府・与党に届けましょう。届けてそれを実現させましょう。JCLLUでは、早急に政府に対する要望をまとめることにしました。

生まれたばかりの政権を、より良く育てるのはわれわれ市民の活動次第なのではないだろうか。こういう意識こそ民主主義の根幹なのだと、はじめて気がついたような気がします。逆にいうと、様々な利益団体がうごめくこれまでの政治過程においては、正常な民主主義は機能していなかったと言えるのかもしれません。

8月はじめ、国際学会に参加するために来日していたカナダ人権協会（CCLA Canadian Civil Liberties Association）の会長Nathalie Des Rosiers女史が、突然、JCLUと意見交換をしたいと申し出てこられました。普段は定期的な交流もないのですが、JCLUというだけで、忙しい合間を縫ってご挨拶に来ていただきました。感謝です。

2009年7月から9月までのJCLU

7月3日	講演会「最高裁判所の役割―私の少数意見を中心に」(泉徳治・元最高裁判所判事)・弁護士会館
7月16日	7月例会「改めて“和歌山カレー事件”を検証する」(安田好弘弁護士)
8月3日	8月理事会・ビアパーティ・エクスターンシップ歓迎会
8月3日 ～9月17日	エクスターンシップ受入(一橋LS2名、早稲田LS2名)
8月4日	外国人の権利小委員会勉強会「台湾における外国籍配偶者の問題について―居留問題を考える会の活動から―」(大成権真弓氏・居留問題を考える会会長)
8月8日～16日	事務局夏季休業
9月17日	9月理事会　エクスターンシップ送別会

第18回 久保田メモリアルシンポジウム 開催決定

国連の人権活動中にナミビアで殉職された久保田洋さんを顕彰して続けられてきたシンポジウムが、今年18回目を迎えます。今年は近時動きの大きい外国人政策について、韓国の政策を参考に討議を行いたいと思います。

『韓国の外国人政策に学ぶ』
宣　元錫氏（ソン・ウォンソク:中央大学総合政策学部兼任講師）
田中　宏氏（一橋大学名誉教授、JCLU代表理事）他

◆日時　2009年11月28日（土）午後1時30分～午後4時30分

◆場所　中央大学駿河台記念館　670号室
千代田区神田駿河台3-11-5
TEL：03-3292-3111
JR中央・総武線　御茶ノ水駅下車、徒歩3分
東京メトロ丸ノ内線　御茶ノ水駅下車、徒歩6分
東京メトロ千代田線　新御茶ノ水駅下車（B1出口）、徒歩3分
都営地下鉄新宿線　小川町駅下車（B5出口）、徒歩5分

【発行日】2009年10月1日【発　行】社団法人 自由人権協会
〒105-0002 東京都港区愛宕1-6-7 愛宕山弁護士ビル306
TEL:03-3437-5466 FAX:03-3578-6687 URL:http://jclu.org/ Mail:jclu@jclu.org
（大阪・兵庫支部）
〒530-0047 大阪市北区西天満1-10-8 西天満 第11松屋ビル3F 堺筋共同法律事務所内
TEL:06-6364-3051 FAX:06-6364-3054
協会設立:1947.11.23 本紙創刊:1950.5.1 購読料:年間2,500円 郵便振替:00180-3-62718 発行人:古本晴英
JCLU 社団法人 自由人権協会

人權新聞 Japan Civil Liberties Union
JCLU Newsletter
発行所 社団法人 自由人権協会
JCLU
〒105-0002 東京都港区愛宕1-6-7 愛宕山弁護士ビル306
TEL:03-3437-5466 FAX:03-3578-6687
URL:http://jclu.org/ Mail:jclu@jclu.org
協会設立:1947.11.23
本紙創刊:1950.5.1
購読料:年間2,500円

巻頭報告 西松和解とJCLU

中国人強制連行と西松和解の位置

代表理事 田中 宏

雪深い北海道の山中で"雪男"が発見されたのは1958年2月で、私は大学生だった。雪男は、実は戦時中に中国から強制連行された劉連仁さんで、炭鉱での苦役から脱走、戦後13年を経過していた。しかし、戦時中に中国人強制連行が行われた事実を、それまで学んだ記憶は全くなかった。そのことが、私の"原点"となっている。

1989年は、天皇の死、中国の天安門事件、ベルリンの壁の崩壊などがあったが、同年12月、花岡事件の受難者联誼会（準備会）は、鹿島建設に対し3項目要求の公開書簡を送った。それは、①公式謝罪、②記念館の設置、③一人500万円の賠償、の3項目で、のちの戦後補償要求の原型となった。

1945年6月30日夜、秋田県花岡で強制連行された中国人が一斉蜂起したが、失敗に終わり、多くの犠牲者が出た。この「花岡事件」は中国人強制連行を象徴するものとなった。花岡の現場である秋田県大館市は、1985年6月30日に「中国殉難烈士慰霊之碑」（同市十瀬野公園墓地）の前で市主催による慰霊祭を行い、以降それが恒例となり今日に至っている。私も毎年足を運んでいる。

戦後中国に帰還した耿諄大隊長が慰霊祭のことなどを知ることとなり、1987年の慰霊祭に参列することが実現した。帰国後、事件の生存者・遺族が連絡を取り合い、花岡受難者連誼会（準備会）が発足、1989年末、前述の公開書簡に至ったのである。

10月23日和解成立後の記者会見の様子

翌1990年の慰霊祭に参列した耿諄氏ら中国人は、前年の公開書簡を受けて、7月5日鹿島建設との間で「共同発表」を行った。そこには、「企業としても責任があると認識し、当該中国人生存者及びその遺族に対して深甚な謝罪の意を表明する。（会社は）双方が話し合いによって解決に努めなければならない問題であることを認める。双方は……協議を続け、問題の早期解決をめざす」などとある。

市民団体「中国人強制連行を考える会」（代表田中）では、中国人の要求に耳を傾けるべく、生存者・遺族からの聞き取りを行う一方、中国人強制連行の関連資料の収集に努めた。なかでも、"幻の外務省報告書"の入手は不可欠と考え、米国立公文書館にも足を運んだ。花岡事件は、蜂起を裁いた日本側の裁判（秋田判決はポツダム宣言受諾直後の9月11日言い渡され、無期懲役1名、10年以下の懲役など）と、連合国が日本側を裁いた横浜BC級戦犯裁判（絞首刑3名など、のちに減刑され刑死なし）

CONTENTS

の二つを経験している。従って、重要な資料がアメリカに持ち帰られている可能性があった。

案の定、外務省報告書作成に係る外務省文書が米国立公文書館で発見され、そこにあった調査員名簿が手掛かりとなり、1993年、外務省報告書にたどりつくことができた。同報告書は、全国135事業所（35企業）が外務省に提出した「事業場報告書」及びそれをもとに書き下ろされた「華人労務者就労事情調査報告書」（全5分冊）からなっている（後者は、現代書館から1995年に復刻）。

中国人強制連行は、朝鮮人強制連行についで、1942年11月の閣議決定「華人労務者内地移入に関する件」によって進められ、約4万人が日本全国の鉱山、土建現場・港湾荷役などに投入され、6830人が死亡した（死亡率約17%、シベリア抑留の死亡率は約10%）。

鹿島建設との交渉は結局不調に終わり、1995年6月、中国人原告11名（生存者・遺族）が鹿島建設に一人500万円の損害賠償請求訴訟を提起した。初の提訴で、以降合わせて15件の訴訟が提起された。花岡訴訟第一審は、1997年12月、事実審理に入ることなく原告敗訴となった。しかし、控訴審の東京高裁は途中で、双方に和解を勧告した。中国人側は原告11名だけでなく、花岡に連行された986名の全体解決をめざす信託方式を提案し、中国紅十字会（戦後中国人殉難者の遺骨送還の窓口となる）がそれを受諾したため、全体解決が実現することとなった。そして、2000年11月、前述の「共同発表」をベースに、鹿島建設が5億円を中国紅十字会に信託することによって和解が成立した。

他の裁判は、劉連仁訴訟について、2001年7月東京地裁が請求の一部容認、福岡（1次）訴訟について、2002年4月福岡地裁が請求の一部容認、さらに、新潟港訴訟について、2004年3月新潟地裁が請求容認と一部に勝訴判決が見られたが、いずれも控訴審では逆転敗訴となった。事実を認定し、不法行為、安全配慮義務違反を認めても、時効、除斥期間、又は国家無答責を持ち出して、請求棄却としたのである。

そうした中、京都訴訟について、2004年9月大阪高裁で原告中国人6人と日本冶金との間で和解が成立した（被告国は和解拒否）。花岡和解に次ぐ2件目であるが、京都訴訟の場合は、原告6人に各350万円（合計2100万円）を支払うもので、京都大江山ニッケル鉱山に強制連行された200人全体に関するものではなかった。ただ、その和解条項前文には、「（被控訴人会社は）和解によって解決することが、被控訴人（日本冶金）において存在したとされる強制労働問題の全面的な解決となり、今後、問題の紛争が惹起されることはないと期待して、裁判所の和解勧告に応じ、和解条項を受け入れることとした」とある。しかし、7人目以降の中国人についてどうなったかは不明である。

西松広島訴訟は、一審敗訴であったが、広島高裁は2004年7月、時効、除斥の適用を認めず（国を被告としていないため国家無答責は非該当）、請求容認の原告勝訴の判決を言い渡した。舞台は最高裁に移り、2007年4月逆転敗訴となったが、それは中国人強制連行訴訟に関する初の最高裁判断となった。

最高裁は、日中共同声明第5項によって、中国人はその請求権に基づいて裁判上訴求する権能を失ったとして請求を棄却した（その問題点については、『社会評論』150号所収拙稿参照）。しかし一方で、次のように付言した。「本件被害者らの被った精神的・肉体的苦痛が極めて大きかった一方、上告人［西松建設］は前述したような勤務条件で中国人労務者らを強制労働に従事させて相応の利益を受け、さらに前記の［国家］補償金を取得しているなどの諸般の事情に鑑みると、上告人を含む関係者において、本件被害者らの被害の救済に向けた努力をすることが期待される」と。

しかし、同年6月末の株主総会では、西松の株主となっている支援者の質問に対し、会社側は「最高裁において広島高裁の判決が全面破棄されたことで、この問題は解決したと認識しており、今後とも話し合う考えはございません」と回答した。自由人権協会は2007年7月17日付けで同社に「最高裁判決の指摘に従い、また企業の社会的責任（CSR）の観点からも、基金設立等の方法により本件被害者らに対する救済を一刻も早く実現されたい」と申し入れた（日本経団連、厚労大臣、外務大臣宛にも）。

翌2008年4月には、「西松建設訴訟・最高裁勧告の実現を求める会」が発足し、有識者24人がアピールを発表した。その後も、東京本社前及び広島の中国支店前で定期的にビラまきを行い、問題解決を訴え続けた。

東京地検特捜部が1億円海外裏金問題（外為法違反容疑）で西松建設本社を捜索したとの報道が流れたのは同年6月6日のことである。2009年1月になると同容疑で西松建設の副社長、さらには社長まで逮捕されてしまった。

私は毎日新聞(大阪)の「私の確言」欄を引き受けていたが、担当の3月4日付は「(西松は)再生へ歴史と向き合え」と題し、「再生の象徴として最高裁勧告の実現をめざしてほしい」と書いた。同じ日に、西松関連の政治資金規正法違反容疑で小沢一郎民主党代表(当時)の秘書が逮捕された。

一連の不祥事を受けて開かれた2009年6月末の株主総会での回答は様変わりしたものとなった。「新生西松として生まれ変わり第二の創業を迎えるためにも、過去の問題を今後に引きずらないという方針のもと、最高裁判決の付言に従って、現在和解に向けて弁護士を通じて話し合っております」と。

その話し合いが実を結び、去る10月23日、東京簡裁で「即決和解」が成立し、その受託団体を自由人権協会が引き受けたのである。「和解条項」(要旨)は別掲の通りである。

西松和解は、花岡和解をベースとしつつもいくつかの点で前進している。「謝罪」について、花岡の和解条項では、共同発表のそれを再確認するとなっていたが、西松では一本化されたためスッキリした。花岡では「記念館」設置は具体的に掲げられなかったが、西松では「後世の教育に資するために記念碑を建立する」と明記された。また補償金は、花岡は一人約50万円であったが、西松では約70万円となった。さらに、「本和解に関する確認書」(別掲)が双方の代理人間で調印され、「法的責任」という文言についての双方の見解が示され、また、中国人側は未判明者を調査、本和解の趣旨を説明し、参加を促すが、和解に参加しない人について、本和解がその権利を奪う法的拘束力をもつものではない、ことが確認された。

花岡和解では、当日鹿島建設がマスコミに発したコメントに、「当社としても誠意をもって最大限の配慮を尽くしましたが、多くの方が病気で亡くなるなど不幸な出来事があり…」とか、「本基金の拠出は、補償や賠償の性格を含むものではありません」などとあり、「深甚な謝罪の意を表明する」(共同発表)を前提に成立した和解の精神に反するとして内外から厳しい批判が浴びせられた。しかし、西松和解では、当日、中国人元原告らと西松建設の代理人弁護士とが共同記者会見に臨み、席上、西松側代理人は「昨年来の弊社不祥事を踏まえ、新生西松建設となるべく、過去の諸問題について見直しを続けてまいりました。……最高裁判決の付

言に対し、西松建設としてどうお応えしてゆくかの問題がございました。この度、和解成立に至りましたが、中国人当事者及び関係者のご努力に感謝します」と発言し、元原告の邵義誠さん(生存者、84歳)らと握手する場面も見られた。(写真)

和解当日発表された「広島安野中国人受害労工联誼会」の声明には、次のようにある。「西松建設の最高裁の『付言』を実行する態度は積極的であり、自発的に和解を申し出た。これは、歴史を直視せず、歴史責任を負う勇気のない、歴史問題の解決に積極的でない多くの日本企業および日本政府と鮮やかな対照をなすものである。我々は、西松建設の勇気を評価する。……我々は依然として、最高裁が『日中共同声明』などを理由として民間の損害賠償の権利を奪ったことに対し強い憤りをもっている」と。そして、いみじくも「我々は、関係企業と日本政府がこの度の和解を契機として、強制連行された中国人労工問題を解決するために積極的に努力し、関係する問題と歴史責任をできるだけ早く全面的かつ適切に解決するよう心から希望する」と述べている。ここに、この和解が持つ意味が集約されているといえよう。

なお、和解成立後の11月1～2日、元原告側代理人の内田雅敏弁護士及び広島の市民団体の川原洋子さんらは、中国青島市で正式和解成立後初の説明会を開いた。和解協議中は、原告を中心に訪中協議したが、今回は広範囲に呼びかけたのである。81家族、総勢120人が参加し、多くの人が発言し、質疑も行われた後、全員が和解を喜び、和解に賛成したとのことである。日中メディアが取材(朝日新聞、共同通信、青島TV、天津TV、「半島都市報」「斉魯晩報」など)、大きく取上げられた。

通常は和解成立は「終わり」を意味するが、今回はこれから基金の運営を通じて和解を具体的に実現していかねばならないことはいうまでもない。

和解条項（要旨）

申立人　西松建設株式会社
相手方ら　邵　義　誠　外7名
相手方　社団法人自由人権協会

第1条　申立人と相手方とは、申立人と相手方らの間の最高裁判所平成16年(受)第1658号損害賠償請求上告受理申立て事件において2007（平成19)年4月27日に言い渡された判決が、相手方ら(被上告人)の請求権は「裁判上訴求する権能を失った」とし、申立人(上告人)の法的責任を否定しつつも、「なお・・・個別具体的な請求権について債務者側において、任意の自発的対応をすることは妨げられないところ、本件被害者らの被った精神的・肉体的苦痛が極めて大きかった一方、上告人(本件申立人)は前述したような勤務条件で中国人労働者らを強制労働に従事させて相応の利益を受け、更に前記の補償金を取得しているなどの諸般の事情にかんがみると、上告人(本件申立人)を含む関係者において、本件被害者らの被害の救済に向けた努力をすることが期待されるところである。」と指摘したところを踏まえ、同訴訟において提起された問題について、以下のとおり解決をはかることを合意した。

第2条　申立人の安野発電所事業所での労働のため強制連行された中国人360名が受難したのは、「華人労務者内地移入に関する件」の閣議決定に基づく歴史的事実(以下、「安野案件」という。)であり、申立人は、これを事実として認め、企業としてもその歴史的責任を認識し、当該中国人生存者およびその遺族に対して深甚なる謝罪の意を表明する。

第3条　申立人と相手方らとは、後世の教育に資するために、安野案件の事実を記念する碑を建立する。建立の場所としては、土地の所有者、管理者の許諾が得られることを前提として、(中国電力)安野発電所(敷地内)を、第1の候補地とする。

第4条　申立人は、相手方らに対し、第2条の受難者360名分の一括した和解金として金2億5000万円の支払義務があることを確認する。この金額は、第2条の受難者360名分の受難に対する補償に加え、未判明者の調査費用、前項の記念碑の建立費用、受難者の故地参観・慰霊のための費用、その他第2条の受難にかかわる一切の費用を含むものとする。

第5条　前条の金員の支払は、前条の事業を行なう主体として申立人と相手方ら双方が合意した団体である相手方社団法人自由人権協会に対して申立人が信託することにより履行するものとし、相手方社団法人自由人権協会はこれを引き受け、相手方らもこの信託(以下「本件信託」という。)を了承する。

第7条　相手方社団法人自由人権協会は、本件信託金を「西松安野友好基金」(以下「本件基金」という。)として管理し、以下のとおり運用する。

(1)相手方社団法人自由人権協会は、本件基金の適正な管理運用を目的として、「西松安野友好基金運営委員会」(以下、単に「運営委員会」という。)を設置する。
(2)運営委員会は、相手方らが選任する10名以内の委員によって構成されるものとし、委員の互選により指名される委員長が運営委員会を代表する。但し、委員のうち1名は申立人の推薦する者とする。運営委員会の組織および信託事務の詳細は、運営委員会が別に定める。

第8条　申立人と相手方らは、本和解により、申立人と受難者及びその遺族である相手方らとの間において、安野案件についてすべての懸案が解決したことを確認し、相手方らが今後日本国内はもとより他の国および地域において一切の請求権を放棄することを確認する。

相手方ら及び相手方社団法人自由人権協会は、本和解が第2条の受難者にかかわるすべての懸案を解決することを目的とするものであることに鑑み、受難者及びその遺族に対して、本和解の趣旨を周知徹底させ、今後相手方ら以外の者から申立人に対する補償等の請求があった場合、責任をもってこれを解決し、申立人に何らの負担をさせないことを約束する。

以上

本和解に関する確認事項

1. 本和解は、申立人と相手方との間の懸案事項、すなわち、安野案件に関するものであって、他の案件、他者のことについて言及しているものではない。

2. 第1条「法的責任を否定しつつも・・・」の意味
申立人　最高裁判決が申立人の法的責任を否定しているのは客観的事実であり、当社の見解でもある。
相手方　最高裁判決が申立人の法的責任を否定しているのは客観的事実であるが、相手方としてこの見解を受け入れているわけではない。

3. 第2条「歴史的責任を認識し」の意味
字義どおりである。

4. 第4条「和解金」の性質
第4条に記載のあるとおりである。

5. 第8条の解釈
和解の法的拘束力が当事者間のみにしか及ばないことは当然である。
相手方は未判明者を含め本件関係者に本和解の趣旨を徹底、説明し、信託という枠組みに参加するように働きかける責務を負うものである。
この働きかけに応じられた方々には本和解の趣旨が拘束力をもつこととなるが、どうしても参加をされない方について、本和解がその方の権利を奪うという法的効果を持つことはない。

10月例会報告

1日100人を自殺に追い込む社会への処方箋

司法修習生　山梨 大輔

2009年10月8日に開かれた10月例会では、NPO法人「自殺対策支援センター　ライフリンク」代表の清水康之氏を講師として、『1日100人を自殺に追い込む社会への処方箋』との演題の講演が催された。その講演の概要を紹介する。

我が国の自殺者数はここ10年3万人台で推移しているが、この数字が一体どれ程のものなのかを実感するために、東京マラソンを走るランナーをビルの屋上から撮影した映像を見た。東京マラソンの参加者は約3万人いるので、それとほぼ同数の人が自殺していることになる。この映像により3万人という数字の多さを改めて実感させられた。

映像を見た上で、清水氏からは、「自殺は追い込まれた末の死」であり、「社会構造的な問題」であるという基本認識についての説明がなされた。自殺は、生という選択肢を奪われた結果、自ら命を絶たざるを得なくなったものであり、また、ここ10年コンスタントに3万人が自殺していることからして、個人の問題だけには還元できないというのである。

この基本認識を前提に、自殺問題を読み解く上で鍵となる3つの数字が示された。

まず、「98.3」である。1980年代に2万人台前半で推移してきた自殺者数が、1998年に突如として3万人台に上昇する。1998年といえば、バブル崩壊後の不況の真っ只中の時期である。そして、同年の月別自殺者数をみると、3月に急に上昇する。自殺の背後に経済問題があることがここで明らかにされている。

次に、「4.0」である。我々は自殺の原因を単一に考えがちであるが、ライフリンクと遺族との共同調査によると、平均4つの危険要因が重なり合っており、しかも、この複数の要因は一定の規則性に従って連鎖しているという。人が自殺に追い込まれていくプロセスがここで明らかにされている。

最後に、「72」である。自殺した人の72%が専門機関に相談しており、45%が亡くなる1カ月以内というのである。自殺した人の大半が、生きる道を必死に模索しながらも、追い込まれてやむを得ず自ら命を絶っていることがここで明らかにされている。

このように具体的数字を示して、自殺の実態を大変分かり易く説明された後で、現在の支援策の問題点、それに対する対策、地域の先進的な取り組みについて言及された。

現状の支援策の問題点としては、自殺には複数の要因が影響しており、それぞれの要因について支援策の連動が必要であるにもかかわらず、行政の縦割りや専門分野の壁の結果、ばらばらに支援がなされ、セーフティーネットが網として機能していないということである。

そこで、対策としては、複数の問題を抱えた人がいても、その人がどこかの相談窓口にさえたどりつければ、いい意味で芋づる式に、そこを皮切りにして、その人が必要としている様々な（複数の）支援策にたどりつける環境を地域の側が作ることを主張された。

地域の先進的な取り組みとしては、京都府京丹後市、大阪府堺市、東京都足立区の実例が取り上げられた。例えば、京丹後市では、多重債務者支援に的を絞った対策であるが、これにより、平成19年には35名いた自殺者が、21年には現在までのところ9名に減少しているとのことである。

最後に、自殺対策の地域ネットワークは、他のあらゆる社会問題にも有効に機能し、「生き心地のよい社会」を作ることに役立つということで話が結ばれた。

自殺が例会のテーマとなった時に、それと人権がどう関係するのか疑問の声も上がったという。しかし、自殺の大半は、自己の生死を主体的に選択した結果ではなく、生という選択肢を奪われた結果である。個人の人格的生存を確保することに人権の目的があるとすれば、自殺により生存そのものを奪われるわけであるから、この問題は間違いなく人権と結びつくものと考える。

清水康之氏にはご多忙の中貴重なご講演を頂きましたこと、深く感謝申し上げます。

トピックス

司法修習生の採用要項からようやく国籍条項が消える！

事務局長　古本 晴英

司法修習生の「採用選考要項」から「国籍条項」が撤廃された。1977年以前は、在日コリアンを中心とした外国籍の司法試験合格者は、日本に帰化しないと司法修習生になれなかった。司法修習を経なければ弁護士にもなれない。その壁を破ったのが金敬得（キム・キョンドク）弁護士（故人）である。

金弁護士を韓国籍のまま採用させるための原後山治弁護士（元代表理事・故人）らの活躍については、『司法修習生＝弁護士と国籍』（日本評論社1977）などに詳しいが、近時も本誌367号に田中宏代表理事が原後弁護士の追悼記事として紹介している。また、金弁護士が司法修習生に採用された当時の最高裁任用課長であった泉徳治氏（後の最高裁判事、現在弁護士）は、本誌のインタビューに答えて、「彼は「自分は韓国籍のまま修習生になりたい。それが実現するまでは1年でも2年でも待つ」というのですね。あのときの彼の真剣なまなざしは今でも忘れられません」と金弁護士と面談した場面を振り返っている（本誌368号8頁）。

しかし、その後も「要項」には国籍条項が残り、「最高裁判所が相当と認めた者を除く。」との例外規定の適用を受けて、司法修習生に採用されてきた。金弁護士と原後弁護士が風穴をあけてから32年が経過し、ようやく差別が撤廃された。泉下のお二人はどのように思っているであろうか。

高英毅弁護士（原後総合法律事務所）のコメント

「私が修習生になった44期の採用では、外国籍の修習生には、親と日本国籍をもつ法律家（法曹3者の他、大学教授も含む）を保証人とすること、さらに、日本国憲法と法律を遵守する誓約書の差し入れを求められた。とんでもない差別だと思ったため、採用後、他の司法修習生と署名活動をして最高裁に働きかけた結果、45期からは誓約書の提出だけで許されるようになった。今回の改訂は遅きに失する。今になって国籍条項を削除した理由も明らかでないので、最高裁自ら改訂したこととその具体的理由を公にすべきである。」

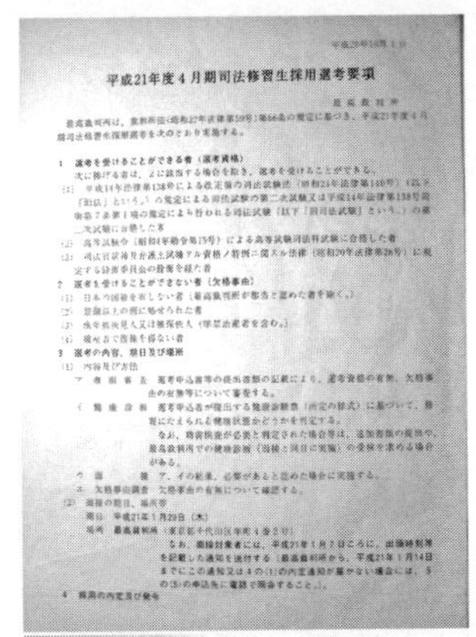

平成21年度4月期司法修習生採用選考要項

2　選考を受けることができない者（欠格事由）
(1)　日本の国籍を有しない者（最高裁判所が相当と認めた者を除く。）
(2)　禁錮以上の刑に処せられた者
(3)　成年被後見人又は被保佐人（準禁治産者を含む。）
(4)　破産者で復権を得ない者

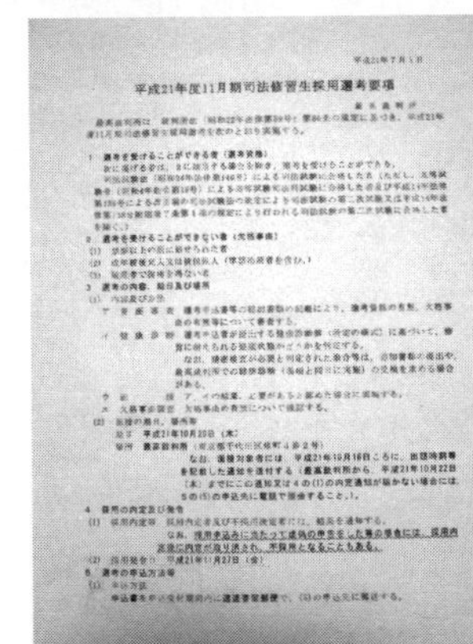

平成21年度11月期司法修習生採用選考要項

2　選考を受けることができない者（欠格事由）
(1)　禁錮以上の刑に処せられた者
(2)　成年被後見人又は被保佐人（準禁治産者を含む。）
(3)　破産者で復権を得ない者

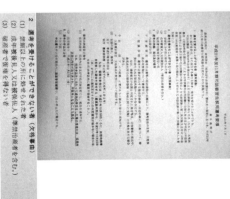

左が平成21年度4月期の要項、右が平成21年11月期の要項。いずれも下は「欠格事由」の拡大部分（提供：山梨大輔さん、丸山紗代子さん）

支援事件報告

真理がわれらを自由にする事件

会員・弁護士　全　東周

日本に駐留する米兵らの事件をめぐり、重要案件以外は日本が裁判権を放棄するという日米の密約に基づき作成された「合衆国軍隊構成員等に関する刑事裁判権関係資料」(以下、「本件資料」という。)について、フリージャーナリストである斉藤貴男氏が、国立国会図書館に対し閲覧を求めたところ、国立国会図書館がこれを拒否した。その処分の取消等を求めるのが本件訴訟である。

原告は、本件閲覧禁止処分が「処分」(行訴法3条1項)に該当することを前提に、①閲覧禁止の根拠となった内規4条4号（閲覧を制限できる事由として、「国若しくは地方公共団体の諸機関又は次に掲げる法人により、又はこれらのもののために発行された資料で、その内容の公開を制限し、又は非公開とすることを当該機関又は法人が公的に決定したもの」とある）自体が、国立国会図書館法21条1項・同規則8条(「館長は、人権の侵害等により利用を供することが不適当と認められる資料の利用の制限・・・をすることができる」)が許容する利用制限を逸脱したものであり、委任の範囲を超えた無効なものである、②国立国会図書館は、本件資料の閲覧禁止の理由として、本件資料を公にすることにより、公共の安全と秩序の維持に支障を及ぼすおそれがある・他国との信頼が損なわれるおそれがある等と主張するが、そのような「おそれ」が生じるとは到底考えられない。③むしろ既にアメリカでは公開されている情報であることや閲覧した国会議員のホームページを通じて公表されていることに鑑みると、閲覧禁止の合理的な理由は全くないなどの理由で、本件処分は違法である旨主張した。

これに対し、被告(国)は、①本件閲覧を禁止した行為には処分性がない、②国立国会図書館長は、個別の国民に対して保管する図書・資料を一般的に閲覧などをさせる義務を負うものではない。国立国会図書館による図書館奉仕はあくまでもサービスである。それ故に、一般公衆が利用できる資料の範囲については、国立国会図書館長の合理的な判断・裁量に委ねられるなどと反論して原告の主張を全面的に争ってきた。

訴訟係属後、原告は主張を追加し、国立国会図書館は、法務省刑事局長の申出以外の事情を全く考慮せずに、裁量権を逸脱・濫用して本件処分を行ったものであり、処分は被告が自ら設定して自ら拘束する内規5条2項(「資料の利用禁止の措置は、いかなる条件を付しても利用に供することが不適当な場合に限り、とることができるものとする」)に反し違法であると主張した。その際、アメリカ公文書館での本件密約に関する文書の公開状況などを詳細に主張・立証したり、判明している範囲で本件資料の具体的内容について検証したりした。

実は、本件密約の主要部分である刑事裁判権の放棄について日本側の代表者が言及している文書(写真)は、アメリカ公文書館にて既に1995年から公開されており、誰でも閲覧できる状態になっている。

さらに、アメリカとの信頼を損なうおそれがあるので閲覧を禁止する、と言うものの、本件資料はなんと古書店にあったものを国会図書館が購入し、マスコミ報道がなされるまで長い間日本でも公開され続けていたのである。

このような、ずさんな管理や国民に情報をひた隠しにする姿勢（全く隠したことにはなってないが…）こそ、アメリカとの「信頼」を失わせるものなのではないか、気にしている「信頼」とは実は国会図書館と法務省との間の信頼のことなのでは、とつい考えたくなってしまう。

いよいよ大詰めの次回第5回口頭弁論期日は、12月11日である。

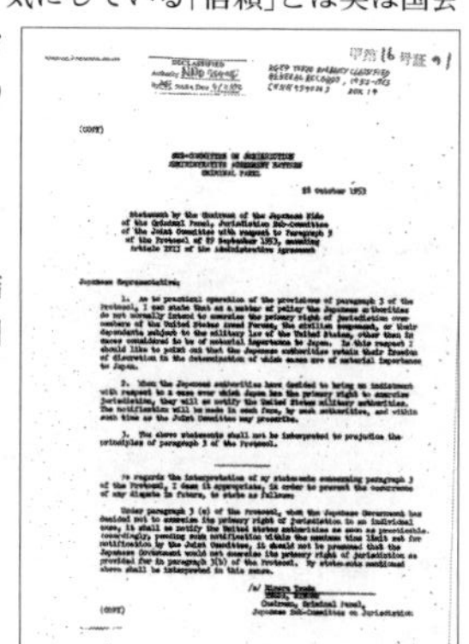

本件密約に関する、日本側の1953年10月28日付声明。第1次裁判権を通常は行使しないつもりである等と述べている

国際人権条約の個人通報制度の受諾を求める要望

2009年9月29日

内閣総理大臣　鳩山 由紀夫 様
外務大臣　岡田 克也 様
法務大臣　千葉 景子 様
男女共同参画担当大臣　福島 瑞穂 様
国家戦略担当大臣　菅 直人 様

国際人権条約の個人通報制度の受諾を求める要望

自由人権協会は、千葉景子法務大臣が閣僚就任会見において、国際人権条約の個人通報制度の受諾を行なうとの抱負を述べたことを歓迎します。選択議定書の締結は民主党の政権政策に掲げられていた公約のひとつであり、当協会は、民主党が政権政党となった以上、連立政権がこの公約を速やかに実行に移すことを求めます。

個人通報制度は、条約機関が個別の事案の救済を図ることにより条約の求める正義を実現し、法の支配を具現化するための制度です。2009年9月23日現在、1976年に採択された自由権規約の第一選択議定書は、111ヶ国が、1999年に採択された女性差別撤廃条約選択議定書は、98ヶ国が締約国となっています。このほか、人種差別撤廃条約、拷問等禁止条約、社会権規約、強制失踪条約・障害者権利条約（日本は署名のみで未批准）、移住労働者条約（日本は未署名・未批准）のいずれにも個人通報制度が存在しますが、日本政府はひとつも受け入れていません。

日本が国際社会で先進国としての責任を果たし、平和への貢献をしていくためには、日本国内に効果的で透明な人権保障システムを確立することが不可欠です。人権条約の日本政府報告書審査において条約機関から繰り返し指摘を受けているように、個人通報制度は人権侵害に対する司法の役割を強化するものであり、司法権の独立を侵害するものではありません。個人通報事案に関する条約機関の先例は、すでに長年にわたる研究が外務省・法務省に蓄積されています。

当協会は、新政権が、当面、個人通報制度の中でも、国内の人権団体・NGOの関心が高く、日本から条約機関の委員が選出されている自由権規約、女性差別撤廃条約のふたつについて、遅くとも次期通常国会で選択議定書締結のための国会承認を得ることを強く求めます。

以上

2009年9月から11月までのJCLU

9月17日	新公益法人法対応PT第1回目の会議を開催
9月29日	「国際人権条約の個人通報制度の受諾を求める要望」を発表、総理大臣および関係閣僚に対して送付
10月8日	10月例会「1日100人を自殺に追い込む社会への処方箋」（清水康之氏・NPO法人ライフリンク代表）JCLU事務局
10月21日	10月理事会
10月23日	東京簡易裁判所にて即決和解成立（申立人西松建設、相手方中国人被害者、JCLU）、その後記者会見（喜田村代表理事、古本事務局長）
11月5,6日	日弁連人権擁護大会（和歌山）にて書籍販売
11月18日	11月理事会
11月21日	自由人権協会関西合同例会「検証しよう！本音で語ろう！動き出した裁判員制度」（伊藤真氏・伊藤塾塾長　弁護士、横山巌氏・弁護士、高山巌氏・弁護士）大阪市立弁天町市民学習センター講堂
11月28日	第18回久保田メモリアルシンポジウム「韓国の外国人政策に学ぶ－問われる日本の政策不在」（宣元錫（ソン・ウォンソク）氏・中央大学総合政策学部兼任講師、田中宏氏・一橋大学名誉教授、旗手明氏・JCLU理事）中央大学駿河台記念館

【発行日】2009年11月25日【発　行】社団法人 自由人権協会
〒105-0002 東京都港区愛宕1-6-7 愛宕山弁護士ビル306
TEL:03-3437-5466　FAX:03-3578-6687　URL:http://jclu.org/　Mail:jclu@jclu.org
（大阪・兵庫支部）
〒530-0047 大阪市北区西天満1-10-8 西天満 第11松屋ビル3F 堺筋共同法律事務所内
TEL:06-6364-3051　FAX:06-6364-3054
協会設立:1947.11.23　本紙創刊:1950.5.1　購読料:年間2,500円　郵便振替:00180-3-62718　発行人:古本晴英

人権新聞　Japan Civil Liberties Union
JCLU Newsletter
発行所　社団法人　自由人権協会
JCLU
〒105-0002 東京都港区愛宕1-6-7 愛宕山弁護士ビル306
TEL:03-3437-5466　FAX:03-3578-6687
URL:http://jclu.org/　Mail:jclu@jclu.org
協会設立:1947.11.23
本紙創刊:1950.5.1
購読料:年間2,500円

情報公開制度の改善を求める意見書および要望書を発表

JCLUは、長年、情報公開制度の確立、充実を求めて活動を続けてきた。1999年の情報公開法の制定は、その1つの成果であり、ここで果たした役割については後世に誇れるものである。しかし、法制定後10年が経過し、当初から危惧されている問題のほか、様々な問題が浮き彫りになっており、もはや法の運用改善だけでは対応ができなくなっていることも事実である。

情報公開制度の充実をマニュフェストに掲げて選挙に勝利した民主党が政権をとった今、その実現を求めるのは当然のことである。また、昨年末、極めて重要な外交文書が元首相の私邸で保管されていたことが明らかとなった。これと時を同じくして、外務大臣は過去の外交上の「密約」の存否を調査する有識者委員会を設置し報告を求めている。これらのタイミングをとらえJCLUは2つの意見を公にした。いずれについても、全文についてはホームページ（www.jclu.org）を参照していただきたい。ここでは2つの意見の要旨だけ紹介する。

行政刷新のための公文書管理の早期施行と情報公開法の改正・運用改善及び行政不服審査法案の抜本的見直し等についての意見書（2009年12月28日）

1　公文書管理法の早期全面施行

公文書管理法を早期に施行して公文書管理委員会を立ち上げ、公文書の確実な保存・管理・利用を担保する必要がある。また、国際的動向・慣行を踏まえ、「三十年原則」を確立すべきである。

2　情報公開・個人情報保護審査会の運用改善

審査会の答申は消極的であり、その原因は審査会の構成にあると考えられるので、委員長は人権感覚に優れた民間人から選任し、常勤委員や事務局に人権感覚に優れた弁護士等の民間人を採用すべきである。

3　情報公開法の改正

防衛・外交情報、犯罪捜査情報等、行政機関の長の判断を尊重した不開示事由を改める、個人情報保護規定の見直し、インカメラ審理の導入、裁判管轄の見直し、不開示理由明示の義務付けと審査会の立入調査権限の付与等について改正すべきである。

4　行政不服審査法案の抜本的見直しと、行政手続法の改正

改正法案を見直し、情報公開・個人情報保護審査会は内閣府所管の審査会として存続させ、公文書管理委員会と共に行政文書の保存、管理、利用のための独自の役割を果たさせるべきである。行政の意思形成情報公開にとどまらず、行政手続法に行政計画の策定手続の規定を設置すべきである。

5　国会と裁判所の公文書管理法及び情報公開法の制定、並びに刑事訴訟法及び刑事確定訴訟記録法の改正

国会と裁判所について国民の知る権利を具体化した情報公開制度や公文書管理制度が確立していないことは問題であり、国会と裁判所の公文書管理法及び情報公開法の制定と、刑事訴訟法と刑事確定訴訟記録法の改正が必要である。

情報公開法の改正及び外交文書の管理・公開に関する要望書（2010年2月24日）

1　佐藤栄作元首相の遺族が、佐藤邸に、ニクソン大統領と交わした合意議事録が保管されていたことを発表した。この実例は情報公開法の請求の対象外となっている公文書が存在することを世間に知らしめた。佐藤邸で発見された文書は、その体裁・内容から、首相官邸等に保管されるべき行政文書であることは明らかである。ところが、首相官邸等に保管されず、私邸に存在した。情報公開法2条2項柱書は行政機関が保有していることを「行政文書」の要件としている。したがって、行政機関が行政文書を適正に保管しなかった場合、情報公開法の対象文書から外れてしまうことが考えられる。

このような不当な結論を招かぬよう、恣意的取扱いを抑止し、文書保管を徹底させる為には、不存在決定の場合には、行政機関の長に、行政文書の不存在の理由について説明する義務を負わせるべきである。

2　密約問題調査に関する有識者委員会は次の項目を調査し報告書に反映すべきである。

①「密約」文書の管理の状況
②情報公開法5条3号を根拠とする「不開示決定」の解釈・運用の適正性
③情報公開の手続遅延の原因の究明
④30年公開原則の確立

外務大臣が密約問題について調査命令を発したことは評価でき、実りある提言を期待したい。しかし、有識者委員会は国民が選任したものでない以上、その報告は、外務大臣はあくまで参考にする程度のものでなければならない。

CONTENTS

JCLUの公益法人化について

小町谷 育子
聞き手：三宅　弘

社団法人自由人権協会は、1947年に海野晋吉弁護士が中心になって、日本における自由と人権の擁護のために組織し、その後間もなく、法務省所管の団体として法人格を取得した。今回、新たに、一般法人法と公益法人法とが施行されて、これから約3年のうちに、一般法人法か、公益法人法かのいずれかの適用を受ける、つまり、一般社団法人か、公益社団法人にならなければいけないということが、法律上義務付けられている。

そこで、これらの法律に従って、人権協会がどういう組織になるべきものなのか、会員のこれからの理解を得るため、これからの組織のあり方について、三宅弘代表理事がプロジェクトチームの小町谷育子理事から話を聞いた。

三　宅：そもそも、一般法人法と公益法人法というのは、どう違うんですか？

小町谷：まず、一般法人法の適用を受ける社団と財団、さらに公益法人法の適用を受ける公益性の強い社団と財団とに分けられます。このうち、公益社団法人というのは、一般社団法人から公益性が強いという認定を受けて、このことを2階に上がると呼んでいるんですけれども、様々な税制の優遇などの措置を受けることができるとされています。対外的には、公益社団法人になりますと、より公益性の強い活動をしているということで、信頼性というものも確保されるというふうに考えられています。

三　宅：税制上の優遇ということでしたけれども、これは、具体的にどういう優遇措置があるのですか。

小町谷：今は、私たちの団体が寄付を受けても、寄付控除になりませんが、公益社団法人の認定を受けると、寄付控除を受けることができます。寄付をなさる方にとって、税務上、控除の対象になります。それによって、私たちは寄付がいただきやすくなるということになります。

三　宅：税務上、寄付の優遇ということは、寄付した人が所得税の申告をするときに、自由人権協会が寄付控除の認定を受けていると、その寄付をしたお金のある一定の割合が所得から控除される、政治家に寄付をすると寄付控除があったりしますけれども、それと同じようなもので、団体が寄付を受けるということになりますね。それは、特定非営利活動促進法の適用を受ける、いわゆるNPO法人の寄付の控除と、どういう点が違うんでしょうか？

小町谷：寄付の控除を全てのNPO法人が受けられるわけではありません。一定のNPO法人の中からさらに国税庁長官の認定を受けたNPO法人だけが、寄付控除を受けられるという制度になっていますが、要件が厳しいといわれています。民主党中心の新政権では、「新しい公共」を提唱し、NPO法人への寄付の要件を緩やかにしようとしていますから、注目されます。

三　宅：そうすると、少なくとも、NPO法人で、さらに認定を受けたNPO法人が寄付控除を受けているのと、同じような寄付の控除を受けられるのが、公益社団法人だと理解していいわけですね。

〈公益認定のプラス・マイナスは〉

三　宅：先ほど、「信頼される」ということですけれど、信頼されるというのは、具体的にどういうことで信頼されるんですか。

小町谷：まず、公益性の認定を受けるときに、全国的に活動しているものは内閣総理大臣、都道府県内だけで活動しているものは知事に申請を出すということになります。そこに、公益認定の委員会がありまして、財産状況や、今までの活動や、今後の事業計画を含めて、公益性を認定するにふさわしい団体かどうか、厳しく審査するということになっています。それに対して、一般社団法人は、単に書類を出せば設立を認められます。その点で、本当に公益性を持っているのかどうか、団体の活動の実情が分からないということになります。ですから、公益の認定を受けたということは、公益性を有していることが公的に認められたと、そういうことで信頼性が高い団体と考えられます。

三　宅：逆に、マイナスみたいなものはありますか。

小町谷：私たちの団体が最も危惧している点なのですが、公益性の認定を受けるということは、情報公開も促進せよという要請が導かれることになりますので、どのような会員（社員と呼んでいますが）がその中にいるのかということも、情報公開の対象になっていきます。まず、社員が、自分の所属している社団法人に他にどんな人がいるんだろうということが知りたい場合には、社員名簿の閲覧の請求ができますが、このときには、住所を含めて見せることになっています。

一方、社団法人の外の方々が、どんな人が社員となるんだろうということで閲覧の請求をしたときにも、やはり開示をしなければならないということになっています。そのときにはプライバシーに配慮し、住所を除外することが許されるとされています。しかし、私たちの団体は、人権擁護活動を唯一の目的としていますので、団体に所属していること自体で、他の人から私たちの思想信条をのぞかれるということにもなりかねません。

個人の、思想・信条を推知されると。それをいやだと思う会員が、じゃあこれを機会にやめてしまおうとか、そうなると、私たちの活動が非常に阻害されるということになりかねません。

三　宅：たとえば、ある依頼者の裁判の相手方で、あの弁護士は人権協会の会員なのにこんなことをしているとか言ってホームページに流されたりする例もたまにあります。そのときに、その人達が、請求をして、いろんなことを根掘り葉掘り調べようということの手掛かりに、名簿の開示請求というのが使われかねないという問題も考えられるわけですね。

社員名簿の開示については、従前、私も事務局長を

やっていたときに、法務省の監査のときに、社員名簿を出せと言われました。そのころは、まず最初に行政機関個人情報保護法が未制定だから名簿は行政機関に出せないと言っていたんですが、最近は個人情報保護法ができてですね、今度は逆に個人情報保護法の開示請求とか情報公開の開示請求を受けて出さざるをえないんじゃないかということと、個人情報の第三者提供についての本人同意の原則の適用があるので本人の同意を取っていないから出せませんということとかですね、いろいろと理由を考えて社員名簿を出さないできたわけですけれども、公益性の認定を受けるとなると、組織の透明性とか、実際に寄付控除を得られるだけの団体かどうかということのために、社員、つまり、どういう人が会員として属しているかということを、全部オープンにしなければならないというのが原則になってきますね。

今、お話になった点は、団体として第三者からの開示請求とか、会員からの開示請求を、直接受けるということになるわけですか。

小町谷：そうです。閲覧請求が法令によって定められていますので、それに備えるために、情報公開の規定を作って、それに基づいて、もちろん法令に合致するように作るわけですけれども、閲覧に対応するということになります。

三　宅：これは、閲覧に対して、先ほど、第三者に対してはプライバシーの配慮がいるということで非公開にすることもできるということになっていますけれども、そうすると、不開示措置に問題があると言われると、不服申立ての制度とか訴訟とかいうようなところにまでいくんでしょうか。

そうするとそこは、被告として直接裁判を受けなきゃいけないかどうかのところの問題が一つあります。

〈法人保有情報閲覧請求への対応〉

三　宅：それから、この法人は全国組織だから中間省庁に提出した書類は、おそらく行政機関個人情報保護法とか、行政機関情報公開法の対象情報として扱われるということになりますね。

小町谷：申請時の書類自体は、内閣府に保管されることになりますので、内閣府に対する情報公開の対象にもなります。

三　宅：そうすると、一般社団法人法と、公益社団法人法とで、情報公開の対象そのものと行政機関個人情報保護法の対象そのものは変わらないと。だけれども、提出する書類がですね、公益性の認定を取るためにはたくさんの書類を出さなきゃいけないから、その分が行政機関に対する情報公開の対象情報として増えるということになりますね。

一般社団法人とレベルの差は、個人の名簿を団体の中で開示するかどうかという問題と、もう一つは、公益認定をとり、また、その報告をするという段階でたくさんの資料が政府に蓄積されるから、そこで情報公開法に基づく情報公開請求や行政機関個人情報保護法に基づく本人情報開示請求の対象となるという点の二点ですね。

他に公益認定について留意する点は、ありますか。

〈遊休財産の保有制限〉

小町谷：公益認定の申請をする準備を、今、プロジェクトチームで練っているのですけれども、私たちの団体特有の問題があることがわかりまして、今、難航しております。

遊休財産の保有の制限です。今まで法務省から私たちが持っている財産が多すぎるのではないかということを指摘されています。

公益団体として活動するときに、自分の財産を増やすということを念頭においてないんですね。入ってきたお金は、公益のためにどんどん使ってくださいと。それなのに、蓄積されているということは、公益のために使ってないというふうになるものですから、何でこんなにいっぱい財産をため込んでるのかと、公益団体としながら、実はいろいろ私腹を肥やしているのではないかという懸念があるわけです。

三　宅：その点なんですけれども、私も事務局長をやっていたことがあるのでなんとなくわかるんですが、自由人権協会はですね、ビルの一室を借りていて保証金名目でお金を預けていて、そのお金の金利分がビル管理会社の営業上の運用に使われているということで、敷金（保証金）自体がないと活動できないということになると思うんですが、これは、公益のために私腹を肥やしていることではないと思うので、その辺は、団体の認定申請を受けるときに、どういう交渉をしていくことになるんでしょうか。

小町谷：それは今までも法務省に、私たちとしてはいかんともしがたいお金であって、実際にビルを出て行くときに、はじめて償還を受けられるんだから使うことのできないお金ではないか、という話をしてきました。認定を受けるにあたっては、法務省が今まで所管だったので、法務省の意見を聴くということになっています。法務省は今までの経緯をご存知ですから、まずは、法務省のほうにそのことを話しに行って、その後、具体的に、他団体の申請の状況を見ながら、そんな画一的に、柔軟でない認定をするのかどうかを見極めて考えるしかないのかなと思っています。

三　宅：今の保証金の件ですけれど、それだったらビルの保証金でビルを買ったら資産になるだけで、それは処分できない資産ということで、公益認定受けるときに考慮から除外されるということはないんでしょうか。たとえば、海野基金は大丈夫でしょうか。

小町谷：海野人権基金は、人権擁護のためであれば、いかようにでも使える基金になっているので、遊休財産になる可能性があります。

三　宅：予防接種基金は7～800万円ありましたが、今回、予防接種の本をロースクール74校に配りましたので、それで450万円くらい消化します。残りが250万円くらいになるから問題ないと思いますが、海野人権基金も何か取り崩さないといけない可能性があるわけですね。

小町谷：そうですね。常にかつかつの資金で活動せよということになりかねません。ほんとにそんなに硬直した運用なのかどうかは、他団体に聞き合わせるなり、公益法人協会などに相談して、進めていったらどうかと思っています。

三　宅：公益社団法人になるプラスとマイナスの点は、よくわかりました。

いよいよ、5月の定期総会で大いに議論したいですね。

第18回　久保田メモリアルシンポジウム

韓国に於ける外国人政策

小関　康平

会員・慶應義塾大学大学院

はじめに

去る昨年11月28日に中央大学駿河台記念館に於いて、第18回久保田メモリアルシンポが開催された。

本稿は、同シンポを扱うものである。そこで先ず、1及び2に於いて各報告内容を要約し（脚注は筆者による補足である）、次いで3に於いてパネルディスカッションの内容のごく一部を紹介して、最後に筆者の若干の所感を示した。尚、紙幅その外の都合により、同シンポの全内容を対象とすることができない旨、予めお断りとお詫びをしておく。

1. 韓国の移民政策の展開（宣元錫（ソンウォンソク））[1]

(1)政策のあらまし

大企業等対象の海外投資企業研修生制度が拡大化、中小企業等対象の「団体推薦型」産業研修生制度が成立し、更に研修就業制度が開始された（91/93/00年）。ここ迄の段階では、単なる外国人労働者政策に留まっており、移民政策とは言い得るものではなかった。

非熟練労働者を正規受入れする雇用許可制の開始によって（04年）、劇的に外国人政策が転換された。又、アジア初として外国人地方参政権を付与した（05年）[2]。

次いで、07年に研修就業制度が廃止されることとなった。海外投資企業研修生制度はなお残っているが、純粋な研修制度として利用される様に再整備された。更に、在外同胞を受入れる訪問就業制施行（07年）、在韓外国人処遇基本法（以下基本法と略）制定によって、名実共に移民政策が開始されたと言えよう。又、移住者等を支援する多文化家族支援法（以下支援法と略）が制定され、09年には社会統合プログラムが開始された[3]。

(2)外国人関連統計

90年段階では、登録外国人は5万人にも満たなかったが、90・00年代にかけて、その数は上昇してきている（09年比で約20倍（08年現在））。

外国人労働者もまた、殆ど一貫して増加傾向にある。更に国際結婚の割合は、以前は高くても4％程度であったのだが、01年頃から急激な増加を示している（ピーク時（05年）：13％超）。

(3)移民政策の概要

以上の様な移民状況の中で、政府は、専門職の受入については、永住・国籍取得等に優遇措置を講ずる等して積極的であるが、非熟練労働者の受入は消極的な状況であると言える。更に、結婚移住者等関連の政策では、人権上問題のある斡旋を行う結婚斡旋業者を取り締ることとなっている。そして政策の基本的な流れとして重要な点は、非熟練労働者について研修制度から雇用許可制への転換が行われたことであり、外国人の人権保護・統合政策が展開しているということである。

だが、統合概念については、同化主義による統合と多文化主義による統合とがある中で未だ政策的・社会的にも統一的認識がないと言える。

そして、この様な政策転換が行われた背景としては、主として、急速な外国人増加、金・盧の2期10年に渡るリベラル政権、「市民の力」という3側面

1) 本稿に要約するものの外、韓国の外国人政策の転換に関しては、差し当たり、宣元錫「動き出した韓国の移民政策」世界797号239-250頁参照。

2) 尚、ドイツでは90年に外国人地方参政権は違憲であるとの連邦憲法裁判決が出ている（BVerfGE 83. 37）。尤も後に、基本法改正をし、外国人参政権を導入している。この外、近藤敦『「外国人」の参政権』（96年）19頁以下は各国に於ける外国人参政権状況を類型整理している。他方、鄭大均「永住外国人参政権 在日韓国人は特権階級か」諸君33巻4号72頁以下は、在日韓国人等に対する我が国の帰化手続に問題を見出しつつも、外国人参政権については反対している。

3) 在韓外国人処遇基本法及び多文化家族支援法の邦訳につき、外国の立法235号142頁以下・同238号158頁以下〔新井京訳〕参照。

を指摘できよう。

(4)雇用許可制

研修制度に代わる雇用許可制創設の背景としては、非正規滞在者増加、人権侵害多発や、研修制度が事実上、「労働者需給システム」として機能しているという諸点を指摘できる。

この雇用許可制では、国内労働市場に対する補完性原理として機能や、定住化防止の為に職場異動制限の措置等の基本原則がある。又、雇用許可制に於いては、在留資格として「非専門就業」等が増補され、加えて、「外国人勤労者の雇用等に関する法律」[4] が制定される等して、運用体制にも変化が見られる。

そして、雇用許可制の実施経過を観察すると、「離脱率」の劇的な低下等の傾向が見られる一方で、一部不法就労の温存等の問題点を指摘できる。

(5)外国人処遇基本法

統合政策に於いては、在韓外国人等が、その対象となっており、非合法滞在者はその対象から除外されている。又、非専門職は、ローテーション原則に拠っている為、これが統合政策対象として「居住する目的」(基本法2条1号)を持つ者に該当するか否かは議論がある。他方、この統合政策によって国と自治体の責務や人権保護等の為の措置が定められた。

又、言語課程等の社会統合プログラムを履修すると、国籍取得等の際に優遇される。但し、このプログラムの義務化は異論もあって見送られた。

更には、重国籍[5] を許容する迄になってきており、外国籍「放棄」を国籍取得の条件とすることを原則としつつ、国内に於いて外国籍を行使しない旨を誓約するのみで[6]、重国籍保有が可能となっている（兵役未終了・22歳以上の者を除く）。係る重国籍許容については、専門職のみならず、結婚移住者等に対しても重国籍を認めるべく、現在、法務部に於いて法律予告がなされている。

(6)日本への示唆

外国人労働者という狭い視点からの政策ではなく、今日のグローバル化時代にあっては、人権擁護・多文化社会的な中長期的視点に基づく移民政策が必要になってきていると言える。又、入管政策と統合政策の両輪体制も重要である。こうした諸点が、少なくとも韓国の政策転換に於いて見られるのであって、これが日本の移民政策に対する示唆となれば幸いである。

宣元錫（ソンウォンソク）さん

2. 日本の現状と課題

(1)対策あって政策なし(田中宏)

戦後、GHQ国籍差別禁止指令を受けて、厚生年金保険法（46年）等の国籍条項が削除された一方で、旧植民地出身者の国籍処理については、一片の局長通達によって日本国籍を消滅させられた。これは、国籍については法律によって処理する旨の記載がある憲法10条違反ではないかと思われる。

ところが日本は、独立後、外登法(52年)に指紋登録義務を定める等し、国民年金法(59年)等にも国籍条項を創設した。だが、難民条約批准（81年）等が影響して、各種法制の国籍要件が削除されることとなった。又、介護保険法(97年)は、当初から国籍条項を設けることはなかった。斯くして社会保障関係に於ける外国人差別は解消されつつあると言ってよい。

他方、教育関係については問題がなお山積している。教基法改正や国歌不斉唱に対する都知事の対応等に見られる様に、我が国の教育は、「内向きの教育」となっており、「国民」に重点を置いているという現況である。更に現在、国内に多数のブラジル人[7]・ブラジル人学校[8] が存在しているが、これらに対する対応は遅れをとっている。

09年には、最大の外国人法制変更として入管法が改正された。即ち、外登法が廃止され、住基法が適用されることとなったのであり、これは肯定的に評価すべき法改正である。しかし、住所変更届出義務違反につき、日本人・外国人間に於いて制裁差異が存在するが、こうしたことは、遵法意識が日本人は高く、外国人は低いという偏見に基づかなければ、為し得ないのである。又、住基カードと在留カード・特別永住者証の有効期限の間にも制度的差別は存在する。

更に、韓国に於いては、外国人地方参政権は、在外国民の参政権容認よりも先んじて認められ、その後、在外国民の参政権が容認されることとなった。ところが、日本は在外国民の参政権は認めているが[9]、外国人地方参政権は認められていないのである[10]。

(2)外国人労働者政策の不在(旗手明)

現在、90万人強の外国人労働者が存在していると言われている。そのうち、研修生・技能実習生は、約20万人存在していることからも、研修制度というのは、外国人労働者の中でもかなり大きな比率を占める分野に拡大してきたと言える。

初期段階では、日本語学校の生徒として来た外国人が、アルバイトに比重が傾き、実質的に労働を

4) 本シンポジウムでは、宣報告レジュメと共に本法の翻訳(宣元錫訳)が配布された。
5) 手島勲矢「ユダヤ人の苦難から見た外国人参政権問題」正論341号309-311頁は、非国籍保有者に対する参政権付与の問題点を指摘するが、これは重国籍許容についても妥当する指摘であろう。
6) 宣は、しかし報告に於いて係る「誓約」につき、「ですが、これは形式的なものであって、実質、重国籍を部分的に認めるということになると思いますね」と評している。

7) 我が国に於ける都道府県別・国籍(出身地)別外国人登録者数等については、入管協会『在留外国人統計 平成20年度版』参照。
8) ブラジル人学校現場に於ける実際的諸問題の一例につき、差し当たり、宮内博史「日伯学園が語る『在日ブラジル人』の子ども達」本誌通巻361号11-12頁、及びJCLU例会の要約である拙稿「ブラジル人学校の現状――日伯学園の実践例を中心として」本誌通巻369号14-15頁参照。
9) 最高裁は、在外投票の認められていない公選法を違憲とし(最大判平17年9月14日民集59巻7号2087頁)、後に公選法は改正された。
10) しかし外国人諮問機関を設置する自治体は増加傾向にある様であり、外国人の政治参加は然様な制度によって検討するのもまた一案ではあるまいか。この点に関連して樋口直人「外国人の行政参加システム」都市問題92巻4号69頁以下参照。

していくという問題があり、ほぼ同時並行的に南アジアからの超過滞在者が増加していく状況があった。又、93年から研修・技能実習生制度が始まり、近時では経済連携協定(EPA)の中で、インドネシア等から、介護・看護の労働者として来日するという状況がある。EPAによる労働者現状については、未だ初期段階であるので性急な評価は避けるが、憂慮すべきは研修制度と同様の短期ローテーションシステムに陥ることであろう。

研修制度に於ける様々な人権侵害等の問題性が周知されるようになってきた。例えば、時給400円の報酬で所定外作業をさせるよう主導した事例等がある[11]。そして、本制度を存続させることは適当でないとの評価が共通認識となってきたことから、又、様々な国際的批判に晒されていることもあってか、入管法が改正されることとなった[12]。

これ迄の団体監理型受入れは、研修を経ることになっていたが、研修については労働法令の適用からは除外されていた。今後は、初めから技能実習として受入れることとなって労働法令が適用される様になったので、今般の入管法改正は、肯定的に評価されがちであるが、根本的な解決はされていない様に思われる。と言うのも、基本的に低熟練度且つ日本人が働きたがらない分野について低賃金で労働力を受入れるというのが"本音"であるが、"建前"としては、「国際貢献」を謳うという矛盾は、新制度に於いてもなお残存していると評価できるし、受入団体や技能検定基礎2級の実施に纏わる問題等はなお存在するからである。

この外、法務省令等に於いて研修・技能実習制度の問題改善に対する様々な取組みが見られる。これらは確かマイナスに働くものではないと思うが、言わば枝葉を整える為の是正策に過ぎず、根本的解決に結びつくものとは評価できない。

3.パネルディスカッション

政策転換の要因につき、先ず旗手から宣に対し、既に幾つか要因については報告があったが、我が国では考え難いように思うとした上で、その外に要因はあったのかと問われた。これに対し、宣は韓国には80年代に渡って命懸けの民主化運動があり、市民意識が高まってきたことも要因と考えられる旨を述べた。

又、旗手は、日本社会は徐々に生産年齢人口が減少してきているとし、更に移民状況を無視できない社会にあると述べた上で、日本社会が外国人を共に暮らす仲間として受入れる政策に転換することが重要であるとした。加えて田中は、多くの外国人が我が国の自動車産業を支えている事情等を例示し、最早日本は外国人がいなければ回らない社会を迎えているのであると述べた。

補説――国籍と外国人参政権

各報告は極めて多岐の領域に渡っている為、これら総てにつき包括的補説を行うことは紙幅等の事情で不適当である。そこで、ここでは報告中に於いても言及された国籍と外国人参政権に関して若干の所感を述べるとしたい。

外国人参政権にあっては、多岐に議論が分かれていると言える[13]。嘗ては全面的に禁止とする見解[14]が支配的であったが、現在では国政=禁止としつつも地方=許容とする見解[15]が有力とされている。ところで、J. イーゼンゼーに拠れば[16]、「国家の政治的統一のためには、国籍を保有する者だけが必要である。しかも、この統一は国家と政府の形態としての民主主義にふさわしいものである」とされる。そして彼が、外国人の選挙権につき、外国人にも「基本権やその他の法治国家的な保障が及ぶが、選挙権が与えられることはない。選挙権は法的な「かかわり」と結びつくのではなく、国家団体への所属と結びつくのであり、国籍は国民の自己決定を意味する。国民でない人間へ選挙権を与えることは、民主主義に反するおかしな決定である」と述べる様に、最早この問題は、彼に於いては国民主権との緊張ではなく民主主義とのそれであることが明言されている。従って民主主義は、具体的国家にあっては国民主権問題として論ずべき性質のものである様に考えられる[17]。

又、イーゼンゼーは「国籍は、現実の同質性の先行的存在(Vorgaben)と政治的統一の意思と結びつかなければならない。法自体はもちろん狭い範囲においてこれらを保持・促進できる…」と述べている。確かに行為能力主体としての組織化された国民は憲法によって生じるが[18]、上記叙述にも支えられる様に、前憲法的なるものとしての国民は、正に具体的国家に於いて所与のものとして存在している[19]。これ故に国籍保持者は、具体的国家にとって前憲法的に一定程度限定されているのである[20] [21]。従って国籍は、前憲法的属性と政治的統一意思を備えるものでなければならず、更に係る国民範囲に於いてこそ一具体的国家が存在するわけである。

然るに国籍と参政権は、主体性を普遍的に理解するところの、人間性に淵源を獲得し得る「基本的人権」と異なって、具体的国家・具体的国民統一体のみにとって必然的に随伴する側面を有する特殊なものと言える。今日はグローバル化社会とされている様だが、寧ろそうした転換期だからこそ唯時流に阿るのを潔しとせずに、今一度、根本に回帰して国家像を模索することもまた必要なのではなかろうか。

11) このような研修・技能実習に於ける事例について、入国管理局は、「不正行為」の認定を行っている。こうした「不正行為」認定の件数、類型及び具体例等について、広報資料「平成20年の「不正行為」認定について」(入国管理局、平成21年4月)参照。
12) 本稿に於いて要約するものの外、今般の入管法改正に関する要点及び問題点を指摘するものとして、差し当たり、旗手明「入管法等改定はどうなったか」本誌通巻371号1-2頁、同「新たな在留管理制度のもたらすもの」本誌通巻368号11-13頁参照。
13) 外国人参政権については、国政・地方(長及び議員)、選挙・被選挙権の夫々につき議論が展開されている。しかし、ここでは紙幅の関係からも、学説の類型整理は行なわないし、これらを区分して論じることも行わない。と言うのも、ここでは外国人に如何なる参政権が認められるか否かを論じようとするものではなく、具体的国家に於ける参政権主体に如何なる性質が要請されるのかにつき、その一端に触れることを目的とするに過ぎないからである。
14) 現在では例えば、百地章「憲法と永住外国人の地方参政権」都市問題92巻4号25頁以下がある。
15) 例えば、長尾一紘「永住外国人の地方参政権」都市問題92巻4号3頁以下、同『外国人の参政権』(00年) 322頁。但し国政参政権禁止・地方参政権許容説を採る長尾も、法理論上は兎も角、「……政策論としては、外国人参政権の導入に反対である」(長尾・前掲論文4頁)とし、更に「地方公共団体の長の選挙については、選挙権・被選挙権について、これを外国人に付与することは、憲法上禁止されていると解される」(同11頁)としている。
16) イーゼンゼー (栗城他編)『保護義務としての基本権』(03年) 411-414頁〔山本悦夫訳・解説〕参照。

17) 民主主義を国民主権原理として狭義に了解せずとも、即ち民主主義=治者と被治者の同一性という観点で捉えたとしても、この観点からは長尾・前掲論文7-8頁に拠れば、外国人の地方選挙権を正当化することは困難であるとされる。
18) イーゼンゼー・前掲書447-449頁〔岡田俊幸訳・解説〕参照。長谷部恭男もまたホームズを引きつつ、人民意思の表明には形式が必要であるとする(『比較不能な価値の迷路』(00年) 140頁、『憲法と時間』(07年) 52頁参照)。
19) 尤もイーゼンゼーは、前法的国民は前国家的国民として理解され、且つ特定の属性は前法的国民形成には必要でなく、それらは国法的国民にとって必要であるとしていると解されるが、この点は筆者と見解を異にしよう。
20) 前憲法的に規定された参政権主体は、従って実定憲法を拘束し、改正の限界となる為に憲法改正に拠って係る範囲を超えて、これを変更することは改正の限界を超えるものと思われる。これに関連して長尾・前掲論文10頁も、外国人に国政選挙権を付与する憲法改正は改正の限界を超えるとする一方で、地方公共団体の長の選挙権・被選挙権については憲法改正によって導入可能である旨を示している。
21) だとすれば、国民主権原理が憲法を超えた一義的内容を有している訳ではないとする見解(『日独憲法学の創造力 下巻』(03年) 5頁〔上村執筆〕)には、差し当たり、留保を付す必要を感じる。

前代表理事 弘中惇一郎氏 講演会

わたしの刑事弁護活動

大木 勇

会員・弁護士

弘中弁護士から、こんな話を聞いたことがある。

弘中弁護士は、講演を頼まれて出かけることがよくある。講演に行くと、聞きに来た人から、「何で悪い人を弁護するのか。」と質問されるのだという。そんな質問をされると、弘中弁護士は、「悪い人を弁護するのではなく、悪くないから弁護するのだ。」と答えるのだとおしゃっていたと記憶している。

弘中弁護士が弁護した数ある人の中で、世間で言うところの「悪い人」の筆頭と言えば、今回の講演でも触れられていた、三浦和義氏だろう。

いわゆる「ロス疑惑」がマスコミを賑わしていたころ、私はまだ小学生で、マスコミの報道内容など当然あまり理解できなかったが、それでも、断片的に耳にする情報や、親の話していることなどを聞いて、三浦和義という奴はなんて悪い奴なんだと子供ながらに思ってしまっていた。三浦氏が東京高裁での無罪判決を受けて釈放された時には、私はもう大学生になっていたが、そのニュースに触れた時の感想はと言えば、この事件まだ終わってなかったんだというだけで、三浦氏が「悪い人」だという印象は拭い去られることはなかった。その後、弁護士になると、弘中弁護士の事務所に入所した関係で、三浦氏のコンビニ万引き事件の弁護団に加わることになり、弁護団会議の場で、三浦氏本人や弘中弁護士と議論をしていく中で、そうした印象も払拭されていった。

そうして、マスコミや周りの人たちから植えつけられた先入観を排して中立的な立場で事件を眺めることができるようになると、今度は、マスコミの報道のひどさが目につくようになった。

万引き事件のときには、三浦氏が無罪を争っている中で、三浦氏を有罪と決め付けるにとどまらず、ロス疑惑裁判まで引き合いに出して、それ見たことか、ロス疑惑も三浦氏は本当は有罪なんだと言わんばかりの、うれしそうな報道であふれていた。その後、三浦氏がロス疑惑に絡んでサイパンで身柄拘束された時には、マスコミは、日本の裁判所に代わってアメリカの裁判所が三浦氏を有罪にしてくれるのだという期待に、目が爛々と輝いているようであった。

弘中惇一郎さん

今回の講演では、弘中弁護士は、三浦氏にまつわる報道の問題については触れられなかったが、また別の機会に、弘中弁護士の口からこの問題についてもお聞きしたい。

弘中弁護士が弁護したもう一人の「悪い人」と言えば、いわゆる「薬害エイズ事件」の安部英医師である。弘中弁護士も、安部医師の事件には相当の思い入れがあるようで、今回の講演でも相当の分量を割いて話されていた。

弘中弁護士によれば、血友病患者に対する非加熱製剤の投与当時の医学の世界的水準からしても、血友病の治療のため他により効果的な手段はなく、その危険性もマスコミで報道されていたような高いものではなく、そもそも、非加熱製剤が使用されていた当時、その危険性自体よく分かっていなかったのであり、その後の進歩した医学の水準に立って、非加熱製剤投与の適否を論ずるのは誤りだという。しかし、その誤った立場から安部医師の責任を追及する世論が盛り上がり、政権交代が重なり、マスコミのバッシングも激しさを増す中、世論、政治、そしてマスコミの後押しによって、安部医師の逮捕、起訴につながっていったのだという。逮捕前に安部医師が弘中弁護士とともに開いた記者会見では、相当の突き上げがあったそうで、マスコミから叩く対象だと認定されてしまうと本当に大変である。

事件当時は安部医師のことを「悪い人」だと思っていた私も、事件について弘中弁護士から話を聞いたり、弁護団の著作を読んだりするうちに、私が安部医師に対して持っていた印象は、誤った情報によって作られたものだと納得するようになった。しかし、一般の人たちは、まだ事件当時の報道に基づいた印象を抱き続けているのではないだろうか。安部医師の弁護団が薬害エイズ事件について本を出版しようとした時には、被害者からのバッシングが怖いといって出版社から軒並み断られたそうだ。無罪判決が出てもなお「悪い人」のレッテルを貼られたまま亡くなられた安部医師は、さぞ無念だったであろうと思う。

弘中弁護士は、弁護士になるとすぐに学生運動関係の公安事件の弁護活動に携わったそうで、「悪い人」というのとは違うけれど、余り弁護したがる人がいなさそうだという意味では、弘中弁護士の弁護活動を特徴付けるものと言えるかも知れない。

弘中弁護士が司法修習生の時に新宿争乱事件があり、弘中弁護士もデモに参加したそうで、なかなか熱心な活動家だったようである。弘中弁護士が弁護士になってすぐに手がけた東大安田講堂事件の裁判では、統一公判要求を主張し続けるグループとは一線を画し、事件の背景事情を明らかにして処罰に意味がないことを立証していこうという方針だったという。単に法秩序の破壊を企てるのではなく、法で規定された裁判の枠組みの中に在って、その枠組みを利用して、権力の実態を暴き、運動家たちの主張を公にする場を設けるという手法は、権力から自由な立場にあり、かつ、法律の専門家でもある弁護士にしかできない仕事だろう。

「悪い人」の弁護人になったというだけなら、名は知られるかもしれないが、評価は得られないわけで、逆風の中で無罪を勝ち取ってきたからこそ、弘中弁護士は現在の名声を獲得したのである。その過程で弘中弁護士が具体的にどのような弁護活動を行ってきたのかは誰でも興味を抱くところであり、弘中弁護士の話は当然そこに及ぶ。

三浦氏の事件のうち、銃撃事件では、検察官側の立証としては状況証拠しかなかったそうであるが、この状況証拠というのが、弘中弁護士の言葉を借りれば、山のような、ゴミのような証拠だったという。たとえば、共犯者とされた三浦氏の友人が現地で白いバンを借りていて、現場の写真にも白いバンが写っていたことから、これが三浦氏関与の証拠とされた。しかし、写真に写っているバンはアンテナが取れて無かったのに、現地で見つけ出されたバンにはアンテナがちゃんと付いていた。そこで、検察官はレンタカー屋の人を証人として連れてきて、アンテナはよく折れるし、よく折れるから記録にも残していないと証言させ、これに対して弁護側が、洗車屋の人を連れてきて、ていねいに洗っているからアンテナを折ったりなどしないと証言してもらった。こんなざるで水を汲むような気の遠くなる立証が延々と続いたそうで、検察官の立証に付き合わされた弁護側の苦労は察して余りあるものがある。検察側は、立会検事がわざわざロスまで行ってライフル銃を試射して当てた的などというものを、「ライフル銃は撃てば当たる。」という立証趣旨で証拠請求したそうで、ここまでくると笑い話であるが、そのために税金がいくら使われたのかを考えると、笑ってもいられない。

殴打事件では、被害者を診断した医師の、被害者の傷跡と検察官が主張する犯行態様が合致しないという趣旨の警察官調書が取られていたにもかかわらず、検察官が知ってか知らずかそれを明らかにせず、弁護側がロスまで行ってその医師の話を聞いてやっと判明したということがあったそうである。

そのような検察官側による証拠隠しは、薬害エイズ事件でも行われた。弁護側が、シヌシ博士というエイズに関する世界的権威を尋問したところ、検察官が公判前にその医師のところまで行って調書を作成していたことが判明した。それならギャロ博士というもう一人の世界的権威のところにも行って調書を作っているだろうと考えた弁護側が、検察官を問い詰めたところ、実はと言って調書（もちろん弁護側に有利な調書。）を作っていたことを明らかにしたというのだ。

公判前整理手続が導入された現在では、公判前整理に付された事件については、以前より格段に容易に証拠開示が認められるようになった。それでも、検察官にとって都合の悪い証拠は、検察官がなかったことにしてしまえば、証拠は結局出てこないのであり、証拠が存在するのかどうかを確かめる手段は裁判所にも弁護人にもない。実際に私が関わった事件で、検察官が取調べの時に取ったメモを廃棄してしまったとか、取調べを受けた人が取られたと言っている調書が出てこないとかいったことがあり、三浦氏や安部氏の事件のころと何も変わっていないのかもしれないとも思ってしまう。

以上、ごくかいつまんでであるが、弘中弁護士の講演の内容を紹介した。

講演会の参加者は約７０名。弁護士会館の大きな会議室が立錐の余地もなくなるほどの大盛況だった。そのうちのおよそ半数が司法修習生で、「若手法律家に送る」という講演会の趣旨にふさわしい会であった。

新聞社の見識

反論掲載の求めに迅速、誠実に対応した信濃毎日新聞

――花岡和解に関する野田正彰氏の中傷を糺す――

内田　雅敏
会員・弁護士

1912（大正元）年、明治天皇の大葬の儀に際し、乃木希典陸軍大将が「殉死」したことを、社説で陋習と痛烈に批判し、軍部や世間の反発をよび退社を余儀なくされ、復職後の1933（昭和8）年、今度は「関東防空大演習を嗤う」という社説で、関東に敵機を迎え撃つということは、敗北そのものだと批判し（11年後の1944～1945年、その予言どおり日本は焦土と化した。）、陸軍の逆鱗に触れ、またしても退社を余儀なくされた、明治・大正・昭和を生きた反骨のジャーナリストがいた。信濃毎日新聞の主筆として、健筆を振った桐生悠々である。

信濃毎日新聞のリベラルな社論について、筆者は学生時代から関心を持っていた。その信濃毎日新聞2010年1月15日夕刊に精神科医の野田正彰氏が、2000年11月29日、東京高等裁判所で成立した鹿島建設中国人強制連行・強制労働、いわゆる花岡事件の和解に関し、誤った事実に基いてとんでもないコラムを書いた。

> **今日の視角　野田　正彰**
> **「花岡和解」から10年**
>
> 日本と中国のマスコミで「花岡和解」と呼ばれて知られている事件がある。この花岡和解から、今年は10年になる。「花岡事件」という名称だけでなく、「花岡和解」と別に呼ばれて問題にされてきたのは何故だろう。
>
> 花岡事件とは、1944年から45年にかけて、中国華北地方より秋田県花岡の鹿島組事業所へ中国人986人が強制連行され、虐待と暴行により僅か1年で418人が殺された事件である。1995年中国人生残者と遺族11人が謝罪と損害賠償を求めて「鹿島」を訴えた。東京高裁での花岡和解では、鹿島の法的責任を問わず、賠償ではなく受難者の慰霊と支援のため5億円が信託されることになった。だがこの和解条項に原告団が第1に求めた謝罪の言葉はなく、原告団長らは日本の弁護士たちに「だまされた」と声明して今に至っている。日本と中国の関係者がまったく正反対に評価したままである。
>
> 10年が過ぎたが、幸い受難の人生を生き抜いた原告団長の耿諄さん（96歳）も幹事を務めていた孫力さん（73歳）も健在である。私は昨年夏、中国南昌で孫力さんに会った。彼女の父は大学を出て中学校の校長を務めていた知識人だった。女子が差別される時代でも、勉強するように励ましてくれた優しい父は、彼女が8歳のとき日本軍に拉致され、花岡で殺された。
>
> 孫力さんは、訴訟を準備していた1993年の時点ですでに弁護士より、裁判で受け取るカネは弁護士、支援者、被害者で3等分すると聞いていた。日本の裁判とはそんなものかと思わされていた。鹿島よりの5億円のうち、被害者に約1億2500万が送られたとされるが、今も経理は公開されていない。
>
> 孫力さんや耿諄さんらが生存のうちに、「花岡和解」の過ちが謝罪されないものかと思う。

同氏はこれまでにも同様なことをくり返していたが、今回のコラムは鹿島建設が支払った5億円の和解金中、弁護団、支援者が各3分の1づつ受け取ったかのような（全く受け取っていないことは後述のとおり）、驚くべき内容であった。和解金全体の3分の2を弁護士と支援者がなどという常識的に考えてもありえないと思われるこのようなコラムをおかしいと思わずにそのまま掲載してしまった信濃毎日編集部の責任も免れない。

同和解に中国人受難者側代理人弁護士として携わった筆者はこれを放置できず、1月18日（月）信濃毎日新聞中馬清福主筆宛反論掲載を求める文書を送付した。

> 信濃毎日新聞主筆　中馬清福　殿
>
> 2010年1月18日
> 弁護士　内田雅敏
>
> はじめまして。
>
> 私は中国人強制連行、花岡事件和解（2000年11月29日）、同西松建設事件和解（2009年10月23日）に中国人受難者側代理人弁護士として関与したものです（同封資料2以下）。
>
> 貴紙2010年1月15日付夕刊コラム「今日の視角」に野田正彰氏が「『花岡和解』から10年」（資料1）を書かれているのを長野の友人から送っていただきました。
>
> 野田氏の前記コラムは、花岡事件和解に関与した弁護士として、以下の三点において重大な誤ちがあり看過できないものがありますので、本お手紙及び関連資料をお送りさせていただくものです。

1. 花岡和解「条項には原告団が第一に求めた謝罪の言葉はない」との記述について

和解条項第1条は、1990年7月5日、中国人生存者・遺族と鹿島建設との間でなされた共同発表（資料2）の再確認をするということから始まっています。この共同発表の1条は「中国人が花岡鉱山出張所の現場で受難したのは、閣議決定に基づく強制連行・強制労働に起因する歴史的事実であり、鹿島建設株式会社はこれを事実として認め、企業としてもその責任があると認識し、当該中国人生存者及びその遺族に深甚な謝罪の意を表明する。」としています。

一般論として戦後補償という歴史問題の解決に際しては、①加害事実を認め、その責任を認め、謝罪する、②謝罪に伴って何らかの金銭的な支出をする、③後世の歴史教育のためにしかるべき手立てを講じる、ことの三つ、とりわけ①は不可欠であるとされています。

花岡和解においては、裁判上の和解という互いに譲歩して行う和解に際して、この企業の謝罪をどう表現するかについての苦心がありました。そこで共同発表の再確認をするということを第1条において述べているのです。

なお、鹿島建設が和解成立直後に、この和解は法的責任を認めたものではない旨のコメントを発したことが、中国人当事者達を怒らせました。このコメントについては、我々代理人団としても抗議をしましたが、このコメントも前記謝罪の事実を否定したわけではありません。また和解は和解条項によって完結しているのであって、コメントによって左右されるものではありません。

なお、野田氏コラムは「原告団長らは日本の弁護士たちに『だまされた』と声明した」としていますが、これも事実に反します。原告団長耿諄氏は鹿島のコメントについて怒ったのであり、別段日本の弁護士に怒ったわけではありません。ただその後、耿諄氏に対していろいろ言う人が出て来て、彼の「怒り」がエスカレートしていったという事実はありました[1]。

しかし、日本の弁護士に欺された云々は、2007年夏頃野田氏が耿諄氏にインタビューをした際に、野田氏が聞き取ったものとして同年6月30日付、毎日新聞朝刊秋田版で報じられたものです[2]。特に耿諄氏がそのような「声明」を発したということではありません。花岡和解については、花岡事件生存者・遺族らによって結成された聯誼会（和解当時の会長は、耿諄氏でなく王敏氏）の議論を経て受諾されたものであり、この聯誼会は、花岡和解を一貫して支持し、受け入れていることはもちろんであり、「日本人弁護士に欺された」などとは一度も述べていません。逆に耿諄氏の発言を怒っているのが真相です[3]。

なおこの点については、「世界」2000年9月号「『花岡和解』を検証する」（資料7）をご参照下されば幸いです。

2. 花岡和解について「日本と中国の関係者が全く正反対に評価したままである。」という記述について

野田氏のコラムを読むと、中国人当事者達全員（あるいはその大多数）と日本の弁護士達が花岡和解をめぐって真っ向から対立しているかのように見えますが、事実は全くそうではないことは前述したとおりです。和解以降、聯誼会の協力を得て、これまでに花岡現地での受難者986人の半分以上にあたる約500名の生存者・遺族らに対して和解金を支給し、また毎年6月30日秋田県大館市の主催による花岡現地での慰霊祭に中国から生存者・遺族らをお招きしています。

野田氏は、耿諄・孫力氏だけの話しによってコラムを書いていますが、どうして他の多くの花岡和解を支持する生存者・遺族らの話を聞かないのでしょうか。

3.「裁判で受取るカネは、弁護士、支援者、被害者で三等分すると聞いていた。」という記述について

どうしてこういうことを言うのでしょうか。花岡和解では、弁護士は和解成立までに要した実費（自分達の渡航費だけでなく、中国人当事者達の分も含めて）も含め、弁護士費用は全く受け取っていません。もちろん今後も受領しません。

この点については、弁護団によっていろいろ考えはあると思いますが、私達は戦後補償問題は、歴史の問題であり、それは中国人受難者の被害を少しでも回復させることを目的とするものですが、同時にその実現を通じて日本社会を変えて行くことをも目的とするものだと考えています。したがって、弁護費用は一切辞退しているのであり、この点は西松建設和解についても同様です。

ですから、孫さんが弁護士から「カネは三等分し～」聞いたなどというのは全く事実に反することなのです。ここで問題となるのは、野田氏の取材態度です。野田氏はどうして孫さん以外の他の当事者、あるいは私達弁護団にでも結構ですから、これらの点について聞かないのでしょうか。私はこの点について、資料5「花岡事件和解についての代理人弁護士の見解――完全な解決以外一切の過渡的解決を排除する態度は正しいか」において以下のように書きました。

「野田氏は耿諄氏には一度会っただけで、8時間の聴き取りと言っても通訳を入れて半分の4時間、しかも時候の挨拶などを考慮に入れれば実質的にはそれにも満たないであろう。実際、野田氏の『聞き書き』の少なくない部分が花岡和解を批判する既存の文献に拠っている。他方、これまで蓄積されてきた学術的な文献資料の調査は不十分であり、筆者たち代理人弁護士からの聞き取りも一切なされていない。さらに野田氏の姿勢を疑わせる決定的な問題は、野田氏が和解に賛成する原告・遺族からの取材を一切行っていないことだ。これでは最初に『欺瞞の花岡和解』という結論ありきの取材態度だと批判されても仕方がないであろう。

確かに、耿諄氏は、花岡事件の象徴的人物であり、花岡裁判原告団の団長であった。しかし、花岡和解は花岡事件受難者聯誼会（会長王敏氏）として、真剣な協議を経て受け入れたものであり、そのことは現在に至るもいささかも揺らいではいない。なぜ野田氏はこの事実について全く言及しないのか。被害者の意思を『紹介すべきもの』と『紹介すべきではないもの』と選別する資格が野田氏にはあるとでもいうのだろうか。」

短く書こうと思っていたのですが、長いものなってしまいました。同封の資料と併せ読んでいただければ（マーカーで印をつけておきました）、野田氏の前記コラムがいかに読者をミスリードするものであるかが御理解いただけるものと思います。

そこで、小生の反論を貴紙にも書かせていただけませんでしょうか。分量、欄等については、貴紙の都合もあると思いますが、できましたら野田氏コラムと同じ分量を割いていただければ大変有難く思います。

よろしく御検討下さい。

なお、最後になりましたが、西松和解に関する貴紙2009年10月24日付社説「国の姿勢が問われる」に感謝します。

【同封資料一覧表】

- 資料1　野田氏コラム「『花岡和解』から10年」
- 資料2　中国人当事者と鹿島建設とによる共同発表文(1990.7.5)
- 資料3　「花岡高裁和解を戦後補償の突破口に」(2008.9.8毎日新聞夕刊・内田雅敏)
- 資料4　「歴史をまっすぐに見つめる勇気を」(2009.11.4)毎日新聞夕刊・内田雅敏)
- 資料5　「花岡事件高裁和解についての代理人弁護士の見解」(『情況』2008.9月号・内田雅敏)
- 資料6　「悔やまれる空白の歳月」(「TIMES」2010.1月号・内田雅敏)
- 資料7　「『花岡和解』を検証する」(『世界』2009.9月号・内海愛子外)
- 資料8　「西松建設との『和解』が示す可能性」(『世界』2010.1月号・内田雅敏)

翌19日(火)午前、早速、中馬主筆より筆者の求めに対しては、誠実に対応する旨の電話が入った。そして当日午後に筆者と同紙編集局次長との話し合いにより、「寄稿」という形で筆者の反論を掲載すること等が決められた。翌20日筆者と次長との間で掲載に関する微調整がなされ、翌21日(木)同紙夕刊に後記のような筆者の反論が掲載された。

今日の視角「『花岡和解』から10年」への反論

寄稿　弁護士・内田雅敏

本紙1月15日付野田正彰氏コラム・今日の視角「『花岡和解』から10年」には、以下の3点において重大な事実「誤認」がある。

野田氏は花岡和解には鹿島建設の謝罪がないと言う。しかし和解条項1条は1990年7月5日の共同発表を再確認することから始まっている。共同発表は「中国人が花岡鉱山出張所の現場で受難したのは、閣議決定に基づく強制連行・強制労働に起因する歴史的事実であり、鹿島建設株式会社はこれを事実として認め、企業としてもその責任があると認識し、当該中国人及びその遺族に深甚な謝罪の意を表明する。」としている。

日中間の溝を深める

野田氏は、和解は「日本の弁護士達にだまされた」もので、日本と中国の関係者が全く正反対に評価したままであると言う。確かに中国人当事者たちの中に和解を非難する人はいる。しかし、和解はこの非難者を含む、花岡受難者聯誼会で十分議論した上で、全員の賛成によって成立した。遺族の楊さんは、「今まで何度も会議をしてきたが、今日の会議が一番うれしい」と語った。この点については、「花岡和解を検証する」(『世界』2009.9月号、内海愛子ほか)でも検証されている。

現在、花岡受難者986人中、判明している生存者・遺族のほとんどである約500人が和解を支持し、和解金を受領し、また毎年6月30日秋田県大館市主催の花岡現地での慰霊祭に順次来日している。和解評価をめぐって中国人すべてと日本人が対立しているかのような氏の論は事実に反する。

野田氏は、和解金は弁護士、支援者、被害者で3等分するとの伝聞を確認せずに記している。弁護士、支援者らは、和解成立までに費やした実費を含め、一切お金を受け取っていない。それは本件は中国人受難者の被害回復と同時に日本人自身の問題、つまり歴史の問題だからである。

野田氏のコラムがこのような重大な誤りを内包しているのは、〈はじめに和解非難ありき〉の基本姿勢の故である。氏はその主張に添う中国人にだけ耳を傾け、和解を支持している他の多くの中国人の存在をことさら無視している。このような姿勢は日中間の溝を深めるだけだ。

昨年10月23日、西松建設中国人強制連行・労働事件の和解が成立した。同社が加害の事実を認め、その歴史的責任を認識し、深甚な謝罪をするということを骨子とするもので、花岡和解の延長上でなされたものである。

和解成立後、受難者代表の邵義誠氏は、「これまで闘って来たが、今日からは友人だ」と西松建設代理人と握手をした。翌24日、大館市の市民運動家達による花岡平和記念館の竣工式が行われた。草の根レベルの日中友好は確実に進行している。次は、信濃川河川敷で使役された中国人被害者と加害企業の和解が実現することを期待している。

(花岡事件、西松建設事件和解の中国人受難者側代理人弁護士)

野田氏の本件コラムは余りにもひどすぎるものであった。前述したように同コラムの担当者が多少でも花岡和解についての知識があれば、このようなものをそのまま掲載することはなかったと思われる。その意味では新聞社としても今回の経緯について検証する必要がある。

しかし、野田氏コラム掲載が、1月15日(金)、それを知らされ筆者が反論掲載の申し入れをしたのが、休み明けの18日(月)、そして21日反論掲載という迅速な対応がなされた。これは信濃毎日新聞の見識であるといえよう。主筆の中馬清福氏、そして反論掲載について具体的に協議させていただいた編集局次長の辰野良彦氏に敬意を表するとともに感謝したい。

山へ行って地形と地図が違っているような場合に遭遇することはしばしばある。その時、通常ならば〈この地図は間違っている〉と言うだろう。しかし稀には〈この地形は間違っている〉と言う人もいるようだ。

この間、花岡和解非難を執拗にくり返す野田氏の論考を見ながらそんなことを考えた。

2000年11月29日、東京高裁第17民事部で花岡和解が成立するに際しては、中国人関係者、日本側支援者

1990年(平成2年)7月6日　金曜日　朝日新

花岡事件で責任認める
鹿島建設が謝罪の声明

太平洋戦争末期、秋田県の花岡鉱山に強制連行された中国人が、鹿島組（現鹿島建設）による過酷な労役と虐待に抗議して決起、多くの犠牲者を出した「花岡事件」の中国人生存者や遺族代表が五日、東京で鹿島建設本社（宮崎明社長）と初の補償交渉を行った。この結果、両者は、①この事件は鹿島建設に責任がある②補償問題は今後、継続協議することなどを骨子とした共同声明を発表した。強制連行問題を研究している市民グループによると、太平洋戦争当時の中国人・朝鮮人強制連行問題で、企業側がその責任を公式に認めたのは初めてという。

交渉には、決起時のリーダー、耿諄さん(76)＝中国・河南省＝ら事件の生き証人、遺族六人と在日の生存者、遺族二人の計八人が出席。鹿島建設側は村上光春代表取締役副社長ら幹部

鹿島建設本社での約二時間の補償交渉のあと、耿さん、村上副社長が会見し①花岡事件は（当時の）閣議決定による強制連行で起きたものだが、事件そのものは企業にも責任があり、生存者、遺族に深く謝罪する②補償については、今後、双方で代理人を立て、話し合いを続ける、などの共同声明を発表した。

村上副社長は会見で、「花岡での中国人強制連行、強制労働についてはおわびする。補償金については、（中国側がいっさいの賠償を放棄した）四十七年（一九七二年）の日中共同声明もあり難しい問題だが、継続して検討していきたい」などと述べた。

花岡事件　太平洋戦争中の一九四四年八月から四五年六月までに九百八十六人の中国人が強制連行で現在の秋田県大館市花岡の鹿島組（現鹿島建設）中山寮に収容、花岡鉱山の七ツ館鉱床の上を流れる花岡川の水路変更工事に当たった。長時間の重労働や鹿島組補導員らによる暴行、虐待などで死者が相次ぎ、耐えかねた中国人労働者が、耿諄さんを大隊長に、四五年六月三十日にほう起。日本人補導員四人、中国人一人を殺害したが、憲兵隊らによって鎮圧された。この事件後の拷問による死者を含め、四四年八月から四五年十一月までの中国人死者は四百十八人に上った。

花岡事件での鹿島建設の責任について語る同事件生き残りの耿諄さん（左）。右は村上光春同社副社長　＝5日午後5時25分、東京都港区の同社本社で

1990年7月5日
「共同発表」

の努力はもちろんだが、裁判所の尽力もあった。裁判所は1999年9月の和解勧告以降、翌年11月29日に和解成立するまで1年以上の長きに渡ってあきらめず、ねばり強く和解による解決の途を探った。そんな思いがあったからであろう。和解成立に際して新村正人裁判長は以下のような所感を述べた。

「(前略) 控訴審である当裁判所は、このような主張の対立の下で事実関係及び被控訴人(鹿島建設・筆者注) の法的責任の有無を解明するため審理を重ねて来たが、控訴人 (中国人受難者・同) らの蒙った労苦が計り知れないものであることに思いを致し、被控訴人もこの点をあえて否定するものではないであろうと考えられることからして、一方で和解による解決の途を探ってきた。そして、裁判所は当事者間の自主的折衝の貴重な成果である『共同発表』に着目し、これを手がかりとして全体的解決を目指した和解を勧告するのが相当であると考え、平成11年9月10日、職権をもって和解の勧告をした。

広く戦争がもたらした被害の回復の問題を含む事案の解決には種々の困難があり、立場の異なる双方当事者の認識や意向がたやすく一致し得るものでないことは事柄の性質上やむを得ないところがあると考えられ、裁判所が公平な第三者としての立場で調整の労をとり一気に解決を目指す必要があると考えたゆえんである。

裁判所は、和解を勧告する過程で折に触れて裁判所の考え方を率直に披瀝し、本件事件に特有の諸事情、問題点に止まることなく、戦争がもたらした被害の回復に向けた諸外国の努力の軌跡とその成果にも心を配り、従来の和解の手法にとらわれない大胆な発想により、利害関係人中国紅十字会の参加を得ていわゆる花岡事件について全ての懸案の解決を図るべく努力を重ねてきた。過日裁判所が当事者双方に示した基本的合意事項の骨子は、まさにこのような裁判所の決意と信念のあらわれである。

本日ここに、『共同発表』からちょうど10年、20世紀がその終焉を迎えるに当たり、花岡事件がこれと軌を一にして和解により解決することはまことに意義のあることであり、控訴人らと被控訴人との間の紛争を解決するというに止まらず、日中両国及び両国国民の相互の信頼と発展に寄与するものであると考える。裁判所は、当事者双方及び利害関係人中国紅十字会の聡明にしてかつ未来を見据えた決断に対し、改めて深甚なる敬意を表明する。」

聞く者の心を打つ、実に拡張高い「所感」であった。裁判所の発する言葉というものはこういうものでなくてはならない。「所感」はこの種戦後補償問題について司法が余りにも消極的である――第一審判決はその典型例であった――ことによって失われつつあった司法に対する信頼を呼び戻すものでもあった。

野田氏はそんな裁判所の努力も理解できず、この「所感」についても一言「安っぽい詠嘆によって自画自賛」(「虜囚の記憶を贈る」)と切り捨てるだけだ。

花岡和解より約8年後の2008年8月、和解当時の裁判長、現弁護士の新村正人氏から心暖まる手紙を頂いた[4]。

花岡和解は、戦後補償問題についてまだ十分な合意形成がなされていない日本社会の現実の中で、様々な制約を受けながらも多くの人々の尽力によって成立したものである。それはささやかな一歩でしかないが、しかし次のステップに向けての一歩であった。

今般の西松建設中国人強制連行・強制労働事件の和解が花岡和解の延長上でなされたものであることは、すでに述べたとおりである[5]。来る4月17日には「花岡平和記念館」の開館式が行われる。くり返しになるが、様々な制約のあった中での花岡和解が不十分性を内包していたのは事実であり、ためにする批判でなく、建設的な批判については耳を傾けることを拒否するものではない。「花岡和解の過ち」を謝罪せよと声高に語る野田正彰氏には、戦後補償問題に自身がこれまでどのように汗をかいてきたか、花岡和解に至るまでの長い経緯と多くの人々の存在、そして和解後の状況等について、今一度虚心坦懐に見て欲しいと思う。

3月7日、西松安野友好基金運営委員の川原洋子さんから「運営委員会の皆さま、中国での調査で、曲啓杰さんが今日7日、生存者ひとりを探し出しました。名簿番号90番の于振科さん、87歳です。お元気なようです。生存者に和解を知らせることができるのはうれしいことです。ご報告まで。」との喜びに満ちたメールが届いた。

暑中お見舞い申し上げます。

八月に入り終戦の日も近く、何かとお忙しくお過ごしのことと存じます。

…………

ところで、さきの週末七月二六日から二七日にかけて東北に行く機会があり、花岡に行ってまいりました。花岡事件の解決に微力ながらお役に立ったことは、私の長い裁判官生活の中で特に強い印象を残し、一度花岡を訪ねたいという気持を強くしておりました。ただ、現役中は、当事者の一方に肩入れするように見える行動は慎まなければならないと考えておりました。しかし、今は在野の一介の弁護士にすぎないので、そのような配慮は無用となり、実はこの八月の手の空く時期に花岡訪問を実現しようと、かなり前から考えておりました。…………

大館から先の花岡は多分不便なところであろうと考え、車で行くことにし、鶴岡で一泊して翌日早く発てば、私の運転でも昼過ぎには花岡に着くだろうと勝手な予想を立てて、実行することにしました。実際には二七日午前七時五〇分に鶴岡のホテルを出発し、花岡の十瀬野公園墓地に着いたのは午後二時三〇分でした。途中、奥の細道で有名な象潟で古人の事跡に思いを寄せたり、昼食の時間を休憩のため長めに取ったりしたこともあって、予想を超える時間を要しました。

中国殉難烈士慰霊之碑に詣で、途中で求めてきた花束を供え、持参の三脚を用い、セルフタイマーで写真を撮りました。ふと思いついてスケッチブックの画紙一枚を剥ぎ取り、感懐を記し、花束に添えて置きました。碑の背後に一本の白百合の大輪が満開なのが印象的でした。あっという間に小一時間を過ぎ、三時半ころ辞しました。信正寺の日中不戦の碑も訪ねたかったのですが、先を急ぐため割愛しました。

四時二〇分ころ十和田ICから東北自動車道に入り、一路東京に向かい、二〇分ほどの仮眠を二回取り、わが家に帰ったのは深更、翌二八日午前一時五〇分でした。二日間で約一五〇〇km走ったことになります。

書き遺した紙片の文面は、次のようなものです。

『縁あって花岡事件に関わり、爾来一度この地を訪ねようと心に決めていました。本日慰霊の碑の前に立ち、宿願を果しました。粛然たる思いで花束を捧げます。

平成二十年七月二十七日

新村正人　』

その場で思いつき書き記したものですが、この一文が私の心境のすべてを言い尽くしています。日曜日でなければ大館の市役所に寄って、どなたか事情を知る方に挨拶することもあり得たことですが、それもかなわぬため、訪れたことの証しを現場に残しておきたいとふと考えたのでした。

今ごろは、雨に打たれ、風に飛ばされてしまっているでしょうが、それでいいように思います。先生には御報告しておきたいと思って記しました。

………………

敬　具

八月二日

新村正人

内田雅敏　様

---

1) 耿諄さんは、花岡和解成立の翌年2月頃の時点で、大館市の市民達が建設を計画した花岡平和記念館の看板に使ってくれと揮毫して来るなど、弁護団・支援者らとの友好関係を維持していた。この点は現在も同様である。
2) 花岡裁判原告・花岡幸存者及び遺族李紹海（王敏氏亡き後の聯誼会会長）他による2003年10月26日声明。
3) 野田正彰氏は知り合いの記者をして慰霊祭の当日の朝刊秋田版に書かせ、この日初めて大館に来て記者会見するなどのパフォーマンスをしたが、その後は来ていない。
4) 新村正人氏は私信の公表には難色を示されたが、たってのお願いをした。
5) 西松建設和解の契機となった最高裁判決の付言を導き出したのは2004年7月9日の広島高裁勝訴判決であったが、このときの鈴木敏之裁判長は、2000年の花岡和解当時東京高裁で新村正人裁判長の隣の部に所属しており、花岡和解が成立するかどうか固唾を呑んで見守っていたという。なお、広島高裁でも和解解決の勧めがあったが、漏れ聞くところによると、その際西松建設は、先に和解を成立させた鹿島建設に対して問い合わせをしたところ、和解後も前と同じように批判されているとの回答があり、和解をしないことに決めたとのことである。筆者はこのような事態は不幸であったと思う。鹿島のコメントは批判しつつも、他の企業に先駆けてなした同社の花岡和解を正当に評価し、同社に花岡和解の本旨に沿う行動を取るべく求め、更には業界に対する働きかけをなすよう求めていれば、強制連行問題をめぐるその後の展開も変わった可能性があった。失われた9年の空白は大きい。

あたごの杜から

事務局長日誌

外交文書「密約」問題に関する有識者委員会の報告書が公表された。本号1面で紹介した要望書にもあるとおり、「有識者」と呼ばれる委員の人選からして、報告結果については期待が持てなかった。公表された報告書を見ると、「密約」の定義を複数設定して焦点をあいまいにしていたり、承服できないロジックで強引に結論を導いていると感じるものもある。しかし、報告書は、膨大な関連文書が添付された100頁におよぶ大部なものであり、外務省における文書管理意識の低さや重要な外交事実の引継ぎの杜撰さなども浮き彫りにし、厳しく断罪している記述もある。また、外交文書の保存・管理、公開のあり方について具体的な提言を行っている。事前の期待が小さかった分、一定の評価ができるともいえよう。

ただ、沖縄返還時の原状回復費の肩代わりについて示した文書については、「今回の調査で明らかになったことは、（中略）日本側の不公表書簡案とほぼ同趣旨の「議論の要約」の外務省における不存在である」としている。当協会の支援事件となっている沖縄密約文書情報公開訴訟は、まさにこの文書の存否こそが最大の争点になっている。既に弁論は終結しており、来る4月9日に判決期日が指定されている。今回の報告書が判決に悪い影響を与える可能性について大変危惧される。

2009年1年間のJCLU

1月27日	予防接種被害者救済基金運営委員会　JCLU事務局	6月24日	6月理事会
1月28日	1月理事会	7月3日	講演会「最高裁判所の役割－私の少数意見を中心に」（泉徳治・元最高裁判所判事）弁護士会館
2月20日	2月例会「沖縄集団自決裁判報告」（近藤卓史・弁護士 JCLU理事、秋山淳・弁護士：いずれも大江健三郎氏他代理人）弁護士会館	7月9日	声明「公文書管理法の制定を歓迎する声明」発表
2月23日	2月理事会	7月16日	7月例会「改めて"和歌山カレー事件"を検証する」（安田好弘・弁護士）JCLU事務局
2月26日	「国産自動車メーカーのCSR報告書に対する評価（2008年度）」発刊	8月3日	8月理事会、ビアパーティ、エクスターンシップ歓迎会
3月4日	法務省立入検査（小町谷理事、山田理事、古本事務局長が対応）	8月3日～9月17日	エクスターンシップ受け入れ（一橋大学LS2名、早稲田大学LS2名）
3月6日	"定額給付金は日伯学園に寄付しよう"寄付の呼びかけ開始	8月4日	外国人の権利小委員会勉強会「台湾における外国籍配偶者の問題について－居留問題を考える会の活動から－」（大成権真弓・居留問題を考える会会長）JCLU事務局
3月7･8日	JCLU合宿「奥平康弘先生とともに改めて表現の自由を考える」　日本新聞協会湯河原荘	8月8日～16日	事務局夏期休業
3月18日	3月理事会	9月17日	9月理事会、エクスターンシップ送別会
3月25日	法務省より立入検査の結果通知	9月29日	要望書「国際人権条約の個人通報制度の受諾を求める要望」発表
3月28日	3月例会「ブラジル人学校の現状」（戸澤江梨香・日伯学園園長）JCLU事務局	10月8日	10月例会「1日100人を自殺に追い込む社会への処方箋」（清水康之・NPO法人ライフリンク代表）JCLU事務局
3月30日	声明「横浜事件第4次再審判決に関するJCLU声明」発表	10月21日	10月理事会
4月23日	会計監査	10月23日	西松建設強制連行賠償請求について東京簡易裁判所にて即決和解成立（申立人西松建設、相手方中国人受難者、JCLU）、記者会見（喜田村代表理事、古本事務局長出席）
4月24日	4月理事会	11月5･6日	日弁連人権擁護大会（和歌山）にて書籍販売
5月8日	声明「入管法等改定案に対する緊急声明」発表	11月18日	11月理事会
5月16日	JCLU大阪・兵庫支部総会、記念講演会「国際社会に問われた日本の人権－2008年10月国連人権（自由権）規約委員会における日本政府報告書審査」（武村二三夫・弁護士、田島義久・弁護士）（羽柴代表理事出席）大阪市城北市民学習センター	11月21日	自由人権協会関西合同例会「検証しよう!本音で語ろう!動き出した裁判員制度」（伊藤真・伊藤塾塾長 弁護士、横山巌・弁護士、高山巌・弁護士）（古本事務局長出席）　大阪市立弁天町市民学習センター講堂
5月21日	5月理事会	11月28日	第18回久保田メモリアルシンポジウム「韓国の外国人政策に学ぶ－問われる日本の政策不在」（宣元錫・中央大学総合政策学部講師、田中宏・一橋大学名誉教授 JCLU代表理事、旗手明・JCLU理事）中央大学駿河台記念館
5月23日	JCLU京都総会、記念シンポジウム「表現の自由と少年の立ち直り－奈良の調書流出事件を巡って」（安保千秋・弁護士、高野嘉雄・弁護士、山田健太・専修大学准教授 JCLU理事）（紙谷代表理事出席）キャンパスプラザ京都	12月9日	12月理事会・忘年会
5月30日	評議員会　第一ホテル東京 レストラン「アンシャンテ」 総会・総会記念講演「国連自由権規約委員会の活動」（岩澤雄司・東京大学教授　自由権規約委員会委員長）千代田区立内幸町ホール	12月14日	第一回西松安野友好基金運営委員会（羽柴代表理事、喜田村代表理事、古本事務局長出席）JCLU事務局
6月3日	早稲田大学法科大学院エクスターン説明会（古本事務局長出席）	12月28日	意見書「行政刷新のための公文書管理法の早期施行と情報公開法の改正・運用改善及び行政不服審査法案の抜本的見直し等についての意見書」発表

【発行日】2010年3月25日　【発　行】社団法人 自由人権協会
〒105-0002 東京都港区愛宕1-6-7 愛宕山弁護士ビル306
TEL:03-3437-5466　FAX:03-3578-6687　URL:http://jclu.org/　Mail:jclu@jclu.org
（大阪・兵庫支部）
〒530-0047 大阪市北区西天満1-10-8 西天満 第11松屋ビル3F 堺筋共同法律事務所内
TEL:06-6364-3051　FAX:06-6364-3054
協会設立:1947.11.23　本紙創刊:1950.5.1　購読料:年間2,500円　郵便振替:00180-3-62718　発行人:古本晴英
JCLU 社団法人 自由人権協会

人権新聞 Japan Civil Liberties Union
JCLU
Newsletter
発行所 社団法人 自由人権協会
〒105-0002 東京都港区愛宕1-6-7 愛宕山弁護士ビル306
TEL:03-3437-5466 FAX:03-3578-6687
URL:http://jclu.org/ Mail:jclu@jclu.org
協会設立:1947.11.23
本紙創刊:1950.5.1
購読料:年間2,500円
JCLU

沖縄密約情報公開訴訟　勝訴！

JCLUの支援事件、沖縄密約情報公開訴訟において、東京地裁(杉原則彦裁判長)は、4月9日、明確に密約を認めた上で、原告らが求めていた非開示処分の取消し、開示処分の義務付け、国家賠償のいずれをも認容する完全勝訴判決を下しました。

密約を認定

「本件文書の内容は、沖縄返還協定7条に規定する3億2000万ドルという金額には本件原状回復費用及び本件移転費用が含まれており、実際には日本が国民に知らせないままにこれらを負担することを米国との間で合意していたこと（密約）を示すものというべきである。(中略)日本が、佐藤・ニクソン共同声明の直後である昭和44年12月2日の時点で既に財政経済問題に関する交渉をほぼ終了させた上で、沖縄返還協定7条によって米国に支払う3億2000万ドルを上回る財政負担を国民に知らせないままに行うことを米国との間で前もって合意していたこと（密約）を示すものであるから、日本政府としては、その存在及び内容を秘匿する必要があったものと考えられる。」

文書存在の立証責任を緩和

「取消訴訟の原告である開示請求者は、不開示決定において行政機関が保有していないとされた行政文書に係る当該行政機関の管理状況を直接確認する権限を有するものではないから、前記で説示した主張立証責任を果たすため、基本的には、①過去のある時点において、当該行政機関の職員が当該行政文書を職務上作成し、又は取得し、当該行政機関がそれを保有するに至り、②その状態がその後も継続していることを主張立証するほかないことになる。そして、当該行政文書が、当該行政機関の職員が組織的に用いるものとして一定水準以上の管理体制下に置かれることを考慮すれば、原告である開示請求者において上記①を主張立証した場合には、上記②が事実上推認され、被告において、当該行政文書が上記不開示決定の時点までに廃棄、移管等されたことによってその保有が失われたことを主張立証しない限り、当該行政機関は上記不開示決定の時点においても当該行政文書を保有していたと推認されるものというべきである。」

知る権利を尊重

「原告らは、それぞれ様々な個人的な思いを持ちつつも、本件各文書の開示を先鞭とする日本政府の自発的かつ積極的な情報公開により、国民が政府の政策を正確に把握して、日本、その領土でありながら特異な状況に置かれてきた沖縄及び米国の関係を自ら考え、現在及び将来の政策に結び付けていくことこそが民主主義に資するという信念を共有していたこと、そして、今となっては、日本政府もこれに誠実に応答するものと期待して、本件開示請求をしたものであることが認められる。そして、上記のような事情の下では、日本政府は、過去の事実関係を真摯に検証し、その諸活動を国民に説明する責務を全うするとともに、公正で民主的な行政の推進を図るために最大限の努力をすべきものであるから（情報公開法1条参照）、原告らのそのような期待は極めて合理的なものであり、法的にも保護されるべき期待であったということができる。換言すれば、米国国立公文書館で公開された文書を入手していた原告らが求めていたのは、本件各文書の内容を知ることではなく、これまで密約の存在を否定し続けていた我が国の政府あるいは外務省の姿勢の変更であり、民主主義国家における国民の知る権利の実現であったことが明らかである。

ところが、外務大臣は、前記のとおり、密約は存在せず、密約を記載した文書も存在しないという従来の姿勢を全く変えることなく、本件各文書について、存否の確認に通常求められる作業をしないまま本件処分をし、原告らの前記期待を裏切ったものである。このような、国民の知る権利をないがしろにする外務省の対応は、不誠実なものといわざるを得ず、これに対して原告らが感じたであろう失意、落胆、怒り等の感情が激しいものであったことは想像に難くない。」

CONTENTS

裁判員時代の刑事裁判を探る

裁判を振り返る連載を終えて

元東京高裁部総括判事——門野 博さん

裁判官は、判決に書いたこと以外に何も説明すべきではない——そんな美学が今も残る裁判所の世界で、東京高裁の裁判官が自分のかかわった個別の裁判を振り返り、刑事裁判のあり方を考えてもらおうと、法律雑誌「判例タイムズ」に「刑事裁判ノート」というタイトルの連載を寄せた。連載の筆者、門野博さんは、ロス疑惑・一美さん銃撃事件の控訴審では主任裁判官として三浦和義氏逆転無罪判決の審理を担当、最近では、布川事件[1]や狭山事件[2]の再審にもかかわった。

ことし2月、東京高裁部総括判事を退官した門野さんに、これまでの裁判を振り返っての思いや裁判員裁判時代の刑事裁判のあり方について意見を聞いた。(聞き手：北神英典)

門野博（かどの・ひろし）氏　1970年東京地裁判事補。札幌高裁部総括判事などを経て札幌地裁所長、名古屋高裁部総括判事、東京高裁部総括判事。2010年2月退官。東京高裁右陪席時代にロス疑惑一美さん銃撃事件での三浦和義氏の逆転無罪判決（1998年）に関与した。

執筆の動機

——現職の裁判官が、自分が審理した裁判について書いた感想が公刊物に掲載されるのは珍しいと受け止めています。

テレビドラマでしたか「伝えなければ、伝わらない」というセリフがありました。裁判官も、自分の考えや思いを伝えようと努力をしない限り何事も決して伝わらないと思い立って、連載を始めました。前例がなかっただけに、最初は心配しました。ですが、たくさんの方が感想を寄せてくださって、思い切って書いてよかったと思っています。

保釈[3]（刑事訴訟法88条）の運用のあり方について

——「刑事裁判ノート」には、名古屋高裁時代の保釈や再度の執行猶予について緩やかに認めた裁判例が掲載されています。

私は、適正な保証金で被告人の出頭を担保できるのであれば、できるだけ身柄を解放しようという姿勢でやってきました。

保釈に慎重な考え方の背景には、被告人の身柄を取っておくことにより審理をコントロールしよう、期日を迅速・円滑に進めようという狙いがあるように思います。「人質司法」と言われますが、嫌な言葉です。でも、そんなことはしなくても、裁判所の誠実な気持ちが伝われば、当事者は協力してくれます。

重大な事件では、保釈は認められないことが多くなりますが、それは適正な保証金額が決められないからという理由でそうなるわけです。死刑か無期懲役相当の事件では、保証金がいくらならば認める、という話になりにくい。しかし懲役5年とか6年くらいの事案なら、保釈が認められていいケースはいくらでもあると思います。

「再度の執行猶予」[4]（刑法25条2項）

——連載には、執行猶予期間中に漫画を万引きした被告人に「再度の執行猶予」を付けた裁判例がありました。実務では「再度の執行猶予」はなかなか認められないといわれています。

再度の執行猶予については、あそこまでハードルを高くする必要があるのかと思います。執行猶予期間中の犯行と入っても、あまりにも小さな罪で、執行猶予が取り消されてしまうのでは気の毒

1) 布川事件　1967年茨城県で一人暮らしの老人が殺害され、桜井昌司さんと杉山卓男さんに無期懲役が確定した事件。2人の再審請求が認められ、水戸地裁土浦支部で再審が始まることになった。
2) 狭山事件　1963年、埼玉県で高校1年の女子生徒が殺害され、犯人とされた男性に無期懲役が確定した事件。男性は、無実を訴え3度目の再審を請求している。
3) 保釈　保証金を納めることを条件に、勾留されている被告人の身柄の拘束を解く制度。条文上は、保釈されるのが原則であるが、それと裏腹に裁判所が保釈を認める割合が低く、「人質司法」という批判が強い。
4) 「再度の執行猶予」　禁固以上の刑で執行猶予中、さらに犯罪を犯して有罪判決を受ける場合で、情状に特に酌量すべきものがあるなど一定の条件を満たした時、もう一度執行猶予にすることができる制度。

なケースが多々見られます。そういう事例のために「再度の執行猶予」の制度があるので、本当にそう考えた時は遠慮なく活用するべきだと思いました。極端ですが、3度目でも執行猶予をつけてもいいじゃないかと思う事案もありました。

話はズレますが、私が駆け出しの頃、昭和48年から3年間在籍した神戸地家裁姫路支部で、試験観察中に犯罪をやった少年を少年院送致にしたことがありました。どんな犯罪だったかとか、少年に保護処分歴があったかどうかさえも覚えていません。ただ、その時の気分だけは、今も覚えています。

試験観察にした時、調査官は「少年院送致」の意見を付けてきていました。私は「もう一度、チャンスを与えよう」と思って、いい気分で試験観察にしたのですが、彼はまた事件を起こし、結局、少年院に送りました。その時の私は「せっかく試験観察にしてあげたのに」という気持ちばかりが強く、少年に厳しいことを言いました。少年が、なぜ、また犯罪に及んだのか、その言い分に聞く耳を持たなかったように記憶しています。

しかし後で考えてみると、違う対応ができたのではないかと思うのです。調査官が「少年院送致」の意見を付けたくらいだから、そんなに簡単に更生できるわけがないのです。「試験観察にすれば立ち直る」と思った自分が甘かったのではないかと思いますし、再犯に至った少年の事情をもっと聞いてあげればよかったと思います。

刑事事件の「再度の執行猶予」についても同じではないかと思います。裁判官にしてみれば「せっかく執行猶予になったのに、なぜ、また事件を起こしたんだ？」という思いが強く働きます。これが「再度の執行猶予」が少ない理由の根底にあるように思います。

私は、執行猶予にしたからといって、被告人が絶対に犯罪をやらないなんて考えないようにすることにしました。「またやるかもしれないな」という気持ちを半分ほど残しながらも、今、この時点で、どういう刑罰が最も相応しいかという観点だけで量刑を決めるべきではないのかと思い至りました。

ですから私は、実刑判決と同じように執行猶予判決にも未決勾留日数を算入していました。また事件をやって、執行猶予が取り消されることだってあるんだという前提で、実刑判決との均衡を取ろうと考えました。

裁判員裁判への賛否

――「刑事裁判ノート」の副題は「裁判員裁判への架け橋として」とありますが、裁判員裁判を意識されたのですね。

裁判員裁判が導入された昨年5月、私は既に東京高裁の部総括判事でした。高裁では裁判員裁判はやらないので、私には裁判員裁判の経験はありません。裁判員裁判には消極的な意見もあり、私の妻も裁判員にはなりたくないと言っていますが、私はいい制度だと思っています。

職業裁判官にとって、一つの事件は「ワン・オブ・ゼム」にすぎません。しかし裁判員として初めて人を裁く一般の人にとっては、それが唯一の事件です。審理の中で一般の人の感じ方、受け止め方に触れ、裁判官も、いい意味で影響を受けると思っています。

判決の二極化

これまでの裁判員裁判を見る限り、裁判員は、被告人が気の毒だという事情があれば、従来以上に寛容な判決に流れている気がします。その一方で、性犯罪や理不尽に人を殺害した事件に対しては、裁判官以上に「許せない」という気持ちが強く表れているように感じられます。

ただ、理不尽といわれる犯罪でも、本当に理不尽なのか分からないことがあります。社会を憎み続ける被告人がいるのは事実ですが、被告人がそういう感情に追い込まれた環境、家庭とか社会とか、そういう面にも光を当てて検討する必要があると思います。例えば、大阪教育大附属池田小事件[5]の被告人＝死刑執行＝は、世間では、許せない犯罪者の代名詞のようにいわれています。しかし本当にそこまで憎まれるべき人なのか。そういう人間に育ってしまった事情についても、検討をしなければならないと思います。

――裁判員は「素朴な正義感」に流れやすいのではないかという見方もあります。

職業裁判官は「行為責任」という観点である程度抑制して、その抑制にしたがって、今の量刑相場が作られてきました。「素朴な正義感」を支えているものがすべて正しいのか、突き詰めてみると、きっと分からない部分があるはずです。

今となってはありえないことですが、職業裁判官として、裁判員とそういう話をする機会があれば、話をしてみたかったという心残りがあります。

原点は「少年事件」

私は1988（昭和63）年4月から3年間、横浜家裁にいて少年事件を担当しました。私の裁判官人生には、少年審判を通じて得た体験が、少なからず影響を与えているような気がします。

犯罪を犯した少年を見て思ったのは、その少年だけが悪いということはまずなかったということです。家庭や友人関係に問題があるなど、少年だけを責めようという気持ちにはなりませんでした。

それでも多数の少年を少年院に送ることになりました。けれど、根っから悪い奴だと感じたことはありませんでした。この少年に対して、周囲がこうしてやれば、犯罪は起きなかったのに――と思うことが何回もありました。大人の事件だって、成り行きいかんによっては犯罪をしないで済んだのではないかと思うことは多くあります。

「裁く立場」絶対ではない

「裁く者」と「裁かれる者」という立場の違いは、決して固定的なものではありません。何か間違えば、逆の立場になったかもしれないのです。

例えば「裁判官は優秀で、被告人は劣った者だ」―こういう固定的な見方は、私はしませんでした。自分だって、いつ裁かれる立場になるかもしれません。

朝、出勤途中に駅のホームで肩が触れた、そのときの気分で少し声を荒げてしまって、相手の出方によっては暴力沙汰に発展することだって絶対にないとはいえません。ですから、自分が偉い人間だから人を裁いているという気になってはいけないと思っています。

もう一つ裁判をする者の心構えとして、「世の中のことを分かったような気になってはいけない」と思います。「裁判で証拠上明らかになっていることは、事実のほんの一部であり、決してすべてではない」ということです。これは、自分自身に対する反省であり、戒めでもあります。後輩（の裁判官）に是非とも伝えたいことです。

高裁の役割と公判前整理手続き

高裁は、刑事事件では、原則として一審判決の当否を判断する事後審です。一審で公判前整理手続きを経た事件は、大枠としては、高裁段階での証拠採用は難しくなるでしょう。

――そうすると、刑事裁判の目的である真実解明は、後退せざるを得ないのではないですか？

一審判決に「なぞ」が残っていて、その「なぞ」が事件の根幹にかかわる部分であるならば、高裁もきちんと審理しなければいけないと思います。しかし検察官なり弁護人なりが、事件の核心にある「なぞ」が何なのか、きっちり準備してくれないと困ることになります。それと、何よりも一審の弁護人の役割が重要になってきます。

一審の公判前整理手続きの段階でどこまで争点

5) 大阪教育大附属池田小事件　2001年6月、刃物を持った男が大阪教育大附属池田小学校に侵入し児童8人を殺害した事件。男は、裁判中も数々の暴言、悪態をつき一審で死刑判決が言い渡された。死刑判決確定から1年ほどでスピード執行された。

を整理できるかという問題があります。裁判員裁判では、事前に、必ず公判前整理手続きが行われます。この時の争点整理を絶対不動のものではないと理解しておく必要があると考えています。

今、公判前整理に時間がかかりすぎているといわれています。その理由の一つには、争点の設定や立証方法の選択を、事件の全体にわたって確定的なものにしなければいけないと考えている点にあると思われます。

「時間」よりも「正しい判断」

事件は生き物であり、もっともっとダイナミックに考えるべきでしょう。さらに重要な問題は、公判前整理手続きに裁判員が関与していないことです。しかし実際に裁判が始まると、職業裁判官も裁判員の意見を無視することはできません。裁判員の意見で、争点を修正しなければならなくなることもあるはずです。

公判前整理で、必要な証人を裁判所、検察官、弁護人で絞ってみたところで、裁判員から「どうしても、もう一人証人の話を聞いてみたい」という声が出た場合にどうするか。既に立証計画が決まっているからといって、裁判員の意見を常に却下するということでいいのでしょうか。

AとBという、同じような証言をしそうな証人がいる場合、AだけでなくてBの話も聞いて確信を得たいということはありうることです。裁判員の大多数が証人の追加調べを求めるなら、そういう審理を実現することは、むしろいいことではないでしょうか。柔軟な運用をするのがいいと思います。

裁判員が本当に求めているのは、司法参加する以上は正しい判断をしたいということのように思います。中途半端な審理をして、後日、裁判員経験者が「あの判決は、本当にあれでよかったのか」と疑問を残すことになるならば、本当に気の毒なことです。

一日や二日拘束が延びるからといって、中途半端な審理をさせて、将来にわたって後悔されるよりは、そちらを選ぶべきだと考えています。

再審事件で証拠開示勧告

――名古屋高裁、東京高裁などで多数の再審事件の審理を担当されました。再審事件の審理で、何か感じられたことがありますか？

再審事件に共通の問題として感じたのは、検察側の証拠開示が不十分であるということでした。今の公判前整理手続きに付されている事件であれば、当然開示されるはずの証拠が弁護側には全然開示されていません。結論はどうあれ、そのような証拠のままではフェアな手続きとはいえないと思います。

新聞で報道されましたが、東京高裁で担当した狭山事件の再審では、裁判所の考えを明確にしておこうと思い、訴訟指揮の一環として証拠開示の勧告にまで踏み込みました。

直接の根拠条文はありませんが、再審事件においても、公判前整理手続き中に盛り込まれた類型証拠開示や主張関連証拠開示の制度に準じて、検察側証拠の開示がなされるべき場合があると考えます。

ロス疑惑

――裁判官として一番思い出に残る事件は何でしたか？

ロス疑惑の三浦和義氏の事件です。記録の量、論点の多さ、事実認定の難しさの点で、裁判官人生の中で最も思い出に残る裁判になりました。

一審東京地裁では、三浦氏が無期懲役、実行犯とされた男性が無罪という判決が出て、三浦氏と検察側が控訴していました。私は当時、東京高裁の右陪席で、この事件の主任裁判官でした。

理屈の面で問題だ思ったのは、一審判決は、訴因変更もしないで、実行犯として起訴された男性ではなく氏名不詳の第三者と共謀したと事実認定した点がまずいと考えました。訴因変更をさせて、反証する機会を与えないとダメだと思いました。

三浦氏が無罪になったのは、やはり実行犯とされた男性が無罪になったのが大きかったように思います。検察側の立証構造は、まさに実行犯とされた男性が銃撃したという前提になっていました。それが崩れたのです。

逆転無罪判決の後、三浦氏の弁護団が脚光を浴びましたが、実行犯の男性の弁護団の活躍も、それに勝るとも劣らないものでした。

2010年 JCLU 合宿報告

個人通報制度受諾に向けた展望と課題

会員・弁護士 伊藤 朝日太郎

2010年3月20日、21日、神奈川県湯河原町の日本新聞協会湯河原荘においてJCLU合宿が行われた。1日目の午後に行われた個人通報制度を巡るプログラムでは、3名の報告者の報告の後、討論を行った。

報告1 藤本俊明氏
国際人権法における個人通報制度の役割

1 国際人権法における個人通報制度

個人通報制度は、国際人権法の実施措置の1つである。国際人権法は国際的な人権基準を定めるものであるが、単に○○という権利がある、と規定するだけではなく、その人権基準の実施手続を設けているところに特徴がある。人権基準の設定のみならず執行の部分まで国際社会が関与するのである。

もちろん、人権条約の執行といっても、一義的には各締約国の国内裁判など、国内的実施が最も重要である。しかし、国際的実施も相当な役割を果たしている。

国際的実施の代表的なものは報告制度である。これは、各締約国が政府報告を人権条約の実施機関に提出し、それを実施機関が審査して所見を述べ、これを受けて各締約国が自国の状況を改善するという建設的対話による制度である。

これに対し個人通報制度は、個人が人権条約の実施機関に通報し、これに対し実施機関が見解(views)を述べ、これを受けて締約国が適切な措置をとるというもので、準司法的な手続といえる。もっとも、裁判とは異なり、審査の中で証拠調べや厳密な事実認定が行われるわけではない。自由権規約では、個人通報制度は条約本体ではなく選択議定書に定めがあるが、決して単なるおまけではなく、この30年で一定の意義をもつようになってきた。近年では、報告制度とならんで一般的な国際的実施手続になりつつある。今や個人通報制度は8つの人権条約で採用されており、主要国のほとんどが個人通報制度に入っている。たとえば自由権規約の締約国164カ国のうち111カ国が、女性差別撤廃条約の締約国186カ国のうち99カ国が個人通報制度を受け入れている。

日本は人権条約本体には割と入っているが、個人通報制度には全く入っていない。

2 個人通報制度の概要 自由権規約を例に

自由権規約委員会の場合、個人通報の検討は非公開で行われる。

個人通報は、国連人権高等弁務官事務所に書面を提出することによって行われる。提出期限は設けられていない。通報言語は英語、フランス語、スペイン語の3つに限られ、他の国連公用語であっても、英仏西語への翻訳が必要となる。翻訳のことも考えると、通報者個人ですべて手続を行うのは困難で支援者によるサポートが必要である。日本で個人通報制度が導入された場合、JCLUが翻訳などによって個人通報を組織的にサポートする体制を作ることも検討すべきであろう。

通報が自由権規約委員会に登録されると、受理可能性の審査と本案の審査が行われる。たとえば、国内救済手続きが完了していること、他の国際的手続きに係属していないこと、締約国の領域で発生した事案であること、権利侵害が選択議定書の批准後に発生したものであること、などが通報が受理されるための要件となる(他方、通報者が締約国の国民であることは受理の要件ではないため、日本人が通報者となった個人通報のケースも存在する)。

通報の受理許容性が認められた場合には、本案の審査が行われ、「見解」(Views)が採択される。自由権規約委員会では通報の約半数が不受理となっているが、受理された場合、かなりの頻度で規約違反が認定されている。

「見解」において規約違反があると認定された場合、あわせて、損害賠償、法律改正、再審、刑軽減・釈放などの救済措置が決定される。

また、「見解」が出た場合のフォローアップ手続

◀金塚彩乃さん（左）、藤本俊明さん（右）

東澤靖さん▶

もあり①当事国による救済措置の回答を求める②不遵守国名を年次報告書で公表する③通常の国家報告制度の枠組みでの情報提供要請を行う④「見解」のフォローアップのための特別報告者の任命、などが必要に応じてなされる。

「見解」は、締約国に対して法的拘束力がないとされている。しかし「見解」は、人権条約の実施機関が出した「有権的決定」（authoritative determination）である（2008年の自由権規約委員会一般的意見33）ことから、これに従わないことは選択議定書違反、ひいては規約2条に定める「効果的な救済措置」をとる義務の不履行として規約本体の違反を構成することになると思われる。

3　個人通報制度の先例

自由権規約における個人通報制度はかなり活発に運用されている。

1976年から2008年にかけて、88カ国で1819件の個人通報がなされ、うち違反が認定されたものが512件、受理されたが違反が認定されなかったものが133件ある。

4　人権保障における個人通報制度の意義

個人通報制度は個別事案の救済に加えて、人権条約の規範内容の明確化に貢献している。

また、個人通報制度は、その存在そのものが締約国における人権条約の国内的実施に大きなインパクトを与える。裁判官が人権条約を勉強するようになり国内裁判が改善される。また、各締約国での差別禁止法の制定にもつながるであろう。

なにより、これまで日本の伝統的な「司法的救済」モデルに当てはまらず、裁判所で救済されなかったケースを国際人権法の観点から乗り越えることが可能となる。貧困や、社会保障、雇用労働の問題に人権条約を通じて光を当てることができるであろう。

最後に、日本の人権保障の大きな課題は4つあると考えられる。①個人通報制度②国内人権機関の設置③差別禁止法の制定④人権（平和）教育の充実、である。個人通報制度の導入により、②③④に対しても実施に向けた強い圧力が生じるであろう。

個人通報制度の導入について、司法権の独立を害するなど法律問題を指摘する声がある。しかし、通報の受理の要件として、国内的救済措置を尽くしていることが求められており、選択議定書の批准は何ら司法権の独立を侵害するものではない。日本が個人通報制度を導入しないのは、法律問題ではなく、政治的意思の問題であると考える。

報告2　金塚彩乃氏
女性差別撤廃条約と個人通報制度

女性差別撤廃条約は1979年採択、1981年発効、日本では1985年に批准された。批准により、父系優先血統主義を定めていた国籍法が改正され、男女雇用機会均等法が制定され、家庭科の男女共修が始まるという大きなインパクトがあった。現在の加盟国は186カ国である。

女性差別撤廃条約の選択議定書は、1999年採択、2000年発効、現在の締約国は99カ国である。

女性差別撤廃条約の下では、これまで15件の個人通報の申し立てがなされている。申し立ての数自体が少なく、また権利侵害が認められたケースは4件しかない。しかし、女性に対する暴力の分野において、私人間の暴力事案であっても政府が「相当な注意」（due diligence）を払っていなかった場合には、国家も責任を負う（条約違反になる）との画期的な判断が示されていることは注目に値する。

これらの先例から、個人通報制度を活用する際に留意すべき点も明らかになってきた。

まず、選択議定書の批准以前に生じたケースは受理されないという時的管轄の問題をどうクリアするかが課題である。批准以前のケースについては、選択議定書の効力発生日以降にも権利侵害の事実が継続しているという事実をどのように効果的に主張するかという検討が重要である。また、個人通報が受理されるためには、国内救済措置を尽くしていることが要件になるが、この要件もジェンダーの視点からの見直しが必要であるとの指摘もある。例えば、通報が行われた離婚に関するケースのような場合で浮き彫りにされたが、国内救済措置を尽くすために長期間国内で裁判を行わなくてはならないということは、司法アクセスの機会が限られ、また多くの場合資力に乏しい女性にとっては酷となることも多く、結果的に国内救済措置を尽くせないということともなりうる。国内救済措置を尽くすことを形式的に要求するのでは、その手段に乏しい女性の救済を拒絶することとなるため、この要件についても、ジェンダーの視点からの検討が必要である。当該女性がおかれている立場に即して考えるべきである。また、最上級審まで争っていても、国内手続で性別に基づく差別の存在を主張していなかったことを理由に、個人通報が不受理となったケースもあるので注意が必要である。

さらに、「被害者」以外は通報ができないことから、「被害者」の範囲をどうとらえるかも課題である。例えば、父の姓が子の姓となる法制のため、子が母の姓を承継することを拒否されたことが条約違反だとして通報されたケースがあったが、女性差別撤廃委員会は「通報者の母親が自分の姓を子に承継させられなかったという意味においてはその母親は被害者であり、そのことを通じて子も被害者たりうるが、この場合、子どもはその性別を問わずに被害を受けるのであるから性別に基づく差別とは言えない。通報者は「被害者」には該当しない。」として不受理とした（なお、林陽子委員は、通報者が被害者であるという事実は認めるべきだとの意見を述べている）。

なお、女性差別撤廃委員会への個人通報はこれまで、いわゆる「人権先進国」のヨーロッパ諸国に対するものばかりであった。今後は非ヨーロッパ諸国での活用が求められる。通報者には、資力や言語の壁がある。これを乗り越えて通報していくためには、支援者の努力が欠かせない。

最後に、女性差別撤廃委員会への個人通報の大きな意義は2つある。1つには「差別」について具体的ケースに即して考えることができる点、2つには、「国家責任」を私人間の問題についても認めている点、すなわち私人間の人権侵害の事案に関し、相当な注意を政府が払っていない場合、それは国家による条約違反を構成することが明らかにされた点である。

報告3　東澤靖氏
個人通報制度のもとでの条約機関の見解と国内での実施システム

日本の裁判所に人権条約を持ち出しても扱ってもらえない状況が20年以上続いてきた。昨年9月の政権交代で千葉法相が就任して以来個人通報制度導入への展望が開けてきた。来年の通常国会ではぜひ個人通報制度導入を果たしたい。

もっとも、個人通報制度が導入されても、条約の実施機関の「見解」が政府によって履行されなければ意味がない。2008年の自由権規約委員会の一般的意見33によれば、「選択議定書に基づいて出される委員会の見解は、規約そのものによって設置された、規約の解釈の責務を負う機関による権威ある決定（authoritative determination）を表すものである。これら見解の性質及びそれが持つ重要性は、規約及び選択議定書の双方における委員会の欠くべからざる役割に由来する。」「いずれにせよ、締約国は、委員会の見解を実効性あらしめるため、その権限の範囲内においてあらゆる手段を用いなければならない。」とされる。しかし、いかなる手続で見解の内容を具体化するかは各締約国にゆだねられている。

見解では、被害者への損害賠償の支払い等の国家による補償や、法令・実務の改正を通じての権利侵害再発防止、責任者の訴追などが求められることがある。こうした見解が直ちに国内法として拘束力を持つとの特別法を設ける方法もあるが、かかる特別法が制定されているのはコロンビアのみである。

行政による恩赦的金銭補償がなされているのがオランダ、ノルウェー、セネガル、ウルグアイ、エクアドル。国家賠償法などの枠内で国内の手続きにのせることで履行をはかるのが、アルゼンチン、フィンランド、スペイン。「見解」に合わせて関係法を改正したのが、カナダ、オーストリア、フィンランド、ラトビア、モーシャリスである。

他方、韓国では、民主化を機に個人通報制度を導入したが、実施機関の「見解」が守られない状態が続いてきた。主な通報ケースは国家保安法違反の有罪判決に対するものであった。通報があった10件のうち9件で規約違反が認定され、刑事判決の無効化、賠償、再発防止を勧告する「見解」が出された。しかし、韓国の大法院は、1999年3月26日の判決で国家賠償請求を退けた。これに対し、韓国の国内機関である国家人権委員会が法務内務省に対処を求める勧告を出し、法務内務省もこれにこたえて検討を開始し、報告書を出した。しかし、再審手続を用いるのは司法の権威を損ねるという理由で否定された。補償審議委員会を通じて補償する方法や、国家賠償法に特別規定を設ける方法も検討されたが、確定判決と矛盾するという理由で否定され、その後動きが止まってしまった。

このように、「見解」により改善が勧告されても、政府がそれに従わなければ実効性がなくなる。したがって、個人通報制度を実効的なものとするための国内制度が重要となる。

まず、国会で自主的に「見解」に従い法律を改廃する方法がある。行政レベルでは、調査、訴追、満足、実務の変更、賠償の手段が取りうる。国家賠償訴訟による解決も考えられる。もっとも、国賠訴訟については、「見解」と矛盾する国内裁判所の確定判決との関係が問題となりえよう。

日本でのあるべき制度としては、政府から独立した国内人権機関を設置することが考えられる。人権条約実施機関の「見解」を受け、国内人権機関が政府(国会・内閣)に対し措置を取るよう勧告し、政府がそれを実行する、という法制度になるのではないか。

討論

3氏の報告を受けて示唆に富む質疑や意見交換が行われた。紙幅の都合で詳しく紹介できないが、一端を記しておく。

- 今の日本政府は、個人通報制度導入によって、暫定措置の問題や、賠償など金払いの問題が生じるのにすごく神経質になっている。人権条約の実施機関による暫定措置は法的拘束力がないとしても、実施機関の「見解」に基づき被害者に金員を払うためには国内法の改正が必要となってくる。「相当な補償」を締約国に要求する具体的ケースを知れば知るほど日本政府は慎重になっているふしがある。
- 国会議員に個人通報制度導入のロビーイングをすると、「日本国民にとってどういうメリットがあるかを示してほしい、そうでないと他の議員を説得できない。」と言われる。運動としてはばんばん情報を出さないといけない。
- 政府が慎重になっているのは、ようやくまともに個人通報の問題を考えだしたからではないか。それも、個人通報の導入が日程に上りだした成果かもしれない。
- 実施機関による人権条約の解釈は「直接の法的拘束力」はない、という理解が一般的なようであるし、日本の裁判所も人権条約の適用には非常に消極的である。しかし、他方で在日韓国・朝鮮人、台湾人の日本国籍喪失は、日本政府が条約を直接適用した結果生じたのではないか。サンフランシスコ条約で植民地の独立が宣言されたことにより、朝鮮半島と台湾の出身者は、一片の法務省民事局長通達で日本国籍を剥奪されている。国籍法に規定がないのに、なぜ植民地の独立を定めた条約の規定からいきなり国籍喪失の効果が発生するのか。国籍法の研究者がこれを問題にしないのも不思議だ。
- 「見解」に無理に法的拘束力を与える必要はない。「見解」に合わせて国内法を整備すればよいし、条約は法律に優位するので、裁判所も条約(ひいては「見解」)に整合的に法律解釈をせざるをえなくなる。むしろ、「見解」で勧告されたことに法的拘束力がないとしておいたほうが柔軟な問題解決が可能になるのではないか。
- 欧州人権裁判所の判決には、明らかに法的拘束力があるが、ロシアは欧州人権条約に加盟しているにも関わらず、欧州人権裁判所の判決に長らく従ってこなかった。そのためロシアなど人権条約にいれるのではなかったという声もあったくらいだが、最近徐々に変わりつつある。
- 最高裁判所の尊属殺重罰規定違憲判決から20年以上刑法は改正されなかった。法的拘束力があるといってみても政府が実行しないケースは国内法の場合でも存在する。法的拘束力の有無より、どうやって政府に実行させるかのほうが重要である。

2010年 JCLU 合宿報告

特例会見問題にみる天皇の行為の位置づけについて

会員・弁護士 渡部 豊和

合宿の2日目(3月21日)は、近時の天皇問題について、川岸令和さんの司会で報告と討論が行われた。はじめに大林啓吾さんと横大道聡さんから報告が行われ、その後、特例会見問題を中心とした近時の天皇問題について討論した。奥平康弘先生も参加し、ご意見をいただいた。

特例会見とは、中国の習近平国家副主席が来日するにあたって、中国側が天皇との会見を要請し、政府がこれに応じたものの、天皇と外国要人との会見には1か月前までに文書での申請が必要であること(いわゆる1か月ルール)が外務省と宮内庁との内規で決まっていたため、いったん宮内庁から拒否され、結局、政府側が、09年12月15日、宮内庁の反対を押し切る形で実現させた会見を指す。この特例会見について、宮内庁の羽毛田長官は、「陛下の国際親善活動は、国の大小や政治的重要性とは別次元で行われてきた。(特例扱いは)二度とあってほしくない。」などと政府の対応を批判。これに対し、会見実現に向け政府に働きかけたとも報道された民主党の小沢幹事長が、「憲法の精神、民主主義の精神を理解していない。どうしても反対なら辞表を提出してから言うべきだ。」などと反論したことから、大きく報道され、政治問題化した、というのが特例会見問題の概要である。

横大道さんからは、現行憲法下の天皇の位置づけを踏まえ、背景的知識として、大要以下のとおり、天皇の公的行為をめぐるこれまでの議論の整理がなされた。

明治憲法下の天皇は、「統治権の総攬者」であった(明治憲法4条)が、現行憲法下の天皇は、「象徴」であり(憲法1条)、「内閣の助言と承認」に基づいて、憲法の定める「国事に関する行為」(以下「国事行為」という。)のみを行い、「国政に関する権能は有さない」(憲法4条1項、3条)。もっとも、天皇も、私人としての私的な行為を行うことは当然可能であり、憲法上認められるか否かが問題となるのは、地方巡幸、国会開会式での「お言葉」、外国への親善訪問など、国事行為に含まれていないが公的な意味合いを持つ天皇の行為である。憲法学説の多数は、これらの行為も憲法上許容されるとする。そのうち、象徴としての地位に基づく「公的行為」として認められるとする説(象徴行為説)が最も有力である。政府見解も、この説と同様の立場である。そして、政府は、国事行為と公的行為とで、内閣の関与と責任のあり方に違いがあるとし、内閣は、国事行為と異なり、公的行為について「助言と承認」を行う必要はなく、公的行為の判断は、第一次的には宮内庁が判断する行政事務であり、最終的な責任を内閣が負う(憲法65条)、とする。

大林さんからは、横大道さんの報告を踏まえ、09年12月に大きく報道された天皇と中国要人の特例会見問題について、資料として事前に配布された新聞記事の切抜きを参照しながら、大要以下のとおり、報告がなされた。

特例会見問題は、憲法学の観点からは、いわゆる1か月ルールが、天皇の公的行為を立憲的に限界づけるものであるかどうかの問題であるといえる。1か月ルールが天皇の公的行為を立憲的に限界づけるものであるならば、天皇の公的行為について最終的な責任を負う内閣といえども、当然、それに従わなければならない。この点、1か月ルールは、行政機関の内部規則であるとされるが、その法的性格が必ずしも明確でないこともあり、両様の解釈を生んでいる。ひとつは、たとえ内規といえども、一度ルールとなった以上、1か月ルールを変更することそれ自体が、政治的意味を帯び、象徴天皇としての性格に反してしまうから、内閣といえども1か月ルールを踏み越えることは許されない、という解釈である。もうひとつは、公的行為の判断について最終的な責任を負うのは内閣であるから、象徴天皇としての性格に反しない限り、内閣の責任において、1か月ルールのような内規を変更することは、当然許される、という解釈である。

以上のような報告の後、討論に移った。以下、討論の概要を報告する。紙幅の関係上、討論のごく一部を紹介するにとどまることをあらかじめお断り

奥平康弘先生も駆けつけてくれた

しておく。

討論の前半は、競馬の天皇杯は戦前から続いていることなど、明治憲法下及び現行憲法下における天皇制の歴史的な連続と非連続に関する言及が目立った。そのなかで、明治憲法下の天皇と現行憲法下の天皇が実際に行ってきた行為を具体的に列挙し、それらの行為が法的にどう位置づけられてきたかを調べてみると、興味深い結果が得られるのではないか、という提案もあった。

特例会見問題について、今回の会見の相手方は国家主席となることが決まっているわけではない、にもかかわらずそのような立場の要人と天皇が会見することになれば、結果的に天皇が一方に肩入れすることになってしまう、このことに対する危惧が特例会見問題の背景にあったのではないか、という解説があった。その上で、実質的な問題がそこにあったとしても、そもそも、現行憲法体制になったにもかかわらず、諸外国から、天皇が元首であるように当該国の要人と会見してもらいたいという要請があり、我が国はその要請を受け入れ、諸外国の側では、当該国の要人は我が国の元首たる天皇と会見したと国内的に説明する、そういうことが繰り返されてきた歴史がある。このような会見は国事行為ではないから、すべて天皇の政治利用であるといえる。このような歴史からみると、1か月ルールを破ったことが憲法上問題かどうかという議論は、本質的な議論ではないのではないか、という意見があった。

また、実務家から、憲法研究者に対し、理論的に一番すっきりしているのは公的行為の一切を否定する説(違憲説)ではないか、それにもかかわらず違憲説がごく少数にとどまっているのはなぜか、という疑問が投げかけられた。これに対し、憲法研究者からは、天皇という機関を一個人が担うという制度として存在している以上、その個人の行動には必ず何らかの公的な意味合いが伴うのであり、その一切を否定するのは現実的な議論ではない。公的行為というカテゴリを設けることは、そうした公的な意味合いを持つ行動についても、統制を及ぼそうという実践的意図を有するものである、という応答があった。この応答に対し、実務家からは、実際問題として、公的行為というカテゴリを設けることによって統制を及ぼすことができているのか、正直よく分からない、という意見もあった。

こうした議論を受けて、奥平先生は、マスコミでしばしば「天皇陛下のご公務」という言葉が話題に上ることに触れながら、天皇の公的行為は、必ずしも押し付けられたものではなく、相撲観戦する天皇を待望するような日本国民が作り上げてきた側面があると指摘された(なお、報道によると、相撲観戦は、昭和天皇のときは私的行為として位置付けられていたが、今上天皇になってからは公的行為として位置付けられているそうである)。

そして、奥平先生は、天皇制が問題となるたびに、これまでずっと、なぜ天皇制を残したのか(残すのか)という根本的な議論をすべきだ、と言ってきたが、ほとんどジャーナリズムからは受け入れられなかった、と語られた。

人権裁判の周辺

浦安事件控訴審勝訴判決報告

～知的障がいのある児童の供述の信用性～

会員・弁護士　黒岩 海映

2010年3月24日、東京高等裁判所において、浦安市立小学校・特殊学級の担任による知的障がいのある児童に対するわいせつ事件の民事訴訟の控訴審判決が出た。刑事では児童の供述の信用性に疑問を持たれて無罪となった事件の民事で、多くの被害事実が認定される画期的な勝訴判決となった。

事件概要

2003年4月、浦安市で小学校が新設され、その特殊学級はモデル校と宣伝され、周辺の小学校から児童達がわざわざ転校してこの特殊学級に入った。ところが間もなく、特殊学級に在籍する小学校6年生の女児が、家に帰るなりシャワーを浴びたり、大好きだったスカートをはかなくなるなどの変化を見せ、7月4日、母親に対し、担任から「おっぱいぎゅーされた」との初めての被害申告をした。女児は次に7月12日、担任がパンツに手を入れた、との被害申告をした。8月には母親の実家で、祖母に多数の被害申告をし、9月から12月にかけて、母親に対しても「白いおしっこをかけられた」等の申告が次々出た。また他の女児からも被害申告が出てきた。

被害申告が出る度に児童の両親は学校に伝えて調査を求めたが、学校が「事実を確認できない」等の立場を崩さないため、2003年11月、両親は刑事告訴に踏み切った。

刑事裁判

警察は積極的に捜査を進め、2004年2月、加害教諭は逮捕され、4月に刑事裁判が始まった。加害者は、自白した時期があったものの、基本的には否認した。この女児については、7月4日に胸を掴まれた被害が起訴事実とされた。ところが2005年4月の一審判決で無罪、2006年2月に高裁でも無罪となり確定。高裁判決では、加害者の自白の信用性、加害者の幼児性愛傾向や、被害児童の供述の重要部分の信用性を認めつつも、被害が起きた時と場所について疑問が残るとして、一審の無罪判決を支持した。

民事裁判提起

2006年5月、被害児童と両親は、加害教諭と浦安市、千葉県を被告として損害賠償を求める民事訴訟を千葉地裁に提起した。

被害事実の立証にあたって弁護団が力を入れたのは、刑事事件確定後に発見された被害児童の祖母の日記に記録された被害聴取内容の信用性と、専門家意見書による被害供述の信用性評価だった。

英米などにおいては、虐待被害にあった児童に対し、被害申告直後に専門家が聴き取りを行う司法面接のシステムが確立している。司法面接においては、誘導的な質問は原則として禁じられ、オープンな質問が行われるべきとされる。そして面接は録音・録画され、後の司法手続きにおいて重要な証拠となる。しかし日本では司法面接について徐々に研究・研修が進められているものの、システムとしてはいまだに存在しない。

このような状況で非常に悩ましかったのは、被害発覚直後に母親が行った聞き取りは、全く生の記録が残っておらず、最初の被害申告から5ヶ月以上経って主治医の許で録画されたビデオしか生の記録がなかったことだ。そしてこのビデオにおいて、医師は司法面接の訓練を受けた専門家ではなく、治療目的の面接にありがちな「肯定的」「共感的」な発言を多くしていたため、その内容は司法面接の基準で評価すると、「誘導的な聴き取りであり、供述の信用性はない」と見られかねないものになっていた。かつ、こうしたやり取りの中で、被害児童が一見不合理な供述をしてしまっている部分があることが、刑事では被害供述全体の信用性に対する消極評価につながった。判決理由で一般によく使われる「供述の一貫性」「供述内容の合理性」といった基準から見ると、信用性を認めがたい被害供述の数々。これらをどう説明していくかが、弁護団に課せられた重い課題だった。

こうして民事では、原告被告双方で、供述分析の専門家の意見書を複数出し合う戦いとなった。弁護団は、数ヶ月後に行われた主治医面接のほか、生の記録はないものの、周囲からの影響を受けていない段階で母親が聞き取った初期供述に焦点を当てて、立証に力を注いだ。

一審判決

2008年12月に出た一審判決では、①7月4日に胸を掴まれた被害、②プールで頭を叩かれた被害（被害児童の妹の目撃証言があった）、③拳骨で頭を叩かれた被害（加害者が自白していた）の3点のみが認められ、その他の事実は排斥された。認定できない理由として、最初の被害申告から相当期間経過後になされた供述であること、補強証拠がないこと、前後の状況が不明であること等が挙げられた。また、被害児童が主治医面接等で行った一見不合理な供述が、全体の信用性を否定する理由にされた部分も多くあった。さらに祖母の日記の信用性は全く認められなかった。また刑事事件では、加害者が自白をした時期があったり、押収された多数の児童ポルノから加害者の幼児性愛傾向が認定されていたが、民事一審判決では、これらの事実が不思議な程軽視されていた。

この3つの被害事実を前提として認められた慰謝料額はわずか50万円だった（弁護士費用を含めた認容額は60万円）。

しかし児童の両親は、この時点で既に相当長い間戦い続けてきており、例え3点でも被害事実が認められたこと、特に、刑事で無罪とされた「おっぱいぎゅー」の被害が認められたことを評価して、控訴しない決断をした。ところが浦安市と千葉県が東京高裁に控訴をしてきたため、結局被害児童も附帯控訴をすることとなった。

控訴審での戦い

控訴審では、一審判決に見られる虐待を受けた児童の供述特性に対する無理解を払拭するべく、新たな専門家意見書を提出するなどして、上記3点以外の事実も認定されるよう最大限戦った。特に、一般に虐待被害にあった児童が直後に被害申告することとはむしろ稀で、相当期間経過してから徐々に、しかも内容を変遷させながら供述していく方が通常であることを、裁判所に理解させる必要があった。そのためにはこれまで通り供述分析の専門家に頼るだけでは足りないと思われた。そこで児童虐待の司法面接の専門家に依頼して、意見書を証拠提出した。この意見書では、海外の研究結果などを多数引用しながら、①本当に虐待被害にあった児童の供述には、ファンタジーと思われる供述が混ざり込むこと、②虐待被害にあった児童は、揺れながら徐々に時間をかけて被害を語り出す開示プロセスを辿るものであること、等を説得的に述べてもらった。

また、加害者の自白や幼児性愛傾向についても改めて強く主張した。

さらに司法面接がシステムとして存在しない日本において行われた聞き取りを、後から司法面接の基準を使って信用性なしと判断することの不合理性を強調した。

こうして迎えた控訴審判決当日、裁判長は、浦安市と千葉県に対し、330万円の支払いを命じる判決主文を読み上げた。それを聞いた時点で、バーの中に座る当事者家族と弁護団は、一審以上の事実認定が得られたことを確信し、涙ながらに抱き合った。裁判官3人が退廷した後、傍聴席から自然と拍手が沸き起こった。

控訴審判決では、祖母の日記の信用性こそ認められなかったものの、3つの被害事実に加えて、①7月4日以外にも複数回胸を触られたこと、②陰部を触られたこと、③加害者が陰茎を露出して児童に見せたこと、が事実認定され、さらに被害児童のPTSD症状も認定された。認容額の内訳は、慰謝料300万円と弁護士費用30万円だった。

そして判決理由においては、加害者の刑事手続における自白の信用性を広範に認めたほか、性的被害にあった児童はその直後に被害を申告するとは限らず、相当期間経過後に被害申告をすることも多いことや、知的障害者が被害の日時や回数について正確な記憶がなかったとしても供述の信用性が否定されないこと等が認められた。この判断は今後、虐待被害にあった知的障がいのある児童の裁判において規範とされるべきであり、一歩踏み込んだ画期的な判示であると言える。

最後に

この件では事件発覚後の学校側の対応が余りにも杜撰だったため、浦安市独自の事後対応義務違反等の主張も行った。企業や大学ではセクシャルハラスメント防止対策が相当進んでいるのに、より弱い存在である児童を守る対策が、学校教育現場ではほとんど手つかずであることや、被害申告を受けての調査体制も全く構築されていないことを詳しく論じた。しかし一審、二審を通して、浦安市の事後対応義務違反が認められなかったことは残念だった。それでも最終的に、公立小学校の構内で、担任の児童に対するわいせつ行為が複数回起きたと認定された以上、関係自治体が今後の被害防止に向けて対策を取るべきことは言うまでもない。

また事件が起きてしまった場合に利用できる司法面接システムの導入は喫緊の課題であろう。

7年もの長い戦いを経なければ被害事実の認定すら受けられないという被害者家族の苦労を、今後他の誰かが負わなくてすむよう、学校における性被害予防策や調査体制、そして司法面接のシステムが確立することを切に願うものである。

例会報告

高校無償化と外国人学校

～外国人の地方参政権とも関連付けて～

理事・弁護士　藤本 美枝

民主党政権の重点政策の一つである高校授業料の実質無償化が、3月31日「公立高等学校に係る授業料の不徴収及び高等学校等就学支援金の支給に関する法律」成立により実現した。この間、最も注目されてきたのは、「朝鮮学校を除外するのかどうか」という点である。

衆議院文部科学委員会における法律案の審査最中の3月10日、JCLUの3月例会が開催され、田中宏代表理事より「高校無償化と外国人学校～外国人の地方参政権とも関連付けて～」と題する報告がなされた。この問題に対する関心の高さから、報道関係者複数を含む28名の参加があった。

以下、田中代表理事の報告の概要と、参加者の発言の一部を紹介する。

田中宏代表理事の報告

1　前史

日本における朝鮮の民族教育の原点は、朝鮮独立に伴う「原状回復義務」として日本に課された義務だということにある。旧植民地出身者が日本国籍を失ったことに伴い、日本政府はそれらの者の教育につき責任を負わなくなったとして、当時東京都内に15校あった都立朝鮮人学校が1955年廃校となり、自主学校に切り替わった。これが今日の朝鮮学校の前身である。1965年には、「民族性又は国民性を涵養することを目的とする」ものは各種学校としても認可すべきでないとの文部次官通達が出されたが、この公式見解に反して、その後、すべての朝鮮学校は、都道府県知事により各種学校として認可されるに至っている。

2　一条校に準ずる扱い

各種学校として認可はされたものの、当初は通学定期券の対象、各種体育大会の参加資格、自治体の助成金の支給等において、学校として取り扱われていなかった。しかし粘り強い運動により、これらの面においては、いわゆる一条校（学校教育法1条に定義する学校）に準ずる扱いが徐々に認められてきた。大学の入学資格についても、文科省の2003年告示により、3つの国際評価機関の認定校卒業生に加えて、本国の高校と同等の課程を終了した者及び各大学の個別審査により認めた者にも認められることになり、朝鮮学校卒業生にも大学の個別審査という途がようやく開かれた。しかし今なお、寄付金に関する税制上の優遇措置が適用されないなど、差別的な取扱いが残っている。

3　高校無償化と外国人学校

今回の法案は、民主党が政権につく前の法案の段階から、一貫して、外国人学校を対象としていた。野党案では個人給付方式だったのが、政府案では学校法人の代理受領方式に変わっている点のみが変更点である。この背景には、民主党が、社会権規約13条2項(b)[1]の留保を外し、立法化することを目指していた、ということがある。ところが、法案の閣議決定後、拉致問題担当相が朝鮮学校の除外を要請していたことが表面化し、この問題が一気に噴き出してきた。

朝鮮学校除外問題に関する国際社会の関心は高く、国連人種差別撤廃委員会の日本政府報告審査においても取り上げられた[2]。

ポイントは、いかなる基準で対象となる学校を決めるか、ということである。法案上は「高等学校の課

1）13条2項 この規約の締約国は、1の権利の完全な実現を達成するため、次のことを認める。(b) 種々の形態の中等教育（技術的及び職業的中等教育を含む。）は、すべての適当な方法により、特に、無償教育の漸進的な導入により、一般的に利用可能であり、かつ、すべての者に対して機会が与えられるものとすること。

2）国連・人種差別撤廃委員会は、日本政府報告書審査の総括所見（22パラグラフ）において、高校無償化法案から「朝鮮学校の除外を示唆する一部政治家の動き」に懸念を表明している。

程に類する課程を置くものとして文部科学省令で定めるもの」とされているが、省令でいかなる基準を設けるか。入学資格の基準に照らしても、国際評価機関認定校や、本国の高校と同等の課程を有することが確認できる学校が認められることはおそらく間違いないが、問題は、これに該当しない朝鮮学校である。この点を考えるに当たって参考になるのは、自治体の補助金の支給基準である。例えば、東京都の「私立外国人学校運営費補助金交付要綱」においては、「高等学校の課程に相当する課程を有する学校」が補助対象とされている。各種学校は自治体の管轄下にあり、給付金も自治体を通じて支給されるので、このような自治体の基準を適用することによって、解決できるのではないか。但し、「まず除外ありき」という立場で臨むのであれば、色々な理屈は立つだろう。

4 永住外国人地方選挙権付与法案

外国人の地方選挙権については過去に7つの法案が提出されているところ、内容としては次のように分けることができる。A案は、永住外国人に投票権に加えて、直接請求権及び人権擁護委員等の就任資格を認めていた。B案は、さらに被選挙権も付与。C案は、A案と異なり、外国人登録の国籍の記載が国名によるものに限るとして、朝鮮籍を除外していた。民主党の永住外国人法的地位向上推進議員連盟が2008年5月に発表した提言においても、C案と同様、朝鮮籍の者を除外する方向が示されていた。

朝鮮籍の人の処遇を遡ると、1965年の日韓法的地位協定に基づく申請者には「協定永住」の資格が付与されたが、申請しなかった朝鮮籍の人は対象外だった。しかし、その後、1991年の日韓覚書に基づき、旧植民地出身者が「特別永住」に一本化された。すなわち、覚書以来20年間、朝鮮籍の人も、特別永住者として、外登証の常時携帯義務の扱いなど同じ処遇を受けてきたのである。ここに及んで、朝鮮籍の人だけについて異なる取り扱いをするということを、一体どう考えたらよいのか。

参加者の発言・質疑

元朝鮮大学教員の方より、「過去に、朝鮮大学2年生が金日成総合大学2年に直接編入を認められた実績があり、共和国は朝鮮学校を本国の高校と同等と扱っていると考えられる。朝鮮学校の教科書は、歴史の部分は日本の教科書と少し違うが、そのほかは変わらない。また朝鮮学校が閉鎖的だという事実はなく、見学もできるなど外部に開放されている。」との発言があった。また、報道関係者からも、朝

鮮学校を通じて金が共和国に流れているなどと言う人もいるが、学校の財務内容については自治体の監査もあり、生徒の半分は韓国籍であって、親のチェックも厳しいことが紹介された。

国際人権法研究者である藤本俊明会員より、教育は政策ではなく人権の問題であり、朝鮮学校の除外は、社会権規約13条2項(b)のほか、人種差別撤廃条約、自由権規約26条、子どもの権利条約など人権諸条約に違反する可能性が高い、との指摘があった。

「本国が認めた学校」の基準に関連して、台湾系の中華学校はどう扱われているかとの参加者からの質問に対し、田中代表理事より、台湾とは国交はないが、実質的には大使館に相当する機能を果たしている組織があり、日本政府はここを通じて「公的に確認」できるとしている。共和国の場合はこの点難しい、との回答がなされた。

最後に、参加者より、外国人学校の小中学校は国の助成対象となっていないから、高校のみ無償化が実現しても、アンバランスなことになる。国として外国人学校を認定し、学習権をきちんと保障することが本来必要なのではないか、という根本的な問題に対する指摘があった。

例会開催後の状況

その後政府は、朝鮮学校を即時に無償化の対象とせず、文部科学省令にいう「高等学校の課程に類する課程を置くもの」に該当するか否かを判断するため、第三者機関を設置して判断基準を策定し、審査の上で、8月頃に結論を出すとの方針を明らかにした。

JCLUは、これに先立つ3月25日、選別基準として教育内容を用いることは憲法違反の疑いが強く、外形的・客観的な基準によるべきであるとの緊急声明を発表している。

声高な感情論に迎合して、あからさまな差別が行われ、子どもたちの学習権が侵害されるようなことがないよう、引き続き注視していく必要がある。

あたごの杜から 事務局長日誌

沖縄密約情報公開訴訟判決は見事な完全勝利でした。前号の「あたごの杜」では判決を前にして悲観的なコメントで締めたことを反省いたします。改めて小町谷理事をはじめとした弁護団の皆様のご努力に敬意を表したいと思います。

支援事件の取り組みの強化は、私が事務局長に就任した際の課題の1つでした。かつては私自身もいくつか支援事件を掛け持ちしていた時期もあったのですが、事務局長に就任した2年前、JCLUに支援事件は1件もないことを寂しく感じていました。会員の皆様の努力で、現在4件の支援事件があります。引き続き良い結果がでることを期待しております。

昨年に続いてこの3月に実施したJCLU合宿も、長く実施していなかった企画を、私が事務局長就任後、皆様に背中を押されて再開した事業になります。毎回非常に密度の濃い議論が行われた後、すてきなお湯とお食事をいただきます。今後も是非続けていきたい企画です。

この2年間、復活した事業だけでなく、新たにはじまったものもあります。西松安野友好基金の受託は、大事なお金をお預かりするだけでなく、社会的にも重大な責任を担うものになりました。西松建設については、安野（広島県）の現場以外でも、今回のスキームを模した和解が進んでいます。いずれはこの流れが他の企業や国家的な事業に繋がっていくことを願っています。そのためにもJCLUとしても失敗のできない事業です。

他方、目標に掲げながら十分な活動ができなかった事業もあります。一昨年、継続審査が通った国連NGO協議資格ですが、十分な活用場面を見いだせず、2年が経過してしまいました。遅ればせながら、先日はじめて、林陽子元理事（国連女性差別撤廃委員会委員）が共同世話人を務める国際人権コンサルテーションに参加してきました。JCLUが日本のNGOを代表して果たさなければならない役割を今になって自覚することができました。今後の課題として問題提起を続けていきたいと思います。

充実した活動を続けながら、会員の皆様に、タイムリーな情報発信ができなかったことも反省事項です。新公益法人法への対応、事務所の契約問題など、組織としては今後も課題満載です。

いつも場当たり的に対応しながらも、JCLUならではの講演会など、良い企画に恵まれました。振り返ってみると、どの企画も会場にあふれんばかりの参加者を得ることができ、別の部屋から椅子を集めてまわったことが何度もありました。汗まみれになったことも今では良い思い出です。

間もなく5月29日には、2010年の定期総会が開かれます。皆様のもとに新しい事務局長をご紹介できる場となると思います。2年間ありがとうございました。

2010年1月から4月までのJCLU

1月19日	講演会「私の刑事弁護活動」(弘中惇一郎氏・弁護士　JCLU評議員)弁護士会館
1月26日	1月理事会
2月15日	2月理事会
2月24日	「情報公開法の改正及び外交文書の管理・公開に関する要望書」発表
2月25日	『国産自動車メーカーのCSR報告書に対する評価(2009年度)』発刊
3月10日	3月例会「高校無償化と外国人学校～外国人の地方参政権とも関連付けて～」(田中宏氏・一橋大学名誉教授 JCLU代表理事) JCLU事務局
3月10日	『第18回久保田メモリアルシンポジウム講演録　韓国の外国人政策に学ぶ―問われる日本の政策不在―』発刊
3月17日	3月理事会
3月20･21日	JCLU合宿(『国際人権条約における個人通報制度』藤本俊明氏、金塚彩乃氏、東澤靖氏『天皇の公的行為』横大道聡氏、大林啓吾氏)日本新聞協会湯河原荘
3月25日	「高校無償化の対象となる外国人学校の選別基準に関する緊急声明」発表
4月9日	支援事件・沖縄密約情報公開訴訟勝訴判決(東京地裁)
4月14日	4月理事会
4月16日	国際人権コンサルテーションに参加(事務局長対応)国連大学

【発行日】2010年4月30日 【発　行】社団法人 自由人権協会
〒105-0002 東京都港区愛宕1-6-7 愛宕山弁護士ビル306
TEL:03-3437-5466 FAX:03-3578-6687 URL:http://jclu.org/ Mail:jclu@jclu.org
（大阪・兵庫支部）
〒530-0047 大阪市北区西天満1-10-8 西天満 第11松屋ビル3F 堺筋共同法律事務所内
TEL:06-6364-3051 FAX:06-6364-3054
協会設立:1947.11.23 本紙創刊:1950.5.1 購読料:年間2,500円 郵便振替:00180-3-62718 発行人:古本晴英
JCLU 社団法人 自由人権協会

人権新聞 Japan Civil Liberties Union
JCLU Newsletter
発行所　社団法人　自由人権協会
JCLU
〒105-0002 東京都港区愛宕1-6-7 愛宕山弁護士ビル306
TEL:03-3437-5466　FAX:03-3578-6687
URL:http://jclu.org/　Mail:jclu@jclu.org
協会設立:1947.11.23
本紙創刊:1950.5.1
購読料:年間2,500円

特集
支援事件
沖縄密約
情報公開訴訟

知る権利を求めて　―沖縄密約情報公開訴訟が投げかけたもの

総会記念シンポジウム報告

2010年5月29日、恵比寿スバルビルにおいて、2010年総会に引き続き、記念シンポジウムが行われた。

第一部では、かつて米国統治下の沖縄にJCLUが調査団を送って人権状況を調査したことにはじまり、現在の沖縄密約訴訟に連なる、沖縄とJCLUとの関係について、小町谷育子理事から、知る権利の実現までの活動と重ね合わせて紹介された（本号6頁参照）。また、沖縄密約訴訟東京地裁判決当日の原告の方々のコメントがビデオで紹介された。

第二部のパネルディスカッションでは、琉球大学教授・我部政明氏、沖縄県文化振興会公文書主任専門員・仲本和彦氏、弁護士・三宅弘氏をパネリストに迎え、沖縄密約訴訟について議論が行われた。コーディネーターは小町谷育子理事が務めた。本稿は第二部の議論の要約である。

1　有識者報告書の評価

小町谷：有識者報告書（外務省「いわゆる『密約』問題に関する有識者委員会報告書」2010.3.9）では、国家間の合意あるいは了解であって、国民に知らされておらず、かつ、公表されている合意や了解とは異なる重要な内容を持つもののうち、合意内容を示した文書があるものを「狭義の密約」、ないものを「広義の密約」と定義しているが、どう評価するか。

我部政明氏

我部：ポイントが2つある。1つは、秘密にしておくことが念頭にあれば、可能な限り証拠を残さないので、後から探すのは困難ということ。2つ目は、誰にとっての秘密か、ということである。広義、狭義の違いについて、紙があるか否かというのは形式論である。秘密にしたい側にとっては、広義の密約だから、紙はない（文書不存在）と言いたいのではないか。文書がアメリカにあって日本にない理由は、日本にとって秘密だがアメリカにとって秘密でないからである。日本にとって都合が悪い理由は、アメリカの権利が保証されているからであるが、密約が無効というと、アメリカから強い抗議がきて、日米関係に大きな影響がある。そうした議論を途中で止めるために、狭義と広義の二つがあるとして、議論が止まるしくみにしたのである。

小町谷：有識者報告書では、今回の訴訟に関連する軍用地の原状回復費用400万ドルの肩代わりの密約については、広義の密約であり、狭義の密約に該当しないと認定されているが、どう考えるか。

CONTENTS

我部：外務省の説明では、3億2000万ドルの総額が決まっていて、内訳については、どう使おうと本来アメリカの自由だが、アメリカに求められたので紙に書いたという話になっている。しかし、この論理が作られたのは、400万ドルの合意があった翌年の1972年4月、西山記者が逮捕された後である。つまり外務省がこの問題で対応を迫られていたときに登場したのがいわゆる「栗山メモ」で、当時の外務省条約課長の栗山さんが、吉野さんに、こんな風に説明したほうがいいと知恵をつけたのである。そして、本当は、400万ドルの文書が先で、3億2000万ドルになったのに、翌年作成された栗山メモにより、総額が先にあったと説明した。外務省は、文書を所々しか公開していないので、空白部分が、後で作成されたメモにより説明されてしまう。広義の密約の場合も、同様である。

小町谷：有識者報告書では、当時、外務大臣の愛知氏は、多忙だったため密約について知らなかったという認定がされている。法律家から見て、この事実認定をどう評価するか。

三宅：外務省では、文書を残す際の作業として、時系列のファイルがつくられ、重要な合意文書と関連文書だけ抜かれ、残りの文書は廃棄対象として扱われる。合意の過程は公文書とみなされないのである。しかし、情報公開法の考え方では、合意過程の文書でも、行政機関が作成し、入手し、組織として使ったものは、組織供用文書として、行政文書となるから、大臣が知らなくても、部下が作成した文書は残さないといけない仕組みになっている。もっとも最近では、文書に“マル個”と書いて、個人的なメモだから、情報公開法の対象じゃないという変な運用が横行している。そこで昨年の公文書管理法の制定にあたり、意思形成の過程である文書も残すという修正がされた。本件で、3億ドルに1600万ドルと400万ドルを足して3億2000万ドルにするというのは意思形成過程だから、公文書管理法の考え方では、愛知大臣が知らないといっても関係なく、吉野さんがサインした文書は、当然行政文書であり公文書である。

小町谷育子氏（左）、三宅弘氏（右）

2　密約と思いやり予算について

小町谷：密約が、思いやり予算の原型になったというのはどういうことか。

我部：沖縄で、海を埋め立てて新しい基地をつくるのに、1兆円前後かかる。こうした費用を日本政府が払う根拠はないが、発端は、1972年の沖縄返還である。沖縄返還のとき、基地移転の費用負担については、明文化したくないし、払うとしても例外として扱いたかった。他方、アメリカはこれを根拠にして他のところにもお金を払わせたいと思っているので、微妙な言い方をしている。こうした中で沖縄が返還された。日本は、土地を返せと言い、アメリカは、土地を返すからお金を払えと言った。この裁判でも出たが、沖縄返還に伴って日本が払うお金の内訳は、移転費とその他の費用とされ、その他というのは、施設改善費、維持費などである。70年代の半ばまでに、淵野辺、王子、光が丘等の基地が返還され、横田、横須賀に統合された。このときの費用は日本が負担したが、目に見える移転費用として、国会でも通りやすかった。他方で、その他の費用として払ってきた建物維持・改善費については、有権者に説明がつかなくなり、「思いやり予算」という言葉ができたのである。

3　日米の公文書管理の比較について

仲本：今回、アメリカ国立公文書館（National Archives Record Association）から、日本の知らない文書が次々と出てきた。アメリカではしっかりした公文書管理がなされている。情報公開法は非常に大事だが、それより大事なのは公文書管理法である。昨年公文書管理法が制定され、初めて法律として整備されたことは評価する。ただし、組織供用文書じゃないと公文書とみなされないというのは問題である。行政の特徴として、例えば、消耗品を買うとき、税金を使う関係で文書が起案され、起案決裁文書は残る。他方で、日米間の重要な交渉などは、起案されないものがたくさんある。会議に出席した担当官のメモは組織供用としてファイルに入れない限り個人のものである。起案されない重要な文書はたくさんある。こうした文書を残そうという意識がないと、アメリカのように中身の濃い充実した記録が残らない。公文書管理においては、法律だけでなく意識や文化が大切である。説明責任を果たすため、政府の意図を後世に残すために文書を管理するという意識がないとうまくいかない。その意味で、今回の訴訟は、国民に公文書管理の重要性を知らしめた意味で非常に大切であり、吉野さんが「歴史に対する責任」と発言しているように、こうした意識が広がっていくことを期待している。

小町谷：日本の公文書管理法はどこまで進んでいて、課題があるとすれば何か。

三宅：仲本さんから「意識」という話が出たが、日本の公文書管理法1条では、公文書が国民共有の知的資源であるというこれまでなかった考えが明記された。また、「現在及び将来の国民に対する説明をする責務を果たすため」とも明記された。さらに知る権利を明記して、国民の権利性を高めるということが理念としてある。

4　文書廃棄の責任について

小町谷：今回の訴訟で、密約の核心的文書は見つからなかった。もしそれらが廃棄されているなら、その責任はどうなるか。現行の公文書管理法や情報公開法で対応できるのか。

三宅：懲戒処分や罰則について提案しても、刑法の公文書毀棄罪で対応できるといわれる。しかし、公文書毀棄罪では検察も警察も動かないので、刑法では意味がない。刑罰については罪刑法定主義の問題があるが、少なくとも懲戒については手当すべきである。

仲本：アメリカでは、公文書廃棄の罰則があり、禁錮か罰金、またはその両方が科せられる。日本の問題の多い現状を見れば、法律に罰則規定を設けるのが最低限だと思うが、今回見送られたのは残念である。

5　外交文書の公開のあり方について

我部：政治学の視点から話したい。相手が知っていることを自分も知っておかないと交渉は成り立たないので、記録をとっておくことは当然の前提である。役人は、記録を全部見て、最大限の努力を払って交渉しなければならない。外務省に記録がないのは、いいかげんなのか、組織的に隠しているかだ。隠しているとなると、省内で情報が共有されていないということで、外務省全体の利益を損なう。アメリカでは記録を共有しているのに、日本の職員は全然わからないというのでは日米交渉の結果は明らかである。情報公開の権利の問題以上に、日本の外交の力の問題として、集めた情報が有効に生かされていないことは大きな損失である。沖縄返還交渉は、アメリカの外交例を学べるひとつの蓄積である。内部の仲のいい人、派閥だけで情報を共有しているというのは、組織として外交をするときの弱点になる。個人芸に依存した外交は、組織的プロの前では太刀打ちできない。

仲本和彦氏

仲本：相手国との信頼関係が損なわれるということを理由に公文書を非開示にする傾向が多々見られる。日本に限ったことではなく、情報公開大国のアメリカでもある。クリントン政権のとき、文書開示政策がすすんだが、ブッシュになってこれまで公開していたものが非公開になった。9.11の後、アメリカがテロとの戦いの中で閉鎖的になったが、オバマ政権で見直された。アメリカでは様々な議論がされている。今回、外交に秘密がつきものなのか、密約の是非が問われた。ある程度交渉を成立させるために隠すのはやむをえないという考えも必要かもしれないが、こうしたことを普段から考える雰囲気が必要である。日本でも継続的に議論しなければならない。その意味では情報公開訴訟が世論を喚起したのは意義があった。

三宅：情報公開法は、これまでは、行政機関の長が防衛外交上開示しないことが相当と認めると、そのまま文書は不開示という条項だったが、その是非を裁判所が判断できるよう改正が検討されている。裁判所が実際に文書を見て不開示相当性を判断するインカメラ制度を入れる方向でまとまりつつある。そのあたりを制度化することによって外交文書の公開をすすめ、国民共有の知的資源である公文書を管理しながら交渉にあたるという制度的運用を図る必要がある。

（会員・弁護士　川上　愛）

特集 支援事件 沖縄密約情報公開訴訟

国家賠償の観点から見た沖縄密約情報公開訴訟

理事・神奈川大学法科大学院教授・弁護士　森田 明

ここでは、判決のうち国家賠償請求を認容した点について紹介し、若干のコメントをさせていただく[1)]。

この訴訟では、外務大臣に対する開示請求と財務大臣に対する開示請求の両方について不存在としたことにつき一人当たり10万円の損害賠償を求めた。判決では、外務大臣による処分の点のみについて判断して、国に対し原告一人当たり10万円の慰謝料の支払を命じた。紙面の制約もあるので、国家賠償の成立要件のうち、違法性と損害の点について取り上げる。

1　違法性について

情報公開法・条例にかかる不開示決定について国賠が認められるためには、不開示決定が違法と判断されるだけでなく、不開示決定をするに当たり、公務員が通常尽くすべき注意義務を尽くすことなく漫然と当該判断を行った結果違法な処分をしたものであることが必要とされる。本件判決では、この点について次のように判断している。

「外務大臣の行為について検討するに、本件処分1は、米国国立公文書館で公開されている文書と同一内容の文書・・・の開示を求めるという本件開示請求1に対し、外務大臣において、本件各文書1の存否を正面から問題とした上で、それらを保有していないことをはじめて外部に表明するものであったということができる。本件処分1の上記のような性質を考慮すると、本件各文書1の存否の判断に当たっては、その時点において十分調査を行うべきものであったのであり、関係すると思われる行政文書ファイルを調査したことが過去にあったとしても、本件開示請求1に対する対応にその調査結果を援用することができるか否かについては慎重な検討が求められる」とする。

そして、外務省で行われた検討は本件文書と同一内容の各文書を含む別件事件（西山元記者が国に対し謝罪等を求めた事件）の関連調査の結果を前提に、別件事件関連調査の作業に当たった担当官等から確認したというだけであり、本件文書の不存在が確認されたとの調査結果をそのまま援用することができるか否かについて十分な検討をしたと解することはできない、としている。また、別件事件関連調査が十分なものであったか疑問が残るし、本件文書の中には別件事件で存否の確認すらされていないものがあり、「不存在が合理的に判断されるものとは到底考えられない」とした。

そして、「存否の確認に通常求められる作業をしないまま、本件処分1を行った」違法な処分と断じた。

ところで、判決は、この判示より前の、文書の不存在が認められないとしたところで、密約を否定している日本政府が、自ら否定する内容が記載されている文書を探索したとしてもその精度及び信用性には一定の限界がある、と述べており、不存在と判断するに至る調査等が真摯・誠実にされたかということ自体に疑問を呈している。

不開示決定に伴う国賠が認められる場合には、担当職員の故意に近い対応が認定されることが多い。本件でも、実質的には政府の「情報隠し」を認定したといってもおかしくない内容であり、その帰

1）　情報公開をめぐる国賠訴訟の問題点と実例を検討したものとして、拙稿「情報公開を巡る国家賠償事件のケース検討」神奈川法学41巻1号107頁（2008年）。

結として国賠の要件としての違法性も認められるに至ったといえそうである。

2 損害について

これまでの情報公開法・条例に基づく開示請求にかかる国賠訴訟の認容額は、10万円に届かないものが多く、本件で25名の原告全員に各10万円の損害賠償（慰謝料）が認容されたことは注目される。しかも、外務大臣による処分にかかる分のみでこれだけの額を認容している、つまりもっと多く請求していればより高額の賠償が得られたかもしれないとも読めるものである。どうしてこれだけの額が認められたのか。

本件では、「情報公開法に基づく開示請求を妨げられないという利益を侵害され、精神的損害を被った」としている。これはこの種の国賠事案における損害についての一般的な認定である。しかし、これだけでは単なる手続的な権利の侵害にとどまってしまい、慰謝料額は形ばかりになりかねない。そこで、精神的損害の「実体」を裁判所に訴えて、どれだけ具体的に認めさせるかがポイントとなる。本件のように、さまざまな立場の多数の人が原告になっている場合、個別立証によるのか共通の被害として立証するのかという問題もある。

本判決ではこの点について、興味深い認定がされている。

「原告らは、沖縄返還から長い年月を経て、米国国立公文書館で公開された米国の公文書の中から原告我部において多大な時間と労力をかけて本件文書…と同一内容の各文書を発見した上で、沖縄返還交渉における反対当事者である日本政府も本件文書…を保有しているはずであると確信したこと、原告らは、それぞれ様々な個人的な思いをもちつつも…日本政府の自発的かつ積極的な情報公開により、国民が政府の政策を正確に把握して、日本、その領土でありながら特異な状況に置かれてきた沖縄及び米国の関係を自ら考え、現在及び将来の政策に結び付けていくことこそが、民主主義に資するという信念を共有していたこと、そして、今となっては日本政府もこれに誠実に応答するものと期待して、本件開示請求1および2をしたものであることが認められる。そして、上記のような事情の下では、日本政府は、過去の事実関係を真摯に検証し、その諸活動を国民に説明する責務を全うするとともに、公正で民主的な行政の推進を図るために最大限の努力をすべきものなのであるから（情報公開法1条参照）、原告らのそのような期待は極めて合理的なものであり、法的にも保護されるべき期待であったということができる。換言すれば、米国国立公文書館で公開された文書を入手していた原告らが求めていたのは、本件各文書1の内容を知ることではなく、これまで密約の存在を否定し続けていた我が国の政府あるいは外務省の姿勢の変更であり、民主主義国家における国民の知る権利の実現であったことが明らかである。

ところが、外務大臣は、前記アのとおり、密約は存在せず、密約を記載した文書も存在しないという従来の姿勢を全く変えることなく、本件各文書1について、存否の確認に通常求められる作業をしないまま本件処分1をし、原告らの前記期待を裏切ったものである。このような、国民の知る権利をないがしろにする外務省の対応は、不誠実なものといわざるを得ず、これに対して原告らが感じたであろう失意、落胆、怒り等の感情が激しいものであったことは想像に難くない。」としている。

この判示からすれば、ここにいう慰謝料は、実質的には国の違法・不当な対応に対する非難を評価したものであると見ることができよう。また、原告個々人の行動、立場をふまえつつ、説明責任を求める「期待」を法的に保護されるべきものとした上で、これを裏切られたことによる精神的苦痛が共通の被害として認定されており、単なる手続的利益の侵害を超えた被害を認めた。原告らの苦心の立証が功を奏したと評することができよう。

そして、開示を命ずると同時に損害を認定する際問題となる、「開示されることによる損害の減少ないし消滅」の議論を念頭において、「開示が命じられることによって、原告らの精神的損害が相当程度回復されるものと考えられることなどの事情を総合考慮しても」、外務大臣の処分に関する部分だけでも、慰謝料額は10万円を下回らない、と論じる周到さもみせている。

3 国賠判決としての意義

情報公開をめぐる国賠は、まだまだ揺籃期にある。この判決は、この分野についても新たな一歩を示したものとして大きな意義があり、今後さまざまな観点から検討されるべきである。

特集 支援事件 沖縄密約 情報公開訴訟

JCLUと沖縄　知る権利の視点から振り返る

沖縄返還・情報公開を巡る動き	JCLUの活動
1945年8月15日　ポツダム宣言受諾 1952年4月28日　サンフランシスコ条約発効、沖縄は引き続き米国の統治下	1947年11月23日　自由人権協会（JCLU）設立
	1954年3月　ロジャー・ボールドウィン（ACLU理事長、国際人権連盟議長）から、JCLU理事長海野晋吉に対し、沖縄住民に対する合衆国の人権侵害状況の調査を依頼する手紙 1954年6月　ボールドウィン宛報告書送付
	1969年3月　沖縄への渡航申請に対し、森川金寿事務局長らが渡航不許可となる 1961年9月22日から9月30日　沖縄現地調査（吉川経夫、小川政亮、大野正男、宮里松正、萩野芳夫） 1961年11月　現地調査報告書発表（講話前補償の速やかな実施等を勧告） 1965年　再度の沖縄現地調査を計画。5名中4名の渡航が不許可となり、中止。
1969年11月12日　福田・ジューリック会談 1969年11月21日　佐藤・ニクソン共同声明（3年以内に沖縄返還を表明） 1969年12月2日　柏木・ジューリック覚書（密約） 1971年6月11日　吉野・スナイダー、ボイス・オブ・アメリカ（VOA）移転費用（1600万ドル）肩代わり密約 1971年6月12日　吉野・スナイダー、軍用地原状回復費用（400万ドル）肩代わり密約 1971年6月17日　沖縄返還協定	1969年12月1日　沖縄の人権侵害状況について、英字新聞を作成し米国に送付。
1972年3月　「機密電信文」を手に、横路孝弘議員が、国会で、沖縄返還協定にからみ軍用地の補償費を日本側が肩代わりしているのではないかと追及。西山太吉毎日新聞政治部記者と外務省事務官が逮捕、起訴される。	1972年3月　JCLU会員の大野正男、山川洋一郎、西垣道夫らが西山太吉氏を弁護。 1972年4月8日　国政の公開と国民の知る権利の保障の意義を訴え、抗議声明 1972年9月16日　シンポジウム「知る権利」開催 1976年11月～　情報公開研究小委員会設置 1979年9月8日　「情報公開法要綱」発表 1979年11月10日　情報公開法を考える集会 1981年1月31日　「情報公開権利宣言」発表 1981年1月31日　「情報公開8原則」発表 1981年5月　「情報公開条例モデル案」発表 1988年5月　「情報公開法モデル案」発表 1989年3月8日　法定メモ訴訟（レペタ訴訟）大法廷判決 1996年2月　「情報公開法大綱」発表
1994年～　アメリカ国立公文書館で沖縄返還に関する公文書の公開判定開始、我部政明氏の公文書分析・調査 1998年　柏木・ジューリック覚書報道（朝日新聞） 1999年5月14日　情報公開法成立 2000年　吉野・スナイダー文書報道（朝日新聞） 2001年4月1日　情報公開法施行	
2010年3月9日　外務省「いわゆる『密約』問題に関する有識者委員会報告書」発表 2010年3月12日　財務省　密約に関する調査結果発表	2009年3月16日　沖縄密約情報公開訴訟提訴 2009年6月16日　第1回口頭弁論 2009年12月1日　吉野文六氏、我部政明氏尋問 2010年2月16日　弁論終結 2010年4月9日　勝訴判決

人権の泉 終わっていない普天間問題

理事・弁護士 北神 英典

横浜で弁護士をしています。1985年から共同通信で記者をしていましたが、「自分も法曹資格を取っておいて老後に備えよう」という自分勝手な動機から、最後の5年間は仕事と受験勉強の二足のわらじを履く生活でした。4回目の受験で司法試験に合格し、悩んだ末の2007年に会社を辞めました。

▽ベタ記事の力

取材を受ける立場になってあらためて感じるのは、報道の影響力の大きさです。弁護士になって2件目の刑事事件は女子寮への住居侵入事件でした。逮捕された男性は「絶対にやっていない」と否認を続け、結局、客観証拠と整合せずに男性は不起訴になりました。

ところが男性の逮捕は、ある新聞が県版で15行程度のベタ記事で報じていました。一紙がベタ記事に書いただけで、男性の逮捕は近所の人や知人にすっかり有名になっていました。そこで、その新聞社に電話をかけて、不起訴の記事を書いてもらいました。たとえ短くても、記事になることの重み、一言一句の言い回しの重みをかみしめる出来事でした。

▽沖縄密約シンポ

今、最も関心があるテーマの一つが、沖縄・米軍普天間基地の返還問題です。関心を持ったきっかけは、JCLU理事の飯田正剛先生のご紹介で、昨年10月横浜弁護士会で元毎日新聞記者西山太吉氏を招いて沖縄密約問題をめぐるシンポジウムを持ったことでした。

恥ずかしいことに、22年間も共同通信の記者をしながら、取材分野が違っていたせいもあって、沖縄問題の深刻さを直視する機会がありませんでした。

「安保」の議論に対しては、イデオロギー論争であるというイメージがあります。しかし私は、普天間問題はイデオロギーというよりは、事実の問題であると思っています。

米国政府は、日本で米軍基地反対運動が国民的に盛り上がった1950年代後半から72年の沖縄返還にかけて、日本本土にあった米海兵隊の基地を、次々に沖縄に移転させていきました。米軍基地に伴う騒音、事故、犯罪、治外法権等の問題を日本本土からできるだけ見えないよう沖縄だけに封じ込め、日本本土の基地反対世論の鎮静化を図ったのです。普天間基地も、米陸軍の基地から海兵隊の基地に変わりました。

▽疑問だらけの海兵隊の存在

海兵隊は、ベトナム戦争やグレナダ侵攻、アフガンやイラク戦争の前線に投入されていることからも分かる通り、先制攻撃部隊です。沖縄の海兵隊の役割も同じで、日本の国土を防衛する任務は持っていません。

なぜ、普天間の代替基地が日本国内に必要なのか。グアムに移転する海兵隊の移転費用の多くを、なぜ、日本政府が負担しなければならないのか。なぜ、公務外の犯罪であっても、著しく重要な事件以外は米軍兵士の刑事訴追を制限するという密約を結ばなければならなかったのか、そして、なぜ、現在もそれを維持しなければならないのか。日米安保や日米地位協定をめぐる日本政府の及び腰の姿勢は、私には理解できないことだらけです。

西山氏のシンポジウムには、同じくJCLU理事の山田健太先生にもお越しいただき、知る権利の観点からお話をうかがいました。山田先生は「日本にある機密とは、結局はすべて日米安保の機密である」旨述べました。

日本の民主政を阻んでいる最大の障害は、まさしく日米安保と言わざるを得ません。米軍基地の問題を考えるとき、憲法の「国民主権」と「平和主義」が、名ばかりのものではないかと感じずにいられません。

鳩山政権が倒れ、普天間問題は政治の表舞台から退いたような感があります。しかし戦後65年経っても変わらない軍事的、政治的な対米従属という真実を一般市民の目から隠し、現実を追認させてきた日本政府の責任を、安保50年の今年こそ、問い直すべきであると思っています。

2010年 大阪兵庫支部総会記念講演会

魚住昭氏講演「いま検察に何が起きているのか」に多数の市民が参加

会員・弁護士 七堂 眞紀

2010年5月8日、JCLU大阪兵庫支部の総会記念講演会は、年頭からの小沢元民主党幹事長の秘書に対する政治資金規正法違反容疑での東京地検特捜部、大阪地裁での厚生労働省の郵便法違反事件での大阪地検特捜部の捜査の問題点などを通じて、検察にどういう問題点があるのかを検証する企画を行うことになりました。

講師の方がどなたがよいのかについても検討を重ねましたが、なかなか都合が合わなかったところ、共同通信の記者時代から検察への取材を長年続けられ、最近では批判的な観点から検察の問題をサイト「魚の目」や、週刊誌コラムなどで発信しておられるフリージャーナリストの魚住昭さんにお願いしご快諾いただきました。

講師が決まるまで時間がかかり、チラシの作成も遅れたため、集まる人数は少ないものと思っており、また、前年同時期の総会記念講演会は、雨宮処凛氏とのトークセッションを行い、ミクシィなどでの宣伝も行って20人前後という人数であったこと、今まで広い部屋を用意してもそれほど人数が集まらないことが通例であったことから、36人収容の部屋で十分だろうと考えていました。なお、大阪兵庫支部では、隔年で大阪と神戸の会場を使っており、今回は神戸市勤労会館という三ノ宮駅に近い場所で行うことになっていました。

ところが講演会は2時半からなのに、1時半過ぎから市民の方がぽつぽつ現れ初め、「すみません、今総会をやってますので、着席して頂いても結構ですが、終わるまでお待ち下さい」との対応を何度も余儀なくされました。そして、講演が始まるころには、すでに満席状態で、会場の方に頼んで補助椅子を2回も追加してもらうありさまでした。魚住さんの講演が始まってからも、会場の仕切りを広げ、机と椅子をさらに出し、魚住さんの後ろにまで人が入りました。

最終的には、72人(会場の定員のちょうど倍)の人であふれ、私が入会してから最高の人数に驚きました。

このように大勢の方がこられた最大の要因は、新聞の五大紙すべてが広告を載せてくれたためであろうと思いますが、その背景には、兵庫県において、検察審査会での起訴相当決議が明石歩道橋事件、JR脱線事故事件で2件も連続して出て、強制起訴が行われており、地元市民の検察問題への関心が最大に高まっていた時期という要因もありました。もちろん、昨秋の裁判員裁判の講演会のとき来てくれた市民救援センターの方が地道に宣伝してくれた効果もあったと思います。

ところで、魚住昭さんの講演は、大変充実しており興味深いものでした。

まず、大阪と東京で同時に特捜部の捜査能力の極端な低下現象というのが、一般の人たちにもわかるような形で、一挙に噴出してきているというのが今の特捜部の検察の現状であるとの話から始まりましたが、魚住さん自身、以前、共同通信の社会部に在籍していたときは、リクルート事件があり、金権腐敗政治をただす特捜検察の正義を疑っていなかったということでした。しかし、安田好弘弁護士の事件などを通じて、検察に疑問を持つようになり、疑問を持ち始めると、ライブドア事件、西松建設事件等を通じ、大きな問題が起きていることがわかってきました。つまり、「ついきのうまで合法の枠内にあった行為を、法律の解釈を変えることによって違法だと決めつけてその人を逮捕するが、マスコミがその問題をきちんと指摘しないで、マスコミも検察の言うとおりに報じることによって、一般の人々までそういうことを信じ込まされるという現象」が起きているというのです。

なぜそのようになったかについて、検察の歴史を明治まで遡って話されました。日糖疑獄事件に端を発するように、政界や軍の汚職を摘発することによって他の省庁に対してにらみを利かせること、他方で、大逆事件のような公安事件、思想取り締まりの中心になって事件を摘発することによって国家の治安を守ること、その2つの役割をアピールすることによって、検察は日本の統治機構の中心的な役割を占めるようになってきた、その役割が戦前戦後を通じて変わっていないとの指摘がな

されました。戦後、GHQによる裁判所と法務省と検察庁の分離解体によっても、検察庁はほぼ無傷で残り、戦前の体質を引き継いだということです

また、日本の検察の特徴として、検察長官が選挙で選ばれたりもせず、大陪審のある国のように起訴権限が市民にあるということもない日本の検察官は世界で一番権限が強いと言えるとの指摘もありました。そのような強い権限だけでなく、いわば独りよがりな正義感についても指摘があり、昭和9年の帝人事件のときに検事たちが、腐敗していないのは自分たちだけだから自分たちが世の中を変えなければ世の中はよくならないという意識であったことと、今回の小沢氏に対する捜査を行った検事たちの意識が似通っているのではないかとの話は非常に興味深かったです。

特捜検察は、自らのステータスを高めるために事件をやるものの、55年体制下では社会主義政党が力を持っていたため自民党の腐敗を暴くのは10年に一度程度に抑えていたが、冷戦終結後は、事件数を押さえる必要がなくなったために毎年のように事件をやるようになった。事件を多くやるため必然的に捜査は粗製濫造となるが、それに対して裁判所が被疑者の言うことに耳を傾けず、検察官寄りの立場で、これまでほとんどチェック機能を発揮してこなかったことが大いに問題であるとの話には、弁護士の多くは同感であったと思います。

今回の大阪の村木事件は供述調書を証拠採用されないだろう、おそらく無罪が出るだろう、との見通しが示され、捜査の可視化がなされるかどうかは、特捜検察の今後と大きく関わってくるとの見解が示されました。

魚住さんの話には、多く集まった市民の方々も熱心に耳を傾けていました。講演後、検察審査会についての質問など、いくつか質問も出ました。ただ、予想外の多人数が来られたためアンケート用紙や資料、お茶などが足りなくなってしまいました。

これほどまでに盛況の講演会は大阪兵庫支部において今までにありませんでした。

今後も、椅子が足りなくなるような魅力ある講演会を企画できればと思っております。また、魚住さんのお話の速記録は、いずれ大阪兵庫支部のホームページにも載せる予定ですので、ご興味ある方はご覧下さい。

自由人権協会京都　総会記念シンポジウム

「家族って何だろう　～家族法改正問題の現在(いま)～」

JCLU京都事務局員・弁護士　野﨑 隆史

自由人権協会京都はこの度設立20周年を迎えました。この節目に、20年間で激変した家族について、皆さんと一緒に考える機会を持ちました。パネリストは二宮周平立命館大学法学部長及び吉田容子弁護士、コーディネーターは宮本恵伸京都家裁家事調停官（弁護士）です。非常に内容の濃い迫力のある討論を体感していただくため、実況中継方式でご報告します。

1　家族法法制のこれまでの経緯

二宮周平さん

二宮：明治民法の家制度は、天皇制や明治政府がまだ安定していなかった時代に、忠孝の思想を植え、天皇を敬うパーソナリティを形成するためのものでした。第二次世界大戦後、天皇主権とともに家制度も廃止されました。しかし、家族が崩壊するとの不安から、氏の一体・同居義務・戸籍制度は存続しました。

吉田：明治民法において、氏は家の呼称であり、家・氏・戸籍が一体化していました。新憲法が制定され、家制度は無くなりましたが、氏も戸籍も残りました。

宮本：家族法改正について、1996年の法制審議会により答申がなされました。

二宮：1991年に審議がスタートしました。1994年に試案が公表され、それをまとめたものが答申です。試案の公表時に参事官が改正の背景を説明しました。1980年代後半になり女性の経済的自立に伴い、家族や人生観・価値観が多様化し、家族法改正の気運が高まったという流れでした。

2　改正が問題となっている点

二宮：731条（婚姻適齢）について、女性の方が早熟であることが理由とされていますが、科学的な根拠は不明です。性差による差別です。

733条1項（再婚禁止期間）は、前夫の子を懐胎していれば半年くらいでお腹が目立つことが理由とされていますが、772条2項からすれば、再婚禁止期間は、嫡出推定が重なる100日とすべきでは無いかと主張されています。

宮本：かつて、再婚禁止期間について、技術的な問題ですねと述べたところ、二宮氏からご指摘を受けたことがありました。

二宮：技術的な問題ではないのです。第1に、再婚機会の平等が保障されていません。現在では婚姻の1／4が再婚です。第2に、100日ですら待つ必要はありません。離婚を考えている男性と性的関係を持つことはないという経験則に反します。同じ人間なのに、産めるというだけで人生の幅が縮まるのはおかしいのです。

宮本：この話を聞いて感動しました。再婚禁止期間は、まさに家族形成権への差別です。

3　「家族」をどう考えるか

宮本：離婚事由は有責主義です。しかし、破綻主義にした方が良いのではという実感があります。

吉田：客観的に破綻しているのに離婚に抵抗するケースがあります。婚姻により生活を大きく変えざるを得なかったためです。婚姻に伴い妻が仕事を辞めた場合、婚姻中に稼働能力の格差が生じます。しかし、財産分与において稼働能力の格差は考慮されません。「私の人生は何だったのか。」という気持ちの整理がつかないのです。

二宮：1990年代半ばから共稼ぎが専業を上回ったという現実があります。家族も多様化しています。家族も選択できねばなりません。

吉田：そもそも多様な選択はできるのかという問題があります。日本は男女格差が非常に大きいのです。

宮本：では、5年間の別居による離婚規定についてはいかがでしょうか。

二宮：評価はしています。5年間を再出発の準備期間とする考え方への転換につながると捉えています。

吉田：消極的です。5年間の別居による離婚規定は、有責配偶者からの離婚請求を認める場合にしか機能しません。財産分与等の制度が整ってからにすべきです。

二宮：制度を整える必要があるという考えでは同じです。ただ、制度整備を待っていたら間に合いません。両輪なのです。

吉田：制度の谷間に落ちてしまう人はどうしたらいいのですか。

二宮：制裁的な慰謝料等で救済すれば良いと考えます。それに、婚姻継続により配偶者の生活が確保されるわけではないのです。

吉田：制裁的な慰謝料なんて裁判所が認めませんよ。そもそも、離婚を決めるのは有責配偶者ではありません。

4 夫婦別姓

二宮：夫婦別姓について、賛成は42.5%、反対は25.1%というように社会も肯定的です。国際的に見ても、夫婦同姓は日本だけです。

吉田：議論の出発点が逆です。なぜ別姓なのかではなく、なぜ同姓でなければならないのかです。仕事をもっている強者だけが、姓を変えられるというのはおかしいのです。原則はそのまま、変えたければ変えて良いとすべきです。子どもの氏について議論されていますが、婚姻は子どもを産むための制度ではありません。

宮本：家族の一体性、墓や先祖を思う気持ちはどうなるのかという意見があります。

二宮：それは個人の選択です。押しつけるのがおかしいのです。

吉田：そもそも家族の一体性って何？戸籍って何？という話です。今の制度で20～30万件の離婚があることをどう説明するのでしょうか。

5 共同親権

二宮：離婚したからといってなぜ単独になるのでしょうか。子どもを独占するという発想の転換が必要です。

宮本：具体的にはどうやって行使するのでしょうか。

二宮：諸外国は共同で行使しています。主たる住居を決め、その上で協議事項(宗教や大手術等)を決めます。協議できるだけの関係は必要となります。DVや虐待により離婚に至った事案では、単独親権が認められます。

吉田：現在の議論状況として二つあります。一つは真っ当な推進論であり、もう一つは面会交流論です。後者は運動論に過ぎません。

そもそも、親権という言葉を止めた方が良いと思います。義務性を明らかにすべきです。

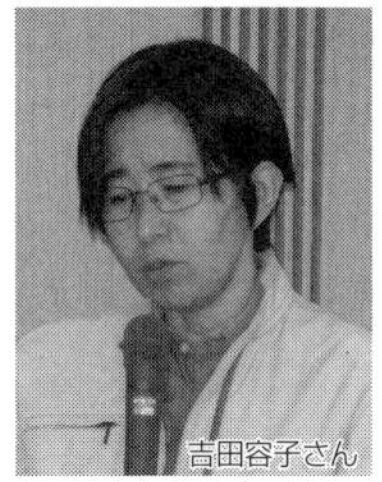
吉田容子さん

裁判所は、面会すべきという考え方があるため、面会させろといいますが、どうやってやるのかについては当事者任せです。実態を見ろといいたいです。

宮本：家事調停官の立場からすれば、子どもについては会う意味があると思います。ただ、親の負担は二次的になっている面は否めません。

二宮：出発点は子どもの目線です。共同責任という理念をまず打ち出したいと考えています。離婚後の面会交流に第三者が入って欲しいところですが、その態勢がとれていません。社会的サポートが必要です。当事者教育とシステムの構築が両輪となります。

吉田：当事者教育はもっと早くやるべきです。婚姻に熟慮期間を置く等、制度を整えるべきです。

二宮：韓国では、離婚届を出すとミーティンググループへ案内され、離婚教育を受けます。

6 改めて、家族って何だろう

二宮：家族の前提として個人があります。家族は、子ども個人にとっては成長する場であり、大人にとっては共同生活をし、自分のスタイルを自由に選べる場です。差別や暴力があるところに自由はありません。自由は法で守らねばならないのです。

吉田：二宮氏と私とで意見は違わないと思います。社会の基本は個人です。自立した個人が共同で信頼関係を築く場が家族です。まずは自立する必要があります。依存しないといけない関係は間違っています。民法改正だけでは解決しないのです。

このように白熱したまま、あっという間に予定時刻が過ぎました。研究者と実務家というそれぞれの立場の違いが色濃く反映され、ここまで真正面からぶつかり合いながらも、がっちりと噛み合った鋭い討論が成り立ったのも、二宮氏と吉田氏の間で、現在の家族法法制に対する問題意識が共有されているからこそであり、それは、討論を通じて参加者にもしっかりと伝わりました。二宮氏及び吉田氏並びに討論を見事にコーディネートした宮本氏、本当にありがとうございました。

情報公開法改正の動き

会員・弁護士 牧田 潤一朗

1 改正の契機

情報公開法は、細川内閣の際の日本新党の政策提言等に端を発して立法化されたが、1999年の法制定時には自社さ連立政権において、情報公開に積極的ではない自民党の影響もあり、骨抜きにされて制定された。また、運用面でも、情報公開には消極的な例が多く見られる。アメリカ国立公文書館で公開された沖縄返還密約について、そのような文書は存在しないとする、外務省の公式見解もその例の一つであった。

法律制定から10年が過ぎ、情報公開制度の上記のような問題点が強く認識される中、2009年8月の衆議院議員選挙で民主党が大勝し、政権交代が実現した。その背景には、2008年11月のアメリカ大統領選挙の時に見られた民主主義のダイナミズムを日本でも実現したいという国民の思いもあったように感じられる。

民主党は、選挙時のマニフェストにムダづかいの根絶として、現在の政策・支出をすべて見直すことが約束され、「行政刷新会議」で政府の全ての政策・支出を、現場調査、外部意見をふまえて、検証すること等を具体策として掲げていた。JCLU（情報公開個人情報保護小委員会）では、かかる行政刷新のためには、国民が、積極的な情報公開請求により、主体的にムダづかいの現場の行政情報を入手することが重要と考え、2009年12月、マニフェスト実行のためには情報公開制度の改正が不可欠であるとの意見書を提出した。このような中、外務省が否定し続けてきた沖縄返還密約の存在が、民主党政権下での調査及び情報公開訴訟が進むにつれて明確になってきた。JCLU理事の飯田正剛弁護士・小町谷育子弁護士らの尽力により、2010年4月9日付東京地裁判決で、密約文書の開示が命じられ、裁判上も長期間政府が、国民に密約を隠し続けてきたことが明らかとなった。これにより、政府の透明性を高め民主主義を促進するため、情報公開制度を改正する機運が一気に高まりを見せた。

2 行政透明化検討チーム発足と改正案

2010年4月、行政の透明性のあり方を検討するため、枝野内閣府特命担当大臣（行政刷新）を座長とし、政務三役等で構成する「行政透明化検討チーム」が開催された。同チームのウェブサイトには、「さらなる情報の公開を国民に保障すべく、国民の皆さんからの意見を受け止めつつ、『真に開かれた行政』を実現します。」と書かれており、座長代理には、これまで情報公開法制定に尽力し、制定後も請求者側に立ってきたJCLU代表理事の三宅弘弁護士が就任した。

同チームの第1回会議では、枝野座長から「情報公開制度の改正の方向性について」と題する改正案が示された。ここでは、知る権利の明記、不開示事由の厳格化及びインカメラ審理導入など請求者側が改善を求めていた重要事項が相当程度盛り込まれていた。

2010年5月14日、JCLUは、情報公開制度の改正に関する意見書を出し、改正案に対する全面的な支持を表明して、改正がこのまま実現するよう後押しすると共に、さらなる情報公開促進策として、文書の不存在に関する主張立証責任を被告の負担とする旨の規定を設けること、情報公開法に基づく開示請求に係る手数料を無料とし、権利濫用的な開示請求は、例えば情報公開・個人情報保護審査会の諮問を経て却下し得るとすること、情報公開訴訟において国が敗訴した場合、原告の弁護士費用を国が負担する制度を創設すべきことを提言した。同意見は、5月21日号の法律新聞でも報道された。

3 議論の状況と今後の動き

2010年6月23日に第4回目の行政検討化チームの検討会があり、新たに座長となった蓮舫行政刷新担当大臣も参加して、これまでの議論及びパブリックコメントを踏まえた三宅座長代理の論点整理案が示された。

内閣及び座長が変わり、当初示された枝野(元)座長案からの大きな後退がないか注目されたが、それほど後退している部分はなく、目的規定における「国民の知る権利」の保証の明示や、特に問題であった、国の安全、公共安全等に関する情報(情報公開法5条3号、4号)について、現在の「おそれがあると行政機関の長が認めることにつき相当の理由がある情報」との文言が、行政の裁量範囲を制限する趣旨で、単に「おそれがある情報」と改められ、さらにインカメラ審理が導入される方向で進んでいる。座長代理の論点整理案では、JCLUの意見書で新たに提言した、国が敗訴した場合、原告の弁護士費用負担制度についても、短くではあるが、パブリックコメントの意見として紹介された。この点については、今回の改正で困難でも、粘り強く主張していくべきだと考える。

今後の進行としては、関係府省からのヒアリングの後、7月30日の検討会にて蓮舫座長案の提示があり、とりまとめが予定されている。当初の案が後退することのないようしっかり見守りたい。なお、検討会は傍聴可能(抽選)であるので、関心のある方は応募してこの歴史的検討会を体験していただきたいと思う。

第４回検討会の様子

情報公開制度の改正の方向性の概要

情報公開法が「国民の知る権利」を保障するものであることを確認し、あわせて情報公開法を、「国民の知る権利」の保障にふさわしい充実した内容の法律に改正します。

「国民の知る権利」の保障

開示対象の拡大・明確化

●不開示情報の厳格化
　不開示情報規定及び部分開示規定を見直し、厳格化します。特に、不開示情報該当性の判断につき、実施機関に広範な裁量を与える規定を見直します。

●内閣総理大臣の措置要求制度
　開示すべき文書が確実に開示されるようにするため、行政機関の長が、不開示決定をした場合に、内閣総理大臣が、行政機関の長に対し、不開示決定の取消その他の必要な措置をとるよう求めることができる制度を設けます。

開示手続の迅速化・強化

●開示実施手数料の減額・減免規定の強化
　開示請求に係る手数料を原則として廃止するとともに、開示の実施に係る手数料を引き下げます。

●開示決定までの期限の短縮
　開示請求から開示決定等までの原則的期限を30日から14日に短縮します。また、期限の特例として、無期限の延長が許されていた規定を改め、法定期限(60日)を導入します。

●期限内に開示決定等がなされない場合の救済
　期限内に開示決定等がなされない場合には、不開示決定がなされたものとみなすことができるものとすることにより、直ちに不服申立てや情報公開訴訟に移行することができるようにします。

事後救済制度の強化

●不服申立手続における諮問手続の強化
　不服申立てがなされてから審査会への諮問を行うまでの期間が法定されていなかったことを改め、法定期限(14日)を導入します。

●情報公開訴訟手続の抜本的強化
　情報公開訴訟を、原告の普通裁判籍所在地の地方裁判所にも提起できるようにします。
　また、裁判所が、行政機関の長等に対し、対象文書の標目・要旨・不開示の理由等を記載した書面(いわゆるヴォーン・インデックス)の作成・提出を求める手続を導入します。
　さらに、裁判所が対象文書を実際に見分し、不開示情報の有無等を直に検討できるインカメラ審理手続を導入します。

行政透明化検討チーム第１回会議資料から

新事務局長紹介

このたび事務局長を務めさせて頂くこととなりました、藤原家康と申します。宜しくお願い申し上げます。私のような若輩者に務まる仕事ではないのではないか、と今でも思っていますが、皆様のご指導ご鞭撻を賜りながら、精一杯励みたいと考えております。

私は弁護士をしており、期は54期です。なお、ご覧のとおり私の氏名は多少変わっており、その由来を尋ねられることがしばしばあります。これは由緒や家系とは全く関係がなく、偶然家にあったカレンダーの絵が徳川某氏であったことをきっかけとした父のひらめきで、その方と同じ名前になってしまった、というのが経緯です。母は猛反対したのですが…。

私がJCLUを知ったのは、司法修習生のころでした。ある朝、一人ひとりの机に、JCLUの説明会と懇親会の案内のチラシが置いてあり、それらの会に興味を持って伺ったのが、入会のきっかけでした。委員会では、主に情報公開小委員会に参加しています。

私が弁護士になることを希望したのは、各人が見ようと思えば見ることのできる法が、現実と相まって、しがらみに囚われることもなく、突き抜けていくことができるということに憧れを感じたからでしたが、私にとって、そのような突き抜けが最も必要であり、かつ、それを体現したいと思ったのが、自由、そして人権という分野でした。それはまさしく自由人権協会の名称そして目的でもあるわけですが、今後はより真摯に、研鑽や活動を重ねていきたいと考えております。また、皆様の当協会での活動がよりよきものとなるよう、尽力する所存です。

何卒宜しくお願い申し上げます。

人権協会の定款改正案の解説　第1回

5月29日に行われた総会において、人権協会の定款の改正案の説明が行われました。人権協会では、事務局内に公益法人法対応プロジェクトチーム(座長紙谷雅子代表理事)を設置し、昨年来、公益社団法人化する場合の課題の検討と定款改正案の策定を続けてきました。この度、定款改正案を会員に示すことができました。改正案は現時点における案に過ぎません。この案を検討材料に、公益法人化することの是非を含めて、会員相互に議論をしていただき、意見を集約していきたいと思います。

多くの会員の方に改正案を理解いただくため、本号より本誌上で解説をしていきます。第1回目は、「第1章　総則」と「第2章　会員」です。

第1章　総　則

(名称)
第1条　この法人は、公益社団法人自由人権協会という。
(事務所)
第2条　この法人は、主たる事務所を東京都港区に置く。
2　この法人は、理事会の議決により、従たる事務所を必要な地に置くことができる。
(目的)
第3条　この法人は、基本的人権を擁護することを目的とする。
(規律)
第4条　この法人は、事業を公正かつ適正に運営し、前条に掲げる公益目的の達成と社会的信用の維持・向上に努めるものとする。
(公益目的事業)
第5条　この法人は、第3条の目的を達成するため、次の事業を行なう。
(1) 人権擁護に関し、国会、政府、裁判所、検察庁、警察その他の機関並びに各種団体及び個人に対してなす活動
(2) 自由人権思想普及のための講演会、講習会等の開催並びに出版物の刊行
(3) 本会の目的遂行の為に必要な調査研究
(4) 目的を同じくする国際・国内団体との提携
(5) その他公益目的を達成するために必要な事業
(その他の事業)
第6条　この法人は、公益目的事業の推進に資するため、必要に応じて第5条に掲げる以外の事業を行なう。
(事業年度)
第7条　この法人の事業年度は、毎年4月1日に始まり、翌年3月31日に終わる。

第1章は、現行定款の「第1章　総則」「第2章　目的及び事業」に相当する条項が置かれています(現行定款については、紙面に制限があるため掲載ができないが、是非H.P.上で確認をしていただきたい。http://www.jclu.org/about_jclu_teikan.html)。条項は多くないため、1つの章にまとめました。

基本的人権を擁護することを唯一の目的としていること、その目的を達成するために行う事業内容については変更することは考えていません。現行定款には、「本会の活動は党派的であってはならない」との注意規定がありますが(第7条)、その趣旨に変更はないものの、今日的な意義は乏しいことから削除することとしています。

第2章　会　員

(種別)
第8条　この法人の会員は、次の2種とし、正会員をもって法令上の社員とする。
(1) 正会員　この法人の目的に賛同して入会した個人又は団体。
(2) 賛助会員　この法人の事業を賛助するために入会した個人又は団体。
(入会)
第9条　正会員または賛助会員として入会しようとするものは、理事会が別に定める様式により、申し込むものとする。
2　入会は、社員総会が別に定める基準により、理事会においてその可否を決定する。
(入会金及び会費)
第10条　正会員は社員総会において別に定める会費を納入しなければならない。
2　賛助会員は、社員総会において別に定める賛助会費を納入しなければならない。
3　継続して20年以上会員である者が70才に達した時は、

会費の納入を免除することができる。
（会員の資格喪失）
第11条 会員が次の各号の一に該当する場合には、その資格を喪失する。
(1)退会したとき。
(2)死亡し、若しくは失踪宣告を受け、又は会員である団体が解散したとき。
(3)除名されたとき。
（退会）
第12条 この法人の会員は、退会届を提出して、任意に退会することができる。
（退会擬制）
第13条 この法人の会員が3年以上会費を滞納したときは、理事会の議決により、退会したものとみなすことができる。
（除名）
第14条 会員が次の各号の一に該当する場合には、社員総会において、除名することができる。この場合、その会員に対し、社員総会の1週間前までに、理由を付して除名する旨を通知し、社員総会において、議決の前に弁明の機会を与えなければならない。
(1)この法人の定款又は規則に違反したとき。
(2)この法人の名誉を傷つけ、又は目的に反する行為をしたとき。
(3)その他の正当な事由があるとき。
2 前項により除名が議決されたときは、その会員に対し、通知するものとする。

改正案では、会員を2種類すなわち、正会員と賛助会員に分け、正会員のみを法律上の社員とすることにしています（第8条）。法律上の社員とならない賛助会員は、総会における議決権がありません。

このように会員を2種類に分けたのは、次のような理由からです。

新しくできた公益法人認定法は、公益社団法人に対して、社員名簿の開示を義務づけています。しかも、社員相互の開示請求のみを認めている一般社団法人と異なり、公益社団法人では、「何人も」閲覧の請求ができ、「正当な理由がないのにこれを拒んではならない」とされています（公益社団法人及び財団法人の認定等に関する法律21条4項）。しかし、会員の中には、JCLUの会員であることを公にしたくないと考える方もいらっしゃいます。このような方々にも会員として残っていただく道を考えました。

また、総会の定足数の問題もあります。一般法人法（公益法人も適用がある）では、社員総会の定足数について「定款に別段の定めがある場合を除き、総社員の議決権の過半数を有する社員が出席」することとされています（一般社団法人及び財団法人に関する法律49条）。ところで、JCLUの2010年度総会では、総会員数560名に対して出席者220名（委任状出席者188名を含む）と、出席率は4割弱でした。改正案では、定足数は正会員の4分の1としていますが、定足数が満たないために法人の重要な意思決定ができないと、法人の運営そのものが立ち行かなくなります。また、積極的に法人の運営に関与したい方と、法人が提供するサービスの享受が受けられれば良いと考える方に二分することが、実態にもあっていると考えることもできます。

社員でない会員も従来どおり、会員としてニュースレターの配布を受け、例会やシンポジウム等の案内を受け参加すること、小委員会等に参加し議論することなどサービスの提供を受ける面で差違を設けることは考えていません。また、会費についても、区別は行わない方針です。社員たる会員から社員でない会員、又はその逆の変更を受け付けるなど、柔軟な対応ができるよう、運用面での工夫も行う検討もしています。

その外、第2章では、退会、除名など会員の資格の喪失に関する規定も整備しました。

【比較表】

	メリット	デメリット	共通事項
正会員	・社員総会での議決権を持つ	・外部に公開される名簿に氏名を記載する。	・機関誌の配布を受け、例会・シンポ等の情報等を受領する。 ・小委員会等に参加する。 ・各コース別に決められた会費を納める。
賛助会員	・外部に公開される名簿へは氏名を記載されない。	・社員総会における議決権を持たない。	

あたごの杜から 事務局長日誌

評議員会及び総会は、本年もおかげさまを持ちまして無事終了しました。また、その後の沖縄密約情報公開訴訟に関するシンポジウムは、多くの方々にご来場頂き、大盛況でした。

先日、武藤理事と、早稲田大学の法科大学院で、当協会が例年受け入れを行っているエクスターンシップに関する説明会に参加し、学生の皆さんに対して当協会に関する説明をしてきました。私にとっては、これが事務局長としての初仕事ということになりました。持ち時間が5分と限られていたため、私についていえば十分な説明ができなかったところがあったかもしれないと思いますが、エッセンスは伝えることができたのではないかと思います。

古本前事務局長からの引継ぎを受けながら、いろいろな方面の仕事を改めて認識して、身の引き締まる思いです。

2010年4月から6月までのJCLU

4月14日	4月理事会
4月16日	国際人権コンサルテーション（古本事務局長参加）国連大学
4月23日	会計監査実施
5月8日	JCLU大阪・兵庫支部総会、総会記念講演「今検察に何が起きているのか」（魚住昭・ノンフィクション作家） 神戸市勤労会館
5月10日	5月理事会
5月20日	法務省立入検査
5月22日	自由人権協会京都総会、総会記念講演「家族って何だろう～家族法改正の現在～」 （二宮周平・立命館大学法学部長 教授 法学博士、吉田容子・弁護士） 京都弁護士会館地下ホール
5月29日	自由人権協会総会、総会記念シンポジウム 「知る権利を求めて―沖縄密約情報公開訴訟が投げかけたもの―」 （我部政明・琉球大学教授、仲本和彦・沖縄県文化振興会公文書主任専門員、三宅弘・弁護士 JCLU代表理事、小町谷育子・弁護士 JCLU理事） 恵比寿スバルビルEBiS303
6月4日	早稲田大学ロースクール・エクスターンシップ説明会（藤原事務局長、武藤理事 出席）
6月9日	6月理事会

■例会のごあんない

●8月例会
・テーマ：裁判員裁判と知る権利
・日時：8月25日（水）午後6時より
・場所：弁護士会館10階

裁判員経験者を迎え、裁判員制度の問題点について考えてみたいと思います。特に、裁判員については一生課される守秘義務の問題、また、裁判の公正さと知る権利の関係はどうあるべきなのかについても意見を交換したいと考えています。また、この裁判員が関与した事件で弁護人を務めた弁護士も招いています。裁判員から見た事件と弁護人から見た事件の違い、裁判員が刑事裁判に参加することの意義についても考えてみたいと思います。

●9月例会
・テーマ：JCLU支援事件報告 育児休業差別を問う
・日時：9月10日（金）午後6時より
・場所：早稲田大学27号館202教室

JCLUの支援訴訟「育児休業差別による原状回復請求事件」は、育児休業取得を理由として差別的取り扱いを受け、降格・減給された女性が、降格以前の差額賃金等の支払を求めた事件です。この訴訟の報告を通して、「育休切り」に代表される育児休業差別の実態を知り、日本における「女性の権利」を考える機会としたいと思います。

【発行日】2010年7月15日 【発 行】社団法人 自由人権協会
〒105-0002 東京都港区愛宕1-6-7 愛宕山弁護士ビル306
TEL:03-3437-5466 FAX:03-3578-6687 URL:http://jclu.org/ Mail:jclu@jclu.org
（大阪・兵庫支部）
〒530-0047 大阪市北区西天満1-10-8 西天満 第11松屋ビル3F 堺筋共同法律事務所内
TEL:06-6364-3051 FAX:06-6364-3054
協会設立:1947.11.23 本紙創刊:1950.5.1 購読料:年間2,500円 郵便振替:00180-3-62718 発行人:藤原家康
JCLU 社団法人 自由人権協会

人権新聞 Japan Civil Liberties Union
JCLU Newsletter
発行所 社団法人 自由人権協会
〒105-0002 東京都港区愛宕1-6-7 愛宕山弁護士ビル306
TEL:03-3437-5466 FAX:03-3578-6687
URL:http://jclu.org/ Mail:jclu@jclu.org
協会設立:1947.11.23
本紙創刊:1950.5.1
購読料:年間2,500円

弘中惇一郎弁護士に聞く

「検察捜査」延長上の証拠改ざん事件

～みんなに初めて喜ばれた無罪獲得～

郵便不正事件で村木厚子・厚生労働省元局長に9月10日、無罪判決が出され、確定した。大阪地検特捜部の強引な供述調書づくりが明らかになっただけでなく、主任検事による証拠のフロッピーディスク(FD)の改ざん、特捜部長らの改ざん隠ぺいまで明るみに出て、検察のあり方に疑問が噴出する事態になっている。これまでの流れで、早くから検察捜査の矛盾を突き、検面調書43通中34通を却下させ、パーフェクトな無罪判決を導いた村木弁護団の役割は大きかった。「自分にとっても一番ハッピーな無罪だった」という弘中惇一郎・弁護団長に、歴史的事件の無罪判決に至るまでの経緯や苦労を聞いた。

（聞き手・藤森研会員）

ひろなか・じゅんいちろう

1945年、山口県生まれ。司法修習22期。弁護士としてクロロキン、クロマイ薬害訴訟などに取り組む一方、ロス疑惑の三浦和義氏、薬害エイズ事件の安部英氏らを弁護し、無罪を勝ち取る。他に鈴木宗男氏らを弁護。これまでに8件の無罪確定を得ている。自由人権協会評議員、前代表理事。

Q:最初に村木さんと会った印象は？

弘中：共通の知人を介して昨年5月に弁護人を受任した。事件構図がおかしかったこともあるが、村木さんと3回ほど会い、人柄や雰囲気からして、冤罪だなと思った。

Q：会って「この人はやってない」と、判るものですか？

弘中：警察や検察の言っていることはやっていないが、多少悪いことはしているかな、と感じる人と、全く何もしていない人とがある。村木さんは後者だと思った。ただ、無実であっても、無罪になるかは分からない。検察の主張を崩すのは、そう簡単なことではない。

Q:昨年6月14日に村木さんが逮捕され、初公判が今年1月27日。弁護団は、どう動いたのですか？

弘中：3つの段階があった。逮捕直後から起訴までが第一段階。変な自白調書を取られないように、うちの事務所から弁護士3人が交代で大阪へ毎日通った。第二段階は起訴から公判前整理手続きまで。この間は大阪の弁護士に面会に行ってもらった。元気づけるのが主眼。弁護団は最終的に6人になった。証拠が開示されてからが第三段階で、村木さんとの打ち合わせが忙しくなる。議員から言われたりしたらどうするのか、書類の作り方はとか、彼女自身の説明や知識が必要なことも多い。厚生労働省の当時の村木さんの部屋にも行って、弁護団がメジャーを手に測ったりした。

CONTENTS

Q:「村木さんから04年6月上旬に偽の証明書作りを指示された」と検事に供述した上村勉元係長が、実際には04年6月1日未明には、偽証明書の元のデータを作り終えていたことが彼のFDの記録から明らかになるのも、この第三段階のことですね。

弘中：そう、10月くらいだった。公判前整理手続きの中でこちらが類型証拠開示を求め、約90点を出させた。「上村さんがパソコンを使って作った文書、記録媒体、それに捜査報告書も」と具体的に求め、FDの更新日時の捜査報告書が出てきた。

Q:それで無罪への光が見えた？

弘中：矛盾しているなとは思ったが、当時は、それだけで光が見えたという感じではない。まだ全体がどうなるのか、はっきりとは分からなかった。光が見えてくるのは、上村さんが自分の公判前整理手続きで、検察構図を否認している、という情報が入ってきたり、これはもう初公判の直前だけど、石井一参院議員のゴルフのアリバイがわかり、それを確実に証言してくれることになったことなどが重なる中でだった。

Q：上村さんにとっては、「単独犯でした」と言うよりも、検察構図に従って「村木課長から言われたので、偽証明書を作った」と言う方が、情状の面で有利ではないか。なぜ「村木さんは無関係です」と、公判では本当のことを言ったのだろう？

弘中：真面目な人だから。

Q：単独犯行だとしても、上村さんが偽証明書を作った動機として「予算に集中するため、早く片付けてしまいたかった」と言っている。私にはこの動機がどうもストンと落ちないのですが。

弘中：上村さんは、「凛の会」が、まっとうな障害者団体だと思っていたんですよ。書類は揃っていないが、手続き上必要な段階を抜いちゃっただけで、実質的に悪いことをしているとは思っていない。郵便制度の悪用など想像の外だった。

Q：「これは勝てるぞ」と思ったのは、いつごろから？

弘中：確信は徐々に高まっていった。FDの日付が理屈に合わないことがわかり、初公判での弁護側冒頭陳述で指摘した。1月末には石井さんのアリバイが判明していた。法廷に出てきた上村さんが頑張って、本当のことを話してくれた。検事の強引な取り調べを記録した被疑者ノートも出された。3番目の証人として出廷した当時の村木さんの上司で、検察構図に沿う調書を取られていた塩田幸雄さんも、本当のことを話し、検察構図は「壮大な虚構」だと言った。「凛の会」の倉沢邦夫元会長も、「村木さんと偽証明書のことで4回会った」と供述していたが、公判での尋問で、8割方は検察主張の否認に転じている。ことし5月に検面調書の大半が却下されて、「村木による上村への指示」を言うための証拠が全くなくなった。この段階で、無罪判決を確信した。

Q：なるほど。ただこの事件は、初めから弁護団にとって闘いやすい事件でもあったのでしょうね。

弘中：たしかに初期から、手ごたえはあった。こちらにとって、これだけスジがよく、タマがいい事件はそうない。村木さんを悪く言う人はいないでしょう。勾留は長かったが、接見禁止はつかなかったから、毎日入れ替わり立ちかわりに面会人が来て、村木さんは忙しかった。人徳でしょうね。

Q：いちばん苦労したのは、何でしたか？

弘中：日程が非常にきつかった。重要証人の尋問が終わらないと保釈にならないかと思った

2010年10月1日、JCLU事務局にて弘中氏をインタビューする藤森氏＝写真左端

ため、早く出られるよう、集中審理をこちらから要請した。2月に8回、3月は7回の公判。その間は大阪のホテル泊まりになる。

Q:息抜きは？

弘中：夕食が楽しみだった。大阪の弁護団と一緒なので、おいしいところに行ける。カレーうどんのうまい店とか、創作的な中華料理の店とか。決して高いところではないけれど、おいしかった。

Q:判決の日、最も印象的だったことは？

弘中：判決の最初の一言でほっとした。あとは感情的なものは特別にはなかった。ただ、結論は予測した通りだが、あそこまで丁寧に、念入りに無罪の理由を述べるものとは思っていなかった。採用された9通の供述調書のうち、倉沢調書などは部分的に検察の言い分を残している。無罪とするためには、それを処理しないといけない。実に論理的に縦から横から、いかにその供述が信用できないかを述べている判決だ。

Q：メディアとの関係ですが、今回の村木事件報道を、どう見ますか。

弘中：逮捕までの段階では、「あの人が」と言う感じでの有罪視報道だった。逮捕されたあと私が接見に通っていると、大阪拘置所の前に記者がたむろしていて「囲み」をやられる。中には電車にまで同乗してくる人もいた。「毅然として否認し続けている」と知って、記者のトーンが少しづつ変わった。保釈のころになると、報道陣は村木さんの言うことにかなり耳を傾けるようになった。公判廷で、検察側証人が次々に検察官への供述を否定するのは、極めて珍しいことだ。

Q：メディア以外の社会からの反応は、いかがでしたか？

弘中：弁護をしていて、これほど「がんばれ」と言われたり、無罪を取って、これほどみんなから「よかった」と言ってもらったことは私の弁護士人生でない。私の弁護士生活のピークですね。ここで弁護士生活をやめて後はおとなしくすることができると、実にきれいなのですが。

Q：村木さんの無罪で、検察の供述調書の取り方はひどいという認識が世間に広がりましたね。ところが、それだけで終わらなかった。大阪地検特捜部の前田恒彦主任検事によるFD改ざん、そのことを知った特捜部長、副部長による隠ぺいなどが次々に明るみに出てきた。

弘中：弁護士である娘が言うには、「満貫で上がったと思ってひっくり返したら、裏ドラもついてきた」。

Q：検事の証拠物の改ざんというのはレアなことですね。前田検事事件をどう思いますか？

弘中：本来なら、捜査をしていって当初のストーリーと明らかに矛盾することが分かったら、断念することが必要なはずだが、彼は証拠の方を変えちゃった。特捜としてのプレッシャーがあったのかもしれない。特捜は、動き出すと戻れないのが怖いところ。局長を逮捕しておいて、違っていたということになれば、検事総長の首も飛びかねない。

Q:調書の作り方にはどんな問題があるのですか？

弘中：いきおい先に調書を作ってしまって「これにサインしろ」と押し切ることになる。被疑者は抵抗するけれど、「皆がそう言ってる。あなたが忘れているだけだ」と言ったり、壁に向かって立たせる事実上の拷問をしたり、被疑者の孤独感を利用したりして、サインをさせる。逮捕されると人は時間、空間が異常な状態になってしまい、検察官とですら話ができることが楽しみになってしまう。だから検事が「もう房に戻す」と言えば、迎合をしてしまう。身柄を取られていない人の場合は、何度でも呼びつけるといったことをする。あるいは鈴木宗男さんの場合は、もともと談合事件なのだがそれは立件しないで、談合での逮捕の可能性をちらつかせながら関係者を脅し、都合のよい供述を取っていった。ほかにも「認めてもたいしたことじゃない」「執行猶予になる」「公開の法廷でやることになるのだから、違うというならそこで言えばいいことだ」「娘を取り調べに呼ぶぞ」「病気の母親にも聞く」「永久に外には出られないぞ」といった迫り方が、よく検察特捜の使う手口だ。人には、ここからは踏み入らせたくないという領域があって、たとえば「病気の母親を」と言われれば、妥協してしまうものだ。証拠物の改ざんは、供述調書を都合よく作ってきたことの延長線上のことだ。

Q:検察の刑事部もそうなのでしょうか。

弘中：刑事部の対象事件は、警察から上がってくる。あの警察からのものは危ないとか、批判的に見る場合もある。特捜部のような事件の「作り上げ」はしていないだろう。

Q：それにしても、証拠物を改ざんするというのは驚きだ。前田検事は、なぜそんなことをしたのでしょう。

弘中：推測だが、二つ考えられる。一つは、前田検事がソフトを十分に使いこなせず、面白半分にいじっているうちに戻せなくなってしまった。そのまま置いておくのはまずい。改ざんがいつなされたかは判らないだろうと考えて、上村さん側に返した。それが一つの可能性だ。もう一つは、もっと悪質で、上村弁護団は事実を認めて情状弁護をやるだろうと前田検事は推測した。その場合に、「村木指示」を裏付ける改ざん後のFDは、上村さんにとっては有利な証拠になる。自分の方から証拠として出すのははばかられるが、上村弁護団がFDを証拠に出してくるのではないだろうか、と考えたのかもしれない。

Q：検察の中で、公判部の白井智之検事は良心的だったのか？

弘中：彼は割合、良心派だと思う。トップバッターの倉沢証人は検察、弁護の双方申請だった。私たちも事前に面接を求めたのだが、拒否された。そこで尋問の際に「我々の証人テストを拒否しましたね。検察とは打合せをやったんですか」と聞いたら、「やっていない」と答えた。ところが再尋問に立った白井検事が、倉沢証人に「嘘を言っちゃいけない。私と打合せをやったじゃないですか」と言ったんです。結局、倉沢証人も検察と証人テストをしたことを認めた。「さっき認めなかったのは、検察官と打合せをすることは悪いことかと思っていたので」と言っていた。

Q：「国策捜査」批判も最近強まってきたが、検察でも、とくに特捜部に問題が多いのでしょうか。

弘中：特捜部は捜査から起訴、公判まで「自作自演」だ。バックギアがついていない車みたいなもの。

Q:途中で引き下がったことはない？

弘中：内定段階は別だが、逮捕などをしてから引き下がったことは過去にないのではないか。

Q：検察OBは「最近、検察が劣化した」とさかんに言っているけれど、弘中さんは「昔は悪質で巧妙だった。今は悪質で杜撰になっただけ」と言っている。そもそも「国策捜査」は、いつごろから始まったのでしょう。

弘中：それはロッキード事件から、もう国策捜査だった。今度、最高検が前田検事らを捕まえたのも、検察を蘇生させるためにという明らかな国策捜査だ。

Q：今回の一連の出来事で、これまでくすぶっていただけの「国策捜査」批判や検察批判が、メディアの上でも新しい段階に入った感じがあります。

弘中：そうですね。今回の判決についてのメディアの対応を私は二つの意味で評価している。一つは、各社が本気で検察批判をやっていること。二つ目は、インタビューなどを受けた際に私は「特捜をのさばらせたのはメディアが悪い」と言ってきた。これまでその部分は決して載せなかったのが、その言葉も載せるように変わった。事件当初の自社の報道に対する検証も行っている。ただ、こうなっても、相変わらず元特捜部長などという人をコメンテーターにしているのはおかしいけどね。

Q：村木さんは結局、5カ月以上も拘束された。自白しない限り勾留を続ける「人質司法」の典型です。あれは、いやがらせなんでしょうか。

弘中：保釈請求は4回したのかな。村木さんが長期勾留された原因としては、二つの推測が可能だ。一つは意図的に、自白しないと出られないぞと、あるいは自白しなかった罰として、入れておいた可能性。もう一つは、裁判官がエリートで、事実を見極めるだけの度胸がなく、勾留の「相場」を考えてしまった可能性だ。

Q：今回のことでようやく検察捜査の問題点が噴き出したわけですが、改革の方策についてはどう考えますか？

弘中：僕は制度設計をするのは不得意なので・・・。可視化がよく言われるけど、可視化してどうなるのか、よくわからない。

Q:1970年代は、もっと早く保釈していた。

弘中：たしかに。私が公安事件の弁護をした時も早期の保釈だった。もっとも、赤軍派などの場合には保釈されたうち半分は銀行強盗をやり、あとの半分はハイジャックをやったから、そういうことが悪かったのかも。

Q：人質司法という無法をやめさせるには、メディアがもっと叩くことですかね。

弘中：そうですね。保釈について検察の反対理由を量的に調べ、検察の言った「おそれ」が、どのくらい現実化したのかを追跡調査してみると面白いかもしれない。そのデータは、現状を改善するため、裁判官への説得に使えるかもしれないと思う。

人権の泉

全面的国選付添人制度の実現に向けて

理事（JCLU京都事務局長）・弁護士 戸田 洋平

京都で弁護士をしております、戸田洋平です。JCLUの友好団体であるJCLU京都の事務局長をしており、その関係で今般JCLUの理事に就任することになりました。よろしくお願いします。

私は弁護士になって丸10年になるのですが、この間、通常業務のほかに取り組んできたこととしては、少年付添人制度の拡充に向けた運動があります。現在、日弁連の全面的国選付添人制度実現本部という長ったらしい名前の組織で事務局次長という役職を仰せつかっており、毎月1回くらい東京に出張しております。

「国選付添人制度」と言っても、一般の皆さまにはなじみが薄いかも知れませんし（そもそも「付添人」って何？という方も大勢いるのではないでしょうか）、弁護士の中でも詳細を理解していない方もいると思いますので、簡単に説明させていただこうと思います。日本の少年審判手続において、弁護士は「付添人」という立場で少年に対する法的援助や少年の立ち直りを支援する活動を行っていますが、実は現在、少年鑑別所に収容されて身体拘束されている少年のうち約40％にしか付添人が選任されていません。これは、成人刑事事件の被告人のほぼ100％に弁護人が選任されていることと比べると大きな違いです。少年が未熟であることを考えると、成人以上に弁護士の支援が必要であるにもかかわらず、このような大きな違いが出ているのです。これは、現状の国選付添人制度が、重大事件や検察官関与事件、被害者等の審判傍聴申出があった事件という狭い範囲に対象事件が限られ、しかも選任するか否かが裁判所の裁量に委ねられているという、極めて限定的な制度であることが原因です。

そして、2009年5月21日以降、この問題はより一層顕在化しています。同日から、被疑者国選弁護制度の対象が窃盗や傷害なども含むいわゆる必要的弁護事件にまで拡大されました。これにより、被疑者段階では少年も広く国選弁護人による援助を受けられるようになっています。しかし、被疑者国選弁護制度と国選付添人制度の対象範囲に大きなギャップがあるため、被疑者段階で国選弁護人が付いた少年であっても、家裁送致後国選付添人による援助が受けられないというアンバランスな状態が生じているのです。起訴後にはそのまま国選弁護人になる成人の場合と比べて、極めて不公平な制度と言えます。

現在日弁連では、少年保護事件付添援助事業というものを独自に行っています。これは、国選付添人がつけられない少年の弁護士費用を援助する制度で、全ての弁護士から集めた会費を財源としています。また、少年が弁護士と相談する機会を増やすため、少年の要望に応じて1回は無料で少年鑑別所にいる少年に弁護士が面会に行くという当番付添人制度も、対象事件の範囲等限定されているところも若干ありますが、全国の弁護士会で実施されています。

このような取り組みにより、弁護士付添人選任数は着実に増加していますが、付添人の役割の重要性、成人刑事被告人との公平という観点からは、こうした取り組みにかかる費用は本来国費によって負担されるべきものです。

日弁連としては、こうした現状を改め、国選付添人対象事件の範囲を少なくとも少年鑑別所において身体拘束を受けた全少年へと広げる制度の設立を目指し、「全面的国選付添人制度実現本部」を2009年3月に設置し、活動しています。具体的には、立法提言を作って国会議員に対する要請活動、市民の皆さまに国選付添人制度を理解してもらうためのシンポジウム等の開催、「当番弁護士を支える市民の会」のように市民から支えてもらう団体の設立準備等の活動を行っているところですが、いわゆる「子ども族」の弁護士にお人好しが多いのか、政治活動等のアピールが苦手なのか、取調べの可視化、司法修習生の給費制維持問題などに比べてまだまだ知名度が低いのが現状です。

これからの道のりは決して楽なものではないでしょうが、何年か後には、必ずや全面的国選付添人制度を実現したいと思っています。ご協力のほど、よろしくお願いいたします。

JCLU 支援訴訟

三浦和義氏監視カメラ訴訟判決について

弁護士 品川 潤（会員・同訴訟弁護団）

平成22年9月27日、監視カメラによる撮影行為や、当該カメラで撮影された映像を提供する行為、また映像をテレビやインターネットで公表する行為の違法性を訴えた損害賠償請求事件の一部認容判決が言い渡された。その内容は以下のとおりである。

1 事件の概要

(1) 本事件の原告であった三浦和義氏は、いわゆる「ロス事件」でマスコミに頻繁に取り上げられ、当該銃撃事件につき最高裁判所で無罪判決を得た者である。

三浦氏は、平成19年（以下、特記しない限り同年を指す。）3月17日午後4時半ころ、神奈川県平塚市所在のコンビニエンスストア「ミニストップ平塚高村店」を訪れた。なお、同店は、被告有限会社ドリームカンパニー（以下「被告ドリ」という。）が経営していた。

同店には、駐車場や店内の様子を写すために、被告株式会社ジェイエヌシー（以下、「被告JNC」という。）製の、合計16台の監視カメラが設置されていた。カメラが撮影した映像は、ハードディスクに随時保存され、必要に応じて再生できるようになっていた。

(2) 3月19日、同店の店員が陳列商品を点検したところ、サプリメント6点が不足していることに気づき、被告ドリの代表取締役であるS氏に報告した。S氏は翌20日、ハードディスクに保存された映像を再生し、これを見て三浦氏がサプリメントを万引きしたものと考え、同月30日に平塚警察署に被害届を出した。

これにより、三浦氏は4月5日に逮捕され、同月13日に窃盗罪で起訴された。なお三浦氏は上記事件につき公判で無罪を主張していたが、平成20年10月に死亡したため、同事件は公訴棄却となった。

(3) また、S氏は、ハードディスクに保存されていた映像ファイルを、フジテレビと提携している番組制作会社に提供した。フジテレビほか民放各社は、当該映像ファイルを編集・加工し、4月6日以降、三浦氏を特定できる形で報道番組等で連日繰り返し放映した。

(4) 被告JNCは、フジテレビが4月6日に放映した「スーパーニュース」の中の特集「検証大人の万引」を録画し、これを編集した動画を4月12日から7月26日までの間、「2007.4 フジテレビ（スーパーニュース）に紹介されました」等とリンクを張って、自社のホームページにアップロードした。

この動画は全長1分48秒に及ぶものであり、番組レポーターの「三浦容疑者の逮捕の決め手となった防犯システムを開発したのはこちらの会社です」という声が流れ、画面右上に「なぜ増加…大人の万引 三浦容疑者“逮捕の瞬間”」というテロップが表示されていた。

(5) さらに、被告JNCは上記番組の録画を編集し、自社の監視カメラの性能や実績に関するナレーションを付加したDVDを作成した。

このDVDは全長8分10秒に及ぶものであり、三浦氏の本件店舗における一連の挙動が記録されているほか、「ロス疑惑で注目を集めた（ピー）和義容疑者が、コンビニエンスストアで万引きをした容疑で、昨日、逮捕されました」というナレーションが流れ、「三浦容疑者“逮捕の瞬間”」というテロップが表示されていた。

被告JNCは、7月4日から3日間、東京ビッグサイトにおける展示会「OSEC第2回オフィスセキュリティ EXPO」において、40インチのモニター画面で当該DVDを放映するとともに、来場者にDVDを配布した。

(6) このため三浦氏は、被告ドリが監視カメラで撮影を行い、また映像ファイルを番組制作会社に提供したことや、被告JNCがDVDを展示会にて放映並びに配布したことにより、肖像権及びプライバシー権を侵害されたとし、また被告JNCが自社のホームページに動画をアップロードしたことにより名誉を毀損されたとして、被告ドリに対して550万円、被告JNCに対して1100万円の支払いを求めて東京地方裁判所に提訴した。

2 訴訟上の争点および裁判所の判断

(1)争点①

被告ドリが、原告を監視カメラで撮影し、映像を番組制作会社に提供したことが違法であるか。

〈判旨〉

撮影及び提供の目的、必要性、方法等を総合考慮し、撮影・公表されない利益と、撮影・公表する利益とを比較衡量し、社会生活上受忍限度内にあるか否かで決すべきである。

(撮影について) 監視カメラによる撮影は、万引き等の犯罪に対処し、あるいは犯罪の予防になるもので、目的が相当であり必要性も認められる。また、監視カメラは固定して設置されており特定の顧客を追跡して撮影するものでないこと、本件店舗内に10か所程度、監視カメラが作動中である旨の張り紙をしていること、殆どの監視カメラは客から見える位置に設置されていることから、撮影方法は相当性を有する。

(提供について) 万引きの増加に警鐘を鳴らす番組を作るために万引きの映像を提供することは、犯罪の抑止につながり得るものであり、公益目的がある。また、S氏は制作会社に当該映像を慎重に取り扱うよう依頼し、実際、映像は三浦氏が逮捕された後に初めて放映されたものであり、提供の方法は相当である。

したがって、撮影・提供はいずれも社会生活上受忍限度内であり、違法とはいえない。

(2)争点②

被告JNCが動画をホームページにアップロードしたことが名誉毀損となるか。また、被告JNCがDVDを放映·配布したことが肖像権·プライバシー権を侵害するものとして違法であるか。

〈判旨〉

(アップロードについて) 動画は、レポーターの発言やテロップの記載により、三浦氏が万引きをしたかのような印象を与えるものであり、その社会的評価を低下させ、三浦氏の名誉を毀損するものである。

(DVD放映・配布について) 被告JNCは、自社製品の販売促進を目的としてDVDを放映·配布したものであり、肖像権・プライバシー権の侵害が社会生活上受忍限度内であるとすべき事情も認められないから、違法である。

(3)争点③

損害の額。

〈判旨〉

被告JNCは三浦氏が著名人であり人の目を引きやすい点に着目して商業目的に利用した面があったと推認されること、ホームページ動画は約3か月半にわたって公開されたこと、展示会には相当多数の者が来場したこと、少なくとも100枚以上のDVDを配布したことが認められる。

しかし他方で、民放各社が連日放映することで映像を多数の者の知るところになったこと、被告JNCが三浦氏の指摘を受けた後、ホームページのリンクから直ちに映像を削除したことが認められることから、損害額は110万円とするのが相当である。

3 検討

本判決は、被告JNCの行為が商業目的であったことに着目して、その行為については違法と判断し、被告ドリについては、監視カメラの犯罪の抑止という効用を重視して、その行為を違法ではないと判断したものと考えられる。

しかし実際には、三浦氏の肖像権・プライバシー権の侵害には、被告ドリによる、番組制作会社に対する異常な提供行為が根源にあるのであり、かかる点について「犯罪の抑止につながり得るものであり、公益目的がある」という極めて遠くかつ曖昧な理由で違法性がないとされた点は承服できないものである。そもそも、提供した相手は、犯罪抑止を目的とした警察等ではなく、番組制作会社であったことを看過してはならない。

また、本判決は、監視カメラの撮影や映像の提供・公表について、何ら明確な基準を定めず、比較衡量を行ったに過ぎないが、監視カメラがますます増加していく今後、明確な基準が必要となることは必至である。

このため本年10月6日、同判決を不服として控訴を提起した。

例会報告 裁判員裁判と知る権利

――JCLU 8月例会シンポジウムから

2010年8月25日、霞が関の弁護士会館において、JCLU 8月例会「裁判員裁判と知る権利」のシンポジウムが行われた。裁判員裁判が始まってから1年が経ち、当初過熱ぎみであった報道も、今ではほとんど目にしなくなった。しかしその裏には問題が見え隠れしている。

JCLU8月例会では、裁判員経験者の高須巌氏と、高須氏が裁判員を務めた裁判員裁判の弁護人である、髙島光弘弁護士ら二人のゲストを招いて、裁判員裁判が抱える問題点について考えた。同じ裁判を担当した裁判員と弁護人が再び揃うのは、おそらく初めての機会だろう。会は、JCLU会員である大木勇弁護士と品川潤弁護士の質問に、ゲストの二人が答える形で進行した(司会·山田健太)。

たった二日間で変わった自分

まず感想をという声に高須氏は、「緊張していてあまり覚えていない。それまで制度について知らなかったし、考えた事もなかったので、候補者に選ばれたという通知が来たときは家中大騒ぎになり、どうにか辞退できないか考えた」と、当時の複雑な胸の内を明かした。また、選ばれる前に裁判官3人と検事2人を相手に面接をした際のことにも触れ、「日常ではまずあり得ない状況にドキッとしたし、(来るのを) よせばよかったと後悔もした」と語った。

始めはやりたくなくて仕方がなかった裁判員、しかしその体験で高須氏は、「自分が変わった、感動もあった」と語る。初めて被告人を見た時、「言語道断!刑務所にぶち込め!」と、決めつけていたが、今までの価値観だけではだめだ、角度を変えて考えよう、と自分の中での葛藤とともに大きな変化があったという。髙島氏が「証人尋問の際に被告人が涙を流していたのを裁判員の方は見ていたでしょうか」と質問したのに対し、高須氏が「見ていましたよ。初日は被告が許せないというような思いしかなかったけれど、二日目はじっくり観察しました」と答えた。

「裁判員になって良かったことは自分が変わったこと。初日が終わって一晩考えたら、あらゆる方向から人を見ようと思うようになっていた。じっくり見させてもらったが、被告の更生の様子が見て取れて感動しいとおしくなってしまった」と自身の大きな変化について語る一幕もあった。今では被告人にもし喫茶店で会ったら「どう、頑張ってる?」と声をかけ、一生見守っていきたいと語る。

一方で髙島氏は、弁護人が行使することができる〈理由なき不選任〉について語り、「事件が性犯罪だったため女性を外すべきかとも思ったが、露骨に外しても裁判員に不信感を抱かせかねず、結果的に被告人の不利になるのではないかと思案した結果、最大人数の6人分を行使した」と、かなり悩んだ末の選択だったと打ち明けた。

そして高須氏は、これから先、自然な感情を言える評議室は経験者たちが作っていかなければならない、と話す。プロでなく市民の世間一般的感覚を取り入れるのが、裁判員裁判の目的の一つだ。しかし、実際は待合室も禁煙室もトイレも評議室も、閉鎖的で重い雰囲気の法廷の延長のようだという。素直な感情を出せず言いたいことも言えないのでは本来の目的を見失ってしまう。その壁を越えるためには、経験者の声を広く届け、それを反映させていくことが必要だ、との思いからだ。髙島氏ともども「一般の人が裁判員になるのだから自由に表現できる雰囲気作りが大切だ」という点で一致した。

守秘義務ってなに?

「しゃべらない方が楽」。高須氏の言葉に疑問を感じた。裁判員には漏らしてはいけない秘密がある。評議の秘密と、評議以外の裁判員としての職務を行うに際して知った秘密の二つである。しかし、裁判所で四六時中言われたというその守秘義務の注意だが、どこを境目としているのかが、結局、裁判員自身もわからないままだという。医療関係という職業柄、職務上の守秘義務には理解がある高須氏ですら、「自分で判断できない。守秘義務ってなにか今でも分からない」と正直に語る。

裁判官から任意の記者会見があることを知らされたという高須氏は、感想は良いが意見は話してはいけないなど、具体的な注意はあったが、基準が分からなかったため、言葉を選んだという。言ってよいのか迷ったものは言わない、真面目に答えて法にふれたら罰則だから話さないようにしたというのだ。評議中の事など、デリケートな内容は話さないようにしたそうだ。弁護士の髙島氏も、会見での自らの発言が新聞の見出しになり少し怖さを感じたと話した。

自分の衝撃体験を吐き出したい、そして早く忘れたい、けれど記者にはもちろん、家に帰っても話すことはできないのは、相当の重荷だという。その裁判員を、裁判所が決めた「見えないライン」が混乱させているように思われる。高須氏は、守秘義務についてのマニュアルのようなものはなかったと思うと言っていたが、それではやはり見えないラインの判断を、これからも裁判所の職員がはかるということなのだろうか、疑問が残る。

記念バッジを見せる高須氏。右隣で座っているのが髙島氏。

裁判員記念グッズと心のケア

評議中のメモは最後に回収される。いま、高須氏の手元に残るものは裁判所からもらった記念グッズだ。裁判員を体験した人は全員もらえるという。裁判所から渡された白いトートバッグの中には、使い道は分からないということだったが、裁判員の証拠としてシリアルナンバーが入った記念バッジ（高須氏は3番であった）、感謝状、レポート用紙、ボールペンなどが入っているのだという。

注目すべきは裁判終了後の心のケアについて書かれた書類だ。そこには、困った際にはこの番号に電話をしてほしいと、ひとつの電話番号が記載されている。「しかし」と高須氏は言葉を続けた。「本当に心の病になっていたらこちらからは電話なんてかけられない。本当に我々を想っていただけるのならば向こうから、どうですか？という言葉があってもいいのでは」。しかも、5回目までは無料で6回目からは有料になるこの心のケア。果たしてその電話は鳴るのか疑問が残った。話を聞いているうちに、裁判員の仕事が終わってからの裁判所の素っ気なさを少し感じた。高須氏も「こんなものよりも一言ねぎらいの言葉が欲しかった」と語った。

制度が試行錯誤で進められる中、今後、裁判員は有罪・無罪の決定が難しい裁判や、死刑になる可能性のある裁判の判断を迫られることになる。これまで以上に負担を強いる事は避けられない。そんな時、現在の制度で心のケアは十分だろうか。

弁護人の工夫と長引いた評議

このシンポジウムではお二人に裁判中の様子についても詳しい話を聞くことができた。裁判員制度の弁護人をすることになり、何か注意したことがあったかと聞かれると、髙島氏は一般人が参加するという制度上、まず分かりやすさを重視し、冒頭陳述の際にはパワーポイントを使用したと話した。その内容は、罪を認めた上での情状酌量、すでに社会的制裁があること、再犯の心配はないことの3つに絞った。そして、もう一人の担当弁護士とそこまで冒頭陳述から踏み込んだ発言をして良いのかと議論になったが、分かりやすさを重視した結果、被害者との示談がすでに成立していることを強調し、軽い刑を主張する流れで説明をしたそうだ。

また冒頭陳述でパワーポイントを使用するにあたって、証言台の前に立ち、裁判員の顔を見ながら話が出来るように、手元で画面の切り替えができるスイッチ機能つきのレーザーポインタを使用したという。それに加えて説明する際は大きな声でゆっくりと話すことを心がけたこともあり、予定時間5分に対して大幅に延びてしまったそうだ。裁判員制度には思いもよらない配慮も必要となる事がうかがえた一幕であった。

検察官も前に出て話していたということだが、説得力を与えるために、どちらも裁判員の顔を見るということを意識したことがうかがえる。そのような弁護人や検察官の工夫は、「自分たちのことを思ってくれている、分かりやすい言葉だった。終始こちらを見ながら説明してくれていた」と、高須氏にも届いていたようだ。

判決は弁護人から見ると想定していたよりは重かったというが、その判決は、評議時間1時間の延長の末に決まった。評議に関しては「保護観察の長さでもめて少し長引いた。再犯を防ぐことが第一ということになったが、5年は長すぎて3年は短すぎるといったような基準がよく分からなかった。涙を流す裁判員もいた。裁判官には今回起訴された分だけを考えてくれと言われたが、なかなかそうはいかないと思う」と、人を裁くということの難しさを改めて噛み締めているようだった。

もっと考える時間があればいいという考え方もあるが、時間が限られていたことで議論が不十分であったことはない、と言い切る。今回の事件は、被告人が罪を認めたうえでの裁判であるが、今後、被告人が罪を否定している場合の裁判を裁判員裁判で扱うこともあると思う。冤罪も防がなければならない。その時に、裁判員として市民の感覚を保ちつつ、時間的制約のある中、評議はどう進んでいくのだろうか。

裁判員裁判制度がスタートして1年。運用で改善された面も見られるが未だ多くの課題は残る。これまでの反省を受け、裁判は今後どう変わっていくのか注目したい。

（記録：高細ひとみ、横田香奈。文責・編集部）

裁判員裁判制度における報道の自由に係る声明

1 はじめに

裁判員制度は、2009年8月に第1号裁判が行われてから、1年以上が経過し、以来、本年7月までの1年間に全国で850を上回る裁判が行われた。しかしながら、裁判員裁判に関する取材・報道は、不健全な状態が続いている。私たち自由人権協会は、現在の裁判員裁判を取り巻く取材・報道の状況を憂慮し、本声明を発表する。

なお、この声明は、裁判員制度に関する現行法を前提とし、取材・報道に関連する運用の改善を求めるものであり、近い将来に行われる制度検討に際し必要となる法令の改正を論ずるものではない。

2 裁判員制度検証の必要性

根強い慎重論を押し切って、政府が裁判員裁判の導入を進めた最大の眼目は、市民の健全な常識を司法に反映させる、ということにあった。そうであるならば、裁判員裁判における判決や審理が、実際に市民の健全な常識が反映されたものかどうかを検証することは、極めて重要である。そしてそのための重要な役割を報道が担っている。

しかし現在の報道によって、裁判員裁判が適切に検証できているかどうかについては、不十分であるといわざるをえない。裁判員に罰則付きの守秘義務が課せられ、その解釈適用において上記のような報道の役割に対する認識が不十分であるとともに、守秘義務を負った裁判員を保護するという大義名分の下で、裁判員の記者会見を事実上、裁判所が管理しているからである。

3 守秘義務の不均衡

職業裁判官にも、判決を導くための議論のプロセスや結果について「評議の秘密」を守るべき義務が課されている。そして、分限処分等の可能性はあるにせよ直接の罰則規定はない。これに対して一般人である裁判員、裁判員経験者は、最大で6カ月の懲役という罰則付きの守秘義務を生涯にわたって課される。

なぜ、職業裁判官と裁判員の間に、このような差別的扱いが設けられているのか、裁判員裁判の実例が着実に積み重ねられていく中で、合理的な答えは依然として見出せない。そして裁判員にとっては、言っていいことといけないことの境界線があいまいであるがゆえに、必要以上の大きなプレッシャーがかかり「何もいえない」状況を作り出している。

この点については、近い将来の制度見直しにおいて十分に検討されるべきものであるだけでなく、現行法を前提としても、裁判員の守秘義務の解釈適用にあたっては十分な慎重さが要求されるというべきであろう。

4 裁判所の記者会見介入

裁判員の記者会見に、裁判所が過度に介入している実態も見過ごすことができない。個別具体的な裁判に加わる裁判員が、一体、どこのだれなのかの情報は裁判所が管理し、裁判が終わっても、明らかにされないことになっている。報道機関は、選任された裁判員を特定することができず、裁判員裁判の体験について取材をしようにも、裁判員と直接交渉することができないため、裁判所が設定して裁判所内で行われる裁判員の判決後記者会見を、取材の唯一の端緒にせざるを得ない。そしてこのことが、実態として裁判所による記者会見への介入を許すことにつながっている。

たとえば東京地裁では、裁判所と報道機関側との申し合わせによって、判決言渡しの後、裁判所内の部屋を使って、裁判所職員による立ち会いの下、記者会見が行われている。所内で守秘義務違反という違法行為がなされることを黙認できないとして、立ち会った裁判所職員は、記者の質問や裁判員の答えをその場でチェックし、公然と、記者の質問を変えさせたり、裁判員が答えるのを途中で制止したりしている。

このような行為が裁判員を萎縮させ、自由な意見表明を妨げる恐れがあることは明らかである。また、裁判所職員の立ち会いは、裁判所に都合の悪い事実を隠すことにも利用されかねず、その意味でも、健全な記者会見と呼べるものでは到底ない。

一方の報道機関は、このような記者会見の現状に問題が大きいことを認識しながらも、裁判員に対するアクセスを確保することを最優先し、裁判所の記者会見介入に甘んじている。しかしこのような妥協は、報道機関の使命を放棄するものであり、許されないものといわざるをえない。

罰則付き守秘義務が、裁判所職員によって恣意的に運用され、裁判員記者会見が、記者は裁判参加について無難な質問をし、裁判員は当たり障りのない感想を述べるだけ場になってしまうとするならば、市民の知る権利を満足させることも、裁判員裁判を検証することもできなくなる。

さらにいうならば、職員の立ち会いを回避し本人同意のもとでの撮影や録音を行うために、裁判所内で開催した記者会見の直後に、改めて所外で2回目の独自記者会見を開催することが常態化している。これは裁判員にとって余計な負担を課すことになっており好ましくないし、取材する側にしても二度手間を強いるものとなっている。こうした状況を作り出しているのも、裁判所の記者会見への過度な介入が原因であると考えられる。

5 まとめ

裁判員制度は、2012年5月以降に制度の施行状況を検討することとされている。さまざまな批判や欠陥が指摘されていた裁判員制度を、「見切り発車」的にスタートさせるならば、実際の運用での問題点や不都合を是正する必要性が出てくることは当初から想定されていたのである。

それだけに、現在進行中の個々の裁判員裁判が、評議を含めてどのように運用されているのか、裁判員が単なるお飾りにされている恐れはないのか、さらには刑事裁判における適正手続の保障に問題はないのか等を明らかにしておく必要は大きい。法務省では、制度見直しを議論する「裁判員制度に関する検討会」が発足しているが、検証の議論を充実させるためにも、現在の裁判員報道の問題は早急に是正される必要がある。

自由人権協会はその具体的な是正項目として、裁判員に課されている罰則付き守秘義務の解釈適用の見直しと、裁判所職員の記者会見立ち会いの即時中止を、ここに求める。

以上

「個人情報を保護するとともに社会のパノプティコン化を防止するための意見書」発表

政府において、国民IDや税と社会保障の共通番号制が検討されていることに対し、6月14日、JCLU情報公開・個人情報保護小委員会が中心となって、意見書をまとめ発表しました。その要約を掲載します。全文はJCLUウェブサイトで確認できます。

第1 意見の趣旨

政府において、国民IDや税と社会保障の共通番号制が検討されているところ、

1 そもそも、国民IDや税と社会保障の共通番号制をもって、どのような社会を目指すのかを、市民共通の考え方として明らかにすべきである。

2 仮に本格的に国民IDや税と社会保障の共通番号制の導入が検討されるのであれば、

(1) 国の情報独占を防止し市民への情報流通を確保するために、個人情報については、どの行政機関がどのような目的で利用しているかを明示するとともに、最新の技術により情報漏えい防止に万全を期し、行政及び民間の両部門における情報の名寄せを防止する諸制度を構築するとともに、

(2) 行政機関の保有する情報の公開に関する法律(情報公開法)、公文書等の管理に関する法律(公文書管理法)、行政機関の保有する個人情報の保護に関する法律(行政機関個人情報保護法)及び個人情報の保護に関する法律(個人情報保護法)の趣旨を踏まえて、行政及び民間部門における適切な個人情報の取り扱いを統括的に監督する第三者機関を内閣府に設置することを求める。

第2 意見の理由

1 パノプティコン化する社会到来の危険

(1)パノプティコン化する日本の情報流通の現状

パノプティコンとは独房が円形に配置され中心に監視所が設けられた刑務所の形式である。ここでは、市民間では個人情報の流通が抑制され、中央の政府だけが市民の個人情報を取得・利用して監視するという状況の比喩として用いる。

日本では、住民基本台帳ネットワークシステムの導入やIT技術の進展により国(行政)が大規模に国民と在留外国人(市民)の個人情報を取得・利用できる状況が実現しつつある。他方で、日本の個人情報保護法は、全ての個人情報につき原則として流通を抑制する方向で規定されている。これにより、個人情報保有者(多くは行政や大企業)が、個人情報保護を理由に簡単に情報提供を拒むことができ、情報を求める者(多くは一般市民及び報道・研究関係者)は、多大な労力を払って積極的に動かないと、有益な個人情報の取得ができない状況になっている。このような状況を総合的に見ると、日本において、個人情報は国(行政)が一方的に収集・利用し、民間ではこれが過度に制限されている状況、いわゆるパノプティコン社会に近づきつつあると言わざるをえない。

(2)パノプティコン社会の危険

国家による個人情報取得については、市民が、自己に関する情報がどこで把握され、どう使用されているかに不安を抱く社会では、市民は自己の行動を自主規制することにより、民主主義を機能不全に陥らせる危険がある。また、流通すべき個人情報が流通しない社会は、良好な人間関係の形成が阻害され、表現活動等の妨げとなる。このようにパノプティコン社会は、情報の自由な流通を基盤とする真の民主主義社会とは相容れない。

2 パノプティコン社会への対応策

(1)情報公開制度の充実

国から市民に対する一方的な監視状態を排除し社会のパノプティコン化を防止するために、市民が国から必要な情報を取得することは極めて重要であり、情報公開法及び公文書管理法はこれに資するものとして重視されるべきである。適切な情報公開制度の運用のためには、全省庁を統括して一般的な情報公開制度の運用を監督・指導する第三者機関が必要である。また、公文書管理法は制定されたばかりであるが、その運用にあたっては、同じく省庁横断的な第三者機関による監督が不可欠である。

(2)個人情報保護制度の改善

個人情報の過度の流通抑制を防止するためには、個人情報保護法を改正し、自由な情報の流通を前提とする法の目的を明確化した上で、必要な個人情報が流通するように柔軟な解釈(利益衡量)を可能とする規定を設けるべきである。そして、この場合に個人情報の解釈指針を明示し紛争を予防するために、独立した第三者機関としての監督機関を設置すべきである。

(3)情報流通全体の監督機関の創設

実現しつつあるパノプティコン社会を防止するためには、社会における情報流通全体を視野に入れる必要があるから、情報公開制度及び個人情報保護制度(行政・民間を含む)を踏まえて総合的に情報流通制度の設計をしなければならない。したがって、上記の監督機関は、それぞれが別個独立の機関ではなく、双方の制度を統括し、国による情報の独占を防止し市民への情報流通を確保するための監督機関とならなければならない。

(4) 行政及び民間部門における情報の名寄せを防止する諸制度の構築

ア 番号制度を導入する場合には、目的を異にするデータベース毎に個別に付番しこれを暗号化処理された非公開番号で紐付けする方式 (セクトラルモデル)を採用すること。

イ 市民が積極的に行動しなくてもプライバシーが保護される制度設計(Privacy by Design)のためのプライバシー影響評価制度の導入と実施

ウ 行政が保有する情報の利用履歴を本人がチェックする仕組みの導入

以上

例会報告 育児休業差別を問う

――JCLU9月例会シンポジウムから

1. はじめに

「子供を産んだらキャリアはおしまいと、社会一般にまだ思われ、また社会進出を果たしたはずの女性たち自身も一部そのように思っていると思います。子供を持ちながら普通に働けるような社会へ、日本が将来進んでいくきっかけの一つなればと思い、この訴訟を提起しました」

凛とした声、スッと伸びた背筋、裁判官を見る率直な眼差し。証人尋問で証言台に立った関口陽子氏は、訴訟を提起した動機について、はっきりとこう述べた。しかし、法廷を出た彼女は、たおやかな物腰で、笑顔を絶やさない、魅力的な女性である。傍目には、とても会社を訴えるようには見えない女性だが、そんな彼女が訴訟を提起するに至った背景には、一体どのような経緯があったのだろうか。

2. 経緯

問題は、関口氏が育児休業を取得したところから始まった。ゲームソフト会社に勤務する彼女は、育児休業を申請した当時、チームの花形でもある海外業務を担当していた。しかし、育児休業を取得したのち、職場に復帰すると、国内業務への変更を命ぜられ、年俸も大きく下げられたのである。それも、子供を産む前と同様に働くことができる環境を整え、以前と同じ業務を行うことができると再三申し入れたにもかかわらず、である。この理不尽な対応を受け、彼女は悩み、同じような境遇に置かれている女性のことを考え、訴訟を提起することを決意した。そして、日本人弁護士で初めて女性差別撤廃委員会の委員となった林陽子氏(コナミ育休訴訟弁護団)らを代理人として、JCLUの支援のもと、女性に対する差別が根強い社会全体のために行われているのがこの事件であり、彼女が証人尋問を受けるに至った経緯でもある。

3. 9月例会「育児休業差別を問う」の開催

この証人尋問に先立ち、2010年9月10日、自由人権協会の9月例会「育児休業差別を問う」が開催された。この例会は、講師として早稲田大学大学院法務研究科教授の浅倉むつ子氏をお招きし、林氏の司会のもと、原告である関口氏と弁護士の金塚彩乃氏(コナミ育休裁判弁護団)により、関口氏の提起している訴訟について報告会が行われた。

4. 例会報告―訴訟の具体的な内容―

この例会では、まず、関口・金塚両氏より訴訟の具体的内容について報告があった。この裁判の概要は、育児休業を8カ月取得後、職場復帰の直前に職位グレードの2段階の降格、年俸額120万円分の給与カット、及び海外ライセンス業務から国内ライセンスの事務処理へと業務内容の変更が行われたが(本件処遇)、本件処遇は育児休業を取得したことを理由とする不利益取り扱いであり、女性差別撤廃条約、憲法13条・14条、育児休業法、均等法に反し、公序良俗に反するとともに、不法行為を構成するとして、2009年6月16日に東京地方裁判所へ訴えを提起したという事件である。

これに対し、被告であるゲーム会社は、①本件処遇は、降格や減俸ではなく単なる「変更」に過ぎないこと、②業務内容の変更は、原告が育児休暇を取得したためではなく、復職時に従来業務と同等の業務が部内になかったこと、③役割グレードは個人の能力ではなく担当する業務に基づくものであり、個人に対する評価の変更を意味しないこと、④業務内容の変更に伴い役割グレードが変更されれば当然に年俸も変更されること、⑤従って本件処遇は、女性差別でないことはもちろん、育児休暇を取得したことによる不利益扱いではない、といった反論を行った。

5. 女性差別撤廃条約とは

ここで、育児休業差別に関して問題となる女性差別撤廃条約について説明したい。女性差別撤廃条約とは、当然のように行われてきた女性に対する差別を撤廃するという目的のもとに定められた条約である。すなわち、「女子に対する差別」が「性に基づく区別、排除又は制限であって、政治的、経済的、社会的、文化的、市民的その他のいかなる分野においても、女子(婚姻をしているかいないかを問わない。)が男女の平等を基礎として人権及び基本的自由を認識し、享有し又は行使することを害し又は無効にする効果又は目的を有するものをいう。(1条)」と定義され、その差別を根本的に排除することを目指すものである。

同条約は企業による女性差別禁止、ジェンダーステレオタイプの撤廃、雇用における差別の撤廃を謳っており、本件でも積極的に同条約違反が主張されている。

報告者の金塚、浅倉、関口各氏（左から）

6. 育児休業差別に関する不利益処遇

これらの報告に対し、講師の浅倉氏から、妊娠・出産・育児をめぐる不利益処遇と判例動向について説明がなされた。

その内容は、日本のジェンダーギャップにつき、世界経済フォーラムによる「ジェンダー・ギャップ指数（GGI）」が80位（2006年）、91位（2007位）、98位（2008位）、101位（2009年）と低下しており、特に「政治参加」と「雇用機会均等」の立ち遅れがみられることが特色であるといったことから始まった。

「日本の女性は高学歴であるのに社会で活躍できる環境が整っていない。」

つまり、教育水準には格差がないのに対し、雇用分野では、女性の能力が活かされておらず、第1子出産を機に6割の女性が退職するといった現状があるという。この原因としては、OECDによって①WLB（ワークライフバランス）の欠如が両立を難しくしている、②非典型労働の増大が雇用の魅力を損なっている、③賃金の年功制が男女格差を広げている、④税制・社会保障制度の問題が指摘されている。

また、少子化対策の展開に逆行するさまざまな不利益取扱の存在として、妊娠・出産の不利益取扱い、マタニティ・ハラスメント、産前産後期間についての取扱（産前産後休業期間を「就業したものとみなす」事務所33.4％）が指摘された。

7. 判例動向

本件訴訟に関し、妊娠・出産・育児をめぐる不利益処遇をめぐる判例動向として、以下の事件が浅倉氏より紹介された。

①日本シェーリング事件（最1小判1989年12月14日）

賃金引き上げに関する労働協約が、引き上げ対象者を前年の稼働率80％以上の者としたが、その算定の基礎となる不就労日に産休・育児時間等を算入していたため、かかる労働協約は公序良俗に反し無効とされた。

②住友生命事件（大阪地判2001年6月27日）

既婚女性であることを理由として、昇給・昇格差別をすることは違法であるとして、差額賃金相当額と慰謝料の支払を命じた事件。

③学校法人東朋学園事件（最1小判2003年12月4日、差戻審東京高判2006年4月19日）

賞与の支給対象者は出勤率90％以上のものに限るとし、欠勤日数には産前産後休暇や育児時間を算入するという条項を設けていたことが公序に反し無効であると判断された事案。

8. 現代社会の実際

現代社会では、女性に対する差別が未だ当然のように行われており、例えば労働者からの相談及び指導等の状況を挙げると、平成20年度における育児休業に係る不利益取扱いの労働者からの相談は1,100件を超え、妊娠・出産等を理由とした解雇等不利益取扱いの労働者からの相談も1,800件も超えているのに対し、育児休業給付初回受給者数も年々増え続け、19年度では15万件近くに及んでいるとのことである。

さらに、厚生労働省の平成20年度雇用均等基本調査によれば、育児休業取得率（出産者のうち、調査時点までに育児休業を開始した者（開始予定の申出をしている者を含む。）の数／調査前年度1年間の出産者（男性の場合いは配偶者が出産した者）の数）は平成17年度が72.3％であったのに対し、平成20年度では90.6％となっているのに対し、そのうちの育児休業取得後の退職者は11％にも上っている。

さらに、妊娠・育児に関して、育児休業後の職場復帰に止まらず、マタニティ・ハラスメントといった妊娠期の女性に対する消極的な態度あるいは過保護なまでの積極的な対応が問題視されており、女性に対する差別の抜本的な早期解決を望む声が高まっている。

9. さいごに

このように、日本では未だに働く女性をとりまく環境は非常に厳しい。関口氏のように育児休業から復職後に不利益な取扱いを受けた人、いわゆる育休切りで解雇された人は少なくない。そして、多くの人が声を上げることもできず、泣き寝入りを強いられている。関口氏の闘いは、根強い女性差別を容認する日本社会・日本企業に一石を投じ、多くの女性を励まし、勇気づけるものとなるだろう。

（早稲田大学大学院エクスターン生　吉成麻美子）

人権協会の定款改正案の解説　第2回

理事　古本 晴英

公益社団法人の認証申請を見据えた当協会の定款改正案を解説する第2回目です。今回は、「第3章　社員総会」と「第4章　役員」についてご紹介します。なお、本連載は定款改正案を会員の皆様にご説明するだけでなく、当協会にとってより相応しい組織のあり方などについて広くご意見を伺おうと企画したものです。定款改正案に関するご意見がある方は、遠慮なく事務局までご連絡下さい。

第3章　社員総会

（種類）
第15条　この法人の社員総会は、定時社員総会及び臨時社員総会の2種類とする。

（構成）
第16条　社員総会は、正会員をもって構成する。
2　社員総会における議決権は、正会員1名につき1個とする。

（権限）
第17条　社員総会は次の事項を議決する。
(1) 理事の選任及び解任
(2) 理事・監事の報酬の額又はこれに関する規程
(3) 定款の変更
(4) 各事業年度の事業報告及び決算報告の承認
(5) 入会の基準並びに会費及び入会金の金額
(6) 会員の除名
(7) 長期借入金並びに重要な財産の処分及び譲り受け
(8) 解散及び残余財産の処分
(9) 合併、事業の全部若しくは一部の譲渡又は公益目的事業の全部の廃止
(10) 理事会において社員総会に付議した事項
(11) 前各号に定めるもののほか法令及びこの定款に定める事項
2　前項にかかわらず、個々の社員総会においては、第19条3項の書面に記載した社員総会の目的である事項以外の事項は、議決することができない。

（開催）
第18条　定時社員総会は、毎年1回毎事業年度終了後3ヶ月以内に開催する。
2　臨時社員総会は、次の各号の一に該当する場合に開催する。
(1) 理事会が必要と認めたとき。
(2) 議決権の10分の1以上を有する正会員から、会議の目的である事項及び招集の理由を記載した書面により、招集の請求が理事にあったとき。
3　前項(2)の請求を受けた理事は、遅滞なく理事会に報告しなければならない。

（招集）
第19条　社員総会は、理事会の決議に基づき、代表理事が招集する。
2　代表理事は、前条第2項第2号の規定による請求があったときには、その日から6週間以内に臨時社員総会を招集しなければならない。
3　社員総会を招集する時は、会議の日時、場所、目的である事項を記載した書面をもって、開催日の2週間前までに通知しなければならない。

（議長）
第20条　社員総会の議長は、その社員総会において、出席している正会員の中から代表理事が指名する。

（定足数）
第21条　社員総会は、正会員の4分の1の出席がなければ開催することができない。

（決議）
第22条　社員総会の議事は、法令及びこの定款に特に規定するものを除き、出席した正会員の過半数をもって決し、可否同数のときは議長の裁決するところによる。

（書面議決等）
第23条　やむを得ない理由の為社員総会に出席できない正会員は、予め通知された事項について書面、電磁的方式、その他適切な手段により表決し、又は他の正会員を代理人として表決を委任することができる。
2　前項の場合における前2条の規定の適用については、その正会員は出席したものとみなす。

（議事録）
第24条　社員総会の議事については、法令で定めるところにより議事録を作成しなければならない。

現行の定款は第5章として「会議」という項目を設け、総会と理事会を同じ章にまとめていた。改正案では、JCLUの最高意思決定機関である総会の位置づけを明確にし、「会員」の章の直後に「社員総会」の章を独立させている。

改正案においても、社員総会の位置づけについて変更はないものの、権限規定を洗い直し、結果として議決事項は増えている。招集権限や手続規定についても、整理がなされている。

本章における改正案でもっとも影響の大きな改正部分は、総会に"定足数"を設けたことである（上記第21条）。実は、現行定款には、総会に定足数がな

い。今次施行された「一般社団法人及び一般財団法人に関する法律」では、「定款に別段の定めがある場合を除き、総社員の議決権の過半数を有する社員が出席し・・・」(49条)とある。改正案第16条2項では、議決権を1人1つと定めているので、定款に何の定めもしなければ、正会員の過半数の出席がないと総会の議事が進められないこととなる（委任状の提出者数は出席者数に加えることができる)。

ところで、JCLUは2010年5月の総会時、会員数560名に対し、総会に出席した会員は僅か32名であった。委任状の提出者を加えても220名にしかならない。過半数では到底、場合によっては3分の1と定めても定足数を満たさない可能性さえある。

法には、「定款に別段の定め」とあるだけだが、「別段の定め」をすれば、何分の1にでも小さくできるというわけではない。改正案の「4分の1」が議決の正当性を確保できる合理的なものか議論の余地はあろう。

このように「4分の1」の提案は、法令の要請と現実の総会の実態を前提にした苦肉の策である。そもそも会員が積極的に総会に出席し、多くの会員が直接会の運営に加わっていただければ何も問題はない。しかし、会の意思決定に加わるというよりも、会費を納めることにより、会の経済的基盤の充実に協力することで自らの役割を果たしたいという会員は多いし、むしろそのような役割を期待して入会をお願いしたケースもある。

前回紹介した「正会員」と「賛助会員」を設けるという提案とあわせ、自らの立ち位置を振り返り、改正案の妥当性を検討していただきたい。

第4章　役　員
(種類及び定数)
第25条　本会に次の役員を置く。
(1)理事　5名以上15名以内
(2)監事　3名以内
2　理事のうち5名以内を代表理事とすることが出来る。
3　監事は、正会員の中から選任する。
(選任等)
第26条　理事及び監事は、社員総会の決議によって選任する。
2　代表理事は、理事会において、理事の中から選任する。
3　監事は、理事または使用人を兼ねることができない。
(理事の職務・権限)
第27条　理事は理事会を構成し、本定款の定めるところにより、本会の業務の執行を決定する。
2　代表理事は、本会を代表し、その業務を執行する。
3　理事の職責については、本定款に定めるほか、法令の規定による。
4　代表理事は、毎事業年度ごとに4ヶ月を超える間隔で2回以上、職務の執行の状況を理事会に報告しなければならない。
(監事の職務・権限)
第28条　監事は、理事の職務執行の状況並びに本会の業務及び財産の状況を監査する。
2　監事の職責については、本定款に定めるほか、法令の規定による。
(任期)
第29条　理事及び監事の任期は、選任後2年以内に終了する事業年度のうち最終のものに関する定時社員総会の終結の時までとし、再任を妨げない。
2　理事、監事の任期が満了した時は、当該理事、監事は、後任の理事、監事が選任されるまで、理事又は監事としての権利義務を有する。
(解任)
第30条　理事及び監事は、いつでも社員総会の議決によって解任することができる。但し、監事を解任する場合は、総正会員の議決権の3分の2以上の議決に基づいて行わなければならない。
(評議員)
第31条　本会に評議員を置くものとし、理事会でこれを委嘱する。
2　評議員の任期は2年とする。
(評議員の職務)
第32条　評議員は、本会の重要な業務、財産の移動及び人事に関し、理事会の諮問に応じるものとする。

現行定款には、理事、評議員の外に、「名誉会長1名、顧問及び参与各若干名を置くことができる」と定められている。しかし、その職責は「重要な会務に関し、理事会の諮問に応ずる」と規定されているだけで、評議員の職務内容と同様であった。近年、名誉会長、顧問および参与が選任された例がないこと、開かれた市民団体という立場からは必ずしも相応しくないことなどから、改正案ではこれらの地位自体を削除している。

評議員についても、職務内容の見直しが検討されたが、結果としては大きな修正は行わなかった。なお、これまで慣例として年に1度「評議員会」を開催しているが、現行定款上は、評議員は会議体ではなく、個々に独立に職務を行うこととなっている。改正案においても同様である。

あたごの杜から
事務局長日誌

今年も、8月から9月にかけて、ロースクールのエクスターンシップ生の受け入れが行われました。学生の方は、早稲田大学のロースクールから2名でした。当協会の場合、10日間といった短期間の集中型ではなく、日程や時間帯が分散していることから、諸事情と相まって学生の方にとっては相応の負担となるという面があるかもしれませんが、充実した企画が目白押しであったといってよいと思います。小委員会参加のほかにも、支援事件などの事件に関する裁判や弁護団会議の傍聴や起案、外部への訪問など、内容は様々ですが、お2人には多くのプログラムを熱心にこなして頂いたと思います（ちなみに私は、外部への訪問については、情報公開請求で厚生労働省と宮内庁へ、また見学で参議院、弾劾裁判所へご一緒しました)。ご協力いただいた皆様に厚く御礼申し上げます。

8月と9月に2回、例会が続けて開かれました。事情により、私は9月にしか参加できず、残念でした。9月例会では、育児休業差別の支援事件がテーマでした。早稲田大学で行われたこともあってか、同大学のロースクールの学生の方に多数ご参加頂きました。

韓国と日本の市民が交互に年1回お互いの国を訪れて交流をする日韓市民社会フォーラム（今年は10月2日と3日に日本で行われました。三宅代表理事が実行委員長を務めておられ、また田中代表理事が基調講演をされました)の分科会で、私から西松安野友好基金について当協会の活動を含めて発表をする機会がありました。なおその際、問題提起の一つとして、国家間の合意により、個人の請求権を放棄することが可能なのかは、改めて検討されるべきであることを指摘しました。私は、このフォーラムは2002年のソウル開催の第1回以来の参加で、韓国の方々と率直なお話をすることもできて、有意義な時間を過ごすことができました。ハングル語は、冬ソナブーム以来挫折していましたが、一念発起してなるべく(?)頑張ろうという気持ちになりました。　(藤原 家康)

6月から10月のJCLU

6月14日	「個人情報を保護するとともに社会のパノプティコン化を防止するための意見書」を発表
7月8日	7月理事会
8月4日	8月理事会・ビアパーティ・エクスターンシップ生歓迎会
8月4日～9月24日	エクスターンシップ生受入れ(早稲田大学LSより2名)
8月14日～22日	事務局夏期休業
8月25日	8月例会「裁判員裁判と知る権利」(高須巖・裁判員経験者、髙島光弘・弁護士、山田健太・専修大学准教授、大木勇・弁護士、品川潤・弁護士)弁護士会館
9月6日	9月理事会
9月10日	9月例会「育児休業差別を問う」(浅倉むつ子・早稲田大学教授、林陽子・弁護士、金塚彩乃・弁護士、関口陽子・JCLU支援事件原告)早稲田大学
10月7・8日	日弁連人権擁護大会(盛岡)にて書籍販売
10月15日	10月理事会・エクスターンシップ生送別会
10月22日	西松安野友好基金運営委員会(広島)〔羽柴代表理事、古本理事出席〕
10月23・24日	西松安野友好基金記念碑除幕式・交流集会〔羽柴代表理事、田中代表理事、古本理事出席〕

【発行日】2010年10月28日【発　行】社団法人 自由人権協会
〒105-0002 東京都港区愛宕1-6-7 愛宕山弁護士ビル306
TEL:03-3437-5466　FAX:03-3578-6687　URL:http://jclu.org/　Mail:jclu@jclu.org
(大阪・兵庫支部)
〒530-0047 大阪市北区西天満1-10-8 西天満 第11松屋ビル3F 堺筋共同法律事務所内
TEL:06-6364-3051　FAX:06-6364-3054
協会設立:1947.11.23　本紙創刊:1950.5.1　購読料:年間2,500円　郵便振替:00180-3-62718　発行人:藤原家康
JCLU 社団法人 自由人権協会

人権新聞 Japan Civil Liberties Union

JCLU Newsletter

発行所 社団法人 自由人権協会

JCLU

〒105-0002 東京都港区愛宕1-6-7 愛宕山弁護士ビル306
TEL:03-3437-5466 FAX:03-3578-6687
URL:http://jclu.org/ Mail:jclu@jclu.org

協会設立:1947.11.23
本紙創刊:1950.5.1
購読料:年間2,500円

拡大例会報告 「検証・検察」
——村木事件・前田事件から考える検察問題

会員 橋本 陽介・秋山 淳

厚生労働省の郵便不正事件に端を発し、一連の検察の不祥事が明らかとなっている。検察庁は、同省局長(当時)村木厚子さんを虚偽公文書作成・同行使罪で起訴したが、2010年9月10日、大阪地方裁判所で無罪判決が言渡された(検察庁の上訴権放棄により確定)。さらに大阪地方検察庁の特捜部において同事件の主任検事であった前田恒彦元検事が、証拠物件であるフロッピーディスク内の電子データを改竄していたことが明らかになり、同元検事が証拠隠滅の罪にて、当時同元検事の上司であった大坪弘道元特捜部長及び佐賀元明元副部長が犯人隠避の罪にて逮捕・起訴される事態となっている。

拡大例会では、村木厚子さんの主任弁護人であった弘中惇一郎氏を始め、民主党参議院議員の今野東氏、一橋大学大学院法学研究科教授で法曹倫理・刑事弁護実務を担当されている村岡啓一氏、東京地検特捜部副部長・公安部長などを歴任し、現在は弁護士の若狭勝氏をパネリストとして招き、村木事件及び前田事件から、ストーリーありきの調書作成、人質司法、密室での取調べ等検察のシステムの問題点を論じ、あるべき検察の姿を探った。以下は、その報告である。

パネルディスカッションは、羽柴駿代表理事のコーディネートのもと、まず弘中氏が刑事弁護人としての経験から検察の問題点を提起し、各パネリストが意見を述べる形で行われた。

まず、弘中氏は、村木事件・前田事件を基にして、検察、特に特捜部の抱える問題点について以下の4点を指摘した。

1点目は、特捜部の検事は、ロッキード事件等による社会的評価の高まりにより政治家等の大物の犯罪を立件するというプレッシャーを受けており、無理にでもそのような事件を扱おうとする傾向にあるという点である。

2点目は、特捜部が扱う事件は通常の事件と比べて関係者の供述が証拠の中心となるため、密室での取調べに基づく供述調書の作成という検察の捜査の弊害が一層明らかになるという点である。村木事件では、特に厚労省の関係者に対して強引な取調べが行われ、否認調書は作成されず、検察のス

トーリーに沿った調書のみが作成される一方で、フロッピーディスクを代表とする客観的証拠は軽視又は恣意的に評価された。また、取調を行った検察官は、すべての取調メモを廃棄した。

弘中 惇一郎 氏

3点目は、公判部が捜査部門の意向に従う傾向があるという点である。報道等によると、村木事件において、公判部の検事が前田元検事によるフロッピーディスクの改竄に気づいたが、捜査部門の意向に遠慮をして論告まで裁判を進めたようである。

4点目は、検察が公益の代表者として行動せず、有罪判決のために手段を選ばないという点である。検察は、刑事裁判における単なる一方当事者ではなく、法律上公益の代表者として強力な権限を有しており、被告人に有利な証拠は開示すべきであるし、裁判の過程で被告人が無罪であることが明らかになった場合には無罪の論告を行うべきである。

これに対し、若狭氏は、村木事件における捜査のずさんさは明らかであり、特捜部の危うさは以前からずっとあった問題だと指摘した。そのうえで、裁判員裁判でえん罪が生じてしまうと裁判員制度自体に致命傷になってしまうおそれがあるため、裁判員が取調べ過程での問題点を検討できるよう、裁判員裁判対象事件においては、取調べの可視化(録画・録音)が必要であると述べた。

若狭 勝 氏

村岡氏は、検察官の倫理規定の面から問題点を指摘した。村岡氏は、村木事件及び前田事件において、検察のいずれの行為者にも罪を犯した、許されないことをしたとの認識がなく、日常の行為の連続として今回の行為を行ったのではないかと述べた。そして、村岡氏は、日本には欧米諸国と異なり検察官の倫理規定がないが、倫理規定がないことが問題ないとされてきた理由を考える必要があると指摘した。また、村岡氏は、2008年の自由権規約委員会の勧告では、捜査機関の役割が真実発見ではなく証拠収集することであることを認識すべきであるとされており、村木事件・前田事件は、この勧告に従うことの重要性を突きつけている、と述べた。

村岡 啓一 氏

今野氏は、法務省や検察庁の人事の問題点として、法務省の課長級のうち70%程度が検事であり、検事が自ら刑事関係の法律を作成すること、判事が検事を経験し、検事が判事を経験する判検交流は、裁判所と検察庁の間でなあなあの関係を作る原因となる可能性を指摘した。また、今野氏は、村木事件において、報道機関が逮捕時に村木氏が犯人であると想像させる報道を行いながら、無罪判決後は自らの逮捕時の報道に全く触れなかったという報道の無責任さの問題点も指摘した。

今野 東 氏

その後、引き続き個別の論点について討論が行われた。

まず、取調べの可視化について議論がなされたが、弘中氏は、裁判員裁判対象事件と弁護人が特に要望した事件ついては取調べを可視化するべきであり、被疑者だけではなく参考人や共犯者に対する取調べも対象とする必要があると述べた。

これに対し、若狭氏は、取調べの可視化の必要性と取調べを受ける者が積極的に供述しなくなる弊害を比較して考える必要があるとし、例えば暴力団の犯罪において実行者である組員に対する取調べを可視化した場合、当該組員の犯罪の自白自体には影響はないが、当該組員が組長その他の幹部の関与について供述することが減る可能性があり、そのような影響が予想されることを認識した上で、えん罪防止のために取調べの可視化に舵を切るかを議論すべきであると指摘した。また、取調べを可視化することは検察官にとってもいい面が

あると述べた。

村岡氏は、供述調書を偏重する状況のまま取調べを可視化することの問題点を指摘し、全面可視化によって捜査が第1審化するのではないかと述べた。

今野氏は、取調べの可視化の法案を議員立法として提出することを検討しており、まず検察官が認知し又は直接受けた事件を対象とすることを検討中であると述べた。

次に、近年特捜部の質が低下したとの意見について議論がなされた。

この点について弘中氏は、今も昔も特捜部の手法に問題があることに変わりはないが、今回のように証拠物に手を加えるなどのレベルの低下があることは明らかであり、悪質巧妙であったものが悪質ずさんになったと述べた。

村岡氏は、今までは特捜部の描いた構図が結果として当たっていただけであり、昔から有罪にこだわる悪しき当事者主義的体質は変わっていないと指摘した。

若狭氏は、特捜部の問題点として、特捜事件では通常の事件と異なり検察が証拠の収集と評価の双方を行うため、チェックが働かないことがあるほか、特捜事件は、担当主任検事、副部長及び部長が同じ見方で事件の捜査を進めることになり、村木事件はこのような特捜部の構造的な問題点が顕在化したものであると指摘した。また、若狭氏は、前田事件は質的に異なるもので、経験上、証拠の改竄は検事の発想にはなく、検察官の中にもフェアが一番であるという人もいると述べた。

検察官の倫理規定が存在しないことについても議論された。

村岡氏は、欧米諸国には検察官の倫理規定があるが、日本にはないことを紹介し、その理由について、欧米諸国は法曹一元で検察を特別視していないのに対し、日本では、検察はそれ自体が倫理的であるという考えがあり、また、組織内の自浄作用が働いてきたため、明文の規定を設ける必要はないとされてきたのではないかと指摘した。また、今回の事件を受けて検察官の倫理規定が制定されることになると思われるが、検察官にいかにフェアネスを身につけてもらうかが鍵であり、検察官に対する教育を徹底する方針を打ち出した最高検が今後どういった教育をするか注視する必要があると述べた。さらに村岡氏は、国連やEUのガイドラインでは、検察官は、訴追手続を続けるべきでない証拠が明らかになったときには、あらゆる手段を使って手続を止めなければならないとされており、それを知った上司も裁判所に告げることも含めて手続を止めなければならず、どの国でも誘惑に駆られる検察官がいるということだと指摘した。

弘中氏は、検察官がフェアネスの方向に進むとは信じられず、村木事件についても検察官の大多数は運が悪かったと思っているのではないか、供述調書の大多数の証拠請求が裁判所に却下されたにもかかわらず検察が論告まで行ったのは、控訴審では逆転可能であり調書も証拠採用される、と考えていたからだろうと述べた。

若狭氏は、最高検が今回の事件について検証した報告書に盛り込まれる内容によって法務検察の危機意識が量れるが、可視化に踏み込まなければ単なる口だけだと推し量ることができると述べた（筆者注：2010年12月24日付けで検証結果は公表され、特捜部が担当する身柄事件における取調べの録音・録画を試行するとの言及がなされている）。

この後、参加者から、裁判所の責任についての意見が述べられたほか、質疑応答が行われた。

最後に、各パネリストから一言ずつ述べられたが、弘中氏は、人質司法には身柄拘束を安易に認めて保釈を認めない裁判所にも責任があると指摘した。村岡氏は、検察官は処罰することが正義であると考えたときに神の目を持ってしまうと指摘し、最高検には今も村木さんが真実は有罪であると考えている人がいるのではないかと述べた。若狭氏は、弁護士になって検察を外から見て初めて分かったこともあり、検事や裁判官が外部の視点を取り入れる必要があると述べた。今野氏は、政治家として人権を中心に据えた政治を実現していきたいとし、今回の事件の教訓を生かす際にもそういった視点が必要であると述べた。

最後に、喜田村洋一代表理事が総括と閉会の挨拶をし、本例会は終了した。

「東京都青少年の健全な育成に関する条例」の一部改定に関して

早稲田大学法科大学院 大間 美千代・代表理事 三宅 弘

東京都が提案した東京都青少年の健全な育成に関する条例の一部を改定する第30号条例案は2010年6月の都議会で否決されたが、この改定条例案と趣旨を同じくする提案が、12月の都議会に上程される可能性があるということから、協会では、11月26日に「東京都青少年健全育成条例改定案に関する声明」を発表した。この声明は、2月に提出された改定条例案の基本的な構想には大きな変化がないことを前提に、その問題点を指摘したが、その後都は、東京都議会の12月開催直前に条例改定案を公表し、拙速とする批判を無視して、条例を改定した。青少年健全育成条例の改定について特集する。

1. 現行の東京都青少年の健全な育成に関する条例とは

この条例の目的は、青少年の環境の整備を助長するとともに、青少年の福祉を阻害するおそれのある行為を防止することにより、青少年の健全な育成を図ることとされている。

この条例は、インターネット上の有害情報対策（フィルタリングの利用促進、事業者・親権者・青少年の育成にかかわる者の責務）、不健全な図書類等に関する規制（指定図書・表示図書類の販売制限・包装・区分陳列）、指定がん具・指定刃物の販売等の制限、雑誌・ビデオ類自販機等の規制、深夜外出の制限、深夜立入制限施設、質受け・古物買受けの制限、青少年への勧誘行為の禁止、着用済み下着等の買受け等の禁止、立入調査、青少年に対する大人社会の関わり方（保護者など育成に関わる者・メディアの責務）、青少年に対する保護者の養育のあり方、青少年の健全育成を推進する体制の整備などを内容としている。

2. JCLU声明のポイント

JCLUは、提出が予想された条例改定案について、以下のとおり、その問題点を指摘するとともに、今回の青少年健全育成条例の改定について、抜本的な見直しを求めた（声明全文については、JCLUのHP参照）。

(1)条例改定案が有する基本的問題に関して

（前略）第1に、青少年「有害」情報フィルタリングソフトウェア、フィルタリングサービスを通じ、青少年が情報を閲覧する機会を制約する努力義務を事業者に課すだけでなく、携帯電話端末等のフィルタリングサービス利用に関し、解除の正当な理由を記載した書面の提出を保護者に求めるオプト・アウト方式を規定し、実質義務づけを行なっている。第2に、18歳未満との年齢規定や非実在青少年といった造語による規制対象の規定方法は今回の修正によって削除されたものの、青少年を性的欲望の対象として賛美・誇張して描写することを青少年の健全な成長を阻害する事項に追加し、法律で禁止されている児童ポルノ（の単純所持違法化）のみならず、それ以外の青少年性的視覚描写をも蔓延抑止という理由で指導・資料提出権を導入としている。第3に、インターネット上の表現規制については国レベルにおいて法整備と自主規制のルール作りが急ピッチで進んでいるにもかかわらず、問題があるとみなす表現に対するアクセス一般を制限し得る「有害」基準策定を東京都規則に委任し、その基準をもとに勧告・公表・調査を組み合わせた都独自の上乗せ規制の仕組みを構築している。

これらの規定には、表現の自由のさまざまな観点からの疑問だけでなく、法秩序における適正な手続の保障や個人の尊厳と幸福追求への障碍となることからも、非常に問題があるといわざるを得ない。この声明は、とりわけ上記の第1点と第2点について、その問題点を指摘するものである。

(2)フィルタリングに関して

（前略）本条例改定案が「携帯電話端末等による青少年有害情報の閲覧防止措置」に関し、保護者等に対し、青少年有害情報フィルタリングサービスを利用しない場合に、正当な理由を記載した書面を携帯電話インターネット接続役務提供事業者に提出することを義務とすること（第18条の7の2第1項）、保護者が青少年のインターネットの利用状況を適切に把握し管理することを求めるとともに、再発防止のための資料提供の努力義務を保護者に課すこと（第18条の8第3項）は、憲法第13条に照らし、その相当性が極めて疑わしい規定ということになる。

(3)マンガ規制に関して

従来から本条例第7条の「性的感情を刺激し」等の表現に関しては、主観的で不明確だとの批判があったにも関わらず、本条例改定案では、その規制の対象を同条第2号において「漫画、アニメーションその他の画像」まで一気に拡大している。また、表現方法として「不当に賛美し又は誇張する」ものとしているが、これらは極めて主観的な評価であり、表現物に対して不利益な取り扱いをする基準として具体的に何を指し示すかが明らかでないばかりか、施行後には、現場の行政官が実質判断をすることによって、恣意的な運用が避けられない規定振りとなっている。

そもそも表現の自由は、人格形成や民主主義社会の維持・発展に不可欠なものとして憲法のなかでも優位的な地位が与えられており、これを制約する場合には、厳格かつ明確な基準によらなければならない。不明確な法文による規制は、萎縮的効果をもたらし、本来保護されるべき表現をも控えさせてしまう。よって、法令の文言が漠然不明確であって、どのような行為を規制しようとするものかが一義的に明らかでない場合には、恣意的判断や拡大解釈の余地があり、萎縮効果を生むものであって許されない。また、規制対象にマンガを含めることは、実在しない被害者の存在しない行為を規制することとなる。これは、現実に発生している児童への虐待を違法とし、児童保護をその法益とする児童ポルノ処罰に関する考え方とは根本的に異なるものであり、表現物に対する一定の道徳的価値観に基づく規制となっている。このような善良な性風俗・青少年の健全な育成といった抽象的な保護法益は、表現活動に優先するものとしては不十分であり、また今日において、そのような社会的合意があるとはいいがたい。このように、本条例改定案は実写とマンガを同一視し、保護法益が不明確なままに表現規制の範囲を著しく拡大させるとともに、恣意的な判断や拡大解釈の余地を残す条文によって表現の自由を規制するものであり、憲法第21条の趣旨から許されない。(後略)

(4)拙速な議論の手続に関して

本条例改定案は、憲法上の権利に関わる重大な問題を含むものであり、できる限り早くその内容を公開し、広く都民の見解を求めるべきである。さらに、都民の意見がどのように活かされているのかについても速やかに公表すべきである。にもかかわらず今回の条例改定案に至る一連の東京都の対応は、広く一般市民や有権者の意見を聞くという態度からはかけはなれ、条例改定案を本会議ギリギリまで示すことなく、否決された条例案をベースに、改定の必要性を必ずしも適切と評価されていない資料を用いて関係各所に説得するという方法をとったことが見受けられる。これは、民主主義の基本である「透明性の高い都政」の実現とはいいがたく、すでに内容上の疑問が呈されている条例の改定作業としては、きわめて遺憾であるといわざるを得ない。

3.本条例改定が表現の自由を著しく侵害するものであること

マンガ規制に関して上記JCLU声明で述べているとおり、従来から本条例7条の「性的感情を刺激し」等の表現に関しては、主観的で不明確だとの批判があったにも関わらず、本条例改定案では自主規制の対象を、本条例案7条2項において「表示又は音声による描写から十八歳未満として表現されていると認識されるもの」、いわゆるマンガ規制にまでさらに拡大している。本条例改定案はこのような恣意的な判断や拡大解釈の余地を残す法文によって、表現の自由を規制するものであり、憲法21条の趣旨から許されない。

また、その前提として、フィルタリングによって、子どもにパターナリズムを押し付けることは青少年の健全な育成に直ちにつながるわけではない。青少年の健全な育成に関する判断権限は保護者等に委ねられているのであり、保護者等が適切な判断をしなかったり、その判断がその子どもの最善の利益に合致するとは言い難い場合であっても、子どもの保護者等の権限を行政等が適宜代位行使することや、権限を容易に剥奪することは許されないといえる。子どもが自己及び他人の尊厳を傷つけ、もしくは心身の健康を損ね、調和のとれた人間形成を阻害し、自ら対処できない責任を負うことのないようにと保護者等が選択する手法は子どものおかれた状況により千差万別であり、個別具体的な事情に応じた判断を必要とする。よって、その是非について地方公共団体が一律の基準を用いて介入するべきではないのである。健全な育成を阻害する表現物がないわけではない。しかしながら、情報を完全にシャットアウトすることが、教育と言えるのか。保護者等子どもの周りにいる大人は、有害なものがあふれるこの世界を生き抜く子どもたちへ、その情報の取捨選択や善悪の判断、倫理観の教育について、改めて見直し、教育の中でそれを実現させていくべきであり、行政が押しつけ的に規制をするのは、方法論としていかがなものか。人は生まれながらにして、基本的人権を有し、自分の生きる道を決定する権利を持つ。そして、精神的に未成熟な間は、保護者等がこれを監督する権限を持つのであり、これは国家や行政が規律するものではない。

このように、本条例改定には、問題が山積している。青少年の健全な育成が、行政にとっても大きな課題であるとしても、都民に対して、きちんとした審議過程も示されず、議論もしつくされていない段階で、このような条例は到底承認することはできない。本条例改定後も、未来を担う青少年の育成に関するこの問題に対し、我々市民の意識もより高く持つべきであり、行政に対する視線をきちんと送り続けたい。

例会報告

関西合同例会

「反貧困」の現場から

自由人権協会京都 事務局員 伊山 正和

去る2010年12月4日、京都弁護士会館において、恒例の関西合同例会を開催いたしました。今回のテーマは、貧困問題です。

日本は、世界有数の経済大国として、誰しもが豊かさを実感できる国である、というのが、つい最近までの世間一般の認識だったと思います。ところが実際には、現在の日本には様々な経済的矛盾が噴出しており、今日、最も大きな社会問題の一つが「貧困問題」であるということが次第に明らかになってきました。

ここに何をもって「貧困問題」というかは、論者によって様々です。たとえば昨年度までにも世間を騒がせた、雇い止めや派遣切りといった現代型日本の労働問題も、その一例です。その他にも、健康上の理由などから、そもそも働くことができないのに、十分な社会保障が得られないという問題、配偶者からの肉体的・精神的暴力に起因する経済的困窮、親の養育が不十分であるために生じた子どもの貧困、そして多重債務問題など、日本における「貧困問題」は、多方面にわたって極めて身近に存在しているのが実情です。

こうした出来事が、日本に住む、誰もの身近で、何らかの形で実際に起こっているかもしれません。それにもかかわらず、具体的な危機感を抱く人はまだまだ少なく、まして何か行動を起こしている人びとはほんのわずかです。

今回、関西合同例会の講師としてお招きした舟木浩弁護士は、反貧困ネットワーク京都の事務局長を務めておられるほか、逐一あげればきりがないほど、多様な観点から、貧困問題の最前線で活躍しておられ、近時、その分野では欠かせないメンバーとしてお名前が上がる著名な方です。その実践的なご経験をふまえ、そもそも日本にはどのような貧困の現状があるのか、なぜこのような貧困が拡大していったのか、そして「反貧困」という運動は、どのように広がっていったのかというお話しをして頂き、今後の課題についての問題提起をして頂きました。

まず、舟木弁護士が日本に実在する貧困として指摘されたのは、借金問題やホームレスといったもののほか、母子家庭、若年労働者、そして子どもの貧困という、多岐にわたるものでした。その全てが示唆に富む指摘でしたが、とりわけ私が深く考えさせられたのは、子どもの貧困についてです。日本は、世界有数の就学率を誇る国ですが、実際には授業料や給食費の未納、就学援助などが急増しており、子どもの貧困が深刻化しているというのです。経済協力開発機構(OECD)の相対的貧困率によると、日本の子どもの貧困率は13.7%に及び、OECD諸国の中では8番目に高く、なんと約7人に1人が貧困状態にあるとの指摘には、正直、私自身の不勉強を恥じずにはいられませんでした。それだけでなく、母子家庭での子どもの貧困率は、実に66%に達しており、これなどはOECD諸国の中で2位ということです。

このように、目に見えて貧困が拡大していっている背景には、国際競争力を維持・向上させるための規制緩和によって、一部の者の成功がみんなのためになる、という国際的な新自由主義の潮流があると舟木弁護士は指摘されます。特に、ここまで貧困問題が拡大していっている現実を目の前にしても、こうした論者はなお、一部の成功者による「勝利」が、豊かさをリードするという考え方を正しいものとして主張し続けている、このことは驚くべきことだと述べておられたことは、とても印象的でした。

貧困問題の現れ方は、多岐にわたりますので、何か一つの絶対的な原因が存するわけではありません。舟木弁護士が例として挙げられたものには、社会の高齢化、非正規雇用・日雇い派遣などの拡大による労働市場の変化、社会保障の「制度」自体の劣化、そして「運用」の問題としての生活保護の機能不全などがありました。このうち、「制度」の問題は、意識的な立法による改革が行われる必要がありますが、「運用」の問題については、法の趣旨が全うされていないという、文字どおり「機能不全」という他にありません。ましてそれが、諸施策からこぼれ落ちて困窮した人びとにとっての、「最後のセーフティネット」である生活保護であるならば、そこからもこぼれ落ちてしまったら、その人びとは、生きる方法さえ失うことになります。

生活保護受給者が近時急増していることは、よく報じられているところです。しかし、舟木弁護士のご説明によれば、保護を利用できるはずの人のうち、実際に利用しているのは、せいぜい20％台といわれているとのことでした。こうした実情をふまえず、他方で「不正受給」などがあることを強調して、「適正化」と称する保護費の抑制強化が行われていることは、我々も聞き知っているところです。しかし、舟木弁護士のご説明では、実際に「不正受給」とされたのは、保護費全体の約0．3％に過ぎないということです。それにもかかわず、組織的に受給率の抑制が行われている自治体もあり、日弁連が2006年に調査した結果では、生活保護の窓口で保護の申出をして拒否された事例のうち、66％もの事例に違法の可能性が認められたという驚くべき事実が伝えられました。

舟木弁護士は、こうした実情に直接的に対峙して、2004年ころから本格的に全国へと広がり始めた貧困問題対策運動の最前線で活躍してこられました。そのテーマである「反貧困」という言葉には、現に貧困問題に陥っている人びとが、貧困から脱すればそれでいい、というわけではなく、貧困「そのもの」が「あってはならない」という考え方が込められていると思います。これは、一時期より頻繁に耳にするようになった「自己責任」という用語を明解に打ち破るものだと思います。

すなわち自己責任とは、自己決定権と対をなして、はじめて意味を持つ言葉だと私は理解しています。自己決定をなしえないところに、自己責任はあり得ません。貧困問題のほとんどは、もともと自己責任を持ち出すこと自体が誤りだといえます。多くの場合、貧困状態にある人に「自己決定」の余地がないからです。さらに進んで、そもそも自己決定があったかどうかを論ずること自体、無意味ではないでしょうか。原因がどうであれ、貧困「そのもの」が「あってはならない」からです。貧困問題を「自己責任」と結びつけることは、こうした両面からいってナンセンスだと私は思います。

すべての人権は、人が人であるがゆえに、当然に享有できるものです。それを支えるのは生命です。誰もが人らしく「生きられる」社会でなければ、人権保障が全うされているとはいえません。舟木弁護士のご説明によれば、11年連続で3万人以上を数える自殺者のうち、8000人は経済的理由によるものとのことでした。つまり、貧困を理由にして現に「生きられない」人たちが、日本の社会にこんなにも多数いるというのです。そうした人たちの多くが、声さえあげられず、社会の最底辺に落とし込まれています。舟木弁護士が今後の課題として、「声をあげられない最底辺の人たちの支援とともに全体の底上げへ」と提言されたことは、深く来場者の心に刻み込まれたことと思います。

今回の例会にあたり、舟木弁護士には、急な依頼にもかかわらず、詳細なレジュメと豊富な資料をご提供頂きました。この場を借りて、心より御礼申し上げます。

西松安野友好基金運営委員会報告

記念碑除幕式に参列して

理事 古本 晴英

1 2009年10月23日、東京簡易裁判所で、西松建設中国人強制連行・強制労働事件につき即決和解が成立した。2007年4月の最高裁判所判決の付言を受けて、当事者らが和解の努力を続けてきた成果であった。JCLUはこの和解に西松建設が支払う2億5000万円で設立する基金の管理団体として加わった。

和解成立から1年後の2010年10月23日、広島県安野の地に記念碑が建立された。記念碑建立の除幕式の様子とともに、この1年の基金運営委員会の活動について報告する。

2 和解条項では、基金の使途について、①受難者360名分の受難に対する補償に加え、②未判明者の調査費用、③記念碑の建立費用、④受難者の故地参観・慰霊のための費用、⑤その他受難にかかわる一切の費用と定められている。そして各事業の具体的な実施方法については、JCLUが「西松安野友好基金運営委員会」を設け、協議して決定することになっている。

2009年12月14日、JCLU事務所にて、第1回目の運営委員会が開催された。中国から4人の委員が来日し、西松建設が推薦した高野康彦弁護士、大阪大学大学院の杉原達教授、地元広島から長年活動を支えた川原洋子氏や足立修一弁護士が委員として参加した。JCLUからも羽柴駿代表理事が加わっている。委員長には、日中の関係者から信頼の厚い内田雅敏委員が選任された。この日の委員会では、補償金として受難者一人当たり60万円を支給すること、その確認方法、送金方法などが具体的に決まった。また、未判明者の調査の方法等についても協議され、その他の事業についても、当面の活動方針が決められた。

3 2009年12月20には、山東省済南市で補償金支給式を開催した。和解成立の事実も中国国内で広く報道されたが、繰り返しメディアを通じて広報することにより、未判明者の確認に繋げたいという思いがある。その後も、中国側委員を中心に、60年以上前の資料を頼りに中国各地の訪問調査を続け、この1年間で165名の方に補償金の支給が実現している。

日本においては、広島県安芸太田町、中国電力などの協力を得て、記念碑建立と除幕式の準備が進められた。東京から内田委員長が何度も広島を訪れ関係者との折衝にあたった。

4 そして、和解成立から1年後の昨年10月23日、完成した記念碑の前で除幕式が行われた。太田川上流で取り込まれた水は、受難者らが作った導水トンネルを抜け、急峻な山肌に添うように設

式典後、日中の関係者が勢ぞろいして記念撮影をした。

式典前に受難者・遺族代表の邵義誠さんと西松建設代理人の高野康彦さんが1年ぶりに再会して固く握手。邵さんの表情が和解直後の会見時より穏やかになっている。

けられた水圧鉄管の中を一気に滑り落ちる。今でもここで作られた電気が中国地方各地に送られている。記念碑は導水トンネルの終点とその下に設けられた発電所を見渡す高台に建立された。台座部分を含めて3.6mの大きなものである。両脇には2つの石碑を配し受難者360名の名を刻んだ。

除幕式には、来賓として地元関係者だけでなく服部良一衆議院議員や中国大使館駐大阪総領事館領事なども参列した。中国からも第1回目の故地参観事業を兼ね40名以上の訪日団が参加した。その中には5名の受難者も含まれている。

式典の後には、上流の取水場など現に受難者が作業をさせられた現場を皆で訪れ、当時の話などを聞いた。65年振りに当地を訪れた受難者らの目に、今も動く発電所はどう映ったのであろうか。

5　故地参観事業は今年も5月と10月に予定されている。受難者1人当たり一度とされているので、

65年振りに現場を訪れ、当時の様子を語る受難者たち。

石碑に亡父親の名を見つけ涙を流す遺族。

記念碑の全景。背後の山肌に発電所の水圧鉄管が見える。

数年内には終える予定である。また、未判明者は極力少なくしたいものの、360名すべてを把握するのには、時間が経ち過ぎたのも現実である。したがって、近い将来、基金と運営委員会はその使命を終え解散することとなろう。その時、後に残るのは石碑と史実だけでは寂しい。記念碑には「安野　中国人受難之碑」と刻まれているが、これを非難の象徴とするのか、それとも友好の象徴とできるのかは、今後の努力次第である。和解事業は時限活動であっても、市民レベルの日中友好活動には期限はない。頂いたご縁をどう有意義に活用していけるか、地元広島任せにすることなくJCLUとして何ができるか考え続けていきたい。

斎藤康弘弁護士に聞く
グーグル的世界と表現の自由

いまや仕事やプライベートでパソコンや携帯電話を使わない日はなかろう。それらを通じてネット上で提供される各種サービスは、私たちの日常に深く浸透している。しかし一方で、先日の尖閣ビデオ流出事件でアクセスログをグーグルが捜査機関に提供するなど、多くの情報がネット企業によって集積・管理されていることもまたまぎれもない事実である。しかもそれは、なにもグーグル1社の問題ではなく、デジタル・ネットワーク化が進展する社会のなかで、より一般化しており、普遍的な問題として私たちが考えなければならないといえる。一昨年来のグーグル・ブック検索訴訟はこうした情報の扱いについて正面から扱った事例のひとつで、日本国内においては数少ない貴重な事例であるといえる。昨2010年末の来日を機に、当該訴訟に関連してニューヨーク州弁護士として現地で日本の団体を代理して活動された経験から、グーグル的世界が進行する社会における表現の自由のありようを聞いた。

（聞き手・神谷 延治会員）

――たとえばグーグルといった巨大企業が情報の流通を独占してしまうと、少数者の多様な情報の流通や取得の機会が封じられるといった弊害が生まれませんか。

斎藤：非常に危険な問題だと思っています。まず、根本的な問題として、情報の一極化という状況はあってはいけない。何か問題が生じたら情報はどうなるのか、その情報を流せなくなるのかということを含めて、情報が一極化した段階で危機的状況に陥ると思います。たとえばグーグルであれば、独自のアルゴリズムがあり、情報を取捨選択しているため、そこで拾って貰えない情報については出てこない、グーグルにない情報は世の中にないといった誤った認識をもたらす危険を孕みます。その反面、検索エンジンサービスは、情報を大量に取得し網羅していなければ、ビジネスの論理として成立しない面もある。そこで、状況に歯止めがかかり難く、表現の自由に対する危機的状況を、社会が声高に訴えて歯止めをかけていかなければならないと思います。

斎藤康弘弁護士
日本の大学（慶応義塾）を1989年に卒業後すぐに渡米。アメリカの法律大学院（St. John's University School of Law）でJuris Doctor学位を取得。1992年には、連邦裁判官の補佐官（law clerk）に任官。その後、ニューヨークの大手弁護士事務所で訴訟弁護士として活動し、現在は米国で最古の法律事務所の一つであるCarter Ledyard & Milburn LLPのパートナーを務めている。主に大企業をクライアントとした大型訴訟や企業スキャンダルを扱っているが、ニューヨーク・アジア系アメリカ人弁護士会の理事としての活動や、ニューヨーク州裁判官審査委員会メンバーとしての活動等を通して、公共の問題にも関わっている。ニューヨーク市内のロースクール（Cardozo Law School）において、訴訟審理（トライアル）実務の非常勤講師も務める。

――米国内ではグーグルをどのように捉えているのでしょうか。

斎藤：グーグル・アースの問題もあって、2010年くらいからグーグルに対する見方が厳しくなったと思います。もともと新しい、若い、お洒落、ヒップな感じのイメージがあり、グーグルも社会の為に役に立つ企業であると自称しているので、おそらく皆がそれを受け入れていたと思いますし、そのイメージがいまだに残っている感があります。そもそもグーグル問題は全て根本的に新しいことなので、生じてきている問題にも社会の認識が追いついて来ていない部分があると思います。国家利益としては、グーグルが世界中の情報を保有することは、米国にとっては良いのかもしれません。中国がグーグルを規制したことにも、同様な国家的な凌ぎ合いがあるのかもしれませんが、その他に訴訟やビジネスをやっていく中でも商業的な競争や凌ぎ合い、そして独禁法の問題など、声高に言わなくても自然と出てくるものがある。そのような状況のなかで市民、著作権者の権利、表現の自由という社会的な利益が後回しになっている感がありす。全体のパラダイムが変わっているなかで、ど

うしても最優先にはならないものなのかもしれません。出版の世界で言うと、インターネットや現在グーグルで起きていることは、ここ100年で一番大きいというだけではなく、グーテンベルクの活版印刷技術発明以来の大事件だと思います。それだけ大きいことが起きているなか、出版・表現の自由は取りこぼされている感があり、私は既に非常に危険な状況にあるのだと思います。

――情報の一極化は非常に危険ということですが、今後は国家に代わり一私企業が検閲の主体になる虞れについてどのようにお考えですか。

斎藤：インターネットを通じて情報が無限に入ってくるので、多様な情報が入っているように思えますが、実際は検索エンジンによりフィルターされ、情報にバイアスがかけられるという実害が大きいと思います。アルゴリズムも秘密にされ、優先順位がどのようになっているかも明らかでない。あたかも情報の代弁者であるかのように一企業が情報を独占すること自体問題ですが、テロ事件など有事の際に政府が一気にとってかわって情報統制することが簡単だし止めることが出来ない。テロや戦争など有事においては、生命に関わる問題となるので、表現の自由や人権が後回しになっても、十分な反対の声は起こらないでしょう。だからこそ平時のうちに、JCLUのような市民団体が声を上げていく必要があると思うのです。今までは私企業が短期間に情報を集積し、検閲主体になることがなかったので、問題に対応する枠組みもできていませんし、まだ問題の認識すら出来ていないと思います。

――アマゾンやアップルも含め多くのネット企業は、現在実施している情報のコントロールは必要最小限の自主規制だと言っています。出版社や新聞社もより強力な自主規制を行っているとも思われるなかで、グーグルは緩やかだけれども許されないのでしょうか。

斎藤：小さな企業が自主規制するのと、グーグルのような大企業や国家が規制するのとはやはり別に考える必要があると思います。ネット上で世界中に同様のサービスを提供している企業は、圧倒的に情報の規模が大きく、とりわけ検索エンジンはその性質上、必然的に大きく網羅的になる傾向にあります。印刷技術の発明によって大量のコピーが世に出回ることが可能となり、その情報の分散と多様化が民主主義の定着に役立ったことがあると思います。ところが、大変革によりその出版印刷物もなくなる可能性もあります。デジタル化とネットワーク化が組み合わさって全情報が一つに集まってプロセスされるようになってきているなかで、ネットビジネスのデモクラシーへの影響は注意してみていかざるをえないと思います。

――そうしたネット企業が、個人のプライバシーに関する情報を集積・利用している点についてはどうお考えですか。

斎藤：個人データがインターネットを通じて国家等に見られるようになっている以上、プライバシーの問題も危機的な状況にあると思います。プライバシーの問題や社会的な根本的問題を無視して、各論的に見ていく考えも成り立ち得ますが、そこが難しいところです。たとえばグーグルはどうしてもビジネスの理屈で動きますが、ビジネスの欲求は止めどもないもので、プライバシー等を守る安全弁が存在しません。危険な部分については歯止めをかけるように世論を形成する必要があると思います。

―グーグル・ブック検索訴訟は、米国の作家協会・出版社協会とグーグルの間における集団訴訟（クラスアクション）で、2008年10月に「和解案」がまとまり、翌年2月にグーグルは和解案の効力が日本を含む世界中の著作権者にも及ぶ旨の告知をした。この訴訟で日本ペンクラブを代理されたわけですが、同じような問題があったということでしょうか。

斎藤：知り合いの日本の弁護士を通じて米国におけるグーグルの状況について話し合う機会がありました。そこで、日本の著作権者ないし権利者団体としても、何か言うべきではないかと考えるようになったのです。そのようななかで日本ペンクラブからお話を頂き、代理させて頂くことになりました。グーグル問題の難しい点は、今までになかったことをしているところです。一つは、集団訴訟という手続きを利用し、世界中の著作権者たちをグーグルの条件に拘束する内容で和解しようとした点です。もともと集団訴訟というのは手続的な弱者を救済するものですが、これではグーグルが自らの意思を世界中の声なき権利者と読者に押し付けているにすぎず、集団訴訟の本来の制度趣旨と逆行するものです（集団訴訟の手続きの濫用）。そもそも本

件の場合、一部の出版社と一部の著作権者団体の原告側とグーグルで決めた「和解案」を、その外にいる世界中の著作権者や出版社に押し着せようとしているだけで、これは迷惑でしかない。集団訴訟とは集団（クラス）に属する人たちの利益が一致しており、その利益を代弁することが必要になりますが、本件の原告代理人はその人たちの利益を代弁する立場に全くないと思います。しかし、米国の裁判の法理として、和解の条件は当事者が納得すれば許容する傾向があるので、裁判所が集団訴訟手続きの適用について何となく許してしまっているところがあります。もう一つは、グーグルがベルヌ条約という著作権に関する国際条約を逆手にとって、米国内の自分たちの取り決めを世界中の著作権者に押し付けてきたことです。もともと同条約の目的は著作権を保護することにあるのですが、グーグルが著作権者を自らの権利下に置くために同条約を利用することは、同条約の濫用としか言えないと思います（ベルヌ条約の濫用）。

――グーグルのスピードや規模の問題もありますが、立法や条約等によらずに、一企業と一部の原告の訴訟結果によりこれまでの取引慣行が書き換えられてしまう虞れはありませんか。

斎藤：ネットビジネスの特性としてスピードがあります。先に情報を取ってしまえば、著作権違反かどうかに関わらず先にやった者が勝つという一面がある以上、状況は一層加速化していきます。一般的に言われるネットのグローバル化・ビジネスのグローバル化とは全くレベルの違う段階でのグローバル化の問題があることを直視して対応をしていく必要があると思います。今回のグーグル問題に関しては、米国の裁判制度の傾向として、世界中に影響を及ぼしやすい手続であるという問題がありますが。

――立法であれば国内の合意形成が必要で、条約であれば合意形成にさらに時間を要するところ、米国という特定の国の特定の訴訟における合意内容が短時間で世界のデファクト・ルールになり得るという事態を感じますか。

斎藤：その危険性は感じます。本件は特殊だとは思いますが、国際的な視点というより、ビジネス的な視点だけで動いた訴訟だと思います。最近の「グーグルは貴方の3番目の半脳になりたい」という宣伝文句には気持ち悪さを感じますが、グーグルのようなビジネス形態の場合、表現の自由や情報の多様性に対し、これまでとは比較にならない範囲と程度の影響があるものと思います。

――裁判所も含めて日本ではグーグルのスピードについて行けていないように感じますが、米国の方が情報の一極化等のグーグル問題に関して深い議論がなされているのですか。

斎藤：米国でもまだまだ少ないと思います。グーグル・アース等の問題があって、おかしいと感じるようになってきたわけで、まだ問題を認識できていないのか、主流にはなっていません。新しい問題に対して、誰が具体的に利益を代弁していくのか、まだ表れていない状況です。2009年11月に予備承認がなされたグーグル・ブック検索訴訟の新和解案によって、英語圏を対象にすることになったのですが、そのときに危惧したのは、米国外の人は蚊帳の外で何も問題視していないと裁判官に思われることでした。そこで、日本ペンクラブの代表にも裁判所にご同行いただき、そのうえで日本の著作権者としても不利益と社会的影響の大きい忌々しき問題だと捉えており、表現の自由の観点から情報を一元化することは根本的に許すべきではないことを主張しました。それは普通の訴訟でする主張とは異なり、ある意味で政治的な声明に近い部分があるのですが、世界中でこれだけ問題になっているのだと声をあげることが大事と考えた結果です。難しいのはスピードへの対応で、こうしている間にもグーグルは次のビジネスを進めており、司法もついて行けていませんし、世論も政治もついて行けていません。その意味でもペンクラブやJCLUがグーグル問題に積極的にかかわっていってほしいと思います。

――日本でも新旧和解案に関するビジネス的ないし法技術的なことは論じられているのですが、背後に人権や社会的な問題があるということはあまり論じられていません。

斎藤：まさにそうですね。グーグル和解はテクニカルなことに目を取られてしまい、各論的な議論に行きがちで、大局的に非常に大きな問題があることが見えなくなってしまいがちです。各論的な議論に気を取られて、背後に人権問題等の社会的な問題があることを見落としてはいけないと思います。

伊藤 和夫さんを偲ぶ

評議員 宮崎 繁樹

当自由人権協会の代表理事も務められ、昭和後期から平成時代にかけての代表的人権弁護士だった伊藤和夫さんが、昨年亡くなったのは、とても残念なことです。伊藤さんは1928年(昭和3年)のお生まれでしたから81歳で、日本の長寿化の傾向からすれば、まだまだご活躍頂きたかったのに、残念でなりません。

伊藤さんは、中央大学法学部をご卒業後、司法修習生(8期)の研修を終え、1956年(昭和31年)に弁護士登録をされ、人権弁護士として大先輩にあたる猪俣浩三法律事務所に入られました。猪俣先生は訪欧中に「アムネスティ・インターナショナル」の運動を知られ、帰国後その日本支部を創設され、その発展に尽力されました。そのような関係で、伊藤さんもアムネスティ日本支部に加入され国際人権弁護士の道を歩みはじめられたのだと思います。アムネスティ日本支部にはその後かなりの若い弁護士が入会されグループが出来ました。伊藤さんは、1962年(昭和37年)に猪俣事務所から独立されましたが、アムネスティの弁護士グループで「国際人権規約」の研究会を作り、定期的に研究会を開いて勉強しておられました。私も猪俣先生からの勧誘でアムネスティ日本支部に入っていましたので、この研究会に招かれ、そこで伊藤さんにお目にかかり、ご一緒に国際人権の問題を勉強することになったのでした。その研究成果を纏めて『国際人権規約』のコンメンタールを出版しては、ということになり、1979年(昭和54年)に日本評論社から『国際人権規約・コンメンタール』(法学セミナー5月臨時増刊)として出版致しました。その中で伊藤さんは、論文編の中の「刑事手続と人権」、コンメンタール編の中の「自由権規約」で、身体の自由(9条)、被拘禁者の処遇(10条)、民事拘禁の禁止(11条)、公正な裁判を受ける権利(14条)、遡及処罰の禁止(15条)の項目を担当執筆されました。当時のアムネスティの弁護士グループには、伊藤さんのほかに、笹原桂輔、村上愛三、池田純一、河野敬、川勝勝則、松本博、野本俊輔の各氏がおられ、研究会にはそれ以外に河越重任、北村泰三の両氏が加わっていました。これを契機にして、私は伊藤さんと親しくお付合いをすることになりました。

私も伊藤さんと共に、この自由人権協会の会員でしたが、推されて1980年6月から84年6月まで代表理事を務めましたが、伊藤さんは82年6月から92年6月まで代表理事を務められました。つまり82年から84年までの二年間ご一緒に、肩を並べてこの自由人権協会の代表理事を務めていたことになります。

伊藤さんは、弁護士実務の傍ら国際人権の研究に深い関心を持たれ、国際人権法学会が創設された時も、当初からその会員に加わって国際人権の研究をされ、その研究成果なども生かして国際的な人権擁護活動を続けられました。特に日本が遅れていた出入国管理や難民問題に関心を持たれ、『難民問題研究会』を作った時にも、そのメンバーとなって毎回の研究会にも積極的に参加して、研究会を支えて下さいました。そして、その成果も生かして、アジアからの難民の権利保障を主張し、その関連事件を担当され、ビルマ人難民申請弁護団長、クルド難民弁護団の団長を務められたのでした。そのほか、袴田事件弁護団長や、全国霊感商法対策弁護士連絡会代表世話人なども務められました。伊藤さんが、何時も一寸口を歪めたような独特な笑顔で、穏やかに話されていたことを、今も思い浮かべます。

伊藤さんは、昨年7月14日午前10時59分、肺炎のため東京都調布市の病院で亡くなり、葬儀・告別式は18日調布市国領町の常性寺で、喪主は長女市川悦子様によって営まれました。なお、弁護士在職50周年を祝賀して昨年『日本における難民訴訟の発展と現在』の論文集が現代人文社から刊行されています。ここに、心から伊藤和夫さんのご冥福をお祈り申上げます。

人権協会の定款改正案の解説 第3回

理事 古本 晴英

公益社団法人の認証申請を見据えた当協会の定款改正案を解説する第3回目です。今回は「第5章 理事会」「第6章 基金」及び「第7章 財産及び会計」についてご紹介します。

第5章 理事会
(構成)
第33条 理事会は全ての理事をもって構成する
(権限)
第34条 理事会は、本定款に別に定めるもののほか、次の職務を行う。
(1) 社員総会の招集に関する事項(日時及び場所並びに目的である事項)の決定
(2) 規則の制定、変更及び廃止に関する事項の決定
(3) 事業の計画及び実施の方針に関する事項の決定
(4) 支部並びに特別委員会の設置に関する事項の決定
(5) 事務局の主要な人事に関する事項の決定
(6) 予算及び決算に関する決定
(7) 資産の管理に関する事項の決定
(8) その他重要な会務に関する決定
(9) 理事の職務の執行の監督
(10) 代表理事の選任及び解任
(招集)
第35条 理事会は、代表理事が招集する。
2 代表理事は、理事会の5日前までに各理事に対して理事会の招集の通知を発しなければならない。
3 前項の規定にかかわらず、理事及び監事の全員の同意があるときは、代表理事は、招集の手続を経ることなく理事会を開催することができる。
4 代表理事以外の理事から、会議の目的たる事項及び招集を必要とする理由を記載した書面が代表理事に提出され、理事会の招集が請求されたときは、代表理事は、その請求の日から5日以内に、その請求があった日から20日以内の日を理事会とする理事会を招集する手続きをしなければならない。
5 前項にかかわらず、代表理事が理事会を招集する手続をしない場合には、前項の代表理事以外の理事は、理事会を招集することができる。
(議長)
第36条 理事会の議長は代表理事のうちの1名がこれに当たる。
2 代表理事がいずれも差し支える時は、代表理事が指名した理事が議長の職務を行う。
(定足数)
第37条 理事会は、議決に加わることができる理事の過半数以上の出席がなければ会議を開くことができない。
(議決)
第38条 理事会の議決は、この定款に別段の定めがあるもののほか、決議に加わることのできる理事の過半数が出席し、その過半数をもって決し、可否同数のときは、議長の決するところによる。
(決議の省略)
第39条 理事が、理事会の決議の目的である事項について提案した場合において、その提案について、議決に加わることのできる理事の全員が書面又は電磁的記録により同意の意思表示をしたときは、その提案を可決する旨の理事会の議決があったものとみなすものとする。但し、監事が異議を述べたときは、その限りではない。
(報告の省略)
第40条 理事又は監事が理事及び監事の全員に対し、理事会に報告すべき事項を通知した場合においては、その事項を理事会に報告することを要しない。
2 前項の規定は、第27条第4項の規定による報告には適用しない
(議事録)
第41条 理事会においては、議事録を作成し、出席した代表理事のうちの1名及び監事のうちの1名は、これに署名しなければならない。

現行定款には、「理事会」という章立ては存在しない。「会議」の項目の中に、総会などと一緒に条項が置かれている。これを独立させた上で、理事会の権限規定を整理するとともに、理事の会議開催請求権などの規定を新設した。

本章で最も大きな変更事項は、理事会に定足数を設けたことである(第37条)。現行定款には、前回紹介した総会と同様、定足数の規定がない。しかし、一般社団法人及び一般財団法人に関する法律95条は、過半数以上による定足数の定めを要求している。

現在、JCLUは42名の理事がいる。定款上は46名まで選任が可能だ。しかし、各理事の理事会出席率は高いとは言えない。過半数の定足数を設けた

場合、理事会が成立しないという事態が生ずる。

新定款案では、第25条で理事の定数を「5名以上15名以内」とした（前号で紹介した）。これは、上記37条の定足数の規定と併せて、現実の理事会の運営実態を踏まえた規定である。出席率が期待でき、現実にJCLUの意思決定を担う会員に理事になっていただく必要がある。

第6章 基 金

（基金の拠出）

第42条 この法人は、会員又は第三者に対し、基金の拠出を求めることができる。

（基金の募集等）

第43条 基金の募集、割当て及び払込み等の手続については、理事会の決議で定める基金取扱規定による。

（基金拠出者の権利）

第44条 基金の拠出者は、前条の基金取扱規定に定める日までその返還を請求することができない。

（基金の返還の手続）

第45条 基金の返還は、定時社員総会の決議に基づき、法令に定める範囲を限度額として行うものとする。

2 基金の返還を行う場所及び方法その他の必要な事項については、理事会において別途定めることとする。

（代替基金の積立て）

第46条 基金の返還を行うため、返還される基金に相当する金額を代替基金として積み立てることができ、これを取り崩すことはできない。

一般社団法人及び一般財団法人に関する法律は、第131条以下で「基金」に関する詳細な規定を置いている。ここで「基金」とは、法人が拠出者との合意に従って拠出者に対して返還義務を負う金銭その他の財産のことをいう。社団法人や財団法人が活動のための資金が必要な場合に、その資金調達の一方法として設けられた制度であり、外部負債の一種である。

したがって、現在JCLUには「人権基金」「予防接種基金」「西松安野友好基金」などの「基金」の名前を付した会計があるが、これらは単なる「特別会計」に過ぎず、法律上の「基金」には該当しない。

JCLUは、これまで事業活動を行うために借入や起債を行ったことはない。周年事業などのまとまった活動費が必要な場合も、会員からの“寄付”に頼っていた。ただ、今後も活動資金が必要な場合に、必ず寄付が集まるという確証はない。場合によっては外部からの資金調達が必要になる可能性があろう。そのような場合に備え、法が要求している定款事項を定めておくことにした。

第7章 財産及び会計

（特定財産の維持及び処分）

第47条 第5条の公益目的事業を行なうために不可欠な別紙記載の特定財産については、その適正な維持及び管理に努めるものとする。

2 やむを得ない理由により、特定財産の全部若しくは一部を、処分又は担保に提供する場合には、理事会において、議決に加わることのできる理事の3分の2以上の議決を得なければならない。

3 特定財産の維持及び処分について必要な事項は、理事会の議決により定めるものとする。

（財産の管理・運用）

第48条 この法人の財産の管理・運用は、代表理事が行うものとする。

（事業計画及び収支予算）

第49条 この法人の事業計画、及び収支予算については、毎事業年度の開始の日の前日までに代表理事が作成し、理事会の議決を経て、直近の社員総会に報告するものとする。これを変更する場合も、同様とする。

（事業報告及び決算）

第50条 この法人の事業報告及び決算については、毎事業年度終了後、代表理事が事業報告書及び計算書類並びにこれらの付属明細書を作成し、監事の監査を受け、理事会の承認を経た上で、定時社員総会において承認を得るものとする。

（長期借入金及び重要な財産の処分又は譲り受け）

第51条 この法人が資金の借り入れをしようとするときは、その会計年度の収入をもって償還する短期借入金を除き、社員総会において、総正会員の半数以上であって、総正会員の議決権の3分の2以上の議決を経なければならない。

2 この法人が重要な財産の処分又は譲受けを行おうとするときも、同様とする。

（会計原則）

第52条 この法人の会計は、一般に公正妥当と認められる公益法人の会計の慣行に従うものとする。

あたごの杜から 事務局長日誌

本年も宜しくお願い申し上げます。あっという間に新年を迎えました。振り返れば事務局長となってから既に半年強が経過したのにも、今更ながら驚きました。

本年は、これまでにもまして一層、広く社会にアピールしていく活動を実行できるよう、尽力したいと思います。

2010年1年間のJCLU

1月19日	JCLUが若手法律家に送る 弘中惇一郎講演会「私の刑事弁護活動」（弘中惇一郎氏・弁護士 JCLU評議員）弁護士会館
1月26日	1月理事会
2月15日	2月理事会
2月24日	「情報公開法の改正及び外交文書の管理・公開に関する要望書」発表
2月25日	「国産自動車メーカーのCSR報告書に対する評価（2009年度）」発刊
3月10日	3月例会「高校無償化と外国人学校～外国人の地方参政権とも関連付けて～」（田中宏氏・一橋大学名誉教授 JCLU代表理事）JCLU事務局
3月10日	『第18回久保田メモリアルシンポジウム講演録 韓国の外国人政策に学ぶ一問われる日本の政策不在一』発刊
3月17日	3月理事会
3月20・21日	JCLU合宿 日本新聞協会湯河原荘
3月25日	「高校無償化の対象となる外国人学校の選別基準に関する緊急声明」発表
3月25日	予防接種被害救済基金運営委員会会議 JCLU事務局
4月 1日	西松安野友好基金会計監査 JCLU事務局
4月14日	4月理事会
4月16日	国際人権コンサルテーション（古本事務局長参加）国連大学
4月23日	会計監査実施
5月8日	JCLU大阪・兵庫支部総会、総会記念講演「今検察に何が起きているのか」（魚住昭氏・ノンフィクション作家）神戸市勤労会館
5月10日	5月理事会
5月20日	法務省立入検査
5月22日	自由人権協会京都総会、総会記念講演「家族って何だろう～家族法改正の現在～」（二宮周平氏・立命館大学法学部長 教授 法学博士、吉田容子氏・弁護士）京都弁護士会館地下ホール
5月29日	自由人権協会総会、総会記念シンポジウム「知る権利を求めて―沖縄密約情報公開訴訟が投げかけたもの―」（我部政明氏・琉球大学教授、仲本和彦氏・沖縄県文化振興会公文書主任専門員、三宅弘氏・弁護士 JCLU代表理事、小町谷育子氏・弁護士 JCLU理事）恵比寿スバルビルEBiS303
6月4日	早稲田大学ロースクール・エクスターンシップ説明会（藤原事務局長、武藤理事 出席）
6月9日	6月理事会
6月14日	「個人情報を保護するとともに社会のパノプティコン化を防止するための意見書」を発表。
7月8日	7月理事会
8月4日	8月理事会・ビアパーティ・エクスターンシップ歓迎会
8月4日～9月24日	エクスターンシップ受入れ（早稲田大学LSより2名）
8月12日	「『社会保障・税に関わる番号制度に関する検討会 中間取りまとめ』に対する意見書」発表
8月14日～22日	事務局夏期休業
8月25日	8月例会「裁判員裁判と知る権利」（高須巌氏・裁判員経験者、髙島光弘氏・弁護士、山田健太氏・専修大学准教授、大木勇氏・弁護士、品川潤氏・弁護士）弁護士会館
9月6日	9月理事会
9月10日	9月例会「『育児休業差別を問う』（浅倉むつ子氏・早稲田大学教授、林陽子氏・弁護士、金塚彩乃氏・弁護士、関口陽子氏・JCLU支援事件原告）早稲田大学
10月7・8日	日弁連人権擁護大会（盛岡）にて書籍販売
10月15日	10月理事会・エクスターンシップ送別会
10月22日	西松安野友好基金運営委員会（広島）（羽柴代表理事、古本理事出席）
10月23・24日	西松安野友好基金記念碑除幕式・交流集会（広島）（羽柴代表理事、田中代表理事、古本理事出席）
10月26日	「裁判員裁判制度における報道の自由に係る声明」発表
11月9日	11月理事会
11月12日	国際人権コンサルテーション（藤原事務局長参加）中央大学法科大学院
11月26日	「東京都青少年健全育成条例改定案に関する声明」発表
12月4日	自由人権協会関西合同例会「『反貧困』の現場から」（舟木浩氏・反貧困ネットワーク京都事務局長 弁護士）（三宅代表理事、藤原事務局長出席）京都弁護士会館
12月9日	12月理事会・忘年会
12月13日	拡大例会「検証・検察～村木事件・前田事件から考える検察問題～」（今野東氏・参議院議員、弘中惇一郎氏・弁護士、村岡啓一氏・一橋大学大学院法学研究科教授、若狭勝氏・弁護士、羽柴駿氏・弁護士）弁護士会館

【発行日】2011年1月31日 【発 行】社団法人 自由人権協会
〒105-0002 東京都港区愛宕1-6-7 愛宕山弁護士ビル306
TEL：03-3437-5466 FAX：03-3578-6687 URL：http://jclu.org/ Mail：jclu@jclu.org
（大阪・兵庫支部）
〒530-0047 大阪市北区西天満1-10-8 西天満 第11松屋ビル3F 堺筋共同法律事務所内
TEL：06-6364-3051 FAX：06-6364-3054
協会設立：1947.11.23 本紙創刊：1950.5.1 購読料：年間2,500円 郵便振替：00180-3-62718 発行人：藤原家康
JCLU 社団法人 自由人権協会

人権新聞 Japan Civil Liberties Union
JCLU Newsletter
発行所 社団法人 自由人権協会
JCLU
〒105-0002 東京都港区愛宕1-6-7 愛宕山弁護士ビル306
TEL:03-3437-5466 FAX:03-3578-6687
URL:http://jclu.org/ Mail:jclu@jclu.org
協会設立:1947.11.23
本紙創刊:1950.5.1
購読料:年間2,500円

東日本大震災の被災者の皆様に心よりお見舞い申し上げます。

目に余る裁判所の記者会見介入

報告書「開示資料からみた裁判員記者会見の問題点」

理事・弁護士 北神 英典

2009年5月、市民の賛否が割れる中で"見切り発車"した裁判員裁判は、当初からさまざまな疑問や懸念が指摘されていた。

公判前整理手続きを経た職業裁判官との情報の格差や経験の格差から「裁判員は、ただのお飾りにならないか」とか、裁判員の日程確保を重視するあまり「真実発見がおろそかにされ、えん罪を生むのではないか」といったものがそれである。これらの疑問は、杞憂だったと本当に言い切れるのだろうか。

自由人権協会マスメディア小委員会は昨年、裁判員裁判を検証する手掛かりとして、最高裁判所が密かに集約していた裁判員経験者の記者会見資料の開示を受けた。

記者会見するマスメディア小委員会メンバー(2011年4月7日)

約670件の資料から読み取れたのは、裁判所という公権力が、裁判員経験者の守秘義務違反防止を大義名分に発言や報道を過度に押さえこむ不健全な姿であった。

記者会見の成否を握る裁判所

裁判員経験者の記者会見は、裁判所が協力しなければ、そもそも会見自体が成立しないという特殊事情がある。

裁判員や裁判員経験者が、事件の関係者等から不当な脅迫や報復を受けることのないよう、裁判員経験者の氏名や住所などを明かさないと法で定められた結果、メディアは、個別事件の裁判員が、どこの、だれなのかを把握することが通常はできない。裁判所が、裁判員経験者を記者の待つ会見場まで引き連れてくることによって、初めて裁判員経験者へのアクセスが可能になる。

ところが、裁判所は、裁判員経験者を「感想」を語らせる記者会見に誘導するという便宜供与の見返りに、裁判所職員の立ち会いと守秘義務違反防止のための介入をメディアにのませた。開示された約670件の資料からは、裁判所職員による記者会見への恣意的な介入が、広範に行われている事実が分かった。

CONTENTS

「情報の蛇口」を完全に握られているメディア側は、必要以上に裁判所を刺激しないよう自主規制する動きもみられ、行きすぎた介入に対し、毅然とした態度を取れないでいる。

罰則付きの守秘義務

今の裁判員制度の最大の問題の一つが、裁判員経験者に対し「職務上知り得た秘密」や「評議の秘密」について、刑罰付きの守秘義務が生涯課される点にあることは言うまでもないであろう。

このうち、有罪か無罪か、量刑はどのくらいかーを導くために行った議論を秘密にしなければならないという「評議」の「秘密」は、裁判に参加したことに対する単なる「感想」と、紙一重のことが多い。本来は極めて微妙で慎重な判断が必要になるはずである。

にもかかわらず、開示資料の分析によって、場当たり的に「レッドカード」が乱発されている実態が分かった。記者会見に立ち会った裁判所職員が「まずい」と感じれば、その場で、裁判員経験者に対して発言をやめさせ、記者に対しては報道しないよう要請し、ひどい場合は、質問自体をなかったことにするということが行われているのである。

市民の協力が必要不可欠であり、かつ、制度がスタートして日が浅い裁判員裁判において、裁判員経験者が守秘義務違反で摘発でもされる事態になれば、やっぱり裁判員になりたくないという市民が続出し、制度崩壊の引き金になりかねない。裁判所当局が、裁判員経験者の記者会見での発言に神経をとがらせるのも理解できなくはない。

しかし裁判員経験者も、一人の市民として、本来、表現活動の自由が保障されているはずである。裁判員経験者の表現活動に対する事前抑制=それも内容規制が、法的に何の資格も権限もない裁判所職員によって、場当たり的な判断で行われていることは、憲法上、極めて異常かつ問題と言わざるを得ない。

そして、開示資料からは、「守秘義務違反」の指摘が必要以上に拡大運用され、裁判員経験者やメディアを委縮させていることが読み取れる。

黒塗り目立つ開示資料

裁判所に開示申出をしたのは、マスメディア小委員会の武藤久資理事である。武藤理事は、09年8月に実施された裁判員裁判第1号事件(東京地裁)からおおよそ1年分の裁判員裁判について「裁判員会見実施状況調査票」の開示を受けた。実施月日や発言内容に黒塗り部分が目立ったものの、一部メディアや専修大学山田健太ゼミの学生方の協力を得て、具体的に、どの裁判の記者会見で、どのようなやり取りがあったのか、できる限り解明を試みた。

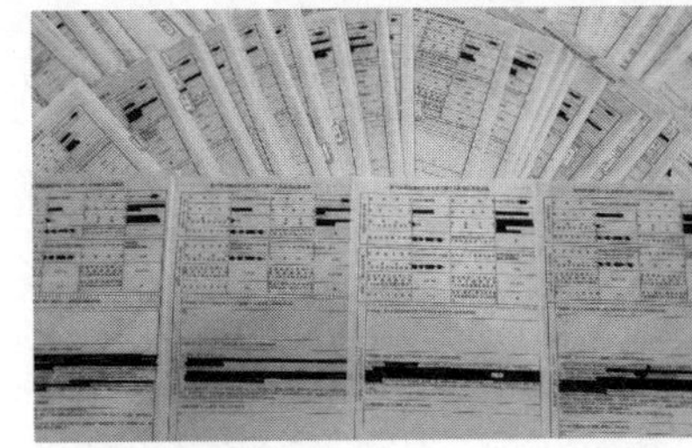

裁判所が開示した資料

約670件の事例を検討した結果、例えば、以下のような介入の実態が判明した。(詳細については、自由人権協会ホームページに掲載されているので、そちらを参照されたい。http://www.jclu.org/)

これが「評議の秘密」?

09年11月6日仙台地裁の会見では、記者から出た「今回の事件の報道は、裁判に影響しなかったか」という質問を、裁判所職員が制止していた。

また10年3月3日の大分地裁の会見では、裁判員経験者が「感情移入せず冷静さを保たないと、正しい判断はできないと思った」「問題を一人で抱え込んで苦しんでいたのでは。今後は幸せな生活を送ってほしい」と述べたことに対し、職員が「評議の内容に触れる」と指摘した。

しかしこれらはいずれも、単に感想を尋ねる、あるいは、単に感想を語るというレベルにとどまるのではないか。

10年5月13日の長崎地裁の会見では、裁判員経験者が「自分がその(被害者の)立場なら大変怖い。判決にはそれを反映させたつもり」と述べた発言が、職員から「評議における自己の意見の表明に当たる」として、メディア各社に対し報道を自粛するよう要請があった。

この発言も、本当に禁止されなければならないものなのだろうか。

判決の評価は「バツ」

09年12月16日の仙台地裁会見や大阪地裁の会見(年月日不明)では、「判決に納得しているか」という記者の質問が、「判決の当否に関する意見を求めるものである」として制止の対象になった。さいたま地裁(年月日不明)では、同じ「判決に納得しているか」という質問が「裁判の公正に対する信頼を害するおそれがある」として、また、神戸地裁(同)では「守秘義務に違反する回答を導く可能性がある」という理由によって、それぞれ職員から問題であると指摘された。

「判決が妥当である」との発言が出た名古屋地裁の会見(同)では、発言が話の流れの中で自分の感想という形でされているので、守秘義務に違反しないとされた。その一方で、09年12月4日の岡山地裁会見では、「量刑は話し合いの結果で妥当だと思う」との裁判員経験者の発言に対して、「妥当」という言葉が、判決の論評に当たり守秘義務違反であるとの指摘がなされた。

判決に関する賛否の意見と、単なる感想の区別は難しい。裁判所によっても判断基準がブレている。(私見では、裁判員経験者が判決を論評することが、必ずしも裁判の公正を害するとは思えないし、仮に裁判の公正を害するという見方に立ったとしても、無条件に表現の自由に優越するとは思えない)

裁判所職員は「後日問題になると困る」という動機で事なかれ主義に走りやすく、微妙なケースは取りあえず制止するという運用に、安易に流れていると考えられる。

死刑求刑事件

10年3月18日長野地裁での会見では、裁判員経験者が「死刑廃止論の人もいた」「最初に死刑が妥当かなと考えることはあった」と述べた発言について、職員から「守秘義務に抵触する可能性がある」と指摘された。また、同年7月8日の広島地裁の会見では「死刑が出ないよう祈っていた」「死刑の可能性も考えたが、事実を積み上げて冷静な答えが出せたと思う」との裁判員経験者の発言に対して、報道自粛の要請がなされた。

極刑と向き合わなければならない裁判員の心理的負担は、裁判員制度の検証課題でもあるが、裁判所の姿勢は、それを封じ込めようとするものと言わざるを得ない。

量刑判断

09年10月5日さいたま地裁の会見では、「被告人が積極的に犯行に及んだことを示す証拠が乏しかった」「弁護側の4年というのはないだろうと思った。判決はもっと重くてもいいのかなと不満もある」とする裁判員の発言に対して、守秘義務違反の指摘があった。

10年1月15日静岡地裁会見では「(裁判官だけなら)××になった可能性があり、自分たちが参加した意義があった」、懲役17年の判決について「相場より重いと聞いた」との2つの裁判員経験者の発言に対して、守秘義務違反のおそれがあると指摘された。

法律家の感覚と市民の感覚とのズレがよく表れるのが、量刑判断の点である。裁判員が量刑で悩んだことや、量刑の決定の議論に参加した感想は、もっと率直に表明できていいのではないか。

「違反」質問の記者をマーク?

全国の地方裁判所で開かれた裁判員経験者の記者会見では、すべてのケースで総務課長ら裁判所職員が立ち会い、問題のありそうなやり取りが行われてしまった場合、職員は、報道されないよう記者に働きかけ、ひどい場合には、質問自体がなかったことにさせ(09年10月29日松江地裁の会見)ている。

2010年3月19日釧路地裁の会見では、事前に裁判所が裁判員経験者にメディアの質問事項を知らせていた。判決に対し、弁護人が即日控訴したので記者がそのことを質問をしようとしたところ、裁判所職員が「事前の質問項目に入っていない」と言って、記者の質問を遮るという出来事があった。

守秘義務違反をやりそうな記者が、裁判所から目を付けられることも明るみに出た。

09年12月16日仙台地裁会見では、判決に納得しているかどうかを尋ねる質問を職員が制止させた。この時の「裁判員会見実施状況調査票」には、この質問をした記者に、過去2回、質問制止の"前科"があることも明記されていた。

メディアとの力関係

09年12月4日宇都宮地裁の会見では、量刑の決め方は挙手でやったのかそれとも投票でやったのかについて尋ねる質問に対し、裁判所職員が警告したものの、内容が報道されるという出来事があった。

後日、裁判所職員は、記者クラブに対し、守秘義務違反の報道がされたことを、次回以降の裁判員経験者には伝えざるを得ず、そうなると記者会見に応じる裁判員経験者が少なくなるかもしれない

ー旨述べた。裁判員経験者に対するアクセス権限をタテにとって、「メディアに圧力をかけた」ものといえる。

山口地裁の会見(年月日不明)では、守秘義務違反のやり取りに対し迅速に対応するため、記者クラブ幹事社の記者を会見場の前方と、地裁総務課長らのいる後方に分けて配置させた。この配置態勢は、山口地裁のその後の別事件にも踏襲されたとされているが、行きすぎではないか。

記者発表

マスメディア小委員会のメンバーは4月7日、現在行われている裁判員経験者の記者会見の問題点を指摘した「報告書」を、東京の司法記者クラブにおいて記者発表した。

メディア自身も、常日頃、裁判所による裁判員経験者の記者会見介入が行きすぎであると実感していることから、多数の記者が集まり、「守秘義務は地裁次第?」「裁判員発言に過度の介入」などの見出しで報じられた。

しかし裁判員経験者が記者会見に臨むという制度が、裁判所とメディアのいわば政治的妥協によって成立したという事情があり、このような介入を許している責任の一端がメディアの側にあることに触れた報道は、やはりなかった。

もっと自由な発言を

そもそも「評議の秘密」が守られなければ、「裁判の公正」や「裁判の公正に対する信頼」は維持できないものなのか。

共同通信の記者時代、東京で司法記者を約5年務めた私の個人的な見解では、「裁判の公正」や「裁判の公正に対する信頼」を守るためには「評議の秘密」の厳格な遵守が必要だというドグマ自体が、虚構(フィクション)であるという気がしてならない。

それはさておき、「評議の秘密」を守るため、裁判員経験者に刑罰付きの守秘義務を一生涯課すことの必要性はまったく感じない。

裁判員制度は、導入後3年が経過する来年以降、見直しが検討される。裁判員制度に対する評価は、論者によって異なるが、とにもかくにも現制度の問題点は的確に浮かび上がらせなければ議論ができない。

そのためにも、裁判員経験者の自由な発言がもっと保障される必要がある。自由な発言を妨げている裁判所の介入は、真っ先に是正されなければならない。

書式変更のなぞ

約670件の開示を受けた後の昨年11月以降、マスメディア小委員会は、死刑求刑の被告人に無期懲役を言い渡した東京地裁の耳かき店員殺害事件、裁判員裁判第1号の死刑判決となった横浜地裁のバラバラ強盗殺人事件、死刑求刑に対して無罪判決が出た鹿児島地裁の夫婦強盗殺人事件などについて、ピンポイントで調査票の開示を受けた。社会的関心を集めメディアからも際どい質問が出ると予想された事件に絞って、裁判員経験者の発言や記者の質問に対してどのような介入が行われたのか、検証しようという狙いであった。

ところが、その狙いは見事に肩透かしを食った。わずか3か月ほどの間に、各地裁の調査票の書式が、会見を一件ごとに記載するものから、ひと月分の記者会見を表にまとめて記載するというものへと大幅に簡略化され、違反の指摘事項がある場合は、個別に別紙に記載するという形式に変わっていた。大事件の会見も、ひと月ごとの表の中の一事件として埋もれていた。しかも、ひと月分に取りまとめられた会見には、以前のように守秘義務違反の指摘がズラリ記載されているものはなく、「指摘事項なし」という会見ばかりであった。

なぜ、突然、書式が変わったのか。なぜ、「指摘事項」の「ない」会見が増えたのか。

現実に、裁判所が守秘義務違反の指摘の運用を変えたという話は聞いていない。もし、裁判所が、記者会見介入の問題を覆い隠そうとする思惑で、書式や記載の運用を改めたのだとすれば、厳しく批判されなければならない。

JCLU 2011年度総会記念講演 開催のお知らせ

(講演に先立って、午後1時からJCLU 2011年度総会を開催致します。)

日時 2011年5月28日(土) 午後3時~午後5時
場所 東京セミナー学院 401·402号室
東京都豊島区西池袋5-4-6 (東京三協信用金庫ビル4階)
JR池袋駅西口より徒歩4分

テーマ 「報道の自由」
講師 山川 洋一郎氏(弁護士、JCLU評議員)
司会 三宅 弘氏(弁護士、JCLU代表理事)

伊藤正己先生とJCLU

代表理事　紙谷 雅子

伊藤正己先生は1968年から1976年までJCLUの代表理事であった。1976年生まれなら今年で35歳。多くの会員から直接面識がないといわれても不思議ではないほど昔のことである。複数代表理事という制度は、JCLUの創設以来の理事長であった海野晋吉先生が亡くなられた後、1968年10月の理事会で集団指導体制をとることになったのが嚆矢であり、そのとき、伊藤正己、大野正男、戒能通孝、森川金寿(あいうえお順)理事が代表理事に選出されたと記録にある。その後、1976年に愛宕の現在の事務所における新体制を迎えるにあたり、ご本人の意向で大野先生と一緒に代表理事を退かれた。1980年1月に理事退任の登記があるのは、最高裁判事就任が理由であると思われる。

新代表理事、抱負を語るという人権新聞1968年11月1日号1面の記事がある。そこには、「法の支配」の第1の要請は国家権力の侵害から人権を保護することであり、そのときに人々は私的な機関に助力を求めるはずであるが、協会はまだアメリカのACLUのように人々と密着した活動をするに到っていないこと、協会の人的物的制約から、あらゆる問題を取り上げるわけにはいかないので、日常生活における人権問題を重視して、人々の間に根を下ろし、支持基盤を拡張する必要があること、財政的基盤の確立のためには多くの人々から少額の醵金を集め、ひもつきではない収入を確保すること、さらには、協会発展のためには法律家以外の人々が参加しやすい状況を作りだすべきことなど、今日も共通する課題が指摘されている。40年あまり経ち、非営利団体という仕組みそれ自体に対する認知度が上がったにも関わらず、JCLU自体の認知度は高くなく、人権団体を標榜する組織が多くなったことで、むしろ、会員数減少の傾向は止まらず、財政基盤は相変わらず脆弱で、法律家以外を勧誘するのに適した仕組みを工夫するに至っていないという今日の問題点と正面から向き合わなければ明日はないと、この記事に叱咤激励されているような気がする。

伊藤先生は、学者出身の最高裁判所判事として、個別意見を数多く執筆した。中でも、「司法が精神的自由を考える場合には少数者保護の視点が必要」と述べた1988年の自衛官合祀に関する大法廷判決の反対意見は、アメリカ合衆国憲法に関して「もっとも有名な脚注」といわれている1938年のCarolene Products判決脚注4において、同じように学者出身であったHarlan Fiske Stoneが表明した司法審査のあるべき姿に関する問題提起であったと思われる。「脚注4」をきっかけとしてアメリカ憲法学では司法審査のあり方についての研究が進展し、民主主義との関係が真剣に議論された。最高裁大法廷判決に対する少数意見として述べられ、その後、たとえば泉元最高裁判事も展開した「司法と少数者の保護」が日本の憲法学においてアメリカ憲法学の議論を繰り返す以上に進展したのか…。「司法と少数者の保護」というアプローチをファッションとして都合の良いときに纏い、都合が悪くなると脱ぎ捨ててしまってはいけない…と、伊藤先生は私たちに語りかけているように思われる。

実は、JCLU代表理事あるいは理事としての伊藤先生を私は知らない。伊藤先生がどのようにしてJCLUに関わられるようになったのかということを伺ったこともない。1970年代、私自身、伊藤先生とは全く無関係な理由、ACLUハンドブック翻訳プロジェクトの一員として、事務所に出入りしていたにもかかわらず、代表理事が誰であるかなど全く気がついていなかった。不肖の弟子たる所以であるが、同時に、精神の自由と独立を重んじ、アカデミックなコンテクストにおける権力関係の何たるかを先生ご自身が良く理解していたからだろうとも思う。当時、先生と面識がなかった…というわけではない。駒場では伊藤先生の小クラスに参加しており、本郷でも伊藤ゼミだった。だが、それはそれ、これはこれ。JCLUに関わることは個人の内心の発露であり、自発的なコミットメントでなければ意味がないと勝手に解釈している。そんな私にとって、先生から唯一、褒められ(?)、大切なことだから頑張りなさいといわれたのが、JCLUの代表理事を引き受けましたと報告したときであった。

(事務局の安斎さんには資料調査など、大変助けていただきました。ありがとうございます。)

お相撲さんに人権はないの？

理事・弁護士　小町谷 育子

お相撲さんの世界って分からない。人格や権利が無視されているように思うのは私だけだろうか。

1.賭博の申告と捜査

ことは、野球賭博疑惑にからんで、財団法人日本相撲協会が、力士や親方らを対象に、過去5年以内の賭博への関与を申告させた調査から始まる。

賭博は50万円以上の罰金又は科料の刑罰がある犯罪である(刑法185条)。常習で賭博をすると、懲役刑は3年以下と重くなる。賭博はなぜ犯罪とされるのだろうか。1950年の古い最高裁判例はこういう。「賭博は、国民に怠惰浪費の弊風を生じさせ、勤労の美風を害するばかりでなく、甚だしきは暴行その他の副次的犯罪を誘発し又は国民経済の機能に重大な障害を与えるおそれすらある。」古色蒼然とした文面だ。

しかし、賭博罪はそのまま犯罪として維持されており、いかに小額であろうと金銭で賭けごとをすれば、形式的には賭博罪にあたる。賭博の反復性によっては、不起訴処分では終わらず、峻烈な刑事手続さえ予想される。こうした刑罰の対象となる行為を自己申告させることに対しては特に慎重な配慮が必要なはずだ。おまけに他人の賭博についても申告することができるようになっていた。あたかも密告奨励だ。

相撲協会が、綱紀の引き締めに調査したのであれば、調査書の利用は協会内の処分に関する限りに留めるべきだ。ところが、相撲協会は、警察の求めに応じて、賭博への関与を認めた65人の調査書をさっさと提供してしまった。提供について、65人から同意を取ったという事情もないようだ。黙秘権、弁護人告知もないまま、警察は楽々お相撲さんの自白類似の証拠を手にすることができるのだ。悪いことをしているんだから、警察に突き出されて当然だということなのだろうか。会社が被害者となった横領、背任事件で、会社が従業員を告訴し、情報を警察に提供する事案とは明らかに異なっている。賭博罪の被害者は相撲協会ではないのだ。

2.大麻使用捜査と同意

力士の権利の無視は、大麻使用の力士を探索するための尿検査にも見られた。事前に説明をしないまま、力士を集めて有無を言わさず検査を実施していた。捜査機関が薬物使用で尿検査をする場合、任意で提出を受けるか、強制ならば令状が必要だ。相撲協会は捜査機関まがいのことをやっている自覚もない。薬物撲滅を相撲界で行おうというのなら、協会で協議をし、事前に検査対象の薬物の種類と実施手続きを決めておき、力士に周知しておくのが筋だろう。仮に、一部上場会社で、1人の従業員に大麻使用があったので、すべての従業員をくまなく検査すると決めたら大騒ぎになるはずだ。

3.八百長情報と個人情報

一部の力士や関係者が起訴されて野球賭博問題が収束したと思っていたら、今度は、賭博の捜査の過程で、警察が入手した、相撲の八百長に関する携帯メールの情報が、文部科学省に提供された。それを文部科学省がさらに相撲協会に提供している。これは、本人の同意のない第三者提供として個人情報保護法制に違反しないのだろうか。

警視庁は刑事訴訟法47条但書を根拠に、第三者提供は許されるとしているらしい。刑事訴訟法47条は、「訴訟に関する書類」の公判前の非公開を定めており、「公益上の必要その他の事由があって、相当と認められる場合」には例外的に公開できると定めている。ここで「訴訟に関する書類」とは、「被告事件または被疑事件に関して作成された書類」と定義づけられている。相撲の八百長自体は、それが賭けの対象となっているならばともかく、そもそも犯罪ではない。よって、八百長を裏付ける携帯メールの情報は、「訴訟に関する書類」にはあたらず、刑事訴訟法47条を根拠に公開することは許されないと考えるのが素直な解釈のはずだ。

一方、文部科学省は行政組織法を根拠にして、行政機関の保有する個人情報の保護に関する法律には違反しないという。しかし、行政組織法は、行政機関の組織に関する法律であり、第三者提供を認める具体的な権限規定はない。行政機関が他の行政機関に対し保有個人情報を提供することは、情報を受ける行政機関が「法令の定める事務又は業務の遂行に必要な限度で提供に係る個人情報を利用し、かつ、当該個人情報を利用することについて相当な理由のあるとき」(同法8条2項3号)には許容されている。文部科学省の所管する公益法人の活動の公益性が疑われる状況にあり、公益財団法人への移行を予定している相撲協会に正しく行政指導をするために八百長の情報は必要ということなのかもしれない。しかし、こうしたことを認めるならば、行政機関相互の個人情報の提供はほとんどの場合、何らかの事務・業務に必要で、相当な理由があるとして、ほとんど手放しで許されることになるだろう。

さらに問題は、民間に適用される個人情報保護法違反が疑われる事態だ。同法は、本人の同意がなくても第三者提供を認める4つの場合を限定列挙している(同法23条1項各号)。どう目をこらしても、今回の情報提供は、これらの4つの例外には該当しないと思われるのに、相撲協会は八百長が認定されたわけでもないのに、携帯メールの情報を自発的に報道機関に公表しているのである。相撲協会の公益法人としての義務や説明責任を果たす、信頼を回復するなどなど、抽象的な理由はあろうが、それではあまりにもゆるい法律解釈にならないだろうか。公共の利害に関する場合なので、形式的な法律解釈なんてどうでもいいということなのだろうか。はたまた報道機関に対する情報提供は別扱いということかもしれない。ここでないがしろにされているのは力士の名誉だ。

4.解雇と適正手続

そして、これを機に有識者による調査委員会が発足し、その判断を踏まえて、相撲協会は八百長に関わった力士に引退を勧告し、自主的に辞めることを拒んだ力士を解雇した。八百長に関わった事実を認定した証拠は、八百長を認めた力士からの事情聴取の内容と取組の映像だという。中には強く否定していた力士もいるようだが、聴取の手続は適正に行われ、八百長の認定はすべて正しくなされていたといってよいのだろうか。力士の地位保全の仮処分も準備されているらしい。

5.八百長を生む環境

一方で辞めた力士が相当数にのぼったのは、それだけ八百長が浸透していたという印象を与えていることは否めない。八百長を生んだ理由を突き詰めていくと、相撲界の構造に行き着くように思われる。幕内から転落すれば、幕下の力士は2か月に1回場所手当として15万円を受け取るだけだという。最低賃金を下回っているとしか思われない安い金額の根拠は、そもそも力士が労働者ではなく、単なる技能研修を受けているインターンのような地位として位置づけられているからだろうか。それとも労働者ではあるけれど、宿泊場所、食事等の生活費が差し引かれているということなのだろうか。待遇の交渉のための労働組合もないはずだ。そもそも1年に6場所、15日間続く取り組みをガチンコ勝負でやったら、身体がおかしくなってしまうのかもしれない。若い年齢で引退するが、再就職先のあっせんがあるとも思えない。不安定で生活の保障がないなか、星のやり取りに行き着いたのだとしたら、今後も力士をとりまく環境が整わない限り、八百長はなくならないだろう。

6.相撲界よ、変わろう

相撲協会は、力士を辞めさせることで八百長問題に幕引きをしようとしているとしか思えないが、一部の不心得者がいたというスタンスでは、トカゲの尻尾きりで誰も納得しない。この機会に大変革し、相撲を興行と位置づけて、お相撲さんの生活環境を整え、人格や権利を尊重する方向に変えていってはどうだろう。新しく魅力的な相撲界の誕生をファンは待っているはずだ。

パノプティコン社会と共通番号制度

会員・弁護士 牧田 潤一朗

1 共通番号制度の概要

政府は共通番号制度について「①付番、②情報連携、③本人確認の3つの仕組みで構成される社会基盤」と説明している(2011年1月24日付社会保障・税に関わる番号制度に関する実務検討会)。

①の付番とは、住民基本台帳ネットワーク番号を利用して新たな番号(以下「共通番号」という。)を作り出し、これを全国民(在留外国人含む)及び法人に付する仕組みである。②の情報連携とは、現在、行政の各データベースに別々に管理されている情報(住民基本台帳登載情報、納税情報、健康保険関係情報、年金情報等)を、同一人の情報として分かるように整備し(紐付け)、紐づけられた情報を相互に活用する仕組みである。③の本人確認とは、本人が共通番号を利用して行政サービスを利用する等の場合に、当該利用者が当該共通番号の対象者本人であることを確認する仕組みである。

政府の説明では、複数の機関に存在し、かつそれぞれに蓄積される個人の情報が同一人の情報であるということの確認を行うための基盤がこれまで存在しないため、①自分の納めた税金や保険料にふさわしい社会保障がきめ細やかに実現できず、その実感もなかった。②行政サービス利用が煩雑かつ不便でコストがかかったり、そもそも利用できることを知らず利用の機会を失っていた。③行政間の情報連携のために人手がかかりすぎていた。そこで、共通番号制度は、かかる基盤を提供し、国民が公平・公正さを実感し、国民の負担が軽減され、国民の利便性が向上し、国民の権利がより確実に守られるようにするとしている。

共通番号制度の特徴は、番号が民間で広く流通することである。個人に重複することなく付した番号としては、住民票コードが導入されているが、民間で住民票コードの告知を要求することは法律で禁止されている。これに対して、共通番号制度は、所得把握や社会保障給付のために民間の取引(不動産の売買や賃貸、就職やアルバイト、金融機関の口座開設、病院・薬局や介護サービスの利用等)で自己の番号を相手方に提供することが中心的な使途となっており、自己の共通番号が広く流通することになる。

2 問題点(プライバシー侵害以外)

共通番号制度の問題点は広範囲にわたる。プライバシー侵害以外の問題点を最初に指摘しておく。

(1)新たな箱物行政の懸念

共通番号制度は、政府試算により導入費用だけでも4000~6000億円程度かかるとされており、さらに毎年の運用経費もあることを考えると費用対効果が本当にあるか疑問である。住基ネットは当初400億円の効果があるとされてきたが、総務省は2010年秋に160億円に下方修正したことが最近報道された。算定根拠があいまいと言わざるをえない。

政府は共通番号により正確な所得把握が可能になり公正な徴税ができると説明しているが、共通番号でどの程度徴税が改善できるか明確でない。2005年の政府税調基礎問題小委員会は、一般の消費者相手の小売業やサービス業において番号を用いた事業所得の把握に限界があることを認めている。また、共通番号制度を採用している米国でも、所得に基づく社会給付において、過誤支給・不正受給が支給額の23−28%に達していると報告されている。

このように、共通番号制度を導入したからといって、直ちに公平な徴税と社会保障給付が実現するものではない。費用対効果について、十分な議論をしておかなければ、IT事業という新たな箱物行政を作り出す恐れが大きい。

(2)社会保障個人会計の懸念

社会保障個人会計とは、個人毎に社会保障の負担と給付にかかる情報を把握できるようにする仕組みである。共通番号制度が導入されれば、社会保障個人会計も容易に実現される。このような仕組みは、元来社会的な相互助け合いの制度である社会保障制度を変質させる可能性を有する。すなわち、社会保障個人会計は個人レベルでの損得論を助長し、負担に比して給付の多い障がい者を厄介者として取り扱ったり相続財産での精算を求めるなど応分の負担を求める風潮が生まれることが懸念される。

3　プライバシー侵害の危険

(1)想定されるプライバシー侵害

共通番号制度で想定されるプライバシー侵害は、主に以下の2つの場合である。

1つは、共通番号を付して収集・蓄積された秘匿性の高い情報(例えば、健康保険給付事務処理上作成される診療報酬明細に記載された薬名を通じて明らかになる病名等）が共通番号と共に漏洩又は目的外利用されることである。現状でも氏名等と共に漏洩すれば重大な影響があるが、共通番号により確実に本人が特定できる情報として漏洩すれば、これらを容易にデータベース化して利用・売買することができ、これまで以上にかかる目的外利用を試みる者が増大することが予想される。

もう1つは、高度情報化社会の進展により、容易に収集・蓄積されるようになった個人の行動履歴(購買履歴、移動情報、ネット閲覧情報等。ライフログと言われる)について、同じ番号で特定される人物に関する情報を蓄積結合し、本人の知らないところで、その人物の活動全般の把握・分析が行われたりすること（プロファイリング）である。共通番号制度により共通番号をキーとして様々な情報を集積したデータベースを作り容易にプロファイリングを行うことができるようになる。プロファイリングは、個々の集積される情報自体の秘匿性は高くなくても、個人の自由な行動を萎縮させ、プライバシーを侵害する。またプロファイリングの結果誤った人物像が形成され一人歩きをして回復困難なこともある。これは民間でも政府でも行われうる問題である。

アメリカでは、社会保障番号が税務の他、民間でも幅広く利用され、社会保障番号を手がかりに個人情報の大規模なデータベース化が進み、プロファイリング社会が進行している。例えば、小売店の客が会員割引を得るために自己の電話番号や住所等を小売店に伝えると、小売店は、これを手がかりとして、その客の生活ぶり、収入、家族関係などのデータが得られる（正確には個人情報データベース産業から購入する)。現代社会においては、他者に自己の情報を全く開示せずに生活することは困難であるところ、開示した情報の一部を用いて、芋づる式に本人の意図しない情報が取得されてしまうのである。

ウィキリークスや尖閣ビデオ流出の事例を挙げるまでもなく、情報の流出や目的外利用を完全に防止することは不可能である。そうであれば、高度情報化社会においては、共通番号のような個人情報の集積を容易にする仕組みが作られること自体が、プライバシー侵害の危険を創出又は増幅する原因として考慮されなければならない。

(2)パノプティコン社会への道

JCLUでは2010年6月14日の意見書において、日本がパノプティコン社会に向かいつつあることを指摘した。

パノプティコンとは独房が円形に配置され中心に監視所が設けられた刑務所の形式である。ここでは、中央の政府だけが一方的に個人情報を取得・利用して監視し、市民間では個人情報の流通が抑制されるという状況の比喩として用いる。情報化社会が進展し、インターネットの閲覧・検索履歴、監視カメラ映像、Nシステム(自動車ナンバー自動読取装置)、携帯電話の位置情報、クレジットカード利用履歴等により「人生の記録」(ライフログ)が収集蓄積されている。このような状況下で共通番号制度が導入されれば、国(行政)や大企業が市民のライフログを大規模に収集・蓄積・分析することが極めて容易になる。

他方で、日本の個人情報保護法は、全ての個人情報につき原則として流通を抑制する方向で規定されている。これにより、個人情報保有者（多くは行政や大企業）が、個人情報を独占する傾向がある。このような状況を見ると、共通番号制度の導入により、社会のパノプティコン化が一層進行するといえる。

ドイツ連邦憲法裁判所が、1983年の国勢調査判決において行った以下の判示は、パノプティコン社会の問題点を鋭く指摘している。

「自分に関する情報が世間の一定領域の人々にどれだけ知られているかを十分な確実性をもって見通すことができない者、自分と通信する相手方の知識をある程度評価することができない者は、自己決定に基づいて計画し、決定する自由を本質的に制限されることがありうる。誰が、何を、いつ、どの機会に自分について知ったのかを市民が知ることができない社会及びそれを可能とする法秩序は、自己情報決定権とは両立しないであろう。人と違った行動様式がいつでも記録され、情報として永続的に蓄積され、利用され、伝達されることに不安を感じている者は、そのような行動によって目立つことを避けようとするであろう。例えば、集会とか市民運動への参加が当局によって記録され、それによる危険がありうることを知っている者は、おそらくその基本権、例えば集会の自由、表現の自由を行使しないであろう。そのことは、ただ単に個人の個々の人格の発展を損なうだけではなくて、公益も損なう。なぜならば、市民が自己の判断に基づいて行動し、他人と共同する能力に基礎づけられた自己決定は、自由で民主的な共同体の基本的な機能条件だからだ」(訳は平松毅『個人情報保護ー理論と運用』26頁から引用)。

4　共通番号制度検討の前にやるべきこと

政府は、社会のパノプティコン化について、積極的な対応を行ってこなかった。個人情報保護法導入後現在においても、学校や地域コミュニティにおいて従来作成されていた緊急連絡網や名簿が作成されなくなり、住民の日常生活に不便が生じるといった状況(いわゆる「過剰反応」)や民間企業での個人情報保護策の不徹底があり、またストリートビューやライフログの取扱など技術の進展により日々新たに発生するプライバシー問題に迅速で適切な対応がなされているとは言えない。このようにプライバシー保護のための土台が未成熟でパノプティコン社会に歯止めがかからない状態で、共通番号制度を導入すべきではない。

政府は共通番号制度の導入に合わせて、プライバシー保護のための第三者機関を設置するとしている。しかし、政府のこれまでの対応を踏まえると、すぐに実効性のあるプライバシー保護策を実施できるとは考えられない。共通番号制度を始めてから実効性がないとわかるのでは手遅れである。その時には私たちの情報が望まない形で利用されている。

パノプティコン

筆者は、プライバシー保護の要である第三者機関を先に設置し、現在ある多数のパノプティコンの問題を解決し、十分なプライバシー保護の経験を蓄積すべきだと考える。そのような事例を積み重ねた結果、プライバシー侵害を最小化する社会基盤が形成されたことを確認してから共通番号制度の導入を検討すべきと考える。

第三者機関については、カナダのプライバシーコミッショナー制度が手本になると考える。カナダでは中央と地方それぞれに同制度が存在する。第三者機関は、プライバシー保護のための基本理念を定めたうえで、オンブズマン的立場で行政機関におけるプライバシー保護の状況を監視・指導する。民間に対しても基本理念の普及とこれに沿った具体的な方策の実施を促すことで、プライバシー侵害の危険性を最小化する社会基盤を積極的に形成する。これらの第三者機関は、その他に、行政及び民間とのプライバシーをめぐる紛争に対する簡易迅速な解決機関としての役割、及び個人に関する情報の流通と利用における実態とプライバシー保護の方法についての市民の啓発を推進する機能を有する。

このような実効性ある第三者機関を事前に始動させ、社会のパノプティコン化を防止する社会基盤を整備した上で、共通番号制度の検討を行うべきである。

例会のご案内
・5月例会
「原発報道の検証～メディアはなぜ、福島原発の欠陥を伝えられなかったのか？」
【日時】2011年5月12日(木)午後6時より
【場所】虎ノ門会議室7A会議室（東京都港区虎ノ門1-1-12虎ノ門ビル7階)
【講師】柴田鉄治氏（元朝日新聞社東京本社社会部長・科学部長・論説委員)
・6月例会
「最高裁の暗闘 ―少数意見が時代を切り開く―」
【日時】2011年6月6日(月)午後7時より
【場所】弁護士会館1006号室(東京都千代田区霞ヶ関1-1-3)
【講師】山口進氏(朝日新聞GLOBE元副編集長)

憲法学からみた機密情報の流出・漏えい問題

会員 大林 啓吾・横大道 聡

近年、尖閣諸島沖漁船衝突ビデオ流出や警視庁公安情報流出、ウィキリークスによるアメリカの国家機密や外交公電の公開など、機密情報の流出・漏えいが大きな問題となっている。政府保有の機密情報の流出・漏えいという問題それ自体は古典的な問題であるが、近年の情報流出・漏えい問題は、インターネットを利用してなされている点で特徴的であり、これにどのように対応するかが喫緊の課題として浮上している。

憲法学においても、インターネットをどのように位置づけるかという問題が議論されているところであるが、近時の情報漏えい問題を契機として、今後、以下の3点が重要な問題となってくると考えられる。

第1に、漏えいされた機密情報を、全世界に向けて一瞬のうちに拡散させることとなった今回の事態を背景に、政府が情報の管理・統制を徹底させる動きが加速することが予測される。公務員の守秘義務違反や不正アクセスに対する罰則の強化や、新たな立法による対処も検討されるだろう。その際に私たちには、それらの情報管理・統制の徹底によって、必要な情報の公開が阻害されたり、自由な情報の流通が妨げられたりすることがないように注視していくことが求められる。

第2に、情報管理・統制を考えるにあたって、機密情報を漏えいした当事者以外の関係者、すなわち、機密情報を全世界に拡散させる役割を担ったウィキリークスのようなサイトを法的に規制すべきか否かが問題となる。たとえばアメリカでは、ウィキリークスの創設者であるジュリアン・アサンジェに対して、1917年に制定された防諜法（Espionage Act）の適用の可否の検討や、国家機密を漏えいした当事者のみならず、ウィキリークス等にも罰則を適用する旨を定める新たな法律（Securing Human Intelligence and Enforcing Lawful Dissemination Act）の制定に向けた動きがみられる。他方で、アメリカ自由人権協会（ACLU）に代表される市民団体やリベラルな憲法学者などからは、情報漏えいの当事者だけでなく、ウィキリークスのようなサイトまで処罰の対象とすることは、リークされた情報を新聞が掲載することを処罰するに等しく、マスメディアを委縮させるとして、激しく批判しているという状況にある。

関連して第3に、憲法学では、自己統治を実質的なものとするために知る権利が重要であり、知る権利のために政府情報が公開され透明性が確保されることが必要であると論じるのが一般的であるが、ウィキリークスのようなサイトの出現により、完全な透明性が本当に自己統治に仕えるものなのか否かを問い直すことが求められる。FIND LAWのコラムニストのジョン・ディーンが指摘するように、情報が公益に資するか否かを顧慮しない、暴露のための暴露の場合にもまた、知る権利の確保のために憲法上の保護を与える必要があるのかを考えなければならない。

以上に共通していえることは、インターネットを利用したリークの法的位置づけを考えなければならないという点である。とくに、既存のマスメディアへのリークとの異同をどのように考えるかが問われるところである。尖閣諸島沖漁船衝突ビデオ流出事件の際、ビデオ映像はマスメディアを通して流すべきであったという議論もあった。たしかに、情報の専門家と位置づけられるマスメディアが、情報を適切に取捨選択・加工して流した方が第三者等に被害を与えずに済むかもしれないし、責任の所在も明らかとなる。他方、私たちが取捨選択・加工前の生の情報に触れることそれ自体が大きな意義を持つと考えることもできよう。ウィキリークスのようなサイトの法的位置づけを考えることは、ジャーナリズムの法的位置づけの再考を求めることにもつながっていくだろう。

これ以外にも論じるべき課題は山積しているが、今回の情報流出・漏えいのような事態やウィキリークスのようなサイトの出現・活動は、決して例外ではなく常態化する可能性が高い。そうした時代において私たちには、ノイラートの船よろしく、「表現の自由」、「知る権利」、「マスメディア」、「自己統治」といった古典的概念の再検討を通じて、この新たな時代に耐えうる法理論を考えていくことが求められている。

公安テロ情報流出事件の経過報告

会員・弁護士 井桁 大介（同事件被害者弁護団）

1. 被害の実態
～未曾有のセンシティブ情報の漏洩・名誉の毀損～

昨年10月28日、警視庁公安部外事三課のものとみられる捜査資料114点がインターネット上に流出しました。資料はファイル交換ソフトのWinnyを通じて全世界に拡散し、20を超える国と地域の1万台以上のパソコンにダウンロードされたと言われています。流出した資料（以下「流出資料」といいます）の中には、捜査に協力した一般人（以下「被害者ら」といいます）の住所・氏名はもとより、顔写真、入出国履歴、外見的特長、家族の情報、出入りモスク名や日常行動など、詳細なプライバシー情報が含まれていました。また、流出資料では被害者らが捜査対象者＝テロリスト容疑者かのように記載されていたため、被害者らの名誉が甚だしく毀損されることとなりました。さらに、流出資料には、公安警察が、イスラム教徒の銀行取引やレンタカー利用履歴等を捜査照会すら用いずに安易に取得する実態が克明につづられていました。

情報の流出から1ヶ月後、第三書館という出版社（以下「A社」といいます）が、インターネットに流出した資料を加工することなくそのままの形で書籍として出版し、被害はさらに拡散しました。

2. 裁判所の出版差止判断のポイント

弁護団はA社の出版に対して3次にわたる仮処分命令を申し立て、いずれも認められました（詳しい時系列等は、後記弁護団ブログをご参照下さい）。同年12月29日、A社により、第一次仮処分命令に対する保全異議が申し立てられましたが、東京地裁は、2011年2月16日、保全異議を棄却し原決定を維持しました。

原決定審及び異議審の判断枠組みは、北方ジャーナル事件判決以来のいわゆる三要件に依拠するものであり、特筆すべき点はありません。本件で重要な意義を有する点は、出版されたほぼ全ての情報が出版前にインターネットに流出していたという点に関する判断です。抗告審は、既にインターネットで公開されている情報を、書籍として出版しても新たなプライバシー侵害は生じ得ないとのA社の主張に対し、①書籍の形となることによって個人情報がより広範囲に公開されるおそれは高い、②一般に匿名性の高いインターネット上の情報に比して書籍に対する信用性が高く評価されるという2点を重視して、「本件記事の出版等により、債権者ら（引用者注：被害者らのこと。以下同じ。）がより重大な損害を受けるおそれがある」と判断しました。その上で、「宗教的活動や交際歴などの通常一般人が秘匿を強く望む情報であること、本件記事が、債権者らに対するテロ捜査情報の公開という体裁を取っていることから、本件記事の出版等により、債権者らは、その社会生活に大きな支障を来すおそれがあること」に鑑みて、インターネットにより公開された情報であろうと重大にして著しく回復困難な損害があると認めました。表現の自由に配慮しつつも本件による被害実態を重視した妥当な判断だと考えます。

3. 本質的な問題は、国家と個人情報のあり方にある

本件は当初、上記のような表現の自由VSプライバシー権の問題として耳目を集めました。また、公安警察が、捜査により取得した被害者らの個人情報を適切に管理することなくインターネットに流出させたうえ、責任追及を恐れて数カ月にわたり漏えいを放置したことも極めて重大な問題です。

しかし、被害の実態はこれにとどまりません。本件でもっとも注視されるべき問題は、流出資料により明らかにされた、公安警察の人権を侵害する捜査態様にあります。公安警察が、ときには別件逮捕をも用いながら、イスラム教徒であることのみを理由として、イスラム教徒の信教の自由及びプライバシーの権利を侵害する態様

で、イスラム教徒の個人情報を組織的・網羅的・横断的に収集し、保持し、利用していたことが明らかになったのです。

公安警察の情報管理体制のみを問題視してしまうと、我々が漏えいを二度と起こさないよう強固な情報管理体制を構築することを求めているように曲解されかねません。弁護団は、人権をないがしろにする無目的な個人情報の収集活動を、公安警察はやめるべきだという問題意識を有しています。本件が投げかける本質的な問題は、国家と個人情報の緊張関係です。9.11テロ以降、テロ防止の美名のもと国家による無目的な個人情報の収集が横行しているように思われます。国家は如何なる個人情報を、如何なる態様で収集し、如何なる方式で保管し、如何なる目的で使用するべきか。そのすべての局面において、本件では憲法問題が潜んでいます。

駆け足で本件の概要及び法的問題点をご紹介いたしました。被害者らは多大な被害を受けています。被害者らの中には、勤め先から解雇されたもの、経営する飲食店の売上が激減したもの、母国への帰国が事実上不可能になったものなどがいます。今後、弁護団の活動は被害者らの実被害の回復に軸足を移していくこととなります。

弁護団は、http://k-bengodan.jugem.jp/（ブログ）及びhttp://p.tl/AY4N（twitter）において定期的に情報を発信しています。

内田剛弘著『司法の独立と正義を求めて半世紀』

司法を通して戦後日本社会の歩みをたどる

～内田剛弘弁護士の出版に寄せて～

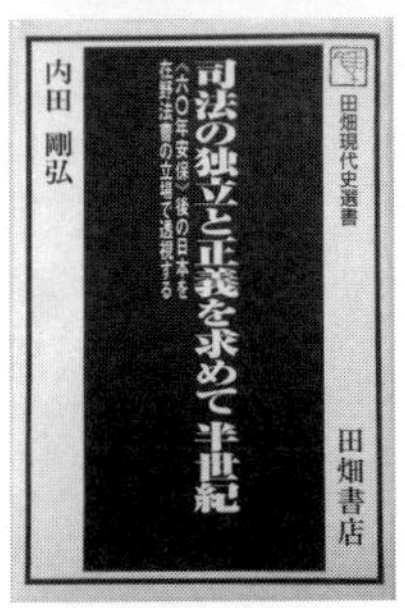

内田剛弘弁護士（元JCLU代表理事）の名前は、終始一貫して少数者の権利擁護のために闘い抜いてきた人権派弁護士として司法の世界で広く知られている。その内田弁護士が半世紀にわたる自らの弁護士活動を描いた著書「司法の独立と正義を求めて半世紀」が出版された（田畑書店、本体価格2500円）。

1959年3月に下された砂川事件のいわゆる伊達判決を聞いた時の感動から書き起こすこの本は、翌1960年から弁護士となった著者の、多くの刑事・公安事件、薬害・医療事件、労働事件を手がけ、常に時代の先端を切り開く成果を勝ち取ってきた行動を余すところなく伝え、図らずも司法を通して戦後日本社会の半世紀の歩みをたどるものとなっている。

出版記念会で挨拶する内田剛弘弁護士（2011年2月17日）

わがJCLUにおける活動についてもわざわざ1章が割かれており、会員の皆さんにも是非、手にとっていただきたい本である。

また、この著書の出版を記念して、対談形式で内田弁護士の話を聞く会「弁護士50年・基本的人権を護る闘い」が2月17日夜、霞ヶ関の弁護士会館にて開催された。呼びかけ人である清水英夫、奥平康弘両教授ら始め80名余の参加で盛会となった。

（代表理事・弁護士　羽柴　駿）

朝鮮高校生への高校無償化法の適用を求める声明を発表

高校無償化法が2010年3月31日に公布された。しかし、朝鮮高校に対する支給のための手続は、2010年11月23日の北朝鮮による韓国への砲撃後に停止された。JCLUは、この停止措置が違法であると考え、2011年1月17日、「朝鮮高校生への高校無償化法の適用手続を速やかに進めることを求める声明」を発表した。以下に全文を掲載する。

2011年1月17日
社団法人自由人権協会

朝鮮高校生への高校無償化法の適用手続を速やかに進めることを求める声明

自由人権協会は、2010年3月25日、「高校無償化の対象となる外国人学校の選別基準に関する緊急声明」を発表し、朝鮮高校を恣意的に除外したり、その教育内容を経済的給付可否の判断材料とすることは、子どもの学習権に対する重大な侵害となる点などを指摘した。

高校無償化法は昨年3月31日公布され、同法施行規則が同年4月1日公布施行され、同月30日付文科省告示82により、「外国の学校の課程と同等の課程を有するもの」として、ブラジル高校8校、中華高校2校など計14校、及び国際教育認定機関の認める国際学校として計17校がそれぞれ指定され、2010年度の就学支援金が支給された。しかし、朝鮮高校については、新たに設けられた専門家による「高等学校等就学支援金の支給に関する検討会議」において、高校無償化法を適用し指定対象とするかどうかが検討された。同会議は、8月31日「高等学校の課程に類する課程を置く外国人学校の指定に関する基準等について」を公表し、そこで「基準は、『専修学校高等課程』との均衡を図る観点から、原則として『専修学校高等課程』に求められている水準を基本とすることが適当である」「（他の外国人学校の）指定に当たっては、教育内容については判断の基準とせず・・・客観的・制度的な基準により指定している」として、「外国人学校の指定については、外交上の配慮などにより判断すべきものではなく、教育上の観点から客観的に判断すべきものであるということが政府の統一見解である」とした。

それを受けて、文部科学省は、11月5日、「（朝鮮高校の）指定に関する規程（文部科学大臣決定）」を公布し、その指定の基準及び手続等を定め、申請期限を11月30日とした。朝鮮高校10校はいずれも期限内に申請を済ませたという。

しかし、北朝鮮の韓国砲撃を受けて、11月24日、仙谷由人官房長官（当時）が、その指定に関する手続きを「停止することが望ましい」と発言し、ついで菅直人首相も「私から文科大臣に対して、（手続きの）プロセスを停止してほしい、と指示を出した」と報じられた。このことによって高校無償化の朝鮮高校生への適用は重大な局面を迎えたというほかない。

高校無償化法による就学支援金の受給資格を有するのは生徒又は学生であり（同法4条）、こうした政治的理由から不支給とすることは、その学習権に対する重大な侵害であることは明らかである。その法的問題点については、昨年3月の当協会の声明ですでに述べたので、ここでは繰り返さないこととする（別添声明参照）。本声明では、手続きの「停止」に関する法的問題について、次のとおり指摘したい。

今回の手続きの「停止」措置は、高校無償化法及び関連法令に何ら定めがあるものではなく、外交及び防衛上の観点からの一種の超法規的措置というほかない。

しかし、この「停止」措置が行政手続法に違反することは明らかである。すなわち、行政手続法は、申請に対する審査、応答として「行政庁は、申請がその事務所に到達したときは遅滞なく審査を開始しなければならない」（7条）と定めている。この趣旨は、行政庁が速やかに審査を開始する義務を定め、申請に対する処分の迅速で公正な処理を確保しようとするものである。したがって、申請が行政庁の事務所へ到達すれば、行政庁は「遅滞なく」審査を開始する義務が生じる。朝鮮高校はすでに申請を済ませ、申請が文部科学省に到達している以上、行政手続法7条の規定にしたがって、同省は遅滞なく審査を開始し、その諾否についての処分を行なわなければならない。文部科学省が、迅速に審査を行うことが出来るにもかかわらず、これを怠っていることは行政手続法7条に違反する。

なお、高校無償化法に基づく指定に関する申請手続については法令上、処分をすべき期限は定められてはいないものの、2010年度の就学支援金については、本年3月までに支給がなされなければ、朝鮮高校生は2010年度の同支援金の受給を受けられないこととなる。ことに、3年生についてはこの不利益は多大である。したがって、審査は直ちに、少なくとも1月下旬までには行われなければならないはずである。この期間を徒過すれば、処分を行なわないという不作為が、相当の期間が徒過したものとして違法となることは明らかである。

外交及び防衛という政治的な問題を、次代を担う子どもたちの教育に及ぼさせてはならない。当協会は、政府に対し、直ちに、朝鮮高校の指定手続きの「停止」措置を取りやめ、申請手続を進めることを求める。

以上

人権協会の定款改正案の解説 第4回(最終回)

理事 古本 晴英

公益社団法人の認定申請に必要な定款改正案を解説するシリーズは、今回が最終回になります。

第8章 定款変更、合併及び解散
(定款の変更)
第53条 この定款は、第58条の規定を除き、社員総会において、総正会員の議決権の3分の2以上の議決により変更することができる。
(合併等)
第54条 この法人は、社員総会において、総正会員の議決権の3分の2以上の議決により、他の法人と合併、事業の全部又は一部の譲渡及び公益目的事業の全部の廃止をすることができる。
(解散)
第55条 この法人は、法令に規定する事由によるほか、社員総会において、総正会員の議決権の3分の2以上の議決により、解散することができる。
(公益目的取得財産残額の贈与)
第56条 この法人が公益認定の取消の処分を受けた場合、又は合併により消滅する場合(その権利義務を承継する法人が公益法人であるときを除く)において、公益社団法人及び公益財団法人の認定に関する法律第30条第2項に規定する公益目的取得財産残額があるときは、これに相当する額の財産を1ヶ月以内に、社員総会の議決により、この法人と類似の事業を目的とする法人又は国若しくは地方公共団体に贈与するものとする。
(残余財産の処分)
第57条 この法人が解散等により清算するときに有する残余財産は、社員総会の議決により、この法人と類似の事業を目的とする他の法人又は国若しくは地方公共団体に寄付するものとする。

現行定款は、附則に定款変更の要件を定めた条項が置かれているだけでした。改正案では、解散や合併を行うための条項も設けました。また、公益社団法人でなくなると、公益目的財産を清算する必要がでてきます。そのための手続についても定めています。

第9章 事務局
(設置等)
第58条 この法人の事務を処理するため、事務局を設置する。
2 事務局には、事務局長1名を置くほか、事務局次長、事務局員その他事務員若干名を置くことができる。事務局長は理事たるものとする。
3 事務局長及び重要な職員は、理事会が任免する。
4 事務局の組織及び運営に関し必要な事項は、理事会が定める。
(備付け帳簿及び書類)
第59条 この法人は、社員名簿、当該年度の事業計画書及び収支予算書、その他法令に規定する必要な書類を、書面又は電磁的記録をもって作成し、事務局に備え置く。
第10章 情報公開及び個人情報の保護
(情報公開)
第60条 この法人は、公正で開かれた活動を推進するため、その活動状況、運営内容、財務資料等の情報を積極的に公開する。
2 情報公開に関する必要な事項は、理事会の決議により別に定める情報公開規程によるものとする。
(個人情報の保護)
第61条 この法人は、個人情報が個人の人格尊重の理念の下に慎重に扱われるべきものであることにかんがみ、業務上知り得た個人情報の適正な取扱いを図るよう努める。
2 個人情報の保護に関する必要な事項は、理事会の決議により別に定める個人情報保護規程によるものとする。
(公告)
第62条 この法人の公告は電子公告による。
2 やむを得ない事由により、電子公告によることができない場合は、官報に掲載する方法による。
第11章 補則
(委任)
第63条 この定款に定めるもののほか、この法人の運営に必要な事項は、理事会の議決により別に定める。

事務局に関して定款で定める事項は、現行定款とあまり変わりません。

これに対し、現行定款に規定のない情報公開に関しては、事務局に備え置くべき書類を明記する条文を新たに定め、積極的な情報公開を行うことを謳っています。情報公開のあり方の詳細については、別に定める情報公開規程に具体的に定めることになっていますが、法律上は、定款、社員名簿、事業計画書・収支予算書、資金調達の見込みを記載した書類、財産目録、役員等の名簿、キャッシュフロー計算書、組織運営及び事業活動の状況の概要を記載した書類などを備え置くことが義務付けられています。そして、会員名簿を含めたこれらの書類については、何人も閲覧請求ができることとされています(公益法人法21条4項)。法人は、個人の住所以外は、正当な理由がなければ閲覧請求を拒むことはできません。したがって、社団法人の会員であることを秘密にしたいという要望に応えることは困難になると思われます。

あたごの杜から
事務局長日誌

突然の地震と津波、そして原発の問題に、日本中が大混乱となりました。被災された方々に心よりお見舞い申し上げます。JCLUの合宿は、本年3月26日、27日に行われる予定でしたが、やむを得ず中止となりました。今回の合宿場所である湯河原荘は、本年3月末をもって閉鎖されるとのことで、湯河原荘に行った事のない(そして、合宿にも行った事のない)私としては、とても楽しみにしていましたが、残念です。他方、奇しくも、合宿において予定されていた各テーマを貫く、国家と情報の問題が、現在まさしく、国家が震災・津波・原発に関する情報を開示していないのではないかという問題として立ち現れています。安全性が強調されればされるほど市民が不安になるという現象も出てきているように思いますが、仮に市民への情報が、真実を覆い隠す戦前の大本営発表のようなものであれば、それに市民が甘んじることが到底できないことは、はっきりとしています。

ところで、すでにご存知の方も多いと思いますが、最近、国家と情報の問題を取り扱った、私たちに極めて身近な書籍が出版されました。『ふたつの嘘』(著者は諸永裕司氏で、講談社から出版)です。本の帯にあるとおり、これは、「沖縄密約をめぐる二人の女の物語」です。その二人の女性とは、いわゆる沖縄密約に迫った西山太吉氏の妻の啓子氏と、そして、当協会理事、また私の前事務所の先輩弁護士である小町谷育子氏です。沖縄密約のスクープから、現在進行中の、JCLU支援事件でもある沖縄密約訴訟までが多様な人間模様によってつながられているところが、とりわけ興味深く感じました。そして、私たち市民が自分たちの情報を得るということを通じて、私たちはまさしく歴史の変革の真っ只中にいるという思いを、改めて持ちました。またお読みでない方には、ぜひお勧めさせていただきたいと思います。

1月から4月のJCLU

1月13日	1月理事会
1月20日～3月30日	大宮法科大学院よりエクスターン1名を受入れ
1月17日	「朝鮮高校生への高校無償化法の適用手続を速やかに進めることを求める声明」発表
2月9日	2月理事会
2月17日	内田剛弘著『司法の独立と正義を求めて半世紀』出版記念対談『弁護士50年・基本的人権を護る闘い』(後援)弁護士会館
2月28日	「国産自動車メーカーのCSR報告書に対する評価(2010年度)」発刊
3月7日	3月理事会
4月6日	4月理事会
4月7日	「報告書『開示資料からみた裁判員記者会見の問題点』」発表

【発行日】2011年4月25日 【発 行】社団法人 自由人権協会
〒105-0002 東京都港区愛宕1-6-7 愛宕山弁護士ビル306
TEL：03-3437-5466 FAX：03-3578-6687 URL：http://jclu.org/ Mail：jclu@jclu.org
(大阪・兵庫支部)
〒530-0047 大阪市北区西天満1-10-8 西天満 第11松屋ビル3F 堺筋共同法律事務所内
TEL：06-6364-3051 FAX：06-6364-3054
協会設立：1947.11.23 本紙創刊：1950.5.1 購読料：年間2,500円 郵便振替：00180-3-62718 発行人：藤原家康
JCLU 社団法人 自由人権協会

人権新聞 Japan Civil Liberties Union
JCLU Newsletter
発行所 社団法人 自由人権協会
JCLU
〒105-0002 東京都港区愛宕1-6-7 愛宕山弁護士ビル306
TEL:03-3437-5466 FAX:03-3578-6687
URL:http://jclu.org/ Mail:jclu@jclu.org
協会設立:1947.11.23
本紙創刊:1950.5.1
購読料:年間2,500円

JCLU2011年度総会記念講演報告

山川洋一郎弁護士「報道の自由」

会員 牧田 潤一朗

1 はじめに

2011年5月28日午後3時から、JCLU2011年度総会の記念講演として、JCLU評議員山川洋一郎弁護士による「報道の自由」の講演が行われた。

冒頭、山川弁護士は、JCLUとの関わりに触れ、弁護士になってから5、6年、大野正男弁護士(元最高裁判事)を中心に、人権新聞の編集を行っていたとのエピソードが紹介された。忙しい弁護士業務の傍ら、少人数で人権新聞の編集を行い、2か月に1度程度発行するというのはかなり大変だったのではないかと推測される。当時の人権活動に対する熱い思いが伝わってきた。

山川弁護士が報道の自由に関心をもったのは、学生時代に伊藤正己先生の「言論・出版の自由」を読み、当時のアメリカの連邦最高裁での議論に興味をもったことがきっかけであるとのことであった。伊藤正己先生からは、他に優先して読むべき本を紹介をされていたということであったが、難解であったために挫折し、結局「言論・出版の自由」だけ最後まで読んだということである。そして、1968年からミシガン大学ロースクールに留学して表現の自由に関する法理を勉強することになった。この時期のアメリカの連邦最高裁では、いわゆるウォレン・コートと呼ばれる司法積極主義の下、画期的な判断が相次いでおり、山川弁護士のその後に非常に重要な影響を与えたことは容易に想像できる。このあたりの経緯と当時山川弁護士が執筆した論文は、信山社から『報道の自由』として出版されているので、参照していただきたい。

山川洋一郎氏

2 外務省機密漏洩事件

(1) 事案の概要

今回の講演のメインテーマは、外務省機密漏洩事件であった。

当時、日本を揺るがせた重大事件であるが、事件の概略を示すと、以下のとおりである。

1972年、米軍が占領統治していた沖縄を日本に返還する外交交渉が進んでいた。その大詰めの段階で日本とアメリカの間で交わされた秘密電信文が、国会審議において野党議員から示され、密約の存在が糾弾されたものである。この秘密電信文は、毎日新聞社の記者であった西山氏が外務省の女性事務官から入手し、野党議員に渡したものであった。

CONTENTS

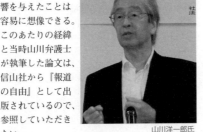

密約の内容は、日本政府が沖縄返還にあたってアメリカ政府に支払うこととされた3億2000万ドルの中に、アメリカ負担とされていた400万ドルも含めて支払うというものである。すなわち、当時、アメリカ政府は連邦議会に対し、沖縄返還に際して金銭支出はしないということを明示していた。これに対し、日本政府は、米軍が基地として使っていた農地について、アスファルトを撤去して返還する費用400万ドルの支払いはアメリカが行うよう強く請求しており、交渉の結果、日本政府側からはアメリカ政府が日本政府の要求を容れこの400万ドルを支払うことで合意したかのように発表された。しかし、実際には、この400万ドルは、日本がアメリカに支払う3億2000万ドルの中に含まれており、日本が肩代わり負担をしていたというものである。

この事件により、外務省の女性事務官が国家公務員法違反(秘密漏洩)で、西山記者も国家公務員法違反(漏洩そそのかし)で起訴された。

(2)争点と最高裁判決

山川弁護士は、所属事務所のボスである大野正男弁護士に誘われて西山記者の弁護人となる。この事件の主要争点は、2つであり、1つが、日本政府が400万ドルの支払いを肩代わりするという密約は、国家秘密として保護されるべき秘密かという問題、もう1つは、国家公務員へ取材する際にどこまでの取材行為が許されるのか。国家公務員法上禁じられている「そそのかし」というのは、どのような取材行為かという問題であった。

この事件について、東京地裁は無罪判決を下したものの、東京高裁は有罪となり、最高裁(1978年5月31日判決)も東京高裁を支持した。

山川弁護士は、最高裁は、上記2つの争点判断において、それぞれ誤りを犯したという。1つは、国家秘密として保護されるべき秘密かという点について、最高裁は「本件第一〇三四号電信文案の内容は、実質的にも秘密として保護するに値するものと認められる。右電信文案中に含まれている原判示対米請求権問題の財源については、日米双方の交渉担当者において、円滑な交渉妥結をはかるため、それぞれの対内関係の考慮上秘匿することを必要としたもののようであるが、わが国においては早晩国会における政府の政治責任として討議批判されるべきであつたもので、政府が右のいわゆる密約によつて憲法秩序に抵触するとまでいえるような行動をしたものではないのであつて、違法秘密といわれるべきものではなく、この点も外交交渉の一部をなすものとして実質的に秘密として保護するに値するものである」と判示しているが、結局政府は最近まで密約は不存在という立場を貫き続け、当時国会での討議批判はされなかったのであり、最高裁の「早晩国会における政府の政治責任として討議批判されるべきであつたもの」という判示はごまかしであるとする。

また、「そそのかし」については、最高裁は、「被告人は、当初から秘密文書を入手するための手段として利用する意図で右蓮見と肉体関係を持ち、同女が右関係のため被告人の依頼を拒み難い心理状態に陥つたことに乗じて秘密文書を持ち出させたが、同女を利用する必要がなくなるや、同女との右関係を消滅させその後は同女を顧みなくなったものであって、取材対象者である蓮見の個人としての人格の尊厳を著しく蹂躙したものといわざるをえず、このような被告人の取材行為は、その手段・方法において法秩序全体の精神に照らし社会観念上、到底是認することのできない不相当なものであるから、正当な取材活動の範囲を逸脱しているものというべきである」と判示しているが、かかる認定は証拠がないままに行われており、大きな誤りであるとのことである。山川弁護士によると、真相は、西山記者が、特定の外務省高官を狙って取材を繰り返すうちに、その事務官と親しくなり、大人同士の自発的判断の結果として男女の仲となり、その後、密約に関する疑問を聞いたところ、彼女はためらうことなく極秘文書を見せてくれたというものである。

山川弁護士は、事件発覚当初、この女性事務官が、自らの信念で密約の存在を許さないために情報を西山記者に渡したという立場を取ってくれれば、国家公務員法違反を問うことはできないのではないかと考えていたということである。しかし、残念ながら、女性事務官は、その後、西山記者に騙された被害者という立場をとり続けた。

山川弁護士は、最高裁の事実認識については誤りであると考えているが、一方で積極的に評価している部分もある。それは、「そそのかし」についての一般的な判示部分である。すなわち、「報道機関の国政に関する取材行為は、国家秘密の探知という点で公務員の守秘義務と対立拮抗するものであり、時としては誘導・唆誘的性質を伴うものであるから、報道機関が取材の目的で公務員に対し秘密を漏示するようにそそのかしたからといつて、そのことだけで、直ちに当該行為の違法性が推定されるものと解するのは相当ではなく、報道機関が公務員に対し根気強く執拗に説得ないし要請を続けることは、それが真に報道の目的からでたものであり、その手段・方法が法秩序全体の精神に照らし相当なものとして社会観念上是認されるものである限りは、実質的に違法性を欠き正当な業務行為というべきである」という部分は、その後の取材の自由の保障にとって意義のある判断であった。例えば、講談社の『僕はパパを殺すことに決めた』の件では、作者が殺人放火事件を起こした少年の精神鑑定に当たった医師から少年の供述調書を受けて同書の中で多数引用し、提供した医師は起訴されたが、作者については起訴されなかった。これは、同書の作者が、「そそのかし」に関する最高裁判断を逸脱する行動をとっていなかったためであると考えられる。

最高裁がこのような取材の自由を広く認める判断をなした背景には、記者達が会社の垣根を越えて、この裁判において、取材現場の実情を裁判所に理解してもらうべく証人尋問等の協力をしてくれたからだということである。この事件を題材にした山崎豊子『運命の人』には、主人公の新聞記者弓成の逮捕を知った同僚記者が「…しかし、外務省職員から極秘電信文を入手したからと云って、国家公務員法でひっかけるなど汚すぎる、われわれ新聞記者の取材は、聞き出したい情報を知る立場にいる相手なら、運転手、秘書、家族、誰であれ、ありとあらゆる方法で接近する、場合によっては政治家、官僚の机の引出から覗いている書類を盗み見したり、引抜いたりもする位の心意気がなければ、真実に迫る報道はできない」と怒る場面が出てくるが、記者達はまさにそのような心境だったと思われる。

(3)取材源の秘匿

山川弁護士は、本件において、最大の問題点を指摘する。それは、取材源の秘匿ができなかったという点である。取材源が特定されるに至った経緯は、野党議員に渡された秘密電信文の決裁欄がそのままになっており、決裁印が途中で止まっていた。そこで、止まった外務省高官のところから漏れたということが疑われ、その女性事務官がニュースソースであることがすぐにわかってしまったというのである。

なぜ、決裁欄をそのままにして野党議員に渡してしまったのかは謎である。会場からは、渡された野党議員の秘書から聞いた話として、文書の信憑性を確保するために、決裁欄はそのまま残したという話も紹介された。しかし、記者にとってきわめて重要な取材源の秘匿への配慮が不十分であったことは否めない。西山記者は文書入手後、野党議員に渡す前に、取材源が明らかにならないように配慮した記事を書いた。しかし、具体的事実を細かく記載できなかったために、注目されなかった。このため、野党議員に渡したという経緯であり、そうであればなおさら野党議員に渡す際に、取材源の秘匿についてもう少し綿密な検討が必要な事案ではなかっただろうか。当該野党議員が弁護士出身で取材源の秘密の重要性も認識できたこともあわせて考えると、非常に残念なことである。本件において、取材源の秘匿という基本が守られていれば、西山記者自身事件に巻き込まれることなく、世間の注目は密約に集中し、もっと早い段階で密約の内容が明らかとなり、政府への批判・討論が行われたものと思われる。

3　おわりに

本件は、刑事事件としては、前記最高裁判決で終了した。しかし、密約問題は、約40年の時を経た現在もなお終わっていない。民主党政権が誕生した後、政府は密約問題の調査を行い、調査委員会は、密約の存在を認めるに至っているが、肝心の秘密電信文については、外務省は不存在との立場を貫いて情報公開訴訟が、係属している。この情報公開訴訟にはJCLUのメンバーが中心的に関与している。

司会の三宅JCLU代表理事からは、沖縄密約問題をきっかけに、情報公開法の制定要求が高まり、前記最高裁判決が出た翌年の1979年には、JCLUから情報公開法要綱が発表され、その後の情報公開法の制定へとつながり、現在、情報公開法をより使いやすくする観点から、改正案が国会に提出されたことが紹介された。

40年という歳月は長い道のりであるが、その陰には、民主主義社会において、密約事件はあってはならないと熱く思う人々の多大な努力が積み重ねられている。私はこの事件を通じて国家権力の巨大さを思うと同時に、それにもかかわらず、国家に立ち向かう人々の気持ちが、JCLUの中に綿々とリレーのように承継されてきているのを感じた。そして、これからもJCLUがそのような存在であってほしいと願い、自らもその気持ちと手法を受け継いで発展させていかなければならないと思う。

例会報告

5月例会報告

「原発報道の検証」

――メディアはなぜ、福島原発の欠陥を伝えられなかったのか

会員　倉田 梨恵

はじめに

2011年3月11日に発生した東北地方太平洋沖地震と津波によって引き起こされた福島第一原子力発電所の事故は、未だ収束の目途が立たず、漏れ出した放射性物質による汚染は深刻な状況である。

原子力安全・保安院の説明のとおり、本件事故は想定外の事故なのだろうか。原子力発電の危険性や事故対策について議論は尽くされていたのだろうか。国内で初めて原子力発電が行われてから48年。元朝日新聞社東京本社社会部長・科学部長・論説委員の柴田鉄治氏を招き、原子力開発の歴史及び当時の国民世論についてお話しいただくとともに、メディアはなぜ、福島原発の欠陥を伝えられなかったのか、これまでの原発報道のあり方について検証していただいた。

以下は、その報告である。

原発報道の「失敗」の第一歩

1954年、わが国の原子力開発がスタートした。原爆の被害国にもかかわらず、素朴な科学技術信仰と「原爆は悪、原発は善」との割り切った考えから、当時の国民世論は推進一色であったという。放射性廃棄物の処理問題や、事故が発生すれば子孫にも影響を及ぼしかねない深刻な被害が生じる可能性があるなど、原子力開発のマイナス面は認識されていたものの、それを凌駕するほど素晴らしいエネルギーであるというのが一般的な認識だったそうだ。メディアも国民世論に乗り、マイナス面を指摘することはなかった。実際、1955年の新聞週間の標語は「新聞は世界平和の原子力」というものであり、読売新聞社主・正力松太郎氏が原子力委員会初代委員長を務めるなど、メディアが国民世論を誘導した面があるという。

柴田 鉄治氏

その後、原子力開発は着実に進められ、1957年、東海村の原子炉が初めて臨界に達した際には、メディアは一斉に「原子の火が灯る」と報じ、東海村では「原子力まんじゅう」が販売されるなど、社会は原発推進ムード一色であった。この空気は1960年代いっぱい続き、全国の自治体は原発の誘致に躍起になっていたそうだ。

柴田氏は、「世の中がマイナス面に目を背けるときに、それを指摘するのがメディアの役割。それを全くやらなかった」と当時を振り返り、メディアが、原発推進ムード一色であった社会に対して、原発のマイナス面を指摘し、問題提起をすることができなかったのは、当時のメディアに科学部・科学取材班がなく、専門知識を持った記者がいなかったことも一因なのではないかと述べた。実際、朝日新聞に科学部ができたのも1957年だったそうだ。

原発報道の「失敗」の第二歩

1970年代になると、原発反対派が登場するようになった。1973年、原発の安全性をめぐって伊方原発訴訟が提起された。1974年、原子力船「むつ」の放射能漏れ事故の発生時には、地元市民による「むつ」の帰港反対運動が行われた。また、1975年、「生存を脅かす原子力」というスローガンのもと、京都で反原発全国集会が開催された。

それでも、国民の多くは原発の推進に賛成であったという。原発推進派は、原発の安全性を疑問

視する反対派に対して、原発が「絶対安全」であると断言し、メディアも、「絶対安全」を求める反対派が非科学的なのであって、反対派は感情的だと糾弾したそうだ。

なお、その後、原発推進派による「事故隠し」「トラブル隠し」が相次ぐこととなるが、柴田氏によれば、その責任の一端は、メディアにもあるという。「メディアは、原発推進派が唱える「絶対安全」はおかしいと指摘するべきだった。原発の「絶対安全」を宣言したことにより、原発推進派は防災計画を立てられなくなった。絶対安全なのだから、新たに事故対策を講じる必要はないという論理だ。その結果、トラブルや事故が発生しても、原因を真摯に検証することができなくなった」

原発関係者だけでなく、国民に対し、原発のマイナス面について真摯に向き合う機会を提供しなかったという点では、メディアの責任は重いかもしれない。

原発報道の転換

1979年、米スリーマイル島事故が発生し、「絶対安全」であるはずの原発が安全ではないということが明らかになると、メディアの原発報道に対する姿勢は転換された。メディアは原発のトラブルや事故を糾弾するようになり、各原発で防災計画が立てられるようになったが、原発推進派の「事故隠し」「トラブル隠し」は変わらなかったそうだ。

「原発推進派は本当の意味で反省していなかった。以前、原発関係者に対し、なぜ事故やトラブルを隠すのか尋ねたことがあるが、その答えは、「メディアがつまらない事故やトラブルを書き立てるから隠すしかない」というものだった。「一つの大事故の影には30の小事故、1つの小事故の影には300のトラブル」と言われるが、原発関係者は、1つのトラブルを教訓に技術を成熟させるという理科系の人間にとって常識である行為を行わなかった。問題点を真摯に認めなかったからこそ、ソ連チェルノブイリ事故や東海村JCO臨界事故にもかかわらず、その後もトラブルが多発したのだと思う」と柴田氏は述べた。

福島第一原発事故を振り返って

柴田氏は、原発の開発が進められていた当時、メディアの内部にいた人間として責任を感じていると述べつつ、「世界有数の地震国であり、唯一の被爆国でもある日本が作る原発に、「想定外」などありえない。原発関係者は、原発の安全神話を維持しようと、「トラブル隠し」「事故隠し」に終始し、原因を真摯に究明してこなかった。メディアは、「社会のチェック機能」として、原発のマイナス面を指摘し、問題提起するべきであったにもかかわらず、その役割を果たさなかった。福島第一原発事故は100％人災だと思う」と語った。

今回の福島第一原発事故は、原発推進を維持するのか、脱原発を図るのかの一大転機となった。柴田氏は、朝日新聞の社論であるという「Yes, but」という言葉を例に次のように述べた。

「原子力開発がスタートした時点では、「Yes, 平和利用、but, 軍事利用はダメ」だった。1970年代以降は、「Yes, エネルギー源としての可能性、人類が開発した初めてのエネルギー、but, 人類の生存をおびやかすもの」だった。そして、今、「Yes, but」の「but」の比重が非常に大きくなったと言える。これまでの原発報道でメディアは失敗を繰り返してきたが、これからどういう報道をしていくのか、正念場である。メディア内部でも議論が分かれると思う。しかし、太平洋戦争にのめりこんでいった日本の問題として、ジャーナリズムの崩壊があった。戦前の教訓を生かし、メディアが社会のチェック機能としての役割を果たさないと、国民世論が一色になっていくおそれがある。国民もまた、メディアに対するチェック機能を果たす必要がある」

おわりに

原子力開発が推進されていたころからメディアの内部にいた柴田氏が語る原発報道の歴史はとても興味深く、原発のマイナス面について議論が尽くされないまま今日に至っているという事実を突き付けられ、少なからぬ衝撃を受けた。

今後日本が原発推進の道をたどるのか、脱原発を目指すのかは不明だが、原発のマイナス面が表面化したともいえる福島第一原発事故と真摯に向き合い、原因を究明することが第一歩ではないかと考える。

例会報告

6月例会報告

「最高裁の暗闘」

――少数意見が時代を切り開く

会員 神谷 延治

去る2011年6月6日、弁護士会館（東京都千代田区）において、6月例会「最高裁の暗闘」が開催された。最高裁判所はここ10年間で様々な変化を示し続けている中、2011年1月に『最高裁の暗闘 少数意見が時代を切り開く』が朝日新書より刊行された。そこで、本例会は著者の一人である山口進氏をお迎えし、最高裁判所を取材された際のエピソードや思い、個々の裁判官の少数意見に焦点を当て、ジャーナリストの視点で捉えた最高裁判所の実像などについてご講演いただいた。

当日は、会員・非会員を含め約50人が参加し、会場がほぼ満席の盛会となった。冒頭、喜田村洋一代表理事の挨拶により開会し、武藤久資理事の司会進行で進められた。途中休憩を挟んで質疑応答が行われ、取材のノウハウ、精神的自由の問題に関して最高裁が果たしてきた役割、所謂三行半決定の問題など、多数の質問に山口氏が丁寧に回答されるという熱のこもったやりとりがなされた。また、質疑応答の前後で、本書で主に米国編を担当されたもう一人の著者である宮地ゆう氏、さらには奥平康弘氏（東京大学名誉教授）、泉徳治氏（元最高裁判事）よりそれぞれ貴重なコメントをいただいた。

山口進氏（経歴）
1966年生まれ。東京大学法学部を卒業後、1991年に朝日新聞社に入社。秋田支局、横浜支局、西部本社社会部（福岡）を経て、1998年に東京本社社会部の司法記者クラブに配属後、一連のオウム真理教裁判や司法改革などを取材。1999年にテレビ朝日に異動し、ニュース番組のディレクターなどを経験。2001年に東京本社社会部に復帰し、2002年から最高裁判所などを担当。2008年から2011年4月までGLOBEの副編集長を務め、現在は朝日新聞文化くらし報道センター次長に就任。

最高裁の魅力とは

山口氏は、司法記事の背後には当事者のドラマがあり、弁護士と裁判官が規範を作っていく過程における人間同士の葛藤、魂の触れ合いによる共感・反発など、理の世界にも情の部分があることに関心を持ち、5年程前に「最高裁変化の兆し」という記事を書かれた。最高裁の変化を端的に示すのが、藤山雅行裁判官（2000～2004東京地裁民事3部）の一連の判決を最高裁がどう受け止めたかに表れる。藤山裁判官は、小田急高架化訴訟、税務訴訟、林試の森公園を拡張する事業計画をめぐる訴訟等で、行政側敗訴の判決を相次いで出しており、訟務検事から「国敗れて3部あり」との嘆きすら聞かれたくらいである。高裁は大半について行政側勝訴の逆転判決を出すが、最高裁がそれを相次いで破棄する過程において、駆け引き、合議における力学、化学反応があることが面白く、異端視されていた少数意見が後に正当になることを幾度も見たことなどが、上記記事や本書を書くきっかけになったと山口氏はいう。理の世界にも情の部分ありという司法に対する思いは、山口氏が朝日新聞のひと欄に10本以上に及ぶ法曹関係者の記事を書いていることにも表れている。

合議・司法思想史の妙味

時期ごとに注目の小法廷があるが、特に興味深いのは、2000年代初頭は裁判官出身の北川（以下敬称略）、検察官出身の亀山、外交官出身の福田、弁護士出身の梶谷、河合（その後は滝井）で構成された第二小法廷、それと併行して裁判官出身の泉と島田という民事と刑事のエース格の裁判官が対立することが多かった第一小法廷など、判決には表れないところで火花を散らしており、島田が抜けた後は、泉と行政官出身の横尾のブロックと検察官出身の甲斐中と弁護士出身の才口のブロックができているところである。最近では、保守的な民事裁判官出身の上田から近藤に代わり、弁護士出身の田原が加わり、行政法学者出身の藤田、弁護士出身の那須、刑事裁判官出身の堀籠で構成される第三小法廷が劇的に変わった。それは、光市事件後の大阪高裁の死刑判決の破棄にも表れている。

また、司法には、法的安定性と連続性という側面と社会の変化に対応するという側面があり、それらをどう調和させていくか、大げさに言えば、「司法思想史」的なドラマが面白いと山口氏はいう。

最高裁裁判官に対する取材

最高裁裁判官に対する取材について、一般的に最高裁裁判官に対する取材は司法記者クラブでもNGで、ご挨拶とかパーティーの際に雑談をする程度である。警察や検察に取材に行くように夜回りに行くと、翌日、広報から記者クラブのキャップにお叱りの電話がかかってくる（山口氏はそのような経験はないそうだが）。最高裁調査官に対する取材や挨拶もNGである。事務総局の局長等に対する取材は可能であるが、一般的に裁判の中身についての取材は難しいとされている

各界の反応

「最高裁の暗闘」という題名は、正直あまり評判が良くなく、内容をほめてくださる方も、題名はちょっとと言われる方が多いと山口氏は苦笑する。最高裁の某幹部が、あの本は暴露本でけしからんと息巻いていたことに対し、意思決定過程は詳らかにすべきではないという要請がある一方で、意思決定過程を明らかにすることにより、市民と司法の距離が近づき、司法に対する関心や理解も深まるという意義は大きい。長谷部教授は、「最高裁を舞台にしたサスペンス小説かと見紛う書名であるが、その内容は（中略）至極真面目なものである」と、小飼弾氏（書評を題材とするブロガー）は、大要「物言わぬ裁判所から物言う裁判所」への変化は歓迎すべきことではあるが、司法府が投げたボールを立法府が受け止めなければならないとする立法府の問題を、それぞれ指摘している。

最高裁の「変化」の理由

裁判所が変わるための要因（注：京大の見平氏が掲げる枠組みを引用）には、以下のものがある。第一は実務的資源であり、日本の最高裁は忙しすぎると言われている中で司法が変化するためにどの程度の時間と情報があるかという問題である。つまり、最高裁には憲法裁判所としての役割と上告裁判所としての役割があるが、後者の件数が多数にのぼるため、日常的な事件処理で精一杯となり、重要な憲法判断や判例変更に必要となる調査の時間や余裕がどれ程あるのか。この点、米国の場合は各裁判官にロー・クラークが付いているが、日本の場合は事件ごとに調査官が付き、裁判官がどこまで調査官を使いこなせるかということとも関係する。調査官室は官僚機構であり、それと違う意見を書こうとする裁判官にどこまでその体力があるのか。第二は規範的資源であり、判例変更をする場合にその下支えとなる学説及び下級審裁判例の蓄積という理論面での下支えがあるかという問題である。第三は政治的資源であり、裁判所が政治的に対立する判断を示す場合、通説判例から踏み出した時に政治的な攻撃から守ってくれる政治的集団、国民的信頼ないし正当性が裁判所にあるかという問題である。これまで司法が憲法判断ないし違憲判断に消極的であった要因のひとつは、選挙により選ばれたという民主的正当性の欠如と関係する。

最高裁が「変化」していない部分

最高裁には変化していない部分もある。20年前に『孤高の王国裁判所』が朝日新聞から出版されたが、最高裁は、近寄りがたい外観から奇岩城とも言われ、依然として社会とリンクしていない、牢固たるイメージがある中で、それを覆す意味で変化している部分に焦点を当てたかったと山口氏はいう。中でも象徴的なのは調査官室である。調査官室は、主に法的安定性を担い、これまでの判例と矛盾しないか調査することが本来の職務である以上、調査官室が保守的に見えるのはある意味必然のようにも思える。しかし、法的安定性・連続性の要請に対し、出身母体を問わず最高裁裁判官には新しい判断をする力技が求められており、特に弁護士会から選ばれる最高裁裁判官には、そうした力技を可能とする人を選んだ方がよいと山口氏は指摘する。

最近のテーマ

最高裁は、ここ10年で変化したと言われつつも、表現の自由等の精神的自由についてどのようなスタンスをとるか、なかなか変わってないのではないかとの見方もある。最近、君が代斉唱時の起立を命じた職務命令の合憲性について判決があったが、結論は予想通りであるとしても、第二小法廷の4人の裁判官のうち3人が個別意見を付していることは特筆すべき点である。

近時、1人1票（議員定数不均衡）の問題につき違憲状態にあると最高裁で判断された。升永弁護士らが運動しているテーマであり、そのなかで升永弁護士は、この問題を国民審査に直結させ、個別意見において1人1票を明確に示した須藤裁判官以外には国民審査で×を付けるよう呼びかけている。国民審査権が、罷免というネガティブな形で最高裁裁判官を選ぶという意味で参政権であると考えるのであれば理解できるが、1人1票の問題の解決に使えるから参政権であるというのであれば違和感を覚える向きもあるかもしれない。

米国の最高裁判所

宮地氏は、本書において「レッドベター訴訟」（タイヤ工場に勤める女性が性別を理由にした賃金格差を争った事件）を通して少数意見の意義、米国の最高裁に関して書かれている。「レッドベター訴訟」は、少数意見が時代を切り開いたといえるものであり、原告は最高裁で敗訴するが、ギンズバーグ判事の反対意見が、後にオバマ大統領による180日以内の提訴を定めた条項を撤廃する「リリー・レッドベター平均賃金法」の法案署名に直結した。米国では、最高裁や最高裁裁判官に関する書物が書店に多く並び、また、最高裁裁判官は政治家と同様の注目を浴び、メディアを通して意見を表明するなど、最高裁裁判官が反対意見を堂々と言える土壌がある。故に、最高裁裁判官が何を考えているのかが市民に非常によく見えるという点が、日米間で異なるという。「レッドベター訴訟」は少数意見と社会の変化の繋がりをよく表わしているが、これまでは8対1や7対2という少数意見が多かったが、最近では4対5という1票の差で重要な法案が通っていくことがあり、米国社会の価値観の分裂が米国の最高裁にも色濃く出ている面もあると宮地氏は指摘する。

奥平康弘氏の講評

補足意見と反対意見が少数意見であると日本では語られているが、米国では“dissenting opinion”ということで言えば、合衆国最高裁判所が精神的自由を問題にするようになったのが1962年前後からで、精神的自由の問題を機に合衆国憲法の問題として、合衆国最高裁で取り上げられるよう道を切り開いたのが、少数意見“dissenting opinion”だった。少数意見が時代を切り開くというテーマは、ホームズとブランダイズの精神にまで繋がるものであり、その機能が現在まで続いている。

日本では、最高裁判所の大法廷で初めて反対意見を書いたのは、所謂プラカード事件において、おそらくは東京弁護士会会長であった庄野理一氏だった。たった1人だけ治安維持法違反も不敬罪もあり得ないとして無罪判決の意見を述べ、それが後に横浜事件の再審裁判に繋がっていく。当時、不敬罪が生き残っているなんて誰も考えない中で、多数意見とは全く違い無罪だと断言できた人がいたという歴史を現代において考え直してみたいと奥平氏はいう。

最高裁判所の第二小法廷が、君が代斉唱時に教職員に起立を強制することは憲法に違反しないと判示した際、4人のうち3人の判事が補足意見を書いたことは、結論に至るまでに葛藤のようなものがあったに違いない。新聞の論調を見ると、大方は当局が勝ったということだけで、最高裁の中の葛藤については触れていない。しかし、4人のうち3人が補足意見を書いたということが持っているものを使いながら、時代を切り開いていく必要があるのではないか、大阪府で条例が制定されている力、それを人々が受け入れようとしている一種のポピュリズムを考えれば、少数意見の立場をもっと大事にしなければいけないと奥平氏は指摘する。

泉徳治氏のコメント

意見だけ見るとひどく対立しているように見えるが、内部は和気あいあいとしており、「暗闘」ということはない（笑）。戦略とか駆け引きもなく、合議で他の裁判官に事前に根回しをするとか、多数派工作をするという話は聞いたことがない。ただ、最高裁裁判官は自分の経歴や経験からは逃れられず、意見にはその人のこれまでの経歴や経験が色濃く反映され、意見は違っても各自が正しいと思ったことを真剣に発言しているとしたうえで、いろいろな経験がある人から裁判官を集めるのが理想であると泉氏はいう。

少数意見について、裁判官の議論のレベルアップに繋がり、次の事件でも皆が緊張して合議に臨むという空気を作り出すという重要性を泉氏は指摘する。

JCLU大阪支部総会　記念講演開かれる

弘中惇一郎弁護士

JCLU大阪兵庫支部総会は、2011年5月21日午後2時から、大阪市立総合生涯学習センターにおいて開催され、全ての議題について提案通り承認されました。事務局長は、引き続き七堂眞紀さんが務めます。

総会終了後の午後2時30分からは、総会記念講演「冤罪を生む構図～厚生労働省村木事件を中心に」と題して、厚生労働省"汚職"事件で主任弁護人を務めた弘中惇一郎さん（前代表理事）を講師に迎えました。弘中さんは、大阪地検特捜部の見込み捜査のひどさ、捜査の杜撰さなどを具体的で生々しい事実を紹介しながら、厳しい口調で批判をされました。参加者は約50人でした。

自由人権協会京都　総会、記念講演開かれる

2010年5月10日、自由人権協会京都では通常総会を開催しました。例年は記念講演を同じ日に実施していますが、近年は5月の土曜に他の市民団体や弁護士会の催しが重なることが多く、今年は記念講演を別の日に行うこととし、総会を先行させて行いました。理事者提案通り各議案は可決され、今後は、総会開催日を5月に限らず6月末までに行うこと、事務局長就任のため宮本恵伸さんを再び理事に選任することなどが決まりました。

そして、6月18日に、記念講演「『非行少年』に、もっと弁護士を！～全面的国選付添人制度の実現に向けて～」を京都弁護士会館で行い、50名ほどの方が参加しました。劇団「もがれた翼」のビデオ鑑賞や付添人に関わる方々のリレートーク（裁判所調査官、元裁判官、少年審判を経験した元少年（ビデオ参加）、弁護士）を行い、全面的国選付添人制度の必要性について色々な立場からの話を伺いました。

吉田雄大弁護士

堀和幸代表理事

人権裁判の周辺

真摯な動機によるやむにやまれぬ行動
――日の丸・君が代懲戒処分に東京高裁で逆転勝訴

会員　内田 雅敏

正直言ってそれは「不意打ち」だった。当事者の一人、臼井教論は一瞬、うろたえ、事態を理解してから次第に様々な思いがこみ上げて来、涙が流れてきたと後に述懐した。

3月10日午後2時50分、東京高裁第822号法廷、東京高裁第2民事部大橋寛明裁判長が「原判決を次のとおり変更する。(1) 東京都教育委員会が控訴人らに対し、平成16年4月6日付けでした各戒告処分をいずれも取消す。……」と判決言渡しをしたときのことだ。

2004年3月19日の卒業式、当時、東京都福生市立福生第三中学校に勤務の島崎滋教論は君が代斉唱の際に起立しなかったとして、戒告処分を受けた。同じく八王子市立川口小学校に勤務の臼井裕子教論は君が代斉唱に際してピアノ伴奏を拒否（但し、君が代のCDは流す）したとして、東京都教育委員会より戒告処分を受けた。島崎、臼井教論らは同じく斉唱指揮を拒否して戒告処分の受けたもう1人の教論とともに、この戒告処分が憲法第19条が保障する思想信条の自由に反するものであること等を理由として、東京都人事委員会に不服申立をしたが、これが認められなかったため、裁判所に戒告処分の取消を求めて提訴した（島崎、臼井以外のもう1名は家庭の事情等により提訴は断念）。

2009年2月19日、東京地裁民事第36部（渡邊弘裁判長）は、君が代斉唱の際の起立を命じた、あるいはピアノ伴奏を命じた校長の職務命令は適法なものであり、これに従わなかったことを理由とする本件戒告処分も適法であるとして、島崎、臼井教論の訴えを認めなかった。これに対して前記高裁判決は、戒告処分は東京都教委の有する処分権の裁量の範囲を逸脱したものとして取消を命じた。

冒頭、「不意打ち」だったと述べたのは、「日の丸・君が代」裁判は人事委員会の審理も含め連戦、連敗が続いていたからだ。とりわけ、教論らには国旗に向って起立し、君が代を斉唱する義務、ピアノ伴奏する義務はないことを確認した2006年9月21日東京地裁民事第36部（難波孝一裁判長）判決が、2011年1月28日東京高裁で破棄され、教論らが敗訴させられていたことから、最早この種の裁判には期待を持つことができないでいた。

もっとも、高裁の審理が一般的に急がれる中で――極端な場合は1回で結審、次回判決――本件裁判は2009年3月3日の控訴以来、判決まで約2年、校長に対する改めての証人尋問等も含め口頭弁論回数も9回と多く、裁判所が慎重な審理をしていたという事実はあった。

判決は、君が代斉唱に際して起立を命じ、あるいはピアノの伴奏を命じることは憲法第19条が保障する思想及び良心の自由を侵害するものではないが、島崎、臼井教論らの不起立、伴奏拒否によって卒業式に混乱などの不利益が発生していない本件において戒告処分とするのは重すぎ、懲戒権の裁量の範囲を逸脱した違法なものとしてその取消を命じた。この判決には、本件戒告処分が憲法19条が保障する思想及び良心の自由に反するという島崎、臼井教論らの思いを正面から受け止めたものではないという恨みがないわけではない。しかし他方では、島崎、臼井教論らがこの問題をめぐって処分が続出している状況の中で、あえてこのような行動に出たことについて、同判決は、

「控訴人らの本件不起立又は本件ピアノ伴奏拒否は、自己の個人的利益や快楽の実現を目的としたものでも、職務怠慢や注意義務違反によるものでもなく、破廉恥行為や犯罪行為でもなく、生徒に対し正しい教育を行いたいなどという前記のとおりの内容の歴史観ないし世界観又は信条及びこれに由来する社会生活上の信念等に基づく真摯な動機によるものであり、少なくとも控訴人らにとっては、やむにやまれぬ行動であったということができる。」

と理解を示し、そして「日の丸・君が代」に対する歴

史観についても、

「歴史的な理由から、現在でも『日の丸』及び『君が代』について、控訴人らと同様の歴史観ないし世界観又は信条を有する者は、国民の中に少なからず存在しているとみられ、控訴人らの歴史観等が、独善的なものであるとはいえない。また、それらとのかかわりにおいて、国歌斉唱に際して起立する行動に抵抗を覚える者もいると考えられ、控訴人らも、1個人としてならば、起立を義務づけられることはないというべきであるから、控訴人らが起立する義務はないと考えたことにも、無理からぬところがある。」

と述べた。さらに、憲法学者や弁護士会の見解にも言及し、

「憲法学を始めとする学説、日本弁護士連合会、東京弁護士会、第二東京弁護士会等の法律家団体においては、理由づけは様々であるが、結論として起立斉唱・ピアノ伴奏の強制は憲法19条等に違反するというのが通説的見解であり、控訴人らの起立・ピアノ伴奏を強制されることはなく不起立行為等が違法とされることはないという考えは、必ずしも独自の見解ということはできない。」

と述べた。また、島崎、臼井教諭の行為が卒業式に与えた影響についても、

「控訴人らは、卒業式等を混乱させる意図を有しておらず、結果としても、控訴人らの本件不起立・本件ピアノ伴奏拒否によって卒業式等が混乱したという事実は主張立証されていないから、なかったものと考えられる。もっとも、控訴人島崎が起立しなかったことにより卒業式の参加者の中には不快感を感じたものがいると考えられるが、そのことにより卒業式の円滑な進行が阻害されたとはいえないし、生徒の保護者や来賓の中に起立しない者がいても、それは容認せざるを得ないところ、その場合に生ずる不快感と大差はない。」

と具体的に検証し、本件戒告処分については、

「通常の1回的な非違行為に対する懲戒処分と異なり、卒業式、入学式等の儀式的行事における君が代斉唱時の不起立等を理由とするものは、毎年必ず少なくとも2回は懲戒処分の機会が訪れることになり、控訴人らにとっては、不起立等はやむにやまれぬ行動であったということができるから、これを繰り返すことも考えられるため、始めは戒告という最も軽い処分であるとしても、短期間のうちに処分が累積し、より重い懲戒処分がされる結果につながることになることが当然に予想される。しかし、上記事情にかんがみると、そのような結果を招くほどに重大な非違行為というのは、相当でない。」

と述べた。

判決は、国旗・国歌法制定当時における政府の答弁にも触れ、

「国旗・国歌法の制定過程において、政府が国会においてした答弁には、『政府としては、今回の法制化に当たり、国旗の掲揚等に関し義務づけを行うことは考えておらず、したがって、国民の生活に何らの影響や変化が生ずることとはならないと考えている』（平成11年6月29日衆議院本会議における小渕恵三内閣総理大臣の答弁）、『それぞれ、人によって、式典等において、起立する自由もあれば、また、起立しない自由もあろうと思うし、また、斉唱する自由もあれば、斉唱しない自由もあろうかと思うわけで、この法制化はそれを画一的にしようというわけではない』（同年7月21日国会内閣委員会文教委員会連合審査会における野中広務官房長官の答弁）、『本法案は、国旗、国歌の根拠について、慣習であるものを成文法として明確に位置づけるものであり、これによって、国旗・国歌の指導にかかわる教員の職務上の責務について変更を加えるものではない』（同年8月2日参議院国旗及び国歌に関する特別委員会における有馬朗人文部大臣の答弁）などがあった。これは公立学校の教職員が卒業式等において国歌斉唱時に国旗に向かって起立することを義務づけない趣旨を述べたものではないと解されるが、その一部を取り出してみると、控訴人らが起立・ピアノ伴奏を義務づけられることはなく、不起立・伴奏拒否が違法とされることはないと考えたことに、それなりの根拠を与えたことは否定できない。」

と述べた。

「君が代」のピアノ伴奏拒否に対する戒告処分を合憲、適法とする最高裁判例の存在という制約の中で、この問題をめぐって――最高裁判例のケースは伴奏拒否に慌てて校長がCDを流すまでの若干の混乱があったが、今般の臼井教諭のケースは伴奏拒否をすると同時に事前に準備したCDを自ら流したため混乱が生じなかったと認定した――何とか、島崎、臼井教諭らに対する戒告処分を取消させてやろうという裁判所の気持ちを垣間見る気がする。判決理由中にある「やむにやまれぬ行動」という語句だが、島崎、臼井教諭らは裁判の中で直接このような表現での主張はしていない。両教諭の行為に対する裁判所からのエールではないだろうか。

私たちは本件審理の中で、関係当事者の証言はもちろんのこと学者による鑑定意見書を提出した。しかし、どんなに立派な鑑定意見書を提出してみても、裁判所がそれに真摯に向き合う姿勢がなければそれらは全く無意味なものとなる。裁判所に島崎、臼井教諭らの「やむにやまれぬ」気持ちを受止める感性があるかどうかである。その意味では、一審の渡邊裁判長は審理の時間ばかりを気にしており、私の尋問時間が当初の予定より若干延びた際に机の上で鉛筆を転がすなどイラ立ちを隠さないこともあったが、高裁の大橋裁判長は「大事な問題ですからあまり急がずにやりましょう。」と述べるなど、慎重な審理をした。私は判決理由の中の島崎、臼井教諭らの本件行為について「真摯な動機による」「やむにやまれぬ行動」と記した部分を読みながら、20年以上前、三里塚空港開港阻止闘争で逮捕・起訴、地裁で実刑判決を受けた10数名の若者たちを高裁で全員を執行猶予刑にした、どちらかというと保守派とされていた裁判長の判決を聞いた（刑事では当然のことだが判決理由も読み上げる）ときのことを思い出した。被告人たちはまじめな学生・勤労青年たちであって、私利私欲に基づいて反対運動をしたのではない。政府の三里塚（成田）空港計画にも問題点があった等々の理由で、実刑判決を破棄して執行猶予刑としたのである。

本件高裁での審理の第8回、私たちは最終準備書面を提出した上で、私は島崎、臼井両教諭及び相代理人遠藤憲一弁護士に続いて、さらに以下のような意見を述べた。

「本件審理を終えるにあたり、私が「人権論」を講義している大学での或る女子学生の日の丸・君が代」についてのレポートの一部を紹介したい。

『小学校時代ピアノを習っていた私は、小学5年生のときに卒業式で君が代の伴奏をした。当時の私は「君が代」とは日本の国歌であり入学式や卒業式などで歌う歌というイメージしか持っていなかったが、「君が代」とは天皇が千年も万年も栄えますようにという意味が込められており、現在の国民主権下において、「君が代」を強制することは許されることではないということが大学生になった今、理解できた。小学生の頃、「君が代」の伴奏の練習のため、ピアノの先生に教わっていた時、先生の自宅でレッスンを受けていたのだが、先生に1時間も「君が代」を練習していると、近所の人に変に思われちゃうから30分くらいにしておこうと言われた。当時はその言葉の意味もよく分らなかったが、やはり「君が代」という歌は慎重に扱わなければならないものであると感じる。そして、学校という様々な人がいる中で君が代の強制、さらに国旗の強制はやはり内心の自由に反しているのではないかと感じる。国民主権である現在、天皇主権のもとでの君が代を強制するのはやはり疑問に思う。なぜ強制する必要があるのだろうかと感じ、一人一人の考えを認める社会を作り上げることはできないのだろうかと考える。この話を教師をしている母にしたところ、やはり教師はほとんど強制されていると話していた。生徒は強制という以前に、「君が代」も含めて、卒業式や入学式では歌うことが当り前であると思っているのではないだろうか。「君が代」は音楽の時間に練習することもなく、また歌詞の意味もよく分らないまま歌うという印象であった。生徒は「君が代」斉唱に関して何も疑問を持たず当り前に歌い、教師に対しては「君が代」を強制するということは内心の自由は一体何の意味を持つのだろうか。様々な考えを持つ人たちが集まり、社会が作られている。一人一人の考えが異なるということは当然のことではないだろうか。自分の考えをきちんと表現することのできる社会を作っていかなければならない。ワールドカップも、メディアを通して選手たちへの応援の発言の中に、日の丸を背負って是非頑張ってほしいという発言をとても多く耳にした。しかし、選手たちは日の丸を背負っているから頑張るのだろうか、私たちは選手たちが日の丸を背負っているから応援しているのだろうか。選手たちは、自分たちの努力の成果を日本代表として披露し、頑張っているのではないだろうか。決して日の丸のために頑

張っているわけではないと思う。応援する私たちも選手たちが日の丸を背負っているからではなく、選手一人一人の努力やパフォーマンスに対して拍手し、応援しているのである。

私たちは多種多様な社会で生きているということを自覚し、様々な意見を持った一人一人が尊重しあい、互いに認め合っていくことが重要ではないだろうか。「君が代」の斉唱も国旗の掲揚も強制するものではなく、お互いの態度を尊重し合うことが必要である。学校現場において皆がひとつにまとまるという枠にとらわれた考えのもと、君が代、日の丸の強制をして、外見的にはまとまりがあるように見えても、内面的には決してまとまりがあるようには見えないだろう。

金子みすずの詩にあるように、〈皆なちがってみんないい〉という社会は一体いつになったら作られるのだろうか。皆と違うということは決して間違いではない。

今を生きる国民一人一人が、現在の社会環境や問題を見直し、一人一人の意見が尊重され、そして自分の考えをきちんと発表できる本来の強制されない社会を、作り上げていくことが、明るい未来の第一歩なのではないかと私は思う。』

心理学科に学ぶ20歳、大学3年生のレポートの一部である。思想及び良心の自由とは何かを本質的に把えている発言だと思う。

〈教えることは学ぶこと〉というが、こういう若者のレポートに出会うとそのことを実感する。

裁判所もこの審理の中で学ばれたはずである。前記女子学生にも分かるような判決がなされることを期待する。」

判決後、日弁連憲法委員会のメンバーに以下のようなメールを打った。

「本3月10日、公立学校の卒業式における君が代斉唱の際に、不起立およびピアノ伴奏拒否（但し、CDは流す）を理由とする戒告処分取消裁判で、東京高裁第2民事部（大橋寛明裁判長）は、

『被控訴人東京都に広い裁量権があることを前提としても、……不起立行為等を理由として控訴人らに懲戒処分を科すことは、社会観念上著しく妥当を欠き、重きに失するというべきであり、懲戒権の範囲を逸脱し、又はこれを濫用するものというのが相当である。そうすると、本件各処分はいずれも不適法なものであるから、これを取り消すべきである。』

として、処分を適法としていた原判決を変更し、都教育委員会による戒告処分は、処分権者としての裁量権の範囲を逸脱しているとして、処分を取消す判決をしました。

日の丸・君が代処分をめぐる厳しい状況の中で、このような判決を書く裁判官もいます。まだまだ〈望みなきにあらず〉です。」

多くのメンバーから同感の旨の返信があった。

広島の井上です。東京高裁第2民事部裁判長が大橋寛明とのことですが、彼は私と京大の同級生で26期です。同じサークルで受験勉強もしたことがあり、大変リベラルな思想の持ち主でした。最高裁の調査官もしていました。懐かしい名前を見て、彼の顔を思い浮かべて返信しました。

裁判もまた人の営みである。

この日、午後3時に同部で同種事案（控訴人167人）について同趣旨の判決がなされた。同慶の至りである。

JCLU 合宿のご案内

今年3月に震災の影響により実施を見送った合宿を、改めて企画いたしました。信州野辺山の避暑地にて、1日目は「情報流出」、2日目は「社会保障と税に関する番号制」をテーマに議論したいと思います。

【日時】2011年8月27・28日（土・日）
【場所】八ヶ岳グレイスホテル（長野県南佐久郡南牧村野辺山217-1）
【テーマ】（予定）
● 27日「情報流出に関連する諸問題」
①「公安流出データ出版差止め裁判報告」（報告者：井桁大介・JCLU会員、弁護士）
②「情報流出事件から考える国家と情報」（報告者：山田健太・JCLU理事、専修大学准教授　コメンテーター：秋山幹男・JCLU監事、弁護士　紙谷雅子・JCLU代表理事、学習院大学大学院法務研究科教授　川岸令和・JCLU会員、早稲田大学大学院法務研究科教授）
● 28日「社会保障と税に関する番号制について」（報告者：三宅弘・JCLU代表理事、弁護士）
【参加費】10,000円（会場までの交通費は各自ご負担下さい。）
【お申し込み先】JCLU事務局
（TEL:03-3437-5466 FAX:03-3578-6687 e-mail:jclu@jclu.org）

＊なるべくメール又はFAXにてお申し込み下さい。

人権裁判の周辺

「日の丸」・「君が代」をめぐって

早稲田大学政治経済学部・大学院法務研究科教授
会員　川岸 令和

「日の丸」・「君が代」の略歴

いわゆる国旗・国歌法は、1999年8月13日に公布・施行された（「国旗及び国歌に関する法律」（1999年法律第127号））。この法律は2箇条だけからなる簡単なものであるが、その意味には重大なものがある。まず、「国旗は、日章旗」（1条1項）とし、その制式が別記第一で定められている（同2項）。それによると、縦は横の3分の2の長さで色は白、日章の直径は、縦の5分の3で、色は赤である。次に、「国歌は、君が代とする」（2条）。歌詞は「君が代は　千代に八千代に　さざれ石の　いわおとなりて　こけのむすまで」で、楽曲は林広守によるものとされている（2条2項、別記第二）。

もともと「日の丸」が国旗であることの根拠とされていたのが、1870年太政官布告（第57号）「商船規則」において「日の丸」を日本籍の船であることを表すための旗としたことである。なお国旗・国歌法の制定によりこの商船規則は廃止された（附則2条）。また「君が代」は、詠み人知らずとして古今和歌集に収録されていた短歌の冒頭「わが君は」を「君が代」に変え謳われていたものに、1880年宮内省雅楽課の林広守が曲をつけ、プロイセン出身のフランツ・エッケルトが編曲したものである。したがって「日の丸」「君が代」はともに伝統的というよりもむしろ、日本の近代化の過程で生み出されたものである。

一般に国旗や国歌は抽象的に存在する国家を具象化させる道具である。「日の丸」や「君が代」は、日本が封建制を脱し近代的な主権国家体制に再編されようとしている段階で、国民国家としての統合を進めるために意図的に利用されたものといえる。したがってそれらは、まず何よりも大日本帝国の有り様を象徴するものであった。一方で神権主義に基づく天皇統治の御代の永遠を、他方で帝国主義的膨張を、象徴した。敗戦後、日本国憲法が制定され（1946年11月3日公布、翌年5月3日施行）、政治運営の基本構造が抜本的に刷新された。国民主権原理の宣言と象徴天皇制の導入、個人の尊重を基調にした基本的人権の尊重、徹底した平和主義と戦争の放棄が、国政の基本原理となった。新生日本を象徴する国旗や国歌が戦前のものと同一でよいのかは、議論が大いに分かれるであろう。連続性を維持したい者は「日の丸」「君が代」の継続使用を主張し、断絶を強調する者はそれらの果たしてきた消極的な機能を否定し、新憲法の理念に相応しい新たな国旗・国歌の制定を求めることになる。戦後はまさに双方の対立として描き出される。しかし保守政党のほぼ一貫した政権の独占により、実際には連続した使用がなされてきた。そのことは、新憲法が主体的な社会変革の帰結として制定された訳ではなく、敗戦という現実がもたらした贈与であったことの限界を端的に示すものである。

占領期はGHQの「日の丸」「君が代」に対する曖昧な態度もあり、国体護持を至上命題とした旧来の支配層はそのためにも連続した使用にこだわった。1950年10月7日、文化の日を前にして、天野貞祐文部大臣が、祝日には学校や家庭で国旗を掲揚し、国歌を斉唱することが望ましい、との談話を発表した。国旗＝「日の丸」、国歌＝「君が代」が戦後、教育の現場へ強要する先駆けとなった。そして、1958年9月17日に発表された改訂文部省学習指導要領（10月1日文部省告示第80号）において、学校行事等の指導上の留意事項として、「国民の祝日などに儀式を行う場合には、国旗を掲揚し、君が代を斉唱させることが望ましい」と規定された。さらに1977年6月8日に文部省は新学習指導要領案を発表し、「君が代」斉唱を「国歌」斉唱に改めた。またこの頃から国旗・国歌の法制化が声高に主張されるようになりだし、「まわれ右」事件や「君が代」ジャズ風演奏事件など「日の丸」「君が代」をめぐる教員処分がなされるようになりだす。加えて1985年8月28日付

けで文部省は、各都道府県・政令指定都市教育委員会教育長宛てに通達を出した。それは、1984年度全国の小中高校の卒業式での「日の丸」「君が代」実施率調査結果報告と、それに基づく改善指導文書である。そして実施状況の公表がなされるようになる。さらに、1989年2月10日発表された新学習指導要領(3月15日告示)では、これまでの「望ましい」という表現を改め、「入学式や卒業式などにおいては、その意義を踏まえ、国旗を掲揚するとともに、国歌を斉唱するよう指導するものとする」とした。この義務化に伴う強制がさらに一般化する。義務化の根拠として国際化が指摘されているところに特徴がある。学校現場での強制に対して、1986年には京都市「君が代」訴訟が、1996年には北九州市「ココロ裁判」訴訟が提起された。

1999年の卒業式を前に、広島県立世羅高校の校長が自殺するという事件が起きた。「日の丸」「君が代」の完全実施を求める県教育委員会とそれに反対する勢力との板挟みになった結果のことであった。この事件が一つの転機となり、それまで慎重姿勢を示していた小渕恵三内閣総理大臣は一転、「日の丸」「君が代」の法制化を目指すことになった。これまで慣習的に「国旗」「国歌」とされてきた「日の丸」「君が代」に実定法上の根拠を与えることを狙ったのである。ここで「君」とは象徴天皇を意味するとの政府見解が示された。しかし史上初めて国旗と国歌を実定法化しようとするのであれば、国会議員の数合わせではなく、広く国民的な討議に付されるべきであった。国旗・国歌法の成立に当たって、小渕総理大臣は、「法制化に伴い、学校教育においても国旗と国歌に対する正しい理解が促進されるものと考えております」との談話を発表したが、「日の丸」「君が代」について「正しい理解」が論争的であることを十分理解した上での発言であったのであろうか。

この法律には、尊重義務の定めもその違反に対する罰則も規定されていない。しかし教育の現場で、従前以上に強制が続いている。入学式や卒業式での「日の丸」の掲揚や「君が代」の斉唱が、教員に対する校長からの職務命令により、実現され、違反者には懲戒処分が課せられる事態が陸続としている。

小学校の音楽教師は入学式での「君が代」のピアノ演奏を校長から職務上命じられていたが、それに反して伴奏しなかったことから、戒告処分に付された。その取消訴訟は、最高裁判所まで争われ注目されたが、職務命令は教師の思想・良心の自由を侵害しないと判断された(最判2007(平成19)年2月27日民集61巻1号291頁)。

最近の最高裁判決

そして2011年5月末以降、最高裁は連続して、公立学校の儀式的行事での「君が代」斉唱の際、教職員に対する起立斉唱の職務命令を合憲と判断している(5月30日2小(再雇用拒否処分取消等請求事件)、6月6日1小(損害賠償請求事件)、6月14日3小(戒告処分取消等請求事件)、6月21日3小(戒告処分取消請求事件)、7月4日2小(再雇用拒否処分取消請求事件)、7月4日2小(戒告処分取消請求事件)など詳細は異なっている。また7日7日には保護者らに着席を呼びかけ卒業式を混乱させたとして威力業務妨害罪の成立を認容した1小判決も下されている。)。ここでは起立斉唱を求める職務命令の合憲性について最高裁の議論を検討することにする。

まず、上告人が卒業式における国歌斉唱の際に起立斉唱行為を拒否することは、「日の丸」「君が代」が「戦前の軍国主義等との関係で一定の役割を果たしたとする上告人自身の歴史観ないし世界観から生ずる社会生活上ないし教育上の信念等」と位置づける。しかし「国旗としての『日の丸』の掲揚・国歌としての『君が代』の斉唱は広く行われていたことは周知の事実であり、学校の儀式的行事である卒業式等の式典における国歌斉唱の際の起立斉唱行為は、一般的、客観的に見て、それらの式典における慣例上の儀式的な所作としての性格を有するものであり、かつ、そのような所作として外部からも認識されるもの」と判断する。それゆえ、「起立斉唱行為は、その性質から見て、上告人の有する歴史観ないし世界観を否定することと不可分に結び付くものとはいえ」ないと最高裁は考え、上告人の「歴史観ないし世界観それ自体を否定するもの」ではないと問題を限定的に捉えようとする。また「起立斉唱行為は、外部からの認識という点から見ても、特定の意思の表明として外部から認識されるものと評価することは困難であり、職務上の命令に従ってこのような行為が行われる場合には、上記のように評価することは一層困難である」と判断する。「本件職務命令は、特定の思想を持つことを強制したり、これに反する思想を持つことを禁止したりするものでなく、特定の思想の有無について告白することを強要するもの」ともいえないとする。したがって、本件職務命令は、「個人の思想及び良心の自由を直ちに制約するもの」と認めることはできないとする。

しかし最高裁は、先のピアノ伴奏事件判決とは異なり、思想及び良心の自由の間接的な制約の可能性を議論する。「起立斉唱行為は、教員が日常担当する教科等や日常従事する事務の内容それ自体には含まれないものであって、一般的、客観的に見ても、国旗及び国歌に対する敬意の表明の要素を含む行為であると最高裁は考える。「『日の丸』や『君が代』に敬意を表明することには応じ難いと考える者が、それらに対する敬意の表明の要素を含む行為を求められることは、…個人の歴史観ないし世界観に由来する行動(敬意の表明の拒否)と異なる外部的行為(敬意の表明の要素を含む行為)を求められることになり、その限りにおいて、その者の思想及び良心の自由についての間接的な制約となる面があることは否定し難い」、と評価する。このような間接的な制約が許容されるのかの検討にあたっては、個人の歴史観ないし世界観が「内心にとどまらず、それに由来する行動の実行又は拒否という外部的行動として現れ、当該外部的行動が社会一般の規範等と抵触する場面において制限を受けること」があり、「その制限が必要かつ合理的なものである場合には」、間接的な制約も許容され得る、と判断を示す。そして、職務命令の目的・内容・制約の態様等を総合的に較量して、「制約を許容し得る程度の必要性及び合理性が認められるか否かという観点から判断するのが相当である」と基準を設定する。

本件起立斉唱の職務命令は、当該教師たちにとっては歴史観ないし世界観に由来する行動(敬意の表明の拒否)と異なる外部的行為となる。本件職務命令は、一般的、客観的な見地からは式典における慣例上の儀礼的な所作とされる行為を求めるものであり、敬意の表明拒否との相違を生じさせることになるという点で、その限りで上告人の思想及び良心の自由について間接的な制約となる面があるとする。しかし、卒業式等の特に重要な節目となる儀式的行事では、生徒への配慮と相応しい秩序を確保し式典の円滑な進行を図ることが必要であるとする。学校教育法は、学校教育の目標として国家の現状と伝統についての正しい理解と国際協調の精神の涵養を掲げており(18条2号、36条1号、42条1号、2007年改正以前のもの)、学習指導要領でも国旗・国歌条項が定められていること、また国旗・国歌法も制定されている。住民全体の奉仕者として法令及び上司の職務命令に服すべき地方公務員としての地位の性質及び職務の公共性などの諸要素に鑑み、職務命令の目的及び内容並びに制約の態様等を総合的に較量すれば、「制約を許容し得る程度の必要性及び合理性が認められる」と結論づける。

浅薄な思想・良心

要するに、起立斉唱の職務命令は、教員の思想・良心の自由を直接的に制約しないが、間接的な制約を課す、しかしその制約にも今日の社会の現状では必要性及び合理性が肯定されるとするのが最高裁判決の基本的な理論構造である。これらの判決は間接的にではあれ思想・良心の自由の制約が生じていることを認めただけに、ピアノ伴奏事件最高裁判決よりも確かに自由に配慮したものとなっている。しかし思想・良心の自由と真剣に対峙してこなかった最高裁判所の伝統が、学校行事での「日の丸」「君が代」をめぐる起立斉唱の職務命令事件諸判決にも影を落としている。たとえば、本判決が援用する謝罪広告を合憲と判断した事件では、

「単に事態の真相を告白し陳謝の意を表明するに止まる程度のもの」については強制執行可能であるとしており、「謝罪する意思が伴わない謝罪広告」（田中耕太郎長官補足意見）を認めることになっている（最大判1956（昭和31）年7月4日民集10巻7号785頁。ポスト・ノーティス事件判決（最判1990（平成2）年3月6日判時1357号144頁）も参照）。最高裁の主流的考えによると、思想・良心の自由の保障対象は世界観や主義・主張といった個人の人格の中核を形成するものに限定され、その周縁にはあるが中核と深い関連のある事物に関する是非弁別の判断についてはその保障から漏れることになっている。また内心そのものとそれに由来する外部的行為の峻別も最高裁に伝統的である（表現の自由の分野でも顕著である。たとえば、本判決が援用する意見表明そのものの制約とその行動のもたらす弊害の防止をねらいとする制約を区別する猿払事件判決・最判1974（昭和49）年11月6日刑集28巻9号393頁参照）。本件判決もそれらの系譜に属し、外部的行為にかかわる間接的な制約は容易に正当化されることになる。一応自由で民主的な社会においては、内心を直接抉り出すような権力作用は少なく、外部的統制が一般的な形態であろうから、思想・良心の自由の問題は実際には内心の外的現れの規制として起こる以上、内心／それに由来する外部的行為の峻別論に基づく内心は絶対的という命題では対応できないことは明らかである。最高裁の論理によると、起立斉唱の外形だけ繕っておけばよいということであろうか。真剣に考えることの放棄の慫慂は、一般に思想・良心の強制的告白として違憲と解されている踏み絵すらも正当化しかねない。

実は、学校行事における「日の丸」「君が代」強制への抵抗は公務員の表現の自由の問題でもある。それは、教育現場に明るい者であるからこそ提起できる公の関心事について起立斉唱の拒否という表現行為を実践していると理解することである。公務員であっても市民的自由をすべて放棄する必要はなく、公務員であるが故に社会に対して効果的な争点提示ができる場合があるはずである。「日の丸」「君が代」は日本国を象徴するものとされており、それらへの意思表示は国家のあり方についての意見の表明を意味する。そして「日の丸」「君が代」には様々な問題があることを教育の現場から指摘することは、まさしく「国家の現状と伝統についての正しい理解」を促すことになるであろう。またその場で黙って起立斉唱を拒否するだけであれば、式典に大いなる混乱をもたらすこともない（アメリカ合衆国最高裁の判例Pickering v. Board of Education, 391 U.S. 563（1968）によれば、①表現行為のテーマが公共の関心事であること、②公務員が市民として特定の公共的な事柄を論じる利益が、雇用者としての州が公務員を通じて遂行する公共サーヴィスの効率を増進する利益を上回ること、という基準で判断されている。西原博史ほか「日本国憲法研究第7回思想・良心の自由」『ジュリスト』1395（2010年3月1日）号参照）。

象徴の意味

結局、「日の丸」「君が代」が何を象徴するのかの問いに立ち戻ることになる。「国旗」「国歌」はナショナリズムを体現する道具であり、ナショナリズムは排除の論理を伴うのが常である。広範な議論を欠いた国旗・国歌法の制定、教師に対する職務命令の頻発、それを認容する最高裁判決、そして「大阪府の施設における国旗の掲揚及び教職員による国歌の斉唱に関する条例」の制定（2011年6月3日）など一連の動向は、公権力によるこれほどまでの強制によって維持されなければならない「日の丸」「君が代」の問題性をかえって浮き彫りにしている。リベラル・デモクラシーは誰彼の区別なく安住の地としての国家を構成員に提供することを目指すものである。それは、正統性についての終わりなき論争に正統性を見出すことによって可能となる。権力による強制は思考をそして対話を停止させる。「日の丸」「君が代」は、リベラル・デモクラシーの理念を体現するものとして日本を象徴しているのであろうか。

砂川事件の刑事裁判記録の謄写が実現

「安保条約の違憲性についてはこれを高度の政治問題であるとして審査の対象から除外し国民の判断にゆだねるべきものとした。このことは基本的人権の保障を最大の使命とすべき裁判官の使命をみずから放棄したものである。」

これは、1959年12月、統治行為を理由に司法判断を回避した砂川事件最高裁判決を受けて弁護団（団長：海野普吉初代JCLU理事長）が発した声明の一部です。近時は、統治行為が問題となりうる事件そのものが少なくなっていますが、司法消極主義を決定付けたこの判決の影響は、一連の原発訴訟などを含めた国を相手とする訴訟などにも暗い影を及ぼし続けています。特にこの判決は「日米安保条約に基づきわが国に駐留する米軍の存在はわが国の戦力にあたり、戦力保持を禁止する憲法9条に違反する」という一審の東京地裁判決（裁判長：伊達秋雄）の後だったことから、衝撃も大きかったといえます。

「伊達判決を生かす会」（共同代表：坂田茂、土屋源太郎、塩川喜信、正清太一）は、昨年来、東京地検の保管庫に眠る砂川事件の記録の開示を求め続けてきました。1987年に制定された刑事確定訴訟記録法では罰金刑の訴訟記録の保存期間は3年となっています。この規定制定前とはいえ、50数年を経ている罰金刑確定で終わった砂川事件の第一審と跳躍上告審の刑事訴訟記録のすべてが「刑事参考記録」（同法附則5条）として東京地検の地下倉庫にひっそりと保管されていたのは、検察庁にとっても事件の重大性が認識されていたからでしょう。

砂川事件刑事訴訟記録は、東京地裁での第1審（1958年1月18日～1959年3月30日）の訴訟記録（13冊2934ページ）と跳躍上告審（1959年9月7日～1959年12月16日）による最高裁の訴訟記録（9冊2314ページ）が第1冊から第22冊までの綴じ込みに分けられ、それぞれの裁判に関る記録や書類資料などの各頁に通し番号が捺された5248ページに及ぶ膨大なものです。当初は「関係者（当事件の元被告か学術研究者）の閲覧を許可する」とだけ回答していた検察庁ですが、ねばり強い交渉の結果、全記録の謄写が実現しました。

今回、同会と三宅弘代表理事の協力を得て、同会の報告を要約して転載させていただきます。なお、記録の電子データをJCLU事務局に頂いております。閲覧等を希望される方はご連絡下さい。

〈第1冊〉は、起訴状と第1回公判における弁護人側から出された起訴状に対する求釈明書、弁護人と被告人の冒頭陳述の記録が収められています。この中には、海野普吉主任弁護人をはじめ28人の弁護団が第1回公判に出頭した弁護人として記録されています。

〈第2冊〉には、第2回公判における多数の弁護人の冒頭陳述があります。その後、被疑事実に関する審理となり、まず、第3回公判で行われた検察側証人の証言が収められています。

〈第3冊〉の第4回公判から〈第7冊〉の第11回公判までは、第3回から続く調達局・警察官・外務省の検察側証人の証言があり、〈第7冊〉の第12回公判の中ほどから〈第9冊〉の第16回公判まで、砂川闘争に参加した関口和氏（三多摩労協常任幹事）、芳賀貢（東京地評事務局長）氏をはじめとする労働組合や森田実氏（全学連中執）、西村力弥、山花秀雄国会議員、山川国蔵都議会議員、地元砂川の宮崎伝左衛門町長や青木市五郎氏など、被告人側証人の証言記録が収められています。

〈第10冊〉の第17回公判では弁護人側証人（日本医大生）の証言が一人あり、続いて検察側証人の証言が行われ、〈第11冊〉の第18回公判まで続きます。第19回公判手続記録の後に、不起訴となった者の逮捕状などがあり、逮捕時（1957年9月）の武藤軍一郎氏の警察と検察に対する供述調書や捜査差押調書が収められています。

〈第12冊〉の第20回公判は坂田茂氏他5人に対する弁護側の尋問と答弁があり、第21回公判では、弁護側証人の最後に宮岡政雄・反対同盟が証言をした後、検察側の論告求刑となります。

〈第13冊〉の第22回公判から第25回公判にかけては、佐伯静治、芦田浩志、植木敬夫、加藤康夫、東城守一、西田公一、彦坂敏尚、小林直人、青柳盛雄、池田輝孝、小澤茂、石島泰弁護人の弁論があり、第26

回公判では、牧野内武人、東城弁護人の弁論の後、坂田茂、菅野勝行、高野保太郎、椎野徳藏、土屋源太郎、武藤軍一郎、江田文雄氏の7人の被告の最終陳述が行われています。第27回公判記録に収録されている海野弁護団長の最終弁論要旨は、各弁護人がこれまでに展開してきた憲法と安保条約、行政協定、刑事特別措置法、土地収用法などの国内法との関係を要約的に述べて「被告は無罪」という明確な主張を展開しています。

〈第14冊〉からは、跳躍上告審の準備手続に関する弁護人選任届や上告趣意書など公判開始に必要な事務的な記録などが収録されていますが、審理を始める前に、最高裁が弁護人数の制限をしてきたこと、弁護団からの異議申立があって人数制限取り消し決定になったことの記録が収録されています。また、検察側の上告趣意書とそれに対する林百郎弁護士の反論となる答弁書が提出されて、最高裁審理での論争が予測されます。

〈第15冊〉は、最高裁の人数制限を取り消させた後に、第一審の弁護団を含めた252人の大弁護団が編成された、その選任届です。

〈第16冊〉から〈第19冊〉は、海野氏他6人の弁護士による憲法、米軍駐留、在日米軍の法的性格、刑事特別法、司法の裁判権に言及して検察側の上告趣意書の棄却の判決を求める答弁書に始まり、各弁護人からの憲法、条約、協約、世界の動向、戦争の歴史、土地などの財産権など各分野から検察側の上告文を論破し第一審の正当さを評価して上告棄却を求める26件の答弁書が収録されています。

〈第20冊〉には、海野普吉主任弁護人、佐伯静治副主任弁護人の選定届があった後に、第1回公判から第3回公判の記録が入っていますが、これらの公判記録の前に、これまでに出された各弁護人からの26件の答弁書（〈第16冊〉から〈第19冊〉の所収）の論点別整理を行った弁護団作成の総目録が収められています。そして、「最高裁判所長官として『日本が世界情勢の中で、中立はありえず対米従属路線をとるべきである旨のスタンスに立って司法に当れ』という意見を再三にわたって公式に述べてきた田中耕太郎氏がこの裁判長を務めるべきではない」という弁護団による「田中裁判長に対する回避勧告」というもう一つ重要な文書が入っています。弁護団には、最高裁判所法廷の裁判長を忌避する法律的手段がまったく封じられているために「回避勧告」という形式で意見表明をするしか方法がなかったわけですが、最近、アメリカ国立公文書館で外交評論家の新原昭治氏によって発見された文書で明らかになったように田中氏は公判開始前にアメリカ大使に公判を早期に進めて結論を出すことを告げるほどの、司法権の最高責任者としてもこの公判の裁判長としても全くの不適格者であるという弁護団の指摘が注目されます。

第1回公判では、検察側が冒頭の「上告趣意書の陳述に際して」「弁論要旨」で、第一審判決と弁護団が提出している26件の「答弁書」に対する批判と主張を全面展開しています。これに対し、海野主任弁護人の最高裁のスタンス批判につづいて憲法論を展開する「弁論要旨」、佐伯副主任弁護人の憲法の平和主義、高橋高男弁護人の自衛隊と自衛戦争に関る「弁論要旨」が収められています。第2回公判は、黒田寿男弁護人の安保条約、西田公一弁護人と内藤功弁護人の駐留米軍の違憲性、新井章弁護人と大野正男弁護人の国連の集団安全保障と日米安保についての「弁論要旨」があり、第3回公判では、上田誠吉弁護人の集団安全保障と軍事同盟、芦田浩志弁護人の在日米軍の侵略性、植木敬夫弁護人と牧野内武人弁護人の非武装中立論についての「弁論要旨」があります。

〈第21冊〉は、第4回公判から最後の第7回公判までの記録が収録されています。第4回公判は、佐伯千仭弁護人の憲法と刑特法、中田直人弁護人の刑特法と人権、柳沼八郎弁護人と小林直人弁護人の刑特法の違憲性、宮原守男弁護人の条約と違憲審査権についての「弁論要旨」が、第5回公判では、松本善明弁護人の条約と違憲審査権、加藤康夫弁護人の統治行為に対する違憲審査権、松井康浩弁護人の統治行為と司法審査権、池田輝孝弁護人の統治行為の歴史的意義、佐々木哲蔵弁護人の司法権の独立、真野毅弁護人の政治的行政的裁判批判についての「弁論要旨」がつづきます。第6回公判でも、長野国助弁護人の国際情勢と平和主義、毛利与一弁護人の司法権の独立についての「弁論要旨」というように、弁護人側の「弁論要旨」が続けて収められています。これら各弁護人の「弁論要旨」は、公判開始前に提出した「答弁書」とともに、弁護団が合宿をしてそれぞれの分野について討議し解明すべき分野を選び、それぞれ弁護人が分担して執筆したことを風早八十二弁護人が自らの「弁論要旨」で述べています。第7回公判は、判決があった旨記述されています。最高裁判決文は、東京地裁第一審判決とともに〈第22冊〉に所収されています。

あたごの杜から
事務局長日誌

総会の準備には、手間取ることも多々あり、特に関係者の皆様にご迷惑をおかけした点があったかもしれず申し訳ありませんでしたが、皆様のおかげをもちまして、何とか無事終了することができました。誠にありがとうございました。

ここ最近は、例会もだいたい一月に1回のペースで行われています。原発問題は是非継続して取り上げていきたいと思います。5月に引き続き、7月と9月にも原発関連の例会が予定されています。また、それ以外にも、人権協会ならではのテーマで、問題意識を喚起する企画を様々に実施したいと考えています。

ロースクールのエクスターンシップの受け入れを、この夏も行います。今回は、一橋から2名、早稲田から3名、それ以外から2名、の計7名の予定で、割合大人数となっています。皆様のご協力を賜りますよう、お願い申し上げます。

4月から7月のJCLU

4月6日	4月理事会
4月7日	「報告書『開示資料からみた裁判員記者会見の問題点』」発表
4月19日	会計監査実施
5月10日	自由人権協会京都総会
5月12日	5月例会「原発報道の検証——メディアはなぜ、福島原発の欠陥を伝えられなかったのか」（柴田鉄治・元朝日新聞社東京本社社会部長・科学部長）虎ノ門会議室
5月13～16日	西松安野友好基金訪日団受入（広島）〔田中代表理事、古本理事　出席〕
5月19日	5月理事会
5月21日	自由人権協会大阪・兵庫支部総会、総会記念講演「冤罪を生む構図—厚生労働省村木事件を中心に」（弘中惇一郎・弁護士　JCLU評議員）大阪市立総合生涯学習センター 第1研修室
5月28日	自由人権協会総会、総会記念講演「報道の自由」（山川洋一郎・弁護士　JCLU評議員）　東京セミナー学院
6月6日	6月例会「最高裁の暗闘—少数意見が時代を切り開く—」（山口進・朝日新聞GLOBE元編集長）弁護士会館
6月15日	6月理事会
6月16日	早稲田大学ロースクール・エクスターンシップ説明会〔藤原事務局長　出席〕
6月18日	自由人権協会京都総会記念講演「『非行少年』にも、もっと弁護士を！——全面的国選付添人制度の実現に向けて」京都弁護士会館地下大ホール
7月7日	一橋大学法学部生JCLU訪問
7月14日	7月理事会
7月22日	7月例会「原発訴訟の展開　3.11後への継承」（河合弘之・弁護士　JCLU会員）弁護士会館
7月25日	一橋大学ロースクール・エクスターンシップ受入機関懇親会〔藤原事務局長　出席〕

【発行日】2011年7月29日　【発　行】社団法人 自由人権協会
〒105-0002　東京都港区愛宕1-6-7 愛宕山弁護士ビル306
TEL：03-3437-5466　FAX：03-3578-6687　URL：http://jclu.org/　Mail：jclu@jclu.org
（大阪・兵庫支部）
〒530-0047 大阪市北区西天満1-10-8　西天満 第11松屋ビル3F 堺筋共同法律事務所内
TEL：06-6364-3051　FAX：06-6364-3054
協会設立：1947.11.23　本紙創刊：1950.5.1　購読料：年間2,500円　郵便振替：00180-3-62718　発行人：藤原家康
JCLU 社団法人 自由人権協会

人権新聞 Japan Civil Liberties Union
JCLU Newsletter
発行所 社団法人 自由人権協会
JCLU
〒105-0002 東京都港区愛宕1-6-7 愛宕山弁護士ビル306
TEL:03-3437-5466 FAX:03-3578-6687
URL:http://jclu.org/ Mail:jclu@jclu.org
協会設立:1947.11.23
本紙創刊:1950.5.1
購読料:年間2,500円

今こそ原子力政策の抜本的転換を

――9月例会「原発禍から人権を護る」

理事・弁護士 海渡 雄一

未曽有の被害を生み、いまだ収束の見通しが立たない福島第一原発事故から半年。私たちは、この事故からどのような教訓を引き出し、どのように被災住民や原発労働者を救済していくべきなのか。JCLUは2011年9月7日、東京・弁護士会館において、弁護士登録以来30年間、数々の原発訴訟の訴訟代理人を務め、原発の危険性に警鐘を鳴らし続けてきた海渡雄一弁護士（JCLU理事・現日弁連事務総長）を招いて話を聞いた。（事務局・安齋由紀。本稿は9月例会の内容を再構成したものである）

内部被ばくの考慮が不可欠

今回の事故で、福島県はすべての県民200万人を対象に健康管理調査を進める方針を発表した。大規模な調査が実施されることには一定の意義はある。とはいうものの、目的と手法を間違えると、被害の掘り起こしと救済ではなく、被害の抹殺と切り捨ての道具にもなりかねない。

そうならないために、調査は、内部被ばくをした住民がかなり存在するということを前提に行うべきである。外部被ばくの線量から一定以上の被ばくが確認されなければ、健康被害は起きることがない－という前提で調査を行ってはならない。

甲状腺ガンや白血病、骨髄腫など特定の病気については、疫学的な因果関係を明確にするには数十年もの年月がかかる場合もある。特定の病気だけでなく、鼻血が出やすいとか、風邪を引きやすくなったとか、体がだるいといった放射線被ばく特有の症状や血液検査のデータ異常まで細かく考慮に入れ、健康被害の兆候をつかみ、十分な健康診断を継続することが重要である。

福島原発被ばく者援護法の制定を

事故との因果関係が明確に裏付けられなくても、被災地付近で生活し、一般人の許容被ばく限度である1ミリシーベルト以上の被ばくをした可能性のある市民に被ばくとの関連が疑われる健康異常が生じた場合には、無料で十分な医療措置を受けられることを、あらたに「福島原発被ばく者援護法」を制定して保障する必要がある。

被害が起きてから司法に救済を求めたとしても、時間の経過もあって、立証は極めて難しくなりがちである。そこで、住民について被ばくに関連した病気ごとに認定基準をつくり、労災に準ずる国家的な補償を図る必要がある。

被ばく労働者の保護を

事故収束のための過程で、多くの労働者が、これまでに例がないほどの高いレベルの被ばくを強いられている。

原子力安全・保安院はことし4月1日に、福島第1原発の事故収束作業に限って被ばく線量の上限を250ミリシーベルト（通常は年間50ミリシーベルト）にまで緩和した。原子力安全・保安院は、この緩和が実施された際、東京電力から復旧作業で規制値の50ミリシーベルトを超える作業員は約1600人になると予測する報告を受けていた。そして、ことし7月の時点で、既に50ミリシーベルトを超えた作業員は400人を超えている。

復旧作業で労働者が一体どのくらいの被ばくをするのか、その全貌は解明されていない。事故直後の混乱の中で、線量計を持たずに労働したケースや、放射線管理手帳に日々の被ばく歴が記録されていないといった訴えも作業員から出されている。

しかも作業に当たった後、身元が分からなくなり追跡ができない作業員は200人もいるといわれている。こうした作業員が保護されなければならない。

生活時間帯の被ばく量

復旧作業中の被ばく量を調べるだけでは、実は不十分である。作業時間中の被ばく量が算定されている場合でも、生活時間における被ばくは算入されていないからである。放射線管理区域外も高レベルで汚染された今回の事故の場合、線量評価に当たっては生活時間における被ばくも算定に入れなければならない。

加えて、内部被ばくの検査ができていないという訴えも多い。事故後の福島原発周辺の放射性物質の汚染状況からすると、深刻な内部被ばくによって、今後数十年間にわたって、多数の労災被害が生ずることが予測されている。

因果関係立証の緩和が不可欠

従来の住民や労働者の提起した損害賠償請求訴訟において、裁判所は、原発労働者の病気と放射線被ばくとの因果関係について「高度の蓋然性」が存在することの証明を求めてきた。しかし自分がどれくらい被ばくしたのかを把握することができない労働者に対し、従来通りの厳格な立証を要求することは極めて不合理である。

被害の的確な救済のためには、まず、労働者が自らの被ばく記録ないしその写しを確実に取得できるようにすること、さらに定期的な健康診断を受ける機会を保障し、労災認定される可能性のある病気にかかった場合に、確実に労災認定されるような配慮をしなければならない。

貞観地震の警告

電力会社が原発事故で負う損害賠償責任について、原子力損害賠償法3条1項ただし書きで「異常に巨大な天災地変によって生じたものであるとき」は免責されると規定されている。この点、今回の地震が「異常に巨大な天災」にあたるかどうかは、東日本大震災のような地震・津波の発生を警告する公的機関の指摘や、信頼できる民間の科学的知見があり、東京電力が対応することが可能だったかどうかによって、判断されるべきである。

地層に残る古い津波の堆積物の研究などから、特大の津波を生ずる地震が500年～1000年に一度発生したらしいことが分かり、その最後の地震が、貞観11年（西暦869年）の大地震津波（貞観地震）であると推定されている。

以前から、地震学専門家や一部の原子力専門家、原子炉設計者は、宮城県から福島県の沿岸部に広い範囲で地震と津波の被害をもたらした「貞観地震」という約1000年前の巨大地震の再来を想定すべきことを指摘していた。

東京電力の免責はありえない

こうした専門家の指摘を元に、総合資源エネルギー調査会原子力安全・保安部会耐震・構造設計小委員会の岡村行信委員は2009年、地震・津波、地質・地盤合同WGにおいて2回にわたり、貞観地震に対応した地震対策の見直しを具体的に求めていた。

しかし、東京電力や原子力安全・保安院は、地震対策の見直し問題を先送りにするだけで、何も対応してこなかった。

さらに政府の事故調査・検証委員会の調査によると、東京電力は2008年に、マグニチュード8．3の明治三陸地震（1896年）規模の地震が福島県沖で発生した場合に福島第1、第2両原発に到達する津波の高さを試算し、第1原発の1～4号機では津波は15．7メートルに達すると予測していた。この結果を東京電力は事故の4日前である2011年3月7日に3年遅れで保安院に提出していた。

今回の地震と津波による原発の事故は、明らかに事前に想定できたものであり、東京電力への免責はありえない。

原子力安全行政の抜本的改革を

行政と司法の改革も不可欠である。行政については、原子力安全・保安院の組織の問題がある。

原子力安全・保安院は、原子力の安全及び産業保安の確保を図るために、経済産業省の外局である資源エネルギー庁に置かれた特別の機関である。

原発の設置許可、使用前検査、定期検査などの第一次的な原子力安全行政は、原子力安全・保安院の職務であったが、あらかじめ警告されていた事故の回避に失敗した。この失敗の原因を深く掘り下げなければ、同じ間違いが繰り返されるだろう。

危険な原発を止めることは原子力安全行政の基本的な任務であるが、日本の原子力安全行政ではこの当たり前のことが忘れられてきた。原子力安全行政を経済産業省から属人的にも、組織的にも完全に切り離すことが必要である。

同じ悲劇を繰り返さないために、危険な原発を本気で止められる安全行政を確立する必要がある。

問われるべき司法の責任

司法も変わらなければならない。これまで多くの原発訴訟が提起されてきたが、市民側が勝訴したのはもんじゅ高裁判決と志賀原発2号地裁判決の、わずか2つ

CONTENTS

だけである。裁判所は、多くの訴訟で、原発が危険であるという証拠を突き付けられ、十分な警告を受けながら、原発事故の危険性を見過ごし、今回の原発事故を防ぐことはできなかったのである。

原子力のような専門訴訟では裁判官は的確な判断能力を持たない。今の裁判所は、国や電力会社の言い分に従って、住民の訴えを斥けるのが正しい在り方であると誤解しているのではないかとの思いを禁じ得ない。

新しい審理の在り方―カンファレンス尋問

こうした裁判の在り方を改善する方法として、裁判所が、意見の異なる専門家を同時に呼んでプレゼンしてもらい、裁判官が疑問をぶつけるような審理をカンファレンス尋問ないし進行協議期日の方式で採用することを提案したい。

カンファレンス尋問は医療過誤訴訟においては既に実現している。進行協議はもんじゅ訴訟の控訴審で採用された。争点の整理が確実になり、裁判官に専門知識を理解しようとする意欲さえあれば、公平な心証を形成する上でこれ以上に有効な審理方法はない。

原発推進勢力が国の政治を牛耳っている日本で、たった2つではあるが、住民が完全に勝訴した判決があったということはプラスに受け止めていいかもしれない。

今、裁判所は市民の信頼を失うことを恐れており、福島原発事故後は裁判官の対応も変化を見せている。この変化を後押ししていく必要がある。

ことし7月16日には脱原発弁護団全国連絡会が結成された。原発のあるすべての地域から弁護士が参加し、多くの若手弁護士も加わっていることは心強い。

全国の弁護士が連携して、裁判官が住民勝訴の判決を抵抗なく書ける環境を作っていくことがとても大切である。

「原子力損害賠償紛争解決センター」の課題

ことし8月には、文科省に置かれている「原子力損害賠償紛争審査会」のもとに「原子力損害賠償紛争解決センター」が設置された。司法的な観点から、原子力損害賠償紛争を被害者の生活再建につながるよう適切・迅速に解決するためのシステムとして設置されるもので、裁判官、検察官、多数の弁護士によって構成される代替的紛争解決機関ADRである。

センターの判断基準は民法、原子力損害賠償法などの法令や過去の判例、原子力紛争審査会の定めた指針であるが、指針のない部分や指針の解釈は準司法機関としてのADRの判断に委ねられている。

被災者から信頼される組織になるためには、できるだけ、きめ細かい地域で、審理ができるようにしていく必要がある。支所の設置や出張審理の可能性を探る必要がある。さらに、和解・仲介の機能だけでなく裁定機能を持たせることや、申立に時効中断の効果を持たせることなど、立法によって実現を図らなければならない課題が残されている。

海渡 雄一氏

原子力政策転換目指す活動を

被災者の救済は弁護士の大きな使命である。法律家によって構成される、公正かつ迅速に紛争を解決できる紛争処理のためのシステムができたことは、福島第1原発事故による損害賠償についての解決の糸口である。

他方で、事故を未然に防止するための原子力からの撤退、エネルギー政策の転換のための活動にも全力で取り組まなければならない。

1979年スリーマイル原発事故や1986年のチェルノブイリ事故は世界各地で市民の意識を変えた。日本でも、1980年代後半に脱原発運動が大きな盛り上がりを見せた。95年のもんじゅナトリウム漏れ事故と99年のJCO臨界事故の後には、原子力に批判的な多数の報道がなされ、市民の意識に大きな変化が見られた。

しかし時間の経過とともに記憶は風化し、エネルギー政策転換の試みが実を結ぶことはなかった。

被災の教訓忘れるな

今度は、同じことを繰り返してはならない。そのための第一歩は一人ひとりが、「フクシマ」を忘れず、国の原子力推進政策の被害者である被災者の救済を求め続けることである。

今やらなければならないことは、今回の事故を最後の原発事故にするという固い意思を立法・行政・地方自治体・司法に対し貫いていくことである。「忘れ去ること」「あきらめること」こそが、原発の復活を許すことにつながる。

この事故を忘れないために、政策転換の闘いと併行して、被災者に寄り添い、その復興の過程に継続して伴走する作業が不可欠である。

例会報告

原発訴訟の展開 ―3.11後への継承

会員・弁護士 河合 弘之

事故発生から半年が経過してもなお、いまだ東京電力福島第1原発の事故は収束せず、事態は混迷を深めているようにも見える。あらためて、原発訴訟をめぐる司法の責任、原発事故とメディアの役割、原発労働者の人権といった課題が浮き彫りとなった。福島第1原発事故を受け、これまで全国各地で原発反対の立場で活動してきた弁護士が「脱原発弁護団全国連絡会」を結成した。JCLUは2011年7月22日、この「脱原発弁護団」の代表で協会会員でもあり、ながらく日弁連・公害対策・環境保全委員会原子力部会で尽力された、浜岡原発差止訴訟弁護団長の河合弘之弁護士を招き、これまでの原発訴訟の流れを語っていただいた。(斉藤小百合 理事・恵泉女学園大学教授)

河合 弘之氏

報告は、「原子力発電の技術は難しいか」という投げかけで始まった。専門性の高い原子力技術に基づく安全性の是非につき、原子力に関して素人である裁判官が判断するのは適切ではない、「専門的、技術的評価は司法判断になじまない」として結局、体制側の既成利益を前に、「ことなかれ主義」に与してきたこれまでの多くの原発訴訟に関わってきた司法への痛烈な批判であろう。河合氏によれば、「日本こそは原発を設置してはならない国」であるという。以下、ご報告の概要を4点にわたって紹介する。

1 地震多発国日本

日本における地震の発生率は、対面積比で世界の平均の150倍にも上る。これは、複数のプレートの境界にある日本列島は、プレートテクトニクスからすると世界で稀にみる複雑な地殻の上にあるためで、日本は世界で最も地震の頻度が高い国である。他の原発大国に比して、日本だけが地震が多くて、原発も多い。地震の頻度の少ない地域における原発の安全性と同様に論ずることはできない。

2 「節電」は誤った世論誘導

「脱原発」に対し、財界を中心に産業空洞化を理由とする非難が集中している。しかし、原発を全て停止させても産業は空洞化しない。稼働させていない火力発電を稼働させれば原発で賄っている電力を補うことができる。「節電」は誤った世論誘導であり、むしろ原発維持の目論見である。原発を停止すれば家計負担が増す、という議論があるが、生命とおカネとどちらが大事だろうか。地震・津波が怖いのは原発施設で「同時多発故障」を引き起こすからだ。しかし、原発の安全評価審査指針では「単一故障指針」を採用しているため、「同時多発故障」を想定して対策を講ずることはない。

3 「世界で一番危険な原発」=浜岡原発

とりわけ浜岡原発は危険ですぐにでも停止しなければならなかった。浜岡原発の立地には、30年以内に87%の確率でマグニチュード8前後の巨大地震、いわゆる東海地震が想定されている。しかし、浜岡は典型的な「原発城下町」で反対運動がそれほど大きくはなかった。一方、浜岡原発での事故によって想定される被害は甚大である。東海道新幹線や東名高速にも近く、東京は180キロ圏内、風向きによっては首都圏に甚大な被害が予測される。

菅首相は5月6日、中部電力に対し浜岡原発の全原子炉の運転停止を要請した。このような「英断」も差止訴訟で争ってこなければ、引き出せなかったかもしれない。これまでの訴訟では、原発の危険性を指摘する原告側を、裁判官はあたかも「オオカミ少年」かのように扱ってきたように思う。

4 日本の原発訴訟はなぜ負け続けてきたか

40年来、原発の周辺住民たちは、原発の安全性を法廷に問い続けてきたが、「もんじゅ」設置許可無効確認名古屋高裁判決および志賀原発差止訴訟金沢地裁判決以外、ほぼすべての原発訴訟で原告側の主張は退けられてきた。日本の原発訴訟はなぜ負け続けてきたのか。

まず第1に、全電力会社が40数年にわたり数千億円の宣伝広告費をかけて行ってきた「原発は必要・安価・安全・安心」キャンペーンが市民に深く浸透してきており、裁判官も国民の一人として「安全キャンペーン」の影響を強く受けている。そこで、「原発が危険だ」とする見解をもつ弁護士を信用しない心性が形成されている。第2に、電力会社・旧科技庁の主張を支える御用学者の存在に対して、原発に批判的意見を持つ研究者を排除する構造が学界の中に形成されているため、原告側、住民側の立証にはハンディキャップがある。第3に、こうした中で裁判官は、電力会社・原子力安全委員会・原子力安全保安院・旧科技庁の側の言い分を聞いて無難な判決を書くことで自分の出世にも問題なく、マスコミに批判されることもない。そうして裁判所は、電力会社、行政側の原発推進圧力におもねり、主体的な判断ができなかった。原発訴訟は、ほぼ負け続けてきたが、「3.11」後は、状況が変わってきている。裁判官もいまや住民の声を聞かないわけにはいかなくなってきている。反原発の立場で活動することは、風当たりが強く、恨みをかったり、疎外され孤立するなど過酷だ。負け続ける中で挫折してもおかしくない。しかし、いま闘わずしていつ闘うのか。われわれも真価が問われている。

大阪「教育基本条例案」への反対声明などを発表

JCLUは、福井市営住宅における外国人の入居に関して、看過しがたい問題があると考え、2011年8月8日、「福井市営住宅における外国人の取扱いに関する要請書」を発表しました。また、大阪維新の会が大阪府議会等への提出を予定していた「教育基本条例案」「職員基本条例案」の議会への提出取り止めを求めて、同9月13日に「声明」を発表しました。以下に両文書の要旨を掲載致します。なお、両文書とも全文はJCLUのホームページ(http://www.jclu.org)にてご確認いただけます。

福井市営住宅における外国人の取扱に関する要請書

1. 福井市における外国人政策

「福井市営住宅入居事務取扱要綱」が、外国人に「隣人とのコミュニケーションが取れる程度の日常会話ができる者」との要件を定め、また永住者・特別永住者以外の外国人登録者に「3年以上日本に居住できると市長が認める者」との要件を定めたことは、外国人の基本的人権を侵害するものであり、憲法及び国際人権規約等に反し違法である。

2. 公営住宅に関する法の考え方

旧建設省住宅局長通達(1992年)や、「日系定住外国人施策に関する行動計画」(2011年)に鑑み、公営住宅法15条にいう「適正かつ合理的」な管理には、外国人に「可能な限り地域住民と同様の入居申込み資格を認める」ことも含まれる。

3. 内外人平等の原則について

憲法14条「法の下の平等」は外国人にも及ぶ。また、社会権規約、自由権規約、人種差別撤廃条約等の国際人権条約においても、内外人平等原則は普遍的な人権基準である。

4. 取扱要綱の違法性

(1) 日本人・外国人を問わず、心身の障碍等によりコミュニケーションに支障のある人は存在しうるが、外国人にのみその能力を要求することは平等原則に反し違法である。また、隣人との良好な関係の形成という目的は、入居後速やかに必要な支援をすれば達せられる。

(2) 外国人登録者につき「3年以上日本に居住できると市長が認める者」との要件も、外国人にのみ要求した点で平等原則に反し違法である。また、将来にわたる事柄を問題とするため、不明確乃至恣意的運用をもたらす可能性もある。

従って当協会は、取扱要綱において外国人に対してのみ課す上記2点の削除を求める。

声明

「大阪維新の会」が大阪府・大阪市議会に提出予定と報道されている「教育基本条例案」(愛国心・郷土を愛する心に溢れる人材育成を基本理念とし、首長による教育委員の罷免を規定)及び「職員基本条例案」(職務命令違反をした職員の分限免職等を規定)は、重大かつ根本的問題があるので、以下の通り指摘する。

1、地方自治法及び教育基本法に反すること

両条例案は教育行政への政治関与を認めるものであるところ、地方自治法及び教育基本法の趣旨である教育の政治的中立性を侵すものであり違法である。

地方公共団体や首長から独立して職権を行使し、以って、自立した個人を育み、政治と教育の結合による弊害を防止しようという教育委員会制度の趣旨にも反する。

2、君が代の起立斉唱の強制は思想良心の自由を侵害すること

公務員である教員についても、君が代の起立・斉唱を強制することは、各人の思想良心に対する看過し難い干渉を意味する。加えて、職員基本条例が君が代起立斉唱職務命令に3回違反すれば直ちに分限免職とするとしているのは、形式的違反の回数のみで思い処分を課す点で均衡を失し、職務命令に名を借りた「踏み絵」といっても過言ではない。

思想良心の自由は個人の内心の自由という最も重大且貴重な自由を守るための人権であり、自治体の業務の一体性などを理由におろそかにすることは到底許されない。

なお、昨今の一連の最高裁判決は君が代起立斉唱職務命令を合憲としているが、慎重な取り扱いをすべきとする意見や、職務命令を違憲とする反対意見も複数存在することを十分考慮すべきである。

3、結語

両条例案は憲法及び地方自治法、教育基本法に照らし重大な問題があり、当協会はその議会への提出を取り止めるよう求める。

心の復興支援を目指して

会員・弁護士 宮内 博史

1 復興への長い道のり

まるで広大な草原を見ているようだ。10月1日、約2か月ぶりに訪れた岩手県陸前高田市の大地を見て、そう思わずにはいられませんでした。それまで至るところに散乱していた瓦礫や廃材、廃車等は、分別され、所々で大きな山を成していました。そして、幾つかの例外を残して、ほぼ全ての建物は基礎部分から根こそぎ無くなっており、大地には雑草が青々と茂っていました。

震災から半年以上が経過したとはいえ、被災地を訪れる度に、復興への道のりの長さ、険しさを実感します。とりわけ、家族、財産、仕事、故郷、コミュニティといった計り知れないものを突如として失った被災者の方々の心の痛みや苦しみは、形を変化しつつも、なお続いています。町の復興以上に、「心の復興」には多くの時間が必要です。

これまで、弁護士会、認定NPO法人難民支援協会、特定非営利活動法人ヒューマンライツ・ナウの活動の一環として、岩手県、宮城県、福島県で活動を展開してきました。本稿では、それらの活動の中で聞こえてきた被災者の方々の生の声を幾つかご紹介できたらと思います。本稿が、今後の「心の復興」支援のご参考になりましたら、幸甚に存じます。

雑草が青々と茂る陸前高田市の被災地域

2 我々には勝てっこないんだ

8月から9月にかけ、2回にわたり、福島県南相馬市において避難所や仮設住宅を回り、東京電力に対する賠償請求に関する法律セミナー会を行いました。セミナー会では、賠償請求の流れや、賠償請求に備えて記録や資料を一元化するために弁護士会が作成した「被災者ノート」について紙芝居を利用しながら説明しました。

8月6日、最も放射線量が高いとされる小学校体育館の避難所でセミナー会を行いました。薄暗い体育館内には、約50人の避難者の方々が膝下高さのパーテーションで区切られた個人スペースの中で居住していました。見渡す限り大半は高齢者の方々でした。66年前の原爆投下日と日が重なったこともあり、隅にあったテレビの画面上には、原爆症認定問題を報じるニュースが流れていました。セミナー会終了後の質疑応答では、避難者の方々の悲痛な叫び声が聞こえてきました。「なぜ、被災した我々がこんなに大変な思いをして資料を集めないといけないのか。我々一般市民が頑張ったところで、大企業相手に勝てっこないんだ」、「原爆症の問題だってまだ終わっていない。この問題だって終わる頃にはここにいるじいちゃん、ばあちゃんは全員死んでいるよ」。それら一つ一つの言葉のあまりの重さに、私は返す言葉が見つかりませんでした。それと同時に、被災者の方々の姿が、長崎で被爆し、家族を失った祖母の姿と重なって見えてきました。今でも心に深い傷を負っている祖母を思い出し、同じことがここでも繰り返されてはいけない、支援を継続していかなければいけないと、心の底から思った次第です。

3 自宅避難者にも目を向けて欲しい

宮城県石巻市では、避難所や仮設住宅のみではなく、公民館やNPO法人が運営するコミュニティカフェでセミナー会を開催してきました。というのも、石巻市に

紙芝居を手にする宮内博史氏

南相馬市の避難所におけるセミナー会の様子

は、避難所や仮設住宅に避難されていない「自宅避難者」の方々がたくさんおられるからです。海岸からほど近い住宅街には、1階部分が浸水し、罹災証明書上は「全壊」認定とされているにもかかわらず、2階部分のみを利用して生活されている自宅避難者が多くおられます。公民館やコミュニティカフェは、このような自宅避難者の方々にとって貴重な交流の場となっているのです。

このような公民館の一つを運営する石巻の市民団体の代表者は、公民館のことを「忘れ去れた場所」と表現されていました。同代表によると「認定された避難所に対する行政の支援と、認定はされていないが地域市民が一緒になって支え合っている場所に対する行政の支援には雲泥の差があるから」とのことです。事実、同代表は、震災直後に一軒ずつ自宅を訪問し、「忘れ去られた」認知症や障害等を抱えた高齢者を10名以上も発見し、ヘルパーや介護保険制度へつなげたとのことです。

10月2日、私はセミナー会への参加を呼びかけるため、石巻市中屋敷の住宅街の家を一軒ずつ訪ね歩いていました。ある家を訪れると、80歳を超える一人暮らしの高齢の女性が私を自宅の中まで迎え入れてくれました。家は現在も修理中で、いたるところにベニヤ板が張り付けてあり、床下には目で確認できる大きさの隙間が多数見受けられました。女性は、震災直後から3か月間、親戚の家に身を寄せていました。しかし、遠慮もあったのでしょう、6月になり、自宅に戻られました。当時の家は、津波に破壊され、下着1枚たりとも残っていない状態でした。息子達の協力もあって、家の中に流れ着いた瓦礫や土砂を除去することはできたものの、足腰の悪い女性は、2階まで自由に上がることができず、すきま風荒れる1階で細々と生活をされていました。

今日に至るまで、女性のもとへ、物資が送り届けられたことはありません。他方で、近くの避難所には、食料やトイレットペーパーといった物資が山積みされていたそうです。

「それを見なければ良かったんだけどね。見てしまったのよね。みんなが苦しんでいる中、それを見て、疎ましく感じてしまう自分が本当に憎い。」と女性は口にされました。そして、「私は戦争も経験したけど、戦争よりも今の方が辛いわ。戦争のときは物資がなくて、大根の葉っぱなどを食べてしのいだけれども、今は物資があふれているだけに、物資がないことが本当にしんどいの。自宅にいる私たちにも目を向けて欲しい。」と大粒の涙をこぼしながら、心境を語られました。

避難所や仮設集合住宅に十分な支援が行き届いているというわけではありません。しかしながら、自宅に取り残された避難者の方々、とりわけ、身動きが自由にできない方々の支援をしていく必要性があることを痛感しました。私自身も今後は、人々が集まる場所での支援はもちろん、そのような場に集まれない人々への支援も心がけていきたいと考えています。

4 最後に

都内でも、被災地でも、これまで多くの被災者の方々と接する機会をいただきました。その一人一人の方々が今日をどのような思いで過ごしているのかを考えると、胸がいっぱいになります。一人一人の声が大切にされ、一人一人が再び尊厳と喜びを持って生きられるその日まで、「心の復興」支援を続けていきたいと思います。

あたごの杜から 事務局長日誌

7名のエクスターンシップの受け入れが終了しました。受け入れ期間が夏なので、あまりプログラムがないのではないかという懸念が当初ありましたが、皆様にご支援頂き、例年にないほど充実した企画を提供できたように思います。学生の方々にも、よく尽力して頂いたと思います。ご協力を頂き、ありがとうございました。

一部のエクスターン生も参加した合宿も、大盛況でした。それぞれのプログラムについて時間が不足するほど議論が白熱したように思います。また、懇親会は、カラオケと卓球台が同じ部屋にあり、それらをお酒とともに楽しむという、贅沢な状況でした。なお、カラオケでは、参加者の皆様の美声をお聞きすることができました。

橋下大阪府知事率いる大阪維新の会による、大阪府議会等への提出の予定が報道された、教育基本条例、職員基本条例について発表された当協会の声明は、大阪市議会、大阪府議会、堺市議会の各会派等に提出されました。私は、大阪に行き、前二者に配布し、声明について一部の新聞に掲載して頂きました。なお、新聞には、別の機会ですが、当協会の本年8月の福井市営住宅に関する要請書も掲載されました。

私は、大阪維新の会に対し、上記声明を橋下代表に直接お渡ししたいと申し入れましたが、その際、同会から、検討の後、「橋下代表の知事としての予定を把握していないのでそれ以上に対応できない」とのご回答を得ました。これは、残念なお答えであったといわざるを得ません。

8月から10月のJCLU

8月 4日～9月29日	エクスターンシップ受入れ(一橋大学法科大学院他)
8月 8日	「福井市営住宅における外国人の取り扱いに関する要請書」発表
8月12日～18日	事務局夏期休業
8月24日	8月理事会・ビアパーティー
8月24日～9月22日	エクスターンシップ受入れ(早稲田大学法科大学院)
8月27・28日	合宿 八ヶ岳グレイスホテル
9月 7日	9月例会「原発禍から人権を護る」(海渡雄一・弁護士 日弁連事務総長 JCLU理事) 弁護士会館
9月10日	「伊藤和夫先生を偲ぶ会」 プラザエフ
9月13日	大阪府議会等への提出予定が報道された「教育基本条例」「職員基本条例」の問題点を指摘する「声明」を発表
9月16日	国際人権コンサルテーション〔藤原事務局長参加〕 (財)人権教育啓発推進センター
9月29日	9月理事会・エクスターンシップ生送別会
10月21日	西松安野友好基金第3回運営委員会〔羽柴代表理事、古本理事出席〕 ホテルサンルート広島
10月24日	10月理事

【発行日】2011年10月25日 【発 行】社団法人 自由人権協会
〒105-0002 東京都港区愛宕1-6-7 愛宕山弁護士ビル306
TEL：03-3437-5466 FAX：03-3578-6687 URL：http://jclu.org/ Mail：jclu@jclu.org
(大阪・兵庫支部)
〒530-0047 大阪市北区西天満1-10-8 西天満 第11松屋ビル3F 堺筋共同法律事務所内
TEL：06-6364-3051 FAX：06-6364-3054
協会設立：1947.11.23 本紙創刊：1950.5.1 購読料：年間2,500円 郵便振替：00180-3-62718 発行人：藤原家康
JCLU 社団法人 自由人権協会

人権新聞 Japan Civil Liberties Union
JCLU Newsletter
発行所 社団法人 自由人権協会
JCLU
〒105-0002 東京都港区愛宕1-6-7 愛宕山弁護士ビル306
TEL:03-3437-5466 FAX:03-3578-6687
URL:http://jclu.org/ Mail:jclu@jclu.org
協会設立:1947.11.23
本紙創刊:1950.5.1
購読料:年間2,500円

例会報告 東電会見の嘘
――発表ジャーナリズムの限界

会員・弁護士 日隅 一雄
ジャーナリスト 木野 龍逸

発生から10カ月、今なお多数の住民が避難を強いられ、放射性物質の拡散が次々明らかになる福島第一原子力発電所の事故。

この事故で、東京電力や政府は何を隠してきたのか。進行中の被害状況や、事故の原因をマスメディアが適切に伝えることができなかったのはなぜか。

JCLUは2011年12月7日、個人として連日、東京電力の記者会見に参加した弁護士日隅一雄氏と、フリージャーナリストの木野龍逸氏を招き「東電会見の嘘 発表ジャーナリズムの限界」というタイトルで12月例会を開いた。

両氏の発言からは、大手マスコミの記者の問題意識の乏しさや専門性の弱さ、発表依存など、現在のメディアが抱える病巣が浮き彫りになった。例会には100人を超える聴衆が集まり、ユーストリームを通じて、初めて一般市民向けにネット中継されたという点でも画期的な例会となった。 (北神 英典 理事・弁護士)

3月16日夜会見から出席

元産経新聞記者でもある日隅氏は2011年3月16日夜から東京電力の記者会見に出席を始めた。それまでネットなどで会見を見ていたが、東電が、ただの数字を、わざわざ時間をかけて説明する様子が、答えたくない質問を意図的にかわそうとしているとしか思えず、自分で直接聞こうと思い立ったのが出席の動機であった。

一方の木野氏も、東電の発表の内容のなさにいら立ち、自分で情報を聞いた方が早いと考え、翌17日昼の会見から参加したという。

メルトダウンの嘘

日隅氏は講演で、政府や東電の発表の中で①メルトダウン、②緊急時迅速放射能影響予測ネットワークシステム（SPEEDI）のデータが避難に生かされなかった理由、③健康被害が出る被ばく量―の3点に重大な嘘があり、当時、住民がどのような行動を選択するか必要な情報が提供されなかったと批判するとともに、マスメディアの取材・報道も不十分だったと指摘した。

また、間違った情報に誘導されSPEEDIが地震で不具合になったとの記事を書いた新聞があったことや、後日掲載された、SPEEDIの被ばく予想を公表しなかった政府に対する批判記事も扱いが小さかったことに触れ、マスメディアのニュース判断に疑問を示した。震災直後「想定外」と言われた大津波についても、実は、以前から専門家の間で想定されており、そのことを知っていた新聞記者もいた、と述べた。

「夢物語」の現実性を報道

木野氏は講演で、4月17日に東電が公表した事故収束に向けた工程表は、そもそも原子炉の格納容器が破損しているにもかかわらず、破損していないことを前提に作成され、原子炉内に水を貯めて燃料を冷却するという計画自体、初めから無理であり「夢物語であった」と指摘。そうした記事を、あたかも実現性があるかのように伝えたマスメディアの問題を指摘した。

「教えてもらう」記者

それぞれが講演した後、飯田正剛理事の司会で、両氏は対談した。

日隅氏は「応援部隊の記者が多く、専門的な突っ込んだ質問ができなかった。基本的な用語とか知識を東電から教えてもらう部分も多かった。そこからさらに批判をするというところはなかった」と、マスメディアの専門性の乏しさを挙げた。また、マスメディア内部でも、記者が取ってくる情報について裏が取れているかどうかの判断が自分ではできず、誤報を恐れて発表情報をそのまま載せるしかない状態が続いた異常さを問題提起した。

木野氏は「当初、東電が全く情報を出さなかったこともあって、記者も情報が出てくるだけでありがたいと言う雰囲気があった」と述べ、住民や自分たち、家族を守るための情報を取ろうという雰囲気が感じられなかったと述べて、ジャーナリストとしての気概、問題意識の希薄さを批判した。

CONTENTS

日隅一雄氏の講演要旨

情報隠し

日隅一雄氏

11月12日に福島第一原子力発電所の吉田昌郎所長（当時）が記者会見して「（事故直後の様子について）最悪、メルトダウン（炉心融解）が進んでコントロール不能になり、終わりかな」と思ったという発言があった。その発言からも、事故当時の東京電力の発表が全く事実と違っていたことが、あらためてハッキリした。

原子炉から放出された放射性物質が大気中にどのように拡散していくか予測するSPEEDI（緊急時迅速放射能影響予測ネットワークシステム）のデータが、住民の避難に生かされなかった。政府は、実測データがなく避難に使えないから発表しなかった、と言っているが、うそだ。

人間の健康に影響が出る被ばく量についても、当初、原子力安全委員会は「年間100ミリシーベルト以内なら何も健康被害はない」という情報をインターネットに流していた。でも、それも事実ではない。

不十分な取材と報道

これらの情報操作によって、東北や関東の住民が当時、どういう行動をすべきかを判断するために必要な情報が提供されなかった。マスメディアの取材・報道が不十分であったことは明らかである。

（炉心が過熱してコントロールできなくなる）メルトダウンについていうならば（炉心を冷やすための）注水が不能となった場合や原子炉に水が入らなくなった場合、全電源が喪失した場合は想定されていた。原子炉が冷えなくなった場合、数時間後にメルトダウンが始まることは事前に予測されていた。にもかかわらず、マスメディアはきちんと報道しなかった。

健康に影響のある放射線被ばく量についても、国際放射線防護委員会（ICRP）の原典に当たれば、「100ミリシーベルト以下は健康被害が出ない」とは書いてないから、簡単に分かったはずだ。

誘導情報に乗っかる

読売新聞が3月15日、地震でシステムが不具合になったので、SPEEDIが使えないと、間違った報道をした。おそらくどこかが、SPEEDIが使えないということをマスメディアや市民にすり込もうとした。この記事に対してSPEEDIの運用主体である原子力安全技術センターは、使えると反論したが、そのことは一切報道されなかった。

朝日新聞は3月22日、地震発生直後から作動していたSPEEDIによる被ばく予測を政府は公表していないという記事を書いた。本来なら一面トップで出すべき重要な情報であるのに、掲載されたのは目立たない5面だった。

想定されていた「想定外の津波」

この事故を防ぐことはできなかったのかという点でも「想定外の津波」というマジックワードが駆け巡り、事実と違う報道がなされた。

「想定を超える津波」も予測されていた。3月25日の朝日朝刊の、読者も気づきにくい科学面に「大津波 東電甘い想定」の見出しで、少なくとも90年代から大津波の想定がされていたのに先送りされていたという重要な情報が載っている。

朝日の記者も、事故の前から知っていたが、その時には記事になっていない。

巨額の広告費

なぜ、マスメディアが必要な情報を伝えないのか。東電個別の問題とマスメディア全体の問題がある。日本全体の広告費は年3000億円と言われる中、電力業界だけで800億円と言われている。

マスメディア全体ではシステムの問題がある。海外では考えられないようなシステム（国が直接放送免許を与える仕組み）が日本ではあり、海外にあるシステム（新聞社と放送局が同じ資本に支配されることを防ぐ仕組み）が逆に日本にはない。

民主主義のシステム問いなおせ

東電から必要な情報が得られるのかどうか、保安院が独立していたのかどうか、原子力安全委員会の人選はどうだったのか。

原発だけの問題に限らない。われわれは十分主権者として振る舞えてきたのかどうか。われわれは批判をすべき時、批判の声をあげられる社会になっているのか。

今回の事故をきっかけに、日本の民主主義のシステムを見直されなければならないと考えている。

木野龍逸氏の講演要旨

夢物語だった工程表

木野 龍逸氏

4月17日に東京電力から（事故収束への道筋を示した）最初の工程表が出たが、最初から夢物語ではないかと言われていた。

行程表は、最初の3か月を「ステップ1」、次の3カ月から6カ月を「ステップ2」と全体を2段階に分けた。放射線が原発の外に漏れないようにすることが目標だった。

しかし東京電力が発表した工程表には、どんな作業が必要で、所要時間はいくらで、最終的にこのくらいの期間がかかるーという中身がなかった。

発表鵜呑みのメディア

工程表発表の翌日、各紙は一面で「収束に6～9カ月 東電2段階の工程表」「まず3カ月で安定冷却 冷温停止に3～6カ月」（朝日）など、ほぼ発表内容を事実として伝え、一面の見出しで「おかしい」という指摘をする社はなかった。微妙に産経新聞が「作業綱渡り」と書いている程度。

2面や3面の関連記事には、疑問を指摘する記事もある。しかし会見に出ていた記者全員が、工程表に内容を感じ取れないと受け止めていたはずなので、なぜ一面の見出しで伝えられないのか不思議に感じる。

初めから無理だった「水棺」

「ステップ1」の大きな目標は、原子炉の中に水を貯めて核燃料を冷やすことであり、東京電力は、格納容器が破損していないという前提で、容器の中を水で満たし「水棺」をして冷やすと言っていた。しかしその時点で既に格納容器が破損し水が漏れているのは明らかであった。しかも燃料に触れた「超高濃度汚染水」を処理する方法がないことなどから「水棺」は実現困難であるということは、4月の工程表発表の段階で分かっていた。

水没している核納容器の穴をふさぐ作業をどうやるのか。格納容器の中から出る水は、放射線量が極めて高く人間が作業するわけにはいかない。

それらの問題を素っ飛ばし「水棺」をすると東京電力は言っていたのである。

小出しの情報

しかしその結果、漏れる汚染水の量が増え、5月12日、東京電力は水が漏れていることを認めざるを得なくなった。5月16日には、1号機から3号機まで全部でメルトダウンが起きていることを認めた。

東京電力は、都合の悪いことを発表するのは、何か機会があるときに、その次の発表に合わせるような形で、今まで何があったのか小出しにすることがよくあったが、その典型であった。

水漏れを認めた5月12日について各紙は「現在の工程表で盛り込まれていなかった『圧力容器の破損』という事態に、計画の見直しを迫られることは必至」（毎日）など、各紙とも大幅な見直しを迫られるという論調になった。不思議なのは読売で、冠水（水棺）作業は難航しそうだと書いてある。「難航」ではなくて「不可能」でないとおかしいのではないか。

「できないこと」を「不要」に

7月19日の工程表改訂では「水棺」の作業は「不要」に変わった。「不要」ではなく「できなかった」のが真実なのに「できなかったこと」を「不要」という言葉でごまかし、「ステップ1」から「ステップ2」に入ったとの説明がなされた。

「ステップ2」中最大の問題は、大量の汚染水処理だ。汚染水を減らしていかないと、燃料の取り出しなんて半永久的にできない。

今、漏れていた汚染水は油の処理装置とか放射性物質の除染装置などを使って処理しているが、トラブルが続いている。

用語の変更

「ステップ2」の具体的な目標は「冷温停止状態」にするものだが、「冷温停止状態」という言葉は、本来ない。

「冷温停止」とは、原子炉の冷却材温度が100度以下になっていることと、原発から放射性物質が外に一切出ない状態というのが基本。ところが、現実は、格納容器に穴は空いているし建屋はぼろぼろ。実現不可能なので「状態」という言葉をくっつけた。

福島原発の事故をメディアが取り上げる回数は減っている。最近は、雑誌で事故を取り上げても、読者がついてこないという話も聞く。現状は全く変わっていないというより、悪くなっていると思う。

ビデ倫東京地裁河合判決への疑問

評議員・弁護士 内田 剛弘

1.時代に逆行する判決

2011年9月6日、東京地裁刑事一部の法廷で河合健司裁判長によってビデ倫事件に対する判決が言渡された。

ビデ倫関係者は、無罪判決を確信していたのに、全員有罪であった。ポルノDVDのメーカーの会社代表の被告人2名はわいせつ図画販売被告事件でそれぞれ懲役10月、執行猶予3年。審査員3名もわいせつ図画販売幇助又は販売・頒布幇助被告事件などで共通に罰金50万円とされた。

なぜ有罪判決になったのか？裁判所の人権擁護の府というよりも逆に治安維持への過剰な使命感が伺える。それは、「わいせつ」と認定した理由の中で、「わいせつ」の概念は「規範的概念である」と強調したところによく伺われる。かつて、「わいせつ」の概念を定義した最高裁大法廷のチャタレー事件の判決（1957年）で、田中耕太郎最高裁判事が、裁判所の治安維持の責務を強調して叫んだ言葉を思い出さざるを得ない。この言葉はいうなれば、仮に、99パーセントの市民がわいせつでないと判断しても、わいせつだと判断する1パーセントの価値観を有する裁判官がわいせつと判断したら「わいせつ」罪に処せられるという有権解釈の手法である。これでは裁判所が、日々風俗の変化している現実社会に身をおいて暮らしている国民、市民の理解を得るのにはるかに遠い存在とならざるを得ない。

わいせつが判例上、規範的概念であるとしても、罪刑法定主義の原則に立って、幾多の事件で先輩裁判官たちが具体的に適用するかについてさんざん苦労してきた歴史と蓄積がある。

映像に関する著名な事件だけでも、映画「黒い雪」事件、「日活ポルノ映画」事件、「日活ビデオテープ事件」、「愛のコリーダ」事件などの事件で、裁判所は抽象的な最高裁判例を具体的事件に適用するにあたって工夫を凝らしてきている。

今回の判決は、先輩裁判官が苦労して蓄積してきた業績に全く配慮しない判決である。これでは、刑罰がいかにいい加減なものであるかをむしろ実証することになり、国民の刑法への信頼を失わせるというものである。この事件は被告人全員が控訴し、審理は高裁に移った。

2.「愛のコリーダ」事件判決との矛盾

「愛のコリーダ」事件の東京地裁判決（1979年、無罪）・高裁判決（1982年、無罪確定）は、大島渚監督の映画「愛のコリーダ」のスチール写真とシナリオのそれぞれ一部をわいせつとして、監督大島渚氏と三一書房の代表取締役武村一氏が起訴された事件について、抽象的に規範的概念から短絡的に裁判官の独断で「わいせつ」と決めつけるのではなく、具体的に証拠に即して判例の「わいせつ」の定義を具体化して、普通人の到達した性表現の「馴れ」「受容」と捜査機関の「放任」の実態を弁護人提出の証拠も参考にして慎重に調べて重要な判断基準としている。

「わいせつ」の判断をしたチャタレー事件の最高裁大法廷判決の判断が余りに抽象的な基準であるので、社会の実態に即して基準をより具体化した内容であった。

本件の審理において弁護人は、現に社会に流通している他の審査機関の審査を得た作品、制作会社の自主的審査の作品、全く審査を得ていない作品などを証拠に挙げて、いかにハードなポルノ作品が世間に広く流通しているかの実態を証明した。また、世間で流通しているインターネットのハードなポルノ映像の実態も証拠に提出した。

「愛のコリーダ」事件の判例からみれば、起訴作品は、一般社会ですでに馴れ、受容され、捜査当局が放任してきたものである。当然、無罪の判断があってしかるべきものである。

3.「日活ポルノ映画」事件判決とのアンバランス

「日活ポルノ映画」事件の東京高裁判決（1980年）は、映倫の社会的評価を認めて映倫の審査を通った作品は「わいせつ」ではないという判断に到った。この判断は、映倫の目的や組織、業務、運営などを詳細に検討しての結論であった。

ビデ倫も映倫を模範として設立された団体で、35年以上の実績をもち、ビデオ、DVDの世界で映倫と同様の審査団体として一定の役割を果たしてきており、社会的評価は定着していたといえる。かつてビデ倫が当事者の事件ではないが、東大和署の立件したあるポルノビデオ事件で下した東京地裁八王子支部の判決(2000年)は、ビデ倫の社会的評価を高く認めて、ビデ倫の審査を通った作品はわいせつと思わなかったということで被告人の違法性の認識を欠くという主張を認めてビデ倫審査作品について無罪判決をしている。

「日活ポルノ映画」事件の高裁判決は、性道徳・性風俗の維持は、まず第一次的には宗教・教育・社会的良識など法以外の社会的強制手段によるべきであるとし、このような法以外の規制が十分機能しない時にのみ、刑事罰がのり出すべきであるという刑法の謙抑的な正確を説いた。そして一次的には、自主審査機関の映倫の審査を尊重する立場を表明したのである。

映像審査機関として映倫とビデ倫は、審査機関の自主性の点では、事実上違いはない。にもかかわらず、この事件で裁判所がビデ倫の審査作品に「わいせつ」を認めた理由は薄弱で説得力がない。かくしてこの判決は、「日活ポルノ映画」事件高裁判決の趣旨を否定する立場に立つと言わざるを得ない。

4.自主審査機関の社会的存在意義の否定

(1) 放送の世界に自主規制機関として、BPOがある。放送倫理番組向上機構の略である。NHKや民放が参加している自主規制機関である。

また、社団法人日本雑誌協会は自主規制機関としてゾーニング委員会を設置して、雑誌などの制作、販売面での青少年への配慮をするように努力している。

映像の世界では映倫やビデ倫が、長年その役割を背負ってきた。

放送といい、印刷媒体といい、映像の世界といい、いずれも表現の自由を守るために、自主的に、いろいろの工夫や努力をしてきている。それなりの実績をあげてきていることは広く知られているところである。一般社会はそれに一定の評価を与えてきている。

(2) 映倫に対する「日活ポルノ映画」事件の東京高裁判決やビデ倫に対する東京地裁八王子支部の判決はその証左である。

表現の自由が問われやすい世界では、国家権力が、一義的には表に出ることに謙抑的であるのが望ましいとされてきている。

今回の判決はこの点で、どう考えたのか？考えた形跡が全く見当たらない。

「日活ポルノ映画」事件の起訴は1974年であった。この判決は、まさに歴史を40年近く逆転させたといえようか。

「非実在青少年」とか漫画まで厳しく規制しようとする2009年から2010年にかけての東京都青少年健全育成条例の改正問題などとともに、最近の性表現の自由に対する危機ともいえる風潮と相まって、この判決をこのままにしておいてよいわけはない。

(この事件の捜査段階での問題については、本誌365号、2008年2月号で「ビデ倫捜査事件の意味するもの」と題して論じたところである。)

Information -インフォメーション-

シンポジウム・例会開催のお知らせ

・久保田メモリアルシンポジウム

「君が代起立強制最高裁判決を分析する(仮)」

日時　2012年2月25日(土)午後1時30分〜

場所　東京八重洲ホール
東京都中央区日本橋3-4-13新第一ビル
「東京駅」八重洲中央口徒歩3分(JR線・丸ノ内線)
「日本橋駅」B3出口 直結(東西線・銀座線・浅草線)

・3月例会「公的国籍差別をなくそう(仮)」

日時　2012年3月29日(木)午後6時〜

場所　弁護士会館10階1003号室CD
東京都千代田区霞ヶ関1-1-3
「霞ヶ関駅」B1-b出口徒歩1分(丸の内線・日比谷線・千代田線)

「死者への思い」が歴史に向き合う目を曇らせる

—何故、裁判所は「靖國」に踏み込むことを躊躇するのか—

会員・弁護士　内田 雅敏

諸先輩及び友人各位

2011年8月31日

お元気ですか。

7月21日　韓国人遺族らが原告となった靖國合祀取下げ訴訟について東京地裁民事第14部高橋譲裁判長のなした請求棄却判決についてどうにも納得できず今年の夏、ずっと考えていました。証拠調べで、日本側の学者でなく平和学専攻の在日韓国人徐勝立命館大学教授、韓国近・現代史専攻の朴漢龍大韓民国民族問題研究所研究室長らの証人尋問をしながらそれが全く判決文に反映しておらず、全く事例を異にする昭和63年最高裁判例（山口県護国神社合祀取下げ訴訟）に縋り付いて安易な判決を書いたのだろうか、何故裁判所は「靖國」に踏み込むことに躊躇したのであろうかということについてです。

たまたま、友人から勧められ、政治学者坂本義和東大名誉教授の自伝的な回想『人間と国家』（岩波新書2011年刊）を読みました。同書中で坂本氏は、1946（昭和21）年3月、東大で学内関係戦没者慰霊祭が行われた際、南原繁総長名の「告文」に「一たび…戦いに召さるるや、諸君はペンを剣に代えて、粛然として壮途に上った。その際、あまたの学生のうちだれ一人、かって、諸国に見られたごとき命を拒んで、国民としての義務をまぬがれんとするものはなかった。…」と書かれていたと記述しています。私はこの記述を読み、〈南原繁が…〉と驚きを禁じ得ませんでした。坂本義和氏も戦没学徒は南原繁氏の「告文」を受入れないであろうと批判しています。

この「告文」を読んだとき、私は前記疑問が解けたような気がしました。「死者への思い」が歴史に向き合う目を曇らせるのです。

この点は大岡昇平氏も同じです。同氏は代表作『レイテ戦記』（中公文庫）で戦争末期、日本軍が行った特攻について「勝利が考えられない状況で面子の意識に動かされ、若者に無益な死を強いたところに神風特攻の最も醜悪な部分がある」と書いています。ところが他方で、同氏は「しかしこれらの障害にも拘らず、出撃数フィリピン4000以上、沖縄1900以上の中で、命中フィリピンで111、沖縄で133、ほかにほぼ同数の至近突入があったことは、われわれの誇りでなければならない。想像を絶する精神的苦痛と動揺を乗り越えて目的を達した人間が、われわれの中にいたのである。これは当時の指導者の愚劣と腐敗とは何の関係もないことである。今日では全く消滅してしまった強い意志があの荒廃の中から生まれる余地があったことが、われわれの希望でなければならない。」（中公文庫上巻285頁）「この戦術はやがて強制となり、徴募学生を使うことによって一層非人道的になるのであるが、私はそれにも拘わらず、死生の問題を自分の問題として解決して、その死の瞬間、つまり機と自己を目標に命中させる瞬間まで操縦を誤らなかった特攻士に畏敬の念を禁じ得ない。死を前提とする思想は不健全であり煽動であるが、死刑の宣告を受けながら最後まで目的を見失わない人間はやはり偉いのである。」（同下巻294ないし295頁）と書いてしまっています。「戦果」を数える、否、数えたい大岡氏の気持ちを忖度できなくはありません。

多くの学徒が戦場に送られ、斃れるのを阻止しえなかった南原繁氏、多くの戦友が餓死する中で生き残ってしまった大岡昇平氏、ともに「死者への思い」が前記のように書かせてしまったのでしょう。夫、父、子、あるいは兄弟、姉妹を亡くした戦没者遺族の思いも同じです。彼ら、夫、父、子、兄弟、姉妹は国民としての義務を果たし「、戦陣に死し、職域に殉じ、非命に斃れた」（終戦の詔書）のではないかと。

「仰々しく、恭しく引き取った戦死した父の白木の箱の中身は石ころ一つでした。『何処かの山の石か道端に転がっていた石かねえ』、母はよく言ってました。死というものがその程度の軽々しいものであったのだと思います。……　しかしながら、当時、情報もなく、生活が精一杯の人たちに合祀云々なんて全く無理解だったのではないでしょうか。母の口からそのようなことを聞いたことは一度もありません。ただ、時々参加した靖國神社参拝は同じ境遇を乗り越えた人たちとご一緒でき、繋がり、どこか安心感があり、楽しみにしていました。毎年8月15日にニュースで首相や閣僚が参拝だ、不参拝だと報じられるたびに、いい加減にしてほしいと思います。英霊と祀りあげられた人たちが安らかに眠れる居場所を作ってあげて欲しい。…満州で散った娘婿と沖縄で散った長男の写真いつも胸のポケットに入れていた寡黙な祖父は恨み事、も言わず、胸中どんなだったろうと、今、思います。」父を「満州」で、叔父を沖縄でなくした同級生からの手紙の一節です。敗戦の年に生まれた同世代として彼女の気持ちはよくわかります。

靖國神社が戦死者を独占しているという虚構を媒介として同神社を批判することは戦死者を冒涜するものだというさらに大きな虚構が作られます。この虚構を維持するために戦死者・遺族の意向に関係なく、すなわち、信仰、入信という通常の宗教につきものの介在無しに、そして日本人だけでなく、かっての植民地下の人々を含め一人も逃がすことなく、全ての戦死者を合祀することが不可欠となります。靖國神社が一旦なした合祀の取り下げに絶対に応じないのもここに理由があります。合祀の取り下げを認めると戦死者の独占という虚構が崩れてしまうからです。この点について靖國神社は同神社の「教義」からして取下げが出来ないと言いますが、これは「教義」を隠れ蓑とした弁明にすぎません。

このようなまやかしの横行がなされるのは戦後靖國神社が憲法20条により一宗教法人として存続することが許されたことの意味が日本社会にも、そして靖國神社自身にも十分には理解されていなかったからです。このことは1946年1月1日のいわゆる天皇の「人間宣言」と対比してみるとよく分かります。同宣言によって天皇の「現人神」神話を否定することによって戦後においても天皇制は存続し得たのです。

靖國神社が憲法20条によって一宗教法人として存続し得た意味は、戦前、同神社が陸・海軍省の所管にかかる宗教的軍事施設としての国家機関として天皇の兵士の戦死者全ての魂の集う処という虚構の否定でもありました。

前記天皇の「人間宣言」に倣えば靖國神社も戦死者全ての魂の集うところという虚構の否定を明確に宣言すべきでした。しかし同神社はそれをすることなく戦死者を祀って欲しいという遺族の気持ちに寄りかかることによって、前記虚構を戦前の靖國神社からの「遺産」として受け継いだのです。そして、その「遺産」を維持するために戦後においてもなお天皇の兵士の戦死者はかっての植民地支配下の戦死者も含めて、一人も逃がすことなく、遺族の意向も無視して合祀しているのです。

日本の近・現代における戦争と植民地支配を全て肯定する、世界の常識にも、また、日本の公式見解にも反する歴史認識を広言してはばからない靖國神社を批判することと「死者への思い」とは全く別個なものです。否、戦死者、戦没者への思いがあればこそ国家機関と一体となって— 戦前、靖國神社は陸・海軍省所管の宗教的軍事施設であった—不義の戦争に国民を駆り立てた靖國神社の歴史認識を批判しなければならないのです。この歴史認識は靖國神社の教義そのものであって、これは絶対に変えることは出来ません。変えた瞬間に同神社は靖國神社でなくなるのです。靖國神社が「護国の英霊」として顕彰しているのは「聖戦」に斃れた天皇の兵士であって、不義の戦争で餓死した兵士たちであってはならないのです。

南原繁氏、大岡昇平氏らがなすべきであったことは死者達を称えることではなく、生き残ったものとして、死者達の無念の思いにどう応えるべきかを考えることではなかったでしょうか。

今年、8月15日、靖國神社を参拝した石原慎太郎都知事は菅直人首相(当時)以下全閣僚が参拝しなかったことについて「あいつらは日本人じゃない」と言ったとのことです(2011年8月15日産経新聞)。この暴言の底にも靖國神社が戦没者を独占しているという虚構があると思います。

「ドイツが今のドイツである限り、ぼくはドイツ人じゃない。

ぼくはなるほどベルリンにいるぼくの母親へ、彼女の誕生日ごとに必ず祝福の電報を打つよ。世界のどこにぼくがいても、体の弱い妹へできるだけ見舞を送るよ。しかしそれは彼女らがぼくの愛する母親であり、かわいそうな妹であるからだ。

今のドイツが変わらない限り、ぼくはドイツ人じゃない。」(木下順二 戯曲選『オットーと呼ばれる日本人』 岩波文庫)。

この伝に倣えば、私は石原慎太郎の言うような、そんな「日本」ならば、「日本人」たることを拒否したいと思います。

1999年、小渕内閣が国旗・国歌法を制定した時、やがて来るべき時代を憂い、「非国民」として生きる覚悟をしたことを改めて思い起こしているところです。

それにしても、数々の暴言を吐き続ける石原都知事、老醜の極みです。

彼の前記暴言に倣えば万世一系、血の神話に乗る現天皇明仁氏も靖國神社に参拝していませんから、日本人ではないことになります。

もっとも、父上とは違って明仁氏は自分たちの祖先は朝鮮半島から渡って来た、「日の丸・君が代」を強制するのは良くない、と発言したり、硫黄島訪問の際には、予定になかった朝鮮人戦没者慰霊碑を参拝したりするなど、なかなかリベラルな人物なようです。さる著名な憲法学者がその新著で、「あえて言えば、ある意味で、ドイツ連邦共和国でワイツゼッカー大統領が果たした役割」を演じているとまで評価しているほどです(樋口陽一『いま憲法は「時代遅れ」か』平凡社)。この評価が妥当かどうかはそれこそ評価の分かれるところですが、そのことについて述べるのは本稿の目的ではありません。本稿で論じているのは、何故、裁判所は靖國神社に踏み込んで判断することを恐れるのかということについてです。

2009年11月6日即位20周年に際しての記者会見に臨んだ明仁氏は「日本の将来に何か御心配をお持ちでしょうか。お考えをお聞かせください。」という在日外国報道協会代表からの質問に対し、「…私がむしろ心配なのは、次第に過去の歴史が忘れられていくのではないかという事です。昭和の時代は、非常に厳しい状況の下で始まりました。昭和3年、1928年、昭和天皇の即位の礼が行われる前に起こったのが張作霖爆殺事件でしたし、3年後には満州事変が起こり、先の大戦に至るまでの道のりが始まりました。第一次世界大戦のベルダンの古戦場を訪れ、戦場の悲惨な光景に接して平和の大切さを肝に銘じられた昭和天皇にとって誠に不本意な歴史であったのではないかと察しています。昭和の60有余年は私どもに様々な教訓を与えてくれます。過去の歴史的事実を十分に知って未来に備えることが大切と思います。……」と答えています(加藤陽子『昭和天皇と戦争の世紀』23頁2011年8月 講談社刊)。この引用に抵抗がないわけではありません。しかし、裁判官諸賢もせめてこの程度は歴史に向き合う姿勢を持っていただきたいものです。

支援事件報告

記者席割当請求事件

ジャーナリスト 江川 紹子

私は、小沢一郎氏の裁判の傍聴取材をするため、司法記者席を申請しましたが、東京地裁刑事第11部の大善文男裁判長は、公判が開かれるたび不許可としてきました。

しかも、いくら求めても、理由も示してくれません。また、申請は文書で行わなければならないのに、裁判長の通告はいつも、総務課職員から私の携帯電話に突然かかってくる電話で、結論だけを知らされるのです。

私は冤罪事件の取材やオウム真理教を巡る裁判の傍聴など、司法に関わる仕事を長くやってきました。今回は、公判傍聴記をスポーツ紙に連載することになり、何がなんでも傍聴しないと仕事になりません。傍聴の必要性は、記者席を与えられている新聞記者と同じです。この事件で記者席は、司法記者クラブのほか、雑誌協会に割り当てられていて、そこに同じフリーランスの記者も座っています。なのになぜ、私はダメなのでしょう。

せめて理由だけでも分かれば、という思いで、仮処分命令を求める申立を行いました。

ところが、東京地裁民事第9部は門前払い。決定を読んでも、こちらの書面を大善裁判長に届けて意見を聴取した形跡すらありません。私がかつて、オウム真理教から本の出版を妨害する理不尽きわまりない仮処分命令申立があった時も、私は裁判所に呼び出され、説明をしなければなりませんでした。国民には、このように誠実に裁判に向き合うことが求められるのに、なぜ相手が裁判官だと、特別扱いが許されるのでしょうか。

決定の内容も、裁判長が決めたことを変更するように求める裁判を起こしたことさえ間違っていると言っているように読めました。びっくりしました。裁判長は神様のように完全無欠の絶対権力者なのでしょうか。

東京高裁第14民事部は、私や弁護士との面談も行わないまま、やはり門前払いでした。東京地裁の決定より少し丁寧に説明してみせているようですが、言うことは同じです。

裁判官だって間違うことがあるからこそ、裁判は3審制で行われるのでしょうし、それでも判断を誤って冤罪が起きているではありませんか。なのに、裁判長の法廷警察権行使に対しては、何も言えない、間違いがあっても正される機会すらない、というのです。

かねてから、裁判所は、法廷警察権とか庁舎管理権といった自分たちの権限に関する事柄になると、自分たちに都合のいい理屈を問答無用で押しつけてくるような気がしていました。図らずも、私自身の訴えに対する対応で、そのことを確信することになりました。

しかも、権限を振りかざし、報道の自由や表現の自由を制約する裁判所の体質は、かつてより悪化していると思います。たとえば、私が横浜の司法記者クラブに在籍していた頃は、民事裁判を起こす当人や弁護団が訴状を提出する場面を撮影することが可能でした。今は、裁判所に認められません。

東京で規制が厳しくなると、地方に波及します。かつては、裁判所にやってくる当事者が庁舎に入る様子を撮影できた大阪地裁でも、写される本人が了承していても、カメラは敷地内に一歩も入れなくなったと聞きます。

こうした裁判所の姿勢は、報道関係者に対してだけ示されるわけではありません。昨年11月、名古屋高裁金沢支部で再審開始決定が出た際、結果を書いた紙を持って走り出た弁護士に職員が襲いかかり、紙を掲げるのを妨害しようとした行為も、根は一緒でしょう。

権力がある所はできるだけオープンにするという時代の趨勢に、裁判所は逆行しています。新しいメディアが次々に現れ、人々の情報源が多様化している現状にも対応できていません。裁判所改革が必要だと思います。

＊　＊　＊

弁護士　大谷 玲奈

2011年12月19日、江川紹子さんは、小沢一郎氏の政治資金規正法違反被告事件の裁判傍聴記を書くために、同裁判の裁判長を債務者として、東京地裁に対し、記者席割当仮処分命令の申立を行った。

被保全債権は、裁判傍聴権である。

憲法82条1項に基づく裁判の傍聴を求める権利は、レペタ訴訟判決（平成元年3月8日大法廷判決）では認められていない。しかし、江川さんは、三井誠教授、奥平康弘教授の論文をもとに、憲法82条1項、同21条1項及び日本国憲法制定の歴史的経緯に照らせば、憲法82条の規定には、裁判傍聴権が内包されているとし、その内容として、裁判所に対して傍聴席の割当を求める権利が含まれていると主張した。

そして、傍聴希望者が傍聴席の数を超える場合に、誰に傍聴を許すかは、裁判長の法廷警察権の問題と考えられるが、裁判傍聴権という憲法上の権利の調整を図るものであるから、合理的な裁量の範囲内で行使されなければならず、江川さんのジャーナリストとしての実績、及びスポーツ新聞等ですでに小沢一郎氏の裁判傍聴の記事が掲載され、国民の知る権利を実現しているという点を考慮すれば、少なくとも小沢一郎氏の裁判に関して、江川さんに記者席を割り当てないとの措置は、法廷警察権行使の合理的範囲を逸脱するものであると述べた。

この申立に対し、東京地裁（福島政幸裁判長）は却下決定を下した。

その理由は、裁判所法71条1項、同条2項及び裁判所傍聴規則1条1号は、裁判長又は一人の裁判官に、法廷警察権の一内容として、法廷の秩序を維持するために、傍聴について予防的な措置を執る権限を付与するものと解されるが、その各規定の内容及び趣旨にかんがみると、「事件報道に従事する記者等に対して一般の傍聴希望者とは別にいわゆる記者席として法廷内の傍聴席の一部を割り当てるか否か、その割当をいかなる範囲でいかなる者に対して行うかは、特定の裁判手続を行う裁判体の裁判長又は一人の裁判官が、前記の法廷警察権の行使の一環として、当該裁判手続での法廷における秩序を維持する観点から、広範な裁量に基づいて専権的かつ自律的に判断すべきもの」であり、「裁判長又は一人の裁判官に対し、他の裁判所が、民事訴訟又は民事保全の手続において、裁判により特定の者に記者席として法廷内の傍聴席の一部を割り当てる処置を執るべきことを命じ、その履行を強制することは」、「裁判長又は一人の裁判官が自ら行使すべき法廷警察権に直接介入するものであり、当該裁判長又は一人の裁判官の職権行使の独立（憲法76条3項）を侵すものでもあるから、憲法を含めたわが国の現行の法制度のもとにおいては、許されない」というものだった。

裁判傍聴権の主張に対しては、なお書きで、憲法82条1項は、裁判の公開を制度として保障するものであり、個人が裁判所に対し特定の裁判の傍聴を権利として要求できることまで認めるものでない、憲法21条1項から直ちに、裁判長の法廷警察権の行使に関して、個人が当該裁判長又は一人の裁判官に具体的な作為を求める権利を有すると解することもできないという従来通りの判断がなされた。

そこで、江川さんは、東京高裁に対し、裁判の公開原則（憲法82条）が国民による裁判所の監視によって裁判の公正を確保する観点から認められた制度であることを考えれば、裁判長又は一人の裁判官に対し、法廷警察権の行使に関して広範な裁量を認めることは憲法82条の趣旨に反すること、レペタ訴訟判決が言い渡された平成元年当時と異なり、平成における司法改革が実現し、裁判員制度が導入された今日においては、裁判傍聴の持つ意味は大きく異なるのだから、上記判決をそのまま引用することは適当でないことなどを理由に即時抗告を申し立てた。

これに対する東京高裁（設楽隆一裁判長）の決定も抗告棄却という残念な結果だった。その理由も、裁判長の法廷警察権に関しては原決定を若干補充するにとどまり、レペタ訴訟判決における憲法82条の解釈については、裁判傍聴に対する関心が高まりつつある今日においても妥当するというものだった。

裁判を主宰する裁判長又は一人の裁判官の判断は絶対なのだと言わんばかりの地裁の決定は、やや言い過ぎているように感じたが、高裁でもほぼそのまま維持されてしまったのである。

しかし、即時抗告を申し立てた2012年1月4日に行った、江川さんの本件についての記者会見では、特にフリーランスのジャーナリストや、主にインターネットで情報発信を行う記者などから多数の質問が発せられた。江川さんも記者らの質問に一つひとつ丁寧に答え、司法記者クラブの方にもこの問題を考えて欲しいと語った。記者会見後、この記者会見の様子がインターネットにおいてノーカットで動画配信されたが、約2万1300人の方が視聴してくれ、番組後のアンケートでは「とてもよかった」「まあまあよかった」合わせて94.6%だったという。

裁判の結果は厳しいものだったが、申立と記者会見により、良い問題提起ができたのではないかと思う。

関西合同例会報告

「原発事故を徹底的に検証する!!」

元京都大学原子炉実験所助教授　海老澤 徹
弁護士　藤田 一良

2011年11月26日、JCLU大阪・兵庫支部及びJCLU京都の関西合同例会が開催されました。（藤原 航　会員・弁護士）

1　科学的・法律的観点から原発事故を検証する

同年3月11日に発生した福島第一原発事故は、過去数十年にわたって各方面から指摘されてきた原発の危険性が、重大な社会的犠牲の下で顕在化したという観点から、原発事故を検証する企画を行うことになりました。

原発事故を検証するといっても、切り口は様々考えられます。今回は、原発に内在する科学的危険性という見地と、原発の差し止めを求める多くの訴訟が提起されたにも拘わらず、電力会社や行政に追随して、これを排斥した司法の責任という法律上の見地から原発事故を検証することになりました。

当初から講師の方は科学者と法律家が良いのではないかと考えていたのですが、実際どなたがよいのかについても検討を重ねました。なかなか都合が合わないようでしたが、原発訴訟の先駆けとなった伊方原発行政訴訟において、原発の工学的危険性を証言された元京都大学原子炉実験所助教授の海老澤徹氏にお願いし、ご快諾いただきました。また、法律家の方については、伊方原発行政訴訟の弁護団長として、本格的・網羅的な反原発の論陣を展開された藤田一良弁護士にお願いし、承諾いただきました。

2　原発は自国に向けた核兵器

1964年に福島第一原発が建設されましたが、原発が建設される前の地形の写真をご覧になったことはありますでしょうか。福島第一原発が設置される箇所辺りは険しい崖になっていました。東京電力は、わざわざその崖を削って、原発を設置したのです。海老澤氏のお話によると、これは東京電力が温廃水の排出をしやすくするためにしたのではないかとのことでした。そして、崖から削り取って低い位置にあった福島第一原発を建設したエリアが、今回の東日本大震災による大津波によって壊滅的な被害を受けたのです。

福島第一原発事故の原因は、地震と津波によって全交流電源が喪失し、配電盤、制御室、ポンプ、バルブ、熱交換機等が機能しなくなり、3基の原子炉の炉心冷却が不可能になって炉心が熔融したことにあります。そのため、原子炉圧力容器も格納容器も破損するに至ったのでした。この事故の原因のメカニズムについては、福島第一原発の図や写真を利用して分かりやすく説明していただきました。ただ、熔融した炉心がどこにあるのか、原子炉圧力容器や格納容器のどこが破損したのかはわかっていないそうです。放射能が余りにも強すぎて、原子炉の近辺には近づけないためです。

この原発事故によって、発生した結果の甚大さはもはや言うまでもありません。熔融して破損した炉心に注入する冷却水は、破損核燃料に直接接触してしまいます。海老澤氏によると、この注入冷却水は猛烈な放射能汚染水であり、チェルノブイリ事故で放出された放射能の1.8倍とのことです。また、周辺の居住者だけでなく、食物汚染等のために日本に住む全ての人々に被曝をもたらしています。

このような事態を収束させる手法について、東京電力も行政も手をこまねいている状態です。事態の当面の悪化を食い止める作業（原子炉圧力容器下部温度100℃以下、海側に遮水壁の設置、5階の燃料プールから使用済み燃料撤去作業の開始）に3年以上かかるそうです。そして、熔融破損燃料の回収に関連する計画は全く立っていません。

海老澤氏は、その他に放射能が人の身体における影響、福島第一原発の一般人についての線量限度が不当に高い基準であること、放射能による食物汚染の状況について、詳細なデータを基にして、説明して下さいました。

原発は自国に向けた核兵器。原発と核兵器開発とは技術的に密接不可分であって、海老澤氏は以前からそう思われていたそうです。しかし、福島第一原発の事故が発生する前は、その言葉についてリアリティーを持って受け止めてもらえなかったため、発言するのを憚られていたとおっしゃっていました。皮肉にも、今回、福島第一原発事故が発生したことによって、その言葉がまさにリアルになってしまいました。

なお、海老澤氏の講演後、海老澤氏に対して、たくさんの質問がありました。例えば、放射能の除染は科学的に可能なのかという質問に対しては、家屋の汚染は素材によること（モルタルの壁や瓦の除染は難しい）、山地の除染は考えられず、平地の汚染については表層土を地下に埋めるのは可能であるが、限度がある旨丁寧に説明して下さいました。

3 「脱原発」ではなく「反原発」を

藤田弁護士は、上述のとおり、わが国初の原発行政訴訟における弁護団長として反原発の論陣を存分に展開されてきた方です。その藤田弁護士が伊方原発訴訟に着手するに至るきっかけからお話いただきました。

藤田弁護士は、訴訟に着手する前、原発を始めとする当時の科学技術賛美の風潮に対して、違和感をお持ちであったそうです。「テクノファシズム」に対する抵抗が弁護士としての社会的責務ではないかと思われました。そして、原発に関する裁判をするのであれば、原発そのものを対象とした反原発の裁判をしようと決意されました。

その結果、伊方原発の周辺住民35名を原告として、1973年8月に、松山地方裁判所に、伊方発電所原子炉設置許可処分の取消訴訟を提起するに至りました。

訴訟継続中、伊方原発の原子力委員会又は原子炉安全専門審査会の委員等、国申請の証人が余りにも杜撰な審査を行い、伊方原発の設置許可処分を下していたことが明らかになりました。例えば、安全専門審査会の会議の議事録すら作成されておらず、同審査会は現地における放射能の拡散調査すらしていないことが明らかになりました。また、燃料棒についての専門家として出廷した証人は、冷却材喪失事故時における燃料被覆管の破損割合は40％くらいである旨堂々と法廷で述べたりしたそうです。国の定めた基準では破損割合は「十分小さいこと」となっていたのに、40％というのではとても基準を満たしているとはいえません。さらに、その他の国側の証人は、藤田弁護士を始めとする弁護団による反対尋問にまともに回答することができなかったそうです。

藤田弁護士は、この裁判は勝訴する、勝訴以外の判決は裁判官としては書きようがないのではないかと思われたそうです。ところが、結局は松山地裁、高松高裁、最高裁全て敗訴に終わりました。判決内容は各々異なりますが、司法に失望せざるを得ないほど、全く論理性のない理由によって、行政や電力会社に追随して、住民の請求を排斥したのでした。

伊方原発訴訟の弁護団の上告理由補充書（二）には、もちろん電源喪失事故や地震による事故についての主張も網羅されていました。そのうえで、弁護団は以下の記述をしていました。

「一旦大事故が日本で発生すればその災禍の深刻さや大きさはチェルノブイリの比ではない。上告人らは、これらの事実を知った最高裁判所がこのような事故の共犯者にならないことを心から願っている」

まさに、福島第一原発事故を予想していたようでした。「脱原発」ではなく、「反原発」の活動の必要性を痛感させられました。

4 終わりに

このように、今回の関西合同例会では、原発事故を科学的かつ法律的な観点から検証する機会を設けました。時宜を得たのか、市民の方も含めて40名ほどの参加者が来られ、会場はなかなかの盛況ぶりでした。市民の方々の原発についての問題意識の高さが窺えました。

これからも、関西合同例会では、よりたくさんの皆様に参加していただける魅力的な企画をしていきたいと思っております。

あたごの杜から 事務局長日誌

本年も宜しくお願い申し上げます。最近、クイズや法律Q&Aコーナーでテレビ番組に出演しました。自分の姿を改めて客観的に見る、というのは恥ずかしいですが、話を面白くする、ということの面白さを感じたりもしました。

政治の先行きには不安を覚えますが、あるべき市民社会を考えつつ、JCLUらしさが一層発揮されるべく、活動したいと思います。

2011年1年間のJCLU

1月13日	1月理事会
1月20日～3月30日	大宮法科大学院よりエクスターン1名を受入れ
1月17日	「朝鮮高校生への高校無償化法の適用手続を速やかに進めることを求める声明」発表
2月9日	2月理事会
2月17日	内田剛弘著『司法の独立と正義を求めて半世紀』出版記念対談「弁護士50年・基本的人権を護る闘い」（後援）弁護士会館
2月28日	「国産自動車メーカーのCSR報告書に対する評価（2010年度）」発刊
3月7日	3月理事会
4月6日	4月理事会
4月7日	「報告書『開示資料からみた裁判員記者会見の問題点』」発表
4月19日	会計監査実施
5月10日	自由人権協会京都総会
5月12日	5月例会「原発報道の検証～メディアはなぜ、福島原発の欠陥を伝えられなかったのか～」（柴田鉄治・元朝日新聞社東京本社社会部長・科学部長）虎ノ門会議室
5月13～16日	西松安野友好基金訪日団受入（広島）（田中代表理事、古本理事 出席）
5月19日	5月理事会
5月21日	自由人権協会大阪・兵庫支部総会、総会記念講演「冤罪を生む構図―厚生労働省村木事件を中心に」（弘中惇一郎・弁護士 JCLU評議員）大阪市立総合生涯学習センター
5月28日	自由人権協会総会、総会記念講演「報道の自由」（山川洋一郎・弁護士 JCLU評議員） 東京セミナー学院
6月6日	6月例会「最高裁の暗闘―少数意見が時代を切り開く―」（山口進・朝日新聞GLOBE元編集長）弁護士会館
6月15日	6月理事会
6月16日	早稲田大学ロースクール・エクスターンシップ説明会（藤原事務局長 出席）
6月18日	自由人権協会京都総会記念講演「『非行少年』にも、もっと弁護士を！～全面的国選付添人制度の実現に向けて～」京都弁護士会館地下大ホール
7月7日	一橋大学法学部生JCLU訪問
7月14日	7月理事会
7月22日	7月例会「原発訴訟の展開 3.11後への継承」（河合弘之・弁護士 JCLU会員）弁護士会館
7月25日	一橋大学ロースクール・エクスターンシップ受入機関懇親会（藤原事務局長 出席）
8月4日～9月29日	エクスターンシップ受入れ（一橋大学法科大学院他）
8月8日	「福井市営住宅における外国人の取り扱いに関する要請書」発表
8月12日～18日	事務局夏期休業
8月24日	8月理事会・ビアパーティー
8月24日～9月22日	エクスターンシップ受入れ（早稲田大学法科大学院）
8月27・28日	合宿 八ヶ岳グレイスホテル
9月7日	9月例会「原発禍から人権を護る」（海渡雄一・弁護士 日弁連事務総長 JCLU理事） 弁護士会館
9月10日	「伊藤和夫先生を偲ぶ会」 プラザエフ
9月13日	大阪府議会等への提出予定が報道された「教育基本条例」「職員基本条例」の問題点を指摘する「声明」を発表
9月16日	国際人権コンサルテーション〔藤原事務局長参加〕（財）人権教育啓発推進センター
9月29日	9月理事会・エクスターンシップ生送別会
10月21日	西松安野友好基金第3回運営委員会（羽柴代表理事、古本理事出席） ホテルサンルート広島
10月24日	10月理事会
11月16日	11月理事会
11月26日	自由人権協会関西合同例会「原発事故を徹底的に検証する!!～原発に内在する危険性と、これを黙過した司法の責任～」（海老澤徹・元京都大学原子炉実験所助教授、藤田一良・弁護士 元伊方原発行政訴訟弁護団長） 神戸市勤労会館
12月7日	12月例会「東電会見の嘘～発表ジャーナリズムの限界～」（日隅一雄・弁護士 JCLU会員、木野龍逸・ジャーナリスト）弁護士会館
12月15日	12月理事会・忘年会

【発行日】2012年1月25日 【発 行】社団法人 自由人権協会
〒105-0002 東京都港区愛宕1-6-7 愛宕山弁護士ビル306
TEL：03-3437-5466 FAX：03-3578-6687 URL：http://jclu.org/ Mail：jclu@jclu.org
（大阪・兵庫支部）
〒530-0047 大阪市北区西天満1-10-8 西天満 第11松屋ビル3F 堺筋共同法律事務所内
TEL：06-6364-3051 FAX：06-6364-3054
協会設立：1947.11.23 本紙創刊：1950.5.1 購読料：年間2,500円 郵便振替：00180-3-62718 発行人：藤原家康
JCLU 社団法人 自由人権協会

人権新聞 Japan Civil Liberties Union
JCLU Newsletter
発行所 社団法人 自由人権協会
JCLU
〒105-0002 東京都港区愛宕1-6-7 愛宕山弁護士ビル306
TEL:03-3437-5466 FAX:03-3578-6687
URL:http://jclu.org/ Mail:jclu@jclu.org
協会設立:1947.11.23
本紙創刊:1950.5.1
購読料:年間2,500円

特集 思想・表現の自由 座談会 表現の自由の現在

藤森 研(会員・専修大学)
喜田村 洋一(代表理事・弁護士)
紙谷 雅子(代表理事・学習院大学)

本号では「思想・表現の自由」をテーマに特集を組んだ。震災復興・放射能汚染・消費税増税などの大きな社会問題に直面する一方で、秘密保全法制や新型インフルエンザ法案、マイナンバー法案や大阪教育条例など、思想・表現規制の立法作業が進んでいる。さらには、君が代・日の丸に関連しての内心の強制や職員思想調査・メール監視、グーグルのプライバシーポリシーの変更など、社会における思想信条・言論表現の扱われ方は大きく変わってきているように思われる。JCLUとしても声明や意見書を発表してきたが、改めてその背景にあるものは何かを探るため、表現の自由のスペシャリスト3人に集まっていただき、2012年4月3日、座談会を開催した。(編集部＝山田健太・理事)

1. 表現の自由をめぐる今日の問題

——まず、現状をどうとらえているのかお話しいただけますか。

喜田村：新型インフルエンザ等対策特別措置法案(以下、新型インフル法案)における集会規制に懸念を持っている。新型インフルエンザもその他の感染症も、そもそもどの程度の危険があるのか一切データが示されていない。実際に新型インフルエンザが発生する可能性や、発生した場合に現在の防疫体制の下でどの程度の感染者や死亡者が出るのかについても説明がない。更に、集会を規制した場合にどの程度の効果があるのかも明確ではない。つまり、立法の必要性や有用性、大きく言えば立法目的が全く認められない法案が、議論らしい議論もないまま国会を通り、表現の自由の大きな柱である集会が規制されようとしている。これが今の国会であり社会の状況だ。

——非常に象徴的だということですね。紙谷さんはいかがでしょうか。

紙谷：私は、今、表現の自由が軽視されることにみんなが動じなくなってしまっていることが気になる。表現の自由がとても軽いものだと思われているのではないか。思想信条もそうだが、一度傷つくと取り返しがつかないものだという感覚がない。その原因の一つには、メディアたたきの様なものがある。メディアを敵視し、或いはメディアをたたくことを正義だとする風潮。

もう一つは政治家に対する失望が強いことがあげられるだろう。市民が政治家に対して何を言っても効果がないし、影響を及ぼすこともできない。そして、声の大きい人の主張する通りに事態が進んでいく状況に、反対しても成果がないという失望が広がり、発言することの意味を軽んじるようになっているのではないか。ショックなことに、今、学生たちはデモが権利だということを知らない。なぜこんなことになったのか不思議だが、デモをすることや、自分の想いを主張することを悪いことだと思っていることが、非常に気になる。空気を読むこと、波風を立てないこと、「和」を重んじることはすべて統治する側に都合が良い。おかしいと思っても他の人が言わないと

CONTENTS

喜田村 洋一氏

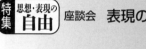

黙っていた方がいいらしいという雰囲気は、怖い。

また、公権力にとって使い勝手の良い法律はどこかおかしいという発想が本当は必要なのに、こうした感覚が無くなっている。行政が市民の権利を制約するためには法律が必要であり、行政は法律がないと何もできない。だから、行政にとって使い勝手の良い法律を作るということは、その法律によって権利を制限される市民の側にとっては居心地のわるい状況になっているといえる。にもかかわらず、自分も統治者になったような気分が社会全体の雰囲気としてあるのではないか。自分がその法律によって縛られる対象となりうるという想像力が欠如している。

——メディアにいらっしゃった立場から、藤森さんのご意見はいかがでしょう。本来は司法立法行政が一つの方向に進んだ場合に、いい意味での第四の権力であるメディアがそれをチェックし、抑える役割を果たし、それによって社会に歯止めがかかる、或いは空気が変わるという意味合いがあるはずです。そこを含めて現状をどうとらえていますか。

藤森：基本的におっしゃる通りで、その第四の権力のパワーが落ちてバランスが崩れているということが、表現の自由を軽視する風潮の一つの原因だろう。

しかし、それは今に始まったのではなく、十数年前から「言論の自由がなんぼのもんじゃ」とさんざん言われてきた。いくつかの原因があると思うが、一つには従来の言論の自由論における「公権力観」が余りに単純すぎることが挙げられる。裸にして分解してみれば、公権力に在る者も一人ひとりはとても弱い。むしろメディアの方が統御不能のリバイアサンに見えている。十数年前、国家公務員研修に呼ばれてこれから官僚になる人たちに講義をしたときに出た質問が、「メディアに対しては誰も掣肘ができないがどうしたらいいか」というものだった。官僚の卵のいらだちはそこなのだと思ったが、今、市民のかなりの部分が同じいらだちを持っているのではないか。「言論の自由を守れ、表現の自由を守れ」と上から言ってきたのはメディアだが、その横顔が見られてしまっている。もちろん公権力は厳然とあるのだが、メディアや市民との関係のとらえ方がこれまで古典的に過ぎた。

加えて、90年代以後、バブル崩壊後の失われた20年の中の、みんなの持っていき場のないいらだちがある。それが、例えば、映画「ザ・コーブ」や「靖国 YASUKUNI」の上映をやめろという草の根保守や、"ネトウヨ"の発生につながっている。もう一つ、冷戦構造の崩壊ということもあるだろう。そうした中で、憲法21条がなんぼのものだという層の声が比較的大きくなっているのは、全くいいことだと思わないが、現象として理解できる。ではどうしたらいいかというと、きちっとしたジャーナリズムの実現と、今まで、権力観について単純に説きすぎてきたことを自省する必要もあるだろう。

紙谷 雅子氏

——喜田村さんから立法の目的や効果についての疑問が提起され、紙谷さんからは表現の自由の軽視という社会的雰囲気の問題が提起されました。藤森さんからは90年代以降の社会の風潮という話が出てきましたが、表現の自由をめぐる状況が変わってきたターニングポイントがあったのでしょうか。

2.表現の自由軽視の風潮

喜田村：日本社会の中で表現の自由が重視されたことなど無いと思う。誰もが「表現の自由は大事だ」と言うが、すぐに「でも、濫用はいけない」と言う。表現の自由というものが、どこまで身を切って守らなければいけないものなのかということを考えていない。本来、表現の自由や報道の自由というのは劇薬のようなものだと思う。使い方を間違うと危ないが、うまく使えば非常に効果がある。しかし、そのような認識をしている人は少ない。大事に祭り上げておけばいいもので、身体を張って頑張って守らなければならないものだとは思われていない。

紙谷：表現の自由が大切にされたことがないというのは本当だと思う。憲法には、表現の自由が公共の福祉による制約を受けるとは書かれていないのに、内在的に制約されると言う。例えば、表現の自由とプライバシーが対立する場面において、公共の福祉による制約を受けるという幸福追求権に由来する人格権の方が何故か絶対的なものと見られ、表現の自由は非常に相対的なものだと理解される。日本の場合、憲法の条文はあまり重要なものととらえられていないことが重大な問題で、公共の福祉による制約を受けるとはっきり書いてある条文と、書いていない条文の取り扱いは違うかもしれない、検討すべき課題であるということを、もっときちんと論じる必要があるはず。

藤森 研氏

さらに、公共の福祉の「公共」は本来「人々」の意味であるにもかかわらず、まさに公という字を使うことで、「公権力」の意にすり替わってしまっているということがある。だから、プライバシーが公共の福祉による制約を受けると言われないのは、私的なものが内在的に公権力による制約を受けるということがイメージできないからなのかもしれない。

――表現の自由が優先するという認識が一般に共有されていないのは、憲法研究者の弱さも原因なのではありませんか。

紙谷：むしろ、憲法研究者の中でも共有できていない。人格権の方が強いのが当たり前だという主張がされ始めてから30年以上たっており、私的な利益が表現の自由に優先される状況が続いている。

――歴史的にみると、例えば70年代の刑法改正でも検討段階では表現の自由に対する強い制約がありましたが、改正には至りませんでした。1980年代後半の国家秘密法案でも社会全体に反対の声が挙がった。それが、1999年には国旗国歌法が成立し、2000年以降、有事立法など表現行為を規制する法律ができています。そう考えると、90年代後半くらいから違う空気ができてきたと考えられるのではないでしょうか。

藤森：はい。90年代の社会変化の原因は三つくらいあったと思う。一つは冷戦構造の崩壊。二つ目がバブルの崩壊。三つ目は、90年代に国民主権の実質化が始まったことが挙げられるだろう。三つ目を説明すると、90年代に入って情報公開条例が全国で一斉にでき、90年代中頃に巻町で住民投票条例ができて全国に広がり、90年代後半にNPO法ができ、阪神の震災ではボランティアが被災地に集まった。日本の戦後社会が市民社会に入ったのだと思う。間接制から直接制へ、がそのキーワードだが、情報の面でも情報公開法とネットの拡大で「知る権利の代行者」を自任していたマスメディアにだけ依存しない直接制に移行し、市民が自分たちは情報の主権者だということに気付いた。それまで偉そうにしていたマスメディアの横顔も見ぬくことになった。国民主権の実質化ということ自体は素晴らしく良いことであって、これをいい方向に進めるべきなのだと思う。

3.表現の自由を脅かす厳罰化の流れ

――ネットの拡大が国民主権の実質化に寄与したということですが、ネット上の表現行為に対する新たな規制が出てきていることをどう考えますか。

紙谷：基本的にネット上の活動であることを根拠に、同じ現象が現実で発生しても規制しない事柄の規制はしない方がいい。ネット上に書いてしまったら自己責任であり、結果として様々な効果があることをきちんと教育するしかない。例えば前科情報にしても、裁判記録が公的記録であって時間が経ってもそれが変わらない以上、それを規制すると新聞の検索もできなくなってしまう。だからネットへの規制はしない方がいい。通常の規制手段が使えないわけではないのに新たな規制手段を作ることは余計な道具を警察に与えるだけだろう。

――ここ10年の新しいメディアなので、今後どのような変化を見せるかは未知数でしょう。何が一番の正解なのかはまだ見えない中、刑事罰だけ厳しくすることは危険でしょうね。

紙谷：ネットの場合、私企業が個人の情報を集約していることの問題の方が大きいだろう。国家や公権力は法律の規制の対象になり、立法の過程には一応制度として市民に検討の機会が保障されている。しかし、Googleのような私企業は契約という形でしか拘束されない。しかもこの契約内容の策定過程には市民側の関与や決定権が全くなく、ブラックボックス化していることを考えると、私的な支配の方がよほど怖い。

――ネットへの規制に関連して検討すると、ネット上のヘイトクライムがあまりにひどいので差別禁止法を作って規制すべきという主張など、表現の自由を規制しようという方向に議論が振れているように思いますが、これについてはどう考えれば良いでしょう。

喜田村：刑罰で全ての社会統制をしようというのは基本的に間違っている。お金も希望もなく、社会にフラストレーションがたまっている状況は、突き詰めると希望は戦争という話になりかねない。本当の成熟した寛容な市民社会を作りだしていかなければならないのであって、刑罰でどんどん規制しようというのは制度としてあるべき形ではない。

紙谷：悪いことがあると刑罰で対処しようというのは社会に大きな負担をかける。現状をみると、国家に対する依存度がとても高い、受け身の社会だといえる。それを象徴するのがなんでも刑法によって処罰してもらおうという傾向だろう。処罰するということは公務員を増やしてみんなの生活を監視させ、少しでもルール違反があれば摘発するということを許容する発想だ。自分たちで律するとか、公権力の介入は大きなお世話だという大人の社会の発想が共有されていないことが一番の問題。全部やってもらおうと思っている社会の風潮が、大人ではない私たちを作りだしている。

大きなお世話のパターナリスティックな国家を要求しているといえるが、日本社会がずっとそうだったわけではなく、だんだん、より介入的なことを望むようになってきているように思う。

――パターナリズムの表れとしては、差別禁止法のほかに、今国会に出ている、単純所持の規制を含めようという子どもポルノ法の改正案も挙げられると思うが、こうした規制は国際スタンダードだという主張がされがちです。

紙谷：まず一つは目的・手段・効果で検討し、それが一番望ましい選択肢かという議論がありうる。国際基準というとき、どこを見て議論しているのかということが問題だろう。一番規制している国と一番規制していない国のギャップはとても大きい。その中から自分に都合のいい形の国際スタンダードを引っ張ってくるのはおかしい。

4.あるべき市民社会とは

紙谷：本当の市民社会は、もっと違う価値である気がするが、現状は小さな保守、自分の身の安全・安心を非常に重視するような市民活動に動いてしまい、私がよければほかの人はどうでもよいということになり易いのかもしれない。そうすると、人権とか寛容というのは座り心地がよくないのだろう。

藤森：例えば在日特権を許さない市民の会（在特会）についていうと、構成しているのは主に社会の周縁的な人たちで、彼らは閉塞感を抱えていると、ルポされている。

喜田村：立場を変えて物事を見るということができていないということも指摘できる。

紙谷：それが、市民社会ではないということの象徴だと思う。市民社会というのは立場が固定されていないということが大事なはずだ。身分社会では立場が固定されているのに対し、市民社会では、例えば売買の場面について考えると、売る人と買う人の立場はクルクルと入れ替わる。だからこそ、どちらの立場になっても不利益が発生しないような中庸を探さないと、最終的には自分が損をすることになる。にもかかわらず、自分は常に一方の立場にいるはずと信じ込み、そのイメージで厳しい発言をすることに疑問を持たない傾向が見える。

厳罰化を例に挙げると、つい間違えて加害者になる可能性は十分あるにも拘らず、常に被害者の立場からしかものを言わないという風潮がある。こうした不寛容は想像力の欠如の表れだろう。

藤森：厳罰化と類似の現象として、日本人の潔癖症ということが挙げられる。例えば新型インフル法案をめぐる問題は、この潔癖症に由来すると思う。大文字焼きでの東北からの搬入拒否騒動にも似たものを感じる。以前ハンセン病の検証委員を2年半務めた中で、ハンセン病をめぐっては日本社会に二つの誤りがあったことに気付いた。一つは科学的視点を欠いた事。ハンセン病が殆どうつらないものであるという事実を軽視した。

もう一つは、人権ということを我々が身につけていなかった事。特定の人たちを絶対隔離といったひどい目にあわせてはいけない、というのが人権の思想であれば、我々が広く薄く感染のリスクを負うこともありだ、と受け入れることを、いまだに我々は身につけることができていない。ちょっとでも怖いのは嫌だ、と言い、危険をゼロにできるという幻想を持ってはいないか。そのために、立法事実がないにもかかわらず集会の自由を制約しようという新型インフル法案を止められない。

――不寛容という言葉が出てきましたが、不寛容な空気を作っているのは、例えば日の丸君が代の例などをみると、最高裁の判決なのではないかと思われますがいかがでしょうか。

紙谷：最高裁の大法廷判決の中で英訳していて一番恥ずかしいのは自衛官合祀事件の「少数者は多少我慢してもしかるべき」という部分。本来、少数者こそ守らなければ困るというのが人権であるはず。

喜田村：もともと、多数者こそが少数者に対して寛容でなければならないのに、少数者は多数者の信教の自由に寛容でなければならないというのは、寛容の向かい方が違う。

紙谷：例えばアメリカ連邦最高裁のティンカー事件判決では、黒い腕章をつけていても授業の邪魔にならなければ問題ないと判断されている。これに対して日本の発想は、黒い腕章をつけているのは目障りだから取らないなら停学だという発想。異分子がいると目障りだから処分するという発想で少数者の権利を処理する。しかし、その行為が他者の行為を邪魔しないならば問題はないはずで、それは、卒業式の国歌についてもいえる。歌っていてもいなくても、式の進行を邪魔していなければ問題ないという議論があるべきではないのか。

――日の丸君が代をめぐる問題について、取材者として当時の文部省の事情を知るお立場からは、こうした現象をどのようにご覧になりますか。

藤森：89年の学習指導要領で初めて「するものとする」とされたが、教育現場も抵抗していた。国旗国歌法ができた99年から2-3年で状況が大きく変わった。それまでは戦後民主主義が生きていたと思うが、99年から明らかな民主主義の後退があった。県によっても状況は異なるが、文科省の締め付けが強くなったことはあると思う。同時に９０年代以降、日教組などの抵抗勢力が弱まったこともあり、一瀉千里に君が代斉唱の強制が広まった。そのなれの果てが大阪の現状。これは、法律成立後その運用が変わっていったことによる。運用によってどんどん締め付けが厳しくなり、その最終形が東京都の10.23通達だった。

喜田村：国旗国歌法の立法過程では、官房長官が国会答弁で「強制しない」と言ったのに、今は公務員に対しては強制して良いということになってしまっている。思想信条の自由よりも秩序の維持が優先されている。思想信条に密接に関わるとの認識を持ちながら、公務員は一般国民でないから強制してもかまわないというのはおかしい。

5.表現の自由を護る為にJCLUがすべきこと

――最後に将来に向けての明るい話をしていただきたい。3.11後、市民社会の中に新しい動きが見られます。これが、今日指摘されたような新しい市民社会の力になりうる可能性はあるでしょうか。一方で人権や少数者の擁護という観点から考えると、まだ、自分たちは守る側であるという立ち位置からの活動しか見当たらず、立場は逆転しうることを認識するところまでは到達していません。こうした市民社会の動きをどうとらえれば良いか、そして、JCLUとしてこれから何をすべきかについてご意見をお願いいたします。

藤森：JCLUのここ数年間の声明で扱われてきた言論問題を分析すると、五つに分類できると思う。まずは防衛秘密や秘密保全法制の様な軍事的規制。二つ目は市民の多数派が求めているものに公権力が護民官的に出てくる市民的規制。例えば東京都青少年健全育成条例や篠山紀信氏の事件などのいわゆる「目に余る罪」の様なもの。三つ目は草の根での言論抑圧。映画「ザ・コーブ」や「靖国　YASUKUNI」の上映中止を求める動きや"ネトウヨ"の様なものが挙げられる。こうした草の根の言論抑圧が大きくなり、北朝鮮や領土問題について自由に発言できないという情けない事態が生じている。四つめは、行政の管理主義的規制。マイナンバーや新型インフル法案がこれに当てはまる。五番めは司法の権威主義的規制。法務省がメンツをつぶされたと言って草薙厚子さんの本を問題視したり、田原総一朗さんに取材テープを提出させようとしたことがこれに当てはまる。

四つめと五つめは、本能的に公権力が昔から一貫して抱えている管理衝動が現れたもので、いわばどうしようもない。問題は一つめから三つめ。軍事的規制は9.11をきっかけに強まったが、これについては世界的に少しずつ変化がみられる。草の根保守の問題は下部構造の問題を解決する必要がある。

最大の問題は市民的規制だろう。メディアが市民と公権力に挟撃されてきたのには、マスメディアの側にも責任がある。市民社会を成熟させる中で、自らの位置取りをし直さなければならない。マスメディアの社会的存在意義自体は、なくなることはない。

さまざまな規制の根底には、国際情勢と経済情勢も影響していると思うが、これはJCLUの対応ですぐ変えられるものではない。90年代以降、左派がバランサーとしての力を失い総保守化した。

それに対して、平等かつ個人重視という市民主義の登場が期待され、民主党がその役割を担えるかと思ったが結局本物ではなかった。右とか左とかではなく人権こそが柱だというJCLUの信念こそ市民主義だと思うが、そういう力はまだ大きく育っていない。では何をすべきか。私は、毅然としてポールであり続けることが大事だと思う。あそこにはリベラリズムがきちんとある、という存在であり続けることだ。社会の状況はすぐには変えられないけれど、続けていくことが大事だ。

喜田村：時間がかかるのはその通りだろう。例えば判例を変えるには20~30年かかる。猿払事件で国家公務員の政治活動全面禁止の合憲が出たのが74年。同種の事例について高裁で無罪が出るまで26年かかっている。時間はかかったが少しずつ変わってきた。手法が精緻になり、バランシングは多少できるようになりつつある。

紙谷：3.11後、自分の身近なことに関心を持って心理的な安心を追求する人が増えている。状況を変えるためには自分たちが直接行動しなければならないと考えて、日常的な地方公共団体レベルで政治に参加し始めた人たちだ。こうした人たちには、活動を通して色々コミットし、言論に対する制限に疑問を持ってほしい。そして、情報を要求する人が要求される側になり、或いは責任を持つ側になれば、いろいろ変わるのではないか。その先に、大きなお世話のパターナリズムではなく、人がそれぞれ自分のことを決めたならばその判断を尊重して放っておいてくれる政治の実現を期待する。

喜田村：30年後の社会を変えるためには、変えるための努力を30年続けていかなければならない。JCLUの支援事件は表現の自由を始め、知る権利や情報公開に関係するものが多い。これまでの活動が実って情報公開法や公文書管理法もできたのだから、更にこれを改善するためにも、こうした訴訟の支援を続けていくことが大切だ。

――長時間どうもありがとうございました。これからも、表現の自由の拡充に向け、司法、立法、行政のありようとともに、メディアの監視力や社会の「空気」にどう対応するかも含め、引き続き市民力を発揮していければと思います。

（記録・まとめ：安齋由紀・事務局）

特集 思想・表現の自由

大阪市職員アンケート調査ついて

菅　充行（理事・弁護士）

はじめに

大阪市は、2012年（平成24年）2月9日付「労使関係に関する職員のアンケート調査について（依頼）」と題する文書を総務局長名で各所属長宛に発した。このアンケート調査には、橋下徹大阪市長の職員宛文書が付されており、「違法ないし不適切と思われる政治活動、組合活動」について「徹底した調査・実態解明」を行う目的であること、また「このアンケート調査は、任意の調査ではありません。市長の業務命令として、全職員に、真実を正確に回答していただくことを求めます。正確な回答がなされない場合には処分の対象となりえます。」との明記がなされている。

アンケート調査はQ1からQ22までにおよんでいる。冒頭のQ1からQ5までにおいて、氏名、職員番号、所属部署等の回答が義務づけられており、Q6以下において、労働組合活動との関わり、選挙活動との関わり、さらにはこれらに対する回答者の考え、すなわち個々人の精神作用にわたる事項にまで回答を迫るものとなっている。主な問題項目を挙げると、以下のとおりである。

労働組合活動に関するアンケート項目

まず、Q6において、「組合が行う労働条件に関する組合活動に参加したことがありますか（現在組合に加入していない方も過去の経験でお答えください）」との質問がなされている。しかし、「労働条件に関する組合活動に参加したこと」の有無が何故に問題にされるのか。まして「過去の経験」までが何故に問われなければならないのか。現業公務員および地方公営企業職員に対しては労働組合法等の適用があるが、「労働条件に関する組合活動」は、これら法が本来予定している正当な労働組合活動である。非現業公務員の場合であっても、その職員団体には労働条件に関する交渉権が認められている。そうであるにも拘わらず、かかる質問を設けたことは、「違法ないし不適切と思われる組合活動」の調査・実態解明という目的とはかけ離れたものである。しかし、かかる質問がなされている以上、たとえ正当な組合活動であっても、活動に参加すること自体が問題視されていると職員が受けとめ懸念を抱くことは自然である。正当な組合活動への参加を抑制し、萎縮効果を生じさせる設問であることは明白である。

さらにQ6は、組合活動への参加の有無を回答させた上で、活動内容、誘った人、誘われた場所、時間帯まで回答を求めている。職員個々人の行動を細かな点に至るまで開示させ、使用者の監視下に置こうとするものである。とりわけ、組合活動に誘った人の開示を求める設問には驚きである。誘った人の氏名は回答しなくてもよいとの断り書きはあるが、通報窓口に匿名で情報提供することが可能であるとしている。組合活動に誘った人を密告することを奨励するものである。もちろん、正当な組合活動への誘いか違法・不当な組合活動への誘いかを問うものではなく、要するに組合活動に誘った人、すなわち組合活動を積極的に推しすすめている人物の名前を密告せよと勧めているのである。これらの設問が組合に対する支配介入にあたることは明白である。

またQ16で「あなたは、組合に加入していますか」と尋ねた上で、「組合に加入することによるメリットをどのように感じています（ました）か」（Q17）、「組合にはどのような力があると思いますか」（Q18）、「組合に加入しない（脱退する）ことによる不利益は、どのようなものがあると思いますか」（Q19）、「自分の納めた組合費がどのように使われているか、ご存じですか」（Q21）と続く。これら一連の設問も「違法ないし不適切と思われる組合活動」の調査・実態解明という目的とは無縁のものである。元来、使用者たる者が職員に聞くべき質問ではなく、組合自治に対する違法・不当な干渉というほかない。このうちQ17ないしQ19については、回答するか否かは自由であるとの断り書きが付されているが、聞かれている以上、これに回答しないことに対する職員の不安は払拭されるものではない。事実上回答を強要するものである。Q21の設問は文字どおり回答を強制されているものであるが、これは組合費が不当に使われていることを示唆するものであり、使用者において組合内部の紛争を使嗾するものといえる。

政治活動に関するアンケート項目

地方公務員は、公職選挙法により公務員の地位利用による選挙運動が禁止されているほかは、地方公務員法36条により、非現業公務員について、政党その他の政治団体の結成に関与したり、勤務区域内における選挙運動などが限定的に禁止されているにすぎない。現業公務員および地方公営企業職員の場合には地方公務員法36条の適用は除外されている。しかし、本件アンケートでは、そうした区別にも、また法が禁止する政治活動であるか否かにもお構いなしに、まったく合法的な政治活動についても質問をたてて、回答を迫っている。

Q7は、「この2年間、特定の政治家を応援する活動(求めに応じて、知り合いの住所等を知らせたり、街頭演説を聞いたりする活動も含む。)に参加したことがありますか」というものである。カッコ内の活動は、現業、非現業を問わず、法が何ら禁止するものではないし、何ら不当呼ばわりされるものでもない。要するに、回答の内容から個々の職員の政治的関心の有無、政治的積極性または消極性の度合いを把握し、政治に対する傾斜度を測ろうとするものである。これは個々人の政治的関心および行動を権力者の監視下に置くものであり、憲法21条の保障する政治活動の自由を侵害するものである。しかも、この項目には、Q6と同様、誘った人、場所、時間帯等の質問も付されており、誘った人を匿名で密告することも勧奨されている。これでは法の許容する政治活動さえ窒息させられかねない。政治権力は法の枠内で行使されるべきものであるが、かかる質問をたてて回答を求めることは、権力自らが法の枠組みをはみ出して、政治活動の自由を脅かすものとの批判を免れない。

Q8は職場の関係者から特定の政治家に投票するよう依頼されたか否か、Q9はいわゆる「紹介カード」の配布を受けたか否かという設問である。いずれも、公務員の地位利用による選挙運動であるかどうかにはお構いなしに、あるいは現業公務員等による合法的な選挙活動であるかどうかにもお構いなしに、あらゆる政治的活動を網羅的に把握しようとする設問である。本来、法が自由になすことを認めている政治活動までをも抑止する萎縮効果をもたらす設問である。

思想・信条の調査にわたるアンケート項目

先に見たように、「組合に加入することによるメリットをどのように感じています（ました）か」(Q17)、「組合にはどのような力があると思いますか」(Q18)、「組合に加入しない（脱退する）ことによる不利益は、どのようなものがあると思いますか」(Q19)といった設問は、組合活動に対する干渉であると同時に、職員個々人に思想・信条の開示を事実上強要するものである。憲法19条の保障する思想・良心の自由については、「国家権力は、個人が内心において抱いている思想について、直接または間接に、訊ねることも許されないのである。したがって、たとえば、・・・天皇制の支持・不支持について強制的に行われるアンケート調査など、個人の内心を推知しようとすることは、認められない」とされている（芦部「憲法」第5版・岩波書店147～148頁）。国家でなく地方自治体であっても同様である。かかるアンケート項目は憲法に違反する。

おわりに

本件アンケート調査の回収結果は、その後、廃棄されたが、そうであるからといって、大阪市長の姿勢に本質的変化が見られるわけではない。権力者が職員を監視下に置き、密告を奨励する雰囲気が支配する中で、労働組合が選挙関連名簿を作成していたとの捏造事件が発生するという異常事態が生じている。たとえ「労使関係の適正化」を図るためであったとしても、そのために過剰な強権的支配を敷くことは、職場を窒息させ、活力を奪い、権力側に迎合する者やこれに反発する者を生みだし、職員相互間の猜疑心を深めるなど、職場を荒廃させるおそれが高い。大阪市だけでなく、同様の手法が全国に蔓延すれば、一体、どのような社会を招来するのか、憂慮に堪えないところである。

特集 思想・表現の自由

マイナンバー法案と新型インフル法案の憲法問題

大林 啓吾（会員・千葉大学）

はじめに

法律は、立法府の中心的責務であると同時に、立法府の憲法解釈が現れる場面でもある。法律に合憲性の推定が働くとされるのは、国民の代表機関たる立法府が作成したからという民主的権威によるところが大きいが、そこには立法府が行った憲法解釈には一定の合理性があるという推定も働いているはずである。

もっとも、法律は国民の権利義務に影響を与えるものであり、しかもいったん成立するとそれを改廃することが難しいことを考慮すると、たとえ司法の事後的チェックが控えているとはいえ、その制定に際しては憲法問題に関する十分な熟慮が必要である。そこで以下では、最近取りざたされているマイナンバー法案とインフルエンザ対策法案ただき台について取り上げることにする。本稿に与えられた課題は、両法案に関する表現の自由の問題であるが、両法案にはそれ以外にも様々な憲法問題が潜んでいるので、両法案の概要とそれに付随する憲法問題を抽出しながら、表現の自由の問題にも言及することにしたい。

マイナンバー法案の憲法問題

マイナンバー法案は、民主党政権が掲げる「税と社会保障の一体改革」のために必要な個人情報をまとめる共通番号制度のことである。これまで、個人の所得や介護・医療などの社会保障の情報の管理は、国の所管ごとに分かれ、さらに地方自治体も別形態で情報を管理していた。そのため、政府は、これらの情報を一元的に管理し、制度改革を行おうとしているわけである。

たしかに、これらの情報は税と社会保障の改革に必要なものであろうし、一元化することによって情報コストが少なくなり、これまでの業務を効率化することができるというメリットが考えられる。しかしながら、その反面、この制度は国民総背番号制ではないかとの批判がある。とくに憲法との関連で問題になっているのは、自己情報コントロール権に関する問題である。個人情報は、自己で管理するのが原則であり、政府がそれを利用する場合には、外形情報であっても適切に管理しなければならない。

今回の制度案は、住基ネットのように氏名や住所といった一般的な外形情報ではなく、通常あまり外部にさらされることのない所得や福祉等に関する情報が絡んでいる。しかも、様々な場面で利用しやすい情報といえるため、目的外利用の危険性がある。それを防ぐためには法律の規定通り運用されているかどうかを監視する機関が必要である。アメリカのNSA盗聴事件（ACLU v. NSA, 493 F.3d 644 (6th. Cir. 2007), cert. denied, 128 S. Ct. 1334 (2008)）をみればわかるように、盗聴されていることがわからなければ自由の侵害に気づかないうちに常態化してしまうおそれがある。これはプライバシーの問題にとどまらず、盗聴されているかもしれないというおそれが表現を委縮させてしまうことから、表現の自由の問題でもある(Daniel J. Solve, The First Amendment as Criminal Procedure, 82 N.Y.U. L. REV. 112 (2007))。この点につき、法案が第三者機関を設置しようとしていることは重要であり、当該機関が形式的なものではなく実効的に運用されていくことが望まれる。

一方、個人情報の保護を強化することで別の憲法問題が生じてしまうという見解もある。個人情報保護に傾倒するあまり、情報の利用を過度に制限してしまうおそれがあるというのである。山田健太氏によれば、個人情報を盾に取材活動に支障が生じるおそれがあるという（山田健太「メディア時評・包囲される表現の自由抑制の空気 拡大　マイナンバー 報道機関も反省なく」琉球新報2012年3月10日）。取材に対しては適用除外条項が設けられているが、これでは不十分であり、たとえば政治家の個人情報を保有機関から入手しにくくなることが懸念されるとしている。このあたりは、運用上、プライバシーと表現の自由との兼ね合いを考慮すべき点であり、適切なバランスをとることが要請されよう。

新型インフル法案の憲法問題

次に、内閣官房新型インフルエンザ等対策室が作成した新型インフルエンザ対策法案についてみてみる。これは、新型インフルエンザの脅威に対応できるように、内閣総理大臣に対策本部を設置する権限を与え、さらに国が緊急事態宣言を出すことができるようにしたものである。緊急事態の措置としては、外出制限、社会機能維持者の予防接種、公共機関の対応、物資の運搬、土地収用、金融・価格安定などが想定されている。インフルエンザを含む感染症対策は国家の古典的責務であり、交通・輸送の発展に伴う感染拡大を考慮すれば、その対策はむしろ遅いくらいである。しかし、それを制度化するのであれば、適切な内容でなければならないことはもちろんのこと、緊急事態という大仰なものを持ち出す以上、自由の制約に注意を払わなければならない。

すでに、感染症予防法は新型インフルエンザを含む感染症につき、それぞれの分類に応じて、入国制限、就労制限、入院勧告、立入禁止、交通制限等に関する規定を設けている。ただし、同時に、それらは必要最小限度の措置でなければならないことを規定しており、人権侵害への影響を考慮しているといえる。そのため、新たに新型インフルエンザに関する法律を制定するのであれば、人権に十分配慮したものでなければならず、緊急事態権限という包括的なものを付与するのではなく、個別事項ごとに対応する規定にすべきである。例えば、法案の前身である「たたき台」が示す規制には、要請や指示といったソフトな手法から、収用や罰則などの強制的手法まで様々な規制様態が存在している。「たたき台」は、緊急事態宣言に基づき、これらの措置を行うことを想定しているが、その発令がなければ個別の措置ができないかどうかについて再考の余地があるように思える。

また、「たたき台」の個別事項をみていくと、「不要不急の外出の自粛の要請、学校、集会等の制限等の要請及び指示」という規定が盛り込まれている。法案段階では多少の語句の修正があったものの内容的には変更はなく、また対応も強制的なものではなく要請にとどまっているが、今後の修正次第では強制力のある規定になる可能性もあり、移動の自由等に影響を与える可能性がある。

この点に関連して、JCLUの意見書（2012年1月31日）は、「たたき台」が集会の自由を侵害するおそれがあるとの声明を出している。一見すると、エピデミック／パンデミックが起きた場合に多人数で集まることは感染拡大のおそれがあることから危険であるという認識には合理性があり、そうした状況の際に集会を控えるように要請したからといって表現の自由の侵害であるとは考えにくいかもしれない。だが、表現の自由は傷つきやすい権利であり、たとえ要請にとどまるとはいえ、その影響は無視できないと考えることも重要である。とくに、感染症予防法が必要最小限の規制を要請していることを踏まえれば、上記の外出規制にはきちんとした手続規定を設ける必要がある。

発令にあたっては、アメリカのACIPのような専門家の意見を交えながら慎重に決定しなければならないと同時に、終了期間の目安を設定しておくべきである。当然ながら、状況の改善に応じて適宜対象地域を見直す必要もある。終了期間を延長する場合には十分な理由を説明しなければならないといえる。また、決定プロセスに関する議事録を保管しておくべきことはいうまでもない。それは、将来の決定に活用できるだけでなく、市民に対して説明責任を果たす上で重要なツールとなるからである。

おわりに

法律が立法府の憲法解釈に基づいて制定される以上、国民の代表機関たる地位に甘んじるのではなく、立法過程において憲法問題を入念に検討することが必要である。とりわけ、表現の自由は民主過程に影響を与えるものであることから、両法案に潜在する表現の自由の問題については十分配慮する必要があろう。

特集 思想・表現の自由

身体が監視され縛られる社会――2つの裁判から

岩井 信（会員・弁護士）

「分断判決弾劾」

これは、私が、今年1月16日最高裁判所の南門で掲げなければならなかった旗である。この日、君が代斉唱時の不起立に関する3つの事件の判決が最高裁で言い渡され、私はそのうちの1件で代理人を務めていた。君が代の起立斉唱を命じる職務命令に違反したとする停職処分の取消訴訟であり、停職処分1月の処分は東京高裁判決が最高裁により破棄され取り消されたが、停職処分3月は取り消されなかった（そのほかの事件では、減給処分の取消が維持された）。軽い処分（停職1月）が取り消され、重い処分（停職3月）が取り消されなかったのであるから、意図的な「分断」である。

分断の理由は、過去の処分歴等を考慮したか否かにある。重い処分が正当化されたのは、すでに処分されたはずの18年も前の処分歴等が考慮されたからである。未だ国旗国歌法も成立していない時代に、職員会議で日の丸を掲揚しないことが決められていたにもかかわらず、校長が独断で掲揚し、生徒からもおかしいと指摘されて日の丸を下ろしたことに対する処分である。今回の最高裁判決は、静かに不起立だけであれば戒告以上の処分は適当でないが、「過去の非違行為による懲戒処分等の処分歴や不起立行為の前後における態度等」によっては、減給、停職も裁量権の範囲内とした。すなわち、「学校の規律や秩序の保持等」に対する積極的な抵抗行為には厳しく対処することを是としたのである。

君が代斉唱時の不起立に対する処分の対象は、あくまでも職務命令違反であって、不起立そのものではない。職務命令が必要とされたのは、不起立という不作為には「非違行為」と認識されるような外部的行為がなく、それを処分の対象とするには、職務命令を介在させて「非違行為」として顕在化（非違行為化）させる必要があったからである。実際、都教委の2003年の10.23通達よりも前は、不起立自体は非違行為として処分されていなかった。2003年度でいえば、入学式では処分の対象とならなかったものが卒業式から突如として処分の対象となったのは、不起立者を年度途中で「処分」することに決めたからにほかならない。

最高裁は、このような不起立という不作為については戒告処分までとしつつも、不作為を超えて抗議の意思を表明したり、外部的な積極行為に出た場合には、停職処分も含めて重い懲戒処分も懲戒権者の裁量にゆだねた。不起立という不作為以外に、抵抗の態度や行為は断固として認めないという意味で、外部的行動を徹底的に萎縮させるものであり、きわめて秩序・規律を重視する判決でもある。

最高裁は歯止めにならない

この最高裁判決は、大阪の暴走を食い止めることはできなかった。大阪では、今年の卒業式における君が代斉唱の際、教職員の起立とともに口元の動きを「監視」し、1人を「不斉唱者」として府教委に報告していたことが報道された。橋下大阪市長は「ここまで徹底していかなければなりません」と賛辞を送り、4月2日の大阪市職員の発令式では、「君が代を歌うときは、手は横に、気を付け（の姿勢）で」と注意もしたという。起立の有無だけではなく、口も、手も「監視」されている。

大阪府に先立ち、東京都は10.23通達で、式典で「国旗」を舞台壇上の正面に掲揚し「国旗に向かって起立し、国歌を斉唱する。」ことを命じる10. 23通達を発出していた。すでにこの時から「斉唱」が求められ、日の丸に「向かって」起立しなければならないとされていた。単に起立が求められているのではない。他の式典参加者と共に君が代を「斉唱」（唱和）しなければならず、斉唱時の身体の向きも姿勢も決められているのである。私たちの身体は監視され、縛られている。

イスラムの祈りを監視する

こうした身体の監視は、止めどもなく広がっている。

「長女の誕生でそれまでしなかったイスラムの祈りを始め、金曜礼拝日に(モスクに)出入りするようになった。」と書かれた文書がある。インターネットに流出した警視庁公安部の内部文書である。

公安警察は、何ら犯罪が発生していないにもかかわらず、9.11後のテロ防止目的で、文字通り日本における全てのムスリムの居場所を把握し、その一挙手一投足を把握しようとしていた。したがって、「道中の点検行動」も挙動不審になるし、熱心にイスラムの祈りをはじめたことも挙動不審となる。こうした警察庁警備局や警視庁公安部が取り扱った情報が流出したのである。

「実態把握強化推進上の要点」(平成19年9月10日付)という文書では、把握対象を「イスラム諸国会議機構(OIC)の国籍を有する者及びその他の国籍を有するムスリム」としていた。「ムスリム」とは、「言動、服装等からムスリムと認められる者」とわざわざ定義までされている。都内モスクは継続的な監視対象とされ、夜間の出入りはビデオ撮影もされ、都内モスクの礼拝参加者数について1桁まで把握されていた。流出文書には、人定判明者、追跡可能者、追跡未実施者に分類して、「面割率」まで記載しているものもあった。誰が、どのモスクの礼拝に参加しているかを公安警察は調査対象とし、監視し、把握し、記録し、「信仰」を犯罪のプロファイリングとして利用していたのである。

被害者らは、最もセンシティブな個人情報の流出によってプライバシーを侵害されただけでなく、みだりに信仰に関する情報を収集、保管されない自由を侵害され、憲法が保障する信教の自由を侵害されたとして、国と都に対し国家賠償請求訴訟を提起した。この訴訟で、国や都は、国際テロ対策のためには必要かつ相当な警察活動であったとして、正当化している。

止まるところを知らない監視

最高裁は、君が代斉唱時の不起立者に対しては、ひとたび「秩序」を妨害する態様に出たものについては、きわめて厳しい処分を是認した。そのため、これまで以上に、「不起立行為の前後における態度等」が重要な考慮要素となり、監視・記録の対象となる。不起立以上に、事情聴取にふてくされたり、抵抗したり、懲戒処分後の再発防止研修でゼッケンをしたりしてはいけない。それらの行動や態度は監視され、報告され、記録され、加重処分の対象とされる。

また、安全・安心の名の下で、ムスリムの道中の行動も、ムスリムの礼拝への参加の態度も、監視され、報告され、記録されている。

いまや日本は、君が代斉唱時の口と手と身体の所作を「監視」し合い、ムスリムの礼拝の熱心さも「監視」する社会になっている。

それらは、学校の規律と秩序のために、社会の安全と安心のために正当化され、その「監視」の程度も止まるところを知らない。それは、橋下市長の「ここまで徹底していかなければなりません」という言葉に象徴的であり、日本国憲法があいまいではあっても定めていたはずの限界が機能しない事態に至っている。

「ばかばかしい無駄骨折り」の実践

規律・秩序、もしくは安全・安心は、いつの間にか最強の言葉になっている。しかし、監視し合わなければ安心できない社会は安全ではない。このままでは、私たちの口と手と身体の所作は、無意識のうちに、周りから強制された所作をまねるだけになり、まねた自分の所作が周りをまねさせることになる。このままでは、周りが怖がらない程度の、目立たない宗教行為しかできない。

そこには、思想・良心の自由も、信教の自由も、表現の自由もない。あるのは、強制を受け入れる「自由」だけである。

「兵隊のあとについて歩いてゆく。ひとりでに足並が兵隊のそれと揃う。兵隊の足並は、もとよりそれ自身無意識的なのであるが、われわれの足並をそれと揃わすように強制する。それに逆らうにはほとんど不断の努力を要する。しかもこの努力がやがてはばかばかしい無駄骨折りのように思えてくる。そしてついにわれわれは、強制された足並を、自分の本来の足並だと思うようになる。」(大杉榮「自我の棄脱」)

しかしそれでも私たちは、愚鈍にして、「ばかばかしい無駄骨折り」を、あちこちで実践するしかない。自由とは足並みが揃わないことであり、足並みが揃わないことを実践するところに自由が生まれるからである。

特集 思想・表現の自由

秘密保全法案の問題性
──取材の自由への重大な脅威

JCLUマスメディア小委員会

政府が持つ情報のうち「秘密」の範囲を大幅に拡大し、「秘密」漏えいに対する罰則を大幅に強化しようとする秘密保全法案は、一体どのような問題を抱えているのか。

マスメディア小委員会は2012年2月29日、JCLU事務局で、法案のたたき台となる「秘密保全のための法制のあり方について(報告書)」を素材に、同報告書をまとめた有識者会議を取材したジャーナリスト、原真氏を囲んで、意見交換会を開いた。

公共の秩序にも「特別秘密」

政府が成立を目指している秘密保全法案の特徴の一つは、①国の安全、②外交、③公共の安全及び秩序の維持に関する秘密情報を「特別秘密」に指定し、特別な保護をかけようとする点にある。指定するのは当該秘密を扱う行政自身である。

さらに、今の国家公務員法にある守秘義務違反罪の「1年以下の懲役」というのでは効果が弱いとして、在日米軍の軍事機密に関する刑事特別法の最高刑10年か、自衛隊法の最高刑5年に上限を引き上げて合わせるものとされている。

③公共の安全及び秩序の維持に関する秘密は、世論の激しい反対で潰えた1985年のスパイ防止法案にも盛り込まれていなかった分野であり、行政による恣意的な秘密指定と相まって、政府の情報隠しがますます進み、市民の知る権利が著しく後退する懸念が指摘されている。

秘密「取得行為」も処罰

法案では、公務員による特別秘密の漏えい行為だけでなく、公務員以外の者による特別秘密を解明しようとする「取得行為」についても、一定の場合、処罰の対象になるとされる。わざと漏えいした場合だけでなく、公務員が過失によって特別秘密を漏えいした場合や、漏えいが未遂に終わり全く実害がなかった場合、教唆行為も処罰されることになる。

憂慮されるメディアの取材活動への影響について、報告書は「正当な取材活動は処罰対象にならない」と一蹴し、また、政府の情報公開の流れを著しく妨げるとの批判についても、そもそも特別秘密は情報公開法の下で開示される情報ではないから市民の知る権利を害することにはならない、と説明している。

「最高裁判決で守られる」か?

有識者会議の委員の一人、東京大学の長谷部恭男教授(憲法)は「行政機関などには、特別な保護に値する秘密があるのに、外交、公安秩序の分野では保全の制度がない。秘密情報のコンピューターからの流出に備えをするように、人を通じて出ることにも備えるべきだ」(2012年2月12日信濃毎日新聞)と法案の意義を説明している。取材に対する脅威になるとの見方に対しても、外務省機密漏えい事件の最高裁判決を引き合いに「記者が執拗な取材をしても、人の道に外れるような行為を除き、正当という判例が固まっている」と述べ、仮に記者が特別秘密を報じて違反に問われても、裁判で救済されるはずだという立場を取っている。

取材先の委縮効果

これに対して原氏は「外務省機密漏えい事件の西山太吉記者は、犯罪でもない男女関係を通じた情報の入手が、違法と判断され有罪になった。取材現場では、例えば、警察署内で捨てられたゴミを漁るなど、違法か合法かスレスレの取材をしなければならない場合もある。あの最高裁判例で、取材現場が守れるか疑問であると言わざるを得ない。取材先となる公務員の委縮効果も計り知れない」と述べた。

立法事実は「存在する」か?

そもそも秘密保全法案については、立法を必要とすべき事実が存在しないという批判が根強い。

2010年11月、尖閣諸島沖の中国漁船衝突事件で海上保安庁のビデオ映像が流出した問題や、警視庁の国際テロ情報が流出した問題をきっかけに、当時の仙石官房長官をトップとする情報保全に関する検討委員会が発足した。

しかし漁船衝突事件では、映像を流出させた当該海上保安官は、結局、不起訴となり国家公務員法違反の罪に問うことはできなかった。映像自体、当初は、海上保安庁の研修資料として内部で共有され、さらに国会議員への上映を経て、漁船衝突の再現映像、再現図がメディアで報道されていた。秘密の漏えいとは、もはや評価できなかったのである。

少ない起訴例

原氏は「2000年以降を見ても、この手の情報漏えい事件で、起訴されて刑事責任を問われるケース自体は少ない」という。

例外的に刑事責任が問われたケースとして、ロシアの駐在武官に防衛機密文書を引き渡した海上自衛官が、懲役10か月の実刑判決を受けた2000年のボガチェンコフ事件や、同じく海上自衛官が、日米相互防衛援助協定などに伴う秘密保護法違反で執行猶予判決を受けた2007年のイージス艦情報漏えい事件があるものの、あえて包括的な秘密保全法をつくり、最高刑を5年や10年に引き上げなければならない必要性は見いだせない。

背景に日米軍事一体化

今、この時期に秘密保全法案が浮上した背景には、着実に進んできた日本の自衛隊と米軍の運用一体化、情報の共有化があるといわれる。

原氏は「2007年、日本は、米国と、それまで特に必要がないと主張し続けてきた日米軍事情報包括保護協定(GSOMIA)を締結した。それには、米国経由の軍事情報が自衛隊から日本のメディアに漏れ、報道された中国潜水艦火災事故が影響しているとみられている」と述べた。

GSOMIA締結後、当時の自公政権が水面下で秘密保全法制の策定作業を進めていたところ、民主党政権になって、中国漁船衝突事件のビデオ流出で息を吹き返した。

前述の2012年2月12日付信濃毎日新聞記事の中で、法案を所管する内閣府・内閣情報調査室の橋場健参事官が、秘密保全法制について「米国からも関係当局に『ちゃんとやれ』と言われたりする」と答えていることも示唆的である。

取材の自由の息の根止まる

既に、政府内では具体的な法案は作成済みと言われているが、その内容は明らかになっていない。

同法案に対する与党・民主党内では、成立の優先度はもともと低く、3月下旬の新聞報道では、今国会への提出は見送られることになったとも報じられている。

しかし秘密保全法案が、尖閣諸島沖の中国漁船衝突事件のビデオ流出などを契機に突然浮上してきたことを考えれば、ひとたび同種の問題が起きれば、成立に向けた動きに拍車がかかる可能性は大きい。

万が一、秘密保全法が成立してしまえば、発表ジャーナリズムに毒され、事なかれ主義がまん延し、瀕死の状況にあるメディアの取材の自由が、今度こそ息の根を止められることにもなりかねない。市民の知る権利が骨抜きにされるのも必至とみられる。

マスメディア小委員会は、引き続き法案の問題点について勉強を重ね、社会に対して警鐘を鳴らしていきたい。　（まとめ＝北神英典・理事）

表現の自由にかかわる問題についてJCLUは2本の意見書を発表しました。以下に要旨を掲載いたします。(意見書全文はJCLUホームページ(www.jclu.org)に掲載しております。)

■「新型インフルエンザ対策のための法制のたたき台」に関する意見書(2012年1月31日)

1. 従来の法制度とは別の新型インフルエンザ等対策のための法制化が必要か否か、必要であるとしても立法事実は具体的にどのようなものであるのかが不明である。
2. たたき台が想定する緊急事態宣言下で制限対象に含まれる集会の自由は、憲法で保障された表現の自由の一つであり、基本的人権として重要な意義を有する。これを制限するには、具体的な必要性や条件が示されなければならないが、たたき台にいう「国民の生命及び健康に著しく重大な被害を与えるおそれ」では不十分であり、集会の自由に対する不当な制約が懸念される。
3. 以上の理由から、たたき台の内容の法制化に反対する。

■大阪市「労使関係に関する職員アンケート調査」に関する意見書(2012年2月16日)

本件調査は、憲法を頂点とする法秩序を全く無視するものであり、非常に多数の重大な問題がある。

具体的には、市長の業務命令として、正確な回答がなされない場合には処分の対象となり得ることを付記したうえで、各職員の氏名等の各職員を特定するに足りる事項に加え、労働組合活動や政治家の応援活動への参加の有無といった、各職員の人格的な内面的精神作用にわたる質問をしている。これは、思想良心の自由、プライバシー権、政治活動の自由、労働基本権を侵害する。

したがって、本件調査を即刻中止し、また、現時点までに得られた調査結果を直ちに廃棄することを、強く求める。

JCLU支援事件報告

コナミ育児休業差別事件

関口 陽子(原告・会員)

「やってもらえる仕事が無いって言ってるでしょ！どうしてわからないの！」
これが、所属部門であったライセンス部部長兼法務部長である上司との面談で、育児休業から復職後の担務変更、降格、減俸という会社の決定について再考を請う私に投げ付けられた上司の鋭い言葉だった。

1.「コナミ育児休業差別事件」の概要

コナミ育児休業差別事件とは、原告である私が産前産後休暇・8カ月の育児休業を経て復職するにあたり降格・減俸といった措置を強行した被告会社(株式会社コナミデジタルエンタテインメント。以下「コナミ」)に対し、これらの措置は育児休業を取得した女性に対する差別ないし偏見に基づくもので、人事権の濫用に当たるほか憲法13条及び14条、女性差別撤廃条約2条(e)(f)、4条1項、5条(a)、11条1項、2項(b)、労働基準法3条、4条等、雇用機会均等法6条及び9条、民法90条に違反するとして争った事件です。

2.事件の経緯

私は、2008年7月から産前休暇・産後休暇を経て2009年4月まで育児休業を取得しました。

産休取得前はコナミのライセンス部に所属し海外ライセンス業務というビデオゲーム内で他社の商標・肖像他等の再現のためにライセンス使用許諾契約の交渉、締結を主な担当業務としていました。コナミには1996年入社以来、宣伝部、北米事業部、ライセンス部と部署の異動はあったものの、産休取得時には既に約12年間、正社員として勤務していました。

育児休業からの復職を9日後に控えたある日、突然コナミの人事部及び所属部門であったライセンス部のマネージャーから、①復職後は海外ライセンス業務ではなく、国内ライセンス業務に担当業務を変更すること、②役割グレードという社内の階級を2段階引き下げること、③年俸を640万円から520万円に減らすこと(①～③について以下「本件措置」)を告げられました。

私は、今まで正当な評価をしてくれていた会社が違法の可能性もあるような本件措置を強行するはずはないと思っており、どこかに誤解があるに違いないと信じ、再三に渡り上司のマネージャーと人事部に再考を促し続けました。

そして復職前日に臨んだライセンス部長兼法務部長との面談でも、必ず誤解が解け本件措置の強行は撤回されるはずと信じていました。ところが面談の席で、ベビーシッターをフルタイムで雇い残業・海外出張も厭わないという復職後の私の状況について、会社側に正しく伝わっていること、それにも関らず本件措置が強行されようとしていることを知りました。

本件措置強行の理由は「母親になったこと」しか私には思い当たりません。訴訟提起前にコナミに送った内容証明郵便に対する回答は「関口氏の健康や育児に配慮」して「国内ライセンス業務に配置転換」したというものでした。私は、会社に配慮を求めていません。出産前と同じように働きたいと言っているのです。子供が生まれた男性従業員に対して会社が独断で「育児に配慮」して軽易な業務へ配置転換することが一般的といえるでしょうか。そうではないと思います。

私は、なぜ女性ばかりが子供かキャリアかの二者択一を迫られなければならないのだろう、と強く疑問を感じました。

育児休業明けの女性は様々な事情から、会社が不利益な措置を執っても強く反論できない立場にあり、泣き寝入りを強いられることが少なくありません。私の場合には弁護士である夫の助力もあって早い段階から訴訟提起という方法が1つの選択肢であることは知っていました。しかし、いくら本件措置に疑問を感じていても一般会社員である私にとって訴訟提起はかなり思い切った行動です。

12年も勤めた会社に対して訴訟提起という行動をとることを躊躇する私に訴訟を決意させたのは、「君がやらなくて誰がやる。このままでは日本の女性の働く環境はいつまでも変わらないじゃないか。」という夫の言葉でした。

2009年6月16日、地位確認(退職に伴い後日一部取り下げ)、損害賠償、謝罪及び就業規則の改正を求めて東京地裁に訴状を提出しました。

3.第一審判決要旨

(判決日2011年3月17日/事件番号平成21年(ワ)第20155号)

①担務変更について、原告を元の業務に復職させないことが不合理とはいえない。担務変更は配転そのものではないとしてもこれに準じて判断するのが妥当であるが、従業員の配転に事前に意向聴取や説明を要する規定はなく、原告の個別の同意なく配転できる。②降格について、役割グレードの引き下げ措置は人事制度に適応し内容も不合理ではない。③減俸について、役割グレードによって報酬は自動的に決まるのだからその仕組みが合理性に欠けるとはいえない。したがって、①～③の本件措置は人事権濫用ではなく他に権利濫用と評価できる特段の事情は無い。

ただし、成果報酬のゼロ査定（前年度90万円支給があったものをゼロにされた）について、1年間の査定期間のうち産前休暇に入るまでの3ヶ月間は就業していたから成果報酬をゼロ査定したことは裁量権の濫用にあたる。よって不法行為が成立するのは成果報酬を不支給とした点のみである。裁量権の濫用は認められるが、それが女性差別の偏見に基づくものではなく、よって憲法違反、女性差別撤廃条約違反、労基法違反、育介法違反、雇用機会均等法違反、民法90条違反はない。

損害額は一切の事情を考慮して30万円、弁護士費用5万円である。

4.控訴審へ

第1審判決の内容は、私の主張をことごとく否定するものでした。

公平な判断をすべき裁判所が未だに性別役割分担観を有し、「育児休業直後の乳児を持つ原告が本件産休以前と同様の態様で働くことが現実的に困難である」と判決文中に堂々と評するなど、私としては全く受け入れがたい内容だったため迷いなく控訴を決めました。

控訴審では、国学院大学法学部教授の本久洋一先生に意見書を執筆頂き、コナミの役割グレードシステムは就業規則に根拠が無いということをご指摘いただいたことは、判決に大きな影響を及ぼしたと思います。

5.控訴審判決要旨（抜粋）

（判決日2011年12月27日/事件番号：東京高裁平成23年（ネ）第2946号）

「当裁判所は、被控訴人が控訴人の職場復帰に伴い、平成21年6月16日以降の控訴人の役割グレードをB-1からA-9に引き下げ、その役割報酬を550万円から500万円に減給させるとともに、同日以降の成果報酬をゼロと査定して、控訴人の年棒を、産休、育休取得前の合計640万円から合計520万円に引き下げたことは、違法であると判断する。」

①役割報酬について

「本件担務変更は、控訴人が本件育休等から職場復帰したことに伴うものではあるが、（中略）同意していないことは明らかであるから（中略）人事権の濫用であって、無効なものというべきである。」

「就業規則や年俸規定に明示的な定めも無く、個々の労働者の同意を必要とせず、使用者である被控訴人の一存で行うことができるとすることは、労使双方の対等性を著しく損なうものであるから許容することはできないというべきである」

②成果報酬について

「育介指針において『休日の日数を超えて働かなかったものとして取り扱うことは、給与の不利益な算定に該当する』とされている趣旨に照らしても（中略）、女性労働者の就業に関して妊娠中及び出産後の就労の確保を図ることなどを目的の1つとしている雇用機会均等法や、育児休業に関する制度を設けるとともに子の養育を行う労働者等の雇用の継続を図ることなどを目的としている育児・介護休業法が、育休等の取得者に対する不利益取り扱いを禁止している趣旨に反する結果になるものというべきである。」

6.訴訟を終えて

被控訴人であるコナミから上告は無く、2012年1月に判決が確定しました。

訴訟を提起した後、多くの方から手紙やメールを頂き、いかに多くの女性が妊娠・出産に伴い不利益な扱いを受けているかを知りました。

本件措置が違法無効であると判決されたことにより妊娠・出産に伴う不利益扱いが野放しの現況に少しでも歯止めがかかることを願っています。また労働法の専門家の先生方からは、リストラの進行の下、「業務の内容が変わったから賃金も下げる」という企業の安易な姿勢への警鐘となる判決だとのコメントも頂きました。

最後に、支援事件として多大なご協力を頂いたJCLUの皆様、訴訟を勝訴に導いてくださったアテナ法律事務所の林陽子弁護士、金塚彩乃弁護士、意見書執筆を快諾してくださった国学院大学の本久洋一教授、励ましてくれた多くの方々、そして精神的・経済的なサポートを惜しまず与えてくれた夫フィリップに心から感謝します。ありがとうございました。

あたごの杜から 事務局長日誌

もう少しで、私も事務局長の任期を終えようとしております。次号では、新たな事務局長をご紹介できるものと思います。

その任期を大まかに振り返るだけでも、大阪市長である橋下氏との関連では、当協会は多くのアピールを行ってきたと思います。日の丸君が代条例については意見書を大阪まで持参するなどし、また、先日は久保田シンポジウムで日の丸君が代問題を取り扱いました。それに加えて、大阪市の、労使関係に関する職員アンケート調査の問題が起こり、当協会も急遽、意見書を発表しました。

橋下氏については、国旗国歌を義務付けることがさほど不自然でないほどに、「これまでの政治家では期待できない、既存の枠組を壊してくれる人」という評価が社会において強くあるのではないか、との意見があります。仮にこの意見を前提にすれば、なぜそのような評価がされるのか、疑問が残らざるを得ないとともに、そのように厭世的な傾向のある社会をどう再構築していくべきか、ということを、現在の市民社会の問題としてとらえなければならないという思いを強くします。

2012年1月～4月のJCLU

1月19日	1月理事会
1月31日	「新型インフルエンザ対策のための法制のたたき台」に関する意見書発表
2月13日	2月理事会
2月14日	情報公開法改正法案の早期可決成立を求める意見書発表
2月16日	大阪市「労使関係に関する職員アンケート調査」に関する意見書発表
2月25日	久保田メモリアルシンポジウム「現代の踏み絵―君が代訴訟最高裁判決を分析する」（西原博史・早稲田大学社会科学総合学術院教授、河原井純子・2012年1月16日最高裁判決で逆転勝訴した原告、戸田綾美・同訴訟原告代理人　弁護士、コーディネーター　藤原事務局長）東京八重洲ホール
3月16日	3月理事会
3月29日	3月例会「こんなにあるぞ！国による国籍差別」（田中宏・JCLU理事　一橋大学名誉教授、旗手明・JCLU理事　外国人の権利小委員会、藤本美枝・JCLU理事　弁護士、コーディネーター　武藤久資理事）弁護士会館
3月30日	法務省定期立入検査
4月5日	「今こそ、個人通報制度の実現を！大集会」（日弁連共催）弁護士会館（パネリスト　林会員、NGO発表　藤原事務局長）
4月18日	4月理事会

【発行日】2012年4月24日 【発　行】社団法人 自由人権協会
〒105-0002 東京都港区愛宕1-6-7 愛宕山弁護士ビル306
TEL：03-3437-5466 FAX：03-3578-6687 URL：http://jclu.org/ Mail：jclu@jclu.org
（大阪・兵庫支部）
〒530-0047 大阪市北区西天満1-10-8 西天満 第11松屋ビル3F 堺筋共同法律事務所内
TEL：06-6364-3051 FAX：06-6364-3054
協会設立：1947.11.23 本紙創刊：1950.5.1 購読料：年間2,500円 郵便振替：00180-3-62718 発行人：藤原家康
JCLU 社団法人 自由人権協会

人権新聞 Japan Civil Liberties Union
JCLU Newsletter
発行所 社団法人 自由人権協会
JCLU
〒105-0002 東京都港区愛宕1-6-7 愛宕山弁護士ビル306
TEL:03-3437-5466 FAX:03-3578-6687
URL:http://jclu.org/ Mail:jclu@jclu.org
協会設立:1947.11.23
本紙創刊:1950.5.1
購 読 料:年間2,500円

2012年度JCLU総会記念シンポジウム

裁判員制度を検証する

本年度の総会は、5月26日、航空会館において開催された。予定された議題がすべて承認されたのち、藤原家康事務局長から、新たに升味佐江子理事が事務局長に就任することが報告され、紹介があった。

記念シンポジウムは、裁判員裁判をテーマに一橋大学大学院法学研究科教授の村岡啓一氏から基調講演をしていただいた後、裁判員経験者の田口真義氏、共同通信社編集委員の土屋美明氏を加え、パネルディスカッションを行った。進行役は北神英典理事が務めた。

基調講演(村岡啓一)

裁判員制度導入から3年が経った。裁判員法附則9条では「施行後3年を経過した場合においてこの法律の施行の状況について検討を加え、必要があると認めるときは」「所要の措置を講ずる」とある。見直しを促す主体は政府であり、裁判員制度を日本の司法制度の基盤として確立させることが目的である。

さて、裁判員裁判が施行される前の状況はどうだったのか。日本的刑事司法という言い方をするが、以下に4つ挙げる。①被疑者取調べを中核とした綿密な捜査、②慎重な起訴、③調書を多用した詳密な審理、④100パーセントに近い高い有罪率。被疑者が生まれてから犯行に至るまでを詳細に取り調べ、調書を事実認定に多用した。また、有罪判決が下される高度の見込みがあるときのみ起訴したため、検察官のレベルで有罪が決まった。したがって、取調中心主義と調書裁判に堕した刑事司法は「絶望的」であった。

しかし、裁判員制度においては、無罪、認定落ち、理由中無罪判決の分析から、「疑わしきは被告人の利益に」の原則が健全に機能していることが判明した。また、間接事実の評価に「社会生活上の経験則」が活用されている。「不条理」「非論理的」な存在としての「生身の人間」観に基づく洞察がなされている。

裁判員裁判の実施状況について今年3月までのデータによると、辞退が認められた候補者の割合は57%だが、候補者の出席率は79%と「まじめ」であ

左から北神英典氏、土屋美明氏、村岡啓一氏、田口真義氏

CONTENTS

る。国民の意識では、8割以上が裁判員制度への参加意欲を欠いているが、5割が刑事裁判や司法制度に主体的に関与すべきと回答した。つまり、公的責任を果たすべきだが、裁判員をやりたくない人が多い。一方で、裁判員が裁判に参加した感想として「良い経験」と答えた人が95%以上に上り、裁判員裁判の体験を肯定的に評価している。

さらに、裁判員制度の運用に関して、国民の意識調査では、「身近さ」「分かりやすさ」「迅速さ」の過去の印象が改善されたが、「公正中立」「信頼」「納得」「真相解明」は改善せず、期待値に届いていない。施行から3年が経過し、司法に対する国民の理解の増進は達成されたといってよいが、国民の信頼の向上にはつながらなかった。

裁判員の常識と裁判官の実務技術の「協働」は成功している。例えば殺意の立証の時、この人は殺す意思があったのか、凶器は人を殺すに足るものだったのか、刃渡りが何センチでどの角度から入ったのかなど、様々な要素を見て事実認定を行っていることが判決文から分かる。一方で、覚せい剤密輸事件をめぐっては、裁判官の経験則と裁判員の経験則が対立している。裁判員裁判において証拠不十分で無罪であったものを、高等裁判所裁判官が逆転有罪にするケースが増えており、対象除外論も聞かれる。

裁判員の量刑判断については、罪種による重罰化傾向(性犯罪など)と軽減化傾向(強盗致死など)が併存している。市民感覚がきれいに反映され、常識にそった量刑判断がなされている。また、執行猶予になる際に、プロの専門家のケアである保護観察が必要と考える裁判官が30%に対し、裁判員は55%である。裁判員は、目の前にいる被告人の個性に着目し、強い更生への期待を抱いている。

しかし、審理期間は従来の裁判よりも長期化している。否認事件の場合は、公判前整理手続に約7カ月、審理期間に約10カ月かかり、被告人は保釈されない限り裁判員裁判の順番が回ってくるまで長期間拘束されたまま待たざるを得ない。

否認事件では、被告人に直に話を聞く直接主義的運用が支配的だが、残念ながら自白事件では同意書面による立証が一般的である。日本特有のレジュメ配布型の審理形態は奇妙であり危機感を持っている。供述調書の朗読や、性犯罪事件の場合の黙読などレジュメを見ることを合理化しようとしている。これは制度劣化の兆しでもある。さらに、法曹三者ともに分かりやすいと評価される割合が年々減少しているが、その理由として簡易化、メリハリなど書面の工夫の熱が冷めたことが挙げられる。一般の人が使わない昔の法律家の言い回しが法廷に蔓延している。危惧されるのは司法関係者の意識の緩みであり、制度について大きな変更は必要ない。

パネルディスカッション

守秘義務の厳格化

田口真義：裁判員裁判の課題は、市民側と運営側両方にある。市民側としては、市民の参加意識が高まっていないこと。運営側の問題点としては、裁判官、裁判所職員は良い人たちで、同じ国民であると肌で感じ意見を言い合えるが、裁判所の中に入ると蝋人形の館にでも行ったのかと思うくらい彼らの人間性が見えなくなり、温かみがなくなってしまうことだ。

村岡啓一：日本の裁判員出席率は、韓国と比較しても著しく高い。日本が8割に対して韓国が6割である。しかし、日本の場合、6割が裁判員を辞退しており、辞退事由が緩やかに認められ、制裁を加えた例もない。やりたい人が積極的に参加しているだけではないかという批判につながっている。

また、裁判員は守秘義務に相当敏感になっているのではないか。裁判員には罰則付きの守秘義務が課せられ、評議の過程は全くのブラックボックスである。評議の過程でどういう議論があり、どういう結果に落ち着いたのかが全く分からない。限られた範囲の評議に関する情報では、属性を全く知らない裁判員と裁判官の熟議がなされているという。しかし、本当に裁判員と裁判官が協働しているのか判断するためには、守秘義務を解除してデータを取らねばならない。

田口：守秘義務に関しては「考えすぎだよ」というのが率直な意見である。守秘義務の範囲を明確にすると何も言えなくなってしまう。市民側は重くとらえてはいない。言ってはいけない秘密は人間誰しも持っている。

土屋美明：以前裁判員が守秘義務を外部の人に話してしまうのではないかという意見が多かったが、私はそのことで市民が捕まることはないと思った。検察審査法が制定されて50年が経過し検察審査員は60万人いるが、秘密をもらして問題に

なったことは一度もないからだ。そもそも、参加していない人が裁判員制度を自分の経験に近いものとして共有するためには、裁判員経験者に裁判の中身を話してもらわねばならない。経験を活かし一定の秘密を解除して議論をすることが、制度改善に不可欠である。以下に3つ提案する。個人の特定はせず、評議の結論がどう出たのか判決の結果だけは明らかにすること、個人の意見は出さないこと、個人のプライバシーを守ること。

メディアからみた守秘義務について、新聞やテレビで記者会見における裁判員裁判の報道が激減している。裁判所の職員が法律違反になるからと、裁判員が話している途中でストップをかけることがある。裁判員が職員にこれは話してもいいのかと尋ねることもある。メディア側からもこの質問には答えてくれないだろうと聞くべき質問を制限し、その結果毎回同じ質問をする。小さな事件だと新聞にも載らず、裁判員制度を知ってもらうことにマイナスになっている。

対象事件からの除外

村岡：対象事件からの除外提案は、①覚せい剤密輸事案、②性犯罪事案、③少年逆送事案、④死刑求刑事案が挙げられる。①は先ほど出た通り裁判員と裁判官の経験則の対立が問題である。②は被害者側が同じ地域社会から出た人、つまり裁判員と顔を合わせるのがつらいからだ。③少年は可塑性つまり改善する余地があるから、できるだけ非公開にし、保護して育てていこうという説示を聞いただけでは裁判員は理解できないのではないかという意見がある。④に関して、死刑を多数決で決められる仕組みだが、意見が割れた場合反対した人も死刑判決に加担することになる。その人はトラウマを抱え、精神的負担を背負わねばならない、という意見がある。

しかし、私はいずれも除外すべきではないと考える。裁判官のプロの目は、玄人の判断だから信じよと言っても必ずどこかに誤りを含み、99％の有罪率からも必ず冤罪が生じるからだ。裁判官が真犯人を決めつける傲慢さに対して、裁判員が異議の申し立てをすることに意味がある。②に関しては、国家の刑罰権として被告人を有罪にしようという立場におかれた場合、被害者が国家側の証人として出てくることになるから、適切な裁判をする上で被害者に出てきてもらわねばならない。裁判官と顔を合わせなければ覆面裁判にもなってしまう。③においても、少年の可塑性をどう市民に理解させるのかという立証の工夫が必要である。少年法の理念に沿った裁判は可能だ。

田口：村岡氏と同意見。きちんと説示がなされているのか否か。裁判所はどこかのタイミングで説示をしている。しかし、私自身もどこで説示を聞いたのか記憶にない。裁判員経験者仲間の話を合わせると、どうやら裁判員宣誓書を読み上げる前でしか説示をしているとは考えられないが、そもそも理解していないのに説示があったとはいえないのではないか。

土屋：3段階の説示が必要ではないか。1回目は裁判員に選任された時、2回目は公判が始まる時、3回目は判決を出す時、裁判官が再度説示を繰り返すべきである。それから除外提案について、検討会で夏前に議論に入るが、覚せい剤密輸事案と性犯罪事案は除外せよという意見が強く、外される可能性がある。死刑求刑事案も結果的には外れるだろう。個人的な意見では死刑を廃止すべきだと思う。おそらく市民が参加すれば死刑を見る目が厳しくなるだろう。死刑判決の実態を市民が知ることにもなる。さらに、否認事件で被告人が裁判員裁判を希望したら実施すべきではないかという提案も検討会で議論されるだろう。また、対象事件の拡大については、たくさんの事件を対象にすると呼び出される人が増え、嫌だと感じる人がいるかもしれない。

村岡：裁判員裁判はかつての日本型司法制度の弊害を大きく変えている。つまり、本来の刑事司法の原則であった「疑わしきは被告人の利益に」と、公判中心主義に立ち戻っている。裁判員制度は裁判官の存在に対して大きな異議を突き付けた。かつて、裁判官は自らを神のように自負し真犯人だと思ったら逃さず、証拠上難点があってもいかに証拠を集めて真犯人だと論証できるかにすべての勢力を注いできた。しかし、市民が参加することによって、証拠がないと立ち止まり無罪を言い渡す。その点で裁判員制度は成功しているといえる。今後この制度をどのように定着させていくのかが問われている。

（記録　専修大学人文・ジャーナリズム学科　児玉恵美）

例会報告

3月例会報告

こんなにあるぞ！　国による国籍差別

会員・弁護士　高橋 涼子

はじめに

3月29日、弁護士会館10階会場で、3月例会が開催された。テーマは国による国籍差別。「こんなにあるぞ！」とのタイトル通り、数多くの事例が紹介され、それに対する外国人の権利小委員会の意見書案の内容が示された。

この意見書案は、外国人の権利小委員会が約1年半にわたり議論し、現時点での到達点としてまとめたものである。

当日会場には、様々なバックグラウンドを持った会員・非会員が30人近く集まり、1時間半に及ぶ意見書案の説明に真剣に耳を傾け、国による国籍差別の問題を考え、鋭い質問や意見を投げかけた。

以下、意見書案として会場で報告のあった4つの項目と質疑の内容を順に紹介する。

1.公的な国籍差別の問題性

公的な国籍差別とは、「日本国籍の有無により国または自治体において法制度上の取扱いが区別され、かつ、その区別に法的正当性が認められないか、あるいは法的正当性に疑義が残るもの」をいう。

旗手明理事は、「法的正当性の有無は、日本が民主主義国家として、人権の尊重と法の支配・法治主義を基本としている以上、①当該区別に民主制と人権の原則に照らして明確な根拠があるか、②その区別が法令上の明文で規定されているかの2つの観点から判断すべきである」と述べた。

2010年には日本に在留する外国人は213万人を超え、その構成も多様化しており、定住外国人から受ける日本社会の利益も大きくなってきている。

この様な社会状況から考えても、私人による差別に比べて、社会に与える影響の大きい国や自治体による「公的な国籍差別」を早急に撤廃し、外国人も日本社会の構成員として正当な地位を与えるべきである。

外国人は別扱いが当然などという、いわゆる「当然の法理」で差別が安易に正当化されてはならない。

報告する外国人の権利小委員会のメンバー

2.撤廃、見直しが必要な公的国籍差別

田中宏代表理事から、法令上明文で区別するものとして、①行政不服審査法、行政手続法（入管行政等の適用除外）の問題、②住民記録をめぐっての問題、③シベリア抑留特別措置法などの戦争犠牲者援護諸法の問題、④大学の外国人教員の問題が紹介された。

その中で、特に①「入管行政等における行政不服審査法、行政手続法の外国人の適用除外は、国家主権を理由とするが、例えば、外国人の永住許可申請に対して、補正の機会を与えるなどの手続保障を及ぼしたとしても、国家主権が侵害されるとは到底考えられない。

補正の機会なく、不安定な立場に立たされ、不許可処分が下されるかもしれないという外国人の不利益の大きさを考えると、入管行政等における行政不服審査法及び行政手続きの適用除外は速やかに改められるべきである。」との意見案については共感できた。

他にも、法令上の区別の有無が不明確なものとして、⑤生活保護法などの社会保障関係法令、⑥就学義務をめぐる問題、法令上の明文の根拠なく公的見解により区別するものとして「当然の法理」があることが田中宏代表理事より紹介された。

3.外国人の公務就任権

外国人にも職業選択の自由の一環として公務就任権が認められるはずであるが、今日、「当然の法理」なる根拠のない公的見解によりこれが制限されている。

「当然の法理」とは、「公権力の行使又は公の意思形成への参画に携わる公務員は、日本国籍を必要とする」という見解を指すが、法的根拠のないあいまいな概念により権利を制約することは許されない。

藤本美枝理事は、この観点から国家公務関係では、国家公務員一般職採用試験、調停委員、司法委員、日本学術会議会員、人権擁護委員、民生委員、児童委員への就任が制約されていること、地方公務関係では、地方公務員一般職、昇任制限、消防吏員への就任が制約されている点に問題があり、撤廃、見直しが必要であると述べた。

さらに、法令上明文で区別するものとして、教育委員、公安委員への就任制限が問題として取り上げられた。

なお、外国人の公務就任権に関する判例として、有名な東京都管理職選考試験事件についての最高裁判決(2005年1月26日)の紹介もあった。

外国人の地方参政権については、職業選択としての公務就任権とは別の問題として検討されるべきであり、国政選挙と異なる住民自治の理念の下での参政権行使であることに鑑み、定住外国人も社会の構成員として認めた上での制度設計が求められるとの意見書案が示された。

4.国籍と帰化

国籍と帰化に関する諸問題は、公的な国籍差別の問題そのものではないが、これと共通する問題性を有している。

この点に関し、旗手明理事は、「国籍法に関する問題点としては、現行制度の採用する血統主義が挙げられる。厳格な血統主義の下では、日本で生まれ育った者でも、両親が外国籍である場合、日本国籍は取得できず、外国籍のままとなる。国籍による差別が残る現在、日本で生まれ育ち社会の構成員となった者が差別の対象となるのは妥当でない。そこで、出生地主義も一部に取り入れるといった国籍法の改正が必要である」と述べた。

また、帰化行政については、「現行法上、法務大臣の自由裁量に委ねる制度となっているが、日本国民の配偶者で一定期間以上国内に居住する者など、一定の要件を満たす場合には、許可を義務付けることが適切である。また、帰化行政に対する手続きの透明性を確保することも必要である。」との意見書案が示された。

複数国籍については、「日本の国籍法は原則として複数国籍を許容しないものとなっているが、複数国籍から生じる特別の弊害も現在報告されておらず、一定の要件の下でこれを認めることも十分考えられる。」との意見が示された。

5.質疑応答

武藤久資理事の進行で、質疑応答の時間には、会場から、郵便局の内勤に外国人が採用されなかった事例、一般教員についても意見書で取り上げてほしいという意見、在日無年金問題についての質問と、殷勇基弁護士の発言があった。

殷弁護士は、司法委員に推薦されながら承認されなかったという、国による国籍差別を受けた当事者として、外国籍の人が帰化したくないような状況に押し込まれる日本の社会構造を指摘し、理にかなった正しいことは誰が言っても受け入れるという覚悟、作法が必要ではないかと問題提起された。

さいごに

2012年7月9日改正入管法が施行されるが、外国人を管理対象とする扱いに大きな変わりはない。

しかし、世界各国からの200万人を超える外国人が日本社会の構成員として活躍する現在、求められるのは外国人に対する管理強化ではなく、外国人にも正当な権利を認めた上での多文化共生・多民族共生社会の枠組みである。

そのため、私達ひとりひとりが、国や自治体による国籍差別があるという実態を正しく認識し、早期撤廃を求めなければならない。

さらに、国籍について考えるとき、単に理屈でこれを考えるだけではなく、日本社会がなぜ外国人を排斥してはならないのか、ということまで深く掘り下げこの問題と向き合う必要があるということを今回の例会を通じて実感した。

外国人の権利小委員会が今回のように大きな問題提起をするのは、2006年の「人種差別撤廃条約」政府報告書についての意見以来で6年ぶりだそうだが、今回のように示唆に富む充実した内容の意見書案を、憲法や国際人権条約が定める平等原則に根ざした社会の実現のため定期的に発表していただきたいと思った。

例会報告

5月例会報告

"女性に対する暴力"への男性の取り組み ～英国の経験から～

クリストファー・グリーン(英国ホワイトリボンキャンペーン理事)

5月例会は、5月14日(月)午後6時30分より、東京麻布台セミナーハウスにて、林陽子会員(弁護士・女性差別撤廃委員会委員)の司会で開催された。講師には、クリストファー・グリーン氏(英国ホワイトリボンキャンペーン理事)に来ていただいた。参加者は、およそ30名であった。金原恭子理事の挨拶で始まり、グリーン氏の講演に引き続き参加者との質疑応答があり、午後8時30分ころ終了した。

英国ホワイトリボンキャンペーンは、男性に対し、女性に対する暴力に対して声をあげて、虐待を下支えするジェンダーにもとづくステレオタイプに抗議することに関わるようにと働きかけている。以下、グリーン氏の講演の内容を要約して紹介したい。 (会員・弁護士 本多広高)

女性に対する暴力を終わらせる責任

欧州連合の27カ国の人口はおよそ5億人であるが、そのうち1億人の女性が暴力の被害を受けており、5000万人が物理的な暴力の、2500万人が性的な、2500万人が他の形態の暴力を受けています。

女性に対する暴力の防止のために法は不可欠なツールであるが、そういった法があることが知られていることもまた重要です。法の制裁が抑止的に働くばかりではなく、共同体と政府が女性に対する暴力が人権に対する罪であると考えていることを示すからです。

しかし、家庭内暴力を防止するための法があるかという質問に対し、あると答えた人は、フランス、スロバキア、スウェーデンでは68%、エストニアでは28%、ブルガリアでは34%でした。

クリストファー・グリーン氏

潘基文国連事務総長がいうように、男性であれ、女性であれ、誰であれ、私たち全てが女性に対する暴力を終わらせる責任があります。

欧州評議会の女性に対する暴力及びドメスティック・バイオレンス防止条約(イスタンブール条約)は、いまこそその時を得たものです。その12条は、私にとっては、もっとも重要な部分であり、「社会の全ての構成員、とりわけ男性と(男性の)少年が、この条約にいう暴力はいかなるものであれ防止する活動にもっと貢献するように働きかけること」と述べています。

よき実践例1:ホワイトリボンキャンペーン

ホワイトリボンキャンペーンは、世界45カ国で行っていて、このスライドの写真のように、町を行進しているバスの運転手、ウェストミンスター議会のメンバー、連合王国のバスケットボールチームの選手たち(以上、写真はすべて男性)など、影響力ある地位にある男性で女性に対する暴力に対して抗議することに関与することを示しています。また、4000人の男性が毎月のニュース・レターを受け取っています。毎年、女性に対する暴力についての行動16日の間は10万人の男性が白いリボンを着けます。

毎年、ホワイトリボン・デー、国連の女性に対する暴力撤廃の国際デーである11月25日には、多くの市、自治体、学校、スポーツ団体がイベントに参加します。

ホワイトリボン「シティー・アウォード」では、特に選んだ都市を表彰することも行っています。

イタリアとミラノのサッカーのキャプテンである、パオロ・マルディーニも「フェア・プレイは、(中略)女性・少女に対して暴力を使わないこと、手をあげないこと、傷つけ攻撃するために言葉を用いないことは、男性誰しもが毎日の日常でとるべき立ち居振る舞いである」と言っています。

よき実践例2:
スウェーデン 売春を減らすための法

スウェーデンにおいて、1999年に導入された法律は、女性が商品として扱われることはないという通念を作り出すものであり、性的なサービスを購入したり取引したりすることを違法としました。2008年の調査では、法の導入前には、男性の13.6%がセックスのためにお金を払っていましたが、現在では8%にまで減少しています。

よき実践例3:
オーストリア 暴力からの保護法 1997

この法律では、警察は暴力的な同居者を退去させることができ、その命令は4週間継続し、そのあとは裁判所の差止命令がありうるもので、それは最大6か月続きます。これは2009年に強化されました。以上とは別に、最大1年の接近禁止条項も定められています。

被害者が警察を信頼できるようになっていることも重要なことです。法は、警察、裁判所、そのほかの公的機関に対して、注意深い指示を定めています。

この法の適用を求める申立ては、初年度は100件であったのが、いまでは毎年6000件になっています。

イギリスやドイツを含む他のヨーロッパ諸国は、オーストリア・モデルと同様の立法を行っています。

女性に対する暴力が私的な出来事にすぎないと片付けられることはもはやなくなっており、女性に対する暴力とジェンダー間の平等の関連に焦点があてられるようになっています。

欧州評議会の女性に対する暴力及び
ドメスティック・バイオレンス防止条約

条約の4原則は、4つのP、すなわち、防止(Prevention)、被害者保護(Protection of Victims)、侵害者の訴追 (Prosecution of Offenders)、統合され包括的に調和良く組み合わされた施策 (Policies - Integrated, Holistic Co-ordinated)です。

この条約は12章、81条あり、欧州評議会のホームページでは、条約全文をみることができますし、ビデオ、クイズ、FAQなどもおいてあります。

この条約では、一つ以上の公的機関を設けて、諸施策を調和良く組み合わせるように調整し、実施し、監視し、評価するように、またデータを集めて施策の有効性について調査をするようにと定めています。

暴力の防止策は、多くは2次的3次的なもの、つまり、女性を暴力的な状況から救い出し、さらなる暴力を防止するというものです。対して、ホワイトリボンキャンペーンは、1次的なものです。条約の「加盟国は、社会の全ての構成員、とりわけ男性と(男性の)少年が、この条約にいう暴力はいかなるものであれ防止する活動にもっと貢献するように、働きかけるための必要な手段をとらなければならない。」という部分をとてもいいと思います。

条約の17条では、加盟国が、メディアに対し、女性に対する暴力の防止と女性の尊厳尊重の促進のための自主基準を、表現の自由を尊重しつつ、定めることを勧奨することを要請しています。

条約は、暴力について広い定義をとっており、また、名誉の名の下に行われる暴力、心理的な暴力、ストーキング、強制された結婚、性的な暴力、女性器切除、強制中絶・不妊、セクシュアル・ハラスメント[筆者 条約では雇用の場に限っていないようである]などをとくに取り上げている。条約は、心理的な暴力について、強制や脅しによって人の心理的な完全性を重度に損なわせる意図的な行いと定義しています。

条約は、被害者保護のための諸施策も定めています。条約は、2011年に、当初13カ国、その後4カ国が署名し、2012年にセルビアが署名し、イギリスも署名する予定です。

女性に対する暴力のために毎年一人につき555ユーロの費用がかかっているともいわれており、条約の実施にかかる費用はずっと小さなものです。

最後に、女性に対する暴力のない世界を想像してみてください。平和、幸福、健康、自由、尊重、愛情、配慮…

講演のあとの質疑応答で、「私は、女性に対する暴力のある世界に生きたいとは思いません。」ということを言われていたのが筆者にはとても印象的であった。また、グリーン氏は、シールやバッジそしてリボンといったホワイトリボン・グッズを持参されて、参加者に自由に持っていってくださいとすすめられていた。小さなことをできることをまずやってみるということを教わったように思う。

あたごの杜から
事務局長日誌

◆5月の総会で、藤原家康さんから事務局長職をバトンタッチされました。颯爽とした新進弁護士の雰囲気を残していた藤原さんの後に、四捨五入しなくても還暦に近い私が???と本人が一番疑問に感じていますが、発想だけは若くあるべく努力して、チャレンジングなJCLUのために頑張ります。2年間どうかよろしくお願いいたします◆今年3月まで司法研修所で刑事弁護教官をしていました。今の修習生は、みなさん、優秀でお行儀も良く、講義の最中に教官に対して反抗はもちろん反論したりいたしません。判例を尊重する姿勢も徹底しています。隔世の感があります。今思えば教官にかなり失礼だった昔の自分を思い出して赤面しつつ、他方で物足りなさもありました。宴会でも、「判例は変更されるためにある」「最後に勝つまでは負け続ける市民と弁護士の粘りが世の中を変える」と繰り返しました。それでも、2年前には「調書の任意性は争っても通らないのに、どうして争うんですか」と真顔で聞く修習生がいて、何と答えたらいいのかと悩みました。それが、見よ。今はあちこちで調書の任意性は否定されているではありませんか。論より証拠。私の話の説得力は増しました。しかも、そういう動きの中心にJCLUの見知った顔があることの密かな誇らしさ(これはちょっと脱線ですね)◆刑事事件でだけではなく、JCLUの掲げる「市民的自由と人権の価値」を憲法の視点から再考察して、問題に気がついた市民と弁護士が法廷でも運動でも活用できるようにし、あきらめずに主張するための後方支援となる市民と研究者と法曹(の卵)の憲法判例に関する研究会も始めたいと考えています。憲法感覚が他の市民にも「伝染」し、法廷で裁判官の心に沁み入り、やがて新しい判例が生み出されるように、というのは夢想でしょうか◆JCLUは、動きながら考える柔軟な思考の会員のやる気に支えられています。会員のみなさまの活発な問題提起を心からお待ちしております◆

(升味佐江子)

2012年5月～6月のJCLU

5月14日	5月例会「女性に対する暴力への男性の取り組み～英国の経験から～」(クリストファ・グリーン・英国ホワイトリボンキャンペーン理事)東京麻布台セミナーハウス
5月12日	自由人権協会大阪・兵庫支部総会、総会記念講演「どうなる?大阪の教育～橋下・教育『改革』を考える～」(池田知隆・ジャーナリスト)難波市民学習センター講堂
5月16日	5月理事会
5月26日	自由人権協会総会、総会記念シンポジウム「裁判員制度を検証する」(村岡啓一・一橋大学大学院法学研究科教授、田口真義・裁判員経験者、土屋美明・共同通信社編集委員、北神英典・弁護士 JCLU理事)航空会館
5月30日	一橋大学法学部生JCLU訪問
6月2日	自由人権協会京都総会、総会記念講演「戦後補償について宋さんが開けたパンドラの箱～浮島丸事件訴訟を通して考える 宋斗会さんを偲んで」(山本晴太・弁護士、趙博・歌劇派芸人)京都弁護士会館
6月15日	早稲田大学ロースクール・エクスターンシップ説明会(升味事務局長 出席)
6月20日	6月理事会

【発行日】2012年7月24日 【発 行】社団法人 自由人権協会
〒105-0002 東京都港区愛宕1-6-7 愛宕山弁護士ビル306
TEL:03-3437-5466 FAX:03-3578-6687 URL:http://jclu.org/ Mail:jclu@jclu.org
(大阪・兵庫支部)
〒530-0047 大阪市北区西天満1-10-8 西天満 第11松屋ビル3F 堺筋共同法律事務所内
TEL:06-6364-3051 FAX:06-6364-3054
協会設立:1947.11.23 本紙創刊:1950.5.1 購読料:年間2,500円 郵便振替:00180-3-62718 発行人:升味佐江子

人権新聞 Japan Civil Liberties Union
JCLU Newsletter
発行所　社団法人　自由人権協会
JCLU
〒105-0002 東京都港区愛宕1-6-7 愛宕山弁護士ビル306
TEL:03-3437-5466　FAX:03-3578-6687
URL:http://jclu.org/　Mail:jclu@jclu.org
協会設立:1947.11.23
本紙創刊:1950.5.1
購読料:年間2,500円

特集1　デモの自由

チャレンジとしての官邸前デモ

会員・成城大学法学部准教授　西土 彰一郎

1.集団的表現行為

首相官邸前の脱原発デモは、1960年安保闘争以来の大規模なものとも言われている。一般にデモは、「動く集会」または「その他一切の表現」として、憲法21条により保障されていることは言うまでもない。発達したマスメディアの前では一人ひとりの個人の意見は無力であったとしても、それが数多く集まれば、大新聞やテレビなどに負けず劣らず、政治や社会を動かしうる力を持つ。集団的表現行為は、まさにこうした民主主義を実質化する意義を有している（浦部法穂『憲法学教室[全訂第2版]』174頁参照）。

もっとも、戦後すぐのころは、大衆デモは大衆的暴力行為とも呼ばれてもいた。最高裁も、有名な東京都公安条例事件において、「集団暴徒化論」を実質的な根拠として、集団行進等の実施に関して様々な制約を課している公安条例を合憲と判断している（最大判1960・7・20刑集14巻9号1243頁）。これに対して、公安条例、さらには道路交通法による集団行動規制は憲法21条に反するとの理解が、憲法学では支配的である。ただ、ここではこの問題には深く立ち入らず、教科書的叙述を離れて、首相官邸前の脱原発デモを契機として考えるところを徒然なるままに書き記しておこうと思う。

2.民主主義・デモ・マスメディア

首相官邸前の脱原発デモについては、多くの論者により優れた論評、分析がなされている。例えば、最近の『世界』2012年9月号では、柄谷行人氏が、イラク戦争反対運動がさほど盛り上がらなかった日本において、反原発運動がここまで大きなうねりとなった背景を、公共性と個人の関係に関する丸山真男の議論に依拠しつつ、分析している。その上で、デモは、何らかの「手段」としてあると同時にそれ自体「目的」として、つまり代表制民主主義とは異なる民主主義の可能性を開示するものとして、存在するという。また、同誌掲載の雨宮処凛氏の論文では、新しいデモの文化を紹介しつつ、悲しみ等を「シェア」するデモの重要性を指摘している。こうした論文に触発されて、デモと民主主義の関係や「シェア」等について私なりに考えてみると、次のようになる。

先ほども少し触れたが、表現の自由は、民主主義の機能性にとって必要不可欠であり、この点に表現の自由を厚く保障する一つの根拠がある。ただし、ここでいう民主主義を「対話型」民主主義とだけ捉えてしまうと、デモの自由の本来の意義が見えにくくなるように思われる。確かに、日本でも紹介されている、ウルリッヒ・ベックやアンソニー・

CONTENTS

ギデンズといった西欧の社会学者による「再帰的近代」論からすれば、社会史の原動力は政治的「闘争」ではなく、人間の行為から意図せずに生ずる副作用（再帰性）である。エコロジーの危機や食生活の問題がこの副作用に該当する。

この場合、自己に関連する問いが問題になる一方、互いに確実性を根拠にできないため、対話と妥協の形成が促される。それを土台にして、公開討論の場を創造し、そこで専門家、政治家、企業家、市民などのあいだに、互いに協力可能な形態での合意の成立が可能となる。再帰的近代とは、以上のようにして、今まで確実性を与えてきた「伝統」から解放された「行為の自由（自律）」を前提に、この行為の副作用に直面して生ずる「懐疑主義」に基づき、人々の「対話」を通じて暫定的な合意の生成を可能にするものといえる。それは、対話型民主主義が理想ではなく、きわめて現実的な民主主義観であることを明らかにしている。しかし、そうであるならば、民主主義を基礎にする表現の自由は、互いに寛容の精神をもって対話する自由へと収斂して差し支えないことになろう。

おそらく、デモの自由は、それをさらに突き抜けたところにある。再帰的近代化により可能となった合意であったとしても、それに賛同、適応できない少数者はいる。対話のプロセスから排除された人々もいよう。そうした少数者は、既存の合意、あるいはヘゲモニーに異議申し立てを行うことにより、既存の合意の自明性を疑わないヘゲモニー側の人々に反省を促す必要がある。少数者にとって、政治とは意見の交換ではなく、ヘゲモニーに対する異議申し立てである。デモの自由は、この文脈で把握される。

ただし、少数者がデモの自由を行使するまでには、多くの障害がある。公共空間で多数者に異議申し立てを行うことは、少数者に対して心理的負担を課す。こうした心理的負担を軽減する趣旨から、最近の憲法学では、名誉毀損的表現の保障を拡大する文脈で、「萎縮効果」論の再評価がなされている。公共空間での発言の参入障壁を除去し、人為的に公共空間を維持するとの政策的配慮から、公共財としての政治的表現という視点を踏まえて少数者の「表現の自由」の保障を拡大する必要がある（毛利透『表現の自由』45頁以下）。今まで排除されてきた少数者がその声を多数者に届けるようにするためには、場合によっては過激な言論とならざるをえないこともあろう。このような言論も、少数者による公共空間の維持という観点から、憲法で保障される。同じことは、過激な行動を伴いがちな少数者のデモに対しても妥当する。

この見解を敷衍すると、少数者の心理的負担を軽減させ、公共空間へと進出することを促す役割を担っているのが、マスメディアであるといえよう。マスメディアが少数意見を取り上げることにより、同じような考えを有している人々に公共空間への参入を促す、そうして彼らが集まって、「怒り」や「悲しみ」等を「シェア」することにより、デモ等の異議申し立て行為を行い、多数者に再考の機会を与える、こうした動態的な民主主義の擁護のために、マスメディアの自由がある。とりわけ、個人的見解に反する少数意見であっても、ジャーナリズム倫理の一つである報道の「公正」の観点から取り上げることが要請される職能としてのジャーナリストの活動が重要となる。

3.チャレンジに応える

以上の雑駁な考えから、首相官邸前の脱原発デモを見てみると、それがここまで大規模なものになった背景には、3・11震災直後の反原発デモまでもマスメディアが黙殺した（先の柄谷論文の指摘）ことへの不満もあるように思われる。マスメディアが原発に批判的な言説を伝えないのなら、自分たちで行動に移すしかない。上野千鶴子氏の言う「当事者主権」である。

では、なぜマスメディアは「黙殺」するのか。穿った見方かもしれないけれども、デモが政治や社会を動かしうる力を同じように持つことにマスメディアは恐怖を覚えているのではないか。確かに、デモといってもその背景となる政治思想は様々であり、最近では、偏狭なナショナリズムに基づくデモもある。過激なデモを取り上げることにより、寛容な民主主義体制を掘り崩す危険を考えないわけにはいかないのかもしれない。しかし、仮に民主主義を否定する恐れのあるデモであったとしても、それをマスメディアが批判的に取り上げることにより、こうしたデモが多数派の反省を促すような「より良き理由」を提示できるようになるべく鍛えるべきである。デモと職能としてのマスメディアの協働により、民主主義の実質化が図られる（なお、新聞報道によると[朝日新聞2012年9月2日]、首相官邸前の脱原発デモにおいて、警察の過剰警備に目を光らせる「官邸前見守り弁護団」が手弁当で活動している。ここでは、職能としての弁護士が、デモの自由を擁護している。もとより、すべてのデモに弁護士が寄り添うことはできないであろう。しかし、職能が国民の言論の自由の行使に寄り添うことの意義が、ここに見出されよう）。

最後に、深代惇郎の「少数派のチャレンジに答える」という文書を紹介することにより、本稿を閉じることにしたい。「『チャレンジ』には、少数派の異議といった響きがこもっている。多数派からみて『チャレンジされた』という言葉には、道理としてそれが無視できない、簡単にやり過ごせないものだというニュアンスが含まれている」。「さらにいえば、チャレンジされた多数派は、自分たちの考え方、やり方の方が正しく有効であることをもう一度確かめて、チャレンジに答えなければならないという『多数派の義務』をも意味している。日本の『挑戦』とか『挑む』という言葉に、わざわざ事を荒立ててケシカラン（中略）という語感を感じ取るのは筆者の思い過ごしだろうか」（『深代惇郎エッセイ集』129頁）。首相官邸前の脱原発デモを契機として、日本においても集団的表現行為が政府、多数派、そしてマスメディアにとり「チャレンジ」となることを望んでいる。

特集1 デモの自由

官邸前見守り弁護団

会員・弁護士 河﨑 健一郎

市民に大きく広がった原発再稼働反対のうねり。世論を無視して再稼働を決めた政府に対し、官邸前に集合して反対の声を伝える市民の抗議行動を「官邸前見守り弁護団」がバックアップしている。

市民の活動をひたすら排除し、取り締まりに躍起になる警察と対峙し、参加者に対する分断や物理的排除、無断での写真撮影等をやめさせる活動に精力的に取り組む弁護団の取り組みを、河﨑健一郎弁護士に報告してもらった。

（ニューズレター編集部）

1.官邸前見守り弁護団とは

「官邸前見守り弁護団」とは、毎週末首相官邸前付近で繰り広げられている市民の抗議行動に関心を共有した弁護士有志による緩やかな集まりです。毎週金曜日の夕方に、首相官邸前付近で行われている「原発再稼働反対の抗議行動」の現場に赴き、「見守り弁護」を行っています。

見守り弁護団は、首相官邸前抗議行動が急拡大した6月末頃に活動を始め、現在では100名超の弁護士が名前を連ねています。

世話人的な役割を果たしているのは、小島延夫（東弁）、神原元（横浜）、児玉晃一（東弁）、島昭宏（東弁）、小松圭介（二弁）の各弁護士と私です。

従来、こうした監視弁護の活動は「救援」という名称で呼ばれてきました。しかし、デモや抗議活動に参加するのが初めてというような方にとって、「救援」という言葉は聞き慣れません。新たな参加者の方々ができるだけ抵抗を感じることのないようにとの配慮から、あえて「見守り」という一般用語を用いて活動を行っています。

見守り弁護団について説明するためには、いま首相官邸前で何が起きているのか、それを先に説明する必要があるでしょう。

首相官邸前での原発再稼働反対の抗議行動は、今年3月ころ始まりました。当初は300人ほどの規模であったといいますが、回を追うごとに人数が膨らみ、国会議員や著名人などもスピーチのために駆けつけるようになりました。

この官邸前抗議行動には、中心（組織）がなく、党派性がありません。これは官邸前抗議行動の際立った特徴だといえます。会社帰りのサラリーマンや子供連れのお母さんたちが気軽に参加して声を挙げるという、日常生活との接続感が、官邸前抗議行動がかつてない規模に拡大した最大の要因だと私は思います。

2.見守り弁護団の発足

中心（組織）がなく、党派性がない、という意味では見守り弁護団も官邸前行動の相似形であるといえます。立ち上がった直接の契機という意味では、早い段階から官邸前抗議行動に参加していたデザイナー兼環境活動家のマエキタミヤコさんから、旧知の私に対して、「官邸前抗議行動の人数が増えてきたから、もしもの事態に備えて、弁護士の方々が参加することが出来ないか」という相談があり、それに応じて私がツイッター上で、参加できる弁護士の呼びかけを行ったのが始まりでした。

私たちは主催者の一員というわけでも、主催者の依頼を受けて見守りに取り組んだのでもありませんでした。また、参加しているメンバーの皆がみな、「再稼働反対」という、抗議行動の内容に賛同していたわけでもありませんでした。「表現の自由」「市民の政治参加」「監視弁護」などそれぞれ個別の関心から、緩やかで幅広い連帯の輪が広がったのが見守り弁護団の特徴でした。

私たちは、とにかく弁護士がその場に沢山いること、共通腕章でそれが視認されることを重視しています。その上で相互に情報交換すること、緩やかに連携することで、トラブルの未然防止、過剰警備への牽制、万が一の際の逮捕者支援、証拠保全などを行うことを心掛けてきました。

また、見守り弁護団は決して弁護士だけが集まっているのではありません。ツイッター上での呼びかけに応じて集まった法科大学院生や法科大学院修了生が「人権サポート」の腕章をつけて参加してくれています。彼ら／彼女らは縦横無尽に現場を巡回し、揉め事などを認知するやすぐにメール、電話等で弁護士に連絡してくれます。毎週の抗議行動に、参加できる弁護士の数は限られますから、彼らの献身的な努力には大いに助けられています。

他にも、声掛けの発端となったマエキタミヤコさんをはじめ、多くの支援者の方々が有形無形のお手伝いを申し出てくれています。こうした支援者の方々の力添えがなければ、毎週の見守り弁護団の活動は到底成り立ちません。

3.見守り弁護の取組み ――警察による分断と排除に対して

見守り弁護に取り組んできて、直面する課題は時期と共に移り変わってきました。私たちが見守り弁護を始めた当初は、参加者が1万人を超え、週を追うごとに増えながら、警察の警備も厳しさを増していく過程でした。特に、7月6日には雨の降りしきる中、官邸前の歩道から人波が決壊して路上に溢れ出しました。また、7月29日にはキャンドルライトを持参しての国会大包囲という企画の中で、主催者発表で20万人近くの膨大な人々が国会周辺に集まり、国会正門前の両脇の歩道から人々が溢れ出して、国会前を文字通り占拠して「解放区」を作り上げました（参照：アワープラネットTV「脱原発の鎖が国会包囲～議事堂前に解放区！」http://www.ourplanet-tv.org/?q=node/1412）。

こうした事態を受け、警視庁は所轄の麹町警察に加えて機動隊を投入し、鉄柵を用いて歩道と車道を分離し、また交差点で強引に誘導を行うことで参加者の分断をはかるようになりました。

私たちは現場での抗議を繰り返しながら、8月2日と8月9日に、弁護士150名以上の連名で「市民の表現の自由を尊重し、過剰警備をしないよう求める声明」を発出し、宇都宮健児前日弁連会長を先頭に、警視庁に対して申入れを行いました。

こうした要請の甲斐あってか、8月中旬以降、警察による警備は段階的に緩和され、完全封鎖されていた国会正門前交差点の南北方向での通行が可能になる、官邸前交差点の交通制限が一部解除される、国会前交差点での強引な誘導が行われなくなる、などの変化がみられました。

4.見守り弁護の取組み ――警察による違法撮影に対して

一方で問題となったのが、警察による抗議行動参加者の無断撮影行為でした。

京都府学連事件での最高裁判決を引くまでもなく、何らの犯罪の嫌疑がないにも関わらず、公権力によって、公道上で、本人の同意なく、個人が特定できるような写真撮影、動画撮影が行われることは違法です。物理的な排除などの過剰警備が緩和傾向になった9月以降、私たちはこの違法撮影の問題と対峙することになりました。

弁護士が違法性を指摘しても当初は無視を続けていた警察ですが、根気強く説得を続けた結果、最近では、弁護士が近づくとカメラの撮影を切る、レンズの向きを変える、カメラと三脚ごと持ってどこかに移動する、などといった対応がとられるケースが増えてきました。いたちごっこの様相を呈していますが、撮影行為自体は目に見えて減少していると感じています。

5.おわりに

ある弁護士は、いま官邸前で起こっていることを「民主主義の更新(リロード)だ」と表現しました。私もこの感覚に近いものを持っています。

一人ひとりの市民が、おかしい、と思ったことを思うさま、国家権力の中枢である首相官邸前や国会前で表現するということ。これは、まさに民主主義そのものだと私は考えます。

また、この三ヶ月余りの見守り弁護団の活動を振り返ってみて感じるのは、「何事もやってみるもんだ」ということです。一人ひとりの法律家の力は小さいものですが、支援者の方々の協力を得て、根気強く、現場での見回りと警察への抗議を続け、タイミングをはかって声明や要請を出し、交渉を続けていくことで、確かに過剰警備は幾分緩和されてきましたし、違法撮影の問題も大幅に減少傾向にあります。

「法律家がいないのは、法がないのと同じだ」という言葉を聞いたことがあります。いま私はこの言葉を噛みしめています。どんなに人権に配慮した法律があっても、格調高い判例があっても、それをその現場で適切に主張できる法律家がいなければ、法がないのと同じなのかもしれません。

官邸前に集まった何十万の人々の声が、どれだけこの国の意思決定に反映されていくのか、まったく予断は許しません。報道されるニュースを見る限り、先行きは暗いものかも知れません。

それでも、この一連の官邸前での出来事が、多くの人々の心の中に残したものは少なくないのではないでしょうか。すぐに芽が出るわけではないかも知れませんが、この春から夏、そして秋にかけての一連の出来事は、いつかこの国のその後の民主主義にとって、価値のある第一歩であったと評価される日が来るのではないか、私はそのように確信し始めています。

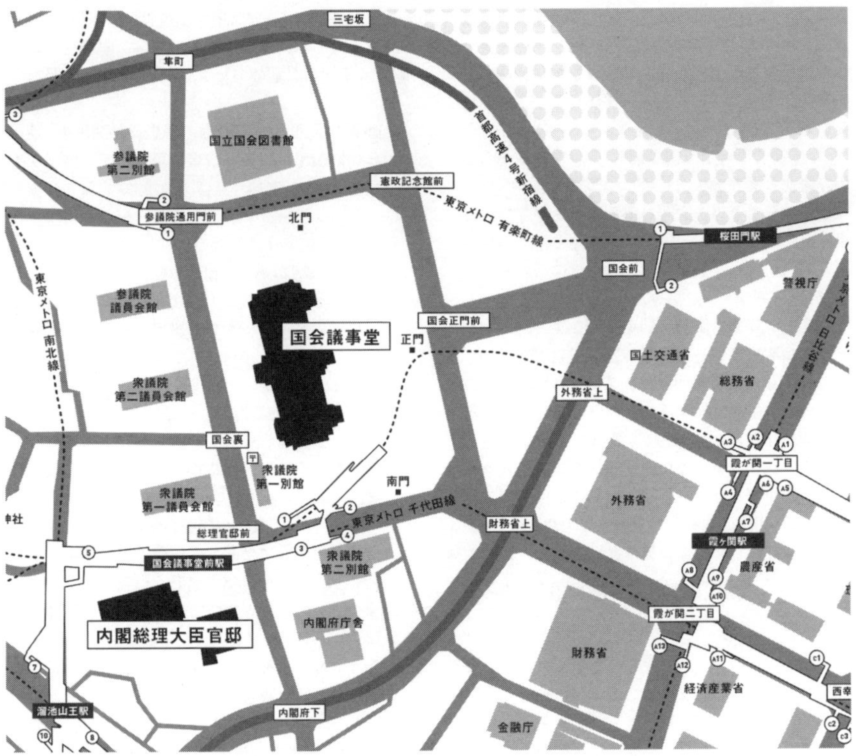

官邸前見守り弁護団が用いている官邸前付近の地図。作成：サステナ

特集2 原発と知る権利

原発情報と情報公開

情報公開クリアリングハウス理事長 三木 由希子

何周も遅れた情報公開の生む不信感

筆者の手元に、2011年3月13日の10：37に国から福島県に最初にFAXで送られた、福島第一原発事故にかかわるモニタリングデータとSPEEDIの計算結果がある。

モニタリングデータは、3月11日～3月13日にかけてのものだ。手書きの走り書きで、「陸側に影響がある日時は3/12　13：00～19：00　3/13　04：00～06：00　特に汚染の可能性があるのは、1×：00～17：00」とメモされている(×は、パンチで穴があけられていて識別できないもの)。SPEEDI情報は、3月12日3：00～3月13日8：00までのものだ。3月12日15：36の1号機の水素爆発時を含むデータだ。

手元にある別の資料は、文部科学省と原子力安全・保安院が、SPEEDIの運用を委託している原子力安全技術センターに東日本大震災後に依頼し、配信を受けたSPEEDI図形の配信一覧表だ。これによると、文部科学省が2011年3月12日～16日にかけて依頼した計算結果38回分のうち、10回分が原子力安全・保安院に、1回分が原子力安全委員会にも送付されていた。また、原子力安全・保安院は、同11日～16日にかけて計算を42回依頼し、9回分は文部科学省にも送付されていた。

原子力安全・保安院の一覧表を見ると、「1号機格納容器破損による影響を確認するため」「1号機水素爆発による影響確認のため」「20km避難区域への影響確認のため」という「解説」も記されている。

これらは、事故後10か月近くたってから、福島県と国に対して行った情報公開請求によって公開された「公文書」だ。SPEEDI情報の公開はそれよりも早く始まった。しかし、これらの情報は、2011年3月の時点で私たち市民が知りたかった情報であり、知る権利があった情報だ。

リスク情報の公開を前提にしていない原発政策

SPEEDIの情報が住民の避難に活かされず、避けられた被ばくを生んだことは、改めて述べる必要もないだろう。なぜ活かされなかったのかについては、政府事故調や国会事故調でも検証されている。それによれば、ある時期まで大臣などの政務に情報は上げられず、そもそも政府内で避難等について責任を持つ人間に情報が共有されていなかったこと、計算結果を公表することで混乱を招くことをおそれたなどが、その理由とされている。

しかし、SPEEDIの情報公開の問題の本質は、そこにあるのではないと思う。それは、そもそも原発政策そのものが「安全神話」に拠って立っているものであり、情報公開とは相いれない前提を持っているからだ。

「安全神話」は、原発を存在させるという結論があって、それを成り立たせるための「神話」だ。原発の存在のために有利な情報を取捨選択し、コントロールして合意や同意を取りつけ、政策選択や意思決定を行う。そこで公開・提供される情報は、原発という存在を抱えることで社会や市民が抱えるリスクであってはならず、安全を説明するためのものになる。あるのは、政府や東電がコントロールした情報であって、市民の知る権利にこたえるものではないのである。

このような不健全な情報の流れの上に、今回の原発事故にまつわる様々な情報公開の失敗はある。安全神話の中では、政府も東電も市民も、原発にはリスクがあることを知りながらも、そうした情報とどう付き合うのかということに、真剣に向き合ってこなかった。その結果が、肝心な非常時にリスク情報を公開・提供することをためらう政府の行動につながっているのではないかと思う。政府や東電が市民とリスク情報を共有してこなければ、リスク情報を公開・提供した場合に市民がどう受け止めるのかを信頼できないということになるだろう。結局、平時にできていない情報公開は、非常時だからできるわけではないのだ。

一次情報がすべて東電という構造でよいのか

平時と非常時の問題は、別の場面でもある。それは、政府の作成・取得している文書の問題だ。

福島第一原発1号機の「事故時運転操作手順書」の情報公開問題を覚えておられるだろうか。衆議院科学技術・イノベーション推進特別委員会が東電に提出を求めたところ、大半を黒塗りにして提出。その後、経済産業省が東電に提出を求め、経産省の判断として委員会にほぼ全部公開し、一般にも公表されたという経緯をたどった。

そもそもの東電の情報公開のあり方にも大いに問題があるが、筆者は別の所にも引っかかった。それは、政府は重大事故が発生してもなお、衆院委員会で問題になるまで、事故時にどのような運転操作を行うのかという資料を持ち合わせていなかったということだ。筆者がその後情報公開した結果、事故時運転操作書は、福島第一原発1号機以外、政府が保有していないこともわかった。

原発に関する一次情報はすべて東電にあるので、平時から政府が原発の安全性に対する責任を果たすために十分な情報を取得した上で、審査・検査が行われていたのかという疑問がわく。相当な部分を東電任せであったのではないのだろうか。

そのことは、非常時に設置された、政府と東電による福島原子力発電所事故対策統合本部（のちに政府・東電統合対策室）の問題からも色濃く推測される。

統合対策本部は、昨年12月に解散しているが、ここは行政組織でもなく、事実上の組織として運営されてきた。場所は東電本店にあり、基本的な運営は東電職員が担っていた。政府と東電の間の調整などが行われてきたが、行政組織としての体はないので、東電の資料や文書がそこで使われたとしても、政府職員が取得して行政組織に持ち帰らない限り、公文書化されない。

東電任せで、政府として責任を持って対応をするに足りる情報が十分に取得され、保管される体制にはなっていない。このことは、テレビ会議動画の公開を拒み続けた東電とそれに対して無策な政府を見ていると、今でも改善しているとはいえないだろう。福島第一原発の事故から教訓を最大限学ぶことはもちろんのこと、過去の原子力規制の在り方を検証するためにも、東電から政府がどのような情報を取得するべきなのか、という議論が必要だと考えている。

そして、政府が情報を保有しているということは、情報公開法の対象となるということだ。少なくとも、市民のアクセスの機会は保障される。本来であれば、地域独占企業である電力会社の情報公開のあり方そのものを考えるときであると思うが、福島第一原発の事故に関する情報については、東電にしか一次情報が存在しないという状況を、早急に解消すべきだ。

今と将来を見据えた情報公開を

福島第一原子力発電所の事故は、それに伴う補償も、事故収束にかかるコストも、放出された放射能による汚染対策コストも、そして放射能の影響や避難生活による健康面で負ったリスクも、すべて私たち市民の負担だ。政府の負担は最終的には税金によって賄われ、東京電力の負担はすべて最終的には電力利用者である消費者の負担になる。

情報公開は、本来は福島第一原発事故のような問題が起こることを予防・防止するためにあるべきものだ。しかし、事故が起こってしまった以上、私たち社会が負ったコストとリスクについて、客観的な情報を作成し、記録し、残し、市民の知る権利にこたえる体制を作り上げていくことが必要だ。これらが行われていないと、情報公開を前提としない不適当な対応・対策を招くことになる。

今、情報公開クリアリングハウスでは、晩発性と言われている放射能の影響、事故収束までに数十年、放射性廃棄物の管理には気が遠くなるような年月がかかる、という現実を踏まえて、福島第一原発事故情報公開プロジェクトを始めた。そのねらいは、政府が保有している関連する行政文書を今のうちに情報公開請求して、市民が誰でも使えるようにデータベース化することと、政府に事故に関する情報の取得、作成を十分にさせることにある。さらに言えば、数十年先に何か問題が発生したときに、そこから政府や東電の情報を探すのではなく、今の情報を数十年先にも誰でも使えるようにしておきたいというねらいもある。

情報公開クリアリングハウスの前身である情報公開法を求める市民運動が1980年に発足した契機には、薬害や公害などの問題の原因には、政府は危険を知っていたのにそれを情報公開せず、市民が被害をこうむったこと、さらに被害者が救済を求めても、政府の情報非公開が大きな壁になったことがある。そこから、政府に対して情報公開を求める権利を保障する法律が必要だ、という立法運動につながった。

福島第一原発事故は、過去の教訓を予防・防止に活かせなかったという意味で、情報公開の課題を改めて浮き彫りにした。しかし、以前と異なるのは、今は情報公開制度があるということだ。ぜひ、これを機会に多くの人に情報公開制度を利用してもらい、政府が何を持っているのかを明らかにしていってほしい。また、福島第一原発事故情報公開プロジェクトでは、情報公開請求した人に、公開された公文書の提供を呼び掛けている。そして、情報公開クリアリングハウスでも独自に相当量の情報公開請求を行っている。そのための費用を賄うために、寄付も呼び掛けている。

情報公開は、言葉を唱えていれば進むものではない。多くの人に、さまざまな形で、情報公開を進めるための行動をお願いしたい。

特定非営利活動法人情報公開クリアリングハウス：1980年設立の情報公開法を求める市民運動が、情報公開法制定を契機に1999年に組織改編したNPO法人。市民の知る権利の擁護と確立を目的として、主に公的機関の情報公開制度、個人情報保護制度、公文書管理などについて、政策提案や運用監視、制度を利用する市民の支援を行っている。会としても情報公開請求等を行った情報収集をしており、また、情報公開請求を活用した調査研究も行っている。
〒160-0008 東京都新宿区三栄町16-4 芝本マンション403
TEL:03-5269-1846 FAX:03-5269-0944 e-mail:icj@clearing-house.org URL:http://clearing-house.org

特集2 原発と知る権利

日本の情報公開の現状と東電の情報公開

代表理事・弁護士 三宅 弘

情報公開法改正案が継続審議のままで放置されていること

2011年4月に情報公開法改正案は、内閣から衆議院に提案された。しかし、国会では、情報公開法改正法案がその後1年以上、衆議院で継続審議とされたまま放置されている。情報公開制度の拡充は、震災復興や原子力政策のあり方を議論するためにも重要である。正確な情報に基づく議論を通じた政策形成がなされるべきである。

改正法案には、情報公開法の施行から10年間に蓄積した問題点の解消を目指した、実効性ある内容が盛り込まれている。情報公開請求者の声を採り入れ、知る権利の保障を明文化した（改正法案1条）。不開示情報の範囲を限定している点も前進である（改正法案5条1号、2号、3号、4号、5号、6条1項）。裁判所のみが見分できる手続（インカメラ審理）の導入も求めた（改正法案24条）。インカメラ審理は、韓国では15年以上も前に制度化され（三宅・獨協ロー・ジャーナル7号論文142頁）、情報公開制度の世界標準となっている。情報公開請求を待たずに、「国民に分かりやすい形で、かつ、国民が利用しやすい方法により」情報提供することも規定している（改正法案25条）。

もし改正法案が震災前に可決成立していたら、情報提供は積極的にされるべきだとする法的根拠が確立され、緊急時迅速放射能影響予測システム（SPEEDI）の使われ方も違っていただろう。データを事故直後に公表することを怠ったため、周辺住民が被爆するという不幸な事態を避けることができたはずだ。しかし、「文科省は予測を発するだけで終わり、（原子力）安全委員会も官邸に予測を届けず、（経済産業省の原子力安全・）保安院が官邸中枢に届けた予測図は0～3枚、保安院はSPEEDIで避難区域案を作ろうしたものの、それも実らなかった。・・・これにより、最も影響を受けたのは浪江町山間部から飯舘村長泥周辺にかけての高線量地域にいた人たちだ」（（ ）は引用者注）と報告されている（朝日新聞特別報道部『プロメテウスの罠』（学研パブリッシング、2012年）。

東電テレビ会議録画の公開について

福島第一原発事故が起きた直後から、東京電力においては、本社幹部と発電所長のやりとりなどを収めたテレビ会議の動画記録が残されていた。第1ないし第3号炉の原子炉の圧力を下げるためのベント（排気）や海水注入の決定過程について、東電側がどう判断したか、また、東電側から首相官邸側へ真実、同原発からの「撤退」を伝えたのか、これらの疑問を解明するためには、第一級の情報である。

当初、東電は、社員のプライバシーを理由として、この録画の公開を拒んできた。しかし、国策としての原子力発電事業を担ってきた企業における原発事故情報は、「国民共有の知的資源」(公文書管理法1条)である。枝野幸男経済産業相は、参議院予算委員会で、東電幹部の名前や顔の公開はプライバシー問題にあたらないが、一般社員には配慮が必要と指摘し、「(東電は) 公開する方向と聞いている」と答えた(朝日新聞デジタル2012年7月11日)。

7月27日、東京電力は、次の条件を付して、テレビ会議映像を公開するとした。

・対象は3月11日から15日までの約150時間／・報道機関が閲覧できるのは8月6日から10日までの約30時間に制限／・16日以降は対象外／・各社1人だけの閲覧／・録音や撮影は不可／・東京電力が用意したパソコンでのみ視聴

しかし、その報道された上記の公開の方法をみると、とても公開の名に値するものではなく、様々な条件を付けた「名ばかり公開」であるとして批判された。

この結果、公開期間を当初の5日間(計30時間程度)から約1ヵ月間に延長、「各社1人だけ」ではなく、大手報道機関には視聴用パソコンを2台、継続して記者会見に来ている報道機関やフリーランス記者には1台を用意することとしたが、取材・報道規制の撤回は拒否し、8月6日から部分公開が実施された。

本稿の冒頭で述べたが、震災復興と原子力政策のあり方を議論するためにも、正確な情報が必要である。東京電力の保有データであるとしても、これは国策としての原子力政策にかかる情報であって、「国民共有の知的資源」である。東電において、厳正に保管のうえ、プライバシーの問題が及ばない部分から情報提供としてホームページ上で公開していくこと。そして、現用性がなくなったときは、公文書管理法15条が予定しているとおり、国立公文書館に寄贈され、永年保存されていくべきであって、決して東電独自の判断によって廃棄されるべきではない。

東電株主代表訴訟における テレビ会議映像の証拠保全

これと関連して、東電株主代表訴訟では、8月29日の進行協議において、下記のとおり、テレビ会議の映像のすべてのDVDを東電から裁判所に任意提出してもらい、裁判所で保管されることとなった。

情報の確保ということでは一歩前進であるが、訴訟手続によらない法整備が必要であろう。

①東京電力は、同社本店と福島第一原子力発電所等との間のテレビ会議をシステムにより録音・録画した記録(以下「本件記録」という。なお、平成23年3月12日午後11時頃から同月31日午前3時半頃までの本店採録分については、同月15日午前0時頃から同月16日午前3時半頃までの映像・音声が欠落し、同月11日午後6時半頃から同月31日午前7時半頃までの福島第二採録分については、同月11日午後6時半頃から同月17日午前11時半頃までの音声並びに同日午前11時半頃から同日午後4時半頃まで及び同月25日午前11時15分頃から同月26日午後3時半頃までの映像・音声が、それぞれ欠落している)につき、現存している原本たる記録媒体(以下「本件記録媒体」という)自体を廃棄及び消去しないことを約束した。

②原告弁護団は、今後、本件訴訟の審理において、本件記録の各部分につき証拠調べを行う必要があると思料したときには、東京電力に対し、そのつど訴訟法に従い本件記録の各部分の写しの提出を求めることとし、東京電力は、誠実に検討の上、自らの意思でまたは訴訟法にしたがい本件記録の各部分の写しを証拠提出することとなった。

③東京電力は、本件記録媒体の情報が裁判所の下にも保存されるよう、本件記録媒体の情報を全てそのまま複写して作成したDVDまたはブルーレイディスク(以下「本件DVD」という。)を、裁判所に任意に提出し、裁判所がこれを保管することとなった。この段階では裁判所が証拠調べを行うことはない。

原告弁護団は、今後、本件訴訟の審理において、東京電力が本件記録の各部分の写しを証拠として提出したときには、本件DVDの当該部分を証拠調べするよう求めて、両者の内容の同一性を確認することができることとなった。なお、原告弁護団は、この場合以外に、保管中の本件DVDを証拠調べするよう求めたり、その閲覧謄写を求めたりはしないことを約束した。

④このような措置がとられたことを受けて、原告弁護団は、前記の証拠保全の申立てを取り下げた。

東電を独立行政法人等情報公開法の 対象機関とすること(提案1)

かつて、独立行政法人等情報公開法の制定にあたり、その対象機関について、特殊法人情報公開検討委員会は、「特殊法人、独立行政法人又は認可法人であって、設立法において、理事長等の法人の業務執行に関する最高責任者を大臣等が任命することとされているもの又は当該法人に対し政府が出資できることとされているものは、対象法人とする。すなわち、これらの法人は、設立法が、その組織・制度の最も根幹的な要素に政府が直接参画・関与することを規定していることから、政府の一部を構成すると見られ、政府の説明責任を自ら負う法人と考えられる」とした(「特殊法人等の情報公開制度の整備充実に関する意見」2000年7月27日)。これを受けて、独立行政法人等情報公開法の対象機関が定められた。

特に、関西国際空港株式会社は、「株式会社であっても、設立法により政府が株式の50%以上を保有しなければならないとされ、政府として民営化の方針が決定されておらず、株式も公開されていない。また、同社は、空港の建設と運営等の業務を行っているが、政府の出資が専ら空港の建設資金として供給されており、空港の建設は国(運輸大臣)が基本計画を決定し、これに従って会社が建設を行うこととされている」ことを理由として、対象法人とされた(前掲意見書)。

一方、原子力基本法2条は、「原子力の研究、開発及び利用は、平和の目的に限り、安全の確保を旨として、民主的な運営の下に、自主的にこれを行うものとし、その成果を公開し、進んで国際協力に資するものとする」と規定し、国策としての原子力政策についての公開原則を定めている。この観点から、電力会社が保有する原子力発電所に関する情報や、ほかの民間法人が保有する核施設に関する情報は、これを情報公開法の対象とする必要性が高い。

以上述べた基準と原子力基本法の公開原則によれば、国策としての原子力政策を担ってきた電力会社に対し、原子力政策の透明性の向上のためには、情報公開法の対象機関にすることが求められる。特に、関西国際空港株式会社のような株式会社も対象法人とされていることも考慮されるべきである。

とりわけ東京電力は、民間の株式会社ではあるが、東日本大震災による福島第一原子力発電所1～4号機の破損事故により、既に、原子力損害賠償支援機構からの資金交付金として、2兆4262億7100万円の交付を受けている(東京電力平成23年度報告書)。さらに、その損害が拡大することから、被害弁償などのために、数兆円の政府出資が予定されており、現に1兆円が支出された。この前提として、「政府は、機構に対し交付国債の交付、政府保証の付与等必要な援助を行う」ことが閣議決定されている(東京電力福島原子力発電所事故に係る原子力損害の賠償に関する政府の支援の枠組みについて(平成23年6月14日閣議決定))。原子力損害賠償支援機構を通じて、他の独立行政法人に優るとも劣らぬ政府出資がなされることが、閣議決定され、その通り、資金交付がなされており、政府出資という点からは、独立行政法人と同様に取り扱うべきである。

また、他の電力会社も、一旦原発事故を惹起すると同様の取り扱いが想定される。そのような電力会社を取り巻く実情に照らしても、電力会社を国民の安全に甚大な危険を及ぼしかねない施設を有する法人として、少なくとも原子力発電事業部門について独立行政法人等情報公開法の対象法人とすることが考えられるべきである。

東京電力独自の情報公開法の 特別立法(提案2)

この他の手段としては、行政機関情報公開法の情報提供規定(22条)により、東京電力から必要な情報の提供を受けることが考えられるが、これまでの22条の運用状況に照らし、それでは、実効性があげられないことが明らかである。

そこで、すべての電力会社を対象とすることが難しいということであれば、本稿冒頭で述べた情報公開法改正と共に、東京電力の原子力発電事業部門のみを対象とする情報公開の特別法も検討されるべきである。

国連人権機関と日本審査

反差別国際運動（IMADR）事務局次長　小森 恵

世界の他の国の政府と同様、日本政府もこれまで国連人権諸機関による人権審査を何度も受けてきた。ほんの一例ではあるが、死刑制度、婚外子差別、在日朝鮮・韓国人の人権、刑事手続きにおける問題を含み、山積する国内の人権課題について改善に向けた勧告が国連諸機関より出されてきた。そのプロセスに日本のNGOは常に参加をし、効果的に介入してきた。しかし、それら勧告が国内の政策に十分反映されてきたとは言えないのが現状である。これらプロセスに立法府がもっと関与を強め、地方自治体、マスメディア、そして市民社会全般がさらに関心をもつことが今求められている。

この間の条約審査

日本は32ある主要な国連人権条約および選択議定書のうち、10の条約と3つの選択議定書を批准している。それら条約のほとんどは、締約国に当該条約の実施に関する定期報告を出すよう義務付けている。提出した報告をもとに、締約国は当該条約の委員会による審査を受ける。2007年からみて、日本はほぼ毎年、条約実施にかかる審査を受けてきた。2007年には拷問及びその他の残虐な、非人道的な又は品位を傷つける取扱い又は刑罰に関する条約（拷問等禁止条約）、2008年には市民的および政治的権利に関する国際規約（自由権規約）、2009年には女性に対するあらゆる形態の差別の撤廃に関する条約（女性差別撤廃条約）、2010年にはあらゆる形態の人種差別の撤廃に関する国際条約（人種差別撤廃条約）と子どもの権利に関する条約（子ども権利条約）の審査と続いた。また、その間、新設された国連人権理事会（2006年創設、元国連人権委員会を継承）による国連加盟国間の人権審査機能である普遍的定期審査（略称UPR）により、日本は2008年5月に第1回の審査を受けている。

予定されている日本審査

◆UPR

2012年10月31日に日本は第2回のUPR審査を受ける。UPR審査では当該国が批准しているすべての人権・人道条約の履行状況が審査される。国連加盟国193ヶ国に対して2008年よりまんべんなく審査が実施され、2012年3月に1回目のサイクルが終了した。2012年5月のUPR第13回作業部会より第2サイクルが始まり、日本の審査は第14回作業部会（10月22日～11月2日）の間、上記日程で予定されている。第2サイクルは主に第1サイクルで当該国が受け入れた勧告の実施が審査される。審査時間は3時間半程度となる。審査の基礎となる文書は、当該政府が出した報告書（日本政府は第2サイクルの審査に向け2012年7月に提出）、条約委員会などから当該国に出された勧告や報告、そしてNGOが出した報告書である。日本の審査に向け、IMADRは人種差別撤廃およびマイノリティ女性への複合差別撤廃の視点よりNGO報告を作成し、2012年4月に国連人権高等弁務官事務所（OHCHR）に提出した。UPRは抽選で選ばれた人権理事国3か国が報告国となり審査を進める。NGOへの便宜供与として、ジュネーブのNGO、UPR Infoが、第14回作業部会における審査国のNGO向けに在ジュネーブの各国代表部を招いた合同ロビーの場を提供した。日本については8月30日に1時間の枠組みで合同ロビーのセッションが開催され、21か国の政府代表部が参加をした。IMADRは約7分の持ち時間の中で、5つの課題に関して勧告案の提案を発表した。限られた時間枠でのセッションのため、政府代表部と日本からのNGO代表者たちの間での質疑応答はとりやめとなったことは残念である。

今回の日本審査に向けて政府が出した報告書の中でも、国内人権機関の設置、取り調べの可視化、改正入管法の問題などについてどのような勧告が出されるのか注視される。

審査による作業報告書は人権理事会の次の会期に提出されて採択される。今回の日本審査の場合、2013年3月の人権理事会第22会期で審議され採択される予定である。日本政府はそれら採択された勧告について受け入れる／受け入れないの意思を表明できる。

◆社会権規約

経済的、社会的および文化的権利に関する国際規約（社会権規約）の実施に関して、2013年3月の規約委員会第50会期に第3回審査が予定されている。2001年の第2回審査から12年ぶりとなる。日本政府は2009年12月に第3回審査に向けた報告書を提出した。市民社会組織からは2012年4月までに13団体が情報を提供した。IMADRはNGO諸団体による合同報告書に部落差別問題に関する情報を提供した。2012年5月の第48会期プレセッションの作業部会において、規約委員会は日本政府および市民社会組織からの情報などにもとづき、日本政府に対する事前質問事項を協議、採択した。事前質問事項には、マイノリティに対する差別禁止のための立法上や行政上の措置、さまざまな雇用形態・条件により出てくる労働問題、適切な生活水準の権利、東日本大震災による住宅・健康・福祉を含む課題、民族的マイノリティの子どもたちの教育権の問題を含む課題に関する質問が30項目含まれている。

◆自由権規約

自由権規約のもとでの第6回日本審査は、2014年7月開催の規約人権委員会第111会期に予定されている。日本政府は2012年4月に第6回報告書を作成して国連に提出した。日本審査にむけた事前質問事項の作成は、2013年10月14日から11月1日に開催される第109会期にて予定されているが、NGOの情報提供などに関してはまだ公表されていない。本審査にむけてIMADRはまだ情報提供を行っていない。

◆人種差別撤廃条約

最後に、人種差別撤廃委員会（CERD）による日本審査である。2010年2月の第2回審査の総括所見にて、CERDは日本政府に次回報告書を2013年1月末までに提出するよう求めている。次回審査はいつになるかは現時点では未定である。現在、政府は外務省を中心に報告書を作成している。CERD勧告にしたがい、政府は2012年5月14日、報告書作成のプロセスとして市民社会組織との対話をもったが、政府からの一方的な説明に終わった。第2回審査の勧告の実施に関して、IMADRと人種差別撤廃NGOネットワークは2010年から2012年にかけ6回にわたる政府との協議の場をもった。いずれの勧告に関しても、実施につながるような具体的な回答を政府から得ることはできなかった。

条約審査と日本の課題

最後に、IMADRの活動領域である差別撤廃の観点より、今後予定されている審査において勧告として採択されるべき課題についてまとめる。

1）国内人権機関

国内人権機関については、CERDを含むこれまでの日本の条約審査や第1回UPRにて、設置が促されてきた。9月19日、人権救済機関設置法案が閣議決定され、2012年の秋の臨時国会に提出される予定である。これまで条約委員会が審査において異口同音に指摘してきたのは、パリ原則に則った国内人権機関の設置である。国際人権基準や人権条約履行の観点から言えば、国内人権機関を設置することで、①国際基準に照らした人権や人種差別の定義が明確になる、②人権侵害や差別の被害者が通報することで調査が行われ、結果に基づいて違反者は罰せられ、被害者は救済される、③人権機関は日本の条約審査の度に独自の報告書を提出するよう求められる、などがある。これまで、日本の条約審査は政府vs NGOという二項対立の図式で進められてきたし、NGOの声は国連機関に届いても日本政府には届かないことがほとんどであった。閣議決定された設置法案が国会を通過して設置されたとしても、現状では国際人権にかかるこのような働きを新しい人権機関が担うかどうかはまったく不明である。今後の条約審査においてもこれら課題についてはとりあげられ、勧告に含まれるべきである。

2）差別撤廃に向けた法整備や具体的措置

2010年のCERD審査で日本政府は約30項目に及ぶ勧告を受けた。その中で、今後予定されている審査においてもとりあげられ、勧告に含まれるべき課題を列挙する。①日本のNGOによる人権分野での貢献に留意し、次回報告書作成の協議にNGOの積極的な参加を保障すること（第2回UPRの報告書作成の過程においても、外務省は市民との対話の場をもったが、ほぼ一方的な意見表明に終わった）；②間接・直接差別を禁止する法律の制定を検討すること；③公務員によるものを含み、人種差別的発言を禁止し、差別被害救済の道を保障すること（"慰安婦"問題に関して公人による歴史改竄発言が繰り返されている。極右団体による街頭での"人種差別発言"が急増している）；④沖縄の人びとの被っている差別を確認し、沖縄の人びとの代表との協議の場をもうけること；⑤日本国籍をもたない子どもたちの教育の機会に関する法規定に差別がないようにすること（朝鮮学校の無償化除外の問題、他）；⑥マイノリティの歴史や文化が既存の教科書に十分反映されるようにすること；⑦個人通報制度を認める第14条の受諾宣言を行うこと（自由権規約およびその他の条約の選択議定書の批准も強く求められる）。

以上、断片的ではあるが、今後2年ほどの間で実施される国連人権機関による日本審査の概括と、審査においてとりあげられ、勧告に含まれるべき課題について述べた。国際人権基準が日本国内において十分効果的に実施されるには道のりは長いが、国連の場にNGOが積極的に参加をし続けることで、その道のりは少しでも短くなると信じる。

反差別国際運動（IMADR）：1988年に日本を拠点に設立されたNGO。アジア、北・南米、ヨーロッパにおける部落、ダリット、ロマ、先住民族など世界の被差別マイノリティの運動体と連携しながら、世界から差別をなくすことを目指して活動している。1993年には、国連との協議資格を取得し、ジュネーブにも拠点を置きながら国連人権機関への働きかけにも力を入れている。

例会報告

7月例会 沖縄集団「自決」裁判を振り返る

――提訴のねらいと裁判がもたらしたもの

評議員・弁護士 秋山 幹男
理事・弁護士 近藤 卓史

7月27日、弁護士会館にて、7月例会「沖縄集団『自決』裁判を振り返る―提訴のねらいと裁判がもたらしたもの」を開催した。同裁判弁護団の秋山幹男弁護士、近藤卓史弁護士が登壇し、報告を行った(会員・弁護士 加藤佑子)

事案の概要

本件は、沖縄戦時に沖縄県慶良間列島の座間味島において日本軍第32軍海上挺進隊第一戦隊の戦隊長をしていた元少佐と、同じく渡嘉敷島の第三戦隊の戦隊長をしていた元大尉の弟の2人が原告となり、株式会社岩波書店及び大江健三郎氏を被告とし、岩波書店発行の『太平洋戦争』(家永三郎著)、『沖縄ノート』(大江健三郎著)について、出版の差し止め、損害賠償を求めて提訴した事案である。原告の主張は、上記各書籍には座間味島、渡嘉敷島の戦隊長が住民に「集団自決」を命じたと記載されており、それが元少佐の名誉を棄損し、元大尉の弟の敬愛追慕の情を侵害しているため、不法行為となるというものであった。

2005年8月5日、原告らは本件訴訟を大阪地方裁判所へ提起した。しかし、大阪地方裁判所でも、その後原告が控訴した大阪高等裁判所でも、原告が求めた出版差し止めや損害賠償は認められなかった。さらに最高裁判所へ上告したものの、2011年4月21日、第一小法廷が不受理決定を下したことにより原告の敗訴が確定した。

提訴の背景

『太平洋戦争』は1968年に、『沖縄ノート』は1970年に発行され、その後も長年に渡り出版され続けている書籍である。本件が提訴されるまでの間、各書籍が原告らによって訴えられる等、個別に問題とされることはなかった。それが、記述について事前に訂正要求されることもなく、2005年8月、突然訴訟となったのである。

沖縄戦時の「集団自決」については、戦争終結後に広まった「座間味島、渡嘉敷島の戦隊長の命令に基づくものだ」という説と、戦後の"自虐的"歴史観を批判する動きと共に強く主張されるようになった「命令はなかった」という説とが存在している。原告らがこれまで訴訟を起こすという行動を取っていなかったにも関わらず、各書籍が発行されて40年近くが経った時期に本件が提訴された背景には、後者の説を認めさせようとする歴史修正主義者の意図が大きく働いていた。

右から秋山幹男弁護士、近藤卓史弁護士

裁判の中で、原告の元少佐が『沖縄ノート』を読んだ時期を本件提訴後の2006年であると述べ、同じく原告の元大尉の弟もほとんど読んでいないと言っている。また、2007年の教科書検定で「集団自決」に日本軍の強制があったという記述が削除され、削除理由の一つに本件訴訟の提起が挙げられるということがあったが、この訴訟外の動きについて、原告代理人が本件訴訟の期日で、提訴の「半分の目的を達した。」と法廷で発言している。こうした事実からも、原告が本件訴訟を主体的に提訴したのではなく、その背後に原告代理人を含む歴史修正主義者がいたことや、本件提訴のねらいが教科書や"自虐的"歴史観を変えるという政治的なものであったことは明白である。

本件訴訟の意義

本件は以下のように、歴史的事実を守り、表現の自由を保障するという意味で、極めて重要な意義を有する訴訟であった。

1 原告側は前記のようなねらいを持って本件訴訟を提起したが、それらは原告敗訴という裁判所の判決によって阻止された。

2 本件訴訟が提起されたことで、「集団自決」に関する従来の歴史的資料が再度検討され、また、体験者の新たな証言が発掘されたことから、「集団自決」の実態が明らかになり、それが日本軍の命令によるもので、その責任が日本軍にあるという歴史的事実が再確認された。

3 本件控訴審裁判所(大阪高裁)が、高度な公共性を有する事項に関する書籍につき、「発刊当時はその記述に真実性や真実相当性が認められ、長年にわたって出版を継続してきたところ、新しい資料の出現によりその真実性等が揺らいだというような場合」、直ちにそれだけでその書籍の出版継続が違法になるのではないとした上で、いかなる要件の下で出版差止めが認められるかの新判断を示し、最高裁判所も同判断を維持した。

2012年エクスターンシップ報告

福島生活相談同行記

早稲田大学大学院 深谷 勇一(エクスターン生)

8月28日、私は、福島県でボランティアの法律相談をしている東京駿河台法律事務所の福田健治弁護士に、エクスターンシッププログラムの一環として同行した。

福田弁護士は、通称サフラン、正式名称"福島の子どもたちを守る法律家ネットワーク(Save Fukushima Children Lawyers' Network)"の一員として、福島市を中心に活動している団体"ふみだす生活サポートセンター"の方々と協力して法律相談を担当していた。

私と、私と同じく早稲田ロースクールの林君の2名は、午前11時頃に東京駅に集合し、日帰りでの活動に向かった。出発前、うだるような暑さの東京駅の新幹線ホームで、福田弁護士からガイガーカウンターを見せられた。ガイガーカウンターは、周囲の放射線量を測る簡易測定器である。「興味があれば使っても構わない」と言われ、私は周囲の放射線量を測ることにした。東京駅のプラットホームでは、場所によっても多少変化するのだが、おおよそ0.08μSv/hであった。

ところが福島市に到着すると、その数値は一気に上昇した。駅構内のきれいに掃除されている空間では東京とさほど違いのない場所もあったが、路上の溝や雨どいの下などでは、多いところで1μSv/hに達する場所もあった。

福島駅から相談所へ移動する間、福島市の人々の暮らしぶりを多少見ることができた。端から見ればその光景は日常そのものであって、放射線を気にしているようすはあまり見られなかった。しかし、ガイガーカウンターの数値を見ると、そこにはまぎれもなく放射性物質がばらまかれた形跡が見られた。

相談所は福島駅から徒歩で10分程度の場所にあった。福島市は経済よりも行政の街といった模様で、駅からすぐ近くに民家が建ち並んでいた。その一角に"ふみだす生活サポートセンター"はあった。

"ふみだす生活サポートセンター"は、東日本大震災復興支援財団の助成の下、くらしの悩み事への相談や、県外転居に関する情報の収集・発信や法律などの専門相談を受けている団体である。日常のことについては相談員の方が相談を受け、法律問題であればサフランと協力して相談を受けるという形になっているようであった。

その日は2件ほどの相談が入っていた。その内容は、主に避難に関する相談であった。1件目は県内避難についての相談であった。その方は、警戒区域内からの避難ではないが、その近くに住んでいたため不安を覚え自主避難することにしたそうである。県外が望ましいことは分かっていたが、家庭の事情のため県内の他の場所への避難を決め、福島市に移り住んだという。その方の不満は主に次の二点であった。第一に、原発事故のためやむなく転居したのに、東電からも行政からもその保障がないこと。第二に、東電から支払われた慰謝料が大人で4万円と少なすぎることであった。

福田弁護士によると、第一点については、その方は転居先の賃料が以前住んでいた住居より安いため、損害が生じていると主張するのは難しい。ただ、第二点については、争う余地がある。しかし、一人で声を上げても裁判所を動かすことは難しい。そこで、同じような境遇にある方と連帯してムーブメントを作り出すことが必要だとのことで、郡山市を中心に被災者支援を訴え活動しているグループの方々を紹介をしていた。

2件目は、県外へ避難された方の相談だった。その方は、警戒区域内からの避難を余儀なくされた方だったため、東電からの賠償自体は行われた。しかし内容に不満があると訴えていた。すぐに帰ることができるという説明で避難したため、家財道具は置いて避難し、テレビを失った。以前はテレビを2台持っていたのに、賠償が認められるのは一世帯1台までと東電は言う。

また、避難先にはこれまで取引をしてきた金融機関の支店がなく、支店のある最寄りの街まで通わざるを得なくなった。それにかかる交通費について、当初は賠償の対象と認められたが、しばらくすると方針が一変し、賠償の対象とならないとして拒絶された。「なぜ認められないのか?」と訊いても、東電側は「それは通達で決まったことだから仕方がない」との一点張りとのことであった。

避難住民の方が言うのは、行政の支援が遅々として進まないことと、賠償などにおける東京電力の不誠実さ、不公平感であった。行政が東京電力と戦うつもりで挑めば、まず行政が率先して住民に対して金銭を支払い、後に東京電力に対して行政が求償を求めるということもできるのである。また、東京電力の賠償については、そもそも賠償の基準設定がどのようにして決まったものか被害者にとって明らかでない。そして、その運用も一律・硬直的である。このような対応が、被害者の方々をいらだたせているのだ。

今、最も福島で問題となっているのは、放射線の影響から逃れるための避難に関する問題のように思われた。しかし「避難する権利」を基礎付ける最も大きな要因である、低線量被爆が原因の確率的影響、すなわち白血病をはじめとする各種のガンなどの被害が顕在化するのは早くとも数年後であるといわれている。そして、その影響の因果関係の証明は非常に難しいと考えられている。どのような形で訴えを起こすにしろ、すべての被害者の方にとって、この戦いは、長く険しい道のりになりそうである。

最後に、新幹線の車窓から見た福島の山々は常磐色に映え、川の水の輝きもその濁りのなさを表していたのが無性に悲しかった。全国で原発再稼働を目指す声が徐々に強まりつつあるが、こういった美しい自然を危険にさらしてまで原発の再稼働を目指す価値があるのか疑問に思われた。

2012年エクスターンシップ報告

JCLU夏合宿に参加して

早稲田大学大学院　林 正和（エクスターン生）

自由人権協会の合宿が9月1日、2日の日程で神奈川県・湯河原町のペンション「はな」で行われた。

初日は、大阪市の橋下徹市長から激しい攻撃を受けている大阪市職員の労働組合を支援している藤原航、七堂眞紀の両弁護士、朝日新聞社大阪本社の大阪府庁担当、加戸靖史記者の3名を招き、橋下市長の政策の当否や、なぜ、橋下氏の政策が大阪で支持されているのかについて議論を深めた。またJCLUエクスターン生が、大阪市・府の教育条例、国旗国歌条例、職員政治活動規制条例、性犯罪者出所情報条例などについて報告をした。

2日目は、千葉大学法科大学院の大林啓吾氏から下級審案判例に見る新しい憲法判例の報告を受け、議論した。

初日――大阪問題について

藤原、七堂両弁護士からは、橋下市長就任後の市職員に対する刺青や政治活動・組合活動に関するアンケート調査や、組合に対する便宜供与の廃止、市職員の政治活動を禁止する条例の内容、問題点などが報告された。政治活動、組合活動のアンケート問題は、労働組合の救済申立てを受けた労働委員会の勧告等を受け廃棄されることになり、一応終息を見せたが、公務員に対する攻撃は、依然として市民の支持を受けている。

両弁護士は、橋下市長は「自分を正義の味方とし公務員を敵役とするポピュリスト政治」によって高い人気を獲得していると分析。「公務員はあたかも一般市民ではないかのように誤解され、橋下市長が次々と課していく公務員の自由の制約に市民は喝さいを送っている、市民はそれが自分たちの自由を制約する結果につながるとは考えず、他人事の感覚になっている」と懸念を示した。

加戸記者は、橋下市長について「競争至上主義であり、政治的私心がなく、議題設定が上手であるという、かつての政治家にはない特徴、才能がある」と述べた。また、橋下氏の政策の全てを支持するという人は多くはないと思われるが、いい点でも悪い点でも、オープンにすること、議論をすること、実行すること、いずれも徹底している点が際立っており、全体としては、橋下市長に対する期待につながっていると分析していた。

橋下市長は、これまでにいなかった新しいタイプの政治家である一方で、橋下市長の考える競争至上主義や上意下達という価値観に合わない人にとっては、その実行力は悪夢になる。3名の方の話を聞いて、法曹やメディアの役割は「大阪市役所で起きている全てのことは自分の身の上にも降りかかってくるということを十分に認識した上で、橋下氏の政策や主張の当否を判断するべきである」ということを、もっと市民に伝え、理解してもらうことであると感じた。

2日目――下級審に見る憲法判例の動向

大林氏からは、自衛隊情報保全隊訴訟、関ケ原請願権訴訟、永住外国人生活保護訴訟、の3つの判決の紹介を受けた。

情報保全隊訴訟には複雑な思いが沸いた。自衛隊情報保全隊がイラク派遣に関し反対する市民の情報を集めていた事件であり、原告は損害賠償と当該情報収集行為の差し止めを求め提訴し、判決は損害賠償を認めた。

判決では、自衛隊による情報収集行為が違法と認定されたが、判決があったからといって、現実に、これで情報収集行為が行われないと保障されたわけではない。今回は、たまたま収集情報が外に漏れて訴訟になったので、自衛隊は今後は、一層情報管理には気を使うであろう。

全体を通して

合宿参加者の方々は、昼間には真剣かつ活発に議論をし、一方で夜には和やかにそして元気に飲んでおられ、様々話を聞くことができた。

法律事務所にエクスターンで行ったのでは経験できない、会員の皆様の一面が見られた。人権という一つの理念から、様々な人が様々な考えを議論し合える合宿であり、将来は会員として参加したい。

あたごの杜から　事務局長日誌

毎日電車で眺める週刊誌、月刊誌の吊り広告。大見出しは、夏からますます勇ましくなった。70年前の「日米もし戦わば」本かと見まごう「中国よ、日本が勝つ」「自衛隊の方が強い」と続き、今や「気分はもう戦争」である。これまでの仮想敵北朝鮮に加えて、誰が見ても共同戦線にはならない韓国と中国と台湾を一緒に敵にしてどうするの、と突っ込みたくはなるが、どうせ武力衝突にはならないからと、刺激的な娯楽を提供しているようにみえる無責任さには、腹を立てる気力も失せる。しかし、この数か月のマスコミの言説は、互いの感情をいやでもあおり、JCLUの活動にも影を落としている。◆JCLUでは、第2次世界大戦中、強制連行され広島県の安野発電所で重労働に従事した中国人受難者が施工業者に対して賠償を求めた裁判での和解に基づき、西松安野友好基金の管理運用をお手伝いしている。この基金では、高齢となった受難者、日本で亡くなった方の遺族が受難の地を訪れる企画を続け、今年10月は第5回となる。ところが、約30名の遺族が来日予定だったところ、既に半数が訪日の権利を放棄し、引率者のパスポート取得も危ぶまれる事態となった。◆尖閣や竹島の紛争の背後には、曖昧にしてきた日本の戦争責任・戦後責任の処理がある。これを抜きに、国境の島の領有権の歴史的・法的根拠をいくら力説しても、紛争はなくならない。731部隊や南京事件について論争するまでもなく、中国では、日本軍の空襲や戦闘で直接間接に犠牲になった人々、故郷も財産も奪われた人々がおびただしい数存在し、被害を受けた人が今も生きている。父母、祖父母の世代に犠牲者のいる人々はそこここにいる。中島敦の「巡査のいる風景」に描写されたように、朝鮮半島の統治の内実は、抑圧的・差別的であったし、朝鮮人の間にも亀裂を生んだ。日本人として戦争に動員され、戦後は戦犯として処刑された人もあれば、サンフランシスコ平和条約で一方的に日本国籍を喪失させられ在日となった人もいる。無国籍者となったために戦前は日本であったサハリンにわたったまま故郷に帰還する機会を失った人も、従軍慰安婦であったことを恥じて戦後も隠れ暮らしていた人もいる。日本が、朝鮮半島の人々のそれぞれの人生に不幸を持ち込んだことは明らかだ。せめて、「過去の一時期、国策を誤り、戦争への道を歩んで国民を存亡の危機に陥れ、植民地支配と侵略によって、多くの国々、とりわけアジア諸国の人々に対して多大の損害と苦痛を与えたこと」を認め、その責任を負うこと、周辺の国々の被害の記憶は現在のものであって、反日の教育などしなくても人々には生々しい感情が存在すると理解することから始めなければ、隣国との関係が常に危うい要素を抱えることになる。◆JCLUは、外国人の人権問題に長く取り組んできた。サハリン残留韓国朝鮮人問題や従軍慰安婦問題にもかかわった。会員も、それぞれの分野で地道に活動を続けている。しかし、この数年、従軍慰安婦問題も朝鮮学校の無償化も在日外国人の地方参政権も、声を上げることにある決意が必要となり、公然と議論することが難しくなっている。そのような言論の状況に異議を唱えることも、JCLUが取り組まねばならない課題である。過去を抜きに現在を語ることはできない。現在は過去から継続して、そこにある。大荒れの海を小舟でいくかのような活動であっても、転覆することなく続けることだけにでも意味があると思いたい。

（升味佐江子）

2012年7月から10月のJCLU

7月26日	7月理事会・ビアパーティ
7月27日	予防接種被害救済基金管理運営委員会
7月27日	7月例会「沖縄集団「自決」裁判を振り返る－提訴のねらいと裁判がもたらしたもの－」（秋山幹男・弁護士、近藤卓史・弁護士　JCLU理事）弁護士会館
8月1日～9月24日	エクスターンシップ受入れ（一橋大学ロースクール、早稲田大学ロースクール、専修大学ジャーナリズム学科）
8月6･7日、13～15日	事務局夏季休業
9月1･2日	合宿●一日目「大阪市問題総ざらい」（七堂眞紀・弁護士、藤原航・弁護士、加戸靖史・朝日新聞社記者）●二日目「下級審判決に見る新たな憲法感覚の芽吹き」（大林啓吾・千葉大学准教授）ペンションはな（神奈川県湯河原町）
9月7日	9月理事会
9月14日	国際人権コンサルテーション（升味事務局長出席）女性就業支援センター
9月24日	9月例会「再審への道のり－ゴビンダさん事件の場合－」（神田安積・弁護士　会員）弁護士会館
10月9日	10月理事会
10月19日	西松安野友好基金第4回運営委員会（古本理事出席）ホテルサンルート広島

【発行日】2012年10月23日 【発　行】社団法人 自由人権協会
〒105-0002 東京都港区愛宕1-6-7 愛宕山弁護士ビル306
TEL：03-3437-5466 FAX：03-3578-6687 URL：http://jclu.org/ Mail：jclu@jclu.org
（大阪・兵庫支部）
〒530-0047 大阪市北区西天満1-10-8 西天満 第11松屋ビル3F 堺筋共同法律事務所内
TEL：06-6364-3051 FAX：06-6364-3054
協会設立：1947.11.23 本紙創刊：1950.5.1 購読料：年間2,500円 郵便振替：00180-3-62718 発行人：升味佐江子
JCLU 社団法人 自由人権協会

人権新聞 Japan Civil Liberties Union

JCLU Newsletter

発行所 社団法人 自由人権協会

JCLU

〒105-0002 東京都港区愛宕1-6-7 愛宕山弁護士ビル306
TEL:03-3437-5466 FAX:03-3578-6687
URL:http://jclu.org/ Mail:jclu@jclu.org

協会設立:1947.11.23
本紙創刊:1950.5.1
購読料:年間2,500円

臨時総会報告

新定款案を承認 公益社団法人化へ大きな一歩

JCLUは、2012年12月15日、中央大学駿河台記念館にて臨時総会を開催し、公益社団法人への移行のための定款変更等を決定しました。また、総会後に行われた会員懇談会では、憲法改正が現実の政治課題になる今年のJCLUの活動の在り方についても議論がなされました。あわせてご報告いたします。

1 これまでの経過

JCLUが新公益法人法対応プロジェクトチームを発足させたのは、2009年10月でした。その年5月の総会では、新しい公益法人制度の説明と、JCLUが公益社団法人になる場合に問題となるポイントなどを確認し、これを受けてのプロジェクトチームの発足でした。

プロジェクトチームは、およそ半年をかけて新定款案を作成し、これを理事会に提出しました。その結果、2010年5月の総会では、はじめて会員の皆様に新定款案をお示しすることができました。

その後は、1年以上に亘ってNewsletterに新定款案の各条項の解説を連載し、その内容の周知を図るとともに、会員の皆様から個別にご意見を伺う機会なども設けてきました。

昨年に至って、公益法人への移行申請を所管する内閣府の担当者と具体的な協議をはじめ、指摘された問題点について理事会でも検討を繰り返し、今回の臨時総会の開催となりました。

2 定款の変更を承認

臨時総会では、まず、公益認定の申請に不可欠な定款変更が議題となりました。事務局長が、内閣府担当者との協議の経過と理事会での検討結果を報告し、修正を施した定款案の説明を行いました。

直近になってからの修正点は、例えば、本会の活動は全国で行うことを定めるなど、実質的な変更とならない部分や、字句、表現の変更などがほとんどです。1点、実質的な内容の変更といえるのは、社員総会の定足数を定めた部分です。従前の案では、「議決権を有する社員の1／4」としていたものを、「1／3」に変更しました。法律上は、「定款で定めない限り1／2」と定められているのですが、この規定の趣旨から、「1／4」では民主的な運営とは言えないとの指摘を受け、変更をしたものです。

会場では、正会員と賛助会員の違い（議決権の有無が異なる）など、いくつか質問をいただいた後、提案通りの改正案が承認されました。（施行は、公益認定がなされることを停止条件としています。）

CONTENTS

3 組織体制の変更

臨時総会では、同じく公益社団法人への移行を見据えた組織体制の変更も議題となりました。現在JCLUは30名を超える理事が就任していますが、変更後の定款では、理事の総数を15名としています。理事を退任いただく方の多くは、監事や評議員に就任いただく予定です。その結果として、評議員の人数が多くなります。そこで、すでに80歳を超えられた評議員の方々については、名誉顧問としてご活動をいただくことを提案いたしました。

会場からは、名誉顧問となった後も、JCLUの活動について意見を述べる機会を与えて欲しいなどの意見が出されました。憲法改正が現実の政治課題となる中、これまでJCLUの活動を支えていただいた方々の貴重なご意見が参考になる機会もあると思います。評議員に加え、名誉顧問の方々の位置づけについてさらに検討をしたいと思います。

組織体制の変更に関する議題についても、公益認定がなされることを停止条件とした新しい理事と監事の選任が、原案通り、満場一致で承認されました。

4 今後の手続き

今回の定款変更等の手続きを経て、今後、申請書類の作成を行います。そして、遅くとも会計年度が変わる前の本年3月中には、内閣府に申請書を提出する予定です。申請後審査に数ヶ月を要するとのことですが、今年の夏までには、「公益社団法人自由人権協会」となることを期待したいと思います。

5 懇談会での問題提起

総会終了後は、会員懇談会として、今後のJCLUの活動について意見交換が行われました。その中で、総会翌日に予定されていた衆議院選挙で、憲法の改正を主張する政党が多数を占める可能性が高く、現在発表されている自由民主党等の改憲案についてJCLUとして、早急に対応が必要ではないかとの問題提起があり、活発な議論がなされました。特に、自由民主党が公表している改憲案には、立憲主義や近代人権思想など世界の歴史的潮流を否定するような部分が散見され、きちんとした分析と反論をする必要があることで、参加者の意見は一致しました。さらに、海外から日本の改憲の動きを見たとき、日本をウォッチしている研究者やジャーナリストであっても、9条と自衛隊や集団的自衛権の許容という分野にしか目が向かないようなので、近代憲法の原則を否定する根本的な問題を広く知らせ理解してもらう活動が不可欠であるとの指摘もありました。

6 憲法プロジェクトの立ち上げ

懇談会での議論を受け、JCLUでは、緊急に特に自由民主党の改憲案の研究を行い、既に話題となっている国防軍や緊急事態の規定だけではなく、より根本的な憲法観、人権観について批判する意見を表明するべく、「憲法プロジェクト」を立ち上げることにしました。

同プロジェクトは、年明け早々の1月4日に第1回目、1月28日に第2回目のミーティングを行い、既に活発な活動を始めています。3月には、近代憲法の原則を逸脱した思想に基づいた自由民主党の改憲案の問題点を明らかにした意見書をまとめ、発表する予定です。

現行の憲法の根底にある立憲主義、基本的人権・市民的自由の擁護の思想は、近代以降の世界が獲得してきた「人類普遍の原理」であり、JCLUの存在の基盤でもあります。今後、改憲は現実の政治課題となってきますが、JCLUとしての研究を進め問題意識を共有する人々との連携も図っていく予定です。

例会報告

12月例会 今、求められている人権救済機関とは

——人権委員会設置法案等の廃案に際して議論する

理事・専修大学教授 山田 健太

2012年秋以降、法務省の外局として人権救済機関である「人権委員会」を設置する法案が2度の閣議決定を経て国会上程されたものの、衆議院解散に伴い廃案となり、政権が交代した。新たな人権救済機関の設置により、既存の制度では救済が難しい事案の解決につながることが期待されるが、救済の実効性、弊害の有無・程度等、論点は多岐にわたる。

そこでJCLUは、2012年12月15日に中央大学駿河台記念館において、「みんなで考えよう！ 人権委員会は差別・虐待の救済にどう役立つのか」と題して12月例会を開催し、専修大学教授・JCLU理事の山田健太氏を中心に、人権救済機関のあるべき姿について議論を行った。

（報告 会員・弁護士 谷地向ゆかり）

日弁連の人権救済申立制度や救済機関の設置主体

日弁連に対する人権救済申立事件の7～8割は、刑務所や拘置所からの申立である。刑務所等における人権侵害については、法務省内に暫定的に不服申立機関が設置されているが、あまり機能していない印象がある。したがって、新たに人権委員会を設置する意義には疑問が残る。

刑務所等からの申立以外では、セクハラ、パワハラ、アカハラ、いじめといった事案が目立つ。これらについては、人権委員会が民間企業や学校に介入していくべきかについて、意見が分かれるところであろう。また、膨大な数の個別事案について、実効性のある解決ができるのかという疑問もある。

新たな救済機関を設置するとして、その主体についても議論の余地がある。仮に国が設置するとなると、原則として違法な行為が救済対象になると考えられるが、そうすると明確な法律違反とは言えない微妙な事案が放置されかねない。

明確な法律違反とは言えないものの、救済すべき事案については、民間の機関がADR的な機能を担えば良いのではないか。救済システムは複層的である方が、多くの事案の救済につながる。

国籍差別への対応や救済の実効性

裁判所は、一貫して国籍による差別を合憲としてきた。最も深刻なのは心ない私人による差別であるが、国による制度差別についても、ガイドラインを作るなどの取り組みが必要である。国籍差別については、私人間の差別と国による制度差別は分けて議論すべきであるが、人権委員会が国による制度差別に対処するのは困難であることが予想される。

法案で示された調停制度は、裁判になじまない事案を広く救済しようとするもので評価できる。ただし「性質上適当でないときは調停をしないことができる」とあり、運用によって救済対象が狭められる懸念もある。また同制度では、委員会が勧告できる旨定められているが、法律上の明確な根拠がある勧告を受ければ、公的機関はそれにしたがって改善を図るであろうから、勧告の実効性は期待できるとの意見も示された。

セクハラ、パワハラのように、裁判で認められる損害賠償額があまりに少額で実質的な解決にならないような事案については、勧告を出してもらう方が良い場合もあろう。

表現の自由の担い手であるマスメディアについては、そもそも法の適用を除外すべきという考え方もある。また、マスメディアを一律に除外するのではなく、検証委員会などがあり自浄能力を備えている場合には除外する、ということもあり得る。

一方で、メディアの多様化が進む中でマスメディアだけを特別扱いすべきではないし、たとえ自浄能力を備えていたとしても法律の適用除外まで認めるのは行き過ぎだという意見も出された。どこまで行政機関に表現規制を委ねるかについては難しい問題だ。

参加者からは、人権委員会を作り、アジア人権裁判所の設立につなげることが、アジアにおいて日本が果たすべき役割である、などの意見も出された。現時点においては、参加者の意見が大きく割れる論点も多々あり、今後、更なる議論を重ねていきたい。

例会報告

9月例会 ゴビンダさん事件

——再審までの道のり

会員・弁護士 神田 安積

2012年11月7日、ゴビンダ・プラサド・マイナリ氏に対し、東京高裁は無罪判決を下した。2012年9月24日に弁護士会館で開催した9月例会では、再審公判開始直前の段階で、弁護団の神田安積弁護士（会員）をお招きし、再審開始までの道のりについて話をうかがった。

（報告 会員・弁護士 中村 亮）

1.事案の概要

本件は1997年に発生した強盗殺人事件の被疑者・被告人として逮捕・起訴されたネパール人のゴビンダ氏の再審請求事件である。公訴事実は、被害者女性の首を絞めて窒息死させ現金約4万円を強取した強盗殺人であり、第一審は無罪判決だったものの、控訴審で逆転有罪判決（無期懲役）となり、2003年10月に上告が棄却され有罪判決が確定した。

ゴビンダ氏は2005年に再審請求をし、2011年に被害者の身体に付着した精液からゴビンダ氏以外のDNA型が発見された。そして、2012年6月7日に再審開始決定がなされ同年8月6日に同決定が確定し、本例会後の同年11月7日に無罪判決が言い渡され検察官の控訴権放棄により、無罪判決が確定した。

2.犯人と決め付けていた警察、検察の対応

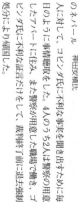

ゴビンダ氏は、当初は不法滞在の被疑事実で逮捕されたが取調べで聞かれる事項は主に強盗殺人に関するものだった。また、警察・検察はゴビンダ氏の弁解を全く信じようとしなかった。弁護人からの接見申し出にもなかなか応じず、応じても30分程度であった。しかも通訳を伴うので実質的には半分の15分しか接見で話ができなかった。また、後述する供述調書の署名拒否という弁護方針に対しても、検察は反発し殺人だけかもしれないのに、署名拒否により強盗殺人で処罰されることになれば弁護人の責任を問われると批判した。このように、捜査機関はゴビンダ氏から自白を得ることに強く固執していた。ゴビンダ氏を犯人と推認させる有力な証拠は、被害者が所有していたコンドーム（犯行現場のアパートのトイレから発見された）に付着した精液からゴビンダ氏のDNA型が発見されたことだけであった。この証拠だけではゴビンダ氏が犯行現場にいた事実は立証できても、犯行時に犯行現場にいた事実までは立証できないため、捜査機関としてはゴビンダ氏の自白が重要だったと思われる。

神田安積氏

さらに、警察はゴビンダ氏と同居していた4人のネパール人に対して、ゴビンダ氏に不利な事実を聞き出すために毎日のように事情聴取をした。4人のうち2人は警察の用意したアパートに住み、また警察が用意した職場で働き、ゴビンダ氏に不利な証言だけをして、裁判終了前に退去強制処分により帰国した。

その一方で検察・警察はゴビンダ氏に有利な事実には目をつぶっていた。その事実とは被害者の定期券が犯行現場から遠くゴビンダ氏に土地勘がない巣鴨で発見されたことである。定期券は犯行当日の朝に使用された記録が残っていた。ゴビンダ氏が犯人であれば、土地勘のない巣鴨まで行って捨てる必要はなく、破いて捨てればいいのであり、この事実はゴビンダ氏が犯人であることと矛盾する。それにも拘わらず警察も検察もこの矛盾を解明することなく、ゴビンダ氏は強盗殺人の罪で起訴された。

3.一審の無罪判決を破棄した東京高裁

一審の被告人質問で、ゴンビダ氏は、被害者のコンドームに同氏の精液が付着したことについて、犯行から10日前に被害者と性交渉したとの弁解を述べた。そして、東京地裁はこの弁解を排斥できないとして無罪判決を言い渡した。弁解を排斥しなかった理由は以下のとおりである。

まず、この弁解内容は被害者のコンドームに付着した同氏の精液の付着時期が犯行から10日間ほど前とする鑑定結果と整合し、さらに、ゴビンダ氏と被害者との性交渉は弁解内容にある犯行の10日前だけでなく、12

月から毎月1回ずつ継続していた。

一方で、検察側が主張した、コンドームの精液は大腸菌の影響で腐食が進行して犯行時に付着しても不思議ではないとの鑑定結果については、大腸菌の影響についての実験がなくその影響を判断できないとした。また、被害者の手帳に12月の性交渉については「ネパール人」と記載されながら犯行10日前の性交渉には「外人」とのみ記載されたことについても、記載内容が抽象的でそれぞれの記載が別人を意味するかは被害者に確認しなければ分からないことと判断した。最後に、犯行現場のアパートの第三者の使用可能性については、犯行10日前の性交渉の際にゴビンダ氏は鍵を閉めずに部屋を出たので、その可能性は否定できないとの判断であった。

ところが控訴審は、大腸菌の影響と手帳の記載のいずれの点についてもゴビンダ氏にとって不利な証拠評価をし、犯行現場のアパートについても鍵を持っていたゴビンダ氏以外の第三者に使用可能性がないと判断して、有罪判決を言い渡した。そもそも、一審で無罪判決を言い渡された時点で、ゴビンダ氏の勾留は効力を失い、通常ならばそのまま釈放されネパールへ帰国できたはずである。しかし、東京高裁は、ゴビンダ氏が犯人である可能性があることと罪証隠滅のおそれがあることを理由に職権で再びゴビンダ氏を勾留した。しかも、無罪判決が言い渡されているにも拘わらず、罪証隠滅のおそれの根拠として否認していることを挙げていた。結局、当時の東京高裁は最初からゴビンダ氏を犯人であると決め付けていたと思われる。

4.捜査・公判での弁護活動の特徴

前記2で述べたように、警察・検察はゴビンダ氏の弁解を全く信用しないで、自白を獲得することのみに固執した。これに対して弁護団の方針は、内容に関わらず調書には一切署名しないというものであった。その理由として、事件から時間が経過して正確な記憶に基づいて話ができない可能性があり、そのような不正確な内容が調書化されて後の裁判で不利になってしまうことを防ぐ必要があったからである。仮に、ゴビンダ氏が述べることに弁護側にとって有利な内容が含まれたとしても、弁護側のほうで、公証役場で確定日付を取るなどして記録化すればよく、捜査機関による記録化に頼る必要はないのである。

また、弁護活動のもう一つの特徴として、ゴビンダ氏と同居していた4人のネパール人への対応があった。前述のように、警察は彼ら4人からゴビンダ氏に不利な事情を聞きだすために毎日ように彼らの参考人聴取を実施した。彼ら4人は警察の取り調べでひどい目に遭っていると訴えていたものの、彼らは参考人であって逮捕・勾留されているわけでもないので、弁護人の立場ではサポートできなかった。そこで、弁護団は、彼ら4人は警察から不当な取調べを受けたとしてこれを不法行為とする損害賠償請求訴訟の代理人として弁護団とは別の弁護士にお願いして、民事事件として受任してもらうことにした。

起訴後は弁護側からは、検察官が提出した証拠以外の証拠の開示を求めなかった。検察官の提出した証拠だけで有罪になるとは考えにくく、弁護側から証拠開示を求めることでゴビンダ氏に却って不利な証拠が出ることが懸念されたからである。

5.再審開始が認められた経緯

本件は判決の確定から再審請求まで1年半もの時間を要した。冤罪の再審事件は虚偽自白が有罪根拠となることが多く、自白が虚偽ゆえに自白と矛盾する新証拠を発見しやすい。しかし、本件は否認事件で状況証拠の評価が有罪の決め手となったので、矛盾する証拠を発見することは難しく、有罪判決の証拠評価を積極的に弾劾する新証拠を発見する必要があった。

弁護団は、大腸菌の影響で発見時から10日前でも矛盾がないとする控訴審の証拠評価を弾劾する新証拠を見つけるため、大腸菌の影響についての実験を実施し、その影響がないことが判明した。しかし、犯行現場となったアパートはゴビンダ氏以外の第三者に使用可能性がないとする有罪根拠も崩す必要があった。そのために、弁護団は検察官に対して強く証拠開示を求めた。ただ、検察側はなかなか証拠開示に応じることなく、5〜6年もの歳月を要した。大きく流れが変わったのは2009年の担当裁判官の交代である。その裁判官は検察官に対してDNA鑑定の対象となりうる物のリストアップを求めた。その結果、被害者の身体に付着した精液が開示された。

そして、その精液のDNA鑑定をしたところ、ゴビンダ氏以外の第三者のDNA型であることが判明した。

こうしてゴビンダ氏に有利な証拠がみつかり、再審開始決定がなされ、さらに刑の執行を停止する異例の措置がなされた。

6.再審開始決定までを振り返って

本件では、捜査弁護で自白調書を作成されることなく、状況証拠型の事件となり証拠開示が再審請求の扉を開く大きな要因となった。さらに、逮捕から再審開始決定がなされるまでの15年近くもの身柄拘束にゴビンダ氏が耐え続けられたのは、弁護団だけでなくボランティアによる支援の力も大きかった。

とはいえ、弁護団や支援者の方々の献身的な活動が実って無罪判決が確定するのに15年もかかってしまう、事実上の有罪推定の刑事司法の問題の根深さを実感した事件でもあった。

例会報告

11月例会 逆風の中の表現の自由

――ニコンサロン日本軍「慰安婦」写真展中止事件

写真家 アン・セホン
弁護士 李 春熙

韓国人写真家のアン・セホン氏が元日本軍「慰安婦」の女性たちを取材し、撮影した写真の展示会が、2012年に東京と大阪のニコンサロンで開催される予定だった。しかし、ニコンは「諸般の事情」を理由に写真展の中止をアン氏に通告した。当初の予定通りの写真展開催を求めたアン氏の仮処分申請が東京地裁で認められ、東京では開催に漕ぎつけたが、大阪での写真展は結局実現しなかった。また、実施された東京の写真展では、抗議者が来場して中止を訴える一幕があり、ニコン側は過剰な警備体制を敷くとともに、会場内での取材活動や写真集等の販売を禁ずるなどの制約をアン氏に課した。

日本を代表するカメラメーカーによる表現活動への制約はなぜ起きたのか、今、逆風に曝される表現の自由を護るために何ができるのか。

JCLUは2012年11月30日、東京ウィメンズプラザにおいて、上記写真展開催の仮処分を勝ち取ったアン・セホン氏と代理人弁護士李春熙氏を招き、「逆風の中の表現の自由　ニコンサロン日本軍『慰安婦』写真展中止事件」というタイトルで11月例会を開いた。

スライドに映し出されたアン氏の写真は、確かに見る人の心に強く訴えかけるものがあった。80代・90代のハルモニたちの幾重にも深く刻まれた皺。一枚の写真が世界を変え得る。表現活動の尊さ・素晴らしさを改めて考えさせられる貴重な機会となった。

始めに、写真家であるアン氏から自身の活動についての講演があった。

アン氏は、90年代から「慰安婦」問題をテーマに被害者女性たちを撮り続け、写真展を通してこの問題の解決策を探る「重重プロジェクト」という活動を行っている。氏は、日本軍「慰安婦」被害者のハルモニたちの現状について説明した。彼女たちは、第二次世界大戦後70余年たった現在も、歴史の生き証人として苦痛の中で暮らしていること。韓国のほか中国、フィリピン、タイなど当時日本軍の前線があった国に取り残されていること。加害者である日本も彼女たちの母国である韓国も現在の居住国も彼女たちを放置したまま何等の支援をしていないこと。彼女たちは、自分たちの過去や現状を自ら人に伝える手段を持たないこと。それゆえ、アン氏が写真や講演を通して彼女たちが伝えたいことを代わりに多くの人に知らせたいと考えていること。高齢の彼女たちに早急な人権回復が求められるため、多くの方々と問題意識を共有し、支援・協力を呼びかけていきたいということであった。

続いて、李氏から本件事件の説明がされた。

本件は、民間施設の使用仮処分命令申立事件である。2012年6月4日申立、2回の双方審尋を経て、同月22日東京地裁決定、決定の内容はアン氏側の主張をほぼ認めるものであり、4日後の26日から当初の予定通り写真展は開催された。

本件事件の主な争点は、以下の二つである。①ニコンはアン氏に対しニコンサロンを使用させる義務を負うか否か。②アン氏の応募条件違反を理由とする解約の成否。①について、ニコン側は、施設の使用の許諾は一方的便益の提供であり契約ではない旨主張したが、裁判所は、アン氏の申込みとニコンの承諾による契約の成立とニコンはアン氏に施設を使用させる義務を負うことを認めた。②については、ニコン側は、アン氏が写真展を政治活動の場にしようとしているため、応募条件の「政治性が付加されていないこと」に違反する旨主張した。これに対し、裁判所は、応募条件には本件施設が写真文化の向上を目的とする写真展に貸与する旨が表示されていることは認められるものの、この表示から、政治性が付加されていないことを条件とする旨の表示がされているとはいえず、写真展が政治性を有するものであるとしてもそれは写真文化の向上という目的と併存しうるものであるから、写真展の内容が一定の政治性を有していることが直ちに上記目的に反するものとはいえない、また、アン氏が政治活動の場として本件写真展を利用していると認めることは困難である、そして、本件写真展がニコンサロン開設の趣旨である写真文化の向上の目的に反するものであるとは認められない、よって、アン氏の応募条件違反を理由とする解約はできない旨判示した。

保全の必要性についても、裁判所は以下のように述べた。アン氏が本年1月に本件施設の使用承諾を受けてから、本件写真展の開催準備を進め、開催を約1か月後に控えて既に多数の案内はがきを送付するなどしていた時点で、本件写真展の中止を通告されたという経緯からすれば、アン氏にとって本件施設での本件写真展開催の機会を奪われること自体が著しい損害というべきである。また、本件写真展において大規模な抗議活動が予想されるとまでは認められず、アン氏自身が警察と連携して対応することも可能であることを考慮すると、ニコン側が本件写真展の開催に当たり多額の費用を要する警備を予定しているという事情は、保全の必要性を否定するに至らない。

左が李 春熙氏、右がアン・セホン氏

次に、李氏が写真展期間中の状況とその後の経過について説明された。

ニコン側は、東京地裁の上記決定には従った。しかし、通常のニコンサロンにおける写真展開催の際に行われる広報活動は仮処分の内容に含まれないことを理由に協力を拒絶した。そして、写真展の会場入り口には金属探知機が設置されすべての来場者について検査が行われた。また、混乱防止という理由で、図録・パンフレット等の頒布・販売と会場での取材活動が禁止された。花束を持参した来場者に対して会場内に花束を置くことを禁じ、来場者が激怒するという一幕もあった。

ニコン側は本件写真展に関する対応の非を認めておらず、また、同社側から当初提案されて開催が決まっていた大阪でのアンコール展について中止の態度を変えなかった。東京での写真展の最終日にアン氏は抗議文を読み上げ謝罪を求めたが、ニコン側は応じなかった。そこで、アン氏は同社の一連の対応の違法性を本訴で争うことを決定した（筆者注：2012年12月25日東京地裁に本訴提起）。

最後に、李氏が抗議活動と表現の自由の保護についての検討及び参加者との質疑応答を行った。以下は、李氏の見解を筆者がまとめたものである。

ニコン側の対応としては、本来、写真展を妨害しようとする者に対して入場制限または会場からの退出を求め、混乱発生時には速やかに強制退去させるためには、数名の警備員の配備で足りるはずであった。にもかかわらず、上記のような妨害者寄りの対応をとるニコンの本音は、「慰安婦」の写真展を支援する企業だと見られたくないことにあるものと思われる。しかしながら、同社は、社会貢献活動の一環としてニコンサロンを運営し、同施設を通して優良企業のブランドイメージを確立し、写真文化の向上への寄与という公的役割を自認している大企業である。そうであれば、たとえ本件施設が民間施設であるとしても、パブリック・フォーラムとしてそこでの表現活動は最大限尊重されるべきであり、反対者の抗議活動を理由に主催者の表現活動を制限することができるのは、公共施設の場合と同様に警察の警備等によっても混乱を防止できないような特別の事情があるときに限定されるべきである。

本件仮処分事件では、ニコンが中止通告に至った本当の理由は明らかにされなかった。しかし、新聞にアン氏の活動と本件写真展を紹介する記事が掲載されたことを契機として、ニコンに抗議の電話やメールが寄せられるとともに、インターネット上には本件写真展開催に反対する者らが同社を批判する内容の書き込みが大量に投稿された。このような抗議活動が活性化した直後（上記新聞記事掲載からわずか3日後）に本件中止通告がされていることからすれば、本件写真展に反対する者らの抗議行動を理由とするものであると合理的に推測される。

反対者の抗議活動は表現の自由として憲法上保障されるという意見は当然存在する。しかし、その抗議活動は社会において表現の自由が有する価値を実現するために役立っているのか甚だ疑問である。思想の自由市場論、対抗言論の原則は、現実の社会において妥当しないのではないか。実力を伴う抗議活動は表現の自由を抑圧する効果しかないのではないか。現代日本社会で起きている深刻な人権侵害の被害者の利益を守るためには、欧米諸国におけるヘイトスピーチ規制のような規制が我が国にも必要なのではないか。少なくとも、表現の自由としての保護に値しない抗議活動に対して、不法行為に基づく損害賠償責任を問うことで抑止力を示すべきだと考えられる。

（報告　会員　吉成 由紀）

2012年1年間のJCLU

1月19日	1月理事会
1月31日	「新型インフルエンザ対策のための法制のたたき台」に関する意見書発表
2月13日	2月理事会
2月14日	情報公開法改正法案の早期可決成立を求める意見書発表
2月16日	大阪市「労使関係に関する職員アンケート調査」に関する意見書発表
2月25日	久保田メモリアルシンポジウム「現代の踏み絵―君が代訴訟最高裁判決を分析する」（西原博史・早稲田大学社会科学総合学術院教授、河原井純子・2012年1月16日最高裁判決で逆転勝訴した原告、戸田綾美・同訴訟原告代理人　弁護士）東京八重洲ホール
3月16日	3月理事会
3月29日	3月例会「こんなにあるぞ！国による国籍差別」（田中宏・一橋大学名誉教授　JCLU代表理事、旗手明・JCLU理事　外国人の権利小委員会、藤本美枝・弁護士　JCLU理事）弁護士会館
3月30日	法務省定期立入検査
4月5日	「今こそ、個人通報制度の実現を！大集会」[日弁連共催]（パネリスト：林陽子・弁護士　JCLU会員、NGO発表：藤原家康・弁護士　JCLU事務局長(当時)）弁護士会館
4月18日	4月理事会
5月14日	5月例会「女性に対する暴力への男性の取り組み～英国の経験から～」（クリストファ・グリーン・英国ホワイトリボンキャンペーン理事）東京麻布台セミナーハウス
5月12日	自由人権協会大阪・兵庫支部総会、総会記念講演「どうなる？大阪の教育～橋下・教育『改革』を考える～」（池田知隆・ジャーナリスト）難波市民学習センター講堂
5月16日	5月理事会
5月26日	自由人権協会総会、総会記念シンポジウム「裁判員制度を検証する」（村岡啓一・一橋大学大学院法学研究科教授、田口真義・裁判員経験者、土屋美明・共同通信社編集委員、北神英典・弁護士　JCLU理事）航空会館
5月30日	一橋大学法学部生JCLU訪問
6月2日	自由人権協会京都総会、総会記念講演「戦後補償について宋さんが開けたパンドラの箱～浮島丸事件訴訟を通して考える　宋斗会さんを偲んで」（山本晴太・弁護士、趙博・歌劇派芸人）京都弁護士会館
6月15日	早稲田大学ロースクール・エクスターンシップ説明会〔升味事務局長　出席〕
6月20日	6月理事会
7月26日	7月理事会・ビアパーティ
7月27日	予防接種被害救済基金管理運営委員会
7月27日	7月例会「沖縄集団『自決』裁判を振り返る－提訴のねらいと裁判がもたらしたもの－」（秋山幹男・弁護士　JCLU評議員、近藤卓史・弁護士　JCLU理事）弁護士会館
8月1日～9月24日	エクスターンシップ受入れ（一橋大学ロースクール、早稲田大学ロースクール、専修大学ジャーナリズム学科）
8月6・7日、13～15日	事務局夏季休業
9月1・2日	合宿　一日目「大阪市問題総ざらい」（七堂眞紀・弁護士、藤原航・弁護士、加戸靖史・朝日新聞社記者）　二日目「下級審判決に見る新たな憲法感覚の芽吹き」（大林啓吾・千葉大学准教授）　ペンションはな（神奈川県湯河原町）
9月7日	9月理事会
9月14日	国際人権コンサルテーション〔升味事務局長出席〕女性就業支援センター
9月24日	9月例会「再審への道のり―ゴビンダさん事件の場合―」（神田安積・弁護士　JCLU会員）弁護士会館
10月9日	10月理事会
10月19日	西松安野友好基金第4回運営委員会〔古本理事出席〕ホテルサンルート広島
11月7日	11月理事会
12月1日	自由人権協会関西合同例会「自閉っ子、こういう風に出来てます！当事者から見た発達障害とそうでない人との違いとその特性（ニキ・リンコ・作家　翻訳家）京都弁護士会館
12月4日	12月理事会
12月13日	「閣議等の議事録の作成・公開に関する意見書」発表
12月15日	臨時総会、12月例会「みんなで考えよう!国内人権委員会は差別・虐待の救済にどう役立つのか」（山田健太・専修大学教授　JCLU理事）中央大学駿河台記念館、忘年会

【発行日】2013年1月29日　【発　行】社団法人 自由人権協会
〒105-0002　東京都港区愛宕1-6-7 愛宕山弁護士ビル306
TEL：03-3437-5466　FAX：03-3578-6687　URL：http://jclu.org/　Mail：jclu@jclu.org
（大阪・兵庫支部）
〒530-0047 大阪市北区西天満1-10-8　西天満 第11松屋ビル3F 堺筋共同法律事務所内
TEL：06-6364-3051　FAX：06-6364-3054
協会設立：1947.11.23　本紙創刊：1950.5.1　購読料：年間2,500円　郵便振替：00180-3-62718　発行人：升味佐江子
JCLU 社団法人 自由人権協会

人権新聞 Japan Civil Liberties Union

JCLU Newsletter

発行所 公益社団法人 自由人権協会

JCLU

〒105-0002 東京都港区愛宕1-6-7 愛宕山弁護士ビル306
TEL:03-3437-5466 FAX:03-3578-6687
URL:http://jclu.org/ Mail:jclu@jclu.org

協会設立:1947.11.23
本紙創刊:1950.5.1
購 読 料:年間2,500円

特集 危機に立つ憲法

こんなに問題、自民党憲法改正草案

──JCLU代表理事らが外国特派員協会で会見

憲法96条の改正に向けて安倍政権が具体的に動き出す中で、自由人権協会(JCLU)は本年1月、憲法緊急プロジェクトを立ち上げ、自民党が策定した「日本国憲法改正草案」(以下「自民党改憲案」という)及びその解説資料である「日本国憲法改正草案Q&A」(以下「Q&A」という)の分析・検討作業を開始した。そして、2月21日、同プロジェクトにおける議論を通して見えてきた、自民党改憲案が抱える深刻な問題点をPRしようと、東京の外国特派員協会で記者会見を開いた。記者会見に臨んだのは、喜田村洋一代表理事、紙谷雅子代表理事、ローレンス・レペタ理事で、特に、憲法96条が規定する国民に憲法改正を発議する要件を緩めることの危険性や、基本的人権を侵すことのできない永久の権利とした97条が削除されていることの深刻な問題点などを指摘し、外国メディアの記者に対し理解を求めた。なお、同プロジェクトの活動やその成果の詳細については、次頁以降の「JCLU版憲法Q&A」発表近づく」を参照されたい。(大宮法科大学院 田中利沙)

外国特派員協会での会見の様子。左から喜田村洋一代表理事、ローレンス・レペタ理事、紙谷雅子代表理事

危険な発議要件の緩和

自民党改憲案は100条1項で、憲法改正への賛否を問う国民投票の発議要件を「両議院のそれぞれの総議員の過半数の賛成」で足りるとし、憲法96条1項の「各議院の総議員の3分の2以上の賛成で、国会がこれを発議」するという要件を大幅に緩和している。これについて、「現在の発議要件は他国と比較しても極端に厳格なものではない」ことを説明した上で、「発議要件が緩和されると、政府の権力をいたずらに拡大する憲法改正が横行し、基本的人権の保障を弱める危険が格段に高まる」と問題提起した。

不可解な97条削除

自民党改憲案は、日本国憲法第10章「最高法規」の中の97条を完全に削除しているが、その理由はQ&Aでも一切説明していない。

憲法が保障する基本的人権を「現在及び将来の国民に対し、侵すことのできない永久の権利として信託されたものである」とうたう97条は、日本国憲法の核心をなす条文の一つである。基本的人権を否定する意味で97条を削除するのであれば、日本はもはや世界の先進国と同じ価値観を共有しえなくなるといわざるを得ない。

個人情報の不当取得規定に対する疑問

自民党改憲案は19条の2で「個人情報の不当取得の禁止等」を規定している。Q&Aではこれを「新しい人権」＝プライバシー権の保障に資するための条項だと説明している。

しかしこの規定はどうみても、国民の「権利」でなく国民に対する「規制」を規定したものであり、権力に制限を加えて人権侵害を防止しようとする憲法本来の目的に反するものである。更にこの規定ができれば、特にフリーランサーや小規模な報道機関の権利が著しく制限されかねない。

会見はJCLUホームページで

記者会見では、外国メディアの記者から、自民党改憲案の問題点についてどのようにして一般市民の注目を得ていくべきなのかなど、数多くの質問が投げかけられた。

記者会見の様子はJCLUサイトのトップページで視聴することができるので、ぜひご参照願いたい(www.jclu.org)。

CONTENTS

特集 危機に立つ憲法

「JCLU版憲法Q&A」発表近づく

会員・弁護士 近藤 卓史・小町谷 育子

憲法緊急プロジェクト発足

昨年12月の衆議院選挙の結果、自民党が大勝し、憲法改正を掲げる安倍晋三氏が約5年ぶりに政権に戻ってきました。秋葉原では、自民党の支持者が「大日本帝国憲法万歳」と叫び、異様な熱気に包まれたというニュースが流れました。安倍首相は、「自主憲法」の制定が必要との認識を示し、手始めに日本維新やみんなの党と組み、第96条(憲法改正手続)が定める改正要件の緩和を目指すと明言しました(12月17日の記者会見)。自民党が、憲法改正に意欲的なこれらの党と組むならば、衆議院では改憲に必要な議員数の3分の2を超えることになります。現在のところ、消費税増税を掲げて惨敗した民主党の参議院選挙の轍は踏まないように、安倍政権は国民の関心が高い経済対策に力を入れているようです。最近の経済情勢を見るならば、その政策は支持を得ているようであり、今夏の参議院選挙で自民党は議席の過半数以上を獲得し、憲法改正への道筋をつける可能性が急速に高まってきました。いよいよ憲法改正が現実味を帯びてきました。

より人権を保障し、市民の生活を豊かにし、平和を重んじ国際社会と協調するような憲法改正であれば、国民はこれまでも賛成したはずです。政権党である自民党の日本国憲法改正草案(以下「自民党改憲草案」)の内容は、果たして私たちの市民的自由を広げるものになっているのでしょうか。

自民党改憲草案の内容を解説する資料として、自民党は、「日本国憲法改正草案Q&A」(以下「自民党改憲草案Q&A」)を公表しています。そこでは、「これって憲法?」と首を傾げざるを得ない内容が含まれています。

政治家からは「GHQに押し付けられた憲法ではなく自主憲法を制定しよう」、「日本の伝統を重んじよう」、「軍隊を持って普通の国になろう」という勇ましい掛け声ばかりが聞こえてきます。

JCLUでは危機感を強め、お正月気分も冷めやらぬなか、2013年1月4日に自民党改憲草案の検討を開始しました。同日、JCLUは、憲法緊急プロジェクトを発足させ、①自民党改憲草案とQ&Aを検討し問題点を早急に把握すること、②安倍首相の訪米に合わせ、外国特派員協会で、記者に自民党改憲草案の問題点を知らせること、③自民党改憲草案の問題点を広く市民に知らせ、市民が自由にその内容を利用できるように、ホームページで積極的に発信すること、を決めました。

検討に入ってから早3か月。憲法緊急プロジェクトは、すでに①と②を終え、現在、③として、「JCLU版憲法Q&A」を作成し、自民党改憲草案の問題点をまとめる準備をしています。

「JCLU版憲法Q&A」

「JCLU版憲法Q&A」は、96条の改正手続、人権、9条の3つを柱にして、自民党改憲草案に関する疑問として、次のようなQを挙げています。Qは暫定版で、今後の議論を踏まえて改訂していく予定です。

Q:憲法って何?
Q:アメリカから押し付けられた憲法は改正して、日本の国民が自主的に憲法を制定すべきではないの?

〈96条〉
Q:96条のせいで憲法が変えられないの?
Q:外国ではしょっちゅう憲法が変えられているって、ほんと?
Q:日本の改正手続きは厳しすぎるんじゃないの?
Q:国民投票があるから、国会の議決は過半数でいいんじゃない?

〈人権〉
Q:人権って何?
Q:天賦人権説は西洋かぶれなの?
Q:人権を主張するのはただのわがままじゃないの?他人に迷惑をかけちゃいけないのは当然でしょ?
Q:「公共の福祉」って何ですか。「公益及び公の秩序」に変えた方が分かりやすいのではないですか?
Q:憲法に「新しい人権」規定を作るのはいいことでしょ?
Q:プライバシーは大事だから個人情報は護ってほしいよね?
Q:家族が助け合うのは当然でしょ?

Q：「公益及び公の秩序を害する」活動って何？
Q：うるさいデモは迷惑なので憲法で規制して当然でしょ？
Q：外国人に参政権を与えると日本が乗っ取られてしまわないかな？

〈9条〉
Q：今の憲法では集団的自衛権は使えないの？
Q：そもそも自衛権て何？
Q：国連憲章のもとでの自衛権て何？
Q：集団的自衛権て何？
Q：集団的自衛権を憲法で認めると、どうなるの？
Q：いわゆる4類型って何？

憲法を勉強した人や法律家にとっては、一見、これらのQはあまりにも基本的な質問のように思われるでしょう。しかし、一般市民、ことに若い世代が抱いている憲法観は、以前とはまったく異なっていることを前提にしなければなりません。

たとえば、「外国では憲法はたびたび改正されているのに、日本で制定以来憲法が改正されていないのはおかしいのではないか。」という素朴な質問に対し、私たちはどのように答えるべきなのでしょうか。次のような疑問を一つひとつ解いていかなければ答えは見つからないでしょう。

①諸外国ではたびたび憲法が改正されているというのは事実か。
②たびたび憲法を改正しているという諸外国はどの国か。
③諸外国の憲法改正手続はどのようになっているのか。日本の改正手続は特異なものなのか。
④諸外国でなされた憲法改正の中身は何か。
⑤憲法改正がたびたびなされているのは、その内容と関連があるのではないか（国民が賛成できる内容だからではないか）。

「JCLU版憲法Q＆A」は、こうした疑問を反映できるようなQを準備したつもりです。

回答のAはできる限り簡単なものにしています。そして、さらに理解を深めたい市民のために、最高裁判所の判例や憲法の通説をもとに、憲法の原理をできる限り分かりやすく説明する詳細な解説を作りました。解説では、自民党改憲草案の問題点も指摘しています。

自民党改憲草案の問題点1
——天賦人権説は西洋かぶれなの？

自民党の改憲草案Q＆Aには、国民の権利義務について、次のように記載しています。

> 権利は、共同体の歴史、伝統、文化の中で徐々に生成されてきたものです。したがって、人権規定も、我が国の歴史、文化、伝統を踏まえたものであることも必要だと考えます。現行憲法の規定の中には、西欧の天賦人権説に基づいて規定されていると思われるものが散見されることから、こうした規定は改める必要があると考えました。

自民党改憲草案は、「天賦人権説」ではない考え方で、人権規定を定めるべきだというのです。しかし、天賦人権説は、「人間は個人として生まれながら平等であり、自由に生活の基礎を築き、財産を取得し、幸福を追求する権利をもつという説」のことをいいます。近代市民革命の理論的根拠となった「自然権」の思想に基づくもので、欧米にその起源はありますが、人権は国家が成立する以前から人間が生来的にもっている権利であるという考え方は、普遍的な考え方のはずです。この普遍的な考え方に立たない「我が国の歴史、文化、伝統を踏まえた」人権規定とはいったいどのようなものなのでしょうか。

その内実は、前文に関する次の記載に現れているように思われます。

> **自民党改憲草案前文**
> 日本国民は、国と郷土を誇りと気概を持って自ら守り、基本的人権を尊重するとともに、和を尊び、家族や社会全体が互いに助け合って国家を形成する。
>
> **自民党改憲草案Q＆AのQ3**
> 国民は国と郷土を自ら守り、家族や社会が助け合って国家を形成する自助、共助の精神をうたいました。その中で、基本的人権を尊重することを求めました。党内議論の中で「和の精神は、聖徳太子以来の我が国の徳性である。」との意見があり、ここに「和を尊び」という文言を入れました。

ここで強調されているのは、自助や共助です。基本的人権は、「その中」の権利にすぎないように読めるのです。また、個人の権利である基本的人権は、和を尊ぶこと、すなわち他人と協調することとは、その性質上、相容れない場合があるはずです。和を尊ぶことは大切ですが、それは道徳の問題であり、憲法に規定すべきものではないはずです。

また、自民党改憲草案24条1項は、「家族、婚姻等に関する基本原則」として、「家族は、社会の自然かつ基礎的な単位として、尊重される。家族は、互いに助け合わなければならない。」と規定しています。前文の自助、共助の考え方と、24条1項を合わせて読めば、たとえば、生活保護の受給が必要な場合であっても、まずは家族やその個人を取り巻く社会が助けるべきで、生活保護の受給は最終手段であるということにならないでしょうか。生存権の主張は弱められてしまわないでしょうか。

自民党改憲草案は、天賦人権説に立たない以上、法律によって人権を制約することができるかつての法律の留保付人権に逆戻りする危険をはらんでいます。自民党改憲草案Q＆Aは文意の不明な文章が多く、自民党がどのような人権観に立っているのかは、Q＆Aだけでは分かりません。憲法審査会の議論などを通じて、その内容を的確に把握する必要があります。

自民党改憲草案の問題点2
——表現の自由の危機？

自民党改憲草案は、憲法21条に2項を新設しようとしています。

> 前項の規定にかかわらず、公益及び公の秩序を害することを目的とした活動を行い、並びにそれを目的として結社することは、認められない。

この規定を新設する理由として、自民党改憲草案Q＆Aは、「オウム真理教に対して破壊活動防止法が適用できなかったことの反省などを踏まえ、公益や公の秩序を害する活動に対しては、表現の自由や結社の自由を認めないこととしました。内心の自由はどこまでも自由ですが、それを社会的に表現する段階になれば、一定の制限を受けるのは当然です。」と説明しています。

「公益及び公の秩序」とは、公共の利益すなわち社会一般の利益と社会秩序すなわち平穏な社会生活を意味するものです。「公益及び公の秩序」を害することを目的とした活動とは、他人が迷惑と感じるような活動があたる可能性があります。たとえば、「反原発のデモ」は、平穏な社会生活を害するとして「公の秩序を害する」活動にあたりうることにならないでしょうか。表現行為は、時として、社会の平穏を害することもあります。しかし、それは意見を社会に伝え民主主義を実現するために不可欠であり、規制の対象にしてはなりません。

最近、マスコミ倫理懇談会で、自民党改憲草案に関する講演会が開かれました。マスメディア側の質問に答えて、中谷元議員は、公益及び公の秩序を害することを目的とした活動とは、「誰もがおかしいと思う活動」をいうと述べていましたが、「誰もが」が多数の人を指すのであれば、危険な考え方ではないでしょうか。表現の自由は、少数の意見を伝えるためにも保障されなければなりません。

なお、自民党改憲草案は、13条の「公共の福祉」を、「公益及び公の秩序」に変えることも提案しており、すべての人権にこの制約原理がかかってくることも大きな問題です。

自民党改憲草案の問題点3
——表現の自由と個人情報の不当取得との相克？

さらに、自民党改憲草案は、次のような個人情報の不当取得を禁止する規定を設けようとしています。

> 何人も、個人に関する情報を不当に取得し、保有し、又は利用してはならない。

自民党改憲草案Q＆Aには、「いわゆるプライバシー権の保障に資するため、個人情報の不当取得等を禁止しました。」と、新設の理由をあげています。

しかし、条文の体裁に疑問があります。個人情報の不当取得を禁止するならば、「個人に関する情報は、不当に取得され、保有され、又は利用されてはならない。」、又は「何人も、個人に関する情報を不当に取得され、保有され、又は利用されない権利を有する。」と規定しなければならないはずです。つまり、自民党改憲草案のこの条文は、国家権力を縛るためのものではなく、国民を規制するものなのです。

そこで、個人情報保護法の立法過程で議論となった取材の自由との関係が、ここでも問われてきます。個人情報保護法は、報道機関を適用除外にしていますが、それでも、個人情報保護法施行以来、取材が難しくなったと言われています。報道機関が除外されない形で、憲法で個人情報の不当取得の禁止が規定されるならば、表現の自由との衝突は必定です。

そもそも、個人情報とは、「個人の内心、身体、身分、地位その他個人に関する一切の事項についての事実、判断、評価等のすべての情報」をいい、広範な概念であって、プライバシー権と同一ではありません。取材に関する制約が、これまで以上に広がることが懸念されます。

現在、個人情報の保護を図るために、法律や条例が整備されています。地方自治体の個人情報保護条例の制定率は100％になりました。まずは、これらの法令によって、個人情報の不当取得の禁止を図るべきです。

自民党改憲草案の問題点4
——「新しい人権」が規定されるってホント？

自民党改憲草案Q＆Aは、「現在の憲法が施行されてから65年、この間の時代の変化に的確に対応するため、国民の権利保障を一層充実していくことは、望ましいことです。」と説明し、先に述べた「個人情報の不当取得の禁止等」のほか、「説明責務」、「環境保全の責務」、「犯罪被害者の保護の責務」を「新しい人権」としています。

社会の変革にともない、「自律的な個人が人格的に生存するために不可欠と考えられる基本的な権利・自由」として保護するに値すると考えられる法的利益は、「新しい人権」として、憲法上保障される人権の一つだと解するのが妥当」(芦部信喜・高橋和之補訂『憲法第五版』118頁)であり、そうした法的利益が「新しい人権」として規定されるのは望ましいことです。しかし、自民党改憲草案の内実は、「新しい人権」を規定したものとは到底思われません。

自民党改憲草案は、「新しい人権」を、「国家の保障責務の形で規定されているものを含む。」としていますが、憲法の学説は、「国家の保障責務の形で規定」するようなものを「新しい人権」としてあげていません。自民党改憲草案は、本来、市民の「権利」として規定すべきものを、国家の保障責務の形で規定することによって、権利性を弱めているのです。このことだけでも、「国民の権利保障はより手厚くなる」という草案が、いかに看板倒れであるかが分かります。

自民党改憲草案の問題点5
―憲法に集団的自衛権を規定するとどうなるの？

これまでの憲法改正の議論の主眼が9条であったのと同様に、自民党改憲草案は、9条をめぐる問題に力点を置いているようです。自民党改憲草案は、第二章の表題を、「戦争の放棄」から「安全保障」に変え、9条2項を削除して、自衛権を明記したうえ、9条の2として「国防軍」や軍事審判所の設置を、9条の3として「領土等の保全等」を定め、さらに、98条として「緊急事態の宣言」を新設しています。具体的な9条の条文は次のとおりです。

(平和主義)
第9条　日本国民は、正義と秩序を基調とする国際平和を誠実に希求し、国権の発動としての戦争を放棄し、武力による威嚇及び武力の行使は、国際紛争を解決する手段としては用いない。
2　前項の規定は、自衛権の発動を妨げるものではない。

ここにいう「自衛権」には、個別的自衛権や集団的自衛権が含まれており、政府がとっている「保持していても行使できない」という解釈を変更するために、9条2項を削除し、集団的自衛権を行使することができるように、明確に規定した(自民党改憲草案Q&A)とのことです。

かつて日本が結んだ「日英同盟」では、「他の国が同盟国に対して交戦に加わるときは、他の締約国は援助を与え、協同して戦闘に当る」とされ、「日独伊三国同盟条約」では、「締約国中、いずれかの一国が、(欧州戦争又は日支紛争に参入していない)一国によって攻撃されたときは、三国はあらゆる政治的、経済的及び軍事的方法によって、相互に援助する」(日独伊三国同盟)ことが約束されています。日英同盟と日独伊三国同盟は、いわゆる軍事条約と言われており、自民党が行使したいと望む集団的自衛権とは、こうした軍事条約と軌を一にするものではないでしょうか。つまり、憲法に集団的自衛権を規定することは、同盟国の戦争に参加することなのです。そして、相手国から攻撃をされ、その対象には一般市民も含まれるのです。このような9条は、もはや「平和主義」ではありません。

2012年に毎日新聞が行った憲法改正に関する世論調査では、9条について「何らかの改正が必要」との回答が56%に上り、「一切、改めるべきでない」(37%)を上回ったとのことです。2009年の前回調査では両者は拮抗していたとのことですから、9条改正に対する抵抗感は薄れてきているようです。集団的自衛権についても、「行使できないままでよい」が51%で、「行使できるようにすべきだ」の43%をやや上回っているものの、同様の質問を設けた2001年調査では、行使に前向きな回答が25%にとどまっていたことと比較すると、約10年間で大きな変化が見られます。

私たちは9条についてどのような選択をすべきなのでしょうか。

5月13日は「JCLU版憲法Q&A」発表へ

憲法改正は、最終的には国民投票に委ねられます。その前に、憲法に関する正確な理解を広める必要性があるでしょう。「JCLU版憲法Q&A」が、その一助になるように、プロジェクトメンバー一同頑張っています。

5月13日午後6時半から、弁護士会館10階で、「JCLU版憲法Q&A」を発表します。そこでの議論を踏まえた内容をホームページにアップする予定です。会員の参加をお待ちしています。

特集 危機に立つ憲法

もし憲法96条が改正されたら…
―自民党「日本国憲法改正草案」の恐るべき内容

法学館主宰・弁護士　伊藤 真

憲法が危ない。2012年4月に改憲案を策定した自民党が衆議院選挙で大勝。憲法改正に執念を燃やす安倍首相は、憲法96条の国会での改憲発議の要件緩和を目指す方針を明らかにした。みんなの党や日本維新の会もこれに賛成の考えを示し、憲法96条の改正が現実味を帯びてきている。

もし96条が改正され、憲法改正に必要な国会発議のハードルが下がったら一体どうなるのか。96条改正の本当の狙いは何か。自民党の改憲案が実現した場合、市民社会はどのような打撃を受けるのか。

日弁連憲法委員会副委員長で、法律資格・公務員試験の受験指導校「伊藤塾」を主宰する"憲法の伝道師"伊藤真さんにお話をうかがった。(取材と構成:理事・弁護士　北神英典)

立憲主義がなぜ大切か

私は、一人ひとりが個人として尊重される社会、弱い立場の人も自分らしく生きることができる社会、多様性を認め合っていける社会こそが、優れた社会だと思っています。憲法を考えるときに、そういう社会を維持するためには権力を縛る必要があるということを、最初に押さえておかなければならないと思います。

どんなに優れた為政者・政治家でも間違いを犯すことがあります。どんなに素晴らしい市民であってもムードや雰囲気に流され、間違った選択をすることがあります。人間は間違いを犯す生き物です。だからこそ、あらかじめ冷静に考えられる時に、国民の多数決で決まったとしても絶対にやってはいけないこと、絶対に奪ってはいけない価値を書き留めたものが憲法です。その憲法に基づいて、国政を行うというのが立憲主義です。

立憲主義は、人間は間違いを犯す生き物であるという真理に対する謙虚さの現れ、いわば"人類の英知"の結晶だと言えます。

日本国憲法の優れた点

日本国憲法の優れた点の一つは、個人の自由・権利を保障するために権力を憲法で縛るという近代立憲主義の正統な流れを引き継いでいる点です。

もう一つが、前文と9条に象徴される恒久平和主義、積極的非暴力平和主義という考え方です。

日本は、先の戦争で近隣諸国の2000万とも言われる人に対する加害者になり、同時に310万人もの日本人も犠牲になりました。その加害と被害の真摯な反省に立って、他の先進諸国のどこにもない、戦争を放棄するだけではなく、戦力も保持しない、交戦権も否定するという徹底した平和主義を採用しました。いわば積極的非暴力平和主義とは"日本の英知"の結晶であり、日本の独自性・個性の現れなのです。

伊藤 真 氏

日本国憲法はこの2つの英知を持つ点で、優れていると言えます。

自民党改憲案

ところが自民党が策定した改憲案は、その2つの英知を共に否定し、今の憲法の下では、およそ考えられない不利益が、国民に生じる恐れが高いものになっています。

まず、個人の自由・権利を守るために国民が権力を縛るという立憲主義から決別しようとしています。それは、憲法13条の「個人」の尊重という文言から「個」を削除した点に象徴的に現れています。

自民党の改憲案は、単に「人」の尊重と書いています。個人は多様で自立した存在であり、その個人を前提に社会ができているという自然権思想、社会契約の発想を根本から否定するものです。自立ということが一人ひとりの個人にとっても、社会や国家にとっても重要であるということが理解できていないのです。そして、愛国義務、君が代日の丸尊重義務など多くの義務を憲法によって国民に課し、国民に憲法を守らせようとします。憲法が個人の人権を守るために権力を縛るための道具ではなくなってしまいます。

もう一つは、戦争に対する真摯な反省によって獲得した、積極的非暴力平和主義を捨て去ってしまおうとしていることです。

日本の積極的非暴力平和主義とは、どんな名目の戦争もしない、軍事力以外の国際貢献によって紛争の根本原因をなくすために貢献するというもので、日本の誇りです。憲法前文にある「国際社会において、名誉ある地位を占めたいと思ふ」というのは、まさに積極的非暴力平和主義を掲げた日本の先進性を現しています。

それを捨て去ることは、軍事力で紛争を解決しようという普通の国になり下がろうというものです。

戦後、立憲主義が守られてきた理由

今の日本で国民の権利が守られてきたのは、日本国憲法自体が立憲主義を維持できる仕組みを掲げてきたからです。

それが、今回の自民党改憲案はどうでしょう。正面から立憲主義を否定しています。この自民党改憲案が実現してしまうと、憲法が個人の人権を守るために権力を縛るものから、国が国民を支配するための道具へと大きく変質してしまうのです。

自民党改憲案では「公益及び公の秩序」という言葉が頻繁に出てきます。特に、12条では「自由及び権利には責任及び義務が伴うことを自覚し、常に公益及び公の秩序に反してはならない」との文言が加えられています。あらゆる人権が「常に公益及び公の秩序」の下でしか認められないことになっています。これでは大日本帝国憲法の臣民の権利と何ら変わりません。

個人の成長も、文化や思想の発展もなくなる

そもそも文化や芸術、思想や言論というものは、既存の秩序に敢然と挑戦し、その秩序を乗り越えて発展していくものです。

自民党改憲案は、こうした文化、芸術、思想、言論など一切の精神活動を「公の秩序」、言い換えれば『現在の秩序』の枠の中でしか認めないと言っていいでしょう。人間は、より良いものを求めて、個々人が創造性を発揮して、人間として成長していくものですが、自民党の改憲案はその成長の芽を摘んでしまうものになっています。国家にとっても、活力のある国づくりが全くできなくなってしまい、大きな損失であると言わざるを得ません。

自民党改憲案は、「国民統合の象徴である天皇を戴く国家」として、日本の文化や伝統を大切にするという点をうたっています。文化や伝統は大切なものだとしても、わざわざ憲法の中に規定すべきものなのでしょうか。

文化や伝統に対する評価を憲法の中に規定してしまうと、国がこの国の統一的な歴史や伝統や文化を決め、その価値観を国民に押し付けていくことになりかねません。天皇制や日の丸・君が代に対する賛否、家族に対する評価、戦争・歴史に対する評価もそうですが、多様な価値観があります。これを憲法で無理に一つにまとめあげようとすると、かえって国民統合の機能を失わせてしまうことになるでしょう。

「奴隷の幸せ」

自民党改憲案がそのまま導入されると、次のような社会になるでしょう。

人権は、「常に公益及び公の秩序」の下でしか保障されない、国防軍を持つことにより「国防」という公益の名の下に様々な人権が制約される、従順で、物言わぬ市民が歓迎される、秘密保全法制が進み国民に重要な情報が提供されない、逆に、マイナンバー制度によって、国民の情報を国が管理しやすくする制度だけが一気に進む・・・。

国民の安全が保障されるのかと言えば、決してそうではありません。軍隊を持ち、普通に戦争ができる国になれば、テロリストや外国の標的になりやすくなります。同時に国防費に予算をつぎ込まなければならず、増税や社会保障費の削減を必然的に招くことになります。

「自己責任」という言葉がますます大手を振って語られるようになります。病気で働けなくなったら、まず家族で面倒を見なければなりません。改憲案24条1項には「家族は、互いに助け合わなければならない」と書かれています。生活保護の申請に来る前に、まず、家族で面倒を見ることが徹底的に求められるようになります。それぞれの家族の状況などお構いなしです。

「奴隷の幸せ」という言葉があります。南北戦争前の米国南部の奴隷、映画「風と共に去りぬ」に出てくる奴隷は、保護はされているものの自由はなかったそうです。

日本も同じようになってしまうのではないかと、私は懸念しています。

為政者の人たちが理想とする国家像を押しつけられて、それにものを言わずに黙ってついてくる従順な国民以外は排除されるようになるでしょう。

憲法改正に対する幻想

憲法はそもそも魔法の杖ではありません。すなわち、憲法を改正すれば、今の日本が直面している難問が直ちに解決するものではないということを意識しないといけません。自衛隊が国防軍になったからといって、領土問題を解決できるわけはありません。パキスタンやインドの領土紛争も、フォークランド紛争も、軍事力では解決できていません。国防軍を持てば、尖閣諸島を守れ、竹島を取り戻せるのではないかというのは幻想に過ぎないのです。

現に米国と強固な軍事同盟を結んでいたのに、拉致

問題は起きましたし、拉致被害者を取り戻すために、米国は何もしてくれません。そういう現実を直視するべきです。当然のことですが、米国はあくまで自国の利益のために日本と軍事同盟を結んでいるにすぎません。

今の日本の人たちの多くは、戦争に対して抽象的な理解しかありません。日本が戦争をする国になったとしても、自分の生活には全く影響がないと勘違いしています。戦争を体験していないから仕方がないとも言えますが、それでも想像力を発揮しなければいけません。

日本が軍隊を持てば、中国を刺激し軍拡競争が加速することになり、武力衝突のリスクが高まるということや、仮に中国と戦争をした場合、あれだけの人口と国土、核を持っている国と闘って、そもそもどんなメリットがあるのか。

中国と戦争になれば、私たちの生活は具体的にどう変わるでしょうか。中国との貿易が一切途絶えた時、日本の企業がどれだけ倒産し、どれだけの失業者が街にあふれ、われわれの生活が厳しいものになっていくのかを具体的に想像する必要があります。

自衛隊が国防軍になったら

自衛隊が国防軍になることは、安倍首相が言うような、単なる看板の掛け替えでは全くありません。

今の自衛隊は軍隊ではありません。なぜならば、自衛隊は殺人を目的にした集団ではないからです。今の自衛隊が例外的に人を殺すことができるのは、正当防衛や緊急避難のときだけで、原則、人は殺せません。しかし正規の軍隊であれば、交戦権が認められ、敵の戦闘員を殺傷することが正当化されます。つまり、自衛隊が国防軍になると、原則と例外が完全に逆転してしまうのです。

自衛隊が国防軍になることで、日本は人殺しを目的とした組織を市民社会に抱えることになります。しかし市民社会にとって、軍隊はあまりに異質な組織です。市民社会は人の命を大切にしますが、軍隊は逆に人を殺すことを目的にしています。市民社会は個人を尊重しますが、軍隊は組織が絶対です。市民社会は個人の自律性、自主性を尊重しますが、軍隊は支配服従が絶対です。

軍隊の新兵訓練では、一人前の兵士になるために人間の尊厳を否定する訓練を叩きこまれます。米軍兵士が、基地の外で、女性に対する性暴力を含めてさまざまな犯罪をしてしまうのは、人間を人間として見ない訓練を徹底的に受けているせいだと言えるでしょう。日々、人を殺す訓練を繰り返し行っている兵士が市民社会の中で犯罪を行ったとき、それは兵士個人だけの責任でしょうか。人間を殺人マシンに仕立て上げた軍隊に責任はないのでしょうか。国防軍ができれば、沖縄などで米軍兵士が日常的に起こしている事件が、日本全国に広がることになるでしょう。

米国は、まっとうな人間を人殺しに変えるプログラムを持っていますが、戦場から戻ってきた兵士を、真人間に戻すプログラムは持っていません。ですから、戦場から戻ってきた若者たちが市民社会に復帰できず、ホームレスになったり、銃を使った犯罪をしたりすることが、社会問題になっています。私は市民の人たちに、もっと米国の帰還兵の苦しみや社会の状況などを伝えることがとても大切だと思っています。自衛隊が国防軍になれば、同じことが日本でも起こります。決して他人事ではありません。

自民党改憲案の背景

自民党は自主憲法の制定を党是としています。私は、日本国憲法の独自性・個性を積極的非暴力平和主義に求めていますが、改憲案を作った人たちは、万世一系の天皇を戴く国家というところに見出そうとしています。

安倍首相の演説からも分かるように、為政者の人たちは、とにかく日本を強い国にしたいようです。為政者の人たちは権力を行使する側にいますから、自分たちが動かしている国が強い国であること、強い国を自分が動かしているところに快感を覚えるのだと思います。

政権交代した民主党が、だらしなかったものですから、多くの国民が、やはり自民党だと思い込み、自民党の政治家たちは、自分たちが考える強い国に仕立て上げて動かさなければならないと錯覚してしまいました。国が強くなることが、自分が強くなることと錯覚した政治家が、この改憲案を支持するのでしょう。

しかしこの国の主権者は国民です。政治家たちは国民に仕える公僕でしかありません。自分たちが思う強い国を作りたいと考えた政治家たちが「国民は黙ってついて来い」と言う国は、国民主権の国では全くありません。政治家主権、官僚主権の国家です。

また、自民党の議員の人たちには「日米軍事同盟をより強固なものにしたい」という思いもあるようです。

米国の立場に立てば、実は、立憲主義を否定し、人権は天賦であるという考え方を否定する日本の方が望ましいということが分かります。民主化される前のエジプトの方がコントロールしやすかったのと同じ構図です。

もし、日本の国民一人ひとりが、自立した個人として力を付ければ、オスプレイの配備やTPPの交渉も、基地問題に対しても、より文句を言うようになります。米国としては日本の国民が従順でいてほしいのです。自民党の改憲案は、まさにその通りの内容の憲法となっています。

米国は、日本を51番目の州とさえも見ていません。も

し51番目の州とみているのでしたら、米国国内と同じ環境基準・安全基準を遵守し、オスプレイの配備に当たっても配慮をするはずですが、米国内では認められないような環境基準や安全基準を日本に押し付けています。つまり、日本を植民地同様に扱っているのです。

この改憲案をもって米国にすり寄って行けば、ますます米国の言いなりになります。軍事面に限られずTPPでも、日本の自主性や自律性が失われていくことになりかねません。「愛国心」と騒ぐ人たちが、どうしてこのような改憲案を支持するのか、私には到底理解できません。

押し付け憲法論

「押し付け憲法論」という言葉を考えるときに、重要なのは、「押し付けられたのは誰か」ということです。当時日本政府側で、旧体制を維持したいと考えていた人たちが「押し付けられた」と感じただけです。「押し付け憲法」という言葉は、1954年自由党の憲法調査会で初めて登場した言葉です。この場で憲法起草当時の国務大臣で旧憲法を維持したかった松本烝治氏という学者が「押し付けられた」と感情的に発言し、それが政治利用されたのです。

法というものは、発案・発議があり、国会での審議・討論を経て、議決することによって成立します。確かに最初の発案に、GHQの民政局が関与しました。しかし発案を基に修正を加え、審議・討論をし、議決したのは、民主的な日本の国会です。

言うまでもありませんが、重要なのは審議・討論であり、議決です。発案が米国だから無効だなどと言ってしまったら、官僚が案を作り、内閣が提出して成立した法律は、全部無効になってしまいます。そんなことは誰も言いません。なぜなら、審議・討論、議決は国会が行うからです。発案を誰がするかは関係ないのです。

何よりも、この憲法を今まで改正せず、国民が認めてきたという事実はとても大きい。もし多くの国民が「こんな憲法は変えるべきだ」と思っていたとすれば、2/3の国会の発議要件があろうと、国民投票で過半数の賛成が必要であろうと十分改正はできたはずです。実際に日本の憲法よりも厳しい要件の下で憲法改正している国もあります。制定以来、改憲をしてこなかったという事実は、日本国憲法が、国民の意思に基づくものとして定着している一番の証です。

96条改正の後に来るもの

安倍政権は、まず憲法96条の改正だけを進めるでしょう。みんなの党や日本維新の会も賛成しているので、今夏の参院選次第では、国会による改憲発議が可能になるかもしれません。その時に、国民投票で止められるかどうかが大きなポイントになります。

ただ、「3分の2を過半数にしても、民主主義は過半数で決めるのだから構わないのではないか」という感覚の人もまだまだ多いでしょう。

96条が要求する各議院の総議員の2/3以上という発議要件は、反対野党も賛成してはじめて獲得できる数字です。私は、2/3という数字の意味は、政権与党の強行採決だけでは突破できないような高いハードルを課すことによって、野党の立場でも賛成できる合理的な内容になるまで充分な審議討論を重ねて、初めて発議ができるようにしたものと理解しています。

96条は、国民の代表者である国会議員による発議という間接民主制だけではなくて、国民投票という直接民主制も取り入れてバランスをとっている制度です。主権者である国民の意思だけが反映されればいいと言って、国民投票だけで改憲ができるとすれば、その時代のムードや雰囲気に流されて、間違った判断をしてしまう恐れがありますが、その危険を極力回避した制度なのです。

国民投票は、常に人気投票になる危険性があります。領土問題など、何か大きな問題が起こって、国民が熱狂した流れに乗じて国民投票をやってしまったら、取り返しのつかない間違いを犯す恐れがある。だからこそ、憲法改正のハードルを高くして簡単には変えられないようにしているのです。

私は96条改正の後に何が控えているのかを知ってもらうことが、大切だと考えています。96条を変えた後に自衛隊が国防軍になり、そして「常に公益及び公の秩序」の下でしか国民の自由が認められない社会になってしまう、ということをしっかりと伝えていく必要があります。

クリエイティブな活動も、夜遅くまで若者たちがダンスに興じることも、政府を批判するラップ音楽を作ることも禁止される国になってもいいのか、銃をとって人を殺すために外国に行く国になってもいいのか、というように日常生活に引き寄せて、他人事ではなく自分の問題として具体的に考えてもらう必要があると思っています。

被ばくを避ける権利を求めて

――福島の子どもたちを守る法律家ネットワークの活動とこれから

会員・弁護士 福田 健治

「区域外避難」という問題の所在

大量の放射性物質を放出した東京電力福島第一原発事故後の2011年4月、政府は、年間被ばく線量20mSvを基準とする避難区域を設定した。年間20mSvとは、各種法令が定める追加被ばく限度である1mSvの20倍であり、法令上立ち入りに厳格な管理が要求される放射線管理区域の基準値である3ヶ月1.3mSvのおよそ4倍の値である。しかし、文部科学省は、避難指示区域以外では、20mSv未満であれば校庭を利用しても構わないという通知を発し、福島県が委嘱した「アドバイザー」は、「100mSv以下であれば健康影響はない」という宣伝を県内で繰り返した。

この事態は、福島市や郡山市など、避難区域にならなかった地域に住む多くの人々、とりわけ子どもを抱えた世帯に、避難するべきか否かという厳しい決断と苦悩を迫ることになった。

なお、政府避難指示区域外からの避難は、一般に「自主避難」と呼ばれているが、事故に伴う放射線被ばくという状況によって避難を余儀なくされたものであり、「自主」と呼ぶのは適切ではない。本稿では「区域外避難」と言及する。

SAFLANの立ち上げ

私は、前職である環境NGO職員時代の友人の誘いで、福島市を訪れることになった。そこには、避難をめぐって苦悩し、家族や職場、地域コミュニティとの間で葛藤する多くの父母たちが集まっていた。もとより、法律家に過ぎない私には、避難すべきか否かに関する答えの持ち合わせはない。しかし、少なくとも、事故前の基準値の数倍から十数倍の放射線量を前にした状況下において、避難を選択することは合理的であること、その選択権は憲法や国際人権法上の人権として主張しうること、国や東京電力は避難の選択に対して十全の支援を行うべき義務を有することを語ることができると考え、これを「避難する権利」と名付けて話をすることにした。

2012年7月、同じく福島県内で父母たちの苦悩を聞いた他の法律家と、福島の子どもたちを守る法律家ネットワーク（SAFLAN）を立ち上げた。私たちが最初に目指したのは、区域外避難を合理的な選択肢として政府や東京電力に承認させること、これによって希望者の避難を実現すると同時に、「避難なんて大げさな」という、避難区域外を覆っていた空気を少しでも打破することだった。

SAFLANの主要メンバーの多くが、20代後半から30代の若手弁護士であり、同年代の福島に住む父母たちへの共感がその活動の底流にあったことは、特筆されてよいように思う。

第1幕：区域外避難への賠償をめぐって

SAFLANの当初の活動目的は、区域外避難者への東京電力による賠償の実現だった。賠償の範囲を検討していた原子力損害賠償紛争審査会が2011年8月に発表した「中間指針」は、区域外避難には全く言及していなかった。区域外避難を合理的な選択として賠償の対象とさせるべく、SAFLANでは、意見書を発表し審査会委員への働きかけを行うほか、避難区域外の411世帯・合計12億円弱の請求書をとりまとめて東京電力に提出し世論に訴え、また他団体と協力して国会議員会館内での集会を開催し文部科学省の対応を求めた。

この結果、2011年10月に、審査会の場で区域外避難者からのヒアリングが実現した。これは、区域外避難者の肉声が、政府の公式の場において記録された最初の機会となった。

2011年12月、審査会は、福島市や郡山市、いわき市など一定の区域について、避難者と居住者に同額の賠償を認める「中間指針追補」を発表した。慰謝料の額が低きに失しており、また区域設定が極めて不透明であるなど、同追補は多くの問題を含んでいる。それでも、法律によって設置された公式の機関である審査会が、今までの「政府指示による避難への賠償」という枠組みから大きく踏み出し、「住民が放射線被曝への相当程度の恐怖や不安を抱いたことには相当の理由があり、また、その危険を回避するために自主的避難を行ったことについてもやむを得ない面がある」と述べ、区域外からの避難の合理性を正面から認めたことの意義は、決して小さくない。

第2幕：原発事故子ども・被災者支援法の立法と支援策の遅れ

避難を実際に実現するためには、事後的な金銭補償に過ぎない東京電力の賠償のみでは不十分である。特に、移動のための住宅確保や、健康影響を最小化するための継続的な健康診断と医療への援助の実現のためには、原子力発電を国策として推進してきた国の責任に基づく公的支援が不可欠である。原発被害者への支援立法が必要とされるゆえんである。

SAFLANでも、2012年に入り、多くの被害当事者や支援団体と協力して、立法化への働きかけを強めた。2012年2月には、区域外・区域内、避難の有無を問わず、全ての原発事故被害者への公的支援を実現するための立法の必要性について意見書を発表した。また、各種集会の開催、与野党の国会議員へのロビイング、署名活動などを通じて、被害者支援立法の必要性を訴えた。

2012年6月、「原発事故子ども・被災者支援法」が、与野党の超党派議員による議員立法として、全会一致で成立した。同法は、その理念として、汚染地域において、人々が避難するか、その場に留まるかの決定を行うことができるよう、国が支援することを謳っている。そのための具体策として、移動や居住継続について必要な支援を政府が行うこととた。また健康診断の実施や医療費の減免措置についても定めている。

しかし、同法は基本理念と施策の大枠を定めたプログラム立法に留まっており、支援対象となる地域の設定や具体的な支援策については、政府が基本方針において定めることとした。本稿の執筆時点において、制定からすでに10ヶ月近くが経過しているが、いまだに基本方針は策定されておらず、同法に基づく具体的な支援は始まっていない。

SAFLANの挑戦

SAFLANの活動の特徴として、以下の3点を挙げることができる。

第一に、他の当事者団体・支援団体とのネットワークである。原発事故被害者支援を、法律家の団体「だけ」で勝ち取ることはできない。SAFLANは、当事者団体である「子どもたちを放射能から守る福島ネットワーク」等と共同で様々な集会を開催してきた。支援法の立法後は、基本方針への当事者の意見反映を目指して、10以上の団体と協力して「原発事故子ども・被災者支援法市民会議」を設立し、SAFLANが事務局を務めるほか、市民会議と日弁連等とのネットワークの主催で支援法に関するフォーラムを継続的に開催している。また、大学の研究所等と共同で研究会を立ち上げるなど、アカデミズムとの連携も始まっている。

第二に、政策変化をもたらすために、やみくもに政府を批判するのではなく、具体的な政策を提案すると同時に、これを実現するために共感者を広げるアプローチを採っていることである。

第三に、多様な情報発信手段の活用である。ブログ・ウェブサイトを運用するほか、facebookページやTwitterなどを通じた情報提供を行ってきた。さらに、SAFLAN-TVと称して、毎週月曜日に3分間の番組をYoutubeを用いて配信している。支援法とは何か、賠償の現状、被災者へのインタビューなどをコンパクトにまとめ、毎回数百の視聴者を獲得している。

政権交代と原発事故被害者支援の今後

2012年12月の政権交代は、原発事故被害の分野においても大きな影響を及ぼしている。新たに政権の座に着いた自民党は、2014年度予算において、福島への帰還促進のために手厚い予算をつける一方、子ども・被災者支援法に基づく基本方針の策定を当面行わない方針を明らかにしている。区域外避難者への支援としては、2012年3月末で打ち切られていた高速道路の無料化措置について、2014年度からの復活が決まったに過ぎない。

こうした逆風の中、避難者・滞在者を問わず、被ばくを避ける権利を確立し、原発事故による健康被害を最小化するための政策を実現するためには、今まで以上に多様かつ柔軟な取り組みが必要になっている。SAFLANや上記市民会議でも、被災自治体や避難先自治体による意見提出に向けた働きかけ、当事者主体の取り組みへの支援拡大、被害実態調査、健康管理問題への提言など、様々な新たな動きが生まれつつある。

原水爆の被爆者援護運動も、またチェルノブイリ原発事故の被害者運動も、数十年にわたって取り組まれてきている。私たちも、息の長い支援活動を行っていく決意である。是非、より多くの法律家の方々にご参加いただければと願っている。

例会報告

3月例会 震災・原発事故から2年

—原発をどう報じるか

東京新聞文化部長（原発事故取材班前総括デスク） 加古 陽治

2012年10月、東京新聞「原発事故取材班」に第60回菊池寛賞が贈られた。受賞理由は「福島第一原発事故はなぜ起きたのかを調査報道の手法で探り、情報を隠蔽しようとする政府・東京電力を告発し続けた『果敢なるジャーナリズム精神』に対して」だった。

そこでJCLUは、2013年3月1日に専修大学において、「震災・原発事故から2年－原発をどう報じるか」と題して、NPO海野人権基金及び専修大学山田健太研究室と共催で3月例会を開催し、東京新聞原発事故取材班の総括デスクとして一連の報道に携わった加古陽治記者を招き、東京新聞の「原発報道」はほかと何が違ったのか、福島第一原発事故から2年を経たいま、求められる報道とは何か、取材の経緯を交えつつ話をうかがった。（報告 会員・弁護士 池田雅子）

原発事故以前と当日

日記を読み返す。3月10日には「たぶん今日が冬の終わりだろう。昼間も寒かった」「今日からスプリングコートに替えた」と。それが翌11日には「これはどこかの町の誰かが、たまたま運が悪くて亡くなったという話じゃない」「昨日からさっきまで仕事をし続けた。初日の朝刊は、全体を統括する役目」「山ほど問題があったが、出来た紙面は悪くなかったと思う。翌日の段取りまで済ませて、午前3時に会社を出た」と。

11日朝刊の見出しは「元少年3人　死刑確定へ」。それが翌12日には「東北・関東大震災　仙台で10メートル津波」。1面と最終面をぶち抜く紙面を作成した。まだここでは原発について詳しく触れていない。1日で世の中が変わることを経験した。

最初の1週間

12日午後、福島第一原発1号機爆発。14日午前、3号機爆発。15日早朝、4号機爆発、2号機にも異変。情報不足に業を煮やした菅首相が東電に乗りこみ檄を飛ばし、海江田経産相と細野首相補佐官が東電に常駐する異例の事態が起きた。

左から、加古陽治氏と山田健太理事

当初、大手メディアは「炉心溶融」について報道していなかったという誤解が一部で生じているが、東京新聞は炉心溶融があったことを13日朝刊で報じている。

15日午後、社内に原発事故取材班が発足し、総括デスクを命じられた。それからは「ジェットコースターのような」日々。様々な情報が入り、次々に事態が動く。バタバタ走りながら、色々なことを考え動いていた。18日、チームのメンバー全員にメールを送り檄を飛ばした。「歴史の記録者として自覚を持て」と。

検証報道

当初は次々に起きる事故を追うのに精一杯だったが、なぜ原発事故は起きたのか、第一原発で一体何が起きたのか、検証の必要性を3月下旬に意識し始めた。そして、とりわけ「最初の一週間」について徹底的に検証しようとの見地から、連載「レベル7」を5月11日にスタートさせた。当局や東電の発表では得られない現場のインサイドストーリー、原発幹部や官邸、保安院、原子力安全委員会、東電、地元自治体の責任者らはどう動き、何を判断し、あるいはしなかったのか。「第一部　福島原発の一週間」全10回を1面トップで紹介し、読者からは過去に例をみない非常に大きな反響を得た。読者はついてきてくれるとの「予想」が「確信」に変わった。

同時に、「レベル7」のほかにも多角的な検証を継続して行った。例えば、事故の直接の要因となった長時間の全交流電源喪失について、原子力安全委員会の作業部会が18年前に検討しつつも対策を見送っていたことは、情報公開請求を行った結果、安全委員会が「幻の報告書」を見つけ出し明るみに出た（7月13日朝刊1面）。経産省資源エネルギー庁が過去4年間にわたり業者を使って原発推進に反する報道を監視しており、その対象とされた報道の詳細を情報公開請求を行い開示させたところ、公金を使った誹謗中傷ともいうべき実態が明るみに出た（11月20日朝刊1面・社会面）。その他、社としては8月7日の社説で「脱原発」の立場を明確にした上で、「原発ムラ」の解剖、放射線防護の検証、安全対策の不備、東電・政府の主張に対する糾明等々、権力への批判的視点に根差す報道を続けてきた。

デスクとして気をつけたこと

事実をきちんと検証してフェアに報じること。権力を問うものは情報の受け手から問われている旨自覚すること。権力や組織のミスをちょこちょこ叩くのではなく、「斬るなら鉈で骨を断つ」。また、原発にかかる意見の対立がある中で、ジャーナリズムとして「調停役」を果たせないか、難しいことを自覚しつつもそのような意識を抱きながらやってきた。ほか、紙面ではCGを多用して分かりやすく伝えること。そして、チームの責任者として当然のことだが、最後は責任を取る。

東京新聞は何が違ったのか

原発報道に力を入れるために、社会、科学、政治、経済、特別報道の各部や名古屋、東海、北陸の各本社から成る組織横断型の強力なチームを組織し、選択と集中を図った。1面と最終面をぶち抜くといった大胆な紙面作りは、前を向いて倒れるなら失敗しても構わない、という社としての決断だった。原発事故取材班だけでは手が回らなければ、特別報道部や社会部が重層的に取材を行い、取材班には支局から若い記者をどんどん入れて調査報道の仕方を覚えさせた。

このように精力的に原発報道を続けていくことで、「原発報道の東京新聞」というある種のブランドが生まれ、情報も集まりやすくなるという良い循環が生まれた。そして読者の支持を得て部数が増加し、菊池寛賞の受賞につながった。

問題点はなかったのか

事故前の問題点。新聞社も原発事故に対する想定と備えが足りていなかった。もちろん原発の危険性や問題点を訴える記事はこれまでも書いてきたが、十分に警鐘を鳴らせておらず、現実にこのような事態が起きることを想定していなかったために、最初の1箇月は十分な報道を行えなかった。そして、新聞社も「原発ムラ」の一員だった。地域紙は地域と共に生きており、「原発ムラ」の一角を担ってきた側面がある。東京新聞もかつて日本原子力産業協会のメンバーだった。

事故以降の問題点。前線での取材から腰が引けていた。記者が現場を去るのは最後でなければならない。記者というより社の腰が引けていた。また、当初官邸前デモの重みを理解しておらず、その報道を「軽視」していた。官邸前デモ報道の不掲載について読者から多数の批判が寄せられ、姿勢を改めた経緯がある。この他、現実に追いまくられて事故直後のもっとも大切な時期に十分な情報を示せなかった。そして、社としていまだエネルギーをめぐる未来図を提示できておらず、その一つの結果が昨年12月の総選挙の結果だ。「脱原発」側の民主党政権を批判し続けたが、民主党が総選挙で大敗し結果的に原発推進の自民党への回帰に手を貸してしまった。

最後に

情報は民主主義の「血液」だ。我々が物事をきちんと判断していくためには、正しい情報が必要である。信頼に足る情報を読者に伝えるために、隠されている真実が山ほどあることを前提にして、とにかくしつこく取材をすることが重要である。

エネルギーの未来図を描けないことには、紙面も説得力を持たない。相対化する視点を忘れずに、十分な選択肢を確かな情報に基づいて示す。レベルの高い読者の要求に応える努力の積み重ねが、よい報道を育んでいく。

堅実な報道を愚直に粘り強く続け、信頼の報道をつなげていきたい。

以上の講演の後、山田研究室の学生から「各新聞はどう報じていたか？～衆議院議員選挙の争点、原発問題～」と題して、選挙公示日から投票日前日までの各紙の原発報道を調査した結果について発表があった。その後、会場からの質疑に基づき、加古氏と山田健太理事との間でディスカッションが行われ、紙面における主張の表現の仕方、原発の現場・現状の伝え方、原発報道にかかる紙面の検証の必要性等について議論が重ねられた。

なお、東京新聞の原発に関する一連の報道については、「原発報道 東京新聞はこう伝えた」（東京新聞編集局編）にまとめられている。

胃ろうの功罪と尊厳死

――終末期の選択　あなたはどこまで考えていますか？

長尾クリニック 院長・医師　長尾 和宏

超高齢社会が進む中、延命措置や終末期医療のあり方について関心が高まっている。中でも、この数年メディアで盛んに取り上げられ、論議を呼んでいるのが、高齢者への「胃ろう」の是非である。
胃ろうとは、病気や事故などにより、口から食事や水分がとれなくなった場合に、胃に小さな孔を開けて管を通し、外から直接胃に栄養剤を注入する治療法である。1970年代後半にアメリカで開発され、開腹手術せず、内視鏡で造設可能になったことから急速に普及してきた。日本の胃ろう患者数は、現在40万人以上とも言われ、その大半が老衰や認知症終末期を含む高齢者だ。
終末期における胃ろうの問題点はどこにあるのか、どうすれば尊厳ある穏やかな死を迎えることができるのか。
「平穏死10の条件」「胃ろうという選択、しない選択 「平穏死」から考える胃ろうの功と罪」などの著者であり、兵庫県尼崎市でクリニックを開業以来19年間、24時間体制で在宅の診療、在宅看取りに取り組む長尾和宏医師にお話を伺った。（会員　三浦早結理）

――マスコミ報道等で、胃ろうのマイナス面がクローズアップされるようになったせいでしょうか。本来の目的や役割をきちんと理解しないまま、否定する人も少なくありません。改めて、胃ろうの何が問題なのでしょうか。

長尾 和宏 氏

胃ろうは、胃に小さな孔を開けてチューブを通し、水分や栄養を補給する経管栄養法と呼ばれるもので、点滴や輸液と同じ人工栄養法のひとつです。もともとは、障害があって食べられないお子さんために開発され、脳血管障害の急性期や、筋萎縮性側索硬化症、パーキンソン症候群といった神経難病で嚥下が難しい患者さんにとっても、生きるために不可欠な道具です。胃ろうを造ると、二度と口から食べられないと思っている方もいるようですが、これは大きな誤解です。たとえば、脳卒中の患者さんで、全身状態や嚥下機能が回復してくれば、半分は口から食べ、半分を胃ろうで補うこともできるし、最終的に取り外すことも可能です。胃ろうは本来、優れた人工栄養法であり、言わば生きて楽しむための「便利な道具」なのです。

ところが、日本では、いつの間にか老衰や認知症終末期で植物状態になったお年寄りへのいわゆる「延命措置」として多用されるようになってしまいました。しかも、一度胃ろうを造設してしまうと、たとえ家族が止めてほしいと言っても、容易に中止することはできません。口から食べられなくなった患者さんにとって、胃ろうは命に直結するもので、中止は、すなわち死を意味するからです。問題の本質は、胃ろうそのものの是非ではなく、その使われ方にあるのです。

――高齢者への胃ろうが増加する背景には何があるのでしょうか。

命を救うことを最善とする医師の使命感、病院の仕組み、国民皆保険制度などにも関わる様々な事情がありますが、もっとも大きな要因は、ひとことで言えば、医者の「訴訟恐怖」です。口から食べられなくなった患者さんが、胃ろうをしないで亡くなった場合、あとで家族から「何もしないで餓死させられた」と訴えられる可能性を医者は常に危惧している。死が間近に迫ってくると、それがたとえ老衰であったとしても、患者さんの家族は「苦しまずに最期を迎えさせたい」という思いと、「どんな状態でも少しでも長く生きてほしい」という思いの間で揺れ動くものです。事前に医師と十分に話し合い、納得した上で、いったんは胃ろうはしないと決断しても、気持ちが変ることはあるでしょう。よく「医者は、胃ろうが好きだ」と言われますが、本音を言えば、医者自身が同じ状況で胃ろうを選択するか問われたら、9割方は「ノー」と答えるし、私自身もやりたくありません。それでも医者が造設を勧めるのは、万が一にでも訴えられないように、とりあえず胃ろうをしておけば安心だと考えるからです。

――昨年6月、日本老年医学会が、高齢者の終末期医療やケアに関して、「胃ろうや人工呼吸器などの設置を差し控えたり、治療の撤退もあり得る」とするガイドラインを発表しました。これによって、今までの流れにある程度、歯止めがかけられるのでは。

確かに、一定の要件を満たせば、医学会は止めてもいいと言っている。これまで、一分一秒でも長く生かすことを至上命題としてきた医学会において、人工栄養の撤退を選択肢に含めたことは、画期的な転換と言えるでしょう。しかし、これはあくまでもガイドラインであって、法的に担保されているわけではありません。先ほども言ったように、人工栄養だけで命をつないでいるお年寄りにとって、胃ろうを中止することは、死に直結することです。法的な担保がない以上、罪に問われる可能性があるので、家族に要望されても「では、止めましょう」というわけにはいきません。法的担保がない限り、そう簡単に現場の流れを変えることはできないのではないでしょうか。

――医療の進歩によって、多くの命が救われるようになりました。その反面、意識のないままベッドに横たわり、ただ生かされていることに疑問を感じ、延命治療を望まない人が増えているのでは。

たとえば、食べられなくなっても自然に見守る、胃ろうであるなら中止する。つまり、人為的な操作を加えずに、ゆっくりと衰えて、自然に死を迎えるようにする。例えるなら、植物が枯れていくような自然な死。それが、いわゆる尊厳死、平穏死です。私が日々接している患者さんたちの多くも、「延命治療は絶対にしないでほしい」「できれば自宅で静かに逝かせてほしいと」望んでいます。でも、今の時代、自然で穏やかな死を願っても叶わないのが現実です。実は、1970年代以前は、尊厳死は当たり前のことでした。死は、主に自宅にあったし、地域にあった。ところが、1970年代から病院の世紀が始まり、医療が高度化し、死が病院に押し込められるようになりました。そして、1976年を境に在宅死と病因死の数が逆転し、今は死を迎えるのは8～9割病院です。

今の40～50代以降の世代は、病院で死を迎えることが当たり前となり、自然の死というものを間近に見ることも、学ぶ機会もなくなった。だから、死を前にすると、最高の医療を受けさせることが親孝行だと思っているようです。最高の医療とは、つまり胃ろうや延命治療です。皮肉にも、親が望む「平穏な最期」をさまたげているのは、実は家族や子供だったりする。私は、最期は延命医療から解放してあげることこそが、子供から親への最高のプレゼントではないかと思っています。

――自分が望む最期を迎えるためには、何が必要なのでしょうか。

死が間近になった時、本人も家族も胃ろうを含めて延命治療を望むかどうか、選択を迫られることになります。特に老衰や認知症の終末期になり、自分で意思表示ができなくなれば、その選択を家族や成年後見人などに委ねざるを得ません。家族が判断に迷わないためにも、自分自身がどのような最期を迎えたいのか、是非とも「リビング・ウィル」を表明しておいてほしいと思います。「リビング・ウィル」とは、元気なうちに延命措置に関する自分の意志を書面に残しておくものです。日本では、「日本尊厳死協会」に入会すると、意思表明が可能です。さらには、終末期になったとき、自分が何を望むのかをご家族とも日頃からよく話し合い、記録に残しておくことをお勧めします。

ただし、「リビング・ウィル」にも、現在のところ法的な担保はありません。今の日本では、極端な話、120で生きた人が、もっと長く生きたいから、人工透析ろうをしてほしい、人工呼吸器もつけて、一秒でも生かしてくれと言えば、それは尊重されますが、何ないで静かに死なせてくれと言っても、叶わない。「あり方を選ぶ権利」は保証されていないのが実情で

人間としての尊厳を持って死を迎えるためには、ビング・ウィル」にも、遺言書のように実効力をもた法的整備が必要です。

――法的側面から問題解決を図ると同時に、私たちひとりが死に向き合う姿勢が問われているようなします。

以前、認知症終末期の方の息子さんに、十分な説話し合いの末、胃ろうを造設するかどうか選択を求ところ、「私は手を汚したくないので、先生が決めてさい」という答えが返って来たことがあります。こ私は「死の外注化」と呼んでいますが、この方に限今は死と真正面から真剣に向き合おうとしない人まりにも多い。胃ろうを選択すれば、「無理に生かしるのではないか」、逆に選択しなければ「自分が餓死るんじゃないか」という不安感を抱き、自分の選択信が持てないから、死を医者の手に安易に委ねてしその方が気が楽だからです。そういう人の中には、企業のエリートもいれば、ジャーナリストもいまわゆるエリートと呼ばれる方でも、生死の選択を先したり、自己決定できないのが実情です。これは深問題です。果たして今、どれだけの方が、自分や家族についてきちんと考えているでしょうか？

肝心なのは、医師の意見やメディアの報道を鵜呑するのではなく、自分の頭で考えることです。胃ろついても、リビング・ウィルについても、もっと勉強正しい知識を持ち、理解を深めてほしい。その上で、正しいか、どう選択するか、自己決定してください。や死は、誰にでも必ず来る自然の摂理です。対する医療は、アンチエイジングであり、常に相反する理す。それに折り合いをつけるのは、自分自身でしかません。

私は病院の医療を否定する気はありません。事実学・医療の進歩で、多くの病気が治るようになりましかし、老化は治ることのない病気です。特養など設に行けば、植物状態になってもただ生かされていうに見える高齢者が大勢いますが、これは死につい日本人が正面から論じることを先送りしてきた結す。意識もないまま寝たきりの高齢者を見て、人権重されていると考える人もいれば、むしろ人権が損れていると感じる人もいる。どこまでが必要な延命か、明確な線引きはできません。だからこそ、一人ひが、命や死について真剣に向き合い、議論を深めてべきではないでしょうか。

あたごの杜から 事務局長日誌

◆4月1日、社団法人自由人権協会は、登記上も公益社団法人自由人権協会となりました。公権力と厳しく対峙しなければならない場面に直面したとき、公益化に付随する会員名簿の公開や監督の強化が問題にならないか、といった懸念から出発し、申請に至るまで長い議論がありました。ここまでご協力いただいた会員の皆様に感謝いたします。◆公益法人への移行に合わせたかのように、何のめぐりあわせか、改憲が政治課題として現実味を帯びてきました。今や、もっとも危険な憲法の危機の年となりつつあります。安倍首相は事実上の改憲の工程表を口にし、目指す改正は昨年発表された自由民主党憲法改正草案の内容だと言います。その草案は、憲法が公権力を縛る鎖であることの認識に欠け、基本的人権の本質を謳った97条を丸ごと削除し、「西欧の天賦人権思想」を排除すると明言しています。国防軍と集団的自衛権を認める9条の改正だけではなく、企てられている改憲は、憲法の本質を破壊するものです。◆憲法は、人権協会誕生の根源にありました。今年は、フル回転で「今、日程に上がろうとしている改憲案」の問題点を広く明確に指摘する活動を続けます。多くの方のご協力をお願いいたします。

（升味佐江子）

2013年1月から4月までのJCLU

1月12日	専修大学インターンシップ成果発表会〔升味事務局長出席〕
1月17日	1月理事会
1月23日～3月29日	エクスターンシップ受入れ（大宮法科大学院）
2月8日	内閣府公益認定等委員会へ公益認定申請
2月21日	2月理事会
3月1日	3月例会「震災・原発事故から2年 原発をどう報じるか」（加古 陽治・東京新聞文化部長 前原発取材班総括デスク）専修大学
3月18日	公益認定通知
3月22日	3月理事会
4月1日	公益社団法人として登記申請
4月16日	公益社団法人として登記完了
4月17日	4月理事会

情報公開・個人情報保護、マスメディア、外国人の権利、企業と人権プロジェクトの各小委員会と憲法判例研究会、憲法緊急プロジェクトは、それぞれ活発に活動しています。

【発行日】2013年4月25日 【発 行】公益社団法人 自由人権協会
〒105-0002 東京都港区愛宕1-6-7 愛宕山弁護士ビル306
TEL：03-3437-5466 FAX：03-3578-6687 URL：http://jclu.org/ Mail：jclu@jclu.org
（大阪・兵庫支部）
〒530-0047 大阪市北区西天満1-10-8 西天満 第11松屋ビル3F 堺筋共同法律事務所内
TEL：06-6364-3051 FAX：06-6364-3054
協会設立：1947.11.23 本紙創刊：1950.5.1 購読料：年間2,500円 郵便振替：00180-3-62718 発行人：升味佐江子
JCLU

人権新聞 Japan Civil Liberties Union
JCLU Newsletter
発行所 公益社団法人 自由人権協会
JCLU
〒105-0002 東京都港区愛宕1-6-7 愛宕山弁護士ビル306
TEL:03-3437-5466 FAX:03-3578-6687
URL:http://jclu.org/ Mail:jclu@jclu.org
協会設立:1947.11.23
本紙創刊:1950.5.1
購読料:年間2,500円

JCLU2013年度総会記念講演報告

泉徳治氏「私の最高裁判所論――憲法の求める司法の役割」

2013年5月25日午後2時30分から、千代田区内幸町ホールにおいて、JCLU2013年度総会記念講演として、元最高裁判所判事・現弁護士である泉徳治氏による「私の最高裁判所論――憲法の求める司法の役割」の講演が行われた。

今回は、出版を間近に控えた泉氏のご著書『私の最高裁判所論』(日本評論社)の内容のうち、多くの人が特に興味をもつだろうと泉氏ご自身が考えた部分についてご講演いただいた。

1. 明治憲法下の司法

日本の近代的司法制度の出発点となったのは、明治23年11月1日の裁判所構成法の施行である。明治憲法下においては、司法大臣が裁判所の司法行政の監督権を有していたことから、裁判所は司法大臣の支配下にあり、司法権の独立は不十分な状態であった。裁判所構成法により設置された各裁判所には、「検事局」が附置されていた。裁判所・判事と検事局・検事は、独立の官庁ではあったものの、「司法官」と総称され、同じ庁舎内で勤務し、一緒に昼食を取り、研究会を共同で行っていたこと等から、当時、両者の間には同僚意識があったことは間違いない。このような同僚意識は、依然として残滓をとどめているものと思われる。

明治憲法下では、天皇の名において裁判が行われていた。また、行政事件は、司法裁判所の管轄からは外され、行政機関の一部である行政裁判所が扱っていた。基本的人権に法律の留保が付され、法律の範囲内において保障されていたにすぎない。このような法律の留保の考え方は、後述のとおり、現在の憲法解釈にも影響を残している。

2. 最高裁の誕生

戦後、裁判所構成法に代わる新憲法附属の法典として、裁判所法が制定され、最高裁判所(以下「最高裁」という。)が誕生した。最高裁の誕生をめぐって、新憲法に司法権をどのように規定するかという点も含めて、司法省内部で争いがあった。

裁判所の主流派は、司法省が司法行政権を保持するべきであると主張したのに対し、岩田宙造らを中心とする裁判所独立派は、裁判所の独立を勝ち取ろうと尽力した。

最高裁判事の任命にあたっては、裁判所独立派の台頭に危機感を持った主流派が反対運動を展開したため、独立派は排除され、裁判所及び弁護士会の長老格が選ばれた。

したがって、明治憲法から新憲法に変わっても、司法に携わる人間には、明治憲法下の考え方が残っていた。例えば、尊属傷害致死重罰規定の合憲性が問題となった事件において、最高裁で違憲と主張したのは2名のみであった。

3. 最高裁の機能を強化するために

続いて、泉氏は、自身の経験に照らし、最高裁における一般法令違反審査機能(法令解釈の統一、個別具体的事件の救済)と違憲審査機能の強化については改革すべき余地が大いにあると述べた。一般法令違憲審査機能と違憲審査機能の両方を15人の裁判官で担うことには制度的に無理があり、まずは15人体制から見直す必要がある。もともと、最高裁判事の定員について、

CONTENTS

泉徳治氏

GHQは、最高裁に違憲審査権を付与し、さらに従来の上告事件も扱わせるのであれば、少なくとも大審院並みの30人は確保しないと、事件が処理できなくなってしまうと懸念を示していた。しかし、日本側は、最高裁判事を国務大臣と同じ待遇にするという理由で、定員を15人とし、その代わりに調査官制度を設けることとした。

泉氏は、改革の具体的内容として、小法廷を増やし、大法廷は憲法問題に特化させるべきであると主張する。しかし、現状においては、抜本的改革は相当に困難であることから、15人体制を前提として、裁判システムをどのように設計するかが重要であるとした。

システム上の強化策として、泉氏は、一般事件については共同調査官室の増員でまかなうべきであると主張する。憲法事件については、憲法学者等の公法学者を少なくとも3人最高裁判事に任命するべきであるが、15人のポストが出身母体により固定され既得権化しており、公法学者を増やすのは無理であるから、せめて、調査官室内に憲法調査官ないし憲法研究委員を設置するべきであるとの妥協案を示した。

また、個別意見が活発に出るようにするため、各裁判官に専属の調査官を付けるべきであると主張する。裁判官が個別意見を出すためには議論の相手が不可欠であるところ、現行の調査官は、特定の裁判官を補佐する役割を担っていない上、多数意見の早期形成が主な仕事となっており、各裁判官とじっくり議論をすることができない状態にある。そこで、各裁判官に、議論の相手となる専属の調査官を付けるべきである。これによって、裁判官の個別意見が増え、裁判官同士の評議も活発化するであろう。このような役割を担う専属調査官には、最高裁の人事に組み込まれていない若手が適任である。任期付き公務員制度を活用し、司法修習終了後間もない者を任命するのがいいのではないか。これが最も現実的で、かつ効果的な施策であるとの持論を展開した。

違憲審査機能行使上の諸問題として、最高裁は違憲審査基準を裁判規範として構築できておらず、抽象的な「合理性の基準」の手法を採っている、すなわち、規制ないし区別の目的が正当で、手段が合理的か否かという基準で憲法問題を処理していると指摘する。これでは人権の性質に応じて審査基準に差がつかず、権利を実質的に保障することができない。一方、アメリカの連邦最高裁では、「国家の利益を守るためやむを得ないものであるかどうか」というより厳格な基準を持っている。日本の裁判所でも、審査基準についてより精緻な議論を展開するべきであると指摘した。

さらに、憲法の人権保障規定を実効的なものにするような解釈を採っていないことも指摘した。例えば、弁護人依頼権について憲法に規定はあるが、その告知について規定がなく、自己に不利益な供述を強要されないという規定はあるが、その告知について規定はないので、最高裁は、これらについて告知する必要はないという解釈を採っている。このような解釈は、明治憲法の法律の留保の考え方に由来するものであり、憲法上の権利を絵に描いた餅に帰すものである。

本項目の最後に、最高裁において、大法廷判決が減少していることに触れた。現在、大法廷で憲法判断がなされるのは、年間2、3件である。その根拠として、憲法判断について大法廷での裁判を義務付けている裁判所法10条1号に「意見が前に大法廷でした、その法律、命令、規則又は処分が憲法に適合するとの裁判と同じであるときを除く」との除外規定が付されており、この除外規定が緩やかに解釈されている点が挙げられる。例えば、「君が代」のピアノ伴奏を行うよう命じた職務命令が憲法19条に違反するか否かが問題となった訴訟(平成19年2月27日第三小法廷判決)では、謝罪広告事件(昭和31年7月4日大法廷判決)等4つの判例の「趣旨に徴して」合憲であることが明らかであるとされ、小法廷限りで判断がなされた。しかし、大法廷で弁論を開くからこそ議論が活性化するのであり、小法廷限りで弁論も開かずに判断するのは問題がある。最高裁が憲法の番人と呼ばれつつも、番人たる姿が見えないといわれる所以であると指摘した。

4. 少数意見から多数意見へ

泉氏は、裁判官の反対意見は、司法判断の内容を向上させることに貢献するとともに、司法判断及び法の発展を理解する一助となるものであり、無駄にはならないと述べた。

例えば、投票価値の不平等が問題とされた選挙無効請求訴訟において、選挙を違憲とする反対意見を述べ続けた結果、現行の参議院選挙の仕組みの違憲性に言及した平成24年10月17日大法廷判決、衆議院選挙の1人別枠方式の違憲性に言及した平成23年3月23日大法廷判決につながった。また、在外日本人選挙権制限違法確認等請求事件(平成17年9月14日大法廷判決)におけ

る違憲判決にも、投票価値の平等を重視する考え方が反映された。

市交際費支出情報の非開示判決（平成17年7月14日第一小法廷判決）について、開示をするべきであるとの反対意見を述べたところ、自治体において首長の交際費廃止ないし公表へ転換が行われた。

強盗罪の成否に関する事実認定が争われた刑事事件（平成19年10月10日第一小法廷判決）について、有罪認定した原判決を破棄するべきであるとの反対意見を述べたところ、事実誤認を理由として有罪判決を破棄する判決は、最高裁において、従来1件もなかったにもかかわらず、泉氏の退官後、事実誤認を理由として有罪判決を破棄する例が増えたという。

5. 反対意見による問題提起

続いて、泉氏は、反対意見は問題提起上重要であると述べ、最高裁判決で自身が書いた反対意見について代表的なものに触れた。

警察官の証拠物廃棄処分に対する損害賠償請求事件（平成17年4月21日第一小法廷判決）においては、多数意見は証拠物の廃棄処分が適正を欠くだけでは国家賠償請求をすることはできないとしたが、犯罪被害者は証拠物が適正に保管されることに利益を有しているとして、捜査機関が正当な理由なく証拠物を廃棄すれば被害者の法的に保護された利益を侵害するとして国家賠償請求の対象になるとの反対意見を述べた。

東京拘置所被収容者の医療機関への転送遅延を理由とする国家賠償請求事件（平成17年12月8日第一小法廷判決）については、多数意見は、速やかに転送されていたとしても後遺症の程度が軽減されたというべき事情は認められないとして、損害賠償請求を認めなかった。しかし、泉氏は、専門的治療を受ける利益があることを認定し、後遺症の損害とは別に、当該利益を侵害されたことによる損害を認めるべきであるとの反対意見を述べた。

約27年前の有罪判決を理由として失職した郵政事務官の地位確認等請求事件（平成19年12月13日第一小法廷判決）においては、多数意見が失職を有効として地位を認めなかったのに対し、泉氏は地位を失っているものと取り扱うことは許されないとの反対意見を述べた。なお、泉氏は、後に、同種事案で失職規定を違憲であると判断した韓国憲法裁判所2003年10月30日判決を知り、自身の反対意見も韓国憲法裁判所では多数意見となりえたことを付言した。

6. 司法をひらく

現在、裁判官の担当事件数は200件を超えており、裁判の迅速化により民事裁判の機能を高めるためには、裁判官の増員が不可欠である。地裁民事訴訟新受事件数は、今日では明治23年当時と比較して12.94倍に増加しているのに対し、裁判官の数は1.88倍に増加しているに過ぎない。

また、法曹養成制度の改革、すなわち、法科大学院において、社会で必要とされることを学べているのかということについても言及した。

さらに、裁判員裁判については、被告人に、裁判員制度による審理を受けるか否かについて選択権を与える制度の導入を提言した。

最後に、最高裁の変革には、訴訟関係者の努力も不可欠であると述べ、講演を締めくくった。

7. 質疑応答

主な質問は、①我が国の法曹養成は韓国と比較して遅れをとっていると講演で言及したが、具体的にはどのような点で遅れをとっているのか、②裁判員裁判について裁判員の秘密保持義務が厳しすぎるのではないか、③裁判員裁判を民事・行政事件へ拡大することの可否、④違憲審査基準について、それぞれ個々の最高裁判事はどう考えているのか、⑤地裁裁判官の手持ち事件の妥当数はどの程度か、といったものである。

泉氏は、次のように答えた。

①韓国の法曹養成制度との比較について、韓国では、法学専門大学院の入学定員は年間約2000人で、同大学院の修了者を対象とする司法試験の合格者数は約1500人であり、同大学院に入った時点で、将来を見通せるシステムになっており、外国法の研究も盛んに行われている。一方、日本では、法科大学院修了後のブランク及び司法修習期間があり、法曹資格を取得するまでの期間が長いことに加え、司法試験の合格率は約25パーセントであり、韓国と異なり、リスクの高い制度となっている。法科大学院に入学すれば余程のことがない限り法曹資格が取得できるという制度にしないと、司法試験にとらわれるあまり、実務を見据えた勉強ができなくなってしまうと答えた。

②裁判員の秘密保持義務については、裁判員が評議の具体的中身について言及するべきではないが、刑罰をもって秘密保持義務を課すのは厳しすぎるのではないか。裁判員の良識に委ねるべきであり、抽象的な感想ぐらいは言わせるべきであろうと答えた。

③裁判員裁判の拡大の可否については、現状では、裁判官への負担が大きくなりすぎるので、不可能であろうと答えた。

④違憲審査基準については、個々の裁判官は、深く考えておらず、「裁量」との文言の前に「広い」との文言を付けるか付けないかという程度のことを考えているにすぎないと答えた。また、違憲審査基準の成熟のために、研究者に期待すると述べた。

⑤地裁裁判官の手持ち事件数については、そもそも日本の裁判官数は諸外国に比べて少ないので、裁判官数を増やすべきであるが、公務員の削減が叫ばれている中、増員は困難である。手持ち事件数は、せめて現在の半分程度の150件くらいが妥当ではないかと答えた。

（報告　会員・弁護士 今浦　啓　同尾渡　雄一朗）

追悼　清水英夫先生

「人生三段飛び」の清水英夫・元代表理事を追悼する

代表理事・弁護士　三宅　弘

私たちが、自由人権協会と「情報公開法を求める市民運動」（「市民運動」）において、自治体の情報公開条例を研究し、制定された条例に基づき情報非公開決定処分取消訴訟を提起し、その成果をふまえて、情報公開法の立法運動を展開していたとき、清水先生は、常にその先頭におられた。自由人権協会代表理事、「市民運動」世話人。清水代表理事・世話人について、秋山幹男・自由人権協会理事、森田明「市民運動」運営委員、奥津茂樹「市民運動」事務局長と共に、立法運動を続けた。私が最初に情報公開について勉強したのも、先生のご著書『情報公開』（日本評論社、1981年）だった。1994年12月に政府の行政改革委員会・行政情報公開部会において情報公開法の制定について審議検討が始まったときには、秋山理事が部会委員として情報公開法要綱案の立案に加わられたが、この立案作業をバックアップするために、私たちは、清水先生に代表世話人をお願いし、宇野収・関経連相談役、奥田碩・トヨタ自動車副社長（いずれも当時）など財界の方々も一緒になって、国民的な情報公開法制定推進会議を立ち上げた。

情報公開法制定後は、「市民運動」はNPO法人情報公開クリアリングハウスに生まれ変わったが、このときも、清水先生に初代のクリアリングハウス理事長をお願いした。クリアリングハウス理事長は、今では第2世代というべき三木由希子理事長に受け継がれている。沖縄密約情報公開訴訟では、弁護団長を務め、小町谷育子弁護士らの弁護活動を導いた。

東大法学部を卒業後、日本評論社出版部長、青山学院大教授、神奈川大教授などを歴任されたが、『言論法研究－憲法二十一条と現代』（学陽書房、1979年）の中の「情報公開の制度化とその視点」等の研究に裏打ちされて、情報公開の立法運動をリードしていただいた。「市民運動」の結成にあたっては、「情報公開法制度化の現代的意義は一つの憲法思想の革命にある」と話され（「市民運動」編「情報公開」創刊号3頁）、情報公開法制定の時の記者会見においても同じく「憲法革命」としてコメントされた。自ら「人生三段飛び」と評されたが、弁護士としても言論・表現の自由にかかわる訴訟を多数手がけられた。

マスコミ倫理の向上にも尽力された。1997年、放送倫理・番組向上機構（BPO）の前身のBRC（放送と人権等権利に関する委員会）委員長代行、98－2003年に同委員長。03年BPO初代理事長に就任、07年まで務められた。

放送の自由も研究対象とする前掲『言論法研究』には、既に、論文「放送における公正理念の再検討」（第3章）がある。「真のフェアは単に放送レベルだけの問題ではなく、もっと大局的で、かつ真に視聴者主権に根ざした理念でなければならない」（119

頁)、「とくに、メディアの経済的独占という現実が存在している以上、社会的正義としての公正理念の効用は、いぜんきわめて重要であるものと思われる」(120頁)という考えにたたれての放送分野におけるご活躍であった。私が、放送人権委員会委員を務めることになった際には、「あとは、よろしく頼みます」というお言葉をいただいた。以来、この委員として8年目になるが、清水先生の教え子山田健太専修大学教授とも、この委員会でご一緒した。放送人権委員会では、2007年からは、「公正・公平を欠いた放送により著しい不利益を被った者からの」苦情申立てを認めることとなった。清水先生の公平原則に対する見解がこの裁判外紛争解決機関における実務にも強い影響を及ぼしている。

2012年10月には、「昨年末(2011年末)から体調が思わしくなく」というお手紙と共に論文「放送法における政治的な公平と憲法ーテレビ朝日・椿事件を手がかりに」杉原泰雄＝樋口陽一＝森英樹『戦後法学と憲法ー歴史・現状・展望』(日本評論社、2012年) 331頁をいただいたが、改めて、清水理論にふれながら、放送人権委員会委員長として、放送の自由、視聴者主権に根差した委員会決定を出すべく心掛けている。

清水英夫先生、安らかにお休みください。

所感

設立四〇周年を迎えて

清水　英夫

自由人権協会も、ことしは四〇周年を迎えることとなりました。四〇年といえば、ほぼ戦後の全期間にあたりますが、この期間は、明治維新いらい最も長く平和が続いた時代です。

しかし、この平和もただ漫然と獲得されたわけではありません。もし、再軍備に抗して闘った私たちの努力がなかったら、とうのむかしに失われていたことでしょう。それを思えば、この四〇年は決して短いものとは言えないとおもいます。

だが昨年から情勢は、とみに緊迫してきたように感じられます。その最も大きな要因は、いうまでもなく国家秘密法案の押しつけにある、と思います。スパイ防止に名を借りたこの恐るべき法律は、もし成立したら、その影響は憲法改正にも匹敵するでしょう。

この危機を感じたからこそ自由人権協会は、大きな努力をはらって、法案の阻止に力を尽くしてきました。その成果は、かなりのものがあったと、私は自負しております。

しかし、それにもかかわらず、国家秘密法上程の危険は去っていないのみならず、いよいよ次の臨時国会に、自民党の議員立法として、再度姿を現わすものと見られています。

たいへん残念なことには、もっとも影響を受けることが確実であるはずのマスコミの姿勢が、かならずしも法案反対にかたまっていないことです。それだけに、自由人権協会は、いっそうの決意を必要としているのではないでしょうか。

ところで、協会の理事会は四〇周年の記念行事の一つとして、『マスコミと人権——現代日本のマスコミ状況』（仮題）という本の出版を決定しました。

ご承知のように、三〇周年記念には『現代の人権』を出版いたしました。このときは、現代の人権問題について、会員がそれぞれの専門の分野の問題を扱いました。自分のことで恐縮ですが、そのとき私はアメリカの情報自由法を紹介いたしました。まだ、あまり文献のないところでしたので、いささかお役に立ったのではないか、と思っております。

その後、まもなく人権協会は、情報公開制度の実現に精力的に取り組むようになりました。「情報公開法求める市民運動」の結成と、モデル情報公開条例の作成は、その後の各地自治体の条例制定に、大きな影響を与えたと思います。今度の記念出版は、問題の焦点を絞り、いま大きな関心を呼んでいるマスコミの人権侵害を取りあげるはずです。もっとも、人権協会は、表現の自由の保障もその大きな目的の一つにしている関係上、人格権との調和について、合理的な提案を行なうべきである、と考えます。

今年は、そのほか懸案の最高裁のあり方や、国際人権問題、靖国神社問題、婦人差別問題など、これまでの運動をさらに発展させなければならない、と思っております。私たちは、海野普吉先生をはじめ、協会の多くの先達のご努力に学びながら、新たに五〇周年にむかって前進しようではありませんか。

（代表理事）

人権新聞 1987年2月5日号

2010年10月23日
お誕生会にて

2010年4月9日沖縄密約情報公開訴訟東京地裁判決後の集会にて

清水先生を偲ぶ

評議員・弁護士　弘中 惇一郎

私と清水英夫先生との接点はさまざまであったが、後半は「遊び」にシフトしていたように思う。先生が自由人権協会の代表理事として協会の顔であった当時、私も協会の中心メンバーの1人であったし、私が事務局長を務めたときの代表理事は先生であった。また、未決拘禁者との接見制限と取材の自由が問題になった事件（憲法判例100選Ⅰ154頁)や「噂の真相」名誉毀損刑事事件などでは、弁護団メンバーとして、夜遅くまで先生と議論を戦わせた。特に、「噂の真相」刑事事件は、有名人や権力者を痛烈に批判していた月刊誌「噂の真相」が作家の和久俊三についての批判記事を掲載したのを東京地検特捜が「名誉毀損」として編集長と記者を起訴した事件であり、表現の自由に対する重大な挑戦として、徹底的に戦った事件である。先生は、法廷で、名誉毀損の歴史や各国の刑事裁判の実情などを詳細に論じて、裁判長に対して、このような言論を刑罰で押さえ込むことが許されるものではないことを、声を強くして、論されていた。温和な先生が本気で憤っていた瞬間であった。先生は、弁護団会議の後、事務所近くのそば屋に寄り、ちょっと飲んでから帰るのを好まれていた。私も時々お相伴にあずかった。熱燗を注文し、帽子を傍らに置いて、ゆっくりと盃を傾ける姿は、さすがは神楽坂生まれの江戸っ子という雰囲気だった。

栃木県のニューセントアンドリュースゴルフクラブに、支配人が先生の友人という縁で、何回か誘っていただいた。先生は60歳になってからゴルフを始めたということであったが、きれいなフォームで、特にフェアウェイウッドの打ち方がスマートなことは印象的であった。遠方でのゴルフのときには、前夜から泊まり込みで、夜は麻雀という設定が多かった。そういったゴルフや麻雀の間に、先生から、学徒動員として、戦争に駆り出されたときの辛い思い出を伺うこともあった。麻雀といえば、先生が主催されていた「映倫麻雀大会」は忘れがたいものである。映倫麻雀大会は、先生が映倫委員長となって始めたもので、映倫のメンバーを含めて、先生と縁があり、かつ、麻雀を愛好するとみなされた者が呼ばれ、当初は年末の忘年麻雀大会として、途中から7月に納涼麻雀大会も行われるようになり、年2回卓を囲むことになった。参加者は大体30人前後(7～8卓)で、映倫関係者、BPO関係者、雑誌協会関係者などであったが、平均年齢はかなり高かった。半チャン4回（ただし半チャンは1時間で打ちきり）で、組み合わせは半チャンごとのくじ引きであった。きわめて上品な麻雀大会で、ヤキトリ、ドボン、割れ目、ウマなどはなく、もちろん賭けは御法度であった。土曜日の午後1時半頃から始まり、最後の表彰式と記念写真撮影まで終えても午後6時半頃には終わるという健全麻雀であった。順位は4回の合計点で決まるので、かなりのプラスでも、よその卓でとんでもないプラスを稼ぐ人がいると優勝をさらわれるという結果になる。先生の麻雀は、きわめて上品かつ堅実で、腕前もかなりのものであり、優勝されたこともあり、上位入賞の常連であった。私も"強豪"と評されていて、連続優勝を含めて、何回か優勝したし、準優勝も何回かあった。最初のくじ引きから最後の記念写真まで、麻雀なのに、ゆったりとした雰囲気で、静かに時が経過していく大会で、実に先生らしさがにじみ出ていた。そう言えば、使用した雀荘は銀座のど真ん中の古い小さなビルであったが、驚くべきことに、ここはかっての私の仕事場でもあった。つまり、私は昭和45年に弁護士になったときに、銀座三越裏にあったこの善隣ビル5階の堂野法律事務所に入所したのであるが、この善隣ビル5階の同じ室が、時を経ていつのまにか雀荘になっていたのである。ゲーム中に天井の模様を眺めると、そう言えば、昔も起案中にこの模様を眺めていたなあーとしみじみ思い出したりしたものである。

一昨年の暮れに、先生からの忘年麻雀大会のお誘いの往復はがきが来なかった。麻雀大会参加の往復はがきの返信先はいつも先生の御自宅で、「清水英夫行き」となっていた。「行き」のところを「先生」と書き改めて投函すると、「ああ今年もおわりだな」とか、「いよいよ夏休みだな」という気分になったものである。そのはがきが来ないまま、何と

清水英夫先生　年譜

1922年10月21日	東京府本郷区(当時)にて出生、その後牛込区(当時)で育つ
1942年(19歳)	東京帝国大学法学部入学
1943年(20歳)	学徒出陣で陸軍に入隊
1947年(24歳)	中央公論社入社、東京大学法学部政治学科卒業
1949年(26歳)	日本評論社入社、その後、『日本評論』編集部員、『法学セミナー』『法律時報』各編集長、出版部長を歴任
1961年(38歳)	『思想・良心および言論の自由』(一粒社)出版
1966年(43歳)	青山女子短期大学助教授に就任
1969年(47歳)	日本出版学会創立に参加
1972年(49歳)	青山学院大学教授に就任
1978年(55歳)	社団法人自由人権協会(JCLU)理事に就任
1979年(56歳)	『言論法研究』(学陽書房)出版
1980年(57歳)	「情報公開法を求める市民運動」結成、世話人に就任
1981年(58歳)	『情報公開』(日本評論社)出版
1982年(59歳)	社団法人自由人権協会(JCLU)代表理事に就任、日本出版学会会長に就任
1985年(62歳)	映倫管理委員会委員に就任
1987年(64歳)	弁護士登録
1990年(67歳)	映倫管理委員会委員長に就任、出版倫理協議会議長に就任
1991年(68歳)	青山学院大学名誉教授に就任、神奈川大学教授に就任
1994年(71歳)	放送批評懇談会会長に就任
1998年(75歳)	放送と人権等権利に関する委員会(BRC)委員長に就任
1999年(76歳)	NPO法人情報公開クリアリングハウス初代理事長に就任
2002年(79歳)	「映画の日」中央大会で特別功労大賞受賞
2003年(80歳)	放送倫理・番組向上機構(BPO)初代理事長に就任
2008年(85歳)	NHK放送文化賞受賞
2009年(86歳)	沖縄密約情報公開訴訟(JCLU支援事件)弁護団長に就任
2013年6月19日	ご逝去、90歳

(年齢は当該年の誕生日を迎えた後のもので、就任時等の年齢とは合致しないことがあります。)

なく落ち着かず、その内、先生が体調を崩されたという噂が伝わってきた。

5月になって、先生の御自宅に電話を入れてみた。私は、東京大学美術サークルのメンバーとして、当時の仲間と、毎年手作りのカレンダーを作り続けていて、ごく親しい人にだけそれを送っていたのであるが、先生はその数少ない受取人だったのである。このカレンダーは、どこかの時点で、4月から始まる年度カレンダーとなっていたので、送る時期は4月に入ってからであった。いつもなら、カレンダーを送ると、先生から受け取ったというはがきが来ていたのに、この年はそれも来なかった。急に不安になって、先生に電話を入れたのである。電話は、うまくつながり、先生と話すことができた。先生は「ちょっと体調を崩して入院していたけど、だいぶよくなった。元気になったら電話をするから」と言われた。

それで私は少し安心して、先生からの電話を待つことに決めた。しかし、その後、結局、電話は来なかった。昨年の7月の納涼麻雀大会の往復はがきも、暮れの忘年麻雀大会の往復はがきも、来なかった。ことしの4月には、先生に新しいカレンダーを送ったが、やはり返事はなかった。そして、6月になって、新聞で先生の他界されたことを知った。

先生は私より23歳年上の大先輩であった。その先生が、仕事だけでなく、楽しそうにゴルフや麻雀に興じていることで、「俺も、まだまだ、楽しく遊べるな」と勇気づけられていたものである。この目標が突然消えてしまい、戸惑っている私である。

プリズムの衝撃
――監視国家と立憲主義(1)

千葉大学大学院専門法務研究科准教授・会員　大林 啓吾

序――プリズム計画

2013年6月6日、世界に衝撃が走った。アメリカの諜報機関NSAがインターネット等の通信を監視していることを、ガーディアン紙とワシントンポスト紙が暴露したからである[1]。NSAは「プリズム」(Prism)と呼ばれる監視プログラムを実行しており、インターネット上のメールやスカイプ、チャット等のやり取りにアクセスしたり、その他の通信手段も監視していることが明らかになった。こうした監視は映画や小説等でしばしば題材に上がっていたこともあり、監視されているかもしれないという懸念はあったものの、どこか日常生活とはかけ離れた出来事として捉えられていた感があった[2]。だが、それが現実のものとなった以上、この問題に向き合わなければならない。

とはいえ、日本のお茶の間では、それほど事態を深刻に受け止めなかったかもしれない。なぜなら、この事件は遠く太平洋を隔てたアメリカで起きた事件であり、日本とは関係がないように思えるからである。しかし、プリズムの対象はアメリカと外国との通信であり、日本にとって対岸の火事では済まされない。実際、その後の報道で、日本も対象になっていたことが明らかになっている[3]。

あるいは、日本が監視対象になっていたとしてもテロ対策のためだから仕方ないと割り切ってしまうか、そもそも自分は何も悪いことはしていないから痛くも痒くもないと思う人もいるだろう。たしかに、アレクサンダーNSA局長の証言によると、阻止できたテロ計画は20以上の国で、50件以上あったという[4]。しかしながら、監視が必要または無痛であるとしても、常時監視されている状態が健全な社会だといえるだろうか。この種の事件はアメリカに限らず各国で生じうる共通の問題であり、この事実が突き付ける課題は思った以上に深刻なものである。

では、何が問題なのか。それは紛れもなく、安全保障の名のもとにじわじわと浸透する監視国家の問題である。監視国家といえば、ベンサムのパノプティコンやオーウェルのテレスクリーンが想起されるが、今回のプリズムもそれらに負けるとも劣らない。私はこのニュースに接した時、映画「エネミー・オブ・アメリカ」(1998年)を思い出した。映画では監視強化のための法案の成否をめぐって殺人事件が発生し、偶然事件に関わってしまった者たちがひたすらNSAの追手から逃げるのだが、NSAの監視システムによりどこに逃げても見つかってしまう。NSAがハイテクを駆使して至るところで対象者の姿・行動を捕捉するシーンは圧巻で、当時も今もハイテクについていけない私には大変印象深いものとして記憶に残っている。

プリズムはそこまでハイテクを用いるわけではないのだが、そのインパクトを見誤ってはならない。というのも、インターネットが一般的な情報通信手段となっている今、それを監視されることは日常生活に監視が入り込んでいく様相を呈することとなる。しかも、9.11から10年以上経過してもなお、安全保障の名目で広範な監視が許されるとすれば、監視が常態化していることをもあらわしているといえよう。かかる状況は、もはや自由と安全という問題の枠組では収まりきらず、監視国家と立憲主義という深淵な問題に移行しつつある。

監視国家が立憲主義に変容をもたらすおそれがあ

1) Glenn Greenwald, *NSA Collecting Phone Records of Millions of Verizon Customers Daily*, GUARDIAN, June 6, 2013, http://www.guardian.co.uk/world/2013/jun/06/ nsa-phone-records-verizon-court-order; Barton Gellman and Laura Poitras, *U.S., British Intelligence Mining Data from Nine U.S. Internet Companies in Broad Secret Program*, WASH. POST, June 6, 2013, http://articles.washingtonpost.com/2013-06-06 /news/39784046_1_prism-nsa-u-s-servers.

2) 2013年6月18日毎日新聞東京朝刊[社説]。「驚くべき事件なのに、やっぱりそうかという印象がつきまとう。国家による情報収集が創造を超えるレベルに達していることを、私たちは薄々感じていたからだろう」と評されている。

3) Ewen MacAskill and Julian Border, *New NSA Leaks Show How US Is Bugging Its European Allies Exclusive: Edward Snowden Papers Reveal 38 Targets Including EU, France and Italy*, GUARDIAN, June 30, 2013, http://www.guardian.co.uk/ world/2013 /jun/30/ nsa-leaks-us-bugging-european-allies.

4) 2013年6月19日毎日新聞東京夕刊。

ることは、すでにバルキンの指摘するところである[5]。監視国家が進むと、監視の実行役である執行府が強大化し、事後処罰から事前予防にシフトすることで自由が縮減するおそれがある。また、政府が民間企業を利用して情報管理を行うことで、政府自身は憲法上の統制を受けずに監視を強めていく可能性もある。その結果、個人のプライバシーは、政府と企業の双方によって脅威にさらされることになるのである[6]。

ところが、監視行為や監視内容は一般市民にとって不可知であるがゆえに、具体的な権利侵害が表面化しにくいというやっかいな課題を抱える。この潜在的権利侵害を甘受すべきか否か、換言すれば司法救済可能なものへと転換させるか否か、という問題は、今後の立憲主義の行方を占うものである。また、今回のプリズム計画は、形式上は法律に基づいて行われている点も見逃せない。つまり、現在の法制度では合法的に監視することができる仕組みになっているのである。ゆえに監視から免れたいと思う者に残された武器はやはり憲法しかない。

以下では、今回の事件を契機に、監視の法的構造を紐解きながら、監視国家の憲法問題を考えてみたい。

1. NSAによる監視 ———G·W·ブッシュ政権の遺産?

まず、プリズム計画に至る流れを概観しておく。プリズム計画の実行役であるNSAは、トルーマン大統領の命令によって創設され、別名「存在しない機関」(No Such Agency) と呼ばれるほど、その実態がベールに包まれている機関である。その活動内容を把握することができないことから、市民生活を監視しているのではないかという噂が後を絶たなかった。

その杞憂が現実のものとなったのが、今から8年前に暴露されたNSA盗聴事件である[7]。G·W·ブッシュ大統領(以下、「ブッシュ大統領」という)は、TSP (Terrorist Surveillance Program) と銘打って、令状なしで外国と国内の間の通信をNSAに盗聴させてきた。アメリカには外国諜報活動監視法(FISA(ファイザ))という法律があり、本法により外国と国内の間の通信を傍受する場合には原則として外国諜報活動監視裁判所(FISC(ファイザコート))の許可が必要とされていた[8]。しかし、NSAが行ってきた盗聴はFISAの規定を無視しており、FISCの許可を得ていなかった。つまり、それは違法行為であることが明白だったのである。しかし、ブッシュ大統領は、連邦議会が武力行使容認決議(AUMF)[9]によってテロ対策に必要な行為を大統領に認めていたはずであると反論した。そして、かりにそれによって認められていなくても、テロ対策のために盗聴を行うことは執行府の責務として憲法上認められた行為であり、法律に従う必要がないと主張したのである。これに対しては、連邦議会が強く反発し、メディアや学界からも多くの批判を浴びた。

この行為の違法性を法的に糾弾しようとして動いたのがACLUであり、自分たちの会話が盗聴されていた可能性が高いとして訴訟を提起した。だが、裁判には大きな壁が立ちふさがっていた。当事者適格という壁である。盗聴が行われていたことが明るみにでたものの、盗聴対象が明らかになっていなかったことから、ACLUの権利侵害を認めさせるためには、当事者適格という関門を突破しなければならなかったのである。一審は、盗聴対象に含まれている可能性を重視して当事者適格を認めたが[10]、控訴審は具体的な証明等がなければならないとして当事者適格を認めず[11]、連邦最高裁もそれを支持して裁量上訴を認めなかった。

しかし、立法府の反発が強いことに加え、一審判決は本案で盗聴行為の違法性および違憲性を認めていたことから、ブッシュ大統領は法整備を進め、2008年にFISAの修正がなされた(修正後の法律をFAAという)。FAAの702条(合衆国法典1881a条)により、外国の諜報関連の情報だと合理的に信じられる場合で

5) Jack M. Balkin, *The Constitution in the National Surveillance State*, 93 MINN. L. REV. 1 (2008).

6) Orin S. Kerr, *A Response to Balkin*, 93 MINN. L. REV. 2179 (2009). そのため、監視国家に対応するためには、政府による監視に憲法上の統制をかけつつ、民間企業に対する法的規制が必要である。

7) James Risen and Eric Lichtblau, *Bush Lets U.S. Spy on Callers Without Courts*, N.Y. TIMES, Dec. 16, 2005, at A1.

8) 50 U.S.C. 1803(a)(1). なお、FISCの判事は連邦最高裁長官が任命する11名の連邦地裁判事からなる。

9) Authorization for Use of Military Force, Pub. L. No.107-40, 115 Stat. 224 (2001).これにより、大統領は軍隊をテロ対策に用いることができる権限を授権された。

10) ACLU v. NSA, 438 F. Supp. 2d 754 (2006). 連邦地裁は、盗聴により、①原告は萎縮効果という損害を被り、②盗聴対象には原告らの会話が含まれる可能性があり、③盗聴行為の違憲判断により萎縮効果が除去されて原告は救済されるとして、原告適格を認めた。

11) ACLU v. NSA, 493 F.3d 644 (6th. Cir. 2007), *cert. denied*, 128 S. Ct. 1334 (2008). 連邦高裁は、①盗聴されたという証拠はなく、②萎縮効果との関係性はなく、③損害がない以上判決による救済可能性も存在しないとした。

あれば、FISCの許可を得た上で、1年間通信傍受できることになった[12]。従来、外国のエージェントの活動に関する情報といったように、通信対象には相応の容疑が必要とされていた。だが、本改正により、事実上、ほとんど対象を絞る必要がなくなったといえる。つまり、外国の諜報情報に関すると予想されれば、その通信を傍受することができるようになったのである。このように、法律上、実質的な対象の特定が不要となっていることから、FISCはほとんどの傍受申請を許可しており、許可の実態は通常の裁判所の令状よりもかなり緩和された形となっている[13]。

2. 監視計画の概要———G·W·オバマ?

ブッシュ大統領が政権末期に残したFAAという遺産は、ブッシュ政権の盗聴行為を批判していたオバマ大統領にとっても使い道のあるものであった。実際、この法制度を実行していたのが、今回のプリズムだったのである。新聞報道によると、NSAの監視プログラムは、電話番号や通話時間等のメタデータを収集するメインウェイ (Mainway)、電話の通話内容を収集するニュークレオン(Nucleon)、インターネット上のメールアドレス等のメタデータを収集するマリーナ (Marina)、そして外国との通信内容を収集するプリズム、があるとされる[14]。このうち、プリズムは2007年からブッシュ政権がスタートさせたもので[15]、オバマ政権はそれを引き継ぐ形となっている。

オバマ政権は、マイクロソフト、ヤフー、グーグル、フェイスブック、ユーチューブ、スカイプ、アップル等の9社に対し、メール等のデータにアクセスさせるように求めていた。FAAの規定により、司法長官と国家情報局長は電子メディアに対し、先のような外国情報を入手するためにあらゆる情報の提供を命じることができるとしているからである[16]。しかもFAAにより、電子メディアは情報提供による法的責任を負わないと規定されており、情報提供しやすい環境が整えられている[17]。そのため、オバマ政権では2008年以降対象を拡大し、数百万人を対象にしてきたとされる。また、メインウェイの一環と考えられる情報収集も行われており、ベライゾン社に電話の通話記録(メタデータ)を提供させてきたと報じられている。

こうした情報収集は、暴露されるまで明るみにでなかったので、インターネット上ではブッシュ大統領と変わらないとして、「G・W・オバマ」などの揶揄が飛び交った。前ブッシュ政権の盗聴行為を批判し、透明性を前面に打ち出していたオバマ大統領であったからこそ、余計にリベラル派の市民を大きく落胆させたのである。また、グーグルやフェイスブックはプリズムのような大きな傍受計画に加担した事実はないとしており[18]、事実に関する政府発表との食い違いも、政権の信頼性を揺るがす一因となっている。

これに対してオバマ大統領はまるでブッシュと一緒にされてはたまらないといわんばかりに、ただちにその正当化をはかった[19]。ブッシュ大統領の場合と異なり、プリズムはFISAに基づく合法的な行為であることを強調したのである。また、それはテロを防ぐために必要な行為であり、しかも外国にいる者の通信が対象となっているのであって、市民のプライバシーには最大限の配慮を払っているとした。オバマ大統領の反論後、国家情報局も弁明書を出している[20]。弁明書は、プリズムがFAA702条に基づく行為であることを確認し、それが手続に則っていることを強調した。とりわけ、プリズムによる情報収集はFISCの許可と電子メディアの協力があって行えるものであるとして、NSAが独断で行っているわけではないと主張した。

たしかに、FAAの規定がある以上、法律上は合法

12) 50 U.S.C. 1881a(a).

13) Mitra Ebadolahi, *Warrantless Wiretapping Under the FISA Amendment Act*, 39 HUMAN RIGHTS 11 (2013).

14) Barton Gellman, *U.S. surveillance architecture includes collection of revealing Internet, phone metadata*, WASH. POST, June 16, 2013, http://www.washingtonpost.com /investigations/us-surveillance-architecture-includes-collection-of-revealing-internet-phone-metadata/2013/06/15/e9bf004a-d511-11e2-b05f-3ea3f0e7bb5a_print.html.

15) Protect America Act of 2007, §105B. なお、2007年にアメリカ保護法(PAA)が制定され、一定の要件の下に令状なしで外国との通信傍受が可能になっていたが、サンセット法であったため、新たに2008年にFAAが制定されることとなった。

16) 50 U.S.C. 1881a (h)(1)(A).

17) 50 U.S.C. 1881a (h)(3).

18) Craig Timberg and Cecilia Kang, *High-Tech Giants Urge Openness on Probes*, WASH. POST, June 8, 2013, at A7.

19) Peter Finn and Ellen Nakashima, *Obama Defends NSA Collection of Citizens' Data*, WASH. POST, June 8, 2013, at A1.

20) *Facts on the Collection of Intelligence Pursuant to Section 702 of the Foreign Intelligence Surveillance Act*, DIRECTOR OF NATIONAL INTELLIGENCE WASH. DC 20511 (June 8, 2013).

的に通信を傍受することができる[21]。だが、それはあくまで法律上は合法だということに注意しなければならない。たとえ法律に則っていたとしても、それが憲法上正当化される行為であるか否かは別問題だからである。

3. FAAの合憲性

実は、プリズムが発覚する前からFAAの合憲性が司法の場で問われていた。ACLUやアムネスティらが、FAAが表現の自由を侵害し違憲であるとして訴えを起こしたClapper v. Amnesty連邦最高裁判決[22]である。ところが、連邦最高裁は5対4の僅差で当事者適格に欠けるとして、訴えを却下した。法廷意見によれば、当事者適格をみたすためには、具体的で、特定された、実際の、差し迫った損害があり、問題となっている行為が原因で、請求を認容する判決が出ることによって救済されなければならないという。これを本件に当てはめると、原告の通信が対象となっているという主張は憶測にすぎない。仮に対象になっているとしても1881a条に基づいて傍受しているとは限らず、1881a条による傍受が行われているとしてもFISCが許可しているともいえない。また、FISCの許可があったとしてもまだ傍受を続けているかわからず、たとえ傍受の中に原告の通信が入っていたとしてもそれは当初から対象とされていたのではなく偶然含まれていたのかもしれない。ゆえに、本件では当事者適格がみたされていないとして、訴えを却下したのである。

一方、ブライヤー判事の反対意見は、原告の損害が仮定的ではなく、具体的で特定された損害であるとする[23]。損害の有無は、通信傍受が実際または切迫しているかどうかで判断される。原告は、1881a条の対象となりうるコミュニケーションをとってきたという事実があること、原告はテロが関係しそうな通信に関心があるだけでなく政府もそれに関心があったこと、政府は過去にもそうした情報を収集していたこと、政府はそうした通信を傍受する能力を有していることなどからして、政府は原告の通信を傍受していた可能性が高い。さらに、法廷意見は、脅威となる損害が確実に切迫（certainly impending）していなければならないとしているが、そもそも将来に起きる事象は不確実であり、先例はこれまで一定のケースにおいて将来の損害の可能性を認めてきた。したがって、本件では切迫した損害があり、当事者適格を認めるべきであると反論した。

法廷意見と反対意見は当事者適格の有無をめぐり真っ向から対立しているのであるが、法廷意見の想定する当事者適格はかなり射程が狭いものである。法廷意見の枠組で考えると、この種の事案では、具体的な監視行為が明らかになり、そこで監視対象とされた個人が特定され、どのようなプロセスで何を目的として監視していたのかがはっきりしなければ、当事者適格が認められないかのように思える。

そうなると、今回発覚したプリズムに対して、司法がどのような対応をするのだろうか。実際、プリズムに対しては早速ACLUが訴えを提起している。ACLUによれば、ベライゾンの顧客にはACLUも含まれていることから、当事者適格のハードルを乗り越えることができるという[24]。ただし、提出記録の中にACLUが入っているかどうかは不明であるため、ただちに当事者適格が認められるとは限らない点に留意しておかなければならない。

このように、FAAの合憲性の問題以前に、当事者適格の問題が主戦場になっているのが現状である。しかしながら、もしFAAが違憲であるにもかかわらず、当事者適格の問題を突破できないがゆえに違憲判断を獲得することができないとすれば、この問題は画餅の権利ともいうべきものとなる。なぜなら、具体的な侵害行為が行われているにもかかわらず、対象が明らかにならないがゆえに、当該行為の違法性を糾弾できないという事態が生じるからである。では、事態の打開をはかるためには何が必要であろうか。

次号(2)に続く

* 2013年7月8日脱稿。プリズム事件の内容については脱稿時までに知り得た情報を基にしているので、その後の報道により事実関係が変わる可能性があることをお断りしておく。

21) 今回のプリズムについては、司法長官および国家情報局長が外国にいると合理的に信じられる者の通信につき、FISCの許可に基づいて傍受することを認める1881a条を基に、電子メディアに情報提供を要求できる1881a 条(h)(1)(A)に依拠しながら、NSAに情報収集させたと考えられる。

22) Clapper v. Amnesty International USA, 133 S. Ct. 1138 (2013).

23) *Id.* at 1155-1165 (Breyer, J., dissenting).

24) Ellen Nakashima and Scott Wilson, *ACLU Challenges NSA Program*, WASH. POST, June 12, 2013, at A5.

あたごの杜から 事務局長日誌

予想どおり、憲法改正の問題点を指摘しようとしてきた私たちにとっては、今後の3年間が憂慮される参院選の選挙結果となりました▼本来有権者の選択を求めるべき原発・憲法・TPPや労働のあり方はほとんど争点とならないまま、原発再稼働・憲法改正・TPPの容認と労働者の権利の切り下げを政策とする政党が多数となったことは残念ではありますが、逆に活動の課題は明確になりました▼自民党は今後本格的に憲法改正に向け国民に「改憲案」を理解してもらうためのキャンペーンを始めるそうです。それに対抗して、まずは、憲法を読んでもらう、その価値を理解してもらう、自民党改憲案の「ヘンさ」を明らかにする活動を粘り強く小さな会合からでも始めなければならないと思います▼また、改憲以前に、この秋にも首相は「安全保障の法的基盤の再構築に関する懇談会」の報告をお墨付きに9条の解釈を変更し集団的自衛権を容認する国家安全保障基本法案を作成する予定です。防衛体制に関しては、防衛省の組織改革と称して自衛隊の運用を所掌する内局の運用企画局を廃止した上で内局の所掌からはずし統合幕僚監部の専権事項とするなどシビリアンコントロールの大幅な弱体化が進んでいます。憲法改正を回避して憲法の基本理念が蝕まれる現実に何かできることはないかも模索しなければなりません▼それだけでなく、普通の市民の反原発活動などに影のように付きまとう集団の圧力やむき出しの敵意によって対話を否定するヘイトスピーチなどが当たり前になって、ごく普通の人々の発言の自由が委縮し、言論の空間が酸欠状態になっていることにも危機感があります▼閉塞状態を打破してJCLUの存立基盤である市民的自由の擁護のために「何か」を始めるべきアツイアツイ夏がきた、とビールを飲んで思った夜でした。

（升味佐江子）

2013年5月から7月までのJCLU

5月1日	会計監査
5月13日	憲法緊急PT発表会(憲法緊急PTメンバー)弁護士会館
5月16日	5月理事会
5月18日	大阪・兵庫支部総会、総会記念講演「デモ・集会の自由の現代的意義を考える」(石埼学・龍谷大学法科大学院教授)大阪弁護士会館
5月25日	2013年度総会、総会記念講演「私の最高裁判所論」(泉徳治・元最高裁判事 弁護士)内幸町ホール
6月8日	JCLU京都総会、総会記念講演「いのちのつながり～自殺の実態調査から見えてきたもの～」(清水康之・NPO法人自殺対策支援センター・ライフリンク代表)ひと・まち交流館京都
6月13日	早稲田大学法科大学院エクスターンシップ学生説明会〔井桁会員出席〕
6月24日	6月理事会
7月29日	7月理事会・ビアパーティー

【発行日】2013年7月29日 【発 行】公益社団法人 自由人権協会
〒105-0002 東京都港区愛宕1-6-7 愛宕山弁護士ビル306
TEL：03-3437-5466 FAX：03-3578-6687 URL：http://jclu.org/ Mail：jclu@jclu.org
（大阪・兵庫支部）
〒530-0047 大阪市北区西天満1-10-8 西天満 第11松屋ビル3F 堺筋共同法律事務所内
TEL：06-6364-3051 FAX：06-6364-3054
協会設立：1947.11.23 本紙創刊：1950.5.1 購読料：年間2,500円 郵便振替：00180-3-62718 発行人：升味佐江子
JCLU

人権新聞 Japan Civil Liberties Union
JCLU Newsletter
発行所 公益社団法人 自由人権協会
JCLU
〒105-0002 東京都港区愛宕1-6-7 愛宕山弁護士ビル306
TEL:03-3437-5466　FAX:03-3578-6687
URL:http://jclu.org/　Mail:jclu@jclu.org
協会設立:1947.11.23
本紙創刊:1950.5.1
購 読 料:年間2,500円

政府批判を封じる特定秘密保護法

一橋大学法科大学院長　阪口 正二郎

安倍政権が、政府の秘密情報漏えいを厳しく取り締まる特定秘密保護法の制定を目指している。政府原案では、「防衛」「外交」「安全脅威活動の防止」「テロ活動防止」の4項目の情報を「特定秘密」に指定、罰則も現行の国家公務員法の最高刑懲役1年から大幅引き上げを狙う。「特定秘密」を明かした公務員や、秘密を明かすよう働きかけた一般人も処罰の対象にする。

自民党が、天皇を元首とし国民の自由と権利を大幅に制限する憲法改正を目指す中で、仮に法律が成立してしまえば、憲法改正を待たずに、政府に対する国民のコントロールが全く及ばなくなりかねない。

特定秘密保護法の問題点について、一橋大学法科大学院長の阪口正二郎教授（憲法）にお聞ききした。

（取材と構成：理事 北神英典）

権力維持のための秘密保護法制

国家権力というものは、批判されることを一番嫌がるものです。権力を握り続けるためには、暴露されれば批判を受けるという情報が出てこないのにこしたことはありません。

仮に、国家の情報が外へ出ていくことを防ぐことができるならば、「表現する自由」以前の問題として片付けることができます。

米国には軍隊と秘密保護法制があります。日本が米国と一緒に軍事行動をとろうとするには、米国の秘密保護法制と歩調を合わせなければならず、そこで、今回の秘密保護法制が登場してきました。

しかし特定秘密保護法案の原案を見ますと、それだけではなく、もっと広い範囲に秘密を掛けたいという思惑が感じられます。

福島原発事故の教訓

自民党の憲法改正草案もそうですが、このような法案が出てきたということは、国民が甘く見られているからでしょう。

福島原発事故が起きて、まだ2年半余りしか経っていません。

事故直後から、政府も東京電力も情報の開示に対してものすごく後ろ向きでした。そうした秘密主義的な日本の政府の体質を前提に今回の法案を注意深く検討する必要性があるように思います。

骨抜きになる「報道の自由」

このまま特定秘密保護法が制定されてしまったら、報道はどうなるでしょうか。

報道の自由と国家機密の関係で引き合いにされる外務省機密漏えい事件の最高裁判決があります。

判決では、正当な取材活動により取得した機密

CONTENTS

阪口正二郎さん

であるならば、漏えいをそそのかしても処罰されないという判断が示されました。しかしこの判断は、大枠としては肯定できるものの、適用の仕方いかんでは報道の自由を守る歯止めになるかどうかは怪しいと言わざるを得ません。

そもそも特定秘密保護法違反事件で公務員や記者が逮捕されて、何年もかけて裁判で無罪になっても遅いでしょう。情報を提供する側も報道する側も、長期間身柄を拘束され裁判を闘ってもいいという強い覚悟がないと、報道ができなくなります。重大な事実であってもリスクがあるなら報道しないという傾向に拍車がかかるのは明らかです。

外務省機密漏えい事件の判決の正当な取材活動かどうかについての判断は、報道の自由の観点からは、それほど高く評価すべきものとは思えません。正当な取材活動かどうかの線引きに道徳を持ちこみ、女性関係を利用して沖縄密約を引き出した行為を正当な取材活動ではないとした最高裁の判断は、道徳的な評価を法的な評価に流し込んだという点に問題があります。

適性評価による萎縮効果

特定秘密保護法では、公務員に特定秘密を取り扱うにふさわしいかどうか適性評価制度が導入されます。この適性評価は、その公務員の人事考課を決定的に左右するものになるでしょう。なぜなら、特定秘密を扱うに値しないと評価された人が、責任ある地位に就くことができるとは思えないからです。

公務員あるいは公務員になろうとする人は、余計なことはしない方がいいという縛りを受けます。配偶者の経済的事情まで調査対象にするという点も、プライバシーに対する配慮が欠けています。

どの人、どのポストを適性評価の対象にするかを行政機関が包括的に決めることができるということにも、違和感があります。予防的になって、無制限に広がっていくおそれがあるからです。

公安警察の違法捜査、闇の中へ

今回「テロ活動防止」のための政府の情報も、特定秘密に含まれています。

警視庁から情報が漏れて、公安警察がイスラム教の施設や信者に対して違法な監視活動、捜査を展開していたことが明らかになりました。あれは、警察内部の権力争いの中で外部に出てきたと思われますが、もし、特定秘密に指定されていれば出てこなかった可能性があります。

警察が、秘密裏にイスラム教徒を“テロ予備軍”と決めつけ、違法な監視活動を展開していることの方が問題ではないでしょうか。その意味で、「テロ活動防止」情報の秘密指定には、そういうことを防ぐ手続的な工夫がもっと必要だと思います。

世田谷の国公法違反事件は、共産党の政治活動をしていた国家公務員が逮捕・起訴されて罰金になりました。公安警察が公選法違反の疑いで共産党員を監視する中で、立ち回り先の事務所に出入りした人の身元を全部洗って摘発したという事件でした。膨大な労力と時間を費やして、わずかな罰金という決着でした。

公安警察のような組織を放置したまま秘密保護法制が進むと、もっと息苦しい社会になると言わざるを得ません。

進行する“発表ジャーナリズム”化

日本のジャーナリズムは、自力で取材しているというよりは、官公庁の発表に寄りかかった発表ジャーナリズムの性格が濃厚です。その点で、外国のジャーナリズムに比べて弱いと感じます。

これまでは、内部告発から国民が知るべき情報の多くが明るみにされていました。しかし秘密保

護法制ができてしまうと、公務員はもはや内部告発をできなくなります。情報が外に出てこなくなれば、いくら「表現の自由」が認められていると言っても、情報がない以上、表現はできません。

内部告発がなくなった後、報道は、もっと当局の発表に寄りかからざるを得なくなるでしょう。

意味のない「表現の自由」への配慮文言

気を付けなければならないのは、特定秘密保護法が批判を浴び、政府が「表現の自由や報道の自由、知る権利に配慮する条文を入れる」と言い出したときの対応です。

2003、4年の有事法制の時、国民保護法案が国民の権利を侵害するという批判を受けて、憲法の保障する「国民の自由と権利」が尊重されなければならないという条文が設けられました。

しかし政治的には意味があっても、法的には何の意味もありません。なぜならば、法律の明文に書かれていようがいまいが、基本的人権は、憲法で当然に保障されているからです。

にもかかわらずものすごく意味があるかのように報道され、国民がそう受け止めてしまうという出来事がありました。

政府は、そんな当たり前のことを条文に書いても痛くも痒くもありません。意味はないのに意味があるかのような幻想が、マスコミや国民に通用してしまうところに問題があります。

「表現の自由」の必要性

一般の国民からすれば、なぜ、そこまで「表現の自由」を保護しなければならないのか疑問を感じている人は多いのではないかと思います。その疑問に正面から答えないと、特定秘密保護法にしても憲法改正にしても、その危険は伝わらないのではないでしょうか。

「表現の自由」を保障することは、決してバラ色な社会だけを導くものではなく、逆に、市民を傷つけるというリスクを伴うということ、リスクはあっても、それでも政治を監視し開かれた社会を維持するために「表現の自由」の保障が必要なのではないか、という議論・問題提起をすべきなのだと思います。

プロフィール

阪口正二郎（さかぐち・しょうじろう）2001年1月から一橋大学法学研究科教授、13年4月から同法科大学院長。専門は、公法学（憲法）。研究テーマは、表現の自由、立憲主義と民主主義など。

特定秘密保護法案の国会提出に反対する意見書を発表

JCLUは、特定秘密保護法案に関する政府の意見募集に応じて、2013年9月17日、意見書を発表しました。

意見書は、特定秘密保護法案が市民の「知る権利」を侵害し、情報公開の原則に大きく反するおそれが極めて高いと指摘し、同法案の国会提出に強く反対する内容です。

JCLUが指摘している法案の深刻な問題点は次の通りです。

①国の安全保障に関する事項の漏えいを防止する必要性が以前よりも高まったとか、現在の国家公務員法等による漏えい防止法制で対策が不十分であるとか、新たな立法が必要であることを裏付ける立法事実が全く認められない。

②行政機関の長が「特定秘密」を指定するということは、広範な情報を行政が独占し、情報の自由な流通を阻害することになりかねない。情報公開請求を受ける地位にある行政機関の長が秘密指定できることになるため、情報公開制度が空洞化する。

③「特定秘密」の取得行為を処罰することは、「表現の自由」「知る権利」「学問の自由」などの憲法上の人権を侵害するおそれが大きい。過失行為や共謀・教唆・煽動まで処罰対象に含まれ、処罰範囲が無限定に拡大する恐れが大きい。しかも法定刑が現行の秘密保護規定に比べて重すぎる。

④特定秘密を取り扱う職員の適性評価を行うことは、当該職員や家族など関係者のプライバシーを著しく侵害する恐れがある。

JCLUは、憲法で保障された市民の権利を侵害する恐れの大きい特定秘密保護法案の国会提出に反対し、むしろ今、市民にとって必要なのは、裁判所のインカメラ審理をも規定する情報公開法の改正であると主張しました。

意見書の全文は、JCLUのホームページに掲載されています。(http://www.jclu.org)

歴史に残るネット選挙元年

慶應義塾大学総合政策学部専任講師　李　洪千

7月の参議院選挙は、日本で初めてインターネットでの選挙運動が解禁された国政選挙となった。鳴り物入りでスタートしたネットによる選挙運動は、どのような結果だったのか。また、ネットによる選挙運動の展望は？早くからネットによる選挙運動が展開されている韓国で、大統領選挙のSNS選挙運動に携わった経験もある李洪千（り・ほんちょん）慶應義塾大学専任講師に寄稿していただいた。

2013年7月5日から20日まで17日間行われた日本初のネット選挙は歴史にどう書かれるであろうか。選挙後にそのようなことを想像することになった。ネット選挙に対する高い期待感と裏腹に、注目を集めるような大きなうねりは見えなかったからだ。投票所に足を運ぶ若者の足音は弱く投票率は上がらなかった。徹底してネットだけで戦おうとした候補者は自民党推薦であっても敗北を味わい、党の顔以外の政治家とネットで会えるのはまれであり、政治家の発信の大半は演説、街頭で、有権者が知りたい情報は提供されていなかった。安倍晋三総理のフェイスブックでは、支持者が群がり批判的な書き込みを行ったユーザーを袋たたきする傾向が強かった。それに対して、海江田民主党代表はフェイスブックで殺到した嫌がらせの書き込みでポスティングの更新をやめており、ツイッターは使っていなかった。公職選挙法が整備されておらず問題が生じかねないと指摘されていたにも関わらず、ネット選挙運動をめぐる警察の摘発は1件もなく注意23件にとどまった。朝日新聞の調査ではネットを参考にしたのは30％ほどであり、6月から減り続けていた。

これをどう説明できるか。その理由の一つとしてネット選挙解禁が有権者の働きかけによるものではなく、政治家・政党の都合によって上から与えられた結果であることから、主体的に思っていないということがあげられる。

韓国は2000年に落選運動がウェブを利用したことを皮切りに、2002年のコミュニティーサイト、2004年のブログ、2007年にはユーチューブ、2008年はツイッターとフェイスブック、そしてスマートフォンなど新しいテクノロジーが出てくるたびにそれを選挙と政治活動に取り入れようとするムーブメントが繰り返された。その都度選挙法違反で裁かれたり、選挙管理委員会から規制を受けたりしながらも選挙法の問題点を指摘し、ネット選挙運動を解禁させようとした。ネット選挙運動を禁じた選挙法は憲法が保障した政治的表現の自由に反すると2回も違憲訴訟が起こされた。憲法裁判所は2011年12月29日、選挙法は有権者一般ではなく候補者を対象にしていること、ネットにおいては有権者の活動は政治的表現であるという理由を出した。

2つ目の理由は、2013年10月11日に『ネット選挙が変える政治と社会』の出版を記念して明治大学で「ネット選挙は新たな公共圏を生み出すか」題下のシンポジウムで、韓国のネット選挙運動を紹介するなかで語った。それはネット選挙運動解禁が何を意味するのかに対する認識である。これまでの選挙は、公職選挙法で指定されている人以外に選挙運動ができず、その数も限られていた。しかし、ネット選挙運動解禁によって未成年者以外なら誰でも選挙運動ができるようになった。選挙運動が可能な人の数が立候補者433人から一気に1億478万人を超えるように増えたのだ。サッカーの試合を想像するとわかりやすいであろう。レフリーを含め25人のプレイから観客すべてがプレイできる試合であり、観衆はどちらのチームにもなりえる。選挙の本質が変わったことに、有権者も政治家もメディアも気づいていない。つまり、ネットに限って、選挙はもはや政治家のものではなくなっている。

ただ、そのような環境の変化がすぐさま政治的変化として表れない。有権者がグラウンドに降りて来ない限り、選挙は政治家のものであり続けられる。動けない有権者は政治側によってコントロールしやすい存在となってくる。今回の参院選で自民党は専門クループを利用しビックデーターを分析し、そのノウハウを蓄積してきた。それに対抗できるのは有権者がグランドに参加するしか方法がない。3年後はダブル選挙になる可能性が高い。もし、今回と同じ結果となれば、歴史にはどう書かれるか？

プロフィール

慶應義塾大学専任講師。専門は、政治コミュニケーション、国際コミュニケーション論。韓国記者協会編集局次長、2002年韓国大統領選挙の民主党候補の演説秘書の経験からネット選挙の研究に取りくむ。2012年の大統領選挙にも参加し、民主党の選挙本部でSNS選挙運動にも携わる。著書に『ネット選挙完全解禁！韓国大統領選挙の真実』がある。

「企業活動と人権に関するガイドライン」と「CSR報告書の人権関係評価項目」の改定
――ISO26000の発行を踏まえて

会員・弁護士 神谷 延治

はじめに

JCLUは2013年10月、ISO26000の社会的責任に関する考え方と実践の手順を取り入れた「企業活動と人権に関するガイドライン【改定版】」および「CSR報告書の人権関係評価項目【改定版】」を発表した（以下、両者を併せて「改定版」という）。

JCLUは2007年8月、企業の社会的責任（CSR）、なかでも人権の重要性に対する認識を高めるよう求めるために「企業活動と人権に関するガイドライン」および「CSR報告書の人権関係評価項目」を初めて発表した。以来、JCLUは、同ガイドラインおよび同評価項目に即して、国内自動車メーカー11社のCSR報告書に対する評価等を毎年実施し、「雇用実態の分析に関する調査」（2010年度）、「東日本大震災に関する取り組み」（2011年度）など、時宜にかなった特集を組んで調査結果等を発表してきた。

2010年11月、約10年間にわたる開発プロセスを経て国際標準ISO26000が発行されたのを受けて、JCLUの企業と人権プロジェクトチームが、上記ガイドラインおよび評価項目の見直し・改定作業に取り組んできた。今回の改定版の発表は、これまでの作業の集大成である。

ISO26000の概要――持続可能な発展のために

社会的責任とは、当初は企業が社会に対して負う責任と考えられていたが（「企業の社会的責任（CSR）」）、持続可能な発展への責任が認識されるようになり、今日では企業に限らず、あらゆる組織が社会に対して負う責任（「社会的責任（SR）」）[1]として共通に理解されるようになった。

そうした社会的責任の認識の高まりを背景に、消費者、政府、産業界、労働、NGO、サービス・支援、研究その他の各ステークホルダー並びに多国間のコンセンサス[2]に基づき、全ての組織に適用できる国際規格[3]としてISO26000が発行された。

ISO26000は、「持続可能な発展」という目標に向けて、組織が取り組むべき行動の原則（「社会的責任の原則」）として、①説明責任（不正行為が行われた場合の責任も含む）、②透明性、③倫理的な行動（正直、公平、誠実）、④ステークホルダーの利害の尊重、⑤法の支配の尊重、⑥国際行動規範の尊重（「加担」の回避を含む）、⑦人権の尊重――を挙げる。

ISO26000は、〈何を行うか〉について、「社会的責任に関する中核主題」として、①組織統治、②人権、③労働慣行、④環境、⑤公正な事業慣行、⑥消費者課題、⑦コミュニティへの参画およびコミュニティの発展――の7つを挙げ、これらの中核主題が、組織統治を中心にして相互に関連し、補完し合うものとする（相互依存性）。そして、〈どのように行うのか〉について、「社会的責任の基本的慣行」として、社会的責任の認識[4]とステークホルダー[5]の特定およびステークホルダーエンゲージメント[6]――を、「組織全体への社会的責任の統合」として、社会的責任に関するコミュニケーション、社会的責任に関する信頼性の向上、社会的責任に関する組織の行動および慣行の確認（レビュー）および改善、社会的責任に関する自主的イニシアチブ――を挙げている。

以上のように、ISO26000は、持続可能な発展への貢献を目的として、あらゆる組織を対象に、社会的責任の定義から重要な主題と諸課題、それらを組織全体に統合する方法を提供する手引きであり、その内容が国際社会の到達段階を示しているものといえる。

1) 組織の決定および活動が社会および環境に及ぼす影響に対して、次のような透明かつ倫理的な行動を通じて組織が担う責任。――健康および社会の繁栄を含む持続可能な発展に貢献する。――ステークホルダーの期待に配慮する。――関連法令を遵守し、国際行動規範と整合している。――その組織全体に統合され、その組織の関係の中で実践される（註：下線は筆者による）。

2) ステークホルダー間の合意を重視するマルチ・ステークホルダー・プロセス。

3) 適合性評価の対象となる認証用規格ではなく、要求事項を含まない指針文書（Guidance document）である。

4) 組織と社会、組織とステークホルダー、ステークホルダーと社会の間の影響・利害・期待を認識すること、社会的責任の中核主題および関連する課題を認識すること、組織の影響力の範囲を認識すること。

5) 組織の何らかの活動または決定に利害関係を持つ個人またはグループ

6) 組織の決定に関する基本情報を提供する目的で、組織と1人以上のステークホルダーとの間に対話の機会を作り出すために試みられる活動

人権の尊重に関する基本原則
――人権の"保護・尊重・救済"

ISO26000は、人権に関して取り組むべき課題として、(1)デューディリジェンスを実践すること、(2)人権が危機的状況下でも人権を守ること、(3)人権侵害への加担を避けること、(4)苦情を解決すること、(5)差別を禁止し、社会的弱者の人権を守ること、(6)市民的および政治的権利を尊重すること、(7)経済的、社会的および文化的権利を尊重すること、(8)労働における基本的原則および権利を守ること――を挙げている。

改定版では、法の支配の尊重、国際行動規範の尊重、人権の尊重という上記諸原則、並びに人権デューディリジェンスという上記課題を踏まえ、企業が取り組むべき原則的事項を明示するとともに、人権侵害への加担には、直接的な加担、便益を享受する加担および沈黙を続ける加担――という3つの形態があることを理解したうえで、沈黙の加担についても規定している。

差別禁止と社会的弱者保護

改定版では、前記人権課題を踏まえ、「差別禁止と社会的弱者保護」の評価項目を新設している。また、ISO26000では、社会的弱者として、児童、先住民族、女性および女児が例示されていることを踏まえ、「先住民族」および「児童労働の排除」をここに整序している（但し、女性については、後記「ジェンダー」に整序したため除く。）。

差別禁止に関し、「差別の撤廃と雇用機会均等」において、差別禁止および機会均等を推進するための方針および活動の定期的な評価を行い、社会的弱者の保護および地位向上のために積極的な行動をとることを求めている。また、現代の社会情勢を踏まえ、在日韓国人・朝鮮人等の特別永住者に限らず、より広く外国人を含めた永住者あるいは帰化者に対する差別禁止、特に募集・採用の場面における差別的取扱いについて規定している。

他方、社会的弱者保護に関し、「児童労働の排除」において、児童労働に加担しないことに加え、児童労働の廃止およびそのために積極的かつ実効的な活動に努めるよう求めている。また、「先住民族の支援」において、国際人権条約その他先住民族に関する国際基準等を踏まえ、アイヌ民族、沖縄奄美地域住民が先住民族に含まれることを前提に、そうした国際人権基準の適用を受ける先住民族の自決権、土地・資源および言語・文化等の享有等の権利を尊重し、差別解消に向けた積極的な努力を求めている。

労働――「ディーセントワーク」の実現

ISO26000は、「労働は商品ではない」というILOの理念の下、取り組むべき労働慣行の課題として、(1)雇用および雇用関係、(2)労働条件および社会的保護、(3)社会対話、(4)労働における安全衛生、(5)職場における人材育成および訓練――を挙げている。

改定版では、「強制労働の排除」において、強制労働に加担しないことに加え、日本における外国人研修生・技能実習生制度が、暴力団組織の管理売春とともに人身取引・強制労働として例示されていること[7]などを踏まえ、同制度を悪用した人身取引・強制労働を含むあらゆる形態の強制労働の廃止に努めることを求めている。また、戦時中の朝鮮人・中国人の強制労働につき、受難者の遺族との間でその一部について和解が成立したことなど[8]も踏まえ、過去の強制労働に対して適切に対応することを求めている。

また、ISO26000が「ディーセントワーク」の実現が社会的責任であることを強調していることを踏まえ、働きがいのある人間らしい「労働環境」を提供することなどを求めている。

ジェンダー差別の解消、ポジティブ・アクションと育児・家庭責任への配慮

改定版では、「職場における性差別の解消」において、日本的雇用慣行の下、女性の就業の促進と育児の両立が厳しい状況にあるなか、かかる状況における格差をジェンダー差別として捉え、ジェンダー差別を解消するため、直接または間接を問わない差別の排除に加え、同一価値労働同一賃金の原則について詳細に規定している。そして、企業に積極的な女性登用を促すため、正規・非正規の区別、雇用管理システムにおける女性割合の公表などを求めている。

また、「積極的差別是正措置（ポジティブ・アクション）」において、EU諸国、特にドイツ・フランスの男女共同参画やポジティブ・アクションの制度・施策、EC裁判所の判決例などを参考に、我が国にポジティブ・アクションを導入するための実体的要件・手続的要件などについて、具体的かつ詳細な検討を試みている。

そして、「育児・家庭責任への配慮」において、少子化の問題を受けた家族政策の強化並びにその一環としての出産・子育てと仕事の両立支援（育児・家庭責任への配慮）は、わが国のみならずEU各国にも共通してみられる政策課題であるところ、より先進的な制度を有す

7) Trafficking in Persons Report（人身取引年次報告書）2010年版/米国務省

8) 朝鮮人について新日本製鐵（1997年/現新日鐵住金）、日本鋼管（1999年/現JFEエンジニアリング）、不二越（2000年）/中国人について鹿島建設（2000年）、日本冶金工業（2004年）、西松建設（2009年、2010年）

るEU諸国、特にドイツ・フランスの各種制度と比較し、我が国における出産・子育てと仕事の両立支援のための制度・施策などについて検討を試みている
（なお、男女雇用機会均等法の制定およびその改正の内容、さらには非正規雇用と格差、貧困といった近時の問題も踏まえた雇用におけるジェンダー差別、EUにおけるポジティブ・アクションおよびEC裁判所の判決例、日仏独の育児・介護の各種制度、家族政策の比較などの詳細については、改定版の別添資料を参照されたい。）。

人権問題に対する社会貢献――支援と対話

改定版では、「支援」に加え、前記ステークホルダーエンゲージメントの観点から、対話を通じて地域コミュニティや人権NGOなどのステークホルダーの期待、ひいては社会的責任を認識するために、「対話」の項目を新設している。

腐敗防止――賄賂と政治献金のあり方

ISO26000は、公正かつ自由な競争を維持し推進するため、公正な事業慣行の課題として、(1)汚職防止、(2)責任ある政治的関与、(3)公正な競争、(4)バリューチェーンにおける社会的責任の推進、(5)財産権の尊重――を挙げている。

改定版では、「賄賂の禁止」において、汚職は、公的な問題に止まらず、市場経済全体の公正を歪めるものであるとの認識の下、公務員や政治家のみならず、社会的責任を負う私企業ないし民間人にもその防止を求めている。また、汚職防止を組織統治に組み込むとともに、汚職防止のためのシステムにつき、ISO26000に準じて具体的に規定している。

また、「政治献金のあり方」において、企業その他の組織が公的な政治プロセスを支援し、社会全体の利益になる公共政策の策定を促進するためには、政治改革のための社会貢献などの一環として、政治献金自体は肯定したうえで、その適正を担保することが望ましいという考えの下、透明性・公平性のある政治的関与のあり方を規定している。

消費者保護と公正な取引
――持続可能な消費の実現

ISO26000は、従来の顧客への取り組みを超え、持続可能な発展のために取り組むべき消費者[9]課題として、(1)公正なマーケティング、事実に即した偏りのない情報、および公正な契約慣行、(2)消費者の安全衛生の保護、(3)持続可能な消費、(4)消費者に対するサービス、支援、ならびに苦情および紛争の解決、(6)必要不可欠なサービスへのアクセス、(7)教育および意識向上――などを挙げている。

改定版では、「消費者保護」と「公正な取引」に加え、持続可能な発展に向けて、企業の製品・サービスの提供を通じて消費者の持続可能な消費[10]を促進するため、「持続可能な発展と持続可能な消費の実現」の項目を新設している。そのなかで、企業に期待される行動として、社会・環境に配慮した悪影響の少ない製品・サービスを提供すること、環境的要因および社会的要因について検証可能な情報を提供すること、消費者教育の実施を求めている。

また、CSRとコンプライアンスの関係[11]について、ステークホルダーの期待のうち基本的なものが法令遵守であり、社会的責任の基礎でもあるが、さらに法令遵守を超えた社会の要請やステークホルダーの期待に応える企業活動が求められる。その意味で、改定版では、社会的責任を法令・企業倫理を遵守すれば足りると消極的に理解するのではなく、人権を尊重するためにより積極的に理解したうえで、さらには前記「デューディリジェンス[12]」を実施する観点から、「法令遵守・企業倫理」の項目を「人権デューディリジェンス、コンプライアンス、企業倫理」に改定している。

個人情報保護

ISO26000は、消費者のプライバシー権を保護するため、前記消費者課題として、(5)消費者データ保護およびプライバシーを挙げ、個人データの収集や処理の際に収集範囲、収集方法、収集目的、消費者の検証・異議および修正等、適切な管理、開示方法の設定などを求めている。

改定版では、「個人情報保護」の評価項目を独立させ、「消費者の個人情報保護」において、上記各事項を規定するとともに、「労働者の個人情報保護」の項目を新設している。

9) 資産、製品またはサービスを私的な目的で購入する、または使用する一般社会の個々のメンバー（註：購入者である「顧客」に限らない）

10) 持続可能な開発に即した速度で、製品および資源を消費すること

11) 社会的責任と法令遵守・企業倫理との関係について、法令の遵守（狭義）を基本に、その背景にある企業倫理の遵守（広義）、自主的に決めたことの遵守（最広義）という社会の要請を踏まえ、ステークホルダーの期待への配慮が求められるものである。

12) 自らの行動または自らと関係のある他者の活動から発生する人権への、現実のまたは潜在的な影響を特定し、これらを防止し、これらに対処する責任

プリズムの衝撃
――監視国家と立憲主義（2）

千葉大学大学院専門法務研究科准教授・会員　大林 啓吾

―前号のあらすじ―

2013年6月6日、アメリカの諜報機関であるNSAがプリズムと呼ばれる監視プログラムを実行して、インターネット上の通信を監視していたことが暴露された。近年、監視の網は広がるいっぽうであるが、プリズムはそれ自体の問題にとどまらず、監視国家の是非を考える契機となりそうである。

プリズムは、FAAという法律に基づいて実行されているため、合法的に行われたものである。しかし、そうした行為が憲法上正当化されるかどうかは別問題である。実際、プリズムが発覚する前から、ACLUやアムネスティらがFAAは表現の自由等を侵害し違憲であるとの裁判を起こしていた。ところが、連邦最高裁は、具体的な監視行為や監視対象とされた個人が特定されなければ当事者適格が認められないとして、訴えを却下した。

そうなると、監視が憲法違反であるとしても、裁判所でそれを問うことは困難になってしまう。この現状を打開するためにはどうすればいいだろうか。

4 何の権利が侵害されているのか？

ここで闇雲に当事者適格のハードルを越えるための技術論をひねり出そうとしても、実体的判断の場面で侵害が正当化されてしまえば同じことである。ゆえに、FAAに基づく監視行為がいかなる権利を侵害しているのかをきちんと分析しておかなければならない。

監視行為によって侵害される権利といえば、一般的な感覚からすれば、プライバシーの権利が思い浮かぶだろう。むしろ、それ以外に何があるのか、とすら感じるかもしれない。ただし、アメリカの法文化は独自の発展を遂げていることに注意しなければならない。

まず、アメリカの判例法理はいまだ古典的プライバシー観に縛られている感がある。そのため、いわゆる自己情報コントロール権としての情報プライバシー権が判例上十分に展開しているとはいえない[25]。しかも、政府による監視の問題は令状との関係が問題視されることから、修正14条に基づく一般的プライバシー権の文脈ではなく、修正4条に基づく刑事手続に関するプライバシー権の問題として認識されることになる。つまり、主として令状主義の問題に収斂されてしまう可能性が高い。FAAの文脈でいうと、FISCの許可だけで一年間監視できるシステムは修正4条の令状主義の要請との関係で問題となり、プライバシー権を侵害するのではないかという問題になるわけである。

さらに、アメリカは表現の自由を重視する国であることを忘れてはならない。表現の自由の観点からすると、政府の監視行為に対しては自由な情報の流通を阻害しかねないプライバシー権よりも表現の自由の問題として構成した方が自由な表現空間を狭めなくてすむ。実際、アメリカでは情報に関する事件がプライバシー権よりも表現の自由の問題として把握されることがある[26]。加えて、監視行為は表現活動を委縮させるものであることから、表現の自由の問題を主張した方がプライバシー権よりも当事者適格の壁を突破しやすくなるというメリットもある。したがって、プリズム問題もプライバシー権の問題だけでなく、表現の自由の問題も並行して考えていく必要がある。ただし、時として両者は緊張関係に陥る可能性があるため、その接合が可能かどうかも吟味しなければならない。

まずは、プライバシー権の法理を確認しておこう。アメリカの刑事手続に関するプライバシー権もまた独自の発展を遂げている。かつて連邦最高裁は、修正4条の令状主義は物理的捜査（捜索）に対してのみ要請されるとしてきた[27]。そのため、通信傍受については令状が不要とされてきたのである。しかし、1967年のKatz v. United States連邦最高裁判

25) 判例法理については、大林啓吾「アメリカにおける情報プライバシー権の法理」千葉大学法学論集27巻4号157頁（2013年）参照。

26) *See, e.g.*, Anita L. Allen, *First Amendment Privacy and the Battle for Progressively Liberal Social Change*, 14 U. PA. J. CONST. L. 885 (2012).

27) Olmstead v. United States, 277 U.S. 438 (1928).

決[28]が盗聴にも令状が必要であるとしたことにより、1968年法(TitleⅢ)が制定され、通信傍受にも令状が要件となった。その後、コンピューター上の通信に対応するため、1986年に法改正が行われて電子コミュニケーションプライバシー法（ECPA）が制定された。その結果、パソコン等の電子通信を傍受するためには令状が必要とされることになった。このように、国内における電子通信については、裁判所の令状がなければ修正4条違反となる。

これに例外を設けたのが、1978年に制定されたFISAであった。外国との通信に関する傍受は特殊な領域の問題であることから、それについては裁判所の令状ではなく、FISCという特別裁判所の許可にかからしめることになったのである。

実は、今回のケースも、FISAの手続に基づき、FISCの許可を得ているので、修正4条の要請をみたしているようにみえる。しかしながら、FAAに基づく通信傍受は、FISCの許可条件が緩やかであることに加え、漠然とした対象のまま一年もの間通信を傍受することができる。しかも、FISAレポートをみると、ほとんどすべての通信傍受申請に許可が与えられている。たとえば、2012年のレポートをみても、電子通信の傍受申請が1789件あり、このうち1件については政府側が撤回したものの、残るすべての申請が許可された[29]。FISCは40件の申請に修正を施しているが、ほぼ政府の申請を認めているのが現状である。したがって、たとえ法律で傍受権限を執行府に付与していても、その内容が適正でなければ修正4条との関連で問題になる。

5 第三者任意提供の法理の問題

しかしながら、プライバシー権の侵害を主張する場合には、やっかいな障壁が立ちはだかる。それが、「第三者任意提供の法理」(third party doctrine)である。この法理は、自発的に個人情報を第三者に提供した場合、修正4条のプライバシー保護が及ばないというものである。たとえば、インターネットを利用してメール通信を行った場合、自らすすんで個人情報をインターネットプロバイダー（第三者）に提供したことになり、政府がそれを収集・利用しても修正4条に基づくプライバシーの侵害にはならないということである。

28) Katz v. United States, 389 U.S. 347 (1967).

29) FISA Annual Reports to Congress of 2012, (Apr. 30, 2013), http://www.fas.org/irp/ agency/doj/fisa/2012rept.pdf

この法理は、1976年のUnited States v. Miller連邦最高裁判決[30]によって示された法理で、銀行記録は本人が自発的に銀行という第三者に個人情報を提供したものであるから、修正4条のプライバシー保護が及ばないとし、政府が当該記録を銀行から入手してもプライバシーの問題は生じないとした。しかし、これに対しては批判が強く、1978年に連邦議会は金融記録に関する保護法（The Right to Financial Privacy Act of 1978）を制定している。一方、連邦最高裁はこの法理を維持する姿勢を崩さず、1979年のSmith v. Maryland連邦最高裁判決[31]では自宅からかけた電話番号の記録にも第三者任意提供の法理を適用し、プライバシーの保護が及ばないとされた。ただし、この判決に対しても連邦議会が反発し、電話番号記録を保護する法律(Pen Register Act)を制定している。

その後、連邦最高裁は第三者任意提供の法理に限定をかける傾向があるものの、この法理自体を放棄してはいない。すると、この第三者任意提供の法理がネット上の情報にも適用される可能性がある。その是非は、Katz判決の合理的期待の法理をどのように理解するかにもよるが、そもそも第三者任意提供の法理自体の妥当性には疑問がある[32]。この法理は自発的に公にさらすことでプライバシー性を放棄することになるというロジックに基づくが、しかし、個人情報を事業者に提供することが公にさらすことと同義であるわけではない。特定のサービスを利用するために自らの情報を提供しても、それはあくまで当該サービスを利用するために提供するのであって、他者に公開されることとは別問題のはずである。むしろ、合理的期待論を文字通り受け止めれば、プライバシーとして保護されると考えることが客観的に見て合理的であることが重要なのであるから、提供した個人情報は当該事業者との契約等の関係でのみ使用されることが通常期待されるといえるのではないだろうか[33]。

30) United States v. Miller, 425 U.S. 435 (1976).

31) Smith v. Maryland, 442 U.S. 735 (1979).

32) United States v. Jones, 132 S.Ct. 945, 957 (2012)(Sotomayor, J., concurring). ソトマイヨール判事は、「第三者に任意で公開した情報にはプライバシーの合理的期待がないという前提については再考する必要がある」と述べている。

33) この点につき、日本では講演会名簿提出事件(最2小判平成15年9月12日民集57巻8号973頁)において、情報を取得した側が本人に無断で個人情報を警察に開示する行為は、任意に提供した個人情報の適切な管理についての合理的な期待を裏切るものであり、プライバシーを侵害すると判断されている。ただし、この事件における被告は国ではなく、情報を提供した法人である。

それは、あくまで個人と事業者との関係において使用される個人情報であり、そこに介入してくる政府に対する関係とは異なるのである[34]。

ましてや、ネットを通じたコミュニケーションが日常生活に不可欠になっている現状を踏まえると、ネットについてはなおさら第三者任意提供の法理を適用することには問題がある[35]。なぜなら、ネットにアクセスしなければ通信できないという環境にある以上、アクセスした時点で自己情報を任意提供したとみなされてしまえば、アクセスすることができなくなり、結果的に通信を行うことができなくなるからである。とすれば、ネットにアクセスすることがただちに第三者たるプロバイダーに対して個人情報を自由に提供または使用してもよいことを意味するわけではなく、実際に通信する段階においてどの方法を選ぶかという時点で初めて個人情報を提供するかどうかの選択を行うことになるといえよう。

したがって、第三者任意提供の法理を理由に、政府の情報収集を正当化することには無理があるといえる。そうした論理の飛躍があるにもかかわらず、連邦最高裁がこの法理を放棄しないことにはいかなる理由があるのだろうか。それは、合理的期待の法理の射程が曖昧であることが大きいが[36]、そこには連邦最高裁が重視してきた表現の自由との調整をどうはかるかという問題が潜在しているように思われる。なぜなら、プライバシー権の保護を高めると情報を自由に利用できなくなり、自由な表現空間に支障をもたらすおそれがあるからである。しかし、監視行為に対するプライバシー権の主張を考える場合、プライバシー権と表現の自由は相互補完的に機能する可能性があり、その調整論を検討する必要がある。

6 プライバシーの量と質

そこで、プライバシー権と表現の自由を調整しながら、知的プライバシー（intellectual privacy）として再構成するのがリチャーズである。リチャーズは、ブランダイス判事のプライバシー観に依拠しながら、プライバシー権と表現の自由につき、公共討論の観点から調整をはかる。プライバシー権は、公共討論と関係のない言論による私的介入を阻止するものであり、ブランダイスのプライバシー論文[37]もそうした趣旨のものであった。他面において、ブランダイス判事はOlmstead連邦最高裁判決における反対意見[38]で、修正４条の憲法起草者が個人の知性（intellect）の重要性を認識していたことに触れながら、プライバシー権を持ち出し、盗聴がプライバシー権の侵害になるとした[39]。つまり、プライバシー権は私的領域を保護しつつ公共討論の重要性を提示するという両側面を併せ持つ、知的プライバシー権だと考えるのである。

こうしたプライバシー観のもと、リチャーズは、政府の監視行為は２つの側面において被害をもたらすという[40]。１つは、知的プライバシー権の侵害である。監視されるおそれがあると、市民は政治や社会問題についてコミュニケーションをとらなくなり、公共討論が実現されなくなる。もう１つは、監視による差別や強制的効果が生じるおそれがあることである。監視目的とは関係なく、政府批判等が取り締まられるおそれがあるのである。

これに対して、シトロン＝グレイは、リチャーズのように情報の質に着目するのではなく、情報の全体量を問題にすべきだとする[41]。かれらによれば、技術の発展により大量の情報集積が可能になったことこそが監視社会を生み出しており、市民は収集されるプライバシーの質よりも、量が合理的に保護されるように期待することができるという。政府は民間と協同して無制約に情報を集積しており、もはや情報の性質はプライバシーの本質ではなくなっている。しかも、政府の収集した情報が知的活動に関連するものなのかどうかを特定することが難しいことから、情報の性質に着目して訴えを提起することも実際上は困難である。そのため、プライバシーの量に関する合理的な保護を求めて、司法のみならず、立法や行政に対しても

34) Brett Snider, *NSA, FBI Surveillance: Legally Justified?*, FIND LAW, June 7, 2013, http://blogs.findlaw.com/blotter/2013/06/nsa-fbi-surveillance-legally-justified.html

35) Saby Ghoshray, *Privacy Distortion Rationale for Reinterpreting the Third-Party Doctrine of the Forth Amendment*, 13 FL. COASTAL. L. REV. 33, 63-78 (2011).

36) Brandon T. Crowther, *(Un)Reasonable Expectation of Digital Privacy*, 2012 B.Y.U. L. REV. 343 (2012).

37) Samuel D. Warren and Louis D. Brandeis, *The Right to Privacy*, 4 HARV. L. REV. 193 (1890).

38) *Olmstead*, 277 U.S. at 471-485 (Brandeis, J., dissenting).

39) Neil M. Richards, *The Puzzle of Brandeis, Privacy, and Speech*, 63 VAND. L. REV. 1295 (2010).

40) Neil M. Richards, *Privacy and Technology: The Dangerous of Surveillance*, 126 HARV. L. REV. 1934 (2013).

41) Danielle Keats Citron and David Gray, *Addressing the Harm of Total Surveillance: A Reply to Professor Neil Richards*, 126 HARV. L. REV. F. 262 (2013).

それを要求していくべきだと考えるのである。

一方、ポズナーは、莫大な量の個人情報の収集がプライバシー権に影響することを認めながらも、コンピューターによる自動収集化により、プライバシーの問題が回避されるという[42]。コンピューターは意思を持っていないことから、個人情報を機械的に扱うだけである。つまり、意思を持たない機械が情報を集めてもプライバシーが覗かれたことにはならないので、プライバシー権の問題が生じないというのである。

また、スタンツのように、プライバシー権が問題になるのは公開の場面であって、収集の段階では問題にならないという見解もある[43]。そのため、NSAが情報を収集していてもプライバシー権が侵害されたことにはならず、プライバシー情報が公になって初めて侵害が生じるというのである。

だが、プライバシー権といっても、状況に応じて様々な保障のレベルがあり、そのレベルごとに考えていくべきだとする見解がある[44]。ソロブによれば、プライバシー権の問題は、収集と公開のいずれかの段階においてのみ生じるわけではない。それは、収集、管理、公開の各段階においてそれぞれ問題が起きる。これらのうち、データマイニングでは、収集された情報がどのように保管され、分析され、使用されるのかという点が最も重要な問題となる。

情報の保管、分析、使用については、令状主義、表現の自由、平等の問題が生じうる。もっとも、令状主義は主として情報収集の段階に対応するものであることから、収集後の情報管理の場面で機能させるためには工夫が必要である。一方、表現事項や宗教事項等に着目しながら情報の内容をプロファイルし、その結果に基づいてブラックリストに載せる行為は表現の自由の問題を惹起する。また、人種や民族に基づきプロファイルし、それに応じた差別的取扱いを行うことは平等の問題を生じさせることになる。

次号(3)に続く

42) Richard A. Posner, *Our Domestic Intelligence Crisis*, WASH. POST A31 (Dec. 21, 2005).

43) William J. Stuntz, *Secret Service: Against Privacy and Transparency*, NEW REPUBLIC 12 (Apr. 17, 2006).

44) Daniel J. Solove, *Data Mining and the Security-Liberty Debate*, 75 U. CHI. L. REV. 343 (2008).

JCLU11月例会

高校無償化からの朝鮮高校除外の現在

2010年4月スタートの高校無償化法は朝鮮高校の適用を先延ばしにし、2012年12月発足の安倍内閣は最終的に除外を決めた。この件に関しては、大阪、名古屋、そして広島において訴訟が始まっている。現段階における、朝鮮高校除外をめぐる問題を検証するため、例会を開催します。

●日時：2013年11月18日(月)午後6時半～

●場所：弁護士会館10階1005会議室

①「朝鮮学校の歴史と民族教育の意味」(仮)
発題者　佐野通夫氏　子ども教育宝仙大学教授
（著書に「日本の植民地教育の展開と朝鮮民衆の対応」社会評論社　ほか）

②「朝鮮学校差別を巡る内外落差」(仮)
発題者　田中　宏氏　一橋大学名誉教授（著書に「在日外国人 第三版」岩波新書　ほか）

2013合宿報告

2013年8月31日から9月1日にかけて、山梨県・清里のペンション・グランデールで、恒例の合宿が開催されました。エクスターン生も含めて19名が参加し、ヘイトスピーチをテーマに熱い議論が交わされました。初日はコリアNGOセンター東京の金朋央さんに新大久保の反韓デモの実態などをお話しいただき、二日目は獨協大学教授の大藤紀子さんに、欧州がヘイトスピーチにどう対応してきたかについてお話しいただきました。

（報告JCLU事務局：安齋由紀）

いま、新大久保で起こっている「ヘイトスピーチ」とは

コリアNGOセンター東京専従職員　金　朋央

1　はじめに

ヘイトスピーチは許せるものではない。私の勤務するコリアNGOセンターの在日コリアンの会員からは「この問題にきちんと対応しなければ活動の意義がない」と言われるほど、深刻な課題となっている。また、私は、東京・新宿区の多文化共生まちづくり会議にも参加しており、地域としてこの問題にどう取り組んでいけるのかについても模索している。

2　「反韓」デモの状況

(1)デモの状況

東京・新大久保(「新大久保」という地名はないが、この間よく使用されている表現にしたがって、こう称する)では、2011年には既に、いわゆる「行動する保守」「ネトウヨ」による「反韓」「反在日」デモが行われるようになっていた。ヘイトスピーチを展開するデモ活動が激しくなり始めたのはプラカード等に「死ね」「殺せ」という表現が全面的に使われ出した2013年2月9日のデモからである。

3月末以降は、警察がデモを警護する形で監視し、歩道もデモが通り過ぎるまで通行止めにされるようになった。特に、5月に逮捕者が出て以降は、デモは、集合から解散まで警察の警護の下に進められている。デモ行進のコースも、警察の指導が入ったのか、大久保通りには入れなくなっている。

デモでは「在日コリアンは特権を持っていて、税金も光熱費も払わず、生活保護も申請すればすぐ受給できる」あるいは「在日コリアンは通名使用が認められており、犯罪に関係しても本名が報道されない。本人確認ができず、逃げられる」などと主張されているが、これらは事実無根である。

日本軍「慰安婦」の存在を否定する主張も繰り返されており、個人的には、これが一番深刻なヘイトスピーチであると考えている。

金朋央さん

(2)カウンター行動

新大久保で「反韓」「反在日」デモが実施されると、排外主義に反対する人たちが集まって、カウンター行動を取るようになった。最近のデモ参加者は200~300人程度とされているが、カウンター行動には、6月30日には2,000人が参加したといわれている。

カウンター行動は、草の根で自発的に行われており、特定の団体が組織的に介入しているわけではない。カウンター行動にこれだけの人が集まるという事実は、新大久保で被害にあっている在日コリアンにとっても、一定程度の励み、希望にはなっている。

(3)その他の反応

7月7日に、東京韓国学校に対するデモが企画されていた。この学校は、各種学校で都から補助金を受けていた。「補助金を受けているにもかかわらず、『独島クラブ』というクラブ活動が行われている」ことが問題だと主張されたのである。

この時は韓国側が敏感に反応した。7月1日に日韓首脳会談で韓国の外務大臣が新大久保デモについて「表現の自由を超えている」と懸念を示し、結局、7月7日のデモは中止された。

国際社会においては、国連の社会権規約委員会

が日本政府の報告書に対する総括所見で、日本軍「慰安婦」問題へのヘイトスピーチその他の恣意行動を防止するための対応を求める勧告を出している。

3 求められる対応とは

(1)ヘイトスピーチによる被害をなくすために

在日コリアンとして、我々のアイデンティティそのものが否定されるような、虚偽も交えた表現を投げつけられることを拒否したい。今、起きている暴力を止めさせたい。

デモコースとなっている新宿区大久保・百人町地域は外国人比率が30-40％と高い。この地域に住んでいる外国人は当然誰もデモを歓迎していない。とはいうものの正面からデモを告発すれば、店や個人に対する攻撃が始まって商売ができなくなることから、被害届を出そうという人はなかなか現れない。

被害をなくすためには、地域の行政や公の機関が、「ヘイトスピーチは人種主義であって許されない」というメッセージを明確に表明すべきである。その壁になっているのが「表現の自由」である。

「表現の自由」は尊重しなければならない。しかしこれだけ多くの韓国籍の人が住んでいる地域で、「死ね」「殺せ」という言葉が直接住民の目に入り、耳に届くことは防ぎたい。そのためには、デモをこの地域に近づけさせないという意味での「隔離」が大事ではないか。

(2)「慰安婦」の問題を人権問題として考える

今、日本では、日本軍「慰安婦」問題は、歴史問題、外交問題としてしか語られない。

ユダヤ人にとってのホロコーストが、我々にとっては強制動員・徴用問題や日本軍「慰安婦」問題なのであって、「慰安婦」問題は人権問題である。「ユダヤ人のホロコーストがなかった」と語ることが許されないのと同様、「慰安婦」問題もヘイトスピーチとして語られるべきである。

複雑に絡んだ歴史認識をきちんと解きほぐしていかない限り、韓国・中国に対するヘイトスピーチの問題は解決しないだろう。

差別表現規制に関するヨーロッパの取り組み

獨協大学法学部教授　大藤 紀子

1 はじめに

「表現の自由」と差別表現規制とは、一般に価値の対立として捉えられている。

こうした対立図式の下で、概してアメリカでは自由をより重んじるアプローチが、ヨーロッパでは人間の尊厳を重んじるアプローチが採られているとみなされる。

2 人間の尊厳を重んじるアプローチ

(1)欧州のヘイトスピーチ対策

ヨーロッパでは、ヨーロッパ審議会という機関がヘイトスピーチ対策を行っている。同審議会の締約国は、ヨーロッパ人権条約の遵守を義務づけられている。締約国の条約違反行為によって人権を侵害された個人は、国内の救済措置を尽くしたうえで、締約国の条約違反をヨーロッパ人権裁判所に申し立てることができる。

大藤 紀子さん

ヘイトスピーチとの関連でいうならば、人種差別的表現の規制の対象となった個人が申し立てる方法（第一のアプローチ）、および人種にかかわる表現によって差別を受けたとする個人が申し立てる方法（第二のアプローチ）が問題となる。

(2)第一のアプローチ

ヨーロッパにおいても、ヨーロッパ人権条約10条で表現の自由は保障されている。しかし同時に、表現の自由を行使する者は誰でも義務と責任を負い、①権利濫用を禁じた条約17条を適用して、人種差別表現を表現の自由の範疇から除外する場合や、②公共の安全や他者の権利保護などの目的のために、民主的社会に必要な限りで、法律により表現を規制できるとする条約10条2項を適用する場合があると解されている。この場合、当該表現が人種差別的意図をもってなされたか否かも重要な判断基準となる。

(3)第二のアプローチ

差別を受けた側が保護を求める場合、条約が定める権利及び自由の享受における差別を禁止した条約14条違反を訴えることができる。但し、14条は平等原則を定めた規定であり、必ず他の実体的規定とともに14条違反を申し立てなければならない。

このアプローチにおいては、表現者に差別的意図があったかが問題となる。その立証責任は「差別を受けた」と申し立てた側にある。しかし、差別する側が公的機関等であって情報を独占している場合など、差別を受けた側が相手の差別的意図を立証することが困難な場合には、立証責任は公権力側に転嫁される。

3 ヨーロッパから学び取るべき手法

(1)「表現の自由」と「人間の尊厳」

ヨーロッパにおける人種差別表現との闘いは、人間の尊厳を重視する考え方に基づいている。そのため、憎悪を宣伝ないし扇動する表現は制裁を科してでも阻止しなければならない場合がある、という認識が共有されている。

このような考え方は、表現の自由そのものが民主的社会に必須の重要な権利であることを否定するものではない。表現の自由と人間の尊厳という、相反する価値の対立構造の中で、どのようにバランスを取りうるかという視点に立って問題が処理されてきたといえる。

⇒**「日本への提案」**：「表現の自由」対「人間の尊厳」とのバランスを考える上で、単純な二項対立的なとらえ方をやめ、必要なプロセスとシステムを検証し、備えていくことが重要と考えられる。次項参照。

(2)多層的なシステム

ヨーロッパにおけるこの取り組みは、重層的に行われうる。すなわち、当該の個人は、国内裁判所はもとより、前出のヨーロッパ人権裁判所への個人による申し立て、「人種主義と不寛容に対抗する委員会（ECRI）」による監視など、複数の機関に申し立てることができる。国内裁判所は、ヨーロッパ人権裁判所により、条約違反としてその判断を覆される可能性や、ECRIの勧告に基づき関連の国内法の整備を求められるなど、重層的な仕組みが用意されている。

⇒**「日本への提案」**：国際人権規約などに定められた個人通報制度の受諾や国内人権機関の設立という方法を通じて、多角的な判断が可能なシステムを導入することが考えられよう。

(3) NGOの役割の強化

ヨーロッパでは、差別表現規制問題の解決に対し、NGOが重要な役割を果たしている。

⇒**「日本への提案」**：日本でも、JCLUのようなNGOの役割を具体化して、訴訟への参加を認めたり、公聴制度を充実させたりといったシステムを構築することが考えられるのではないか。

(4)歴史認識

ヨーロッパにおいて、ヘイトスピーチが禁止されることとなった一つの大きな要因に反ユダヤ主義の存在がある。現在の議論も、そうした歴史的背景のうえに成り立っている。

⇒**「日本への提案」**：ヘイトスピーチを、憎悪表現を伴う示威行動の問題とすること、あるいはそれにかかわる議論を表現の自由と人間の尊厳との対立概念の調整から論ずることにとどまるのではなく、日本における歴史上のコンテクスト（文脈）からアプローチすることが必要であろう。

「ヘイトスピーチ」規制問題で考えたこと

――8月31日～9月1日清里合宿に参加して

早稲田大学大学院法務研究科2年生 佐藤 佑亮

JCLUの合宿のテーマは「ヘイトスピーチ」であった。

初日、米国でナチスを礼賛するデモ隊に対する法規制の当否を描いた映画「スコーキー」や、東京・新大久保で行われた在特会デモの映像を見た。

その後、在日韓国人3世で、特定非営利活動法人コリアNGOセンターの金 朋央さんにお話を聞いた。2日目は、獨協大学法学部教授の大藤紀子先生に、差別表現規制に関するヨーロッパの取り組みについて講義を受けた。

合宿に先立って参加したJCLUのマス・メディア小委員会では、表現の自由を重視し法規制に対する慎重意見が大勢を占めた。私もそれに賛成する中で臨んだ合宿であった。

合宿で私が強く感じたのは、現実に起きているナマの被害に向き合って考えることの大切さであった。

合宿の初日、金さんは、多数の在日韓国人が生活基盤とする東京・新大久保で行われる反韓、反在日韓国人デモの実態を生々しく伝えてくださった。一番大きかったのは、この問題が、人種差別問題であるとともに、新大久保の在日韓国人にとって「今、まさに解決してもらいたい、切実な問題」であるということであった。

印象に残ったのは、ヘイトスピーチを「アイデンティティの否定である」という金さんの言葉であった。

在日韓国人であるということ自体を理由に、彼らを否定する言動は、インターネットが普及し始めた頃にはもう存在していた。金さんの所属する団体のHPの掲示板にも、そういう書き込みがあった。団体は、初めはそういう書き込みをした人たちに、対話を呼び掛け、説得を試みた。しかし試みは無残にも失敗に終わり、結局は、掲示板は閉鎖に追い込まれてしまったという。

今回問題となった在特会のデモは、在日韓国人の方が多い地域にわざわざ出向いて、大音響のスピーカーを使って聴くに耐えない言葉をまき散らすという、在日韓国人が無視できないような行動に出ている。これは、これまでに在日韓国人の方がここまではなんとか許せる、なんとか耐えられるという線を超えるものだったのではないか。在日韓国人の方にとっては、単なる誹謗中傷を受けているというレベルではなく、無視することさえできない状態で、あのような言動を否応なく聞かされること自体が許せないというものなのだと感じずにいられなかった。

表現の自由とヘイトスピーチ規制の話も、結局は、その現場に身を置く当事者の悩みを真摯に受け止めた上で、考えていかなければならないように思った。

現在は、在特会のデモがあると、これに対抗する「レイシストをしばき隊」という反対勢力が出現し、牽制するようになっている。デモに対してデモで対抗するという行動は、危険な面もある。しかし結果的には、懸念された表現の自由との抵触問題を生じさせることなく、ヘイトスピーチをやや沈静化させるに至った点で、私は、「しばき隊」の登場が、重要なものであると感じた。

合宿に参加したことで、目の前に悩みを抱えている人に対しての解決方法が、法律を用いることだけではないことを知った。もっと広く、当事者や現在の状況など、現実を見て、それに即した解決方法を模索することが出来るような法律家を目指したいと思った。

この合宿で、ヘイトスピーチ問題にとどまらず、大きな収穫を得ることが出来たように思え、とても充実した合宿だった。

ヘイトスピーチはなくなったわけではない。今後も対応が必要であることに変わりはない。

今後、どのような手段でこのような活動に対峙していくべきなのか、ヘイトスピーチにさらされている人たちをどのように救済していくべきなのか、法規制なのか、行政による救済なのか、対抗言論なのか、これからも考えていきたい。

あたごの杜から

事務局長日誌

1980年代に代表理事であった清水英夫先生を偲ぶ会が、9月10月の2回、行われました。先生の90年の生涯の活動の幅を反映して、マスコミ、出版、市民運動等日頃はあまり接点のない人々も一緒でした。清水先生がいらしたら、今この時点で何をおっしゃるかと考えると、やはり「特定秘密保護法を何とかしなくては」ではないでしょうか▼臨時国会が始まり、本来は憲法、集団的自衛権、原発、TPP、消費税等々課題は山積み、国民投票法改正、日本版NSC法、国家安全保障基本法と議論するべき法案も目白押しです。それにも関わらず、ここで既に徒労感疲労感だけが濃い……。対立する者の間の議論による認識の深化という代表民主制の長所は、しょせん夢想ですかね。既定方針を与党多数派が数の力で押し切るのは、昔からの見慣れた景色とは言え、それでも以前は「多数派の横暴・不見識」や「国民の多数派とは言えない議会の多数派」への批判はずいぶんあって、それが数の論理の暴走の歯止めになっていたように思います。権力を監視する国民の眼としてのメディアと直接行動的市民運動の退潮にため息も出ます▼それでも、「特定秘密保護法は何とかしなければ！」です。手始めに、10月31日、11月18日に緊急シンポジウムを計画しました（第3回も企画を温めています）。「戦前のようになる」「ジャーナリストがスパイ扱いされる」というのではなく、「知る権利」のJCLUらしく、「そもそも秘密を含めて政府の持つ情報は全て国民のものだから、公開が原則である。しかし、他方で直ぐに公開できない国家秘密もあるだろう。そうであれば、秘密を国民がコントロールする法律であるべきだ」という観点から、秘密の帝国アメリカの国家秘密の現状にも言及しながら、問題点を解明したいと考えます。▼昨年来の改憲論議の圧力に対しては、「憲法は本来国家を縛る鎖、改憲案は国家が市民を縛る鎖のようだ」という問題意識が多くの市民に共有されつつあると感じます。秘密保護法についても、路上に現れる市民の数には直接繋がらなくても、これはヘンだと思い聞かれれば反対と答える人が増えるようにあきらめずに活動します。会員からの活動の提案も大歓迎です。知る権利と情報公開のJCLUとして、「しっかり」（これって安倍さんの口癖ですが）取り組んでいきます。ご協力をお願いします。(佐)

2013年6月から10月までのJCLU

8月5日～9月27日	エクスターンシップ受入れ（一橋大学ロースクール、早稲田大学ロースクール、専修大学人文・ジャーナリズム学科）
8月10日～18日	事務局夏季休業
8月31日～9月1日	合宿「ヘイトスピーチ」（金朋央・コリアNGOセンター東京、大藤紀子・獨協大学法学部教授）清里ペンション・グランデール（山梨県北杜市高根町）
9月2日	理事会
9月21日	清水英夫先生お別れ会　東京会館
10月7日	理事会・エクスターン経験者司法試験合格祝賀会
10月18日	西松安野友好基金運営委員会〔古本監事出席〕ホテルサンルート広島
10月21日	清水英夫さんを語る夕べ　青学会館（アイビーホール）
7月29日	7月理事会・ビアパーティー

【発行日】2013年10月29日 【発 行】公益社団法人 自由人権協会
〒105-0002 東京都港区愛宕1-6-7 愛宕山弁護士ビル306
TEL：03-3437-5466 FAX：03-3578-6687 URL：http://jclu.org/ Mail：jclu@jclu.org
（大阪・兵庫支部）
〒530-0047 大阪市北区西天満1-10-8 西天満 第11松屋ビル3F 堺筋共同法律事務所内
TEL：06-6364-3051 FAX：06-6364-3054
協会設立：1947.11.23 本紙創刊：1950.5.1 購読料：年間2,500円 郵便振替：00180-3-62718 発行人：升味佐江子
JCLU

人権新聞 Japan Civil Liberties Union
JCLU Newsletter
発行所 公益社団法人 自由人権協会 JCLU
〒105-0002 東京都港区愛宕1-6-7 愛宕山弁護士ビル306
TEL:03-3437-5466 FAX:03-3578-6687
URL:http://jclu.org/ Mail:jclu@jclu.org
協会設立:1947.11.23
本紙創刊:1950.5.1
購読料:年間2,500円

特定秘密保護法の成立について

理事・弁護士 藤原 家康

2013年12月6日、特定秘密保護法案が参議院本会議でも可決され､成立した。

当協会は一貫して、憲法上重大な問題があるこの法案に反対してきた。当協会は、2011年11月に秘密保全法制に関する意見書を発表したが、その後、2013年9月、内閣が突如、2週間限定で、この法案の概要に関するパブリックコメントを募集して以降､当協会は、意見書､反対アピール､シンポ開催､声明を重ね、改めて強く反対した。そして、この法案には、多数の市民、団体が反対した。しかし、政権与党は、指摘された問題点に十分応えることなく、またそれらの問題点につき十分な審議を全く尽くそうともせず､強行採決を度重ね､ついに上記の成立に至った。多数の横暴、民主主義の否定としか言いようがない。

特定秘密保護法に反対する市民は、上記成立後に、成立前に比して反対の声を弱めるどころか､むしろ､その声を強めるばかりである。この法律が成立したから反対運動は終わりと考えることは全くなく、この法律を自分たちの作った法律として受け入れられない、むしろ、こんなにおかしな法律を直ちに何とかしなければならない、という気持ちに駆られているに違いない。

この法律は、政権及び多数の国会議員が暴走して成立した。世論調査では前国会での成立には懸念があるという意見が大多数であったにもかかわらず、国会では数の力に任せた強行採決がなされた。しかも、憲法に深く関係するこの法律について、このような暴走がなされ、さらに、この暴走は憲法改正にも向けられている状況である。

まさに､憲法や市民的自由にとっての､未曽有の異常事態が発生している。今はまさに､これまでにないほどに､市民一人一人が､憲法で保障された自由及び権利を､「不断の努力によって……保持」(憲法12条) すべきときである。一人でも多くの市民が結びつき､問題を共有する必要があると考える。

CONTENTS

緊急シンポジウム「国家秘密と情報公開」を連続開催

――日本ペンクラブ、NPO情報公開クリアリングハウスと共催

特定秘密保護法案が国会で審議されることが確実となった2013年10月、JCLUは、秘密保護法の成立によって国家秘密への民主的コントロールが及ばなくなることを懸念し、問題意識を同じくする2つの団体、一般社団法人日本ペンクラブと特定非営利活動法人(NPO)情報公開クリアリングハウスとの共催で、緊急シンポジウム「国家秘密と情報公開」を3回にわたって開催した。

JCLUの企画によって実施された第1弾「特定秘密保護法案がもたらす知る権利への影」は、同年10月31日、専修大学神田キャンパス1号館地下1階12教室において開催された。クリアリングハウスの三木由希子さんと、JCLUの理事でもあるローレンス・レペタさんが、日本の従来の秘密管理や情報公開の在り方、米国における秘密保護法制の現状について報告し、辻元清美衆議院議員も飛び入りで国会報告を行った。定員120人の教室であったが、参加者は160人であり、立ち見が出るほどであった。新聞、テレビ局等のマスコミも多く取材に来ていた。

情報公開クリアリングハウスの企画による第2弾「国家秘密の公開と歴史的検証―特定秘密保護法案で秘密はどうなるのか？」は、同年11月18日、専修大学神田キャンパス1号館2階204教室で開催され、約100名が参加した。共同通信社編集委員・論説委員の太田昌克さんが登壇し、ジャーナリストの立場から、秘密保護法の成立によって日本の民主主義が窒息すると訴えた。

第3弾は日本ペンクラブの企画によって、まさに秘密保護法の可決直前の審議が行われていた同年12月6日、衆議院の第1議員会館国際会議室に於いて、「リレートーク 表現の自由が危ない！」と題して開催され、約100名の市民が参加した。吉岡忍氏(作家)、野上暁氏(作家)をはじめとする日本ペンクラブの理事等に加え、日本雑誌協会の山了吉氏、日本写真家協会の山口勝廣氏などが発言し、表現者の立場から秘密保護法への反対の声を上げた。JCLUからも秋山幹男評議員や藤原家康理事が出席､発言した。

今号では、これらの緊急シンポジウムにつき、第1弾「特定秘密保護法案がもたらす知る権利の影」の報告と、第3弾「リレートーク 表現の自由が危ない！」における野上暁さんの発言を紹介する。

緊急シンポジウム「国家秘密と情報公開」第1弾

特定秘密保護法案がもたらす知る権利への影

NPO情報公開クリアリングハウス理事長 三木 由希子
明治大学特任教授・JCLU理事 ローレンス・レペタ

1 三木由希子氏の講演

まず、三木由希子氏(特定非営利活動法人情報公開クリアリングハウス理事長)が「特定秘密保護法案と情報公開」と題して講演をおこなった。

三木氏は、秘密保護法制の歴史から説き起こし、現在も既に国の「秘密」が存在することを指摘した。すなわち、自衛隊法等の法令に基づく秘密が既に存在しており、また、省秘と呼ばれる法令に基づかない秘密も存在している。秘密保護法案が対象とする外交、スパイ防止、テロ防止に関する秘密は、現在においても「特別管理秘密」とされている。さらに、現在の秘密法制の下では、省秘にさえ該当しない情報であっても、情報公開請求に対して非公開とされる情報もある。

つぎに、三木氏は、情報が公開されることなく廃棄されている実態を明らかにした。情報公開クリアリングハウスが情報公開請求を活用して調査した結果、情報公開法の施行を前にした2000年に、各省庁が大量の行政文書を廃棄していたことが明らかになった。これによ

三木由希子さん

り「秘密」が「秘密」のまま廃棄され、闇に葬り去られることの危険性が浮き彫りにされた。

さらに、三木氏は、日本ではそもそも政府が信頼されていないことを明らかにした。すなわち、各国の政府に対する信頼度の調査結果によると、日本は政府に対する信頼度が20パーセント余りで、世界で最低レベルである。

最後に三木氏は、今回の法案を、政府の秘密の構造について議論し、秘密を民主的に管理・コントロールするきっかけにする必要があると述べた。

2 辻元清美氏の挨拶

つぎに、辻元清美氏(衆議院議員)が、法案審議の現状と今後の見通しについて報告した。

辻元氏は、与党は世論の反対が高まる前に採決に持ち込みたいと考えているから、法案反対の世論を盛り上げることの重要性を強調した。そして、参加者に対しては、国会議員にプレッシャーをかけるため、議会の傍聴を呼びかけ、また、自分の選挙区選出の議員に対して意見を言うよう求めた。

また、辻元氏は、官僚は、情報をとりあえず「秘」にする習性があり、官僚から回ってくる資料には何でもかんでも「秘」とスタンプされている、したがって、法案が成立したら、何でも秘密指定されてしまうに違いないと指摘した。

3 ローレンス・レペタ氏の講演

つぎに、ローレンス・レペタ氏(明治大学特任教授・JCLU理事)が、「秘密の帝国アメリカの秘密保護法制と安全保障・情報公開の国際原則」と題して講演を行った。

レペタ氏は、ブラドレー・マニング(ウィキリークスに情報提供した人物)の例を挙げて、米国の秘密指定の抱える問題を明らかにした。若干22歳のマニングがトップシークレットへのアクセスを許可されたのは、米国ではあまりにも多くの情報に秘密指定がなされている(年間約1億の文書に秘密指定がなされている)ので、アクセス許可をしないと仕事にならないため、400万人以上が秘密情報許可を持っており、そのうち140万人がトップシークレット(機密)へのアクセス許可を有している。

他方で、米国は、秘密指定解除の制度を整備している。すなわち、ISOO(情報保全監察局)によって、不要な秘密は解除される(2012年会計年度に解除したページ数は3900万頁以上に及ぶ)ことになっている。国民の側から強制的秘密指定解除審査を申し立てることもでき、この指定解除申立ての結果、6割弱が秘密指定の全体解除、2割強が一部解除されている。ISOOの決定に対する不服申立制度もある。

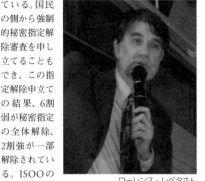

ローレンス・レペタさん

このように、米国では、あまりにも多くの情報に秘密指定がなされるという問題がある一方で、不要な秘密の解除の制度も整えている。

レペタ氏は、最後に、「国が必要としている秘密VS 国民の知る権利」という対立のバランスを常に考えていかなければならない、と指摘した。

4 アピールの採択

最後に、「特定秘密保護法案に反対する10.31アピール」を採択した。

アピールの内容は、①今国会に提出された法案は、「秘密」の指定をチェックする制度のないまま行政機関の長が「秘密」を決め、運用によって恒久的な「秘密」とすることを可能にし、「秘密」に近づこうとする者を厳罰に処すことで、今でさえ不十分な市民の知る権利をさらに制約するものである、②政府の持っている情報は、本来、主権者である私たちのものであるから、今、日本に必要なのは、市民の知る権利を具体的に保障した情報公開制度の充実と、不要な「秘密」を排除する「秘密」のコントロールである、③私たちは、法案が徹底的に審議されず、「知る権利の尊重」といった文言の挿入等の小手先だけの修正で政治的妥協が成立し、市民の反対意見を無視して法案が成立することを真剣に心配している、として、多くの市民が声を上げ、ともに法案に反対を表明することを呼びかけるものである。

司会の升味佐江子JCLU事務局長・理事がアピール文を読み上げ、満場の拍手をもって採択された。

(報告:理事・弁護士 池田良太)

緊急シンポジウム「国家秘密と情報公開」第3弾

「表現の自由が危ない!」特定秘密保護法案を廃案に!

日本ペンクラブ常務理事・作家 野上 暁

衆議院だけではなく、良識の府と呼ばれてきた参議院でも、まともな審議がされないまま特別委員会で強行採決され、政府与党は本会議でも強行突破しようとしています。世論に全く耳を貸さず、9万通も集まったパブリックコメントの77パーセントが反対だというのに、目を通すこともなく、ただやみくもに法案成立を目指す魂胆はいったい何なのか?

ぼくは子どもの本の世界に半世紀近くかかわってきていますので、その観点からコメントさせていただきます。

安倍政権になってから、教育現場に対する危険な施策が次々と進行しています。「道徳」を正式教科に格上げするとか、沖縄の教科書採択に文部科学省が口をはさんだり、教科書検定でも文部科学省が不合格にすることがありうるなどと公然と発言しています。そこに、今回の特定秘密保護法の強行です。

何が秘密か明らかにされないまま、時の政府に都合の悪いものがはじから秘密にされ、都合の良い情報しか流されないとすれば、戦時中の大本営発表と同じようになっていく危険性があります。

戦時中の幼児絵本でも、「日本よい国、強い国、日本の兵隊さんが強いのは、天皇陛下の軍隊だからです」などと、公然と描かれていました。そして、天皇の赤子たる少国民を、戦争に駆り立てていったのです。

昨日(2013年12月5日)、政府が武器輸出三原則の撤廃を年内に決定するなどと言っていることをみると、秘密保護法で言論表現の自由を抑圧し、「軍事国家への道」を辿りやしないかという危惧感はますます現実味を帯びてきます。

知る権利がないがしろにされ、秘密が増えれば増えるほど、学校現場で教師はナーバスになり戦々恐々として、戦時中のように自由にものが言えなくなってしまいます。そのようなぎすぎすした監視社会は、子どもたちの世界にも反映して、様々な悪影響が出てくるでしょう。

安倍首相は、オリンピックを日本に招致したいばかりに、福島原発の汚染水は完全にコントロールされているなどという嘘を世界に向かって公言しました。それが嘘だったとわかったのは、東電が現状を報告したからで、今後は当然そういう情報は秘密にされるでしょう。取材も制限されるでしょう。となれば、真実はひたすら隠され、安倍流の嘘だらけの社会になりかねません。

審議は十分に尽くされたと安倍首相は言いますが、衆議院は特別委員会で46時間、参議院に至ってはわずか23時間です。それを十分だと言いくるめ、本人は会議を抜け出して新任女性補佐官の歓迎会で四谷の焼肉屋に行っていたというではありませんか。それでよく十分審議されたなどと言えますか? 口先だけで「美しい国」「積極的平和主義」などと虚言を吐いても、もはやだれも騙されません。

昨日(2013年12月5日)、日本脚本家連盟や日本映画監督協会などが反対声明をだし、「刑事ドラマが作られなくなる」などのコメントがありましたが、ビキニの核実験で甦った「ゴジラ」に象徴されるように、怪獣番組も作りにくくなるでしょう。「ウルトラマン」シリーズの中にも、核の恐怖がたびたび描かれていましたから、今国会での特定秘密保護法の政府の迷走した答弁や詭弁を見ていると、反核煽動教唆などと言われかねない危うさを感じてしまいます。そもそもウルトラマン自体が、「M78・星雲光の国」のプラズマスパーク核融合装置からエネルギーをもらっているという設定ですから、これを突っ込んだら危ない。

特定秘密保護法によって、知る権利が著しく損なわれ、言論表現の自由が制限されることにより、子どもたちがワクワクするようなドラマや小説や物語の創造にブレーキがかかりかねないことを、子どもの本関係者として大いに懸念しています。

何しろ、与党の幹事長が、デモはテロ行為だと公言し、さすがにそれを撤回したものの、デモそのものを認めない、民主主義の原則さえ知らない、危険で稚拙な発言をしているくらいですから、今後、この暴走与党の暴走内閣の下で一体何が起こるかわかりません。

自民党が、圧倒的多数を確保しているとはいえ、昨年の衆議院選挙の投票率59.32パーセントで、自民党の小選挙区得票率が43パーセントですから、全有権者数の25.5パーセントの支持しか得ていません。比例区では27パーセントですから、なんと16パーセントの支持ということになります。参議院選挙でも、52パーセントの投票率で、自民党の得票率は27パーセントですから18パーセント。つまり、全有権者の四分の一か五分の一以下の支持しか得ていない内閣です。しかも選挙そのものが違憲だという判決も出ていますから、憲法違反内閣ともいえます。それなのに、あの傲慢で居丈高な物言いと態度は許せません。

与党の強行採決を断固として反対し、最後まであきらめずに、がんばりましょう。そして、今ならまだできます。暴走内閣の暴走を阻止し、一層の監視を強めていきましょう。

(2013年12月6日)

プリズムの衝撃
――監視国家と立憲主義(3)

千葉大学大学院専門法務研究科准教授・会員　大林 啓吾

―前号までのあらすじ―

2013年6月、NSAがプリズムやメインウェイと呼ばれる監視プログラムを実行して、インターネット上の通信や電話記録などを監視していたことが暴露された。これらの計画は、FAAという法律に基づいて合法的に行われたが、憲法上正当化されるかは別問題である。

FAAに基づく通信傍受はFISCという特別裁判所の許可によって実施されるが、FISCはほぼすべてに許可を与えており、政府は傍受の対象を漠然としたまま、1年もの長期にわたって通信傍受ができるという現状がある。このことは、令状主義を定めた修正4条との関連で問題になりうる。本号では、この問題がプライバシー権を侵害しているのではないかという点につき、理論的分析を続けると同時に、最近の下級審の動向を踏まえながら、今後の展望について考えてみることにする。

7　文脈アプローチによるパラドックスの回避

このように、国家による情報の取扱いは様々な憲法問題を惹起することから、ソロブは情報収集や管理方法についての透明性が重要であると説く[46]。テロ対策のために情報を集めて分析する場合、その内容を明らかにしてしまうと意味がなくなってしまうおそれがあることから、透明性が確保されないことが多い。しかし、政府が何をしているのかが明らかにならなければ、情報がどのように集められ、使用されているのかがわからず、権利侵害がなされているかもわからない。その結果、権利侵害の救済を行うことが不可能になってしまう。

かかる状況に対応するためには、プライバシー権について、場面や状況ごとに考えていくアプローチが重要である。というのも、今回のプリズム事件について、プライバシー権からアプローチすると、あるパラドックスを抱えるからである。情報漏洩や情報流出などの偶発的事象によって初めて事が露見するという特性は、そうした事件が市民のプライバシー保護にとって僥倖となる反面、プライバシー保護を強化するために情報システムをますます密閉するというパラドックスに陥る。つまり、プライバシーを守るためには情報管理が厳重になされなければならないものの、情報管理のために外部からのアクセスを遮断すればするほど、勝手に情報が収集・管理・利用されていることが明らかにされにくくなってしまうおそれが生じるのである。これは、プライバシー権のうち、公開されない側面のみにとらわれてしまうことで生じるパラドックスである。

この問題に対しては場面ごとに分けながら制度的改善をはかることにより、ある程度対応することができる。なぜなら、収集の段階で要件を絞ったり、管理や利用にも一定の制限を設けたりすることは、両方ともプライバシー権の保護につながるからである。では、プリズムのような監視行為によってプライバシー権が侵害された場合、どのようにして当事者適格の問題をクリアすればいいだろうか。ここで登場するのが統治論である。

8　統治論――マクロとミクロの憲法問題

クーは、監視行為の問題にはマクロレベルとミクロレベルの問題があるという[47]。マクロレベルの問題とは形式的な意味での法的統制のことである。TSP問題の際、執行府が立法統制を受けないまま盗聴をしていたことが最も問題視された。しかも、裁判においても当事者適格ではねられていることから、司法統制にもかかっていない。そこで、立法統制および司法統制に服せしめるべく、制定されたのがFAAであった。FAAは、法律による手続を規定し、FISCの許可にかからしめる枠組を設けたのである。このように、法的統制をかけるという意味でFAAは肯定的に評価できる。が、しかし、視点を変えると、令状なしの通信傍受に法的な意味でお墨付きを与えたという見方もできる。なぜなら、FAAは、司法長官と国家情報局長が外国諜報に関する情報を得るために合衆国外にいると合理的に信じられる者の通信を、FISCの許可を得れば一年間傍受できるとしているからである。そのため、この法的手続に反しない限り、執行府は合法的に長期間通信傍受をすることができるようになったのである。

すると、もはやマクロレベルの形式的な法的問題は解決済みということになり、問題は実質的内容に移る。クーはこれをミクロレベルの問題とし、当該手続が修正4条の令状主義を没却していないかを検討しなければならないという。このとき、重要なのは、修正4条を権利論としてではなく、統治の観点から活用することである。クーによれば、かつてジャクソン判事が法の支配におけるルールを強調したように、修正4条はプライバシー権の保護にとどまらず、全般的な私的自由の保障を規定したものであり、政府が私的領域に介入する際のルールを定めたものであるという。そのため、FAAの手続が修正4条の令状主義を埋没させていないかどうかを分析しなければならない。すると、FAAは、傍受対象となる場所等を提示することを要求せず、政府による私的領域への介入を大幅に緩和したものとなっており、修正4条が要請するルールをみたしているとはいえないと、クーは結論づけている。

クーが指摘するように、通信傍受が法律に基づいて行われる以上、そこに形式的問題があるとは言い難い。だが、その内容に問題があるとすれば、その違憲性を司法の場で問うことが必要である。ただし、当事者適格の壁が予想以上に高い場合、個人の主観的権利を前面に押し出すだけでなく、客観的ルール違反を問うことにより、実際の損害の要件を突破する糸口を見出すわけである。

このように、クーの議論は客観的法制度の合憲性を問う理論として提示されており、監視プログラムの合憲性など、自己の権利が侵害されていることを具体的に立証しにくい場合にも、司法統制を試みる議論として興味深い。

もっとも、下級審では、クーの理論を用いるまでもなく、今回の事案において当事者適格を認める判断が登場している。

9　下級審の動向

プリズム計画が暴露された後、ACLUらの市民団体はただちに訴訟を提起していた[48]。裁判では、NSAの4つの監視プログラムのうち、とくに電話のメタデータを収集していたことが争われた。そして、この裁判に関する2つの判決が2013年12月に下されたのである。しかも、Klayman v. Obama連邦地裁判決[49]が違憲判断を下したのに対し、ACLU v. Clapper連邦地裁判決[50]は合憲判断を下しており、2つの連邦地裁で判断が異なる結果となっている。

判決結果は異なるものの、両判決ともに当事者適格を認めていることがまずは注目される。両判決は、NSAが電話に関するメタデータを収集していることは新聞の暴露やFISCの許可命令により明らかになっており、ベライゾンの顧客である原告はその対象となっている可能性が高いと判断したのである。ブッシュ政権の盗聴が裁判となったACLU v. NSA連邦地裁判決[51]でも当事者適格が認められていたことからすれば、一審レベルでは当事者適格が認められやすく、上級審に進むにつれて否定的になる可能性もあるが、今回のケースでは新聞の暴露だけでなく、FISCの許可命令という具体的国家行為によって、政府が監視していたことが明らかになっている。そして、ベライゾンの顧客である原告はこの監視プログラムの対象になっていたという推定が働く。そのため、本件原告は前回のケースよりも監視対象となっていた可能性が高く、当事者適格が認められやすくなっているといえるかもしれない。

さて、気になる権利侵害の問題については、両判決で判断が分かれた。その際、争点となったのは、前号で指摘したように、やはり第三者任意提供の法理の適用であった。Klayman v. Obama判決は、第三者任意提供の法理の先例としてしばしば引用されるSmith v. Maryland判決[52]が本件では参照に値しないとし、代わりに車にGPSを取り付けて約1ヶ月にわたり追跡したことがプライバシー権を侵害するとした2012年のUnited States v. Jones判決[53]を先例として参照すべきだとする。というの

46) *Id.* at 359-361.

47) Raymond Shih Ray Ku, *Unlimited Power: Why the President's (Warrantless) Surveillance Program Is Unconstitutional,* 42 CASE W. RES. J. INT' L L. 647 (2010).

48) 大林啓吾「プリズムの衝撃――監視国家と立憲主義(1)」JCLU Newsletter 387号11頁(2013年)を参照。

49) Klayman v. Obama, 2013 U.S. Dist. LEXIS 177169 (D.D.C., Dec. 16, 2013).

50) ACLU v. Clapper, 2013 U.S. Dist. LEXIS 180863 (S.D.N.Y., Dec. 27, 2013).

51) *ACLU v. NSA*, 438 F. Supp. 2d 754.

52) *Smith v. Maryland*, 442 U.S. 735.

53) *United States v. Jones*, 132 S.Ct. 945.

も、特定事件の捜査のために短期間特定個人の電話記録を収集したSmith v. Maryland判決と異なり、今回のケースでは、①約5年間という長期にわたり情報が収集されたこと、②通常、あらゆる電話会社が政府の情報収集に協力しているとは想定されないこと、③今回のケースでは何百万ものデータが収集されていること、④現在の政府は以前と比べてはるかに多くの情報を収集し解析できること、などの特徴があるからである。そのため、本件はハイテクを使って長期にわたり位置情報を収集したことが問題となったUnited States v. Jones判決に近い事案である。本件では、政府が違法行為の疑いがない者に対して個別の令状をとらずに5年間にわたり電話のメタデータを収集したことから、それはプライバシーの期待を侵害している。ゆえに、電話記録であっても第三者任意提供の法理は適用されず、プライバシー権侵害が認められるとした。

その上で判決は、本件捜査が修正4条に照らして正当であったか否かの判断に移り、政府利益と個人の権利との比較衡量を行う。政府の利益は当該情報収集によって将来のテロを防ぐことであるが、この情報収集によって差し迫った危険を実際に防ぐことができたという例を示していないため、その利益は疑わしい。一方で、原告らには長期間電話記録が収集されていないという、重要なプライバシーの期待があり、それが侵害されている。したがって、原告のプライバシーの利益は政府の情報収集の利益に勝り、本件情報収集は修正4条に反して違憲である。その結果、判決は、政府に対して電話のメタデータに関する情報収集を中止し、これまでに収集したデータを破棄しなければならないという命令を出した。

一方、ACLU v. Clapper判決は、本件においても第三者任意提供の法理を適用し、プライバシー権の侵害が認められないとした。なぜなら、第三者任意提供の法理により、原告は電話記録についてプライバシーを放棄していることになるからである。連邦最高裁はUnited States v. Jones判決においてGPSの取り付けが修正4条に違反するとしたが、Smith v. Maryland判決を覆さなかったので、第三者任意提供の法理はなお有効である。Smith v. Maryland判決が先例として生きている以上、第三者任意提供の法理が適用され、NSAの電話のメタデータの収集はプライバシー権を侵害しているとはいえないとした。

このように、一審レベルの下級審は当事者適格を認めた上で、実体的権利侵害の有無につき、第三者任意提供の法理を適用するか否かで判断を行っている。もし、当事者適格の問題を乗り越えることができるとすれば実体的権利の問題をどのように考えるべきかが主戦場となるが、判例法理にそって考えてみると、これがなかなかやっかいである。なぜなら、本件は刑事手続と行政手続の狭間にある問題であり、刑事手続上のプライバシー権の問題として判断するのか、情報プライバシー権の問題として判断するのかが定かではない。前者であれば下級審が判断したように合理的期待の有無と第三者任意提供の法理の問題が中心になり、後者であれば情報プライバシーに該当するかどうかの問題が争点となるように思われる。

前者が問題となった場合、たとえ第三者任意提供の法理が適用されるとしても、日々の電話記録が常に収集されるという事態は異常であり、通常、人々はそのような事態を想定していないことから、メインウェイ等はプライバシーの期待を侵害しているといえるのではないだろうか[54]。後者については、当該情報の性質や政府利益の重要性を考慮しながら、政府が当該情報の管理を適切に行っているかどうかを問うのがこれまでの判例法理のスタイルである[55]。電話記録という情報の性質とテロ対策に必要だとする政府の利益を考慮した場合、電話記録は単純個人情報にすぎないのに対し、テロ対策に必要だとする政府の利益はそれなりの重要性を有するので、情報収集自体は認められそうである。しかし、当該情報収集のテロ対策への有効性も抽象的すぎるきらいがあり、情報プライバシー権に当然に優先するとはいえないことから、続けて情報管理の適切性が問われることになろう。この点、今回の事件では情報が漏れているので、適切な管理が行われているとはいえないように思われる[56]。

そうなると、いずれにせよ、今回の事件はプライバシー権を侵害するという結論に至るのが自然なのではないだろうか。

54) ただし、修正4条に照らして捜査が合理的であったかどうかは別途判断される可能性がある。

55) *See, e.g.*, Whalen v. Roe, 429 U.S. 589 (1977); NASA v. Nelson, 131 S.Ct. 746 (2011).

56) 本来であれば、情報収集自体が問題であると思われるが、判例はなおプライバシー権の本質を私事の公開とみなしているので、判例法理にそって考える場合、管理の場面が争点になると考えられる。

後序――プライバシー計画

監視国家はただちに立憲主義を崩壊させるわけではないが、徐々に監視の目を広げながらそれを常態化していくところに、その怖さがある。そうした既成事実の積み重ねに対し、いつどのような疑問符を打てるかが、喫緊の課題である。状況が行き着くところまでいってしまうと、もはや取り返しがつかない可能性が高い。なぜなら、いったん創られた社会状況をそれ以前に戻すことは容易ではないからである。そうなる前に疑問を呈し、そこに潜む憲法問題を直視する必要がある。その時こそ、立憲主義が動揺していることにも気づくことができるのではないだろうか。眼前に広がるのは、膨張を続ける執行府の姿と縮減し続ける自由空間であり、立憲主義が岐路に立たされていることを否応にも自覚せざるをえないからである。

ところが、それに抗うための術がすぐに見つかるわけでもない。プリズム計画はまさにその難しさを表す問題であった。これに対しては、何が問題なのかを吟味し、プライバシー権保護の計画を検討することがさしあたりの処方箋であると思われる。

監視国家がプライバシー権を侵害しているとすれば、立法府および司法府はそれに対応する責務がある[57]。実際、アメリカでは社会状況に応じて立法府と司法府のいずれかがプライバシー権保護を発展させてきたという経緯があるが、プリズム問題にみられるように、最近では双方ともにプライバシー権保護に追いついていない感がある。このとき、世論または政治に訴えて法律修正を促すか、裁判を通してプライバシー権の保護を勝ち取るか、という２つの方法がありうる。どちらの戦略を選ぶかは、その時々の事情を考えなければならない。政府の侵害行為に対して、司法救済の見込みはないが、立法的改善に期待が持てる場合、それは選挙を通して政治に改善を迫ることになる。一方、立法府に改善を期待できない場合、司法救済に頼るしかない。かつてブランダイス判事が主張したように、修正4条に基づくプライバシー権の保護は自由権的側面が強いことから本来司法が担うべき責務であるとすれば[58]、司法を動かす法理論を模索することになろうか。

あるいは、第3のアプローチとして、国家機関以外に目を向ける方法もありうる。その典型例が、カナダで提唱されたプライバシーバイデザイン (privacy by design) のように、民間企業に対応を迫るという方法である。これは、民間企業があらかじめプライバシー保護を埋め込んだ技術や組織の設計をすることの重要性を説くものであり、近年注目が集まっている。プリズム計画にみられるように、監視国家は民間企業を巻き込む形で進展しているが、それは逆に民間企業によるプライバシーの事前保護が有効であることを示唆しているといえる。企業は何らかの経済的インセンティブがなければこうした対応を行わないかもしれないが、企業が無断で政府に個人情報を提供した場合に裁判でプライバシー侵害が認められるようになれば、企業もプライバシー設計に重点を置くようになるかもしれない。これを懸念したからこそ、政府はFAAによって企業のプライバシー侵害の免責を認めることで、企業を抱きかかえようとしたわけである。よって、この点からも、司法がプライバシー権侵害を認めることの意義が潜在しているといえる。

すると、プリズム計画に対抗するプライバシー計画は、やはり司法を舞台にプライバシー権を確立していくことが目下の課題であるように思われる。このとき、当事者適格の壁を乗り越えるためにも、筋のいい事件を選んで訴訟を提起する弁護士の役割とそのための法理論を提供する学者の役割が求められることになろう。

かかるアメリカの状況は、決して他人事ではなく、日本でもすでに技術面および法令面において監視国家の基盤が整いつつある。そのため、アメリカの例を等閑視せず、あらためて監視国家がもたらす立憲主義への影響に刮目しなければならない。その際、他の精神的自由権と比べてプライバシー権については相応の保護を行ってきた日本の司法が今後いかなる展開を見せるのかが注目されるところである。

57) Marc Rothenberg and David Brody, *Protecting Privacy: The Role of the Courts and Congress*, 39 HUMAN RIGHTS 7, 10 (2013).

58) *Olmstead*, 277 U.S. at 478 (Brandeis, J., dissenting).

精神保健福祉法改正をめぐって

——改正の問題点と今後の精神医療のあり方

会員・弁護士 姜 文江

精神保健福祉法の一部を改正する法案が国会で可決され、今年(2014年4月1日)から施行されることが決定した。

今回の改正では、一人の家族に重い負担が集中するとして、かねてより問題視されていた「保護者制度」(精神障害者に病気の自覚がない場合に、後見人や配偶者、親権者などが保護者となり、治療を受けさせたり、医師の指示に従うなどの義務を負う)が廃止された。

一方、これまで保護者の同意を必要としていた医療保護入院については、「家族等のいずれか」の同意で入院が可能とされ、障害当事者をはじめ、支援者、関連団体など各方面から「複数の家族が同意権を持つことになり、安易な強制入院につながりかねない」として、批判の声が上がっている。

日弁連の高齢者・障害者の権利に関する委員会で「精神保健福祉プロジェクトチーム」の座長を務め、人権擁護の立場から精神医療問題に取り組む姜文江弁護士に、今回の法改正の問題点や施行後の影響、今後の精神医療のあり方などについて伺った。

(取材と構成:会員 三浦 早結理)

——どのような経緯で、今回の法改正に到ったのでしょうか?

日本での精神障害者の入院患者数が国際的に見て飛び抜けて多いことは、以前から問題となっていました。諸外国では、必要な場合だけ短期間入院し、通院治療を続けながら地域で暮らすことが普通になりつつありますが、日本では、必ずしも入院医療の必要がないのに、社会環境のせいで入院せざるを得ない状況に置かれている、いわゆる社会的入院をしている患者さんが、厚労省が認めただけでも7万人にのぼり、別の試算では、10万人とも20万人とも言われています。特に、医療保護入院については、本人の意思に反し保護者の同意で入院させるため、本人との間にあつれきが生じるだけでなく、退院にも保護者の意向が影響するため入院が長期化しやすく、結果的に障害者の社会復帰を妨げるといった問題も指摘されていました。入院医療中心から通院による地域生活中心への移行を図るため、平成22年、厚労省に「新たな地域精神保健医療体制の構築に向けた検討チーム」が設置され、ようやく改正に向けて動き始めたわけです。

——今回の法改正に対しては、日弁連も会長声明を発表するなど批判の声が多く聞かれますが、具体的にどこが問題なのでしょうか?

先ほど述べた検討チームでは、平成24年6月にそれまでの議論のとりまとめを行い、「保護者制度を廃止し、医療保護入院については、保護者による同意を必要としない入院手続きを導入すること」「入院に当っては患者の権利擁護のために、保護者とは別に患者の気持ちを代弁する人を選べるようにすること」「入院に関する審査を行う精神医療審査会についても見直しを進め、権利擁護の機能を発揮できるように充実させる」といったメイキングポイントを打ち出しました。検討チームにおける議論やとりまとめにも不十分な点があるため、別途日弁連は精神保健福祉法の抜本的改正に向けた意見を出しているところですが、それでも、法改正のために検討チームを設けた以上はそこで出された方針はそれなりに尊重されるべきであったと思います。ところが、実際に作成された改正案の内容は、保護者制度こそ廃止になったものの、患者の権利を擁護するための「代弁者制度」の導入は一切盛り込まれず、検討チームの議論を反映させたとは言いがたいものでした。

姜文江さん

もっとも大きな問題は、医療保護入院の手続きに関して、同意要件を残したことです。純粋に本人の医療のために入院が必要かどうかは、本来医師の判断だけで足りるはずですが、改正案はそれまでの「保護者の同意」を完全に撤廃せず、「家族等のいずれかの同意」という要件に替えて、強制入院の判断に家族を関わらせたのです。

この場合の「家族等」とは、配偶者、親権者、扶養義務者、後見人又は保佐人を指しますが、これは現行の保護者制度で保護者になり得る人とまったく同じですから、これまで保護者とされてきた家族が最も負担に感じていた医療保護入院の同意者という立場から解放されないことになります。しかも、現行の保護者制度では優先順位が決っていて、保護者となるのは一人だけでしたが、優先順位をなくしたことで、たとえば、裁判所が本人の権利擁護のために最も適切だと考えて選んだ後見人や親権者が入院に反対していても、他の家族の同意で入院できることになりました。このような入院が本当に本人の医療のためと言えるのでしょうか。

精神障害者にとっては、強制入院がなされやすくなったにもかかわらず、権利擁護者もきちんと設けられていない、非常に大きな問題が残された改正だと言えます。

——4月からの施行で、現場にはどのような影響や問題が出てくることが予想されますか?

今回の改正により、たとえば、今まで保護者だった同居している家族が、「私が面倒を看るから入院させなくてもいい」と言っても、別居している別の親族が同意すれば、理論的には入院させることができるようになってしまいました。これでは、入院医療中心から地域生活中心へという当初の目的に逆行し、かえって強制入院を増やすことにもなり兼ねません。また、家族間での不和や財産が絡んだトラブルが増えることも懸念されます。認知症の高齢者が年々増えている現状を見ても、不当な入院が行われる可能性がないとは言い切れませんし、今回の改正はこのような事態を防ぐことはできず、むしろ増やす可能性を残していると言えます。

同意を得る家族の優先順位をガイドラインに明示することや、代弁者制度の導入など実効性のある支援策について、早急に検討を行い、精神障害者の権利擁護の推進を図ることなどを付帯決議に入れてはいますが、どこまできちんと実行されるかは問題です。いずれにせよ、今後は運用の状況をきちんとチェックしていかなければいけないと思っています。

——法整備も含めて、今後の精神医療はどうあるべきでしょうか?

究極の目的を言えば、強制入院させられる人がいなくなり、障害があっても地域の中で暮らしていけるようにすることですが、現時点ですぐに実現させることは難しいでしょう。最近の法律は、入院させてもすぐに退院させればいいという発想のもとに作られていますが、肝心の退院が実際にはうまく進んでいないのが現状です。

医療保護入院させられた患者さんから退院請求が出された場合、今の法制度では、裁判所ではなく精神医療審査会で争うことになります。しかし、実際に精神医療審査会で退院が認められたケースは、年に数えるほどで、権利擁護としての機能を十分に果たしていないのが実情です。

日弁連としては、裁判所における不服申立制度を設けるべきだと考えていますが、同時に審査会自体も、もっと充実させるべきでしょう。審査会は、医療関係者、法律関係者、有識者で構成されており、法律家委員として現に関わっている弁護士も多いですが、医師の意見に押される弁護士も少なくないとも聞いています。入院させておくことに少しでも疑問がある場合には、権利擁護の立場からきちんと意見を述べてもらいたいと思います。病気や障害があることと、入院してまでの医療が必要なレベルとでは違います。通院しながら薬を飲んで普通に過ごせる人もいるわけで、安易に入院を認めないことが大事です。

——退院がなかなか進まないのは、法的な理由以外にも問題があるのでしょうか?

たとえば、10年も入院していれば、社会状況は大きく変わってしまうので、新しい生活に慣れるのは容易なことではありません。特に、高齢化した精神障害者の方は、今から「退院です」と言われても、外での生活のイメージが持てなかったり、すでに意欲がなえていて、退院を望まないケースも少なくありません。住居についても、部屋を貸してくれる家主が少なく、家に帰りたくても家族が拒否したり、亡くなっている場合もあります。こうした状況を見ても、退院した精神障害者が、単身社会で暮らしていくのがいかに困難かがわかるでしょう。

まずは、障害を抱えていても安心して地域で生活できるように、退院後の生活をサポートする人材を確保するなど、支援体制を整えることが必要です。また、精神科の場合、救急医療の体制についても、24時間きちんと対応してくれるシステムが不十分なので、緊急の場合に確実に医療につなげていけるシステムの整備が急務です。

入院医療を減らしていくためには、家族の負担を軽くし、社会が障害者を支える制度の構築が不可欠だと思います。

――精神障害者の権利擁護の上で、弁護士の果たす役割は大きいと思いますが、今後どのような取り組みが必要ですか?

精神科の中には、任意入院でも、鍵をかけられて自由に外出できなかったり、電話が使えない、財産管理がずさん、衛生状態が悪いといった劣悪な環境の病院が少なくありません。弁護士には、とにかく一度病院の中に入って、精神科病院がどういうところなのか、また患者さんがどういう状態に置かれているかを知ってほしいと思います。何より、患者さんの声に耳を傾け、退院請求の依頼があれば、積極的に代理人として付いていただきたいですね。弁護士が関わることで、病院の風通しを良くするきっかけとなるだけでなく、すべての県で弁護士が代理人として必ず付ける体制が取れるようになれば、今回の法改正で見送りになった「代弁者制度」の導入についても、厚労省で前向きに検討してもらえる可能性が出てくると思います。さらに、弁護士が退院請求の代理人として付くということは、精神医療審査会に外部の意見が入ることになるので、審査会の議論が活性化し、退院の可能性についてもっと真剣に考えてもらえるようになることも期待されます。それがうまく機能するようになれば、退院を認められるケースも増えてくるはずです。

現在、日弁連の法テラス委託法律援助事業として、入院中の精神障害者の退院請求の代理人となる活動が設けられています。現時点では、一部の単位会を除いてあまり利用されていませんが、潜在的なニーズはあると思うので、今後は各単位会で窓口をきちんと整備して、弁護士が代理人に付けることを患者さんに周知していくことも重要だと思っています。強制的な身柄拘束を受けた人に弁護人依頼権が保障されなければならないのは、刑事事件も強制入院も同じです。そのために、患者さんにも本来国費で弁護士を付ける制度を設けるべきであると、法律援助事業が立ち上げられたのは、そのような国費化にするための運動です。精神保健福祉法は3年後に見直しが予定されていますが、代弁者制度が意識されているこの機会に、弁護士が患者さんの権利擁護者として活躍できることを対外的に示していくことが必要で、そのためにもこの法律援助事業を全国で活用し、実績を作ることが大切だと思っています。警察に身柄拘束されている被疑者から呼び出しがあればすぐに弁護士が駆けつける刑事当番弁護士と同じように、精神科病院に強制入院されている人から呼び出しがあればすぐに弁護士が駆けつける精神保健当番弁護士が全国にできればいいなと思います。

例会報告

11月例会 高校無償化からの朝鮮高校除外の現在

こども教育宝仙大学教授 佐野 通夫
JCLU監事・一橋大学名誉教授 田中 宏

2013年11月18日に東京霞が関の弁護士会館に於いて、11月例会「高校無償化からの朝鮮高校除外の現在」が開催された。例会では、「高校無償化」からの朝鮮学校排除問題にとどまらず、民族教育弾圧の歴史的な経緯を振り返り、海外との比較も含めた奥行きのある議論が交わされた。(報告 会員・弁護士 伊藤朝日太郎)

佐野通夫氏「朝鮮学校の歴史と民族教育の意味」

朝鮮人の民族教育に対しては、戦前から一貫して日本国政府による抑圧が続いてきた。

日本敗戦(朝鮮解放)後、在日朝鮮人は全国各地に国語(朝鮮語)教習所を開設した。1946年9月には、国語教習所は学校教育として整備され、約4万4000人が学ぶまでになった。

しかし日本政府は、在日朝鮮人は日本国籍であるから日本の学校への就学義務があるとして、何度も朝鮮人学校の閉鎖を命令した。しかし、他方で日本政府は、在日朝鮮人の選挙権を停止し、出入国管理・外国人登録の対象とするなど、外国人として管理の対象とした。

日本政府の弾圧により閉鎖された朝鮮人学校の生徒は、日本の公立学校が受け入れるべきものであった。しかし東京都は、公立小中学校への在日朝鮮人の入学を拒否したうえで、閉鎖した朝鮮人学校を「公立朝鮮人学校」と称して存続させた。神奈川県では、閉鎖した朝鮮人学校は、公立小中学校の分校として扱われた。

1952年にサンフランシスコ平和条約が発効すると、日本政府は、在日朝鮮人の日本国籍を喪失させた。そのため、日本学校での就学はもはや義務でも権利ですらもない単なる「恩恵」となり、公立朝鮮人学校は公立を廃し、各種学校となった。

日本国政府は朝鮮学校を一貫して敵視し続け、1965年の文部省事務次官通達では「朝鮮人としての民族性または国民性を涵養することを目的とする朝鮮人学校は、わが国の社会にとって、各種学校の地位を与える積極的意義を有するものとは認められないので、これを各種学校として認可すべきではない」とした。この通達の精神は現在でも生きている。

この通達にもかかわらず、朝鮮学校が在日朝鮮人の子どもたちに普通教育を施す重要な教育機関であることから、各地方自治体は朝鮮学校を各種学校として認可してきた。現在では、多くの大学が朝鮮高校卒業者の入学資格を認めている。

2009年に民主党政権が打ち出した高校無償化制度は、「教育についてのすべての者の権利を認める」(社会権規約13条1項)観点から、一条校のみならず専修学校、各種学校も適用対象とする画期的なものであり、当然に朝鮮学校を含む外国人学校にも適用されるものであった。

ところが朝鮮学校を無償化法の適用対象から外せという声があがったことから、民主党政権は、朝鮮学校に対する無償化法適用の審査を事実上棚上げにした。そして2013年2月20日、自民党政権は文科省令を改正し、朝鮮学校を「高校無償化」の適用対象から正式に排除した。

国が公然と朝鮮学校を差別したことに便乗して、地方自治体による朝鮮学校への補助金を停止する動きが現れている。

大阪や神奈川等の自治体は、朝鮮学校の教育内容と学習指導要領を無理やり対比している。

しかし、もともと外国人学校には(それどころか、日本人を主たる対象にする専修学校や各種学校にも、1条校である高等専門学校にも)学習指導要領は存在しない。当然、高校無償化法の適用に当たっても学習指導要領への準拠は要求されていない。欧米系インターナショナルスクール等についても、単に高等学校の課程に類する課程を有するかどうかが確認されるだけである。

ところがこれらの自治体は、朝鮮学校に対してのみ教育内容と学習指導要領との整合性を要求し、補助金を廃止したのである。

田中宏氏「朝鮮学校の差別を巡る内外格差」

外国人学校である以上、教育内容が日本の一条校と異なるのは当然である。神奈川新聞の社説は「アメリカン・スクールで原爆投下はどう教えられ、中華学校の教科書に南京大虐殺はどう記されているか。それらが問われないのは、価値観や歴史認識が異なるからといって、教育内容に政治干渉をすべきではないとの大前提があるからだ」(2013年2月2日)と指摘している。

民族団体である朝鮮総連の影響を問題視するのも的外れである。現に東京都から補助金を受けている東京韓国学園の理事長は、民族団体である大韓民国民団の団長である。また、キリスト教系の学校では、教団から派遣された宣教師が一部科目の授業や礼拝、生活指導を担当し、理事や評議員として学校運営に参画することが珍しくない。

日本政府による朝鮮学校差別は、国際社会から批判されている。2013年、国連社会権規約委員会の総括所見は「締約国に対して、高等学校就学支援金制度は朝鮮学校に通学する生徒にも適用されるよう要求する」と勧告した。

これまで朝鮮学校を「北の学校」として敵視してきた韓国でも、関心が高まっている。北海道朝鮮学校を描いた映画『ウリハッキョ』を撮影した映画監督キム・ミョンジュン氏は「在日朝鮮人として日本の地に住みながら、自分のアイデンティティを維持させてくれる教育機関は朝鮮学校しかありません。朝鮮学校が完璧な教育機関とは誰もいいません。しかし、子どもたちにとって朝鮮学校は自分が誰であるかを教え、この地で朝鮮人として生きていく方法を教える唯一の学校です。」と述べている(今や韓国は、定住外国人の地方参政権を認め、自由権規約の個人通報制度を批准、死刑も事実上廃止するなど、人権政策において日本よりも先に行っている)。

英字紙ジャパンタイムスは、社説で「すべての生徒を平等に処遇せよ」「生徒は政治的な人質ではない」と明確に書いている。しかし、日本の多くのメディアはこういう社説を書けない。国会でも、朝鮮学校差別について質問する議員はほとんどいない。

どんどん内向きになっていく日本社会と国際社会との著しい落差をどう理解すべきだろうか。

講師のお二人。左から佐野通夫さん、田中宏さん

【質疑応答】

佐野通夫氏

外国人学校にとって厳しい状況の中、日本初のネパール人学校が誕生した。日本の学校ではネパールと違って英語で教育を受けられないことから、英語とネパール語で教育をする学校を作ったとのことである。

貴重な試みだから、少子化で余っている日本の学校の校舎を貸したら良いと思うが、そういう動きはない。在特会に襲撃された京都朝鮮第一初級学校についても、廃校になった日本の小学校の校舎を貸して管理してもらっていれば、廃校跡の処分にも困らないし、同校が公園をグランド代わりに使用する必要もなかった。実は敗戦直後には、行政が朝鮮人に校舎を貸そうという動きがあった。しかし現在ではそのような動きもない。

田中宏氏

日本の学校が本気で国際理解教育をするのであれば、卒業式に日の丸だけを掲げるのではなく、卒業する外国籍生徒の国旗も一緒に掲げればいい。

最近では、グローバルな人材を育てるなどと言われているが、日本の学校は内向きの教育しかしていない。本名で学校に通わせると言ったら「そんな変な名前で通わせたら子どもがいじめられる」と平気で校長や教頭が言う世の中である。

ネパール人学校の学費は月4万円もかかる。それだけの経済的負担をしてまで、なぜ、在日ネパール人たちが学校を作らねばならないのか、私たちは考えるべきだ。日本学校では在日外国人に必要な教育を提供できないからではないのか。

日本の学校教育こそが問われている。

追悼　山田卓生先生

追悼　元代表理事山田卓生先生

名誉顧問・弁護士　内田 剛弘

当協会の元代表理事山田卓生先生(以下、親しみをこめて山田さんと呼ぶ)が、昨年10月25日満76歳で亡くなられた。突然の訃報を聞き未だに信じられない思いである。

山田さんが協会の代表理事になられたのは、1988年5月31日で退任は1998年6月19日。私が代表理事になったのは1990年7月23日で退任は2001年4月19日。約8年間ご一緒に代表理事を務めたことになる。

私が代表理事になって初めての理事会に出席した時、「内田さんは東大社研の研究会で前に会ってますよ。」と言われ、山田さんの記憶力の良さに驚いた。

山田さんを知るには、自著『歩いてきた道』(信山社2008年)が有益である。山田さんは76歳でお亡くなりになった。最近のわが国の男性の平均寿命79歳より早く亡くなったといえる。私は山田さんに、より長生きして残された仕事、後進のご指導にあたっていただきたかったと思う。

山田さんは協会の行事に極めて熱心であった。これはご本人の人権問題への関心の深さによるが、尊敬する恩師川島武宜先生が発足当初の当協会の理事に名を連ねていたことも影響していたようにみえる。

代表理事を務められた1994年9月、カンボジア法律家養成プログラムの研修生(後列の二人)と。前列左は喜田村洋一事務局長(当時。現代表理事)

山田さんが、人権新聞に登場したのは、1975年の「サリドマイド裁判が終わって—弁護団にきく」という座談会のゲストとしてであった(88号)。1981年に協会の総会で「権利の時代」について講演され、新しい権利についての問題提議もされている(226号)。1984年には、報道の人権侵害問題についての課題を多角的に検討されて問題提議された(243号)。

代表理事としては、「所感」として1989年に「国際化する人権、期待される協会の活動」(265号)、1992年に「激動の世界とJCLUの使命」(280号)、1994年に「死刑と文明化された国」(288号)、1997年に「新たな歩みへ—50周年を迎えて」(306号)、さらに海外の行事の紹介として1997年に「ローエイシャ・マニラ大会に参加して」(306号)、1998年に「ICJケープタウン会議に出席して」(314号)を寄せられた。他に、1994年の3月例会では、オーストラリアの情報公開、プライバシー保護制度と運用の実態について報告され、オーストラリアにおけるこれらの制度の研究の意義を強調された(289号)。

山田さんは東大大学院修了後、ハーバード大学ロースクールを卒業され、東大社会科学研究所助手になられてから中央大学、横浜国立大学、日本大学、同法科大学院各教授を歴任するという学者として華麗な経歴を経られた。山田さんは民法学者の視覚から鋭い人権感覚で、現代的人権問題を追及してこられたようにお見受けする。『私事と自己決定権』『日常生活のなかの法』などの著書をひもとけばよくわかることである。

山田さんは又、国境を越えた学究のネットワークをお持ちで学会通であり、学者の消息通でもあった。豊かな国際感覚を身につけられたわけは、

ハーバード大学留学以来、研究のために滞在された都市がフライブルグ、ロンドン、エジンバラ、グラスゴー、カナダ、オーストラリア等世界各地にわたっていたことでも容易に理解されるであろう。

奇しくも、山田さんと同じ年に亡くなられた南アフリカの反アパルトヘイト運動のリーダーで大統領にもなったネルソン・マンデラが1990年来日した時、山田さんはナイジェリア大使館主催のパーティでマンデラと握手したことが自著に感動をもって記されている。

1998年にはICJの会議で自ら南アフリカケープタウンを訪問（羽柴駿理事（当時）も同行）もされ、新生南アの国のかたちを調査、研究された。

山田先生のように、国際的視野からの人権感覚を身につけられた碩学がこの世を去られるのは協会にとってはもとより関係の学会や大学、研究機関、後進のためにも痛切に惜しまれる。

謹んでご冥福を祈る次第である。

（2014年1月吉日、元代表理事）

1998年度総会記念シンポジウムで『インターネットと表現の自由』をテーマに講演された。

山田先生の思い出　――大先輩に教わったこと

会員・弁護士　井桁 大介

先生は気さくで優しい方だった。私が事務所に入所したての頃は、わざわざ私の机まで、知り合いの教授の話や私の修習地の熊本にまつわる話などをしにきてくれた。論文や判例評釈の草稿をお持ち下さったこともある。翌年以降は同じように、入所したての新人弁護士に気さくに話しかけている先生の姿を見かけるようになった。

1994年2月、JCLUマスメディア小委員会がまとめた『刑事裁判と知る権利』出版記念パーティにて代表理事としてあいさつされた。

また、先生は後進の指導に熱心な方で、ロースクール制度の発展にも力を注いでいらっしゃった。私はロースクールを経て事務所に入所した1号だったので、お酒の席ではしばしばロースクール制度に関する議論になった。先生の最終講義も拝聴したが、やはりロースクールについて、「問題は少なくないが、改善を続けてより良い制度にしていく使命がある」とお話されていたのが印象に残っている。

事務所内の若手を対象に、ご自身の経験を踏まえ、留学に関するセミナーを開いて下さったこともある。留学は視野を広げるから若手のうちに行った方が良いと熱心に勧めて下さった。

先生は事務所旅行や歓送迎会もほとんど皆勤だった。普段と異なる場所で先生と色々なお話をするのが毎年の楽しみだった。これからは、私自身、先生のような気さくで気遣いのできる、視野の広い、情熱を持った法律家となれるよう研鑽を積みたい。

改めて、先生のご指導に深く感謝するとともに、先生のご冥福を心からお祈り致します。

あたごの杜から　事務局長日誌

2013年は、特定秘密保護法採決の怒号とドナドナの歌が聞こえるような沖縄県選出国会議員の辺野古移設容認会見に続き、安倍首相の靖国参拝で終わりました。2014年も、雲行きは大変怪しく、心を痛めています▼でも、負けません。JCLUは、声高な主張と直接行動は得意ではありませんが、落ち着いた議論と本質的な理解に基づく提言には、多少の自負があります。2月には、自民党の改憲案を意識した憲法のブックレットが岩波書店から出版されます。秘密保護法の問題点を解明するシンポも続けます。小委員会もそれぞれの人権のテーマを引き続き追求します▼公布から60年以上たち、平和と民主主義を基調とする憲法は、天皇から市民まで日本全土で定着し息づいています。憲法を守り育てるのは、結局は、市民の「憲法に対する愛情」であると信じて、JCLUは今年も憲法と人権に取り組んでいきます。（佐）

2013年1年間のJCLU

1月4日	憲法改正問題対応の憲法緊急PTスタート
1月12日	専修大学2012年度インターンシップ成果発表会〔升味事務局長出席〕
1月17日	1月理事会
1月23日～3月29日	エクスターンシップ受入れ（大宮法科大学院）
1月25日	「高校無償化法の施行規則改正案に反対する声明」を発表
2月8日	内閣府公益認定等委員会へ公益認定申請
2月21日	2月理事会
2月21日	外国特派員協会で代表理事が会見「JCLU代表理事による自民党改憲案の問題点に関する解説」
3月1日	3月例会「震災・原発事故から2年　原発をどう報じるか」（加古陽治・東京新聞文化部長　前原発取材班総括デスク）専修大学
3月18日	公益認定通知
3月22日	3月理事会
4月1日	公益社団法人として登記申請
4月16日	公益社団法人として登記完了
4月17日	4月理事会
5月1日	会計監査
5月13日	憲法緊急PT発表会（憲法緊急PTメンバー）弁護士会館
5月16日	5月理事会
5月18日	自由人権協会大阪・兵庫支部総会、総会記念講演「デモ・集会の自由の現代的意義を考える」（石埼学・龍谷大学法科大学院教授）大阪弁護士会館
5月25日	自由人権協会総会、総会記念講演「私の最高裁判所論」（泉徳治・元最高裁判事　弁護士）内幸町ホール
6月8日	自由人権協会京都総会、総会記念講演「いのちのつながり～自殺の実態調査から見えてきたもの～」（清水康之・　NPO法人自殺対策支援センター・ライフリンク代表）ひと・まち交流館京都
6月13日	早稲田大学法科大学院エクスターンシップ学生説明会〔井桁会員出席〕
6月24日	6月理事会
7月14日	「CEDAW第7・8回政府報告書に関する意見」を発表
7月29日	7月理事会・ビアパーティー
8月1日	「公的な国籍差別の撤廃を求める意見書」を発表
8月5日～9月27日	エクスターンシップ受入れ（一橋大学ロースクール、早稲田大学ロースクール、専修大学ジャーナリズム学科）
8月10日～18日	事務局夏季休業
8月31日～9月1日	合宿「ヘイトスピーチ」（金朋央・コリアNGOセンター東京、大藤紀子・獨協大学法学部教授）清里ペンション グランデール（山梨県北杜市高根町）
9月2日	9月理事会
9月17日	特定秘密保護法案の国会提出に強く反対する意見書を発表
9月21日	清水英夫先生お別れ会　東京会館
10月7日	10月理事会・エクスターン経験者合格祝賀会
10月18日	西松安野友好基金運営委員会〔古本監事出席〕ホテルサンルート広島
10月21日	清水英夫さんを語る夕べ　青学会館（アイビーホール）
10月31日	緊急シンポジウム「国家秘密と情報公開―特定秘密保護法案がもたらす知る権利への影―」日本ペンクラブ・情報公開クリアリングハウス共催（三木由希子・NPO法人情報公開クリアリングハウス理事長、ローレンス・レペタ・明治大学特任教授 JCLU理事）専修大学神田キャンパス「特定秘密保護法案に反対する10．31アピール」を採択
11月7日	11月理事会
11月16日	自由人権協会関西合同例会「ヴァイマル憲法がなぜナチズム支配を生んだのか？－歴史はくりかえさない、だが、いま私たちは…」（池田浩士・京都大学名誉教授・京都精華大学元教授）大阪弁護士会館
	専修大学2013年度インターンシップ成果発表会〔升味事務局長・武藤理事出席〕
11月18日	緊急シンポジウム「国家秘密と情報公開」第2弾「国家秘密の公開と歴史的検証―特定秘密保護法案で秘密はどうなるのか―」日本ペンクラブ・情報公開クリアリングハウス共催（太田昌克・共同通信編集委員 論説委員）専修大学神田キャンパス
	「特定秘密保護法案に反対し公文書管理法改正を求める意見書」を発表
	11月例会「高校無償化からの朝鮮高校除外の現在」（佐野通夫・こども教育宝仙大学教授、田中宏・一橋大学名誉教授 JCLU監事）弁護士会館
	特定秘密保護法案に反対する声明を発表
12月5日	秘密保護法案の参院特別委員会強行採決に抗議する声明を発表
12月6日	緊急シンポジウム「国家秘密と情報公開」第3弾「リレートーク表現の自由が危ない！」日本ペンクラブ・情報公開クリアリングハウス共催（吉岡忍・日本ペンクラブ専務理事 作家、他、日本ペンクラブ理事等、秋山幹男・弁護士 JCLU評議委員、藤原家康・弁護士 JCLU理事）衆議院第一議員会館
12月6日	特定秘密保護法の成立に抗議する声明を発表
12月16日	12月理事会・忘年会

※　情報公開・個人情報保護、マスメディア、外国人の権利、の各小委員会及び、企業と人権プロジェクトは、それぞれ月1回を目安に開催された。

【発行日】2014年1月28日　【発　行】公益社団法人 自由人権協会
〒105-0002　東京都港区愛宕1-6-7 愛宕山弁護士ビル306
TEL：03-3437-5466　FAX：03-3578-6687　URL：http://jclu.org/　Mail：jclu@jclu.org
（大阪・兵庫支部）
〒530-0047 大阪市北区西天満1-10-8　西天満 第11松屋ビル3F 堺筋共同法律事務所内
TEL：06-6364-3051　FAX：06-6364-3054
協会設立：1947.11.23　本紙創刊：1950.5.1　購読料：年間2,500円　郵便振替：00180-3-62718　発行人：升味佐江子
JCLU

人権新聞 Japan Civil Liberties Union
JCLU Newsletter
発行所 公益社団法人 自由人権協会
JCLU
〒105-0002 東京都港区愛宕1-6-7 愛宕山弁護士ビル306
TEL:03-3437-5466 FAX:03-3578-6687
URL:http://jclu.org/ Mail:jclu@jclu.org
協会設立:1947.11.23
本紙創刊:1950.5.1
購読料:年間2,500円

秘密保護法対策弁護団の結成

会員・弁護士 伊藤 朝日太郎
会員・弁護士 海渡 双葉

1 はじめに

2014年3月12日、参議院議員会館にて、秘密保護法対策弁護団の結成式及び記念講演会を開催した。本稿では、弁護団事務局の一員として、弁護団の結成についてご報告させて頂きたい。

2 秘密保護法対策弁護団とは何か

秘密保護法対策弁護団の目的は2つある。

第一に、秘密保護法が現実に施行されて検挙される人が出る前に、あらかじめ弁護団を組織して準備しておき、同法の犠牲者が生まれた時に効果的な弁護を提供できるようにしておくことである。これにより、恣意的な検挙をさせない土壌作りをする狙いもある。

第二に、研究会・勉強会を通じて同法の問題点を明らかにし、情報や資料等を共有化して、同法の問題点に詳しい弁護士を養成し、秘密保護法廃止運動を市民と共に担うことである。

3 弁護団結成式と他団体との連携強化

弁護団結成式には、弁護士、廃案運動をしている市民、ジャーナリストなど、約130人が参加し、会場は満席だった。

(1)弁護団呼びかけ人からの発言

まず、海渡雄一弁護士(秘密保護法廃止へ!実行委員会、日弁連秘密保護法対策本部・副本部長)から弁護団の設立趣旨の説明があり、米軍基地や原子力発電所の安全を監視する市民団体から「法律施行後も活動を続けられるのか」などの相談が多く寄せられているので、「市民活動が不当に抑制されないよう一緒に考え、働きかけていきたい」と話した。

弁護団の設立趣意を説明する海渡雄一弁護士と、司会の藤原弁護士

さらに、中谷雄二弁護士(秘密保全法に反対する愛知の会・共同代表、愛知県弁護士会秘密保護法対策本部・副本部長)は、「秘密保護法を発動させない闘いと、撤廃に導く闘いは車の両輪です。一人の犠牲者も出さない闘いをしていこうではありませんか」と話した。

升味佐江子弁護士(自由人権協会・理事)は、「国際人権規約19条のジェネラル・コメントには、政府の情報に接近する権利は保障されると書かれています。秘密保護法は国際的な基準にも違反していると思います。国内だけでなく、国際的な観点でも、法の問題点を取り上げていくと良いのではないかと思っています」と話した。

CONTENTS

弁護団結成式の様子

(2)会場からの発言

弁護団のメンバーである山下幸夫弁護士は、フリーのジャーナリストによる秘密保護法違憲訴訟を提訴予定であるということで、「さまざまな方法で裁判の中で秘密保護法の問題点を訴えていきたい」と意気込みを語った。

弁護団のメンバーである齋藤裕弁護士(日弁連秘密保護法対策本部・事務局長)は、「今後、政令が作られたり、国会内に委員会を設置したりする動きが出るだろうが、日弁連としても、意見を出していくし、法律の廃止に向けて全力を尽くしていきたいと思っています」と話した。

また、秘密保護法案を審議した安保特別委員会のメンバーであり、同法に反対票を投じた真山勇一参議院議員(結いの党)と福島瑞穂参議院議員(社民党)が挨拶に訪れ、野党の中で廃止法案の提出に向けた協議が進行していることが報告された。

さらに、秘密保護法廃止へ!実行委員会の高田健さんは、「一旦出来上がった法律を廃止していくというのは並大抵のことではないんですが、法律の廃止という大変な目標に向けて市民運動はエネルギーを燃やしています。そうした中での弁護団の結成ですから、私たちは本当にありがたいと思います」と述べ、今後の行動も既に予定されているので、「弁護士の皆さんもご支援ご協力お願いします」と話した。

「特定秘密保護法に反対する医師と歯科医師の会」の青木正美医師も挨拶に訪れ、「特定秘密を扱う公務員について、病歴・薬歴を国家が把握するため医療機関に患者さんの情報を出しなさいということが行われることも予想される。そうすると、医師と患者の風通しが悪くなる時代に逆行するんではないかと危惧している」と話した。

このように、秘密保護法対策弁護団が、日弁連、議員、市民団体、ジャーナリストなどとも連携しつつ、廃止運動を担っていくことが確認できた結成式になったものと思う。

4 弁護団の広がり

今年1月末に弁護団の参加呼びかけを開始し、口コミのような形で、弁護団への加入者は増えていった。結成式を行った3月12日までに、330人もの弁護士が加入するに至り、無事に弁護団を結成することができた。

登録期は上が14期から下は66期までと幅広く、元大学教授や元裁判官の弁護士なども加入している。特に、若手弁護士が多いことが特徴であり、130人以上が60期台である。

弁護団のブログhttp://nohimituho.exblog.jp/も立ち上がった。

5 参加申込み方法

この弁護団は1000人規模とすることを目標にしている。秘密保護法に反対している弁護士が多いことを社会に訴えるため、そして、全国どこにおいても秘密保護法の犠牲者を救済できるようにするためである。まだまだ弁護団の存在の告知が行き届いていないため、これからなお一層呼びかけて、人数を増やし、廃止運動への弾みとしたい。

弁護団の理念に賛同いただける弁護士には、奮って参加いただきたい。会費は不要である。

参加申込みは、himituho.bengodan@gmail.com(秘密保護法対策弁護団・事務局)宛てに、タイトルを「弁護団参加申込み」として、お名前、登録期、事務所名、メーリングリストに登録するメールアドレスを記入し、メール送信していただきたい。

6 講演

結成式の後は、刑事法学者の村井敏邦氏から秘密保護法と刑法との関連について、弁護士(元検察官)の落合洋司氏から、秘密保護法と刑事手続(捜査実務)との関連についてご講演をいただいた。

特定秘密保護法の刑事法上の問題 ——刑事実体法を中心として(村井敏邦氏)

特定秘密保護法(以下「本法」または「法」という)は国家機密の保護を刑罰をもって図るものだが、盗聴法の整備とあいまって、公私秘密の国家独占体制を作り上げようとしている点に注意が必要である。

また、本法は、尖閣列島問題を契機として日本を巡る情勢の緊迫化を理由として立法された点で、明らかに仮想敵国を想定した軍事立法であり、憲法9条に違反する法律であると言える。

本法は、犯罪類型が非常に広汎である点で憲法31条違反でもある。

法定刑の上限は懲役10年と十分に重いが、他の一般犯罪(詐欺・暴行・脅迫、窃盗・器物損壊・建造物侵入・不正アクセス禁止法違反など)も別に成立するので、刑の上限は加重され、極めて重い処罰が可能となってしまう。

また、教唆・扇動・共謀の罪については、現在の刑法典上の犯罪とは異なり、主犯の実行行為を必要とせずに犯罪が成立する点で、刑法の大原則である行為主義(内心の犯意を処罰するのではなく、実際に行われた行為を処罰する原則）に違反するものである。これでは、心情刑法となってしまい、デュー・プロセス（適正手続）に違反する。

「「遠き過去」が「近き未来」になりそうな素朴な怖れ秘密保護法」（朝日歌壇）との恐れを私も持つ。

特定秘密保護法の刑事手続上の論点（落合洋司氏）

本法施行後の刑事手続において、現実にどのようなことが起きるか？いかなる危険性があるか？ということを、現行の刑事実務に即して考えておくことは必要であり意味がある。

法が想定する各種犯罪行為は、高度の政治性、それ故の特殊性を有する可能性が高く、いわゆる「公安事件」として、取り扱うのも公安部（警視庁公安部、東京地検公安部）になる。

このような公安事件では、「犯罪があるから捜査する。」だけでなく、「捜査すべき組織や人がいるから捜査する。」「捜査することに意味、意義がある。」「捜査により組織や人に打撃を与える。」といった、政治的、恣意的な捜査が行われることがある。例えば、政治的な主張を記載したビラをポスティングすれば立件（建造物侵入等）されるケースが出てくるなど。

このような公安捜査の特徴（危険性）に、本法の犯罪構成要件が、「秘密」に関わる行為を広範囲に処罰対象にしていること、また、未遂犯、過失犯まで処罰対象としていることから「特定の対象に対し捜査を遂行する意図」があれば、起訴が難しくても様々な切り取り方により立件が可能になる。公安捜査経験者であれば、捜査権限を発動しやすいという印象を持つ。

秘密漏えいの「共謀」「教唆」「扇動」が処罰されることにも注意が必要。「共謀」とは、犯罪の実行について合意することであり、法務省は、具体的、現実的な合意を要するとしている。しかし、刑事実務では「黙示の共謀」も共謀に含まれるとされ、かなり広範囲に共謀が認定されている現実がある。暴力団の組長と護衛役との間に黙示の共謀が認定されたケースもあり（いわゆる「スワット事件」）、濫用の危険性が懸念される。

また、インターネット上で、公務員に対して国民に有益な情報の提供を広く呼びかけるような行為が「煽動」と評価される可能性がある。

刑法上の教唆犯は、正犯が実行行為に着手しない限り処罰されないが、こうした特別法における教唆犯は、教唆行為があれば処罰可能で、処罰範囲はより広い。

この点、法22条は国民の知る権利、報道又は取材の自由に言及しているが、法規範としての実効性はないと言っても過言ではない。捜査経験に照らしても、捜査の暴走への歯止めにはならない。

22条2項も、取材行為を一定の条件のもとで正当業務行為として不処罰化するものではあるが、「法令違反」「著しく不当」な方法による取材は処罰対象としている。法令違反といっても、例えば、午後5時以降は部外者立入禁止（日中は出入自由）の建物に、午後5時以降に記者が立ち入って取材したら建造物侵入罪になるのか。取材先に立ち入るため身元を隠そうと考え訪問票に偽名を書いて立ち入ったら私文書偽造・同行使罪になるのか？このような場合、取材目的が正当で平穏に活動していても法令違反ありとして正当な業務とは扱われない可能性がある。法令違反を形式的に捉えれば処罰範囲は大きく広がる。

「著しく不当」な方法による取材がなにかもあいまいである。いわゆる西山記者事件の最高裁決定（最決昭和53・5・31）は、国家公務員法上の秘密漏えいの「そそのかし」について「その手段・方法が法秩序全体の精神に照らし相当なものとして社会通念上是認されるものである限りは、実質的に違法性を欠き正当な業務行為というべきである」とするが、そこで論じられているのは、あくまで「正当」「不当」であり、不当を超える「著しく不当」とは何かが判示されているわけではなく、このような従来の判例が何らかの歯止めになるわけでもない。

報道機関に対する捜査も行われる可能性が高い。本法審議の際の政府答弁では、報道機関への捜索・差押が行われないかのようなものもあったが、従来の判例では、報道機関への捜索・差押は表現の自由（取材の自由）との関係から慎重に行われるべきとしつつも、捜索・差押自体は許容している（最決平成2年7月9日（TBSビデオテープ押収事件）など）。

したがって、捜査の中で、報道機関や報道関係者（自宅等）への捜索・差押は十分に行われる可能性があるし、情報源を明らかにするため、報道関係者が被疑者ではなく参考人であっても取調べが要請されることも十分あり得る。

取調べを拒否した場合、刑訴法226条による公判前の証人尋問が行われることもあり得、その際、報道関係者に証言拒絶権がないことから、報道関係者は情報源についても証言義務を負うことになる。

このように、我が国では、刑事法制上、報道機関による取材、情報源秘匿についての法的保護が希薄で、その上での秘密保護法成立は、さらに報道機関を窮地に陥らせる可能性が高い。

本法は法定刑も重く、その処罰範囲の広範さや捜査権限濫用の危険性にも軽視しがたいものがあって、報道機関への影響も、具体的な事件によっては多大なものがあり、その歯止めもない、というのが実情である。

捜査経験者として（公安捜査にも関与したことがある身としては特に）強い危惧を覚える。

（報告　1～5:海渡双葉、6:伊藤朝日太郎）

緊急シンポジウム「国家秘密と情報公開」

緊急シンポジウム「国家秘密と情報公開」第4弾

第1部　特定秘密保護法『逐条解説』を逐条解説する　会員・弁護士　井桁 大介
第2部　ジャーナリストが政治の現場で　参議院議員（元日本テレビキャスター）　真山 勇一

2014年2月6日、日比谷図書文化会館コンベンションホールにおいて、緊急シンポジウム「国家秘密と情報公開」第4弾「第1部 特定秘密保護法『逐条解説』を逐条解説する、第2部 ジャーナリストが政治の現場で」が開催された。

特定秘密保護法（以下「法」と略す。）が強行採決の末に2013年12月6日に成立したことは記憶に新しい。その前日、『特別秘密の保護に関する法律案【逐条解説】』（以下「【逐条解説】」と略す。）が福島みずほ議員の強い要求によって内閣情報調査室（以下「内調」と略す。）より開示された。

そこで、第1部では、井桁大介氏が、法の全体像・特徴に続き、中でも特に問題であると思われる「第五章 適性評価」に対象を絞って、【逐条解説】から透けてくるその問題点等を解説した。

次いで、第2部では、真山勇一氏に、当時所属していたみんなの党の方針に反して反対票を投じた経緯、強行採決がなされた舞台裏、法に潜む危険性などを藤原家康理事との対談形式で語っていただいた。　（報告：会員・弁護士　神谷延治）

1 【逐条解説】とは

【逐条解説】とは、法案の提出に先立ち、内閣官房により策定された法案（当時）の逐条解説である（全92頁）。その策定過程で各論点等に関して内調が各省庁と協議（法令協議）した際に交わされた連絡等文書（全533頁）も開示されている。

2 適性評価とは

適性評価とは、「特定秘密の取扱いの業務を行った場合にこれを漏らすおそれがないことについての評価」、換言すれば、特定秘密の取扱者の資質査定である。法は、調査事項として、①特定有害活動との関係、②犯罪・懲戒の経歴、③情報の取扱いに係る非違の経歴、④薬物の濫用及び影響、⑤精神疾患、⑥飲酒、⑦経済的な状況の7項目を定める。

3 適性評価の範囲が広いこと

(1)特定有害活動との関係について

調査事項として、学歴・職歴、国外資産・渡航歴その他の国外との関連、配偶者・家族及び同居人の個人情報が政令に掲げられているところ、その理由について、【逐条解説】には、「外国にある学校又は国内の外国人学校で教育を受けた経歴」、「外国での投資及び不動産の所有」「外国への頻繁な渡航」「外国人との親密な交際関係」、あるいは「外国籍」「帰化歴」がある者は、外国情報機関等から「働き掛けを受けていることがあり得る」などと説明されている。井桁氏は、外国等で勉強した経験のある者がスパイになる可能性に疑問を呈し、偏見の蓋然性を顧みずに「あり得る」と妄想を膨らませるのではなく、差別される側の立場に立って、「国及び国民の安全」という立法目的との関係で本当に必要なのかを検証すべきであると言う。

(2)薬物の濫用及び影響について

井桁大介さん

適性評価する上で参考とすべき理由について、【逐条解説】には、「適切な服用であったとしても眠気、ふらつき等の薬理作用が発生する場合には、自己を律して行動する能力が低下するかもしれない」「本人にその意図がなくても特別秘密を漏らしてしまうおそれがある」などと説明されている。井桁氏は、これに関する過去の事例は挙げられておらず、弊害についても一切記載されていない点を指摘し、懸念される症状が発生する「おそれ」については事実に基づいて検討すべきであると言う（註：傍点は筆者）。

(3)精神疾患について

内調の資料には、「いわば弱みを有している者は、特別秘密の取扱者から除外する必要がある」「具体的に何が弱みとなり得るかは人により異なり、一様ではない」と記載されている。井桁氏は、かつて共産主義から国を守るために同性愛者が追放されたアメリカ史を引き合いに出し、かかる考え方に加え、過去に同性愛は精神疾患だと公言した政治家がいることなどを踏まえれば、⑤精神疾患の項目に関し、同性愛などの"弱み"が精神疾患に含められる危険性を危惧する。

4 適性評価の濫用のおそれがあること

(1)理由の通知について

法は、適性が認められなかった理由を通知するときは、「適性評価の円滑な実施の確保を妨げない範囲内」においてその理由を通知すること、その例外として、「当該評価対象者があらかじめ当該理由の通知を希望しない旨を申し出た場合」は理由を通知しないことを定める。

井桁氏は、理由を通知しない場合、「当該判断に影響を与えた情報に誤りがあるのではないかといった疑問を確認することができない」点を問題視する。つまり、警察庁にあっては、自らをその例外とすることを現に希望しているうえ、「我が国の重大な利益を害し、又は害するおそれのある活動との関係において適性を認めるに至らなかった」という程度の理由を想定しているなど、実態は不服申立ての機会を付与するための制度が骨抜きにされかねない状況にある。そのうえ、評価対象者には、苦情の申出を除き、正確性を担保するための救済手続きもない。

(2)罰則について

法は、評価対象者に対する不利益取扱いの禁止、評価対象者についての個人情報等の目的外利用等の禁止を定めるところ、これらの規定違反には罰則がない。取得対象となるのは極めてセンシティブな情報であるにもかかわらず、一般法レベルで対処すれば足りるかのようである。井桁氏は、本当に濫用を防止するのであれば適性評価においても濫用に対する罰則を設けるべきであると言う。

(3)法令に基づく場合について

内調によれば、「法令に基づく場合には本人の同意を得なくとも自ら利用し、又は提供することができる」とされる。井桁氏は、『公安テロ情報流出事件』における警察法2条に基づき公安情報の収集活動が許される旨の判示を指摘し、適性評価を経て大量に取得した個人情報等を、警察がテロ捜査に利用したり、膨大なデータベースとして保管することも可能となり得ることを危惧する。

5 まとめ

適性評価の範囲の問題として、今後の運用次第では民間にも広がっていくことが懸念される。また、適性評価の濫用の問題として、理由の通知が曖昧、罰則がない、正確性が担保されない、目的外利用が可能という現状の下では、評価対象者は政府にとって好ましくない行動を差し控える萎縮効果が生じることが懸念される。

井桁氏は、こうした適性評価の問題点を踏まえ、前記立法目的に本当に資するのか、詳細な検討がなされているのか、リスクを過剰に見積もり、必要性を過大に評価して弊害を軽んじていないかなどが検証されるべきであるとして、適性評価の対象者を限定すること、運用基準をしっかり作成することにより取得情報を限定すること、さらには適性評価プロパーの苦情の第三者機関を設置することなどを提言した。

【真山氏との対談内容（骨子）】

左から、藤原家康理事、真山勇一さん

――党の方針に反して反対票を投じた理由は？

強引に審議を打ち切り質問にも答えないなどの乱暴な審議の末、国民にとって重大な法を強行採決により成立させる手法に我慢ができなかった。国民の知る権利が奪われ、メディアの報道の自由又は取材の自由についてもどこまで保障されるのか疑問であった。

――ジャーナリストの観点からみた特定秘密保護法の問題点は？

行政府の長、実態は官僚が決定すれば秘密になり得るうえ、秘密の指定・解除の過程が公開されないため、情報が闇に葬られても分からない。秘密の内容も曖昧である。適性評価にあたり、国民のプライバシーが丸裸にされるという問題に加え、取得した膨大な個人情報が漏れる危険もあり得る。法の拡大解釈により、メディアが報道を自主規制するなどの萎縮効果が生じれば、情報が流通しなくなる。三権分立構造が崩れてしまい、運用次第では戦争への道を開くことも懸念される。

――他の党において多様な意見はあり得ない状況だったか？

衆参両院の議員合計722人のうち自民党議員408人が賛成し、反対したのは1人のみ。自民党内でも様々な意見が出て当然だと思うが、右へ倣えの状況であった。

――メディアは法の問題をどこまで報道したか？

当初はメディアや世論の法に対する理解や危機感が薄かったことなどにより、テレビ特に民放は法の本質を掘り下げることをしなかったと思う。

――官僚のマスコミ対策はあったか？

官僚の説明は、深く、静かに、個別に進められ、大々的には行われない。内調や公安は、水面下で個々の議員に協力を求めるということがあり得たように思う。

――法に反対するのにどのような方法が考えられるか？

国民に重大な影響を及ぼすものである以上、今後は特定秘密の対象を限定するなど法を修正又は廃止しなければならない。今後の運用によっては政府にとって好ましくない情報が特定秘密に指定される可能性があるため、メディアは深追いしなくなり、事件関係者も語らなくなるという雰囲気にならないようにするのがメディアの責任であり、世論がそれを後押しすることが必要である。

シンポジウム「国家秘密と情報公開」第5弾

開かれた政府確保のために

NPO法人情報公開クリアリングハウス理事長　三木 由希子
理事・専修大学教授（言論法）　山田 健太

多数の国民の反対を押し切って昨年12月成立した特定秘密保護法は、政府が、年内施行を目指し準備を進めている。

現状を見据えれば、法律の廃止を呼び掛ける活動だけでなく、法施行後の秘密指定濫用を防ぐための活動も重要性を増していると言わざるを得ない。

秘密指定が濫用されない制度・運用をつくるために必要なことは何か。その議論を深めようと、JCLUなど3団体は3月24日、東京・日比谷で、緊急シンポジウム「国家秘密と情報公開」第5弾「アメリカ・イギリスの秘密保護制度と情報公開―アメリカ・イギリス調査報告」を開催した。NPO法人情報公開クリアリングハウス理事長、三木由希子氏と専修大学教授でJCLU理事の山田健太氏が、米国などの機密指定制度の実情に関する調査報告を行った。（理事・弁護士　北神 英典）

1 三木由希子氏の講演

(1)米国の機密指定制度

米国の機密指定は、法律ではなく大統領令（行政命令）によって行われる。大統領が変わるごとに変えることができる。何度も書き直されている。

レーガン政権までは、「機密指定はするもの」と義務規定的に位置づけられていたが、クリントン政権以降、「機密指定はすることができる」と変化した。日本の特定秘密法は、レーガン政権までの機密指定の考え方と共通している。

(2)機密指定と指定権限

日本は特定秘密一本だが、米国では、機密指定は重要度の順番にトップシークレット（最高機密）、シークレット（極秘）、コンフィデンシャル（秘密）の3段階に分かれている。

日本では秘密指定の権限は行政機関のトップに一元化されているが、米国では行政のトップには限られず、大統領、副大統領のほか、大統領が指定した行政機関の長、上級幹部職員、さらに権限を委任された連邦政府職員にも付与される。

三木由希子さん

2012年、最高機密の指定権限を持っているのは898人、極秘は1415人、秘密は13人。最高機密の指定権限を持つ人は、その下のレベルの機密指定権限も持つ。多数の人が指定権限を持っていることが、現在の過剰な機密指定の問題とつながる。

(3)過剰機密指定問題

米国では、機密が過剰に指定されているという認識は、政府の内外を問わず共通になっている。情報保全監察局の元局長からは「行き過ぎた秘密指定は、政府が間違った決定をする原因になる」と聞かされた。

9・11米同時多発テロの1週間前、国際テロ組織アルカイダが攻撃を予定しているという情報は大統領まで上がっていた。もしもそれが社会に公開されていれば、事件は起きなかったかもしれない。イラク戦争も、大量破壊兵器の間違った情報を基に始まり、多くの犠牲者が出た。

(4)機密激増で漏洩リスク高まる

秘密が増えすぎたことで、本当に重要な情報がわからないという現象が起きている。多すぎる秘密は、多くの職員らに秘密へのアクセスを認めないと仕事が成り立たないという結果を招き、かえって、秘密が漏洩するリスクが高くなった。

職員が公表すべきでない情報を間違って公表した場合にも罰則が適用されるという制度の構造が、秘密を増やす方向に導くという悪循環に陥っている。何が処罰の対象になるか分からないから、結局、取りあえず秘密にしておくという、秘密を強制するような環境が結果的に作られている。

(5)政府内部のリーク

米国では最近、機密のリークが続いている。政府機関の職員らが上司や政府がうそをつくのをみて情報を出すケースがある。

公開できる文書であったにもかかわらず出さないと決定されるのを目の当たりにし、文書がニューヨークタイムズに持ち込まれたということがあった。

過剰な機密指定が行われた結果、政府自身が秘密をコントロールできない方向に向かっている。

(6)機密指定解除のルール

米国には「秘密の要件を満たさなくなった場合には解除をしなければならない」というルールがある。たとえ最高機密であっても、秘密指定を解除しなければならない。日本の特定秘密保護法にも似たようなことは書かれている。

政府機関が違法な機密指定をした場合、情報保全監察局が、解除を請求できる。さらに25年以上経過し、歴史的に重要で永久保存すべきであると判断された機密指定文書に対する自動的な解除制度や、すべての機密文書に対して、機密指定した政府機関に対して解除審査を請求できる制度もある。

(7)機密指定解除制度の限界

しかし既に膨大な秘密が指定された中で、解除のシステムは、それほど有効に機能しているとは言えない。解除の審査は一枚一枚の文書に多くの時間と労力をかけて行われる。また、機密指定した原政府機関との関係を無視してはできない。

機密指定の解除を適切にするというアプローチは、20年、30年前の間違いを正すことに過ぎない。機密扱いすべきではないものが指定されることへの対応にこそ、労力を割くべきである。

米国で「日本で特定秘密指定の件数は3、40万件から50万件くらい」と話したら「極めて少ない」と言われた。

日本の秘密指定制度は、膨大な機密が指定された状況でスタートするわけではない。米国の現状は、制度や運用づくりを考えるポイントになる。

2　山田健太氏の講演

(1)米国での調査

米国の機密指定制度を調査するため、2月下旬、三木さんとともに米国を1週間訪ね、政府、議会、NGO関係者から話を聞いた。

山田健太理事

米国は9・11以降、（政府機関が個人の情報収集をしやすくする）愛国者法ができるなどし、秘密が急増している。NGO、議会人、そして米国政府関係者まで「何もしなければ政府の秘密は増え続ける」と、全員が危機感を共有していた。

(2)機密指定への歯止め

米国では、増えすぎた機密指定に歯止めをかける方策として、機密指定に対する透明性を確保していくための取り組みがなされ、政府自身も継続的な見直しを始めている。

機密指定の透明性を確保する措置としては、情報保全監察局のアーキビスト（保存する価値のある情報を査定、整理する専門職）による行政内部のチェック、裁判によるチェック、NGOの情報公開制度によるチェック、行政内部の自浄作用＝内部告発者制度によるチェックがある。

政府自身による見直しの取り組みとしては、情報保全監察局の権限強化に加え、連邦政府からの人事交流を、元の組織に戻さない転籍にすることも行われていた。

さらに100前後ものNGOが政府を監視している。それらのNGOには専門的な知識、資金、歴史経験を備えたところもあり、ジャーナリズムではカバーできない長期にわたる問題追及を行っていた。

(3)秘密指定基準の議論を

何を秘密指定するかの判断基準に関する議論が日本では不足している。

公開することが本当に国家の安全を脅かすのかという「実害基準」と、国民の安全を守る利点があれば情報は開示されるべきだという「国民益基準」のバランスを、どのようにとって秘密指定をコントロールしていくべきか、議論を深めていくべきであろう。

支援事件報告

「国際テロの危険」の名の下に、ムスリムのあらゆる情報を集めることは許されるか？

弁護士　酒田 芳人

1　はじめに

平成22年10月28日頃、警察庁・警視庁の公安警察が収集・作成していた捜査資料の一部が、警視庁公安部外事第三課からインターネット上に流出した。捜査資料には、日本国内に住むムスリムの信仰活動や日常の交友関係を含む個人情報が多数含まれている。これに対して、日本国内に居住していたムスリム14名（原告ら）は、平成23年5月、国（警察庁）および東京都（警視庁）を相手取り、国家賠償請求訴訟を提起した。

3年弱にわたる審理の結果、平成26年1月15日、東京地方裁判所は、原告らの請求を一部認容し、東京都に対し、原告1名につき550万円（うち、原告1名についてのみ220万円）の損害賠償を命じる判決を下した。

警察庁・警視庁および各都道府県警が行なっていた捜査活動は、例えば、イスラム教国を中心とした人々が出入りするモスクや食料品店などの監視、個々のムスリムの家族関係・交友関係・過去の経歴等のデータベース化、個人情報を扱う事業者（銀行、レンタカー会社等）からのムスリムと思しき人物に関する網羅的情報収集、などである。そして警察は、今もなお、全国のムスリムを対象として、そのような監視活動を続けている。

果たして、「国際テロの危険」の名の下に、日本に住むムスリム達は、プライバシーを侵害され、信教の自由を奪われ、不平等に取り扱われることまでも容認しなければならないのだろうか。そして、我々は、平穏な生活を営む多くのムスリムが監視され、あらゆるコミュニティまでもが監視される社会を望んでいるのだろうか。

2　一審判決の問題点

本判決の問題点は多数あるが、便宜的に3つに分けて説明する。一つは、原告らの憲法上の主張（憲法13条、20条、14条違反）を何ら認めなかった点。二つめは、情報を漏えいしたことのみを違法とし、情報の収集・利用については違法を認めなかった点。三つめは、東京都の責任のみを認め、国の責任を認めなかった点である。

3　原告らの憲法上の主張を認めなかった点

(1)憲法13条違反

原告らが主張した憲法上の主張は、大きく分けて三つある。一つは、個人のプライバシー権を定めた憲法13条に違反するとの点である。

捜査機関は、ムスリムである原告らを対象とし、その氏名や住所、生年月日といった一般的な事項にとどまらず、家族関係、交友関係、前科前歴の有無やモスクでの礼拝への参加頻度など、個人の生活や信仰活動に関わるいわゆるセンシティブ情報までも収集した。これに対し、裁判所は、「国際テロの防止の観点から必要やむを得ない活動である」（判決文67頁）などと判示し、原告らに対するプライバシー権侵害を認めなかった。

しかし、このような捜査活動は、捜査機関において個人の情報を集積することで個人の生活や人格を丸裸にし、監視の対象とするものであって、個人のプライバシー権を著しく侵害するものである。

(2)憲法20条違反

二つめは、信教の自由を定めた憲法20条に違反するとの点である。

原告らは、捜査機関によって(1)に述べたような個人情報を収集され、一般的・網羅的な監視の対象とされていた。このような情報収集にあたり、捜査機関は、各モスクでの礼拝に集まった人々の顔と名前を把握し、場合によってはモスク内に立ち入って聞き込み捜査を行い、また、ムスリムとおぼしき人と人的な接点を作って、各人の個人情報を集積していった。これに対し、裁判所は、「国際テロの防止のために必要やむを得ない措置」（判決文63頁）であるなどとして、原告らに対する権利侵害を認めなかった。

しかし、ムスリムであることを理由に捜査活動の対象とされることは、日本国内においてイスラム教という特定の宗教の信仰を維持することをためらわせ、モスクへの礼拝活動に参加したり、宗教上のコミュニティを発展させたりすることに不安を感じさせるものである。このような監視は、信教の自由を著しく侵害するものであると言うほかない。

(3)憲法14条違反

三つめは、法の下の平等を定めた憲法14条に違反するとの点である。

捜査機関がムスリムを対象としたのは、まさに彼ら・

彼女らがムスリムであるがゆえである。本件流出資料の中にも、警察の方針として「「ムスリムの狙い撃ち」と非難されないように各県の実情に応じた工夫した把握をお願いします」等と記載された資料が存在しており、裁判所も、「少なくとも第一次的にはイスラム教徒であるか否かという点に着目していたことが認められ」るとしている。しかし、裁判所は、一連の監視活動はムスリムの精神的・宗教的側面に容喙する意図によるものでなく、国際テロ防止のために必要なものであり、原告らへの影響はあくまで嫌悪感にとどまるなどとして、憲法14条に違反しないと判示した。

しかし、このような監視活動は、まさに特定の宗教を信仰することを理由に異なる取り扱いを行うものであり、信仰に基づく差別的取り扱いに他ならない。のみならず、ムスリムが国家の監視対象とされていることを人々に印象づけ、ネガティブなレッテルを貼り付けるという意味で、平等権を著しく侵害するものである。

4 情報の収集・利用について違憲・違法を認めなかった点

捜査機関が個人やコミュニティに関する情報を取り扱うに当たっては、情報の収集・情報の利用・情報の保管といった各態様が想定される。このうち、本件で裁判所が問題としたのは、情報を漏えいした点、すなわち、情報の保管態様のみである。他方、捜査機関による情報の収集、および、情報の利用については、「国際テロの危険」に鑑み、公安警察活動としてむしろ必要なものであったとまで判示した。これは、捜査機関が情報の適切な管理を怠った点のみを問題視するものであり、逆に言えば、収集・利用していた情報を漏えいしないように管理していたら違法とはならない、むしろ、そうした情報収集活動は国際テロ防止のために積極的に行うべきである、ということまでも含意しているというべきである。

このような裁判所の考え方は、捜査機関が情報を収集・利用していただけでは、個人の権利を制約するものではないとの考えに基づいている。

しかし、個人情報を収集・利用される本人が気付かなければ違法とはならない、などとは言えないことは明らかである。たとえ本人が気付かなかったとしても、風呂を覗かれて写真を撮られれば、不快感だけでなく何らかの違法な行為となるであろうことは、一般常識に属する事柄である。

問題は、捜査機関が情報を流出させたという保管態様のみならず、本人の気付かないうちに個人情報を収集し、情報を利用していた点においても存在するのであり、収集・利用の段階で、すでに原告らの権利を侵害しているのである。

5 国の責任を認めなかった点

裁判所は、本件における情報が漏えいしたことについて、東京都(警視庁)の賠償責任のみを認め、国(警察庁)は都道府県警に対する一般的な監督義務を果たしていたことを理由に、賠償責任を認めなかった。これは、警視庁が情報を漏えいしたということのみに問題を絞って矮小化するものであり、情報を収集・利用していた点は不問にするという裁判所の態度と軌を一にするものである。

しかし、ムスリムに対する捜査は、警視庁のみならず、各都道府県警によっても行われており、これらはすべて警察庁が指揮する形で全国的に行われていたものである(なお、流出した資料には、当時、平成20年11月に予定されていた洞爺湖サミットを念頭に、全国的にムスリムの監視活動に力を入れていたことが記されている)。ムスリムに対する監視活動が、全国的に網羅的に行われており、かかる捜査は国家の意図に基づいてなされていたことは明らかである。国(警察庁)は、情報を直接に漏えいしたとされる東京都(警視庁)と同様に、賠償責任を負うべき立場にあったのである。

6 おわりに

裁判所は、「国際テロの危険」の名の下に、ムスリムに対する一般的・網羅的な監視活動を容認した。

異なる危険を想定し、異なる呪文を唱えれば、ムスリムとは異なる人々を監視することは、極めて容易である。ムスリムのコミュニティを監視することから、他のコミュニティを監視することへの距離は、それほど遠くはない。

我々は、捜査機関をはじめとする国家機関によって全てが監視され、見えにくい構造や制度によって全てが統御される世界を望んでいるのだろうか。それとも、互いに有している情報が不完全であることを容認し、それでもなお、相互の信頼を保ちながら生活する道を模索するのだろうか。

日本の監視社会化を更に一歩進める本件、および本判決について、今後も注目されたい。

7 参考

原告の請求を一部認容する判決に対し、原告・被告の双方が控訴し、現在控訴審に係属している(第一回期日は未定)。本件訴訟の詳細は下記ブログを参照。

●ムスリム違法捜査弁護団(旧:公安テロ情報流出被害弁護団) http://k-bengodan.jugem.jp/

自由人権協会大阪兵庫支部・自由人権協会京都による関西合同例会報告

ヴァイマル憲法がなぜナチズム支配を生んだのか?

——歴史はくりかえさない、だが、いま、私たちは…

京都大学名誉教授 池田 浩士

すでにかなり時間は過ぎてしまいましたが、2013年11月16日、大阪弁護士会館にて、関西合同例会を開催し、京都大学名誉教授、京都精華大学元教授の池田浩士氏に、表題のとおりのテーマでご講演いただきましたのでご報告します。

池田氏はドイツ文学が専門ということですが、ナチス、ファシズムの台頭する時代について研究され非常に造詣が深い方です。大阪で橋下市長の手法とナチ党台頭時の類似性についての講演をされたこともあり、麻生発言や、安倍改憲政権がある現在、あらためて、進歩的なヴァイマル憲法の下でなぜドイツが差別と殺戮の道を歩んだのかを学ぶ必要があると考え、関西合同例会に来て頂くことにしました。

以下、講演の概要について適宜引用しながらご紹介します。(報告:理事・弁護士 七堂 眞紀)

歴史認識について

まず、自分は日本と同じくファシズムを体現した歴史を持っているドイツの文化や文学の勉強を大学時代に始めたけれど「それが今全く役に立たないというか、過去の文字通り間違った、マイナスの価値しか持っていないナチス時代のことを、今皆様と一緒に取り上げて考える時代が来るとは夢にも思っていませんでした。わずか、わずかというと若い人に笑われますけれども、わずか半世紀でそういうふうに変わってしまったというのは、非常に怖いことだと思っています」。

池田氏は、1940年生まれであり、1947年4月に小学校に入学し、新しい戦後民主主義の一期生として授業を受けました(1946年入学者は、墨塗り教科書だったとのこと)。そして、1年生の国語の第1課をどう習ったか記憶がなかったけれど、国定教科書の資料館に行って、初めて歌としてよく覚えているものであったことがわかった、それは、「おはなをかざるみんないいこ　なかよしこよしみんないいこ　きれいなことばみんないいこ」というものであったとのことでした。そこで、池田氏は、朝鮮半島の人々から母国語を奪っておいて彼らの言葉を「きれいな日本語ですね」と褒めたり、沖縄の学校では方言札をぶら下げさせて「正しい日本語を覚えろ」と言ってきたという、それまでの歴史に対する無反省、無自覚が戦後民主主義の最初の国語の教科書の中にあることを指摘されました。

戦後民主主義自体に、歴史への無自覚、無反省があることに最初はもちろん気づいていなかった一期生が、その後の戦後を生きる中で、それに気づいていく、それが歴史が二度生きるということであり、歴史認識であるということでした。

次に、不公正な選挙制度があり、自分の意思が政治に反映されることはないから今の政治には私には責任はない、というのは、「今自分が生きている時点での歴史を作り出している部分について、私はそれに荷担していないというだけです。しかし、今までこういうふうな日本の現実が生まれてしまうことを許してきた、選挙制度の改悪を阻止してこなかった、私が生きてきた過去というものをもう一度見つめ直すときに、私には責任が生まれてくると思わざるを得ないわけです」。

ヴァイマル時代とナチ党の台頭

ヴァイマル共和国時代(1919年8月11日以降)の選挙は、全国単一の政党単位の比例代表制であり、政党に順番に公平に番号を割り振って、番号に対して投票し、その党が6万票獲得するごとに1議席と決めていて、選挙が終わらないと議席数が決まらないシステムとなっていたとのことです。これほど公平な選挙制度はないと言ってよいものでした。

1929年10月、世界恐慌が起き、1932年のドイツの失業率は44．4%にも上昇し、1933年にナチ党が3分の1の得票を得て連立政権でヒトラーが首相となります。背景には、第1次世界大戦でドイツが重い戦後賠償を抱えていて、国民にドイツの誇りを取り戻したいという思いがあり、ミュンヘンの地方政党として始まった国民社会主義ドイツ労働者党のヒトラーが注目を集めていきました。

ナチ党は、33年5月のメーデーを国民的労働の日として、ブルーカラー労働者とホワイトカラー労働者の間の差別をなくして平等であると宣言し、両者の腕を組んだ乾杯シーンを演出しました。また、ボランティア活動を組織し、ヒトラーユーゲント(青少年団)を組織し、実力登用主義にして人々のやる気を引き出しました。36年のベルリンオリンピックで国威発揚し、強いドイツに人々が誇りを持てるようにしました。その後、ナチ党は、失業率をぐんぐん下げ、38年には失業率1．9%とほぼ完全雇用の状態を作ります。これは、アウトバーン建設のような、戦争準備に繋がる土木工事を、最初はボランティアの形で失業者に声かけをして始めていくことによって徐々に達成していったものです。

このようなことから、ナチス時代をよい時代だったと考えるドイツ人が多かったということです。

「ドイツ人は、強制収容所は見ないでも生きられた。ちゃんと皆(強制収容所の存在は)知っていたわけです。でも、頭脳労働者と言っている奴に人間扱いされない肉体労働者の無念さと怒りは、毎日自分で抱えて生きなければならなかったという現実があります」という指摘は、とても重要なものだと思います。

次に、国内で完全雇用状態を成し遂げたので、続く戦争に参加する人員がいないことから、隣国のオーストリアを併合し、自由徴募、次いで強制連行でドイツで働かせます。これは日本が朝鮮半島に対してやったことと同じです。また、強制収容所も、強制労働所であり、文字通りドイツ人以外の外国人を「使い殺す」ということでした。

他方、ヴァイマル憲法は、さまざまな自由と民主主義的な権利を保障した憲法であり、司法や教育における少数民族の言語使用の権利が保障され、差別の禁止、法の下の平等の権利が今見ても驚くほど、極めて徹底的に保障されていました(勲章、栄誉賞の授与まで禁止されていた)。

ただ、安寧秩序の破壊に対して、大統領は武力行使ができ、その際に憲法の諸条項の全部または一部の停止ができると規定されていました。

ナチ党は、いわゆる全権委任法をあらゆる手を使って議会の3分の2以上で可決し即日施行したことにより、政府による憲法の逸脱が可能な仕組みができました。人種差別法も、議会で法律が可決され、また国民投票でもナチ党の政策が次々可決されていきました。

池田浩士さん

ドイツがナチスの台頭を許し、戦争に突き進んだ原因がもしヴァイマル憲法の中にもあるとすれば、大統領緊急令の制度があったことの他に、国防軍(日本語に訳せば自衛隊)が認められ、国防軍が設置されていたことも重要であるということでした。

今、私たちは

「ナチスの場合は、まだ政府が憲法に反する法律をつくることができるというのを曲がりなりにも国会で議決してるでしょう、日本はしてないじゃないですか。9条があるのに自衛隊法があり、言論・思想信条の自由があるのに特定秘密保護法という憲法に真っ向から反する法律を政府はつくろうとしているじゃないですか。ナチスドイツをなぜ私たちは批判したり笑ったりすることができるんだろうか。」

池田氏は、安倍政権は、戦争のできる国家をつくろうとしているのではなくて、戦争をする国家をつくろうとしている段階である、と述べた上で、最後に戦争について話されました。

カール・フォン・クラウゼヴィッツは、戦争について、政治の手に負えないから腹をくくって戦争をしようというのではなく、政治の延長が戦争であり、戦争は政治の延長であると述べている。大杉栄も同様のことを述べている。であれば、戦争を禁止する憲法という、論理的にありえないものを持ってしまっているわれわれは、とてつもない責任を負っている。

政治を大事と思うのか、戦争放棄の方を大事と思うのかが重要で、政治家にまかせて政治の延長で戦争に突き進むのをよしとしないならば、直接民主主義の担い手にならなければならない、ということでした。

出席者は20名あまりでしたが、非常に貴重で、充実し、かつ、示唆に富んだ講演会でした。このすばらしい講演内容を、池田氏がお元気なうちに、是非、著書にまとめていただけないかと思いました。

「現代のベートーベン」誕生の理由(わけ)

――佐村河内氏報道に見るメディアの責任

会員　三浦 早結理

「現代のベートーベン」「全聾の天才作曲家」として脚光をあびた佐村河内守氏にゴーストライターがいたことが発覚し、コンサートの中止やCD、書籍の絶版など波紋が広がっている。それまで彼を賞賛して来たメディアは、これを機に掌を返したように「稀代の詐欺師」「偽ベートーベン」などと批判に転じた。

視聴者を騙していた本人の罪が問われるのは言うまでもないことだが、彼を偉人のごとく祭り上げてきたメディアに責任はなかったのだろうか。一連の騒動を通じ、その報道のあり方について、改めて考えてみた。

ゴーストライター報道に違和感なし

「全聾の作曲家」佐村河内氏にゴーストライターがいたというニュースを最初に聞いた時、多くの人はどう感じただろうか。私は、驚きよりもむしろ、「そんなことだろうな」と妙に合点がいったことを記憶している。私の周りでも、事の発覚に「やっぱりね」と感想をもらす人は、少なくなかったように思う。

私がそれまで名前も聞いたことがなかった佐村河内守という作曲家を知るきっかけとなったのは、NHKスペシャル「魂の旋律　～音を失った作曲家～」という番組だった。

聴力を失うというハンディキャップがありながら、壮大な交響曲を書き上げた佐村河内氏が、今度は東日本大震災の被災者のための「レクイエム」の作曲に取り組むという。その姿を追った感動のドキュメンタリーだったが、正直なところ、どこか「うそっぽさ」「うさん臭さ」を感じたのも事実だ。昼間でもカーテンを閉め切った暗い室内。激しい頭痛や耳鳴りのために大量の薬を服用し、部屋の中を這うように移動する姿。壁に頭を打ち付けながら、音楽を生み出すといった神懸かり的な映像は、にわかに、すんなりとは受け入れられなかった。

「被爆二世」の言葉の魔力

私自身、バイオリンを習っていた経験もあり、クラシック音楽ファンの一人としてその後も各メディアの報道を興味深く見てはいたが、そういえば、どれも彼の生い立ちやドラマティックな創作手法、震災の被災者や障害を持つヴァイオリニストとの交流といった話ばかりで、肝心の音楽家、作曲家として実力や作品の評価といった点について触れていた印象は、ほとんどない。

今にして思えば、そういう番組を見るたびに、全聾にもかかわらず、明瞭な発音で流暢な会話ができることに違和感を持った。「独学で、しかもこんな方法で難しい交響曲を作ることができるのかな」と首をかしげたくなるようなことは多々あった。

しかし、彼の代名詞とも言える「被爆二世」「ヒロシマ」「全聾」「障害」「癒し」といった言葉を繰り返し聞くうちに、暗示にでもかけられたように、私自身が最初に感じた違和感や様々な疑問符をどこかに封じ込めてしまったような気がする。

クラシック音楽業界の厳しい現実

今回のゴーストライター騒動の背景のひとつには、クラシック音楽業界の厳しい現実がある。音楽史の研究者であり、クラシック業界に詳しい私の知人によれば、作曲を志す音大生などが、忙しい作曲家に代わって、映画やゲーム音楽などのオーケストレーション(オーケストラ用の編曲)をすることは、決して特別なことではないと言う。多種多様な楽器を使うオーケストレーションは、膨大な時間と手間がかかるからだ。特に、ポピュラー音楽やゲーム音楽の世界での需要は多く、音大生の間では、こうした仕事はバイト感覚で日常的に行われているそうだ。

演奏家であれ、作曲家であれ、才能のあるなしにかかわらず、クラシック音楽の世界で食べていくのは難しい。作曲に関して言えば、コツコツと努力し、いくら質の高い曲を書いていても、その作品を世に出せる機会などめったに訪れない。作曲家として成功し、安定的に大きな収入を得られるようになるのはほんの一握りの人だけだ。そうした状況の中で、どんなところからでも「書いてくれない？」と声がかかれば、ラッキーである。

絶大だったNスペの宣伝効果

18年間にわたり佐村河内氏のゴーストライターをしていた新垣隆氏も、きっかけは、気軽な気持ちで、映画やゲーム音楽の作曲を手伝ったことだった。だからというわけではないが、そのこと自体は、何も問題ではなかったのかもしれない。

ところが、時を経て、自分の書いた作品が、思いもかけない形で取り上げられ、脚光をあびることとなった。1000枚売るのも難しいと言われるクラシックのCDの中にあって、交響曲第一番「HIROSHIMA」が、18万枚という驚異的なセールスを記録することになるとは、18年前には予想もしなかっただろう。

とはいえ、このCDにしても、発売当初から売れていたわけではない。ブレイクし始めたのは、先のNHKスペシャルで「全聾の作曲家」として佐村河内氏が取り上げられた直後からだ。

並び立たない芸術性とセールス

この「HIROSHIMA」という作品については、専門的な見地から言えば、作曲の基本を学んだ者ならだれでも書ける類のもので、今のクラシック界で、特に高く評価される楽曲ではないと言う。

しかし、映画音楽のような誰が聴いてもわかりやすい旋律は、逆に大衆受けする。そこに、「現代のベートーベン」の感動のストーリーがプラスされたことで、一気にブームに火がついたといっても過言ではない。知名度がアップするにつれ、佐村河内氏の自己演出は、ますますエスカレートし、新垣氏にしてみれば、自分の意図するところではなかったにしても、結果的に多くの人を騙すことになってしまった。そして、そこに一役かったのは、まぎれもなくメディアである。

新垣氏が作曲家として本来目指しているのは、現代音楽であり、実際に質の高い作品も生み出している。CDも出ているが、決してわかりやすい音楽ではないし、飛ぶように売れるものでもない。記者会見で、「彼を通じて私の曲が世の中に受け入れられたことが、うれしかったことは否めません」と新垣氏は語ったが、質の高い作品が必ずしもセールスに結びつかないのも、またクラシック業界の現実である。

ウソに目をつぶった?メディア

それにしても、疑問である。メディアは、佐村河内氏のうそに全く気が付かなかったのか?

ゴーストライター発覚後、テレビ、新聞各社は、一応の謝罪は行ったが、そのほとんどは、「うそに気付くことができず、結果的に誤報となったことをおわびします」といった内容だった。

しかし、以前から、疑問の声は少なからず聞こえていたとも言う。記者や制作者が、長時間の取材の中で、彼の言動にまったく疑問を持たなかったという言い分は、どうにも腑に落ちない。また、何か疑問を覚えたならば、一度立ち止まって、検証しようとは思わなかったのか。真偽のほどはわからないが、障害や創作活動にうそがあると知りながら、あえて番組を放送したとの声も聞く。だとしたら、その責任は一層大きい。新垣氏は、記者会見の冒頭で、「私は共犯者」だと語ったが、メディアもまた共犯者だったとは言えないだろうか。

本質よりもストーリー

佐村河内氏の問題に限らず、昨今のメディアの報道は、物事の本質よりもその背景にある物語にスポットライトをあてたがる。

たとえば、五輪のメダリストたち。母の死や妹の病気という数々の試練と年齢の壁を乗り越えて、やっとメダルの栄冠をつかんだスキージャンプの葛西選手の感動ストーリー。フィギュアスケートの羽生選手の金メダルもまた、競技人生に震災と復興を結びつけた美談として報じられた。そんな物語の後ろ盾がなくても、メダルの価値に変わりはないのに…。

STAP細胞論文の小保方さんも、またしかりである。論文が発表された当初は、研究の成果そのものよりも、むしろ若い女性であることや「かっぽう着」姿で実験する映像や写真が、テレビや新聞紙面を賑わした。「リケジョ」のサクセスストーリーは、佐村河内氏の「現代のベートーベン物語」と相通じるものがあった。一方で、私たち視聴者の側も、「涙を誘う悲話」や「美談」には、飛びつきやすい。難解な現代音楽より、わかりやすいポピュラー音楽を好む人が多いのと同じで、あれこれ難しいことを考えずに済む方が楽だからだ。だからといって、視聴者の興味を引きそうなサイドストーリーの報道ばかりに終始すれば、問題の核心は見失われてしまう。

佐村河内氏の問題を教訓に、各メディアは、もう一度「報道のあり方」について見直してほしいと思う。同時に、私たち視聴者も、メディアの流す言葉や映像に踊らされず、物事の本質がどこにあるのか、自ら思考する姿勢を持つよう自戒を込めて促したい。

例会報告

3月例会

「オープンガーバメントパートナーシップ」と日本

会員・オーストラリア弁護士 ジョエル・ルーベン
国際大学GLOCOM特任教授・主任研究員 庄司昌彦
理事・明治大学特任教授 ローレンス・レペタ

「市民がより参加することを要求し、政府を、より透明で、市民に対し説明責任を負い、効率的なものにするための方策」を求める8カ国が2011年9月20日国連総会でオープン・ガバメント・パートナーシップ(以下「OGP」という)の宣言を発表した。加盟国は宣言の理想を実現するため、国家行動計画を作成実施する義務を負うが、参加に前向きな国々は多く、加盟国も当初の8カ国から現在の63カ国と着実に増えている。しかし、なぜか日本政府はまだ関心を示していない。

JCLUは、2014年3月20日に東京・霞が関の弁護士会館で、3月例会「透明で開かれた政府を求めて〜オープン・ガバメント・パートナーシップの可能性〜」を開催し、3人のパネリストがそれぞれの角度からOGPの意義を議論した。(報告:会員・弁護士 中村亮)

OGPの概要とオーストラリアでの状況

まず、オーストラリアの弁護士で、同国内で情報公開請求を積極的に行ってきたジョエル・ルーベン氏に、オーストラリアにおけるOGPの状況について講演して頂いた。

OGPとは、2011年にアメリカとブラジルの主導で8カ国が参加して設立された多国間イニシアチブであり、正式な国際機関ではない。OGPは、政府を改善するための国際的取り組みを行い、透明性促進、腐敗と闘う等を理念としている。2013年時点で63カ国及びその市民社会団体で構成され、今後も加盟国が増える見込みである。

組織の運営は、加盟国代表者と市民社会代表者各9名で構成される運営委員会によって行われる。加盟国代表者は原則として、国の元首であり、そうでなくても担当の大臣クラスが参加する。

OGP加盟国になるには政府の透明性指数で最低限の点数を超えなければならない。日本は16点中12点で合格している。そして開かれた政府宣言(Open Government Declaration)を承認することも加盟の条件だ。そして、OGP加盟国には、政府の透明性を実現するための具体的な方策である国家行動計画の策定が義務付けられている。

オーストラリアでは1982年に情報公開法が成立して以来、情報法制が整備された。2010年に情報法制を全て監督する情報長官が設置された。ガーバメント2.0という政策が採用され、電子メールでも情報公開請求ができるようになるなど、国民による情報利用が促進された。2012年には、情報公開請求の手数料を不要とした。

OGPへの加盟は、2011年にアメリカのクリントン国務長官がオーストラリア政府に働きかけた。以降、政府で前向きに検討され2013年1月に情報長官からの強い薦めがあり、同年5月に加盟を決定した。

しかし、9月に政権交代した新政権はOGP参加に消極的で未だに開かれた政府宣言を承認せず、国家行動計画の策定もままならない状況となった。

オーストラリアのOGP加盟に当たっては市民社会団体が重要な役割を果たした。情報長官との対話や人権関係団体への説明といった一般的な活動に加え、情報公開に関心がある国会議員に情報提供をし、さらに国家行動計画の下書きを作成し、加盟を躊躇している政府を後押しする姿勢を見せている。

ただ、現政権のOGP参加への具体的な道筋はまだ見えていない。

オープンデータをめぐる国内外の状況

オープンデータに関する講演は、国際大学の主任研究員でOpen Knowledge Foundation Japanの代表理事である庄司昌彦氏にご担当頂いた。

オープンデータとは、自由に使えて再利用でき、かつ、誰でも再配布できるデータのことで、単なる公開資料でなく、開放資料という表現が適切である。著作権の制限の下で引用しかできないデータとは異なる。情報公開は国民からの請求があって初めて公表されるものだが、オープンデータは請求されるまでもなく公表されていて、いつでも利用できる。

2003年のEUの指令やOECDでもオープンデータの議論がなされており、2009年1月にオバマ大統領が「透明性とオープンガーバメントに関する覚書」を発表して議論が加速した。同覚書では開かれた政府の3つの要素は透明性、参加、協働とされた。

左から、ジョエル・ルーベンさん、庄司昌彦さん、ローレンス・レペタ理事

日本では行政の力が強く、政官業の鉄の三角形という狭い範囲でしか情報が利用されて来なかった。もっとも、1990年代以降、特定非営利活動促進法、情報公開法の制定や、情報化による国民の知識生産や協力行動の活性化により、広く国民が情報を活用できる時代になった。

オープンデータの活用は、オープンガーバメントを実現するための第一歩である。オープンデータの活用はイギリスが進んでいる。いち早く2007年に公共データの再利用方法を公募し、2009年に政府機関の多様な情報をワンストップで提供できるようにした。その他、英語圏の国が牽引しながら世界中でオープンデータを活用する動きが目立っている。

日本では、2012年の電子行政オープンデータ戦略の採用に始まり、2013年6月に閣議決定されたIT戦略「世界最先端IT国家創造宣言」が発表され、同年6月にはG8サミットで「オープンデータ憲章」の合意に参加するなど、オープンデータの活用が始まっている。特に、民主党政権樹立後、「新しい公共」「市民が支えざるを得ない社会」という言葉に代表されるように、個々の市民の役割増大に伴い、オープンデータの活用が意識されてきた。

電子行政オープンデータ戦略では、特に機械判読可能な形式での公開といった、単なる公表に止まらない利用可能性に着目した原則が注目される。

ただ、自民党が政権に復帰してからは特に、オープンデータ活用の目的として、政府の透明性よりも経済活性化が強調されている。

2014年に開催された「インターナショナルオープンデータデイ2014」において、日本は32都市が参加し、アメリカの次に参加都市数が多かった。

オープンデータの身近な活用例としては、納税した税金の使い道が見られるウェブサイトであったり、自治体が市民からのレポートを公開して自治体の抱える課題の見える化を図るといったものがある。

アメリカのOGPの状況

明治大学の特任教授ローレンス・レペタ氏はアメリカのOGPに関する状況について報告した。

レペタ氏は、2009年にバラク・オバマが米国大統領就任時に米国の歴史上最も開かれた政府にすることを約束したことについて説明をした。国内政策を発表後に、外交の一環として「開かれた政府」が民主主義を進めるための重要な鍵と位置づけたのである。

このことは、2011年7月にワシントンD.C.で行われた市民団体の代表やブラジルを含む各国政府による「開かれた政府」への行動計画の策定につながり、さらに9月の国連総会で「オープン・ガバメント宣言」として発表されることとなった。

OGPの定款によると全ての参加国は5つの「グランド・チャレンジ（大目標）」の実現のために定期的に国家行動計画（"National Action Plan"）を策定しなければならない。5つの「グランド・チャレンジ」は、1) 公共サービスの改善、2) 政府の誠実性の向上、3) 公的資源の効果的な運用、4) 安全性の高い社会の実現、5) 企業の説明責任の向上である。

米国は2011年9月に初めての国家行動計画を発表した。計画には多くの要素が含まれていたが、オバマ大統領はその中で特に3つのプログラムを強調した。

1) 誰でも政府に直接請願できるインターネット上のプラットフォーム「ウィ・ザ・ピープル」（"We the People"）。多くの署名を集めた請願に対しては、政府の代表者は書面による回答を行わなければならない。

2) 内部告発者保護法の改正

3) 汚職問題の対策として外国に対する資源関係の支払いの公表を求める国際プログラムへの参加（"Extractive Industries Transparency Initiative"）。

米国は2013年12月に二つ目の行動計画を発表した。当初の行動計画を継続しつつ、一方で新しい措置も追加した。特に興味深いものは「FOIAオンライン」である。これによって情報請求者がオンラインアカウントを開設し、そのアカウントを通して情報公開請求することで、行政機関の返答や公開文書も含めて請求の追跡が可能となる。「FOIA オンライン」にはその他にも様々な機能も備わっている。参加している行政機関はまだ少ないが、参加数は徐々に増えつつあり、最終的な目的は全ての行政機関が参加することにある。

"opengovernment.org"を含めて、米国の市民団体は当初から国家行動計画（"National Action Plan"）の策定や監査に積極的に参加している。市民参加がオープン・ガバメント・パートナーシップの鉄則である。

あたごの杜から 事務局長日誌

▼JCLU事務所のすぐそばに地上52階、地下5階、高さ247mの高層ビルが完成間近。見上げれば巨大なペール缶である。建物の地下を環状2号線、幅員40mのトンネルが通る。いわゆる「マッカーサー道路」の一部だ▼GHQが虎ノ門の米国大使館から東京湾の竹芝桟橋まで幅100mの軍用道路を計画したというのは俗説で、関東大震災後の帝都復興計画を母体に1946年に戦災復興院が都市計画決定したのだそうだ。以来約60年間凍結されていた道路が幅員40mに縮小されて実現した▼政府の予想でも今後日本は急激な人口減時代で2050年には9700万人に落ち込むというのに、車社会と東京の成長を前提にこんな都市計画がよいのだろうか、しかも、都市化によるヒートアイランド現象も問題なのに、と疑問は当然湧くが、それにつけても、こんなところで顔を出したマッカーサーとGHQ、である。時間は過去を消してしまいはしない▼JCLUは、昨年来、初心に戻って、憲法と表現の自由の擁護を中心に活動してきた。研究会の成果としての岩波ブックレット「改憲問題Q＆A」は好調な出足。秘密保護法に関連した情報公開クリアリングハウスと日本ペンクラブとの共催連続シンポ「国家秘密と情報公開」も5回を数え、毎回新しい視点を提示してきた。外国人の人権の側面から表現の自由をとらえたヘイトスピーチの研究も進んでいる。そして、これらの活動に若い世代の会員の参加も増えた。憲法9条の戦争放棄・戦力不保持のことばの実感・皮膚感覚に世代による相当な違いがあることには新鮮な驚きを感じた。JCLUもまた、否応なくGHQとマッカーサーの時代を振り返った一年だった▼古い一年の締めくくり、新しい一年の始まりとなる5月31日の総会記念講演。テーマは「沖縄の人権」。「日本国憲法のもとへの復帰」を求め島ぐるみの復帰運動を続けた沖縄は、今、本土への失望を隠さない。JCLUは、1961年、復帰前の沖縄に調査団を送って米軍施政下の沖縄の人権調査をした。調査団のうち3名は渡航を拒否された。先輩たちの果敢な、JCLUらしい挑戦だったと思う。今、沖縄に日本国憲法を活かす道はないのか、当時の調査団の子や孫の世代となる私たちができることを考えたい、4月28日「主権回復の日」を前に強く感じている。(佐)

2014年1月から4月のJCLU

1月9日	秘密保護法対策会議
1月16日	1月理事会
2月4日	岩波ブックレット「改憲問題Q&A」発行
2月6日	シンポジウム「国家秘密と情報公開」第4弾「第1部　秘密保護法『逐条解説』を逐条解説する／第2部　ジャーナリストが政治の現場で」（井桁大介・弁護士　真山勇一・参議院議員　藤原家康・弁護士 JCLU理事）日比谷図書文化館コンベンションホール
2月20日	2月理事会
3月17日	3月理事会
3月20日	3月例会「『透明で開かれた政府を求めて～オープン・ガバメント・パートナーシップの可能性～』（ジョエル=ルーベン・オーストラリア弁護士　庄司昌彦・国際大学GLOCOM講師、主任研究員　ローレンス=レペタ・明治大学特任教授 JCLU理事）弁護士会館
3月24日	シンポジウム「国家秘密と情報公開」第5弾「アメリカとイギリスの秘密保護制度と情報公開―アメリカ・イギリス調査報告―」（三木由希子・NPO情報公開クリアリングハウス理事長　山田健太・専修大学文学部教授 JCLU理事）日比谷図書文化館コンベンションホール
3月31日	事業計画及び予算を内閣府へ提出
4月16日	4月理事会

【発行日】2014年4月28日 【発　行】公益社団法人 自由人権協会
〒105-0002 東京都港区愛宕1-6-7 愛宕山弁護士ビル306
TEL：03-3437-5466 FAX：03-3578-6687 URL：http://jclu.org/ Mail：jclu@jclu.org
（大阪・兵庫支部）
〒530-0047 大阪市北区西天満1-10-8 西天満 第11松屋ビル3F 堺筋共同法律事務所内
TEL：06-6364-3051 FAX：06-6364-3054
協会設立：1947.11.23 本紙創刊：1950.5.1 購読料：年間2,500円 郵便振替：00180-3-62718 発行人：升味佐江子
JCLU

人権新聞　Japan Civil Liberties Union
JCLU Newsletter
発行所　公益社団法人　自由人権協会
JCLU
〒105-0002 東京都港区愛宕1-6-7 愛宕山弁護士ビル306
TEL:03-3437-5466　FAX:03-3578-6687
URL:http://jclu.org/　Mail:jclu@jclu.org
協会設立:1947.11.23
本紙創刊:1950.5.1
購 読 料:年間2,500円

総会記念講演

沖縄戦後ゼロ年――「強い日本」と「中華の夢」の間で

沖縄タイムス社専任論説委員　長元　朝浩

5月31日に中央大学駿河台記念館で開催された2014年JCLU年次総会では、沖縄タイムス社専任論説委員の長元朝浩氏をお招きして、「沖縄戦後ゼロ年――『強い日本』と『中華の夢』の間で」をご講演いただいた。

沖縄では、この7月にも、名護市辺野古の基地建設工事に先立つ海底ボーリング調査が開始か、という緊迫した状況となっている。基地建設に反対し、10年以上建設予定地で座り込みを続け、基地建設をストップさせてきた沖縄の人々の戦いが、新たな局面に差し掛かろうとしている。

さらに、長元氏の講演では、沖縄にはほかにも近年多くの変化があり、中国の「台頭」による「中国脅威論」が沖縄でも高まっていること、日本本土と沖縄とのギャップが年々高まっており、琉球独立を唱える運動が生まれたことなどについても報告があった。そして、本年11月の知事選がきわめて重要であり、どのような結果になっても沖縄の運命を変えることになる選挙であるとのお話しでまとめられた。

揺れ動く現在の状況のご報告は大変興味深いものであった。もっとも、私個人として何よりも興味深かったのは、戦後の沖縄の人々の状況、すなわち、憲法の保障が及ばず、代表を国会に送ることも、首長を自ら選ぶこともできない中、基地で土地を奪われ、自治権を求めて戦ってきた沖縄の人々の状況についてのお話であった。私自身、ここ数年、沖縄の基地問題に取り組み続けてきた。シンクタンク「新外交イニシアティブ」を通じて、ワシントンを基盤に、米政府・米議会に対して沖縄の声を運ぶロビー活動を行うなどしてきており、ちょうどこの記念講演の1週間前に、稲嶺進名護市長の訪米行動の企画・同行を終えてワシントンから戻ってきたばかりであった。しかし、その活動は、現在の沖縄の声をワシントンに運ぶ、という外交戦略的なものに集中しており、戦後の米軍占領下の時代から現代まで続く「やまと(本土)」とは決定的に異なる沖縄の人々の歴史について、目を向けることは多くはなかった。今の沖縄の方々の苦しみは、これらの歴史から続くものである。その問題の根が深いことを改めて感じ、であるからこそ、一日も早く解決されねばならないと感じる講演であった。

(報告:会員・新外交イニシアティブ事務局長・弁護士　猿田佐世)

本日のタイトル

「戦後何年」という表現は日本特有である。在沖縄の米軍基地からベトナムの戦場に戦闘機が発進していった。イラク、アフガンなども同様である。絶えずいろいろな戦場と直線でつながってきた沖縄。今日は、「沖縄に戦後があったのか」という問題意識に基づいて話をしたい。

沖縄に憲法9条は届いているか

2004年に宜野湾市民会館で「9条漫才」が行われた。「9条を護ろう」という護憲運動が一般的であるが、そもそも沖縄に9条が及んでいるのだろうか、という疑問を突きつけた漫才であった。「どこに9条はあるの?」と舞台の上を一生懸命探すが、どこにも9条は見つからなかった。「沖縄では9条は紙の上にしか存在しない」という結論となった。続いて、「軍艦マーチ」に合わせて憲法9条を歌った。軍艦マーチに合わせた9条の響き、それはとてもグロテスクであった。しかし、現在の状況を考えてみると、憲法の理念は害されてきており、歌よりも現実の方がもっとグロテスクになっているのかもしれない。さらに、沖縄では、安保条約や地位協定の方が憲法よりも優位にあり、憲法が沖縄に及んでいるかはこの点からもやはり疑問である。沖縄における憲法9条の意味を考えてみる必要がある。

CONTENTS

長元朝浩氏

『強い日本』と『中華の夢』の間で

中国が「台頭」しており、アジア太平洋地域にパワーシフトが起きている。アヘン戦争以来、領土を外国に侵略され続けた中国が「国恥の歴史のリベンジのために立ち上がっている(毛利和子氏)」。習近平は、国恥へのリベンジを「中国の夢を実現する」という言葉に集約している。他方、安倍首相は「戦後レジームからの脱却」のために立ち上がっており、憲法改正も含め、これは彼のリベンジである。「強い日本を取り戻す」安倍首相と「中国の夢を実現する」習近平主席がぶつかっている。そして、そのぶつかり合いがまさに起きているのが沖縄である。

普天間基地問題のこれまでの流れと中国の「台頭」、本土とのギャップ

普天間基地の問題は「普天間基地の移設先を本土にするか沖縄にするか」という問題であると理解されてきた。また、日本政府と自民党の一部の方々は、鳩山首相のせいで事態がこじれたと主張する。しかし、その理解は正確ではない。

1995年の米兵少女暴行事件の後の橋本首相とモンデール米大使の話し合いの中では、沖縄の負担軽減のために普天間基地をどこかに移す、ということが主眼となっており、この件は米軍再編とは無関係であった。橋本首相は、沖縄の負担軽減が目的だから、「地元の頭越しには物事は進めない」「移動可能かつ将来は撤去可能な施設を検討する」と考えていた。稲嶺県政も普天間基地の辺野古移設を認めながらも、使用期限は15年、かつ、軍民共用という条件をつけていた。もっとも、その後、基地建設作業は進まず、米軍は世界的な規模で独自の米軍再編を進めていった。その経過の中で、稲嶺知事との約束を国が一方的に反故にし、稲嶺県政と国との関係が決定的に悪化。その後は、保守県政であるにもかかわらず稲嶺知事は県外移設の主張に転換した。この時点で、大きな変化があったのである。

それから鳩山政権の時代に至るまで、沖縄の人々は、この問題を通じて「沖縄の過剰負担を本土の人々はどう考えるのか」と疑問を投げかけ続けてきた。しかし、中国の「台頭」というファクターが沖縄の民意さえも変えているという現実もある。県の調査では、中国に対して強い警戒心を持っている県民が8割という結果となった。これは全国の調査とほとんど変わらない結果である。この警戒心から、辺野古での基地建設もやむを得ないのではないかという流れを生み出してしまっている。日本政府も、この人々の懸念を沖縄基地問題で利用しない手はない、といっている。95年に沖縄の異議申し立てから始まったこの問題が、ここにきて違うステージに入りつつあるともいえるかもしれない。

知事承認の直後、朝日新聞と共同通信の本土での世論調査では辺野古移設賛成が初めて過半数を超えた。これは大きな変化である。琉球新報の沖縄県民の世論調査では74パーセントが県内移設に反対している。このギャップは、亀裂、深い溝、といわれたりするが、それさえも通り越し、「もう沖縄は本土には何も期待しない。」といった感覚すら沖縄には漂っていると感じる。

中国と日本とが正面からぶつかるような戦争は起きないと思うが、偶発的な衝突はあるかもしれない。以前、米軍機が中国機と衝突して中国機が墜落したということがあった。日本と中国で同じことが起きたらどうなるか。習近平が中国のナショナリズムを抑えられなくなるだろうし、日本のマスメディアも国民をあおるだろう。

現在、沖縄でも中国脅威論が高まっているが、何か起きた際に具体的な影響が及ぶのは沖縄である。中国、台湾からの観光客も多い沖縄で、また、尖閣諸島周辺で漁をしている漁師のいる沖縄で、どのような影響が及ぶだろうか。

沖縄の代表が存在しない中での決定・「基地の自由使用」

沖縄は、戦後、独自の歴史を歩んだ。1945年に日本で選挙法が改正され、沖縄や朝鮮半島出身者の選挙権が否定された。教科書では女性代議士が選出された画期的な選挙として紹介されている選挙であるが、沖縄の人々はその選挙に参加できなかった。その選挙で選ばれた人が憲法を作った。すなわち、今の憲法は、沖縄の人々がかかわらずにできた憲法である。

また、沖縄はサンフランシスコ平和条約により日本から切り離されたが、この講和条約の日本の国会での批准も、国会に沖縄の代表者がいない中で行われた。運

命が決定的に変わる沖縄の代表者が意思表示することができなかった。このように、戦後の初期設定が本土と沖縄とでは全然違った。しかし、 戦争の被害の体験がすさまじかったため、もともとの植民地がその後どうなっていくかということについて、戦後、日本人は関心を失ってしまった。

戦後しばらく米軍基地は日本本土にもたくさんあったが、1950年代に、それらの基地は沖縄に移転し、沖縄には日本の主権も憲法の保護も及ばない中で今の基地の形が作られていった。

1972年の沖縄返還の際、日本では「日米交渉の最大の焦点は核であった」とされているが、米国側で沖縄返還を担当したモートン・ハルペリン氏が後になって明らかにしたのは、核については最初からアメリカは撤去しなければならないだろうと考えており、それよりも「基地の自由使用」を続けられるかという点が、米国側の一番の関心事項であったということである。今もなお、米国による絶対的な「基地の自由使用」が続いている。

沖縄に米軍基地を置き続ける「正当化」理由

米軍基地を沖縄に置き続ける「正当化」理由には様々なものがある。まずは「地政学的視点」によるものがある。沖縄のロケーションが安保戦略上非常に重要、というものである。また、「補償型政治論」とも分類できるだろう主張は、基地の代わりに十分な補償を受ければいい、という主張である。また、「専管事項論」とも呼べる主張は、安全保障は国の専管事項だから地方政治でとやかく言うな、という議論である。本年の名護市長選挙直後、読売新聞は社説で、地方選挙はこういう国の問題を取り上げるにはふさわしくない、地方選挙を利用するな、と述べている。しかし、平和的生存権や地方自治が盛り込まれた憲法の理念は、安全保障であっても他の利益とのバランスをはからねばならないとするものだろう。丸山真男は、政策決定によってもっとも影響を受ける者が、政策決定の是非の決定に最終的に関わるべきである、といっている。ハルペリン氏も、秘密保護や基地の建設が安全保障上大事だというのであれば、それと地域住民の意向とのバランスを取らなければならない、それが民主国家の安全保障である、といっている。

米国では米軍が訓練などをする場合、基地周辺の人々が委員会を作り軍と話し合いを行い、環境・騒音などについての改善措置が執られる。日本ではそのような制度がない。

「自立」への渇望

沖縄が訴えてきたことの核心は「自立」である。それは、自治権の拡大も含めた「政治的な自立」であり、「経済的な自立」である。

経済的自立についていえば、50年代に米軍が次々基地を作り、地元の人々は自分たちの住んでいたところに戻れず、農民は基地従業員として吸収されていった。彼らは、基地で稼いだドルで、日本から輸入した物を買って生活をしていた。米国からのドルで、日本本土から物を買うので、日本本土の産業も伸びる。ドルで両方の経済を育成しようとしていた。これが基地依存型の経済につながっていく。今でも、沖縄では、基地への依存構造をなくして「自立」することが重要な課題である。

政治的な自立、すなわち、自治権の拡大も沖縄では強く求められてきた。1968年になって主席公選制となり、戦後初めて、沖縄人は自ら沖縄の県知事を選挙で選ぶことができるようになった。沖縄は長いこと自分たちのことを自分たちで決めることが許されなかった。自己決定権を沖縄の人たちは渇望しており、それが、現在の独立論の動きにつながっている。

しかし、現実には、米軍に対する自治は、日本のどこでも認められていない。厚木基地の訴訟でも自衛隊の差し止めは認められたが米軍の差し止めは認められなかった。基地の中に米空軍の飛行機が墜落しても、周辺自治体が基地内に入ることが認められるのは、数ヶ月も後になってからである。地位協定の壁が高くそびえ立ち、日本政府も司法も国会も何もできない。その影響は地方自治体が受けてきている。

「固有の領土論」と尖閣

尖閣は「固有の領土」といわれるが、沖縄が日本の固有の領土か、というと、かなり疑問がある。領土・領域という概念自体が近代国家の概念である。長い歴史の中では、付近の住民は国境を越えて「共通の地域」としてその場を利用してきた。この考え方が尖閣問題を解決するポイントとなるのではないか。

東アジアでもグローバル市民社会が生まれてきている。沖縄の人々も韓国の済州島の人々や中国、韓国で活動をしている人たちと共同の取り組みを進めている。こういった活動を通じて東アジアに変化を起こすことは可能ではないだろうか。

以上が講演録である。

なお、私が事務局長を務める「新外交イニシアティブ(ND)」は、モートン・ハルペリン氏をこの9月、東京・沖縄に招致する予定である。同氏の沖縄訪問は、1968年以来初であり、「返還当時、40年たっても基地がこんなに残っているとは思っていなかった。」と述べるハルペリン氏が、40年ぶりに沖縄を訪れてどのような感想を持つのか、大変興味深い。是非、皆さまにハルペリン氏のシンポに足をお運びいただきたい(9月18日那覇・9月19日東京)。詳細はNDウェブサイトまで (http://www.nd-initiative.org/)。

※ 新外交イニシアティブは日米・東アジア各国において情報の収集・発信、各国政府への政策提言のサポート等を通じて、議員外交、知識人外交、民間経済外交、市民社会外交といった新しい外交を推進するシンクタンク

2014年 JCLU大阪・兵庫支部総会記念講演

「原発再稼働を許すな!!」――原発の危険性と広がる訴訟の数々

元京都大学原子炉実験所助教授 川野 眞治
元裁判官・弁護士 井戸 謙一

2014年5月17日、大阪弁護士会館においてJCLU大阪・兵庫支部の総会記念講演が開催されました。

(報告:会員・弁護士 藤原航)

1 原発の科学的危険性および原発訴訟の分析

2011年3月11日に発生した福島第一原発事故により、原発の「安全神話」が崩壊しました。安全面より目先のコストを優先する原発の再稼働は許されません。原発事故から約3年が経過した今この時点で、改めて原発の危険性について科学的見地から検証する必要性を感じていました。また福島第一原発事故後、どのような裁判が提起され、原発事故前と比較して司法が変わったのかどうか等、原発訴訟の分析をすることは非常に意義深いものと考えました。

当初から講師の方は科学者と法律家が良いのではないかと考えていたのですが、実際どなたがよいのかについて検討を重ねました。原発の科学的危険性という見地からは、原発訴訟の先駆けとなった伊方原発の行政訴訟にも尽力され、中性子による物質の構造、磁気的性質を研究されている熊取六人衆の一人である川野眞治先生(元京都大学原子炉実験所助教授)にお願いし、ご快諾いただきました。また裁判面の分析においては、金沢地方裁判所の部総括判事として在勤中の2006年3月、北陸電力志賀原発2号機の運転差止を命じる判決を言い渡され、福島第一原発事故後の2011年3月末日、裁判官を退官して、以後は弁護士として原発訴訟に精力的に参加されている井戸謙一先生にお願いし、ご了承いただきました。

左から、川野眞治氏、井戸謙一氏

2 原発の科学的危険性(川野眞治先生)

(1)苛酷事故がおよそ10年に1回 そのうちの2回は「技術大国」日本

苛酷事故はこれまで5回発生しています。1957年イギリスのウインズケール火災(INES5)、1979年アメリカのスリーマイル島原発事故(INES5)、1986年ソ連のチェルノブイリ原発事故(INES7)、1999年日本のJCO事故(INES5)、2011年福島第一原発事故(INES7)です。

この経過からみても、苛酷事故がおよそ10年に1回発生しており「想定外」の事態ではないということ、またそのうちの2回は「技術大国」である日本で発生しており、原発の科学的な限界を表しているという示唆をいただきました。

(2)伊方原発訴訟での住民の主張

原発訴訟の先駆けともいえる伊方原発訴訟では、住民側は、①潜在的危険性があまりにも大きく、重大事故は人々の健康と環境に取り返しのつかない被害をもたらすこと、②被曝労働という命を削るような労働を強いることは、労働そのものの中に差別的な構造を内包することになること、③平常時でも一定の放射能を環境中に放出し、環境汚染と健康被害の可能性があること、④放射性廃棄物の処分の見通しが立っていないこと、⑤核燃料サイクルの要であるプルトニウムは毒性があまりにも強く、その利用は核兵器拡散をもたらすこと、⑥原子力推進のため、情報の統制が進み、社会そのものの表現の自由が失われることについて主張していたそうです。

伊方原発訴訟が提起されたのは1973年であり、そこから福島第一原発事故まで約40年近く経過しています。その間に、上記主張のうち一つでも改善されたのでしょうか。上記問題が何ら解消されていないという事実に愕然としました。

そして蒸気発生器細管損傷、冷却剤喪失、炉心溶融事故、核暴走等伊方原発訴訟で指摘された事故がその後実際に発生していることも指摘されました。このことも特筆すべきでしょう。

(3)核燃料サイクル

核燃料サイクルは国策として膨大な資金がつぎ込ま

れているにもかかわらず、技術革新、技術の進歩がこの数10年間ほとんどないとのことです。特に、使用済み核燃料の処理技術に関しては基本的にないそうです。IT産業、ハイブリッド・カー、電気自動車の急速な普及と比べますと、原子力産業の技術革新は実に内容が乏しく、果たして産業として自立していけるのか疑問であると説明されました。

(4)原子力産業の科学的限界

川野先生は、これら以外にも、途上国への原発輸出による核拡散の危険性、原子力に関する情報が隠蔽、捏造され、民主主義と相容れない問題、原発の立地が過疎地に押しつけられる等利益を得る多数の者と被害を受ける少数者との「非対称」を当然視しているという倫理的な問題など多岐にわたり、原発の危険性についてご説明いただきました。

このように川野先生は、詳細なデータを基にして様々な角度から、原子力の科学的危険性について説明してくださり、原子力産業の科学的限界を直視しなければならないとの示唆を受けました。

3 原発訴訟の分析(井戸謙一先生)

(1) 3.11前の主な原発訴訟

福島第一原発事故前は、あまたある原発訴訟のうち、1985年に提訴されたもんじゅの設置許可無効確認訴訟の控訴審判決と1999年に提訴された志賀原発2号機の建設・運転差止訴訟の地裁判決の二つのみ、原告の請求を認容しましたが、これらの判決はそれぞれ上級審で破棄されています。

(2) 3.11後の原発訴訟の特徴

それでは福島第一原発事故後原発訴訟は変化したのでしょうか。井戸先生は、福島第一原発事故後、原発訴訟弁護団全国連絡会議が結成され、原告側の情報の共有体制が整ったこと、多種多様の形式の訴訟が提起されるとともに請求内容も多彩であること、一つの原発に多数の訴訟が係属したり、大原告団を構成したり、地方自治体が原告になったりしたことが特徴である旨指摘されました。福島第一原発事故後、原発訴訟は活発になっているといえるのではないでしょうか。

(3) 3.11後に言い渡された判決・決定

大飯原発3、4号機定期検査終了証交付差止請求訴訟では、大阪地裁では却下に、大阪高裁でも控訴棄却になりました。また同原発運転差止め仮処分申立事件でも、大阪地裁では却下、大阪高裁でも却下とされています。しかしながら、井戸先生がこの講演で注目されていた2014年5月21日の福井地裁での判決は、その後、同原発の運転差止めを命じる画期的な勝訴判決となりました。

(4)これからの原発訴訟で何が争点となるか

井戸先生は、福島第一原発事故後の原発訴訟では、①専門技術的問題に裁判所がどのように向き合うか、②新規制基準の問題点(立地審査をやめたこと、単一故障指針を改めていないこと、外部電源の鉄塔の耐震基準が最低ランクのままであること、耐震設計審査指針が改まっていないこと、避難計画が再稼働の要件になっていないこと)、③どのレベルの安全性を求めるのか(相対的安全性か、絶対的安全性か。想定すべき災害事象は、既往最大か、もっと厳しいのか)が争点となりうる旨指摘されました。

特に、井戸先生が差止訴訟の弁護団長をされている若狭湾に存在する原発の危険性については、集中立地の問題(敦賀原発から高浜原発まで約50kmの間にもんじゅを入れて14機)、地震・津波・老朽化の問題、避難・救援の困難性の問題(アクセス道路が1本、避難計画をたてようがない)、敷地の狭隘の問題(汚染水タンクの置き場所もない)を指摘されました。

(5)「美味しんぼ」の記事問題

井戸先生が講演の最後におっしゃったことが印象的でした。「美味しんぼ」というマンガで、福島の人々の様子が描写されたことに対して、政治家を含め多数の人・機関から相次いで批判されたことは記憶に新しいと思います。井戸先生はこれを原発批判の表現に対する抑圧であると喝破し、強い懸念を示しておられました。川野先生が指摘された原子力に関する情報の統制の問題が、福島第一原発事故後でさえも続いていることを自覚させられました。

4 「司法は生きていた」

井戸先生が注目されていた大飯原発3、4号機運転差止福井訴訟は、原発に関する科学技術の限界を指摘したうえで、差し止めを認容しました。同訴訟で勝訴判決言い渡し後に、原告団らが「司法は生きていた」と掲げたとおり、福島第一原発事故後司法が変化せざるを得ないと思います。

このように、今回の大阪・兵庫支部総会記念講演では、原発事故を科学的かつ法律的な観点から検証する機会を設けました。市民の方も含めて20名ほどの参加者が来られ、熱心に川野先生・井戸先生のお話に耳を傾けていました。市民の方々の原発についての問題意識の高さが窺えました。

これからも、大阪・兵庫支部総会記念講演では、よりたくさんの皆様に参加していただける魅力的な企画をしていきたいと思っております。

自由人権協会京都　総会記念講演

「私たちのことを知ってください～児童養護施設出身者の声～」

Children's Views & Voices (CVV) メンバー

平成26年6月7日(土)、京都市中京区の「こどもみらい館」において、標記講演会が行われました。

児童養護施設には、さまざまな事情で家庭で育つことができない子どもたちが暮らしています。その数は、全国で約3万人。そのうちの半数以上は児童虐待を受けたことがあるとされています。親元に帰ることのできる子どももいますが、帰ることができずに自立を余儀なくされる子どももいます。

実際の子どもたちは、どんな経緯で、どんな思いで、どんな風に、児童養護施設で暮らしているのでしょうか。また、どんな支援を必要としているのでしょうか。

CVVは、社会的養護(児童養護施設や里親家庭等)で育った当事者とともに、社会的養護で育っている／いた当事者をエンパワーメントしていくグループです。名称はChildren's Views & Voicesの略で、「施設にいる子どもたちの視点からものを見て、施設での生活をよりよいものにするために発言していく」という意味が込められています(CVVのブログ：http://ameblo.jp/cvv)。

そこで、CVVメンバーの児童養護施設出身者から、ご自身の体験やCVVの活動を通じて知った児童養護施設の実情、子どもたちの生活についてお伺いする機会を設けました。(報告：理事・弁護士　野崎隆史)

講演者は、児童養護施設出身のAさん。Aさんは20代の女性です。0歳から18歳まで施設で育ちました。そのAさんが、これまでの人生を「折れ線グラフ」を示しながら、よかった時期やどん底の時期等をバラエティ豊かに紹介してくれました。Aさんの人生を振り返りながら、児童養護施設で暮らす子どもの視点や声、そして必要としている支援を探っていきます。

まず、2歳の頃の話。皆さんは小さい頃の記憶はありますか。私は、朧気に断片的な記憶があります。しかし、その記憶のほとんどは、自分が写っている写真やビデオ、親から聞いた話によって外部的に入力された情報が置換されたものです。原体験といえるものもあるはずですが、本当に自分自身の記憶なのか、他者の知覚・記憶・表現の過程が混入したものではないと言い切れるだけの自信はありません。おそらく皆さんもそうだと思います。つまり、自分の幼少期の記憶というのは、自分に関わった親等からの情報に大きく依拠しているものです。「あなたは○○だったよ。」と言われることで、「自分には○○という出来事があったのだ。」という記憶が作られます。

Aさんの場合は、乳幼児院と児童養護施設とのつながりが無かったため、乳幼児院時代のことを知る人がおらず、記憶や思い出がないということでした。自分のアイデンティティの一部が少し遠いところにあるような、そんな一抹の寂しさのようなものを感じられているのでは無いでしょうか。施設によりけりだとは思いますが、心の健全な成長のためにも、施設間のより有機的な連携が図られることが望ましいように感じます。

その後、Aさんは、幼稚園に進みます。Aさんは、幼稚園に入って初めて「家族」という単位の存在を知ったと語りました。それまでは、自分は施設にいる大勢の中の一人で、他の人もそうだと感じていたのが、他人の「家族」の存在を通じて、自分と他人の違いに否応無く気付くことになったのだと思います。Aさんは、中学時代には、親のことが話題になり、それが不登校になったきっかけの一つだったとのことでした。Aさんのお話しを聞き、Aさんの葛藤の原点が「家族」にあり、そのきっかけが幼稚園で気付いた「家族」の存在だと感じました。Aさん自身、「家族」の問題については、「解決していなかった。」「講演中に泣けてくる。」とおっしゃっていました。

Aさんは、児童養護施設のヒエラルキーについてもお話ししてくれました。想像通り、職員の目が届かなくなる夜中に、上級生からの説教やいじめがあったとのことでした。とはいえ、全寮制の学校でも同じような状況があることはよく聞きますし、そういう意味では、子ども(あるいは人間)の本質的な部分は、外部環境にそれほど影響されないのかもしれません。

さて、その後、Aさんは、祖母に学費を出してもらい、大学では福祉系の勉強をしたということでした。Aさんは、施設職員を志したこともあったそうですが、「自分のことで精一杯で、施設職員にはなれないな。」と思ったと語りました。今は、介助の仕事をされておられます。Aさんに介助される方は非常に幸せだろうなと羨ましくも感じます。もっとも、講演後の質疑応答では、「ぜひ施設職員になって欲しい。」とのエールが寄せられていました。私もそうなれば良いなと心から思います。

Aさんは、施設で育った自分について、「自分で全て解決しようとする。」「素直になれない。」と分析されました。その上で、「人を好きになれない。」「人に自分をさらけだせない。」という悩みがあり、「自分は壊れているのかな。」と思うに至った時期があったとのことでした。「自分には『家族』がいない」という意識（あるいは無意識）が影響を及ぼしていることが見受けられました。お話しを聞き、「家族」であるというただそれだけの理由で自分を受け容れ、愛してくれる存在の大きさ、「家族」はその存在自体が精神的支柱となることを改めて感じました。Aさんは、「今は、大切な存在ができて、心が充実している。」とおっしゃいました。そのお話しを聞き、私自身、非常に温かい気持ちになり、心から嬉しく感じるとともに、Aさんの大切な存在となった方に対して、感謝の気持ちが生じました。

Aさんは、「施設出身者にはシングルマザーが多い。それは、自分に大切な存在がいないから、早く子どもが欲しくなるのではないか。」とおっしゃいました。我々の職業柄、シングルマザーとの関わりもそこそこあります。これまで何となく漠然と共通項を感じていましたが、それは「大切な存在が欲しい。」という気持ちであったのだとハッとさせられました。Aさんは、同時に、「本当に大切な存在は施設ではできない。」とおっしゃいました。「家族」がいないという根源的で解消困難な問題が根強く横たわっていることを改めて感じました。

Aさんは、話題となったテレビドラマ「明日、ママがいない」についても語ってくれました。Aさんは、「明日ママ」については、否定的な感想どころか、むしろ、「個人的にはありがたいという感想を持った。」とおっしゃいました。そこには、大勢の中の一人として育った自分達に、皆が注目して欲しいという気持ちがあるということでした。そして、芦田愛菜さんが、プリクラに「パパ」「お父さん」と書いたシーンを挙げて、自分も同じように施設の職員

講演のようす

や仲間を「おかん」「弟」と書いた経験があることを披露してくれました。

施設の問題点等について、Aさんは、職員が異動してしまうことを挙げていました。職員が異動してしまうため、長い関わりが得られないことにより、「家族」的な意識が醸成されにくくなっているという事実があり、職員が結婚後も続けられるような環境を整えることの重要性を指摘されていました。「明日ママ」のプリクラのシーンがAさんの実体験と重なっていることからも明らかなとおり、「『家族』を持ちたい」と願う施設の子ども達の純粋な思いに応えるためには、「子」である施設入所者だけなく、「親」である職員に目を向けて、施設のもう一方の主人公である職員目線からの施設改善・制度の仕組み改善が、今の制度をより良いものとするための重要な柱となることを認識しました。

施設出身者に対する接し方について、Aさんは、「干渉してくれる職員は最高。」「心配してくれるのはありがたい。」「構って欲しい。」「声をかけるだけでもよい。」「施設のことを聞いて欲しい。」と語りました。一見無愛想で干渉を嫌っているように見える態度も、その本質は拒絶されることに対する恐怖からのものであるということは、よく言われていることですし、種々の本にも書いていますが、やはり当事者の口から真正面にそのような言葉が出たことに、非常に印象深く感じました。

社会に愛が溢れ、Aさんをはじめとする全国の施設出身者及び入所者の皆さんが、垣根を超えて1つの「家族」になれるために、私たちに一体何ができるのか、その第一歩は、「話を聞く。」という普通のことから始まるということを気付かされた講演でした。

皆さんも、ぜひCVVメンバーから直接お話しを聞いてください。

あたごの杜から

事務局長日誌

◆安倍政権は、閣議決定により集団的自衛権の行使容認に突き進んでいる。多くの識者が指摘するとおり、立憲主義やあるべき平和国家という観点から問題がある。集団的自衛権の行使容認は、近隣諸国との緊張をさらに高めるだけでなく、これまで敵対関係になかった国々との関係を悪化させるおそれがある。集団的自衛「権」とは言うものの、アメリカの要請を日本は断れないであろうから、実質は対米集団的自衛義務とでも言い換えた方がよい。自国への攻撃はないのに海外に出かけて戦争をする。その結果、日本は交戦当事者となり、相手国による日本の領土攻撃が許容されることになる。戦争は、憎しみの連鎖を引き起こし増幅させる。これまでに日本が積み重ねてきた平和外交の道も閉ざされかねない。◆5月31日の総会記念講演では、沖縄タイムス社専任論説委員の長元朝浩さんから、政治的・経済的に自治・自立を求めてきた沖縄の人びとの歴史や現状をうかがった。沖縄の基地問題と原発問題には共通点がある。一部に負担を強いておきながら、遠方のことゆえ自分には関係ないと感じてしまう点だ。自分の問題として考えるイメージの貧困性が、無関心を生んでいる。自戒の念を込めてそう思う。◆6月7日はJCLU京都の総会に参加した。記念講演では、児童養護施設で育った20代女性が、飾らない言葉で自らの成育史を詳しく語ってくれた。経験者から直接話をうかがう意義をあらためて感じる。あわせて、戦争の悲惨さを直接体験した人が減りゆく現状に、ふと思いを致す。教育や学びによって、直接体験はなくても、人は他者に共感し、自ら経験していない状況をイメージできるはずである。しかし、教育制度も改悪されつつあることを思うと少々暗い気分になる。◆7月7日は、日本ペンクラブ・情報公開クリアリングハウス・JCLU共同の「開かれた政府をつくるプロジェクト」のキックオフイベントが開催された。「反対するだけでなく、どうすれば良いのか、という前向きなメッセージ」（情報公開クリアリングハウス三木理事長）を送れる場になるとよい。◆特定秘密保護法、96条改憲、解釈改憲など、安倍政権の動きが「目覚ましい」。この国をどのようにしたいのかよくはわからないが、みなが誤りに気づいたときには手遅れという事態は阻止したい。有効な議論をしても変わらずに進んでしまう状況はむなしいが、不断の努力を続けるしかない。(二関)

2014年5月から7月までのJCLU

5月14日	5月理事会
5月17日	自由人権協会大阪・兵庫支部総会、総会記念講演「原発再稼働を許すな！！～原発の危険性と、広がる訴訟の数々～」(川野眞治・元京都大学原子炉実験所助教授、井戸謙一・弁護士　元裁判官)大阪弁護士会館
5月31日	自由人権協会総会、総会記念講演「沖縄戦後ゼロ年―「強い日本」と「中華の夢」のはざまで―」(長元 朝浩・沖縄タイムス専任論説委員)中央大学駿河台記念館
6月7日	自由人権協会京都総会、総会記念講演「私たちのことを知ってください～児童養護施設出身者の声～」(児童養護施設出身者CVVメンバー)こどもみらい館
6月18日	6月理事会
7月7日	開かれた政府をつくるプロジェクト「キックオフシンポジウム～特定秘密保護法を越えて～」(日本ペンクラブ・自由人権協会・情報公開クリアリングハウスの共同プロジェクト)日比谷図書文化館(紙谷雅子・JCLU代表理事、ローレンス＝レペタ・JCLU理事)
7月14日	憲法と有事法制勉強会(柳澤協二・元内閣官房副長官補) JCLU事務所
7月28日	7月理事会・ビアパーティ

【発行日】2014年7月28日 【発　行】公益社団法人 自由人権協会
〒105-0002 東京都港区愛宕1-6-7 愛宕山弁護士ビル306
TEL：03-3437-5466 FAX：03-3578-6687 URL：http://jclu.org/ Mail：jclu@jclu.org
（大阪・兵庫支部）
〒530-0047 大阪市北区西天満1-10-8 西天満 第11松屋ビル3F 堺筋共同法律事務所内
TEL：06-6364-3051 FAX：06-6364-3054
協会設立：1947.11.23 本紙創刊：1950.5.1 購読料：年間2,500円 郵便振替：00180-3-62718 発行人：二関辰郎
JCLU

人権新聞 Japan Civil Liberties Union
JCLU Newsletter
発行所 公益社団法人 自由人権協会
〒105-0002 東京都港区愛宕1-6-7 愛宕山弁護士ビル306
TEL:03-3437-5466 FAX:03-3578-6687
URL:http://jclu.org/ Mail:jclu@jclu.org
協会設立:1947.11.23
本紙創刊:1950.5.1
購読料:年間2,500円
JCLU

開かれた政府をつくるプロジェクト　キックオフ

2013年12月6日、反対を表明する多くの市民が国会を取り巻くなか「特定秘密保護法」が成立した。法律の廃止を求める動きも持続しているが、今年10月14日には運用基準が閣議決定され、この12月には施行の予定である。

JCLUは、特定秘密保護法の法案段階から、政府の持つ情報は市民のものであり、すぐには公開できない秘密があっても将来は公開されなければならないこと、秘密の指定も管理も解除も民主的コントロールのもとになければならないことを繰り返し訴え、表現の自由と知る権利の拡大に取り組む日本ペンクラブと情報公開クリアリングハウスとともに「国家秘密と情報公開」と題する連続シンポジウムを開催してきた。一連のシンポジウムは、膨大な政府の秘密の管理に苦悩するアメリカの秘密を減らす試み、日本人、外国人を問わずムスリムであることだけでテロ対策と称して秘密のうちに収集、蓄積されている公安情報の実態など、この法律の問題点を多角的に明らかにする場となった。

日本では、情報の流通もコミュニケーションもボーダレスに広がり多様になる一方で、必要な情報が流通せず、市民がその意思を政策に反映し、本来自分たちのものである政府をコントロールする可能性は遠のいているようにさえ見える。

しかし、世界の潮流はそうではない。政府と市民社会(ここでは「市民社会」とは非政府の市民の団体のことを指す)の協働のもとに主権者である市民に「開かれた政府」をつくる試みが進んでいる。

そこで、JCLUは、これまでの連続シンポジウムを発展させ、日本ペンクラブ、情報公開クリアリングハウスとともに「政府を市民に開く」運動である、「開かれた政府をつくるプロジェクト」を始めることにした。　（理事・弁護士：升味佐江子）

7月7日「開かれた政府をつくるプロジェクトキックオフイベント～特定秘密保護法を超えて～」を開催

2014年7月7日、東京・日比谷図書文化館コンベンションホールで、「開かれた政府をつくるプロジェクト」キックオフイベントを行った。

情報公開クリアリングハウス理事長の三木由希子さんが「開かれた政府をつくるプロジェクト」を紹介し、日本ペンクラブの会長である浅田次郎さんは「最近、密室で集団的自衛権の容認が決められたことは、政治的手続きとして大変危険なこと。密室で決めたことがけっしていい結果を生まないことは歴史が証明している。平和を希求するためにも開かれた政府が存在することが大前提。物質的豊かさのなかで危機感を持つことは難しいが、開かれた政府というはっきりとした要求を掲げたプロジェクトを作り、広く訴えていくことが重要である」と発言した。

さらに、常務理事の西木正明さん、専務理事の吉岡忍さん、JCLUからは紙谷雅子代表理事がそれぞれ、いまの時代の空気に感ずる危険、特定秘密保護法への懸念とともに、その閉塞感を打ち破るための新しいアイデア「開かれた政府をつくるプロジェクト」への期待を熱く語り、キックオフ宣言を行った。

その後、明治大学特任教授でJCLU理事のローレンス・レペタさんが、このプロジェクトの一つの柱となる「Open Government Partnership（OGP）とは何か」、ベルギーからSkype参加したOGPサポートユニットのポール・マーセンさんが「開かれた政府をつくるための政府と市民社会のパートナーシップの実情」、OGPに参加しているインドネシアの市民社会のメンバーであるイルハム・B・セノンさんが「開かれた政府を実現するインドネシアの市民社会の取り組み」をそれぞれ報告し、開かれた政府をつくる試みと実践を知る貴重な機会となった。

最後に、JCLU理事で日本ペンクラブの山田健太さんが、現在の日本の状況に照らしてこのプロジェクトが持つ意味が大きいことを強調するあいさつで締めくくった。

以下、三木さん、レペタさん及びセノンさんの話を報告者がまとめた。

CONTENTS

開かれた政府をつくるということ～三木由希子さんの報告

特定秘密保護法の問題だけではなく、情報があふれているように見えて実は政府には非公開や秘密がたくさんあり、政府が知らせたい情報は大量にあるのに私たちが知りたい情報にアクセスすることが難しく、政治や行政に対しては社会に閉塞感があるというのが今の状況だ。足元から、もう一度「政府」を問い直し「開かれた政府」の実現を目指したい。

「開かれた政府」とは、主権者が様々な形で参加する政府のこと。政府を批判し異論を述べる自由があること、開かれた仕組み・システムがあり、参加の機会が保障されていること、情報へのアクセスが保障されていること、「公共」「公」が一部の人々に独占されていないこと、さまざまな利害の調整がオープンに行われていること、非公開・秘密で行われる政府の活動の独立した監視、説明責任が徹底されていることが、主権者が参加している政府というためには必要な要素である。

このプロジェクトは、秘密保護法の施行に向けた対応とともに、秘密や非公開への批判、追及だけでなく、積極的に「開かれた政府」を求める動きを社会につくること、さまざまなテーマや分野で政府を開いていくために何ができるかを考え行動し発信する場をつくることを狙いとしている。

具体的には、今、3つの柱を立てている。

1つ目は、「開かれた政府」を推進する国際的なプラットフォームであるOGPに日本政府が参加するように求めるアクション、2つ目は、市民生活に身近な自治体をより開かれたものにしていくためのアクション、3つ目は、開かれた政府を作るメディアのためのアクションである。

プロジェクトを通じて、特定秘密保護法を超えて、普遍的に政府を市民に開く道を模索していきたい。

Open Government Partnership（OGP）への参加の意味～ローレンス・レペタさんの報告

OGPは2011年9月、Open Government 宣言に賛同するブラジル、インドネシア、メキシコ、ノルウェー、フィリピン、南アフリカ、イギリス、アメリカの8か国で発足した自発的で多様な利害関係者による開かれた政府を推進する国際的なイニシャチブである。その後、参加する国は増加し、2014年6月には64か国となった。日本は先進国で参加していない極めて珍しい国である。

Open Government宣言は、前文で「われわれは、世界中のすべての人々がより開かれた政府を要求していることを認識する。人々は、公共的な事柄に対して市民がより参加することを要求し、政府をより透明で市民に対応し説明責任を負い、効率的なものとする方策を求めている。」と述べる。

また、参加国の約束として、①政府は市民のために情報を収集、保有するのであり、市民は政府の活動に関する情報を求める権利を有するから、政府の活動に関する情報の利用可能性を増進すること、②意思決定及び政策形成にあたって市民参加を支持し、すべての人の平等で、差別のない参加を尊重すること、③責任ある政府は、公務員の高い倫理水準と行為規範を必要とするから、政府全体で最高水準の職業的廉潔性を実現すること、④情報共有、公衆の参加及び協力の機会を提供する新技術を利用し、人々が政府の行為を理解し政策に影響を与えられるような方法でより多くの情報を公開すること等を挙げている。

OGPの究極の目的は、政府の統治の質と公共サービスの質の改善と市民に対する継続した透明で説明責任を果たす政府を実現すること、その過程で政府と市民社会の真の対話と協働が行われるように規範や文化の転換を図ることである。OGPという国際的なプラットフォームは、高次の政治的対話による開かれた政府の推進を図り、国内だけでは困難な改革を国際的な枠組みで担保しようとする試みである。しかも、世界中で同じ志を持つ改革者のコミュニティを作ることで、政府の側、参加する市民の側の双方の改革者を支援するしくみを準備している。

OGPの参加国は、OGPの掲げる5つの主要なテーマの中から2つを選んで自主的に「開かれた政府のためのアクションプログラム」を策定し、これを国内とOGPで公表し、市民社会と継続した協議を行ってそのアクションプランに沿った国内での改革事項の履行状況を一定の期間ごとに自己評価をするとともにOGPも独立報告メカニズムによる評価をする。この過程を繰り返すことで、参加国は自ら課題を明らかにしながら、より開かれた政府を実現することになる。

OGPの特徴は、一連の過程を通して市民社会の参加を重視している点にある。OGPの組織自体が、参加国の政府と市民社会の双方の代表を含む運営委員会によって監督されており、市民社会コーディネーターが参加国内の市民社会のネットワークの強化やOGPプロセスのよりよい利用を支援している。参加国には、アクションプランの策定、実施、自己評価の各段階に多様な利害関係者を含む市民社会の継続的な参加の仕組みを作ることを求められており、OGPの行う独立報告メカニズムの調査にも市民社会は参加する。

日本は、OGPに参加しようとする国に求められる①財政の透明性、②情報公開法の制定、③公職者と政府高官の収入と資産公開、③市民的自由と政策形成と統治への市民の関与という条件を満たしている。しかも、2014年5月、安倍首相が訪英した際に発表された「日英共同声明～21世紀のためのダイナミックな戦略的パートナーシップ」は、「我々は、透明性の高い経済、政府及び社会への我々のコミットメントを再確認し、英国は、日本が重要なイニシアティブであると考えるオープン・ガバメント・パートナーシップへの参加の検討を加速させるとの意欲を歓迎する」と明言している。既に、参加は国際公約となっている。これは、市民社会の側からも、政府に参加を呼びかけ、パートナーとして「開かれた政府」の実現に取り組むきっかけとなるのではないだろうか。

キックオフシンポジウムの登壇者。左から、紙谷雅子（JCLU代表理事）、浅田次郎さん（ペンクラブ会長）、西木正明さん（ペンクラブ常務理事）、吉岡忍さん（ペンクラブ専務理事）

開かれた政府の実現に向けたインドネシア市民社会の取り組み ～イルハム・B・セノンさんの報告

セノンさんは、OGPの実行を監視するために設立されたインドネシア政府と7つの市民社会組織で構成されるOpen Government Indonesia（OGI）のメンバーである。

インドネシアでは、長年民主主義と社会正義のための市民の戦いが続いてきたので、市民が参加し政府とのパートナーシップによって「開かれた政府」をつくるという取り組みは、いわば当然の帰結だった。

OGPの価値は、自発性を基本として原則に忠実である点、民主的改革、市民の要求に目を向ける点、市民社会と政府の平等なパートナーシップが求められている点にある。

インドネシアでは、市民社会の提案を受けて広範な参加者の協議によってアクションプランを起草し、実施の評価についても市民社会が関与して報告し、OGPの独立評価メカニズムにも反映している。

現在までのところ、大統領のリーダーシップで推進されてきたため、実行する組織が不在で中間層の改革者が不足しているなどの問題点が残っている。しかし、2010年から2012年の間でも、財政の透明性、情報公開、汚職・腐敗防止、市民参加・市民的自由の保護の各分野で前進が見られる。OGPの実施の過程でも、OGIの独立監視や市民参加・多様な利害関係者の協力の場が拡大する等良い点が見られる。パートナーシップをさらに推進するため、種々の活動を今後も展開したい。

プロジェクトの長く続く今後

「開かれた政府」をつくるのは、容易ではない。

日本の政府や自治体の情報の「開かれ度」はまだ小さい。本当に必要なのは情報のアクセスにはしばしば困難があり、政府の透明性は高いとは言えない。また、国のみならず身近な自治体についても、市民自身がその透明性に高い関心を持っていることはまれかもしれない。しかも、政府と市民社会がパートナーとなって政策を実行する文化自体が定着しているとは言い難い。

OGPのように政府を開くプランを政府と市民社会が協議して立案したうえ国際公約とし、その実施状況を自ら点検するだけでなく国際的な評価を受けるというシステムを受け入れる土壌もこれから耕していく必要がある。

政府の情報は私たちのものであり、私たちが主権者であるためには、私たちが政府に近づきその透明性を高めるシステムを構築しなければならない。そのことを特定秘密保護法の審議過程で私たち自身があらためて学んだ。

「開かれた政府」の実現のための思考と活動の場としてのプロジェクトの意義は大きい。一方でこのプロジェクトで協働する市民社会の拡大にも取り組みつつ、まずは、OGPへの参加を政府に働きかけるとともに市民社会の関与の場を模索し、あわせて市民の関心を高めるためにも身近な自治体の「開かれ度」調査を実施する予定である。

8月8日「特定秘密保護法のパブリックコメントを出そう! 特定秘密の指定・解除・適正評価の基準素案勉強会」開催

7月24日から1カ月間、政府は特定秘密保護法の特定秘密の指定・解除、適性評価の基準素案、政令素案に対するパブリックコメントを募集した。パブリックコメントは、法律を前提に基準素案、政令素案への意見を求めるもので、法律自体への反対や廃止の意見を述べても政府の検討の対象とならない。

法律そのものの廃止を求める運動も粘り強く続いている。しかし他方で、施行準備が着々と進められ素案が公表されているのであれば、その問題・課題点を指摘する活動も必要である。

パブリックコメント受付期間中の8月8日夜、専修大学神田キャンパス7号館で、「開かれた政府をつくる」観点から、三木由希子さんの解説を聞き、素案の課題や問題点は何か、何を求めていくべきかについて、ともに学ぶ機会を設けた。

その後、日本ペンクラブ、情報公開クリアリングハウス、JCLUはそれぞれ検討結果をまとめ、パブリックコメントとして提出している。

暴かれた沖縄差別と対米従属の実態

——沖縄密約情報開示訴訟の6年を振り返る

原告共同代表 桂 敬一

沖縄密約文書開示請求訴訟原告及び弁護団による最高裁判決後の記者会見の様子。筆者は一番右

本件訴訟は、1972年の「西山事件」に淵源を持つ。この事件で裁判所は、外務省職員を唆して公文書を入手した行為が国家公務員法に違反するとし、西山太吉・毎日記者を有罪とした。その一方、同記者がその文書に基づいて報じた、沖縄返還時に米軍が負担すべき返還軍用地の復元費、400万ドルを日本政府が肩代わりすると約束した事実を否認、そのような文書はないという外務省のほうは、お咎めなしとした。だが、本件訴訟は、その後もウソをつづける政府への、さまざまな闘いの結節点となり、最終的には、この最初のウソを立証しただけでなく、もっと大きな政府の対米従属の実態を明るみに出した。

外務省にはもっと大きな隠し事があった。米国短波放送の日本国外への移転費用1600万ドルや、これを凌駕する核撤去費用などの日本側負担の取り決めだ（吉野外務省アメリカ局長とスナイダー駐日米国公使とが文書交付）。実は大蔵省（現財務省）も巨大な密約を結んでいた。同省の柏木財務官と米国のジューリック財務長官特別補佐官が交わした文書によれば、大蔵省関係費用は外務省のそれを遥かに超える金額だ。財務省は本訴訟係争中の2010年3月、その一端を公表した。返還時、沖縄に流通するドルの円への交換で得られる6000万ドルを、日本政府は向こう25年間、無利子で米連邦銀行に預金、その後、総額約1億1200万ドルもの利子を米政府に支払った事実を認めたのだ。

スナイダー文書・ジューリック文書の内容の大半は、アメリカ国立公文書館での我部政明琉球大教授による1994年から96年にかけての探索と、朝日新聞記者による98年から2000年にかけての調査とで発見されていた。そこで西山元記者は2005年、「密約」の事実を認め、名誉回復を行えと、政府に国家賠償を求める訴訟を起こした。しかし裁判所は、「密約」や立証「文書」の有無に触れず、賠償事案は民法の除斥期間（20年）を超えているとし、請求権の失効を宣するだけだった。だが、2006年には北海道新聞・往住嘉文記者が、吉野元局長とのインタビューで「密約」文書存在の確認発言をスクープした。そして2008年、やがて本訴訟原告となるものたちを含む63名が、3つの米国側公文書の対抗文書が外務省・財務省にないわけがないと、情報公開法に基づき、それらの開示請求を行った。だが、ここでも答えは「不存在」が理由の門前払いだった。

本件訴訟は、以上のような流れの延長線上に生まれたものだった。原告団は現時点で、○新崎盛暉、岩崎貞明、奥平康弘、○桂敬一、加藤剛、加藤義春、金平茂紀、我部政明、北岡和義、小中陽太郎、澤地久枝、○柴田鉄治、田島泰彦、辻一郎、西村秀樹、西山太吉、藤田文知、松田浩、元木昌彦、森広泰平、山口二郎、由井晶子、米田綱路（50音順・○共同代表）の23名。弁護団員は同じく喜田村洋一、小町谷育子、飯田正剛の3名。訴訟開始当時は、弁護団長を清水英夫弁護士が、同事務局長を日隅一雄弁護士が担当、文字どおりこの闘いに献身してくださったが、両氏は最高裁を待たずに亡くなられた。

本件訴訟は2009年3月、東京地裁で審理に入った。同年9月、民主党政権が発足、密約調査を開始した。原告側は我部原告を中心に、前記米国側公文書の数々のコピーを収集、翻訳付きで証拠として提出、政府側の「不存在の」の虚構を衝いた。翌年4月、判決が下ったが、杉原則彦裁判長は「原告が政府による開示請求文書の作成と保管開始までを立証すれば、当該文書の保管続行は推認できる。その不存在を政府が主張するのであれば、その理由・原因を立証する責任は政府にある」と判示、原告勝訴の判決を下し、原告への損害賠償まで命じた。情報公開制度の進展を促す画期的な判決だった。だが、被告＝国は控訴、東京高裁判決が2011年9月に下った。青柳馨裁判長は、一審判決の筋立てに同意はしたが、

「2000年の情報公開法施行前後、各省庁は多くの文書を廃棄、あるいは通常の管理場所と異なるところに隠した可能性があり、外務・大蔵両省の沖縄密約文書もそのように取り扱われた蓋然性が高く、両省ともいまは持っていないと推認できる。そこに不法行為があるとはいえない。原告がそれでも持っていると主張するのなら、その立証責任は原告にある」と、原告敗訴の判決を下した。

本件は確かに、「持っている文書を出せ」「いや持ってないから出せない」とする対立構造を持つ。だが、公開請求対象の公文書はいずれも高度な重要文書で、一審判決が、国によって長期に保全管理されるべき国民の知的資産と評したとおりのものだ。そのことは高裁判決も否定できない。にもかかわらず、そういうものが、情報公開制度が実現したというだけで、役所の都合で簡単に捨てられたり、隠匿されたりしていいものなのだろうか。その当否の判断はいっさいせず、理由も問わず、国が一方的になくしたというのを鵜呑みにし、請求側＝国民に、政府はもう持っていない―それをまだ持っているというのなら、持っている証拠はお前のほうが出せというのは、余りにも無茶だ。そうした論法はむしろ、政府がいつ、なぜ請求対象となる文書を捨てるのか、秘密の場所に隠蔽するのかなどは、国民が到底うかがい知ることができないという事情をこそ、浮かび上がらせる。不保持の理由・原因の立証責任は国にある、といった杉原判決のほうが、よほど合理的だ。

高裁判決に納得できない原告団は即時上告、最高裁の判断を仰ぐこととした。そして2014年7月、最高裁の判決が出た。事案は、違憲審査を要するものでなく、実質的に法令（情報公開法）違反を問題とするものなので、最高裁が取り扱うものではないとして上告は棄却とされた。だが、上告受理申し立てに対しては判決理由が示された。しかし、それは、多少余計な文言が費やされているものの、政府の所有を立証する責任は原告にある、とする点で高裁判決と変わらず、上告理由申し立ては政府の所持を立証しておらず、原審＝高裁の判断が維持されるべきである、とするものに過ぎなかった。2年7か月も待たせて、いったいどういうつもりなのだとする最高裁への怒りが、原告団で共有された。だが、このタイミングでこのような判決が出たことの意味は、なかなか深長である。

ときはまさに、秘密保護法施行・集団的自衛権行使容認に向かう、政治の季節のまっただ中にあった。情報公開法は本来、国家の権力行使を公共圏のなかで相対化するため、政府に債務的行為として国民への情報開示の責任を負わせるものだ。本件訴訟が少なくとも一審判決の論理の下で最高裁勝訴となっていたら、そうした方向がぐんと現実的なものとなっていっただろう。だが、現在の安倍政権にとっては具合いの悪いものとなるに違いない。反対に安倍政治が今目指す方向にとって、政府の書類の有無は、その開示請求をする国民自身にまず立証させる―さらに所持を突き止められても、破棄するか隠匿するかして逃れればいい、という制度環境が保たれることぐらい好ましい保証はないだろう。最高裁の意図はどうあれ、今回判決の効果はそういう意味を持つもののように思える。

しかし、真正面から見直すと、本件訴訟の残した大きな教訓とその積極的意義が、明瞭となる。この訴訟は情報公開制度の進展が大きな目標だが、それは具体的には第1に、国内政治における沖縄差別を、問題として取りあげるものだった。現実にはこの問題は、辺野古における米軍新基地拡大の例にみるように、いっそう深刻化する状況に置かれているが、そうした差別は、日本政府のアメリカに対する無定見な自発的隷従から生まれてきたものであり、その克服には日本の真の自立と民主主義の深化が必要であることを、この裁判は多くの証拠・証言で明らかにした。第2として、安倍政権の9条改憲の意向は明々白々たるものがあるが、いまや米欧が「有志連合」を募り、イスラム国などを相手に、世界史上かつてなかったタイプの戦争に填り込んでいきそうだ。そして、この戦争に日本政府ものめり込んでいく危険が大きくなっている。そうした傾向とともに国家の権力行使の秘密主義、社会の治安強化、国民監視が強まるおそれがあるが、それらは情報公開制度を悪化させこそすれ、前進させるわけがない。だが、それがいかに政治を悪くし、国民を欺くものとなるかも、本件訴訟は十分明らかにしてきた。

最後、3つ目としては、本件訴訟が本来の課題、民主主義における情報公開制度の重要な役割を、具体的に明らかにしてきた成果を強調したい。その成果の積み重ねを通じて「西山事件」を超克し、未来における情報公開制度のあるべきかたちについても、いろいろな示唆を残すことができた。安倍政権は、行政が収集する個人情報を「マイ・ナンバー」として整理し、それらを大企業と協力して「ビッグ・データ」として集積、そのプロファイルしたデータを成長戦略に使っていくという。それは情報公開の前進に叶うものなのか、これを破壊するものなのか、私たちはまた新しい問題に直面しているようだ。

集団的自衛権の行使容認の重大な疑問

――内閣判断の解釈改憲は許されるのか？

早稲田大学政治経済学術院・大学院法務研究科 川岸 令和

安倍政権は7月1日、我が国と密接な関係にある他国が攻撃を受けた際に日本の自衛隊も一緒になって反撃することができる集団的自衛権の行使を容認する閣議決定を行った。

戦後の歴代内閣は、憲法9条の解釈の下、集団的自衛権を行使することができないという立場を一貫して取り続けてきた。今回の閣議決定は、戦後、積み重ねられてきた憲法解釈を一内閣の判断で変更したものである。

閣議決定の問題点を、早稲田大学政治経済学術院・大学院法務研究科の川岸令和教授（憲法）に聞いた。

（報告：JCLUエクスターン竹内雄志、インタビューは2014年9月2日）

閣議決定が持つ2つの問題

今回の閣議決定には、大きく分けて2つの問題がある。一つは、閣議決定で9条の解釈を決めることが許されるのかということ。もう一つが、閣議決定の中身が9条に違反するのではないかということである。

今回、一つ目の問題がとりわけ重要だと思われる。一つ目の問題は、憲法を解釈するのは誰かというテーマでもある。

最高裁判所は、一切の法律、命令、規則、処分が憲法に適合するかしないかを決定する権限を有する終審裁判所である。

しかし最高裁判所は、付随的審査制を取り、憲法判断をするために事件性の要件を要求する。さらに事件性があったとしても、統治行為論を使って、政治部門が判断すべき問題については解釈を避けてしまう。

したがって、憲法9条の解釈は基本的に政治部門が行うことになってしまっている。

内閣法制局の役割

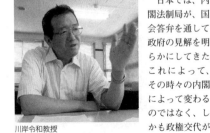

川岸令和教授

日本では、内閣法制局が、国会答弁を通して政府の見解を明らかにしてきた。これによって、その時々の内閣によって変わるのではなく、しかも政権交代があっても維持される統一的な政府見解が存在してきた。

今回の閣議決定は、この点を無視している。内閣法制局の国会答弁を通して見解を発していないという点が一番の問題点である。

そもそも憲法は、政府が守ろうとしなければ意味のない規範である。

最高裁判所が政府の行為を「違憲だ」と判断したところで、直ちに正すことができるわけではない。その意味で、憲法は自己拘束の規範であって、憲法に即して行動するかどうかは為政者の良識にゆだねられている。

閣議決定の下地を作った首相の私的諮問機関「安保法制懇」のメンバーは安倍首相の"お友達"で固められていて、意見の異なる学識者などが排除されている。ここには、現在の官公庁の審議会が抱える病巣が現れている。

「積極的平和主義」というまやかし

もう一つの問題が、閣議決定の中身である。今回の閣議決定は、従来の政府見解が否定してきた集団的自衛権の行使を一転容認した。解釈改憲である。

閣議決定では「積極的平和主義」という言葉を用いて方針転換が説明された。元来「積極的平和」という概念は、戦争のない状態をいう平和の消極的捉え方に加えて、貧困や差別など構造的暴力がない状態をさすものをとされている（ノルウェーの政治学者ヨハン・ガルトゥングの提唱による）。言葉の濫用も甚だしいのではないだろうか。

大きな変更点は、「『我が国に対する武力攻撃』に対する自衛」という限定を外したことである。すなわち「我が国に対する武力攻撃」という客観的に判定可能な要件が、「我が国と密接な関係にある他国」という主観的にしか判定できない要件に変更されていることである。「自衛のため」という要件に適合する事態が拡大されている。

従来の政府見解の根本的変更

近年の戦争の多くが「自衛のため」に行われてきたということは、憲法制定当時、吉田茂首相も国会で答弁していた。

今回の閣議決定は、「我が国に対する武力攻撃」に対する自衛、という限定を外しており、「自衛のため」といえれば自衛権を行使できるようにした。閣議決定によれば、従来の解釈と基本的な論理枠組みは変更されていないとのことだ。しかし、「我が国に対する武力攻撃」という客観的な限定を外すことによって、従来の解釈を根本的に変更したと評価できるだろう。

閣議決定は立憲主義違反

今回の閣議決定は、立憲主義違反である。

立憲主義とは、憲法を制定し、憲法に従って政治をする原則である。

憲法上、為政者には憲法尊重擁護義務が課されており、国家機関は最大限憲法に適合するように行動する義務がある。

しかし憲法の解釈には、どうしても幅が存在せざるを得ない。国家機関の行為が完全に憲法と一致するということはない。そういう特殊な空間に我々は生きている。

国会議員でない人が内閣総理大臣になるという例を考えれば分かるように、はっきりと憲法の条文に違反しているケースは多くない。そうではなく憲法の多義的な文言に違反しているかどうかが問題となる場合には、常に解釈が含まれている。

「憲法解釈の幅」という制約

憲法解釈の幅があるということは、言い換えると、その幅を超えた場合、政府は立憲主義に違反しているということになる。

解釈の幅は、確定できるものではないが、少なくとも過去の積み重ねによってある程度認識できるようになっている。制定当時には可能だったことが、約70年経った今では憲法に違反してできないということがある。

この積み重ねによる解釈の幅とは、憲法慣習とも呼べるものである。立憲主義＝憲法に従い恣意的な権力行使をしないというルールにコミットする以上、過去の積み重ねは守らなければならない。

政府の解釈を基準として見ると、集団的自衛権を認めず、「我が国に対する武力攻撃」があった場合にのみ自衛を認めるという解釈は、憲法慣習といえる。今回の閣議決定は、この憲法慣習を無視しており、立憲主義に違反している。

矛盾する「平和的生存権」の引用

閣議決定は、憲法解釈変更の根拠として平和的生存権を挙げているが、矛盾しているのではないか。

そもそも政府自身は、憲法上の権利としての平和的生存権に否定的だったはずだ。都合の良いときだけ平和的生存権を援用するような解釈の仕方はあまりに恣意的であろう。

歴史的には、憲法9条の解釈は、政府の作る既成事実の前に敗れ続けてきている。安倍政権の狙いも同じであろう。今回の解釈を既成事実化させないように市民がどこまで頑張れるかが鍵である。

解釈改憲を既成事実にしないために

既成事実化させないためには、まず、選挙で意思表示をすることが必要である。小選挙区制の下、有権者に強く印象づけられれば、多数を獲得する可能性はなくもないであろう。

デモやパブリックコメントという方法もある。パブリックコメントは、政府の人間は読まないだろうと思うかもしれないが、コメントを下さばきする人々への圧力にはなるだろう。

国会議員にアプローチしてみるという手段もある。米国では当たり前のように行われており、日本でも今後は積極的にそうした手段を取るとよいのではないだろうか。

憲法9条の理念について今一度考えてみるということも重要だろう。9条があるにもかかわらず、為政者が9条の理念に沿って政治を行ってこなかったからこそ、今のこの状況が生まれているのである。

泥沼化する中東の問題も、日本は中立的に調停することができる立場にあったはずである。それができていないのは、9条の理念をないがしろにしてきたからではないか。武力による自衛権を否定している9条の意味を今一度考えてみることが大切ではないだろうか。

例会報告

JCLU9月例会 ジュネーブ報告

国連自由権規約政府報告書審査に見る人権委員会の関心

——ムスリム監視事件と外国人の人権を中心に

2014年7月に開催された国連の自由権規約委員会で、6回目となる日本政府報告書審査が実施された。日本政府の報告書に対しては、秘密保護法、原発事故をはじめ、刑事司法やマイノリティに対する差別など、さまざまな人権問題について改善を求める勧告が示された。

JCLUは、会員で弁護士の井桁大介氏を現地に派遣し、日本政府報告の傍聴とロビイング活動を実施した。本年9月3日、東京・中央大学駿河台記念館で開催した「ジュネーブ報告　自由権規約政府報告書審査に見る人権委員会の関心」と題する9月例会で、井桁氏と、NPO海野人権基金の助成を受けて審査を傍聴した移住労働者と連帯するネットワーク（移住連）事務局次長の大曲由起子さんが、外国人の人権問題を中心に、現地での活動を報告した。

（報告：会員・弁護士　伊藤 朝日太郎）

「自由権規約委員会は日本の何を懸念するか?」——井桁大介氏

1.自由権規約委員会とは何か

国連自由権規約委員会は、日本も締約国となっている市民的及び政治的権利に関する国際規約（自由権規約）の規定に基づいて設置された機関である。委員会は「人権の分野において能力を認められた」者で構成され「法律関係の経験を有する者の参加が有益であることに考慮を払う」とされている（自由権規約28条2項）。実際に、委員の多くは各締約国の最高水準の法律家である（日本からは岩沢雄司東京大学教授が委員に選出されている）。

2.自由権規約委員会による政府報告書審査の本質

自由権規約の締約国は、委員会に対して「この規約において認められる権利の実現のために取った措置」等を報告する義務を負っており（自由権規約40条1項）、委員会はこの報告を検討し、総括所見という形で意見を述べる（同条4項）。つまり委員会は、締約国が条約（国際法）を遵守し、人権水準を向上させるよう、法的判断に基づいて所見を発表しているのであって、内政干渉だと言う批判はあたらない。日本政府が国際社会から問われているのは、政治判断の是非ではなく、あくまで自由権規約という国際法を誠実に遵守する姿勢があるかどうかである。

井桁大介さん

3.今回の日本政府報告書審査の実際

委員会の審査の過程はかなりオープンである。政府報告書、NGOの報告書などはすべてウェブで公表されている。また、委員会は締約国政府に対する質問項目（List of issues）を作成し、事前に締約国政府に検討させているが、この質問項目も公表されている。

実際の審査は、ジュネーブの国連欧州本部にある大ホールで行われる。世界中のNGOが傍聴する中、委員と政府代表団との対話が行われる。NGOは政府の答弁を聞き、休憩時間に資料を用いて「答弁のこの部分がウソである」などのロビイングを委員に対して行う。今回の日本政府の答弁は、時間稼ぎのようなだらだらした回答が続いたので、審議時間が長引いた。

委員会は日本政府の答弁に対し不信感を持っており、今回の総括所見の冒頭では、「（委員会は、前回の）審査の後に出された勧告の多くが実施されていないことを懸念する」と厳しい苦言を呈されている。ここで念頭に置かれている最大の問題は代用監獄だと思われる。日本政府は代用監獄を廃止するよう何度も勧告を受けているのになんら改善を行っていない。しかも、従来、予算がないから代用監獄は廃止できないと述べていたのに加え、今回は「代用監獄の方が弁護士も被拘禁者の家族も便利だ」などと開き直ったような答弁をした。これでは委員が不信感を抱くのも当然である。

4.ムスリム違法捜査事件についての勧告

さて、今回の委員会の総括所見について、私の関心のあるテーマに絞って述べたい。

ムスリム違法捜査事件とは、警視庁がムスリムを狙い撃ちにして細かく個人情報を収集するという監視活動を行っていた事件である。警視庁は、モスクを24時間体制で監視して出入りする人間を把握し、乳幼児も含めてリスト化し、身元の分からないものは尾行までして情報収集を行っていた。

宗教という属性のみで犯罪者予備軍のように扱うことはあからさまな差別である。2007年1月の国連特別報告者による報告も「人種的プロファイリングは有害無益」と明言している。

委員会の総括所見も、「法執行者によるムスリムへの広範な監視活動が報告されていることを懸念」し、「法執行者によるムスリムへの広範な監視活動を含む人種的プロファイリングが許容されない」ことを明言した。政府が勧告を受けて捜査を是正することを期待したい。

5.ヘイトスピーチについての勧告

委員会の総括所見は「朝鮮・韓国人、中国人または部落民などのマイノリティ集団の構成員に対する憎悪と差別を扇動している広範囲におよぶ人種主義的言説と、これらの行為に対する刑法と民法上の保護の不十分さに懸念を表明する・・・許可されて行われる過激論者による示威行動の多さ、外国人生徒・学生を含むマイノリティに対するハラスメントと暴力」に懸念を表明し、人種的優越又は憎悪を唱えるあらゆる宣伝を禁止すべきことを勧告した。

日本の報道の中には「過激な見解が出た」と言わんばかりのものもあった。しかし、自由権規約は法の前の平等、差別の禁止(26条)を定めるのみならず、20条2項で「差別、敵意又は暴力の扇動となる国民的、人種的又は宗教的憎悪の唱導は、法律で禁止する」と明記しているのだから、このような勧告がでることは当然に予想できたはずである。

表現の自由を手厚く保障するアメリカでも、ヘイト・クライム(人種的憎悪を理由とする犯罪)については規制する法律がある。

「自由権規約政府報告書審査に見る人権委員会の関心」
――大曲由起子氏

1　移住連は委員会の審査に先立ってNGO報告書を出し、審査中はジュネーブに行き、個別の委員に対する情報提供を行った。その際は、委員に煩雑な作業をさせないようにするため、実際に出したレポートを1枚紙に要約したものを示して説明した。

日本の状況を的確に伝えるのは難しい。例えば、

大曲由起子さん

技能実習制度。日本人でもこの制度を理解している人は少ないのに、このような制度のない国の委員に説明することは難しい。政府報告書では技能実習 (technical intern) という言葉が使われているが、実態は移住労働者 (migrant workers) であることを理解してもらえるように気を使った。

2　幸い、委員は技能実習生が労働者であることを理解しており、「実習生は…過剰な労働、時間外労働、プライベートな生活もなく、場合によっては性的な虐待も行われているという報告がされている。技能実習生は若い年齢層の人たちなのに、死亡件数も多いと言うことに驚いている。」との発言があった。

委員会の総括所見でも「現在の制度を低賃金労働者の雇用よりも能力開発に焦点を置く新しい制度に変えることを真剣に検討すべきである。」と、技能実習制度の抜本的改善を求める勧告がなされた。

NGOとして今回の勧告を使いつつ、政府に対し技能実習制度を廃止または適正化せよと迫っていきたい。

3　外国人の収容の問題については、委員の問いと日本政府の答えがかみ合わなかった。

しかし、審査の際に委員から「入管による収容は最終手段である」との発言があり、委員会の総括所見でも「収容に代わる現存の方法が十分に考慮されたうえでのみなされること」と勧告されたのは重要である。今後「収容は最終手段」というキーワードを国内でさらに広めていく必要がある。

NGOはいろいろ意見を言うが、委員会が公式に取り上げている議題や質問リスト (List of issues) についての意見でないとなかなか反映されない。効果的な参画ができるかどうかが今後の課題である。委員会が各締約国に出す質問リストの作成の段階で働きかけを行い、有効な質問を出してもらう必要がある。

合宿報告

現代の奴隷制度―外国人技能実習生を問う

本年度のJCLU合宿は、労働者としての権利が正面から認められておらず、劣悪な労働環境に置かれている外国人労働者の問題をテーマに9月13日、14日の2日間、神奈川県湯河原町の温泉旅館「千鶴」で行われた。

初日は、外国人労働者の問題に詳しいJCLU理事の旗手明さんと、中国人ら技能実習生の救済活動に当たっている外国人技能実習生権利ネットワーク福井の高原一郎事務局長にそれぞれ報告をいただき、2日目は、外国人労働者弁護団の指宿昭一弁護士から、司法を通じた権利救済についてお話をうかがった。

（報告はそれぞれ、高橋涼子、海渡双葉、石﨑明人の3氏）

第1　外国人労働者政策の根本的な問題
――旗手明氏

1　戦略なき外国人労働者政策

日本には現在、約206万人の外国人が在留し、そのうち就労可能な在留資格を持つ外国人は、約36万人いる。日系人の受け入れを開放した1990年から見てもその数は倍増し、外国人労働者は日本の産業の大きな担い手となっている。

しかし日本の外国人労働者政策は、戦略を欠いている。例えば、政府は、専門的な知識、技術を持つ外国人の受け入れを進めようと「高度人材」ポイント制を2012年5月にスタートさせた。もっとも永住要件の緩和など各種優遇措置を定めたものの、効果的に受け入れ人数を増やすことができていない。

2　現代の奴隷制―技能実習制度

外国から技能研修生を受け入れる技能実習制度は1950年代後半にスタートした。

制度は、日本の優れた技術・技能を海外に移転することで国際貢献するという一見立派な建前とは裏腹に、「実習」の名の下に低賃金労働力を確保しようとする「現代の奴隷制度」に他ならない。

技能実習生には、労働者としての権利が正面から認められていない。転職ができないというその制度自体から、低賃金、パスポートの取上げ、保証金・違約金、強制帰国、携帯電話・外泊の禁止、暴行・性的暴行などの病理現象の温床となっている。

3　国際的な批判にも表面的な政府対応

制度は、国連自由権規約委員会、国連人種差別撤

旗手明さん

廃委員会、米国国務省人身売買報告書などで国際的な批判を浴び、日本政府も「不正行為」を調査し、入管法を改定するなど表面的な対策は行ってはいる。しかし建前と実態が大幅に乖離した制度の抜本的改革は行っていない。

技能実習制度の病理現象は、使用者側の権限が極端に強い、特殊な雇用形態から生まれている。これを是正する方法は、技能実習制度を廃止し、全体的・統一的外国人労働者政策のもと、外国人の労働者としての在留を認めていく以外にない。

4　これからの外国人労働者政策

2020年の東京オリンピック開催が決まり、建設分野での人材不足が予測され、日本政府は、元実習生を受け入れるなどして外国人材を活用していく方針を定めた。

しかし、この拡大策は、戦略を持った外国人労働者政策の上に示されたものではなく、単に足りない所に人材を入れるだけの場当たり的なものに過ぎない。人口減少に伴う構造的人手不足は解決出来ず、外国人労働者の権利擁護の観点からも大き

な問題を残している。

この問題解決のためには、①職業選択の自由、労働基本権といった労働権が保障されているのか、②労働市場が機能しているか、③労働者に決定権があるか、④市民権の付与がどうなるかといった点を検討しつつ、統一的、全体的な視野から戦略を持って外国人労働者を受け入れる政策が必要となってくる。　**（報告：会員・弁護士 高橋涼子）**

第2　技能実習制度の下の人権侵害 ――高原一郎さん（外国人技能実習生権利ネットワーク福井事務局長）

1　外国人技能実習制度の現場

外国人技能実習生の就労現場は、劣悪である。研修のないまま、到着した翌日から単純労働に従事させられたり、パスポートや通帳を取り上げられたり、ということが当然のように行われている。残業代の未払いも多い。「時給300円」など、最低賃金以下の残業代しか払われないケースもあった。

給料を天引きして強制貯金させるなどの貯金管理も横行し、寮費、水道代・光熱費などの名目で、給料が不当に控除されることも珍しくない。

2　携帯、パソコン禁止―巧妙化する実習生管理

近年は、受入機関の増加に伴う異業種の参入と広域化というのが特徴的である。県外からも参入するようになり、問題を起こした実施機関の監理団体を知りたくて情報公開請求しても、企業秘密ということで教えてもらえない。広域化により更に監理団体の目が行き届かなくなり、会社が好き勝手なことをするようになった。

現場は悪質化し、しかも巧妙化している。パスポートや通帳を取り上げることを禁止する指針が

高原一郎さん

出されたところ、JITCO（財団法人国際研修協力機構）の指導が入り、実習生から預かり証をもらって一見合法的に取り上げるようになった。

実習生がパソコンで家族や友人と連絡を取り合うようになることを会社は警戒して、実習生に対し、携帯電話やパソコンを持つことを禁止するようになった。

実習生同士の交友や、行動に加える制限も極端に厳しくなり、実習生に対し、会社の半径300m以内から外に出歩くことを禁止していたというケースもあった。

3　月170時間残業で残業代不払い

われわれが支援した事件で、地元の縫製会社で働いていた実習生3人が、残業代の支払いを求めたケースがあった。会社は、実習生に対しひと月で平均して120～170時間もの残業をさせていて、出来高制の内職も恒常化していた。会社は、労働基準監督署から是正勧告を受けた。

実習生は、会社負担のはずである検定試験費用を負担させられ、さらに不当に高い水道代や光熱費を徴収されていた。

この事件で驚いたことは、JITCOの調査が形骸化していることであった。

調査員が来る前に、社長は、時間外手当が付いているように偽装された給与明細を実習生に手渡し、実習生が社長に歩調を合わせて対応することを求めて回答の練習をさせ、監理団体もこれを容認していた。

福井県には、調査員は2人しか常勤がおらず、資格もなく、300社くらいを受け持たされていた。調査の形骸化ぶりは目を覆うばかりで、とても不正を見抜けるものではなかった。

4　連帯責任と強制帰国

石川県の電子部品メーカーでは、中国人との交流禁止や、仕事以外での日本人と交流すること、恋愛をすることを禁止する規則が定められていた。

ある実習生が会社外の先輩と会ったことを理由に、実習生が解雇され帰国を命じられることになった。規則の恐ろしい点は、「連帯責任」が明記され、だれかが「違反」をすると、実習生仲間たちからも責められる状況に立たされるところにあった。

実習生が起こした裁判は、全面勝訴し、解雇は無効とされた。　**（報告：会員・弁護士 海渡双葉）**

第3　裁判から見えた技能実習制度の課題 ――外国人労働者弁護団・指宿昭一弁護士

1　技能実習生事件との出会い

2007年に弁護士登録して最初の事件が、岐阜市の中国人実習生たちの残業代請求事件だった。実習生の残業代が1年目は時給300円、2年目からは500円で、強制貯金月3万円、協同組合から月4万円の管理費を取られ、手取りは月わずか2万円であった。

残業は多い月で219時間もあった。パスポートと外国人登録証は取り上げられ、寒い冬場も、室温10℃のボロボロの部屋にすし詰めで生活させられていた。もちろん日本人との接触は禁止されていた。

2　残業代請求で勝利の調停

そんな中で、会社が実習生の受け入れ停止処分を受け、実習生たちは中国への帰国を迫られた。

しかし途中帰国すると、中国の送り出し機関に年収の2倍もの保証金を没収された上、違約金まで払わされる。そこで、実習生たちは残業代請求の労働審判を申し立てた。労働審判は、無事調停が成立したが、それだけで問題は終わらなかった。中国で実習生たちの先輩実習生らが大きなトラブルに巻き込まれていたのである。

3　中国で待っていた報復

実習生たちは、日本で裁判を起こすことを禁止され、マスコミへ訴えることも禁止され、労働組合への加入も禁止されていた。先輩の実習生たちは、受け入れ先から逃げた上、労組加入等の禁止条項に違反したとされ、中国本国で保証金の没収と違約金を請求され、一審、二審と敗訴してしまったのである。

驚いた私は上海へ渡った。そして現地の労働弁護士を探し出し、再審を戦った。最終的には一応の解決を見たものの、実習生問題には、帰国した後の報復の問題が重くつきまとっている。

4　技能実習生過労死事件

2008年、32歳の中国人実習生が急性心機能不全で亡くなったと相談を受けた。過労死が疑われたが、会社は、残業は月30時間でタイムカードもあると主張した。

ところが、同じ受け入れ協同組合の実習生の証言で、虚偽の残業時間と実際の残業時間を記した2種類のタイムカードがあることが判明し、そのコピーが、遺品の中から1枚だけ発見された。労働時間350時間、残業時間が180時間超と、過労死ラインを超えたものであった。

指宿昭一さん

最終的には、裁判で相当水準の和解を勝ち取ることに成功した。

しかし、このようにうまくいくケースは少ない。2008年度中に死亡した研修生・実習生は34人、そのうち脳・心疾患は16人と、健康な20代・30代の若者にはあり得ないほど、異常な数字を示しており、この過労死事件が氷山の一角に過ぎないことを物語る。

遺族と連絡を取ることの難しさ等から、事件化することは簡単ではない。本件も上海で遺族と面談できたことや、協力者が日本にいたことなど、いくつもの条件が重なったからこその結果であった。

5　技能実習制度の廃止に向けて

技能実習制度そのものに問題があることは明らかである。

問題の根本は制度目的と実態の乖離にある。「国際貢献の為に、発展途上国から外国人を受け入れ、技能・知識を修得させる」という趣旨を額面通りに考えている人はいない。単なる出稼ぎ・安価な労働力の調達のための制度に他ならない。

制度目的と乖離した実態が、実習生の保護を甘くする。送り出し機関の保証金と違約金で縛られた状態で共同組合の管理費等の中間搾取が横行し、労働関係法令をはじめとした保護がないがしろにされ、権利侵害が蔓延している。にもかかわらず、我が国は、安価な労働力を求めて、技能実習生制度を拡大させるという。

私は2008年、研修生弁連を立ち上げ、共同代表に就任した（今年7月に「実習生弁連」に名称変更）。2012年には、外国人労働者弁護団を設立した。日弁連でも2009年にプロジェクトチームが設置され、同制度の廃止を求めている。今後も技能実習制度の権利侵害に広く注力していきたい。

（報告：会員・弁護士 石﨑 明人）

「わたしのまんこは『わいせつ物』じゃない!」あなたは“男根主義”に毒されていないか

──ろくでなし子さん事件から考える

今年7月、自分の性器の3Dデータをインターネット上でダウンロードさせた女性漫画家が「わいせつ電磁的記録媒体頒布」の疑いで警察に逮捕された。

逮捕されたのは、ろくでなし子さん。自分の女性器をモチーフにして様々にデザイン・アレンジした一連のアート作品、「デコまん」を制作する彼女のユニークな活動は、日本だけでなく海外でも注目され、各国メディアでたびたび紹介されてきた。

逮捕の背景に「女性器とは、直ちにいかがわしいもの、いやらしいものという男根主義の論理がある」と、ろくでなし子さんは言う。日本社会の女性蔑視の現れと批判する海外メディアもある。逮捕から6日後、ろくでなし子さんは釈放された。しかし警視庁の捜査はまだ続いている。

ろくでなし子さんに、事件と日本社会のあり様についてお話をうかがった。　　（報告：会員・三浦 早結理）

手錠のままでの食事、クーラーなし

いつもと変わらない朝を迎えた7月12日午前。突然、警視庁の捜査員が、ろくでなし子さん宅に家宅捜査に入った。容疑は「わいせつ電磁的記録媒体頒布」。作品はもちろん、日記やメモ書きにいたるまで部屋の中のあらゆるものが押収され、彼女はその場で手錠をかけられた。

逮捕の直接的なきっかけとなったのは、創作活動の一環として、自らの女性器をかたどったカヤックを制作するために、クラウドファンディングを利用して資金調達する「3Dマンボートプロジェクト」と称する計画を実施したことだ。寄付をしてくれた支援者への謝礼として、自分の女性器の3Dデータを送ったことが、わいせつ物の頒布とみなされたのだ。

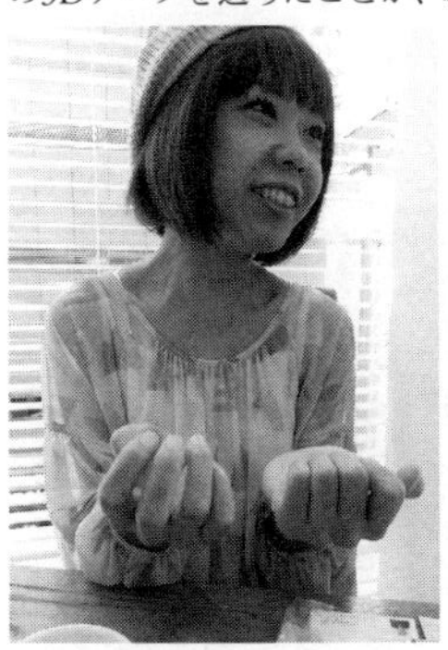

ろくでなし子さん

「事前に何の警告もなく、あまりに突然だったので、最初は何で私が？と訳がわからなくて…。その時点ではまだ犯罪者と確定してもいないのに、人権を無視した扱いには、心底憤りを覚えました」と、ろくでなし子さんは当時を振り返る。

たとえば、手錠は手首が赤くなるほどきつく締められる。しびれて痛いので「ゆるめて欲しい」と訴えても、なかなか聞き入れてもらえない。検察庁や裁判所では、固い木の椅子に座ったまま何時間も待たされて、裁判所では手錠のまま食事をさせられる。クーラーのない留置場の部屋では、どんなに暑くても、着ているものを自由に脱ぐことすら許されない。逮捕から勾留中に受けたひどい処遇は数え切れないと、ろくでなし子さんは訴える。

「逃げる気もないし、逃げられる場所でもないのに、そこまできびしく拘束する必要がどこにあるか、納得のいかないことだらけでした」

極めつけは、取り調べの際に、弁護士を呼ぶのを妨害するような発言があったことだ。「弁護士はお金がかかるよ」「当番弁護士なんて呼んでも当てにならないよ」などと言われ、何度も気持ちがくじけそうになったそうだ。警察が来た時、ろくでなし子さんは一人だったため、逮捕されたことは誰も知らなかったが、携帯も取り上げられて家族や友人に連絡しようにも、なす術がない。何とか外部と連絡を取りたい一心で、警察の言葉に屈せず要求を繰り返し、やっと当番弁護士を呼ぶことができた。

「警察は、端から私を“エロい事をしているあやしい女”と決めつけて、犯罪者扱いでした。クラウドファンディングについても知識が乏しくて、ちっとも話がかみ合わない。この活動の趣旨やしくみをどんなに説明しても、正当性は理解してもらえませんでした」

釈放はされたものの、留置場での6日間は、ろくでなし子さんにとって理不尽きわまりないものだった。

男性目線の常識との戦いが作品づくりの原動力

そもそも、彼女の作品づくりや活動は、「わいせつ」に当るのだろうか？

この問いに対して、本人の答えはすこぶる明快だ。

「石膏やシリコンで自分の女性器をかたどってはいますが、一度肉体を離れればそれは単なる造形物。肉体性を有しないのだから、わいせつではないと思っています」

ろくでなし子さんが、初めて女性器＝まんこをモチーフとした作品を作ったのは、2010年の夏頃のことだ。当初は、「性器をもとに何か作ったら面白いだろうな」という、ちょっとした思い付きにすぎなかった。遊び心と軽いノリで一回限りのつもりだったが、友人たちにウケが良かったこともあり、「デコまん」と名付けて作品を作り続けているうちに注目され、個展やワークショップを開くなど、徐々に活動の場が広がっていった。

ところが、作品が人の目に触れる機会が増えるにつれ、反発をくらうことも多くなった。あるニュースサイトで彼女の活動が取り上げられた時には、直後からアクセス数が異様に増えて、2チャンネルで“おやじ向けのアホな事をやっている頭のおかしな女”だとバッシングされたこともあった。

ろくでなし子さんにとって、まんこは手足と同様、体の一部であり、単に作品づくりに必要な「素材」のはずだったが、世間はそうは見てくれなかったのだ。そんな予想外の反応に、彼女の中に疑問が芽生えた。「どうして、“まんこ”というだけでこんなに叩かれなきゃいけないの？」と。

「作品を観て素直に面白がってくれる人も大勢いますが、とくに男性には、あからさまに嫌悪感を示す人が多かった。そういう人たちは、“まんこは暗闇の中で、布団をはがしてそっと見るもの”という先入観を持っていて、まるで男の所有物のように思っている。それを女が自由に扱うのは、“けしからん”というわけです。警察の言い分も、これとほとんど変りません。男性器をかたどった造形物は奉られることもあるのに、女性器はだめだなんて変ですよね？　まんこ＝いかがわしいもの、いやらしいもの、だから隠して当たり前。これって、まさに男性目線、男根主義の論理ですよね」と、ろくでなし子さんは指摘する。

―まんこは、女性ならだれにでも自然に備わっている臓器の一つ。特別視するのではなく、もっとありのままにとらえるべきだ―　そういう信念を持って、ろくでなし子さんは作品づくりを続けて来た。

なるほど、ろくでなし子さんの主張には一理ある。そう感じるのは、私だけだろうか。男性に限らず、「まんこ」という言葉に、どこかはずかしいという感覚や隠しておくべきものといったイメージを持っている人は少なくない。実際、テレビでは音声が消され、文章中で伏せ字になることもしばしばだ。そういう言葉を口にすることさえ、「はしたない」という固定観念が、いつの間にか意識の底に植えつけられてしまっているような気がする。でも待てよ。たしかにもっと自然体でいいはずだ。ことさら大声で話すことではないが、わざわざ声を低くして言う言葉でもない。そう思い、この記事を書くに当たり、“けしからん”と思われるむきもあろうが、筆者も文章中、はばかることなく「まんこ」という単語を使わせていただいた。

男性目線一辺倒の報道

ところで、ろくでなし子さんの創作活動については、事件の前からメディアでたびたび紹介されて来た。興味深いのは、日本と海外では、作品の取り上げ方に大きな違いがあることだ。日本の媒体では大抵、週刊誌の「女性器特集」のような「エロ」とからませた記事になる。たとえば、「かわった女がオヤジ向けにエロい物を作っている」といったニュアンスだ。　一方、海外メディアでは、“フェミニズム・アート”としてクローズ・アップされることが多いという。

「オランダやドイツのテレビ・新聞で何度か取材を受けましたが、彼らは、純粋にアートとしての面白さを報じてくれました。ちょっと変った手法だね、とは言われますが、いかにも男の嗜好品を扱っているような取り上げ方はされません」

海外メディアの報じ方がすべて正しいとは言わないが、常に「エロ」とセットで作品を取り上げたがる日本の紹介記事では、作品に込められた最も大事な作者の意図やメッセージは伝わらない。そ

女性器をモチーフにした「まんこちゃん」

マンボートを漕ぐろくでなし子さん

れどころか、むしろ彼女の活動や作品に対する誤解を産んでいると言ってもいいだろう。こうした報道姿勢にもまた、女性器＝卑猥なものという男性目線の偏った性的イメージが感じられる。

作品づくりにおけるろくでなし子さんのモットーは、「エロい」要素を一切そぎ取ることだ。「まんこ」の石膏型の上に、「ガンダム」を乗せてみたり、お祭りの様子や船上シーンをジオラマ風に再現したり、スマートフォンカバーにアレンジしたりと、デザインとして組み合わせるのは、すべて「エロ」とは関係ないものばかり。そこにセックスを連想させるものはない。

「私はみだりに、まんこを見せたくて作品を作っているわけではありません。見たくない人の権利は尊重したいし、TPOもわきまえているつもりです」

作品を見たときの受け止め方は人それぞれだ。女性器をモチーフにすること自体に賛否両論、好き嫌いもあるだろうが、少なくとも、ろくでなし子さんの作品が、卑猥な想像や性的興奮をあおることを目的としたものでないことは確かだ。法的な解釈は別として、彼女の活動や作品がわいせつか？と改めて問われれば、私は「ノー」だと答えたい。

周囲を見回せば、卑猥な雑誌や漫画、週刊誌の中吊り広告など、目にしたくもない過激な性表現はたくさんある。そういうものは野放しなのに、ろくでなし子さんの罪が問われることには、やはり矛盾を感じてしまう。

女性が輝く社会のために「まん権」の確立を

「デコまん」を作り始めた頃、ネット上でバッシングにあったろくでなし子さんだが、3年後の今、そのネット上で逮捕直後から釈放を求める活動が始まり、4日間で2万人近い署名が集まった。それは、“女性器は隠さなければならない、いやらしいものではないんだよ”“女性も堂々と自己主張していいんだよ”という、彼女が作品に込めたシンプルなメッセージに共感し、支持する人が増えてきたことの証しではないだろうか。

逮捕勾留というひどい体験はしたが、事件が大きく報道されたことで、結果的には、ろくでなし子さんの活動がより多くの人に知られ、支持を広げるきっかけにもなった。「もしかして、ろくでなし子さんのおもうつぼ？」と思うと、ちょっぴり痛快な気分にもなる。

しかし、染み付いた固定観念は、一朝一夕に変えられるものではない。つい最近も、女性議員に対するセクハラ野次が問題になったが、当事者たちの言い訳を聞く限り、自分の発した言葉のどこに問題があるかもわかっていないようだ。そういう人たちは、はたして彼女の作品を色めがねなしに見ることができるだろうか？

折しも、安倍政権は、「女性が輝く社会」を目標に掲げているが、半ば慣習化している男性優位の根本的な思想が変らなければ、いくら制度を整えたところで、本当の意味で女性が個性や能力を思う存分発揮できる社会は実現できないだろう。

ろくでなし子さんは、現在、起訴か不起訴かの判断を待っている段階だが、今回の逮捕にめげるどころか、その体験を糧にして、ますます活動の幅を広げようとしている。日本社会のタブーに立ち向かうたくましい彼女の姿は、国が打ち出す政策よりも、ずっと現実的で希望がもてると感じた。

インタビューの最後「今後の活動のご予定は？」との問いに、「女性が輝く社会の実現のためにも、「まん権（まんこの権利）」を向上させるのが大きな目標です！　そうだ、“まん権協会”を設立しようかな」と答えが返って来た。

その折りには、私も入会させていただきます。

あたごの杜から 事務局長日誌

◆新たな事件・事故が日々発生し、メディアにより次々報じられている。かつての出来事に関する記憶は薄れていき、気をつけないと意識にのぼらない。「誰も気がつかないうちに憲法が変わった。あの手口に学んだらどうか」という趣旨の麻生太郎副総理（当時）の発言は昨年叩かれた。しかし、事実上それに近い事態が進行してはいないであろうか。◆7月14日、元内閣官房副長官補の柳澤協二氏をお招きし、集団的自衛権に関する勉強会を実施した。普通なら大人数の聴衆を集める柳澤さんのお話を少人数で伺える贅沢な機会であった。抑止力を働かされた相手国は、抑止されまいと軍備を増強する。この「安全保障のジレンマ」は、見やすい道理のように思う。「軍拡のメカニズム」（加藤周一）が働くことになる。「相手の気持ちになって考えなさい」と子どものときに親などから、よく言われたはず。しかし、実際の場面で相手の立場で考えることは容易ではないということか。◆8月8日は、日本ペンクラブ・情報公開クリアリングハウス・JCLU共催の秘密保護法パブコメ勉強会。この勉強会も踏まえ、期限最終日の8月24日にJCLUもパブコメを提出した。◆9月3日JCLU例会を開催。7月にジュネーブで行われた自由権規約委員会の日本政府報告書審査の模様を、現地に行った井桁会員と移住連の大曲さんが報告した。「このような審査を、自国の人権状況を改善する良い機会と捉え積極的に利用している国もある。それに対し、日本政府は官僚答弁に終始し国際社会に背を向けていた」という井桁会員の指摘が印象に残った。◆9月13日14日は湯河原で合宿を行った。外国人の技能実習制度について様々な角度から学ぶ。残業代が時給300円。自動車1台分の車庫を寮と称し研修生3人を居住させ、一人あたり寮費月額2万円を控除し、「職場」変更は許さない。現代の「強制労働」の存在に驚く。内容からは逸れるが、合宿の宿備え付け歯ブラシが、あらかじめ歯磨き粉を染み込ませたタイプで、昭和の薫りがした。◆集団的自衛権に関する閣議決定の新3要件に、「我が国の存立が脅かされ、国民の生命、自由及び幸福追求の権利が根底から覆される明白な危険がある場合」とある。この危険の有無は時の政府が判断する。「政府は、慎重に検討した結果、明白な危険があると判断いたしました。ただし、特定秘密保護法との関係で判断の根拠は申し上げられません。」このような説明なき「説明」だけで、ものごとが進んでいきそうで怖い。（二関）

2014年8月から10月までのJCLU

8月8日	「特定秘密保護法のパブリックコメントを出そう！ 特定秘密の指定・解除・適性評価の基準素案勉強会」（三木由希子・情報公開クリアリングハウス理事長）専修大学神田キャンパス［JCLU・日本ペンクラブ・情報公開クリアリングハウスの共同プロジェクト］
8月8日～9月19日	早稲田大学からエクスターンシップ受入れ
8月9日～17日	JCLU事務局夏季休業
9月3日	9月例会ジュネーブ報告：「自由権規約政府報告書審査に見る人権委員会の関心―ムスリム監視事件と外国人の人権を中心に」（井桁大介・弁護士、大曲由起子・移住労働者と連帯するネットワーク事務局次長）中央大学駿河台記念館
9月8日	9月理事会
9月13日～14日	合宿「外国人労働者政策の現在」（旗手明・JCLU理事）・「技能実習制度の下での人権侵害の実態」（高原一郎・外国人技能実習生権利ネットワーク 福井 事務局長）・「裁判から見える技能実習制度の課題」（指宿昭一・弁護士）神奈川県湯河原町　温泉旅館“千鶴”
10月8日	10月理事会
10月19日	第21回JCLU久保田メモリアルシンポジウム「日本における人種差別を考えるシンポジウム～ヘイトスピーチをきっかけに」（パトリック＝ソーンベリー・キール大学名誉教授、西土彰一郎・成城大学法学部教授、師岡康子・弁護士、藤本美枝・弁護士、旗手明・JCLU理事）専修大学
10月27日	開かれた政府を作るプロジェクト第2回シンポジウム　参議院議員会館

【発行日】2014年10月28日 【発　行】公益社団法人 自由人権協会
〒105-0002　東京都港区愛宕1-6-7 愛宕山弁護士ビル306
TEL：03-3437-5466　FAX：03-3578-6687　URL：http://jclu.org/　Mail：jclu@jclu.org
（大阪・兵庫支部）
〒530-0047 大阪市北区西天満1-10-8　西天満 第11松屋ビル3F 堺筋共同法律事務所内
TEL：06-6364-3051　FAX：06-6364-3054
協会設立：1947.11.23　本紙創刊：1950.5.1　購読料：年間2,500円　郵便振替：00180-3-62718　発行人：二関辰郎

JCLU

人権新聞 Japan Civil Liberties Union
JCLU Newsletter
発行所 公益社団法人 自由人権協会
JCLU
〒105-0002 東京都港区愛宕1-6-7 愛宕山弁護士ビル306
TEL:03-3437-5466 FAX:03-3578-6687
URL:http://jclu.org/ Mail:jclu@jclu.org
協会設立:1947.11.23
本紙創刊:1950.5.1
購 読 料:年間2,500円

第21回 久保田メモリアルシンポジウム

日本における人種差別を考えるシンポジウム

——ヘイトスピーチをきっかけに

2014年10月19日、「日本における人種差別を考えるシンポジウム～ヘイトスピーチをきっかけに～」と題して、第21回目となる久保田メモリアルシンポジウムを、専修大学神田キャンパスで開催しました。前人種差別撤廃委員会委員でキール大学名誉教授のパトリック・ソーンベリーさんの基調講演に続き、西土彰一郎さん(成城大学法学部教授、憲法・情報法)、師岡康子さん(弁護士、大阪経済法科大学アジア太平洋研究センター客員研究員)、藤本美枝さん(弁護士、JCLU理事)を交えてパネルディスカッションを行いました。パネルディスカッションにはソーンベリーさんも参加し、コーディネーターは旗手明さん(JCLU理事・外国人の権利小委員会)が務めました。 (報告:殷勇基 弁護士)

第1部 基調講演 パトリック・ソーンベリーさんのお話

今日の話は、私の国連・人種差別撤廃委員会での13年ほどの活動にかかわっている。そのうち6年間は特別報告者としてかかわっていた。とはいえ、もちろん、今日の話は私個人として行うものである。

人種差別撤廃条約の背景

この条約の背景は、大変複雑だ。2015年にこの条約の解説書を出版する予定だが、この条約の背景をどこから始めるか、というのは難しい問題だ。この条約は人種論、人種的言説、例えば科学的人種主義を拒否するための条約だ。人種論は19世紀に非常に顕著となり、20世紀にも引き継がれた。人種論自体が植民地主義や奴隷貿易を生み出したのではなかったとしても、それらを支持、奨励するものだった。

人種論には2つの主な側面がある。1つは異なる人種が存在するという側面だ。もう1つは、優越的な人種と、劣位の人種がいるという側面だ。人種論は最終的には最悪の結果、ホロコーストを招いた。

国際連盟の当時、日本が国際連盟規約に人種的な平等を入れようとしたが、否決された。その後、国際連合憲章や、世界人権宣言などで人種差別は禁止された。人種差別禁止は1950～60年代のユネスコなどによる知的作業によって支えられた。

1960年代は植民地体制が継続していた。南アフリカではアパルトヘイト体制が続いていた。シナゴーグの破壊など宗教による差別も続いていた。ただ、国連総会は、人種差別と宗教差別とを分けて取り扱うことを決めた。このため、条約の5条には宗教についての規定があるにもかかわらず、人種差別撤廃委員会は、宗教による差別については及び腰になった。

条約の制定当時、多くの国が、人種差別とは植民地主義とアパルトヘイトのことであり、自国には人種差別は存在しないと主張した。しかし、これは正確ではない。条約の規定は一般的な規定となっており、植民地主義とアパルトヘイトに限定されるとは規定されていないからだ。

ソーンベリーさん。キール大学名誉教授、オクスフォード大学ケロッグカレッジ客員教授。専攻は国際法。2001年から2014年1月まで人種差別撤廃委員会委員。人種差別撤廃委員会・一般的勧告35「人種主義的ヘイトスピーチと闘う」の原案作成者。元マイノリティライツグループインターナショナル議長(1999年～2002年)。

1970年以降、委員会は、人種差別はグローバルな問題であり、どの国家にもあるのだ、ということを強調し続けてきた。委員会は、国家はすべて多民族国家で、民族的少数者や先住民を抱えている、という立場だ。

人種差別撤廃条約の目的

人種差別撤廃条約の目的は、条約の名前と、条約の前文に現れている。名前は「あらゆる形態の」人種差別となっている。人種差別の形態は定義されていない。条約制定時には、反ユダヤ主義や、反ナチズムなどに言及しようとする試みもあったが、すべて失敗し、条約中で特に言及されている特定の問題はアパルトヘイトのみだ。前文では人種差別は人間の尊厳および平等と両立しないということが言及されている。

人種差別撤廃委員会の一般的勧告35の主なポイント

一般的勧告35は「人種主義的ヘイトスピーチと闘う」と題されている。「一般的勧告」は特定の問題について委員会の見解を発表するものだ。

一般的勧告35は、条約4条に触れている。ただ、4条は非常に重要な条項であるものの、ヘイトスピーチと闘うには条約のすべての部分を動員しなければならないというのが一般的勧告35の考え方だ。

例えば、一般的勧告35のパラグラフ9では、人種差別と闘うための包括立法の制定を求めている。他方で、刑事法による[ヘイトスピーチへの]対処が強調されがちだが、その他の方法、[ヘイトスピーチに対する]対抗言論や教育の重要性も強調している。

パラグラフ6はヘイトスピーチの対象とされる集団について、先住民、世系に基づく集団、移住者、難民・庇護申請者、これらの集団の女性等を挙げている。

委員会は、宗教指導者に対する批判や、宗教の教義に対する意見は禁止されるべきではないことを認めているが、イスラム嫌悪など、宗教的少数者に対するヘイトスピーチについても言及している。

人種差別は、ターゲットが明確にならないようにごまかすために、直接的な言い方を避けて行われることがある。そのため、どのような文脈で言われたかが重要だ。聴衆が何について話しているかを理解できているのならば、人種差別となる。

4条は自動執行性を有していないため、締約国による特別な立法が必要だ。この点は、締約国と委員会とのあいだで議論が多くされてきた。

締約国は「法律や憲法で平等について謳っている。差別をしてはならないと規定している」などと言う。しかし、委員会はそれでは不十分で、特別な立法が必要なのだと説明してきた。

条約4条の「煽動」の定義についても一般的勧告35は説明している。煽動に該当するかどうかについても文脈が重要だ。

黙示的な行動、特定の人種に対するシンボル、発言者の意図、[ヘイトスピーチの中で言及された差別的な]行動に結びつく蓋然性などが重要な判断要素だ。

[ヘイトスピーチの中で言及された差別的な]行動が実際に行われなくても「煽動」には該当しうる。表現の自由に対する「十分な考慮」をしたうえで、条約4条の[人種差別を禁ずる]「措置」は講じられる必要がある。パラグラフ20では表現の自由に対する広汎、あいまいな制限が少数者に対して不利に使われてきたことに懸念を表することを述べている。

日本は4条の一部を留保している。委員会は留保を撤回するよう促してきている。一般的勧告35も、パラグラフ23で留保について言及している。

人種差別撤廃条約に基づく日本の報告の審査について

日本の報告の審査についての私からのコメントは、印象論的なコメントにとどまるが、まず言えることはいかなる国家の見解も委員会の見解と完全に一致することはないということだ。

そのうえで言うなら、委員会は日本に対して、民族的な事柄についての包括的な統計データがないこと、人種差別条約に対応する包括的な法制度がないことを指摘している。

条約は、人種、肌の色、世系、民族的(国民的)出身、種族的出身の5つの事由による差別を人種差別としている。しかし、日本国憲法14条は人種しか規定していない。肌の色、民族的出身、種族的出身が記載されておらず不十分だ。

たしかに、「人種」が一番主要な事由だが、5つすべての事由による差別を包括した法制度が必要だ。日本には、包括的に人種差別を禁止する法制度がない。また、日本は4条を留保している。委員会は、表現の自由は無制限ではないことを指摘し、日本政府に対して留保の範囲の縮減、または留保の撤回を勧めている。

日本政府と委員会の見解の相違が見られる分野

日本政府と委員会の見解の相違は、部落民、先住民族、特にアイヌ、沖縄に対する取扱いについて見られる。また、

CONTENTS

マイノリティの文化、言語、同化政策についてもそうである。そのほか、国内人権機関の欠如なども問題である。

日本政府報告に対する総括所見の中にはその他の論点も記載されているが、上記したようなものが未解決のものとして残っている主な課題だ。

表現の自由との関係

ヘイトスピーチ規制が表現の自由を過剰に規制してしまった例があるかとの質問に対する答えはイエスだ。ヘイトスピーチ規制が却って少数派を抑圧する結果になってしまった例があり、一般的勧告35もパラグラフ20で言及している。

しかし、条約を全体として考えてみると、表現の自由の行使について差別してはならないと規定している。条約は、表現の自由を無視しているのではなく、実際には保護しているのだ。

第2部　パネルディスカッション

師岡康子さんのお話

日本における人種差別の現状を考える時には、ヘイトスピーチは人種差別の一種だということを確認し、日本における人種差別はヘイトスピーチだけなのかを問い直すことが重要だ。

在日コリアンに対する人種差別についてみてみると、入管法による管理の対象となっている、国籍条項によって公務に就任できないし、法律に明文がない場合でも排除されていることなどが挙げられる。就職差別、教育における差別、入居差別、入店差別などもある。

日本政府はこの問題について公的調査をしていないが、ある調査では在日コリアンの半数が就職差別を経験している。これらの差別があることを確認したうえで、ヘイトスピーチの問題があることを理解したい。

日常の差別を受けている人に対して、そのように差別を受けるのはおまえの属性のせいだ、というのがヘイトスピーチ。日常の差別に加えて、ことばでダメ押しをするのがヘイトスピーチだ。

ヘイトスピーチとヘイトクライムの差は大きくはない。例えば、2002年の北朝鮮による拉致問題の際、ツバをはきかけられる、服を切られる、ホームから突き落とされる、などのヘイトクライムも既に起こっていた。

ヘイトスピーチは、被害者本人への深刻な打撃という害悪に加え、差別を伝播させることによって民主主義自体を破壊する。

西土彰一郎さんのお話

日本の現状についての認識は師岡さんと同じ。しかし、ヘイトスピーチへの規制は行うべきではないという立場である。

ヘイトスピーチを規制すると、萎縮効果を生んでしまう。人々は「安全な」表現しかしないように自制してしまうことになる。もっとも、私もヘイトスピーチの規制の可能性はあると思う。ただ、その前にやることがある。憲法原理の選択をしなければならない。また、例えば、マスメディアが少数者に寄りそうことが必要だ。そういうことを規制の前にまずやるべきだ。

藤本美枝さんのお話

ヘイトスピーチ規制はいわば対症療法。包括的な人種差別対策、人種差別撤廃法が必要だ。そこで、人種差別撤廃法についてのJCLU要綱について説明したい。人種差別を直接差別、間接差別（これら2つは「差別的取扱い」）、ハラスメント（「差別的言動」）の3つの類型で定義した。この3類型はEU指令（「人種的又は民族的な出身にかかわらない平等な取扱いの原則を実施するためのEU指令」）を参照した。国籍を理由とする差別も原則としては人種差別に該当し、例外的に該当しないとしても、いわば「立証責任」を転換するようにした。「人種差別撤廃委員会」を設置することとし、刑事罰も規定した。私人の行為については差別的取扱いのみを刑事規制の対象とした。公務員についてはハラスメントや、人種差別の助長も刑事規制の対象とした。ただし、人種差別撤廃委員会の告発を刑事規制の条件とした。また、委員会の救済手続きで解決できなかった場合で、かつ、悪質なものに限って告発できることとし、委員会は内閣府の外局として設置する。

ヘイトスピーチは「ハラスメント」に該当する。委員会が勧告し、勧告に従わない場合は差止めの民事訴訟ができる。しかし、私人によるヘイトスピーチは刑事規制の対象とはならない、としている。JCLU会内の議論では民事の差止判決に従わない場合には、刑事規制を認めるべきという意見もあったが、最終的にはこうなった。

登壇者の様子。右から、西土彰一郎さん、師岡康子さん、藤本美枝さん、旗手明さん

山田卓生先生追悼例会

現代日本の自己決定権

――セクシャルマイノリティが自分らしく生きるために

2014年11月6日（木）、「セクシャルマイノリティが自分らしく生きるために」というテーマを掲げ、憲法が専門でセクシャリティをめぐる法的問題にも取り組む徳島大学総合科学部准教授の中里見博さんと、セクシャルマイノリティ当事者で豊島区議会議員（当時）の石川大我さんを招き、東京霞が関の弁護士会館で例会を開催しました。この例会は、1988年から10年以上にわたりJCLUの代表理事を務められ、2013年10月に逝去された山田卓生先生の業績を偲び、山田先生の研究テーマの一つであった「私事と自己決定権」を現代社会に引き付けて考察したいと考え、「山田卓生先生追悼例会」として開催したものです。

（報告：事務局　安齋由紀）

石川大我さんのお話

LGBTとは?

石川大我さん

私は25歳まで、自分がゲイであることを誰にも言えずに生活していました。孤立感・孤独感を抱えて過ごした思春期の経験から、過去の自分と同じように悩んでいるゲイ、レズビアンの子どもたちを支えたいと考え、セクシャルマイノリティの若者を支援するNPOを設立して活動していました。そして、政治の面から社会を変えたいと考え、2011年にゲイであることを公表して地方議会議員に立候補しました。この時、日本で初めて、オープンゲイ（ゲイであることを公表している人）の地方議会議員が2名誕生したのですが、私がそのうちの1人です。

最近は「LGBT」「性同一性障害」「セクシャルマイノリティ」といった言葉も社会的に認知されつつあります。「セクシャルマイノリティ」とは性的少数者ということ。「LGBT」や「性同一性障害」を含む、かなり広い意味合いの言葉です。

LGBTはレズビアン、ゲイ、バイセクシャル、トランスジェンダーの頭文字を合わせて表現した言葉です。LGBTは人口の5.2％いるとされ、最近では、LGBTの経済規模が5兆7000億円だということで、経済的側面からLGBTをとらえようという動きも見られます。

とはいえ、当事者以外の人がLGBTとは何かを理解するのは難しいようです。以前、講演会で1時間半ほどLGBTについて話した後、一番前で熱心に話を聞いていた人から「次回は、ネクタイにスーツではなく、スカートをはいて自分らしい姿の大我さんと会いたい。」と言われました。

私は、男性として生まれ、自分は男性だと自認し、恋愛対象が男性である、男性の同性愛者なので、女性の格好をしたいとは思いません。男性として生まれながら自己認識の性が女性であるのは性同一性障害の人たちです。私の話し方が下手だったのかもしれませんが、なかなか、その区別をつけるのは難しいようです。

性の要素は、「体の性」「心の性」「好きになる性」の3つに分類されます。生まれた時の外見上の特徴を医師が見て判断するのが「体の性」です。

幼稚園や小学校低学年くらいになって、「自分は男だ」とか「女だ」と自認するようになる。これが「心の性」です。この自認が「体の性」と食い違う人がトランスジェンダー、性同一性障害と呼ばれる人たちです。

例えば「体の性」は女性で「心の性」が男性という友人は、七五三の時に女の子の着物を着せられたのが嫌で仕方なかったといっていました。

そして、みなさん様々だと思いますが、幼稚園～小学校高学年～中学生くらいで迎える初恋では、「自分は女性だから、異性愛男性を好きにならなければならない」などと考えてするものではなく、無自覚に、淡い気持ちを抱くものでしょう。この時に好きになる相手の性が「好きになる性」です。

この「好きになる性」が自分の「心の性」と同じである場合が同性愛です。

孤立する思春期

私は小学校5年生の時、1学年上の男の子が気になり始めました。そして、中学生くらいになると「この気持ちはなんだろう」と考えるようになります。友達は女の子のことで騒ぎ出すけれど、私は男の子といた方が心地よくて、どうやら同性愛というものらしいと気づくのです。

そこで、広辞苑で「同性愛」の意味を調べてみました。すると当時の広辞苑には「同性を愛し、同性に性欲を感じる異常性欲の一種」とあったのです。中学1年生の少年にとっては衝撃が大きく、「これは、人に言ってはいけない」と思いました。

また、当時の保健体育の副読本には「同性愛というのは思春期の一過性のもので、大人になれば治る」とありました。

だから、「自分は同性に性欲を感じてしまう異常性欲の持ち主であって、これは人には言えない。でも、思春期の一過性のものだから、しばらく誰にも言わずに我慢すれば、将来は女の人を好きになるのだろう。」と思ったのです。

しかも、世の中には同性愛に対する否定的な言葉があふれており、そうした表現に接する中で自己肯定感を持てなくなり、自分自身を表現できなくなるのです。

たとえば、中学生のとき、私は男性アイドルグループの光GENJIの佐藤敦啓くんのファンでした。でも、学校では、女性歌手の話題で盛り上がっている男子の会話に交じっていかなければならない。そこで私は、女性アイドルの浅香唯さんのファンだという設定を作り出しました。つまり「光GENJIの佐藤敦啓くんが好きだ」ということを黙っているだけでは足りなくて、積極的に「浅香唯さんが好きだ」という振りをしなければ、教室の中で孤立して、立場が危うくなる。そういうプレッシャーが存在しているところに、差別の根深さ、偏見の根深さがあるのです。

LGBTは人口の5.2％いるのですから、学年に数名はLGBTの人がいるはずです。でも、私と同様、教室で孤立することを恐れて異性愛の振りをしていることが多いから、学校で同じ立場の人に出会うことは非常に難しいのです。

一人ではないと気付いて

保健体育の副読本には「思春期の一過性のもの」と書かれていたのに、大学に入ったとたんに好きになったのが男の子でした。それで、どうやらこれは一過性のものではないということが分かってきます。ちなみに現在ではこの説は否定されています。

そこで、悩んだ末、たった一人、親友にはカミングアウトしましたが、多くの人に打ち明けて関係性を築くことはできないまま、大学も卒業してしまいました。

そんな中、1999年、私の家でもパソコンを購入しました。そこで、インターネットで「ゲイ」や「同性愛」と検索してみて、画面上に同年代の同性愛の人が現れたときの衝撃は大きかった。今まで、自分ひとりだけだと思っていたのに、ほかにも同じ状況の人がいるのだと知って、途端に元気が出たのです。

それで、当事者団体につながって活動をするようになり、「ボクの彼氏はどこにいる？」（講談社）という本も書き、その中で実名でカミングアウトしました。

そうしたら、全国から「自分も孤立している」という連絡を頂くようになり、2002年に当事者の10代、20代の人たちに交流の場を提供するNPOを始めたのです。

政治の世界での取り組み

今、同性婚を認める国も増え、国連事務総長がLGBTに対する差別をなくそうと呼び掛けるなど、世界ではLGBTの人権擁護が進みつつあります。G8の中で同性同士のパートナーシップを認めていないのは、今や日本とロシアだけです。日本でも国際的な視点をもって、LGBTの人権状況改善を進めるべきだと思います。

例えば、現在、区営住宅には同性同士のカップルは入居できません。公営住宅法に同居親族要件があり、公営住宅に入居できるのは、婚姻届を出している男女、事実婚関係の男女、そして、婚姻予定者に限られるからです。この規定によると、今日初めて会った人たちでも、男性と女性の組み合わせであれば「婚姻予定者です」と主張して公営住宅に入ることができる。でも、同性同士のカップルだと、何年連れ添っていても公営住宅には入居できないのです。

そこで、たとえば、住民票の続柄欄に「同居人」と記載すれば同性同士のカップルでも世帯が一つになるので、そのような場合には公営住宅への入居を認めてはどうかと考え、条例の変更を目指して取り組んでいます。

中里見博さんのお話

日本における同性愛抑圧の実態

日本では、ゲイやバイセクシャルなどの男性の自殺未遂率は、異性愛の男性のおよそ6倍という調査結果があります。同性愛男性の高い自殺リスクの要因は、「孤立感」「内在化したホモフォビア（同性愛恐怖）」「将来への絶望」などです。

性的マイノリティの孤立感が民族的マイノリティなどの孤立感と異なるのは、民族的マイノリティであれば家族や同民族の仲間と理解しあえるのに対して、性的マイノリティの場合、家族も多数派のセクシュアリティの持ち主であるため、家庭内においてさえも孤立するという点です。

また、日本の教育現場では同性愛や性的指向に関する教育がなされていないので、同性愛について肯定的な考え方や情報を得られないまま、同性愛者は孤立を深めていくのです。

同性愛差別・抑圧と異性愛主義、ジェンダー

同性愛に対するこのような抑圧の背景には、異性愛を唯一の自然な性愛の形態とする異性愛主義があります。

異性愛主義が支配的な社会では、男性には男性の、女性には女性の定義や役割、つまりジェンダーが存在し、女性化した男性である同性愛男性や、男性化した女性である同性愛女性は、ジェンダーを侵害するとして、非難されるのです。つまり、同性愛差別はジェンダー支配と結びついているのです。

そうすると、同性愛に対する偏見を克服するためには、同性愛の問題を個人の尊厳の観点から「人権」と捉えなおすとともに、同性愛差別と、異性愛主義における男性優位のジェンダー支配とを関連付け、性差別禁止の中に同性愛差別の禁止も含めることが必要です。

「異性愛」の歴史化と脱自然化

同性愛が「異常」であるという偏見を克服するには、「異性愛も同性愛も性愛の多様な自然の一種」ととらえ返すだけでは不十分です。なぜなら、異性愛が「自然」であるという前提を問い直さなければ、「自然な異性愛」に対置する「異常な同性愛」を再出現させ続けることになるからです。そこで、異性愛が自然であるという考え方こそを問い直す必要があるのです。

歴史的に見ると、社会秩序の安定が求められるとき、その基盤として家庭生活の安定や乱れたジェンダーの沈静化が図られます。そこでは「異性愛」に基づく体制の確立が求められ、異性愛者の正当性を確認するために同性愛者が取り締まられます。このような歴史的経緯の中で、「異性愛」の定義を万全にするために、対立概念として作られたのが「同性愛」なのです。

つまり、「異性愛」と「同性愛」は対立する概念として作り出されたものであって、他方が存在しなければ、それ自体として本質的な意味を持たないのです。

しかし、この考えをつきつめると、同性愛者も異性愛者も「いない」ことになってしまい、同性愛者のアイデンティティが失われるのでしょうか。

この問いに対する解としては、1990年代に「動くゲイとレズビアンの会（アカー）」が到達した結論が示唆に富んでいます。曰く、「差別や抑圧構造の歴史的恣意性を示すことはそれに対する戦いの大切な一環である。しかし、それがすべてではない。ホモフォビアの仕掛けがわかったとしても、それをなくすことができるとは限らない・・・いかなる知的・学問的な認識や言説を創出しようともそれだけでは奴隷は奴隷のままなのだ。奴隷根性から脱却するには行動を可能にするアイデンティティへのプライドもまた不可欠なのである。」

人権としての性的指向

憲法学では赤坂正浩さんが、「同性愛者であること」は憲法13条の「個人として尊重される」という規定によって保護されると同時に、同性愛者であることを理由とした差別は憲法14条1項後段の「社会的身分による差別」にあたり違憲である、との見解を示しています。

中里見博さん

14条1項説は多くの支持を得ています。この説では、同性愛は選択不能で生来的な性的指向なので、「本人の意思では容易に脱することができない、社会的評価を伴う身分または地位」にあたるとされます。

しかし、このように同性愛を生来的な性的指向、つまり「生得的自然」と定義付ければ、同性愛を脱自然化し、その恣意性を暴いてきた成果に逆行します。

同性愛の「自然化」は「異性愛も同性愛も多様な自然の一種」とすることです。この考え方は「異性愛の自然」を温存するので、支配的なセクシュアリティである異性愛の自然こそ正常で、同性愛は「生まれつきの異常」という偏見を常に生み出し続けるのです。

また、セクシュアリティを「本人の意思では選択不能な」性的指向ととらえることだけが正しいとすると、人生の途中で性的傾向が変化した者や、政治的にレズビアンを選択した者などを保護できません。

そこで、性的指向を「自然」で「先天的」な非意思的側面と、「選択」し「自己決定できる」意思的側面を持つ重層的なものととらえ直すべきと考えます。

いかなる性的指向も無自覚に与えられますが、異性愛者は与えられた性的指向に疑問を持つこともなく同一化できます。しかし、同性愛者がホモフォビアに打ち克たずに「同性愛者になる」ことはほぼ不可能です。「気がついたら同性と性交していた」「気がついたらら同性と同居していた」という同性愛者はまずいません。選んでゲイになるわけではないけれど、「生き方としてゲイであること」を選ぶのです。その意味で、同性愛者であることには意思的な選択という契機が不可避的に含まれ、そのため、性的指向は重層的にとらえることができるのです。

その上で、意思的であると非意思的であるとを問わず、性的指向をアイデンティティと捉えて、憲法13条前段の「個人として尊重される」または後段の「幸福追求権」によって保護すべきと考えます。

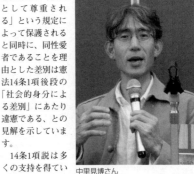

「開かれた政府」プロジェクト第2回シンポジウムを開催

JCLUは、昨年7月、日本ペンクラブ、情報公開クリアリングハウスとともに「開かれた政府を作るプロジェクト」を始め、10月27日に「『開かれた政府』はどうつくられるのか～これまでの政府の取り組み事例」と題するプログラムを行なった（於 衆議院第2議員会館）。

（報告：升味佐江子 弁護士・理事）

プログラムでは、紙谷雅子さん(JCLU代表理事)のあいさつに続き、三木由希子さん（情報公開クリアリングハウス理事長）がプロジェクトの目的を説明したのち、内閣官房行政改革推進本部及び同IT戦略本部から出席した担当者の報告をきいた。また、65か国が参加する国際的枠組みOGP（オープンガバメントパートナーシップ）のサポートユニット市民社会コーディネーターのポール・マーセンさんは、発足後3年間の経験を紹介し、他国とのパートナーシップ、様々なグループが政策立案の過程にかかわる重要性を指摘し、今後は参加する国や国内グループを増やすこと、他国の経験を相互に学ぶこと、行政のみならず立法や司法、身近な地方自治体をも対象とすること、トピックの幅を広げ環境問題、企業の社会的責任、軍需産業なども取り上げることなどの広がりが期待されていると発言した。さらに、日本のオープンガバメントについてローレンス・レペタさん（明治大学特任教授）がコメントし、最後に、日本ペンクラブから山田健太さん（理事、専修大学教授）が今後の取り組みを説明し締めくくりの挨拶をした。

オープンガバメント、オープンデータという言葉はようやくメディアにもみられるようになったが、政府の取り組みについて担当者が市民に対して説明する機会はほとんどなかった。そのためか、準備期間が極めて短かかったにもかかわらず、関心は高く、50名以上の市民のほか、議員の出席もあった。

「開かれた政府」プロジェクトは情報公開だけが目的ではない。市民が参加して政策（アクションプラン）を策定し、これを自主的に検証する作業を続けることで真に政府を市民のものとする試みであり、現状では道は険しく遠い。政府の取り組みも、それぞれがばらばらに、経済の活性化、生活利便の向上、行政の透明性の向上を目的に始まったばかりで、OGPの特徴である市民社会との協働の根本的な意義を認めているわけではない。私たちのプロジェクトは、「開かれた政府をつくる」というアイデアを社会に広め、それが情報の公開や秘密のコントロールにとどまらず政府と市民の関係のつくり方として希望のタネとなりうるものだという理解を共有するところから始めることになる。今回のプログラムは、そのための一歩であった。以下、三木さんと政府担当者の発言の内容を報告する。

【市民社会と政府の協働で「開かれた政府」をつくる】

三木由希子さん（情報公開クリアリングハウス理事長）

一昨年来私たち三者で特定秘密保護法に関連したシンポジウムの共催を重ねる中で、秘密の民主的統制、コントロールだけではなく、市民の側が根本的にもっとオープンな政府を目指す必要があるという問題意識が生まれた。政府が市民社会に対して閉鎖的で対立的で痛みの多い関係となるのではなく、協働して少しずつでも適度な関係性を持つことで開放的になることをイメージしている。

シンポジウムで報告する三木由希子さん

このような発想での国際的な枠組みはすでに動き始めている。それが、OGPだ。2011年9月に正式に発足した先進国を中心に64か国の政府が加盟する自発的で多様な利害関係者による開かれた政府を推進する国際的な活動である。

OGPでは、加入国政府が市民社会と協働してテーマを決め自主的なアクションプランを策定し公表し、定期的にそのプランに沿った国内の改革の進み具合を点検し自己評価するとともにOGPの独立報告メカニズムによる評価を受ける。このようなサイクルを繰り返しながら、政府の「開かれ度」を上げていこうとしている。また、プランの内容には世界共通の基準があるわけではなく、それぞれの国が政府と市民社会の対話によって自主的に策定し、すべての過程に市民社会の参加が前提となっている。このように政府の策定し公表した約束は加入国間の最高位の政治的対話によって国際公約化し、そのことが国内では抵抗が大きい改革の実施を担保する手段となる。加入国は志を同じくする改革者のコミュニティであり、政府と市民社会の双方を支援する体制も用意されている。

残念ながら日本はOGPには未加入だが、2014年5月の安倍首相訪英時の共同声明には「英国は、日本が重要なイニシャチブであると考えるOGPへの参加の検討を加速させるとの意欲を歓迎する」とあり、国際的にも加入は公約になっている。

私たちのプロジェクトには三本の柱がある。一つは、OGPに日本政府が参加するためのアクション、二つは、市民生活に身近な自治体をより開かれたものにしていくためのアクション、三つめは、開かれた政府を作るメディアのためのアクション。今回は、一つ目に関連して、現状で政府が取り組んでいる施策を知る機会としたい。

【予算執行の情報公開の取り組み—オープンガバメントに関する政府の取り組み①】

内閣官房行革推進本部 担当者

政府では、国民本位で、時代に即した合理的かつ効率的な行政を実現する観点から、適切に予算執行等に努めることが求められていることを踏まえ、2013年6月に「行政の透明性向上のための予算執行等のあり方について」を閣議決定し、これに基づき、内閣官房行政改革推進本部で「予算執行等にかかる情報の公表等に関する指針」を策定した。

この指針では、財務省は、予算の概算決定後に概要と全体像を公表し、各府省庁もその所管する予算の概要を、国民にわかりやすい形で公表するものとしている。また、予算の使い方、予算執行にかかわる情報は、公共事業は直轄事業と補助事業に分けて公表し、さらに、補助金などに関する事項、委託調査費に関する事項の公表も項目を定めて行うこととしている。その他の項目で公表しているものには、庁費及び職員旅費、タクシー代などもある。方法は、各府省庁のHPでの公表であるが、総務省HPの電子政府の総合窓口(e−Gov)及び財務省HPに、各府省庁のページに対して一元的なリンクを張っている。今後も、必要な情報の公表をすすめたい。

【オープンデータの取り組み—オープンガバメントに関する政府の取り組み②】

内閣官房IT戦略本部 担当者

政府は、公的機関が保有するデータを民間が編集・加工が容易な形でインターネット上に公開するオープンデータを進めようとしている。オープンデータには、①経済の活性化・新事業の創出、②官民共同による公共サービスの実現、③行政の透明性・信頼性の向上の意義があり、諸外国では、住民の要望への自治体の対応状況を確認できるサービスや一般消費者に不動産情報をわかりやすく提供するサービス等の例がある。

政府は、2012年に「電子行政オープンデータ戦略」を発表し基本原則を定め、官民による実務者会議を設置している。その後、2013年には特に経済活性化の取り組みとしてオープンデータを位置付けた「世界最先端IT国家創造宣言」が出され、これに基づき作成された2021年までのロードマップに従い利用ルールの整備、公開の拡大、普及・啓発、評価の分野で取り組みを進めている。

なお、2013年6月のG8サミットでは、Trade（貿易）、Tax（税）、Transparency（透明性）の主要テーマのうち「透明性」の中でオープンデータが取り上げられ、オープンデータ5原則を含む「オープンデータ憲章」が合意された。これに基づき、政府はアクションプランを作成し、国の統計、地図、選挙、予算などのキーデータセット及び企業統計、犯罪と司法、地球観測、教育、エネルギーと環境などのハイバリューデータセットの公開と利用の普及などを進めている。

今後は、政府全体としてデータカタログサイトの充実活用に取り組むとともに、内閣官房や実務者会議では、自治体への普及を図り、各府省庁のHPの利用ルールを見直し、公共データの利活用の促進とデータカタログサイト本格版の運用を目指している。

【オープンデータ5原則】

①オープンデータの原則
すべての政府のデータはオープンデータとして公表されるとの期待の醸成
②質と量
適時・包括的・正確な高品質のデータを公開
③すべての者が利用できる
すべてのデータを獲得・利用でき、無料で制約のないものであるべき
④改善したガバナンスのためのデータ公表
データ収集や公表の過程の透明性の確保
⑤イノベーションオンためのデータの公表
商業利用を含めデータの利用を普及と機械判読が容易な形式で公表

特定秘密保護法シンポジウム
――国家権力と国家秘密と情報公開

2014年12月10日、特定秘密の保護に関する法律(特定秘密保護法)が施行された。当協会は、従前より、同法の施行が、政府保有情報への市民のアクセスをより強固にしようとする世界の潮流に反する愚挙であるとして、同法の廃止を強く求めていた。また、当協会のみならず、多くの個人や団体が同法の施行に反対していた。このような状況の下、同法が施行された現在においては、同法とどのように向き合っていくべきかという観点も必要かつ有益である。

特定秘密保護法の施行を翌日に控える2014年12月9日、専修大学神田キャンパスにおいて、NPO情報公開クリアリングハウス設立15周年記念シンポジウムが開催され、当協会も後援した。本シンポジウムは、同法とどのように向き合っていくべきかという差し迫った必要性から開催されたものである。登壇者は、ご講演順に、長野県短期大学助教の瀬畑源氏、法政大学教授の杉田敦氏、情報公開クリアリングハウス理事長の三木由希子氏の3名である。以下、本シンポジウムにつき報告する。

（報告：会員・弁護士　藤原大輔）

1.公文書管理と国家秘密（瀬畑源氏のご講演）の概要

特定秘密保護法に対して、「知る権利が侵される」という批判がなされているが、この批判は正鵠を射ているのか。「知る権利が侵される」ということは、そもそも、知る権利が保障されていたことが前提となっている。

しかし、歴史研究者にとっては、日本の公文書(特に政策決定過程や機密)がしっかりと保管されていないことは常識である。また、特定秘密保護法が施行される以前も、情報公開法5条3号や4号では、安全保障や公安の情報は行政機関の長が公開すると問題が生じるおそれがあると認めれば不開示にできるとされているため、広範な不開示につながっていた。そして、政府は現在保有する情報の公開に消極的であるにとどまらず、「不要の秘密文書は、必ず焼却する等復元できない方法により処分すること」（1965年4月15日事務次官等会議申合せ「秘密文書等の取扱いについて」）と、秘密文書の将来の公開にも極めて消極的な姿勢をとっている。このように、従前より、国民の知る権利は相当に制限されていたのであり、これらの実態を市民が十分に理解し、政府の情報公開に対する姿勢に極めて問題があることを市民が的確に批判する必要がある。

政府保有情報を管理する官僚は、プロとしての誇りや他者からの有効な批判を制限するために、元来、専門的な情報を独占したがるものであり、これが権力の源泉となっている。他方、本来の主権者たる市民が主権者たりえるには、情報の不均衡の是正が必要であり、情報公開制度はこのために不可欠な存在である。

情報公開制度は、かかる趣旨から市民にとって必要不可欠な存在であるが、そもそも政府によって情報がしっかりと文書として作成、整理、保存されていなければなんら実効性のないものとなりかねない。情報の適正な管理は、市民による検証、これをもとにした今後のよりよい政策に資するものであり、市民のみならず政府にとっても有益である。

特定秘密保護法が施行された今、私たち市民にとって必要なことは、制度への理解、政府に対する監視の継続、そして、情報公開の前提をなす公文書管理制度を適正に改善するよう求めるなどの具体的な提案を伴った制度改正である。

2.国家権力とどう向き合うか―秘密と公開と民主主義（杉田敦氏のご講演）の概要

2014年11月21日、衆議院が解散し、同年12月2日に総選挙の公示が行われた。政治学者の立場として、総選挙に関連して指摘したいことは、民主主義が抱える重大な欠陥である"包括的な信任"である。

市民の関心は、その多くが、「景気対策」・「年金・医療・介護・子育て」に集中しており、憲法96条の改正、集団的自衛権の問題、原子力発電所再稼働の是非などの極めて重大な問題が争点化しないままに、包括的な信任が与えられてしまうことになるのである。特定秘密保護法が施行に至り、この度の総選挙でも同法の施行の是非については争点化されることがないことも、このような民主主義が抱える重大な欠陥といえる。

特定秘密保護法における行政内部、立法府、司法いずれのチェック機能も不十分であり、全体として秘密をもつことによってコストを負担するシステムになっていないため、今後、秘密の指定が増加していき、情報の秘匿が行われることは目に見えている。日に日に増加する広範な秘密指定により、特定秘密保護法違反による逮捕者が続発するという事態はあまり想定できないが、日本独自の自粛ないし意思を忖度する文化は同法の運用に当たって極めて問題と思われる。同法を成立・施行させたことは政府・権力による愚挙であるが、特定秘密保護法の刑罰規定を恐れるあまり、市民が自粛ないし意思を忖度して政府からの積極的な情報の取得を抑制してしまう可能性があり、これにより萎縮効果を生ぜしめることは、市民が自ら、政府の愚挙に加担していることに他ならないことになる。

シンポジウムの様子。左から瀬畑源さん、杉田敦さん、三木由希子さん

イラク戦争の発端は、イラクが大量破壊兵器を生産・保有しているということであったが、結果的に同兵器が存在することはなかった。アメリカやイギリスではこのことが非常に問題とされたにもかかわらず、日本の国民は、ほとんど関心を持つことがなく、政府や権力は情報を隠す、ミスリードするという感覚が市民に根付いていない。

一般的にいえば、日本の政治・行政の質を上げるためには、元来、政府や権力は情報を隠す、ミスリードする危険性をはらんでいるという問題点に市民が関心を持つことが、そして、特定秘密保護法の施行に関していえば、同法の施行により情報の公開が抑制され透明性のない政治が行われるという問題点に市民が関心を持つことが肝要である。

3.これまでの情報公開から見通す国家秘密と情報公開（三木由希子氏のご講演）の概要

特定非営利活動法人情報公開クリアリングハウスが、特定秘密保護法施行前、政府の秘密文書に関する内部ルールによる秘密指定・秘密保護の実態を調査したところ（詳細は、同法人のホームページhttp://clearinghouse.main.jp/wp/?p=952をご参照ください。）、秘密指定の件数、解除・廃棄の件数などの件数に関する文書は全行政機関で「不存在」となり、内部ルールで秘密文書、特別管理秘密ともに指定の期間について、「無期限」の指定ができる機関が存在する、秘密指定の管理ルールが全体的に緩く、指定解除が機能しているのか検証不能であり、歴史文書としての移管状況も不明な実態で秘密指定が行われていること等が判明した。

このように、特定秘密保護法の施行前においても、市民に対する適正な情報の公開に資するとは言い得ない秘密指定が当然のように行われていた。政府が秘密を過剰に持つことは問題であるので、特定秘密だけを見て秘密が増えたかどうかを議論していても、それ以外の秘密は減らないことになる。こうした状況が、市民が知るべき情報を非公開とする政府組織の土壌をつくることになる。

特定秘密保護法は、秘密指定を実効的にチェックする機関を欠き、秘密の指定解除についてもその制度が保障されていないなど多々の問題点が指摘されていたにも関わらず、これらの問題が解決されないまま施行に至ってしまった。

情報の公開は、市民にとって必要不可欠なものであるところ、今後も、具体的な制度やシステム、情報公開を求める市民の圧力等、適正な情報公開を求め続ける明確な意思を市民が持ち続けなければならない。

4.パネルディスカッション

次いで行われた登壇者3名によるパネルディスカッションにおいては、以下のとおり、特定秘密保護法の問題点の指摘や提言がされた。

・同法は公務員等の行動を直接制約する規定となっているが、メディア等が情報の取得や報道を自粛することにより、市民が重要な情報を得られないことになるという点で、市民に密接する問題であることを意識するべきである。

・秘密を保護する制度を作る際には、同時に「内部告発」制度を充実させるよう十分に検討すべきである。特定秘密保護法における内部告発制度は利用が困難な制度であり、法の不備である。また、秘密を報道する側のメディアが特定秘密等の情報通報者・告発者の保護を万全にする態勢を整えているかについて改めて検討すべきではないか。

・市民が情報の公開を求め続けることは、政府・権力の適正を図るためのプレッシャーとなるので、特定秘密保護法が施行されたので終わりなのではなく、今後も運用の問題点等を指摘し続け、批判の声を上げ続けていくことが大事である。

5.まとめ

本シンポジウムは約2時間半の予定がされていたものの、終了予定時刻を超えても参加者から質問がされるなど、特定秘密保護法に対する市民の関心の高さが伺われた。登壇者3名のご講演で共通していたことは、市民が特定秘密保護法の制度・運用の問題点を意識・批判して、権力に対する民主的コントロールを及ぼすために必要不可欠な情報公開制度の拡充・活用を求め続けることであった。

国家の秘密も市民の情報だ
——特定秘密保護法施行と同法の廃止を求める声明

会員・弁護士 秋山 淳

特定秘密保護法の廃止を求める声明

2014年12月10日、特定秘密の保護に関する法律（特定秘密保護法）が施行された。政府は、2013年12月に多くの国民の反対があるにもかかわらず強行採決によって可決し、法律制定後は依然として多くの反対の意見があり、国連人権（自由権）規約委員会の勧告を受けたにもかかわらず、同法施行令及び運用基準を閣議決定した。

特定秘密保護法は、新たな秘密保護法制を設ける必要性が欠如しているうえ、市民の知る権利、表現の自由などの憲法上の人権を侵害する危険性が極めて大きいものだ。また、秘密指定された情報を取得した者に重い刑罰を科し、民主主義社会に必須の情報の流通を否定するものだ。さらに、特定秘密を扱う者の適正評価制度は、秘密の取扱者及びその家族等の関係者のプライバシーを著しく侵害するおそれがある。この特定秘密保護法案には、わずか2週間のパブリックコメント期間に8万8000件以上の意見が出され、そのうち約79％が同法案に反対するものだった。

当協会は、国民が主権を有する民主主義国家にあっては、国の情報はすべて国民の情報で公開が原則であり、即時に公開が困難な秘密があっても将来の公開は義務づけられなければならないことを指摘し、特定秘密保護法案が、行政による秘密指定を広範かつ超長期に認め、市民の知る権利、表現の自由などの憲法上の人権を侵害するおそれが高く、また民主主義社会に必須の情報の自由な流通を否定するものだとして、当初から一貫して同法案に反対してきた。パブリックコメントとして法案に反対する意見書を発表（2013年9月17日）したほか、同法案の対象となる公文書の管理に関し、公文書管理法の改正を求める意見書を発表した（2013年11月18日）。さらに同法案の衆議院での可決、参議院の委員会及び本会議での強行採決の際には、廃案を求める声明を発表してきた。また、緊急シンポジウム「国家秘密と情報公開」を連続開催している。

政府は、2013年12月の法律制定以降、施行に向けて準備を進め、国民の強い反対の声に十分配慮したとは到底いえない施行令や統一的な運用基準案を策定し、パブリックコメントを経て若干の修正を行っただけで、施行令・運用基準を閣議決定した。特定秘密保護法は2014年12月10日に施行され、政府によれば、2014年度末の時点で10の行政機関が382の事項を特定秘密に指定したという。

しかし、施行令・運用基準が定められても、依然として市民の知る権利、表現の自由を侵害するおそれが高いことには全く変わりはない。当協会は、特定秘密保護法の施行にあたり、2014年12月8日に改めて同法の廃止を求める声明を発表した。

特定秘密保護法は、もっぱら政府が情報を国民から秘匿するための制度であり、以下に挙げる問題点のように、市民の知る権利やプライバシー権を侵害する危険性が高い。現在の政治情勢では、早期に法律が廃止されることは期待できないが、政府が持つ情報は市民に開示されるのが世界の潮流であり、法律が廃止されるまでの間は、その運用に厳格な縛りをかけていくことが重要だ。

特定秘密保護法の問題点

政府情報への市民のアクセスが保障されていない

政府の情報は市民のものだが、特定秘密保護法では、市民に政府情報へのアクセス権があることが確認されていない。

秘密指定の対象が広範

特定秘密保護法は、行政機関が特定秘密として指定する情報を「防衛」「外交」「特定有害活動（スパイ活動）」「テロリズムの防止」の4事項とし、それぞれにつき4～10の項目を挙げている。しかし、4事項に該当する可能性のある情報は非常に広く、秘密指定の対象となり得る事項が特定されているとはいえない。

施行令では、秘密指定を行うのは19の行政機関の長に限定し、運用基準では上記4事項の各項目に該当する基準を定めているが、なお秘密指定可能な情報は極めて広く、依然として恣意的な秘密指定の危険性は残ったままだ。

秘密指定のチェック体制に実効性がない

秘密指定や解除が適正に行われているかをチェック

するための機関として、内閣に内閣保全監視委員会、内閣府に独立公文書管理監及び情報保全監察室が置かれた。しかし、いずれも官僚で構成される組織で、独立した第三者機関とはいえない。また、秘密指定・解除についての資料提出・説明の要求や是正の要求に強制力がない。そのため、秘密指定・解除の適正を十分にチェックすることができず、恣意的な秘密指定がなされて、政府に都合の悪い情報が国民に隠されるおそれがある。

また、主権者である国民の代表である国会が秘密指定・解除について政府から報告を受けて審査するための情報監視審査会を衆参両院に設置することになっている。しかし、審査会が行政機関に秘密指定等の改善を求める勧告や秘密の提出を求める勧告には強制力がなく、実効的な監視ができないおそれがある。また、審査会が施行時点で設置されていないことからも、秘密指定・解除の適正を十分チェックできないおそれがある。

通報制度が不十分

適正確保のための通報制度が設けられたが、原則として独立公文書管理監より行政機関への通報が優先されており、通報しようとする者を萎縮させるおそれがある。

また、行政機関の違法行為について秘密指定することを運用基準で禁止するだけで、法律上は禁止されていない。そのため、実効性のある通報制度とはいえない。

秘密指定の期間が長期

秘密指定の有効期間は原則として30年を限度とし、さらに30年の延長が可能だ。内閣保全監視委員会、独立公文書管理監、国会の情報監視審査会には秘密指定を解除する権限がなく、市民が解除を求める制度も保障されないなかで、最大60年間も国民の情報が開示されないのは長期に過ぎる。公文書管理制度が不完全なため、秘密指定期間中に文書の保存期間満了により開示されないまま廃棄されてしまう可能性も大きい。特定秘密が最終的に公開されるための確実な制度が存在しないことは大きな問題だ。

広範な処罰対象、重い罰則

漏洩行為は、故意だけでなく過失も処罰され、共謀や扇動行為も処罰の対象だ。共謀は、実際に漏洩行為がなくても処罰の対象となり、刑法の共謀共同正犯よりも処罰範囲が広くなっている。メディアも処罰対象に含まれており、メディアが取材を自己抑制するようになるとメディアによって権力を監視することができず、市民の知る権利への影響は大きい。法律には、メディアの取材行為がもっぱら公益を図る目的で法律違反や著しく不当な方法によるものでない限り正当な業務行為として処罰されないという規定が設けられたが、公益目的か、著しく不正な方法かの判断は幅のあるもので、実質的にはメディアに配慮されたとはいえない。

また、特定秘密を取扱う業務を行う者が漏洩行為をした場合の懲役刑の上限は10年であり、非常に重い。

プライバシー侵害のおそれのある適性評価制度

秘密を扱う者に対する適性評価制度は、調査事項が広範で、評価対象者の家族も調査対象となるため、個人のプライバシーが侵害されるおそれがある。

世界の潮流は政府情報の開示へ

世界では、人権を守るためには政府の活動の監視が必要であり、政府を監視するためには政府情報の入手が不可欠であるため、政府情報へのアクセス権を市民に保障し、市民が政府の持つ秘密を監視して民主的にコントロールする方策を模索している。

市民的及び政治的権利に関する国際規約（自由権規約）では、公的機関が保有する情報へのメディアを通じたアクセス権が市民にも保障されており、例外的に制約が許される場合でも、制約の根拠となる脅威の性質や講じた措置の必要性と比例性を、政府が具体的かつ個別に示さなければならないとされている（自由権規約委員会一般的意見34）。また、「ツワネ原則」でも、公的機関の情報へのアクセス権を制限する正当性は政府が証明しなければならないとされている。しかし、特定秘密保護法については、政府は制約の根拠や正当性を証明しているとはいえない。

また、市民と政府が協力して政府の透明性を向上させ、市民参加を促進し、よりオープンで効果的で説明力のある政府をつくることを目的としたオープンガバメントパートナーシップという活動も広がりつつある。

このような時代に、政府は、特定秘密保護法が政府情報についての市民の知る権利を制約するものだとの認識を欠くまま、問題点を根本的に是正することなく同法を施行したが、自由と民主主義に高い価値を認め、政府情報に対する民主的コントロールを強めつつある世界の潮流に背を向けた愚挙である。

私たちは、引き続き、特定秘密保護法の廃止に向けて、声を上げ続けて行かなければならない。

表現の自由、言論の自由に対する強迫行為は許さない!!

――元朝日新聞社記者らに対する強迫行為への抗議声明

会員・弁護士 秋山 淳

当協会は、2014年10月27日、元朝日新聞記者等に対する強迫行為について、「強迫行為によって言論を封じ込めようとする行為に抗議する声明」を発表した。

声明発表の経緯

2014年1月末、某週刊誌が、同年3月に朝日新聞社を早期退職予定だったA氏がかつて従軍慰安婦に関する記事を執筆したこと、同社を退職して神戸松蔭女子学院大学（神戸市）の教授に就任予定であることを、A氏の実名・大学名を明記して報じた。その直後から、A氏を誹謗中傷する書き込みがインターネット上で拡散し、神戸松蔭女子学院大学にはA氏の採用に抗議する電話などが殺到した。抗議を受けた神戸松蔭女子学院大学はA氏に教授就任を辞退するよう求め、A氏は教授就任を断念した。

その後A氏は朝日新聞社を退職したが、A氏に対する攻撃はエスカレートした。2014年5月には、従前からA氏が非常勤講師を務めていた北星学園大学（札幌市）にA氏の解雇を求めるメールが送られたり、右翼団体の街宣活動が行われたりするなどの抗議が本格化した。5月以降、北星学園大学に複数回にわたり脅迫文書が届いたほか、爆弾を仕掛けるとの脅迫電話がかかるなどした。また、A氏の高校生の娘さんの実名や写真がインターネット上に晒されて誹謗中傷され、脅迫的文言が書き込まれた。このような大学やA氏やその家族への攻撃を受けて、2014年10月、北星学園大学の学長は、次年度のA氏との契約を更新しない意向を表明した。

また、別の元朝日新聞記者（B氏）もかつて従軍慰安婦に関する記事を執筆したが、2014年9月に、B氏が教授をしていた帝塚山学院大学（大阪狭山市）の関係者に、B氏を辞めさせないと学生に危害を加える、大学を爆破するという複数の脅迫文書が届き、B氏は自ら同大学を退職した。

表現の自由、言論の自由に対する強迫行為は許されない

文書や電話での脅迫、ネットへの脅迫的な書き込みや家族の実名・写真を掲載しての誹謗中傷は、脅迫罪や威力業務妨害罪にあたるだけでなく、名誉毀損やプライバシー侵害にもあたるものであり、これらの行為自体、到底許されない。

両記者、家族への誹謗中傷や大学への文書・電話での脅迫は、従軍慰安婦問題があったとする言論を封じ込めることを目的とするものであるが、正当な言論によらずに強迫行為によって正当な言論を攻撃することは、民主主義社会の根幹をなす言論の自由、表現の自由を脅かし、国民の知る権利をも侵害し、ひいては民主主義社会の基盤自体を崩壊させかねない。このような強迫行為は、従軍慰安婦問題についての報道や意見主張を萎縮させるおそれがあるが、北星学園大学は、いったんはA氏との契約を更新しない意向を表明し、現に萎縮効果が生じてしまった。このような強迫行為が行われれば、従軍慰安婦の問題に限らず、意に沿わない主義・主張を排斥しようとする特定の勢力がインターネットなどを利用して一般市民を煽動して、その主張を阻止することを許すことになりかねない。

また、従軍慰安婦に関するA氏の記事は大学での研究内容とは無関係なもので、大学に対する攻撃は、学問の自由・大学の自治を脅かすものでもある。

私たちは、言論の自由・表現の自由、学問の自由・大学の自治という日本国憲法が民主主義社会の基盤として保障した基本的人権や原則を守るために、このような強迫行為によって言論・表現の封じ込めを図ろうとする動きには、断固対抗しなければならない。

本件では、北星学園大学がいったんはA氏との次年度の契約を更新しない方針を示したことで、同大学の対応も注目されたが、最終的に強迫行為に屈せずに次年度も契約を更新すると決めたことは大いに評価できる。さらに、強迫行為をきっかけに、A氏との契約更新を求める「負けるな！北星の会」という支援組織が発足したり、脅迫電話について弁護士380名が告発を行ったりしたほか、様々な団体が声明を発表するなど、多くの市民が強迫行為を受けた当事者を支援するために声を挙げたことが重要だろう。

最近は些細なことでも批判・非難が大きくなりがちな風潮があるうえ、実情をよく理解しないままに、ネットの匿名性から気軽に批判・非難が行われることで、批判・非難にさらされる者への攻撃力は一気に増大するため、当事者だけでは受け止め切れないことも多いだろう。

特定秘密保護法が施行された現在の政治情勢においてこそ、私たちの民主主義社会の根幹である言論の自由・表現の自由、知る権利に対する脅威に対し、みんなで声を上げることが必要だ。

尊厳死について

JCLU監事・弁護士 藤原家康

昨今、尊厳死の法制化の機運が強まっており、次の国会にいわゆる尊厳死法案が提出されることも十分あり得る状況となっている。

2014年11月28日、第二東京弁護士会主催のシンポジウム『尊厳死の問題点を考える』が開催された。私はこのシンポの企画等に関与したが、そのシンポで行われた、武蔵野大学教授の小松美彦氏のご講演の概要を以下にご紹介する。小松氏は、尊厳死をはじめとする人間の生と死に関する問題にご造詣が深く、特に脳死・臓器移植や安楽死・尊厳死の問題に関しては積極的に取り組まれている。

超党派の国会議員による「尊厳死法制化を考える議員連盟」が、2012年の3月と6月に、「終末期の医療における患者の意思の尊重に関する法律案（仮称）」（いわゆる尊厳死法案）を公表した。ポイントは4つある。①同法案では、尊厳死の対象を終末期に限定しているが、「終末期」はその定義によっても内容が明確ではない。②方法は、第一案では「延命措置の不開始」、第二案では「延命措置の中止等」とされ、後者のうちの「等」は定義されていない。③同法案の実体は、医師の免責にある。④法律案の中心的理念は「人間の尊厳／患者の尊厳」である。

内閣や与党の重鎮の尊厳死に関する様々な発言が目立っている。2012年2月、石原伸晃自民党幹事長（当時）が、胃ろう患者の施設を訪れて、胃ろうにつき「人間に寄生しているエイリアンが人間を食べて生きているみたいだ」と発言し、その翌日、マスメディアからの批判を受けて釈明し、「私は人間の尊厳を重んじなければならないと絶えず言っていて、私自身もそういうこと（胃ろう措置）は夫婦の間で行わないと決めている」と述べた。胃ろう患者に人間の尊厳がないと述べているに等しい。また、2013年1月、麻生太郎副総理（当時）が、高齢者などの終末期医療に関し「いいかげん死にたいと思っても『生きられますから』なんて生かされたんじゃかなわない。しかも政府の金で（高額医療を）やってもらっていると思うと寝覚めが悪い。さっさと死ねるようにしてもらわないと」と言明した。

2014年11月の、日本集中治療医学会・日本救急医学会・日本循環器学会「救急・集中治療における終末期医療に関するガイドライン～3学会からの提言～」は、一言で言えば、集中治療室に入った患者に対して、助かる見込みがないと判断した場合には治療をしなくてもよい、あるいは治療を止めてもよい、倫理と良心に基づけば医療スタッフは訴追されない、という内容となっている。人間の命を守るべき医師が、自分たちはこの人を救わない、救わなくてもよい、という「指南書」を提示したもので、尊厳死法案以上に問題がある。

安楽死と尊厳死は、本来、死の動機が「安楽」にあるか「尊厳」にあるかで分かれる。また、「尊厳」とは、ユダヤ・キリスト教の世界では、自分が人間であるという意識の根幹に流れている宗教的な思想で、欧米人にとっては、自覚することができないほど身体の中に染み込んでいるものである。しかし、日本では、ある特殊な歴史的な事情で、消極的安楽死のことを尊厳死と呼んでいる。なお、尊厳死の方法は、医師による自殺幇助や積極的安楽死にまで拡大していく可能性があり、そのことは比較法的にもいえることであり、日本で尊厳死法ができた場合もこの拡大の可能性がある。

上記の歴史的な事情は、日本尊厳死協会に関するものである。日本においてこの数十年来、安楽死・尊厳死や、その法制化を先頭に立って推進してきたのは、1976年に成立した「日本安楽死協会」で、この協会は、1983年に「日本尊厳死協会」と改名した。協会の初代理事長は太田典礼氏（産婦人科医、戦後に国会議員となった）であり、1948年に制定された優生保護法（1996年に母体保護法に改定）に寄与した中心人物の一人である。この法律は、ナチスの法律を模倣し、知的障害者・精神障害者・遺伝性の病気を持っている人々に強制不妊（断種）手術をすることを認めたものである。これは生まれる場面での「バース・コントロール」であるが、太田氏

一番右が小松氏。筆者は小松氏の左隣

は死ぬ場面での「デス・コントロール」も行おうとし、安楽死・尊厳死を推進し、また、安楽死法制定を推進したが、当時の反対運動に敗れた後、「安楽死」という言葉を「尊厳死」に変えて、上記の改名をした。太田氏は積極的安楽死を含め推奨してきたが、社会に受け入れられやすい消極的安楽死に限定して推進することとし、消極的安楽死を尊厳死と呼び換えた。マスコミの多くは、この歴史的経緯を踏まえず、尊厳死という言葉を無批判的に使用しており、協会の戦術にはまってしまっている。なお、2014年11月、末期がんで余命半年を宣告されたアメリカ人女性が予告通りに自ら死を選んだことが報じられた際も、安楽死、尊厳死をめぐる報道内容が混乱していた。

安楽死・尊厳死の論理は、尊厳の奪われた生を送るくらいならば、安楽な尊厳に満ちた死を選ぼう、ということであるが、安楽ではない尊厳の奪われた生が問題であるならば、あくまでも我々は安楽な尊厳をもった生を追求しなければならないのではないか。なお、「安楽生」「尊厳生」という言葉はなく、議論の着地点は初めから死の方向に引っ張られている。

ヒトラーの優生政策における安楽死法案では、自己決定できない人々、あるいはできないと思われていた人々は、本人の同意なく安楽死させることができるとされていた。そして、ヒトラーが安楽死政策を始めたのは、重度の障害をもって生まれた子どもの母親の涙ながらの訴えであり、この政策は慈悲から始まったことも重要である。

安楽死・尊厳死は自己決定によればよいというものではないはずである。人の死や生は決してその人一人のものでもない。人間は、常に他者との関係性で生きており、人の死により、その関係性までも死ぬ。死の自己決定権という概念は疑問である。

ソーコーが提起した「生権力」は、近代以降の権力は人々を生かして、体制に都合良く飼育管理するという考えであるが、この思想には見落としがあると思われる。権力は、生かすというところのもっと手前で、そもそも生かすべきかそうではないかを二分している。

ところで、日本は医療福祉・社会保障を削り尊厳死を奨励している。また、臓器移植法制定の際に日本移植学会によるガイドライン作成が先行し、法律の制定に至っており、尊厳死をめぐる動きも、それに似ている。

人間の身体を利用して、世界的な市場で巨額を動かしていこうという戦略が、日本だけではなく世界的にある。人間の身体は大きな金儲けの道具としてある数少ないもののひとつであり、その流れの中で尊厳死の問題をとらえる必要もある。

アラン・レネ監督の映画《夜と霧》(注：シンポで一部上映した)では、ナチスは570万人ものユダヤ人を単に殺しただけではなく、その人たちの髪の毛で絨毯をこしらえたり、死体の油かすから石鹸を作ったり、焼いた骨は畑に肥料としてまいて有効活用し、皮膚は剥がしてオブジェにした。極めておぞましいことだと思うが、そのおぞましいと思う方向に今、他ならぬ私たち自身が邁進しているのではないかと思えてならない。

「人間の尊厳」は、これまで、理性があることが前提とされてきたが、本来は、仮に無残になっても、ただいることではないか。

あたごの杜から
事務局長日誌

◆選挙期間中に「自民300超す勢い」と一斉に報じておき、選挙後には投票率の低下を嘆く。このような大手新聞社の行動は、順序を変えて「ポンプ・マッチ」とでも評したらよいかもしれない。◆10月19日、第21回久保田メモリアルシンポのテーマはヘイトスピーチ。「規制反対派と賛成派が冷静に議論しあう貴重な場」（山田健太専修大教授）であった。いわゆるウォールストリート占拠運動が上位1％の強き少数者に対する運動であるのに対し、ヘイトスピーチは、弱者によるより弱き少数者への攻撃で、方向が逆だ。差別としてそれ自体が問題なだけでなく、本来の問題から目を背ける効果もあるように思う。◆10月27日は「開かれた政府を作るプロジェクト」第2回シンポ。内閣官房の人がこれまでの政府の取り組み事例を報告してくれた。現在65か国が参加しているオープン・ガバメント・パートナーシップという国際的取り組みは、政府が決めないと参加できない。それゆえ、政府によるシンポ協力は重要な意味を持つ。◆11月6日は山田卓生先生の追悼例会でセクシャルマイノリティの権利がテーマ。当事者として豊島区議の石川大我さんから、憲法上の権利につき憲法学者の中里見博さんから、それぞれ密度の濃いお話をいただいた。性的指向が生得的なものなら、それは自己認識の問題であり自己決定とは言いがたいように思っていた。しかし、自己認識どおりの生活を対外的に送るためには差別を覚悟した自己決定の過程が不可欠という趣旨の指摘が腑に落ちた。◆11月7日は、内田樹さんの基調講演ということもあり、立憲デモクラシーの会のシンポに出かける。いつもながらの内田樹さんの鋭い指摘に耳を傾けた。講演録は、同会ウエブサイトや内田樹さんのブログで読むことができる。◆12月9日、情報公開クリアリングハウスの特定秘密保護法シンポへ。直接的な言論弾圧でなくとも、日本のような「自粛文化」では特定秘密保護法は間接的に作用するとの杉田敦法政大教授の指摘が印象に残る。◆「王政と異なり、民衆からの圧力に応えなければならないので、民主主義国家には自ら問題を修正する力がある。」という趣旨の指摘（フランシス・フクヤマ）を新聞で読んだ。そのような期待はあるものの、小選挙区制を始めとする選挙制度や政党助成金、企業献金のほか、マスメディアの有り様など、民衆からの圧力を弱めたり歪めたりする仕組みや状況が、世の中にはいかに多いことか。(二関)

2014年1年間のJCLU

1月9日	秘密保護法対策会議
1月16日	1月理事会
2月4日	岩波ブックレット「改憲問題Q&A」発行
2月6日	シンポジウム「国家秘密と情報公開」第4弾「秘密保護法『逐条解説』を逐条解説する／ジャーナリストが政治の現場で」(井桁大介・弁護士　真山勇一・参議院議員　藤原家康・弁護士 JCLU理事)日比谷図書文化館コンベンションホール
2月20日	2月理事会
3月17日	3月理事会
3月20日	3月例会「「透明で開かれた政府を求めて～オープン・ガバメント・パートナーシップの可能性～」(ジョエル=ルーベン・オーストラリア弁護士　庄司昌彦・国際大学GLOCOM講師、主任研究員　ローレンス=レペタ・明治大学特任教授 JCLU理事)弁護士会館
3月24日	シンポジウム「国家秘密と情報公開」第5弾「アメリカとイギリスの秘密保護制度と情報公開―アメリカ・イギリス調査報告―」(三木由希子・NPO情報公開クリアリングハウス理事長　山田健太・専修大学文学部教授 JCLU理事)日比谷図書文化館コンベンションホール
3月31日	事業計画及び予算を内閣府へ提出
4月16日	4月理事会
5月14日	5月理事会
5月17日	自由人権協会大阪・兵庫支部総会、総会記念講演「原発再稼働を許すな！！～原発の危険性と、広がる訴訟の数々～」(川野眞治・元京都大学原子炉実験所助教授、井戸謙一・弁護士・元裁判官)大阪弁護士会館
5月31日	自由人権協会総会、総会記念講演「沖縄戦後ゼロ年―「強い日本」と「中華の夢」のはざまで―」(長元 朝浩・沖縄タイムス専任論説委員)中央大学駿河台記念館
6月7日	自由人権協会京都総会、総会記念講演「私たちのことを知ってください～児童養護施設出身者の声～」(児童養護施設出身者CVVメンバー)こどもみらい館
6月18日	6月理事会
7月7日	開かれた政府をつくるプロジェクト「キックオフシンポジウム～特定秘密保護法を越えて～」(紙谷雅子・JCLU代表理事、ローレンス・レペタ・JCLU理事) 日比谷図書文化館コンベンションホール (日本ペンクラブ・自由人権協会・情報公開クリアリングハウスの共同プロジェクト)
7月14日	憲法と有事法制勉強会(柳澤協二・元内閣官房副長官補) JCLU事務所
7月28日	7月理事会・ビアパーティ
8月8日	「特定秘密保護法のパブリックコメントを出そう！ 特定秘密の指定・解除・適性評価の基準素案勉強会」(三木由希子・情報公開クリアリングハウス理事長)専修大学神田キャンパス(自由人権協会・日本ペンクラブ・情報公開クリアリングハウスの共同プロジェクト)
8月8日~9月19日	早稲田大学からエクスターンシップ受入れ
8月24日	「秘密保護法運用基準パブコメに対する意見書」を発表
9月3日	9月例会：ジュネーブ報告：「自由権規約政府報告書審査に見る人権委員会の関心~ムスリム監視事件と外国人の人権を中心に~」(井桁大介・弁護士、　大曲由起子・移住労働者と連帯するネットワーク事務局次長)中央大学駿河台記念館
9月8日	9月理事会
9月13日~14日	合宿：「外国人労働者政策の現在」(旗手明・JCLU理事)・「技能実習制度の下での人権侵害の実態」(高原一郎・外国人技能実習生権利ネットワーク福井事務局長)・「裁判から見える技能実習制度の課題」(指宿昭一・弁護士)
10月8日	10月理事会
10月19日	第21回JCLU久保田メモリアルシンポジウム：「日本における人種差別を考えるシンポジウム~ヘイトスピーチをきっかけに~」(パトリック=ソーンベリー・キール大学名誉教授、西土彰一郎・成城大学法学部教授、師岡康子・弁護士、藤本美枝・弁護士、旗手明・JCLU理事)専修大学
10月27日	開かれた政府をつくるプロジェクト第2回シンポジウム　衆議院第二議員会館
10月27日	「元朝日新聞記者らに対する強迫行為への抗議声明」を発表
11月6日	山田卓生先生追悼例会「現代日本の自己決定権～セクシャルマイノリティが自分らしく生きるために～」(中里見 博・徳島大学総合科学部准教授、石川　大我・豊島区議会議員)弁護士会館
11月10日	11月理事会
12月8日	「特定秘密保護法の廃止を求める声明」を発表
12月18日	12月理事会、忘年会

【発行日】2015年1月27日　【発　行】公益社団法人 自由人権協会
〒105-0002　東京都港区愛宕1-6-7 愛宕山弁護士ビル306
TEL：03-3437-5466　FAX：03-3578-6687　URL：http://jclu.org/　Mail：jclu@jclu.org
（大阪・兵庫支部）
〒530-0047 大阪市北区西天満1-10-8　西天満 第11松屋ビル3F 堺筋共同法律事務所内
TEL：06-6364-3051　FAX：06-6364-3054
協会設立：1947.11.23　本紙創刊：1950.5.1　購読料：年間2,500円　郵便振替：00180-3-62718　発行人：二関辰郎
JCLU

人権新聞 Japan Civil Liberties Union
JCLU Newsletter
発行所 公益社団法人 自由人権協会
JCLU
〒105-0002 東京都港区愛宕1-6-7 愛宕山弁護士ビル306
TEL:03-3437-5466 FAX:03-3578-6687
URL:http://jclu.org/ Mail:jclu@jclu.org
協会設立:1947.11.23
本紙創刊:1950.5.1
購読料:年間2,500円

集団的自衛権行使容認の下での自衛隊の役割
――拙速な「専守防衛」破棄に戸惑い

東京新聞論説兼編集委員 半田 滋

集団的自衛権の行使を認める閣議決定、特定秘密保護法の施行、武器輸出3原則の緩和…安倍政権の下で、「専守防衛」をかなぐり捨て、日本が直接攻撃されなくても他国の戦争に積極的に加わることができるよう、法と制度の整備が着々と進められている。

安倍政権独自の解釈改憲によって、憲法の柱である平和主義が根本から覆されようとする中、新たな海外展開を課される防衛省・自衛隊は何を考え、今後、どのように変わっていくのか。同時に、国民に正しい情報は伝えられていくのか。

防衛庁、防衛省の取材を長年担当してきた東京新聞の半田滋・論説兼編集委員に聞いた。（取材と構成：理事 北神英典）

政治の動きに自衛隊も戸惑い

自衛隊発足から60年余が経過し、専守防衛だった従来の方針が一変しようとしている。防衛省・自衛隊からは、急速な政治の動きにまだ戸惑っているという印象が感じられる。

文民である政治家が軍隊を統制するというシビリアンコントロールの下に防衛省、自衛隊がある。政治が決めることは、たとえどんなに愚かな決定でも自衛隊は従わなければならない。

安倍政権の方針が法律化された時点で、具体的に今後の自衛隊の活動が決まっていく。さらに新しい法律の中で、どのような運用がなされていくかという問題は、これからの政治、政権が決めていく。

防衛費の増額と増員

これまで自衛隊は専守防衛のために武器を買い、人員を養成し、訓練を繰り返してきた。しかし、海外へ出て行って他国の防衛や日本人救出にまで任務を広げるとなると、そのための金と人が必要になる。

東京新聞論説兼編集委員半田滋さん

防衛省・自衛隊がひそかに言い始めているのは、防衛費の拡大と自衛官の増員だ。任務だけ増やして、これまでと同じ予算・装備でやりくりしろというのは、それ自体は無茶な話である。そうなると、増税、とりわけ消費税の増税は避けられなくなる。

CONTENTS

今、自衛隊が海外で常駐しているのは、南スーダンとジブチの2カ所ある。

南スーダンには陸自の部隊が国連平和維持活動（PKO）で350人いるが、PKO協力法を改正して日本人救出を自衛隊の任務に加えるとすれば、現存部隊に加えて日本人救出のための部隊も追加常駐させなければならない。異変が起きてから派遣するという悠長なことでは対処はできないからだ。

しかし南スーダンに邦人救出部隊を派遣する部隊を、どうひねり出すのか。交代要員は確保できるのか。訓練や武器をどうするのか。

激増してきた自衛隊の任務

自衛隊の任務のうちPKOや国際緊急援助隊をやめるという話は一つもない。多忙になった自衛隊に、さらに次元の違う危険な任務を追加しようとしている。

自衛隊の役割は、火砕流で多数の死者が出た1991年の雲仙普賢岳への派遣あたりから、自然災害にも対応するようになった。PKOや国際緊急援助隊としての災害派遣も国際規模で広がった。

強力な武器を有し、海上保安庁では対応できない潜水艦、不審船について自衛隊が行動する海上警備行動は1999年以来3回発動され、海外の日本人を安全に輸送する邦人輸送活動も担う。

自衛隊の役割がこんなに増えたのに、活動に向けた訓練、人員、予算を全部積み上げなければいけないということを政治家は理解しているのだろうか。

政府・国会の議論が空疎な理由

安倍政権の戦時法制の議論が空疎なのは、リアリティーを欠いていることが大きい。

これまで憲法解釈に絡めて自衛隊の活動が議論された時は、ほぼ毎回、自衛隊に何かをやらせるという具体的な課題に直面していた。例えば1991年ペルシャ湾に掃海艇を派遣する時は、公海に遺棄された機雷だけを除去するならば合憲だとか、他国の軍隊と闘ってしまった場合、武力行使になるから後方支援だけにしようとかの議論があった。カンボジアPKO派遣の際には、歯止めのためにPKO5原則を作ろうとなり、イラクやインド洋派遣の時も非戦闘地域だけにしようとか、具体的な課題に憲法を突き合わせて活動を決めるという議論をしてきた。

しかし今回はそれがない。能力的に不可能なこと、現実にはありもしないことを前提に議論がなされている。

米国にミサイルを撃つ国はあるか？

昨年5月スタートした与党協議で、集団的自衛権行使の例として15の事例が出た時もすべて空理空論、ナンセンスだった。

一番分かりやすかったのが、米国を狙った弾道ミサイルが日本上空を横切る時に日本が撃ち落とすという事例だった。米国を狙った弾道ミサイルは日本上空を横切らない。地球は丸く、ミサイルは最短距離を飛ぶ。北朝鮮が弾道ミサイルを撃ったとしても、日本のイージス艦が日本海で迎撃しようとしても射程から外れ、迎撃できない。スピードも弾道ミサイルには追い付かない。

防衛省の制服組は、米国を狙った弾道ミサイルが日本上空を飛ぶという事態があり得ず、また、日本の能力どころか現在の軍事技術でも迎撃が不可能なこともよく知っている。

そもそも、今、米国に対して弾道ミサイルを現実に撃つ国はあるのか？ほとんど考えられない。ミサイルを発射すれば、発射場所はすぐに特定され、米国の反撃でその国が徹底的に破壊されるに決まっている。

15の事例は、現実には考えられないケースや、こんな場合は日本も有事になっており個別的自衛権の範囲で対応できるケースばかりで、集団的自衛権の行使を認めるための中身のないものだった。

閣議決定の強行

15の事例には、海上自衛隊の事例が多かった。海自の関係者は、日本の汎用護衛艦では米艦艇を守れないと話していた。

空母を守るために開発された迎撃範囲の広いイージス護衛艦は、日本に6隻しかない。41隻ある汎用護衛艦には米艦艇を守る力はない。

米海軍横須賀基地にいる9隻の戦闘艦はすべてイージス艦だ。9隻が9隻同士で相互に守り合うこともできる。なぜ、防衛能力のない自衛隊の護衛艦が米国の艦艇を守らなければならないのか。

しかしそんなバカバカしい事例を前提に、2014年7月集団的自衛権の行使を認める閣議決定が強行されてしまった。

国民は自衛隊の実態を知らなすぎる。政治家も知らない。それが無責任な政策につながっている。地に足を着けて安全保障問題を考えるためには、政治家には自衛隊で働くことを義務付けた方がいいくらいに感じる。

特定秘密保護法施行後の取材

防衛省には、統合陸海空4幕僚監部（制服）と内局（背広）の5つに、それぞれ広報室があり取材対応をしている。5つも広報室がある理由は、それぞれ専門性が高く、一本化が困難だという事情もある。

陸海空の制服組取材は、海外派遣が始まるまでは緊張感が感じられなかった。取材に対するガードが固くなってきたのは、1991年のペルシャ湾の掃海艇派遣で海外展開が始まってからだ。今は広報室を通じてアポを取って取材するのが原則だが、それ以前は、記者が個別に幕僚長の部屋を訪ねていくことも許されていた。

2014年12月に特定秘密保護法が施行された後、取材の制約を感じたことは実際にはまだない。

防衛省・自衛隊も、組織の持つ秘密を気軽に話す人が昇進する組織ではないから、特定秘密保護法施行それ自体によって秘密に対するガードが固くなったと感じることはない。

情報開示に大きな制約か

特定秘密保護法が施行される前の過去10年間で、特定秘密保護法違反に該当する公務員の情報漏えいは、2005年5月読売新聞によって報道された中国の潜水艦火災の件1件だけだったとされている。これは自衛隊に提供された米軍の情報が漏れたと言われている。

もっとも東京新聞も他のメディアもこの内容に近い記事は書いていた。読売の記事の書き方が、どこから漏れたのかが分かるように書かれていたから犯人捜しの結果、取材源がばれてしまったという面がある。

現在は、自衛隊に危険を伴うような海外活動がない。しかし、今後、危険な海外派遣が行われることになれば、政府が「隊員やその家族の安全を守る」を口実に、情報の開示が大きく制約されるおそれが出てくる。

イラク「米兵輸送」はもう書けない？

イラク特別措置法では、自衛隊派遣に先立ち、派遣時期や派遣される部隊、活動内容、持参する武器まで書かれた基本計画が閣議決定され、閣議決定に基づいて防衛大臣が基本計画をさらに具体化する実施要領を作った。基本計画全文と実施要領の概要は公表されたが、今後は公表されるかどうかは分からない。

基本計画が、もし特定秘密に指定されたら、われわれが取材努力で記事にしても、当局から取材方法や取材源を問われることにならないかという心配が出てくる。

イラク派遣の陸上自衛隊が全員撤収した後、東京新聞・中日新聞として、クウェートに残った航空自衛隊の輸送部隊が米兵をバグダッドに定期便として運んでいたことを記事にした。政府は国連物資などを運ぶ人道復興支援の延長線上だと説明していたが、デタラメだった。

今後同じような事態になった時、当局から「あなたの記事で航空自衛隊の輸送機が、バグダッドに着くころに地上からミサイルで狙われた。記事を翻訳して彼らが待ち構えたからだ」と難癖を付けられたらどうなるか。同じ記事を書けるだろうか。

深刻なのは、今までと同じように情報源が事実を話してくれるかどうか、委縮効果の問題だ。特定秘密保護法の施行によって、自衛隊報道について調査報道そのものが死んでしまう恐れがある。

ムスリムは怖い存在か？

――イスラーム教徒のメンタリティ

イスラミック・サークル・オブ・ジャパン日本人部代表
アブー・ハキーム・アハマド（前野 直樹）

イスラーム過激派組織によるテロ事件が起きるたび、テロの実行犯や組織だけでなく、イスラーム教徒（ムスリム）一般に対しても社会の厳しい視線が向けられるようになった。日本でも、公安警察が日本在住ムスリムをテロリスト予備軍としてマークし、フランスの新聞社襲撃事件や日本人ジャーナリストら人質殺害事件を受け、ムスリムに対する嫌がらせが相次いで報告されている。

JCLUマスメディア小委員会は、2015年2月25日、知っているようで知らないイスラーム教とムスリムへの理解を深め、日本で暮らすムスリムに対する偏見をなくすにはどのような取り組みが求められるのかを探る目的で、日本人ムスリムである前野直樹さんのお話をうかがった。

（報告：会員・弁護士 神谷 延治）

前野直樹さん

「イスラーム」がわからないと世界がわからない

ムスリム人口は「今や世界人口の4人に1人」である。今後15年以内に世界人口の3人に1人はムスリムになると言われている。

昨今の時事問題は「ムスリムがらみが目白押し」ということもあり、良くも悪くも、「イスラームがわからないと世界がわからない」と言われる所以である。

日本人ムスリムは数が少ない。正確な統計はいまだにないが、四半世紀前ごろから、日本国内におけるムスリムの総数は約10万人で、そのうち1割が日本人ムスリムと言われてきた。日本人がムスリムになるきっかけの9割ほどは国際結婚であり、今では二世の子供が数多く育ってきている。

イスラームの日常生活における規律

入信する前は、食べ物、祈り等の宗教上の規律が多いことが、イスラームに対する近寄り難さを抱く原因となっていた。

しかし、入信してみると、実際は非常に楽で、難しいことはほとんどなかった。それはイスラームが人生・生活をより過ごし易くするための指針だからだ。宗教儀礼に止まらない、人間の包括的かつ総合的な道標がイスラームという教えなのである。

飲酒はご法度のイスラームとはいえ、「宗教に強制はない」ことから、自分はムスリムだと名乗りながらお酒を飲む人もいる。逆に宗教的な緩さ、懐の深さ、柔らかさ、楽さが、イスラームの魅力の一つともいえ、その魅力ゆえに入信した日本人ムスリムもいるくらいである。

イスラームにおける男女差別

イスラームにおいて、正しくは唯一の神様の前では男女は平等であり、差別は一切存在しない。日本においては、イスラームは男尊女卑だというイメージがあるが、正しくない。

もっとも、男女の性別の違いにより与えられている使命若しくは役割の違いはある。

ムスリムの世界で、女性を抑圧する事件が発生していることは事実であるが、それはムスリムの一部の男達がイスラームの教えを都合よく解釈し、勝手な振る舞いを行っている結果である。女子の若年結婚は、結婚の奨励が曲解されたものである。

「イスラム国」はイスラームではない

イスラム国（IS）に対しては、カリフ国家を宣言した当初は、欧米を向いた独裁的な圧政の前に、それを打破する流れとして共鳴したムスリムもそれなりにいた。

ところが、ISが実際に行っている呪しい行為が明るみになるにつれて、世界中のムスリムが憤慨し、やるせない思いで見るようになっている。

イスラームの規範「シャリーア（聖法）」には、「生命尊重」「殺害厳禁」が定められ、「クルアーン（イスラームの聖典）」には、「人一人を殺めることは、あたかも全人類を殺めるに等しい」と明確に述べられている。イスラームの名を語って人を殺めるなどもっての外である。

風評被害と嫌がらせ

今ではムスリム全体が誤解され、悲しいことにISと同視されている。昨今、日本のムスリムも様々な風評被害や嫌がらせを受けている。

例えば、ムスリムの子供が、学校で「お前イスラム国だろ」「お前爆弾まいてないか」と友達から言われていじめられるという話や、日本人人質事件の最中には、母子家庭のムスリム親子が、道を歩行中に突然通行人から「ムスリム死ね」と暴言を吐かれたという話を聞いた。

それ以外にも、ムスリムの活動を描いた動画に対し、「イスラーム＝イスラム国＝ボコ・ハラム＝アルカイダ」「世界で一番邪悪な宗教」「悪魔の使いだ」などの批判の声が寄せられたとか、電車でヒジャーブ（髪を隠すためのスカーフ）を被った女性が着席すると、隣りに座っていた人が逃げていったという出来事があったことも聞いた。

日本のメディアの情報を鵜呑みにしたと思われる、ムスリムに対する偏ったイメージによる偏見や嫌がらせが事実として存在する。

イスラームに関する報道

歴史的な背景として、キリスト教国の欧米には反イスラームという色が濃く、イスラームを最初から悪者扱いするような見方が強い。欧米メディアの報道を鵜呑みし、そのまま垂れ流す形の報道には違和感がある。

一般的にムスリム諸国は日本に対して昔から好意を抱いている。日本に対しては、欧米の植民地になった経験がないことや第二次大戦後の驚異的な復興に対する憧憬の念、近・現代における漫画・アニメに対する興味などが、日本に対する好意的な印象を支えている。

そうであるがために、世界のムスリムは、日本でイスラームあるいはムスリムが悪く報じられていることを聞き及び、心を痛めている。

仏新聞社「シャルリー・エブド」襲撃テロに対する思い

ムスリムにとって、預言者ムハンマドに対する敬愛の念は何ものにも代え難いほど大きい。それが汚され侮辱されると、ムスリムの中には、義憤の念が溢れ過ぎてしまい、制御が効かず暴動事件に走る者がいるのかもしれない。もっとも、だからといって暴力に訴える手段が正当化されることはない。そうした侮辱は以前からあったので、むしろムスリムの教育が課題であると言えよう。

ムスリムが預言者ムハンマドの風刺画を掲載した新聞社の襲撃事件を起こしたことについては、絶対に許されない行為であり、認められない。健全かつ真っ当なムスリムが、反対意思の表明や批判の手段方法として殺害を認めたり、支援したりすることは決してない。

しかし、シャルリー・エブドの風刺画は、風刺画というよりはむしろ人間の尊厳を蔑ろにするような嘲笑画とも言いうるものであった。ムスリムにとって、自由とは節度あるべきものであるから、手放しでシャルリー・エブドを支援するという流れにはならない。

事件を受け、フランス各地で約370万人が犠牲者を悼むための追悼行進に参加し、同紙を支援する動きが広がった。半面、フランスでは公衆の面前でテロを礼賛するような言説を規制する法律が施行されているようで、「表現の自由」を守るのが至上命題とするならば、そこには矛盾がないだろうか。ムスリムが事件を起こせばテロリストと呼ばれるのに、欧米人がムスリムを殺害してもヘイトクライムで片づけられてしまう現状には、ムスリムの一人として、理不尽さと大きな矛盾ないしダブルスタンダードを感じている。

1997年JCLUの例会で「子どもの性的権利」をテーマに講演される奥平先生

憲法を実践、偉大な足跡
奥平康弘先生を悼む

憲法の理論と実践に心血を注いできた、憲法学者の奥平康弘さんが2015年1月逝去した。85歳だった。

集団的自衛権行使に向けた政府の解釈改憲が着々と進む中で、亡くなる直前まで憲法の行く末を案じていた。JCLUにもゆかりの深かった奥平さんに、川岸令和さん、斉藤小百合さん、小町谷育子さんの3人が追悼の言葉を贈る。

実践的な憲法理論家――奥平康弘先生を悼む

早稲田大学政治経済学術院教授・会員 川岸 令和

憲法の行く末を案じて

2015年1月16日金曜日の午後、奥平康弘先生を囲む恒例の昼食会を中島徹早稲田大学教授の研究室で開催した。以前から折に触れて3名で昼食会を実施していた。私が2014年9月で学部の役職を終え、時間に余裕ができたので、月に一度お弁当を食べながら、学問のことや社会の動きについてとりとめもなく話し合うということになった。

当日は、蟻川恒正日本大学教授も参加し、賑やかだった。先生は、お元気で、いつものように会話を楽しんでおられた。特に総選挙の結果を嘆いておられ、憲法の行く末を案じておられた。幅広い勢力の糾合の必要性を強調しておられたのが強く記憶に残っている。

そして、2月の昼食会、先生を囲む3月の研究会後の壮行会、および5月の先生の誕生日会の日程を設定し、帰路につかれた先生を大学の門で見送った。

それが先生とお話しする最後の機会となるとはその時点では知るよしもなかった。今となってはお粗末な話であるが、2月の会のために弁当の注文を忘れないことに気をとられていたほどであった。

「表現の自由」の奥深さに触れる

私が奥平先生のお名前を初めて知ったのは、予備校での授業で講師が必読文献として『表現の自由とはなにか』（中公新書、1970年）に言及したときであった。書名に惹かれ隣の書店で早速購入し読了した。

先生の訃報に接し、改めてこの本を手にした。難しい言葉には鉛筆でその説明が書き込んであることを見出し、とても懐かしい思いがした。どの程度意味がわかって読んでいたのかは定かではないが、奥平先生の魅力的な文章に誘われて表現の自由の奥深さの一端に触れたことは確かであった。爾後私淑するようになっていた。

奥平先生から直接ご指導をいただけるようになったのは、JCLUの理事も務められた故角替晃東京学芸大学教授が先生を囲む読書会に誘ってくださったことによる。1995年秋のことであった。『「表現の自由」を求めて―アメリカにおける権利獲得の軌跡』（岩波書店、1999年）の出版の少しばかりのお手伝いをしたり、前回の特別研究期間中ニューヨークのコロンビア大学に滞在中の先生を訪ね、リンカーンセンターでジュリアード音楽学院の学生のオペラを見たりと、思い出は尽きない。先生の黒姫別荘の近くの赤倉での大学合同ゼミ合宿の後、先生の車で戸隠につれて行ってもらい、うずら家で食べたそばのおいしかったこと。

偉大で実践的な憲法理論家

奥平先生の偉大さは、実践的な憲法理論家でいらしたことだと思う。先生はよく「玉を拾う」という表現をされていた。とにかく来た事件にひるまず立ち向かう。そして新たな視点で事件を構想する。問題を問題として剔抉することを通じて。

確かに、奥平先生の前と後とでは、問題のあり方が変わっていることが多い。刑法のわいせつ罪や公職選挙

2010年3月、湯河原で行われたJCLUの合宿に参加された際のご様子（左）。右は川岸令和さん

法の戸別訪問禁止は、まさに先生の問題提起によって憲法の問題と認識されるようになった。知る権利、国政調査権、教育権なども先生によって新しい息吹が注がれた。

先生は実践的であったが、また同時にそれ以上に理論的でもあり歴史的でもあった。治安維持法、検閲、天皇制などの制度の歴史を分析した書物も多いし、ジョン・ロールズやロナルド・ドゥオーキンの政治・法理論への傾倒も率直に語られている。法に内在している法を超える力を先生の手によってわれわれは目にすることができたのではないだろうか。問題を次々に開拓されてきた背景には、実践性、歴史性、理論性の三位一体の姿勢があったのではないかと推測している。権利と制度を同時に対象とすること、「いかに」に加えて「なぜ」を問うことの重要性を先生は身をもって示された。

憲法問題の地平をさらに豊かに

幕末以来これまでの日本人の努力の集積をまったく否定してしまいかねない憲法改正案が公表され、特定秘密保護法が施行され、ヘイトスピーチが現実的な問題となり、情報通信技術が驚異的な速さで進展している今、奥平先生がどのように表現の自由の問題に、そして憲法現象一般に立ち向かおうとなさっていたのか、知る直接的なすべはなくなった。自由で民主的な社会の実現を求めるわれわれみなにとって大きな痛手である。名エッセイを読むことももはや叶わない。

奥平康弘先生の開拓された地平をさらに拡大し、より豊かなものとする努力を細々とでも続けていきたい。

世代を超えた共同プロジェクト「憲法を活かしていくこと」――奥平康弘先生を悼む

恵泉女学園大学教授（憲法）・理事 斉藤 小百合

憲法の“北極星”

「もし、憲法という星座のなかで、北極星のように、進むべき道を指し示す道しるべのような星というものがあるとすれば」（“If there is any fixed star in our constitutional constellation…”）とは、アメリカの公立学校での忠誠宣誓をめぐる合衆国最高裁判所判決の一部だが、奥平康弘先生は、まさに、そのような存在であった。

4月3日の「奥平康弘さんの志を受けつぐ会」で、あいさつされた発起人のお一人である山内敏弘先生も言及されたが、奥平先生は、後進の研究者たちとの研究会をほんとうに大切にしてくださった。そのような研究会のいくつかでは、いつごろからだっただろうか、5月19日の先生のお誕生日をお祝いするようになった。そんな席で、冒頭のフレーズを引用したこともあった。

わたしたちにとっての「北極星」のように、常に目指すべきところを示してくださる、まさに、そのような存在であった。

米最高裁判決の第一級選者

学生時代に、わたしや古屋恵美子さん（元JCLU事務局スタッフ、現「カトリック・チャリティー」、NY州弁護士）がJCLUにかかわるようになったのも、奥平先生が導いてくださったことが大きい。先生はJCLUを大切にしておられたが、それは、アメリカのACLUのように、現代的な動きの中にあっても、「Human Rights」としての「人権」ではなく、（憲法が保障する権利である）「Civil Liberties」に「こだわる」ことへの強い責任と、また困難さに思いを致してのことだったように思う。

JCLUも、ACLUなくしては存立しえなかったわけであるが、ACLUの活動への敬意とアメリカ憲法への関心を引き出してくださったのも奥平先生であった。冒頭に述べたアメリカの公立学校での忠誠宣誓をめぐる最高裁判決や20世紀初頭の表現の自由をめぐる一連の判決から、最新の判決に至るまで、アメリカ最高裁判決を読み解いていく面白さに、一気に引き込まれていった。

しかし、その「面白さ」も、ただ闇雲に読んだのでは、感得し得なかっただろう。先生という第一級の選者がいてこそであったと痛感する。

憲法を活かす実践にこそ価値

ご著書のタイトル（『いかそう日本国憲法―第9条を中心に―』）ともなっているが、奥平先生は、日本国憲法が形を整えて制定され、施行され、あたかもそのこと自体で憲法の内実が実現される状態となったのだと満足しがちであることを懸念し、むしろ制定・施行されてからの、人びとが「憲法を活かしていく」実践にこそ、憲法の存在価値があることを強調された。（だからこそ、傍観者的な立場で憲法を他者とみなして、日本国憲法の「原点の汚れ（「押し付け」）」をことさらに強調し、「選び直し」を主張する立場には徹底して批判的である。）

日本の市民たちは、政治支配層の「サボタージュ」にもめげずに、平和主義的政治文化を作り出してきたのである。その継続され続けていく、地道な営みを言い表したのが、タイトルにもした「世代を超えたプロジェクト」という表現である。

憲法を次世代へ

憲法とは、「その場限りの付け焼刃的な方便などではなく」、また「過去のいつか、誰かが決めたものであって、そこで決まったことが決められたとおり、私たちを支配する」ようなものでもなく、人びとが日々の連綿たる営為・実践を通じて「選び取っていくもの」であって、自分たちの世代で「活かしてきた」憲法をさらにつぎの世代に「贈り物」（ベアテ・シロタ・ゴードン『1945年のクリスマス』柏書房、1995年）のようにして引きついでいく、そのようなものなのだ。

そのバトンを引きついだわたしたちの課題は大きい。それでも、あるいはそうだからこそ、闇の中においてこそ、9条を希望に、「共同作業」の歩を進めるほかない。

奥平先生の知識欲の及ぶ範囲は限りなく広い。それはただ広いというのでなく、あえて言うならば「奥平先生的」な意味で収斂しているのだが、日本における「表現の自由」論の第1人者である奥平先生にとって、新聞は欠かせないものであった。そして、新聞記事の中でも特に“Obituary”（死亡記事）に強い関心を寄せておられた（また、日本の新聞メディアでは、欧米のそれと比べて、“Obituary” 記事というものが疎んぜられていることについても、また。）。あるいは、アメリカの各ロー・スクールのLaw Reviewに寄せられる追悼論文を丹念に読んでおられた。

そんな先生の追悼として、まったく不本意な文章であるが、先生の志を引きついでいく多くの方々に連なって、わたしの決意を表明する次第である。

JCLUと奥平先生――憲法訴訟の導き手として

弁護士・会員 小町谷 育子

奥平先生が逝ってしまわれた。久しぶりのランチを楽しみにしていた矢先のことだった。数年前、先生とご自宅近くのデニーズでランチをした。4時間半くらいしゃべっていた。JCLUの支援事件「沖縄密約情報公開訴訟」の相談はわずか1時間。その他に憲法研究者の先生と実務家の私がいったい何を数時間も話し込んでいたのか。緊張もあったのか、話の中身をぜんぜん思い出せない。目に浮かぶのは、先生がフォークでステーキのつけあわせのコーンを召し上がるのに難儀され、コーンがたびたびプーンと鉄板から飛んで出てしまったことだ。

中学校内申書裁判で意見書

古い人権新聞（現ニューズレター）に、先生がJCLUの事務局員になったという記事が載っている。先生が駆け出しの研究者のころのことだ。さまざまなNGOがある今とちがって、50年代、60年代では人権問題を議論する場はあまりなかったろうから、JCLUの活動に関心を持たれていたにちがいない。

1992年にJCLUに評議員制度が発足したとき、先生は評議員に就任され、2013年に公益法人化に伴い名誉顧問に就任された。20数年間、JCLUの活動を温かく見守ってくださっていた。

しかし、なんといっても、先生とJCLUの関わりは、憲法訴訟で私たちを導いてくださったことだ。その一つが、麹町中学校内申書裁判である（JCLU支援事件）。

81年、先生は在外研究でニューヨークに滞在中だったが、意見書を書いてくださった（自由人権協会編『人間を護る』に掲載）。河野敬弁護士がニューヨークまで取りに来て、原稿を書いている先生を後ろで監督（？）していたとのエピソードが『憲法を生きる』（日本評論社、憲法研究者5人が先生にインタビューをした記録）に紹介されている。大学の学務を離れて研究に没頭できる在外研究期間にお引き受けくださったのは驚きだ。

沖縄密約情報公開訴訟の原告として

先生の『知る権利』(岩波書店、1979年)は情報公開の立法運動にとってバイブルであり、その理論に勇気づけられ歩んできた。米国における法人情報に関する争いが情報公開の理念を変容させていることに嫌気がさして、情報公開の研究から遠ざかっていた先生だったが、沖縄密約情報公開訴訟で情報公開の現場に回帰された。生涯で初めて訴訟の原告となり、現行の情報公開法が機能しない場面では、高次の法である憲法上の知る権利によって原告の請求が認められなければならないことを理論的に分析された(陳述書として裁判所に提出。蟻川恒正教授の解説で法律時報15年5月号に掲載)。

研究と実践は「車輪の両輪」

04年から05年に、改憲の足音が聞こえたとき、JCLUが企画した憲法研究者の12回連続講演「憲法の現在」のトップバッターは、もちろん先生だった。このとき事務局長だった私は、少し緊張して依頼の電話をかけたが、先生は即座にお引き受けくださった。講演内容を反訳した記録の出版についてご了解を得た際には、先生は「JCLUはぼくの本籍地のようなものだから」とおっしゃってくださった。

先生はどうして私たちの活動にコミットしてくださったのだろう。お聞きすることはかなわなくなったが、先述の『憲法を生きる』に手がかりがある。

「憲法研究者と運動論とのかかわりについてもう少し話すと、ぼくは旧型の人間です。旧型というのは、戦後すぐに学校教育を受け研究者となった世代の考え方を受け継いでいる、という意味です。人文科学・社会科学の分野の研究者は、研究活動だけではなく、同時に現実の社会に直接働きかける実践活動もしなければならない、という考え方にたってきました。つまり、研究活動と実践活動は便宜上は分けられるけれども、両方の活動を車輪の両輪のごとくきちんとやらないと良い研究者になれないんだ、と考えてきました。」(107頁)

見果てぬ夢を継いでいこう

この言葉のとおり、先生は積極的に憲法訴訟の実践をされた。その実践はあくまでも市民の権利を広げる方向で徹頭徹尾一貫していた。政府の委員になりたいと働きかけたり、政府の委員となって、その知識をもとに研究書を書いたり。そういうことと先生は無縁だった。最後まで市民の間で市民として考えることを大切にしていた稀有な存在だった。先生を失ったことを悲しんでばかりいてはいけない。

先生の見果てぬ夢を継いでいく。未完のプロジェクトである憲法を、世代を超えて実践していく。そのためにJCLUが、そして私たちの日々の活動があると思う。

奥平康弘さんの歩んだ道

略　歴

1947年4月	旧制弘前高等学校入学
1950年4月	東京大学法学部法律学科入学
1953年3月	同法学部卒業
1953年4月～57年3月	東京大学社会科学研究所助手
1957年3月	せい子さんと結婚
1957年4月～59年3月	専修大学法学部講師
1959年9月～61年夏	ペンシルバニア大学ロースクールに留学
60年5月	比較法修士号取得
1961年7月～66年3月	名古屋大学法学部助教授
1966年4月	東京大学社会科学研究所助教授
1970年4月～71年12月	オーストラリア国立大学客員研究員としてキャンベラへ
1973年4月	東京大学社会科学研究所教授
1975年	自由人権協会入会
1978年7月～80年11月	北海道新聞等で「論壇時評」執筆
1980年12月～82年	コロンビア大学ロースクール客員研究員としてニューヨークへ
1986年4月～88年3月	東京大学社会科学研究所所長を務める
1988年9月～89年	ベルリン自由大学客員教授として西ベルリンへ
1990年3月	東京大学社会科学研究所定年退職
1990年4月～97年3月	国際基督教大学教養学部教授
1992年4月	自由人権協会評議員会設立に伴い、評議委員に就任
1999年4月～2002年3月	神奈川大学短期大学部特任教授
2004年6月	「九条の会」よびかけ人の一人に名を連ねる
2006年9月～07年4月	立命館大学客員教授
2013年2月	自由人権協会公益法人化にあたり、名誉顧問に就任
2015年1月26日	急性心筋梗塞のため、自宅で逝去

主要著書から

1970年2月	『表現の自由とはなにか』(中公新書)
1977年10月	『治安維持法小史』(筑摩書房)
1979年3月	『知る権利』(岩波書店)
1979年6月	『同時代への発言―憲法学徒として(上)(下)』(東京大学出版会)
1981年3月	『憲法―学習と実践のために』(弘文堂)
1982年4月	『現代の視点―反・大勢からの発想』(日本評論社)
1983年11月～84年7月	『表現の自由Ⅰ 論理と歴史』『表現の自由Ⅱ 現代における展開』『表現の自由Ⅲ 政治的自由』(有斐閣)
1985年9月	『日本人の憲法感覚』(筑摩書房)
1986年11月	『ヒラヒラ文化批判』(有斐閣)
1988年3月	『なぜ「表現の自由」か』(東京大学出版会)
1988年5月	『憲法にこだわる』(日本評論社)
1993年5月	『憲法Ⅲ 憲法の保障する権利』(有斐閣)
1994年4月	『いかそう日本国憲法―第九条を中心に』(岩波ジュニア新書)
1995年5月	『憲法裁判の可能性』(岩波書店)
1996年2月	『これが破防法』(花伝社)
1997年6月	『ジャーナリズムと法』(新世社)
1998年7月	『憲法の眼』(悠々社)
1999年12月	『「表現の自由」を求めて―アメリカにおける権利獲得の軌跡』(岩波書店)
2003年4月	『憲法の想像力』(日本評論社)
2005年3月	『「萬世一系」の研究―「皇室規範的」なるものへの視座』(岩波書店)
2005年11月	自由人権協会編『憲法の現在(いま)』(信山社)
2007年5月	『憲法を生きる』(日本評論社)
2013年2月	樋口陽一氏と共編『危機の憲法学』(弘文堂)
2014年5月	木村草太氏と共著『未完の憲法』(潮出版社)

(参考:奥平康弘さんの志を受け継ぐ会「奥平康弘さんの歩んだ道」)

例会報告

関西合同例会

なぜ検察審査会は起訴相当決議に至ったか

――福島原発事故と東電の責任

弁護士 海渡 雄一

2015年2月14日、自由人権協会京都と自由人権協会大阪・兵庫支部は、いくつもの原発訴訟を闘ってこられ、福島原発告訴団弁護団のお一人でもある海渡雄一弁護士を講師にお招きし、関西合同例会「なぜ検察審査会は起訴相当決議に至ったか～福島原発事故と東電の責任～」を京都弁護士会館地下ホールにおいて開催しました。

(自由人権協会京都事務局 弁護士 大杉光子)

被害者の思いを受け止めた議決

2014年7月31日、東京地検が業務上過失致死傷罪について不起訴処分とした東電元幹部らに対して、東京第五検察審査会は起訴相当とする議決書を公表しました。

海渡弁護士は、この議決書が「当審査会は、事故に遭われた方々の思いを感じるとともに……」と、告訴人らをはじめ被害者の思いを十分に受け止めて出されたものであることをまず評価されました。

議決書が批判した津波対策の先送り

東京電力では、地震調査研究推進本部(推本)の長期評価を踏まえて、過去の大地震の波源モデルを福島県沖海溝沿いに設定した場合に、福島第一原発敷地南側における津波水位が小名浜港工事基準面の＋15.7mに達するという試算が2008年3月に得られていました。

この試算は、同年6月時点で東電元幹部らに報告され、元幹部はこれを受けて具体的な対策を社内に指示しました。にもかかわらず、同年7月には、元幹部は、推本の長期評価を取り入れずに耐震安全性の評価を行い、推本の長期評価については土木学会の検討にゆだねることを指示しました。

海渡雄一さん

議決書は、これらの事情を捉えて、津波を予測して対策を取ることは可能であったのにそれをしなかった東電元幹部らには過失があり起訴相当であると結論づけています。のみならず、推本の長期評価についての土木学会への検討依頼は「時間稼ぎであったと言わざるを得ない」とまで批判しています。

起訴相当議決を決定づけた上申書

この議決書の判断には、2014年7月上旬に海渡弁護士が作成した上申書の内容が取り入れられています。

この上申書は、検察審査会事務局から1週間で提出するように求められたものだったそうです。当時、海渡弁護士は国連自由権規約委員会の日本政府報告書審査への日弁連代表団団長として、ジュネーブでのロビイング活動の真っ最中でした。そこで、さらに1週間だけ伸ばして欲しいと伝えたところ、「できないならできないなりに決定を出すだけです」と冷たく言われたそうです。それでも、ここで勝負を投げてはいけないと考えて、昼間はロビイングをやりながら、夜はホテルで100ページくらいの上申書を書いたそうです。そうしたら、この上申書の内容が議決書に全面的に採用されたのだそうです。

政府報告書審査のロビイング活動自体が昼間はロビイング、夜は昼間の会議での質問に対する回答準備で休む間もないハードワークだと聞いています。それと並行して夜なべ仕事で100ページもの上申書を作成することは驚異的なことであり、その情熱と気迫が検察審査会に伝わったのだと思います。

しかし、今年1月22日、東京地検は改めて元幹部らを不起訴処分としました。海渡弁護士からは、捜査の必要性を指摘しても再捜査しようとしない検察の態度に対して批判がなされ、再度の起訴相当議決から強制起訴に持ち込もうという意気込みが語られました。

地震リスクに目をふさいだ静岡地裁

今まで手がけてきた原発訴訟の中で、福島第一原発事故と一番関連が深いと思われるのは浜岡原発差止訴訟だそうです。浜岡原発は敷地直下でプレート地震が起きるといわれている原発です。地震が起きたときに原子炉が停止できるのか、配管破断による冷却水喪失や電源喪失に対応できるのか、といったことが論点になりました。

差止訴訟の結審後判決前には中越沖地震がありましたが、結果は完全敗訴判決（2007年10月26日）。いわく、耐震設計がきちんとされているから地震が起きても事故は起きない、巨大地震が起きるリスクはあるが、国の政策上むやみに考慮することは避けなければならないと。

このとき、石橋克彦名誉教授が「この判決が間違っていることは自然が証明するだろうが、その時私達は大変な目に遭っている恐れが強い」とおっしゃったことは、福島第一原発事故で現実化してしまいました。このときに差止判決が出ていれば……。

司法の責任を受け止めた福井地裁

そこで、大飯原発訴訟の第一回弁論期日で、これまで原発事故を止める司法判断はあり得た、仮に浜岡原発差止訴訟で差止判決が出ていれば地震対策は飛躍的に進んだはずであり、そうなれば今回の原発事故は避けられた可能性もある、司法の誤った判断も今回の事故を導いた原因の一つである、裁判所が過ちを繰り返さないことを求める、と海渡弁護士が意見陳述したところ、裁判長ににらまれたそうです。

それでも、福井地裁は、「本件原発において、かような事態を招く具体的危険性が万が一でもあるのかが判断の対象とされるべきであり、福島原発事故の後において、この判断を避けることは裁判所に課された最も重要な責務を放棄するに等しいものと考えられる。」と正面から受け止める判決を出しました。そう、ちゃんと受け止める裁判官もいるのです。

原発を止めていくために必要なこと

最後に、海渡弁護士は、原発を止めていくために必要なことが3つあると述べられました。一つめは正確な知識。しかし、知識だけでは力になりません。二つめには、実際に福島で起きたことや苦しんでいる人たちのことを肌身で感じるシンパシー。もう一つ重要な点は、原発は止められる、民主主義ではみんなが望んでいることは最後には実現するのだという確信。この3つがあれば、日本が民主主義国家であるなら実現しないはずはない、仮にそこが変質してきているのなら、そこも変えていかなければならないと。

講演の冒頭で、河合弘之弁護士が監督し、海渡弁護士が構成・監修を担当された映画「日本と原発」の中の一つのエピソードが紹介されていました。

2011年3月11日夜、福島第一原発から7キロのところにある浪江町の海辺で、消防団の人たちが捜索・救出活動を行っていました。22時頃にその日の作業を一旦終了し、うめき声や壁を叩く音に応えて「明日の朝、助けに来るからな」と声をかけて回ったそうです。ところが、翌朝5:44に10キロ圏内避難指示が出されたために、そのまま誰も助けに行くことができませんでした。来ない助けを待ち続けていた人たちの存在。助けに行くつもりだったのに行けなかった消防団の人たちの重く苦しい胸の内。原発事故さえなければ。原発さえなければ。

あの事故のせいで、いくつものそんなエピソードがあちこちにあるのだと思います。海渡弁護士のお話をうかがって、3・11の前に戻すことはできないけれど、思いを受け止めつつ、未来を変えていくために、できるところから私も頑張っていかなければという思いを新たにしました。

例会報告

3月例会

ビデ倫事件とわいせつ罪——性表現の自由の危機

弁護士・JCLU名誉顧問　内田 剛弘

JCLUは2015年3月18日、3月例会「ビデ倫事件とわいせつ罪」を専修大学神田キャンパスで開催しました。「ビデ倫事件」の弁護団長を務めた内田剛弘弁護士を講師に招き、モザイク処理が不十分な作品を合格させて販売を助けたとして、日本ビデオ倫理協会（ビデ倫）元審査員らに対するわいせつ図画頒布幇助罪等の有罪判決が最高裁で確定した「ビデ倫事件」と、わいせつ性を巡る自主規制機関の判断が尊重され無罪となった「日活ロマンポルノ事件」との比較を通して、わいせつ罪を巡る問題についてお話しいただきました。（構成：事務局　遠藤 啓悟）

わいせつ罪とは何か？

「わいせつ」という単語は、明治時代の近代法制整備の過程で、当時の司法官僚が作った造語である。「わいせつ」という単語そのものが日本の風土、伝統に根差したものではなく、わいせつ罪は立法事実を欠缺している。

殺人罪や窃盗罪と違い、わいせつ罪は被疑者・被告人もよくわからないうちに検挙、起訴され、有罪判決を受ける。このようなことが今でも繰り返されている。

さらに、わいせつ罪は裁判官、検事ですら判断が異なる。例えば「チャタレー事件」や「サド裁判」では一審と二審の判決が裁判官によって結論が違う。このように、審理する裁判官によって判断が分かれる構成要件が、果たして構成要件たり得るのか、重大な疑問を持たざるを得ない。これは罪刑法定主義の崩壊といえるだろう。

わいせつと日本文化

そもそも「わいせつ」について議論をするとき、日本の文化や歴史についても語らなければならない。

古事記や日本書紀に書かれている日本の歴史を見ると、日本国誕生の物語にも露骨な性描写があり、日本国家の成り立ちから「わいせつ」なのだとも言える。

また、日本では古くからの伝統として、性的な文化が常に人々の身近に存在してきた。一例をあげると、娘が嫁に行くときには親が性行為の描写されている危（あぶな）絵を持たせていた。一種の性教育である。

このように性的な文化が、伝統として日本のいたるところに存在していた。

しかしながら、こうした性的な伝統とはそぐわない西洋キリスト教文化を背景とした近代刑法が導入されたことにより、性的な意味を含む文化や歴史の研究や調査は官憲によって恣意的に妨害されることとなった。

これについて日本歴史学の泰斗、家永三郎先生は、文化の研究・調査に対し官憲が勝手に「わいせつ」と称して手入れや妨害を行うことは日本文化に逆らうことであり、極めて遺憾だと証言しておられた。

現行法によるわいせつ罪

それでも、旧刑法におけるわいせつ罪の法定刑は、罰金4円以上40円以下と軽く、現行刑法の一部改正前は、「500円以下の罰金又は科料」とされていた。

ところが、表現の自由が保障された日本国憲法制定に伴う刑法の一部改正により、驚くべきことに、表現の自由と深く関わるわいせつ罪に対する刑罰が「懲役2年以下又は罰金250万円以下」に引き上げられた。これは、現在日本国民が適用を受けているわいせつ罪がいかに厳罰主義であるかを物語っている。

他方、現代ではインターネット上にハードコアポルノがあふれており、望めばすぐ手に入るほど身近な存在になっている。その中でハードコアポルノの社会的有用・有益性、犯罪抑止機能が叫ばれ、社会は性の解放に向けて進んでいる。

だが、未だに司法は明治40年刑法のままであり、今回のビデ倫事件のように曖昧な構成要件の下で表現の自由を侵害し続けている。

このように現在の日本の法体制は非常に矛盾に満ちている。また、わいせつ罪の刑事罰からの解放が1970年代、独・仏などですでに刑法改正により実現されていることも留意されるべきである。

ビデ倫とは

ビデ倫の前身は1972年に発足した「成人ビデオ倫理自主規制懇談会（懇談会）」である。

元ビデ倫理事の松本稔氏の回顧談によると、東映ビデオが喫茶店等に供給していたAV（8ミリ）がわいせつの嫌疑をかけられたことをきっかけに、それまで各社ごとに行っていた自主規制を第三者機関の審査に委ね、審査に客観性を持たせることを目的として懇談会が設立され、その後、1977年にビデ倫が設立された。

ビデ倫は、大手映画会社から5名、ビデオ制作会社から3名の理事を選び、合計8名で理事会を形成していた(事件当時は4名対4名)。審査員は定年を迎えた大手映画会社出身の方々がボランティア的に参加し、事務局は十数名で担い、中には警察出身者もいた。そして、ビデ倫の歴代事務局長は警察の高級官僚出身者であった。

ビデ倫事件の概要

ビデ倫事件以前、ビデ倫のほかにも審査機関が設立されていく中で、他の審査機関と比べて厳しすぎるビデ倫の審査に、ビデ倫の会員から不満の声が上がっていた。その声を受けて審査基準を緩和しようと動き出した矢先に強制捜査が始まった。強制捜査は元警視庁職員であった事務職員が予断に基づいて警視庁に密告したことが発端となって行われた。

2008年3月21日、メーカー代表者ら3名が刑法175条で起訴され、審査員3名が同条幇助罪で起訴された。一審は有罪。メーカー代表者1名は争わず確定した。二審は控訴棄却であった。2014年10月7日、最高裁で上告棄却となり、メーカー代表者は懲役10か月、執行猶予3年、審査員は罰金50万円が確定し、裁判は幕を閉じた(メーカー代表者1名、審査員1名は確定前に亡くなった)。

事件の問題点

ビデ倫事件の問題点として、警視庁の妄想によって強制捜査が進められ、ビデ倫の職員を脅かして警察に都合のいい調書が作成されたことが挙げられる。

また、今回わいせつとされた商品と他の審査機関が審査をした商品の映像を見比べてみても大差はなく、なぜビデ倫だけが起訴されたのか疑問である。差別的としか言いようがない。

今回の裁判でこの点も主張したが、真摯な対応が得られなかった。このように、最近の裁判では裁判官が弁護人の問題提起をまともに取り上げて判断しようとする姿勢が見られない。

また、司法のアンバランスという問題が挙げられる。

例えば、ビデ倫事件に先立つ2000年10月6日、ビデ倫の審査を高く評価し、「ビデ倫の審査を経たビデオについてはわいせつ図画頒布目的所持罪の犯意を欠く」とする確定判決が東京地裁八王子支部で示されていた。

映倫の「日活ロマンポルノ事件」では、映画4本がわいせつとして起訴されたが、映倫の審査機能が高く評価され、一審は無罪、二審で控訴が棄却され、無罪が確定した。

同様に、「愛のコリーダ事件」も無罪判決を受けたが、同じ時期にあった「四畳半襖の下張事件」では有罪判決が示された。

内田剛弘さん

このように、係属した裁判部によってムラがあるのは、法の平等から考えるとおかしい。

最後に、「愛のコリーダ事件」の判決を例に性表現の許容性基準の観点から一言付け加えたい。

「愛のコリーダ事件」は「チャタレー事件」の最高裁判決を下敷きにしながらも、普通人のポルノグラフィーに対する「慣れ」や「受容」、訴追機関の「放任」、性表現による各種領域における社会的価値の実現の要請をも考慮に入れて、社会通念上どの程度の性表現が許容されるかの目安を見出さなければならないとして、無罪判決が示されたのである。今回の事件でも、裁判官が真面目に普通人の「慣れ」「受容」、訴追機関の「放任」について検討していれば、無罪になる余地は十分にあった。

今後の課題について

わいせつ問題について今後の課題をいくつか挙げると、まず、憲法21条に違反する刑法175条などの廃止、そして、性表現の刑罰からの解放である。わいせつとされるものに対しては自主規制や社会道徳等による手段を取るべきであり刑罰を科すべきではない。

次に、自主審査制度の充実と社会的認知、定着である。裁判官が自主審査機関の取り組みを考慮に入れず、175条で断罪する現状を打開するには、学者も含めて議論を重ねていくべきである。

最も重要なのは、捜査権の濫用の司法的チェックである。日本の司法は、不当な起訴に対するチェック機能を欠いており、赤崎町長選挙違反事件、チッソ川本事件にみられるように、下級審で公訴権濫用について公訴棄却しても、最高裁が公訴棄却の主張を粗雑な理由で退けてしまっている。以来学会も下級審も萎縮してみえる。

そこで私は、公訴権濫用についての研究・検討・議論の充実を図るべきであると考える。

今後、判例によって公訴棄却理論が充実すれば、公平性を欠いた司法的チェック制度を補完できるのではないか。

2015.3.20院内集会

北京世界女性会議から20年

――その成果と女性の人権をめぐる課題

2015年3月20日、「北京世界女性会議から20年―その成果と女性の人権をめぐる課題」と題して、衆議院第2議員会館多目的室にて院内集会が開催され、JCLUのほか、国連ウィメン日本協会、女性人権機構、日本女性差別撤廃条約NGOネットワーク、国際女性の地位協会が共催しました。

第1部で、国連ウィメン本部人道部長のブレータ・アリコさんと、女性差別撤廃委員会委員のナーラ・ハイダーさん、同委員会委員長の林陽子さんが講演しました。コーディネーターは、JCLUの紙谷雅子代表理事と、国連女性の地位協会の山下泰子会長が務めました。

(報告:会員・弁護士 海渡 双葉)

1.ブレータ・アリコさんの講演

今も残る女性差別

女性差別撤廃に関して、進捗があった分野が幾つか見られるが、他方で、停滞していたり、場合によっては後退している分野もあるのが現実である。男女平等を求める変化は、十分に深く掘り下げられてはいない。特に進捗が遅いのは、女性・女児が複数の形態の差別にさらされている場合である。

法律による差別は多くの国で持続しており、特に家族法による女性差別が存在する。また、女性の就業率が上がったにもかかわらず、良い労働条件、昇進の可能性、平等賃金などが伴っていないということがある。多くの女性がディーセントな(人間らしい)仕事に対してアクセスがない。女性への暴力も依然として存在する。妊産婦の死亡も続いている。また、あらゆる分野で女性は意思決定から排除されることがある。

男女平等を獲得し、女性・女児の人権を実現することが、人権、平和、安全保障、持続可能な発展をするために基本的なことである。

紛争が続いていること、世界的な金融危機・経済危機があったこと、食糧やエネルギーの価格が不安定であることなどが、男女平等の進化を脆弱化させている。過激主義が増えており、女性の権利に対する巻き返し(バックラッシュ)もある。差別的規範が根強く残り、ステレオタイプな役割を固定化させ、女性・女児の権利実現を阻んでいる。

2030年までに完全なジェンダー平等の実現を

できるだけ早く、遅くとも2030年よりも前に、私たちは男女平等を達成しなければならない。達成したと言えるためには、あらゆる女性が、平等の権利を持ち、司法やチャンスに対する平等のアクセスを持ち、あらゆる暴力と差別から自由であることが必要である。

重点的に取り組むべき課題は、①差別的な社会的規範や、ジェンダーの役割固定化を変えること、②経済において男女平等を達成し、持続可能な社会を実現すること、③女性が平等な意思決定に参加することを担保すること、④男女平等に必要な投資をすること、⑤男女平等に関する政府の説明責任を強化することである。

国連ウィメンが提唱する、2030年までにジェンダー不平等を終わらせ、完全な平等を実現するための活動である「プラネット50・50」に、ぜひ積極的に参加して頂きたい。

2.ナーラ・ハイダーさんの講演

女性差別撤廃を目指す人々の活動

まず歴史を紐解く必要がある。1979年に条約が採択されるまでの歩みは、かなりゆっくりとしたものであった。しかし、女性差別撤廃条約(CEDAW)は歩みの中の1つであるということが重要である。国家に対する強制力・拘束力のあるものは、CEDAWしかない。

男女平等について、この20年間、進捗はあるけれども、現在は深刻な脅威がある。経済的不平等、暴力を伴う原理主義などである。

女性差別撤廃に向けて闘う人々には二つの世代がある。ここまで闘ってきた世代と、これからチャレンジをする若い世代である。こうした人たちの志と、リソース、そして説明責任の3本柱が、変革のために重要である。闘いを続けていかなければいけない。女性団体・フェミニズム団体が中心となって闘ってきたからこそ、これまで

ブレータ・アリコさん

ナーラ・ハイダーさん

林陽子さん

の進捗があったのである。こうした各団体が経済的リソースを持ち、活動の環境があることが必要である。

CEDAWの役割

こうした女性団体・フェミニズム団体の役割と、緊急の課題に対応する新しいチャレンジに関して、CEDAWは応えることができる。CEDAWは市民団体から情報提供を受け、加盟国政府に働きかけをすることができる。

現在準備されている一般勧告として、①女性の司法に対するアクセス、②防災や災害におけるリスク削減における女性の役割、③女児の教育に関するものがあり、女性に対する暴力についても新しい勧告を作ろうとする動きがある。

公的機関への説明責任を求めるということを進めている。CEDAWは手段を持っているので、皆さんには、これを大いに活用して頂きたい。

3.林陽子さんからの報告

女性差別撤廃に向けた、世界の目標

今年2月に女性差別撤廃委員会の委員長になった。日本が女性差別撤廃条約を批准して30年、北京世界女性会議から20年という節目の年を、委員長として、皆さまとお祝いできることを、大変嬉しく思っている。

2012年に、委員会30周年記念の際、事務局が「30・30」というスローガンを考えたが、30%では足りない、時代遅れだということで没になった。国連ウィメンは「プラネット50・50」という活動をしている。日本では衆議院で女性議員は9%しかいないので、かなり巻き返していかなければ世界の目指す目標に追いつかない。

女性の教育に対する妨害にみる女性差別の実態

北京世界女性会議における、「女性の権利は人権である」というスローガンは、女性の権利が普遍的であることを確認したものである。しかし、実際には今日おふたりが言及していた深刻な脅威がある。なぜこのような問題が起きているのか、教育を例にとって考えたい。

国連人権高等弁務官事務所（OHCHR）によると、2012年の1年間に、教育施設や教師、学校に通う者への3600件もの攻撃が報告されている。意図的に女性教師や女児を狙うものがあり、性暴力や、誘拐して奴隷として売り飛ばすということが行われている。学校に行かせるのは危険ということで、娘を早く結婚させるという事態も生じている。

女性たちが学校で教育を受けることで、自分が脅かされると考える者がおり、女性の教育を妨害している。

CEDAWでは、条約10条の教育に関する平等について、一般勧告を作成するとともに、教育に関する権利を分析し、「教育に対する権利」、「教育の中における権利」、「教育を通しての権利」の検討をおこなっている。

また、国家ではない集団や個人（ナイジェリアでのボコハラムなど）による人権侵害については、国に相当な注意義務があるので、加害者を訴追・処罰し、被害者の救済が図られなければならない。国が対処せず、救済を与えていないという問題がある。

日本も、個人通報を定めた選択議定書を批准する必要がある。そうしないと世界標準に追いつけない。

あたごの杜から
事務局長日誌

◆問題のある言動があっても「問題ない」と強弁して開き直る。そうしていると、いつの間にか世間が忘れてくれる。そして、事実上許されたことになってしまう。そういった状況が続いているように思う。国や公的な組織のトップにそのようなことが続けば、社会のモラルは確実に低下するであろう。◆武器輸出三原則の転換、文民統制の廃止、沖縄の基地関連の政策、原発の再稼動に向けた動き、などなど。さまざまな政治関連のニュースに接すると思い出す憲法学者の指摘がある。「もし国民が、自らの欲しない公務員が、その地位にあるのに対して、一指もふれることができないとすれば、それは国民主権の本旨にそわないことといわなければならない。」（鵜飼信成『憲法』）という指摘である。◆翁長知事が辺野古移設に反対していることについて、元防衛相が「沖縄県のことや国の安全保障を踏まえて考えていただきたい」と批判したそうだ。一部の人の利益を代弁するために、「沖縄県」や「国」という概念が都合よく利用されている。◆2月25日は、JCLUマスメディア小委員会のムスリム勉強会に参加した。日本人でイスラム教徒の方をお招きし、イスラム教についての基本的知識やイスラム教徒の考え方を学ぶ。イスラム諸国における日本の評価は依然高いようだが、それも「かつては高かった」という過去のことになってしまうのであろうか。◆3月18日はJCLU3月例会「ビデ倫事件とわいせつ罪」。事件の弁護人を務めた内田剛弘弁護士のお話をうかがう。わいせつ概念のあいまいさゆえに、捜査機関による恣意的な運用が可能になっている。◆3月20日はJCLUも共催した院内集会「北京世界女性会議から20年～その成果と女性の人権をめぐる課題～」へ。女性差別撤廃委員会のハイダー委員（レバノン）や同委員会委員長（JCLU会員の林陽子弁護士！）などのお話をうかがう。各国の人権状況を把握するために人権NGOが重要な役割を果たしていることを、委員会メンバーによる説明を通じてあらためて認識した。◆1月末に奥平康弘先生の訃報に接した。昨年暮れのJCLU忘年会でお目にかかったのが最後になった。その際、奥平先生のたまたま隣に座れたので、自分が司法試験の勉強時に、杉原泰雄『憲法Ⅰ、Ⅱ』と奥平康弘『憲法Ⅲ』を使用していたこと（これはけっこう珍しいと思う）をお伝えすることができた。ご冥福をお祈りしたい。　（二関）

2015年1月から4月までのJCLU

1月15日	1月理事会
2月19日	2月理事会
2月14日	関西合同例会「なぜ検察審査会は起訴相当決議に至ったか～福島原発事故と東電の責任～」（海渡雄一・弁護士）京都弁護士会館
3月16日	3月理事会
3月18日	3月例会「ビデ倫事件とわいせつ罪」（内田剛弘・弁護士　JCLU名誉顧問）専修大学神田キャンパス
3月20日	院内集会「北京世界女性会議から20年～その成果と女性の人権をめぐる課題～」（主催：国連ウィメン日本協会・女性人権機構・日本女性差別撤廃条約NGOネットワーク・自由人権協会・国際女性の地位協会）衆議院第2議員会館多目的室（Ms. Blerta ALIKO・UN Women本部人道ユニット長、Ms. Nahla HAIDAR・女性差別撤廃委員会委員、林陽子・JCLU会員）
4月15日	4月理事会
4月23日	4月例会「個人情報保護法改正の動向」（湯淺墾道・情報セキュリティ大学院大学教授）弁護士会館

【発行日】2015年4月27日　【発　行】公益社団法人 自由人権協会
〒105-0002　東京都港区愛宕1-6-7 愛宕山弁護士ビル306
TEL：03-3437-5466　FAX：03-3578-6687　URL：http://jclu.org/　Mail：jclu@jclu.org
（大阪・兵庫支部）
〒530-0047 大阪市北区西天満1-10-8　西天満 第11松屋ビル3F 堺筋共同法律事務所内
TEL：06-6364-3051　FAX：06-6364-3054
協会設立：1947.11.23　本紙創刊：1950.5.1　購読料：年間2,500円　郵便振替：00180-3-62718　発行人：二関辰郎
JCLU

人権新聞 Japan Civil Liberties Union
JCLU Newsletter
発行所 公益社団法人 自由人権協会
JCLU
〒105-0002 東京都港区愛宕1-6-7 愛宕山弁護士ビル306
TEL:03-3437-5466　FAX:03-3578-6687
URL:http://jclu.org/　Mail:jclu@jclu.org
協会設立:1947.11.23
本紙創刊:1950.5.1
購 読 料:年間2,500円

総会記念講演

自由民主党「日本国憲法改正草案」の歴史的性格

早稲田大学法学学術院特任教授　水林　彪さん

安倍政権は、2016年夏の参議院議員選挙後に憲法改正の発議を予定している旨報じられている。2015年5月31日、2015年度総会と記念講演を日比谷図書文化館コンベンションホールで行った。記念講演は、日本法制史が専門の早稲田大学法学部特任教授の水林彪さんを講師にお招きし、「自民党『日本国憲法改正草案』の歴史的性格」と題して、歴史的な観点を踏まえて自民党改憲草案の問題点を検証いただいた。（報告：会員・弁護士　伊藤朝日太郎）

Ⅰ　国制（支配）と法の社会学的存在構造

本日は、自由民主党『日本国憲法改正草案』の歴史的性格の解明を課題としたい。

あらゆる時代、あらゆる社会は「根本法」を持ち、根本法が支配者を正当化する。根本法が支配者により実定化されたものが実定法であり、実定法が政権幹部の権力行使を正当化する。もっとも、根本法を支えているのは、被支配者・人々の規範意識である。人々の規範意識のありようが根本法を規定することになる。

日本国憲法と自民党改憲草案では、そもそも、前提とする根本法自体が全く異なるものであることに注意しなければならない。

Ⅱ　日本国憲法の歴史的遡源

1.西欧中世の国制と法

日本国憲法の歴史的遡源は、西欧中世（マグナカルタ的国制）にさかのぼる。西欧中世の国制は、王と諸侯との契約的関係であり、厳密な意味では「支配」（命令服従関係）ではない。ここでの根本法は神法であり、根本法が実定化された実定法も王の制定法ではなく「古き良き法」、慣習法である。

2.西欧近世の国制と法

これが近世（絶対主義の時代）になると、国制は家産官僚制的支配に変化する。王と諸侯の契約関係が後景に退き、王の一方的命令による支配が前面に出てくるようになる。ただし、契約的関係が完全に消滅するわけではない。このことが、近代啓蒙の社会契約思想の一つの前提となった。

法についていえば、根本法こそ神法のままであるが、実定法は慣習法と王制定法が混在するようになる。前者は契約的国制と、後者は命令的国制と結びついている。

3.西欧近代の国制と法（近代的立憲主義）

近代的立憲主義の時代の国制は、自己統治（支配ということのない秩序）の変容形態という性質を有する。

マックス・ヴェーバーは、支配の3類型論――伝統的支配、カリスマ的支配、制定規則支配（これまで「合法的支配」と訳されてきたが、ここでの「法」は、制定された規則という狭い意味を持つに過ぎない）――を提唱した。とともに、ヴェーバーは、支配とは別カテゴリーで「支配とは別種の統治」という概念を立てた。近代立憲主義の国制は、「支配」の純粋型ではなく、「支配とは別種の統治」の一変形、あるいは、「支配とは別種の統治」から「支配」への論理的意味での移行過程に位置するものである。

近代的立憲主義の時代の根本法は、自然法・自然権である。自然法が、主権者国民の憲法制定権力の行使を正当化する、そして主権者国民が自然法を実定化した憲法を制定するのである。憲法は国民議会（憲法によって創出された三権力の筆頭）の権力行使を正当化し、国民議会が憲法を具体化する諸法律を制定する。

フランス革命が始まってもなおしばらくの間、人々の憲法像は、依然として、中世立憲主義の伝統を引き継ぐ、マグナカルタ的協約憲法であった。しかし、1791年憲法の制定の直前に、国民の憲法制定権力による憲法の制定という方式が採用されることとなった。

近代的立憲主義時代の法は、臣民の行為規範ではなく、何よりも公権力を行使する人々を名宛人とする行為規範（裁判権力を拘束するという観点からは、裁判規範）であることに注意しなければならない。このことによって、近代立憲主義的国制においては、法（権力の行為規範）と道徳（国民一般の行為規範）とが峻別されることとなった。

最近、「憲法は（国民を縛るものではなく）国家権力を縛るための法である」ということが、新聞・テレビなどでもさかんに言われるようになった。もちろん、それはその通りなのだが、そのことの言外に、他の法律は国民を縛るものだという含意があるとすれば、それは誤りである。近代法はあくまで権力者の行為規範（裁判規範）であり、一般人を直接拘束するものではない。

Ⅲ　自民党「日本国憲法改正草案」の歴史的遡源

1.日本現代の国制と法（日本国憲法体制）

自民党改憲案を見る前に、日本国憲法体制が想定している国制と法を見てみたい。

日本国憲法は、1789年人権宣言・1791年フランス憲法によって切り開かれた近代立憲主義の本流に位置する。すなわち、根本法が「人類普遍の原理」（自然法の別表現）であり、かかる根本法が主権者国民の憲法制定権力の発動を正当化し、その結果として制定された日本国憲法が、国民の人権を保障するとともに、立法・行政・司法の三権力を組織するという構図である。日本国憲法は、また、公法私法二元論的通念とは反対に、全社会関係――国家と国民の関係ばかりでなく、国民相互関係を含む全社会秩序――を規律するという点でも、近代立憲主義の本流に属する。

2.自民党「日本国憲法改正草案」における国制と法

対して、自民党改憲案の国制像は政治的国家（公法）と経済的社会（私法）の二元論である。国家は、〈天皇を戴く国家―家族―個人〉の人的統合秩序であり、社会は

水林彪さん

新自由主義的秩序（無制約を理想とする資本主義経済秩序）である。

公法の根本法は、「人類普遍の原理」（自然法・自然権）ではなく、「長い歴史と固有の文化」、「天皇を戴く国家」である。このような根本法によって、「公」による人権の制約が正当化され、法は権力者に対する行為規範（裁判規範）ではなく、国民の行為規範に転化してしまっている。

私法の根本法は「活力ある経済活動」に求められ、「公共の福祉」による制約を受けない営業の自由が認められる。

3.帝国憲法・明治民法二元体制

このような自民党改憲案の国制像は、突如として出てきたものではなく、まずは、日本近代の帝国憲法・明治民法体制にさかのぼる。

日本の近代は、法が公法と私法に峻別され、公法の根本法は皇祖皇宗の意思（国家神道）、私法の根本法は優勝劣敗法則（社会進化論）に求められた。皇祖皇宗の意思が明治天皇の支配を正当化し、明治天皇が大日本帝国憲法を制定し、大日本帝国憲法が歴代天皇の統治を正当化する。私法の根本法たる優勝劣敗法則は、ダーウィニズムを社会認識に拡大適用したスペンサーの社会進化論に学んだものであった。明治民法編纂のリーダー格であった穂積陳重は、その信奉者であり、「生存競争において勝ったものの財産を守るのが民法の役割、負けた者が犯罪に走るのを抑え込むのが刑法の役割」と考えた。

4.幕藩体制

自民党改憲草案、そして帝国憲法にみられる、〈天皇を戴く国家―家族―個人〉の人的支配体制、そして国民の行為規範としての法というアイデアは、さらに、幕藩体制までさかのぼる。ここにおいて、天皇は権力の究極

CONTENTS

の正当化根拠たる根本法の位置にあった。西欧でいう神や自然法の位置に天皇が置かれたのである。

実定法は、自然法を実定化したものではなく、権力の命令としての法度であった。そして、法度を制定する権力が最高の存在とされた。このことをよく示すのは、「非理法権天」という法格言である。理（ものの道理）は非に優越するものの、法には敗れる（ここでの法は、自然法や高次の法ではなく、権力者が下僚の行為規範として定める「法度」である）。そして法度も権力に敗れる。権力は法度を任意に改廃しうるである。権力の上には天（天道）があるが、この天道は、自然現象の意味にすぎないと解釈されるようになった。いかなる権力者も寿命には勝てないという程度の意味であり、天が神や自然法の役割を果たすことはない。すなわち、人間の世界では、権力が至高である。

自民党改憲案は、憲法の名において国民に道徳（国民の行為規範）の内容を指示し、遵守させようとしているが、これは、道理よりも法度が優先する幕藩体制の構造を引き継いでいるといえる。

日本の近世は高度な官僚制を発達させたが、これを構成する各官職は家職としての性格を有し、代々相続される傾向を有していた。西欧では、主君一家臣の身分関係は身分制議会の形をとったが、日本近世では議会ではなく、身分制的な性質の官僚制に組織された。

5.天皇制と西欧王権との質的相違

このように見てくると、近世以前の国制において、西欧王権と天皇制には質的に全く異なるものがあることがわかる。

西欧の王権は、王権が諸侯とともに、法（神の法）のもとにあり、これに拘束される。王と諸侯とは、神のもとに契約を結び、政治社会を形成した。

これに対し、日本近世では神の法に相当する超越者の観念が極めて希薄である。天皇は、将軍という権力者を正当化する権威的存在であり、西欧における神の位置にあった。そのような天皇のもと、将軍と大名、大名と家臣の関係は官僚制的関係（命令・服従関係）として編成された。ここには、下位者の身分制的自由を原理的に承認する仕方で、君主と臣下が契約的関係を取り結ぶ、という観念は存在しない。君主と臣下との関係は命令服従関係であり、その命令が法度にほかならなかった。

Ⅳ 結び

自民党改憲草案における法・国制像は、以上のように、幕藩体制のそれに遡及するものである。その限りにおいて、同草案は歴史によって支えられているということができる。しかし、日本国憲法の理念も、わが国の歴史に深く根ざすものであった。自民党は、日本国憲法の基調をなしている天賦人権論は西欧の産物であり、日本の伝統からは生まれようのないものであるとして、これを排撃するが、このような歴史理解は正しくない。日本国憲法の淵源となりうる国制理念は、自民党改憲草案に連なっていく国制理念よりも歴史的に先行し、かつ、長期に及ぶものであった。

大化の改新以前は、究極的には、臣下が王を指名する選挙王政であった。推古天皇が2人の皇位後継候補者を呼んで「誰が天皇になるかは臣下が決める」と諭した逸話がある。古代天皇制における根本法は神々であったが、その中には、臣下の祖先神も含まれていた。

中世においても、鎌倉幕府は、お飾りの宮将軍を擁しつつも、武士たちが協議によって法を作っていた。しかも、その内容たるや、御成敗式目にも、自白のみで有罪にしてはならない、などの近代法の基礎となりうる諸規範が存在するなど、きわめて注目すべきものであった。戦国時代には、一揆（国人領主の契約）による国制が各地で誕生した。まさに契約による統治の仕組みが作られていたのである。戦国大名の領国でも、マグナ・カルタ的国制が実現した場合がある。例えば六角氏式目という法典は、臣下が起草し、大名ができること、できないことを定めている。六角氏式目は、大名と臣下のそれぞれが署名し、「天」に誓って約束したものであり、まさに協約憲法である。ここでの「天」＝「天道」は、自然現象に矮小化された幕藩体制的な「天道」とは異なり、人間界を支配する超越者に関する観念であった。このように、日本の中世に現れた一揆や身分制議会的国制においては、根本法は、神仏、天道、道理という原理であった。

しかし、近世幕藩体制になると、神仏や天道にかわって天皇を根本法＝最高権威とする国制が成立する。関白秀吉、征夷大将軍家康の権力は、天皇によって任命された官職の権力という形式を備えたものであった。その一方で、御用学者たちは、「非理法権天」において、将軍の権力より上に位置する「天道」を自然現象や、太陽という自然物（おてんとうさま）の意に矮小化することに腐心した。

しかし、中世に自然法類似のものとして観念された「天道」が明治期になって復活する。それが近代自由民権運動に見られた天賦人権論である。この「天」は、まさに六角氏式目に見られた「天」である。天賦人権論は必ずしも西欧にのみ由来するのではなく、幕藩体制において封じ込められていた日本的源流が息を吹き返したという意味を持っている。

私たちは、自民党改憲案の系譜とは別の伝統、日本国憲法の日本的源流が脈々と引き継がれてきたこと、これこそが、わが列島における真に「長い歴史」であること、このことに注意を向けなければならない。

例会報告

4月例会

個人情報保護法改正の動向

情報セキュリティ大学院大学教授 湯淺 墾道さん

個人情報保護法の改正法案が今国会に提出されています。JCLUは2015年4月23日、4月例会「個人情報保護法改正の動向」を弁護士会館において開催しました。講師に情報セキュリティ大学院大学教授の湯淺墾道さんをお招きし、「人権」という観点を踏まえ、個人情報保護法改正についてお話しいただきました。 （報告：会員・弁護士 加賀山瞭）

個人情報は「人権」か

湯淺墾道さん

今回は、「人権」との関わり合いで、今回の個人情報保護法改正のお話をさせていただく。

広い意味での個人に関する情報の中で、伝統的なプライバシーに当たる部分と当たらない部分が存在する。また、日本には憲法上のプライバシー権を具体化する法律がない。そして、個人情報保護法上の定義する「個人情報」は、広い意味の個人に関する情報の一部分しか保護していない。これら3つの関係性が非常に曖昧で理解しにくくなっている。

プライバシーと個人情報保護法の関係はどのように理解すべきか。憲法上の権利の私人間効力に関する間接適用説に倣って、憲法上のプライバシー権を私人間において守るための法が個人情報保護法であり、公権力との関係で守るための法が行政機関個人情報保護法という図式で理解することもできる。しかし、今日、プライバシーと呼ばれるもののなかには、人格権的なものだけでなく、財産権的なものが増えてきている。また、公権力やマスメディアだけではなく、私企業が私人の個人情報を大量に収集するなどしてプライバシーを侵害するというような状況も生じてきている。

自己情報コントロール権をどのように理解するかという問題もある。国家的権力に対して、個人が自分に関する情報をコントロールできるようにすることこそ、個人を個人たらしめるのであって、延いては「プライバシーの保護」につながるという考え方が主流であろう。しかし、情報法の分野では必ずしもそのように考えられてはいない。また、大量の個人情報がデータベース上に散在し、インターネット上で急速に伝播する今日の状況下において、本当に自己情報をコントロールできるのかという問題もある。

個人情報保護法改正の背景

改正の背景の一つに、特定の個人を識別できないように匿名化すれば個人情報保護法上の「個人情報」に該当しないといえるか（例えば、名簿から氏名の欄を消去する等）という問題がある。ビッグデータ技術が進み、名前を消去するだけでは復元することが可能になっている。あるいは、SNS上のデータを突き合わせると、個人を特定することが可能になっている。

個人情報保護法は、他の情報と「容易に」照合すれば個人を特定できるものは個人情報に含むとするが、何をもって「容易」といえるかという問題もある。具体的には、5秒で照合できれば「容易」なのか、あるいは、スパコンで1か月かけて照合できれば「容易」なのかということである。

また、個人を「特定」することと、「識別」することに違いはあるのかという個人情報保護法制定時に想定されていなかったであろう問題も生じてきている。

個人情報該当性の判断

誰から見て特定の個人を識別しうるものを「個人情報」といえるのかという問題もある（個人情報該当性判断の主体の問題）。

現に個人情報を持っている事業者が個人を識別することができるのであれば、「個人情報」に該当するという考え方（規制事業者基準説）と、受け取った側において個人を識別することができるのであれば、「個人情報」に該当するという考え方（受領者基準説）がある。

JR東日本のSuicaデータの提供問題の場合はどうだったか。規制事業者基準説によれば、SuicaのデータはJR東日本において個人を識別できるのであるから、個人に関する部分（名前等）を消したとしても、「個人情報」にあたり、本人の同意なく第三者提供することは違法であるという帰結になる。他方、受領者基準説によれば、受け取った側で個人を識別できるような状態になったら、そこで初めて規制対象である「個人情報」にあたることになる。

では匿名化すればよいのか、ということになる。しかし、完全な匿名化というのは技術的には、ほぼ不可能と言われている。この点で、アメリカのFTC（連邦取引委員会）の3要件（①与えられたデータセットが合理的に匿名化されている、②事業者が再特定化しないことを公に約束、③事業者が、すべての下流データ利用者に対して非特定化された状態の維持を要求）が注目されている。

個人データ保護（欧州）と
プライバシー保護（米国）のはざまで

欧州型の個人データ保護の考え方と米国型のプライバシー保護の考え方は同じではない。

個人情報保護とプライバシー保護 情報セキュリティ大学院大学 INSTITUTE of INFORMATION SECURITY

【ヨーロッパ】	【アメリカ】
個人をプロファイルすることへの反省・畏怖	プライバシーの理念の発展と法的権利化
個人データ保護と、データの移転の規制	私事の秘匿性
包括的規制	自由権、自己決定権
アメリカ企業への警戒感と域内保護が基調	個別領域で規制
第三国に十分なレベルの保護を要求	市場競争原理と利活用を基調
オプト・イン	欧州とはセーフハーバーで妥協
	オプト・アウト 20

このように、双方の考え方は異なるが、日本は、米国型・欧州型の理念をそれぞれ取り入れている。伊藤正巳教授、佐藤幸治教授、堀部政男教授のプライバシーに関する著作は、明らかに米国型のプライバシーから影響を受けている。他方で、行政機関個人情報保護法、個人情報保護法等は欧州型の制度を参考にしている。今日の各国における個人情報保護法制の骨子になっているのが、1980年の「プライバシー保護と個人データの国際流通についての勧告」というOECDの理事会採択である。

今般、個人情報保護法を改正するにあたって、事業者からいろいろな意見が出た。例えば、個人に関するデータを収集してビジネスに利活用したいという事業者からは、米国型にしないと新たなビジネスは生まれないといった意見がかなりあった。これに対し、米国型にしてしまうと、EUが各国に対し、十分なレベルの保護を要求していることと齟齬が出てくるという反論もあった（日本とEUとの間にはセーフハーバー協定がない。）。

しかし、米国型の規制が厳しくないというのは誤解である。米国では個別領域ごとにプライバシー保護法が存在し、領域によってはかなり規制が厳しいものもある（医療情報、子どもの情報の取り扱い等）。

個人情報保護法改正の内容

〔現行法のルールの適正化〕

(1) 要配慮情報カテゴリを設け、取扱いについて規定

いわゆるセンシティブ情報については、「要配慮情報（機微情報）」というカテゴリを設け、通常の個人情報から一段保護レベルを上げることにした。

(2) 第三者提供に関するオプトアウトの徹底

第三者提供については原則として本人の同意を得ること、本人から利用停止の求めがあれば応じなければならないというルールを徹底することとした。

(3) 共同利用に関する現行法の趣旨の徹底

(4) 開示等の請求権について規律

事業者が、個人情報の開示請求になかなか応じないという問題がある。しかし、東京地裁によれば、個人情報保護法は事業者を規制する行政法であって、国民に出訴の権利を認めたものではないとされている。そこで、開示請求権を明確化する改正がなされる予定である。

(5) 取り扱う個人情報の数が5000件以下である個人情報取扱事業者に対する適用除外規定を撤廃

〔新たな利活用ルール〕

(1) 個人が特定化される可能性を低減したデータの取扱い

個人データをビジネスに利用したいという事業者のニーズに対応し、個人が特定される可能性を低減したデータについては、基本的には本人の同意を得なくても第三者提供することができるようになるという見通しである。

(2) マルチステークホルダーの考え方を活かした民間主導による自主規制の枠組み

国の法律ではなく、民間団体の作った自主的なルールの方がかなり重要になってきており、民間団体による認証制度というのが国際的に普及してきている。

(3) 独立第三者機関

個人情報保護についての監督機関は、日本では、各事業領域に応じた主務官庁になっている。しかし、主務官庁という立場を離れた第三者機関による監督の必要性が高まっていた。これに対応すべく、個人情報保護委員会が設置されることになった。

(4) グローバル化への対応

国と国との間で個人データが越境すること自体は止めようがない。これに対する規制を各国で調和させようという動きが始まっている（越境プライバシー・ルール・システム）。

日本も、2014年4月、APECのプライバシー原則への適合性を認証する制度（CBPRシステム）に参加することが認められた。

これによって、認証機関の認証を受けた企業等は、自社の個人情報の取り扱いが、APECプライバシー原則に適合していることを表示でき、APEC域内での事業活動を円滑に行えるようになる。

まとめ

現代における個人情報保護やプライバシーの問題は、私人間における保護をどのように実効あらしめるかという点に重点が置かれてきている。また、個人情報には財産権的要素が含まれてきていることは否めない。そうすると、今後プライバシーは譲渡できるのかとか、プライバシーを営利目的に使うことはできるのかといった議論が出てくるのは避けられない（二次利用、三次利用についての規制等）。あるいは、プライバシー権を放棄したいという人の自己決定を認めてよいかという問題もある。

このような新たな問題も生じてきており、米国型、欧州型の双方からの影響を受けてきた我が国の個人情報保護法制が、今後どのように進んでいくか模索していく必要があろう。

例会報告

5月例会

犯罪者処遇と弁護士活動

――受刑者の社会復帰支援を考える

弁護士 古畑 恒雄さん

2015年5月21日、5月例会「犯罪者処遇と弁護士活動～受刑者の社会復帰支援を考える～」を弁護士会館で行いました。講師の古畑弁護士は、33年間の検事生活を経て弁護士登録をし、日弁連の刑事拘禁制度改革実現本部に所属し，受刑者の更生に積極的に関わってこられた方です。

（報告：会員・弁護士　中村亮）

更生保護活動との関わり

私が更生保護に関わるきっかけとなったのは、検事時代に約4年半、法務省の保護局に勤務し更生保護活動に触れる機会があったためである。そして、1998年からは、東京都内にある更生保護法人更新会の理事長を務めている。

更新会はその施設が大学のキャンパス内にあるという特徴があり、そのため粗暴犯経験者を入所させることは難しく、窃盗や詐欺などの財産犯の入所者が多い。また、所持金が少ない入所者が多く、早期に就労させて自立資金を確保することが、入所者にとっての最大の課題である。施設としては、財政基盤の問題もあり、入所者に食事を提供し職員の雇用を維持することの費用負担は大きく、国から支給される委託費はほとんど残らない。日本国内の更生保護施設は大方、財政基盤の貧弱さに悩んでいる。

犯罪者処遇と弁護士の役割

従来、弁護士が犯罪者処遇に関わることはほとんどなかった。捜査や公判のように弁護人としての地位が法的に確立されているわけでもなく、刑事収容施設及び被収容者等の処遇に関する法律や更生保護法をみても弁護人に特別の権限を与えた規定はなく、弁護士の更生保護活動は制度的に保障されていない。

そのため、個々の弁護士が受刑者から代理人として受任することでしか更生保護に関わることはできない。日弁連が中心になって更生保護活動の知識、経験を集積して、体系化し，立法につなげるような取り組みが必要であろう。

これに対して、検察官には刑の執行に関して多大な権限が与えられている。刑の執行指揮、執行停止、執行順序の変更等は全て検察官の権限であり、弁護士は受刑者の代理人として異議を申し立てる権限は一切ない。つまり、刑の執行において検察官は刑事政策の主宰者として位置づけられている。それゆえに、受刑者を更生させ社会へ再統合させる目的を達するためには、担当検察官に十分な人権意識が備わってなければならない。

罪を犯した人を排除しないで包摂して再統合していく社会を実現する考え方は、最近の刑事政策の世界的潮流である。しかし、残念ながら刑の執行を独占的に担っている検察官にこのような点に理解を持つ者はごく少数でしかない。

そのため、刑の執行の分野でも弁護士に法的権限を認める立法への動きがあって然るべきである。

犯罪者処遇に関わる弁護士活動の実際

これまで担当した依頼者は40人ほどである。そのなかに，鈴木宗男氏，堀江貴文氏などの著名人もいる。

まず、刑事施設への入所段階で、受刑が予定される方に、施設入所に伴う必要事項をまとめた資料を差し入れ、処遇に関する事項についての委任状をもらうようにしている。そして，入所前に健康診断を受けることを勧めている。この段階で思わぬ病気が発見されることがあるからである。この時点で健康診断を受けなかったために，入所後3カ月で肺がんが発症し死亡したケースもある。入所前の健康診断で病気が判明すれば，刑の執行を停止して必要な治療を受ける機会を確保できる。

そして，刑の執行の際には可能な限り弁護士が随行し、検察官又は検察事務官に要望事項を申し入れる。これから刑に服する受刑者は精神的に不安定であることが多く、弁護士が付き添うだけで、その不安が緩和され、服役に向けて前向きになれる。また、刑執行の際には、診断書等の医療情報に関する文書、常備薬のデータ、面会希望者の名簿を必ず携行させている。移送先の刑務所が決まったらすみやかに面会に行くことが望ましい。面会のための事前連絡は原則として不要だが、弁護士から面会希望者の氏名、住所、年齢、職業、面会の用務を記載した書面をあらかじめFAX送信したことで、面会申込の手続がスムーズになったことがある。また、一般社会との落差からくる受刑生活のストレスに配慮して、デジタルカメラで撮影した野の草花などの写真付きのはがきを受刑者に送ることもある。受刑者に接する弁護士は優れたカウンセラーであることが望ましい。

次に仮釈放の働きかけがある。刑期の3分の1が経過すると法律的に仮釈放が可能になる。そこで、この頃から受刑者の早期釈放を求める上申書の作成に取り掛かり、刑期の50%を経過する頃に刑務所長宛てに提出する。その際、上申書の写しを、当該刑務所を管轄する地方更生保護委員会に送付し、刑期の3分の2を経過する頃に正式な上申書を同委員会に送付する。上申書の署名者は友人、知人であることが多い。鈴木宗男、堀江貴文両氏は、犯罪事実を否認して最高裁判所まで争ったが、刑の確定後は判決内容を受け止め自己の至らない点を反省している旨の上申書を提出した。それが功を奏したのか、鈴木氏は刑期の71.6%、堀江氏は73.9%といずれも平均的な75%程度よりも早期の仮釈放を実現できた。

私の場合、釈放当日、保護観察所に待機して出迎えをするのが通例である。さらに、保護司が付された場合は、本人と保護司の面談に同席し、本人及び弁護士が保護司と円満な人間関係を築けるように努力する。

刑事施設の情報を積極的に発信した鈴木及び堀江両氏の功績

鈴木宗男氏は、刑事施設の中から日刊新聞、週刊誌、月刊誌等にさまざまな情報発信を続けた。鈴木氏に引き続き服役した堀江貴文氏は活字メディアだけでなく、メールマガジンを使って刑事施設の情報を発信し続けた。同氏が出版した「刑務所なう。1、2」「刑務所わず」は受刑者の評価も高く、刑事施設の情報発信の大きな成果である。

古畑　恒雄さん

かつての刑事施設の管理運営下では獄中からのリアルタイムでの情報発信は、実現できなかった。両氏は身をもって刑事施設の外部交通に画期的な変容をもたらした功労者と言っていいだろう。

犯罪者処遇に弁護士が関わることの重要性

犯罪者処遇に関わる弁護士活動は労が多く地味な仕事であるが、受刑者の裸の人間像に触れる貴重な機会で受刑者から学ぶことも多い。そして、社会的弱者となってしまった受刑者を励まし再起を促すことは、弱者を包摂して共存すべき人間社会の宿命である。

*　　*　　*

以上が古畑弁護士によるご説明の概要である。弁護士が日々の事件処理に追われる中で、刑が確定し事件としては終了した後も受刑者に対して息の長い支援活動を行うのは当然、容易なことではない。私(報告者中村)も、特に累犯者の国選弁護で判決後の処遇について考えることなく、素通りしてきたことは否めない。

本例会で古畑弁護士の受刑者処遇に関わる実体験に触れたことをきっかけに、刑の確定後の処遇に目を向け、服役中の依頼者との関わりを積極的に持ちたい。

例会報告

林陽子さん CEDAW委員長就任記念例会

北京女性会議から20年

──平等・開発・平和をめぐる課題

2015年6月の例会は、JCLU会員の林陽子弁護士の女性差別撤廃委員会委員長就任を記念して企画されました。林さんは、日本初の民間出身委員であり、また、日本初の同委員会委員長です。

2015年は、日本が女性差別撤廃条約を批准してから30年、北京女性会議から20年の節目の年です。この20年間に、北京会議のテーマであった「平等、開発、平和」について、世界と日本で起こった変化とそれがジェンダー平等に与えた影響について、林陽子さん、ヒューマンライツ・ナウ事務局長で弁護士の伊藤和子さん、公益財団法人世界人権問題研究センターの三輪敦子さんから、それぞれお話しいただきました。

(報告：会員・弁護士　出口かおり)

1.林陽子氏(平等をめぐる課題)

本日のテーマの平等・開発・平和は、国連憲章の3つの目的であり、北京女性会議をはじめとする国連の一連の女性会議のテーマでもある。

女性差別撤廃委員会の活動とその課題について述べると、国家報告書(条約を批准すると4年ごとに提出する)の審査が仕事の約7割を占めている。NGOはこの審査に際して独立レポートを提出したりロビーイング活動をしており、自由人権協会もレポートを提出している。

選択議定書に加盟している国については、個人通報制度および調査制度(申立てがなくとも、重大かつ深刻な人権侵害があった旨の情報を委員会が受領すれば事実関係を調査し、勧告できる制度)があり、その審査に要する時間が活動全体の15～20%くらいある。なお、日本は個人通報制度への加入を拒み続けている。

北京会議から20年経ち、日本で何が変わり、何が変わっていないかを見るに、世界経済フォーラムによるジェンダーギャップ指数によると、直近の統計で、日本は142か国中総合105位で、内訳は健康37位、教育93位、経済活動(賃金、管理職等)102位、政治参画129位である。教育について、この20年で短大進学者が減ったこともあり4年制大学への女性の進学率は上昇したが依然として男性より低い。経済活動については、フルタイムの基本給だけで比較しても男性100：女性72.2であり、やはり遅れている。政治参画について、国会議員はこの20年で確かに増えたものの、増え方は小さい。

この20年で浮かびあがった新しい課題をいくつか指摘すると、まず、条約に明文がなかった「女性に対する暴力」について、平時の家庭内や職場におけるDV・セクシュアルハラスメントと同時に、戦争における女性に対する性的暴力が議論されるようになった。

次に、複合差別として、女性がおかれた社会的・文化的状況や階級、年齢、障害の有無などにより問題が異なることが認識されるようになった。日本政府は、昨年、障害者の権利条約を批准したが、その中には女性障害者に対する複合差別や合理的な配慮義務の規定がある。この条約の関係でも議論を深めていく必要がある。

また世界100ヶ国以上で公職選挙にジェンダー・クオータ制(一方の性の議席または候補者に占める割合を決める措置)を実施しているとの統計があるが、日本では憲法の平等原則に反するとの指摘が根強く、進んでいない。実質的な平等を進めるための新しい制度について、もう少し果敢な議論を人権活動家が挑む必要がある。

解決すべき問題として家族に対する無償労働やケア労働があり、これらをどう社会的に評価し、男性が参加するかがテーマになる。2015年はミレニアム開発目標の達成年度であったが、2030年を目標年度として持続可能な開発目標を国連が作ろうとしている。その中でジェンダー平等をどう位置づけ、モニターしていくのかも課題になっている。

2.伊藤和子氏(開発を巡る課題)

1995年の北京での第4回世界女性会議では、女性と貧困、女性に対する暴力、女性と武力紛争、経済など、12の分野の戦略目標が定められた。

女性に対する暴力撤廃の課題は、その後、世界中でDV防止法、セクシュアルハラスメントに関する法規制、人身売買取引を罰する法律などが制定され、まさに北京女性会議での戦略目標をてこにして、一定の成果が上がった。

他方、貧困、開発、教育についてはむしろ差が広がった。9.11テロ以降の武力紛争や、アジア地域の軍事化の進行、グローバリゼーションの負の側面としての経済搾取が背景にある。せっかく様々な法規範が出来ても、紛争が続く中で、実際には女性は暴力の危機にさらされ、貧困化していると思われる。

アジア等でいまだに独裁的国家が国の資源を独占し、軍事化が進み、開発に伴う人権侵害が起きている。ミャンマーでは欧米や日本も開発に関わっているが、住民

左から、伊藤和子さん、林陽子さん、三輪敦子さん

の土地を奪ったり・強制労働・女性のレイプなどの問題が開発に伴い起こっている。カンボジア・ミャンマー・中国などのアジア諸国、アフリカ等でも、日本を含む外国企業の進出に際して、土地を奪うなどの人権侵害が続いている。政治的抑圧と異なり、住む家が奪われるという生存に関わる問題については耐えられず、続々と人々が立ちあがり、その中心に女性たちがいる。

2013年4月にバングラデシュで縫製工場が入っているビルが倒壊する事故が起き、アジアの縫製工場で非常に低い賃金で搾取労働が行われていたことが改めて世界を関心事となった。女性たちが朝7時から深夜まで、場合によっては外から鍵をかけられて、低賃金で働かされ、出来上がった製品を世界のの名だたるブランドが安く買っている。こうしたなか、ディセントワークの実現は国際的に重要な課題と位置づけられている。

2000年の国連のミレニアム開発目標について、今年の国連総会に向けて持続可能な開発目標の作成が進んでいるが、その過程で、ミレニアム開発目標には人権の視点が欠けていたのではないかという指摘がなされ、より人権を重視し、途上国にとどまらず先進国も含め、国内格差や貧困問題も対象としていく目標となっている。

翻って、日本の女性の人権の状況は、政府が女性差別撤廃委員会からの度重なる勧告も履行しないなか、国際社会と深刻なギャップがある。特に労働分野では、男女の賃金格差、正規・非正規の労働者の待遇の問題が大きく、職業と家庭の両立施策も乏しい。女性の経済的地位の向上が進むどころか、貧困化が進んでいる。こうしたなか、新しい開発目標を私たちの人権の問題としてとらえていく必要がある。

3.三輪敦子氏（平和をめぐる課題）

この20年で、平等・開発・平和の相互補完性が理解されてきていることを考えると、「平和なくして平等なく、平等なくして平和なし」と述べた市川房枝の先見性を改めて感じる。これは安保理決議1325号（女性と平和・安全保障に関する決議、2000年）のエッセンスともいうべきであろう。

平和がなければ開発もありえない。UN Womenの統計によると、妊産婦死亡率は、紛争下・紛争後諸国の平均は世界平均を大きく上回り、また、紛争下では女性に対する性的暴力の危険が高まるので、それを回避するために幼くして結婚させたりしている。そのことで少女は学校に行く機会を失ってしまう。

改めて北京女性会議の行動綱領をみると、「女性と武力紛争」が重大問題領域の一つに掲げられており、戦略目標として、「過剰な軍事費を削減し、兵器の入手可能性を抑制する」とか、「全般的で完全な軍縮に向けて努力する」「非暴力の紛争解決を奨励する」などの取るべき行動が掲げられており、平和に関する行動綱領の射程の広さに印象付けられる。

この行動綱領を安保理の枠組みに落とし込んだのが、安保理決議1325号であると思う。この決議の後、2008年頃から更なる取り組みの必要性が高まって、6本の関連決議が採択された。以前は「どうしようもないこと」と考えられていた戦時下の性的暴力やPKO要員による性的搾取・暴力に対し、根絶すべきであり不処罰は許されないとした意義は大きい。

女性差別撤廃委員会も2013年10月に一般勧告を採択し、国家報告書に安保理決議1325号と関連決議の実施状況に関する情報を含めるよう要請し、加盟国に対し1325号と関連決議に基づく国別行動計画の策定を提言した。現在、1325号に基づく国別行動計画は46カ国が策定している。

日本の国別行動計画は当初、今年3月に発表予定であったが、まだ発表に至っていない。意見が異なる様々なNGOが検討に参加し、市民グループのコーディネーター及び外務省の担当職員が粘り強く対話・協議の実現に努力された。出来上がった内容について100％満足というNGOはないかもしれないが、3年後には見直しの機会もあり、前に進めることが大切だと思う。

紛争と女性に関する近年の新たな課題としては、敵への攻撃の一環として女性に対する性的暴力を用いることに加え、武装勢力のミッション実現に奉仕・貢献するためだけの存在として女性を扱い、女性の自由を完全に否定する問題等があり、これらは、従来の兵士・民兵・PKO要員による性的暴力とは違う形態・様相を示している。

背景には、グローバル化による絶望的な格差拡大、欧米への敵対感、過激主義・原理主義思想への傾倒による女性の人権の否定があり、女性の従属の固定化と強化につながる強い懸念がある。紛争が不平等を強化し、不平等が低開発を助長する傾向が懸念されている。

1325号決議と関連決議の実施を通じて、女性たちの声がきちんと反映され、女性が平和構築に関する意思決定に参加していくことが何より重要である。

自由人権協会大阪兵庫支部総会記念講演

戦後70年をどう迎えるか

会員・弁護士 内田 雅敏さん

第二次安倍内閣発足後、一方では歴史認識見直しの機運が強まり、他方では集団的自衛権解禁の動きが急速に進んだ。平和、人権、民主主義を謳って戦後日本の骨格をなしてきた日本国憲法の理念は、現在、大きな挑戦に曝されている。

こうした問題意識の下、2015年5月16日に開催された自由人権協会大阪兵庫支部総会では、戦後補償問題などを多く手掛けて来られ、「靖国神社の何が問題か」(平凡社新書)の著書がある内田雅敏弁護士を講師としてお招きし、「戦後70年をどう迎えるか」と題して記念講演をいただいた。以下に講演の概要を紹介する。 (報告：会員・弁護士 大槻和夫)

戦後70年

戦後70年の日本の歩みは、日米安保を基軸とする対米従属と、その裏表としてのアジアからの孤立だった。アジアからの孤立はさらに対米従属を強化させた。

折しも戦後70年を迎えて、歴史修正主義的な志向を持つ安倍政権が8月15日にどのような談話を発表するかが国際的注目を集めている。

歴史認識に関するこれまでの日本政府の態度

戦後、日本政府は折に触れて、先の戦争に対する反省の念を表明してきた。

1972年9月29日の日中共同声明では、「日本側は、過去において日本国が戦争を通じて中国国民に重大な損害を与えたことを痛感し、深く反省する」と述べた。

1993年8月4日の河野官房長官談話では、「慰安婦は、当時の軍当局の要請により、設置されたものであり、慰安所の設置、管理及び慰安婦の移送については、旧日本軍が直接あるいは間接にこれに関与した。慰安婦の募集については軍の要請を受けた業者が主としてこれに当たったが、その場合も、甘言、強圧による等、本人たちの意思に反して集められた事例が数多くあり、更に、官憲等が直接これに加担したことが明らかになった。また、慰安所における生活は強制的な状況の下での痛ましいものであった」との認識が示された。

1995年8月15日、戦後50年の村山首相談話では、「我国は遠くない過去の一時期、国策を誤り、戦争への道を歩んで、国民を存亡の危機に陥れ、植民地支配と侵略によって、多くの国々、とりわけアジア諸国の人々に対し、多大な損害と苦痛を与えました」との認識が示された。

安倍政権の依拠する靖国神社の「聖戦」思想

しかし、安倍首相が参拝した靖国神社は、上のようなこれまでの日本政府の態度表明とは反対に、戦前の戦争を、日本の独立とアジアの平和を守って行くために必要な戦争だったと正当化している。

靖国神社が「聖戦」思想を捨てられないのは、無断合祀による戦死者の魂独占の虚構こそが靖国神社の生命線だからである。

靖国神社は戦死者遺族の死者への想いに依拠して生き延びてきたのであり、不義の戦争の戦死者では英霊として祀れないからである。

戦後の平和運動は、こうした遺族の想いに寄り添うことができなかった。

こうして、政教分離でもなく、A級戦犯合祀でもなく、「聖戦」思想こそが靖国神社の最大の問題であるとみなければならない。この「聖戦」思想の果てには、天皇の靖国神社参拝を求める動きがある。

こうした靖国神社の「聖戦」思想を解体するためには、遺族の感情の受け皿となる国立追悼施設を創り、非業、無念の死を強いられた死者たちの声に耳を傾けるべきである。

アジアから見た靖国神社

1972年、日中国交正常化に際し、中国の周恩来首相は、中国国内の日本に対する賠償請求を求める声に対し、「①日本の民衆も、中国の民衆と同じく被害者だ。日本軍国主義の指導者と日本の民衆を分けて考えなくてはならない。②賠償請求によって苦しむのは日本の民衆だ。苛酷な賠償に苦しんできた中国民衆は、そのことがよく分かっている。③新中国は、日本から賠償金を取らなくても建設してゆける」と述べて、国内の賠償を求める声を抑え込んだ。このような経過からすると、先の戦争をアジア解放のための「聖戦」だと主張し、A級戦犯が護国の英霊として合祀されている靖国神社に日本の首相らが参拝することは、中国からすれば話が違うのではないかとなるのは当然であろう。

最近の朝日新聞社の世論調査でも、先の大戦についての反省とお詫びを表明した村山首相談話を妥当とする者が74％に上っており、村山首相談話は広く国民に支持されている日本の「平和資源」である。

日本と中国の交流の歴史は長く、枕草子にも中国の香炉峰の雪の話が出てくる。アジアから孤立する愚を避けるために、今こそ靖国神社の「聖戦」思想を克服すべきである。

内田雅敏さん

感想

内田弁護士の講演は大変中身の濃いもので、ここに紹介したのはごく一部に過ぎない。

その中で、内田弁護士が、日本と中国の交流の歴史に触れて、日中友好の重要性を改めて提起したことは、昨今、護憲・平和を求める者の中にも「中国脅威論」が浸透しつつある中で、貴重な意義を有する。

大阪市住民投票から改憲国民投票へ

会員・弁護士　七堂 眞紀さん

2015年5月17日、大阪市内に住む210万人の有権者を対象とする住民投票が行われました。投票率は、過去、大阪市内で行われたあらゆる選挙の中で最も高い66.83％でした。

賛成は69万4844票。反対は70万5587票。賛成と反対の差は0.76％でした。

「大阪都構想」は住民投票の遙か前に破綻していた

7年前、橋下徹氏は、大阪府と大阪市の二重行政の解消が必要であると述べ、「大阪都構想」なるものの実現を政策として掲げました。大阪府が第三セクター方式で660億円かけて作った「りんくうゲートタワービル」、大阪市が同方式で1200億円かけて作った大阪ワールドトレードセンタービル（WTC）は、どちらも破綻しましたが、無駄な二重行政の象徴であると言われました。

橋下氏は地域政党である大阪維新の会を立ち上げ、2011年4月には大阪府議会、大阪市議会で自民を抑え第一党となりました。同年11月、大阪市長選に橋下氏は大阪府知事を辞職して出馬し当選し、同日行われた大阪府知事選でも大阪維新の会の松井一郎氏が当選しました。

当初、「大阪都」は、大阪市と堺市などの周辺市を東京23区のように一体化して再編するものでした。しかし、その後、堺市を筆頭とする各市長選で、大阪都への参入に反対する市長が当選したため、当初の構想は実現することが不可能となりました。

なぜ一度死んだ特別区設置協定書がよみがえったのか

2012年9月、「大都市地域における特別区の設置

に関する法律」が国会で議員立法で作られました。この法律では、法定協議会で「特別区設置協定書」を作り、各地方議会に付議して承認を得なければならない、そして、承認を得た協定書案を住民投票にかけて過半数票を得なければならない、と定められています。

法定協議会の人選にあたり、維新は府議会の議会運営委員会の過半数をとっていましたので、反対会派を協議会メンバーから排除する決定ができました。これに対し、野党議員は、地方自治法に則った本会議招集を求めましたが、維新は応じず、協定書案を固めるまで1ヶ月も本会議を開きませんでした。地方自治法101条が20日以内の招集を要すると定めていることから、明らかな法律違反でした。

つぎに、2014年10月、大阪府、大阪市両議会は、維新単独でまとめた協定書案を、自民、民主、公明、共産各党の反対でそれぞれ否決しました。つまり、この時点で、協定書には承認が得られないことが確定したわけです。ですので、住民投票が行われることはありえないことだったのです。

しかし、同年12月の衆院選で、維新が公明の候補者のいる選挙区で候補者を出すのを見送ることの見返りに、公明党は「府市民の生活に重大な悪影響が出ることは明白で、協定書の中身には断固反対だが、大阪の発展のために都構想議論の収束を計ることを目指し、住民投票で決着を付けることを決断した」と姿勢を一転させました。その結果、一度葬られたはずの維新単独の協定書案が2015年3月の大阪府大阪市両議会で承認され、住民投票が行われることになりました。

「中身には反対だが承認する」ことにどれほどの公明党支持者が納得したのかはわかりません。

一体、何を問う住民投票だったのか

メディアは「大阪都構想」の是非を問う住民投票だったと言いますが、今年の時点では当初の大阪都構想の形はもはやありませんでした。

最終的に住民投票で問われたのは「大阪市をなくし、かわりに5つの特別区を設置する」ことの是非でした。

しかし、何に対する是非を投票するのかを直接有権者に示す投票用紙には、「特別区設置について、賛成か、反対かのいずれかを書いて下さい」とあるだけで、「大阪市の廃止」についてはふれていませんでした。

橋下氏は、無駄の解消については、大阪府大都市局の「粗い試算」をもとに「今後17年間で2700億円の財政効果がある」と主張していました。

これに対して、反対派は、京都大学の藤井教授の主張にもとづいて、以下のように論陣を張りました。

橋下氏は知事時代に、「大阪市の持つ権限と財源を奪い取る」ことを明言していましたが、そのとおり、大阪市の徴収できる自主財源のうち4分の1しか特別区のためには使えなくなるという内容でした。220億円が大阪府に行ってしまうのです。これで市民への公共サービスレベルが低下しないわけがありません。さらに特別区議会、特別区役所設置など、初期投資に600億円以上かかるという試算がありました。

つまりは、大阪府民ではなく、大阪市民のみが対象の投票であるということは、大阪市民に不利益をもたらす内容だからにほかなりませんでした。

さまざまな矛盾点を反対派から指摘されると、橋下氏は「今後2年間は大きな変化はない」と守勢に立たされました。

誰が賛成し、誰が反対したか

自民、民主、社民、共産が、同じ広報車に乗って反対を訴えました。自民党大阪府連は、橋下氏と安倍氏が親しいことから中央本部からの応援を得られず、「共産と一緒にやるとは」と苦言を言われていました。

自治会、医師会などの地元業界団体は、橋下氏は既得権益団体を敵とみなしていたためか、充分説明を受けていないと感じ、反対に動きました。

後の調査によると、高年齢層に反対が多く、若年層に賛成が多いという結果でした。30代では賛成が反対を、70代では反対が賛成を遙かに上回っていました。若年層は橋下氏に改革を期待していたようです。

世論調査では、最初は「よくわからない」というもっともな意見が大多数でした。当初、反対の人が投票に行かないのではないかが危ぶまれました。が、公示期間中の維新の物量作戦とそれに対抗する反対派の活動により、多くの市民は背中を押されるように投票に赴きました。

「薄氷の勝利」の意味するもの

無駄な二重行政の象徴とされた二つのビルは、関西空港バブル期に起きた誤った開発計画にもとづくもので、後処理は難問ですが、基本的に過去の問題であり、今後同じようなことが起こるおそれはほとんどありません。政令指定都市は他にも多くありますが、横浜市や名古屋市で二重行政の問題はほとんど指摘されていません。市立と府立の二つの施設があること自体は本来問題ではなく、相互で調整を行えばよいはずです。

「大阪都構想」には、本当は「やむにやまれぬ立法事実」がどこにもないのです。

しかしでは、なぜこのような僅差でしか否決できなかったのか、という疑問があるかと思います。私なりに原因を考えます。

1)労働組合の攻撃、萎縮効果の利用

橋下氏が市長に就任して最初にやったのは、第三者チームによる調査という手法で市職員に恐怖政治をたたき込むことでした。大阪市職員の労働組合は9割を超える組織率であり、橋下氏はこれを敵と見なしました。そのとき橋下氏は「公務員の労働組合をこれ以上のさばらせておくと、ギリシャみたいになる」と言いました。

市職員に思想調査アンケート、入れ墨アンケートを行い、市庁舎から組合事務所を撤去させ、君が代斉唱時に起立しない教師を攻撃しました。そして職員の政治活動を禁じ、労働組合に便宜供与を行わないという違憲の疑いの強い条例を制定しました。そして職員に対し「さからうと処分する」と脅しました。また、記者会見で君が代問題の質問をした記者に対して数十分にわたって恫喝しました。

なお、労働組合に対する攻撃は、訴訟や労働委員会において現在はすべてが違法と判断されています。しかし橋下氏は、違法な手段を行使してでも、職員や労働組合を萎縮させるという目的を達成していました。

当時、多くの市民は「橋下市長は市民の味方だ、改革者だ」と歓迎していたことは事実です。公務員と市民の分断が見事に成功していました（彼の府知事時代に自殺した大阪府職員は多数に上り、かつそれまでに比べ急増したという話はあ

参考）大阪市役所
Ｈｅｔ 大阪建築 http://www.hetgallery.com/
著作者 - モリモトヒロミツ

まり知られていません）。

2015年4月には、住民投票を前にして職員に対し「住民投票について住民に何か聞かれても何も言ってはいけない、答えると（懲戒）処分する」趣旨の通達が出されました。橋下市長は、「大阪に必要なのは独裁だ」という自らの言葉に忠実に、もっとも市の公共サービス現場を知る市職員が市民に直接語る行為を封殺しました。このことは市民の投票行動に、目に見えない、誰も気づかない、しかし大きな効果を発揮したはずです。

2)何を問う投票か?は最後まで幻惑し隠された

先述のとおり、「大阪都構想」への是非を問う住民投票ではなく、「大阪市を無くし5つの特別区を設置する」ことへの賛否を問う投票でしたが、投票用紙には、「大阪市廃止」の文字がなく、投票用紙を見ても、ことの本質が分からないようにしてありました。

後述しますが「CHANGE OSAKA!」のフレーズ、街宣車での「次の世代のために今変えなければ！もう二度とチャンスはありません！」という連呼により、「何をどう変えるのか」がはっきり分からなくても「なんとなく変えた方がよいのでは」という市民の気分を呼び起こしました。

3)当然のようにかなぐり捨てられた「中立性」

まず、住民投票の告示にあたり、大阪市は特別区設置の説明パンフレットを全有権者に配布しました。その最初に2頁にわたり、橋下氏が「大阪都構想にかけてきた思い」をとうとうと述べていました。

「説明会（タウンミーティング）」は、大阪市が4月中に合計39回行い、のべ3万人以上が参加しました。しかしその中で、市職員による説明はわずかな時間であり、橋下市長が賛成投票を促す演説に時間を割き、結果としてタウンミーティングは賛成に誘導する会であるとの印象を多くの人が抱きました。

住民投票では首長は自分の考えは抑えて中立・客観的な情報を提供し、住民の判断をあおぐべきではないか。しかしタウンミーティングの賛成一択の雰囲気の中ではそのようなことはとても言えないようでした。中立性が欠けていることについて指摘したメディアもありましたが、少数でした。

4)物量作戦

大阪では橋下市長が「CHANGE OSAKA!」の文字入りTシャツを着て出演しているテレビCMが一日何十回も放映されました。

以前から、「維新プレス　毎月10日は都構想の日」と題するフルカラーの漫画入りチラシが毎月新聞折り込みされていましたが、告示後はほぼ毎日、大阪市内全世帯に賛成誘導するチラシがポスティングされました。さらに、橋下氏の声を流す大型街宣車が毎日大阪市内の主要道路を走り回りました。

4億円と言われる運動費は、維新の党に対する政党助成金から出ていました。維新の党が多くの議席を持っているため多くの政党助成金があったのです。

反対派に対する反論のネット動画をアップし、再生されました。なお、反対派の作るものより、橋下氏出演のネット動画の方が遙かに多い再生回数でした。

住民投票の2日前には、06（大阪の市外局番）で始まる電話番号の「大阪市内の全世帯」に対し、橋下氏が直接録音した電話がかかりました。約6分間、橋下氏が賛成票を投じるよう話し続ける内容でした。

通常の選挙とは異なり、投票当日も運動ができるため、当日夜まで街宣の声が続きました。

橋下氏は反対派との公開討論会は企画せず、一方的に話せる場だけを選びました。批判的要素があるとわかれば番組出演を拒否しました。

テレビ局は橋下氏が出れば視聴率がとれますから、批判的要素のない番組づくりをすることになります。

大阪弁護士会が企画した賛成反対の公開討論会（参加申し込み制）は、一度出ることを承諾しながら直前にドタキャンし、弁護士会職員は企画中止のおわびの葉書を直前に送るはめとなりました。

5)デマと個人攻撃

橋下氏はデマも個人攻撃もためらわないどころか、むしろ積極的に利用しツイッターや動画などで発信します。これに対抗するため反対派が同じような方法に出ると、市民には「どっちもどっち」「なら変える（改革する）と言っている方がいい」となります。

改憲国民投票をどう迎え撃つか

辻元清美議員（民主）は「安倍総理が狙っている憲法改正国民投票も広報合戦になることは間違いない」「私たちは広告のプロが戦略を立て、権力を持つ側が圧倒的な物量で説得しにくるんだと心しないといけません」と言っていますが全く同感です。こちらもプロがつくる広告と圧倒的物量に対抗する意識を持つ必要があります。

橋下氏自身、「大阪市住民投票は憲法改正国民投票の予行演習だ」と言っていました。5月7日、橋下氏は「（都構想が）説明不足とかいうけど、それはメディアの責任。憲法の統治機構の変更や国家緊急権とか、そういうことはある程度、上からやらなければ」と述べていました。

私は個人的には、明文改憲は国家緊急権から来るのではと思っていますが、橋下氏は住民投票直前にそのことに言及していました。

橋下氏は、安倍氏に匹敵する、憲法と人権にとっての希代の危険人物です。市長をおりた後、彼は改憲のために活動するようになるでしょう。最後になりますが、橋下氏の危険性を極めて早くから指摘していた池田浩士さんの「ヴァイマル憲法とヒトラー・戦後民主主義からファシズムへ」（岩波現代全書）を是非お読み下さい。

代表理事が替わりました

2015年6月1日から、代表理事の一部が替わり、新しい執行部でスタートしています。5月開催の理事会で三宅弘氏の代表理事退任と、新たに、芹沢斉、升味佐江子両氏の代表理事就任が承認され、5月31日開催の総会で報告・了承されました。これにより、代表理事は2015年度から喜田村洋一、紙谷雅子両氏とあわせて4人体制となります。

新代表理事の横顔

芹沢　斉（せりざわ　ひとし）

今、日本社会は、「戦後レジーム」から「脱却」するか否か、すなわち日本国憲法体制を破壊するか否かの瀬戸際に立たされています。言うまでもなく、「戦後レジーム」とは、人権の尊重、国民主権主義、平和主義の三つを基本原理とする日本国憲法を土台とも柱ともして築き上げられてきたものですから、「戦後レジームからの脱却」を唱える人々の本音は憲法原理のすべてを否定したいということでしょう。そのことは、当協会が昨年2月に刊行した『改憲問題　Q&A』で示したところですし、昨今の自民党の総裁から陣笠議員までの言動からも明らかです。

ところで、私は「理事会の定足数を充たす要員」として理事を引き受けました。その頃高まりを見せていた改憲の動きはあくまでも憲法改正という正規の手続きを経て憲法を変えようとするものでした。このたび代表理事になるときの「カイケン」は、「改憲」ではなく、「壊憲」、すなわち憲法の概念の改変をを数の力――それは得票数の上でかなり低位の相対多数に過ぎない自民党及び連立与党の公明党が、小選挙区制の弊害の助けを借りて衆議院で3分の2以上の多数を占めるという歪みでしかない。――で強引に押し通そうとするものですから、政治の劣化は歴然です。また、知性や教養を否定するかのごとき反知性主義が社会に瀰漫しています。これは、当協会の名称の一部でもある「市民的自由」にとって由々しき状況です。

このような政治・社会の状況を前にして、ほぼ30年間大学で憲法の研究と教育をしてきた私は、憲法がこのような状況になってしまっていることにつき何がしかの反省を迫られながら、同時にその経験が、憲法ひいては「市民的自由」の問題につき、より良い方向への進展にいくばくかの寄与をなす素地ともなりうるのではないかと思っています。先輩代表理事や同時に代表理事となった升味さんと協働してJCLUのために尽力していきたいと思いますので、皆様どうぞよろしくお願いいたします。

略歴

1946年10月、静岡県生まれ。1969年東京大学法学部卒業。同大学大学院法学政治学研究科（憲法専攻）を経て、長年にわたり青山学院大学で憲法学の教鞭をとり、2015年3月同大学法科大学院を定年退職、同大学名誉教授。主な著書に、市川正人・阪口正二郎との共編著『新基本法コンメンタール憲法』（日本評論社、2011年）、石村修・浦田一郎との共編著『時代を刻んだ憲法判例』（尚学社、2012年）、主な論文、「近代立憲主義と『抵抗権』の問題」（『現代国家と憲法の原理』所収、有斐閣、1983年）、「青少年条例の思想」（『憲法訴訟と人権の理論』所収、有斐閣、1985年）、「法治主義」『ドイツ公法の理論』所収、一粒社、1992年）、「子どもの自己決定権と保護」（講座『現代の法』第14巻所収、岩波書店、1998年）

升味　佐江子（ますみ　さえこ）

人権協会の生まれるきっかけであり、活動のバックボーンである日本国憲法の危機が目前に広がるこの時期に代表理事の任務を仰せつかり、重圧を感じています。

長年、憲法擁護や人権尊重が、言葉だけの実感のないものと見られるという雰囲気を感じてきましたが、今、急激にそれらの実体が重さを伴って認識されるようになっています。安保法制の強行採決に抗議する国会前の集会では、20代前半を中心に、普段着の人々がなんのてらいもなく、自然に「戦争反対、憲法守れ」「勝手に決めんな、国民なめんな」「民主主義ってなんなんだ」「立憲主義って何なんだ」と声を合わせます。この時、憲法や民主主義や立憲主義が人々の血となり肉となり、怒りが湧き上がっていると感じます。危機の時だからこそ憲法がくっきりと姿を現してきました。

安保法制だけでなく、今、国民の多数の明確な意思に反して進められている政策は、原発再稼働、沖縄辺野古の新基地建設、派遣労働法制、新国立競技場の建設（これはさすがに見直しの方向のようですが）と多数ありますが、その底流には、民主主義・立憲主義の否定につながる軽薄な権力意識が見え隠れします。

微力ではありますが、憲法と沖縄、世界から見た日本の人権状況をテーマに、人権協会らしい問題提起、研究と、研究の成果の社会への還元に力を入れ、人権とこれを支える立憲主義、民主主義が人々の血となり肉となる活動をすすめたいと考えています。それぞれの会員の方から、問題提起をよろしくお願いします。

略歴

1956年4月生まれ。早稲田大学法学部卒業。1986年4月弁護士登録。2009年から2012年まで最高裁判所司法研修所刑事弁護教官、公益社団法人発達協会理事等も務める。

あたごの杜から　事務局長日誌

◆4月23日は4月例会。湯浅墾道教授に「個人情報保護法改正の動向」をご説明いただく。EUや米国との比較を踏まえ、制度の全体像を俯瞰する視点を持つことができた。◆「集団的自衛権 9のQ」をGW前に脱稿。デザイン会社の粋な計らいで憲法記念日が発行日に。このパンフが違憲の法律を止める一助になると良いが。◆5月13日、東京に修学旅行に来た天童市立第二中学校の生徒6名が協会を訪問。藤原監事、升味理事と協会の活動等を説明する。後日、ひとりひとりが書いた丁寧なお礼状を頂く。今後18歳からの投票になるので早期の人権教育は一層重要。協会では中高生等の訪問を歓迎しますので、お気軽にご連絡を。◆5月21日は5月例会。弁護士で元検察官の古畑恒雄先生から犯罪者処遇と弁護士活動のお話をうかがう。古畑先生が担当された鈴木宗男さんの突然の参加もあった。「このような活動をしていると国家権力を相手に時に挫折感を味わうが、挫けず活動を続けるのは、社会的弱者となった受刑者を励まし、再起のエネルギーが枯渇しないよう手を差し伸べることが、弱者をも包摂して共存しなければならない人間社会の宿命と考えるからである」。古畑先生の言葉に感銘を受けた。◆5月25日、マスメディア小委員会の企画に随行し、ある放送局の方々のお話をうかがう。最近のメディアをみていると、表現の自由はこれほど脆いものかとつくづく感じる。メディアが自粛すればするほど、じわじわと侵食され自由の領域が狭まっていくのではないか。メディアには権力に萎縮せずがんばってほしい。◆5月28日は情報公開小委員会拡大勉強会。ムスリム違法捜査国賠訴訟の控訴審判決を受け、弁護団の井桁会員から説明をうかがう。最高裁で良い判断が出ることを期待したい。◆5月30日は総会記念講演。水林彪教授による「自由民主党『憲法改正草案』の歴史的性格」。「改正草案」は、非常に復古的性格と新自由主義的性格とを併せ持つ。両者が両立するとは思えない。◆6月上旬に「9のQ」の増刷決定！◆6月12日「安全保障法案の廃案を求める声明」を発表。「9のQ」のエキスがA4で2枚の声明に詰まっている。◆同日6月例会「北京女性会議から20年～平等・開発・平和をめぐる課題～」。CEDAW委員長に就任された林陽子会員のますますのご活躍を！◆6月26日「衆議院解散及び総選挙を求める声明」を発表。違憲の法案はいくら審議しても違憲だ。数による横暴をなんとか止められないものか。（二関）

2015年5月から7月までのJCLU

5月13日	5月理事会
5月16日	自由人権協会大阪・兵庫支部総会、総会記念講演「戦後70年をどう迎えるか」（内田雅敏・弁護士）大阪弁護士会館
5月21日	5月例会「犯罪者処遇と弁護士活動～受刑者の社会復帰支援を考える～」（古畑恒雄・弁護士）弁護士会館
5月28日	情報公開小委員会拡大勉強会「公安情報流出事件報告会」（井桁大介・弁護士　JCLU会員）JCLU事務局
5月30日	自由人権協会総会、総会記念講演「自由民主党『日本国憲法改正草案』の歴史的性格」（水林彪・早稲田大学法学学術院特任教授）日比谷図書文化会館コンベンションホール
6月12日	林陽子さんCEDAW委員長就任記念例会「北京女性会議から20年～平等・開発・平和をめぐる課題～」（伊藤和子・弁護士　ヒューマンライツナウ事務局長、三輪敦子・（公財）世界人権問題研究センター研究員、林陽子・CEDAW委員長　JCLU会員）主婦会館プラザエフ
6月12日	「安全保障法案の廃案を求める声明」を発表
6月17日	6月理事会
6月20日	自由人権協会京都総会、総会記念講演「今、伝えたいこと～これからの法のあり方」（小野誠之・弁護士、﨑間昌一郎・弁護士、田原睦夫・弁護士）京都弁護士会館
6月26日	「衆議院解散及び総選挙を求める声明」を発表
7月6日	7月例会「ヨーロッパのデモクラシー～ぼくの見てきた国民投票・住民投票」（大芝健太郎・ジャーナリスト）中央大学駿河台記念館
7月15日	「安全保障法案強行採決に対する抗議声明」を発表
7月16日	「衆議院本会議強行採決に対する抗議声明」を発表
7月21日	「通信傍受法の改正に反対し廃案を求める声明」を発表
7月21日	パブリックコメント「サリドマイドの安全管理の見直しに関する反対意見書」を提出
7月23日	7月理事会・ビアパーティ

【発行日】2015年7月27日　【発　行】公益社団法人 自由人権協会
〒105-0002　東京都港区愛宕1-6-7 愛宕山弁護士ビル306
TEL：03-3437-5466　FAX：03-3578-6687　URL：http://jclu.org/　Mail：jclu@jclu.org
（大阪・兵庫支部）
〒530-0047 大阪市北区西天満1-10-8　西天満 第11松屋ビル3F 堺筋共同法律事務所内
TEL：06-6364-3051　FAX：06-6364-3054
協会設立：1947.11.23　本紙創刊：1950.5.1　購読料：年間2,500円　郵便振替：00180-3-62718　発行人：二関辰郎
JCLU

人権新聞 Japan Civil Liberties Union
JCLU Newsletter
発行所 公益社団法人 自由人権協会
JCLU
〒105-0002 東京都港区愛宕1-6-7 愛宕山弁護士ビル306
TEL:03-3437-5466　FAX:03-3578-6687
URL:http://jclu.org/　Mail:jclu@jclu.org
協会設立:1947.11.23
本紙創刊:1950.5.1
購読料:年間2,500円

集団的自衛権行使を容認する安全保障関連法の"成立"と自由人権協会の役割

学習院大学法学部教授・代表理事　紙谷雅子

大多数の憲法学者、元内閣法制局長官、更には元最高裁長官までもが違憲であると断言し、多くの市民が反対の声を上げた安全保障関連法が、2015年9月19日に参議院本会議で可決成立した。

これに対して、違憲訴訟提起の動きもみられるが、具体的な事件に基づく違憲立法審査制度を採用している日本で、施行前の法律の違憲性は争い得るのか、市民にはもうなすすべもないのか。英米法が専門で各国の違憲立法審査制に関心がある紙谷雅子さんに伺った。　　(インタビューの実施は2015年9月30日。聞き手:事務局　安齋由紀)

1.「平和国家」のイメージを失った代償

――今回成立した安保関連法制の一番の問題点はなんでしょうか。

集団的自衛権自体、憲法9条の規定に反することは明らかです。しかも、政府が挙げる法整備の説明は法案が不要であることを明らかにするものでした。

他方、日本が集団的自衛権行使を容認しただけで、非常に大きなデメリットがあります。

これまで私たちは、「平和国家日本」という無形の財産に護られていました。決して他の国を攻撃しない日本に攻めこむならば、国際社会がこれを非難し、介入したはずです。このような「平和国家」でなくなる対価は大きいのです。

紛争地でNGOの活動が不信の目で見られ、在外邦人が攻撃対象になるなど、危険が増すことはすでに指摘されてきました。どちらにも加担しない活動を通じて蓄積した「信頼」や「信用」は失うと取り戻すことの難しい財産です。

更に、今後は軍事費支出が増大することが予想されますが、他国の例を見ても、軍事費は聖域化して削減が困難になる傾向があります。

しかも、秘密保護法成立の結果、安全保障関連の問題に市民の目は及びにくく、民主的統制が利かない、極東の不気味な国として警戒されるかもしれません。

今回の立法は、首相がアメリカ議会で制定を約束したから何としても成立させなければという、主権国家とは相容れない論理で、人々に対する十分な説明もないまま成立したように見えます。アメリカとアメリカに戦闘協力をしてきた軍事同盟国の多くは戦闘負担や軍事予算が減らせるから歓迎します。しかし、日本には「平和国家」でなくなるという代償を払うメリットはありません。

2. 安全保障関連法成立のプロセス

――この法制に対しては多くの市民が反対の声を上げ、連日国会前でもデモが行われました。国会の多数派がこうした声に耳を傾けることもなく、法案を可決したのはなぜでしょうか。

自民党は衆院選直後の2012年に「日本国憲法改正草案」を発表し、大きな反対を受けてその実現を断念しました。しかし、翌2013年の参院選では半数近い議席を獲得。2014年7月の集団的自衛権行使容認閣議決定後の2014年衆院選でも単独過半数を獲得しました。

選挙の争点は経済政策でしたが、政府与党はこれらの選挙結果で「白紙委任状を得た、国会議員の数で押し切れる」と考えたようです。

しかし、いずれの選挙でも憲法改正や安全保障法制は争点にはなっていません。今回のように、国家の根幹にかかわるような重大な立法については、法案が明らかになった後、選挙を実施して直接民意を問うという選択肢もあり得ました。

重要な争点に関する党議拘束のあり方にも議論が必要です。日本の党議拘束は厳格です。同じように議院内閣制で党議拘束のあるイギリス・連合王国でも、EU加盟など争点によっては党議拘束が外されます。安全保障関連法はそのような重大な法案だったはずです。

日本では閣議決定が優先し、議員が自らの信念に従って立法することが少ないようです。

議員が独自性を発揮できないことは、小選挙区制と政党助成金制度が政党の中枢に公認と選挙資金配分を通じて決定的な力を与えたことと関係しています。

小選挙区制では、実際の得票数と獲得議席数とが一致しないという問題もあります。実際、2014年の衆院選では、小選挙区では自民党の得票率は48％でしたが、議席は76％も獲得しています。今回の法案成立は、得票率とは大きな差のある議席数を根拠に、絶対的な党議拘束をかけた国会議員の数の論理以外の何ものでもありません。

選挙を通しての民意反映とするためには、選挙制度の根本的見直しが早急に必要です。

有権者の側にも問題はあります。

2000年代後半、衆参にねじれが生じて、決められない政治を問題視する論調がありました。多様な意見があるならば、時間をかけて調整し、多くの人がそれなりに納得する手続の重要性を理解できない短絡的な発想です。

しかし、「決められない」ことがあたかも悪いこと、「決まる」ことが決定の内容を問わず望ましいという風潮に、小泉政権時の郵政選挙以来顕著になっている情緒的なワンフレーズ政治が作用し、異議は説得に時間がかかると無視されました。内容を問わず「決まる」ことを優先したのは、反論を諦めてしまったから？　批判しても空しいから？　それとも、やはり「決まる」こと自体に意味があるから？　イイエ、何を決めたのかがもっと大切です。

有権者が自覚的に投票をするためには、人のいうことを鵜呑みにしないことが大切です。

JCLU代表理事　紙谷雅子さん

3. 路上のデモクラシー

――安保法制反対の声を上げる市民がデモや集会を連日行いました。こうした動きをどう評価しますか。

民主主義は多数派による統治であって、権力の暴走に対する歯止めとして政権交代があるので、人々が政権の在り方を常に監視するのは当然です。デモなどの直接行動も民主主義の一態様です。

もちろん、政権が世論ばかりを気にする風見鶏であっては困ります。

しかし反対に、市民の意見を無視してよいことにはなりません。反対意見に耳を傾け、丁寧に議論をして、妥協点を探る必要があるのです。

今回の立法過程ではこのような議論を通して妥協するという姿勢が欠けていました。

今回の法案には内容に対する危機感はもちろん、こうした乱暴な手続に対する危機感も大きかったから、いつにもまして多くの人々からの反対の声があったと思っています。

4. 違憲な法律に対抗するには

――法律が成立してしまった今、その違憲性を指摘して、効力を否定することはできるでしょうか。

まず日本の制度では、現時点でこの法律の違憲性を裁判所で争うことは難しいです。1952年の警察予備隊違憲訴訟判決でも分かるように、日本の違憲審査は司法権の範囲内で行われることとなっているので、具体的な事件を離れて、法律の違憲性を抽象的に判断することはできないとされているからです。

この法律に基づく日本政府の決断の影響で、ある国から日本人が敵性外国人であると認定された結果、生命、身体、財産が不当にも危険に曝されたと国に損害賠償を請求するというような具体的な事件が提起されない限り、今の日本の裁判所が安保関連法制の違憲性を審査することは難しいでしょう。

もっとも、裁判所が理解する司法審査は1950年と変わりません。日本の制度はアメリカをモデルにしたといいますが、2015年、日本の裁判所が理解する司法審査は1950年と変わりません。その後のアメリカではたとえば1955年の人種分離教育政策を違憲と判断し、その実現を命じる第2次ブラウン判決のように、権利侵害を受けた当事者だけでない一般救済が可能になっています。学校や刑務所改革のための積極的な司法審査の活用は公共訴訟として知られています。

現実の紛争の存在という事件性要件からすると、人工妊娠中絶禁止法の違憲性を争う訴訟は、適切に始まっても出産後の当事者には訴えの利益はないと却下されかねません。

CONTENTS

しかし、訴えの利益がないと憲法判断をしないと、同じ問題に関する訴訟が繰り返し繰り返し提起され、しかも問題は解決できません。反復提訴され得る問題の事件性要件緩和は当然と考えてよいのではないでしょうか。

日本の裁判所はこうした議論の展開には目を瞑って、1950年のときに導入した制度を冷凍保存して使っているようにみえます。

裁判所は問題を法的に解決する統治機構であるという司法審査制度の目的に立ち返る必要があるでしょう。

また、日本の司法は立法や行政に対する審査そのものについても遠慮しがちです。

権力同士が互いを監視し、抑制と均衡を保つために三権が分立しているのがアメリカ憲法の姿です。

しかし、日本では立法と行政とが頂点において一体化している議院内閣制なので、実態としては合体した2権を、弱い1権が止めなさいという構造です。裁判所が立法府と行政府に対する抑止の権限を積極的に行使する義務があると認識しないかぎり、権力の均衡と抑止を有効に機能させるのは非常に困難です。

そのような自覚の乏しい司法が政治部門にあらがって重要な法律を違憲と判断したことは、今までありません。政治部門の権限行使に影響の出ない法律についてしか、実質的な違憲判断は出ていないのです。

但し、裁判所も市民の声は気にしているはずです。かつて世論を「雑音」といった長官もいますが、裁判所には、デモ参加者の声も聞こえています。もっとも、裁判所が意識するのはデモの規模ではなく、世論調査の結果や、最高裁判事の国民審査の結果ではないかと思いますが。

かつての四大公害事件のときも、何らかの救済が必要だという世論が高まると、それまでの因果関係とは異なる判断が示され、被害者救済への道が開かれました。

2013年の嫡出ではない子どもに対する差別訴訟でも、社会の変化を理由に違憲判断をしています。1995年の合憲判断にも5人の反対意見があり、その後の合憲判断でも、必ず反対意見がありました。そうした訴訟を積み重ねた末に2013年の違憲判断があります。

事実関係だけを比べると、合憲とされた1995年の方が救済に値するように思われます。しかし、社会の大きな変化や国連機関からの勧告をはじめとする世界の潮流に正義を実現するはずの裁判所が無関心ではいられなかったこと、さらにはこういった情勢の変化に答えようとしない国会の怠慢が、裁判所の判断を後押しして、理不尽な家制度の残滓とはいえない2013年の事案に違憲判断を示したのだと思います。

こうした事情から考えると、最高裁判所は入口において事件性を強調していますが、非常に抽象的な規範命題として判例を捉えていることがわかります。統治機構として、個別の事件を契機に同種の事案に関する政策形成をしているという認識が、政治部門への極端な遠慮となっているのかもしれません。

しかし、政治部門の判断に正当性が乏しければ……。今回の立法について、その違憲性を主張する世論が持続し、政治部門の正当性を付与する選挙の洗礼を通じて批判が継続するなら、法技術のハードルを克服した司法判断が示される可能性はあると期待しています。

ですから、来年の参議院選挙でこの法律への「NO」を突きつけること、世論調査で安保法制への疑問を示し続けることは有効です。

5. 安保関連法案に対抗するために

集団的自衛権行使を容認する法律ができれば、これを実行するための予算が必要になります。赤字が膨らんでいる日本の財政状況で、費用はどこから捻出するのか、市民がきちんと監視していく必要があるでしょう。

予算については毎年大きく取り上げられ、議論されるけれど、決算はあまり議論されていません。むしろ、何にどれほどのお金を使ったのかを緻密に検証し、不要な支出をさせないようにするため、決算の分析は重要です。

今回の立法に基づいて自衛隊が海外派遣されるようなことがあれば、その内容は事前の国会承認のみならず、事後の決算状況も厳密に精査しなければなりません。

お金の面から、行政府による法の執行を監視し、問題を指摘し続けることが大切です。

国会で、政府に質問できるのは議員だけかもしれないけれど、その内容は私たちの関心を反映すべきです。

――路上のデモクラシーとも関連しますが、国会で安保関連法案の議論が進む中、公平中立を標榜するメディアが両論併記、賛成と反対の意見を同じように取り上げていました。それが実際の意見の分布を反映していたのか……、単純な両論併記は、現実の意見の多様性を見えにくくしませんか。

むしろ、自分の立場を公にしてそのスタンスに沿った報道をしているメディアの方が、中立公平を自称するメディアよりも、的確に批判できるので、評価できるかもしれません。

メディアが胡散臭いので、受け手の側のリテラシーがますます求められます。

若い世代の人たちに安保関連法制が施行されれば大きな影響が及ぶとの指摘は多いのですが、日本の財政を考えればどの世代に対する影響も大きいでしょう。自らの生活に重大な影響を及ぼす法律について、考える力、情報を鵜呑みにしない力を自分のものにする必要があります。しかし、新聞も読まない、ニュースも見ない、重視するのはインターネット上の情報のみ、というのでは、部分的な情報に、しかも自分の知りたい・聞きたい類の情報にしか接することはできません。

裏付けを取るという習慣を身につけるべきでしょう。

複数の情報に接して、異なる意見、異なる視点があると知ること、そして、自ら考えて結論に至ること。その過程で、答えは予め決まってはいないし、一つでもないということがわかります。ときには、自分の考えを整理するため、別な視点から自分の立場を批判することも大切です。

こうした思考過程を経ることで、自覚的に自分の意見を形成することができるようになるはずです。その結果、日本の民主主義が深化していくこと、相手の意見にしっかり耳を傾け、きちんとした説明を通じて議論を積み重ねる社会をつくっていくこと、そんな日本にするのが自由人権協会の役割だと信じています。

例会報告

7月例会

ヨーロッパのデモクラシー

――ぼくの見てきた国民投票・住民投票

ジャーナリスト　大芝 健太郎さん

ヨーロッパは今、それぞれの国がそれぞれのやり方で、議会を通じた民主主義とあわせて直接民主主義をとりいれています。ヨーロッパの国々では重要な政治テーマに対して国民の意思をどのように反映させようとしているのでしょうか。数年にわたりヨーロッパ各地を取材してきたジャーナリストの大芝健太郎さんにお話ししていただきました。

（報告：事務局　遠藤啓悟）

各国の国民投票・住民投票

1.リトアニア
（2012年10月14日「新規原発建設の是非」）

バルト海に面するリトアニアでは国内で使用される全電力の65％を輸入に頼っている。電気料金が高く、平均的な賃貸住宅の家賃にも匹敵する金額になる。

深刻な電力事情を改善する狙いで、2012年6月にヴィサギナス原発の建設が議会で承認された。

リトアニアでは3か月以内の署名収集期間に30万人以上の有権者の請願署名を集めるか、国会の4分の1以上の議員の発議があったのち過半数の議員の賛成があれば国民投票を実施できるという制度となっている。

そして「新規原発建設の是非」を問う国民投票が行われた。国民投票の投票率は52.52％であり、そのうち、反対が62.70％を占めた。もっとも原発建設予定地であるヴィサギナスでは、雇用の増加や企業の誘致等もあり、投票率47.70％のうち、賛成が65.26％に上った。

2.ブルガリア
（2013年1月27日「新規原発建設の是非」）

東欧のブルガリアでも「新しい原発をどこにつくるか」についての国民投票が行われた。

ブルガリアで国民投票を行うには50万人の署名が必要だが、今回は77万人分、全人口の約10％の署名が集まった。

この国民投票が特殊だったのは、与野党ともに原発建設に賛成していた。国民投票の争点は、原発の建設地をどこにするかであり、原発建設に賛成の人しか投票に行けないというものであった。

現地のメディアは原発建設に賛成の人しか参加できないこの国民投票を「政府の思惑つき国民投票」だと批判した。インタビューに協力してくれた人も多くが「投票には行かない」と答えていた。

その結果、通常は60％近くある国民投票の投票率が、この投票に限って、その1/3の20.2％と低かった。投票率が低かったのは、各政党が政争に終始し原発についての議論が十分になされなかったことに加えて、この国民投票には、前回の選挙の投票率である60％を超えなければその結果は無効とする最低投票率が設定されており、ボイコット運動が起こったことも影響していた。

大芝 健太郎さん

3.ドイツ
（2013年11月3日ベルリン住民投票「電力網再自治化」）

ドイツでは、国を挙げての国民投票は行われていない。連邦制国家であり国民投票が馴染みにくいことに加えて、ナチス政権下において、国家の最高権力を握る総統へのヒトラーの就任が国民投票によって是認されたという過去も影響しているようである。

しかし地方ごとに、住民投票が盛んに行われている。

2013年11月、首都ベルリンで、外資系電力会社に奪われた「電力網」の再自治化をテーマに住民投票が行われた。この住民投票では、市民が主体となって電力網を自治化することを望まないベルリン市議会が、総選挙と住民投票を別の日に開催し、投票率を下げようと画策した。

住民投票では、25％の絶対得票率（賛否の得票数を有権者数で割った数字）が設定された。投票率が一定の割合に達した場合に限り、住民投票の効力を認めるという最低投票率ではなく、賛成票あるいは反対票の絶対得票率が25％を上回れば、住民投票を有効なものと扱う工夫であった。

最低投票率を設定した場合、劣勢な陣営が投票を無効化するようボイコットを呼びかけることがある。絶対得票率は、こうしたボイコット運動を無力化し、市民の意見を的確に吸い上げる狙いで設定された。

結果としてこの住民投票は、（賛成の）得票率が絶対得票率をわずかに下回る24.1％にとどまり、無効になった。

4.スイス
（2013年11月24日「高速道路料金値上げについて」）

直接民主制をとるスイスは、年4回の国民投票に加え、州・市町村レベルでも住民投票が頻繁に行われ、最も投票の多い国である。

スイスの投票は広場で賛成もしくは反対の札を掲げ、両者の数が拮抗した場合、広場の2か所に賛成、反対のゲートを設け、そこを通る人の数を数えるという得票の集計方法を用いている。また、国民投票・住民投票に当って政府が各政党、団体等の主張や投票テーマに対する賛否を纏めた冊子が配布されている。

そのような特徴を持つスイスで「高速道路料金値上げについて」の国民投票が行われた。

これは議会が高速料金を値上げする法案を通したことに反発した国民が署名活動を行い、規定の署名数に達したために実施されたものであった。国民投票は投票率52.9％、賛成39.5％、反対60.5％と反対多数により高速道路料金の値上げは否決された。

スイスでは、国会は、国民の世論をくみ取って立法をしなければ国民投票によって否決されてしまう。国民の声が反映されやすい反面、人権問題等少数派の意見が切り捨てられてしまうといった問題もある。

スイスでは国民投票は頻繁に行われる。国民が必ずしも毎回参加するわけではないが、自分が重要だと思うものに関してだけ直接投票する人が多い。インタビューを通して、ほとんどの人が主権者として投票の機会が与えられていることはとても重要なことだと考えていることが分かった。

5.スコットランド（英国）
（2013年11月24日「スコットランドは独立国になるべきか」）

スコットランドでは、英国からの独立をかけた住民投票が行われた。

独立に賛成する住民には貧困層や若者が多く、イングランド中心の政党や議会制度に不満を持っていた。反対派は裕福層や高齢者が多く、通貨であるポンドの使用継続や年金の保障に対する不安から反対していた。

当初は反対派が多かったが、投票直前の二週間で賛成派が反対派を上回った。これは賛成派がチラシを配ったり、街中で賛成の意思を示すパフォーマンスを行ったりする草の根的活動が功を奏したためである。

反対派もプラカード等を掲げるなど意見表明を行った。両者間で暴力事件等もなく、むしろ賛成派と反対派が議論を行うなど極めて民主的であった。

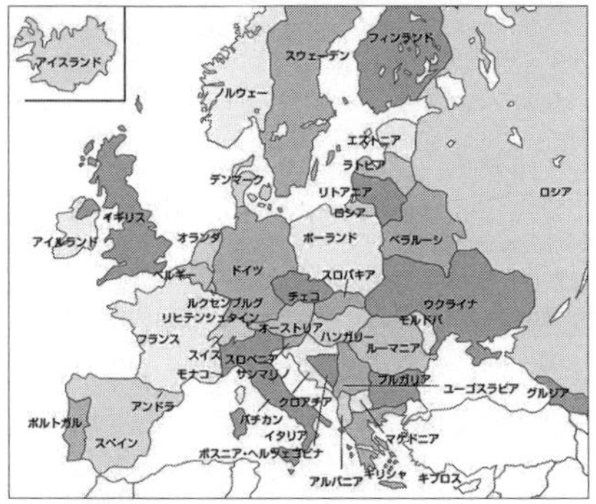

Google 画像検索より引用

投票の結果であるが、投票率が84.5％と高く、直前に英首相がスコットランドに対する大幅な権限移譲を表明して賛成が44.7％、反対が55.3％となった。

スコットランドの住民投票の特色として、予算の差が結果に反映されることがないように賛成、反対両方の陣営に運営資金を出すことで最低限の運営の保障をする一方、予算に限度額を設け公平性を保ったことが挙げられる。

6.日本

日本でも住民投票は行われているが、住民投票を単なる多数決ととらえている人が多い。

そうではなく、住民投票は、その勝敗よりも、決定権を持つ市民が情報を得て、議論し、決定をする。そしてその結果に責任を持つといったプロセスに最も意味がある。

現状では、日本の国会議員、地方議会の議員に住民投票に対する理解はなく、拒んでさえいる。今後は議員を巻き込んで、直接民主主義への理解を深めていく必要があるのではないだろうか。

最後に─直接民主主義と間接民主主義について

国民投票のような直接民主主義と、議会を通じた間接民主主義にはそれぞれメリット、デメリットが存在する。

直接民主主義においては政治が身近にあり、世論が反映されやすい。反面、時間もかかり、ポピュリズムに陥る可能性もある。間接民主主義では選挙で民意を示し、政治は議員に任せることができるが、議会に自浄作用がなく世論が無視されることもある。

どちらにもメリット、デメリットがあることを理解し、直接民主主義と間接民主主義の良いところをそれぞれ生かしていくことが重要である。

例会報告

8月例会

田岡俊次が語る安保法制の欺瞞
──安全保障環境は新安保法制を必要としているか

軍事ジャーナリスト　田岡　俊次

政府の安保法制の審議が国会でヤマ場を迎えていた2015年8月24日、JCLUは8月例会に、軍事ジャーナリスト田岡俊次さんを招いて、日本は、今、新たな安保法制を導入しなければならない状況にあるのかお話しいただいた。

大好評だった例会を受けて、田岡さんからあらためて講演要旨をいただいた。

1. 日本が攻撃を受ける危険性は高まったのか?

「日本の安全保障環境が変化し集団的自衛権行使が必要になった」と言われるが、長く軍事情勢を見てきたものとしては「大きな変化」は冷戦が終結し、米ソ戦争の可能性が消えたことであり、安保条約締結当時と比較し、安全保障環境は改善したと考える。

かつてソ連は極東に中距離弾道ミサイル約20基を配備し、日本の米軍基地への核攻撃を準備していた。ソ連太平洋艦隊は潜水艦125隻を有し、うち50隻以上は原潜だった。日本が生存に必要な食糧、石油などの輸入路を確保できるか否か、は切実な問題だった。ピーク時に米国は2万7千発、ソ連は3万9千発の核兵器を保有し、もしそれが使われれば、直接的に世界で億単位の死者が出るほか、粉塵が太陽光を遮り、大気温が低下し、農業が壊滅し人類が餓死する「核の冬」の危険性もあった。

安倍首相は、岸信介首相が行った安保条約改定の際にも「戦争に巻き込まれる、と言われたが、それが的外れであったことを歴史が証明している」というが、1962年のキューバ危機の時8歳だったから、どれ程危なかったかご存知ないのだろう。

米国はキューバ人亡命者を送り込んでカストロ政権打倒をはかったが失敗に終わったから、本格的侵攻を準備した。カストロはソ連に助けを求め、ソ連はそれを奇貨として中距離核ミサイルをキューバに配備しようとした。米海軍はキューバ周辺を封鎖しソ連船団を追い返そうとし、B52爆撃機は水爆を積んでソ連領空外で旋回待機し、ICBMやミサイル原潜に即時発射態勢を取った。日本の米軍基地も日本政府に知らせず「デフコン2」の態勢に入った。デフコン1は戦時、5は平時で「デフコン2」は戦争寸前です。

船団の前方にはソ連潜水艦3隻が警戒配置について進んだが、それを探知したアメリカの駆逐艦が威嚇のために爆雷10発を投下したところ、ソ連潜水艦の艦長の中佐は「戦争が始まった」と判断し、核魚雷発射準備を命じた。

だがこの潜水艦に乗っていた艦隊参謀が「様子を見よう」と説得して核戦争を止めた。

核戦争になれば米ソで各々7千万人以上、欧州で数百万人の死者が出たはず、と後日計算された。日本でも基地周辺で数十万人は死んだでしょう。冷静な参謀中佐が偶然その場にいたから世界は助かった。

安倍氏が「的外れであることは歴史が証明している」というのは、飲酒運転で無事帰宅した人が「飲酒運転は危険でないことが証明された」というようなものだ。

冷戦時代の厳しい状況の中、日本は米軍駐留は認めたものの、安保条約5条で「日本国の施政の下にある領域」における武力攻撃にだけ共同対処することを定め、米国もそれを了承した。日米同盟があったから70年平和が保たれたように言う人は多いが、ベトナム戦争では韓国は5万人を派遣し、5700人が死亡し、オーストラリア、フィリピン、タイなども米国の要求に応じ参戦した。

日本が戦争をせずにすんだのは「同盟」があったからではなく、安保条約5条という歯止めがあったからで、この条項を入れることに成功したのは岸信介氏の功績でしょう。それを孫はフイにした。「集団的自衛権行使はできない」という憲法解釈も、角を立てずに参戦要求を断る有利なカードだったが、それも失った。

2. 中国の台頭に対抗するために新安保法制が必要、との説はどうか?

尖閣諸島の防衛を言う人が多いが、日本の個別的自衛権の対象で、集団的自衛権とは無関係。以前からガイドラインでは着陸、上陸侵攻に対しては自衛隊がプライマリー・リスポンシビリティ（一義的責任）を持つと定め、米軍は何もしなくても責められない。防空でも船舶の保護も同様です。

これでは何のために米軍に基地を提供し、維持費も負担しているのか、と批判されるから邦訳では「自衛隊が主体的に対処する」とごまかしている。前のガイドラインでは一応「極力早期に兵力を来援させ」としていたが、それは新ガイドラインで削除し、米軍は「支援、補完」しかしないことになった。

米国は日本と中国との紛争に引き込まれることを警戒している。オバマ大統領は昨年4月に東京で安倍首相と会談したが、その後の共同記者会見で「私は安倍首相にこの（尖閣）問題をエスカレートさせず、口を慎み

(Keeping the rhetoric low)、挑発的行動をとらず、日中が協力する重要性を説いた」などと述べている。

中国はアメリカにとり①1.2兆ドルの国債を保有し、米国財政を支えている②3.5兆ドルの外貨準備の大半をウォール街で運用し、米金融、証券の最大の外国顧客③米国製旅客機を毎年約150機購入し米国の航空・軍需産業の最大の海外顧客④GMの車が年に200万台売れる巨大市場、米国系企業は2万社以上が進出―など決定的に重要な国だ。

中国にとっても米国は最大の輸出先、投資・融資先だから、がんじがらめの相互依存関係が成立し、いさかいは時にあっても戦争は双方の破滅になるから起きそうにない。米ソの対立関係とはほぼ正反対の互恵関係だ。

中国は社会主義を標榜するが実態は資本主義国で共産党は官僚と経営者が牛耳り、自民党に似る。野党はないし、労働組合は名ばかりだから資本家の天国だ。中国は今日の世界秩序の最大の受益者だから、それを壊す気はないでしょう。

海洋進出が言われるが、海軍の戦力は貧弱です。中国の空母1隻は戦闘機約20機を搭載し、艦載機の発艦を助ける加速装置「カタパルト」がないから戦闘機は燃料、兵器を満載すると発進できない。米海軍は戦闘・攻撃機55機の搭載が可能な原子力空母10隻だから550機対20機、勝負にもならない。

潜水艦を探知する能力は米海軍や海上自衛隊と大差がある。中国海軍が米海軍に対抗し、世界各地に伸びたシーレーンを守ることは将来も不可能に近い。

中国は海外からの輸入資源、海外市場に頼る度合いが拡大すればするほど、世界的制海権を握る米国と協調せざるをえない。

3. 中国の国防予算は急速に増大しているようだが、その狙いは何か?

防衛白書は中国の国防費は過去27年間で約41倍、というがGDPは1987年から昨年までの27年間で53倍になった。日本でも高度成長が始まった1960年から87年までの27年間で防衛費は22倍、GDPは27倍だった。

GDPが急増し、歳入が増えれば軍の取り分も増えるのは自然で、韓国、台湾など急成長した国では同じ現象が起きた。70年代私はワシントンの戦略国際問題研究所に出向していたが「日本の防衛費急増の狙いは何か」とよく聞かれた。

経済成長期には人件費も諸経費も増大するし、兵器の単価と維持費はIT化で激増するから、防衛費の伸びがそのまま戦力の増強につながるわけではない。

中国陸軍は1987年の320万人が現在160万人、潜水艦は117隻から70隻に、1000トン以上の水上艦は53隻から72隻に、空軍の戦闘機・攻撃機は4500機から1400機、3分の1に減った。増えたのは水上艦だけ、かつて約1000隻もあった魚雷艇、ミサイル艇を200隻ほどに減らし、代わりに小型のフリゲート艦を造った。

田岡 俊次さん

「数は減っても、戦力は量かけ質、近代化で戦力は増大」と防衛省が言うと納得する人が多いが、これは素人だましだ。近代化はどの主要国の軍も行っているから時期の違いはあれ相殺される要素で、相対的にはおおむね数的減少は戦力の減少になる。

中国の国防予算の伸びはGDPの伸びを下回り、87年にはGDPの1.7%、昨年は1.3%に下っているから抑制が効いているほうだ。

米国ではかって「中国には公表以外の国防費があり、本当は3倍」との説があったが、これは中央政府の歳入・歳出から見て無理な推論で、最近は米国防総省も、公表予算に入れていないものは20%程度と見ている。日本でも防衛予算に入れていないが、他国では入れている費目として、退職自衛官の年金、内閣官房の情報収集衛星などがあり、20%程度の差はどの国でもある。

4. 大局的には、米国と中国はうまくやりたいだろうが、南シナ海での対立はどうか?

中国が満潮時に水面下に没する岩礁付近を埋めたてて飛行場を造っても、それは人工物でありその周辺12カイリを領海として宣言するのは無理がある。また南シナ海のほぼ全域を歴史的領海と主張するのも根拠が乏しい。

南沙には島と呼べそうなものは12島あるが、ベトナム、フィリピンが5島ずつ、台湾、マレーシアが各1島を抑え、各国が飛行場1か所ずつを作っている。中国は出遅れたから岩礁しか確保できず、その周囲を埋め立てるしかなかったから、埋め立ての規模が他国より大きいのは当然だ。

米海軍は海南島の基地に出入りする中国の潜水艦を哨戒機や潜水艦で追尾して音紋を収集し、海水の温度などのデータを貯えて、万一の場合に中国潜水艦を探知、撃破する準備はしている。米国の商船が南シナ海を通ることは少ないから、米国の言う「航海の自由」は実は「哨戒の自由」で、中国は当然嫌がる。

その一方で米軍は中国軍との交流拡大にも熱心で「封じ込め」より「抱き込み」を図る政府の方針に従っている。両国の利害から考え武力紛争の公算は低い。

2015年夏合宿報告

辺野古から見る日本の民主主義

本年のJCLU夏合宿は、沖縄から日本の民主主義を考えることをテーマとして、9月12日・13日の2日間、伊豆長岡「金城館」で行われた。

1日目は、沖縄タイムス東京支社編集部長の宮城栄作さんから、沖縄基地入門と題して、辺野古埋立に関するこれまでの経緯並びに沖縄の70年を映像とともに概観し、辺野古新基地など沖縄の現状と今必要なことについてご報告いただいた。

2日目は成蹊大学法科大学院教授の武田真一郎さんから、翁長知事の埋立承認の取消の表明を受け、国と沖縄県の間の今後の争訟手続など、辺野古埋立承認取消等の法的問題点についてご報告いただいた。 (報告:会員・弁護士 神谷延治)

なぜ沖縄の声は届かないのか 戦後70年——考えるべきこと

宮城栄作・沖縄タイムス東京支社編集部長

沖縄が問い掛けていること

翁長知事の辺野古埋立承認の取消に見られるように、国と沖縄県との間にはかつてないほど深刻な亀裂が生じている。国と沖縄県の関係のみならず、各メディアや国民の間においても、意見が二分している。

1995年の少女暴行事件に端を発した沖縄の負担軽減問題は、かつて沖縄と本土の情報量の差に過ぎなかった。しかしオスプレイの強行配備により「温度差」から「溝」へ、さらに新基地建設により「溝」から「対立」へ発展するに至った。

こうした事態を受け、①沖縄の歴史に照らして沖縄の主張を内在的に理解すること、②海兵隊の抑止力とは何か、海兵隊の沖縄における必要性を客観的に検証すること、③中国の強硬な動きに対し、対話を軽視した軍備による封じ込めでなく、国家・国民レベルの双方で信頼醸成の取り組みを行うことが必要である。

沖縄をめぐる誤解

1「沖縄は自ら基地を受け入れた」のか

住民を捕虜収容所に強制収容し(1945)、銃剣とブルドーザーで土地を収容し(1952)、一括払いで土地を賃借し(1954)、復帰後も駐留軍用地特措法等に基づく土地の強制使用と基地への提供をさせている(1972〜)というのが、基地負担をめぐる事実経過の概要である。

小説家の百田尚樹氏が、沖縄の人が商売目的で基地の周りに住みだしたと発言して問題になったが、全くの間違いである。

沖縄の米軍基地の32%が民有地であり、その地代は100万円未満が54.2%、100〜200万円が20.8%を占めている(2011年度)。普天間基地は高台にあり周りは田んぼではなかった。そもそも土地を奪っておいてそれに対する賃料を批判すること自体が筋違いである。

2「沖縄は基地があるから優遇されている」のか

沖縄振興法は、本土よりも復興が遅れた沖縄県を本土に追いつかせることを目的としている。沖縄振興予算約3400億円には国と県の予算が一括計上されており、国からの財政移転の金額を県民一人あたりに換算すると、沖縄県は全国でも7、8位に過ぎず、決して基地の見返りとして優遇されているわけではない。

3「沖縄の米軍は抑止力として不可欠」なのか

政府は一体的な運用による抑止力を強調している。ところが、米軍は、在沖米海兵隊1万2000人中8000〜9000人の地上戦闘部隊等の主要部隊を中国のミサイル射程外であるグアム・ハワイに移転する戦略を策定している。今後沖縄に駐留するのは司令部及び後方支援部隊になることが見込まれるうえ、豪州やフィリピン等に展開するなど、分散を進めている。

それどころか「海兵隊が沖縄に配備されなければならないという説明を海兵隊から聞いたことがない」(ジョセフ・ナイ氏)、「軍事的に沖縄である必要はない」(森本敏元防衛大臣)など、日米の元政府高官からも海兵隊の抑止力について否定的な発言がなされている。尖閣諸島の有事の際に海兵隊が出動する保証すらない。

辺野古埋立をめぐる法的問題点

武田真一郎・成蹊大学法科大学院教授

岩礁破砕許可に付された条件違反を理由とする知事の工事中止命令と沖縄防衛局による農水大臣に対する審査請求及び執行停止

1 審査請求及び執行停止申立ての可否

翁長知事は、2015年3月23日、岩礁破砕許可の許可条件(埋立区域内に限る)に違反したとして工事停止を指示した。これに対し、沖縄防衛局長は、同月24日、農水大臣に対して審査請求及び執行停止を申し立て、同月30日、農水大臣は、これを認める裁決を行った。

ここで、国は、水産資源保護法4条2項・沖縄県漁業調整規則39条は国による申請を私人等の申請と区別していないことを執行停止決定の理由とするが、埋立承認

宮城栄作さん

申請及びそれに付随する岩礁破砕許可申請を行った国の地位は、私人ではなく、「固有の資格」によるものであり、国と沖縄県の関係は行政機関相互の関係であるから、国は一私人として審査請求をすることはできないというべきである。

すなわち、国の機関による審査請求及び執行停止の申立てを同じ国の機関である農水大臣が審理するとなれば、一方的に国に有利となって不公正である。また、国による埋立てについては事実上知事が国の監督に服することになり、地方公共団体の自主性及び自立性を害する可能性もある。実質的にみても、審査請求に対する裁決及び執行停止決定を処分庁である知事が争うことは原則としてできないから、その点においても国に一方的に有利であって不公正である。

2 審査請求に代わる措置

まず、各大臣は、都道府県に対し、当該法定受託事務について違反の是正又は改善のために講ずべき措置に関し、必要な指示(是正の指示)をすることができ(地方自治法245条の7)、これを公権力の行使に該たるとして国地方係争処理委員会に対して審査の申出をすることができる(同法250条の13Ⅰ)。そして、沖縄県は、同委員会の審査の結果又は勧告に不服がある場合、処分庁(担当大臣)を被告として高等裁判所に対して関与(指示)の取消しを求める訴えを提起することができる。

次に、各大臣は、知事に対し、法令若しくは処分の違反を是正し、又は怠る法定受託事務の管理若しくは執行を改めるよう勧告し(同法245条の8)、当該知事に対して当該事項を行うべきことを指示することができる(同条2項)。さらに、各大臣は、高等裁判所に対し、訴えをもって当該事項を行うべきことを命ずる旨の裁判を請求することができ(同条3項)、知事がその裁判に従わないときは、各大臣は、知事に代わって当該事項を行う(代執行)ことができる(同条8項)。

武田真一郎さん

以上のように、国は、まず是正の指示を検討すべきであり、それが不十分な場合には勧告を行い、代執行の手続をとるべきである。

知事による埋立承認の取消しとこれに対する沖縄防衛局による国交大臣に対する審査請求及び執行停止申立て

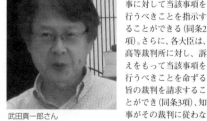

1 承認取消の可否

翁長知事の設置した検証委員会[1]は、2015年7月16日、2013年12月27日に仲井真前知事が行った埋立申請の承認(以下「本件埋立承認」という。)は公有水面埋立法4条1項各号の要件を充たしておらず、これを承認した本件埋立承認には法律的瑕疵があるという報告書[2]を提出した。同報告書によれば、本件埋立承認の判断過程には看過し難い過誤ないし欠落があり、裁量権の濫用があったといえるであろう。

2 承認の撤回の可否

撤回は原則として自由であるが、授益的な行政行為については相手方の利益を考慮する必要があるから、相手方(国)の不利益を上回る公益上の必要性がある場合に限り撤回することができる(取消と撤回は排他的な関係にはなく両立する)。もっとも「公益上の必要性」は抽象的な要件であり、判例の蓄積は進んでいない。

これまでの知事や衆議院の選挙結果、世論調査の結果[3]を考慮すれば、住民投票を実施して県民の意思を明確にすることも有効であろう。

争訟手続の検討

農水大臣・国交大臣の行った裁決・執行停止決定の取消訴訟、無効確認訴訟は、訴訟要件(特に法律上の争訟性)を充たすことが困難である。

また、裁決・執行停止決定が無効であることに基づく工事の差止訴訟は、行政上の義務の履行を求める訴えであるから、やはり法律上の争訟に当たらないとされる可能性がある。

そこで、裁決・執行停止決定に不服があるとして国地方係争処理委員会に対する審査の申出が最も重要な争訟手段となる。この点、国の関与(「具体的かつ個別的に関わる行為」地方自治法245条3号)から審査請求に対する裁決・決定が除外されているため、本来は審査の申出はできないが、同号により除外されるのは適法な審査請求に限られると解すべきであり、本件のように法律に基づかない不適法な審査請求は違法な関与であるから、審査の対象になると解すべきである。

1) 普天間飛行場代替施設建設事業に係る公有水面埋立承認手続に関する第三者委員会(委員長大城浩)
2) http://www.pref.okinawa.jp/site/chijiko/henoko/documents/houkokusho.pdf
3) 琉球新法・沖縄テレビの合同世論調査で83%が反対(国外移設31.4%、無条件閉鎖・撤去29.8%、県外移設21.8%、辺野古移設10.8%、他の県内移設3.4%、その他2.8%)

安心して子育てできる街にしたい！
——所沢育休退園訴訟のゆくえ

第二子を出産した母親が育休を取得した場合、保育園に通う3歳未満の上の子を退園させる制度を導入した埼玉県所沢市に対し、ことし6月末、退園を迫られた親たちが、運用差止めを求めて行政訴訟を起した。「新制度は少子化対策に逆行する」として保護者を支持する声が多いが、一方で「母親が楽をしたいだけでは」といった批判的な意見も根強い。

訴えを起こした二人の保護者と代理人を務める原和良弁護士にお話を伺い、問題の背景や子育て環境の現状について考えてみた。 (インタビュー実施は2015年9月14日。会員・三浦 早結理)

「寝耳に水」の制度変更

「今回の育休退園制度導入は、本当に寝耳に水でした。2月下旬に保育園の園長先生から、口頭で市の方針を伝えられたのが始まりです」そう語るのは、原告の一人Hさんである。新制度導入決定の正式な書類が、全家庭に届いたのは、運用がスタートするわずか1ヶ月前の3月5日。突然のしかも一方的な通告に、上の子を通園させている妊娠中の母親たちの間に、出産後の育児や生活、復職への不安が広がった。

当初母親たちは、それぞれ、市の「保育幼稚園課」に対し納得のいく説明を求めた。しかし市は「ご理解下さい」の一点張りで、誠意のある回答は得られなかったと言う。Hさんの保育園では、保護者会が市に要望書を提出するなど、その後も様々な手段で制度の導入を考え直すよう働きかけたが、状況は変わらなかった。

悩んだ末に提訴を決断

Hさんたちは、社会保障の専門家として子育て支援法にも詳しい鹿児島大学の伊藤修平教授をはじめ、全保連、教育プラザにも相談した。代理人となる原和良弁護士とも出会った。それぞれの立場からの客観的なコメントを得たことで、やっと自分たちの主張に法的根拠を持つことができたと言う。

原 和良弁護士

とはいえ、一足飛びに提訴に至ったわけではない。母親たちは皆、穏便な解決を望み、法的手段に訴えることとは考えてもみなかった。

上のお子さんが退園となり、8月末に新たに「退園の取り消しと執行停止」を求めて提訴したYさんも、「手をこまねいていれば、4月に出産したお母さんは、6月には上の子が退園になってしまう。訴訟はタイムリミットが近づく中で、悩み抜いた末の選択でした」とこれまでの経緯を振り返る。

所沢だけ大問題になった理由

待機児童の解消を目的に、以前から「育休退園制度」を採用してきた自治体は所沢市に限らない。なぜ、所沢市の制度導入だけが、これほど大きな問題にまで発展してしまったのか。

原弁護士は、育休退園制度の是非を論じる以前に、そもそも導入のプロセスに問題があったと指摘する。「母親や子どもの心身や生活に大きな影響を及ぼすと考えられる重大な施策変更なのに、市は実施に当って、最も尊重すべき保護者との事前の話し合いも説明もしなかった」。

条例で設置された「こども子育て会議」でも一切審議がされず、猶予期間や告知期間もないまま改悪されてしまったことに、「手続き上の重大な過失」「行政の裁量の逸脱」があるという。

不信強めた市の場当たり的対応

拙速に制度の運用を始めた後、市が、場当たり的に対応してきたことも、保護者との対立・不信を深めた一因といえる。

例えば、運用開始時には、育休取得を理由に上の子供の保育を継続申請すること自体認められておらず、6月になって認められた。

最初の制度設計において申請の受付を想定していなかったこと自体、重大な欠陥であった。

さらに7月には、育休で退園したら、復職する際に上の子と下の子、共に入園選考のポイントを大幅に加算するという優遇措置も設けられた。

しかし、これは裏をかえせば、「素直に退園しなければ、復職後の再入園は不利になりますよ」と言うに等しい。救済策と言えば聞こえはいいが、その場しのぎの訴訟対策という感は否めない。

「2人目の子供が産めない!?」

制度運用に伴う弊害も出始めている。退園させられた園児が、保育園に通えないストレスからチック症を発症するケースや、2人目以降の子どもを産むことに不安を訴える母親もいるという。

国をあげて「少子化対策」や「女性が輝く社会の実現」を推進しようとしている今、所沢の政策はそれに逆行し、むしろ少子化を推進しているようにさえ見える。

皮肉なことに、所沢市の今回の事件を反面教師として、全国の自治体で真の子育て支援策は何かという議論が深まり、多くの自治体で育休退園制度の撤廃・見直しが加速している。

同じ埼玉県下でも、これまで継続保育を認めてこなかった本庄市が、4月から育休に関係なく継続保育を認めるようになった。

待機児童ゼロへ保育園増設を

そもそも育休退園制度は、育休によって退園した児童の空いた枠に待機児童を振り分けるしくみだが、退園した児童は親の育休期間が終われば、逆に待機児童になってしまう。結局は少ない枠を保護者同士で取り合うことになり、根本的な問題の解消にはつながるものではない。

「誰かを追い出すのではなく、毎年一つずつでも地道に保育園を増設し、受け皿を拡充していくことが大事。定数にゆとりのある保育園を増設していけば、待機児童問題も解消するし、子どもの数だって増えるはず」とHさんは強調する。

制度の背景に市長の育児論

所沢市では、これまで毎年2園ずつ保育園が増設され、実際に待機児童も減ってきていた。

にもかかわらず、なぜここにきてあえて育休退園制度を導入したのか。

その背景のひとつには、“幼い子どもは、母親が家庭で育てるべきだ”という子育て論がある。

藤本正人・所沢市長がテレビで「子どもは保育園に行くよりも、お母さんと一緒にいたいはずだ」と発言した。「時代錯誤である」という批判の一方で、市長の意見に対する賛成意見もまた多い。

安心して子育てできる街を

幼児期の子どもに愛情を注ぐことは大切だ。しかし、それは母親だけが愛情を注げばいいというものではない。保育園で、多くの友だちや先生と過すことは、社会性を育てる意味でも大いに必要なことではないか。

子育てに対する考え方や価値観は、人それぞれだ。どちらが正しいとは言えないし、ましてや、行政が押し付けるものではないはずではないだろうか。

「肝心なのは、どんな選択をしても、すべての人が安心して子育てができる環境を整えることではないでしょうか。長い目で見れば、それが税収の増加や地域の安定にもつながるはず。少子化だから今さら保育園を増やすのは無駄だという発想は捨てて、長期的な視点で子育て政策を考えることが必要です」と原弁護士は訴えている。

認められた退園の執行停止

上の子供の「退園の執行停止」を求めたYさんの申し立てについて、9月29日、さいたま地裁は、これを認める決定をした。Yさんのお子さんは元の園に再び通えるようになった。(市は、10月7日、記者会見で決定に対する異議申立を行わないことを表明した)。

しかし問題はまだ解決していない。9月16日には、退園の差し止めを求めた行政訴訟の第一回口頭弁論が行われた。市は、全面的に争う姿勢を見せている。

「私たちが望んでいるのは、誰もがのびのびと子育てできる街にすること。親が楽をするためとか、自分の子どものことだけを考えて、訴訟を起したわけではありません」とYさん。

Hさんも、「保育園の増設が進まない理由のひとつは、児童福祉法に保育を受ける権利が明記されていないからです。保育を望む子が、いつでも安心して受けられるように、児童福祉法に明文化されるよう働きかけていきたい」と述べる。

少子化に歯止めかける司法判断を

出産前後の大変な時期を乗り越えた所沢市の母親たちは、子育てする環境の改善に向けて大きなビジョンを持っている。

少子化に歯止めをかけ、女性が輝く社会、誰もが子育てをしやすい社会の実現に向けて、後押しとなる司法の判断を望みたい。

「えん罪防止」のかけ声倒れ

──司法取引導入の法案、継続審議へ

弁護士(横浜弁護士会) 森 卓爾

「司法取引」の導入などを盛り込んだ刑事訴訟法等一部改正案は、今国会での成立は先送りされ、継続審議となった。

もともと郵便不正事件の証拠改ざんやえん罪の防止を目的に始まった「司法改革」であったが、結局、改正案は、捜査機関の権限拡大ばかりが目立ち、えん罪防止が担保される内容とは程遠いものであった。

改正案は今後に持ち越されることになったが、引き続き、法案反対の立場での活動を続けていきたい。

何のための司法改革

そもそも今回の法案は、郵便不正事件において検察官が証拠となるフロッピーディスクのデータを改ざんした問題や陸山会事件において検察官が虚偽の捜査報告書を作成した問題、志布志事件、布川事件、パソコン遠隔操作事件など多くのえん罪の発生を教訓として、「取り調べに過度に依存する捜査方法」「供述調書を偏重する風潮」を克服する刑事司法改革を求めて始まったものであった。

そのために、法制審議会「新時代の刑事司法制度特別部会」(以下「特別部会」と言う)が設置された。

特別部会には、郵便不正事件の村木厚子さん、映画「それでもボクはやっていない」の周防監督らが有識者委員として任命され、法曹界以外の視点が報告に反映されることが期待されていた。求められる改革の方向は、取り調べの可視化(録音・録画、弁護人の立会等)、人質司法からの脱却、証拠開示の拡大などであった。

森卓爾弁護士

捜査機関の焼け太り

しかし、特別部会の最終の答申では、当初、期待された上記の内容ではなく、司法取引の導入、通信傍受の対象犯罪の拡大など捜査側の焼け太りと評される内容に大きく変貌してしまった。

2015年3月、国会に提出された改正案の具体的な内容は、①例外付きの限定的な取り調べの録音録画制度の導入②捜査・公判協力型協議合意制度の導入③通信傍受の対象犯罪の拡大④不十分な証拠開示制度の導入⑤被疑者国選制度の拡大その他等であった。

取り調べの録音録画はわずか3%

改正案で取調べの録音録画の対象とされた事件は、①裁判員裁判対象事件、②検察官独自捜査事件の2種類に限定された。それは全事件のわずか3%程度と言われている。その上、数々の例外規定が設けられた。

対象事件であっても、逮捕・勾留されていない被疑者の取調べの場合は、録音録画の対象とされていないこと、逮捕・勾留されている事件であっても①機器の故障等②被疑者の言動により、記録をしたならば被疑者が十分に供述できないと認めるとき③暴力団員による犯罪の場合④被疑者等への畏怖させる行為等のおそれがあるとき等については、例外が認められている。特に、②被疑者の言動によ

り、記録をしたならば被疑者が十分に供述できないと認めるときについては、判断をするのが捜査官であることから、安易に例外として使われるおそれがある。

司法取引の導入

法案では、汚職、詐欺、横領などの経済犯罪と銃器・薬物犯罪等を対象として、「捜査・公判協力型協議合意制度」(司法取引)が設けられている。

検察官は、被疑者又は被告人が他人の犯罪について知識を有すると認めるとき、他人の犯罪について供述した書面を作成することが出来ることとし、その合意書面には、弁護人が連署することとされている。これを受けて、検察官は、被疑者等に対して、①公訴を提起しないこと②特定の訴因又は罰条を提起し、又は維持すること③公訴を取り消すこと④訴因及び罰条の追加・変更・撤回⑤即決裁判手続きの申立⑥略式裁判の請求⑦論告において特定の刑を科すべき旨の意見陳述をすることができるとするものである。

しかしこれは、従前、共犯者の「引っ張り込み」として、えん罪を生む可能性が大きく、最も避けるべきこととされてきたことである。

法案では、弁護人の連署を要件としているが、他人の犯罪について何ら情報がない弁護人に適切な助言が出来るはずもない。弁護人がえん罪の作出に加担することにもなりかねない規定であり、弁護士の間で反対意見が多い。

通信傍受法(盗聴法)の対象犯罪の拡大

1999年に成立した通信傍受法は、憲法21条の保障する通信の秘密を侵すものであり、法律の成立時には、反対運動の広がりを受けて対象犯罪が薬物犯罪、銃器犯罪、集団密航、組織的殺人の4類型に限定された経緯がある。

警察が通信を傍受する際は、通信事業者の設備のある場所で、必ず通信事業者の立会の下傍受するものとされていることから、警察にとって「使い勝手が悪い」と言われてきた。

法案では、通信傍受の対象犯罪を大幅に拡大し、通信事業者の立会無くして、傍受することを可能とする内容となっている。具体的には、現住建造物等放火、殺人、傷害、窃盗、詐欺、恐喝、逮捕監禁、児童ポルノ等を新たに対象犯罪に加えようとするものである。「あらかじめ定められた役割の分担に従って行動する人の結合体により行われると疑うに足りる状況にあること」が要件とされたが、この要件だけでは組織犯罪としての限定が不十分であり、組織犯罪では無い多くの一般犯罪にまで対象を大幅に拡大することになる。

証拠の一覧表の交付

検察官手持ち証拠の全面開示は、えん罪防止のために従前より必要な制度として求められてきたが、法案は、証拠の一覧表の交付ということで証拠開示を限定してしまった。

足利事件、袴田事件などの再審事件は、判決確定後再審請求審において、検察官手持ち証拠を開示することでようやく再審開始決定に至った。検察官が公費を使って収集した証拠は、被告人にとって有利不利を問わず、真実解明のためには弁護人に開示されるべきである。

証拠一覧表の交付は、一歩前進であるとしても、証拠の全面開示を求める立場からは、不十分であると言わざるを得ない。

法案審議

法案の審議に入った衆議院法務委員会は、法案の問題点を指摘する声に押されて慎重に審議することを決めた。多くの審議時間を使い、多数の参考人を招いての審議を行った。

日本弁護士連合会は、法案を推進する立場から法案の早期成立を求めているが、筆者が所属する横浜弁護士会は、法案について、司法取引はえん罪を生む危険性があること、通信傍受の対象犯罪拡大には、通信の秘密を定めた憲法21条を侵害し、重大な犯罪を対象とするが故に許されるとした最高裁判所の判決から見て、この2点については、法案に反対であるとの会長声明を発表した(6月10日)。

法案は、与党と民主党・維新の党との4党協議により若干の修正がなされ衆院で可決され参議院に送られた。しかし修正の内容は、法案の問題点を何ら払拭するものではなかった。

法案の審議は今後に持ち越されることになったが、引き続き法案反対の立場で活動を続けていきたい。

日本の民事裁判にも市民感覚を

——「民事陪審裁判制度」導入を求める

米カリフォルニア大学サンタクルーズ校教授 福来 寛さん

「日本の民事裁判は、社会の常識的な感覚とずれているのではないか」。

そういう問題意識から、一般の市民だけで民事裁判を行う「民事陪審」を研究している市民団体である「民事陪審裁判を考える会」の研究者を招いた勉強会が2015年7月27日、JCLU事務局で開かれた。

講師を務めた、米カリフォルニア大学サンタクルーズ校の福来寛(ふくらい・ひろし)教授は、戦後、米軍統治下の沖縄で行われていた4件の民事陪審裁判などを取り上げ、一般市民の感覚を民事裁判に取り入れるべきだと訴えた。福来教授のお話をまとめた。

(弁護士 理事・北神英典)

「民事陪審」が必要な理由

2011年3月11日の東日本大震災の直後、東京電力福島第1原子力発電所で事故が起きた。放射性物質の影響で、いまだに多数の住民が自宅に戻れないという現実がある。

違和感があるのは、自宅に戻ることができずに自殺を図った住民が、福島では今年6月時点で69人もいるといわれているのに、裁判で事故との因果関係が認められたのは、わずか2件にとどまっているという事実だ。

原発事故後、福島のゴルフ場の運営会社が、東京電力に対してゴルフコースが放射性物質に汚染され営業できなくなったとして、放射性物質の除去と損害賠償の仮払いを求めた仮処分を申し立てた。

しかし東京地裁は、申立てを認めなかった。除染の方法や廃棄物処理の在り方が確立していないということと、放射線量が国の基準である毎時3.8マイクロシーベルを下回っており営業に支障はないというものだった。

民事陪審制度について語る福来寛教授

しかし自然界の100倍もの放射性物質があるのに営業に支障がない、安全だというのは、市民の感覚、常識に反するのではないか。

常識に従って一般市民を救済する手段になりうるのが「民事陪審」である。

4件の民事陪審の記録

戦後、米軍統治下の沖縄では、陪審制に基づく裁判が行われていた。

沖縄の陪審裁判については、1990年、91年と日弁連が調査団を送って、それをまとめて本に出している。

私は、2014年夏に琉球大学の図書館で、1964年から72年にかけて行われた4つの民事陪審裁判の記録を発見した。

「民事陪審」の制度は、米国憲法修正7条に基づくもので、米国の市民に対し、20ドル以上の請求については、陪審による裁判を選択することが権利として認められている。

4件の民事陪審裁判は米民政府の裁判として行われたもので、一般市民が国際企業や大企業を訴え、すべてで市民側が勝訴をしていた。いずれも不法行為に基づく損害賠償であり、高額な賠償が認められていた。

原告となったのは、皆、女性で、シングルマザーや未亡人という社会的弱者というべき立場の市民だった。

沖縄の民事陪審裁判

最初の民事陪審は、ツルコ・ローバーズさんという沖縄の女性が、交通事故で米国人エンジニアの夫を失い、事故を起こした極東建設という米国の建設会社側を訴えた裁判であった。1964年7月10日の評決では、同社に6万ドル、夫をはねた運転手に対し5000ドルのそれぞれ損害賠償が認められた。

沖縄で初めての米民政府高裁による民事陪審裁判として注目され、評決は地元の新聞にも大きく報道されている。

感電やけどで15万ドル賠償命令

最後の民事陪審となったのは、沖縄の「松岡配電」という会社の変電所に4歳の幼児が入り込んで感電しやけどなどを負った事故で、母親が同社を相手に損害賠償を求めた裁判であった。

松岡配電は、変電所を2メートル以上のフェンスで囲って立ち入り禁止にしていたが、日本に施政権が返還される11日前の1972年5月4日に評決が出され、同社に15万ドルの損害賠償が命じられた。

当時の物価や為替レートを考えれば、相当な金額だ。

その他の陪審制度

米軍施政下にあった沖縄では、犯罪の容疑者を刑事裁判にかけるかどうかを決める大陪審、刑事事件を裁く刑事陪審裁判、民事裁判を審理する民事陪審裁判が並行して行われていた。

現在、大陪審が10件、刑事陪審裁判が5件、民事陪審裁判が4件それぞれ確認されている。陪審員は一般の人から選ばれた12人で、米国人だけでなく沖縄の市民も選任されていた。米軍からは、ベトナム戦争という時節柄で、黒人やヒスパニック系米国人や基地で働くフィリピン人も入っていた。

陪審員には女性も選任されていた。米国本土でも、当時は女性の陪審員資格が法的に確立されていない州が多い中、時代を先取りしたものであったともいえる。

私は、これらの陪審員が市民の常識を法廷に直接持ち込んで、市民勝訴の評決をしたものと評価している。

国に勝てない裁判が勝てる

関西学院大学の丸田隆教授が1990年に書いた本では、職業裁判官が担当する民事訴訟、行政訴訟で、政府が訴えられた時、政府が勝訴する確率は96%以上とされていた。一般市民が政府を相手に裁判を起こしても、ほとんど勝てないことを意味している。

もし、福島の避難所で自殺した市民やゴルフ場・土地を失った農家が国や東京電力を相手に起こした民事裁判を、職業裁判官ではなく一般市民が構成する陪審が担当したとしたら、かなりのケースで市民やゴルフ場、農家が勝つのではないか。

陪審裁判の記録は、日本に施政権が返還されるに当たり、当時の米国民政府（USCAR）が消去しようとしたが、記録を残そうとした地元の活動家・学者や大学関係者によって、そのコピーが残されていた。

裁判は英語で行われているが、「民事陪審裁判を考える会」は、完全な残った民事陪審裁判の法廷記録を翻訳して出版する計画である。そして、日本全国での民事陪審導入に向けた勉強会を開いて、運動や機運を高めていきたいと考えている。

既に日本では、検察審査会という一般の市民だけで、検察官による不起訴処分が妥当かどうかを判断する組織がある。刑事裁判では裁判員制度がある。

これに加えて、正義は国から与えられるというのではなく、一般市民が下から押し上げていって制度を作るということをしなければならない。民事裁判で、きちんと市民の権利が保護される制度を作るために、様々な市民団体と連携を組んでいきたい。

あたごの杜から　事務局長日誌

◆安保法案が成立した。あれだけの反対の中、無理やり通したうえで「国民の理解を得る」とのコメント。国民は時が経てば忘れるという読みがあるのだろう。総じて礼儀正しくよく働く。政治には無関心でものごとを忘れやすい。為政者にとってこれほど都合良い国民はなかなかいない。◆7月6日の例会は、大芝健太郎「ヨーロッパのデモクラシー～ぼくの見てきた国民投票・住民投票」。20代のジャーナリストが、自分で見てきた各国の事例を報告。その行動力発信力はすばらしい。いかなる問いにするかなど国民投票・住民投票には難しい点もあるが、間接民主制を補完する仕組みとして重要だ。◆7月15日、衆議院特別委員会強行採決抗議声明を発表。この後もJCLUは安保法制関連で複数の声明を発表する。この日予定していたJCLUシネマは状況に照らし中止。国会前に行ってみたらすごい人数だった。◆7月16日JCLU支援事件イラク戦争検証結果報告書開示請求訴訟を提起。大量破壊兵器に関する誤りにつき各国は検証結果を公表しているのに対し、日本政府は報告書本体を一切開示しない。武力行使にあたっての「政府の総合判断」につき、政府は事後的にも説明しないのではないか。イラクの事例はそのような将来を示唆している。◆7月27日カリフォルニア大SC校福来寛教授による勉強会。戦後、米軍政下の沖縄で実際に民事刑事の陪審裁判が行われていた。知られざる事実を学ぶ。◆8月24日の例会は、軍事ジャーナリスト田岡俊次さん「安保法制の欺瞞～安全保障環境は安保法制を必要としているか～」。客観的データに基づき、安保法制に立法事実がないことを改めて認識する。◆経団連が武器など防衛装備品の輸出を「国家戦略として推進すべき」と提言。戦争に行きたくないと言った若者を利己的と評した国会議員がいる。しかし、自分に対しては使われない想定で武器輸出により利益を得る方がよほど利己的ではないか。◆9月12、13日の合宿テーマは辺野古。初日は、沖縄タイムス宮城栄作さんから沖縄米軍基地に関し事実関係を学び、翌日は成蹊大学法科大学院武田真一郎教授から法律問題を学ぶ。◆9月19日JCLUシネマ「みんなの学校」。再び強行採決の直後だったが、今回は実施。発達障害を抱えた子なども同じ教室で学ぶ学校のドキュメンタリー。映画企画者である関西テレビ迫川緑さんによるアフタートークも盛り上がった。◆「民主主義が終わったならまた始めればいい」。シールズの若者のメッセージは力強い。（二関）

2015年8月から10月までのJCLU

8月3日～9月25日	エクスターンシップの受入れ【早稲田大学（9月18日まで）、一橋大学（9月25日まで）】
8月8日～16日	JCLU事務局夏季休暇
8月24日	8月例会「田岡俊次が語る「安保法制の欺瞞」～安全保障環境は安保法制を必要としているか～」（田岡俊次・軍事ジャーナリスト）弁護士会館
9月7日	9月理事会
9月12日～13日	合宿（伊豆長岡「金城館」静岡県）：「辺野古からみる沖縄基地問題入門」（宮城栄作・沖縄タイムス東京支社編集部長）／「辺野古埋立承認の法的問題」（武田真一郎・成蹊大学法科大学院教授）
9月17日	「あらためて安保保障法案の廃案を求める声明」を発表
9月19日	「参議院本会議での安全保障法案の強行採決抗議声明」を発表
9月19日	第2回JCLUシネマ「みんなの学校」日比谷図書文化会館コンベンションホール
10月6日	開かれた政府をつくるプロジェクト「開かれた政府と表現の自由の今―情報の自由な流れをつくる」（デイビット＝バニサー・Article19シニアリーガルカウンシル、山田健太・専修大学教授　日本ペンクラブ言論表現委員会委員長、澤康臣・共同通信特別報道室、三木由希子・情報公開クリアリングハウス理事長）専修大学神田キャンパス（日本ペンクラブ・自由人権協会・情報公開クリアリングハウスの共同プロジェクト）
10月13日	「辺野古埋立承認取消に関する声明」を発表
10月15日	10月理事会
10月26日	自由人権協会京都例会記念講演「個人主義と人権問題」（大谷實・法学博士：学校法人同志社第17代総長）京都商工会議所

【発行日】2015年10月27日　【発　行】公益社団法人 自由人権協会
〒105-0002　東京都港区愛宕1-6-7 愛宕山弁護士ビル306
TEL：03-3437-5466　FAX：03-3578-6687　URL：http://jclu.org/　Mail：jclu@jclu.org
（大阪・兵庫支部）
〒530-0047 大阪市北区西天満1-10-8　西天満 第11松屋ビル3F 堺筋共同法律事務所内
TEL：06-6364-3051　FAX：06-6364-3054
協会設立：1947.11.23　本紙創刊：1950.5.1　購読料：年間2,500円　郵便振替：00180-3-62718　発行人：二関辰郎
JCLU

人権新聞 Japan Civil Liberties Union
JCLU Newsletter
発行所 公益社団法人 自由人権協会 JCLU
〒105-0002 東京都港区愛宕1-6-7 愛宕山弁護士ビル306
TEL:03-3437-5466 FAX:03-3578-6687
URL:http://jclu.org/ Mail:jclu@jclu.org
協会設立:1947.11.23
本紙創刊:1950.5.1
購読料:年間2,500円

JCLU緊急企画

沖縄が問う『国』と『地方』との関係

――辺野古埋立承認取消の今後

2015年10月29日、緊急企画として、「沖縄が問う『国』と『地方』との関係～辺野古埋立承認取消の今後～」が開催されました。

同月13日、沖縄県の翁長知事は、国(防衛省沖縄防衛局長)が申請した、辺野古新基地建設のための公有水面埋立承認を取り消しました。これに対し、防衛省沖縄防衛局長は、行政不服審査法に基づき、国土交通大臣に対し、沖縄県知事の承認取消処分を取り消すよう審査請求を行い、また、その承認取消処分の執行停止を求めました。同月27日、国土交通大臣は、執行停止決定を出しました。

この辺野古埋立承認取消に関する問題は、JCLUにおいて、2015年の夏合宿以降、研究及び検討が行われてきており、同年10月13日、及び、同月27日には、この問題に関する声明を公表しました。そしてこのたび、この問題を改めて考えるべく、今回の企画が行われました。

(報告:JCLU監事・弁護士　藤原家康)

まず、「『新基地計画』と辺野古の今」と題して、沖縄タイムス東京支社報道部長の宮城栄作さんからお話がありました。辺野古埋立承認取消に関する問題に関する事実経緯をご説明頂きましたが、その中で、2015年10月26日、菅官房長官と、沖縄県名護市の3区(辺野古、久志、豊原)の各区長が、名護市を通さずに面談し、菅官房長官が区側への年間3000万円の支出を伝達したとのことで、名護市長は自治権への介入であるとしているとのお話がありました。

次に、JCLU評議員の秋山幹男さんから、辺野古埋立承認取消に関する問題の概要の説明がありました。

その後、成蹊大学法科大学院教授の武田真一郎さんから、辺野古埋立承認取消に関する法律問題に関するお話がありました。概要は以下の1から5のとおりです。

1.国は審査請求・執行停止の申立をすることはできない

審査請求及び執行停止の申立の根拠である行政不服審査法は「国民(私人)の権利利益の救済を図る」制度であり、辺野古埋立申請が私人の資格と国固有の資格のどちらで行われたかが問題となるが、「国固有」とは、個人的な利益ではなく公の利益のため、という意味であり、埋立はまさに公の利益のために「国固有」の資格で行われたものであって、埋立申請については審査請求及び執行停止が許されない。

国や自治体固有の資格で行われた行為は、特別の法律の規定がなければ争えない、とするのが、行政事件訴訟法6条の機関訴訟の規定の趣旨であり、本件の場合、「特別の法律」とは地方自治法であり、国は、埋立承認取消処分を争うのであれば同法に基づいて是正の指示をすべきである。

また、行政不服審査法4条1項の「行政庁の処分に不服がある者」とは、法律上の利益を侵害された者の意味であり、行政権の行使を妨げられた行政機関はこれに入らない。

これらを前提とすると、執行停止決定・審査請求の裁決は、無権限の行為として無効となる。

2.国は地方自治法に基づいて「是正の指示」をすべきである

地方自治法245条の7は、「各大臣は、その所管する法律について都道府県知事の法定受託事務の処理が法令に違反していると認めるときは、必要な指示をすることができる。」と規定している。

CONTENTS

左から、宮城栄作さん、武田真一郎さん、秋山幹男さん

また、同法245条の8は「各大臣は、その所管する法律について都道府県知事の法定受託事務の管理・執行が違法である場合には、他の方法によって是正することが困難であり、かつ、それを放置することが著しく公益を害することが明らかであるときは、違反の是正(承認取消しの取消しなど)を勧告することができる。さらに、違反の是正の指示、高等裁判所に義務付の訴えの提起、義務付判決を得たときは知事に代わって当該事項を行うこと(代執行)ができる。」と規定している。このように、代執行が認められる要件は「他の方法によって是正することが困難であり、かつ、それを放置することが著しく公益を害することが明らか」と厳格である。これは、代執行が自治体の自治権の侵害となる可能性があることによる。さらに、代執行は判決を得るまで行うことができず、判決前に執行停止を認める規定もない。前述のように本件の執行停止決定は違法・無効であるから、本件においては、少なくとも判決が出るまでは、国は埋立作業を中止すべきである。

代執行は国の資格に基づかなければできず、審査請求は私人の資格に基づかなければできない。これらを併用することは不合理である。

本件のような何の役にも立たないチェックシステムを「猫にカツオブシの番をさせるシステム」と呼んだ行政法学者がいるが、その人は、本件はそれどころか「泥棒に刑法を作らせるシステム」だと言っている。

3. 国の審査請求・執行停止申立に対しては、沖縄県は審査の申出をすべきである

地方自治法250条の13第1項は、都道府県知事は、国による権力的な関与(是正の指示を含む)に不服があるときは、国地方係争処理委員会に審査の申出をすることができる、と規定している。執行停止決定や取消裁決は権力的関与であり、審査の申出の対象となる。

同法245条3号の括弧書きは審査請求を除外しているが、除外されるのは適法な審査請求であり、本件のような不適法(違法)な審査請求は除外されず、審査の申出の対象となると解すべきである。

審査の申出に際し、即時の工事中止も申出事項に含める必要がある。

沖縄県は民事訴訟で工事の差止請求と工事中止の仮処分申請ができると解される。

4. 翁長知事の埋立承認取消しは適法である

知事の承認権限には取消権が含まれる。

検証委員会の報告書によれば、仲井真知事のした埋立承認は、判断過程に看過しがたい過誤欠落があり、裁量権の濫用により違法であると解される。

さらに世論の強い反対は現時点で承認の効力を維持することが公益に適合しないことを示しており、これは埋立承認の撤回事由となる。上記報告書は、遡及効を有する取消の前提で書かれているが、現時点での民意を前提とした、将来効を有する撤回を追加することもあり得る。

住民投票も一法である。なお、住民投票は、反対するためのものではないが、吉野川の河口堰は、住民投票での9割の反対で公共事業が止まった。

5. 最後に

新基地は、本当に辺野古になければならないのか。なお、アメリカは、沖縄に基地が必要とは言っていない。沖縄以外で基地の受け入れを前向きに検討している自治体があることも報道されている。

＊　＊　＊

このように、国が、法の趣旨を潜脱して法を利用し、自己に有利な、執行停止という結果を得ていることが、改めて確認されたと思います。昨今、安保法など、国が憲法に違反した立法等の行為を行うとされる事態が指摘されていますが、本件においては、国は法律さえ守っておらず、法治主義も危機に瀕しているという指摘がありますが、もっともであると思います。

緊急企画の後、2015年11月2日に、沖縄県は執行停止決定に対する審査の申出をしました。同月9日に、国は是正指示を行い、同月17日に代執行の訴訟を提起しました。

その後の同年12月24日、国地方係争処理委員会は、沖縄県の申出を、審査の対象に当たらないとして却下しました。武田さんは、沖縄タイムスでの評論で、委員会が「審査庁である国土交通大臣が国は審査請求や執行停止申立てができると判断したのであるから、その判断が一見明白に不合理でない限り、委員会がその判断を覆すことは予定されていない。本件では大臣の執行停止決定が一見明白に不合理とはいえないから、審査の対象にならない」として、申出を却下したが、委員会が国交大臣の判断を覆すことは予定されていないとすると、委員会はいったい何を判断することが予定されているだろうか、また、国が執行停止の申立ができないとすれば、国交大臣のした執行停止決定は無権限の行為として無効となるから、一見明白で重大な違法性があるかどうかは問題とならないはずである、とおっしゃっていますが、その通りであると考えます。

そして、同月25日、沖縄県は国を被告として、執行停止決定の取消を求める訴訟を提起しました。

このように、本件の動向は目まぐるしく変化していますが、法治主義や民主主義が全うされるべく、今後も注視していきたいと思います。

世界知る権利デーシンポジウム

「開かれた政府と表現の自由の今―情報の自由な流れを作る」の参加報告

報告：JCLU会員・弁護士　牧田潤一朗

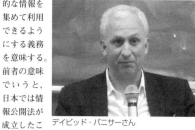

2015年10月6日18時30分より、専修大学神田校舎にて、開かれた政府を作るプロジェクト（自由人権協会、日本ペンクラブ、情報公開クリアリングハウスの共同プロジェクト）が主催する世界知る権利デーシンポジウム「開かれた政府と表現の自由の今―情報の自由な流れを作る」が開かれた。

世界知る権利デーとは、2002年9月28日に、世界中の情報公開に取り組むNPO・NGOが参加してFreedom of Information Advocate Network（FOIAnet）が設立されたことを記念し、以後毎年9月28日をInternational Right to Know Dayとしてお祝いしようと始まったものである。9月28日前後に世界中で知る権利を擁護し、促進するための様々な取り組みが行われる。このような取り組みを通じて情報公開が世界の流れであることを再確認し、参加者の具体的行動を促す重要な取り組みである。

この日の目玉は、国際NGO「Article19」のシニアリーガルカウンシルのデイビッド・バニサー氏の基調講演である。Article19は、表現の自由と情報の自由を擁護する活動を行うロンドンにあるNGOで、表現の自由の脅威に対する世界各地で、調査、発表、キャンペーン、アドボカシー活動などを行うとともに、透明性向上と市民参加強化のために情報公開法制の各国での制定、政府及び市民社会双方に制度制定のための支援を行っている。デイビッド・バニサー氏は、20年近く情報政策分野に取り組む弁護士であり、情報公開、表現の自由、メディア政策、公益通報者保護、通信のセキュリティ、プライバシーに関する著書、研究、記事がある。また、欧州評議会、欧州安全保障協力機構、国連開発計画、オープン・ソサイエティ・インスティテュートを含む多くの組織でアドバイザー、コンサルタントを務めている。

私（報告者）は、情報公開法改正が頓挫する中、特定秘密保護法が成立するなど、日本の情報公開が後退している状況で、何かしら日本の情報公開を進める手がかりがないか、長年この分野に関与してきた国際的な人物から示唆を得たいと思って参加した。

講演では、まず情報への権利や情報の自由について一般的な説明がされた。これは市民が理由を示すことなく政府から情報を得る権利のみならず、政府が公益的な情報を集めて利用できるようにする義務を意味する。前者の意味でいうと、日本では情報公開法が成立したことにより、一応の形はできたことになる。しかし、後で述べるように、それはとても不十分なものである。また、後者の意味だと、政府が積極的に情報を公表しているという様子は見られない。

デイビッド・バニサーさん

この後者の積極的な情報公表という意味で近年注目されている動きがオープンガバメントパートナーシップ（OGP）である。OGPは、2011年に、各国政府がより市民に開かれた説明責任を果たしうるよう国際的な枠組みを提供する目的で設立された各国（政府及び市民団体）の集まりで、ブラジル、インドネシア、メキシコ、ノルウェー、フィリピン、南アフリカ、英国、米国により設立され、現在は66カ国まで拡大している。日本は未加盟であるため、自由人権協会でもこれについては例会を開催して、日本の加盟を実現できるよう働きかけを始めている。

バニサー氏は、OGPの広がりについても説明し、そのメリットとしては、情報への権利に関する新たな法律制定や改善があること、市民社会同士がより広い分野で連携を取ることができること、政府と協力する公的な枠組みとなることなどを挙げたが、問題点として、政府に近いNGOだけが集められやすいこと、無関係であったり問題のある提案がなされたりすることがあること、技術的ツールに重きが置かれすぎていることを指摘した。問題点はありつつも、現在の日本の情報公開の後退状況を改善するためには非常に有意義な取り組みではないかと考える。

この後、話は各国の情報公開（自由）法の制定状況に移っていく。バニサー氏によると、現在世界100カ国を超える国々で情報自由法が制定されているということである。アジアの状況としては、世界の他の地域より遅い発展であり、香港が1995年、韓国が1996年、タイが1997年、日本が1999年、パキスタンが2002年、インド、台湾が2005年、キルギスが2006年、ネパールが2007年、中国が2008年、バングラディシュ、イラン、インドネシアが2009年、モンゴルが2011年、モルジブが2014年、アフガニスタンが2015年となっていることが紹介された。これまで情報公開というと欧米を中心に見ており、アジアという視点であまり考えてこなかったため、ここ10年ほどの間に多くのアジアの近隣国が情報自由法を制定していることは新鮮であった。今後はこれらの近隣諸国の動向も注視し、良いところがあれば日本に紹介していくことも必要ではないかと考える。

ここで、バニサー氏は日本の状況についての指摘を行った。日本は、早い段階で法律を作ったが、今まで改正が無かったため、他の国と比較して弱い法律の1つとなっている。具体的には情報公開を認めない例外規定が広すぎること、情報公開にかかる費用が高いこと、不服申立手段が脆弱であること（不服申立機関である情報公開・個人情報保護審査会の答申は行政への法的拘束力がない、裁判所の審理では裁判官が実際の対象文書を見られないことなど）、特定秘密保護法が制定されていること等である。

このような点は、私たちも問題視し、常に改正されるべきだと言っていることであるが、実際に外国の方から指摘を受け、しかも、世界的に見て弱い法律の1つであるとまで言われると、この問題に携わってきた者として大変恥ずかしい気持ちになる。どうして日本の裁判官は情報公開訴訟で対象文書が見られないのか私も説明ができない。2015年11月25日の毎日新聞には、バニサー氏のインタビュー記事が掲載されているが、そこでは、民主的だとは考えられていなかったインド、バングラディシュ、インドネシアなどでも政府から独立した情報の審査機関があり、調査や政府に助言する権限があることが紹介されている。それまで、日本には米国を参考にした情報公開法があり世界の他の国よりも進んでいるのではないかという気持ちが心のどこかにあったが、世界の法制度は進歩しており、現在の日本の法律は世界的に見て時代遅れであることが分かった。今の政府や裁判所に対して多くの期待はできないが、何か手を打っていかなければ、本当に日本は情報公開法ができる前の状態に戻ってしまうという危機感を持った。

バニサー氏の基調講演の後、日本からの報告として、日本ペンクラブより山田健太氏が講演し（時間の都合でかなり短い時間となってしまったが）、日本の強い力を持つマスメディアと権威ジャーナリズム（公的機関発表報道、東京中心主義）が存在してきたが、3．11の原発報道などから権威ジャーナリズムからの転換を迫られていること、開かれた政府の実現のためにも市民力を発揮して市民がマスメディアを叱り育て鍛えることなどが重要であることなどが指摘された。

澤泰臣さん

また、報道の現場からの話として、共同通信記者の澤泰臣氏からの講演もあった。その中では、これまでのマスメディアの特徴として、政府からの情報発信を中心に取材、報道をしてきたことが紹介された。しかし、市民がイニシアティブを持って仲間と物事を決める世の中に変えていくためには、報道は、市民をメインプレイヤーにするための報道、それは政府発表に頼るものではなく、市民が主役として参加できるだけの濃密な内容のある報道でなくてはならないという考えが示された。開かれた政府の実現に向けて、市民も自らが主役であるという自覚を持つ必要があり、それに応じて市民社会を流通する情報の内容も従来とは異なったものになるということに気づかされた。

最後に、情報公開クリアリングハウスの三木由希子氏より、これまで情報公開法が活用された事例が紹介された。現在の情報公開法は不十分な法律であるとの指摘は受けたものの、制定後一定の成果を上げている実例が報告されたことで、その意義を再度確認することができた。しかし、まだ情報公開件数は多くない。

三木由希子さん

もっと活用する必要があり、活用する人が増えれば、これを改正しなければならないという声ももっと大きくなるだろうと思う。

今回のシンポジウムでは、開かれた政府をどのように実現していくかということを多角的な視点で考えることができ、大変有意義であった。今後も開かれた政府を実現するための議論を進めて行きたいと思う。

開かれた政府を作る世界の取組み

—Open Government Partnership Global Summitメキシコ大会に参加して

NPO法人情報公開クリアリングハウス理事長 三木由希子

OGPとは何か

2011年9月にスタートしたOpen Government Partnership(以下、OGP)は、2015年末現在で69か国が参加する開かれた政府を推進する国際的枠組みになった(なお、日本はまだ参加していない)。

OGPは、各国政府が自発的に参加し、開かれた政府を推進するための国内改革のアクションプランを市民参加で策定、国際公約化することになる。また、その実施・モニタリングも市民参加で行い、国際社会にも公開、独立した専門家による評価も受けることになる。

枠組みとしては政府が参加するものであるが、官民が平等の資格で参加をするという考え方のもと、OGPの運営委員会は政府と市民社会組織から半数ずつ選出されている。2年に1回、官民双方から参加者を集めたグローバルサミットが行われ、2015年はメキシコシティで開催された。筆者は、10月27～29日に開催されたサミットに自由人権協会からの支援により参加する機会を得たので、概要を報告したい。

並行して休みなく行われる10以上のセッション

メキシコシティで開催されたグローバルサミットは、94か国から約1,000人の参加者を集めた。OGPの特徴は、開かれた政府について市民社会とともに取り組むという、各国の首脳による意思表明を前提に進められてきたことと、官民が同じテーブルについて話し合う公式のプラットフォームであるということだ。グローバルサミットはそれを象徴する場でもあり、ホスト国のメキシコをはじめとする各国の閣僚、政府関係者、国会議員、市民社会組織の代表者が参加しており、開会式にはメキシコ大統領も参加した。

グローバルサミットでは、1時間のセッションが10以上、並行して休みなく行われた。OGPには、財政の公開性、立法の公開性、情報へのアクセス、オープンデータ、自然資源における公開性の5つのワーキンググループがあり、これらのテーマを中心に様々なセッションが組み立てられている。

例えば、オープンデータがどのように社会や政府を変革していくのか、オープンデータとプライバシーの関係などがテーマになる。また、筆者は情報公開制度に関心を持っているが、警察の情報公開を4か国比較した調査を基にしたセッション、ロビー活動と議会の情報公開、契約情報の公開など具体的な課題に関するセッションがあった。1時間という時間であるため、各国での官民双方の実践の報告やこれから取り組むべき課題の共有ということが中心だ。そのため、一つのテーマを深く掘り下げる、知見を共有するというよりも、参加者がヒントを得る場であるとともに、先進的な実践をしている人々と知り合う場といった方がよい。

市民社会デーの全大会の全景

「政府の転換」を目指すOPGとその限界

グローバルサミットで繰り返し耳にしたメッセージは、政府のあり方を公開と参加を前提としたものに転換していくということだ。政府と市民の関係や政府の質を変えていこうという、ある意味野心的な取り組みでもある。最近では、ジョージア、スリランカの変革や取り組みが注目され、政権交代などを契機に転換を迎えている国もある。

一方で、OGP参加国のアゼルバイジャンでは、市民社会組織に対する弾圧で長期刑になった活動家がいる。また、メキシコや南米各国、インドなどは中央政府のOGPの取組みとは裏腹に、地方政府の腐敗が激しく、また、人権活動家や民主活動家などが殺害されるなど、状況は厳しい。OGPでは国レベルの取組みだけでなく、最近では地方政府に焦点を当てた取り組みを始めた。開かれた政府という前向きな掛け声とは裏腹に、現実は矛盾に満ちていることも事実だ。そのことを受け止めつつ、それでも政府のあり方を変えていこうとする官民が集まるOGPとそのグローバルサミットは、物事はすぐにすべては変わらないが、変えるための努力をあきらめずにすることが必要であることを改めて確認する場でもあったと思っている。

例会報告

12月例会

ホリエモンがモノ申す　これでいいのか刑事司法

本例会(2015年12月2日、中央大学駿河台記念館にて実施)では、いわゆるライブドア事件で実刑判決を受け、自ら服役を体験した堀江貴文氏(SNS株式会社ファウンダー)をお招きして、刑務所内の実情や刑事司法の在り方について本音で語って頂いた。

前半は、堀江氏のご自身の服役体験からの問題提起を中心にお話頂き、後半は武藤久資理事を聞き手に刑事司法関連改革法案を中心に対談を実施した。

(報告:JCLU会員・弁護士　中村亮)

1　刑務所内での体験の出版

私は、刑務所に入ると決まったとき、収監される前にできる限り刑務所のルールを正確に把握して、極力、不当な制限を受けないで獄中生活を送りたいと思っていた。刑務所への服役が決まるまでは、刑務所は暴力団関係者等が収監されている等の暗いイメージしかなく、特殊な場所でしかなかった。そこで、刑務所に詳しいとされる弁護士を紹介してもらい話を聞いてみたが、古い知識しか持ち合わせておらず、インターネットでも情報を得ることができなかった。例えば、書籍の差し入れは、現状の運用では60リットルの容器に収められる限りは何冊でも差し入れできるが、収監前にはそうした知識を得ることができなかった。また、既存の獄中記の内容も私の実体験とはズレがあった。

そのため、「刑務所なう」「刑務所なう2」及び「刑務所わず」を出版し、刑務所生活の実態を公表することとした。これらの書籍を読めば、刑務所内での生活実態はだいたい分かるはずである。

2　受刑者の更生の観点から現在の刑務所のあり方への疑問

私が収容された刑務所は、初犯または前科の少ない受刑者が入るA分類とされるところであり、これから話す内容もA分類の刑務所や受刑者の実態であることをことわっておく。

受刑者の犯した犯罪でいうと、薬物事犯、性犯罪、道路交通法違反が多かった。まず、薬物事犯はほとんどが覚せい剤関係であり、ただ、禁断症状が出ている受刑者は覚せい剤事犯の受刑者全体の1割程度で、残り9割は通常人といえる状態だった。その中に、釈放前の研修用工場で知り合った受刑者がいて彼はとても真面目で刑務所内でエリートとされるI類にランク付けされていた。しかし、出所後、ほどなく、覚せい剤使用の再犯で捕まってしまった。

次に性犯罪の受刑者で知り合った人の中に、刑務所内で模範囚として過ごせていた人も、性犯罪の意欲を抑えられない旨の話をしており、再犯の恐れが高い。再犯防止を徹底したければ、このような性犯罪での受刑者には出所後にGPSを身に着けることを義務づける方法もやむを得ない。道路交通法違反での受刑者もアルコール中毒にも拘わらず飲酒運転をしてしまうなどアルコールへの依存性が強く、出所後の再犯の恐れは否定できない。

また、財産犯については、生活に困窮した高齢者による万引き事案が多く、刑務所から出所しても生活困窮から脱せられるわけでなく、やはり、再犯の懸念が強い。

このように、刑務所内で他の受刑者を観て実感したことは、刑務所で過ごす時間は受刑者の更生につながるものでなく、収容する意味がないということだ。再犯防止のためには、刑務所への収容ではなく、犯罪の原因を除去するための更生プログラムをきちんと構築する必要がある。

そもそも、罪を犯した人の刑務所への収容はむしろ弊害が大きい。刑務所内での懲役の作業は、たとえば木彫りの人形を制作する作業があったが、このようなことが、社会に出てから役に立つとは思えない。また、受刑者が差別的にみられている現実があり、私自身も前科があるという理由だけで、ビジネスマンらが集うある会員制クラブを除名になっている。そこで、受刑者には、社会の差別にさらされにくい仕事に就けるようなサポートが必要

堀江貴文さん

である。スマートフォンのアプリを作る業務や小規模農業など、あまり人とのコミュニケーションを必要とせず、前科があるということで差別にさらされることがない仕事の技能を身に着けられるようにすべきである。

現状の刑務所ではこうした仕事の技能を受刑者に習得させることは期待できず、民間の社会復帰支援センターを活用して、社会実験をした方がよい。

3　現状の刑事司法に対する危惧

今の刑事司法の一番の問題点は、検察官が法曹三者で最も強い権力を持っていることである。起訴便宜主義を通じた運用で実質的な司法取引が可能であり、起訴するかどうかの段階で被疑者を事実上、無罪放免にするか起訴にするかの権限を検察官が握っている。加えて、裁判所では刑事と民事で担当裁判官が分かれ、一度、刑事裁判官になるとずっと刑事裁判しか担当しないうえ、裁判官と検察官の人事交流も行われている。そのため、検察官が起訴したという判断を裁判官が尊重する傾向が強く、有罪判決を言い渡すことに慣れてしまい、判断が難しい事件で無罪判決を言い渡しにくい雰囲気が醸成されてしまっている。そして、検察官と裁判官が事実上、一体となって、否認している被疑者・被告人の身柄拘束を継続する判断をする傾向が極めて強く、冤罪の温床となっている。いわゆる人質司法であり、これをなくすための法改正は必須だが、強い権力のある検察庁の抵抗が強く実現できなかった。

裁判所の人事も現状では年功序列でなされ、特に高等裁判所の裁判長はほとんど定年が近い極めて保守的な人物が多く、無罪判決の言い渡しはほとんど皆無といってよい。つまり、検察官が起訴した事件については、原則として有罪になってしまう現実があり、検察官の起訴不起訴の判断が実質的に有罪無罪の判断となってしまっている。裁判官の人事を能力主義にしたり、裁判官自体を任期制にして人の入れ替えを強制して組織をリフレッシュするなどの改革が必要だと思う。

さらに検察庁の特別捜査部が担当する事件になれば、検察による独自捜査から起訴、そして、有罪判決まで、実質的に特別捜査部の検事の判断だけで行うことができる。ちょっとした会社の経費の使い込みなどは誰にでもあり得ることで、このような細かい法令違反を捉えて特別捜査部が狙いを定めて捜査を開始すれば、誰でも有罪判決を受けてしまう恐れがある。そのうえ、特別捜査部が立件した事件をきっかけに、例えば、金融商品取引法違反の法定刑が5年から10年になるなど、立法による厳罰化も可能となっている。

今の刑事司法の運用では検察庁の上層部が特定人に狙いを定めて立件してしまうと、それが仮に冤罪だったとしても有罪判決まで至ってしまうのを防ぐことが難しく、国民は誰でも冤罪の危険にさらされている。

4　刑事司法改革について

現在、国会審議が継続中の刑事司法改革関連法案は、検察権力の焼け太りになってしまった。法案のもとになっている審議会の有識者を法務官僚が選んでいるので、検察官に都合のいい法案になってしまうのは当然の結果ではないかと思う。検察官の強い権力は戦前から続いており、終戦直後のGHQとの取引で特別高等警察を廃止する代わりに、検察官の権力は維持されてきた背景がある。

今般の刑事司法改革関連法案で唯一成果といえるのは証拠一覧表の開示くらいであろう。ただ、これも例外があり、実際の運用で例外のはずが原則的になってしまう恐れが高い。現に、刑事収容施設における面会は法律の規定では、原則として自由だが、現実には制限的な運用となっており、既決の被収容者についてはその家族しか面会できない。

＊　＊　＊

最後に、本例会参加者で、受刑中の堀江氏の仮釈放に尽力された古畑恒雄弁護士から同弁護士が理事長を務める更生保護法人に対して堀江氏が継続的に寄付を行っていることの紹介と謝辞があり、堀江氏は「犯罪を犯してしまった人々の更生に少しでも役に立てれば」との思いを述べられた。

奥平康弘先生を偲びご遺志を受け継ぐ会

2015年12月17日、中央大学駿河台記念館にて、同年1月に逝去された奥平康弘先生を偲び、そのご遺志を受け継いでいくために、先生にゆかりのある成澤孝人さん、斉藤小百合さんに憲法第9条と宗教の自由という二つのテーマでお話しいただきました。

（報告：ニュースレター編集部）

日本共和国の物語～奥平康弘における9条

信州大学教授　成澤 孝人

1.奥平先生と共和主義

今回は、奥平先生は実は共和主義者だったのではないかというお話をさせていただきます。ここでいう共和主義は、政治的自由の保障による熟議、法の支配、権力分立、実質的平等、自律、政治的な徳、ポピュリズムに対する否定的評価を要素とするものであって、市民による自治の思想を意味するものです。

奥平先生の著作を見ると、例えば1959年の「本来的な市民的公安」は、市民警察を重視する点で共和主義と親和的ですし、『知る権利』において強調されている情報公開制度の意義も、市民による自治の思想を前提とするものです。『ヒラヒラ文化批判』や『いかそう日本国憲法』などの著作には、ポピュリズムに対して一歩引いた考え方が示されています。『憲法裁判の可能性』に示されている司法に対するアンビバレントな評価も、司法に対する全面的な信頼を置かない点で、非常に共和主義的です。先生の名著の一つとして『憲法Ⅲ』がありますが、ここで先生は「よき統治」という言葉を用いられており、これも共和主義的なものです。

2.奥平憲法学と9条

奥平先生が共和主義的であることは憲法9条の研究にもはっきりとあらわれています。

憲法9条は、奥平先生の研究領域の中心というわけではありませんでした。しかし、先生の研究の始まりは戦前の言論統制研究、すなわち旧憲法の軍事独裁的なメカニズムを解明するところにありました。先生は戦前の軍国主義の研究を行われているうち、その反省から生まれた憲法9条に関しても当初から頭に置かれていたのだと思います。

奥平先生は、憲法を「世代を超えた共同作業としての未完のプロジェクト」と表現しています。これは、日本国憲法には追求に値する理念があり、これを実現するために関与するだけの価値があるという認識が前提となっています。憲法9条に限定していえば、平和主義が日本国憲法における追及に値する理念に当たります。

成澤孝人さん

先生の表現を見れば、先生は日本国憲法を「善き憲法」として、その価値の実現のため積極的にコミットしていくべきものだと考えていたのだと思います。

また、憲法は国民の「世代を超え」て引き継がれるものであるという点で、先生が国民の縦のつながりを重視していたことにも注目すべきです。ここでいう国民は、前の世代から憲法を受け取っており、憲法をさらに善き物語に仕立てて、次の世代に渡す責務を負っているのであって、憲法に積極的にコミットしていく存在として捉えられています。このような国民は、「集団的凡庸」に陥っている普通の市民ではなく、日本国憲法に具体的にコミットしている市民です。先生のこのような国民像を前提とすれば、先生の考え方は共和主義以外の何物でもないのではないでしょうか。

3.憲法物語を引き継ぐ責任

安倍政権下において推し進められてきた集団的自衛権コンセプトは、9条の精神と真っ向から反するものです。先生は安倍政権が繰り返し主張している「積極的平和主義」という概念に対しても、激しい憤りを表明していました。

9条の精神が破壊されることに対する先生の懐疑・危惧を杞憂とするために、安倍解釈改憲に抵抗することは、日本国憲法の物語に参加しようとする者の責務であると思います。

時計の針を戻すためには、まず来年夏の衆参同日選挙で勝利することを目指すことが考えられます。これにより国会による違憲状態の解消を図ることができますが、他方で選挙に敗北した際には安倍改憲に対抗する人々へ大きなダメージを与えるおそれもあります。

もう一つの方法は違憲訴訟です。法律家からすれば、法のコンセプトを蹂躙する事態が生じているのですから、やるだけの価値はあります。

結局のところ、次の世代のために、愚直に憲法9条の理念を説き、新安保法制の違憲を主張し続けるしかないと思います。同時に、憲法の精神を取り出して、未来の日本社会のあるべき善き構想として9条を提示していくことが必要ではないでしょうか。

「宗教の自由の系譜」から、およそ20年～今、わたしたちはどこに

恵泉女学園大学教授　斉藤 小百合

1.はじめに

私からは精神的自由、とくに宗教の自由に関するお話をさせていただきます。

奥平先生と「宗教と自由の系譜」（時の法令1522号39頁（1996））という連載を一緒に担当させていただいたことがあります。連載が始まった1996年は、津地鎮祭事件をはじめとする政教分離原則関係訴訟が頻発していた時期でもあります。奥平先生はこのような政教分離訴訟を「靖国神社的なるもの」であると評価され、『憲法50年』にとって、ある意味で不幸なこと」としています。つまり、靖国神社的な政教分離原則関係訴訟にかまけている間に、宗教の自由にとって第一義的に重要な諸個人の信教の自由に関する議論が精密化されなかった、その結果、「変な憲法論」がまかり通ることになってしまった、というのです。

「変な憲法論」の内容はおおまかに二つあります。一つは、エホバの証人剣道受講拒否事件に代表されるような、宗教上の信仰を理由とする特別扱いは政教分離原則に反し許されない、という考え方です。もう一つは、信仰を理由とする特別扱いのため、個人の信仰を調査することは、公教育上の宗教の中立性を損なう、という考え方です。政教分離原則は、本来信教の自由を守るための制度的保障なのであって、信教の自由を認めないために政教分離を持ち出すこのような考え方は本末転倒なのだ、と指摘されています。

そのうえで、変な憲法論がまかり通ってしまう画一的な日本社会に、宗教の不寛容が醸成されていくことの危惧も示されています。

私は、奥平先生と一緒に連載を書いたことをきっかけに、公共空間においてどのように宗教を憲法上位置付けていくかについても、興味関心を持ち続けてきました。その材料として、本日は3つの書籍をご紹介したいと思います。

1.テリー・イーグルトン『宗教とは何か』（2010）

リチャード・ドーキンスやクリストファー・ヒッチンスなど、徹底した科学主義者らが公共的な議論から宗教的なるものを排除してしまうことに対し、いかに反駁するかを議論したものです。

イーグルトンは、原書のキリスト教がどのようなものであったのかを示したうえで、宗教を単なる迷信とみるべきではなく、人間の解放に関する価値ある洞察の源泉と位置づけています。他方で、リベラリズムの側にも考察を加えており、かつては解放という物語を力強く示すものであったにもかかわらず、堕落してしまった現状を指摘しています。宗教の全否定に反駁するものであり、またリベラリズムそのものに対しても丁寧な検討を加えており、非常に興味深い書籍だと思います。

斉藤小百合さん

2.タラル・アサド『自爆テロ』（2008）

本書は、西欧のリベラル・デモクラシー社会はなぜこれほどまでに自爆テロに戦慄するかを説くものです。アサドは、リベラル社会において自爆テロのもたらす影響を論じたうえで、リベラル社会でもヒューマニズムの名のもとに非人道的行為は正当化されうることを明らかにします。そのうえで、テロリズムという理解困難なものに直面したとき、二項対立的思考によって表面的に解決を図るのか、それとも真の意味で粘り強く交渉できるのかが問われることになるとしています。

3.宮田光雄『私の聖書物語』（2014）

奥平先生から最後に頂戴した本です。なぜ奥平先生がこの本を選ばれたのか、お尋ねすることは結局できませんでした。おそらく先生は本書が筆者の信仰告白を内容としていた点に惹かれたのではないかと思います。本書は、信仰を「未来に対する希望のゆえに、世界の現実をそのあるがままにリアルに見る勇気と力とを持ち続けることができる」ものとして、信仰に誠実な人間性と真の世俗性を見出すものです。こうした信仰の捉え方を踏まえながら、奥平先生と公共空間における宗教を考え直すことができたらと考えていましたが、結局果たすことができず、非常に残念です。

第22回　久保田メモリアルシンポジウム

障害のある女性の複合差別と人権条約

2015年12月19日、「障害のある女性の複合差別と人権条約」と題して、第22回久保田メモリアルシンポジウムを専修大学神田キャンパスで開催しました。日本政府は2014年に国連の障害者権利条約を批准し、国内法の整備が進められています。障害者権利条約は、障害のある女性に対する複合差別への取組を国に求めています。日本では障害のある女性の複合差別についての認識は十分とは言えません。

本シンポジウムは、出口かおりさん（弁護士、会員）をモデレーターに、はじめに4人のパネリスト（DPI女性障害者ネットワークの臼井久実子さん、法務省人権擁護局長の岡村和美さん、大阪大学名誉教授で障害者政策委員会差別禁止部会部会長を務めた棟居快行さん、現在女性差別撤廃委員会委員長であり、会員で弁護士の林陽子さん）からそれぞれの自己紹介を兼ねて、問題提起をしていただきました。後半は、フロアからの質疑・意見なども交えながら、引き続き活発なディスカッションが行われました。

（報告：JCLU理事　斉藤小百合）

臼井久実子さん（DPI女性障害者ネットワーク）の問題提起

障害のある女性は、障害に基づく差別と女性ゆえの差別が複合した「掛け算的」な差別にさらされている。単一の差別だけに注目すると他の差別が見えなくなり複雑な問題を解きほぐすことができない。複合差別という固有の差別と捉えて取り組むことが不可欠である。性的マイノリティ、出自、国籍など、複合的な差別をうけている状況を丁寧に見ていくことが重要であろう。こうした複合的な差別の実態が「複合差別実態調査」のアンケートと聴き取りによって見えてきた（『障害のある女性の生活の困難―複合差別実態調査報告書』2012年）。障害者基本法改正にむけて障害女性の複合差別について条文化するよう求めたが、その際、「立法事実」としてデータを求められ、先へ進まなかったことから、実施した調査である。

調査結果をもとに、障害女性の複合的差別を解消しなければならないことを法律・計画・方針等に明記するように働きかけてきた。国連勧告も受けて「第3次男女共同参画基本計画（2010年）」に記述され、内閣府障がい者制度改革推進会議の議論と意見まとめを経て、「第3次障害者基本計画（2013年）」に反映され、障害者差別解消法の附帯決議および基本方針にも、障害のある女性の複合的な困難への留意が書かれた。しかし、法律自体に「性別」以上の記述はまだない。

国際的には、国連の人権条約の日本政府報告審査に合わせて、課題リストやレポートを提出してきた。女性差別撤廃委員会の準備審査（2015年7月）では、委員の面前で、直接、当事者女性らが意見陳述したことが、委員会から政府への質問項目にも反映されるなど大きな成果があった。

障害のある女性の存在をメインストリーム化していくために必要なことは、まず障害者権利条約第6条にならって法律に明確に位置付けることである。条約草案が起草された当初は6条の規定はなかったが、韓国などの女性たちが熱心なロビー活動をしたことで、条文に盛り込まれた。PDCAサイクルにのせていくこと、さらに、「女性」「障害者」の区分や分野の垣根を越えて、相互に乗り入れることが重要であるが、その壁となっているのが省庁の縦割りである。従来、障害のある女性は可視化されておらず、数に入れられていなかったが、障害のある女性の問題は、すべての人の課題でもある。いろいろな形で障害のある女性が機会を得ることが、エンパワメントになる。

岡村和美さん（法務省人権擁護局長）のお話

法務省と全国人権擁護委員会連合会では、人権尊重思想の普及と高揚を図るための啓発活動の一環として、1981年度から「全国中学生人権作文コンテスト」を実施してきた。このコンテストに寄せられる作品には障害にかかわるテーマも多い。

法務省人権擁護局では、全国の法務局で、人権相談な

左が臼井久実子さん、右が岡村和美さん

ど暮らしにかかわって日本の人権状況をよくすることが仕事であるが、人権相談は1年に約25万件にも上る。これらのうち、1年で約2万件を「立件」しており、さらにその1割の約2000件が霞が関に報告され、法務省でも個別の救済作業にあたっている。実際の相談の多さに比べて救済できる事例が少なく、無力感を感じることも多い。しかし、当事者の方から、人権擁護活動により救われた、という声をいただくことで、なんとか続けている。

事例の中から、うかがい知れるのは、立場が弱い障害を持つ女性の「声の上げにくさ」とそれに乗じて深刻な違法行為が可視化されずに不問に付されるという極めて残念な事例の多さである。周りが気付くこと、救済のための仕組みを整えることが重要だ。「啓発活動」もその一環である。息の長い活動をしていくほかない。国の側の施策だけでは不十分であり、市民の協力が欠かせない。

棟居快行さん（大阪大学名誉教授、元障害者政策委員会差別禁止部会部会長）のお話

障害者政策委員会差別禁止部会でおよそ2年、この課題に関わり、障害者差別という問題の広がりを知ることとなった。障害のある人の問題というだけではなく、障害のない人の問題でもあるということに向き合った。なかでも、見落とされがちな問題のひとつが、障害女性という「複合差別」であり、これはリトマス試験紙のようなものである。また、「足し算」ではなく、「掛け算」であるということが、「複合差別」の深刻さの特徴だ。それだけ差別解消の手段、方法、プロセスが困難になる。

問題が複雑であるというだけでなく、問題への対処もまた複雑となる。「たらいまわし」となり、役所が「手を出さない」問題となりやすい。自分の仕事ではない、相手方の仕事である、と押し付けあい、結果的に、どこでも扱われることがない。「消極的権限争い」に陥りがちである。そうして「救済の谷間」に陥り、一番大事な問題が放置されてしまうという構図である。要するに、問題を性差別の禁止と受給権の平等と切り分けると、「福祉立法のワナ」、「救済の谷間」が待ち構えている。

左が棟居快行さん、右が林陽子さん

そこで、障害者差別の課題は、福祉政策ではなくて、障害者の自由と自己決定権の取り戻しという課題であり、社会参加の機会の実質的平等の回復と捉えるべきである。差別禁止は福祉ではなく、自由権的権利の問題である。しかし、実際には、差別禁止に際しても、国の裁量が大きいという「福祉立法のワナ」が待ち構える。

では、どうやって「複合差別」を解消するか。そもそも福祉の問題ではなく、自由の問題であるから、福祉だから、国の政策の問題として、国が勝手に決めていいのだ、という認識を改める。複合差別をうける障害女性を独自の「壊れやすい存在」として認識する必要がある。しかし、従来の福祉型施策は「モノ扱い」になりやすい。さらに、「モノ」扱いだけでなく、「支配従属関係」を孕みやすいことにも留意しなければならない。処方箋として、考えられるのは、障害女性の社会参加を「女性の連帯」によって実現する方向が望ましいのではないだろうか。障害女性への差別は女性差別の問題である。それゆえ、障害女性の差別を解消するためには「女性の連帯」が不可欠である。

林陽子さん（弁護士、JCLU会員、女性差別撤廃委員会委員長）のお話

私自身は久保田洋氏に直接、お会いすることは叶わなかった。久保田氏が国連職員になったのが、1981年。当時、ほとんど、NGOが国連等で人権アドボカシー活動等をすること自体が周知されていない時代だった。JCLUの国連人権活動へのかかわりも久保田氏によって大きく進められることになった。

女性差別撤廃委員会（CEDAW）とは、1979年に採択された女性差別撤廃条約に基づき、条約に基づく履行監視機関として設置されている機関である。委員会の主な任務は国家報告書の審査や個人通報・調査制度の審査、一般勧告の策定である。個人通報の申し立ては100件を超えたが、日本は選択議定書を批准していないので、日本の案件はない。

女性差別撤廃条約自体には、直接的には「障害のある女性」についての条文はないが、2010年の一般勧告28号で言及された。次回の日本報告書審査は2月に行われ、日本政府の報告書が提出されたが、委員会からの事前質問票（障害のある女性に関する4つの質問を含む）に対する日本政府からの回答は、期限を過ぎているが、未提出である（2015年12月現在）。2015年は、北京女性会議から20年。3月にニューヨークで開かれたNGOの集まりで、フェミニスト研究者のシャーロット・バンチ氏が、この20年の一番大きな成果は複合差別の問題に多くの人が気づいたこと、これは「連帯」の問題ではなく、「わたしたちの問題」として捉えるべきだ、と語り、私も同感であった。

例会報告

京都例会

同志社総長大谷實氏の講演の報告

2015年10月26日、京都商工会議所において、同志社総長の大谷實氏に「個人主義と人権問題」と題してご講演いただきました。

今回、大谷氏に講演をお願いしたのは、2015年3月20日の同志社大学卒業式における大谷総長の祝辞が話題になったからです（この祝辞は、学校法人同志社のオフィシャルサイトの総長スピーチ集の中に掲載されています）。安保情勢や憲法改正といった個人主義を蔑ろにするような空気が漂う中、個人主義とは何か人権とは何かについて考えるため、大谷氏にご講演いただきました。

大谷氏は、人権の根拠は憲法に求められるのであって、人間であることから当然に人権を有するものではない、と話されました。罪刑法定主義を重視する刑法学者らしいお考えだと思います。そして大谷氏は、日本国憲法は個人主義の原理に根ざしており、個人主義とは全体主義・国家主義の正反対であると説かれました。大谷氏のお話を聞き、自民党が目指す憲法改正は人権の根拠を失わせる暴挙だと、再認識しました。

（報告：自由人権協会京都事務局長　野崎隆史）

社会の進展、科学の発展、グローバル化にともない、現代の人権問題は多様化、複雑化している。近時は、性的マイノリティーの人権、忘れられる権利等の新しい人権も主張されている。法務省の外郭団体である公益財団法人人権教育啓発推進センターは、新しい人権として13種類を挙げている。本日は、新しい人権に関する問題を解決するための方策を考えていきたい。

新しい人権を検討するに際しては、何よりもまず、日本国憲法の人権規定を前提に考える必要がある。

この点、憲法の教科書には、人権とは、人間がただ人間であることに基づいて当然に有する権利であると説明されている。つまり、人が人権を有する根拠は、人間であることである、と説明されている。しかし、このような、人権は天（神様）がくれたものであるという天賦人権説と呼ばれる説明は、日本人には理解しにくい。

私は、人権を法的な権利としている根拠は、日本国憲法であると考えている。神様が人に与えた権利（天賦人権）ではなくて、日本国憲法が作ったのが基本的人権であると考えている。

そして私は、すべての人権の根拠は憲法13条にあると考えている。憲法13条前段は、「すべて国民は個人として尊重される」と規定した。簡単な言葉だが、ここには日本の国の形を決める原理が込められている。「個人として尊重される」との規定は、帝国憲法下における全体主義、天皇主義を根底から覆し、これとは正反対の個人主義を宣言したものである。

憲法学者である宮澤俊義博士は、「『個人として尊重される』とは、個人主義の原理を表明したものである。個人主義とは、人間社会における価値の根源が個人にあるものとして、何にも勝って個人を尊重しようとする原理をいう。ここに個人とは、人間一般とか人間性とかの抽象的な人間ではなく、具体的な生きた一人一人の人間をいう。個人主義は、一方において、他人の犠牲において自己の利益を主張しようとする利己主義に反対し、他方において、全体のためと称して個人を犠牲にしようとする全体主義を否定し、すべての人間を自主的な人格として平等に尊重しようとする原理である。」という趣旨の説明をしておられる。

同志社の創始者である新島襄は、1885年に、「諸君よ、人一人は大切なり、一人は大切なり。」と述べている。この新島襄の言葉こそ、個人主義を最も適切に表現している。

70年前に終わった悲惨な戦争の原因は、国家主義・全体主義であった。日本は、これを真摯に反省し、政府の行為によって再び戦争の惨禍が起こることのないように決意し、国家主義・全体主義を180度方向転換し、「すべて国民は個人として尊重される」とした。個人主義こそ、日本国の価値の根源なのである。

最近の安保情勢によって、憲法9条の平和主義が脚光を浴びたが、憲法9条の平和主義も個人主義に由来する。

私は、人権の根拠は、日本国憲法の定める個人主義にあると断言したい。

憲法制定当時、個人主義は大きな期待をもって、多くの国民に歓迎された。しばらくは、新聞などでも、個人主義がずいぶんともてはやされた。ところが、経済を最優先する社会にとっては、個人主義はいささか邪魔になってきて、個人個人の生活よりも国や社会を豊かにすることが重視され、個人主義は社会から軽視され、敵視されるようになった。

戦後の日本人は、日本国憲法が宣言した個人主義、人権主義、民主主義、平和主義を軸とした新しい国を作ることを夢見て、国民の一人一人が主権者として、自主自立の精神で主体的に生きようと考えたのに、それが現在では憲法の理念が捨て去られようとしている、とい

う危機感を私は持っている。

個人主義について付け加えると、個人は、どのような行動をしても原則として自由であって、公共の福祉に反しないかぎり、国は個人の行動に干渉しないことを意味している。つまり、個人主義とは、個人の利益よりも国の利益を優先してはならない、個人の生き方を国が保障するという考え方である。一人一人を何よりも大切にし、他人に迷惑をかけない限りは、お互いの人生を最大限尊重しなければならない、という考え方である。

自民党は、憲法改正の準備作業として、憲法改正草案を公表した。その案では、憲法13条の「個人として尊重される」との規定を「人として尊重される」と改訂している。個人主義が利己主義に通じるという意味で、「個人」という言葉を外した、と説明されている。しかし、「個人」という言葉を外してしまえば、日本国憲法によってはっきりと否定された国家主義・全体主義に再び戻るのではないかと心配である。

憲法13条後段は幸福追求権を保障している。憲法14条以下に規定されている個別の人権は、国家権力によってしばしば侵害されてきた人権を選んで明文規定を置いたものであり、個々の人権規定のない人権についても、憲法は幸福追求権として保障している。だから、新しい人権の問題を考えるにあたっては、幸福追求権を研究する必要がある。

生きとし生けるものは全て幸福を求めて生きると言われるように、幸福追求は、人の根源的欲求である。「幸福論」の著者カール・ヒルティは、「人が意識に目覚めた最初のときからその終わりに至るまで、最も熱心に追求してやまないものは、実に、ただ幸福の感情だけである。そして、この地上においては、もはや幸福になれないと確信するに至った瞬間こそは、彼が経験する最も悲しい瞬間である。幸福は、あらゆる学問、努力、あらゆる国家的活動の究極の基礎であり、幸福こそは、実に、人間生活の目標であり、幸福の追求のように万人に共通のものはほかにない」と断言している。

幸福の追求こそ、個人にとって最も大切にされるべきものなのである。

そうであるならば、個人主義の下で人権として保障すべきものは、幸福追求権である。端的に言えば、人権の中身は、幸福追求権である。私は、「人権とは、幸福追求権である」と定義できると考えている。

幸福追求権として保障されるべき新しい人権の内容について、憲法の教科書では、「個人の人格的生存に不可欠な利益」とか、「人格的自立権」と説明されている。私は、より分かりやすく、「社会一般の人々が人間らしい生活をするために必要な利益」と説明するのが良いと思う。

これまでに幸福追求権を根拠とする新しい人権として、環境権、日照権、嫌煙権、平和的生存権などが主張されてきたが、最高裁はプライバシー権を除いて新しい

大谷實さん

人権を認めていない。このことから、最高裁は新しい人権を認めることに厳しい態度で臨んでいると言われる。私は、それはある意味で当然だと思っている。新しい人権として認めるかどうかを裁判所だけで判断すると、主観的ないし恣意的な判断に陥りがちだからである。

しかし、新しい人権としてプライバシー権しか認めないのは正しくない。人間らしい生き方が破綻しているのに、これを放置することは許されないからである。そこで、裁判所による解決以外の解決を目指すべきである。もっとも判りやすいのは、憲法を改正して、明文規定を置くことである。しかし、憲法改正を待っていたのでは、結局、人間らしく生きていけない人を放置することになってしまう。そこで、法律、条例、行政による通達等による解決を図るべきである。

たとえば、2009年制定の犯罪被害者等基本法は「すべて犯罪被害者等は、個人の尊厳が重んぜられ、その尊厳にふさわしい処遇を保障される権利を有する」と規定し、憲法ではなく、法律によって犯罪被害者等の人権を認めた。同様に、1970年制定の障害者基本法も、法律によって障害者の人権を認めている。また、地方公共団体がヘイトスピーチに対する方策として条例を制定しようとしたが、これは条例で新しい人権を認める例である。さらに、文科省が、全国の学校に行政通達を発し、性的少数者の人権を確認したが、これも新しい人権に対する配慮として注目される。

現状では、人権が侵害された場合の救済策は、裁判しかない。人権擁護委員制度があるものの、人権救済の実効性は低い。

私は、1996年制定の人権擁護施策推進法の下で、人権擁護法案の作成に携わり、独立行政委員会として人権委員会を設置することを提案したが、法案の成立には至らなかった。人権擁護法案の内容は、現在においても最良の方策であると考えている。

個人主義の原理は、今後も守っていくべきである。憲法、法律、条例、行政によって、個人の人権が守られる方策、何にも勝って個人が大切にされる方策を考えていかなければならない。

例会報告

関西合同例会

性的マイノリティの人権

2015年11月28日、自由人権協会大阪・兵庫支部と自由人権協会京都は、尾辻かな子氏と三輪晃義氏を講師にお招きして、大阪弁護士会館において、関西合同例会記念講演「性的マイノリティの人権」を開催しました。

尾辻かな子氏は、日本で初めて同性愛者であることを公表された国会議員（前参議院議員）です。現在は、一般社団法人LGBT政策情報センター代表理事として活躍されています。三輪晃義氏は、「GID法律上も父になりたい裁判」「同性婚人権救済申立事件」の代理人として、LGBTの問題に積極的に取り組んでおられる弁護士です。

尾辻かな子氏と三輪晃義弁護士の講演の要約をご紹介します。（報告：自由人権協会大阪・兵庫支部理事　高瀬久美子）

性のスペクトラム（多様な性）

性的マイノリティと呼ばれる人たちはたくさんいるが、レズビアン（女性の同性愛者）、ゲイ（男性の同性愛者）、バイセクシュアル（両性愛者）、トランスジェンダー（性別越境者、性同一性障害を含む概念）の頭文字をとってLGBTと言われている。日本は、欧米と異なり戸籍を変える為に性別適合手術を受けるという大きな制限をつけているが、その手術を受ける為に必要な診断名が「性同一性障害」である。ただし、医学では、まもなく「障害」という言葉が無くなり、「性別違和症」という言い方に変わってきているが、法律的に戸籍を変える法律の中ではまだ残っている。

性的マイノリティの人権問題は、性別という身体的な性の問題、同性愛のように他者と自分との関係の問題やトランスジェンダーのような自分の心と体の問題があり、これらが多様に組み合わされていることを理解してほしい。

人口の3～10パーセントがLGBT（性的マイノリティ）

イギリスやアメリカでは同性パートナーと暮らす人も、統計上把握できるようになってきているが、日本で

左が三輪晃義さん、右が尾辻かな子さん

は、同性同士が婚姻しているとすると国勢調査ではエラーになるので、正確には把握できていない。しかし、電通ダイバーシティラボが、同性愛者の比率について行った調査では、2012年は5.2パーセント、2015年は7.6パーセントという数字だった。感覚的にもその位の比率と感じている。左利きの人も3～10パーセント位の比率で存在していると言われており、「世界がもし100人の村だったら90人が異性愛者で10人が同性愛者」と紹介されている。しかし、コンバージョンセラピーといって、同性愛は生得的ではなく後から学習するものであり、セラピーで変えられると考える一定の人々が存在し、アメリカで同性婚を認めるかという議論をするときに必ず出てくる論点である。日本でも、教育の場で同性愛の存在は教えられず、「第二次性徴になれば異性に興味が芽生える」「同性愛を教えると子どもが同性愛になってしまう」等の偏見も強かった。

同性愛に関する医学的な見解

19世紀～20世紀の医学者等は、同性愛を「異常性欲」「性的倒錯」等として治療や研究の対象にしていたが、1973年に、アメリカの精神医学会が、精神障害診断基準であるDSM－Ⅱの第7版から「同性愛」という診断名を削除し、1990年5月17日には、WHO（世界保健機構）が国際疾病分類（ICD）改定第10版で、同性愛は、いかなる意味でも治療の対象とならないことを決定した。日本では、1994年12月に、当時の厚生省が、ICDを公式基準として採用し、1995年1月に日本精神神経医学会がICDを尊重するという見解をだした。

子どもたちが直面する課題

子ども達は、①自分自身が同性愛者かもしれないということを認識してもそれをすぐには許容できない（自己受容の困難）②家族（他者）に同性愛を伝えることができない（自己開示の困難）③インターネットで青少年には同性愛は一律にフィルターを通信会社がかけたことがあり同性愛者やそれをサポートしてくれる人の

情報が得にくい（情報アクセスの困難）④大人になった時のイメージを得にくい（自己イメージの困難）⑤いじめに遇いやすいにもかかわらずそれを回避することができにくい（事故回避の困難）という課題に直面している。

LGBTに対するマイナスイメージやネガティブな考えが、LGBTの子どもたちに生きにくさを与え、いじめの対象になっているという深刻な問題が生じている。1999年に実施された調査によると「ホモ・おかまという言葉によるいじめを経験した子どもが59. 6パーセント、自殺を考えて事がある子どもが64パーセント、自殺未遂の経験がある子どもが15.1パーセント」だった（日高康晴「ゲイ・バイセクシュアル男性の異性愛者的役割葛藤と精神的健康に関する研究」2000年）。いじめの問題を考えるときには必ずLGBTの問題を避けることはできない。

カミングアウトをしている大人が少なく、「どうやって生きたらいいのか」「幸せになれるのか？」と悩んでいる子どものロールモデルがないということも一因である。

子どもが性的マイノリティであるとわかった際に、家族は戸惑いもあると思うが、「育て方が悪かったのではないか」等自分を責めたり、「病院で治療してもらわないと」「出て行け」等当事者を責めたり「世間に顔向けができない」「隠すしかない」等社会に疎外感を持ったりしないで、正確な知識と仲間作りをして対処する必要がある。

ターニングポイントを迎えた2015年

時代と共に意識も変わり、2004年にマサチューセッツ州で同性婚が合法化され、2015年はアメリカ全州で同性婚が認められるようになった。アイルランドやグリーンランドでも同性婚が認められた。

日本でも、東京都渋谷区で同性パートナー証明書発行の条例が可決されたり、大阪市淀川区や那覇市等LGBT支援宣言をする自治体が見られ始めた。

日本では、20代の若い人たちにLGBTの許容度が高い。選挙に行かないので政治に反映されにくいが、後10年位すると日本も変わるかもしれない。

日本におけるLGBTの取り扱い

アフリカ諸国や中東地域を中心に、同性間の性的接触を「自然に反する行為」「宗教上許されない行為」として、死刑を含む罰則を科す国が多数存在するが、西ヨーロッパ、南北アメリカ諸国では、多くの国で同性婚・パートナーシップ制度が存在し、性別の取扱変更も認められている、アジア諸国では、LGBTの人権については「無関心」の態度がとられている。日本は、「性自認」に着目した制度として、2003年に「性同一性障害者の性別の取扱の特例に関する法律」が制定されたが、「性的指向」に着目した制度は存在していない。自由権規約委員会から、DV防止法の同性婚カップルへの適用や包括的な差別禁止法の制定等を勧告されているが、全く対応していないのが現状である。

同性婚・同性パートナーシップ制度の違い

同性婚は同性カップルにも平等に「婚姻」を認める制度であり、導入する国は年々増加している。アメリカも、2015年6月26日に連邦最高裁判決で同性婚を禁止する州法は合衆国憲法修正14条（平等原則）に違反すると判断した。

同性パートナーシップ制度は、婚姻とは異なる形で同性カップルに法的保障を認める制度で、ドイツ、スイス、スロベニア等で採用されている。

準婚契約型とは、共同生活に関する合意（身分行為ではない）を登録する制度であり、フランス、イタリアの一部で認められている。

日本では、現在、自治体でパートナーシップに関する制度を整えた自治体が二つある。東京都渋谷区と世田谷区である。渋谷区は、「渋谷区男女平等及び多様性を尊重する社会を推進する条例」を制定し、区長が同性カップルのパートナーシップ証明を行う制度を採用している。世田谷区は、条例ではなく「世田谷パートナーシップの宣誓の取扱に関する要綱」を定め、同性カップルがパートナーシップの宣誓書を提出し、区が受領書を交付する制度を設けている。これらの制度が設けられたことによるアナウンス効果も含め社会的影響力は大きいものがある。大阪市淀川区は「LGBT支援事業」として啓発活動や電話相談窓口設置等の事業を行っている。

日本における同性婚を求める動き ～同性婚の実現を求める人権救済申立について

2015年7月に、455人の同性愛者や両性愛者が、同性婚の実現を求める人権救済申立を日弁連に対して行った。婚姻の自由、平等原則違反等を根拠に①内閣総理大臣・法務大臣に対して、同性婚法案を国会に提出するように勧告する②衆議院議長・参議院議長に対し、同性婚法を制定するよう勧告するという二点を申立の趣旨としている。

最後に

性別二元論を前提にした制度設計には限界がある。同性カップルが蒙っている不利益を解消する必要があるが、婚姻制度を変えるだけでは解決しない。性同一性障害特例法が制定されたがそれだけでトランスジェンダーの苦しみが全て解決するわけではない。

個人の尊厳の尊重ということを大前提において、その人の性自認とか性的指向を尊重した生き方ができる社会をどうやってつくっていくかということがこれからの日本に求められている課題であると思う。

あたごの杜から 事務局長日誌

◆10月6日はArticle 19のデイビッド・バニサーさんを迎え、「開かれた政府を作るプロジェクト」のシンポジウム。1999年に成立した日本の情報公開法は、当時は比較的先行した内容だったが、いまや国際標準に照らして遅れている。◆9月に行った合宿とJCLU内の勉強会の成果をふまえて、10月13日に辺野古埋立承認取消に関する声明を発表。10月27日、再び辺野古関連で国土交通大臣の執行停止決定に関し声明を発表。国は私人と国家の立場を手続によって恣意的に使い分けている。◆10月29日は辺野古関連で緊急集会。この問題は、沖縄だけでなく国と地方との一般的な関係性を問いかけるものだ。◆11月13日はJCLUシネマ「ダムネーション」と大河原雅子さんのアフタートーク。日本ではあいかわらず無駄な公共事業が多い。◆11月27日は関西合同例会へ。テーマはLGBT。普通の友人同士のコミュニケーションでは、人の話を聞いて交互に自分の話もする。LGBTの当事者は、友人に自分のことを話せない辛さがあるという。◆12月2日はホリエモン登場。受刑者としての実体験に基づいた再犯を減らすためのさまざまな提言をうかがう。◆12月17日は奥平先生の追悼会。表現の自由に関する多くの業績に加え、多数のお弟子さんを残されたことがわかる。憲法物語を紡ぐ系譜がここにもある。◆12月19日は久保田シンポ「障害のある女性の複合差別と人権条約」。普通の女の子は、将来の進路や結婚など頻繁に家族の話題にされる環境で育つのに対し、障害のある子は家族の話題にされない。冒頭からそんな重たい事実を示された。当事者・学者・官僚・弁護士が揃い、国連とNGOをつないだ久保田さんを記念するにふさわしいメンバー構成のシンポジウムだった。◆夫婦別姓に関する最高裁判決や沖縄県知事の審査申し出を却下した国地方係争処理委員会の判断などのニュースが年の暮れに入ってきた。政治だけでなく司法等も か。「良いお年を」と年末の挨拶を交わしながら、本当に2016年こそ良い年になるよう強く願う。◆私事ながら、生死をさまよった飼いネコの手術が成功し無事戻ってきた。家にネコのいる日常風景に感謝。 （二関）

2015年1年間のJCLU

1月15日	1月理事会
2月14日	関西合同例会記念講演「なぜ検察審査会は起訴相当決議に至ったか～福島原発事故と東電の責任～」（海渡雄一・弁護士）京都弁護士会館
2月19日	2月理事会
3月16日	3月理事会
3月18日	3月例会「ビデ倫事件とわいせつ罪」（内田剛弘・弁護士・JCLU名誉顧問）専修大学神田キャンパス
3月20日	院内集会「北京世界女性会議から20年 ～その成果と女性の人権をめぐる課題～」（主催：国連ウィメン日本協会・女性人権機構・日本女性差別撤廃条約NGOネットワーク・自由人権協会・国際女性の地位協会）衆議院第2議員会館多目的室（Ms. Blerta ALIKO・UN Women本部人道ユニット長、Ms. Nahla HAIDAR・女性差別撤廃委員会委員、山下泰子・国際女性の地位協会会長、林陽子・CEDAW委員長・JCLU会員、紙谷雅子・JCLU代表理事）
4月15日	4月理事会
4月23日	4月例会「個人情報保護法改正の動向」（湯浅墾道・情報セキュリティ大学院大学教授）弁護士会館
5月3日	パンフレット「集団的9のQ」を発行
5月13日	5月理事会
5月16日	自由人権協会大阪・兵庫支部総会、総会記念講演「戦後70年をどう迎えるか」（内田雅敏・弁護士）大阪弁護士会館
5月21日	5月例会「犯罪者処遇と弁護士活動～受刑者の社会復帰支援を考える～」（古畑恒雄・弁護士）弁護士会館
5月28日	情報公開小委員会拡大勉強会「公安情報流出事件報告会」（井桁大介・弁護士・JCLU会員）JCLU事務局
5月30日	自由人権協会総会、総会記念講演「自由民主党『日本国憲法改正草案』の歴史的性格」（水林彪・早稲田大学法学部特任教授）日比谷図書文化会館コンベンションホール
6月12日	林陽子さんCEDAW委員長就任記念例会「北京女性会議から20年～平等・開発・平和をめぐる課題～」（伊藤和子・弁護士・ヒューマンライツナウ事務局長、三輪敦子・（公財）世界人権問題研究センター研究員、林陽子・CEDAW委員長・JCLU会員）主婦会館プラザエフ
6月12日	「安全保障法案の廃案を求める声明」を発表
6月17日	6月理事会
6月20日	自由人権協会京都総会、総会記念講演「今、伝えたいこと～これからの法のあり方」（小野誠之・弁護士、﨑間昌一郎・弁護士、田原睦夫・弁護士）京都弁護士会館
6月26日	「衆議院解散及び総選挙を求める声明」を発表
7月6日	7月例会「ヨーロッパのデモクラシー～ぼくの見てきた国民投票・住民投票」（大芝健太郎・ジャーナリスト）中央大学駿河台記念館
7月15日	「安全保障法案強行採決に対する抗議声明」を発表
7月16日	「衆議院本会議強行採決に対する抗議声明」を発表
7月21日	「通信傍受法の改正に反対し廃案を求める声明」を発表
7月21日	パブリックコメント「サリドマイドの安全管理の見直しに関する反対意見書」を提出
7月23日	7月理事会・ビアパーティ
8月3日～9月25日	エクスターンシップの受入れ【早稲田大学（18日まで）、一橋大学（25日まで）】
8月24日	8月例会「田岡俊次が語る「安保法制の欺瞞」～安全保障環境は安保法制を必要としているか～」（田岡俊次・軍事ジャーナリスト）弁護士会館
9月7日	9月理事会
9月12日～13日	合宿（伊豆長岡「金城館」 静岡県）「辺野古からみる沖縄基地問題入門」（宮城栄作・沖縄タイムス東京支社編集部長）、「辺野古埋立承認の法的問題」（武田真一郎・成蹊大学法科大学院教授）
9月17日	「あらためて安保保障法案の廃案を求める声明」を発表
9月19日	「参議院本会議での安全保障法案の強行採決抗議声明」を発表
9月19日	第2回JCLUシネマ「みんなの学校」日比谷図書文化会館コンベンションホール
10月6日	開かれた政府をつくるプロジェクト「開かれた政府と表現の自由の今―情報の自由な流れをつくる」（デイビット＝バニサー・Article19シニアリーガルカウンシル、山田健太・専修大学教授 日本ペンクラブ言論表現委員会委員長、澤康臣・共同通信特別報道室、三木由希子・情報公開クリアリングハウス理事長）専修大学神田キャンパス（日本ペンクラブ・自由人権協会・情報公開クリアリングハウスの共同プロジェクト）
10月13日	「辺野古埋立承認取消に関する声明」を発表
10月15日	10月理事会
10月26日	自由人権協会京都例会記念講演「個人主義と人権問題」（大谷實・法学博士・学校法人同志社第17代総長）京都商工会議所
10月27日	「辺野古埋立て承認取消に対する国土交通大臣の執行停止決定に関する声明」を発表
10月29日	JCLU緊急企画 「沖縄が問う「国」と「地方」の関係 ～辺野古埋立承認取消の今後～」（宮城栄作・沖縄タイムス東京支社編集部長、武田真一郎・成蹊大学法科大学院教授、秋山幹男・弁護士・JCLU評議員）中央大学駿河台記念館
11月13日	第3回JCLUシネマ「ダムネーション」日比谷図書文化会館コンベンションホール
11月18日	11月理事会
11月28日	関西合同例会「性的マイノリティの人権」（尾辻かな子・前参議院議員・元大阪府議会議員、三輪晃義・弁護士）大阪弁護士会館
12月2日	12月例会「～ホリエモンがモノ申す～「これでいいのか刑事司法」」（堀江貴文・元ライブドア社長、武藤久資・行政書士・JCLU理事）中央大学駿河台記念館
12月14日	12月理事会・忘年会
12月17日	「奥平康弘先生を偲び、ご遺志を受け継ぐ会」（成澤孝人・信州大学大学院教授、齊藤小百合・恵泉女学園大学教授・JCLU理事）中央大学駿河台記念館
12月19日	第22回JCLU久保田メモリアルシンポジウム「障害のある女性の複合差別と人権条約」（臼井久実子・DPI女性障害者ネットワーク、岡村和美・法務省人権擁護局長、棟居快行・大阪大学名誉教授・元障害者政策委員会差別禁止部会部会長、林陽子氏・CEDAW委員長・JCLU会員、出口かおり・弁護士・JCLU会員）専修大学神田キャンパス

【発行日】2016年1月27日 【発 行】公益社団法人 自由人権協会
〒105-0002 東京都港区愛宕1-6-7 愛宕山弁護士ビル306
TEL：03-3437-5466 FAX：03-3578-6687 URL：http://jclu.org/ Mail：jclu@jclu.org
（大阪・兵庫支部）
〒530-0047 大阪市北区西天満1-10-8 西天満 第11松屋ビル3F 堺筋共同法律事務所内
TEL：06-6364-3051 FAX：06-6364-3054
協会設立：1947.11.23 本紙創刊：1950.5.1 購読料：年間2,500円 郵便振替：00180-3-62718 発行人：二関辰郎
JCLU

人権新聞 Japan Civil Liberties Union

JCLU Newsletter

発行所 公益社団法人 自由人権協会

〒105-0002 東京都港区愛宕1-6-7 愛宕山弁護士ビル306
TEL:03-3437-5466　FAX:03-3578-6687
URL:http://jclu.org/　Mail:jclu@jclu.org

JCLU
協会設立:1947.11.23
本紙創刊:1950.5.1
購 読 料:年間2,500円

「夫婦別姓が家族の絆を壊す」は本当か?

——夫婦別姓訴訟最高裁判決を考える

夫婦同姓を義務付けた民法の規定が憲法違反かどうか争われた訴訟で、昨年12月16日、最高裁は「合憲」の判断を下した。

判決から4ヶ月を経て、原告の一人小国香織さんと代理人を務めた早坂由起子弁護士に、改めて率直な思いや現行法の問題点について聞いた。

（会員・三浦早結理）

姓を変えたら自分を失う

「合憲の判断には、心底がっかりして落ち込みました。判決の瞬間まで、合格発表を見に行く受験生のような気持ちでどきどきしながら待っていましたが、皆打ちひしがれて、直後は立ち上がることもできませんでした」原告の一人小国香織さんは、判決を振り返り、落胆の胸のうちを口にした。

行政書士として働く小国さんは、夫と娘の三人家族。戸籍上は夫の姓である「丹菊」だが、普段は旧姓の小国で通している。

結婚すると夫婦が同じ姓を名乗らなければいけないことに小国さんは、中学生の頃から疑問を抱き続けてきた。自分が結婚する際は、名前の問題をどうしたらいいのか、相当思い悩んだと言う。

「姓を変えたら、私が私でなくなってしまう。でも、夫も自分の名字に愛着があるのはわかっていたし、自分が変えたくないから、相手に変えて欲しいというのは通らない」

夫婦どちらも自分の氏を残したい場合、今の法律では、法律婚をして通称として旧姓を用いるか、事実婚をするか2つの選択肢しかない。結局、小国さんは法律婚を選んだ。

解決の道を開くには司法に訴えるしかない

結婚当時、小国さんの周りには、夫婦同性に疑問を持つ人はいなかった。同じ疑問を抱く仲間が欲しいと思った。インターネットで調べ、活動団体があることを知った。集会に参加するうちに、政治家が立法して法律を改正する以外にこの問題を解決する道はないとわかり、年に数回、仲間と議員会館に通い法改正を訴えてきた。

早坂由起子弁護士

民主党政権下で、いよいよ改正かと期待された時期もあったが、沖縄の基地問題などに押され、うやむやになってしまった。政治に働きかけるだけではらちがあかないと、司法に訴えようと決断し、小国さんも原告団の一人に加わった。

一審、二審とも敗訴した後、最高裁の大法廷で判断が下されることになった。「違憲判断されるかもしれない」と期待が高まった。それだけに、落胆は大きかった。

正しい家族の形ありきの多数意見に違和感

判決の多数意見は『夫婦同姓の制度は我が国の社会に定着してきたもので、家族の呼称として意義があり、その呼称を一つにするのは合理性がある』としている。結婚による改姓によって、自己喪失感や社会的不利益を受けることがあることを認めつつも、それは、『通称使用が広まることで、一定程度緩和され得る』とした。

原告団代理人の一人早坂由起子弁護士は、最高裁判決について、夫婦同姓の強要を人権の問題として『個人の尊厳と両性の本質的平等』に反する、と裁判所に問いかけたのに対し、多数意見は、『具体的制度を離れて(略)違憲であるか否かを論ずることは相当でない。』として、既存の制度の範囲内でしか問題を捉えてくれなかったことを指摘する。そして、多数意見が想定する『家族像』に疑問を投げかける。

「多数意見は人格的不利益を認めながらも、既存の制度ありきで問題を捉えており、人権、アイデンティティの問題としての視点に欠け、当事者意識のない、他人事の理論で、到底受け入れられるものではありません」

「家族で呼称を一つにすることが合理的だと言うが、多数意見が指摘する合理性の根拠は、法律婚をしているお父さんお母さんがいて、婚内子がいる、という『正しい家族の形』という価値観を国民に押し付けた異様なものと言わざるを得ません。離婚や再婚、非婚や同姓婚などが広がって、今は家族形態が多様化しており、『正しい家族の形』なんてもはやあり得ません。判決が、多数意見の言う『正しい家族の形』以外の家族形態を排除している点に、非常に強い違和感を覚えます」

改姓による不利益は、通称使用が広まることで緩和されているとされた点についても、通称使用の不便はたくさんあり、通称使用すら認めてくれない企業も、まだ多いと早坂弁護士は指摘する。

「パスポートや運転免許証、銀行口座などの公的書類は、戸籍名でしか取れないことが多いし、勤務先では、企業や組織のトップの価値観一つで通称使用の可否が左右されます。取締役に就任した場合でも、最近ようやく、登記簿謄本に通称が記載できるようになりましたが、戸籍名も併記されます。通称使用では、乗り越えられない壁はたくさんあり、何より自分の生来の姓を失うということは、通称では補填できない自己喪失感があるのを、男性の裁判官にも自分のこととして考えて欲しかった」。

5裁判官の反対意見は闘いの成果

それでも15人の裁判官のうち、女性3人を含む5裁判官が違憲と判断した意義は大きい。とくに、岡部裁判官の意見は、「多くの場合、結婚によって女性が姓を変えており、個人の尊厳の基礎である「個人識別機能」を損ね、「自己喪失感」の負担を負うことになる」と指摘している。

事実、結婚により姓を変えるのは、96％が女性の側だ。

多数意見は、どちらの姓を選ぶかは、夫婦間の協議で決めるのだから、男女差別には当らないとしている。これに対して、岡部裁判官の意見は、現実として、ほとんどの場合女性が改姓をしており、その結果、女性がより多くの不利益を負っていることを認めている。

さらに、不利益を受けないために、あえて法律婚を選択しない人がいることにも言及し、『別姓を認めないことは婚姻の自由を定めた憲法24条に違反する』とした。

早坂弁護士は、岡部裁判官の意見を「婚姻改姓の不利益を具体的に認定し、実質的不平等について重視している点を非常に評価したい。個人の尊厳や両性の本質的平等を害するものだときちんと判断してくれたことはとても意義があります」と評価する。

その上で「違憲と判断した5名の裁判官は、多数意見が夫婦同氏制の合理性を縷々認定することに対し、問題となるのは、夫婦が同氏であることの合理性ではなく、夫婦同氏に例外を許さないことの合理性である、として多数意見の判断方法の問題点を的確に指摘しています」と述べる。

別姓で「家族の絆が壊れる」は大きなお世話

今回の最高裁の「合憲」判断に対しては、国連の女性差別撤廃委員会からも、「実際には夫の姓を使うよう強制しているものだ」と指摘された。同委員会からは、これまでにも2003年と2009年に法改正を勧告されているが、国会での議論は一向に進展していない。

その背景のひとつに、「別姓を名乗ると家族の一体感が失われる」「子供に悪影響がある」といった根強い反対論がある。

しかし、再婚者やシングルマザー、同性カップルも増え、結婚観や家族のあり方は多様化している。世界的に見ても、別姓を選択できる国がほとんどだが、それで家族の一体感が損なわれたという話は聞かれない。

「別姓によって、家族の絆が壊れるなんて、言ってみれば大きなお世話。そう思う人は同姓にすればいいだけの話です。私たちは、全員が夫婦は別姓にしろ！と要求しているわけではなく、単に別姓を選択したい人が選択することを認めて欲しい、多様性を許容してほし

CONTENTS

いだけです」と早坂弁護士は強調する。

反対派は、別姓を導入した場合、子供の氏をどうするかを問題にしているが、最初からお母さんは田中、お父さんは佐藤、という風になっていて、子供自身がそのどちらかを名乗っていれば、子供はそれをありのままを受け止める。実際、小国さんの家族も、そうすることで何も問題なく幸せに暮している。

法律論だけで語れない難しさ

夫婦同姓は日本の伝統だとする意見もあるが、同じ氏を名乗るのは、女性が結婚によって夫の家に入るものとされた明治時代の「家制度」に由来するもので、決して伝統ではない。

問題は、家制度そのものは、とっくに廃止されているにもかかわらず、この制度が「妻が夫の姓を名乗るのは自然なこと」という意識として半ば慣習化していることだ。それは、日常で交される何気ない会話に中にも見てとれる。たとえば、女性は結婚すると「名字は何になったの？」と聞かれる。「どちらの姓を選んだの？」とは言われない。ましてや男性が同じ質問をされることもおそらくないだろう。

法律上、夫か妻かどちらを選んでもいいことは知っていても、ほとんどの女性が夫の姓を名乗るのは、実は自ら選択をしているわけではなく、「そういうものだ」という暗黙のルールにしばられて、無意識のうちに選択させられているとは言えないだろうか。

早坂弁護士は、「日本社会には、まだ、男性が外に出て働き、女性が家を守るという男性優位の概念が根強くあり、それが『女性が氏を変えるのが当然である』という考えを導き出している。そして、事実、大多数の女性が氏を変えている。そして、大多数の女性が氏を変えているという事実が、男性優位の社会構造を再生産している。夫婦同姓という制度が、社会構造を造り、その社会構造がまた制度の裏付けになるといった堂々巡りで、この点が夫婦同氏の問題がひとすじなわではいかない難しさなのかもしれません」と言う。

問題の本質は多様性を認めること

4年10ヶ月に及んだ長い裁判。早坂弁護士は、報道によって、多くの人が姓の問題や夫婦、家族のあり方について関心を持ち、考えてくれるようになったと語る。「私自身、この裁判に関わるようになって、身近な人の夫婦別姓に対する意識が変わりました。母や友人など、問題の本質をきちんと説明することで、原告側の主張はもっともだと、うなずいてくれる人が増えました」

小国さんも、「今まで考えたことがなかったけれど、報道を見て、『その通りだと思った』という人や、自分の奥さんにどう思うか聞いてみたという男性もいる。そういう面では、少し意識が変わってきたと思います」と言う。

社会への関心が広まったことに一定の意義はあったとしながらも、この問題の本質を正しく理解してほしいと早坂弁護士は訴える。

「多くの人は、自分が別姓にすること、しないことのメリット・デメリットという視点からこの問題をとらえがち。中には夫婦別姓制度を導入すると、すべての人が別姓にしなければならないと誤解している人も少なくありません。繰り返しになりますが、私たちはすべての人に別姓を強要しているわけではありません。問うているのは、自分がどうするかではなく、別姓を選択する人を認められるかどうか。同姓でも別姓でも、自由に選択できる多様性のある社会の実現を望んでいるのです」

あきらめず地道な努力を

小国さんたちは、決して法改正をあきらめたわけではない。活動を始めた頃とは違い、今は一緒に裁判を戦ってきた仲間や主張を理解してくれる支援者もたくさんいる。訴訟の際、ネットで署名を集めてくれたのも、問題意識を持った20～30代の若い人たちだった。

「今の制度は、結婚するとき、『結婚をあげる代わりに名前はよこせ』と言われているようないじわるな制度。私たちは、別性であっても、夫婦としてのつながり、親子としてのつながりを法的に保障してもらえるように、これからも国会に対して署名活動を行っていくつもりです。今国会に際しても、5月15日までに集めようと動いているところです」と小国さんは決意を新たにしている。地元の議員にメールや訪問で働きかけをするなど、今後も地道な活動を続けていくつもりだ。

早坂弁護士も思いは同じだ。訴訟活動は終わったが、法律家として何か別の手段を考えようと動き出している。

「大法廷に回付され、マスコミが取り上げてくれたことで、せっかく盛り上がった世論の興味や関心を今後も維持させていくことが必要だと思っています。婚外子裁判も、10対5の合憲判断から20年かかっても、違憲判断を勝ち取っています。そんなに長い時間をかけずに制度を変えなければいけないけれど、あきらめず司法の判断を仰いでいくことも大事だと思っています。あとは、自分の身近な人たちに正しく問題を理解してもらう地道な草の根運動も大切ですね」

法改正への道のりは厳しいが、問題への理解が広がれば可能性は見えてくるはずだ。

筆者も周りの身近な人たちにこの問題を問いかけ、共に考え、話し合うことから始めたいと考えている。

沖縄緊急企画第2弾

辺野古から見る地方と国

――代執行訴訟・国地方係争委・抗告訴訟

JCLUは2016年2月1日、昨年10月開催の沖縄緊急企画のその後の動きを報告し、沖縄が問う国の政治のあり方について考える緊急例会を東京・中央大学駿河台記念館において開催した。

沖縄県の米軍普天間飛行場の名護市辺野古への移設を巡る代執行訴訟は、その後、国が一転、福岡高裁那覇支部の和解案を受け入れ、訴訟を取り下げ移設工事が停止するという展開をたどった。しかし国が「普天間全面返還のためには辺野古移設が唯一の選択肢」とする立場を変えていない以上、国と沖縄県の対立構造は変わらない。

和解成立に先立って開かれた緊急例会では、沖縄タイムス東京支社編集部長の宮城栄作さんから「辺野古を巡るいま」と題し沖縄の現状と裁判の状況について、また、成蹊大学法科大学院教授の武田真一郎さんから「沖縄が問うもの」と題し代執行訴訟等の問題点について、それぞれお話をいただいた。最後に、当職から2016年1月29日から31日にかけて行われた沖縄調査の報告をさせていただいた。

（会員・弁護士 神谷延治）

「辺野古を巡るいま」

沖縄タイムス東京支社報道部長 宮城栄作

政府の欺瞞

政府は、沖縄の基地負担を軽減するために、嘉手納基地以南の基地の返還を促進するとしている。しかし、これに含まれるのは牧港補給地区等の倉庫群、那覇港湾施設等の現在ほとんど使用されていない施設であり、嘉手納基地以北の方が圧倒的に基地の面積が大きい。沖縄県には米軍専用施設の73.8％が集中しているところ、これらの施設が返還されたとしてもその割合は73.1％にしかならない。

宜野湾市長選挙の結果に対する評価

自公推薦の現職佐喜真淳氏が志村恵一郎氏を破り再選を果たした。この結果を受け、沖縄の民意は辺野古反対だけではないと言われることがある。

しかし、宜野湾市民の世論調査によれば、普天間基地の代替基地として望ましいのは、国内・県外が70％、県内・辺野古以外が20％、辺野古が18％、出口調査によれば、投票者のうち辺野古反対の約25％が佐喜真氏に投票したという状況である。両氏とも普天間基地の閉鎖を選挙公約に掲げたものの、志村氏が辺野古新基地建設について反対の立場を明確にする一方、佐喜真氏はその解決策を示さなかった。したがって、辺野古反対の有権者は過去の実績等により佐喜真氏に投票したものであり、辺野古新基地建設の賛否について民意の判断は示されていないのであるから、この結果から沖縄で辺野古反対の民意が一枚岩になっていないとまでは評価することはできない。

宮城栄作さん

今年は、6月に沖縄県議選、7月に島尻安伊子・沖縄北方担当相を含む参院選が予定されており、いずれも辺野古新基地建設の是非が争点になることが見込まれ、民意の動向を図るうえで極めて重要な選挙となる。

沖縄が問うもの―国地方係争処理委員会の却下決定と代執行訴訟を読み解く

成蹊大学法科大学院教授 武田真一郎

国地方係争処理委員会の却下決定の問題点

2015年12月24日、係争委は翁長知事がした審査の申出を不適法であり、審査の対象とならないとして却下した。その理由として、係争委は「審査庁が法律の規定に照らして固有の資格によるものではないと判断した場合には、その判断を委員会が覆すことは一般的には予定されていない。ただし、審査庁の判断が一見明白に不合理である場合にはその限りではない。…審査庁の判断が一見明白に不合理であるとまでいうことはできない。」という。しかし、「一見明白に不合理」というのは行政処分が無効になる基準と類似しており、審査庁の判断が無効である場合に限って係争委が覆すことができるという意味とも解されるが、係争委の審査権限は違法性だけでなく不当性にも及ぶから、このように審査権限を限定する根拠はない。

国による代執行の可否

本件では、国交相は是正の指示の措置をとることが可能であり、むしろそれが地方自治法上の本来的な手続である。軍事的には海兵隊の沖縄駐留は不要とされており、沖縄県外で基地受け容れに前向きな自治体もあるから、代替案を検討するとしても普天間基地の危険性を放置することにはならず、著しく公益を害することが明らかであるとはいえない。また、代執行のような強権的な措置は真にやむを得ない場合にのみ可能と解される。さらに、埋立承認及びその取消しは知事の権限であるから、国が承認取消しの違法性を立証することは困難である。国の主張に対しては、法律による行政は行政の安定性の要請に優先するから、要件に適合しない違法な処分は原則として取り消す必要があり、埋立承認が違法であれば、取消しの必要性は国に利益の保護に優先すると解すべきである。

武田真一郎さん

そもそも地方自治法は地域の自己決定を最も重視しているのであるから、沖縄県民の理解を得ないで辺野古新基地建設を代執行によって強行することは、同法の目的に著しく反するものである。結局、本件は裁判ではなく民主的な政治過程で解決すべき問題である。

代執行訴訟の裁判集会・辺野古の現地を視察して

会員・弁護士　神谷延治

2016年1月29日、福岡高裁那覇支部の代執行訴訟の第3回口頭弁論の事前集会に参加した。キャンプ・シュワブのゲート前テント村及び辺野古・大浦湾などの現地視察の結果と併せて報告する。

誇りと尊厳をかけた闘い

代執行訴訟の第3回口頭弁論に先立ち、裁判所前の城岳公園で事前集会が開かれた。ここに沖縄県を支援する約1000人にも及ぶ市民、稲嶺進名護市長、沖縄県選出の全衆議院議員（赤嶺政賢氏、照屋寛徳氏、玉城デニー氏、仲里利信氏）及び沖縄県選挙区の参議院議員（糸数慶子氏）が集まり、翁長知事や弁護団を激励した。

各政治家が順次登壇して応援の演説を行った後、弁護団が一人ずつ挨拶をした。最後に登壇した翁長知事は、「県民の誇りと尊厳をかけた闘いだ。日本全体にとっても地方自治と民主主義をいかに守るかという問題だ」と新基地建設に反対する思いを強調した。さらに翁長知事が「"オール沖縄"で固い信念と包容力を持ち頑張りたい」と決意を表明すると、大喝采が一斉に沸き起こった。そして翁長知事は参加者の手拍子と掛け声に背中を押されて入廷した。

和解勧告

代執行訴訟口頭弁論に先立つ事前集会であいさつする沖縄県の翁長雄志知事

裁判所は、他の方法によって是正を図ることが困難（地自法245条の8第1項）という代執行の要件の充足、是正の指示→国地方係争委→違法確認訴訟→代執行という本来の手続の流れを国がとらなかったことを特に問題視していたようである。前記第3回口頭弁論後に開かれた非公開の進行協議において、県と国に対して和解が勧告された。その際、裁判所から「根本的な解決案」（A案）と「暫定的な解決案」（B案）の2案[1]が示された（その後、2016年3月4日、県と国との間で上記B案に沿った内容の和解が成立した。）。

抗議活動に対する異常な警備と暴力行為

市民らの抗議活動に対しては、海上保安庁も機動隊も沖縄県外の応援部隊を投入した。キャンプ・シュワブのゲート前には民間警備員が配置され、11月4日から警視庁機動隊の精鋭部隊百数十名も配置された。県警は連日ビデオ撮影も行っている。

キャンプ・シュワブのゲート前のテント村

ゲート前テント村では、毎朝7時30分からミーティングが始まる。連日約100人が座り込みを行っており、特に水曜日には300～400人が集まり、集中行動が行われる。11月18日には朝6時から約1200人が座り込みを行い、終日工事用車両の進入を阻んだ。12月14日には辺野古新基地建設に反対する県内の政党、市民・平和団体、企業、労働組合で「辺野古新基地を造らせないオール沖縄会議」が結成され、抗議行動の拡大を全国に呼びかける県民運動にまで発展している。

海上では4隻の船舶と約10艘のカヌーが非暴力の抗議活動を行っており、これに対して10～30隻の海上保安庁の警備船が取り締まりを行っている。平静時においても、立入禁止区域付近において、民間の船舶が日当を受けて常時監視を行っている。海上保安庁は、安全指導等との理由で、市民やマスメディアが乗船している船舶やカヌーを停止させ、これらに海上保安官が乗り込む、カヌーを転覆させる、あるいはこれらを強制的に曳航するなどの措置に及んでいる。この中には、海上保安官の暴力による負傷者（特別公務員暴行陵虐致傷罪による告訴4件）に加え、艦船転覆未遂事件[2]及び艦船転覆事件[3]も発生している。

ゲート前には危険な山型鉄板とフェンスが設置されているなか、工事用車両による資材搬入を阻止するため、ゲート前にコンクリートブロック1000個が積み上げられたが、機動隊員によって撤去された。機動隊員は2人1組で金網の中に抗議活動者を拘束している。

こうした海保と警察の暴力的な警備により負傷者が続出し、これまで刑特法による逮捕者はいない[4]ものの、逮捕者は既に16名にのぼっている（2016年1月30日現在）。

工事の進行状況

2014年7月に着工した工事は全体24箇所でボーリング調査が開始された。2015年10月29日、沖縄防衛局は取消処分の執行停止を受けて辺野古の海と陸の作業を再開した。同日から「本体工事」（予定工期は「5年」）に着手とされてはいるが、2016年1月末時点で、陸上での作業ヤード等の工事が行われていたものの、海上での工事は行われておらず、海上ボーリング調査が継続されていた。同年2月から15tのコンクリートブロックより大きいブロックを海底に設置し、立入禁止区域のフロートに沿って汚染防止膜の設置が見込まれていた。埋立てには2100万㎥（10tダンプ350万台、運搬船3万5000隻に相当）という大量の土砂が搬入され（8割は県外・海から）、満潮時の海面から高さ10mまで埋め立てるとされている。

国による「アメ」と住民の苦悩

2015年10月、久辺三区（辺野古・豊原・久志）への「再編関連特別地域支援事業補助金」として、各区1300万円まで交付金が国から直接支払われる旨の方針が決定された。これまで建設された同区域における公民館、消防署、小学校等の建設費の9割が、大浦パークはその全てが米軍再編交付金（防衛省の予算）による。久辺三区とその周辺（二見以北等）の区域では扱いが全く異なるため、「オール沖縄」というスローガンに違和感を覚える地域住民もいることもまた事実である。大浦湾は戦前日本の潜水艦の拠点であり、米軍も1956年からのキャンプ・シュワブ建設に加え、当時既に辺野古に軍港を造る計画も有していた。辺野古には基地と共存させられてきたこうした歴史的経過があって、特に土建業や米兵相手の商売に従事する住民は複雑な思いを抱く一方で、今後もこの地に住み続けなければならない住民の多くは、それでも自然に対する感謝や次世代のために良好な環境を継承するという原点に立って、辺野古新基地建設に反対しているのである。

1) A案：県は埋立承認取消を取り消す。国は、新飛行場をその供用開始後30年以内に返還または軍民供用空港とすることを求める交渉を適切な時期に米国と開始する。返還等が実現した後は民間機用空港として国が運営する。国は、埋立工事及びその後の運用において、周辺環境保全に最大限の努力をし、生じた損害については速やかに賠償することとする。など
B案：国は、本件訴訟を、沖縄防衛局長は国に対する行政不服審査法に基づく審査請求をそれぞれ取り下げる。沖縄防衛局長は、埋立工事を直ちに中止する。国と県は違法確認訴訟判決まで円満解決に向けた協議を行う。県と国は、違法確認訴訟判決後は、直ちに判決の結果に従い、それに沿った手続を実施することを相互に確約する。（『代執行訴訟和解勧告文』より一部抜粋）
2) 2015年2月10日、定員に達していた抗議船に複数の海上保安官が乗り込み、船体を傾かせた事件（告訴済み）。
3) 2015年4月28日、抗議船（定員6名）1隻が転覆させられ、乗船していた4名全員が救助され、うち1名が緊急搬送された事件（告訴済み）。
4) 2015年2月22日（キャンプ・シュワブ前の県民集会）、米軍警備員が反対運動者2名を拘束し、米軍は県警へ刑特法違反容疑で2名を引き渡した事件。送検後に勾留されずに2名とも釈放された。

JCLUの70年 第1回 憲法とともに歩んで

沖縄、表現の自由、国際人権……

公益社団法人自由人権協会(JCLU)は、来年＝2017年、創立70周年を迎える。JCLUは日本国憲法施行から間もない1947年11月発足し、100%市民によって運営される人権団体のさきがけとして、党派を超えて市民の権利拡充に貢献してきた。

安保法制、秘密保護法制などの強引な導入によって憲法の下で保障された自由で平和な社会が最大の危機に直面する現在、JCLUの活動はどうあるべきなのか。6回にわたり、70年の歩みを振り返る。本号は創立直後を中心に歴史をまとめ、次号からは元事務局長らへのインタビューを通じて、将来への課題を探りたい。

（理事・弁護士 北神英典）

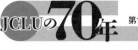

ボールドウィン氏の提言

JCLU誕生のきっかけは、米自由人権協会(ACLU)理事長であったボールドウィン氏の提言であったと伝えられている。ACLUは第一次世界大戦直後の1920年、市民の権利、自由を守る非政府組織(NGO)として米国で誕生した。

日本国憲法が施行された1947年5月、ボールドウィン氏は来日。米軍占領下にあり、かつ、旧来の国家主義的価値観も残った日本にも、市民の権利と自由を擁護する市民団体の必要性を感じ、基本的人権の擁護を目的とする市民団体の設立を提言したと伝えられている。

昭和戦前から戦後にかけての社会派、人権派として名高い海野晋吉弁護士は、「(ボールドウィン氏は)まだまだ封建的因習が日本国民に深く食い入つているのを憂えたのである」「彼は日本を去るにあたつて、私どもに、ぜひ日本人も個人の尊厳を守り、自由と人権とを擁護するために団結すべきであると強い示唆を与えてくれた」(「人権新聞」第33号)と述べている。

(上) 1947年11月23日の自由人権協会設立総会を伝える映画ニュース
(下) 設立総会で挨拶する片山哲首相

ボールドウィン氏の言葉に応えた弁護士や学者らを中心として1947年11月23日、JCLUは設立された。初代理事長には海野弁護士が就任した。

JCLUの設立は、人権擁護を目的とした全国的規模の市民団体の設立として大きな期待を寄せられた。

JCLUの設立総会を伝える映画ニュースには、当時の片山哲首相や鈴木義男司法大臣も出席して開かれた映像が記録されている。会場の垂れ幕の「基本的人権の尊重」「民主日本の建設」といったスローガンが、内務省の解体や警察改革、封建的家族制度からの脱却を目指した民法改正が進められた当時の世相を映し出している。

海野普吉弁護士

国家賠償第1号判決

設立されて間もない時期のJCLUの活動は、東西冷戦の深刻化と、労働運動などに対する政府の取締強化といった世相を色濃く反映するものであった。

1950年12月に発行が始まった「人権新聞（ニューズレター)」創刊号のトップ記事は、日本国憲法17条を受けて制定された国家賠償法に基づく損害賠償請求訴訟の勝訴判決のニュースであった。

この訴訟は、1948年5月、警察官の尋問を受けた際に射殺された青年の遺族が東京都に対して損害賠償を求めたもので、JCLUの弁護団が裁判を引き受けた。

戦前の日本は、国や公務員の違法な行為によって国民が損害を受けたとしても責任を問えない「国家無答責の法理」が通用していた。しかし日本国憲法及び国家賠償法の制定によって「国家無答責の法理」は否定された。

国家賠償法に基づく初めての裁判となったこの訴訟は、1950年10月10日の東京地裁判決が遺族全面勝訴となり、全国の新聞やラジオでも大きく報道された。

同年10月12日付の日本経済新聞や朝日新聞（次頁参照）には、自由人権協会の海野理事長、森川金寿事務局長が代理人を務めたことが文中に盛り込まれている。

慰謝料八十八万円
今月中に國連討議
慰謝料八十七万円
警官に誤殺された遺族へ

国家賠償請求訴訟の勝訴を伝える日経（左）朝日（右）の両新聞

公安条例に対する警鐘

1951年9月のサンフランシスコ講和条約締結前後の日本は、労働運動、社会運動の機運が高まり、労働者や市民のデモや集会などが全国で頻発していた。

これに対して、全国の自治体においては、治安対策として集会やデモを許可制とする公安条例を制定する動きが進んだところ、JCLUは、憲法21条の表現の自由を脅かす危険や、公安条例が濫用され不当な人権制限につながる危険を敢然と訴えた。

1951年8月1日付「人権新聞」第9号は、単に事前に届け出をしないというだけの理由でデモの解散を指示し、実力を持って解散を強行させることは警察官の公務の執行とは認められないとした佐賀県公安条例事件の福岡高等裁判所判決をトップ記事で紹介し、「公安條例は、その個々の條文が違憲的な外、必然的に伴う弊害のために憲法違反なりとの疑を有するものである」「この種の立法が折角芽生えた国民の自主性、基本的人権に対する自覚等に及ぼす絶大な悪影響を顧みるとき」「言論集会等を自由にして置くことの必要性と賢明さを確信する」と指摘した。

JCLUは表現の自由の脅威となる治安立法に対しては今日に至るまで一貫して反対し、1958年10月から11月にかけての警察官職務執行法改正問題においても、反対決議を挙げるなどした。

警職法改正に反対する世論は大きなうねりとなり、岸信介内閣は、改正法の成立断念に追い込まれた。

レッドパージ

1949年中国において共産党政権が誕生し、さらに翌50年朝鮮戦争が勃発する中で、日本国内にもレッドパージの嵐が吹き荒れていた。

創刊間もない人権新聞には、「レッド・パーヂについて」（創刊号）「教員のレッド・パーヂについて」（第3号）「米国共産黨事件と最高裁判決」（第8号）「ホームス博士に"赤"のレッテル」「アメリカ自由人権協會非米活動委員會に抗議」（第24号）など、レッドパージを批判する記事が多数掲載されている。

沖縄の土地強制収用問題

1952年サンフランシスコ講和条約の発効によって日本は主権を回復した。しかし沖縄は引き続き米国の施政下に置かれた。東西冷戦が深刻化するに伴い、沖縄は米軍の重要拠点と位置付けられ、米軍は一方的に定めた低価格で、沖縄住民の土地を強制的に接収していた。

現在も沖縄には、日本全国の米軍基地の7割以上が集中しているが、その源流は米国の占領政策にさかのぼる。

米国の占領政策によって沖縄の住民が受けていた数々の人権侵害を広く伝えたのはJCLUが初めてであったとされている。

沖縄特別号発行と調査団

国際人権連盟（ILHR）議長に転身していたボールドウィン氏の問題提起を受け、JCLUは1954年春ころか

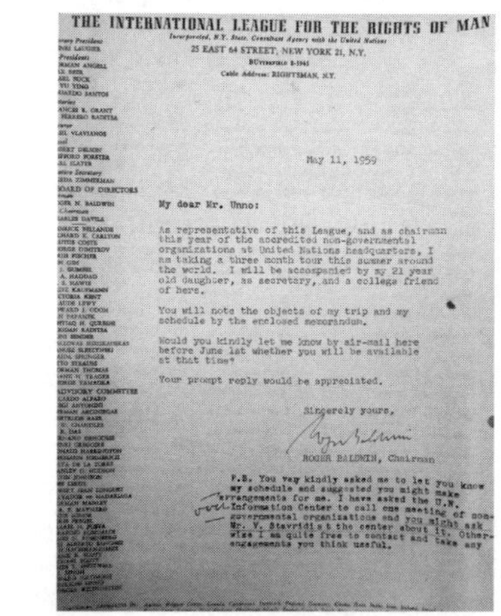
THE INTERNATIONAL LEAGUE FOR THE RIGHTS OF MAN
25 EAST 64 STREET, NEW YORK 21, N.Y.
Cable Address: RIGHTSMAN, N.Y.

May 11, 1959

My dear Mr. Unno:

As representative of this League, and as chairman this year of the accredited non-governmental organizations at United Nations headquarters, I am taking a three month tour this summer around the world. I will be accompanied by my 21 year old daughter, as secretary, and a college friend of hers.

You will note the objects of my trip and my schedule by the enclosed memorandum.

Would you kindly let me know by air-mail here before June 1st whether you will be available at that time?

Your prompt reply would be appreciated.

Sincerely yours,

ROGER BALDWIN, Chairman

来日に先立って1959年5月11日付ボールドウィン氏からJCLUに送付された手紙

ら当時の琉球政府関係者の聞き取りなど米国施政下の沖縄の問題を調査し、1955年3月1日付「人権新聞」第31号を沖縄問題特別号として発行した。

同号は、立法、行政、司法の三権を民政副長官が一手に握っていることによる弊害や、土地の強制接収問題、米国人やフィリピン人よりも著しく低かった賃金問題、米軍関係者による殺人事件が頻発している問題を取り上げた。

さらに1961年9月、JCLUは吉川経夫氏（法政大学助教授）を団長とする5人の調査団を沖縄に派遣し、同年11月調査結果を公表した。調査団には、後に最高裁判事を務めた大野正男弁護士も加わっていた。

JCLUの沖縄調査団の派遣に対しては、渡航申請したうち3人が米国から渡航を拒否されるという事件も起きた。これは、米軍施政下における沖縄住民の人権侵害についてJCLUが率先して新聞発表などを通じて問題提起したことに対する制裁とみられるものであった。

沖縄調査団は、公表した報告書で、自治権がなく、米民政府の法令に絶対的優位性が置かれていること、住民の人権に対し基本的保障を与える法律がないこと、出版がすべて許可制になっていること、労働者に労働基本権がなく露骨な思想調査が行われていることなどの多数の問題点を厳しく批判し、日米両政府に是正を求めた。

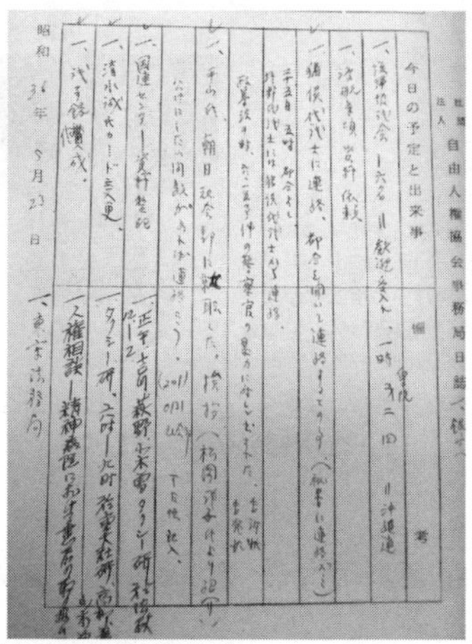

1961年5月23日の事務局日誌

国際団体との連携

JCLUはACLUのボールドウィン氏の影響を受けて設立されたことも影響して、当初からACLUなど外国の人権団体や国際機関との関係が深かった。

初期の「人権新聞」には、ACLUや人権団体の連合体である国際人権連盟（ILHR）、国際民主法律家協会（IADL）の会合に関する記事などが多数掲載されている。そのほか、世界人権宣言、南アフリカのアパルトヘイト、米連邦最高裁判決なども取り上げられ、市民の権利というものが普遍性を有していることを意識した活動がなされていたことがうかがえる。

1991年、JCLUは国内外での活動が評価され、国際連合経済社会理事会やユネスコなどの諮問機関の資格を持つ国際法律家委員会（ICJ）に加盟。さらに2003年には国連経済社会理事会（ECOSOC）の国連特別協議資格も取得した。これによりECOSOC傘下の人権委員会等の会議に参加し、声明を発表することができるようになった。国際人権活動を進めるための大きな前進であった。

変わらぬJCLUの使命

JCLUは1951年1月社団法人として認可された。認可された当時、東京に置かれた本部以外に京都自由人権協会、松阪、長野、大阪、尾道など15もの支部を有していた（現在は本部のほか、自由人権協会京都と自由人権協会大阪・兵庫の2つ）。また「人権新聞」は、1950年の創刊から、当初は、月1回というハイペースで発行（現在年4回）が続いた。

JCLUは、警察官による暴行など公権力による不当な人権侵害について市民の相談を受け、会員の弁護士らが事実を調査したり代理人として裁判を提起したり、積極的な被害救済に取り組んでいた。

日本で初めての薬害集団訴訟となったサリドマイド訴訟も、JCLUが弁護団を編成し全面的に支援した。1974年10月東京地裁で和解が成立し、被害者の恒久的救済機関「いしずえ」が設立された。サリドマイド訴訟の解決手法は、その後のスモン、エイズなど薬害被害者救済のモデルとなった。

戦後から高度成長期に向かおうという当時、社会にはまだまだ封建的な考えや制度が根強く残り、さまざまな人権問題が発生していた。日々の出来事を記録した当時の「事務局日誌」には、市民からの人権侵害の相談や、国会議員や新聞社との連絡、会合への出席など、さまざまな出来事、申送り事項が記載されている。

過去の歩みを振り返るとき、設立初期の人権擁護と向上を目指した熱意と活気には目を見張るものがあるが、ひるんではいられない。

不偏不党のNGOとしてJCLUに課された使命は、これからも決して変わるものではない。

例会報告

3月例会

もっと知りたいマイナンバー

――情報漏えいリスクは？監視社会にならないか？

税や社会保障などの行政分野で個人の情報を一元管理するマイナンバー制度の運用が2016年1月、スタートしました。制度に対しては、行政事務の効率化や税金や年金給付などの公平化につながるとの掛け声の一方で、国による個人監視が無制約に強まるとの懸念や情報漏えいのリスクも根強く指摘されています。

マイナンバー制度における個人情報の管理の仕組み、情報漏えい・不正利用の危険、今後の利用拡大の動きの問題について、法情報学がご専門の研究者と、マイナンバー違憲訴訟弁護団所属の弁護士からお話しいただきました。

（報告：ニュースレター編集部）

マイナンバー制度の課題

情報セキュリティ大学院大学　学長補佐・教授　湯淺 墾道

1　マイナンバー制度の概要

湯淺 墾道さん

マイナンバー制度は、住民全員（外国人住民も含む）に、12ケタの個人番号（マイナンバー）を、住民基本台帳から生成して振るものです。マイナンバー制度が導入されることにより、これまで各行政サービス上で個別に管理されていた番号が、マイナンバーによって連携することになります。

2　マイナンバーと安全対策

(1)特定個人情報保護評価

マイナンバーの運用には様々な危険性を伴うため、あらかじめ、マイナンバーに伴う種々のリスクを評価する仕組み（特定個人情報保護評価）が取り入れられています。これは日本版のPIA（Privacy Impact Assessment）と一般的に言われています。

(2)個人番号関係事務実施者等への規制

個人番号関係事務を取り扱う者に対しては、情報の取得と保管、利用と提供、廃止に至る各段階においてかなり厳しい規制が定められています。また、安全管理措置の義務や、再委託の制限・監督等も法定されています。

(3)技術面の対策

マイナンバー制度は、既存のシステムを廃止して統合するわけではありません。既存の自治体間の住民基本台帳ネットワークを利用して、マイナンバーを利用する中継装置を設置し、中継装置を介して情報をやり取りすることになります。これにより、マイナンバーが単独で漏れたとしても、第三者が住民基本台帳ネットワークに侵入することは困難となるため、私自身は、現時点ではマイナンバーが漏れたことによるリスクは小さいと考えています。

(4)番号の保護

マイナンバーが漏洩し不正に用いられる恐れがある場合には、職権による変更も認められています。このことからも、マイナンバー単独の漏えいのリスクは小さいように考えています。

3　マイナンバーと課題

(1)個人情報保護条例2000個問題

ア　個人情報保護法制の空白

現在、行政機関及び独立行政法人に加え、各地方公共団体も独自に個人情報保護条例を制定しているため、異なる個人情報保護法制が自治体の数だけ存在しています。その反面、近年の行政改革の流れを受けて、広域連合や事務組合などの特別地方公共団体が非常に増えていますが、このような団体のうち相当数が個人情報保護条例を制定していません。このような団体が、適用すべき個人情報保護法が存在しないにもかかわらず、マイナンバーを運用することになり、安全性に疑問があります。

イ　J-LISと情報公開

実際にマイナンバーの管理を担う組織として、地方公共団体情報システム機構（J-LIS）があります。これは、地方共同団体という特殊な法人なのですが、独立行政法人ではありませんし、地方公共団体の一部というわけでもありません。そして、不思議なことに、個人情報保護・情報公開に関しては、民間事業者として扱われています。

その結果、J-LISは、情報公開法制の直接の対象にならないことに加えて、マイナンバーのセキュリティ上の問題があるとの理由で、ほとんどの情報公開に応じていません。J-LISがマイナンバーの管理実務を担当するにもかかわらず、情報公開に応じないということは、マイナンバーの管理について外部からの検証ができないことを意味しますので、この点は非常に大きな問題点であると認識しています。

ウ　不適切な特定個人情報保護評価

私自身、広域連合での後期高齢者医療に関する特定個人情報保護評価に関わったことがありますが、適切な評価ができないと感じたことがあります。広域連合は、後期高齢者医療の場面でもマイナンバーを取り扱いますし、その責任を負うのは広域連合自身です。しかし、マイナンバーの収集については、広域連合ではなく、各市町村の窓口において行われています。それにもかかわらず、マイナンバー管理の責任を負う広域連合は、各市町村の窓口においてどういう形でマイナンバーが入力されているのかを把握していないのです。

その結果、いくら広域連合内部における特定個人情報保護評価を行っても、マイナンバーの収集現場である各市町村の窓口業務については評価の対象外となってしまい、適切なリスク評価ができないのです。この点も非常に大きな問題であると認識しています。

マイナンバー違憲訴訟～日本型共通番号制度～の問題点

マイナンバー違憲訴訟弁護団　弁護士　水永 誠二

1　マイナンバー制度の特徴と問題点

(1)制度の特徴

水永 誠二さん

マイナンバー制度の最大の特徴は、共通番号制度（特定の分野のみで用いられるのではなく、税・社会保障・防災分野で、官民で、共通の番号として利用する）であるという点です。そして、共通番号制度であるがゆえに、以下のような問題点があります。

(2)制度の問題点

ア　漏洩の危険

マイナンバーは官民双方において利用されることを想定しています。したがって、公的機関のみならず民間企業においても膨大なマイナンバー付きのデータベースが作成されることになります。年金の情報漏洩問題でも明らかになったように、官民双方において完璧なセキュリティというものは存在しないのですから、マイナンバー付きのデータが一定の確率で漏洩することは当然想定されなければなりません。しかし、現状では、マイナンバー付きのデータは漏洩することを前提とした安全対策がなされていないのです。

イ　データマッチング

マイナンバーには名寄せのマスターキーとしての機能があるわけですから、ひとたびマイナンバーが漏洩すれば、様々な情報を名寄せしてマッチングすることができることになります。マイナンバーはこの意味で非常に大きな価値のある情報です。現在、マイナンバーの利用拡大が企図されていますが、利用分野が拡大すればそれだけ名寄せできる情報も多くなり、データマッチングの危険性も増すことになるのです。

ウ　成りすまし

マイナンバーを鍵として個人をプロファイリングすることは容易なことです。特に、マイナポータル（パソコンや携帯端末から自分の個人番号情報にアクセスし必要な通知を受け取ることのできるサービス）などインターネット上の情報提供サービスが開始されれば、対面のチェックがありませんから、マイナンバーだけで成りすましを実行されるおそれがあるのです。

エ　監視国家化の危険

国がテロ等の捜査を口実にマイナンバーを用いて個人情報の収集を行うことも将来的には十分ありうることです。マイナンバー制度は国が個人情報を一元的に収集・管理する、いわば監視国家化を招く恐れがあります。

(3)不十分な安全対策

国は、安全対策として①制度面の対策、②システム面の対策、及び③日本版PIAの実施を掲げています。しかし、これらは全く不十分なものにすぎません。

ア　制度面の安全対策

国は制度面の安全対策として厳格な本人確認や第三者機関の設置を掲げています。しかし、本人確認のため用いられる個人番号カードにマイナンバーが記載されているわけですから、個人番号カードの普及と比例してマイナンバーが漏洩する危険性が増すことになります。第三者機関についても、その権限やマンパワーは極めて不十分なものです。

イ　システム面の安全対策

国は、情報が芋づる式に漏洩することを防ぐため、情報の分散管理を行うとしています。しかし、いくら物理的に情報を分散管理したとしても、各機関の間でネットワークを介して情報のやり取りができる時代ですから、単なる分散管理では安全対策としては不十分といえます。

ウ　日本版PIA

日本版PIAは、各機関の特定個人情報システムがプライバシーに与える影響について、自己評価するものにすぎません。プライバシーへの影響を正しく評価するためには、マイナンバー制度全体、特に共通番号制度を採用したことがプライバシーにどういう影響を与えるかを、専門家の見地から評価しなければならないはずです。日本版PIAは本来のPIAとは程遠いものです。

2　最高裁住基ネット判決の基準の古めかしさとあいまいさ

今回のマイナンバー違憲訴訟に関連して、いわゆる住基ネット判決は本件で参照すべきでないと考えています。この判決は、コンピューター・ネットワークが普及していない1969年の京都府学連事件判決を引用する点で古めかしいものであるうえ、「個人に関する情報をみだりに第三者に開示又は公表されない自由」というあいまいな判断枠組みを採用しており、先例としての価値がないからです。

市民目線のドキュメンタリー作品上映中

——JCLUシネマにぜひご来場を！

JCLUはこれまで、特定のテーマを取り上げる例会やシンポジウムという古典的な形式で、独自に、広く人権にかかわる問題提起をし、その解決に向けての提案を行ってきた。

しかし、情報の発信手段は例会やシンポジウムに限られるわけではない。むしろ、提供される情報は、その質や内容にふさわしい表現手段を備えてこそ、その伝播力を増す。残念ながらJCLUが自らそのような表現手段を駆使することはできない一方、日本で、世界で、そのような表現手段を用いてメッセージ性の強い情報を提供している人たちがたくさんいる。その手段の一つが映画である。

JCLUは、市民の自由に近づくさまざまな危機や、これに対抗して声を上げる人々の姿を描く優れたドキュメンタリー作品をとりあげる自主上映会を、隔月ないし3カ月に1回のペースでシリーズ化して開催を始めた。その名も「JCLUシネマ」。

上映会後には、ゲストスピーカーが映画のテーマを更に深く掘り下げる、アフタートークも行っている。JCLUシネマにぜひ、ご来場を。

（代表理事・青山学院大学名誉教授　芹沢 斉）

幻の「第一弾」

JCLUシネマの「第一弾」は、2015年7月15日（水）18:30より、東京・日比谷図書文化館コンベンションホールにおいて、後記の「ダムネーション」で開始される予定であった。

しかし、この日は、集団的自衛権行使を容認した閣議決定（2014年7月1日）を法制的に裏付けるための新安保法制法案の国会の審議状況から、緊急の抗議行動が呼びかけられ、JCLUとしてもそちらを優先し、第一回目の上映会はやむなく中止となった。ただし「第一弾」のチラシに「第2回　JCLUシネマ」の予定が広告されていたことから、次回が実質第1回であるにもかかわらず、名称上の回数とのずれがその後も引き継がれることとなる。

『みんなの学校』

先の経緯から、JCLUシネマの実質第1回は、「第2回」と称して、2015年9月19日（土）13:30より、「みんなの学校　大阪にこんなに元気な小学校があった！」（監督：真鍋俊永、2015年、日本、106分）の上映会として開催された。この日も、前記の新安保法制法案が強行採決された直後で抗議行動も盛りあがっていたので、参加人数が心配されたが、今にして思えば多い方だったといえるだろう。

この映画は、「不登校ゼロを目指す大阪市立南住吉大空小学校の取り組みを紹介し、第68回文化庁芸術祭大賞など数々の賞を受賞したテレビドキュメンタリーを劇場版として再編集した作品」。本作で取り上げられた大空小学校はもちろん実在の小学校で、ここでは「発達障害をかかえる子、自分の気持ちをうまくコントロールできない子など、いわゆる特別支援の対象となる児童も同じ教室で学ぶ」。

ともすると、こうした子どもたちは不登校になりがちで、実際にも不登校や遅刻の現象も見られるが、リーダーシップの強い校長以下、ベテランから新任までの「教職員、保護者、地域の大人たちだけでなく、子ども同士も一緒になり『みんながつくる、みんなの学校』のスローガン」を掲げる。その目標に向かって真摯に取り組み、「不登校ゼロ」を実現していく姿、また個々の子どもたちの生き生きとした姿は実に感動的で、「そこには、ごく普通の公立小学校が実践する濃密な教育の姿があった」。（「　」内のやや長めの文はチラシより収録。以下、同じ）。

アフタートークには、関西テレビのディレクターであり、映画の企画者でもあり、監督の配偶者でもある迫川緑さんにご登場いただき、映画企画のそもそもの出発点や子どもたちを撮影することのむずかしさ等について語ってもらった。

『ダムネーション』

JCLUシネマ第3回は、2015年11月13日（金）18:30より、「第一弾」として予定されていた「ダムネーション(DAMNATION)」（監督：ベン・ナイト＆トラヴィス・ラメル、2014年、アメリカ、87分）の振替上映会として開催された。

タイトルの「ダムネーション」は、国家としてダムづくりに邁進してきたアメリカ合衆国を揶揄する造語であろうが、八ッ場ダムの建設問題等にもみられる日本という国の形かもしれない。

それはともかく、本作によれば、アメリカ全土につくられたダムは7万5千基。川を変貌させ、棲息する環境を破壊されて特定魚種を絶滅に追い込む一方で、メリットとされる発電・灌漑・洪水防止では低い価値しかないものも多いという。そんなダムを「撤去」する選択が当たり前に語られるようになるまでには、「『クレイジー』と言われながらも川の自由を求め続けてきた人びとの挑戦があった」。

『ダムネーション』
(©2014 DAMNATION)

例えば、「夜陰に紛れて忍び込みダムの壁面に巨大なひびを描きこむ人、川べりで世捨て人のように暮らしながら遡上する鮭を見守る人」等である。そして、ラストシーンでは、彼らのエネルギーによりダムが「爆破」され、鮭が戻ってくる。ダムの建設推進派と反対派の対立やダム湖のレジャー施設化からダム撤去派の主張まで丹念に取材して、「環境保護の運動が起こるドキュメンタリー。」

アフタートークに登場した前参議院議員の大河原まさこさんは、シネマで描かれたアメリカのダム事情と自らの関わった環境保護運動など日本のダムの現状とを比較しながら、ダムの建設と撤去に関わる問題を訴えた。

『沖縄　うりずんの雨』

JCLUシネマ第4回は、2016年3月26日（土）13:30より、「沖縄　うりずんの雨」（監督：ジャン・ユンカーマン、2015年、日本、148分）の上映会として行われた。

ユンカーマン監督は、「日米両国においてジャーナリストとして活躍し、日本では九条の会や9条世界会議に参加している。映画製作にも関わり、1988年、ドキュメンタリー映画『HELL FIRE 劫火』でアカデミー賞記録映画部門にノミネート、1992年には『夢窓　庭との語らい』でエミー賞を受賞」した映画監督である。日本語も堪能で、そうであるからこそ、日本人相手の取材もスムーズに進められたのであろう。

映画は三部構成で、第一部は、1945年4月1日にアメリカ軍が沖縄本島に上陸してから同年6月23日（現在の慰霊の日）まで12週間に及び、4人に1人の住民が亡くなった沖縄地上戦を描く。その手法は、「当時同じ戦場で向き合った元米兵、元日本兵、そして沖縄住民に取材を重ね、米国立公文書館所蔵の米軍による記録映像を交え」るものであり、そうすることで激しく、かつ過酷な沖縄地上戦の実相に迫ることが可能となった。第二部では、基地建設のための土地収奪や住民の強制移住など戦後のアメリカ占領期の状況に始まり、「本土並み」の「祖国復帰」を求めながらも、復帰後も「米軍基地をめぐる負担を日米双方から押し付けられてきた、沖縄の差別と抑圧の歴史」が描かれる。特に、登場する、世代を異にする女性たちの置かれた状況や米兵によるレイプ事件等、抑圧の移譲の構造が感性鋭く描かれている。第三部は、沖縄のこれからであり、全体を通して、現在の辺野古への基地移設——実は新基地建設——問題に繋がる、「沖縄の人たちの深い失望と怒りの根」が浮かび上がってくる。

『沖縄　うりずんの雨』
(©2015SIGRO)

今後のJCLUシネマ上映作品

次回を含めた今後のJCLUシネマの簡単な広報活動をしておく。

第5回は、第4回と同じくジャン・ユンカーマン監督作品の『映画　日本国憲法』を5月14日（土）13:30より上映予定である。

この作品は、2005年、自衛隊のイラクへの派兵をきっかけに始まった、あまりにも性急な改憲への動きに対して、世界に視野を広げて日本の憲法を考え直そうとするものである。特に、日本国憲法制定の経緯や「平和憲法」の意義について世界的な知の巨人たちが語ったインタビュー集は、集団的自衛権を容認する法制的裏付けを与えてしまった今日、改めて憲法とはいったい誰のためのものか、戦争の放棄を誓った前文や憲法9条をどう考えるべきなのかを問う際の貴重な参考資料となるのではなかろうか。

第6回以降も、「自由人権」に関わる様々な問題を発掘し、情報を発信してくれる優れた映画作品を上映していく予定である。

在日外国人の歴史と現在
——外国人問題連続セミナー第1回

一橋大学名誉教授　田中 宏さん

JCLUは、日本における外国人問題を多角的に学ぶための連続セミナーを始めた。その皮切りとして、2016年2月10日、中央大学駿河台記念館において、JCLUの元代表理事である田中宏さんを講師に迎え、「在日外国人の歴史と現在」を縦横に語っていただいた。

（報告：理事・弁護士　藤本美枝）

送り出し国だった大日本帝国

明治時代、貧しかった日本は、ハワイついでアメリカ本土に多くの移民を送り出した。日本人がアメリカで黄色人種として差別の対象となったことから、日本政府は、国際連盟規約に全面的な人種差別撤廃条項を入れることを主張したが、認められなかった。アメリカではその後、排日移民法ができ、日系人の強制収容命令で約12万人の日系人が強制収容された。敵国のうち強制収容の対象となったのは日系人だけだったため、人種差別に基づくものとして問題となり、1人2万ドルの補償と大統領の謝罪の手紙が渡された。最初にブッシュ（父）大統領が日系人と直接会い、手紙と小切手を手渡した。安倍首相も従軍慰安婦に直接会えばよいのに、と思う。

日本は台湾、韓国、満州国を植民地化し、移民を進めた。いわゆる嫌韓本に、「在日は貧しい朝鮮から日本に移住してきた」としているものがあるが、実際には、日本から朝鮮や台湾に出て行った人のほうがよっぽど多い。統計上も、満州事変後の1935年に逆転するまで、在日朝鮮人数より在朝日本人の数のほうがずっと多かった。敗戦時に外国から引き揚げてきた人数は実に637万人であり、当時の日本の人口の1割近くにあたる。大日本帝国の意向を受けて出て行っており、いわばマイナスの交わりをしてきた歴史がある。

敗戦までは、日本在住の朝鮮人には参政権があり、ハングル語での投票もできた。一種の多民族国家だった。

戦争はいつから始まったと考えるべきか。ポツダム宣言が引用するカイロ宣言に、朝鮮を自由独立のものにする、台湾を中華民国に返すとあることから見ても、1894年の日清戦争開戦から始まったと考えるべきである。それから敗戦までの50年とどう向き合い、それが生み出した様々な問題をどう解決するかが、戦後日本に課された課題だったはずである。戦後の外国人の問題もここから考えていく必要がある。

未完の占領改革!

アメリカは占領前の予備調査として、在日朝鮮人の状況を調査し、社会的地位が低いとの報告をまとめている。占領後には国籍差別禁止指令が発令された。その結果、厚生年金法の国籍条項が削除されたほか、労基法と職安法に国籍差別禁止条項が入れられた。これら労働関係二法は、日本の実定法としてはきわめて珍しく国籍による差別を禁じている。

マッカーサー憲法草案には、「外国人は法の平等な保護を受ける。」との独立の条文があったが、幣原内閣が発表した憲法改正草案要綱では、「およそ人は法の下に平等」とされ、審議の過程で、「すべて国民は」という現行の憲法14条となった。公定訳では、「日本国民」の要件に関する10条は「Japanese National」だが、その他の「国民」は「people」である。英語の「people」には、外国人を除く趣旨はなかったと思われる。「国民」という言葉は、外国人の問題を考える時のひとつのキーワードである。

国籍変更と「国籍条項」の復活、そして削除

1952年4月28日、日本の主権回復時に、法務府民事局長通達により旧植民地出身者の「日本国籍」喪失が宣告された。憲法上、国籍の得喪は法律事項となっているが、法律によることなく国籍が剥奪された。同通達は、旧植民地出身者は帰化申請にあたり、通常の要件すなわち最も高いハードルを越えてくることを求めている。

西ドイツは、国籍問題規制法（1956）で、在独オーストリア人に国籍選択権を認めた。国籍の処理の問題は、あとに尾を引く。北方領土の返還を受けたら、在住しているロシア人の国籍や処遇はどうするのか。この点について誰も議論していない。歴史から何も学んでいない。

戦後補償に関する法律は、戦傷病者戦没者遺族等援護法（1952）から民主党政権下でできたシベリア特措法に至るまで、国籍要件が入っている。国民年金法（1959）、児童手当三法（1961～71）等にも、国籍条項が復活した。インドシナ難民の問題がこれに大きな変更を迫った。

第1回サミット(1975)を契機に日本も方針を転換し、一定数の難民の定住を認めることとした。しかし、外国人は生存権を保障されていないとの理由で、難民は公営住宅や公的手当の適用を受けられなかった。こうした難民政策は、在日朝鮮人差別にメスが入らないかぎり改善しないとフランスのル・モンド紙に批判された。困った日本政府は、国際人権条約、難民条約に次々に入り、これに伴い国籍条項を削除した。この国は黒船が来ないと変わらない。

社会保障の財源は税金である。憲法30条は、国民は納税の義務を負うとするが、この「国民」に外国人が含まれることに異論はないらしい。税法上も「居住者」に納税義務があるとしている。難民条約加入後は、社会保障の対象も居住者となり、ようやく納税義務者と一致した。

女性差別撤廃条約加入にあたり、国籍法を改正して父系血統主義を改め、両性平等にした。人種差別撤廃条約加入時には、北海道旧土人保護法を廃止した。このように国際人権条約加入により色々変わってきた。

日本は、移住労働者条約を除き、重要な国際人権条約をすべて批准しているが、個人通報制度は一切受け入れていない。私は在日外国人の無年金や戦後補償等多くの訴訟に関わってきたが、日本の裁判所は、国籍による差別がおかしいという判決を決して書かない。しかし個人通報ができないので、こうしたケースを国連に持っていくことができない。

高校無償化における朝鮮学校差別の問題でも、社会権規約委員会の総括所見や人種差別撤廃委員会の最終見解で指摘を受けているが、日本政府は無視している。自由権規約、人種差別撤廃条約、女性差別撤廃条約に関する個人通報制度は100か国以上の国が受けいれている。安倍首相が安保理の常任理事国入りを目指すなら、これくらいはやってほしい。

積極的平和主義より、積極的人権主義を!

在外邦人は国政選挙の投票ができることからもわかるように、国政選挙は国籍と結びついている。OECD加盟30か国も、国政選挙について外国人に権利を認めている国はほとんどない。他方、地方選挙について外国人に一切権利を認めていないのは、日本だけである。韓国でも2005年から外国人に地方選挙の選挙権を認め、国政選挙では2012年から在外韓国人に投票を認めている。つまり在韓日本人は、国政選挙は日本大使館で投票し、地方選挙は韓国で投票できる。もし日本が地方参政権を在日韓国人に認めれば、地方参政権の相互乗り入れを認めるEUと同様の状況になる。これほど未来志向のものはない。

田中 宏さん

韓国は、地方参政権以外にも、在韓外国人処遇基本法、多文化家族支援法を制定するなど、外国人と協力して社会をつくっていくとの方針を明らかにしている。2004年に韓国の国会議員に会った時、外国人の人権を尊重する国にならないと本当の民主主義国にならないと話していた。日本の政治家にも言わせてみたいものだ。

最近の動きであるが、昨年5月に人種差別撤廃基本法案が野党から提出されている。日本では人種差別をなくすための法規制が全くない。今年1月には自治体として初めて、大阪市でヘイトスピーチ抑止条例が成立した。当事者が申し出て、専門家からなる審査会がヘイトスピーチを認定すればヘイトスピーチを行った者の名前が公表される。こういうものができたということで、在特会なども引っかからないようにと考えているらしい。

先月、国連少数者問題に関する特別報告者のリタ・イザックさんが非公式に来日し、当事者と会うなどした。イザック氏からは、政治家がもっと公の場で差別を非難すべきだとの指摘があった。日本の場合、ことは民間の「心無い人」だけの問題ではなく、高校無償化に見られるようにそもそも政府が差別をしている。

2013年4月12日のジャパンタイムズの社説は、高校無償化からの朝鮮学校排除、一部自治体による補助金支給停止、町田市の防犯ブザー配布取りやめ決定などの動きを受け、政府によるこうした措置と、ヘイトスピーチが吹き荒れることとが相関関係にあることを指摘している。北朝鮮の行為に対しては国連も制裁などを行っているが、それと朝鮮学校の問題とは別で、国連も対応を求めている。人権の問題がいかに大事かということだ。日本では「北朝鮮に関わる者には何をしてもよい」との雰囲気があるが、ここには根深いズレがある。

あたごの杜から

事務局長日誌

◆2月には総務大臣の停波発言があり、3月には政権に辛口な3人のキャスターが報道番組から降板した。政権から批判されにくい無難なテーマばかりが報じられているとき、「本来取り上げられるべき問題が報じられていない」という消極的事実に気づくのは難しい。◆自民党改憲草案は人権を制約する復古的内容で危険なものだ。政権が目指すゴールを脇におき、「変化」を求める者と求めない者といった対立図式で改憲問題をとりあげる論調をみるが、危険かつ無責任だと思う。◆2月1日は辺野古新基地問題の緊急集会第2弾。本土からも引き続きこの問題に関心を持ち続ける必要がある。◆2月10日は外国人問題連続セミナー第1回。日本政府は、民間人による差別を容認するだけでなく自ら主体となって差別をしている。◆3月23日の3月例会テーマはマイナンバー。漏洩時のリスクにつき講師2名の評価が割れたが、今の制度が国民のためになっていないという点では一致した。それにしても「マイナンバー」とは言いえて妙だ。「国民総背番号」と言えば他者が見るための番号だが、「マイナンバー」と言うと自分が管理しているかの如き錯覚を生む。◆3月26日はJCLUシネマ「沖縄 うりずんの雨」。「9条は理想論として語られるが、武力で紛争を解決できないことは歴史的事実。9条の方がむしろ現実的だ。」ユンカーマン監督のアフタートークが印象に残る。◆4月7日は第2回外国人問題連続セミナー。外国人家事労働者制度が特区で始まる。一般家庭が外国人家事労働者を頼むようになると、依頼者の立場から低賃金を求めるようになる。保育所の充実など本来公的に対応すべき問題が、私人間の対立問題に転化してしまう。◆この欄の担当も最後になった。普段ゆるく過ごしており軽いことも書きたかったが、時代のため、余裕がなかったのが残念だ。過去の有名な言葉を二つあげて締めくくりとしたい。「普通の人は戦争を望まないが、国民を戦争に向かわせるのは簡単だ。国民には攻撃されつつあると言い、平和主義者を愛国心に欠けていると非難し、国を危険にさらしていると主張すればよい」(ゲーリング)。「ナチスが最初共産主義者を攻撃したとき、私は声をあげなかった。私は共産主義者ではなかったから。社会民主主義者が牢に入れられたとき、私は声をあげなかった。私は社会民主主義者ではなかったから。彼らが労働組合員を攻撃したとき、私は声をあげなかった。私は労働組合員ではなかったから。そして、彼らが私を攻撃したとき、私のために声をあげてくれる者は誰一人残っていなかった」(ニーメラー牧師)。 (二関)

2016年1月から4月までのJCLU

1月14日	1月理事会
2月1日	沖縄緊急企画第2弾「辺野古から見る地方と国〜代執行訴訟・国地方係争委・抗告訴訟〜」(宮城栄作・沖縄タイムス東京支社報道部長、武田真一郎・成蹊大学法科大学院教授)中央大学駿河台記念館
2月10日	外国人問題・連続セミナー第1回「在日外国人の歴史と現在」(田中宏・一橋大学名誉教授・元JCLU代表理事)中央大学駿河台記念館
2月17日	2月理事会
3月16日	3月理事会
3月23日	3月例会「もっと知りたいマイナンバー」(湯淺墾道・情報セキュリティ大学院大学教授、水永誠二・弁護士・マイナンバー違憲訴訟弁護団)弁護士会館
3月26日	第4回JCLUシネマ「沖縄 うりずんの雨」(ゲストスピーカー・ジャン・ユンカーマン監督)日比谷図書文化会館コンベンションホール
4月7日	外国人問題・連続セミナー第2回「特区ではじまった"外国人家事労働者の導入"」(竹信 三恵子・和光大学教授・元朝日新聞編集委員兼論説委員)中央大学駿河台記念館
4月14日	4月理事会
4月20日	メディアのいまシリーズ第1回「TV・新聞を支配し、世論を操る広告代理店の巨大権力」(本間龍・作家・元博報堂勤務)中央大学駿河台記念館

【発行日】2016年4月27日 【発 行】公益社団法人 自由人権協会
〒105-0002 東京都港区愛宕1-6-7 愛宕山弁護士ビル306
TEL：03-3437-5466 FAX：03-3578-6687 URL：http://jclu.org/ Mail：jclu@jclu.org
(大阪・兵庫支部)
〒530-0047 大阪市北区西天満1-10-8 西天満 第11松屋ビル3F 堺筋共同法律事務所内
TEL：06-6364-3051 FAX：06-6364-3054
協会設立：1947.11.23 本紙創刊：1950.5.1 購読料：年間2,500円 郵便振替：00180-3-62718 発行人：二関辰郎
JCLU

人権新聞 Japan Civil Liberties Union

JCLU Newsletter

発行所 公益社団法人 自由人権協会

〒105-0002 東京都港区愛宕1-6-7 愛宕山弁護士ビル306
TEL:03-3437-5466 FAX:03-3578-6687
URL:http://jclu.org/ Mail:jclu@jclu.org

JCLU

協会設立:1947.11.23
本紙創刊:1950.5.1
購 読 料:年間2,500円

JCLU70周年プレシンポ

監視の“今”を考える

――ムスリムとの共生を考えるシンポジウム

本稿は本年6月4日、東京大学大学院情報学環・福武ホールにて行われた「監視の“今”を考える―ムスリムとの共生を考えるシンポジウム」での議論を紹介するものである。米国CIA、国家安全保障局(NSA)の職員であったエドワード・スノーデン氏へのインタビューを内容とする第1部と、ベン・ワイズナー氏、マリコ・ヒロセ氏、青木理氏、宮下紘氏のパネリスト4名によるパネルディスカッションを内容とする第2部の計3時間以上に渡って議論が行われた。(報告:会員 二見元気)

第1部(スノーデン氏インタビュー)

第1部は、ロシアに滞在中のスノーデン氏と会場をインターネット回線で接続して行われた。会場側からスノーデン氏へのインタビューは弁護士の金昌浩会員が行った。

スノーデン氏はまず、NSAによる監視の実態として、情報収集活動を3類型に分けて説明した。第一に、防衛目的のため人工衛星などから特定の軍事勢力を監視する「ターゲッテッド(標的型)・サベイランス」、第二に、防衛上の目的ではなく政治・経済的な目的で行う「(第2の)ターゲテッド・サベイランス」、そして、第三に、一般市民の通信記録などの情報(メタデータ)を無差別かつ大量に収集する「マス・サベイランス」である。

これらの3類型のうち、「マス・サベイランス」こそが、スノーデン氏が問題視して告発したことで今日問題となっているものである。スノーデン氏によると、「マス・サベイランス」においては、犯罪とは無関係の一般市民の携帯電話の通話、電子メール、ソーシャルメディアなどの通信情報が、無差別かつ無限定に収集されている。そして、このような大量の情報を網羅的に監視、収集する手法が行われるようになった背景として、技術的な容易さ、経済的なコストの低下が理由としてあげられるという。マス・サベイランスは近年急速に発展した技術であるため、これを規制、監督する法制度がほとんどの国で整っておらず、国民の権利保護の観点から重大な問題が生じている。

スノーデン氏

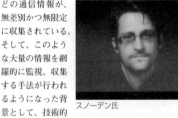

監視の実態についての説明については参加者の関心も高かったが、それと同じくらいスノーデン氏が強く訴えたのは、プライバシー権の価値についてと、日本が自由な社会でありつづけるために日本の市民がどのように行動していくべきかについてのアドバイスであった。

まず、プライバシー権の価値について、スノーデン氏は、政治的に無関心な国民が多いと言われる中でも日本人のプライバシー権に対する意識は決して低くはないと評価する。しかし、その一方で、多くの日本人にとってプライバシーとは、静寂な環境に置かれることへの期待のようなものとして認識されるにとどまっていると指摘する。スノーデン氏は、プライバシー権を「自分である権利」であり「自分を守る、人格権」であるとする。そして、プライバシー権が侵害されれば、人は「社会のもの」になってしまい、自分自身であり続けることができなくなってしまうとしてその重要性を訴えた。

そして、スノーデン氏は、現在の日本の政治状況について、徐々に全体主義が拡大しているとの危惧を表明した。これは、憲法9条改正に向けた「裏口入学」としての解釈改憲だけでなく、軍事的領域以外の分野においても全体主義的風潮がみられることによる。具体的には、特定秘密保護法の成立による市民的自由の抑圧や、主要な報道番組のキャスターが相次いで降板したことなどを受けて、メディアへの静かな圧力の存在が強く疑われることを意味してのものだという。このような政治状況に対して、スノーデン氏は、市民社会が結束するためには、ジャーナリストやメディアの役割や存在意義が改めて認識されるべきであると主張する。ジャーナリストやメディアによる権力監視機能が強化されなければ、権力の暴走を容易に招いてしまうとの考えからである。

最後にスノーデン氏は会場、及びインターネット中継でインタビューを視聴した日本の市民に向けて、「市民が主たる役割を果たす社会でないといけません。あなたは脇役ではなく、主役なのです」と呼びかけた。

第2部(パネルディスカッション)

第2部では、「信教の自由・プライバシーと監視社会―『テロ』対策を改めて考える」と題して、この問題に精通した4名の専門家が登壇し、会場からの質問を交えたディスカッションが行われた。司会は、弁護士の井桁大介会員が務め、井桁氏と各パネラーとの間での議論が行われた後、会場からの質問にパネラーが答えた。パネラーごとの発言の要旨は以下の通りである。

ベン・ワイズナー氏(米国弁護士)

ベン・ワイズナー氏

ベン・ワイズナー氏はスノーデン氏の法律アドバイザーを務める米国の弁護士である。ワイズナー氏からは、NSAが「全ての情報を集める」という戦略の下で、通信の「中身」ではなく、「誰が、何分くらい、いつ、どこで、何を行ったか」についての情報(メタデータ)を監視・収集していることが紹介された。メタデータを監視・収集する理由は、会話自体は監視されていることを見越して真実を隠して行われる可能性があるのに対して、メタデータは客観的事実であるため、これを分析することで監視対象者が接触した全ての人へと監視を広げることが可能になる点にあるという。そして、NSAによる監視は、9.11同時多発テロ以降、地理的範囲を広げ、現在では日本国内の通信も対象となっている。

ワイズナー氏はNSAによる市民の監視は憲法違反であると考えている。米国の裁判所も今日では監視の問題を憲法問題として認識するようになってきており、スノーデン氏の暴露によって監視の証拠が得られたため、現在では、監視を行うことについて正当な理由が要求されるようになってきているという。

加えて、監視に対しては司法的統制以外にも、政治的統制が適切な形で為されるべきであるが、隠すことが国家的利益として正当である情報も存在し得る以上、監視を行う政府の利害と、国民の権利との間での調整が重要であり、そのためには、自由で独立したメディアの存在が不可欠であるとワイズナー氏は強調した。

マリコ・ヒロセ氏(米国弁護士)

マリコ・ヒロセ氏はニューヨーク市警察から監視を受けたムスリム系市民の代理人として画期的な和解を勝ちとった米国の弁護士である。ヒロセ氏によると、ニューヨーク市警は9.11同時多発テロ以降、ニューヨーク市内外のモスク内への監視カメラの設置や警察官の立入り、ムスリムの学生の集会や、ムスリムが経営する企業への警察官の立入りなどによる監視を行ってきた。警察は監視はテロ対策であるとして目的の正

マリコ・ヒロセ氏

CONTENTS

当性を主張したが、監視対象者にテロ行為の嫌疑はそもそも存在せず、ムスリムであるというだけで監視が為されていた実態が明らかとなった。本年1月に、ニューヨーク市警が憲法違反の行為を行ったと認めることや、市警内部で民間の法律家が捜査の監督をすること、市警がウェブサイトに掲示したイスラム教徒の過激化に関する報告書を削除すること等を内容とする和解が実質的に成立した。警察の捜査を外部の法律家が監督するという和解内容は1970年代に起きたハンシュー事件での合意を更に強化したものであると評価されている。

また、ムスリム以外への監視の実態として、「スティングレイ」と呼ばれる最新機器を用いた情報収集が全米の市警によって行われている実態が紹介された。これは警察が携帯電話会社の基地局を装うことで、圏内の電話の通信内容や通信相手を把握することができる技術である。こうした新技術による監視は従来の警察の業務である日常の法執行と大きく異なるため、監視業務を警察自身がコントロールできていないという問題がある。

青木理氏(ジャーナリスト)

青木理氏

青木氏は日本の公安警察や警察による監視活動について長年取材しているジャーナリストである。青木氏によると、日本では警察の一部門である警備公安警察が情報機関としての役目を担ってきた。警備公安警察は冷戦体制崩壊により、従来の任務であった反共、反左翼運動の比重が弱まっており、9.11同時多発テロ以降は、「反テロ」のための情報収集に組織の生き残りを懸けている。最近では「外事三課」という組織が創設され、都内のムスリムへの監視が行われた。ムスリム個人の尾行や、モスクなど生活拠点の監視が行われ、住所、電話番号、氏名、生年月日、家族関係、交友関係を全てデータ化して蓄積していたことが明らかとなった。

また、民間による監視の例として、民間企業の協力によってムスリムへの監視が成り立っていることが挙げられた。青木氏は、その例として、特定の国の大使館員全員の口座記録を提供している銀行や、ユーザーのデータを警視庁に提供しているレンタカー会社、自校に在学しているイスラム教徒の留学生の個人情報を警視庁に渡している大学の例を紹介した。

日本におけるメディアの役割としては、特定秘密保護法や通信傍受法改定などの警備公安警察の権力拡大に対して、メディアの危機意識が薄いということが指摘された。更に、メディアの側の問題に加え、市民社会の中にも、ジャーナリズムによる権力の監視への理解が不十分なのではないかとの問題提起が為された。

宮下鉱氏(憲法学者)

宮下鉱氏

宮下氏は、主にプライバシー権について研究している憲法学者である。宮下氏は、ナチスによるユダヤ人大量虐殺においては、ユダヤ人の「管理」のため、監視による個人情報の収集と管理が必要不可欠であったことを紹介して、国家権力による監視の暴力性を改めて想起させた。そして、現在世界中で行われている監視は、テロリストを対象とするものだけではなく、一般市民が日常的利用しているSNS等のツールをもその対象としていることが紹介された。

また、米国においては警察による監視に対して裁判所や政府の監視機関による統制が機能していない現状が紹介された。なお、米国民を対象とした電話のメタデータ収集は2015年6月に成立した法律により禁じられた一方で、外国人を対象とした監視プログラムは未だに継続されているとのことである。

更に、米国での個人情報保護の取り組みとして大統領直轄の組織が創設されたことが紹介され、日本での今後の制度構築のための示唆が与えられた。第三者機関が政府による監視を統制する仕組みを構築しているEU諸国の例も紹介され、最後に「(政府による)監視に対する有効策は(市民の側からの政府の)監視である」との考えが示された。

小括

シンポジウムの最後にJCLU代表理事で弁護士の喜田村洋一氏が閉会の挨拶を行った。ベトナム戦争下の米国でペンタゴン・ペーパーズの公開を巡って新聞の出版差止が争われた事件の判決への評釈に、「even when a nation is at war(たとえ国家が戦争にあるときであっても)」との有名な副題が付されたことが紹介され、テロとの「戦争」が叫ばれる今日においてこそ、表現の自由や信教の自由といった、憲法の基本的価値が尊重されなければならない、との力強いメッセージでシンポジウムが締めくくられた。

JCLU総会記念講演

米国における憲法訴訟の広がり

――日本の憲法訴訟の狭き門を再考する

2016年5月28日、千代田区立日比谷図書文化館コンベンションホールにて、JCLU2016年総会記念講演「ACLU(アメリカ自由人権協会)弁護士が語る米国における憲法訴訟の広がり—日本の憲法訴訟の狭き門を再考する」が開催された。

講師は、ベン・ワイズナー(Ben Wizner)弁護士、マリコ・ヒロセ(Mariko Hirose)弁護士の2名だ。通訳を介し貴重なお話しをいただき、受付では、ACLUから、ボールペンとステッカーなどのお土産が配られた。

(報告:会員・弁護士 高橋涼子)

1 ACLUについて

ヒロセ弁護士は、幼いころに日系アメリカ人の強制収容問題(コレマツ事件)に取り組んだACLU弁護士の話を聞き、自分も正義のために闘うACLUの弁護士になりたいと思ったという。

1920年に設立されたACLUは、現在会員60万人、スタッフ1000人を抱える大きな団体に成長し、主に、会員や支援者の寄付によって運営されている。

ACLUは、NYとワシントンDCのナショナルオフィスに加え、ほぼ全ての州にオフィスを設置し、連邦制の様な体制で運営されている。

そして、表現の自由、プライバシー、女性の権利、移民、マイノリティ、司法制度、死刑制度、刑事施設の処遇改善、宗教の自由、安全保障など、様々な人権問題に取り組んでいる。

2 憲法上のチャレンジのまとめ —ヒロセ弁護士

アメリカで憲法訴訟を起こすには、原告適格が認められなければならない。原告適格が認められるためには、争っている事実から、具体的に損害が生じており、求めているものによって救済されることが必要となる。例えば、陸軍諜報機関が覆面捜査官を公に開かれた集会に送り、集会でメモを取ったという事件では、監視によって、発言、行動が萎縮されるとして修正第1条(表現の自由)違反を争った。しかし、最高裁は、そのような萎縮効果は損害としての具体性に欠け、原告適格が認められないと判断した。

これに対して、18歳未満の未成年者に、ネットを通じて、「わいせつ又はみだらな」表現へのアクセスを禁じた法律の違憲性を争った事件では、罰則が定められた法の違憲性を問題とするため、法律上の利益が肯定され、ACLUにも原告適格が認められた。この事件は、法の施行前にその合憲性が争われたが、最高裁は、ACLUの主張を受け入れ、同法を修正第1条に反し違憲であると判断した。

ヒロセ弁護士

アメリカでは、制度改革などを求める憲法訴訟を起こす際に、クラスアクションによることがある。クラスアクションには、ムートネスの法理(争訟性喪失の法理)の適用がないという利点があるからである。例えば、NY州では、公設弁護人不足が深刻な問題となっていたが、クラスアクションで訴訟提起し、個々人の刑事事件終了後も、訴えの利益を問題とされることなく、最終的に、勝訴的和解を勝ち取ることができた。

3 9.11以降の市民的自由の課題 —ワイズナー弁護士

アメリカは、建国以来、何らかの脅威のために人権制限を行い、後にそれを後悔し反省するということを繰り返してきた。9.11以降、アメリカでは、「テロとの戦争」という言葉を聞くようになったが、これは、今までの戦争と違い、いつどのように終わらせるのかが明確でない。そのため、下記に述べるような、9.11以降の人権制限は、永続的なものになる可能性がある。

(1)身体拘束事案

2002年1月以降、アメリカは、キューバのグアンタナモ湾にある海軍基地に、テロとの関係を疑われた人を800人も連行し、弁護人の立会いなく尋問し、拷問し、取り調べを行った。グアンタナモは、アメリカの法律が及ばない島を作ろうというブッシュ政権の狙いを反映した施設である。そのため、収容者の多くがテロと無関係であったにも関わらず、その連行や尋問の違法性を裁判所に訴えることができなかった。

2004年、収容者の家族が起こした訴訟で、最高裁は、政府の「グアンタナモにはアメリカの管轄権が及ばな

ワイズナー弁護士

い」とする主張を退けた。ここから、収容者たちに、司法へのアクセスが認められ、自分の収容について、裁判所で争うことができるようになった。

オバマ大統領は、就任時にグアンタナモの閉鎖を約束したが、議会に阻まれ、任期終了までにこの問題が解決するのは難しい見通しだ。

(2)拷問事案

9.11後、チェイニー副大統領(当時)は、「アメリカは、ダークサイドに行かなければならない。」と言った。そして、その言葉どおり、アメリカ政府は、正式な政策として、グアンタナモ、アフガン、CIAの秘密収容所で、過酷な拷問を行ってきた。

オバマ大統領は、大統領令で拷問を禁じ、ACLUも拷問被害者らの代理人となり訴訟を起こしたが、CIAの活動は、安全保障のため秘密にされなければならないとの理由で、アメリカの裁判所が拷問被害の救済を認めたことはなかった。

(3)標的型殺人訴訟

ドローンを使ったテロリストの殺害(標的型殺人)は、オバマ政権下で行われた。

戦争時に、戦場で兵士を殺害することは、犯罪には該当しないが、通常の戦時下と異なる「テロとの戦争」では、戦場、兵士が不明確であり、殺害がどのような場合に正当化されるのかを定めた法的なルールが必要である。

そのため、ACLUは、この標的型殺人の明確なルール作りを求めて訴訟を提起した。しかし、このようなルール作りは司法判断になじまないとしてACLUの主張は認められず、政府、軍の独自のルールで運用されているのが現状である。

(4)テロリスト監視リスト

政府は、テロとの関係を疑われた人で、逮捕するほどの証拠はないが、海外に渡航させるのは危険であると思われる人の「渡航禁止リスト」を作成している。

このリストに基づき搭乗拒否された人に、政府は、どの様な理由で拒否されたのかを明らかにしない。

そこで、ACLUは、理由を示されず搭乗拒否された人のために訴訟を起こし、現在、搭乗拒否には、何らかの審理が必要となった。

(5)監視事案と情報漏えい、出版の自由

テクノロジーの発展に伴い、監視コストが劇的に下がり、特定個人だけでなく、政府が全ての人の情報を収集することが可能な時代となった。

また、これまでは、秘密裏に行われた政府の監視を訴訟で争うことは、証拠がなく難しかったが、エドワード・スノーデンが政府の監視を暴露したことで、状況は大きく変わった。連邦控訴審で、政府の監視プログラムが違法であるとする判決が下されたのである。

スノーデンのように国家機密を暴露することは、アメリカでも違法となる。これは、メディアであっても同じことだ。しかし、アメリカの歴史の中で、情報を公にしたことで、メディアが訴追されたことは一度もない。メディアが、政府の秘密を公表する際、あらかじめ政府に伝え、反論の機会を与えるという不文律がアメリカにはある。これは、完璧なシステムではないが、今までそれなりに機能してきた。

4 ムスリム・コミュニティーに対する監視問題 —ヒロセ弁護士

ニューヨーク市警(NYPD)は、ムスリムに対して、監視カメラを向け、モスクやコミュニティーに覆面捜査官を送り、個人情報収集やコミュニティーとの結びつきを記録するなどの監視活動を行った。

これは、明らかな差別であり、この監視によって、コミュニティーの中に不信感が芽生え、信仰の自由、宗教活動の自由が侵害された。

これを争った事件として、ラザ事件とハッサン事件がある。どちらも具体的な損害が認定され、ラザ事件では、捜査に限定を設けること、NYPDが関与する捜査に執行機関以外の人間がかかわることなどを含む勝訴的和解が成立する見通しである。

ハッサン事件では、第二次世界大戦中の日系アメリカ人に対する不当な政策と同じ様なことが行われた。これに対し、裁判所は、「後から見れば、明白なものがなぜ予見できないのか不思議だ。忠誠心というのは、人種や信条、色で決まるものではない。」との意見を述べた。

5 質疑応答

会場からは、ACLUの仕組みや、アメリカの憲法訴訟、原告適格、国際法とアメリカの関係、9.11とアメリカ政府の関係などの質問に加え、政府の「監視システム」についての質問が相次いだ。

これに対し、ワイズナー弁護士らは、監視システムについては公開すべきであったし、個別の監視対象となっていなくても、政府が監視能力を持っていること自体、市民生活への萎縮効果に繋がるとの意見を述べた。

連続企画 メディアのいま 1

テレビと新聞を支配する巨大広告代理店

――原発再稼働で安全神話の再度刷り込みへ

作家・元博報堂勤務　本間　龍

安全な原子力発電というものが虚構であったことが露呈した福島第一原発事故から5年。政府は原発再稼働に大きく舵を切り、原発の危険性を伝えるメディアの記事や論説は、一時の勢いが弱まっている。

政府・電力業界の意を受けて、再び、国民に安全神話を刷り込もうとしているのが、巨大広告代理店である。

JCLUは2016年4月20日、東京・御茶ノ水の中央大学駿河台記念館で、元博報堂営業マンで作家の本間龍(ほんまりゅう)氏を招いて、巨大広告代理店の知られざるメディア対策、世論操作についてお話をいただいた。本間氏のお話をまとめた。

(報告:理事・弁護士　北神英典)

「デンパク」の影響力

本間龍氏

昨年、自民党の一部の代議士が、マスコミを懲らしめるためにメディア規制をするべきだという発言をして問題になりました。

新聞やテレビなどメディアに対する影響力を行使できるのは、政治家ではありません。それができるのは、メディアの弱点を熟知している巨大広告代理店です。巨大広告代理店は、電通と博報堂の2社を意味します。この2社は業界では「デンパク」と呼ばれています。

新聞の3割～4割は広告収入です。これはローカル紙になるほど大きくなります。テレビでは7割とも言われています。

メディアは、広告がなければ成り立ちません。欧州では広告に規制がありますが、日本にはありません。

広告主に代わって圧力

新聞やテレビコマーシャルの広告枠を確保し、顧客のブランディング戦略を立て、イベントを立案する。そうしたこともすべて代理店、実質的にはデンパクが行っています。

それだけではありません。デンパクは顧客である大企業の情報危機管理もしています。日本全国の新聞雑誌の記事を毎日チェックして顧客に不利な記事がないかどうかを調査するのです。事故や事件が起こった時には、メディアへの露出を最小限にするよう働きかけもします。

三菱自動車の燃費データ不正問題が明るみに出ました。もしトヨタや日産であれば、これほど大きく報道されることはなかったでしょう。両社は年間500億以上の広告費を使っていますが、それは不祥事が起きたときに備える危機管理の意味もあるからです。

新聞に記事が掲載される場合にも、一面に載るのか中面に載るのかで印象がだいぶ違います。これも代理店がメディアに調整を依頼することによって変わってくることがあります。

世界一の代理店「電通」

デンパクの中でも、特に業界トップの電通の影響力は絶大です。電通は2014(平成26)年度売上が約2兆3000億円、世界一の広告代理店です。朝日新聞や読売新聞の売上は4000億円程度です。売上でも電通の足元にも及びません。

電通の業界シェアは約4割です。昭和天皇の国葬を仕切ったのも、万博やオリンピック、国際スポーツ大会を企画・運営するのも電通です。

電通は自民党との付き合いも長く、電通には、多くの代議士の子弟が縁故入社しています。

共同通信社、時事通信社は電通の大株主です。電通は、ほとんどの民放テレビの株主でもありますから、誰も電通の批判報道をすることはできません。

テレビ局やラジオ局が開局したばかりの草創期に、広告をとってきてくれたのも電通でした。その恩があるから、どのテレビ局も電通には頭があがりません。他の広告代理店は割り込む隙がありません。

原発広告によるメディアコントロール

デンパクは、ほとんどの巨大イベント、オリンピックやJリーグなどもすべて牛耳っていますから、メディアの生殺与奪を握っています。司法、行政、立法に続く第四の権力がマスコミだと言われていますが、第五の権力である広告代理店は、マスコミをコントロールしているのです。

メディアリテラシーをつけようということがよく言われますが、メディアコントロールの存在についてもよく知っておいていただきたいと思います。メディアコントロールの代表が原発広告です。

朝日新聞の報道では、東京電力の広告費はチェルノ

ブイリやスリーマイル島の事故のたびに増額され、3.11まで、毎年200億円の規模に達していました。

東京電力の広告費が巨額な理由

メディアにとって電力会社は超優良クライアントです。原発ネガティブ報道はメディアにとっては完全なタブーになりました。

2010年の日本の広告宣伝費のランキングで東京電力は10位です。1位はパナソニックで700億円、2位以下はソニーのような国際企業が並んでいます。しかし東京電力はただのローカル企業にすぎません。それなのになぜ200億もの宣伝広告費が必要だったのでしょう。

1965年に7億円でスタートした東京電力の広告費（普及開発関係費）は1979年の米スリーマイル島事故後に急増し50億円を超え、その後は年々増加し、1985年には100億円を突破しました。1986年チェルノブイリ事故の影響で反原発運動が広がるとさらに増え、年間150億円を超えました。

2002年には東電のトラブル隠しが発覚しましたが、その後も広告費は増えていきます。不祥事が起こるたびに広告費が増えるという不思議な会社です。

広告引き上げの恫喝

2011年に福島第一原発事故が起きて広告費は57億円に急減しました。しかし40年間に総額6400億円、他の電力会社も合わせると2兆4000億円という巨額の宣伝広告費を使ってきました。実態はその倍くらいの金額が動いているはずです。

広告代理店は東京電力に都合の悪い記事が掲載される予定があればご注進に及びます。マスメディアは「記事の掲載をやめないと広告を引き上げる」という脅しをかけられます。批判的な記事を書いた記者や番組制作者は左遷されることもあります。

メディアは委縮して自己規制し始めます。広告がメディアを支配する構造、デンパクによる第五の権力の完成です。

復活した原発礼賛広告

「この子たちの未来のために」「エネルギーは財産である」といった美辞麗句を掲載した電力業界の広告は、3.11後、急減しました。しかしまた増え始めています。2か月前、福井新聞に高浜原発再稼働の広告が載りました。400～500万円はかかるカラー広告でした。「すべては安全のために」というコピーのもと、原発で働いている人たちが頑張っていることを強調していますが、しかし原発が安全かどうかという問題と関係があるのでしょうか。

第五の権力の問題点は、すべてのメディアを同時に支配できること、権力と結びつきやすいこと、誰が情報操作しているのかわかりにくい、有力な対抗手段がないといったところにあります。

「この子たちの未来のために。」など美辞麗句を使った電力業界の広告は、3.11 後、急減したと説明する本間氏

東京五輪翼賛報道の背景

2020年東京五輪の招致活動においても、反対を唱える人はメディアに出演できない状態でした。朝日、毎日、読売、日経の4社は、1社60億円を負担して東京五輪のオフィシャルパートナーになっています。その五輪を仕切るのは電通です。

東京五輪の大会運営は、国際オリンピック委員会（IOC）の負担金が23%、トッププログラムというIOCのスポンサー企業が10%、チケット収入が23%。このほか27%がローカルスポンサー、日本企業からの収入で賄うことが予定されていました。ローカルスポンサーの拠出金は招致段階で920億円の見込みでしたが、すでに4倍近い3330億円も集まっています。集めたお金の3割が電通の取り分だといわれています。

東京五輪では、運営費は潤沢なのに10万人以上のボランティアを集め、ただ働きさせようとしています。企業から出向した担当者が事故に遭えば労災保険が適用されるのに、ボランティアには保険は適用されず、無償で酷使されるのです。

番組よりCMが大切

オリンピックに対する批判報道はマスメディアには期待できそうにありません。

私たちは、マスメディアは報道機関ではないと知るべきです。テレビ局にとって大切なのはコマーシャルです。番組はその隙間に流すものでしかありません。NHKも例外ではありません。自民党に認可を握られているからです。

事実を見極めるためにはソースを一つに頼らないこと、複数のメディアが同じ報道をし始めたら疑うこと、企業広告に頼らない良心的なメディアから情報を得ること、最終的にはニュースの背景を考え、自分の頭で考えることが必要です。

連続企画 メディアのいま2

本当のことを伝えない日本のメディア

前New York Times東京支局長　マーティン・ファクラー

参議院選を目前に控えても、「何が争点であるのか」については控えめな報道に徹する日本のメディア。そのことが誰を利するのかは一目瞭然でしょう。かつては11位（2010年）にランク付けされていた「報道の自由度ランキング」（国境なき記者団）も2016年には72位にまで後退してしまっています。日本の報道メディアはどうなってしまっているのでしょうか。

日本の報道メディアをめぐる憂慮はますます深まるばかりですが、この状況を、日本でのジャーナリスト経験が15年にも及び、日本を熟知した前New York Times東京支局長・マーティン・ファクラー氏からお話しいただきました。

（報告：理事・恵泉女学園大学教授　斉藤小百合）

はじめに

マーティン・ファクラー氏

まず、「西松事件」における「日本の大手メディア」の報道の在り方が、ほぼ同じ報道であることに、強い違和感をもった。小沢氏についての扱いもほぼ同じ。小沢氏は逮捕もされていなかったが、報道によって、ほぼ「有罪」と断定とされていた。「大本営」型の報道は、検察からの「リーク」なのだろうが、これをアメリカでやってしまえば、大変な問題。しかし、日本のメディアは「リーク」記事をそのままに伝える。これでは、ロシア並みではないだろうか。しかも「政権交代」前夜という政治的に重要な時期で、これは日本の民主主義にとっての「危機」なのではないか、と強く思った、

そこで、こうした事柄への問題関心を持ち、取材するようになった。しかしそこで、「記者クラブ」の存在にぶつかった。この「記者クラブ」が受け身的な報道の在り方のマインド・セットをしてしまっている。（たしかに、歴史的には、「記者クラブ」が報道の自由を確保しようとしたことがあるのだろうが。）

外国人記者からすると、日本の報道の「主人公」というのは、あたかも「官僚」であるかのようだ。NHKの報道は、「権力者が主人公」であるということを繰り返し伝えるのみであって、その点で、中国のCCTVとそれほど大きく変わるものではないように見える。官僚・政府からいかにスクープを得るか、ということだけに関心を寄せているとすれば、官僚・政府を批判することはできないだろう。結局、この関係が、権力への依存を促してしまっている。

次に、強く意識するようになったのは、「3.11」後の福島原発に関する報道のありようだった。日本のことであるのに、海外の報道のほうが信頼できた。というより、日本のメディアはほとんど報道しなかったため、海外の報道しかなかった。南相馬市に取材に入ると、フリーランスの記者や外国メディアの記者のみだった。しかし、一方で、紙面では「安全」ということしか伝えられない。しかし、そう書いているひとたちは、自分たち自身は怖くて、取材には来ない。なぜ自分たちは怖がっているのに、紙面では「安全」と報道するのか。ジャーナリストとしての倫理とは何か。これでは、正義にかなっていないではないか、と強く意識するようになった。

ジャーナリズムというのは、政府の側に立つのではなく、国民の立場に立っているべきなのではないだろうか。政府の代弁ばかりをして、国民には嘘をついてもかまわないと考えてしまうのか。日本の人々も、そこまで愚かではないので、結局、大手メディアを信用しなくなったということなのではないか。

第2次安倍政権発足以降、新たな日本のメディアの流れができてきたのではと考えている。安倍政権は日本の方向を変えようとしている。国民的議論を抑え込みながら、方向を変えてしまうということは問題ではないか。日本は大きな転機に来ているのだが、大手メディアも含めて、国民全体を巻き込んで議論しようという動きがない。平和主義から転換していく、ということの是非はさておくとして、少なくとも国民全体で議論することが必要なはず。いまこそ、正しい情報、正しい知識をもって、真剣に議論することが市民社会にとって必要だ。

1　日本のメディアを世界はどう見ているか

民主党政権時には、開かれた政府のために、かなり努

力がなされた。そのため、報道の自由度ランキングでも、最高では11位ぐらいになっていたが、2016年は72位に低下してしまった。報道の自由における「グローバル・スタンダード」という観点で日本は評価を下げてしまっている。

4月に、国連特別報告者デビッド・ケイ氏による日本訪問があった。安倍政権のケイ氏訪日に対する姿勢というのは、極めて消極的であったため、数年にわたって外務省に働きかけをして、なんとか2015年10月に来日に漕ぎつけたが、直前に「ドタキャン」となった。4月にやっと来日を果たしたわけだが、政府関係者はほぼ面談を受け入れなかった。かろうじて、総務副大臣が面会したが、15分しか会わなかった。その内容は、高市氏の国会での答弁を繰り返すのみだった。

しかし、ケイ氏にとっては、国連への報告が、きわめて説明しにくい状態である。はっきりした対立状況があるわけではない。しかし、とても閉塞的な状況。記者の逮捕といった明確な弾圧がなくても、民主社会における記者の役割は、多様な意見を市民に提供することであるはずで、違う意見を言えないということそれ自体が、表現の自由が危機にさらされているということである。

2 日本メディアの構造的脆弱性

まず、「アクセス・ジャーナリズム」の問題がある。スクープを取ろうとするために、取材対象を批判しない。結果、癒着してしまう。権力との距離の取り方をいかにバランスがとれたものにしていくかは、きわめて難しいが、それでも、アメリカではその時々に反省し、試行錯誤する。日本では、その点に関しての問題意識を持っていないのではないか。

それを制度的に支えているのが、「記者クラブ」の存在である。これが、日本のジャーナリズムにおける、役所・官僚への依存を深めている。記者が出世していくには、そうした方面でのスクープが必要となる。自分のキャリアのためには、政府・官僚を怒らせてはいけない。それが委縮を生むという構造である。

なぜこのような構造が問題視されず、維持され続けるのか？それは、アイデンティティの違いではないか。アメリカでは、倫理観・価値観・使命感などをジャーナリズム・スクールなどで学ぶ。会社への忠誠といったことではない。ジャーナリズムはこうあるべき、という使命感は、どの社に属していても変わらない。社を超えて、ジャーナリストとしての横のつながりがある。しかし日本では、会社ごとに「タコツボ」化してしまっている。新聞社に入ってから、ジャーナリストとしての職務を学ぶ。新聞社の人事担当者によると、「白紙」であることが望ましい、という。ジャーナリストというよりは、サラリーマンなのではないか。記者のアイデンティティは、「記者集団」にあるのではなく、「新聞社」にある。また新聞社も、ある意味では民間の「官僚組織」である。記者は、「エリート」としての、特権集団であるということがアイデンティティ。結局、「インサイダー」としての特権を守りたいということになる。

3 朝日新聞調査報道の失敗

Investigative Journalismと日本の「調査報道」は違う。事実を取り出すだけではない、事実を取り出して、ストーリー（Narrative）を描き出す。権力側とは異なるNarrativeを描き出すことである。

2006年、朝日新聞では10人規模の「特別報道チーム」が設置され、その後「特別報道部」へと格上げされた。特別報道部の設置は、2012年度の日本新聞協会賞を受賞した長期連載「プロメテウスの罠」に代表される調査報道に結実した。その際、特別報道部の初代部長に就任した依光隆明記者は、部内に「脱ポチ宣言」という張り紙をしたという。「ポチではない。権力を監視するウォッチ・ドッグになるのだ」という宣言だ。まさに、政府目線ではない報道こそが、報道の生命線だ。しかし、「吉田証言」「吉田調書」報道取消し問題を受けて、調査報道を重視した木村伊量社長が辞任し、特別報道部は事実上解体されてしまった。

この特報部の敗北が持つ重要性が日本では認識されていない。「吉田調書」問題の朝日新聞の対応は最悪のものだった。ジャーナリストが強大な政治権力を相手にして戦うには、組織からの強いサポートがなければならない。ところが朝日新聞は記者を守るのではなく、組織防衛を重視し、記者を切り捨ててしまったわけである。

4 朝日新聞の出来事は高まるメディア不信を反映

構造的な弱みを安倍政権が巧妙に利用している。安倍政権は、単独・個別インタビューなどを行うという点で、これまでの政権と決定的に異なっている。「懇談」（食事会）なども多用し、協力的なメディアに対しては、スクープを提供する。まさに、「アメとムチ」である。安倍政権は、メディアに対する国民の不信、「メディアも所詮はエリート」といった国民の受け止め方を巧妙に利用している。これは、米大統領選共和党候補者のトランプの手法と同様だ。不信は「フクシマ」後に始まり、安倍政権下で拡大し、メディアに対する不信感を政治的に利用している。あらためて、国民とメディアが立ち上がって、この流れを食い止めなければ。

外国人問題
連続セミナー
第2回

特区ではじまった外国人家事労働者の導入

和光大学教授・ジャーナリスト 竹信三恵子

外国人問題連続セミナー第2回は、2016年4月7日、中央大学駿河台記念館に和光大学の竹信さんをお招きして、国家戦略特区で始まった外国人家事労働者の導入についてお話しいただきました。この問題は、低福祉社会＝福祉の自己責任化の芽となる可能性を秘めているとのこと。

（報告：理事 旗手明）

1.家事労働者問題とは何か

竹信三恵子氏

20年ほど前に、新聞記者としてシンガポールにいたことがある。子連れだと出張にも行けず、やむを得ずメイドを雇った。日曜日には休んでいいことにしたところ、隣人からクレームがきて、「メイドを自由にさせるのは困る」とのこと。つまり、雇う側である家庭が、いわば使用者同盟化し、賃金・労働条件が上らないようにする構造となっている。

ILOの推計では、世界に6,350万人（児童労働1,050万人を含む）の家事労働者がおり、その8割以上が女性であり、また圧倒的多数が移住労働者だ。グローバル化の中で男性雇用の不安定化と女性の労働力化が進み、少子高齢化、公的福祉の後退という条件が重なると、その穴を埋めるものとして家事労働者が出てくる。言わば、福祉の自己責任化だ。

世界では、家事労働者への身体的・精神的・性的な虐待や低賃金・休日無しなど、基本的労働権が守られていないことが問題化している（ITUC（国際労働組合総連合）『労働組合権の侵害に関する年次報告書』2012年を参照）。そのため、ILOでは2011年に家事労働者条約（189号）が採択された。

家事労働は、家庭という密室で監督がしにくいこと、また、言語・文化・法的知識の壁などもあり、「個人で買える価格」を求めて社会的抑圧が起きやすい構造がある。つまり、家事労働では、雇う側となる私たち自身が加害者となる可能性を含んでいるのだ。

2.なぜ特区なのか、なぜ「家事支援人材」なのか

今回の「家事支援人材」につながる動きは、2013年に在日米商工会議所が「年収700万円以上」の世帯に限って家事労働者を認めるよう要望書を出したことに始まり、その後、竹中平蔵・パソナグループ会長（産業競争力会議メンバー）ら人材ビジネスが乗り出してきたことで、急ピッチに進んで来た。

こうして神奈川県が、さる3月28日に参入希望業者からの申請受付けを開始した。8社前後が参入を希望し、計70～80人程度の受入れが見込まれている。また、大阪では、これから特区諮問会議の審議を経て特区として認定され、相手国との調整の上、6月から事業を実施する見込みだ。

この施策の法律上の根拠は、国家戦略特区法第16条の3だけであり、あとは政令、指針（内閣総理大臣決定）や「解釈」などによっている。その結果、具体的な実施内容は、国会の審議や議決を通さず、政府機関と首長などでスピーディー（＝拙速）に決められることになる。

家事支援人材というのは、家事労働者ではない。家事サービスのための道具として、一時的に借りてくるだけで、要らなくなったら放り出すことになる。

3.「家事支援人材」制度の枠組みと問題点

国家戦略特区法では、在留資格を「特定活動」として「特定家事支援活動」ができると定めているが、具体的なことの多くは「指針」（国家戦略特別区域家事支援外国人受入事業における特定機関に関する指針）において定められている。いざ訴訟に発展したらどうなるのか、指針の法的効力は定かではない。

この制度の中核機関として、「第三者管理協議会」が設置され、受入れ企業（特定機関）の認定を行う。この協議会は、関係自治体、内閣府地方創生推進室、地方入国管理局、都道府県労働局、地方経済産業局により構成されるが、労働団体などは入らず、労働法を決める際の基本条件である政労使合意の場はない。

第三者管理協議会は、年1回特定機関の監査をするが、ペーパー報告だけで実効性は疑わしい。また、関係自治体が苦情相談を受けることになっているが、専門知識を持った職員を確保できるのだろうか。賃金は「日本人と同等額以上の報酬」としているが、基準としてあいまいだ。

この制度では、利用世帯と特定機関との関係は、請負契約とされ、住込みは認められない。派遣ではなく請負なので、利用世帯は直接に家事労働者を指揮してはならず、指揮すると「偽装請負」となってしまう。

外国人労働者側の条件としては、児童労働を排除す

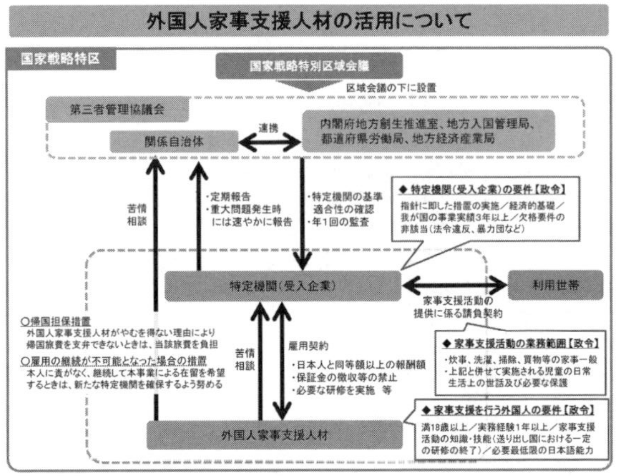

首相官邸ホームページより

るため年齢制限として18歳以上とし、1年以上の実務経験、必要最低限の日本語能力が要求される。

日本で働ける期間は通算3年間とされているが、研修でもないのに3年限りというのも理解しがたい。香港では2年契約だが、更新は可能なので、家事労働者は労組やネットワークを作れる。他方、日本では3年で帰すことになり、そうしたつながりを作ることは難しく、どうやって使用者に対抗できるのか、大いに問題だ。

4.日本社会になにをもたらすのか
―「低福祉社会の下支えと福祉サービスの自己責任化」

家事支援活動の業務範囲は、炊事、洗濯、掃除、買物等の家事一般とされるが、育児・保育はこれらに付随する場合にだけ認められる。また、「身体介護」は認められない。しかし、「要支援」が介護保険の対象から外されたことの穴埋めに使われるかも知れない。今後、育児・保育や介護の分野に歯止めなく広がっていく可能性がある。

女性には働いてもらいたいが、女性や子どもの福祉にお金を出したくない。そうすると、例えば保育園の定員を増やすなど、質の低下という悪循環になる。その穴埋めとして、こうした家事支援サービスが考えられている。その結果、公的福祉が後退し、日本の福祉の形を変えていくことにつながりかねない。

日本の家事・福祉労働者の賃金は元々低いが、家事の延長とされ低賃金でも不思議に思われない。しかし、家事労働もキチンとした労働なのだ。もし外国人労働者が入って、日本人労働者の賃金も下がると、外国人労働者への嫌がらせが始まるだろう。

5.家事労働者の受入れに必要なこと
―「労働権確立による家事サービスの質向上と社会的緊張の緩和」

家事労働者が求められる背景には、利用者側の長時間労働の問題がある。家事サービスを自前で購入しなくてすむように、労働時間の規制が必要だ。また、最低賃金は、家事労働者にも適用されるので、その引上げも重要だ。

「財政難だから社会保障削減は当然」という発想の転換も必要だ。これはまったくダメで、社会保障を削減すると、働くことができなくなる。人が活躍する基盤として、社会保障は必要なのだ。

「利用者だから家事労働者の人権は関係ない」という発想の転換も必要だ。家事労働者の活用は、便利なようで、個人にとって大きな負担になる。もし家の中で事故が起こったら、不法行為責任を問われる場合もあり得る。

また、家事労働者の苦情が、きちんと表に出てくることが大切だ。そこで、家事労働者のための独自の相談窓口を用意する必要がある。既存のユニオンのHPなどにリンクを貼り、苦情の受け皿とすることも考えている。

もしモデル的な家事労働者の受入れが日本でできれば、東アジアで初めて家事労働者条約を批准する国になれるかも知れない。

〈参考資料〉
・ITUC（国際労働組合総連合）『労働組合権の侵害に関する年次報告書』2012年
http://www.jtuc-rengo.or.jp/kokusai/siryou/index.html
・G7伊勢・志摩サミットの女性の権利アジェンダに関する提言
http://ajwrc.org/doc/G7Ise-ShimaSummit_Letter_JPN.pdf
・国家戦略特区で家事労働者として働く人のためのチェックリスト
http://migrants.jp/wp-content/uploads/2016/06/24954f24d2dd4e4994685acde30a3595.pdf
・神奈川県「宿舎費ガイドライン」
http://www.pref.kanagawa.jp/uploaded/attachment/817471.pdf
・岩波新書「家事労働ハラスメント」（竹信三恵子）

例会報告

5月例会

あらためて問う企業政治献金
――その弊害と憲法適合性

あまり報じられていないが、昨年末に大手銀行が18年ぶりに企業政治献金を復活させた。銀行による政治献金を中心に、弊害を元朝日新聞編集委員で現在デモクラTVの代表を務める山田厚史さんが論じ、企業政治献金一般の憲法上の問題点についてJCLU代表理事で青山学院大学名誉教授の芹澤齊さんが解説した（2016年5月10日中央大学駿河台記念館）。

（報告：JCLU理事・弁護士　二関辰郎）

銀行　政治献金を再開

デモクラTV代表　山田厚史

1.企業政治献金の問題点

山田厚史氏

企業による政治献金は、見返りを期待すれば「贈賄」、見返りが無ければ「株主への背信」になる。どう転んでも変なことだ。政党側の事情をみると、共産党は新聞販売収入があるが、他の政党にはそのような資金源はなく寄付が欲しい。財界は、政界と顔をつないでおきたい一方、企業政治献金には問題があるため、常にその取り扱いに悩んできた。

2015年12月、自民党に対して三菱銀行・みずほ銀行・三井住友銀行が、1998年以来18年ぶりに2000万円規模で政治献金を再開した。全銀協会長は、昨年10月の記者会見で、「見返りを求めて行うものではなく、企業の社会貢献の一環として重要性を有している」と語っていた。社会貢献と言うが、どのような社会貢献なのか説明はない。

2.一時は献金を廃止

自民党への献金は、国民政治協会を窓口に行われる。銀行業界はかつて同協会へ最も多く献金をしてきた。銀行業界は護送船団方式と言われ、弱い金融機関でも生きることができた。金利をすべて大蔵省が決め、金利決定の際にコストとして献金分も含まれていた。銀行による献金が途絶えたのは、公的資金で銀行が政府の救済を受けた1998年である。経営が苦しいという事情もあったが、銀行だけが税金で救済されたことに批判が強く、政治献金が許される環境ではなかった。

2004年ころほぼすべての銀行で公的資金の返済が完了し、2006年ころに政治献金復活の動きが生じた。しかし、「政治とカネの関係を断つために政党交付金があるはず」、「税金を支払っていない銀行が政治献金するのか」と世論の反発を受け、このときは実現に至らなかった。

当時、自民党はりそな銀行から多額の融資を受けていた。2005年度の自民党の銀行借入は総額80億円だったが、りそな銀行だけで53億円を担っていた。特別公的管理下にある救済中の銀行から政権政党が多額の借入を受けていたことになる。権力濫用との批判を受け、翌年からりそな銀行の融資は減り、代わりに融資を増やしたのが3メガバンクだった。

3.融資の基本的ルールに抵触

自民党の政治資金収支報告書（2014年）によると、三菱銀行から31億円超、みずほ銀行、三井住友銀行から各20億円超を借金している。ある金融庁OBは、「厳密に言えば不良債権に分類する融資」に当たると述べる。政党の収入は政党助成金か寄付しかない。政党助成金は当選議員数により変わる。選挙の結果次第でリスクが高い。通常の融資であれば、リスクある融資には担保を求める。かつて当時の全銀協会長に質問したところ、「自民党本部を担保にとったと聞いている」との説明だった。しかし、調べたら担保にはとっておらず、担保価値は15億円程度だった。自民党に対する融資では、歴代経理局長が個人保証をしているだけだ。一般社会ではありえない融資が行われてきた。

融資した銀行が政治献金をするなら金利の減免と同じである。受け取った献金で返済するならば債務カットと同じである。

4.安倍政治を支える「貢献」

厳格な金融のルールを適用していたら、自民党は財務で破綻していた。権力を銀行業界が支えてきたのである。市民による「安倍政治を許さない」の真逆を行っている。政治献金は「企業の社会貢献の一環」というが、「安部政治を支える」ことが銀行流の「社会貢献」ということか。

企業政治献金の憲法適合性

JCLU代表理事・青山学院大学名誉教授　芹澤　齊

1.企業政治献金の弊害

芹澤　齊氏

企業は政党に政治献金を行う際、一定の見返りを期待する。政党側は、その期待に応える行動をとる。政党（特に与党）は、法案提出や予算配分に多大に関与するから、実質的には職務権限ありだが、法制上は職務権限がない。それゆえ、ことの本質は贈収賄と異ならないが、犯罪には該当しない。

たとえば、土木建設業界は裾野が広く、ゼネコンの下に何次もの請負業者がいる。業者側はカネを提供し、選挙の際に票をとりまとめる。政党側は、公共事業を起こし、土木建設業の需要を喚起する。日本の政治が「土建屋政治」と言われるゆえんである。また、金融業界は、バブル期に過剰な不動産投資を行い自己利益追求のすえ巨額の不良債権を抱えた。政党は、金融業、特にメガバンクが倒産したら国民経済に大打撃を与えることを口実に、巨額の公的資金を注入した。銀行は、公的資金を借りている間は政治献金を自粛していたが、収益改善により再開した。先ほど山田さんが説明したとおりである。

2.八幡製鉄最高裁判決による合憲性論の検証

1970年に出された八幡製鉄政治献金事件最高裁判決は企業政治献金を合憲とした。その理由づけをあらためて検討すると、論証抜きの強引な正当化をしていることがわかる。

①最高裁は、法人の人権享有の根拠に関しては「社会的実在」説に依拠している。「社会的実在」としての会社は、株主との関係で会社法上の存在であるのみならず、従業員との関係では労働法上の存在でもある。しかし、最高裁は、後者の側面を無視している。

②最高裁は、会社も納税者たる立場にある以上、意見表明その他の行動を禁圧すべき理由はないとする。しかし、「意見表明」と「政治献金」とでは、政治を動かす力が質的に異なる。

③最高裁は、政治献金が会社にとって「性質上可能」か否かをきちんと吟味していない。営利法人の行う政治献金が法人の本来的活動態様と言えるのか、なぜ営利法人（実際には代表取締役）の行う政治活動が株主の政党支持の自由に優先するのか、を検討していない。

④最高裁は、企業政治献金が政党政治の「健全な発展」に寄与するという前提をとる。しかし、健全な政党の発展を妨げているとの指摘にも十分説得力があり、判決の前提には疑問がある。

⑤最高裁は、企業による寄附を自然人による寄附と別異に扱うべき憲法上の要請はないとする。しかし、自然人と法人の間には選挙権に関して憲法が差異を設けていることや自然人の政治献金が本人の思想信条に反することはありえないが、会社の場合には株主の思想信条に反する可能性があることなどを考慮に入れれば、「憲法上の要請はない」という断定はできないはずである。

⑥最高裁は、資金の一部が「選挙人の買収」などの病理的現象を生むことがあっても、そのような非違行為の抑制には別の方途があるとする。しかし、企業政治献金は、冒頭で確認したように、選挙の際の買収等とは異なり、献金の見返りに政党が利益配分を行う金権政治の手法であるから、これが認められるべきか否かこそ本題であり、判決はこれにこたえていない。

3. 1994年政治改革関連法

1994年には、いわゆる政治改革関連法が成立した。まず、公職選挙法が改正され、衆議院選挙に小選挙区・比例代表並立制が導入された。次に、政党への国庫からの助成を定めた政党助成法が成立したのと引き換えに、政治資金規正法が改正された。そのことを示すのが同法の付則である。付則9条では5年経過後に会社その他の団体による資金管理団体への寄付を禁止する措置を講じ、同10条では政党及び政治資金団体に対する寄付のあり方を見直すとされた。しかし、付則に沿った改正は行われずに、現在、政党は国庫からも企業からも政治資金を得ている。

4.企業政治献金の違憲性

自分が良いと思う政党を支持して何が悪いかという議論もある一方、次の問題点を指摘できる。

まず、株主の政治的思想・信条の自由及び政党支持の自由の侵害である。多数存在する株主には多様な思想・信条の持ち主がおり、会社の支持政党と異なる政党支持者がいると想定できる。次に国民の参政権侵害である。ここにいう「参政権」は、たんに投票権を指すだけでなく、政治過程に平等に参加する権利である。会社の代表取締役が、会社という他人のカネを使って政治過程に強力に参入することは、国民の参政権の平等を侵害し、憲法の想定する平等な政治参加という参政秩序を歪める。さらに、事前に政治献金をしていた業界のみが危機に陥ったとき国家から救済されるとなれば、財産形成過程の平等と自由が侵害される。最後にひとつ指摘しておきたい。国庫と政治献金を原資とする政治資金が政党本部から小選挙区に見合う形でおかれる政党支部に配分され、支部長を務める政治家家系の「家産」=私財のように利用されうる。そうすると、政治家の財産形成過程に国家が加担するという不平等も生じる。

6月例会

例会報告　本当に危険！　自民党改憲草案を検証する

会員・学習院大学大学院法務研究科教授　青井未帆

JCLUは2016年6月9日、6月例会「本当に危険！　自民党改憲草案を検証する」を中央大学駿河台記念館で開催しました。岩波新書『憲法と政治』を5月に出版したばかりの青井未帆学習院大学教授を講師に、自民党改憲草案（草案）を素材としつつ、理屈では上手く捉えきれない「改憲」論の根底にある「どろっと」したもの、国会議事堂の周辺で感じるのとは別な空気がいろいろなところで感じられるのはどうしてなのか、なかなか言葉に捉えきれない「違和感」をあえて言葉にすることで、自民党改憲草案の背後にある「気持ちの悪さ」、理性では対応しきれない感性への訴えを、あえて言葉で分析するという例会でした。青井先生の話を読み解くと……。

（報告　代表理事・学習院大学教授　紙谷雅子）

0.なぜ、憲法改正なのか

参議院選挙が近づくにつれ、安倍さんの発言からは憲法や改憲への言及が激減しています。それは今年（2016年）の1月から3月にかけての発言と4月以降の発言の傾向を見ても明らかに改憲に対する「温度差」の違いが見えます。もちろん、これは7月の選挙を意識し、改憲発言が刺戟するであろう反発を少なくするためであるという説明もありますが、それでも、何故、「争点化しない」のかを探ることが重要です。憲法を重要だと考える人々にとって、「争点化しない」のは争点隠しに見えます。この7月の選挙を「アベノミクスの成功」を強調して、人々が意識しないように改憲に必要な議席を確保する…。でも、安倍さんの意図はそうではないのかもしれません。

憲法改正を争点化しなくても大丈夫と安倍さんが考えるのは、安倍さんを支持する人々だけでなく、多くの人々が「日米同盟」という関係に対して疑問を持たずに、よいことだと肯定していることや、武器輸出を奨励する外交、経済力と武力を背景にした「大国外交」に疑問を抱いていないことに現れていますが、それだけではないのです。

多くの人は、憲法について、「変えたいから変える」ことを是認していると、安倍さんは読んでいるのではないでしょうか。「草案」から読み取れるのは「どろっと」した情念―日本国憲法は好きではない、なんだか「しっくり来ない」、「違和感がある」という感覚を多くの人が持っているという認識なのかもしれません。「変えたいから変える」に理屈はいりません。

1.「日本国憲法的なるもの」への違和感

感覚でしかありませんが、意外と多くの人は「日本国憲法」を、今の日本の「語られ方」にそぐわないと感じているようです。それはゆっくりと醸成されている空気であり、日本のよき伝統、歴史、郷土、絆、助け合いといった言葉で表現されている「国柄」です。そこにあるのは天皇を中心においた国家と社会と家族の一体感。人は国家と一体化しており、国家と対峙する関係にはありません。別な言い方をすると、人は「個人」ではないのです。そこにあるのは、調和と絆の世界であり、空気を読むことが期待されますが、それは「同調圧力」などというものではないとされています。

「行き過ぎた個人主義」

「日本国憲法的なるもの」への違和感を象徴するのが、「権利」と「自由」と「個人主義」です。なかなか体制に同調できない少数者の抵抗の論理として受け取られるので、個人としての権利主張は、空気を読まず、和を乱すわがままな論理です。そして、「日本国憲法的なるもの」を象徴する人権のような「普遍的な価値」の優位は、良き美しき伝統の国日本という認識と自尊心を脅かします。国連からさまざまな条約遵守が不十分であるという指摘がありますが、それに対する対応の鈍さは、実は、何事においても優れており、古来からの価値を尊重する美しい日本という主張の裏返しなのかもしれません。近代の特徴である普遍性に抵抗感を覚え、価値を見いだしていないのは、日本について、とくに統治のあり方について情緒的に語られてきたことと無関係ではないのです。

たとえば「国家元首」（草案第1条）は、どうやら法的にはさほど意味がなさそうでありながら、権威のシンボルとして絶対に外せません。国家と天皇は同心円上にあり、天皇は国家を具現化する存在となっています。安倍さんの、そして、「日本国憲法的なるもの」に違和感を覚えている人々の日本を語るのに、天皇問題は避けて通れない重要な問題です。

人々と社会と天皇を結びつける重要な仕組みとして想定されているのが「国旗」（草案第3条1項）、「国歌」（草案第3条2項)、「元号」(草案第4条) と国民の憲法尊重義務 (草案第102条) でしょう。近代憲法は人々が何を国家に求めるのかをはっきりさせる役割を担っていることから、国家の、統治機構の権限を列挙し、その限界を定めているという前提がここでは消えています。国家と人とが同じ立ち位置にあり、一体化しているともいえましょう。起草において、法律と憲法との違いが認識されていないのです。あるいは、国家と個人との関係の把握が平面かつ同列に置かれているので、権力関係を意識するのが難しいと表現できます。国民の名の下に、国家が権力を行使し、それが国民のためであると人々に思い込ませるならば、人々は国家に対し、自由を求め、権利を主張し、平等の実現を要求することは必要がなくなったと錯覚するようになる…のかもしれません。

「個人」と「人」

日本の「人」は他の人々、社会、国家と和や絆といった価値を共有しているので、権利や自由は公益と公の秩序 (草案第13条) と整合的…であって、不自由を感じないのだから、わざわざ権利や自由を主張するまでもないということなのでしょうか。気になるのは、国家が国民を守る…という言説です。行政国家においては国家が国民を中心とする人々のさまざまなサービスを提供するようになりました。これらのサービス提供が、国家による (善意に基づくかもしれないけれども)「大きなお世話」の強要となり、個人の選択を無視し、実質的な選択の幅を狭め、さまざまな意味での少数者に我慢を強いることになると懸念されますし、そのような我慢を強いることに周囲が疑問を持たないとなると、阿吽の呼吸で空気を読む人だけが社会に受入れられることになります。価値を共有しない少数者への不寛容を肯定し、他者と分類した人々を排除するのに国家が手を貸す、そんな事態が現実化しそうです。

公益と公の秩序という表現には、人々の相互に衝突する権利の調整を計るという意味が乏しいように思われます。対立する権利の調整原理としての「公共の福祉」に立ち戻ることが必要です。

2.家族と個人

家族との関係において、「個」を確立しなければならなかった1945年以前の状況に対し、70年を経た今日、助け合う家族を導入すること (草案第24条) がかつてあった問題の解消の結果を意味しないことは、家族の中の差別が2013年まで存続していたことや今も一体感という名の下に「個」としての認識を拒む状況からも、見て取れます。国家が家族に積極的に介入すること、あるいは、国家に対する文書である憲法に家族を規定することに、そしておそらくは憲法を行動規範と理解することに、疑問を持ってもよいのではないでしょうか。

青井未帆氏

3.統治機構

草案全体としては、統治構造の改変よりも人権に関する改変のほうが多くなっています。改正の方針に理論的な一貫性はないのですが、人権を「切り札」として権力に対抗する存在ではなく、人と共同体と一体化させるというあり方を実現する方向は、情緒的には一貫しているということができそうです。

統治機構に関する規定の最大の特徴は統治のあり方における権力の抑制という観点の欠如です。現在も、権力に対する抑止機能が十分に働いていないことが懸念されていますが、それ以上の権力の強化 (草案第98条、第99条) に対する抑止と均衡の仕組みがないので、統治機構の間のバランスが取れていません。が、多くの人は、総理大臣への、答責性のない権限集中について、あまり関心をもたず、あるいは、重要視していないように見えます。法律は、対立勢力のいる国会での議論が不可避ですが、命令であれば密室での決定で十分ということになります。授権という枠組みさえあれば、後は密室で決定し、実行するという構造は、1941年の国防保安法、2013年の特定秘密保護法とよく似ています。

安倍さんは「法の支配」を連呼していますが、権威を潰して、権力を全面的全方位的に掌握するために改憲をめざしているようにしか見えません。憲法は、人々の心構えの指針ではなく、制約を設けなければ、腐敗し、暴走する権力という存在に対して、歯止めをかける仕組みです。国家が常にその行動に対して責任を問われるという緊張感が国家の行動に規律を与えるという前提で、私たちが、国家のすること、今までしたことに対して十分な説明を求め、納得できる答えを要求する装置を組み込むことが憲法に不可欠です。

最後に、憲法教育は小学校の段階から繰り返し、実施されていますが、多くの人々はそれを「覚える」ことだと考え、考える対象とは捉えていないようです。何故、憲法の前文でいろいろなことの決意表明をすることになったのか、あるいは、憲法とは何かについて考える余地がない憲法教育に、本当の問題があるのかもしれません。

テロとアメリカ 第①回

アップル対FBI

会員・弁護士　井桁大介

2016年2月16日、アメリカ連邦地方裁判所がアップルにFBIへの捜査協力を命じました。その翌日、アップルCEOのティム・クックは長文のレターを自社のウェブサイトに載せ、この命令に異議を申し立てることを宣言しました[1)]。それ以降この問題は法廷の内外で大変な議論を呼びました。本連載では今後数回にわたりアメリカのテロ対策の最前線をご報告する予定ですが、今回はその初回として、このアップル対FBIに関する議論をご紹介します。

事案の概要

2015年12月2日、カリフォルニア州サン・ベルナルディーノで14人が死亡する銃乱射事件が起きました。犯人はSyed Rizwan Farook とTashfeen Marikの夫妻で、事件後に車で逃走したものの警察との銃撃戦の末にいずれも射殺されました。FBIはイスラム過激派思想に感化されたホームグローンテロリストによるテロと断定し、彼らの背後関係を捜査しています。

FBIは彼らの事件前後の動向、特に立ち寄った場所と接触した人物に関する情報を収集するために、FarookのiPhone (5cモデル・iOS9) に残された情報にアクセスしようと試みました[2)]。しかし、彼のデバイスにはパスコードがかけられていました。iPhone同モデルのセキュリティレベルは高く、ロックを解除するには対象端末にパスコードを打ち込む以外の方法はないとされていました[3)]。アップルは顧客のパスコードを保存しない運用をとっており、死亡したFarook以外にパスコードを知るものはいません。捜査機関が解除するにはランダムにパスコードを打ち込んでいくしかありませんが、同モデルにはパスコードを4回打ち間違えると相当時間が経過しない限り再度の入力ができなくなる機能 (時間延長機能) や、10回打ち間違えると自動的に端末内の全情報を削除するプログラム (自動消去機能) が組み込まれています (なお、自動消去機能は持ち主がオン／オフを設定できます。)。パスコードは4桁なので1万回試せば[4)]いずれかの組み合わせがヒットするのですが、時間延長機能があるため4回目以降は大幅に時間がかかることとなり、また、自動消去機能がオンに設定されている可能性がある以上FBIとしてそのリスクを冒すことができません。

そこでFBIはAll Writs Act[5)]に基づき、カリフォルニア州中央地区アメリカ連邦地方裁判所に対し、アップルに捜査協力を命令する令状を発令するよう申し立てました。同裁判所のSheri Pim令状裁判官は2016年2月16日にこの申し立てを認め、アップルに以下の捜査協力を命じました[6)]。

1) 捜査官がFarookのiPhoneのデータにアクセスするため、合理的な技術援助を提供すること。
2) 前項における援助には、以下の3つの機能が含まれていなければならない。
   i. 自動消去機能の回避又は無効化
   ii. (手作業ではなく) 電子的にパスコードを打ち込めるようにすること。
   iii.時間延長機能の無効化
3) 技術援助は、本体のOSやデータを改変せずに独自に作動するソフトウェアイメージファイルの提供が想定されるが、それに限らない。
4) 政府が同意する他の実現可能な手段を用いることもできる。
5) 費用負担については政府と協議すること。
6) データ管理の責任はアップルではなく捜査官にある。
7) 本命令により不合理な負担を課せられると考える場合は、本命令受領後5営業日以内に異議を述べること。

同月25日、アップルはこの命令に異議を申し立てました[7)]。アップルの主張の骨子は、冒頭に紹介したティム・クックのメッセージに端的に整理されています。概要は以下のとおりです。

①スマートフォンには私的な会話、写真、金融情報、健康情報などが詰まっており、プライバシー保護の必要性が極めて高い[8)]。
②今回のテロは許されるものではない。アップルはFBIに

1) http://www.apple.com/customer-letter/
2) 本来、スマートフォンの中身を見るには令状が必要となる。ライリー事件最高裁判決参照。 Riley v. California, 134 S. Ct. 2473 (2014) http://www.supremecourt.gov/opinions/13pdf/13-132_8l9c.pdf　本件ではFarookが死亡していた上、対象のスマートフォンが雇用主名義だったためその同意に基づき令状なく捜査された。雇用主の同意のみで従業員のスマートフォンの中身を捜索できるかは議論があるが本稿では取り扱わない。
3) 山下哲也『iPhoneロック解除をめぐる対立の意味』2016.3.22 付けWEBRONZA, http://webronza.asahi.com/science/articles/2016031500004.html　なお本文で後述するとおり、FBIは後にそのセキュリティを破ることに成功する。
4) ブルートフォース (総当り攻撃) と呼ばれる。
5) 裁判所・裁判官は法を実現するために必要かつ相当な令状を発令できるというもの。全文は以下のとおり。
(a) The Supreme Court and all courts established by Act of Congress may issue all writs necessary or appropriate in aid of their respective jurisdictions and agreeable to the usages and principles of law.
(b) An alternative writ or rule nisi may be issued by a justice or judge of a court which has jurisdiction.
6) https://regmedia.co.uk/2016/02/17/apple_order.pdf
7) カリフォルニア州令状裁判官の決定に対し、カリフォルニア州地区連邦裁判所に異議を申し立てたもの。
http://ja.scribd.com/doc/300626962/Patently-Apple-Apple-Motion-to-Vacate-Order-Compelling-Them-to-Assist-the-FBI-in-Searching-a-Seized-iPhone
8) スマートフォン (を初めとする携帯電話) に含まれるプライバシー情報の特殊性については、前掲注2ライリー事件参照。詳細は本文内で後述する。

対し情報や技術を可能な限り提供してきた。

③しかし今回の命令には応じられない。これはiPhoneのOSにバックドア（裏口）を設けるよう命じるものである。

④FBIは提供された技術をFarookのiPhoneにしか用いないと主張しているがそのような保証はない。バックドアの技術が知れわたれば、以後、別のiPhoneにも使われかねず、歯止めは利かない。iPhone利用者のプライバシーは致命的な危機にさらされる。

事件は異議審に係属し、アップルから詳細な主張書面が相次いで提出されたほか[9]、法学者、ACLUなどのNGO、コンピュータセキュリティの専門家、主要なテクノロジーカンパニー（マイクロソフト・グーグル・アマゾン・ヤフーなど）などによる多数のアミカスブリーフ（法廷助言書）が提出されました[10]。法廷の内外でプライバシー、テクノロジー、ナショナルセキュリティをめぐる最先端の議論が繰り広げられ、裁判所の判断が期待される中、口頭弁論は3月22日に予定されていましたが、直前になってFBIが審理の延期を申請。裁判所はこれを認め期日を4月4日に再設定しました。延期の理由としてFBIがアップルの助力なくセキュリティを破ることに成功したと報道されていましたが[11]、3月28日、報道されていたとおり、アップルの助力なく情報にアクセスできたことを理由に、FBIはAll Writs Actに基づく申し立てを取り下げ、審理は終結となりました[12]。

寸評

この事件はデジタルプライバシーの将来を占うものでした。取り下げという決着となったため司法判断は先送りとなりましたが、法律上の争点は今回の事件によっておおむね整理されたといえます。今回はその中から日本の法体系でも参考となる3つの論点を紹介します。

1 携帯電話のプライバシー

携帯電話、特にスマートフォンはプライバシーの概念を根底から変えた、というのがここ数年のアメリカの議論です。そのランドマークとなったのがライリー事件最高裁判決[13]です。この事件の争点は、逮捕時に押収した被疑者の携帯電話内部の情報を捜査機関が令状なしに見ることができるかというものでした。この判決では、以下のとおり現代における携帯電話の重要性が整理されています（結論として無令状捜索を否定）。

①現代の携帯電話、特にスマートフォンはミニコンピュータというべきであり、電話としてだけでなく、カメラ、ビデオプレーヤー、住所録、カレンダー、テープレコーダー、図書館、日記、アルバム、テレビ、地図、新聞などとして使われている。

②多くの人にとって生活必需品で、しかも常に携帯しているという特殊性がある。

③住所、私的なメモ、健康情報、銀行情報などの異なるタイプの詳細な情報が含まれていることがあるが、これらを組み合わせることで個々の情報単体では得られない情報が得られる。

④検索履歴も、例えば病気に関する検索など個人の私的な関心を明らかにする点で他の物件とは質的に異なる。

⑤保存される量も圧倒的に多い。家中に保存されている情報に勝るとも劣らない。

⑥さらにクラウド情報にアクセスできることを考えると、どこまでが携帯電話という物件に保存されている情報かの線引きも難しく、捜索の対象が無限定に広がりかねない。

特に以下の判示は、携帯電話がプライバシーの性質を一変させたことを端的に表したものとして話題になりました。

「政府は携帯電話のデジタルデータの捜索は他の有体物の中身を捜索することと実質的に区別できないと主張するが、これは馬に乗る旅行と月への旅行を区別できないと主張するようなものだ。いずれもA地点からB地点に行くという点では同じだが、それ以外にひとくくりに扱う理由はない。現代の携帯電話に対する捜索は、煙草入れや財布やカバンに対する捜索をはるかに超えたプライバシーへの懸念を伴うのだ」

ライリー判決以降、携帯電話のプライバシーの重要性を強調するいくつかの判決が下されています[14]。今回の技術協力命令は、このような時代の流れに真っ向から反するものとして議論を呼んだといえます。

2 セキュリティ対セキュリティ

今回の事件に関連し下院司法委員会[15]で行われた公聴会で証言したSusan Landau教授は、今回の事件を「セキュリティ対セキュリティ」の問題だと指摘しました[16]。すなわち、個別犯罪の捜査とサイバーテロの予防という2つのセキュリティの対立です[17]。教授によれば、今回の命令は個別事件の捜査というミクロのセキュリティを優先して、サイバーセキュリティというマクロの問題を軽視した結果、2つの点で致命的な危険をもたらすとされています。1つは、本件のような捜査協力が常態化すれば、多数の無効化ソフトが作られることとなり、その一部が流出してサイバーネットワーク上に致命的な欠陥が生まれることとなる危険です。もう1つは、アメリカの裁判で企業にアップルに命令できるという先例を作れば、必ず他国（特に専制国家）でも同様の命令が発令され、人権侵害や弾圧に使われるという点です。

サイバーセキュリティは、国家の安全保障にかかわる分野であっても、その大部分を民間企業に依存しています。アップルが最先端のセキュリティを開発したことは、サイバーテロの予防に大いに寄与する点で国家安全保障の見地からも称揚されるべきことであり、捜査協力の拒絶を捜査妨害と非難するなど時代錯誤だと批判されているのです[18]。

3 227年前の法律を適用することの是非が投げかける極めて現代的な問題

本件では、捜査機関が携帯電話の情報にアクセスできるという実体法の問題には争いがなく（前掲注2参照）、議論されているのはその手法としてアップルに捜査協力を命令するという手続が許されるかという問題です。そこで出てきたのがAll Writs Actの適用の是非という法律問題です。

All Writs Actは1789年に成立したもので、初代大統領のワシントンが署名した最古の法律の一つです。一部の論考では227年前に成立した古めかしい法律が不当に使われたと指摘されていましたが、埃をかぶって死文化していた法律が突然持ち出されたわけでは決してありません。実際、ACLUが公刊情報から整理しただけでも、2008年以降現在までにアップルとグーグルに対し合計で63件の捜査協力命令がAll Writs Actに基づき認められています[19]。

All Writs Actは、司法府が非定型的な命令を発付できるとする法律です。法律で定められていない捜査手法を創設できるため、これまでも最先端のテクノロジーを用いる捜査の根拠として使われてきました。

しかし、All Writs Actに基づく捜査手法の創設を無制約に認めると、大きな問題が生じるとACLUなどは批判しています。例えば、ある最先端の捜査手法を認めるとプライバシーの侵害やサイバーセキュリティの弱体化が予想されるため、議会は充実した議論の結果法律の制定を控えると決定していたにもかかわらず、1人の裁判官が捜査機関の要請を受けて数日のうちに全く新しい捜査手法を認めることができてよいのかという問題です。

このようにAll Writs Actの適用の是非は、単なる手続法の問題にとどまりません。新しい捜査手法の導入の是非という、ときには国の行く末を左右しかねない問題を、個別事件における司法の判断のみにゆだねて良いのか。それこそが今回の究極の問題です。このように考えると、この問題が決して227年前の古めかしい法律の解釈に関するマニアックな議論ではないことがお分かりになるかと思います[20]。国際化が進み、テクノロジーが進化し、数年で社会構造ががらりと変わる現代において、その国のあり方を決めるのは誰かという、重大な議論が潜んでいるのです。

結び

ライリー事件の補足意見でAlito判事は、携帯電話のプライバシーの問題は議会で決着させるのが望ましいと述べました。上述のとおり2016年3月1日には下院の司法委員会で本件に関する公聴会が開かれ、FBI長官、アップルの代理人、著名な学者、そして地元警察の代表者がそれぞれの立場からこの問題について証言するなど、議論はその舞台を立法府に移しつつあります。

例え別の新たな事件において、All Writs ActによるiPhoneのセキュリティ無効化が裁判所により認められたとしても、そこで議論が終わるわけではありません。その判断を先例として政府・捜査機関がさらなる協力をアップルやグーグルなどに求めてくることは必至です[21]。司法がいかなる判断を下そうとも、社会の変化に即応した立法の重要性はいささかも揺らがないのです。

9.11以降、アメリカ政府はテロ対策を強化し、近年のテクノロジーの進歩にあわせてその捜査手法も進化しています。捜査機関のテクノロジーの利用を議会はどこまで制御すべきか。議会が果たすべき役割は高まるばかりです。次回は、9.11以降アメリカ議会が果たしてきた役割、すなわちテロ対策関連の立法過程を整理し、現在繰り広げられている最新の議論を紹介したいと思います。

---

9) 例えば、以下を参照。https://www.justsecurity.org/wp-content/uploads/2016/02/apple.motiontovacate.pdf
プライバシーの重要性を強調した上で、All Writs Act を今回の命令の根拠とすることの違法性や、今回の命令が修正1条や修正5条（デュープロセス条項）に反することなどが主張されている。

10) 一覧は以下を参照のこと。 http://www.apple.com/pr/library/2016/03/03Amicus-Briefs-in-Support-of-Apple.html

11) 報道によるとFBIはかねてより世界中のハッカー、技術者から技術協力の申し出を受けていたようである。最終的にイスラエルのセキュリティ会社がFBIにアップルのセキュリティを無効化する技術を提供したとされている。

12) カリフォルニア州で令状が発令された数日後、ニューヨーク州ブルックリン地区連邦裁判所がAll Writs Actに基づく同じような捜査協力の申し立てを却下し、話題になった（http://www.nytimes.com/interactive/2016/02/29/technology/document-Orenstein-Order.html参照）。政府が却下決定に異議を申し立てたため、バックドアの是非に関する先例となる可能性を秘めていたが、最終的にこちらの事件でもFBIが独力でセキュリティ解除に成功し、事件は取り下げられた。なお、いずれの事件についても、スマートフォンを捜索した結果、何らかの有益な情報が入手されたとの報道には接していない。

13) 前掲注2

14) 例えば State of Maryland v. Kerron (2016) https://www.documentcloud.org/documents/2781646-1496s15.html

15) 公聴会の概要は以下を参照 https://judiciary.house.gov/hearing/the-encryption-tightrope-balancing-americans-security-and-privacy/

16) 教授の証言録は以下を参照 https://judiciary.house.gov/wp-content/uploads/2016/02/Landau-Written-Testimony.pdf

17) 現代において、サイバーセキュリティは国家安全保障の見地から極めて重要である。実際、ここ数年の間に、中国、ロシア、イランの各政府に支援された組織が、米国の政府機関や企業、法律事務所などに対し、知的財産を狙った大規模なサイバーテロを仕掛けていたことが明らかとなった。中国によるサイバー攻撃の実情は、例えば以下を参照 https://www.fireeye.com/content/dam/fireeye-www/services/pdfs/mandiant-apt1-report.pdf
また、ロシア政府によるウクライナの発電所に対するサイバー攻撃を生々しくレポートするものとして、https://www.wired.com/2016/03/inside-cunning-unprecedented-hack-ukraines-power-grid/

18) サイバーネットワークは免疫システムに例えられる。一部の細胞がやられても、免疫細胞が機能していれば、全体の健康は保たれる。アップルなどのテクノロジー企業は定期的にバグを修正し、顧客にソフトウェアアップデートを促して、全体のセキュリティを維持している。LawFareの以下の記事は、バックドアが横行すれば、顧客がアップルから送られてくるアップデートを信用せず、結果としてシステム全体が脆弱になる危険があると指摘している。https://www.lawfareblog.com/be-careful-what-you-wish-device-hacking-and-law

19) https://www.aclu.org/blog/speak-freely/map-shows-how-apple-fbi-fight-was-about-much-more-one-phone

20) この問題について先例的価値を有するのがNew York State v. New York Telephone Company (1977) 判決である。賭博事件の捜査に関し、電話の発信先番号を自動的に記録するペンレジスターという装置の設置許可を裁判所に求め、裁判所がAll Writs Actに基づき電話会社に当該装置の設置等に関する協力を命じた。最高裁判所はこの判断を是認した。この判決はAll Writs Actの適用の可否に関し4つの要件を定立したとされている。本件との関係で重要な要件は、「議会の（明示または暗黙の）容認」という要件であり、議会が行政の当該捜査を実質的に容認しているという状況が必要だと考えられている。
本件で捜査機関側はこの要件に関し、FarookのiPhoneの内部情報の捜索自体は実体法で許容されているから、その内部の情報を見るための技術協力をアップルに命じることを議会は容認していると考えるべきだとしてこの判例の射程が及ぶと主張している。これに対しアップルやACLUは要件を満たさないと主張している。例えばACLUはそのアミカスブリーフにおいて、以前行政府にモバイルデバイスの製造元に対するデバイスのセキュリティを解除するよう命令する権限を与えるか否かが議論された際、議会はその権限の付与を注意深く避けてきたことを指摘している。すなわち、ここ数年、政府がアップル等のテクノロジーカンパニーにバックドアの設置を命じるための法律を制定するよう求めてきたが、議会はこれを退けてきた経緯があるわけである。さらにACLUは、1994年に制定されたCommunications Assistance for Law Enforcement Actという法律において、通信会社には捜査協力を命じることができる旨の条項が盛り込まれたものの、アップル等の情報サービス会社はその対象から除外された立法経緯があることや、近年FBIなどがアップル等の情報サービス会社もこの法律の対象とするよう働きかけてきたが、議会がこれを拒絶してきたことなどを紹介している。このように、アップル等に捜査協力を命じる法律を制定する十分な機会と時間がありながら議会がそれを拒絶してきたにもかかわらず、司法が令状を発付することは、All Writs Actの精神に反し許されないと強調している。

21) 対象デバイスのすべての操作を覗き見るソフトの埋め込みや、位置情報を自動的に送信する機能の設置などが予想される。

追悼　宮崎繁樹先生

会員・弁護士　羽柴　駿

宮崎繁樹先生（明治大学名誉教授、元JCLU代表理事）は、JCLUにとってだけでなく私個人にとっても忘れ難い記憶、恩義のある方であり、そのご逝去は誠に惜しむべきものというほかない。

1925年生まれの宮崎先生は敗戦後、明治大学の法学部に進み、国際法学者の道を歩み、当時の日本では未開拓であった国際人権法の研究を始める。これがその後の先生とJCLUとの出会いを用意することとなる。

私が初めて先生に出会ったのは、1976年（昭和51年）4月に私が事務局次長になってJCLU事務局に常駐するようになってからの理事会だったと思う。先生とはその後もいろいろな場面でお会いすることになるが、何といっても印象に残るのは、先生から持ち込まれた台湾人元日本兵戦死傷者に対する戦後補償問題であった。

先の日中戦争から第2次大戦に至るいわゆる15年戦争において、当時は日本の植民地であった台湾から多くの若者が中国大陸や太平洋の戦場に送られ、およそ3万人の台湾人が戦死し、それ以外にも多数の負傷者を生んだ。ところが、敗戦によって台湾が中国に返還された結果、台湾人は日本国籍を失ったものとされ（日本政府の見解）、日本政府が支給する補償（恩給、障害年金、遺族年金など）から一切除外されるという不公平な扱いを受けるにいたった。

宮崎先生は著名な陸軍中将の息子として生まれ、陸軍幼年学校から陸軍士官学校へと進学、卒業したという経歴から分かるように、旧陸軍の関係者として、台湾関係の戦友会関係者らと共にこの補償問題に早くから取り組んでこられた。その運動の中心となったのが「台湾人元日本兵士の補償問題を考える会」という市民団体であり、先生は当初から代表世話人として事務局長の王育徳氏（台湾出身、明治大学教授）と二人で補償要求運動の中心となっていた。しかし、有力国会議員を通じて政府への陳情を繰り返してもらちが明かず、残る道は訴訟を提起するほかないという段階に至った際、弁護団の編成をJCLUに依頼したことが先生と私との個人的な出会いにつながる。

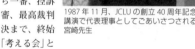

1987年11月、JCLUの創立40周年記念講演で代表理事としてごあいさつされる宮崎先生

私は秋本英男弁護士（故人）らと弁護団を編成し、台湾現地での調査から提訴のための理論勉強などにあたったが、その後の提訴から一審、控訴審、最高裁判決まで、終始「考える会」と先生には訴訟をバックアップしていただいた。訴訟は判決主文では敗訴（請求棄却）であったが、世論を動かして議員立法による補償立法の実現に成功し、台湾の元兵士本人や遺族ら一人一人に対し日本政府から補償金（弔意金、見舞金）が支給されるという成果をあげることが出来た。宮崎先生や「考える会」の方々の長年のご苦労が報われたと言えよう。

宮崎先生には明治大学の学生部長時代における学生運動（当時は全共闘の全盛期だった）への柔軟な対応など、その人柄をうかがわせるエピソードが多いが、私も一つ書いておきたい。「考える会」の所在地は先生の世田谷区のご自宅になっていたため、ご自宅には会員や関係者らから会費の支払（振替）通知を始め様々な便りが郵送されてくることが多かったが、先生はその一つ一つに対しご自分の直筆で丁寧な礼状を書き送っていた。明治大学の総長までされた多忙な先生がそこまでなさるという、まさに先生の誠実なお人柄を示す事実といえるだろう。

先生のご冥福を心からお祈りいたします。合掌

JCLU大阪・兵庫支部総会記念講演

国際社会から見た国家緊急権

会員・神奈川大学法科大学院教授　阿部浩己

2016年5月21日、JCLU大阪兵庫支部は、神奈川大学法科大学院教授の阿部浩己（あべこうき）先生をお招きして、「国際社会から見た国家緊急権」と題する総会記念講演会を開催しました。緊急事態条項を憲法に創設するという動きがある中、非常に貴重で示唆的なお話をお聞きすることができました。以下にその概略を記します。　（報告：理事・弁護士　七堂眞紀）

（1）概説

国家緊急権は「戦争・内乱・恐慌・大規模な自然災害など、平時の統治機構をもっては対処できない非常事態において国家の存立を維持するために、国家権力が、立憲的な憲法秩序を一時停止して非常措置をとる権限」と定義される（芦部信義「憲法第4版」）。日本国憲法には、国家緊急権の規定はない。

自民党改憲草案第98条は「内閣総理大臣は、我が国に対する外部からの武力攻撃、内乱等による社会秩序の混乱、地震等による大規模な自然災害その他の法律で定める緊急事態において、特に必要があると認めるときは、法律の定めるところにより、閣議にかけて、緊急事態の宣言を発することができる。」、同第99条3項は「緊急事態の宣言が発せられた場合には、何人も、法律の定めるところにより、当該宣言に係る事態において国民の生命、身体及び財産を守るために行われる措置に関して発せられる国その他の公の機関の指示に従わなければならない。この場合においても…基本的人権に関する規定は、最大限に尊重されなければならない。」と規定する。

阿部浩己氏

同項に関し、Q&Aは、「国民の生命、身体及び財産という大きな人権を守るために、そのため必要な範囲でより小さな人権がやむなく制限されることもあり得るものと考えます。」と説明している。

緊急事態条項をおくべき理由として、国際人権規約においても緊急事態が予定されていることや、諸外国の憲法に規定があることがあげられる。

確かに、「緊急（非常）事態」における人権の停止ないし制限については、自由権規約（市民的及び政治的権利に関する国際規約）第4条、欧州人権条約、米州人権条約に規定がある。

しかし、2001年の自由権規約委員会一般的意見29：緊急事態（第4条）、1985年のシラクサ原則、1984年の国際法協会（ILA）パリ基準などにみられるように、人権の制約をいかに最小限に限定的にとどめるかの国際法上の努力が続けられている。

（2）緊急事態における免脱措置
――国際人権法の基準

フランスでは憲法で大統領への権限集中、戒厳令（軍への委任）が定められ、1955年非常事態法が政令により令状なき家宅捜査等を可能にした。

ドイツでは、基本法において緊急事態が防衛事態、災害事態、緊迫事態等に分類されており、防衛事態の宣言には議会での特別多数が必要とされている。基本権の制限は、公用収用時の補償、身体拘束期間1日を4日に延長するといった程度で限定的であり、また、連邦憲法裁の任務遂行は妨げられない。

英国では、マーシャル・ローの法理により2004年に緊急事態法が制定された。

米国では、憲法で人身保護令状停止、大統領の権

限行使が定められ、国家非常事態法が1976年に制定された。

諸外国では緊急事態を「必要悪」と考えているが、常に濫用の危険がつきまとうため、厳格な歯止めをかけている。すなわち、シラクサ原則が、法の支配は依然として妥当すると定めているように、緊急事態は法の支配の停止・法律主義からの逸脱を意味するのではない。1987年の米州人権裁判所勧告的意見は、緊急事態下でも人身の自由への制限をきわめて限定し、かつ裁判所によるコントロールが及ぶことについて言及している。

自由権規約第4条が定める緊急事態の発動要件は、まず①「国民(国家ではない)の生存を脅かす公の緊急事態」の存在であるが、欧州人権条約の下での適用基準は、現実のまたは差し迫った危険の存在、国民全体への影響もしくは限定された地域における全住民への影響、共同体の組織化された生活の継続が脅威にさらされていること、危機(危険)が通常の人権制約措置では対処できないほど例外的であることが必要とされている。

次は②必要性と比例性である。免脱措置は例外的で一時的でなければならない。「たとえ武力紛争時であっても、その状況が国民の生存を脅かすものである場合にのみ、かつその限度においてしか規約の効力停止措置が認められてはならない」と、武力紛争下でも国際人権条約は適用されることを明示している(一般的意見)。

さらに③非差別と④ 他の国際義務の遵守が必要である。後者に関しては、他の主要人権条約(社会権規約、拷問禁止条約など)には緊急事態条項はなく、子どもの権利条約38条、障害者権利条約11条などはあらゆる事態下での権利保障を要請している。

なお、⑤免脱(効力停止)不能な権利がたくさんあることにも注目を要する。思想、良心、宗教の自由、被拘禁者の人道的取扱い、戦争宣伝、ヘイトスピーチ禁止、公正な裁判を受ける権利、などなどである。

⑥手続的要件として、緊急事態が「公式に宣言されている」こと(国内的な通知要件)と法律適合性の原則、国連事務総長を通じて他の締約国に通知すること(国際的な通知要件)が必要である。完全な情報およびその理由の明確な説明、かつ国内法に関する十分な資料が添付されていなければならない(一般的意見)など、立証責任を果たさなければ免脱措置の適法性が否認されることになる。

(3)自由権規約における緊急事態の取扱いと日本

自由権規約に基づく緊急事態の通知は、1998年から2013年までの間に81件起きている。多い国は23回通知をしている。緊急事態宣言は2008年末から586件、ペルーでは264件起きている。

日本は、国連への定期報告書において、緊急事態が発生した場合には憲法と法律に従って適当な措置をとると述べ、2006年には武力攻撃事態法、国民保護法の制定を報告している。

日本国憲法に国家緊急権についての規定がないのは、憲法は、緊急時の対処については国家が法律であらかじめ定めておくことを想定しているものと思われ、自衛隊法、武力攻撃事態法、国民保護法、警察法、災害対策基本法、土地収用法(第3節)、災害救助法、水防法、感染症法、原子力災害対策特別措置法など、さまざまな緊急事態を想定した法律がすでに制定されている。

(4)おわりに

国際人権法は、歴史的経験に照らし、緊急事態における人権侵害を強く警戒した結果、要件の厳格化、免脱不能な権利のリストの拡大を行ってきた。また、免脱可能な権利についても、緊急事態の宣言を行わず、通常の制限事由の適用で足りるとの認識を示している。

日本に現にある緊急事態に関する諸法は、自由権規約との適合性を踏まえた立法ではなく、また実施にあたっても、同規約との適合性が考慮されているとは見受けられない。自民党の憲法改正草案の緊急事態条項も同様であり、国際人権法の到達点を踏まえたものとはとても言えない。

英国など、身体の拘束にかかる期間の延長のために免脱措置がとられることが少なくないが、英国では身体拘束が数日しか認められないのに比べて日本の場合は刑事手続上も入管法上も、身体の拘束が容易に、かつ、長期間にわたって認められることが通例なため、免脱措置をとるまでもない。

国家緊急権を憲法に入れることは、例外の常態化を導くものであり、行政に対するチェック機能を果たしていない日本の裁判所の現状を変えないままでは、法による支配の崩壊をもたらす可能性が高い。

JCLUの70年 第2回 内田剛弘先生*インタビュー

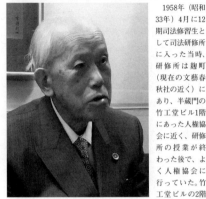

1.人権協会に入会されたきっかけを教えてください。

内田剛弘先生

1958年(昭和33年)4月に12期司法修習生として司法研修所に入った当時、研修所は麹町(現在の文藝春秋社の近く)にあり、半蔵門の竹工堂ビル1階にあった人権協会に近く、研修所の授業が終わった後で、よく人権協会に行っていた。竹工堂ビルの2階に海野晋吉先生の事務所があり、海野先生のお話を伺いたいという気持ちもあった。

海野先生は、アメリカ占領時代に日本に来て人権の大切さを説いていたロジャー・ボールドウィン氏(アメリカ自由人権協会)から話を聞いて、人権協会を立ち上げたそうだ。私は、当時の事務局の萩野芳夫氏(後に南山大学、神奈川大学教授)とも親しくなり、正式な入会より以前から人権協会の事務・実務に接していた。

海野先生の仕事は、民事・刑事・商事と多岐に亘っていた。敗戦後の志ある若者たちが、反体制事件にあこがれ、海野先生の人格や識見にあこがれて海野先生のもとに集まり、海野事務所に就職できた若手弁護士らが、国鉄労働組合や全逓、総評、などの有力な労働組合の顧問団に入っていた。

当時、海野事務所には、柳沼八郎、西田公一、大野正男、六川常夫氏らの所属弁護士がおり、彼らとも親しくなった。まるで海野事務所のメンバーじゃないかと誤解されるほど、私はこの事務所によく出入りしており、その流れで自然に人権協会に入った。当初、司法修習生の会員は私一人だったように思う。

2.入会当時の人権協会の様子、活動はどうでしたか。

当時の様子について

人権協会の活動は、事実上ほとんど海野先生のご負担によるところが大きかった。協会の事務局で、その後研究者になられた萩野さんは海野先生の人権擁護活動に触れ、旧制の京都大学法学部卒業後、自ら進んで人権協会に就職されたそうだ。

事務局長には森川金壽弁護士がおられて、日常業務をこなしつつ協会の活動を補佐しておられ、アメリカ人権協会のボールドウィン氏らとの連絡も担当しておられた。

理事会が時々開かれた際には、海野先生を座長に、著名な学者、文化人、弁護士らが出席された。例えば、神近市子、高津正道、伊藤正己、川島武宜、帆足計、中野好夫、松岡洋子、近藤倫二、家永三郎、戒能通孝氏ら。若手では宮崎繁樹、吉川経夫、潮見俊隆、清水誠、西原直雄氏らが出席されていた。海野事務所の弁護士らも手が空いている人が出席していた。これらの人々の間で、真剣な討論が行われた。当時、司法修習生の会員は私くらいで、希少価値と思われてか、私も出席したことがあったように思う。討論の内容は、私にとって全て知的栄養になった。皆、海野弁護士にあこがれて集まり、海野先生の個人商店といった感じだった。

協会の活動について

昭和女子大事件

昭和女子大学の寮では、学生宛の封書が舎監に開封されるなどの封建的な取扱いがなされており、学生側の立場に立つ同大学講師の中野幸次氏から協会に相談があり、海野事務所の弁護士らがこの相談にのっていた。私はこの頃はまだ修習生で、調査協力をしていた。私が人権協会に関わり始めてすぐの相談で、思い出深い案件であった。その後、中野氏に対して大学が不利益処分をし、大野正男弁護士らが代理人となって訴訟提起し、勝訴した。中野氏は後々まで協会と私どもに感謝しておられた。

沖縄の人権調査

1961年、当時、アメリカの施政下にあった沖縄の人権調査も、私が修習生から弁護士登録直後くらいの活動であった。沖縄人権協会が設立されることになり、人権協会として沖縄に行き、現地調査をする企画が持ち上がったのである。

ところが、調査団長の森川金壽弁護士、松岡洋子、星野安三郎教授に入域許可(本土復帰前の沖縄に行くには米国民政府高等弁務官の許可が必要で、米国に批判的な人物には許可が下りなかった)が下りなかったため、吉川経夫教授を団長に、小川正亮(学者)、大野正男(弁護士)、宮里松正(弁護士)、萩野芳夫(事務局)の団員構成で調査に行き、報告書を作成した。報告書は和文及び英文で作成され、米国民政府や米国人権協会にも送られた。

* 1931年10月、東京生まれ。1958年4月、司法研修所入所(12期)。1960年4月、弁護士登録(第二東京弁護士会)。1990年7月～2001年4月、自由人権協会代表理事。著書に、『司法の独立と正義を求めて半世紀』(2010年、田畑書店)など。

1) サリドマイド事件:一般大衆向けの睡眠薬や胃腸薬として大々的に売り出されたサリドマイド剤を妊娠初期の妊婦が飲み、手足が短いなどの子が生まれた。自由人権協会所属の弁護士が中心となって原告弁護団を結成し、昭和40年11月、東京地裁に国と製薬会社に対する損害賠償請求を提起した。初の大規模薬害訴訟であり、準備手続等で審理に時間がかかったが、昭和49年10月、裁判長の勧告により東京地裁で和解が成立した。

2) 首なし事件:1944年、茨城県下で取調べ中の警察官の暴行で採炭業者が死亡したが、警察は脳出血による病死で処理しようとした。関係者の相談を受けて警察官の拷問を疑った正木弁護士は、墓地に埋葬されていた遺体を掘り出して首を切断し、東京帝国大学法医学教室の古畑種基教授のもとに持ち込み、鑑定を依頼した。関係の結果、外傷による他殺と判明し、警察官の犯罪行為が明らかになった。

沖縄の人権問題を内外に訴えた最初の試みであった。

60年安保六・一五事件の調査

岸信介内閣の60年安保に反対する国民運動が広汎に巻き起こり、1960年6月15日の統一行動では、同日夕方から右翼が木刀などでデモ隊に襲いかかったり、機動隊との衝突で多数の負傷者・逮捕者が出た。学生たちが受けた被害について、人権協会も他の法曹団体と調査に当たり、日本評論新社『歴史への証言(六・一五のドキュメント)』(海野晋吉ほか著)を緊急出版した。

同年6月25日に九段会館で「六・一五の真相を聞く催し」を主催し、入江洋佑、北川隆吉、木下半治、樺俊雄、中野好夫、吉野源三郎、小沢茂雄氏らが話し、教育大学での警察の捜査について穂積重行氏が話した。

その他

1961年5月、政治的暴力行為が団体活動として行われる場合の刑罰規定や団体規制を規定した政治的暴力行為防止法案が国会に提出された際には、同法案批判のパンフレットを作成して、反対運動を行った。私も吉川経夫教授に協力してこのパンフレット作りに参加した。

また、朝鮮学校の学生たちに対する嫌がらせの頻発にも対応し、在日朝鮮人の人権を守る会を結成し、私もこれに参加した。

その他、私が担当した事件に、興和キセナラミン事件がある。興和株式会社が自社の社員に風邪薬の試験薬を投与実験し、その副作用で17人が入院、1人が死亡した。当時、「薬害」という言葉は広く知られるようになったものの、「薬害」という言葉はなく、薬が体に悪いはずがないと考えられていた時代であり、一人の死亡例から試験薬の服用と死亡との因果関係を明らかにすることは困難であった。また、この事件は、依頼者(全員、興和株式会社の社員であった)たちの希望で、当事者として会社と全面対決することになる訴訟提起は難しかった。そこで、法務局人権擁護課に告発したところ、社会問題として注目され、依頼者らを守りながら会社の責任を問うことができた。

この件は、海野先生から、こういう事件こそ人権協会が手掛けるべき事件と評価してもらい、うれしく思った。内部告発をした中村晴子氏はその後、法政大学法学部に入り直し、司法試験を受けて弁護士になり(原後綜合法律事務所に所属された)、薬害訴訟を一緒にやったりした。私も、この件が薬害訴訟に関わるきっかけとなり、その後、人権協会が被害者父兄から救援を求められた未曾有の薬害事件であるサリドマイド訴訟1)も担当した。

3.代表理事(1990年7月31日～2001年4月19日)の活動として印象に残ることについてお聞かせください。

1990年にアムネスティインターナショナル横浜大会に出席して日本の人権擁護NGO代表として挨拶・報告をしたことは鮮明に覚えている。また、人権委員会法案、ドメスティックバイオレンス禁止法案、裁判所の友(AMICUS CURIAE)制度導入の提言や新陪審法案など、数々の立法の提案をした。

1999年に制定され、2000年4月1日に施行された情報公開法は、長年、協会の清水英夫、秋山幹男、三宅弘弁護士ら多くの会員の熱心な運動の成果でもあり、私が代表理事の時に実現したことは感銘深く、印象的であった。

4.人権協会の良さはどのようなところでしょうか。

人権協会の良さは、個人の自主的活動を尊重し、徹底してリベラルなところ。他の人権擁護団体や弁護士会の人権擁護活動にはそれぞれ良さがあるが、私は人権協会とは水が合い、私の法曹生活から人権協会を除くことは考えられない。

5.現在の日本の司法をどのように見ますか?

敗戦による司法改革、その後の70年近い司法の状況を見ると、基本的人権を擁護すべき司法の在り方として多くの欠陥を認めざるを得ない。裁判官、検察官、弁護士を問わず、司法関係者が、公正な司法、正義の実現、基本的人権擁護という視点を本当に実現する徹底した心づもりがあるかということだ。

理想主義的な憲法が施行されたものの、戦前のアンシャンレジュームの残滓を取り除く間もなく東西冷戦の波にのまれ、サンフランシスコ講和条約と同時に日米安保条約が締結され、決定的に一方の側に立たされたために、改革が中途半端のまま、旧体制に復帰する勢力が台頭してきた。このような国際・国内情勢の影響もあるが、初代最高裁長官三淵忠彦長官の時代が田中耕太郎長官の時代に入り右傾化していった感じがぬぐえない。最近明らかになった砂川事件の文書(アメリカ軍の駐留を違憲とした一審判決の後、田中耕太郎長官がアメリカ側に、全員一致で一審判決を取り消すことを示唆したもの)を見ても、公正さに疑いがあり、日米安保条約が司法の在り方に影響を及ぼしていることを否定できない。冷戦の悪影響もあったと思うが、ベルリンの壁の崩壊という画期的な事件の後、軌道修正が行われたかというと決して楽観視できない状況があり、現在及び将来の法曹に課された役割はなお大きいと思われる。

良心的な裁判官が増えてほしいが、実際は、『絶望の裁判所』『ニッポンの裁判』(いずれも著者は元裁判官の瀬木比呂志教授)が最高裁の官僚制を書いたように、官僚化が進んでいるように思われ、法曹一元の実現が望まれるところである。裁判所の壁は厚いかもしれないが、それでも、前人未到の分野に挑戦することも大切である。私の経験でも、サリドマイド事件は大きな挑戦だった。弁護士は依頼者あっての仕事という面もあり、依頼者の頑張りに助けられることもある。困難な事件も依頼者と一緒に頑張り、道を切り拓いていってほしい。

6.これからの人権協会の活動への期待

よく勉強し、学者の方々とも連携すること。法律の勉強だけでなく、意外なところで過去の経験や勉強が役に立つこともある。首なし事件2)で正木ひろし弁護士が採炭業者の首を解剖学の古畑教授に渡して鑑定を依頼し、警察官の拷問を明らかにしたが、正木弁護士が古畑教授に解剖を依頼できたのは、正木弁護士が、以前に絵を描くために解剖学教室に見学に行っていて、古畑教授と知り合いであったからである。

刑事司法、司法の独立、報道と人権、人権救済機関、医療問題、死刑の問題など、指摘すべき基本的人権の問題は多岐にわたる。太平洋戦争敗戦後、治安維持法体制が崩壊し、新しい憲法の下で、海野晋吉理事長が人権協会を設立したときのすがすがしい人権擁護の理念を思い起こし、目の前の諸問題に対処してほしい。

(2015年11月27日、内田先生事務所にて

聞き手:出口かおり・藤本美枝)

あたごの杜から 事務局長日誌

◆二関前事務局長よりバトンを引き継いだ。来年は節目となる70周年を迎える。歴史の重みを感じつつ、今後に展望が開けるような活動をしていきたい。◆5月の連休に、70周年プロジェクトチームによる調査のためニューヨークを訪れた。テロ対策と人権をテーマに、アメリカ自由人権協会(ACLU)等のNGOや研究者を訪問。現地留学中の井桁大介会員の活躍で充実した調査ができた。米国の状況は深刻だが、それに抗う動きも活発であり、法改正が実現するなど一筋の希望も。◆5月28日の総会記念講演。ACLUよりベン・ワイズナー弁護士、NYCLUよりマリコ・ヒロセ弁護士をお招きし、米国の憲法訴訟や9.11以降の市民的自由について語っていただく。NY市警によるムスリム監視を争った裁判で、市との間で建設的な和解が成立見込みとの話に彼我の違いを実感。今後もACLUとのつながりをぜひ継続したい。◆6月1日は「メディアのいま」第2回、マーティン・ファクラー氏の講演。流暢な日本語で日本のメディアの問題点を分析。権力がメディアの構造的脆弱性やメディア不信を政治的に利用している。◆6月4日はムスリム違法捜査弁護団と共催で、70周年プレシンポ「監視の"今"を考える」。ベン・ワイズナー弁護士の依頼者であるスノーデン氏のライブインタビューが実現。無関心こそが重大な脅威だと日本の現状に警鐘を鳴らす。そもそも政府が何をしているかが見えないことが非常に危険。政府に対する最も有効な統制は、独立したメディアであるとベンさん。自分のなかで「メディアのいま」と問題がつながる。◆6月9日は青井未帆教授による自民党改憲草案の検証。「国家対個人」の構図に違和感を覚える若い人が多く、改憲草案の危険性を訴えても言葉が届かないとの切実な悩みにうなずく。どうしたら届くのだろう。◆6月18日は、友好団体である自由人権協会京都の総会に出席。総会記念講演は、小杉泰教授の「現代イスラームと国際社会」。会員外の参加者も多く盛況。イスラームは「宗教、政治、経済、社会を分けない発想」とのこと。初めて聞くことばかりで大変興味深かった。◆8月27日・28日の合宿の企画を検討中。清里のペンション・グランデールで、JCLUがこれまで取り組んでこなかった「格差・貧困問題」について学ぶ。講師陣もよい方が決まりつつあり、期待大。ふるってご参加ください。

(藤本)

2016年5月から7月までのJCLU

5月10日	5月例会「あらためて問う政治献金－その弊害と憲法適合性－」(山田厚史・デモクラTV代表 元朝日新聞編集委員、芹澤齊・JCLU代表理事 青山学院大学名誉教授)中央大学駿河台記念館
5月14日	第5回JCLUシネマ「映画 日本国憲法」(ゲストスピーカー・ジャン=ユンカーマン監督)日比谷図書文化館コンベンションホール
5月18日	5月理事会
5月18日	「通信傍受法制の改正に改めて反対し廃案を求める声明」を発表
5月21日	JCLU大阪・兵庫支部総会、総会記念講演「国際社会から見た国家緊急権」(阿部浩己・神奈川大学法科大学院教授)大阪弁護士会館
5月28日	JCLU総会、総会記念講演「ACLU(アメリカ自由人権協会)弁護士が語る米国における憲法訴訟の広がり－日本の憲法訴訟の狭き門を再考する－」(ベン=ワイズナー・ACLUスピーチ・プライバシー&テクノロジープロジェクト理事、マリコ=ヒロセ・NYCLUシニアスタッフ弁護士)日比谷図書文化館コンベンションホール
6月1日	JCLU連続企画「メディアのいま」第2回「本当のことを伝えない日本のメディア－前New York Times東京支局長が語る－」(マーティン=ファクラー・前New York Times東京支局長)中央大学駿河台記念館
6月4日	JCLU70周年プレシンポ「監視の"今"を考える」(JCLU・ムスリムとの共生を考えるシンポジウム実行委員会共催)(エドワード=スノーデン・CIA元情報局員、ベン=ワイズナー、マリコ=ヒロセ、宮下紘・中央大学総合政策学部准教授、青木理・ジャーナリスト ノンフィクション作家)東京大学本郷キャンパス
6月9日	6月例会「本当に危険!自民党改憲草案を検証する」(青井未帆・学習院大学教授)中央大学駿河台記念館
6月18日	JCLU京都総会、総会記念講演「現代イスラームと国際社会～イスラーム法の発想を読み解く～」(小杉泰・京都大学大学院アジア・アフリカ地域研究研究科教授)京都テルサ
6月22日	「辺野古問題の本質的解決に向けて国に県との協議開始を求める声明」を発表
6月23日	6月理事会
7月14日	7月例会「退去強制事件から考える性的マイノリティーの人権」(品川潤・退去強制処分取消訴訟弁護団長、丹野清人・首都大学東京都市教養学部教授)中央大学駿河台記念館
7月16日	イラク戦争検証報告書情報公開訴訟シンポジウム「日本とイギリスのイラク戦争検証－イラク戦争とは何だったのか－」(情報公開クリアリングハウス主催、JCLUほか共催)(出口かおり・弁護士、三木由希子・情報公開クリアリングハウス理事長、礒野弥生・東京経済大学教授、笠原敏彦・毎日新聞編集編成局紙面審査委員兼編集委員、柳澤協二・国際地政学研究所理事長)専修大学神田校舎
7月19日	外国人問題・連続セミナー第3回「世界の難民問題と日本の難民政策」(石川えり・認定NPO法人難民支援協会代表理事)中央大学駿河台記念館
7月21日	7月理事会・ビアパーティー

【発行日】2016年7月27日 【発 行】公益社団法人 自由人権協会
〒105-0002 東京都港区愛宕1-6-7 愛宕山弁護士ビル306
TEL:03-3437-5466 FAX:03-3578-6687 URL:http://jclu.org/ Mail:jclu@jclu.org
(大阪・兵庫支部)
〒530-0047 大阪市北区西天満1-10-8 西天満 第11松屋ビル3F 堺筋共同法律事務所内
TEL:06-6364-3051 FAX:06-6364-3054
協会設立:1947.11.23 本紙創刊:1950.5.1 購読料:年間2,500円 郵便振替:00180-3-62718 発行人:藤本美枝
JCLU

人権新聞 Japan Civil Liberties Union
JCLU Newsletter
発行所 公益社団法人 自由人権協会
JCLU
〒105-0002 東京都港区愛宕1-6-7 愛宕山弁護士ビル306
TEL:03-3437-5466　FAX:03-3578-6687
URL:http://jclu.org/　Mail:jclu@jclu.org
協会設立:1947.11.23
本紙創刊:1950.5.1
購 読 料:年間2,500円

イラクのクルド人自治区を訪ねて

会員・弁護士　石﨑 明人

米国による軍事介入後も、安定政権が樹立されず、ISが台頭し、依然として戦闘とテロが繰り返されているイラク。そんなイラクを訪問してきました。隣国トルコ、シリア、イランと民族が分断され、紛争の火種となってきたクルド人自治区について報告します。
（会員・弁護士　石﨑明人）

1.イラクの現在

2016年9月半ばからイラクを旅してきた。訪ねたのは、クルド人が自治区を形成するクルディスタンである。

イラクがイラク戦争後も止まぬ混乱の中にあることは誰しも御存知のことかと思う。元々混沌の中にあったところを、2014年頃から過激派組織ISが台頭し、次々に主要都市を占拠しては想像を絶する残虐行為を始め支配域を拡大していった。

2.クルディスタンとは

一般にクルド人が多く住むクルディスタンとは、イラン、イラク、シリア、トルコ、アルメニアそれぞれの国境に分断された地域一帯を指す。

クルドと言えばよくニュースを騒がせるのはトルコのPKK（クルディスタン労働者党）などのテロ事件だろう。彼らがクルド人の国の樹立を標榜しているように、クルド国家を打ち立てたいというのはクルド人の長年の悲願であると言われており、中東に残された歴史の宿題の1つだ。これを当事国がそう許すわけがなく、独立運動は独立闘争となり、おびただしい流血を生んでいる。

もっとも、それぞれの国に分断されたクルド人たちの足並みは揃っていない。歴史的にクルド組織同士も激しく対立し、クルド民族問題をより複雑なものにしている。

それぞれの国内で難しい立場に立つクルドだが、特に内戦や混乱の中のシリア、イラクにおいては、近年は新たな秩序確立のためのカギを握る存在としてプレゼンスを高めている。欧米のバックアップを受けて、ISの支配地域の奪還に大きな力を発揮しているからである。

最近では、シリアのクルディスタン（Rojava）が、激しい攻防戦の末、ユーフラテス川の西に位置するManbijの街をISから解放したところ、トルコを刺激し、トルコのシリア侵攻（実質的にはシリアのクルディスタンへの攻撃）に繋がった。

唯一イラクのクルディスタン（以下、単に「クルディスタン」という）は、湾岸戦争、イラク戦争、そして近年のISの台頭に対する戦いを経て強い自治権を固め、独立した国に近い統治機構を持ち、独自外交を積極的に行っている。

彼らの実質的な軍隊であるペシュメルガは、欧米のバックアップを得て次々にイラク国内でISを打ち破り、街を解放し続けている。

3.イラクのクルディスタンの今

実際に過ごしてみたクルディスタンの治安であるが、かなり安定していると感じられた。最近は年に1回くらい爆弾テロが起きてはいるものの、首都バグダッドのようにモスクや街中で頻繁に爆発が起きるということはない。

CONTENTS

クルディスタンの人々が憩う公園

シーシャ（水たばこ）を楽しむクルディスタンの人々

クルディスタンにある避難民キャンプ

街には大きなビルやモールも建設され、街の中心にある公園にはたくさんの家族連れやカップル、友人同士が憩い、語らい、シーシャ（水たばこ）をふかし、スマートフォンで自撮りをしている様子が見られた。スーク（市場）も中東の他の国々同様賑わっており、種々雑多にひしめく店の間を老若男女が行きかっている。

もちろん、状況は流動的なので、今後どうなるかは分からない。

4.増え続ける避難民たち

クルディスタンの首都はアルビル（エルビル、Erbil）だが、ISの重要拠点であるモスルまでは約80km程度であろうか。戦場まで目と鼻の先である。

モスルやその周辺の村々では今もISらによる残虐な処刑を始めとする深刻な人権侵害や、空爆の被害が起きており、クルディスタンでは「モスルから逃げてきた」という人にたくさん出会った。

イラクではこうした国内避難民（IDP）の人たちが相当数に上っている。クルディスタンには約150万人が避難してきているといわれる。国内避難民は、家も財産も置いてきたため、避難先でも生活に苦労したり、満足な医療が受けにくかったり、経済的、社会的に非常に厳しい状況に置かれている。シリアから国境を越えてきた避難民も約25万人に上るとされる。。

私は、今回のイラク訪問で、アルビル郊外にあるシリアからの避難民キャンプ（Darashakran Camp）を訪問する機会を得た。

このキャンプには約1万1000人の避難民が暮らす。広大なキャンプには丈夫な平屋建ての仮設住宅が立ち並び、商店も点在していた。砂煙の舞う路地では子供たちが元気に走り回っているが、先が見えない状況であることには変わりない。

5.家族もバラバラに

キャンプに暮らすシリアからの避難民で、支援団体で働くある青年の家を訪問した。彼は父親と2人でここに暮らしている。母親ら女性の家族は欧州に避難している。会いに行くことなどできない。

避難民キャンプで出会ったおもちゃの銃を持つ子どもたち

言うまでもなくシリアの国内情勢も混乱の極みにあり、いつになれば家族皆が再会できるのか、見当もつかない、という。

イラクの国内避難民も、また、国外からの難民も、経済的に豊かであるとか知人のつてがあるとか、特別な理由があれば住居を借りて住むことができる。しかし金もなくつてもなければ避難民キャンプに住むしかない。

今も、次々と、行き場を失った避難民のためのキャンプが作られている。

クルディスタンの実質的な軍隊であるペシュメルガが奮闘し、欧米が空爆をし、ISから街を奪還したとしても、すぐにその街に戻れるわけではない。激しい戦闘の果てに家々やインフラが破壊されてしまっていれば、戻ったとしても生活自体がままならない。

6.解決の道筋が見えない避難民問題

怖いのが、ISが残していく即席爆発装置（IED）である。即席爆発装置は、たとえば家のドアを開いたら爆発する、テレビの電源をつけたら爆発する、どこかを触ったら爆発する、という形で仕掛けられた爆弾である。彼らは占領地から撤退するときに、こうした死の置き土産をたくさん残していく。安全が確認されないと、元の家にも元の町にも安心して戻ることはできない。

未曽有の避難民問題を、一体、誰が、どのように解決していけばいいのか。そのことを思うと、途方に暮れるばかりである。

7月例会

例会報告　退去強制事件から考える性的マイノリティーの人権

2016年7月14日、7月例会「退去強制事件から考える性的マイノリティーの人権」を、東京・中央大学駿河台記念館570教室にて開催しました。

講師は、退去強制処分取消訴訟弁護団長の品川潤弁護士で、コメンテーターとして、丹野清人教授（首都大学東京・都市教養学部）をお迎えしました。同訴訟の原告本人である日系ブラジル人のMさん、弁護団メンバーも参加しました。私も同弁護団の一員として参加しましたので、以下、ご報告させて頂きます。　（報告：会員・弁護士　海渡双葉）

1　事件の概要

20歳のときに来日し、定住者として、およそ16年にわたり適法に在留してきた日系ブラジル人男性のMさんが、覚せい剤の自己使用をしたとして、覚せい剤取締法違反被告事件で、3年間の執行猶予付きの有罪判決を受けました。その後、Mさんは、この判決を重く受け止め、更生と自立に向けた努力をし、自らの料理技術と経験をいかしたブラジル料理店の経営のために営業許可を取り、食品衛生責任者育成講習会を修了して、ブラジル料理店を開業しました。

しかし、開店から程なくして、Mさんは、上記刑事事件を理由に、国から退去強制令書発付処分を受けてしまいました。そこで、同処分の取消しを求めて訴訟を起こしました。本件はJCLUの支援事件となっています。

なお、このMさんは、いわゆるトランスジェンダーで、性同一性障害という性的マイノリティー（LGBT）であり、身体の性は男性ですが、自己の性認識は女性です。Mさんは、日常は女性として生活しています。

2　本国ブラジルにおけるLGBT差別

(1) 本国ブラジルでは、治安が極端に悪化しており、特にMさんの生まれたサンパウロ州では凶悪犯罪が多発しています。

さらに、本国ブラジルでは、LGBTに対する偏見や暴力などが常態化しています。同性愛者を被害者とする暴力事件・殺人事件も頻発し、その頻度は諸外国と比べても顕著に高いという統計があります。弁護団が入手した新聞記事によれば、ブラジル国内における同性愛者殺害の発生頻度は、なんと1時間に1件という多さであるということでした。例会の会場では、パワーポイントを用いて、これらの凄惨な殺人事件の一端が紹介されました。

Mさんを強制送還することは、Mさんの生命や身体を危険にさらすことにほかなりません。Mさんは、かつて本国ブラジルにいたときには、LGBTであることをカミングアウトせず、男性として生活していました。しかし来日後、豊胸手術等の整形手術を受け、外見上、トランスジェンダーであることが容易に分かる状況になりました。それだけに、Mさんが、強制送還されたら、偏見や暴力の標的にされるリスクは高いと言えるのです。

(2) また、ブラジル本国では、外出することに対する不安から、行動範囲が著しく狭まることが避けられません。Mさんの場合、仕事を見つけることさえ困難になると予想され、Mさんが本国ブラジルで生計を立てていくことができるのか懸念は尽きません。

この点に関して、本訴訟でブラジルの専門家として意見書を出して下さった丹野教授から、ブラジルが学歴重視の社会であり、出稼ぎ労働者が帰国した際に本国で仕事を見つけるのが難しいという背景事情を紹介いただきました。Mさんは最終学歴が高卒で、ブラジルでの勤務歴もないため、そもそも仕事を見つけることが難しい上に、上記のような本国でのLGBTに対する根強い偏見にさらされる結果、仕事を探すのは、二重に難しい旨の解説を頂きました。

3　日本への強い定着性

Mさんは、これまでの人生のほぼ半分を、日本で暮らしています。いわゆる日系3世であり、定住者として、16年余という長きにわたり適法に在留し

品川潤氏

てきました。本国ブラジルで働いた経験はなく、日本で働いた経験しかありません。

Mさんには、日本国内に数多くの友人がおり、仮放免のために尽力してくれた人や、裁判期日に欠かさず傍聴に来てくれた人など、Mさんに日本に残ってほしいと願う友人がいます。また、在留特別許可を嘆願する嘆願書には、多数の人が署名をしてくれました。

Mさんには日本への強い定着性があることは明らかです。

4　請求棄却判決と再審情願

しかし、訴訟では、Mさんの在留特別許可は認められず、その後の退去強制令書発付処分の取消訴訟でも、裁判所は、その実態を直視することなく請求を棄却しました。

地裁判決は、Mさんの本国ブラジルでの生活の危険性について、「懸念は、いまだ一般的、抽象的なものにとどまるといわざるを得ない」と切り捨ててしまいました。Mさんの日本への定着性に関しては、これを肯定し、「原告に有利な事情として一定程度考慮されるべきであることは否定できない」としながら、覚せい剤の使用という「原告の在留状況の悪質性に鑑みれば、上記の各事情を原告に殊更有利にしんしゃくするのは相当でない」としました。高裁判決はこれを維持し、最高裁も門前払いでした。

弁護団では、さらに再審情願をし、争っています。

5　執行猶予期間の満了

平成27年11月、Mさんの執行猶予期間が無事に満了しました。

執行猶予制度は、社会内における更生が期待できる場合に、裁判所が適当と定める期間を指定し、その間に再度犯罪に及ぶことがなければ、その刑の言い渡しの効力そのものがなかったものとして、被告人に再起の機会を与えるものです。Mさんは、執行猶予期間中、真面目に生活し、社会内における更生を遂げたと評価すべきです。

丹野清人氏

6　会場での意見など

7月例会の会場では、Mさんのような状況にある人を強制送還することは、有罪判決とは別に、危険な本国への強制送還という不利益を課すもので、二重処罰的なものであるといった意見や、メディアを利用した問題提起などを検討してみてはどうかといった意見なども出されました。

退去強制が問題となる案件でも、日本国籍を有する配偶者や子がいる場合には在留特別許可が得られることが多いところ、Mさんの場合、日本では同性婚が認められていないため、パートナー関係を公的に証明する方法が欠けているという問題があります。一部の自治体では同性パートナーシップ条例などがありますが、これにもハードルがあります。

7　まとめ

Mさんは、外国人であり、かつ、LGBTであるという点で、二重にマイノリティーであると言えます。

本件は、再審情願という、次のステップに進みましたが、残された課題について弁護団として今後も取り組んで参りますので、どうぞ今後ともご支援をよろしくお願い致します。

外国人問題
連続セミナー
第3回

世界の難民問題と日本の難民政策

認定NPO法人 難民支援協会　代表理事　石川えり

外国人問題連続セミナー第3回は、2016年7月19日、中央大学駿河台記念館に難民支援協会の石川さんをお招きして、世界的な課題となっている難民問題について、その実情と日本の果たすべき役割について語っていただきました。

（報告：理事　旗手明）

1.難民支援協会について（Japan Association for Refugees:JAR）

難民支援協会は、日本に来ている難民の人たちが当たり前の生活（食べる、寝る、働く）ができるよう支援する団体である。1999年に立ち上げ、2000年からUNHCR（国連難民高等弁務官事務所）の日本での事業実施のパートナーとなっている。

活動内容は3つあり、(1)一人一人の難民やグループ、コミュニティへの支援活動、(2)より良い制度を作っていくための政策提言、(3)多くの方に難民を知っていただくための広報活動である。

＊難民写真展　www.refugees-in-japan.co

石川えり氏

2.難民とは

難民を定義するなら、「紛争や人権侵害から命を守るために母国を離れ逃れてきた人」ということになる。世界には非常に多くの難民がおり、ひとくくりにレッテル貼りされるべきではない。

例えば、ビルマでは軍事政権の時代に民主化活動を理由に投獄されていた人、イスラム教国家でキリスト教に改宗した人、同性愛者が迫害される国や同性愛行為が刑罰の対象となる国（イランでは死刑）の人、シリアのように反政府活動をしているグループと同じ地域に暮らしているだけで「反政府」とみなされる場合、など様々だ。

3.難民に関するよくある疑問

Q1：　難民は社会にとって「危険な存在」ですか？

A1：　難民こそが暴力とテロの犠牲者です。

Q2：　難民は社会の「重荷」ではないか？

A2：　新たな土地で生きるために必要な支援を受けた後は、成人であれば働き、納税し、社会の中で自立していく人たちです。

Q3：　難民問題解決には、母国を平和にする取り組みこそやるべきなのでは？

A3：　難民流出の根を止める取り組みは必要ですが、平和で安全な国が、積極的に難民を受け入れ、難民に尊厳や希望を回復する機会を提供することも必要な取り組みです。

4.世界の難民の現状

現在、UNHCRが支援対象にしている難民数は世界で6,500万人に及んでおり、第2次世界大戦以降最悪となっている。ここ4年間は、毎年過去最悪を更新している状況だ。主なところではシリアが挙げられる。

シリアの人口は2，240万人、数十万人が内戦で亡くなったと言われ、2人に1人が避難している。国外に逃れた人が459万人、国内で避難している人が660万人と言われている。国外に逃れた人の多くは周辺国におり、人口300万人だったレバノンでは100万人以上の難民を受け入れている。その結果、レバノンでは4人に1人がシリア人となっており、現在は国境が閉ざされている。欧州にたどり着いた人は、報道などで注目されているが、90.5万人にとどまる。

5.日本での難民受入れ

日本は1981年に難民条約に加入し、難民認定手続きを持っている。同条約では、難民を「迫害＝深刻な人権侵害から命を守るために海外に逃れてきた人」と定義しており、その迫害の理由が人種・宗教・国籍・特定の社会的集団の構成員・政治的意見である場合をいう。

日本では、1978年に閣議了解としてインドシナ難民の受入れを決め、当初数百人だったが、結局1.1万人を超える受入れをした。

2010年からは、第三国定住での難民受入れが始まったが、毎年30人を上限としている。2016年には伊勢志摩サミット直前に、日本政府はUNHCRが推薦するシリア人留学生について、5年間で150人を上限として受け入れると表明した。

日本では難民認定される場合と、不認定だが人道配慮で在留を認められる場合では、いろいろと違いがある。難民認定されると在留資格は「定住5年」となり、日本語や就労などの定住支援を受けられるが、人道配慮の場合は「特定活動1年」で定住支援は受けられない。また、人道配慮の場合は、家族の呼寄せは難しい。

難民問題解決に向けて必要なこととしては、①難民を生み出す紛争の根を絶つこと、②国内に残っている人、周辺国に逃れた人を支援すること、③平和で安全な国が受け入れることがあるが、特に日本は③を引き受けられるのではないか。

6.増える難民申請、少ない認定数

難民支援協会（JAR）が設立された1999年には難民申請者数は260人、認定数は16人であった。2015年には申請者7,586人に増えたものの、認定は27人にとどまっている。申請者が大きく伸びているのに、認定数は非常に少ない。昨年、全国難民弁護団連絡会議は声明を出し、数百人が難民認定されてよいと言っている。

難民認定数や認定率を国際比較（2014年）すると、ドイツでは認定数は33,310人、認定率は40％、米国では21,760人、70％だ。他方、日本は11人、0.2％にとどまっており、際立って少ない。

待機期間は平均で3年かかり、難民認定されるまで6年かかるケースもある。本人が難民性を証明しなければならないため、ケースによっては600枚以上の証拠書類を日本語訳して提出しなければならない。

日本での難民認定のハードルが極めて高いため、その間に生活が困窮してホームレスになるケースもある。在留資格がある場合でも、難民申請後、6ヶ月は就労が禁止されており、在留資格がない場合はそもそも就労できない。他方、保護費（約14ヶ月間）の受給者は、2015年3月末時点で160人にすぎない。

難民認定数の国際比較

2014年	認定数	認定率
ドイツ	33,310	40%
米国	21,760	70%
フランス	16,636	18%
英国	10,734	36%
イタリア	3,641	10%
韓国	94	5%
日本	11	0.2%

7.日本におけるシリア難民

シリアでの内戦開始以降、2015年9月現在で、シリア人63人が難民申請しているが、認定されたのは1家族3人（その後、3人認定）で不認定が47人となっている。不認定の理由は、「申請者はデモの一般参加者にすぎず、シリア政府が同人を特定してその動向を注視しているとは考えられない」「帰国して反政府デモに参加するなどした場合に攻撃される危険性は否定できないとしても、それは参加者一般の問題であり、申請者固有の危険性ではない」などとされている。

他方、UNHCRの資料を見ると、カナダ、ドイツ、イギリス、アメリカなどでは、シリア難民の認定率は9割前後となっている。

8. NGOからの提言

こうした日本の難民認定制度の現状に対して、NGOとして以下のような提言をして政府や日本社会に働きかけている。

(1)証明のハードルが高いこと、インタビューに弁護士が同席できないことなど、難民認定制度の現状を改善する必要がある。

(2)難民申請中の庇護希望者が、オーバーステイにならないよう、また収容されないよう、働く権利が始めから認められるよう、法的地位が保障されるべきである。

(3)難民申請中の庇護希望者が、ホームレスになることのないよう、最低限の生活が保障されるべきである。

(4)　難民認定された人や人道配慮による在留特別許可を受けた人が、日本社会に統合されるようにする視点が必要である。

(5)難民認定された人や他の在留資格を得た人が、等しく定住のための支援を受けられるよう、公平な保護施策が必要である。

自由人権協会京都総会記念講演

イスラーム法の発想を読み解く

――現代イスラームと国際社会

京都大学大学院アジア・アフリカ地域研究研究科教授 小杉 泰

2016年6月18日、私たち自由人権協会京都の総会記念講演として、京都大学大学院アジア・アフリカ地域研究研究科教授である小杉泰さんをお招きして、「現代イスラームと国際社会～イスラーム法の発想を読み解く～」と題して講演していただきました。

この講演は、IS国（いわゆるイスラーム国）の動向が話題となり現代イスラームに注目が集まる一方で、現代イスラームについてよく知らなかったり知識に偏りがあったりしているのではないかという問題意識から、現代イスラームに対する正しい理解を広げようと、野﨑隆史事務局長が企画したものです。

（報告：弁護士・自由人権協会京都事務局員 大杉光子）

イスラームの挨拶

小杉さんの講演は、「アッサラーム アライクム！」（平安があなたたちの上にありますように）というイスラームの挨拶から始まりました。そして、会場の参加者全員で、「ワ アライクムッサラーム！」（そして、あなたたちの上にも平安がありますように）と挨拶を返す練習をしました。このアラビア語のサラーム（平安）の挨拶は、イスラーム法によって、人に出会ったときには推奨されるものであり、これに返事をすることは義務とされていることもあり、イスラーム圏ではアラビア語圏でなくても通じるのだそうです。逆を言えば、このサラームの挨拶が通じるところがイスラーム共同体の範囲であるとも言えるそうです。以下は、小杉さんの講演内容を記述します。

小杉泰氏

多様な民族と言語

私がアラブ・イスラーム研究を始めたのは、文の書き順が上から下である言語（日本語等）や左から右の言語（英語等）は既に知っていたので、まだ知らない右から左に書く言語（アラビア語）を理解すれば世界がわかるのではないかと思ったことがきっかけでした。日本では、欧米に比べると、イスラームについてよく知られていません。でも、その分、誤解は少ないです。逆に、イスラーム圏では、日露戦争でヨーロッパに勝ったアジアの国として、あるいは、ヒロシマ、ナガサキで原爆を投下された国として、日本はよく知られています。

イスラームと一口に言っても、様々な民族や言語があって多種多様です。現代イスラーム世界は、世界人口のほぼ4分の1を占め、イスラーム協力機構に参加する国は57カ国、G20にも3カ国が参加しています。様々な民族、言語を含むイスラーム世界の共通の土台をなすのが、イスラーム法です。

国際ルールとしてのイスラーム法

イスラームはイスラーム商人の貿易と布教活動により広がったのであり、イスラーム法は多くの国家間、民族間をつなぐ国際貿易、国際交流、国際社会のルールとして役立ったのです。そして、イスラームは宗教ではあるけれども、信仰という個人の内面の問題にとどまらず、イスラーム法を通じて共同体のルールにもなっています。

イスラーム法の戒律は、一日のお祈りの回数を5回から減らすとか、ラマダーン月の断食を1ヶ月間から短縮するとか、そういう便宜的なことができないルールという意味では厳しさが共通していますが、民族等によって現れ方は違います。同じラマダーンであっても、日中の断食が終わると夜はお祭り騒ぎのようになる国もあれば、断食していても生産性が下がらないマレーシアのような国もあります。

イスラーム法は7世紀に生まれたものであり、それを21世紀に使い続けるのかという疑問を感じるかもしれませんが、イスラーム法の意義を否定する意見はきわめてマイナーです。それは、典拠の解釈と社会的実態の解釈をイスラーム法学者が行い、制定法の中にできるだけ取り込む方向で、時代に合わせて解釈してきたからです。しかし、その一方で、時代に合わせて、倫理や道徳を西洋から輸入していいのかという反発もあり、そこにいわゆるイスラーム原理主義の過激派の主張が受け入れられる余地があります。

西洋流と異なる「個」の主張

イスラームにおいては、一神教であって神は絶対的な存在である一方で、神に対して人間はすべて平等であること、聖俗にわたってあらゆる分野（商業従事者、預言者、宗教指導者、統治者・政治指導者、立法官、仲裁者、司法官、外交官、戦略家・戦士、家庭人等々）で活躍したムハンマドを模範とすることから、共同体に埋没しない個人が共同体と同時にあり、個の主張はとても強いけれども西洋流の個人主義とは違います。

また、イスラーム法の重要なルールとして「喜捨」があります。イスラーム法においては、そもそもすべての人は平等であり、金持ちだからといって偉いわけではありません。「喜捨」は金持ちの義務であり、金持ちは貧しい人を助けるべきであるとされているのです。ただし、「すべての人は平等である」という考え方は、それ以上でもそれ以下でもありません。必ずしも単純に経済的平等を指向しているわけではありません。かつての社会主義や反植民地主義の主張が力を失ってきた現在、アメリカ流の「勝ち組負け組」、弱肉強食の世界観に対抗するものとして、イスラーム的な考え方が人々の心をとらえている面があると思われます。

テロの背景としての不義と暴力の歴史

単純に貧困がテロの温床なのかというと、そうではないでしょう。みんなが貧しいのであれば問題にはなりません。グローバル化の中でうまい汁を吸っている一部の人がいることが不義であり、それに対する怒りがあるのです。

そもそも、暴力はテロから始まったわけではありません。歴史的にいえば、フランスはアルジェリアを植民地化し、核実験もしてきた上に、アルジェリアが独立戦争を始めるとそれを武力で押さえ込もうと人口が1000万人の国で100～150万人が亡くなりました。その子孫たちがフランスに移民してパリなどで貧しいまま暮らしていることが、フランスの深い闇を形作っています。アメリカは戦争を止めるといいつつ、正々堂々と戦うのではなく、ドローン（無人機）で自軍の被害を受けずに相手を攻撃し、「誤爆」を繰り返して多くの同胞を殺害しています。それを卑怯であると若者たちが憤るのは無理もないことでしょう。ヨーロッパで移民排斥の動きが強まる中で、移民の子弟たちが学歴もなく失業して貧しいのは自分だけが悪いのかと憤るのは当然でしょう。

イスラーム法の智恵からその先へ

そういう歴史と現在の不義があるからこそ、かつての革命や人民解放といった思想が力を失ってしまった中で、若者たちがジハードに魅力を感じ、「あのアメリカ」という国家の暴力に対抗する「究極の武装NGO」であるアルカイダがブランド化される、という状況が生じたのです。

それに加えて、内戦が続けば武器市場が繁栄するという構図に加えて、サダム・フセイン時代のイラクに注ぎ込まれた武器弾薬がブラックマーケットに流れ、「敵の敵は味方」の資金でIS国などは武器を得ています。

先に述べたように、多民族のるつぼである中東において、悪意が無いことを示して共存を図る智恵が「アッサラーム アライクム！」の挨拶です。イスラーム法は、多民族で構成される国際社会のルールとして役立ってきました。このようなイスラーム法の智恵をなくせば良いということにはならないでしょう。イスラーム法が役立ってきた「国際社会」はどこまで「国際的」でどこまで「社会」だったのかを振り返り、より上の次元での地球的な普遍性が必要とされていると思います。

テロとアメリカ 第②回

テロ法制の過去と現在 前編

会員・弁護士 井桁 大介

前回は、アップル対米連邦捜査局（FBI）を題材にアメリカのテロ対策の現状をご紹介しました。今回は次号と2回に分けて（予定）、テロ対策法制の概略をご紹介します。

アメリカのテロ法制の歴史は、第二次大戦後すぐの黎明期を除くと、(1)1970年代後半から80年代の勃興期、(2)2001年の「9.11」以降のパニック的拡大期、(3)2013年6月のスノーデンリーク以降の見直し期の3つの時期に分けることができます。今号では、テロ対策法制の基礎的な枠組みが確立された勃興期に焦点を絞ってご紹介しつつ、拡大期と見直し期の議論状況の概略を整理し、次号において拡大期と見直し期における法令の具体的な改定内容をご紹介します。

（会員・弁護士 井桁 大介）

勃興期―1970年代から80年代にかけて

この勃興期にテロ対策法制の中核を占める重要な3つの法律、すなわち盗聴法（Title Ⅲ of the Omnibus Crime Control and Safe Street Act）、FISA（Foreign Intelligence Surveillance Act）、ECPA（Electronic Communication Privacy Act）が制定されました。また、大統領令（Executive Order）12333号という重要な命令が発令されたのもこの時期です。以下、順を追ってそれぞれの特徴などをご紹介します。各法令の守備範囲が、特定の事件に関する事後的な捜査（犯罪捜査）なのか、それとも犯罪予防的な諜報活動（インテリジェンス活動）なのかを念頭に置きながら読み進めていただくと理解しやすいかと思います。

盗聴法制定のきっかけとその特徴

1965年2月にFBIが、違法なギャンブル行為のやりとりを盗聴するために、被疑者のKatz氏が利用する公衆電話に特殊な装置を付けて胴元との通話を傍受し、その内容を証拠として起訴した事件がありました。連邦最高裁は1967年に、無令状で行われる盗聴は合衆国憲法修正4条[1]に違反するとして原審を破棄して差し戻しました（Katz判決）。この判決をきっかけとして、盗聴捜査の要件等を法定する必要が高まり、1968年に盗聴法が制定されました。

この法律は、国内における犯罪捜査において、合理的な理由があるときに令状に基づく盗聴を認めるものです。政府の転覆をはかる明白かつ現在の危険がある場合など無令状盗聴が許される場合をいくつか定めていましたが、インテリジェンス活動、とりわけ国家の安全保障（ナショナル・セキュリティ）のために必要と考えられる盗聴捜査に関しても令状が必要か否かについては、言及していませんでした。この点がFISA制定のきっかけとなります。

留学の風景：第二次世界大戦期のアメリカにおける、日系人の強制収容の不当性を訴えたミノル・ヤスイ氏の胸像横で息子とともに（デンバーにて筆者）

FISA制定のきっかけとその特徴

1969年の晩秋、前年に起きたCIA施設の爆破事件に関して3名が逮捕、起訴されました。被告人のうちの1人は、政府が被告人らの電子的な情報を無令状で監視していたと主張して該当する証拠の開示を求めたところ、政府は国家の安全保障（ナショナル・セキュリティ）の見地から本件では無令状でも監視が許されると主張して開示を拒絶しました。これにより、ナショナル・セキュリティのための監視であれば無令状での盗聴（電子的情報を含む）が許されるのか否かが争われました。

1) "The right of the people to be secure in their persons, houses, papers, and effects, against unreasonable searches and seizures, shall not be violated, and no warrants shall issue, but upon probable cause, supported by oath or affirmation, and particularly describing the place to be searched, and the persons or things to be seized."（不合理な捜索及び逮捕・押収から、その身体・家屋・書類及び所有物の安全を保障される人民の権利は、これを侵してはならない。宣誓または確約によって証拠づけられた相当の理由に基づくものであって、捜索すべき場所及び逮捕すべき人または押収すべき物件を特定して記載するものでなければ、いかなる令状も発してはならない。）

1972年、連邦最高裁は、国家内部のナショナル・セキュリティに関する捜査[2]については、通常の犯罪捜査と同じく無令状の盗聴は許されないと判示しました。他方で、国外から脅かされるナショナル・セキュリティの監視捜査に関しては当該判決の射程外であり[3]、裁判所が適用するべきルールが議会において作られるべきだと判示しました（Keith判決）。

この裁判所の示唆を受けて制定されたのがFISAという名称の、対外的なインテリジェンス活動における電子的な監視捜査[4]を規律した基礎法です。特徴は3つあり、目的、対象、そして手続のそれぞれについて独特の規律が定められています。

第1に、捜査の主要な目的が対外の諜報活動である場合に限られます。つまり犯罪捜査目的の場合には適用されません。また国内の諜報活動も同様です。この帰結として、FISAに基づいて集められた電子情報は、一定な要件を満たさなければ犯罪捜査に転用できません（いわゆるMinimization規制）。

第2に、捜査の対象は、外国の機関またはそのエージェント（平たく言えばスパイ）の電子的な通信情報に限られます。

第3に、捜査の要件は、実体要件・手続要件ともに、通常の犯罪捜査と異なります。まず実体要件として、通常の犯罪捜査の場合にはいわゆる罪を犯したことを疑うに足りる相当な理由（Probable Cause）が必要ですが、FISAに基づく令状の場合は、対象が外国のスパイであることの相当の理由で足ります。

また、令状を発令するのは通常の裁判所ではありません。FISAに基づいて特別に設置されたFISC（Foreign Intelligence Surveillance Court）[5]です。申請内容に明らかな誤りがない場合を除き令状が発令されるうえ[6]、事前・事後を問わず令状の内容は対象者を含む第三者に公開されません。議会の特別委員会に対する年次の報告やその監督があるとはいえ、事後の検証は困難な構造となっています。

ECPA制定のきっかけとその特徴

ECPAは、盗聴法とFISAが対象としていない領域、すなわち、犯罪捜査目的で電子通信を傍受する捜査領域を規律した法律です。1986年に盗聴法の条文を加筆・修正する形で制定されました。

ECPAの最大の特徴は、通信そのものを傍受する捜査と保存された通信内容にアクセスする捜査を区別した点です。つまり電子メールを送受信の段階で傍受することには厳格な規制を求めた一方、一度送受信され、プロバイダのサーバに保存されたメールについては、緩やかな要件で取得できることとされました。

この区分には1979年のSmith判決が大きく影響しています。連邦最高裁は、電話内容の盗聴には令状が必要（Katz判決・盗聴法参照）だが、電話をいつ、どこで、だれがだれに対して架電したかという情報（いわゆるメタデータ）については、第三者である電話会社が当然にアクセスできる情報である以上、厳格な保護の対象とはならないと判示しました。これはいわゆるサードパーティードクトリンと呼ばれるもので、第三者のアクセスを前提とする情報についてはプライバシーの保護が原則として及ばないとする判例法理となっていきます。この判決は電話に関するものでしたが、これを電子情報にも拡大したのがECPAです。ECPAにより、捜査機関が保存された電子情報を取得するには、通常の犯罪捜査令状よりも要件が緩やかなECPA令状を取得すればよいこととなりました。例えば電子メールについては、プロバイダのサーバに保存されてから180日以上経過したものは原則として警察が自由にアクセスできる立て付けとなっています。これは制定当時には電子メールをプロバイダにおいて長期間保存することが想定されていなかったためといわれています。

大統領令12333号の特徴

盗聴法やFISAの理念に基づき、国内における通信は、外国人同士の通信であれ令状主義が適用されます。国外のアメリカ人の通信も同様です。大統領令12333号は、盗聴法やFISAの対象外である、在外の外国人の通信についてのルールを定めたものです。

2) 判決では"the domestic aspects of national security"と表現されています。
3) 判決では、"express no opinion as to [the surveillance of the] activities of foreign powers or their agents"と表現されています。
4) 当時は電子メールが念頭に置かれていましたが、後にその対象が広がっていきます。
5) 構成員は全国の連邦地裁から特別に選任された裁判官です。
6) そのため却下は極めて困難です。1979年から2006年に申請された22990件中、却下されたのはわずかに5件と報告されています（https://epic.org/privacy/surveillance/fisa/stats/default.html）。

第1に目的は、相手国の電子監視に対抗するものに限定されます。第2に対象となる情報の種類に限定はありません。メタデータであれ通信内容であれ、電話内容であれ電子情報であれ、包括的に取得が可能です。第3に要件ですが、裁判所のチェックは必要ありません。担当の行政局が事前に設定した手続に即していて、かつ政府のAttorney Generalの認証があれば、監視が認められます。議会に対する事後の報告も必要とされておらず、基本的に政府内部で完結する仕組みとなっています。

小括

駆け足でご紹介してきましたが、この3つの法律と1つの大統領令がテロ対策に用いられる情報収集活動の基本的な枠組みとなります。

改めて概要を整理すると以下のとおりです。

	盗聴法	FISA	ECPA	EO12333
目的	犯罪捜査	ナショナル・セキュリティ	犯罪捜査	外国からの電子監視への対抗
対象	通話内容	電子情報	メタデータ	すべて
手続	令状	FISC	裁判所命令	AG認証
関連情報	Katz判決	Keith判決	Smith判決 第三者法理	

次号に向けて―9.11以後の展開とスノーデンリークによる見直しの概略

これらの法令は、9.11以後、イスラム過激派とのテロ対策活動に活用するべく、様々な改定や解釈の拡大がなされていきました。そしてスノーデンリークによってその全貌が明らかとなり、様々な批判が巻き起こりました。詳細は次号においてご紹介しますが、以下の4点がとりわけ重要です。

第1に、FISAに基づく大量監視です。FISCや議会の監督が十分に機能せず、ほぼすべての申請が認証され、事後の是正も乏しかったため、諜報機関の電子監視が拡大の一途をたどりました。テロと無関係な数兆のメール、電子情報、電話のメタデータなどが取得されており、アメリカ人のプライバシーの意識を根底から揺さぶることとなりました。

第2に、ECPAが依拠する第三者法理です。メールやアプリなどの利用において、守秘義務を負う取扱業者がサービスの保守・運営に必要な範囲で情報にアクセスできることと、捜査機関がその情報を自由に利用できるとすることは、プライバシーの制約の程度が全く異なるはずです。特に電子情報の利用が不可欠な現代においては見直しが急務とされています。

第3に、大統領令12333の拡大解釈の問題です。海外の要人の携帯電話の盗聴や、海外のサーバに保存されたあらゆる電子情報を監視していたことが大規模な批判を巻き起こしたことは記憶に新しいと思います。イスラム過激派との戦いにおいては、あらゆる監視が相手勢力の電子監視に対抗する、という名目が成り立つため、在外の外国人に関する情報でありさえすればあらゆる情報を監視することが正当化されてしまいます。さらにイギリスの諜報機関と協力し、アメリカはアメリカ国外の情報を、イギリスはイギリス国外の情報を収集し、相互に共有することで、ほとんどの国内法規制を脱法できてしまいます。このように、国外の外国人であれば一切の保障を及ぼさないという制度設計自体に深刻な問題がはらんでいることが明らかとなりました。

第4に、Incidentallyという言葉の独り歩きです。FISAに基づいて収集される情報は、原則として外国のAgentの通話内容ですが、通話の相手方がアメリカ人である場合も当然に予想されます。FISAは当初からアメリカ人を対象とした監視は許容していませんが、外国人を対象とした通信の相手方が意図せずにアメリカ人である場合には[7]、取得した情報を保存・利用してよいという立て付けをとっています。これは大統領令12333でも基本的に同様です。すなわち意図せず入手した場合には、仮にその通信の相手方がアメリカ人であっても、破棄する必要はなく、諜報活動に用いることができます。当初のFISAの制度設計の場合には大きな問題とはならなかったのですが、後にFISAが改正され、情報収集の対象が、Agentのみならず何らかの協力者であればよくなったために、一気に範囲が拡大され、事実上対象者の規制が外れてしまいました。いわば、IncidentallyとFISAおよび大統領令12333の合わせ技により、膨大なアメリカ人に関する電子情報の収集・保存が実現したわけです。

次号まで少し時間が空きますが、これら4つの問題意識をご記憶いただければ幸いです。

7) 相手がアメリカ人であることを事前に知りつつ意図的に監視した場合はこの限りではありません。

2016年JCLU夏合宿報告

格差と貧困をなくすために

JCLUの今年の夏合宿は、格差・貧困問題をテーマとして、8月27日～28日の2日間、山梨県北杜市の「清里ペンション グランデール」で行われました。

1日目は、笹沼弘志氏(静岡大学教授・憲法学)からホームレス問題を中心に、また、木原育子氏(東京新聞社会部記者)からフードバンクかわさきを取材された経験から、それぞれご報告いただきました。2日目は、丹羽聡子氏(弁護士・日弁連貧困問題対策本部女性と子どもの貧困部会部会長)から女性と子どもの貧困問題についてご報告いただきました。

(報告:会員・弁護士 今浦 啓)

貧困・格差と自由―ホームレス問題を中心に

静岡大学教授 笹沼弘志

1 活動内容

1999年末から、静岡市内で、野宿者に会いに行き話しをする活動を始めた。その後、「野宿者のための静岡パトロール」と称して、野宿者のための炊き出し・夏祭り(スイカ割等)・越年集会(餅つき等)を中心に活動を行うようになった。

2 貧困と自由

貧困については、「諸自由の制約」(アマルティア・セン)という観点が重要だ。また、自由が制約されると「自由であろうとする意欲の縮減」(アグネス・ヘラー)さえ生じてしまう。貧困は自由と表裏一体であり、自由という側面から捉えなければ見えてこないことが多い。ホームレスは、貧困・社会的排除の極限であり、自由・市民的自由の体系的な剥奪をされ、喪失していることである。

笹沼弘志氏

ホームレスになる要因としては、失業、住宅・福祉の貧困、刑事手続・矯正施設の問題がある。現状、毎年満期出所者のうち約8000人がホームレスになっている。

2002年にホームレス自立支援特別措置法が施行され、2003年にホームレスの全国的な初の調査が行われた。当時のホームレスは2万6000人程度との報告であった。現在は、全国で1万人を切っているとされている。もっとも、正確な実数を表しているかは大いに疑問である。

3 具体策なきホームレス対策

正確な数が把握されていないため具体的な対策が行われず、公園住民裁判(最判平成20年10月3日)の例のように居住の事実を否定され、明治公園の野宿者強制排除・福祉事務所での生活保護申請の水際作戦のように地域・社会から排除され、ホームレスは全く権利を持たない者として扱われている。その結果、法の世界ではホームレスには何ら問題が生じていないことになっている。

象徴的な例として、2007年に浜松市役所に70歳の空腹のホームレスの女性が市役所に運ばれ、福祉担当職員らが取り囲むなか心肺停止状態となり、翌日死亡した事案がある。女性は市役所の敷地内の路上で寝かされ、市が与えた非常食も開封できないまま息絶えた。市は「非常食を渡したし、適正な行政であった。」と説明している。

取材の現場から

東京新聞社会部記者 木原育子

1 取材のきっかけ

フードバンクかわさき(神奈川県川崎市多摩区、2013年1月設立。企業や個人から寄付を受けた米やパンなどの食料を登録している世帯に週3回無償で届けている。2015年時点で207世帯、400人が登録している。)において、自らボランティアとして携わりながら、貧困層への同行取材を試みることとした。

取材の詳細は、2016年6月18日、19日付け東京新聞「貧困の実相」、同年7月5日、6日付け同紙「貧困からの一票」をご参照いただきたい。

2 貧困に共通するもの

取材の中で、あるケースワーカーは「最近の貧困にはにおいがない。」と述べる。貧困に陥った人が最初に削るのは、衣食住のうち衣類である。その後、住環境に気を配れなくなっ

木原育子氏

たときに発する「におい」が貧困のサインになるという。しかし、最近は、周囲の目を意識して、食を最初に削り、衣・住は最後まで保つ人が多い。一例として、フードバンクの利用者である元東京都職員の80代の女性がいる。女手一つで娘を育て、娘から高齢者向けマンションを勧められ、月額22万円の年金から家賃13万円を支出する。その娘が心の病によって休職後は、娘の生活費を肩代わりするようになったため、マンションの食費4万5千円が支払えなくなりフードバンクを利用している。引っ越そうにも貯蓄がない。「におい」がなく、貧困のサインのない貧困の象徴である。

3　貧困からの一票

貧困という社会の落とし穴を広げないために政治は何ができるのか。参議院選挙に先立つ今年6月、フードバンクかわさきの食糧配達者で利用者の家を回りながら、利用者に「政治に望むことは？」と問いかけた。

身寄りもなく、冷蔵庫やテレビも買えない利用者は「正直、それどころじゃない。」と言い、生活保護を受けている利用者は「人並み以上に税金を使い、人様に迷惑をかけているのに、権利を行使していいのか」と言う。生活保護受給者でありフードバンクかわさきでボランティアをしながら社会復帰を目指す利用者は、「政治家の声は僕のような社会の末端の人間にまで届いていない」とも言う。

取材を通して、貧困からは政治があまりにも遠い現実を目の当たりにした。

女性と子どもの貧困問題

弁護士・日弁連貧困問題対策本部女性と子どもの貧困部会部会長　丹羽聡子

1　貧困とは

貧困の意味は2つに分けられる。一つは人間として最低限保証されるべき生活が出来ていない状態を指す絶対的貧困、もう一つは等価可処分所得が全人口の中央値（これを貧困線という。）の半分未満の状態を指す相対的貧困である。絶対的貧困層は、一日1.25ドル未満で生活している人々と定義される。日本で相対的貧困の対象となるのは、単身世帯では可処分所得122万円未満の世帯である。

貧困が問題になる理由は、自己実現が困難になり、世代間に連鎖し、社会の分断を生むという点にある。

2　貧困と格差

貧困は能力主義・結果主義の世界における自己責任ではないかとの意見もある。しかしながら、貧困に陥るのは個人の努力が足りないことが原因ではない。

日本社会においては、社会の中心にいるのは「稼働できる成人男性」であり、女性・子ども・高齢者・障がい者は社会の「周辺」又は「枠外」の存在となっている。だからこそ、「周辺」又は「枠外」の存在とされる者の貧困問題は深刻化している。

3　女性の貧困

母子家庭の貧困問題は深刻ではあるが、単身女性も同様であり、特に65歳以上の単身女性の貧困率は44.6%（2012年）と突出している。

なぜ、女性は男性よりも貧困に陥りやすいのだろうか。例えば、シングルマザーの8割は稼働しているにもかかわらず貧困率は5割を超える。その主な理由は、労働条件が女性に対して不公平に設定されていることや、社会保障制度（配偶者控除等）が男性稼ぎ手を基軸に構築されていることにある。

「男は外で働き、女は家を守る」という概念が今も根強く残り、女性は生計を担うためではなく、男性稼ぎ手の収入を補助するために働くことを前提に労働条件が設定されている。

丹羽聡子氏

また、マタニティ・ハラスメント、マミートラック（短時間勤務・出張、転勤のない働き方であり、母親業と両立しやすい働き方ではあるが、これに乗ると昇進昇格しにくくなる。）、保育園の待機児童問題といった女性の妊娠・出産に起因する問題も残る。

4　子どもの貧困

貧困が子どもに与える影響として、主なものは健康問題、進学問題、就職問題などが挙げられる。

健康問題では、収入が低い世帯ほど歯科治療に行かず、子どもの虫歯率が高いことが分かっている。

進学問題では、全日制高校進学率を見ると、全世帯では91.4%である一方、生活保護世帯は67.4%であり、大学進学率は、全世帯では51.8%、生活保護世帯では20.0%となっている（平成27年度子供の貧困の状況と子供の貧困対策の実施状況より）。

就職問題では、最終学歴が中卒の場合、雇用形態として常勤が19.7%、非常勤の割合は71.1%であり、最終学歴が大卒・院卒の場合、常勤が52.6%、非常勤が28.4%となっている（ジェンダーで学ぶ生活経済論2版より）。

子供の貧困問題の解決に向けて、子どもの貧困対策の推進に関する法律が施行され、子ども食堂、学習支援などの取組みが進んではいるが、まずは子どもが貧困状態にあることを認識し、出来ることから始めることが大事であろう。

JCLUの70年　第3回　あの頃のJCLUは

更田義彦・元代表理事に聞く

更田義彦先生

1.人権協会に入会されたきっかけを教えてください。

学生のころから砂川事件の伊達判決や朝日訴訟などの憲法判例を読み、司法の機能に魅力を感じて、弁護士を志し、同期の西垣道夫氏とともに虎の門法律事務所を訪問したのが、人権協会との出会いのきっかけだった。

海野普吉先生は1968年の7月6日に亡くなられたので、私自身は海野先生の謦咳に接していない。私は、弁護士登録と同時に人権協会に加入し、事務局会議にも顔を出すようになった。はじめ伊達秋雄弁護士の事務所に入ったが、その後ほどなく、大野正男弁護士と同期で、共に海野先生に師事した西田公一弁護士の事務所に移籍した。私は、ここで結果的には14年間に亘ってお世話になることになった。

話は遡るが、人権協会の事務局長は長らく森川金寿弁護士が担われたが、六川常夫弁護士が事務局長在任中、1966年11月に全日空松山沖墜落事故で遭難された。このため、同年暮れに西田弁護士が、事務局長を引き継いだ。西田弁護士は1967年6月に海野事務所から独立し、それに伴って人権協会の事務所も西田事務所に置かれることになった。そこで私はいわば人権協会の事務所にお世話になり、人権協会の活動に関わるようになった。

2.当時の人権協会の様子や活動はどうでしたか。

当時の様子について

私が人権協会に加入した当時、事務局会議は、人権協会事務所、つまり西田事務所で行われていた。会議には、西田事務局長と、この年の10月の総会で代表理事の一人に就任する大野弁護士、事務局次長で海野事務所の山田伸男弁護士、それに駆け出しの西垣弁護士と私など数名が出席し、人権協会の活動や事業の企画と執行の手順などを話し合った。大野、西田両弁護士は、性格は違うが、絶妙のコンビで、人権協会の活動に尽力した。理事会や総会は、日比谷公園内の、後に焼失した旧松本楼で開かれていたが、活発だったという印象はない。ただ、1968年は国連の国際人権年だったので、人権協会は、記念行事として、人権デーに講演会を行い、平河町の全共連ビルに400人以上の聴衆を集めた。

人権協会の活動について

人権新聞の発行

人権新聞は、活版印刷で、事務局員の若手弁護士が交代で編集割り付けにあたり、年に10回の発行を目指していた。私も、印刷所に出かけゲラの校正などを行った。1968年9月1日発行の人権新聞（第150号）からは、アメリカに留学した吉川精一弁護士と山川洋一郎弁護士から、アメリカの複雑な社会情勢や司法の現状についての報告を受け、「アメリカだより」として掲載した。また、人権協会は、沖縄人権協会とも連絡を取り、復帰前の沖縄問題について、様々な問題を多角的な視点から検討

【更田義彦先生プロフィール】
1942年、東京生まれ。1966年4月、司法研修所入所（20期）。1968年4月、弁護士登録（第二東京弁護士会）。自由人権協会事務局長（1982年～1984年）、代表理事（1999年～2004年）。共著書に、『長銀最高裁無罪事件読本』（2011年、信山社）など。

し、意見発信をするという取り組みを行っていた。沖縄問題については、やはりアメリカ人に読んでもらう必要があるということで、英語版の人権新聞を発行し(1969年12月1日発行·第164号)、ACLUなどを通じ、アメリカにおいて配布したことがあった。

サリドマイド事件

当時の人権協会の大きな支援事件として、サリドマイド事件がある。睡眠薬や胃腸薬として市販され、妊婦がつわり止めとして服用したサリドマイド剤によって手足が短いなどの重篤な複合的な障がいをもって生れた子の両親から、人権協会が支援の要請を受け、弁護団を編成し、訴えを提起し係属中であった。弁護団を率いた西田弁護士は、海野事務所から、サリドマイド事件の膨大な記録が詰まっている観音開きのロッカーをそのまま引き継いで独立したため、西田弁護士の事務所に入所した私は、入所するなり、サリドマイド事件の弁護団の一員として活動することになった。長く辛い準備手続を終える頃、1971年2月から、月に1回ないし2回という頻度の集中的な証拠調べを控え、吉川、山川弁護士らの参加を得て弁護団が増強された。東京地裁の原告団が中心となり、日本全国8地裁、63家族をまとめて約1年間に亘る和解交渉を行い、1974年11月に勝訴的な和解に至った。この間、実に充実していて、楽しかった。

サリドマイド事件が決着を見た後、1976年1月、人権協会の事務所は、愛宕山弁護士ビルに移った。人権協会の支援に感謝してサリドマイド原告団と弁護団から提供された寄附と、人権協会内外からのカンパが、その元手となっている。

その他、思いだすこと

山田事務局長の下で、1981年に、『なぜいま"靖国神社"なのか』(1981年12月1日発行)というブックレットをまとめた。これは、会員の今村嗣夫弁護士などと一緒に取り組んで、政教分離に関する格調高い感動的な、高裁の違憲判決を聴いた経験も踏まえ、支援事件である自衛官合祀事件を担当中の河野敬弁護士とともに取り組んだもので、私としては忘れられない。

3.事務局長(1982年～1984年)の活動として印象に残っていることは何ですか。

私は、事務局長を6年間務めた前任の山田弁護士から引き継いで、2年間で秋山幹男弁護士と交代したが、なぜか、その後、人権協会の事務局長は2年で交代するようになった。事務局長が、自らが強い関心をもっている分野やテーマを重点に、短い期間に、全力投球して人権協会を担うことは、あながち悪いことではないかもしれない。

人権協会は、このころ、市民版人権レポートを作成した。理事の斎藤恵彦教授から日本国政府が国際人権規約に基づいて国連に提出する報告書に対して、民間の視線で実情を報告することの重要性を知り、手始めに外国人、精神障がい者などのテーマをとりあげ、それぞれ熱心な会員が中心になって執筆した。現在では様々なNGOや市民団体がカウンターレポートを提出するようになったが、人権協会は早い時期からその活動に取り組んだ。

4.現在の日本の司法をどのように見ますか?

ロースクールで学生に接した立場としては、人権協会などの人権活動の担い手の拠り所である弁護士制度とその経済的基盤に、危惧を感じる。ノブレスオブリージュの精神の基盤を維持確保していく必要があろう。

また、日本の裁判所は、なかなか外部の意見を聞こうとしない。人権協会は、2000年9月20日の意見書(http://jclu.org/wp-content/uploads/2015/06/20000920.pdf)において、訴訟当事者以外の第三者が裁判所に意見や資料を提出して助言を行う制度を提言した。Amicus Curiaeの語源(法廷の友人)から考えても、本当の友人はときに厳しいことを言うものであり、裁判所も、外部からの適切な意見に対して寛容であるべきだと思う。

5.今後の人権協会の展望・まとめ

人権協会は、ほぼ70年の歴史を重ねて、時代の流れの中で連綿と活動してきた。人権協会が存在する必要のない、人権侵害が全く存在しない天国のような世界になれば話は別だが、それはない。いつの時代にも、人の痛みを知り、声を挙げる先覚者がいて、また、その先覚者が行動を移すにあたり、それを忍耐強く支援しようとする仲間がいる。人権の問題に真面目に取り組もうという人が2名以上いれば、それがCivil Liberties Unionたる人権協会ではないか。。

最後に、海野先生が日本の軍備増強、軍事大国化への強い戒めとして用いていた「剣を以て立つ者は剣で滅びる」という言葉があるが、今の時代ほどこの言葉を噛み締めるときはないと感じている。

(2016年9月15日、更田・河野法律事務所にて、聞き手：古本晴英·藤原大輔)

あたごの杜から
事務局長日誌

◆8月27日と28日、清里のペンション・グランデールで合宿。テーマは貧困・格差問題。笹沼弘志教授より、16年以上継続されているホームレス支援活動の経験談とともに、自由からとらえた貧困・格差問題について聴く。貧困とは自由の体系的な剥奪。無国籍者と同じように「権利を持つ権利」が剥奪されている。東京新聞記者木原育子氏からは、フードバンクかわさきでボランティアしながら取材した今日の貧困問題について。本来、問題改善のために不可欠なはずの政治が遠い。丹羽聡子弁護士からは女性と子どもの貧困問題。社会保障制度のあり方を見直す必要があるとの説得力ある講義。経済・社会政策の改革が必須の構造的な問題に、私たちはどう関わることができるのか、自問する。◆9月16日、外国人問題・連続セミナー第4回「介護分野の外国人労働者」、講師はヒューライツ大阪の藤本伸樹氏。政府は、女性の活躍推進の旗印の下、技能実習生の介護分野への拡大と「介護」の在留資格新設による外国人介護労働者の受入増、国家戦略特区における家事支援人材の受入れを進めている。相変わらず、人手不足を補うために場当たり的な政策でしのごうとしている。「人」の受入れについて正面から議論し、差別禁止法など権利を守るための基本的な体制づくりを含めて、足元から見直すべき時がとうに来ている。◆9月23日、沖縄緊急企画第3弾。9月16日に出たばかりの辺野古の埋立承認取消しに関する不作為違法確認訴訟の福岡高裁那覇支部判決について、沖縄タイムスの宮城栄作氏の報告と武田真一郎教授の解説を聴く。審理の対象に重大な誤りがあること、十分な根拠なく普天間基地の被害を除去するためには辺野古新基地建設しかないと断定していることなど、判決の重大な問題を、平明な言葉でわかりやすく解説していただいた。裁判所が沖縄県民の民意を無視して、新基地建設についての「沖縄の地理的必然性」をかくも安易に肯定してよいのか。最高裁には、自治権を尊重した筋の通った判決を期待したい。時機を得た企画に会場は満員だった。◆10月初めに、長年の懸案だったJCLUウェブサイトの全面リニューアルを実現！スマートホンからも閲覧しやすくなった。英語ページの更新を含め、内容はこれから充実させていきたい。ぜひごらんいただき、ご意見を。◆ニュースレターも本号で400号。新ウェブサイトの基調色の緑と合わせて色を刷新しましたが、いかがでしょうか。(藤本)

2016年8月から10月までのJCLU

8月4日~9月23日	エクスターンシップの受入れ【早稲田大学(12日まで)、一橋大学(23日まで)】
8月13日~19日	JCLU事務局夏季休暇
8月27日~28日	合宿(清里ペンション グランデール·山梨県)：「格差·貧困問題—その広がりの原因と対策」(笹沼弘志·静岡大学教授)／「取材の現場から」(木原育子·東京新聞記者)／「見えにくい女性と子どもの貧困問題」(丹羽聡子·弁護士　日弁連貧困問題対策本部女性と子どもの貧困部会部会長)
9月14日	9月理事会
9月16日	外国人問題·連続セミナー第4回「介護分野の外国人労働者」(藤本伸樹·一般財団法人アジア·太平洋人権情報センター『ヒューライツ大阪』研究員、近畿大学非常勤講師)中央大学駿河台記念館
9月23日	JCLU沖縄緊急企画第3弾「辺野古一審判決を読む～沖縄から見る国と地方その2」(宮城栄作·沖縄タイムス東京支社報道部長、武田真一郎·成蹊大学法科大学院教授)中央大学駿河台記念館
9月30日	JCLU京都9月例会「精神科医療改革運動と反薬害、公害闘争の影響から～患者、被害者の対話から学んだこと～」(川合仁·精神科医　元京都大学医学部精神科助手)ハートピア京都
10月9日	JCLUウェブサイトリニューアル
10月12日	10月理事会

【発行日】2016年10月27日　【発　行】公益社団法人 自由人権協会
〒105-0002　東京都港区愛宕1-6-7 愛宕山弁護士ビル306
TEL：03-3437-5466　FAX：03-3578-6687　URL：http://jclu.org/　Mail：jclu@jclu.org
(大阪·兵庫支部)
〒530-0047 大阪市北区西天満1-10-8　西天満 第11松屋ビル3F 堺筋共同法律事務所内
TEL：06-6364-3051　FAX：06-6364-3054
協会設立：1947.11.23　本紙創刊：1950.5.1　購読料：年間2,500円　郵便振替：00180-3-62718　発行人：藤本美枝
JCLU

人権新聞 Japan Civil Liberties Union
JCLU Newsletter
発行所 公益社団法人 自由人権協会
JCLU
〒105-0002 東京都港区愛宕1-6-7 愛宕山弁護士ビル306
TEL:03-3437-5466 FAX:03-3578-6687
URL:http://jclu.org/ Mail:jclu@jclu.org
協会設立:1947.11.23
本紙創刊:1950.5.1
購読料:年間2,500円

JCLU沖縄緊急企画第3弾

辺野古一審判決を読む

――沖縄から見る国と地方その2

2016年9月23日、中央大学駿河台記念館にて沖縄タイムス東京支社報道部長の宮城栄作さん、成蹊大学法科大学院教授の武田真一郎さんに辺野古一審判決についてお話しいただきました。

（報告：一橋大学法科大学院2016年度エクスターン生　金澤直人）

報告 「高江と辺野古だけではない沖縄の基地問題」

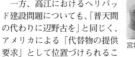

宮城氏による報告では、福岡高裁那覇支部の下した本判決について、「あまりにも政治的」「国の主張の引き写しである」といった数々の問題点の指摘がなされた。ききての升味氏から「国が、国地方係争処理委員会の結論に従わず、提訴という動きに出たうえ、まさか違法確認訴訟において国の主張が通ることはないだろうと思っていので、驚きだった」と感想が述べられると、宮城氏は、代執行訴訟においては「オールジャパン」での対話による解決が期待されて和解案が提示されたのにもかかわらず、提訴・認容判決という流れになってしまったことについて、翁長知事の本判決を受けての言をひいて、これから「長い長いたたかいになる」とコメントした。

また、本判決の具体的な内容については、「沖縄の地理的有用性」など国防外交上の考慮等の事項にまで踏み込んだ判断をしていることについて、国の主張ばかりを認めていることにくわえ、専門家の中でも見解が分かれる事項について確たる証拠に基づかずに認定をしている点の問題性が指摘された。なかでも、基地移設に関する国策上の必要性と地方の反対という利益衝突において、国の判断が不合理でない限り地方は負担を受け入れなければならないかのような論法を採っている点、新基地を建設するか普天間基地を存続させるかという二者択一の前提をおき、そのうえで「辺野古が唯一の選択肢である」という判断をしている点を挙げて、本判決には「問題がありすぎる」と厳しく指摘した。

宮城栄作氏

一方、高江におけるヘリパッド建設問題についても、「普天間の代わりに辺野古を」と同じく、アメリカによる「代替物の提供要求」として位置づけられることが指摘された。升味氏が現在北部に存在するヘリパッド近隣住民の「疎開」の例を挙げると、宮城氏は「人のくらし、いのちのかかわる問題。国が決めたことに合理性があるならば、住民は従うべき、という態度には納得ができない」と怒りをあらわにした。

さらに、ヘリパッド建設用重機の自衛隊機による空輸に明確な法的根拠を見出すことは難しいことが紹介され、安倍政権の安全保障に関連する事項についての法解釈の「無茶さ」が危惧されるとし、現在展開されているヘリパッド工事差し止めの仮処分申し立てや、現場での抗議活動に象徴されるような、国と地方、そして安全保障についての国民的議論のため「普遍的な価値のための活動」を継続していくことが大切であることが強調された。

CONTENTS

武田教授「国が勝訴した不作為の違法確認判決の問題点」

違法性判断の対象―承認取消処分に裁量はないのか?

武田真一郎氏

是正指示の違法性は、是正の対象である処分、すなわち、翁長知事による、仲井眞前知事の行った埋立承認処分（以下、本件承認処分という）の取消処分（以下、本件取消処分という）が違法なものであるか否かにかかるものと考えるのが素直である。

そして、処分の違法性は、一般に当該処分につき行政判断としての裁量逸脱・濫用があったか否かにかかる。しかし、本判決は、本件承認処分の取消には、本件「承認処分に裁量権の逸脱・濫用による違法があることを要し、その違法性の判断について知事に裁量は存しない」（判決骨子）として、本件取消処分の違法性判断にあたっては、本件承認処分の違法性の有無が審理対象となるとした。

ここでは、審理対象が是正の対象たる本件取消処分の違法性ではなく、本件承認処分の違法性とされているが、武田教授は、①そもそも原処分とその取消処分とは別個の処分であって、違法性は各処分につき問題となるはずであり、このような見解に立つ最高裁判決も存在すること、②原処分の裁量の尊重をするとすれば事実上裁量処分の職権取消は行えなくなること等を指摘し、本判決が原処分の職権取消に関し行政庁の裁量権は存しないとした点を疑問とした。

「辺野古しかない」?

このような訴訟上の審理対象設定を前提として、本判決は「普天間飛行場の被害を除去するには本件埋立てを行うしかない」「これにより県全体としては基地負担が軽減される」（判決骨子）といった事実を断定的に認定したうえで、「本件埋立てに伴う不利益や基地の整理縮小を求める沖縄の民意を考慮したとしても」（同）本件承認処分が公有水面埋立法4条1項1号の要件を欠くと認めるには至らないとしている。

しかし、武田教授は、①そもそもこれらの事実が果たしていかなる証拠に基づく認定にかかるものであるのかは本判決においては明らかにされていない、②代替案の不存在という多分に政治的な判断を平然と行っている点は司法権を逸脱するおそれがある、③民意の裏づけを欠くまま埋立を認める判断を下すことの妥当性、憲法が保障する地方自治権（92条）侵害のおそれ、といった問題点を指摘した。

利益衡量の妥当性

また、本判決は、仮に、本件承認処分についての裁量権行使に不当性があれば同処分を取り消すことができると解釈した場合においても、「仮に不当があるとしても、知事の裁量の範囲内で埋立の必要を埋め立てによる不利益が上回ったに過ぎず、承認を取り消すべき公益上の必要がそれを取り消すことによる不利益に比べて明らかに優越しているとはいえない」と判示し、行政法学において伝統的に論じられてきた職権取消制限論を展開する。しかし、武田教授は、本来職権取消制限論は私人たる国民を相手方とする受益的処分において妥当するものであって、本件のような「国に対する」受益的処分についても妥当するかのような判示となっている点については疑問であるとした。

県側から提訴すべきだったのか

地方自治法によれば、国地方係争処理委員会の審査結果に不服があるのに知事が是正の指示に対する取消訴訟を提起しなかったときに、国土交通大臣は不作為の違法確認訴訟を提起できることとなっている。しかし、本件では翁長沖縄県知事は、国と沖縄県の協議による解決が必要とした委員会の決定には不服を有していなかったことから、武田教授は、本件において、そもそも国交相による不作為の違法確認訴訟の訴訟要件が充足されていたのかという点について疑問を呈した。

また、代執行訴訟における裁判所の和解勧告においても、委員会の決定においても、協議による解決が求められており、今回の国側の提訴はその趣旨にも反するものであることが指摘された。

本判決の波及的効果

さいごに、武田教授は、本判決によれば、ひとたび適法な埋立承認処分さえなされてしまえば、その後に当該承認処分の取消しが行われた場合においても、是正指示さえ行えば日本中のどこであっても埋立が行えることになるという波及的効果を有することになることを指摘し、本判決に含まれる法解釈上の論点の重大性を強調した。

（感想）

辺野古をめぐる問題の核心は、国と地方の利害衝突、外交・安全保障上の政策判断といった、すぐれて政治的なものであるにもかかわらず、半ば強引な非対話的解決の場として司法が経由されているような印象を受けた。また、そもそも司法権が判断を行いえない領域にある事項を、法律論としての歪みを感じざるをえないロジックにより判断した高裁判決には、政権追従姿勢のみならず、司法に対する信頼が損なわれる危うささえ感じる。政治的な実質論を正面から論ずるため、司法はいかなる立場をとるべきかが、いま改めて問われていると思う。

辺野古訴訟最高裁2016.12.20判決について

成蹊大学法科大学院教授 武田 真一郎

最高裁は国土交通大臣が提起した不作為の違法確認訴訟について2016年12月20日に翁長雄志知事の上告を棄却し、翁長知事の敗訴が確定した。本判決でもっとも注目されるのは、仲井真弘多前知事の埋立承認に瑕疵があることを理由として埋立承認を取り消した場合には、原処分である埋立承認に裁量権の逸脱・濫用があって違法であるときに限り取消しができるとした点である。その結果として前知事の裁量権が尊重され、埋立承認に裁量権の逸脱・濫用があって違法であるとまではいえないから埋立承認は適法であり、これを取り消した翁長知事の承認取消は違法であると判断された。

しかし、この判断には疑問がある。埋立承認とその職権取消はいずれも処分庁の政策的・専門的判断を必要とする裁量行為であるから、埋立承認の職権取消の違法性を判断するのであれば、埋立承認は違法であるとした翁長知事の判断に裁量権の逸脱・濫用があるかどうかを審理すべきである。最高裁は、裁量行為（埋立承認）の職権取消（承認取消）もまた裁量行為であり、職権取消をした翁長知事の裁量権が尊重されるべきであることを見落としている。

行政処分に当初から瑕疵があることを理由とする職権取消について従来の最高裁判決は、原処分が違法または不当であり、相手方の不利益よりも処分を取り消す公益上の必要性の方が大きい場合には、権限を有する処分庁は原処分を職権で取り消すことができるとしてきた（最判S43.11.7）。この場合、原処分が違法または不当であり、取消しの公益上の必要性が相手方の不利益よりも大きいと判断するのは職権取消をする処分庁なのであるから、職権取消の違法性を審理する際には職権取消をした処分庁の判断の違法性を審理しなければならないはずである。その結果として原処分が裁量行為の場合には、原処分の処分庁が原処分は適法と考えたにもかかわらず、取消処分の処分庁はその裁量によって原処分を違法と判断することがあり得る。裁量行為の職権取消を認める以上、これは当然の帰結である。むしろ本判決の考え方によれば裁量行為の職権取消ができる場合は著しく限定されることになり、職権取消を認める趣旨が没却されることになろう。

ただし、本判決を逆から見れば、前知事の埋立承認に瑕疵があることを理由とするのではなく、現時点において辺野古埋立に対する沖縄県民の理解は得られておらず、埋立承認の効力を維持することは公益に反することなどを理由として、埋立承認を将来に向かって取り消す（撤回する）のであれば、承認取消（撤回）をした翁長知事の判断に裁量権の逸脱・濫用があるかどうかが審理されることになるはずである。今後は承認取消の撤回が大きな争点になると思われる。

本判決は裁判所の和解勧告と国地方係争処理委員会の決定が国と沖縄県の協議が必要であるとしたことについては何らの配慮をせず、たとえ協議が進んでいなくても翁長知事が承認取消を取り消さないことは違法だと判断した。しかし、沖縄県民が納得する解決策を見出さない限りは本件を根本的に解決することはできず、そのためには国と沖縄県が協議の席に着くことが不可欠である。具体的な手続としては、前記のように撤回によって埋立承認の効力をいったん白紙に返す他はないであろう。

撤回をするためには現時点で埋立承認の効力を維持することが公益に適合しないことを論証する必要があるが、筆者は沖縄県民の住民投票によって県民は辺野古新基地建設に納得していないことを明らかにすることがもっとも効果的であると考えている。

外国人問題
連続セミナー
第4回

介護分野の外国人労働者

アジア・太平洋人権情報センター「ヒューライツ大阪」研究員 藤本 伸樹

2016年9月16日、アジア・太平洋人権情報センター「ヒューライツ大阪」の研究員をされている藤本伸樹さんを中央大学駿河台記念館にお招きし、介護分野の外国人労働者問題についてお話しいただきました。

（報告：一橋大学法科大学院2016年度エクスターン生　木下玲菜、辻本麻璃絵）

1.現行の受入れ政策

現在、介護・家事分野における外国人労働者の受入れ政策が積極的に議論されている。

その背景には、少子高齢化に伴う深刻な介護労働者不足が存在する。2025年には38万人の労働者が不足すると予測されている。そうしたなか、「女性の活躍促進」を目的に掲げた「外国人材の活用」という方針が、「日本再興戦略」の一環として2014年に閣議決定されている。具体的には、①技能実習制度の対象職種として介護分野を追加すること、②在留資格に「介護」を新設すること、③国家戦略特区における家事支援人材（家事労働者）を受け入れるというものだ。

現行では、二国間のEPA（経済連携協定）に基づき、インドネシア・フィリピン・ベトナムから介護福祉士の候補者を受け入れている。この制度は、介護施設で働きながら、原則4年以内に日本語による国家試験に合格することが条件で、合格すれば介護福祉士として働き続けることができる。不合格ならば帰国しなければならない。2015年までに合計2106人来日しており、今年度までの合格者は355人だ。ハードルは高い。さらに合格者のうち105人が帰国してしまっている。「専門性」を求める一方で、定着性に乏しいのが現状だ。

また、すでに日本在住の日本人の配偶者や永住者といった職種に制限なく働くことができる在留資格のある外国人、とりわけフィリピン人女性が介護現場で就労している。その多くは、非正規雇用で、日本語能力などを理由に、日本人労働者よりも不利な労働条件だ。

そのような流れを踏まえたうえで、安倍政権下で進行している3通りの「外国人材」の受入れ政策についてより具体的にみていきたい。

2.技能実習制度の拡大

1つ目は、技能実習制度の対象職種に介護分野を追加することについて。技能実習制度とは、開発途上国への技術移転を目的に国が1990年代初頭に創設した制度である。しかし、実際は労働者不足にあえぐ中小企業の受け皿となっている。この制度のもと、受入れ企業などによる労働関係法規に違反する労務管理、そしてセクハラなどの人権侵害が頻発している。

国連をはじめとする国際社会でも問題視され、2014年には自由権規約委員会や人種差別撤廃委員会、2016年には女性差別撤廃委員会が、抜本的に改善するよう勧告を出している。日本においても、たとえば日弁連が複数の声明・勧告を出してきている。

3.在留資格「介護」の新設

2つ目は、入管法を改定して在留資格「介護」を創設する政策である。これは、日本の介護福祉士養成機関（専門学校）や短大・大学を卒業し、介護福祉士の国家資格を取得した外国人留学生の就労を可能にするものだ。EPA以外のルートでも介護福祉士としての就労を可能にするものだ。

4.「家事支援人材」の受入れ

3つ目は、国家戦略特区における「家事支援人材」（家事労働者）の受入れである。

もともと、外交官や企業の重役に就く外国人宅に「外国人家事使用人」という形で例外的に就労が許可されてきた。そうしたなか、2015年7月に国家戦略特区法の改正を行い、入管法の例外を設けることで、日本人家庭での受入れも可能にしたのである。

政府が決めた受入れの枠組みは次のようになる。外国から新たに雇い入れる家事支援人材が行う活動内容は、炊事、掃除、買物の一般的家事に加えて、それらに関連する子どもの世話や保護、そして食事・入浴・排泄といった身体介護を除く高齢者の補助など家庭で日常生活を営むに必要な行為の代行・補助である。ただし、子どもの世話や高齢者の補助だけを行うことは禁止されており、一般的家事の延長線上で行われなければならない。

家事支援人材の要件は、満18歳以上、1年以上の家事代行・補助の実務経験と必要な知識・技能を有すこと、必要な日本語能力を有することである。家事代行サービス会社が受入れ事業者となり、家事支援人材を直接雇用し、サービス利用者と請負契約を結び、具体的な業務内容を事前に明確に定めることが求められている。つまり、利用世帯の指揮命令下で働かせるといった偽装請負が禁止されているのである。

課題・懸念は、労働者としての権利をいかに保障するかである。家事支援人材には、労働基準法をはじめとする労働関係法令が適用されるものの（従来からの「家事使用人」には適用されない）、家庭という密室で、虐待や性暴力の発生をどのように防止すればよいのか。罰金や保証金の徴収を通じた管理および搾取の危険性が懸念される。また、強制帰国などの制裁をおそれて、会社への権利主張が委縮するという心配もある。

就労実態について、国や自治体の関係機関がモニターするといったシステムを整備していないため、これまでの技能実習制度と同様に、さまざまな人権侵害の危険と隣り合わせである。賃金については、日本人と同等以上としているが、最低賃金の水準にすぎない可能性もある。

それどころか、家事サービスの需要を拡大するために、家事代行会社がコスト削減を追求することになろう。そうすると家事労働者の労働条件にしわ寄せがいくこととなる。そのような事態を想定して、多言語対応の相談窓口の設置が必要だ。さらに、虐待などを予防するために家事サービス利用者への人権啓発が重要である。

5.外国人労働者受入れの課題

政府は、外国人材の活用策として、以上のような政策を進めており、今後、外国人労働者の受入れをさらに拡大していくことが予想される。受入れに際して、政府は一貫性のある法整備を進める必要がある。そのうえで、今まで問題となってきた外国人労働者に対する権利侵害についての教訓を活かし、人権を保障する政策をとる必要がある。

藤本伸樹さん

そのためには、まず、「外国人材」というあやふやな呼称ではなく、「労働者」として受け入れる基本姿勢を前提とし、法的保護の対象とすべきである。

外国人労働者は、日本語による意思疎通が十分にできないこと、また簡単には帰国できないという切羽詰まった経済的理由に付け込まれ、さまざまな搾取を受けるリスクにさらされている。そのような不当な搾取、さらに踏み込んで人身取引という視点を踏まえて、実態調査・捜査、そして加害者訴追、損害賠償請求に向けた支援など、労働搾取の被害者への支援が行われるようにすべきである。日本で安全に働いたり、移住できるための環境を整備しなければならない。そのためにも、移住労働者権利条約やILO家事労働者条約（第189号）などの国際人権条約を批准・実施すべきなのである。

外国人の受入れ政策をビジネスチャンスとして期待する企業が多く存在する一方で、日本の労働者側は、労働環境の低下を心配して外国人労働者が入ってくることに慎重な姿勢をとっているという現状ではなかろうか。

日本社会において、開発途上国からの移住労働者に対する差別的なシステムや差別意識は根深い。そのような状況ゆえに、人種差別を禁止するための法整備が必須である。

振り返れば、1980年代以降に問題化したフィリピンからをはじめとする「女性エンターテイナー」に対する人身取引、1990年代から始まった外国人技能実習制度などにおけるさまざまな人権侵害が延々と続いている。これらの問題解決をめざすなかで、外国人労働者の受入れを考えていきたい。

情報公開小委員会勉強会

肥大するDNA捜査

東京新聞前警視庁記者クラブキャップ（現社会部デスク） 菊谷 隆文

2016年7月27日、情報公開小委員会において、当時、警視庁記者クラブキャップとして取材をされた菊谷隆文さんをお招きし、肥大化しつつあるDNA捜査の現状と問題点についてお話しいただきました。 （報告：会員・弁護士 小野高広）

1.はじめに

2016年5月4日に、東京新聞紙上で、法整備がなされないまま警察によるDNA捜査が拡大しつつあることを取り上げた記事を掲載しました。警察は、足利事件以降、自白に頼らず客観証拠を重視する捜査へシフトしており、捜査の過程でDNA型鑑定が活用されるケースは今後ますます増加すると考えられます。本日は、2015年8月に発生した中野の女性劇団員殺害事件におけるDNA捜査手法についてご紹介した上で、肥大するDNA捜査の問題点をお話したいと思います。

2.中野事件の捜査経緯

2015年8月、中野区で劇団員の女性が殺害されるという事件があり、社会の注目を集めることになりました。警察は当初女性の交際相手に疑いを持ちましたが、のちにその交際相手には事件当時アリバイがあることが明らかになりました。住宅街での犯行であったにも関わらず、目撃者がおらず、犯人の手がかりとなるような防犯カメラ映像もありません。そこで、警察は2016年末から、事件現場の近隣住民からのDNAの任意採取、いわゆるローラー作戦に踏み切りました。採取対象は被害女性のアパートの住民から始まり、その後事件現場の近隣住民、更には事件後事件現場の近隣から引っ越した者にまで採取対象が拡大されました。警察は、結果として約2000人の市民から任意のもとDNAの提供を受けることになりました。

このローラー作戦が捜査の転換点となります。事件後、中野区から福島県に引っ越した男性がいたのですが、その男性も警察からDNAの任意採取に協力するよう求められるに至りました。男性はDNAの提出を躊躇したようです。しかし、男性の母親が、捜査に協力すれば身の潔白を証明できるとして捜査に協力するよう男性を説得したため、男性は警察にDNAを任意提出するに至りました。そうしたところ、男性のDNA型と、女性の体に付着していた唾液のDNA型が一致したため、男性は逮捕されることになりました。

3. DNAの提出が真に任意のもと行われているか疑問であること

この「任意」採取という手法が曲者です。DNAは個人の全ての遺伝情報を含むもので、DNAに含まれる情報は個人の究極のプライバシー情報であると言われています。そして、DNAに含まれる情報が個人の究極のプライバシーであるということは、程度の差はあれ、既に市民にも知れ渡っています。中野事件に関して、DNAを警察に提出した市民の中には、DNAという個人の究極のプライバシーを提出するわけですから、DNAの提出をためらった人もいるはずです。しかし、市民の側からすれば、警察から捜査協力を求められたにもかかわらず、これに協力しなければ、自分が中野事件の犯人であると疑われてしまうという心理が働きます。そうすると、DNA採取を求められた市民の大判は、犯人であると疑われることを避けるため、究極のプライバシー情報であるDNAを警察に提出してしまうことになります。実際に、中野事件の場合には、約2000人もの市民が警察に対してDNAを提出していますが、提出を拒否した市民はわずか数十人にとどまっています。こうして、「任意」捜査の名目のもと、警察は大量のDNA情報を得ていることになります。

4. DNA捜査の問題点

(1)試料の採取・利用・管理・保管に関する規定がないこと

これまでお話したとおり、警察は、任意に提出された試料を領置するという形で、多数の市民からDNA情報を得ています。それにもかかわらず、日本では、DNA捜査の過程で行われる試料の採取・利用・管理・保管等について、特別な法制度は存在しません。警察が市民から任意のもとDNA情報の提出を受けることの法律上の根拠規定は、遺留物の領置等について定めた刑事訴訟法221条のみです。具体的な試料の採取・利用・保管・管理は、警察庁の各都道府県警察に対する通達と、警察内部の規則に基づいて行われているうえ、通達及び規則上は違反者に対する罰則も定められていません。欧米等の先進国を見ても、何らかのDNA採取に関する特別法を設けているにも関わらず、日本のみが特別の規定を設けていない状態なのです。中野事件での捜査に見られるように警察によるDNA捜査は年々肥大化しつつあるにも関わらず、DNA捜査に対して何らの民主的コントロールが及んでいない状態にあるのです。

警察は、プライバシー性の高い遺伝情報については捜査に用いていないとして、試料を適切に利用していると主張しています。しかし、警察が採取した試料からは、DNA型を判別することができるだけではなく、遺伝情報を読み取ることもできます。警察による試料の利用が警察の定めた規則に基づいて行われている以上、警察が採取した試料をどのように活用するかを外部から確認することはできず、試料の利用状況はいわばブラックボックスとなってしまっています。

また、警察は、中野事件の捜査において、DNA型が犯人のものと一致しなければ試料は破棄すると説明したうえで、市民に対しDNA採取への協力を求めています。しかし、既にお話したとおり、DNA捜査に用いる試料の保管・管理についても、日本では法律が定められていません。また、警察は試料を破棄する旨の誓約書を作成するわけでもありませんし、また廃棄が完了した旨の証明書などを市民に送付することもしません。試料の保管・管理に関する法制度が整備されていない以上、警察が市民から採取した試料が現に廃棄されたかどうかは、市民の側から確認するすべはないのです。

(2)あらゆる被疑者に対して試料の採取が行われデータベースに登録されていること

警察庁は容疑者データベースを用いて捜査の過程で得たDNA型を記号化して整理・活用しています。容疑者データベースの登録人数は、2005年では2132人でしたが、2015年の段階では74万9271人にまで拡大しています。通常、DNA捜査が行われるのは、殺人や放火等の重大な犯罪を捜査する場合です。しかし驚くべきことに、容疑者データベースへの登録については、重大犯罪の容疑者に限定されておらず、いかなる罪種の容疑者であれ実施されているのが現状です。しかも、容疑者データベースに登録された情報は、刑が確定した後も保存され、保管する必要がなくなったとき又は容疑者が死亡するまで情報は保存されることになっています。警察のこのような運用を見れば、容疑者のプライバシーを軽視しているというほかありません。警察は、あらゆる容疑者は過去に何らかの犯罪を行った、あるいは将来何らかの犯罪を行う存在であると決めつけているのではないかと感じられます。

情報公開小委員会勉強会の様子

5.おわりに

当然のことではありますが、刑事訴訟法の目的は真実発見と人権保障にあります。警察によるDNA捜査が刑事訴訟法上の任意捜査として行われているのだとしても、人権保障との調整を図る必要があるはずです。しかし、肥大化しつつあるDNA捜査の現状を見れば、警察によるDNA捜査には人権保障の観点が抜け落ちていると言わざるを得ません。

テロとアメリカ 第3回
テロ法制の過去と現在 中編

会員・弁護士 井桁 大介

前号よりお送りするアメリカ・テロ法制の過去と現在。前回は、テロ対策法制の基礎法ともいうべき盗聴法、FISA及びECPAの概略を紹介しました。

本号では、USA Patriot Act（いわゆる愛国者法）とFISA2008年改正という、9.11以降に制定された2つの重要な法律を紹介します。

（会員・弁護士 井桁大介）

USA Patriot Act

この法律は9.11のわずか8日後に議会に法案が提出され、10月26日にブッシュ大統領の署名を経て成立しました。正式名称はUniting and Strengthening America by Providing Appropriate Tools Required to Intercept and Obstruct Terrorism Act of 2011ですが、一般に頭文字をとってUSA Patriot Actと呼ばれます。350ページに及ぶ膨大な法律であり、161の章に分かれて16の異なるテーマを取り扱っています。

テロ捜査権限を拡大した法律という印象の強い法律ですが、実際にはそれ以外の内容も数多く含まれています。例えば移民の被害者を対象とする特別の在留許可制度や遺族を対象とする支援基金の創設といった9.11テロの被害者支援を目的とする規定、テロ容疑者を拘束する場合の期間制限の短縮（従前の6週間から7日）といった捜査機関の権限を制限する方向の規定も盛り込まれました[1]。さらに、捜査機関の予算の拡充やデータベースのアップグレード、CIAとFBIの協力体制の構築といった、テロ対策にとって有益でありながら、市民の権利を制限することのない対策も取られています。

とはいえ、この法律を有名にしたのはやはり、市民の権利と引き換えに捜査権限が拡充された条項です。ここではそのうち4つの重要な条文を紹介します[2]。

213条ー秘密捜索

建物の捜索をする際には、原則としてドアをノックし事前に令状を見せる必要があります。従来から判例法により、麻薬事犯などで令状の効果を損ねてしまう特殊なケースに限って、例外的にドアのノックや令状の提示を不要とする秘密捜索が許されていましたが、その要件は秘密捜索が「不可欠な場合（essential）」、「必要な場合（necessary）」、またはそうすべき「合理的な理由（good reason）」がある場合に限られていました。

213条は、この要件を「令状の効果を損ねるかもしれない（may have an adverse result）」場合と大幅に緩和し、さらに事後的に捜査の事実を通知するまでの期間をそれまでの原則7日から「合理的な期間（reasonable period）」でよいとしました[3]。秘密捜索の要件を大幅に緩めたわけです。

この規定の最大の問題点は、テロ対策として盛り込まれたにもかかわらず、対象がテロ捜査に限定されていない点です。捜査目的や対象犯罪などに何らの制限も課せられていないため、例え軽犯罪であっても適用が可能となっているのです。

そもそも9.11の以前から、国際テロ対策のためであればFISAによって秘密捜索がかなり広範に認められていたため、この法改正によるテロ対策の効果はほとんどないとされていました。

実際、2006年から2009年までに、213条に基づき1755件の秘密捜索が実施されましたが、そのうちテロ捜査の件数はわずか15件、割合にして0．8％にとどまり、残る大半は麻薬捜査や詐欺事件に利用されています。

このように213条は、テロ対策として導入されたにもかかわらず、テロ対策としてはほとんど効果がないことが実証された、いわば焼け太りの典型として強い批判にさらされています。

214条と216条ー電子メールのペンレジスター

ペンレジスターとは、電話の発着信の番号を記録する装置のことで[4]、いわゆるメタデータ[5]の収集を目的とする監視捜査の一つです。

改正以前から、捜査機関は、対象とする回線がテロ活動に用いられている恐れがあるなど限られた場合に、FISAで定められた手続の下、FISC（Foreign Intelligence Surveillance Court）の令状を受けた上で、当該回線のメタデータを収集することができました（同法402条）[6]。

1) ただし、後に例外規定が原則化することで期間制限は有名無実化しました。
2) そのほか、テロ団体を支援する幅広い活動を刑法犯としたいわゆるマテリアルサポート条項（805条）のように、表現の自由や弁護活動と緊張関係にある法改正もなされています。
3) 7日以内という原則は維持されていますが、以前よりもかなり頻繁に延長されるようになっています。また従前は延長は7日が限度とされていましたが、改正後は事後通知が90日後になったケースや、起訴に至るまで知らされなかったケースなどが出ています。
4) 正確には、対象とする電話番号を基準として、かけた先の番号を記録するものをペンレジスター、かかってきた番号を記録する装置をトラップ／トレースと呼びますが、本稿では両者を合わせてペンレジスターと呼びます。
5) いつ、どこで、だれがだれに対して、どれくらいの時間電話を掛けたかに関する情報。電話内容（コンテンツ）の対概念。
6) 対象の回線が国際テロ活動に関するものや、外国勢力のエージェントが関与するものであると信じるに足りる理由があることが要件とされていました。なお、前号で紹介したとおり、1979年のスミス判決によって、そもそも電話会社が保有する顧客のメタデータは修正4条の保障を受けないとされており、通常の犯罪捜査においても電話内容の盗聴に比して緩やかに取得が許されています。具体的には、当該取得されうる情報が進行中の犯罪捜査と関連していれば足りる（the information likely to be obtained…is relevant to an ongoing criminal investigation）とされています。

214条はこの要件を大幅に緩和し、対象の回線が誰のものかに関係なく、捜査目的が国際テロや秘密の諜報活動を予防することでさえあればデータ収集を許可しました。また、216条は、メタデータを取得できる範囲を、電話回線からEメールや検索履歴などのインターネット上の通信履歴についても広げました。

この検索履歴に関する情報の収集については、電話の相手方に関する情報と比して、プライバシーの程度は相当にセンシティブであり、図書館の貸出記録の収集に比肩するような思想調査が可能となるとして批判されています。

他方で、この改正により、政府は収集した情報の詳細を記録し、一定期間経過後に裁判所に提出することが義務付けられています。またFISCの令状は引き続き要件とされています。スミス判決が打ち出した第三者原則（third party doctrine）をそのまま適用すれば、かなり緩やかに収集することが許されていた情報に関して、法律によって一定の手続を要件としたことをとらえ、この条項はインターネット上のプライバシー権の保護を高めたと肯定的に捉える研究者もおり、評価は分かれています。

215条－あらゆる有体物の取得

FBIは、Patriot Act以前から、FISCの許可の下、ホテル、レンタカー会社、倉庫会社といった限られた業種の企業から「業務文書（business record）」を入手することが許されていました（FISA501条）[7]。

この従前の規定の対象とする業種の限定を取り除き、かつ取得の対象を「業務文書」から「あらゆる有体物（any tangible things）」に広げたのが215条です[8]。

同規定により手続的要件も緩和されました。従前は、捜査の対象が「国外の勢力あるいはそのエージェント（foreign power or the agent of a foreign power）」であることを「信じるに足りる特定かつ具体的な事実（specific articulable facts giving reason to believe）」が必要でしたが、改正により、捜査目的が諜報活動であるか、または国際テロもしくは秘密の諜報活動を予防することでさえあれば、原則としてあらゆる情報を取得できることとなりました[9]。つまり、テロと全く関係のない市民であっても、情報収集の対象となるわけです。

このように広範な資料を緩やかな要件で収集できることを許すため、この条文は、思想調査に用いられる可能性を揶揄して、しばしば図書館条項（Library records provision）と呼ばれます。

さらに、215条による情報収集には、原則としていわゆる猿轡命令（gag order）が付されており、情報収集の対象者は提出命令の存在を公表することができません[10]。また異議申立手続は原則として非公開で行われます[11]。そのため、FBIがいつ、どの会社に対し、どのような種類の資料の提出を求めたかが公にされることがほとんどありません[12]。

このような特徴から、215条はスノーデンリークの以前から、市民の権利を不当に制限する条項として厳しい批判の対象となっていました。

505条－National Security Letterの拡充

National Security Letterとは、裁判所の判断を経ることなく政府・捜査機関の判断のみで発することのできるサピーナ（Subpoena）により、特定の業者[13]に対し、保管する個人情報の提出を求める制度です[14]。利用はテロ捜査に限られており、通常の犯罪捜査に用いることはできません。

505条の特徴は、取得できる情報の範囲を大幅に広げた点にあります。従前はスパイの疑いがある個人の情報に限られていましたが、505条により対象の限定が外され、進行中のテロ捜査と「関連する（relevant）」ものであれば、いかなる個人の情報であっても収集できるようになりました。テロ活動やスパイ活動はおろか、犯罪と全く関係のないアメリカ市民に関するものであっても、個人情報が取得されます。

また、猿轡命令を付すことができ、実際にはほとんどのケースに付されています。そのため、特別な情報公開訴訟などを除き、命令の存在が公になることはほとんどありません。また、情報公開訴訟を経ても、内容は黒塗りで提出され全く明らかにされないのが実情です。

報道などによると、これまでに毎年3万通以上が発せられているとも[15]、2003年から2006年の合計で20万件以上が発せられているともいわれています[16]。かなり緩やかに犯罪と無縁の市民の通信情報が取得されているうえ、監督制度がほとんど設けられていないことから、Patriot Actで最も問題のある条項と批判されることもあります[17]。

7) なお、明文上、215条に基づく捜査が許されるのはFBIのみです。次号で紹介するとおり、スノーデンリークによって、NSAが独自に215条に基づく監視捜査を実施していることが明かとなり、これは違法の疑いが強いと批判されています。
8) 法改正以前より、裁判所の命令状に基づき、特定の事件の捜査のためであれば、あらゆる物品（any books, papers, documents, data, or other objects）の提出を命じることができました。元々命令状の取得要件はかなり緩かなものであったので、215条の利用が具体的な諜報活動の防止などに限定されていれば、新たに広げられる対象は合理的な範囲にとどめられたかもしれません。しかし、215条が事件との結びつきや特定性の要件を取り払い、対象の選定を事実上政府に一任した結果、後述のとおり、その対象は極限まで広げられていきました。
9) 条文上の例外は、表現の自由や信教の自由を保障する修正1条によって保障される活動に依拠して、対象を選定してはならないということのみです。
10) Section 215, (d)
11) 同(f) , (5)
12) 猿轡条項が合理的とされる領域に盗聴法制があります。命令を受けた電話会社などが令状の存在を明らかにしてしまうと、盗聴捜査の効果が致命的に損なわれてしまうためです。しかし、215条に関しては、対象の有体物が収集された後であれば捜査の効果は損なわれる恐れがなく、対象者に猿轡をはめる必要性は乏しいとされています。実際、通常の捜査活動では、捜査を受けた当事者や第三者は、修正1条の表現の自由の保障の下、原則として自由に捜査内容について語ることができます（もちろん重要な捜査情報を被疑者に伝えて逃亡を容易にした場合などは、共犯規定などで処罰されます。）。そのため、一律に猿轡をはめる215条は厳しく批判されています。
13) 金融機関、電話会社やインターネットサービスプロバイダ、信用情報保有会社に限られています。
14) 日本の捜査関係事項照会（刑事訴訟法197条2項）との比較でいうと、捜査機関自身が裁判所などの第三者の判断を経ることなく報告を求めることができるという点で共通しますが、National Security LetterはNational Securityに関する事項に限られている点、提出を拒絶した場合に罰則が設けられている点、対象の業者が限られている点など、相違点は数多くあります。
15) blog.librarylaw.com/librarylaw/files/McDermott505Chart.doc
16) http://www.washingtonpost.com/wp-dyn/content/article/2008/03/13/AR2008031302277.html
17) 違憲性をめぐるいくつかの訴訟が提訴され、2011年、サンフランシスコ連邦地裁において、この規定を違憲とする判決が出されました。政府が控訴し連邦高裁で争われていましたが、2015年6月にUSA FREEDOM Act（次号で詳述）が制定され505条についても改正がなされたため、連邦高裁は改正後の505条について改めて憲法判断をするよう事件を連邦地裁に差し戻しました。2016年3月、連邦地裁は改正によって違憲性は払しょくされたとして合憲判断を下しました（In re: National Security Letter 2011（11-2173）。 https://www.eff.org/cases/re-matter-2011-national-security-letter参照）。

FISA2008年改正法（FAA）

9.11以後の法改正のうち、支持派と批判派の間で最も激しい議論がかわされているのがこの法律です。なかでも702条は、それまでのFISAの枠組みを根底から変容させるものとして、象徴的な意味を与えられています。

正式名称を50 U.S. Code §1881 a - Procedures for targeting certain persons outside the United States other than United States Personsとするこの法律は、FAA（FISA Amendment Act）と呼ばれることもあります。その名のとおりFISAを改正し、701条から707条を新設する法律です。

その最大の特徴は、電話であれインターネット上の通信であれ、通信内容（コンテンツ）そのものを、裁判所の個別の判断なく収集することを認めたことにあります[18]。これは、裁判所の令状がなければ通信内容が収集されることはないという伝統的な考え方[19]を覆すものでした。

条文の構造は複雑ですが、一言で言えば、事前規制型から事後監督型とし、より機動的な監視捜査をできるようにしたものといえます。

第1に、従前は、通信の当事者の一方が外国の勢力またはそのエージェントである「相当の理由（Probable Cause）」が必要とされていましたが、FAAでは、一方当事者が国外に住む外国人でありさえすれば、通信内容を取得できることとなりました。通信の一方当事者がアメリカ人であったり、アメリカ国内にいることを事前に知っていた場合には、監視は許されません。外国の諜報（foreign intelligence）目的という縛りは残されたものの、従前よりも格段に対象が広げられることとなりました。

第2に、従前は、監視捜査の前にFISCの特別な令状を取得する必要がありましたが、FAAでは裁判所の事前の許可は必要ありません。政府内部の監督機関[20]の認証のみで、監視捜査を実施することができます。

第3に、事後監督制度が拡充されました。政府内部の監督機関は、通信の当事者がアメリカ人であることが事後的に明らかになった場合には、傍受の中止を命令したり、諜報活動とは無関係な傍受内容を廃棄しなければならないことが明文で定められました。そのほか、いくつかの政府内部の監督機関が、半年に一度、あるいは一年に一度、議会やFISCに報告書などを提出することが義務付けられています[21]。

この法律は制定以前から研究者の間でも評価が分かれていました。支持派は、現代のテロ対策のためには機動的な通信傍受が不可欠だと主張します[22]。また、冷戦時に制定されたFISAの想定敵国は共産主義国であり、盗聴の対象がスパイであることの「相当の理由」を明らかにすることは比較的容易でしたが、9.11以後の仮想敵は、国家とはいいがたい団体となり、例えばアルカイダの構成員であることや、ISの信奉者であることなどについて事前に「相当の理由」を明らかにすることは容易ではなく、構成員である「相当の理由」が明らかとなったときにはすでにテロの危険が目前に迫っており、令状を取っている暇がないと主張しています。従来の仕組みが機能しなくなっていたわけです。さらに、国外にいる外国人については、原則としてアメリカ合衆国憲法の保障が及ばないとされていることも、支持派の後押しとなりました。このような議論を経て、最終的に支持派が勝利を収めてFAAは議会を通過しました。

しかし、次号において詳述するように、2013年のスノーデンリークによって、NSAをはじめとする政府の捜査機関が、法律の当初の想定を超えて膨大な通信情報を収集していることが明らかとなりました。以降、批判派の巻き返しが強くなり、再び活発な議論が繰り広げられています。

本号のまとめと次号の予告

これまで述べてきた9.11以降の法改正を整理すると以下のようになります。

	213条	214条・216条	215条	505条	702条
目的	犯罪捜査	F.I.	F.I.	F.I.	F.I.
概要	秘密捜索	メールやネット履歴のメタデータ	あらゆる有体物の収集	特定の業者が保有する個人情報の収集	通信内容の傍受
手続	令状	FISC令状	FISC令状	サピーナ(Subpoena)	政府内部の監督機関の認証
特徴	テロ対策に役立っていない	Smith判決よりも保護を高めたとして肯定的な評価も	図書館条項。きわめて広範な監視権限	通信業者などが保有するメタデータを独自に収集	裁判所の事前審査なく、通信内容の収集を認めた初めての法律

F.I.: foreign intelligence

これらの法改正によって実際に政府がどのような監視捜査を実施しているかは、猿轡条項などの適用と相まって、厚いベールに包まれていました。そのベールを劇的に暴いたのが、スノーデンリークです。

次号では、スノーデンリークによって明らかとなったアメリカ政府の監視捜査の概要を紹介するとともに、リーク以後に繰り広げられている現在進行形の議論を紹介します。

（続く）

18) このプログラムは9.11の直後から、法律の規定なく、Terrorist Surveillance Program（TSP）と名付けられ秘密裏に実施されていました。FISAの手続を経ず、大統領令のみに基づいて通信内容を収集するプログラムです。実施直後から徹底した秘密主義が取られていましたが、2005年12月にニューヨークタイムズのスクープにより暴露され違法性の議論が巻き起こると、ブッシュ政権は一転、このプログラムをそのまま法律として制定することとしました。
19) 実際、前注のとおり秘密裏にこのプログラムを運営していたブッシュ大統領自身、2004年に以下のように述べて、コンテンツの収集の際には必ず裁判所の事前審査を経ると明言していました。"Any time you hear the United States government talking about wiretaps, it requires…court order. Nothing has changed. When we're talking about chasing down terrorists, we're talking about getting a court order before we do so."（President's Remarks in a Discussion on the Patriot Act in Buffalo, New York, 40 Weekly Comp. Pres. Doc. 641（Apr. 20, 2004））
20) U.S. Attorney GeneralとDirector of National Intelligenceが共同で認証します。
21) 前注の監督機関のほか、Inspector Generalや法務省（Department of Justice）もそれぞれの見地から独自に報告書を作成しなければなりません。
22) 例えば、確かな情報により、100戸あるマンションのどこかにテロリストが潜入していることが明らかとなった場合、どの住民がテロリストかを相当な理由をもって明らかにしない限り盗聴できないとないするのは不合理で、すべての通話内容を盗聴したうえで、99の盗聴を廃棄し、1つの潜入先を見つけ出すことは合理的だと主張します。別の想定として、ある街にテロリストが潜入し、電話で核爆弾の起爆の合図を受けるために待機している確かな情報があるとします。この場合に、その街のすべての電話を盗聴することは、必要かつ合理的だとするのです。

JCLUの70年 第4回 秋山幹男弁護士インタビュー

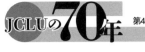

1.人権協会に入会されたきっかけを教えてください。

私は1970年に弁護士登録して、飯田内田儀同法律事務所に入所した。内田剛弘弁護士と儀同保弁護士が人権協会が支援するサリドマイド訴訟（前号15頁参照）の弁護団の一員で、弁護団に加えていただき、人権協会に入った。弁護士5年目まで、弁護団の末席で優秀な先輩弁護士たちから多くのことを学んだ。その後は、人権協会に参加した司法修習生の人たちなどと、わが国がまだ批准していなかった国際人権規約の研究をしたりした。国際人権規約よりも日本国憲法のほうが人権保障の水準が高いのではないかと思ったりもしたが、批准してみると、裁判所が裁判規範として国際人権規約を援用するケースも登場した。

2.当時の人権協会の様子や活動はどうでしたか。

私が入会した当時、人権協会は、高名な学者・知識人・弁護士の集まりと外部から見られていた側面があったかと思うが、実際は、わが国で初めての大規模な薬害事件であるサリドマイド事件の被害者救済に全力を注いでいた。また、1970年前後は、外国人の出入国や在留にかかわる人権問題が多発していたが、人権協会の弁護士が多くの事件を担当していた。

68年3月のことであるが、台湾独立運動家で台湾に送還されると蒋介石政府により叛乱罪として死刑に処せられるおそれがあった柳文卿氏について、大野正男弁護士（同年11月から代表理事）らが代理人となって強制送還の執行停止を求めた事件もあった。この件は、東京地裁が入管に執行停止申立があった旨を電話連絡したにもかかわらず、入管が、執行停止決定が出るのを避けようと、その日のうちに強制送還を強行し、強く批判された。私と弘中惇一郎弁護士は、70年にマクリーン事件（ベトナム反戦運動をしていたアメリカ国籍のマクリーン氏が、法務大臣に在留期間の更新を求めたが不許可とされた事案）を担当した。

政府の情報非公開が大きな禍を招いたサリドマイド事件の経験から、76年に数名の学者と弁護士で、人権協会に情報公開小委員会を設置し、情報公開制度の研究を始めた。憲法の小林直樹教授が米国から帰国し、米国での情報自由法（FOIA）の立法に、米国自由人権協会（ACLU）が重要な役割を担ったことを聞いたことがきっかけだった。私が事務局を担当し、79年9月に「情報公開法要綱案」をまとめ、人権協会の提言として発表した。『国民の知る権利の確立を目指して』と題するパンフレット（情報公開法の制定を呼びかける清水英夫理事の論考と情報公開法要綱案とその解説を収録）は大きな反響を呼び、同年11月にはシンポジウム「情報公開制度を考える」を開催した。この集会に参加した市民や人権協会、日本消費者連盟、主婦連などを中心に、80年に「情報公開法を求める市民運動」が結成された。人権協会からは西田公一弁護士（代表理事）、奥平康弘教授、清水英夫教授が世話人に就任した。人権新聞は80年に多数の市民運動団体にアンケート調査を実施し、それぞれの運動が共通に抱えている問題が行政情報の、とりわけ人の生命・健康にかかわる調査データの非公開であることを明らかにし、紙面に掲載した（人権新聞220号）。これはその後の運動に大きく寄与した。

秋山幹男弁護士

3.事務局長（1984年～1986年）の活動として印象に残っていることは何ですか。

事務局長就任前の事務局次長時代も含めて話します。情報公開では、モデル条例案や会議公開法・条例案を作成し公表した。地方自治体で情報公開条例制定の動きが活発になされていたので、「情報公開法を求める市民運動」が毎月1回各地で市民の立場で条例案の内容について考える集会を開催する一方で、法律専門家が多い人権協会は各自治体に対し条例案に対する対案や修正案を示す活動を行った。85年には、情報自由法によって公開された米国政府の秘密（FORMER SECRETS）500例を紹介した冊子の翻訳・発行も行った。

83年と84年に国連の人権小委員会で、サハリンの残留朝鮮人問題や日本の精神障害者の処遇について訴える活動を行ったが、これはその後の国連での人権協会の活動につながった。また、アジアの人権状況を訴えるパキスタンの弁護士が来訪したことをきっかけに83年にマニラで開かれたローエイシア主催のアジア地域人権団体会議に更田事務局長などと共に参加し、人権協会にアジア人権小委員会を設け、アジア人権条約を展望する活動を始めた。85年には人権協会の会員が中心となって「アジア人権シンポジウム」を開催し、アジア各国の弁護士が参加し、アジア人権委員会の発足が決議された。

情報公開その他の活動を通じて、人権協会は人権問題を扱う市民や団体との交流が多くなり、学者や弁護士以外の市民が入会することが増えたように思う。

85年には、法廷傍聴人のメモの権利を主張したレペタ訴訟を、私を含む人権協会の会員が代理人弁護士となって提訴し、人権協会が支援した。人権協会の合宿にレペタ氏が参加して知り合ったのがきっかけだ。彼は大変熱心に法廷における傍聴人のメモの不許可の問題を私たちに訴え続けていたが、レペタ氏がメモを不許可とされた刑事事件の一審判決が出たのを契機に訴訟を起こした。それまで、傍聴人のメモ問題は、憲法82条の裁判の公開の問題としかとらえられていなかったが、国際人権規約が表現の自由を「知り・伝える」自由として位置付けていることを根拠に、憲法21条の表現の自由には伝える前提として知る自由（知る権利）が含まれるとして訴えた。情報公開の運動を行ってきた私たちならではの主張だった。それが法廷傍聴人のメモの自由を認める最高裁大法廷判決につながった。最高裁大法廷の弁論で、私は、この問題は最高裁こそが解決できるというメッセージを盛り込んだ。

情報公開法の運動を始めたときに、国家秘密法（スパイ防止法）が先に立法されてしまうという警告をする人があり、自民党が国家秘密法を立法しようとしたが、人権協会はパンフレットを作成したり、85年にシンポジウムを開催して反対運動を行い、立法を阻止した。また、事務局長を退任した後のことだが、88年にはペンタゴン・ペーズ事件でニューヨークタイムズの弁護をしたエイブラムス弁護士を招いて講演会「政府情報と国民の知る権利」を開催した（人権新聞264号）。

4.予防接種禍訴訟

予防接種禍東京訴訟は、会員の中平健吉弁護士と河野敬弁護士が2人で62家族の原告を抱えてやっていたところに、大野正男、広田富男、山川洋一郎の3弁護士が加わり、山川弁護士に誘われて私も関わることになり、人権協会の支援事件になった。

当初、予防接種行為についての国自体の過失や医師の過失をどのように構成するかで苦労し、接種時に禁忌に該当していなかったかなども調べたりもしたが、全員を救済するためには憲法29条3項の損失補償責任の理論しかないと考え、ドイツの判例などを参考に主張した。生命の収用を認めるのかとの批判が他地裁での弁護団からあったが、84年に一審で全員が勝訴できた。控訴審では、損失補償責任を認めるかどうか分からなかったので、国家賠償責任として厚生大臣自身の過失に力点を置いた。これが認められて、92年に、20年の除斥期間の経過により敗訴した一家族を除いて控訴審でも勝訴した。控訴審で敗訴した一家族について、最高裁平成10年6月12日判決は、不法行為の被害者が不法行為の時から20年を経過する前6ヶ月以内において当該不法行為を原因として心神喪失の常況にあるのに法定代理人がいなかった場合において、その後当該被害者が禁治産宣告を受け、後見人に就職した者がその時から6ヶ月以内に損害賠償請求権を行使したなど特段の事情があるときは、正義と公平の理念により、請求権は消滅しないと判断した。結局、裁判所は被害者全員を救済した。私はこれを「司法のドラマ」と名付けた。73年（昭和48年）の最初の提訴から最高裁判決まで25年を要した。

5.国の情報公開法制定に向けた活動と今後の課題

条例と異なり、国レベルでの情報公開法はなかなかできなかった。制定運動には森田明弁護士、三宅弘弁護士などが加わり、政党や国会にも積極的に働きかけた。

95年に国の行政改革委員会に行政情報公開部会が設置され、情報公開法要綱案作成に向けた作業が始まり、私は部会の委員に就任した。そのとき考えたのは、公開を原則とし、例外的に不開示にできる場合は、開示する利益と不開示とする利益のバランスを個々の事案に応じ適切に図ることができるような条文にしなければならないということだった。例えば、単なる「法人の利益を害する」ではなく「法人の正当な利益を害する」とし、あるいは「意思決定の中立性を害する」ではなく「意思決定の中立性を不当に害する」とすることで、不開示事由該当性について具体的な論争ができるようにしたいと考えた。

また、国レベルでの法律の制定は条例よりも随分遅れたが、それまで積み重ねてきた自治体の条例の内容や運用を踏まえて検討できたことで、一定の水準を確保することができた。国の情報公開法には法人の利益を害するおそれのある情報でも、人の生命・健康・生活・財産を保護するため公にすることが必要な情報は不開示にできないとの規定が盛り込まれたが、これは人権協会や情報公開法を求める市民運動が提唱したものが、自治体の条例に採用され、次いで国の法律にも規定されたものであった。

情報公開法の立法当時は、裁判の公開原則との関係で、インカメラ審理（裁判所等の判断機関だけが文書等を直接見分する方法により行われる審理）を導入できなかったが、その後議論が深まり、明文の規定があれば導入できることが最高裁平成21年1月15日決定で明確となった。インカメラ審理ができる国の情報公開・個人情報保護審査会の委員を務めた経験から言えば、インカメラ審理により裁判官が不開示文書を閲覧できれば、国は抽象的で大げさな不開示理由を主張できないと思われる。インカメラ審理なしに裁判官が開示・不開示の判断をすることはかなり難しいだろう。情報公開制度においてはインカメラ審理の導入が不可欠だと考える。

6.これからのJCLUの活動や、後輩弁護士へのアドバイスなどがありましたら、ぜひお願いします。

人権協会の存在意義は、世の中のいろいろな問題を検討し、掘り下げて社会に問題を提起していくことにあると思う。わずか数人で始めたとしても、きちんと調査検討して提言をまとめれば、人権協会という組織を通じて、そこにいる学者・弁護士・市民の協力を得て、運動につなげ、社会を変えることができる。情報公開制度の検討もほんの数名の会員の研究で始まり、人権協会が立法化を提言し、条例や法律の立法につながった。一個人として問題提起をしてもこのような拡がりは期待できない。人権協会だからこそだ。人権協会という場を大いに活用してほしい。

（2016年12月21日、弁護士会館にて。聞き手：牧田潤一朗、出口かおり）

【秋山幹男弁護士プロフィール】
1946年、静岡県生まれ。1968年4月、司法研修所入所（22期）。1970年4月、弁護士登録（第二東京弁護士会）。自由人権協会事務局長（1984年～1986年）、代表理事（1999年～2001年）。共著書に『MEMOがとれない―最高裁に挑んだ男たち』（1991年、有斐閣）等。

書評

『見張り塔からずっと』『放送法と権力』(山田健太:著)

会員・弁護士 弘中 惇一郎

このたび、当協会の理事山田健太教授執筆の「見張り塔からずっと」と「放送と権力」が田畑書店から同時出版された。

「見張り塔からずっと」は、著者が、2008年5月から2016年8月にかけて、毎月1回のペースで沖縄の「琉球新報」に連載した「メディア時評」をまとめたものである。目次を一覧すると、沖縄に視点を置きつつも、表現の自由、放送制度、情報公開、秘密保護法、ジャーナリズム、公権力とメディアなどの広範なテーマが論じられていることがわかり、記事ごとに「何年何月」と掲載時期が記されている。

読み進めていくと、記事の末尾に、参照すべき他の記事の存在が、「何年何月」という形で指標として記されている。例えば、2009年12月の「沖縄密約と辺野古新基地」は、沖縄密約裁判の紹介に始まり、沖縄の実情を伝えようとしない本土のメディアの状況を指摘した論述であるが、参照とされた指標を辿ると、2010年4月「オープンガバメント」は情報公開制度の重要性を、2012年1月の「基地報道のジレンマ」は著者の下で学ぶゼミ生が沖縄地元紙と東京紙とを比較検討した結果を、2013年4月の「国家とメディアの関係」は、アメとムチを使い分ける政府の沖縄メディアへの厳しい姿勢を、また2016年8月の「取材の自由軽視」は米軍北部訓練場のヘリパッド建設予定地の取材の制約状況を指摘して、それぞれ論じている。かくのごとく、ネットのリンク機能のように、8年の歳月をまたいで、関連記事を自在に参照できる構造は新鮮である。このように、本書は、沖縄の状況を軸にしつつも、表現の自由あるいは公権力とメディア等について多面的な問題提起をしている。

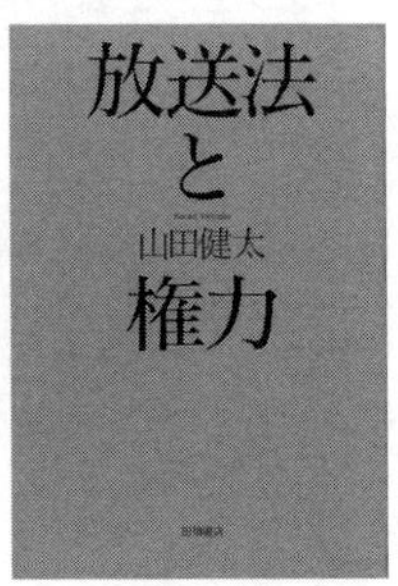

もう一つの「放送法と権力」は、日本の言論の自由が瀬戸際まで追い詰められ、中でも放送の自由は危機に瀕していること、すなわち、本来報道の自由を守るための放送法が放送を規制するための法律と読み替えられ、読者に対しての約束に過ぎない放送法4条が政府が番組内容を審査するための基準とみなされてきている問題を強く指摘している。

著者の論述は、放送への権力介入の問題を超えて多岐に及ぶ。放送における政府批判を許さないという姿勢は、政府の秘密を無制限に守ろうとする姿勢につながるとの指摘(第2章「言論の不自由」)、デジタル化による出版文化への深刻な影響(第5章「デジタル時代のメディア」)、大政党を利する結果となる選挙におけるネットの影響(おわりに「情報の歪みは民主主義を歪める」)など、一つ一つが重大で、現代的で、また容易に解決方法の見つからないテーマである。

本書出版の目的について、著者は「言論報道機関にかかわるすべての言論人に対するエールである」とし、一度壊れたら簡単には取り戻せない言論の自由のありようについて、また面白い放送番組の実現のために考えるきっかけになること、としている。

さらに具体的には、放送人の場合は、法を破るのが仕事の一環であるとし、ジャーナリストとしての特権を利用して得た情報は、きちんとすべて伝えるのが放送人の倫理的義務であるとし、若い放送人たるもの、現場を大切にし、想像力と好奇心と行動力で、ぜひとも難局を切り抜けてほしい(第3章「放送の自由」)という、挑発的で力強いエールを送っている。

これだけ大部の書籍を2冊同時に刊行するというのは並大抵のことではない。しかし、沖縄問題について最も批判的な沖縄地方紙を弾圧することと、政府への批判番組を許さないとする放送現場への介入とは、同一の政治姿勢にほかならず、それに対して有効な反撃ができない現状は言論の自由が瀬戸際に立たされていると言って過言ではない。そこで、著者は、8年間連載してきた「琉球新報」での連載記事をまとめ上げるとともに、そこで明らかになった問題点を言論弾圧への反撃開始のエールとして、すべての言論人に送ったものである。その意味で、この2書は同時刊行が必然であったと言えよう。

外国人問題
連続セミナー
第5回

在日コリアンのいま
――歴史的経緯を踏まえて

特定非営利活動法人・コリアNGOセンター東京事務局長 金 朋央

外国人問題連続セミナー第5回は、2016年11月29日、中央大学駿河台記念館にコリアNGOセンターの金朋央さんをお招きして、日本近代史を背景とする在日コリアンの状況について、自ら在日コリアン3世であり、様々な外国人問題に取り組んできている観点からお話しいただきました。
(報告:理事 旗手明)

法務省の統計によれば、現在、在日する韓国・朝鮮人は49万人以上、また日本の植民地支配に由来する特別永住者は34万人以上にのぼる。このほか、日本に帰化したコリアンも36万人に及ぶ。在日コリアンは、歴史的な動きの中で多くの困難を乗り越えてきたが、今日でも朝鮮半島の分断が続き、ヘイトスピーチの対象となるなど、まだまだ厳しい状況に置かれている。

1.さまざまな活動に携わる

私は、1974年生まれの在日コリアン3世で韓国籍である。高校までは地元の公立学校で学び、92年に東京の大学に入学した。在学中は在日韓国学生同盟(韓学同)に所属し、その後は在日韓国青年連合(韓青連)＝在日コリアン青年連合(KEY)で活動し、現在、在日コリアンが中心になり外国人の人権保障や国際交流などを行うコリアNGOセンターの東京事務局長を務めている。

その東京事務所は、外国籍住民が4割を占める新宿区大久保1丁目にある。その関係もあって、「新宿区多文化共生まちづくり会議」「新宿区多文化防災ネットワーク」など新宿区の取組みに参加するとともに、韓国ルーツの子どもたちの学習支援教室である「チャプチョ教室」などにも関わっている。

また、国の補助金による生活困窮者向け自立支援事業である電話相談＝「よりそいホットライン」において、外国語専門ラインのコーディネーターも務めている。

2.在日コリアンをどう呼ぶか

在日コリアンに対しては、これまでさまざまな呼ばれ方がされてきた。例えば、「在日朝鮮人」「在日韓国人」「在日韓国・朝鮮人」「在日韓朝鮮人」、そして単に「在日」だったり、内輪的には「在日同胞」などである。

こうした呼称については、人によりこだわりもあって議論のあるところだ。活動家や学者などは「在日朝鮮人」という言い方をする人が多い。それは、「朝鮮」が朝鮮半島を意味し南北朝鮮を含むことと、被差別の歴史を踏まえるからだ。以前、朝日新聞の社説を調べたところ、1950年代は「在日朝鮮人」という表現が基本であったが、1965年の日韓条約の時に「在日韓国・朝鮮人」という言い方になり、90年代半ば以降「在日コリアン」という呼び方が多くなった。

このように名称の選択にはそれぞれの意味があり、朝鮮半島の分断が続く限り、この問題は解決しないと思う。

3.在日コリアン人口の変遷

日本には現在約230万人の外国人が在留しているが、1945年8月時点の在日朝鮮人数(当時は日本国籍)もほぼ同じレベルだったようだ。1960年には、外国人登録者数が65万人のところ、韓国・朝鮮籍者数は58万人と9割弱を占めていた。2016年6月末現在、韓国・朝鮮籍者数は49万人であるが、在留外国人数の2割強と比率的には少なくなっている。他方、特別永住者はいまだに34万人を超えており、植民地支配を背景として日本に住むようになった朝鮮人及びその子孫の人数は多い。これらの中には日本国籍に帰化した36万人は含まれておらず、また日本人配偶者との間の子で日本国籍を有する者などもいる。したがって、在日コリアンを「朝鮮半島にルーツを持つ日本在住者」と定義すると、少なくとも100万人を超える。

4.在日コリアンにとっての課題

日本の植民地支配の下にあったことと朝鮮半島が南北に分断されていることの二つが、朝鮮半島だけでなく在日コリアン社会をも大きく規定し、いまも縛っている構造的問題である。

在日コリアンの権利に関わる問題の変遷を見ると、戦後から1960年代は、帰国を前提とした在留権の確保や民族教育の保障が主な課題であった。70～80年代には「定住化」が言われ、日立就職差別事件など就職差別への抗議、指紋押捺拒否運動、国籍条項の撤廃などがあった。そして90年代は、公務就労権や地方参政権が問題となったが、他方、在日コリアン社会の中で「多様化」

が言われてきた時期でもあった。

2000年代に入ると、サッカーワールドカップの日韓共催、韓流ブームなど韓国と日本の関係が近くなったと言われた。しかし2002年9月、日朝首脳会談で朝鮮民主主義人民共和国の政府が拉致問題を公式に認めたことで、北朝鮮バッシングや民族学校への攻撃などがいっそう強まった。民族差別の問題は、2010年代のヘイトスピーチへと続いている。このヘイトスピーチは、異文化に対する排斥ではなく、間違いなく歴史認識や過去清算の問題が背景にある。

5.在日コリアンとしてのアイデンティティ

大学入学は1992年だったが、当時は「戦後補償問題」が取り上げられている時期であった。日本軍「慰安婦」、BC級戦犯、傷痍軍人・軍属、被爆者などの問題だ。私にとっては、特にサハリン残留朝鮮人問題で、中公新書の「サハリン棄民」(大沼保昭著)を読んだことが、アイデンティティを考える大きなきっかけとなった。韓学同の10歳上の先輩たちにとっては、同世代の若者たちが闘っていた光州民衆抗争であった。さらに上の世代だと、朴正熙・軍事独裁政権への反対闘争や政治犯救援運動、日韓条約反対闘争などであった。このように歴史的な経緯や課題が、在日コリアンのアイデンティティと強く結びついている。

在日の学生内で話題になることは、主に名前、国籍、結婚の三つであった。

名前の問題とは、本名と通称名(私は現在、民族名・日本名と言っているが)のどっちを使うか、という点である。「どっちでもいい」派と「本名を名乗るべき派」に分かれたが、「通称名を名乗るべき派」はいなかった。

私は、大学2年の時に民族名を使うようになったが、「どっちでもいい」派であり、隠さなければよいという考えだった。しかし実際は、大学で民族名により出席確認されるときには緊張している自分に気づいた。民族名を使うようになると「日本語お上手ですね」と言われ、「日本で生まれ育った」と返すと、「日本人と同じですね」という反応がくる。

こうしたやり取りには大きな違和感を持つが、現在も繰り返されている。違和感の根拠は、「私のアイデンティティを無視して、私の属性を勝手に決めないでほしい」という自己決定権の問題だ。

国籍についての議論は「帰化するかどうか」という問題が主だった。国籍がアイデンティティと直結する人もいれば、安定的に在留するための手段と考える人もいる。私はいま日本国籍を取る気持ちにはなれないが、制度がきちんと変われば、取ってもよいという気持ちになれる状況が来るかもしれない。

金朋央氏

他方、出生により日本国籍を持つ在日コリアンのアイデンティティは、なかなか複雑である。しかも、成人した後で在日コリアンと知ることも少なくない。こうした人たちが語り合う場は、私が青年団体で活動しているときはあまり用意されていなかった。

6.いま考えること

在日コリアンの中でも、出身地、民族、来日時期や経緯、性別、世代等により違いがあり、アイデンティティも多様である。また、在日コリアンが抱える問題は、多くのニューカマーとの違いもある。そもそも、多様な国・地域から、様々な時期に来ている人たちを、「同じ外国人問題」とひと括りすることが無理だ。

「オールドカマー在日コリアン」として、いま何を言うべきか。1980年代には、「方法としての在日」と「事実としての在日」という論争があった。「在日論」が言われなくなって久しいが、あらためて在日コリアンの中で議論がなされる価値はあるだろう。

直接的な差別体験について言えば、高校までは思い当たらず、大学生のアルバイトやアパート探しの時に経験した。就職では公務就労権の壁があり、学校の先生になる夢を諦めた。ただ私のような3世世代は、例外なく差別を直接的に体験した2世の状況とはまた違いがある。

「差別はしたくない」という人が大多数だと思うが、それと「差別はしていない」との間には大きな隔たりがある。また、マジョリティが変わらなければ、差別は無くならない。在日コリアン内ではマジョリティ(両親ともコリアンで男性)である私自身も含め、「マジョリティとしての作法」を誰もが学ぶ必要がある

いま、ニューカマーに関わる取組みの中で、「オールドカマー在日コリアン」色を出したいとの思いから、「歴史認識に基づく多民族多文化共生」というフレーズを編み出したが、ぜひ提唱していきたい。

あたごの杜から 事務局長日誌

◆11月29日に外国人問題連続セミナー第5回として、コリアNGOセンターの金朋央さんに「在日コリアンのいま」についてお話しいただく。これまで外国人人権法連絡会等の活動でご一緒してきたが、プンアンさんご自身のアイデンティティに関する考えを伺うのは初めて。改めて、歴史的経緯を知ることの重要性、マジョリティであることの自覚と相手に対する想像力を持つことの大切さと難しさを感じる。◆12月20日、辺野古の埋立承認取消しに関する不作為違法確認訴訟の最高裁判決。さすがに、原審の福岡高裁那覇支部が下した辺野古新基地建設が唯一の解決策との判断を容認などはしていないが、結論先にありきとも思える形式論にがっかり。ここにもマジョリティの論理の優先があるのか。◆12月22日、初めての試みとして、JCLUウェブサイト上で動画を公開。芹澤齊代表理事のアドバイスに基づき、2月10日に実施した田中宏さんの講演「在日外国人の歴史と現在」より3分弱を抜粋した。これからも色々な形の情報発信をしていきたい。◆12月26日、東京都情報公開条例の対象文書から「東京都を当事者とする訴訟記録」を除外しようとする議論に反対する声明を発表。こうした専門性が高く世間の耳目を集めにくい問題について意見を表明することも、JCLUの大事な役割のひとつ。◆米国大統領選挙では、意図的に読者の関心を引きつける内容を盛り込んだ「偽ニュース」がソーシャルメディアなどで横行し、大勢の人が、それを材料のひとつとして投票行動を決めたという。エコーチェンバー(反響室)といわれる、同じ意見を持つ人たちが反応することによって、ますます特定の見方が強化され固定化するという現象も指摘されている。他人事ではない。溢れる情報の中で何が事実なのか見極めることは難しい。アンテナを広く張ること、異なる意見にも耳を塞がないことを心がけたい。◆2017年が始まり、JCLUは11月23日に70周年を迎える。現在、プロジェクトチームを中心に、会内外の協力を得て70周年記念事業の準備を進めている。記念出版やパンフレット作成のほか、2016年6月にプレシンポ「監視の"今"を考える」を共催したのに続き、〈国家による監視強化に対していかに民主的コントロールを及ぼすか〉を考える国際シンポジウムを開催する。海外から貴重なゲストが参加見込みなので、乞うご期待。10月1日(日)に開催の予定。ぜひスケジュールを空けておいてください。 (藤本)

2016年のJCLU

1月14日	1月理事会
2月1日	沖縄緊急企画第2弾「辺野古から見る地方と国〜代執行訴訟・国地方係争委・抗告訴・訟〜」(宮城栄作・沖縄タイムス東京支社報道部長、武田真一郎・成蹊大学法科大学院教授)中央大学駿河台記念館
2月10日	外国人問題・連続セミナー第1回「在日外国人の歴史と現在」(田中宏・一橋大学名誉教授・元JCLU代表理事)中央大学駿河台記念館
2月17日	2月理事会
3月16日	3月理事会
3月23日	3月例会「もっと知りたいマイナンバー」(湯淺墾道・情報セキュリティ大学院大学教授、水永誠二・弁護士・マイナンバー違憲訴訟弁護団)弁護士会館
3月26日	第4回JCLUシネマ「うりずんの雨」(ゲストスピーカー・ジャンユンカーマン監督)日比谷図書文化会館コンベンションホール
4月7日	外国人問題・連続セミナー第2回「特区ではじまった"外国人家事労働者の導入"」(竹信三恵子・和光大学教授・元朝日新聞編集委員兼論説委員)中央大学駿河台記念館
4月14日	4月理事会
4月20日	メディアのいまシリーズ第1回「TV・新聞を支配し、世論を操る広告代理店の巨大権力」(本間龍・作家・元博報堂勤務)中央大学駿河台記念館
5月10日	5月例会「あらためて問う政治献金ーその弊害と憲法適合性ー」(山田厚史・デモクラTV代表・元朝日新聞編集委員、芹沢斉・JCLU代表理事・青山学院大学名誉教授)中央大学駿河台記念館
5月14日	第5回JCLUシネマ「映画 日本国憲法」(ゲストスピーカー・ジャン・ユンカーマン監督)日比谷図書文化会館コンベンションホール
5月18日	5月理事会
5月18日	「通信傍受法制の改正に改めて反対し廃案を求める声明」を発表
5月28日	JCLU総会、総会記念講演「ACLU(アメリカ自由人権協会)弁護士が語る米国における憲法訴訟の広がりー日本の憲法訴訟の狭き門を再考するー」(ベン・ワイズナー・ACLUスピーチ・プライバシー&テクノロジープロジェクト理事、マリコ・ヒロセ・NYCLUシニアスタッフ弁護士)日比谷図書文化会館コンベンションホール
6月1日	メディアのいまシリーズ第2回「本当のことを伝えない日本のメディアー前New York Times東京支局長が語るー」(マーティン・ファクラー・前New York Times東京支局長)中央大学駿河台記念館
6月4日	JCLU70周年プレシンポ「監視の"今"を考える」(JCLU・ムスリムとの共生を考えるシンポジウム実行委員会共催)(エドワード・スノーデン・CIA元情報局員、ベン・ワイズナー、マリコ・ヒロセ、宮下紘・中央大学総合政策学部准教授、青木理・ジャーナリスト・ノンフィクション作家)東京大学本郷キャンパス
6月9日	6月例会「本当に危険!自民党改憲草案を検証する」(青井美帆・学習院大学教授)中央大学駿河台記念館
6月22日	「辺野古問題の本質的解決に向けて国に県との協議開始を求める声明」を発表
6月23日	6月理事会
7月14日	7月例会「退去強制事件から考える性的マイノリティーの人権」(品川潤・退去強制処分取消訴訟弁護団長、丹野清人・首都大学東京都市教養学部教授)中央大学駿河台記念館
7月16日	イラク戦争検証報告書情報公開訴訟シンポジウム「日本とイギリスのイラク戦争検証ーイラク戦争とは何だったのかー」(情報公開クリアリングハウス主催、JCLU・専修大学文学部人文ジャーナリズム学科共催)(出口かおり・イラク検証報告書情報公開訴訟弁護団、三木由希子・情報公開クリアリングハウス理事長・専修大学非常勤講師、礒野弥生・東京経済大学教授、笠原敏彦・毎日新聞編集編成局紙面審査委員兼編集委員、柳澤協二・国際地政学研究所理事長・元内閣官房副長官補)専修大学神田校舎
7月19日	外国人問題・連続セミナー第3回「世界の難民問題と日本の難民政策」(石川えり・認定NPO法人難民支援協会代表理事)中央大学駿河台記念館
7月21日	7月理事会・ビアパーティー
8月4日~9月23日	エクスターンシップの受入れ【早稲田大学(12日まで)、一橋大学(23日まで)】
8月27日~28日	合宿(清里ペンション グランデール・山梨県) 「格差・貧困問題ーその広がりの原因と対策」(笹沼弘志・静岡大学教授) 「取材の現場から」(木原育子・東京新聞記者) 「見えにくい女性と子どもの貧困問題」(丹羽聡子・弁護士 日弁連貧困問題対策本部女性と子どもの貧困部会部会長)
9月14日	9月理事会
9月16日	外国人問題・連続セミナー第4回「介護分野の外国人労働者」(藤本伸樹・一般財団法人アジア・太平洋人権情報センター「ヒューライツ大阪」研究員、近畿大学非常勤講師)中央大学駿河台記念館
9月23日	JCLU沖縄緊急企画第3弾「辺野古一審判決を読む〜沖縄から見る国と地方その2」(宮城栄作・沖縄タイムス東京支社報道部長、武田真一郎・成蹊大学法科大学院教授)中央大学駿河台記念館
9月30日	JCLU京都9月例会「精神科医療改革運動と反薬害、公害闘争の影響から〜患者、被害者の対話から学んだこと〜」(川合仁・精神科医 元京都大学医学部精神科助手)ハートピア京都
10月12日	10月理事会
11月16日	11月理事会
11月29日	外国人問題・連続セミナー第5回「在日コリアンのいま〜歴史的経緯を踏まえて〜」(金朋央・特定非営利活動法人 コリアNGOセンター 東京事務局長)中央大学駿河台記念館
11月30日	JCLU京都11月例会「えん罪の作られ方〜捜査機関の方程式を打ち破る!〜」(遠山大輔・京都弁護士会刑事委員会委員長 JCLU京都会員)京都弁護士会
12月14日	12月理事会、忘年会
12月26日	「東京都情報公開条例の対象文書から訴訟記録を除外することに反対する声明」を発表

【発行日】2017年1月27日 【発 行】公益社団法人 自由人権協会
〒105-0002 東京都港区愛宕1-6-7 愛宕山弁護士ビル306
TEL:03-3437-5466 FAX:03-3578-6687 URL:http://jclu.org/ Mail:jclu@jclu.org
(大阪・兵庫支部)
〒530-0047 大阪市北区西天満1-10-8 西天満 第11松屋ビル3F 堺筋共同法律事務所内
TEL:06-6364-3051 FAX:06-6364-3054
協会設立:1947.11.23 本紙創刊:1950.5.1 購読料:年間2,500円 郵便振替:00180-3-62718 発行人:藤本美枝
JCLU

人権新聞 Japan Civil Liberties Union
JCLU Newsletter
発行所 公益社団法人 自由人権協会
JCLU
〒105-0002 東京都港区愛宕1-6-7 愛宕山弁護士ビル306
TEL:03-3437-5466 FAX:03-3578-6687
URL:http://jclu.org/ Mail:jclu@jclu.org
協会設立:1947.11.23
本紙創刊:1950.5.1
購読料:年間2,500円

13万部のベストセラー 『夫のちんぽが入らない』が支持される理由

『夫のちんぽが入らない』(こだま著) こんなインパクトのあるタイトルの本が売れている。今年1月の発売から13万部を超えるベストセラーになった。

性器をストレートに表現した書名が敬遠され、当初は新聞広告掲載にも難色を示された。しかし書名を伏せた週刊誌記事の見出し広告が、保守的な広告表現のルールに風穴を開けた。

扶桑社の担当編集者高石智一さんに、出版に至った経緯、さらには広告が打てるまでに至った経緯についてお話を聞いた。

(JCLU会員 三浦早結里)

「いきなりだが…」

〈いきなりだが、夫のちんぽが入らない。本気で言っている。交際期間も含めて二十年、この「ちんぽが入らない」問題は、私たちをじわじわと苦しめてきた。〉(序文より)

「夫のちんぽ…」略して「おとちん」は、センセーショナルな書き出しで始まる。この告白通り、「おとちん」は、どんなに努力しても「ちんぽ」が入らずセックスできない夫婦の、出会いから現在までの20年間を描いた自伝的小説だ。

夫との関係を軸に、母親との確執や教師としての悩み、自己免疫疾患という病との闘いなど、過酷な状況の中で苦悩や孤独感と向き合いながら生きる様が淡々と綴られている。キワモノをイメージさせるタイトルとは違い、純粋な文学作品であり、その内容は深刻で重い。

同人誌から商業出版へ

もともとこの作品は、著者のこだまさんが「なし水」という同人誌に掲載した同名の短編であった。「週刊スパ」でコラムの執筆者を探していた編集者の高石さんが、漫画家まんしゅうきつこさんから推薦されたのがこだまさんだった。この作品を読んで、高石さんはすぐに書籍化を考えたと言う。

「〈ちんぽが入らない〉という事実に驚きながらも、文章に詩のような美しさと人を引き付ける力を感じた。内容も筆致も秀逸で、多くの人に読んでもらうべき素晴らしい作品だと思いました」

夫や家族に内緒で同人誌に投稿していたこだまさんは、当初、多くの人の目に触れることを恐れ、商業出版に乗り気ではなかったが、高石さんの熱意に触れて書籍化を決意。1万字程度だった短編を大幅に加筆して世に送り出すことになった。

タイトルは「ちんぽ」以外にない!

問題は、本のタイトルであった。商業出版となれば、出版社としては売れるものを作るのが大命題だ。企画を通す段階で、「読者が手に取りにくい」「書店に置いてもらえない可能性がある」といった理由から、「タイトルを変えるべきだ」という意見は少なくなかった。

しかし高石さんとこだまさんの思いは違っていた。

そもそも「ちんぽ」という言葉には、こだまさんのこだわりがあった。こだまさんは、暗い話をそのまま悲劇として語るのではなく、どこか面白おかしく伝えたいと思っていた。「ペニス」でも「ちんちん」でもない。何となくユーモラスな響きのある「ちんぽ」という単語は、ストーリーの重さや悲惨さをほんの少し和らげてくれる救いの言葉でもあった。

「売れるためにタイトルを変えるのは、会社の考え方として当然のこと。でも、こだまさんも僕も、売れなくても届く人に届けばいいという気持ちだった。代案も考えましたが、タイトルも含めて一つの作品であり、やはり〈ちんぽが入らない〉以外にはなかった」と高石さんは振り返る。

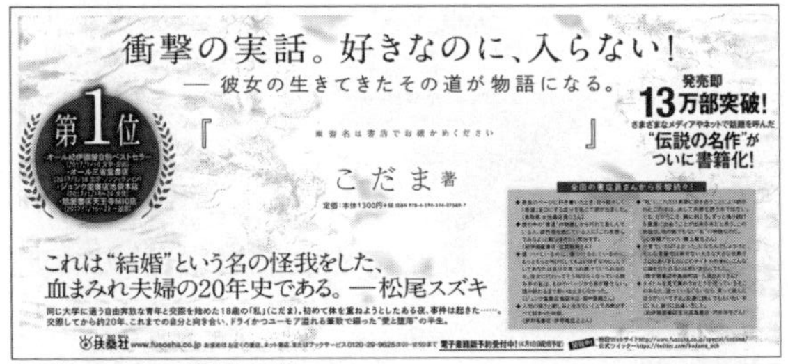

書名が入っていない新聞広告のゲラ

「品位欠く」と新聞が広告に難色

タイトルはなんとか社内の企画を通った。

とはいえ、広告は打てるのか。扶桑社の宣伝部はダメ元で、通常の文芸作品と同じように、「全5段、書名、書影入り」という一般的な広告の仮デザインを全国紙の審査に回した。

すると、案の定、朝日新聞から書名にクレームがついた。「直接的な性表現のある広告は、品位に欠け、読者に不快の念をもたらす」として「掲載不可」という回答が戻ってきた。

「やはり、この書名では本の広告は打てないのか」と思われたことし1月16日、インターネットや口コミでの評判を聞きつけた「週刊ポスト」が1月27日号の記事で、この本を取り上げた。その号の週刊ポストの広告が全国紙に掲載された。

記事の見出しである「話題騒然本・夫のちんぽが入らないの中身とは?」は、週刊ポストの広告の中でそのまま一部の新聞に掲載された。

もっとも、朝日新聞は書名のタイトルを伏せ、「※書名はポストで確認を」の注釈付きで掲載されていた。

新聞社も困惑

実際、扶桑社から広告掲載の依頼を受けた新聞社の側も、困惑していたようである。

扶桑社は、発売1か月前の昨年12月中旬、この本の広告を全国紙の審査に回した。通常、審査は新聞社の広告審査部から、2、3日のうちに修正指示などがある。しかし今回の広告は、広告審査部だけで掲載するかどうかを判断することができず、新聞社によっては広報室や役員レベルまで稟議に回った。

結局、「週刊ポスト」の見出し広告で、書名を伏せて〈書名はポストで確認を〉という形で新聞に掲載されたことがきっかけで、本そのものの広告も出せるという方向へと流れが変わった。

最終的には、テレビなどのメディアでも、話題の本として取り上げられた。刺激的なタイトルとは裏腹に、純粋な文学作品だということも徐々に認知されはじめ、小さいながらタイトル掲載OKの新聞社も出てきた。

事前の書店対策

扶桑社の販売担当は、発売前、タイトルのストレートさから、本を書店に並べてもらえないのではないかを懸念していた。そこで、見本誌を全国の書店員に送って読んでもらうという対策を講じた。

その対策が成功した。実際に作品を読んだ書店員たちからは「ぜひ売りたい」という声が続々と寄せられるようになった。上司に反対されたが、販売の許可をもらえるよう根気よく説得したという書店員も少なくなかったという。

こうした反響の大きさを鑑みて、初版で3万部を発売するというこれもまた異例の展開となった。

「普通じゃなくてもいい」への共感

無名の主婦の作品が、発売1カ月で10万部を超えるペースで売れるベストセラーになるとは、だれも予想しなかっただろう。

高石さんは、売れる理由について、「8万字あってもカラッとした文体なので、二時間もあれば読み切れる。買ってすぐに感想をツイッターに載せる人も多く、口コミの力が大きいと感じている」と語る。簡潔で軽快なタッチの文章は、確かに読みやすい。しかも、事実だけが飄々と語られることで、作者である「私」の心情が慮られ、辛さやしんどさが逆にひしひしと伝わってくる。

支持される理由は、表現力だけではない。ネット上の口コミやレビュー、読者カードで寄せられる感想の多くは肯定的なものだ。それは、私的なストーリーの中に、誰もが抱え得る普遍的な問題を読み取ることができるからだろう。

高石さんは、この作品のキーワードは、「〈普通〉という呪い」だと指摘する。

「夫婦はこうあるべき、結婚したら子供を持つべきとか、世間には「これが幸せ」「これが当たり前」といった価値観がある。でも、そういう価値観を押し付けられて、〈普通〉に生きられずに悩んでいる人が多いのもまた事実です」

セックスもできない、妊娠もできない、子供も産めない…。「普通」という価値観の世界に入れず苦しむこだまさんに、個々の事情は違っても、自分を重ねる人は少なくないはずだ。

生き方は人それぞれであっていい。「普通」の輪に入らない人生だっていいじゃない。作品の中から聞こえてくるそんなこだまさんの声に多くの人が共感するのだろう。

CONTENTS

有権者教育は「お笑い」で

――全国の高校、大学へ出張授業の23歳

政治や選挙の大切さを「お笑い」で若者に伝えよう。そんな思いで、全国の大学や高校に出向いて出張授業を続けている大学院生のお笑い芸人がいる。

「たかまつなな」さん23歳。慶應大学と東京大学の大学院で言語学を研究しながら、お笑い芸人として自ら出張授業で全国の高校や大学を回る。2016年4月には出張授業などを行う株式会社を立ち上げた。

破格にシンプルで分かりやすい、たかまつさんによる若者に対する有権者教育を取材した。

（JCLU理事・弁護士：北神英典）

ベルばら風のイラスト

2017年3月22日、たかまつさんは、お笑い芸人仲間とともに山梨県甲府市の県立甲府西高校を訪ねた。間もなく有権者の仲間入りをする1年生と2年生450人に「政治」の授業をするためである。

たかまつさんは、家にあるたった1個のプリンを家族のだれが食べるかをどのように決めるのかという例を挙げて「みなさんの家では、どうやって物事を決めていますか」と切り出した。その上で「実は、国が物事を決めることも、家で物事を決めることも同じです」と続けた。

たかまつさんの語りの間、正面のスクリーンには、工夫を凝らした「ベルサイユのばら」風のユニークなイラストが次々と映し出されていった。

2017/3/22 甲府西高校で出張授業をするたかまつななさん（正面壇上手前、向かって一番左）

核心に絞ってシンプルに伝える

たかまつさんの授業の特徴は、核心部分に絞ってシンプルに伝えるという独自のスタイルにある。

過去から現在に至る政治体制の移り変わりを、「力の強い者が実力で物事を決める『無政府状態』」「江戸時代の将軍のような権力者の掟によって物事を決める『独裁体制』」「賛成と反対の数によって決める『民主主義』」の3つに分類。その上で、米国で黒人のオバマ大統領が誕生した例を用いて「人々の共感が集まればトップに立てる」というのが現在の「民主主義」社会と説明する。

たかまつさんの説明には、政治に関心のない高校生の胸にもストンと落ちるように理解してもらうための工夫があふれる。

もちろん選挙＝「数」によって選ばれた代表者による「民主主義」政治が、常に正しい結果をもたらすわけではない。

選挙を通じて政権を握ったナチスのイラスト

授業でも、たかまつさんは、ナチスドイツの強制収容所の写真も使って、ヒトラー率いるナチスが選挙を通じて政権を握ったことやユダヤ人大量虐殺の悲劇を挙げて、民主主義の危うさを指摘することも忘れなかった。

選挙に行かない若者

政治に対して若い世代が無関心であると言われて久しい。

選挙権が「18歳以上」に引き下げられて初めての国政選挙となった2016年7月の参議院選挙では、10代の投票率は46.78％であったものの、20代は35．60％、30代は44．24％。いずれの世代も選挙全体の投票率54.70％を下回った。

高齢化が進む日本では、60歳以上の人口が占める割合が上昇し、若い世代の人口比は低下傾向にある。加えて若い人は選挙にも行かない。若者向けの政策は後回しにされ、世代間格差は開く一方になりかねない。

しかし「お笑いという手法を使えば、政治に参加する意義は、若い人にもっと伝わるはずだ」とたかまつさんは言う。参議院選挙の前にたかまつさんが出張授業に出向いた高校の一つからは「生徒の80％以上が投票に行ったようだ」との報告が寄せられた。

逆転投票シミュレーション

高齢者の高投票率の結果、若年層に不利な政策が成立する不条理を訴えるイラスト

1時間ほどの出張授業の中で、生徒に「選挙」の大切さを実感してもらう工夫は、「逆転投票シミュレーション」という参加型のゲームにも見て取れた。

これは、「18歳女子高生」「24歳会社員」「45歳主婦」「65歳会社社長」「80歳おばあちゃん」という5人のキャラクターを選び、選挙に関心のない「50歳以下」の人から選挙権を奪い取るという架空の政策の当否を議論し、投票してもらうというものである。

「18歳女子高生」「24歳会社員」「45歳主婦」役をする3人は、選挙権を奪う政策に反対し、逆に「65歳会社社長」「80歳おばあちゃん」の2人が「若い人はどうせ選挙に来ない」「若い人に政治は分からない」と賛成した。

「選挙の大切さ、真剣に考えた」

5人の議論では、3対2で政策は否定された。

しかしこれに「20代から40代まで」と「50代以上」の有権者の人口比や実際の投票率を掛け合わせると、なんと「50歳以下」の人の選挙権を奪うという政策が選挙で実現してしまうという結末に。人口が少なく投票にも行かない40代までの反対票は、人口比が高く投票をする人の割合の高い50代以上の賛成票に逆転されてしまったためであった。

逆転投票シミュレーションのイラスト

逆転投票シミュレーションは、選挙に行かないことが自分たちの権利や生活に大きなマイナスになりかねないという事実を、リアリティーをもって生徒たちに突き付けたようすであった。

出張授業後のアンケートには「選挙について学ぶ機会はたくさんありましたが、こんなに詳しくわかりやすく学ぶことができてよい経験になりました」「なぜ選挙が大切なのか、18歳になる私たちに何ができ、何をすべきなのか、笑いながらも真剣に考えることができました」などと書かれていた。

「政治の絵本」

『政治の絵本』

選挙権年齢が18歳に引き下げられると決まったとき、たかまつさんは、若い人向けにどんな有権者教育の本が出てくるかと期待をしていたという。しかし出てきた本は「みな難しすぎて、期待外れだった」と話す。

そんなたかまつさんが、「政治に無関心な高校生や大学生にも民主主義や選挙の大切さが伝わる本を」という熱い思いで書き上げたのが、2017年3月に出版した「政治の絵本－現役東大生のお笑い芸人が偏差値44の高校の投票率を84％にした授業」（弘文堂）だ。

ほぼすべてのページにお笑い風のイラストを用いるなど、徹底した分かりやすさと目線の低さで練り上げた、「伝わる」授業のノウハウが詰まっている。

憂慮されるヘリパッド建設反対派への弾圧

――東京弁護士会の沖縄調査に参加して

2017年1月20日から22日にかけて、東京弁護士会の沖縄調査に参加しました。主にヘリパッドを巡る高江での抗議活動についてご報告いたします。

（報告：JCLU会員・弁護士　神谷延治）

ヘリパッド建設の現状

沖縄本島北部東村高江において、抗議行動に参加している奥間政則氏より、ヘリパッド建設の現状と土木技術上の問題点などについてお話いただいた。

◇高江とヘリパッド[1]建設を巡る経緯

2007年7月2日、沖縄防衛局は、東村と国頭村にまたがる山間部に広がる米軍の北部訓練場（ジャングル戦闘訓練センター）に隣接する高江を取り囲むようにして、新たに6カ所のヘリパッドの建設を開始した。

2016年7月10日の参議院選挙の翌11日、大型トレーラー等6台と機動隊が北部訓練場のメインゲートから機材を搬入し、ヘリパッド建設に向けた作業が再開された。そして、同年12月22日、約7500haあった北部訓練場のうち約4000haが返還された。

これらの経緯は、1996年のSACO（沖縄に関する特別行動委員会）最終合意に基づき、北部訓練場の過半の返還と引き換えに、高江に6カ所[2]のヘリパッドを建設すること、上陸訓練のための水域と土地（宇嘉川河口）を提供することが条件とされていたことによる。

◇工事の問題点[3]－杜撰な工事の実態－

奥間氏は、ヘリパッド建設工事には以下のような問題があると指摘する（写真提供：奥間政則氏）。

①N1ゲートから約1kmの仮設道路において、法面が崩落する危険がある急斜面に防護柵等の設置等の適切な処置がされていない（過積載のダンプカーが数千台も通過）。

②沖縄防衛局は「自然環境への影響が最小限になるよう配慮」して、幅約70cmの工事用モノレールを設置するとしていたが、実際には長さ約1.4kmのダンプカーの運搬道路を造るため、大規模な森林伐採が行われていた。

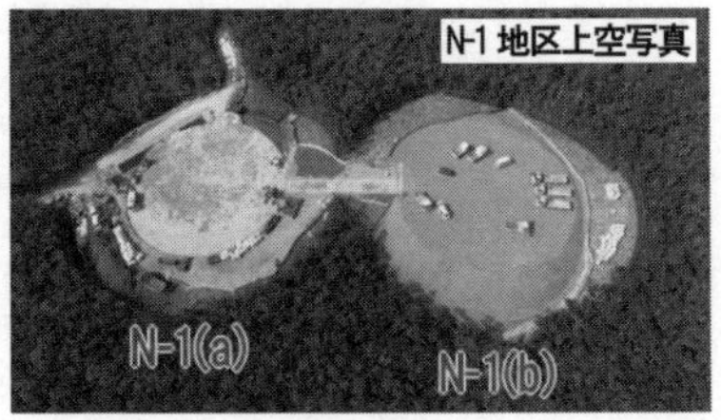

N-1 地区上空写真

③工事用道路、G地区への進入道路及び歩行訓練ルートにおいて、伐採後の切り株を除却することなく、整地もせずに砂利を敷き詰めている。

④H地区において、造成の際の盛り土が杜撰なため、降雨後に地中に溜まった水が抜かれていた[4]。

⑤H地区において、路盤材（砂利）をローラーで転圧後、発注者はもとより土質試験の専門業者の立ち会いもなく、施工業者だけで「現場密度試験」が行われていた。しかも、離れた複数の箇所を試験すべきところ、近接した箇所を選んで行うという不正が行われていた。

⑥G地区への進入道路において、転圧不足のため降雨後に法面が一部崩れている。

⑦工事用道路及び歩行訓練ルートにおいて、森林管理署が許可した設計以上に森林が伐採されている[5]。

⑧H地区において、赤土流出防止対策用の防護柵が設置されているが、降雨後に防護柵の下から赤土が流出していた。

⑨G地区への進入道路において、沖縄県の赤土等流出防止条例に基づく赤土流出対策が一切施されていない。

⑩N1地区において、着陸帯に張られた芝が剥がされている。

以上の問題の要因として、造成工事を受注したのが地元の造園業者であることもさることながら、返還式典に間に合わせることを最優先にして、法令違反や不備が黙認されていることが指摘されている。

1）ヘリパッドは、底辺が直径75mの円形、上面の着陸帯が直径45mの円形、その外側に幅15mの無障害物帯（法面の傾斜約40度）というプリン状の形に造成されており、オスプレイの使用を想定した「オスプレイパッド」と呼ぶべきものである。

2）新たに建設されたヘリパッドは、N4地区（N4-1、N4-2の各1基）、N1地区（2基）、H地区（1基）及びG地区（1基）の計6基。N4地区の2基は2014年3月に完成し、2015年1月30日閣議決定により米軍に先行提供されている。N4地区は、高江集落に最も近く、県道から150メートル、民家から約500メートルしか離れていない。

3）『東京新聞』2016年12月27日朝刊

4）盛り土をする際の土の固さが不十分であるため、雨水が地中に吸収されて溜まっていたもの。近時もヘリパッドの法面から水が湧き出しているのが確認されており、大雨が降った場合に地盤が崩落する危険が指摘されている。

5）歩行訓練ルートにおいて、設計上は幅3mのところを実際は幅4.6mで伐採されている。

大規模伐採現場の始点側にいた防衛局員と機動隊員

抗議市民の弾圧と「恣意的」な抑留

沖縄平和運動センターにおいて、事務局長・大城悟氏より、山城博治議長らの逮捕勾留を巡るこれまでの経緯や現状などについて、琉球新報社において、編集局長・普久原均氏と編集局次長・松永勝利氏より、高江における機動隊による強制排除の実態などについて、それぞれお話いただいた。

◇無法地帯－工事強行と強制排除－

2016年7月22日の未明から、抗議市民らが県道の中央付近に車両100台以上を並べて座り込むなどして、機動隊の結集に備える体制がとられた。しかし、県外から派遣された機動隊員約500人（沖縄県警を合わせると800人とも言われる）がN1地区ゲート前に押し寄せ、抗議市民と機動隊員が対峙する状況で激しくもみ合った末、抗議市民がごぼう抜きにされて排除された。この時、互いに囲まれたら身動きができない状況のなか、圧迫され、意識を失い、あるいは負傷した抗議市民が救急車で搬送される事態に至った。さらに、同ゲート前に設置されたテントや車両は強制的に撤去され、鉄製のゲートが造られた。同日、沖縄防衛局はN1地区の工事に着手し、それ以降連日のようにダンプカーで砂利等の資機材が運び込まれた。同年8月20日、取材記者及び抗議市民が機動隊の大型車両と機動隊員の人垣の間に一時拘束された。

◇山城博治氏らの逮捕勾留を巡る事実経過

2016年10月17日、山城氏は、北部訓練場の敷地内の有刺鉄線を切断した器物損壊の容疑で現行犯逮捕された。同年10月20日、山城氏は、同年8月25日に沖縄防衛局の職員の腕をつかんで揺さぶり、右腕打撲等の怪我を負わせたとして、公務執行妨害及び傷害の容疑で再逮捕された。さらに、同年11月29日、山城氏は、同年1月29日頃に米軍キャンプ・シュワブのゲート前にブロックを積み上げて工事車両の進入と沖縄防衛局の業務を妨害したとして、威力業務妨害の容疑で再逮捕された。

山城氏は、上記3件について全て起訴されている。

高江において計14名が逮捕され、そのうち山城氏ほか2名[6]が長期にわたり勾留されている。2017年3月17日に3名の初公判が行われた。

◇不当勾留と抗議行動の弾圧

警察は、沖縄防衛局の職員の通報により、山から降りて来た山城氏を、県道上で準現行犯として逮捕したとされる。しかし、警察は、抗議市民らの米軍基地内への立ち入りについて静観していたという。

運動の中心を担ってきた山城氏は、大病を患い、半年間の療養生活を経て、闘病を続けながら抗議行動の最前線に立っていた。病み上がりの山城氏は靴下の差入れを求めていたが、当初は「自殺予防」を理由にこれも認められなかった。起訴後も山城氏に対する接見禁止決定は解除されず、初公判の1週間前まで家族との面会すら出来ない状況が続いた。それどころか罪証隠滅のおそれ等を理由に身柄拘束は約5カ月に及び、2017年3月18日、山城氏は逮捕から152日ぶりに釈放された[7]。

器物損壊について、沖縄防衛局の被害が鉄線2本（価額2000円相当）とされているとおり、本件は検察の主張によっても微罪である。威力業務妨害についても、当時ゲート前で機動隊により一日に5，6回身体ごと強制排除されていたため、女性や高齢者の座り込みの代わりにブロックを置いたのが始まりで、1週間で多数の抗議市民らが積んだブロックが約1400個まで増えたところで押収されたという。10カ月後に蒸し返して山城氏を逮捕勾留するというのはいかにも恣意的であり、抗議行動の萎縮を狙ったと見られても仕方はあるまい。

山城氏らの長期勾留は、国際人権法の観点からも、「合理性」「必要性」及び「相当性」の要素を欠いた「恣意的」な抑留[8]であると指摘されており、政治権力に対して裁判所が機能していないことを示すものである。山城氏の保釈には多くの条件が付されており、今後の抗議行動に与える影響はもとより、市民の表現行為に対する萎縮効果が憂慮される。

6）東京から高江の抗議行動に参加していた添田充啓氏は、2016年10月4日、沖縄防衛局の職員に対する公務執行妨害及び傷害の容疑で那覇空港において通常逮捕された。なお、添田氏は別件の刑事特別法違反でも起訴されている。また、稲葉博氏は、同年11月29日、山城氏と同様に威力業務妨害の容疑で逮捕された。

7）那覇地方裁判所はこれまで11回に及ぶ保釈請求をいずれも却下し、最高裁判所は特別抗告を棄却した（2017年2月20日付け）。初公判後、那覇地方裁判所は公務執行妨害及び傷害について12回目の保釈請求を許可する（保釈保証金700万円）旨決定し（2017年3月17日付け）、福岡高等裁判所那覇支部は同決定に対する抗告を棄却した（同月18日付け）。

8）「何人も、恣意的に逮捕され又は抑留されない。」（市民的及び政治的権利に関する国際規約第9条1項）。自由権規約委員会の一般的意見35号（CCPR/C/GC/35, 2014年）パラグラフ12参照。

連続企画 メディアのいま③

いま沖縄で起きていること

琉球新報東京支社報道部長 新垣 毅
専修大学教授・JCLU理事 山田 健太

連続企画「メディアのいま」第3回は、2017年1月26日、東京・専修大学神田キャンパスに琉球新報東京支社報道部長の新垣毅氏を招いて、沖縄問題の報告を聞き、脅かされる「表現の自由」について話し合った。

当日は、新垣氏とともに当協会の理事であり、専修大学教授（メディア法）である山田健太氏も登壇し、基地反対運動の最前線である辺野古や高江での取材妨害、沖縄県民に対する「土人」発言、基地反対運動に対する本土との報道格差、沖縄地元紙に対する偏向批判について問題提起された。

なお、以下は、新垣氏の話を中心に、山田氏の発言を加味して整理したものであることをお断りしておきたい。

（報告:JCLU代表理事 芹沢斉）

1.沖縄で今、何が起きているのか ――沖縄は、何と闘っているのか

(1)政府の沖縄統治3施策

琉球新報東京支社の新垣毅氏

政府が今、沖縄で行っている施策の柱は3つある。

1つ目は①高江のヘリパッド基地建設、辺野古裁判（沖縄県知事による辺野古埋立承認取消訴訟）、辺野古陸上部分の建設という3つの問題を正面から強行突破しようとしていることである。このうち、埋立承認取り消しを否定した辺野古裁判の判決は、司法の政治への盲従であり、沖縄県の自治を破壊するものであった。

2つ目は②対中国脅威論に基づく南西諸島への自衛隊駐屯にみられる基地強化である。

3つ目は③振興予算――これには他の都道府県と同様の道路整備費等と基地を抱えた沖縄の特性に応じたものの両者が含まれるが、本土の報道は、すべてが後者であって、予算措置の面で沖縄は優遇されているかのような誤解を生みだしている――による懐柔策である。

(2) 2つの報道傾向

沖縄に関する報道の量はたしかに増大しているが、内容を見ると、二つの大きな傾向が見て取れる。一つは、日本政府の主張と沖縄の主張とを両論併記するものである。この場合、事柄の性質上、前者は全体的視点を持つものとして、後者は逆に地域限定的なものとして扱われやすい。

もう一つは、差別・偏見・誤解を増幅させる悪意に満ちたものである。

(3)沖縄問題の「本質」は何か

沖縄問題の本質は、危険な普天間基地を返還する代わりに辺野古移設を進めるという部分的問題ではなく、基地の機能強化や永久固定化を狙うものであり、琉球処分以降一貫した歴史の連続性を背景とする沖縄差別である。

沖縄の「戦後」史は、日米同盟が日本の国益を実現する唯一の選択肢であり、それに伴う負担は沖縄に押し付ける、という日本本土の思考に縛られてきた。この思考もしくは思考停止状態の結果として沖縄が今も負わされている「負担」の本質は、「有事の戦場であり、平時の人権侵害」である。一言でいえば、人間の命や尊厳が軽視されていることである。

角度を変えて言えば、沖縄に対する植民地主義の現れとしての沖縄の自治権・自己決定権の侵害である。

(4)政府の沖縄裏切りを支える本土の無関心

沖縄の人々は1972年の沖縄返還（祖国復帰）により、人権を尊重する日本国憲法の下で暮らせると思ったが、その希望は裏切られた。裏切ったのは日本政府であり、それを支えたのが国民の無関心や偏見であった。

裏切りの「果実」は日米安保であり、米軍であるが、それは沖縄にとっては重大な「負担」である。沖縄は今、県民の亀裂を防ぎながら、こうした動きと闘っている。

2.政府が言う「負担軽減」の欺瞞

(1)本土に伝えられないヘリパッド建設の背景

今進められている「北部訓練場の返還」とは、たしかに北部訓練場7800ヘクタールの51％（在沖米軍基地の約2割）の返還ではある。

しかしその返還は半世紀も前の1966年に日米間で合意されてようやく履行されるものである。しかも返還地は米軍が「使用不可能」と判断している地域である。高江地区のヘリパッドはそんなものの見返りとして建設されるのである。ヘリパッドには、危険なオスプレイの飛来が予定され、新たに発生する騒音の量と回数は飛躍的に増大すると予測されている。睡眠不足等に悩まされる住民のなかには、移転を余儀なくされる人もいるが、こうした情報は、本土の人々には伝えられない。

(2)住民苦しめる地位協定の「特権」

日米基地協定によって、米兵は沖縄で犯罪をしても、基地のフェンスの内側に逃げ込めば、日本の警察や司法は立ち入ることができない。米兵の「特権」は、少女を含む女性への暴行・殺人事件等の原点であり、犯罪の動機付けともなっている。米兵や米軍属は多くの市民にとって脅威を覚える存在である。

そのことは、安全保障に名を借りた米軍の機能強化は、沖縄にとっては日常的な人権侵害を意味するということである。とりわけ沖縄戦を生き抜いた経験者にとっては「戦争のトラウマに刺さるナイフ」のようなものであり、その痛みが広く共有されているからこそ、2016年5月には、自民党所属の県会議員退席後に、県議会が全員一致で「全海兵隊の退去」を議決したのである。

3.海兵隊の役割の変容

米海兵隊は、新安保法制の下で、自衛隊との一体化を図っている。

米軍と自衛隊の日米共同訓練において、海兵隊は、自衛隊を実地に戦闘訓練する教育的役割も果たしている。

政府は、安保条約の対象地域に尖閣諸島が含まれるとの言質を米国政府からとることによって対中脅威論をあおっているが、米国と中国の制服組同士では偶発的事故をなくすための連絡メカニズムを構築している実態があり、米中対決は現実的ではない。

4.政治とメディアの状況

(1)公権力の人権侵害に沈黙

政治が強権を発動して沖縄の意思を踏みにじろうとするとき、本土のメディアは、政治が点数を稼げる情報は誇大に報じる一方、政治にとって都合のよくない情報は隠ぺいもしくは黙殺する傾向が強い。

専修大学教授の山田健太氏

基地反対運動の現場では、表現の自由、集会の自由として憲法で保障されているはずの活動をしている市民に対し、公権力側がビデオ撮影することにより、警備の域を超えて威圧を加え、あるいは本土から呼び寄せた機動隊員を使って強制排除している。それが日本の人権状況を調査するために国連から派遣された調査団のデビッド・ケイ氏によって「表現の自由に懸念」と指摘されても、それは片隅にしか載らない。

(2)取材妨害を黙認、「土人」発言を矮小化

基地建設現場での取材妨害もたびたび発生しており、これを黙っているのはメディアとしての存在意義を否定するものであるのに、黙認してしまっている。

大阪府警の機動隊員が、反対運動を行っている住民に対して「土人」「シナ人」と侮辱した問題では、メディアはそれを「差別発言」だと非難するよりも「差別ではない」との発言を大きく取り上げていた。こうしたメディアの姿勢こそ、「差別ではない」との閣議決定をさせてしまう背景事情にある。

(3)誤解と偏見煽る番組

東京MXテレビの番組「ニュース女子」に見られたような誤解と偏見に満ちた報道――例えば「沖縄は基地で食っている？」――が一定の意図をもってなされている。

本当に沖縄は基地がなければ食べていけないのだろうか。そうではなくて、基地があるからこそ、発展の道を閉ざされているのではなかろうか。

基地経費は沖縄県民所得のわずか5％にすぎないことを見れば、後者であることはすぐに理解できよう。

また、米軍の存在は抑止力として機能するといわれるが、基地は沖縄の危険性を増大させているのではないか。

JCLUの70年

第5回 JCLUの「持ち味」とは

元代表理事、庭山正一郎弁護士に聞く

1.人権協会に入会したきっかけを教えてください。

人権協会の存在を知ったのは、司法修習生のときでした。大学時代はノンポリでしたが、司法研修所入所後、同期(23期)の仲間が「ベ平連運動」[1]をしており、これに感化されて、私も同運動に首を突っ込んでいました。当時、社会党系や共産党系の法律家団体はありましたが、政治色のない人権擁護活動の実績がある団体として人権協会のことは知れ渡っており、私も人権協会の事務所へ出入りするようになりました。

2.当時の人権協会の様子や活動はどうでしたか。

当時の様子について

当時、西田事務局長以下のメンバーはサリドマイド訴訟にかかりっきりの状態で、同時に、「人権新聞」制作に多くのエネルギーが割かれていた状況でした。

私が弁護士になった1971年の春から秋にかけては、学生や労働者の反戦デモなどで、一晩で何千名という逮捕者が出ており、接見などの弁護活動などで手一杯で、人権協会の活動のお手伝いはあまりできませんでした。1973年4月から山田伸男弁護士の事務所で草鞋を脱ぐことになって、以降はおのずから人権協会への出入りが増えました。

人権協会の活動について

スモン事件

私が最初に手がけた裁判は、スモン事件です[2]。人権協会理事の柳沼八郎弁護士に弁護団長に就任して頂いて人権協会支援事件として取り組み、1973年1月に125名の患者を原告として東京地裁に提訴しました。

庭山正一郎弁護士

人権協会所属の弁護士のアクティブなメンバーは、サリドマイド事件かスモン事件のいずれかの裁判に係わるという印象が強く残っています。スモン事件は、その後、東京地裁の判決が1978年に出され、最終的にはほとんどの方が和解によって解決しました。弁護団の一部が報酬の一部を拠出してスモン基金を設立し、薬害撲滅に向けた社会的な活動を継続したことも強く印象に残っています。

台湾人元日本兵士戦死傷補償請求事件

スモン事件などと並行して始まったのが、台湾人元日本兵士戦死傷補償請求事件[3]です。これは、人権協会理事の宮崎繁樹教授を中心にした「台湾人元日本兵士の補償問題を考える会」などが人権協会に支援を求めてきた事件で、秋本英男弁護士を中心にして弁護団を編成し[4]、1976年8月に人権協会として支援決定をしました。私が秋本弁護士に働きかけて団長を引き受けて頂いた経過もあって、私も弁護団の一員になり、裁判途中で秋本弁護士が急逝したことから弁護団長を引き継ぎました。

【庭山正一郎弁護士プロフィール】
1946年生まれ。東京大学を中退して、1969年4月、司法研修所入所(23期)。1971年4月、弁護士登録(第二東京弁護士会)。自由人権協会事務局長(1984年～1986年)、代表理事(2004年～2008年)。第二東京弁護士会会長、日本弁護士連合会副会長(2008年～2009年)。著書に、「法の支配と司法改革」(『変革の中の弁護士』下巻所収)(1993年、有斐閣)など。

1) 「ベトナムに平和を！市民連合」の略称。作家の小田実らが提唱した、アメリカのベトナム戦争に反対する市民運動体。
2) キノホルムの副作用による身体麻痺の有無などが争われ、提訴などを経て、最終的に全国で約6500名が国などと和解解決した。
3) 日本軍の軍人軍属として徴用された約20万人が戦後体制の中で日本国籍を喪失し、日本人軍人又はその遺族が受けられる傷病手当や遺族年金などの公的保護の対象外とされた。
4) その他に、錦織淳、羽柴駿、鈴木五十三、岩倉哲二、柳川昭二の各弁護士。

元々、台湾は日本固有の領土ではありません。台湾を植民地にして市民を戦争に徴用しておきながら、戦死傷者に何の補償もしないということは、到底許されないと思いました。この事件は、国会議員が議員連盟を作るなど、植民地支配への反省や国家道義という観点からの世論の支援がありました。人権協会は1980年4月に、厚労省援護局の若手キャリアの方にチェックをして頂きながら、台湾人元日本兵士特別援護法要綱を作成発表し、国会対策にも万全を期しました。

裁判は、地裁、高裁とも敗訴でしたが、高裁で「国政関与者に対する期待」についての異例の付言がされ、立法への拍車がかかりました。1987年9月に「台湾住民戦没者弔慰金支給法」が成立し、その後、1991年までに約3万人の方に1人200万円の弔慰金の支払がなされました。この法律が成立したときは、ちょうど私が人権協会の事務局長のときで、その意味でも感慨深いです。

3.事務局長(1986年から2年間)、代表理事(2004年から4年間)としての活動で印象に残っていることは何ですか?

事務局長として

一つ目は、1987年11月に協会創立40周年を迎え、記念出版として人権新聞縮刷版を発行したことです。弘中惇一郎弁護士にリーダーシップをとっていただき、事項・執筆者索引を作成して、日本評論社から830頁の大作を刊行しました。今回のインタビューに備えて縮刷版を見直しましたが、資料的価値の多いことを改めて確認できました。

二つ目は、海野人権基金の創設です。同基金への寄付者を見ますと、福田赳夫元総理大臣、藤林益三元最高裁判所長官などの名前もあり、海野先生の生前の幅広いご活躍振りが察せられます。

三つ目は、エイズ法案に対する反対運動があります。当時は、新たな感染症としてエイズが世界的に話題にされており、ほぼ不治の病とされたこともあって、患者への偏見も多い状況でした。エイズ予防法案が政府与党で作られましたが、日本社会における人権尊重に対する意識の乏しさを踏まえ、人権協会は、1988年3月に反対意見書を発表するほか、国会議員を訪問したり、集会を開催したりして、法案が偏見を助長する危険を主張しました。通常国会で法案が成立せずに継続審議になったことには、人権協会が若干の貢献をしたと自負しています。

代表理事として

小町谷育子事務局長の企画で「憲法の現在」という連続講座を12回開催しました。憲法改正への漠然とした危機感から出発した活動で、後に書籍『憲法の現在(いま)』(2005年、信山社)として発刊されています。また、人権新聞をニューズレター式に変更しました。60年近く続いてきたレイアウトの変更だけに、小町谷弁護士も相当の決断でしたが、幸いにも現在までその形式が継続されていることに繋がったことと評価しています。・

4.人権協会の特色や良さはどのようなところでしょうか。

私が入会した時点で、人権協会は、他の団体と共催しないことが慣例になっているようでした。多くの弁護士団体は政治色が強くて、そうした団体と共催することによってせっかくの人権協会の見解が世間に偏見をもたれることを回避するという戦略ですね。

これはこれで立派な見識ですが、常に人権協会の単独の見解発表だけに固執するというのもかたくな過ぎることもあるでしょう。創立30周年の記念パーティーで、森川金壽弁護士が、社会党系や共産党系の法律家団体を念頭に置いて、「彼らは良いこともたくさんしたが、間違いもたくさんした、これと比較するに協会は良いこともしなかったが、悪いこともしなかった」と言われたのです。

ちょっと言い過ぎではないかと反発もしましたが、非政治的であることが無力に繋がることを踏まえつつ、世論を引き回したりポピュリズムにならずにいたりすることへの安定した信頼性というものが協会の持ち味であることを強調されたのでした。このような特徴をもっているため、人権協会のアクティブメンバーから最高裁判所判事になられる方が現れても、全く違和感はありません。

常に社会にあって、職場から一定の評価を得つつ、人権協会の活動をしていることが大事ですし、活動の硬直性を免れることができると思います。

(2017年3月24日、あさひ法律事務所にて、
聞き手:藤本美枝・藤原大輔)

外国人問題
連続セミナー
第6回

日本への移住女性は今
――30年の歴史を振り返る

移住者と連帯する全国ネットワーク 山岸 素子

当協会の第6回外国人問題・連続セミナーは2017年2月20日、日本に移住してきた外国人女性のDV（ドメスティックバイオレンス）被害からの回復や支援活動に取り組んでいる市民団体「カラカサン～移住女性のためのエンパワメントセンター」、移住者支援の全国ネットワーク団体「移住者と連帯する全国ネットワーク」の山岸素子氏を招いて、移住女性の歴史と現在についてお話をうかがった。（報告：早稲田大学大学院法務研究科エクスターン生 松本有平）

「カラカサン」について

山岸氏による講演では、80年代からの移住女性をめぐる歴史と現在につき、様々な団体で出会った移住女性の話を交えながら、問題提起がなされ、その解決案が示唆された。

山岸氏は、1991年に大学を卒業しNGO団体の事務局に就職し、移住者支援にかかわるようになり、その後、カトリック教会の支援団体での活動に参加した。そこでは、当事者のエンパワメント（当事者が自尊心を回復し、自らの声を上げていけるようにしていくこと）が大切にされていた。

また教会においては様々なエスニック・グループが形成された半面、グループ間での調整が必要とされ、多文化の共生には多くの困難が伴うということを痛感させられたという。

そうした教会での活動は、現在の「カラカサン」での活動の基盤となるものであった。「カラカサン」とはタガログ語で「力」という意味だという。

1990年代との空気の違い

山岸氏は、90年代の「空気」と現在のそれとの違いがあると指摘した。すなわち、90年代はオーバーステイの労働者が多数在留し、社会に寛容性が見られたのに対し、現在は外国人の定住化や移住者の増加にもかかわらず排外主義が跋扈し、移民や難民に対する排斥が強まりつつあるというのである。

山岸氏は、当事者のエンパワメントのためには、個別の支援だけなく、一人一人が人権を保障されて生きるためには差別や暴力のない社会・コミュニティがなければならないという点を強調していた。以下に、山岸氏のお話の要旨をまとめた。

山岸素子氏

日本への移住者の歴史と問題点

(1)性産業への従事

1970年代末から80年代初めにかけて、ニューカマーと呼ばれる移住女性が多数、特にタイやフィリピンから来日した。

80年代までは、ブローカー的組織による搾取構造の下で、性産業に従事させられる移住女性が中心であった。90年代に入ると、このような女性がブローカーを殺害する事件が多発する時期があった。いずれも人身売買が背景にあり、移住女性は精神的に非常に追いつめられていた。

しかし事件の裁判においては、移住女性の追いつめられた社会状況は考慮されないという実態があった。

(2)他業種への就労困難

ブローカー的組織による搾取構造は現在も共通している。

移住女性の労働環境には、多くの問題点がある。性産業従事者が多いことは、他の産業における労働者として就労することが困難であるという事情に起因している。いわゆる日系人は第2次産業で就労することが多いものの、不況により解雇されることは極めて多い。離婚したシングルマザーが就労できる環境はほとんどないといってよい。また技能実習生として過酷な労働を強いられることも多い。

(3)国際結婚の中での問題

1980年代には、国際結婚に伴う問題も現れた。東北地方を中心に、外国人「花嫁」のあっせんが横行した。90年代は、都市部においても国際結婚が増加した。特に、エンターテイナービザで入国し、日本人男性と結婚する例が多く見られた。

国際結婚については、結婚後にイエ制度の中での「嫁」として扱われることは、特に他国から移住した女性にとっては多大な困難やストレスを伴うものであり、さらには地域社会からも疎外されがちであるという実態がある。このような実情に鑑みれば、本来は生活や地域社会にまで亙る広範な支援活動が必要なはずである。

カラカサンの活動から見る移住女性の現在と問題点

(1) DV問題

90年代後半から、国際結婚家庭においてDV問題が急増した。カラカサンは、そのような被害を受けた当事者のエンパワメントによって、移住女性と子どもが尊厳と力を取り戻すことに注力している。

目標として、個別的事案の解決だけではなく、コミュニティや地域社会において差別、暴力、貧困の撲滅、平等を実現することが挙げられる。そのための手段として、移住女性やその子どもたちへの包括的支援、個別に応じた中・長期的支援、グループ・コミュニティの手法が実践されている。

5人の子どもをもつ、ある母子の事例を紹介する。その女性は、日本人の男性と同居し始め、在留期限が切れてオーバーステイとなったものの、5人の子どもが生まれ、生活を続けた。しかしパートナーの男性は出生届や認知等の手続に関して何らの援助もせず、逆に、女性に精神的・文化的な暴力をふるい続けた。学齢期に達した子どもたちは学校にさえ行っていなかった。

(2)精神的ケアと医療、法的手続支援

この母子に対し、カラカサンは、母親の話をじっくり聞くという精神的なケアから始まり、健康保険のないオーバーステイの外国人のための互助会の制度をもつ医療機関を受診させるなどの身体のケアをサポートした。同時に、子どもたちの就学手続きと学習の支援も行った。

さらに法的手続きの支援として、父からの認知、在留特別許可の手続き支援を行い、母子は在留特別許可を得ることができた。その間、彼女らはカラカサンの様々な集まりに参加するようになり、同じ境遇のフィリピン人の母子らに出会い、アイデンティティを回復・形成していった。彼女らは、在留特別許可を得たことで生活保護を受給できるようになったことから、経済的・精神的暴力を続けていた日本人男性のパートナーのもとを離れ、独立し、地域で新たなネットワークを築きながら生活を続けている。

(3)学校でのいじめ

フィリピン人の母と日本人の父をもつダブルの子どもたちの多くがいじめに苦しんでしる。

たとえばある子どもは、小学校の頃、肌の色や顔立ちを理由にクラスメートからのいじめを受けており、アイデンティティは深く傷ついていた。しかし、5年生の夏休みに母に連れられフィリピンを訪れた際に、母の親戚からの愛情と受容に接したことで、自尊心を回復することができたという。

まとめ

カラカサンでは、当事者が自分の本来持つ力を回復すること、そして、自分たちで訴え社会を変えていく意識を持つこと、すなわち当事者のエンパワメントを目指している。そのためには、地域社会やコミュニティをも含めた包括的な支援が必要である。

カナダのトロントでは、多くの難民や移民の受け入れが行われ、すべての者に言語教育が行われていた。そのような支援を目指すべきである。

日本の移民についての法整備は、他国に比べれば大きく後れている。移住女性に関する総合的施策が必要であり、その上で支援活動を行うことが望ましい。

テロとアメリカ 第4回

テロ法制の過去と現在 後編

JCLU会員・弁護士 井桁 大介

はじめに

2号にわたりアメリカにおけるテロ対策法制の歴史を紹介してきました。本号では、スノーデンリークによって明らかになったアメリカのテロ対策の全貌と、その後の改革の動きを紹介します。

スノーデンリークとは

NSA（National Security Agency: 国家安全保障局）の下請会社の職員であったエドワード・スノーデン氏によってリークされたアメリカ政府の膨大な内部資料の総称です。リークされた資料を基に、2013年6月からイギリスのガーディアン紙やアメリカのワシントンポスト紙などで始まった一連の調査報道により、秘密のベールに閉ざされていたアメリカ政府のテロ対策の全貌が明らかになりました。内容は多岐にわたりますが、以下の3点が重要です。

1つ目は、NSAがアメリカ大手の電話会社に命じ、毎日、顧客のすべてのメタデータを提出させていたというものです。これはアメリカ人にとって衝撃でした。それまで様々な監視捜査が噂されていましたが、対象は外国人に限られると思われていたためです。このプログラムは愛国者法215条（business record条項）に基づき実施されていたため、215条プログラムと呼ばれます。対象はメタ

昨年6月のJCLU70周年プレシンポにてインタビューに応えるスノーデン氏

データのみで、通信内容は含まれません。

2つ目はPRISMと呼ばれるプログラムで、NSAが9つの世界的なインターネットサービス会社に命じ、特定の通信内容を提供させていたというものです。Facebookの投稿やチャット、Microsoftのスカイドライブのデータ、GoogleやYahooのメール内容などが本人に無断で取得されていました。

3つ目はUpstreamと呼ばれます。海底の光ファイバーケーブルなど、インターネット通信が流れるポイントに捜査員が直接アクセスし、目当ての通信を入手するというものです。

PRISMとUpstreamはともにFAA（FISA2008年改正法）702条により実施されていたため、合わせて702条プログラムとも呼ばれます。このプログラムはそれまでのテロ対策と一線を画するものであり、やはり衝撃を与えました。従来から通信内容の監視は認められていましたが、それはテロと関連する内容に限られていました。しかし702条プログラムでは通信内容の縛りは外され、代わりに通信主体がforeign powerまたはforeign agentであればどのような内容の通信でも対象とすることができます。その主体範囲はあいまいで幅広く、ドイツのメルケル首相の盗聴も許されるに至っていました。また目的もテロ対策という縛りが緩やかになり、貿易交渉や外交で優位に立つために盗聴が行われるようにもなっていました。しかも、ターゲットをネズミ算式に増やすことが許されていました。例えば、ターゲットとされたAさんがメールを送信したすべての人は、foreign powerやforeign agentでなくとも、第二次ターゲットとされます。さらに第二次ターゲットの1人であるBさんがメールを送信したすべての人も、第三次ターゲットとされます。こうして外国のスパイと無関係の膨大な市民が監視のターゲットとされ、メールや電話の内容を傍受されていたのです。702条プログラムだけで年間2500万件近くの通信情報が取得されていたと報告されています。

改革の動き

スノーデンリーク以後、アメリカでは多くの改革の動きが進められています。オバマ大統領（当時）と議会は共同で、独立委員会であるPCLOB（Privacy Civil Liberties Oversight Board）に対し、215条プログラムと702条プログラムの検証を命じました。PCLOBは詳細な検証報告書を発表し、いずれのプログラムにも法律上・政策上問題があること、特に215条プログラムは膨大な個人情報を入手しながら一つのテロ関連情報すら取得できておらず無意味であることが報告されました。

議会はこれを受け、2015年に米国自由法（USA Freedom Act）を制定し、215条プログラムを廃止しました。これは、1978年にFISAが制定されて以来初めて、政府の監視権限を制限する法律となりました。

改革の動きはアメリカ国内にとどまりません。EU司法裁判所は、2015年10月、スノーデンリークによってアメリカの企業が個人情報を顧客に無断で政府に提供することが明らかになったとして、セーフハーバー協定の無効を宣言しました。元来EU政府は、基本権憲章の厳しい制限の下、個人情報を取り扱う企業等に対して、EUと同等の制限を課していない限り、域外に個人情報を持ち出すことを禁止していました。しかし、この原則を厳格に適用すると日常生活に支障をきたすとして、アメリカ政府とEU政府の間で特別の取り決めを設け、一定の手続を踏んだアメリカ企業に限り、EUが求める厳格な個人情報管理をするものとみなす協定が取り交わされました。これがセーフハーバー協定です。スノーデンリークによって、この推定が崩れたとして、協定が無効とされたのです。

国連でも、スノーデンリークを受け、テロ対策を理由とする監視とプライバシーの関係が重要課題として取り上げられ、2013年12月、「デジタル時代のプライバシー（"The right to privacy in the digital age"）」とする総会決議が採択されました。2015年7月には国連人権理事会により、プライバシーに関する特別報告者（ジョセフ・ケナタッチ教授）が選定されました。

スノーデンリークによって明らかになった事実は、決してアメリカだけの問題ではありません。テロ対策としての監視をどのように制御するかという、テロの時代において議論されなければならない最重要のテーマを突きつけているのです。

終わりに

政府が主張するテロ対策は本当に予防効果があるのか、一定の予防効果があるとして犠牲になる個人の利益はつりあったものか。スノーデンリーク以前、政府はテロ対策の機密性を理由にこれらの説明責任と向き合うことを避けていました。スノーデンリーク以後、テロ対策は錦の御旗ではなくなりました。政府は説明責任を果たさなければなりません。スノーデンリークは、テロ対策を提唱するすべての政府が学ぶべき教訓です。

しかし、日本政府は、2017年4月、その教訓を完全に無視するかのような共謀罪法案を国会に提出しました。今回の法案が本当にテロ対策に資するのか、どの程度役立つのかなど、政府が果たすべき説明はほとんど聞こえてきません。

私たちはいま、人類史上最も安全な時代を生きています。平成27年の刑法犯は前年比マイナス9.4%、平成8年と比べると40%近い減少です。殺人の件数は年間1000件以下と世界屈指の少なさです。組織的なテロに類する犯罪も95年の地下鉄サリン事件以来皆無です。この平和な時代になぜ、これまで必要とされていなかった犯罪類型が必要なのでしょうか。政府は合理的な説明を果たすべきです。

これまで紹介してきたアメリカのテロ法制の歴史が、今まさに起きている、日本におけるテロ対策の議論を理解する一助となれば幸いです。

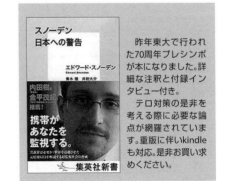

昨年東大で行われた70周年プレシンポが本になりました。詳細な注釈と付録インタビュー付き。
テロ対策の是非を考える際に必要な論点が網羅されています。重版に伴いkindleも対応。是非お買い求めください。

Book Review

情報公開請求実務に必携の一冊

森田 明 著
『論点解説　情報公開・個人情報保護審査会答申例』
（日本評論社）

JCLU理事・弁護士 二関 辰郎

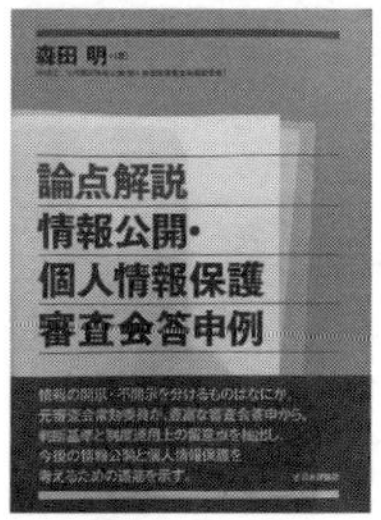

南スーダンPKO自衛隊の「日報」隠し問題や財務省の森友学園への国有地払い下げ経過記録の「廃棄」など、このところ公文書管理のあり方や情報公開制度が脚光を浴びています。公文書を適切に作成・管理し、市民に対して開示することは、主権者が政治に関して適切な判断をするための前提であり、きわめて重要なことです。

情報公開・個人情報保護審査会（以下「（国の）審査会」と言います）は、国の行政機関等に対して情報公開請求や個人情報開示請求をしたものの認められなかった場合、請求者の不服申立てを受けて審査をする第三者的な合議制機関です。

最近話題になった答申として、2014年7月の集団的自衛権を認めた閣議決定について内閣法制局が作成した「国会答弁資料案」に関する事案があります。内閣法制局が、その資料を正式採用しなかったことを理由として行政文書に該当しないと判断したのに対し、審査会が内閣法制局の判断を取り消すべきと今年の1月に判断しました。この答申を受けて内閣法制局が該当文書を公開したことがニュースになりました。

この例に限らず、審査会が、行政機関の説明責任を推進させるために果たしてきた役割は、地味ながらも大変重要なものと言ってよいでしょう。

本書の筆者森田明弁護士は、JCLU会員でもあります。森田弁護士は、日本に情報公開制度ができた当初から情報公開を求める請求者の代理人を務め、また、各地の地方自治体の審査会委員などを務めてきた情報公開法の専門家です。

筆者は、2011年10月から3年間、国の審査会の常勤委員として部会長を務めました。これまでにも非常勤で国の審査会委員を務めた弁護士はいますが、常勤の委員は筆者ただ一人です。そのような経験を有する筆者が著した点において、まずもって本書はユニークかつ貴重なものです。

内容面に目をむけると、本書は、筆者自身も述べるとおり、「答申からうかがわれる、その作成過程での論議や判断のポイントを究明し、さらに関連する答申を紹介することにより、答申の判断の背景と答申相互の関連性を明らかに」したもので（本書はしがき）、類書にはない特徴を備えています。

本書は、筆者の経験を踏まえて体験報告的に書かれた第Ｉ部「総論」の「情報公開・個人情報保護審査会の実情と問題点」から始まり、第Ⅱ部「審査会答申の重要論点解説」、最後の第Ⅲ部「実務上の課題と展望」へと続いています。第Ⅲ部は答申における付言を集約したもので、文書管理のあり方など日常的な運用の問題点を幅広く指摘しています。ここを読むと、冒頭にあげた問題が決して特異な例ではないことが分かります。

当初の原稿段階では、「答申の要点の羅列のようなものになっていた」とのことですが（本書あとがき）、時間をかけて大改訂を行い、最終的には筆者のコメント部分が増えました。そのため、この手の専門的な書籍としては読みやすいものになっています。一文一文が短く、内容に切れがある点も、読みやすさに一役買っているでしょう。

本書は、各地の地方自治体の情報公開・個人情報保護審査会の委員や職員にとって必携であるのみならず、審査会がどのような考え方をするのかという材料を提供してくれる点で、情報公開請求を行う市民や研究者にとっても一読に値するものです。

本書は、最近二刷になったとのことです。この手のややマニアックな本としては異例のスピードと言って良いでしょう。筆者が渾身の力を込めて書き上げた書物であるだけに、そのことが結果に現れたということかもしれません。

あたごの杜から 事務局長日誌

◆1月26日、「メディアのいま」連続企画第3弾、「いま沖縄で起きていること」を開催。琉球新報の新垣毅さんと当協会の山田健太理事が、現在進行形で沖縄が闘っている基地強化の動き、基地反対運動の弾圧や取材妨害など、「本土にいては見えてこないもの」について語る。80名を超える参加があり盛況。◆2月20日、外国人問題連続セミナー第6回のテーマは移住女性。カラカサンの山岸素子さんにお話しいただく。当事者である移住女性やその子どもたちのエンパワメントが何より大切であり、そのためにコミュニティが大きな役割を果たすとのこと。DVなど悲惨な境遇にあった母子が、カラカサンの活動に参加することで自らを取り戻していったというお話に感銘を受ける。◆3月4日、京都で関西合同例会に参加。坂上香監督の映画「トークバック　沈黙を破る女たち」の上映と監督のトーク。HIV陽性の女性たちが、演劇による自己表現を通じて、自分を肯定的にとらえて強くなっていく。上映後、参加者が小グループに分かれてお互いに「トークバック」するセッションも新鮮。制作中の坂上監督の次回作、国内刑務所を取材した「プリズン・サークル」が待たれる。◆3月14日、威力業務妨害罪等で長期勾留されていた沖縄の市民運動家、山城博治さんの速やかな釈放を求める声明を発表。第1回公判期日の翌日の18日にようやく保釈が認められた。人質司法と言われて久しい日本の身柄拘束だが、本件では濫用された場合の危険がきわめて鮮明な形で示された。◆3月18日、JCLU、コンシューマネット・ジャパンと海野人権基金の共催によるシンポジウム「そのワクチン、ほんとに必要ですか？」。危険な予防接種が推進されている現状に慄然とする。被害救済はJCLUが取り組むのに相応しいテーマ。◆4月15日、JCLUが団体加入している外国人人権法連絡会主催のシンポジウムに参加。ヘイトスピーチ解消法を今後いかに実効化するか、また人種差別撤廃基本法の制定に結びつけていくか。何歩も先を行っている障害者差別解消法の経験に励まされる。◆10月1日午後に開催する70周年シンポのゲスト決定！エドワード・スノーデン氏のライブインタビューに加え、「ACLUのミック・ジャガー」こと前リーガル・ディレクターのスティーブン・シャピロ弁護士と、国連プライバシー権に関する特別報告者ジョセフ・ケナタチ教授が来日予定。昨年の70周年プレシンポをまとめた集英社新書「スノーデン 日本への警告」もぜひごらん下さい。
（藤本）

2017年1月から4月までのJCLU

1月19日	1月理事会
1月26日	JCLU「メディアのいま／いま沖縄で起きていること」（新垣毅・琉球新報東京支社報道部長、山田健太・専修大学教授　JCLU理事）専修大学神田キャンパス
1月26日	JCLU京都1月例会「取調べの実体～こんなやり方あり？！～」（宮本恵伸・弁護士、橘英樹・弁護士、A・冤罪被害者）京都弁護士会
2月7日～2月27日	春季早稲田大学大学院法務研究科エクスターンシップの受入れ
2月16日	2月理事会
2月20日	第6回外国人問題・連続セミナー「移住女性30年の歴史と現在～現場での実践を踏まえて～」（山岸素子・カラカサン～移住女性のためのエンパワメントセンター共同代表、移住者と連帯する全国ネットワーク事務局長）中央大学駿河台記念館
3月4日	関西合同例会「映画「トークバック」上映+講演会」（坂上香・監督）京都弁護士会
3月14日	「山城博治氏の速やかな釈放を求める声明」を発表
3月16日	3月理事会
3月18日	JCLU、コンシューマネット・ジャパン、海野人権基金共同シンポジウム「そのワクチン、ほんとに必要ですか？～予防接種禍と被害救済のいま～」（母里啓子・元国立公衆衛生院疫学部感染症室長、古賀真子・コンシューマネット・ジャパン理事長、水口真寿美・弁護士　HPVワクチン薬害訴訟全国弁護団共同代表、酒井秀郎・HPVワクチン薬害訴訟全国原告団代表の父、河野敦・弁護士　元予防接種被害東京訴訟弁護団、栗原敦・MMR被害児を救援する会被害者の父）中央大学駿河台記念館
4月17日	JCLU「メディアのいま／共謀罪と言論・表現の自由～放送・新聞・出版の現場から考える～」（金平茂紀・TBSテレビ『報道特集』キャスター、小林基秀・新聞労連委員長・北海道新聞編集委員、樋口聡・ライター、岩崎貞明・メディア総研・専修大学特任教授）中央大学駿河台記念館
4月20日	4月理事会

【発行日】2017年4月24日 【発 行】公益社団法人 自由人権協会
〒105-0002 東京都港区愛宕1-6-7 愛宕山弁護士ビル306
TEL：03-3437-5466 FAX：03-3578-6687 URL：http://jclu.org/ Mail：jclu@jclu.org
（大阪・兵庫支部）
〒530-0047 大阪市北区西天満1-10-8 西天満 第11松屋ビル3F 堺筋共同法律事務所内
TEL：06-6364-3051 FAX：06-6364-3054
協会設立：1947.11.23 本紙創刊：1950.5.1 購読料：年間2,500円 郵便振替：00180-3-62718 発行人：藤本美枝
JCLU

人権新聞 Japan Civil Liberties Union
JCLU Newsletter
発行所 公益社団法人 自由人権協会
JCLU
〒105-0002 東京都港区愛宕1-6-7 愛宕山弁護士ビル306
TEL:03-3437-5466 FAX:03-3578-6687
URL:http://jclu.org/ Mail:jclu@jclu.org
協会設立:1947.11.23
本紙創刊:1950.5.1
購 読 料:年間2,500円

JCLUの70年

第6回〈特別編〉 JCLUの明日を考える 若手会員座談会

今年で創立70周年を迎える公益社団法人自由人権協会（JCLU)。昨年4月のJCLU Newsletter398号からスタートした本シリーズでは、これまでJCLUの歴史を振り返ってきたが、今回は、弁護士会などにおいても公益活動にかかわる若手会員弁護士4名による座談会形式で、公益活動・プロボノとはなにかという基本から、これからのJCLUの展望にわたるまでを語ってもらった[1]。

（秋山 淳・井桁大介・出口かおり・藤原大輔）

公益活動・プロボノ[2] ってなに？

藤原　まず、公益活動やプロボノとはどのようなものとお考えですか。公益活動やプロボノをしたいと思っていても、イメージが掴めない、だから踏み出せないということもあるのではないかと思っています。

出口　私は弁護士登録してすぐ、事務所の先輩弁護士らと一緒に、違法な職務質問に対する国家賠償請求訴訟に数件関わった経験があります。私が関わった訴訟は、カジュアルな服装でリュックを持って一人で街中を歩いている男性が、突然、警察官から声をかけられ、所持品検査に応じるよう求められ、素直にカバンを開いて中のものを取り出して示したところ、警察官から、「マルチツール（十徳ナイフ）を持っていることは犯罪だ」と言われて警察署への「任意」同行を求められ、軽犯罪法違反（1条2号の凶器携帯）の被疑者として検挙され、指紋や顔写真撮影まで求められた事案で、職務質問や所持品検査の要件を満たさないのに、いずれも警察がノルマ稼ぎのためにやっているのではないかと疑われるケースでした。訴訟では、恣意性や要件の欠如を争い、一審で一部勝訴した事件もありましたが控訴審でひっくり返され、結局、職務質問の違法性は認められませんでした。しかし、この訴訟を提起した後、警視庁管内の軽犯罪法1条2号違反の年間検挙件数が約6,000件から約3,000件に半減し、その翌年は約600件まで激減するという効果がありました。

井桁大介弁護士

出口かおり弁護士

井桁　興味深い事件ですね。ニューヨークでも差別的で効果のないストップ・アンド・フリスク（職務質問・所持品検査）の是非を問う訴訟がありました。大規模な社会学的調査を行い、市内の人口比率よりも有意に多くの黒人とラテン系の人が対象とされていることを明らかにするものでした。新しく当選したニューヨーク市長の改革も相まって、2011年には年間で70万件近くを数えた職務質問の件数が、2016年には1万2,000件程度まで激減しています。この件でもっとも重要なことは、職務質問の数を減らしても犯罪発生件数がほとんど変わらなかったことです。従前の職務質問は犯罪の予防にはほとんど意味のないもの、ただの恣意的・差別的な行為に過ぎなかったということを明らかにしたわけです。犯罪の予防に必要だと主張され、皆が何となく受け入れていた捜査活動について、データと論理を根拠に見直しを求めたもので、プロボノ活動の典型的な例ですね。日本でもアメリカでも同様に職務質問の在り方が問われ、そして、これが是正されたということになりますが、このような効果を生むことがプロボノ訴訟の大きな意義のひとつだと思います。

秋山　今、話に上がったのは警察活動と市民の人権という問題に関するものでしたが、そういった公益活動やプロボノを根気強く行っていくことで、結果として、基本的人権が擁護される社会になるんでしょうね。結果がすぐに目に見えるようなものではないかもしれませんが、長期的にみると意味がある、むしろ基本的人権の擁護

1)　座談会参加者プロフィール（五十音順）
・秋山淳弁護士：2005年弁護士登録。JCLU新理事、同情報公開・個人情報保護小委員会所属。日弁連人権救済調査室室長、第二東京弁護士会情報公開・個人情報保護委員会副委員長。日米合同委員会情報公開訴訟などを手がける。原後綜合法律事務所所属。
・井桁大介弁護士：2008年弁護士登録。JCLU新理事。昨年アメリカニューヨーク大学でナショナルセキュリティ法（テロ対策と人権）について研究。現在はカリフォルニア大学バークレー校客員研究員。特定非営利活動法人ストップいじめ！ナビ監事。ムスリム違法捜査弁護団として活動し、刑事訴訟法（証拠の目的外使用）違反被告事件の弁護人などを務める。あさひ法律事務所所属。
・出口かおり弁護士：2011年弁護士登録。JCLU会員。日弁連情報問題対策委員会委員。東京弁護士会人権擁護委員会委員。違法な職務質問に対する国家賠償請求訴訟、イラク戦争検証報告書情報公開訴訟、森友学園問題情報公開訴訟など数々の訴訟を手がける。さくら通り法律事務所所属。
・藤原大輔弁護士：2012年弁護士登録。JCLU会員、同情報公開・個人情報保護小委員会所属。東京弁護士会人権擁護委員会副委員長。イラク戦争検証報告書情報公開訴訟、森友学園問題情報公開訴訟などを手がける。ミネルバ法律事務所所属。
2)　各分野の専門家が職業上持っている知識スキルや経験を活かして社会貢献するボランティア活動全般のこと。
3)　現在、JCLUでは、外国人の権利、情報公開・個人情報保護、マスメディアなどテーマ別で活動する小委員会と、緊急の課題などに短期集中的に取り組む女性の権利プロジェクトなどが存在する。

秋山淳弁護士

藤原大輔弁護士

には必要不可欠な活動といえるのではないでしょうか。

藤原 公益活動やプロボノによって、基本的人権の擁護に寄与するというメリットがあるということですが、弁護士としての経験という面でも有意義ですよね。お恥ずかしい話ですが、私は、JCLUに加入するまでは、公益活動やプロボノのイメージが掴めていませんでした。でも、JCLUに飛び込んで、情報公開や個人情報保護について学ぶ機会を得たり、情報公開訴訟に関わったりすることで、法律家としての経験値が上がったような気がしています。

出口 弁護団事件などで自分の事務所外の先輩弁護士と組んで仕事ができることは非常に勉強になりますし、テーマによっては研究者の方と意見交換できる機会も得られたりして、自分の視野を広げることができると思います。

JCLUの公益活動・プロボノは他の団体と何が違うの?

藤原 まず、現在のJCLUの日々の活動内容を教えてください。また、弁護士会の委員会活動や他の公益活動団体との違いもあれば教えてください。

秋山 現在、JCLUでは、小委員会やプロジェクト[3]での活動、総会・例会での講演会、声明・意見書の発表、訴訟支援活動が行われています。私は、日弁連の人権救済調査室の嘱託として日弁連の人権擁護委員会にかかわる仕事もし、第二東京弁護士会の委員会でも活動していますので、日弁連や弁護士会での公益活動とJCLUでの活動の違いをお話しします。日弁連や弁護士会でも興味のある分野の委員会に参加することはできるのですが、そこでの活動は、国の法制度の在り方について、立法府、行政府、司法府のカウンターパートである日弁連や弁護士会の立場から、意見を述べ、提言を行うという大きな視点からの活動が多く、弁護士会の立場を前提とした活動になりがちで、個人の意見・立場とは異なる結果となることもあり得ます。他方で、JCLUの活動では、そういった制約がないので、各自が興味のある分野について、訴訟も含めて現場の個別の問題を取り上げることも、憲法改正や法律の制定などの大きな問題をみんなで調査し、議論し、研究することもできます。また、日弁連や弁護士会の活動では、関与するのは基本的に弁護士だけですが、JCLUには研究者もいますし、法律家でない市民の会員もいて、いろいろな立場で関わっているというところが、特徴ですね。

藤原 なるほど。確かに、弁護士会は団体としての規模が大きく会員数も膨大ですから、スケールメリットがあるという利点がありますが、他面からみると、規模が大きく会員数も膨大なため、内部的な手続きには時間がかかり、機動性に欠けるという欠点があるように思います。JCLUは、弁護士だけではなく、研究者や市民の会員など様々な立場の人が加わって、プロジェクト単位で活動することで、機動性に富んだ活動や幅広い意見発信が可能ですね。

井桁 私個人が感じたJCLUのメリットは、様々な問題について政治的な主義主張にかかわらず冷静な議論ができる、つまりは党派性がないというところでした。

出口 JCLUの創成期からかかわっておられる方にお話を聞くと、「自分が問題だと考えることについて声を上げて、仲間を募ればそれでできるというのがJCLUの良さである」と仰っていました。政治的な信条はさておき、法解釈や立法事実の有無、運用上の問題などを冷静に議論できる

ことがJCLUの良さでもあると思います。世間的には、「わかりやすい」議論を求めるあまりか、マスコミ等で賛成・反対というザックリとした議論が展開されることが多いですが、賛成・反対という二分論で対立を煽って戦わせるやり方ではなく、それぞれの意見を聞いてその根拠を検討したり、相互に認識をすり合わせて理解を深めようといった方向性の議論もできるとよいのに、と思います。

井桁 そうですね。例えば、共謀罪や秘密保護法のような議題に関して、賛成派も反対派も呼んで裏付けのある冷静な議論を戦わせて、その結果生まれる冷静な意見を提供していければよいと思いますし、JCLUはそういった活動をしていくべきだと思います。

JCLUの今後の活動の活発化に向けた提言

藤原 今後、さらに活動を活発化していくためにはどのようなことが必要でしょうか。

井桁 実働部隊としてプロジェクトや訴訟活動を行う会員と、JCLUの理念に共鳴して活動を支援してくれる寄付者を明確に区分けしていくべきです。特に若手の法律家や研究者に参加してもらうためには、金銭負担を取り除いていくべきだと思います。若手の法律家や研究者には、JCLUで、いま、このようなプロジェクトをやっているので協力してくださいと勧誘した方がJCLUの活動に関わるきっかけになりやすいでしょうし、プロジェクトの活動を通じて共感を得ることで、JCLUの活動に定着する人が増えるのではないでしょうか。私の周りに、NPOや他の団体と組んで活動すると面白いのではないかと考えていても、実行に移すきっかけがないという若手がいますので、JCLUでプロジェクトを立ち上げて、NPOや他の団体と組むきっかけを作ることができるのではないかと考えています。また、将来的には広報やファンドレイジング(寄付集め)の専門家などと連携して、財政基盤をしっかりとさせた上で、常勤の弁護士やリサーチャーを抱えていく必要があるでしょう。そのためにも、個別のプロジェクトや訴訟活動のスピード感と発信力を高めて、JCLUの認知度を上げていくことが必要だと思います。

出口 昨年、私は、アメリカ自由人権協会(ACLU)[4]など、アメリカの公益活動団体を複数訪問したのですが、どの団体も広報やファンドレイジングについて専門家の助力を得るなどして力を入れていましたね。特にACLUは自らが原告となって、プロジェクト単位で様々な社会問題について訴訟を多数提起することで、基本的人権の擁護を目的とした活動をしつつ、認知度を高めているのが印象的でした。

井桁 そうですね。アメリカでは、公益団体にもスタンディング(当事者適格)が認められる場合があるという特徴があります。日本の現状の法制度では、JCLUが原告となって訴訟を行うということは困難ですが、例えばクリアリングハウス[5]と連携して関わっている情報公開訴訟など、JCLUの活動の延長として関与・支援している訴訟については、もう少し積極的に広報してもよいかと思います。

藤原 日本とアメリカとでは「寄付」に関する考え方に文化的な違いがあるのかもしれませんが、私もアメリカの公益活動団体を訪問したときに、多数のスタッフを抱える団体が寄付によって運営されていると聞いて非常に驚きました。人権に関する問題というのは、私たち市民の現在、そして将来に関わる問題ですから、日本でも、人権問題に取り組む公益団体に対する寄付というのが一般的になってほしいですね。人権問題に取り組む公益団体に対する寄付は、結果として、私たち市民の人権が守られるという形で還元されることになりますし。でも、残念ながら、JCLUの会員が関与・支援している訴訟について、JCLUの関わりが一般の方には認知されていないのが現状ですよね…。広報の仕方ひとつ変えるだけでも、JCLUの認知度を高めて、これにより更なる寄付や会員が集まり、活動がさらに活発化することで認知度が高まるという好循環が期待できるのではないでしょうか。JCLUとして、

4) 1920年、ロジャー・N・ボールドウインにより設立された非営利団体(会員約27万5000名、常勤弁護士60名、非常勤・ボランティア弁護士2000名)。アメリカ国内の個人の権利に関する訴訟・立法活動を行うとともに、個人の自由に影響を及ぼす様々な問題点について一般に対して教育・啓蒙活動を行っている。連邦最高裁判所に出廷する回数は司法省に次ぐと言われるほどの、アメリカ最大の人権擁護公益活動団体である。

5) 特定非営利活動法人情報公開クリアリングハウス

広報やファンドレイジングについて強化していく方法を考えていきましょう。

今後JCLUはどんなことをしていくの?

藤原 それでは、最後に、今後JCLUがどのような活動を行っていくのか。この点について、皆様のお考えを聞かせてください。特に公益活動・プロボノを行ってみたいけど、まだその一歩を踏み出せていない人たちがJCLUに参加したくなるような良い企画があれば、ぜひ今回を機に始めてみたいと考えています。

秋山 現在、JCLUで定期的に開催されている小委員会が調査・研究している分野はある程度以前から活動が続いている分野に限られていますが、他にも会員や会員でない人が興味・関心を持っている分野はたくさんありますよね。マンパワーの問題はあるかもしれませんが、JCLUのなかで調査・研究するフィールドを広げていくことで、そういう分野に関心のある人たちが将来会員として加わってくれる可能性が高まると思います。

井桁 小委員会のように固定的なものと並行して、例えば、テーマを決めてプロジェクトチームを結成して、1年程度の期限を決め、書籍の発行やシンポジウムの開催などの成果物を迅速に出していくといった活動があると、プロジェクト単位で関わりやすくなるように思えます。

出口 JCLUは弁護士だけではなく、研究者の会員もいますので、研究者との共同作業をしていきたいですよね。

藤原 例えば、研究者の方に対し、関心ある分野について尋ねて、JCLUとの共同プロジェクトを立ち上げて、会員の弁護士がフィールドワークや実務的な観点からの協力をするという形で成果物を出していくというのも面白そうですね。

井桁 個人的にはアメリカで研究してきたナショナルセキュリティ法(テロ対策と人権)について書籍あるいはシンポジウムなどの形で世間に発表したいと考えていますので、その関係のプロジェクトを立ち上げたいですね。

秋山 いいですね。例えば、デジタル時代の情報の利用や監視というテーマであれば、携帯電話のアプリを利用している場合に取得されている情報にはどのようなものがあり、どう利用されているか、監視カメラの映像はどのように撮影され、どのように活用されているのかなど、日常生活において、抽象的にはリスクがあることは知っているけれども、その具体的リスクや問題点を十分に理解できていない、意識していない問題が実は多いのではないでしょうか。そういう身近な分野について研究するというのも、共感を得られて面白いかもしれないですね。良い・悪い、賛成・反対というザックリとした議論をするのではなく、データや統計に基づいたメリット・デメリットを挙げつつ冷静な議論ができるといいと思います。

出口 私の関心でいうと、このところ森友問題や加計学園など情報公開の問題が世間の注目を集めており、クリアリングハウスが積極的に問題提起し、JCLUが訴訟支援をしていますが、情報公開制度は、知る権利に奉仕し、政府の活動をチェックするのみならず、市民のほうから政府に意見を述べ、公共的な意思形成をしていく上での重要なツールですから、これもプロジェクトとして立ち上げていければと思います。

秋山 ほかにも、例えばいじめやシングルマザーの貧困問題などであれば、実際にこれらの問題に取り組んでいるNPO法人と協働しながら活動していくなどの広がりも考えられますね。

井桁 本日座談会に参加したメンバーの関心ごとだけではなく、様々な会員から関心のあるテーマを募り、そのテーマに興味のある会員が集まって、多くのプロジェクトが常にアクションを意識しながら、成果物を競い合って出していけるといいですね。

(2017年5月31日、JCLU事務所にて)

共謀罪は市民社会に何をもたらすか

——ケナタッチ書簡を生かすために

JCLU理事 旗手 明

いわゆる共謀罪法案(組織的な犯罪の処罰及び犯罪収益の規制等に関する法律等の一部を改正する法律案)は、さる6月15日、参議院法務委員会での議論を打ち切り、委員会採決を行わないまま、参議院本会議で採決するという異例の手続き(国会法第56条の3)で可決成立した。その後、6月21日に公布され、早くも7月11日に施行された。

3月21日に閣議決定され国会に提出されてから僅か3カ月足らず、衆議院法務委員会で議論が始まってから2カ月足らずで、言論・表現の自由やプライバシーを侵害し民主主義を危殆に落としかねない法律が成立してしまった。

この法案に対しては、刑事法学者をはじめ、憲法学者、日弁連等、多くの法律家から批判がなされ、市民も連日のように国会周辺や全国各地で廃案を訴えてきた。JCLUとしても、共謀罪に関するセミナーの開催や共謀罪の創設に反対し廃案を求める声明を発表するとともに、他のNGOと共同して記者会見の機会を持ったり、日比谷野外音楽堂での集会や議員会館での院内集会にも取り組んできた。また、国連の特別報告者であるケナタッチ氏の書簡について、いち早く翻訳して発信もした。

本稿では、共謀罪の問題点を再確認するとともに、ケナタッチ書簡の意義を生かして共謀罪成立後も言論・表現の自由、民主主義を諦めない意思を示していきたい。

共謀罪法案とは

共謀罪法案は、これまで2003年、2004年、2005年と3回にわたって国会に提出されたが、すべて廃案となった。しかし、第二次安倍政権は、特定秘密保護法(2013年)、安全保障関連法(2015年)、通信傍受法の改正による対象犯罪の大幅拡大(2016年)と、憲法上疑義のある法律や国民の知る権利を制約し、あるいは国家による市民監視を強める法律を矢継ぎ早に成立させてきた。その延長に今回の共謀罪法案があった。

今年3月21日に国会提出された共謀罪法案について、安倍首相は「テロ等準備罪」と称し、この法律を成立させ「国内法を整備し、国際組織犯罪防止条約を締結できなければ東京五輪・パラリンピックを開けないと言っても過言ではない」と主張した。

しかし、そもそも共謀罪とは、どのようなものであったのだろうか。

共謀罪を定めた同法6条の2は、「テロリズム集団その他の組織的犯罪集団の団体の活動として、当該行為を実行するための組織により行われるものの遂行を二人以上で計画した者は、その計画をし

〈JCLU:共謀罪に反対する取り組み〉

3月21日	共謀罪法案が閣議決定・国会提出
4月17日	JCLUセミナー「メディアのいま/共謀罪と言論・表現の自由」
5月 9日	共謀罪法案の廃案を求める院内集会
5月15日	JCLU:共謀罪法案反対の声明を発表
5月18日	国連の特別報告者ケナタッチ氏が書簡を安倍首相宛てに送付
5月19日	JCLU:ケナタッチ書簡について発信
5月22日	ケナタッチ書簡に関するNGO共同記者会見
5月23日	共謀罪法案が衆議院通過
5月31日	「共謀罪法案の廃案を求める市民の集い」(日比谷野外音楽堂 → 銀座デモ)参加4,700人
6月 5日	国際ペン会長:共謀罪法案に反対声明
6月15日	共謀罪法案が参議院本会議で可決・成立
6月15日	「共謀罪法案の強行採決を許さない市民の集い」(参議院議員会館講堂)参加240人
7月11日	共謀罪の施行
今後の予定	
10月1日	JCLU70周年記念シンポジウム(一橋講堂、ケナタッチ氏らを招聘)

た者のいずれかによりその計画に基づき資金又は物品の手配、関係場所の下見その他の計画をした犯罪を実行するための準備行為が行われたときは、…刑に処する。ただし、実行に着手する前に自首した者は、その刑を減軽し、又は免除する」としている。

5.31 日比谷野音集会

共謀罪はテロ対策なのか

ここには、「テロリズム集団その他の組織的犯罪集団」という表現こそあるものの、テロ対策のための法律なら必要なテロリズム集団の定義はない。また、欧米での最近のテロには、一人で実行するものが増えているが、この法律では単独犯は対象とされていない。

そして政府は、この法律は、国際的な組織犯罪の防止に関する国際連合条約（2000年国連総会採択。以下、パレルモ条約という）を締結するために不可欠だ、と主張した。しかし、この条約は、マフィア対策を目的としたもので、条約にいう「組織的な犯罪集団」とは、「三人以上の者から成る組織された集団であって、一定の期間存在し、かつ、金銭的利益その他の物質的利益を直接又は間接に得るため一又は二以上の重大な犯罪又はこの条約に従って定められる犯罪を行うことを目的として一体として行動するものをいう」（第2条）とされている。つまり、「金銭的利益その他の物質的利益」を得るために「犯罪を行うことを目的」とする集団をさしており、政治的な目的を主とする「テロリズム集団」はその対象とされていない。

他方、テロ対策に関わる条約としては、外交官等保護条約、人質をとる行為に関する条約、爆弾テロ防止条約、テロ資金供与防止条約、核テロ防止条約などがあるが、関連する13の主要条約について日本はすでに国内法を整備し締結をしている。

こうしてみると、共謀罪はテロ対策のためという政府の説明は、とても納得できるものではない。政府が「テロ対策」と言うとき、私たちはこのマジックワードについて大いに気をつけなければならない。

共謀罪はパレルモ条約の締結に必要か

パレルモ条約は、世界の187の国・地域が締結しており、G7で締結していないのは日本だけである。しかし、締結のために共謀罪を創設しなければならないという主張には大いに疑問があり、共謀罪なしでも条約締結ができるという議論には十分な理由がある。

同条約第5条には、共謀罪か参加罪の立法を迫る条文があるが、他方、第34条には、「この条約に定める義務の履行を確保するため、自国の国内法の基本原則に従って、必要な措置をとる」とも記されている。

こうした条文間の趣旨を踏まえて、この条約の履行に関する事務を扱う「国連薬物犯罪局」が2004年に出した「立法ガイド」では、「関連する法概念をもたない諸国において、コンスピラシー（犯罪の共謀）または犯罪結社のいずれの概念の導入を要求することなく、組織犯罪集団に対する効果的な行動をとることを許容するものである」としている。

共謀罪という概念はもともと英米法の伝統の中で使われてきたものであり、主としてドイツ法（広くは大陸法）の影響下で形成されてきた日本の刑法とは違う体系に属している。このため「関連する法概念をもたない諸国」に該当する日本のような国では、「組織犯罪集団に対する効果的な行動をとる」ことが実現されれば、共謀罪の導入がなくても締結できると考えられるのである。

いずれにせよ、パレルモ条約締結の条件については、さまざまな条文解釈の余地があり、締結した各国の状況においても多様であるため、政府が言うような「テロ等準備罪が成立しないと条約を締結できない」と断言する根拠は薄弱であると言わなければならない。

ケナタッチ書簡の意義

共謀罪法案が衆議院を通過する直前の5月18日、

6.15 院内集会で開会挨拶する芹澤代表理事

国連のプライバシー権に関する特別報告者であるジョセフ・ケナタッチ氏が、同法案はプライバシー権と表現の自由を制約するおそれがあるとして、深刻な懸念を表明する書簡を安倍首相宛てに送付し、国連のウェブページで公表した。

JCLUでは、もともと今年10月1日に開催する70周年記念シンポジウム「デジタル時代の監視とプライバシー」に、アメリカNSA（国家安全保障局）の元職員であるスノーデン氏へのライブ・インタビューを予定し、また、ACLU（アメリカ自由人権協会）のミック・ジャガーとも言われるスティーブン・シャピロ弁護士とともに、国連やEUに関わる専門家としてジョセフ・ケナタッチ氏を招聘していた。そうした関係もあり、いち早くケナタッチ書簡を手に入れ、その意義について発信することができた。

同書簡では、法案の「計画」や「準備行為」の文言が抽象的であり恣意的な適用のおそれがあること、対象となる犯罪が幅広くテロリズムや組織犯罪と無関係のものを含んでいることを指摘し、いかなる行為が処罰の対象となるかが不明確であり、刑罰法規の明確性の原則に照らして問題があるとしている。

さらに、プライバシーを守るための仕組みが欠けているとして、次の5つの懸念事項を挙げている。

(1) 創設される共謀罪を立証するためには監視を強めることが必要となるが、プライバシーを守るための適切な仕組みを設けることは想定されていない。
(2) 監視活動に対する令状主義の強化も予定されていないようである。
(3) ナショナル・セキュリティのために行われる監視活動を事前に許可するための独立した機関を設置することが想定されていない。
(4) 法執行機関や諜報機関の活動がプライバシーを不当に制約しないことの監督について懸念がある。例えば、警察がGPS捜査や電子機器の使用のモニタリングをするために裁判所の許可を求める際の司法の監督の質について懸念がある。
(5) 特に日本では、裁判所が令状発付請求を認める件数が圧倒的に多いとのことであり、新しい法案が、警察が情報収集のために令状を得る機会を広げることにより、プライバシーに与える影響を懸念する。

ここに指摘されていることは、国会でも議論された「一般人も対象とされるのではないか」「準備行為とそうでない行為とをどう区別するのか」などと重なるとともに、あまり国会では議論されなかった「独立した機関の設置」「プライバシーを守るための適切な仕組み」「令状主義の強化」「司法の監督の質」などに触れており、今後の共謀罪の運用に対しても重要な論点を提示していると言える。

まとめに代えて

すでに私たちの社会は、国家が市民を強力に監視できるものとなっている。その上に共謀罪が認められ、警察のフリーハンドが拡大することに市民が不安を覚えるのは、当然のことであろう。

先に触れたように、近年、市民の知る権利が狭められつつあり、それは民主主義の前提となる政府の政策に対する判断材料が少なくなることを意味する。さらに共謀罪が加われば、犯罪が具体的な危険性を持たなくても、犯罪の実行行為がなされるよりはるか以前の段階で有罪とされるのである。その立証のために警察は、市民の内心に立ち入ることを躊躇しなくなるであろう。そして、通信の秘密が侵される心配から、市民は言うべきことも言わない方がよいと萎縮し、言論・表現の自由も失われていく恐れがある。

もし、そうなれば、民主主義のプロセス自体が破壊されてしまい、回復困難となってしまう。今こそ、国家による監視に対していかに民主的なコントロールを実現するか、真剣に考え行動に移すべき時なのではないか。

国際法上の人権としての「情報に対する権利」

JCLU会員・米国ワシントン州弁護士　ローレンス・レペタ

はじめに

今日、開かれた政府を求める世界の活動家たちが提唱する「情報に対する権利」というフレーズは、大きな力を持つに至っている。開かれた政府を求める運動の世界的なリーダーの1人であるトビー・メンデル（Toby Mendel）[1]は、最近次のように書いた。

「今日、公的機関の保有する情報へアクセスする権利、又は情報に対する権利（The right to information）が、表現の自由の権利の一部として国際法上の人権として保護されることは、確固たるものとして認められている。」

このようにメンデルは、「情報に対する権利」は国際法上保護される人権であるという。もし彼が正しければ、各国の政府が情報公開法を制定するか否かを問わず、またこれらの法令上いかなる制約がおかれているかを問わず、情報に対する権利が認められることになる。これは果たして本当だろうか。

5/29 情報公開クリアリングハウスのシンポジウムで話す筆者（小黒純氏撮影）

自由権規約第19条

情報に対する権利に関する国際法上の議論は、まず、市民的及び政治的権利に関する国際規約（自由権規約）の第19条第2項から始められなければならない。

「すべての者は、表現の自由についての権利を有する。この権利には、口頭、手書き若しくは印刷、芸術の形態又は自ら選択する他の方法により、国境とのかかわりなく、<u>あらゆる種類の情報及び考えを求め、受け及び伝える自由</u>を含む。」（下線は筆者）

自由権規約は、1966年に国連総会で採択され、1976年に発効した。条約やその他の法のルールの理解は、時間の経過とともに深まるものである。メンデルによれば、第19条第2項の情報を受領する権利は、2011年に、規約に基づいて設立された自由権規約委員会がその「一般的意見」において、この権利が幅広く適用されることを確認したことにより、大きく前進したという。

「18. 第19条第2項は、公的機関が保有する情報へのアクセス権を包含する。当該情報には、情報の保管形態、情報源及び情報の作成期日にかかわらず、公的機関が保有する記録が含まれる。」（訳・日本弁護士連合会）[2]

しかも、上記の一般的意見は、この権利を尊重する義務は、行政当局だけではなく、政府のあらゆる部門に課されているとする。

「7. 意見及び表現の自由を尊重する義務は、すべての締約国を全体として拘束するものである。締約国のあらゆる部門（行政、立法及び司法）および他の公的もしくは政府機関は、全国、地域、もしくは地方のいかなるレベルにあっても、締約国の責任を引き受ける地位にある。」（同）

自由権規約委員会による意見表明は、それ自体拘束力を持つ法的なルールではなく、自由権規約に関する委員会の理解を示すものにすぎない。しかし、自由権規約自体は拘束力があり、日本を含むすべての締約国によって実施されなければならないものである。そしてこれには第19条第2項の「情報を受領する権利」が含まれることはいうまでもない。自由権規約委員会の18名の委員は、国際法の専門家であり、締約国にこのようなガイダンスを与えるためにまさに任命されている。一般的意見は、専門家の意見の貴重な情報源であって、無視されてはならない。したがって、メンデルがこれを強調するのは正しい。

1) Centre for Law and Democracy所長。https://www.law-democracy.org/live/about-us/who-we-are/

2) 日本弁護士連合会ウェブサイト　国際人権ライブラリー https://www.nichibenren.or.jp/library/ja/kokusai/humanrights_library/treaty/data/HRC_GC_34j.pdf

2件の歴史的な判決

自由権規約委員会と異なり、裁判所は、自由権規約等の国際人権条約の規定を実施するための判決を下す権限を有し、その義務を負っている。

これに関して、メンデルと開かれた政府を求める活動家たちは、米州人権条約の適用を担う米州人権裁判所が2006年に下した判決に注目する。そのReyes対チリ事件では、NGOからチリ政府に対する環境に関する情報の公開請求が問題となった[3]。当時、チリはまだ情報公開法を制定しておらず、国内法上、情報に対する権利は明確に定められていなかった。米州人権条約第13条は、自由権規約第19条第2項と同一の表現で「情報を受領する権利」について定めている。米州人権裁判所は、Reyes対チリ事件において、情報を要求し受領する権利が、米州人権条約第13条に基づき創設されたと解釈し、チリが情報公開法をまだ制定していなかったにもかかわらず、情報の公開を命じた。この判決は、メンデルと世界中の開かれた政府を求める活動家たちから、画期的であると称賛された。判決は次のとおり述べている。

「米州人権条約第13条は、明文で『情報』を『要求』及び『受領』する権利を定めることにより、同条約で許容されている例外を除いて、国家の保有する情報へのアクセスを求めるすべての人の権利を保護しているものと認められる。」

裁判所のメッセージは明快である。情報を受領する権利は、国内法の「情報公開法」の定めに依存するものではない。さらに、この権利は行政当局が保有する情報に限られず、すべての政府機関の保有する情報に適用される。

昨年、欧州人権裁判所より、米州人権裁判所の判決と同趣旨の判決が出された[4]。2016年11月8日のMagyar Helsinki Bizottság対ハンガリー事件判決である[5]。この事件では、ブダペストのNGOが、ハンガリーの警察署に対し、その地域で任命された公設弁護人の氏名及び各弁護人に割り当てられた事件数を明らかにするよう求めたところ、2つの警察署により拒否され、ハンガリーの最高裁判所も拒否の判断を是認した。

請求者は、ハンガリーの裁判所で敗訴した後、欧州人権裁判所に申立てを行った。欧州人権裁判所の大法廷は、ハンガリーの警察に対し情報公開請求に応じるよう命じた。

大法廷は、情報を請求する権利は、表現の自由の行使のために情報へのアクセスが必要な場合にのみ成立すると判示した。アクセスが求められている情報は公益に関するものでなければならず、また、請求者が公共の「監視役」として社会に情報提供するために当該情報へのアクセスを求めているかどうかが重要な考慮要素であるとした[6]。

イギリスのNGO「情報の自由を求めるキャンペーン」は、ウェブサイト上で次のように表明した。

「本判決は、情報公開法に服さない公的機関も、公共の利益のために情報が請求されている場合は、新たな公開義務を負うという解釈を可能にするものである。そのような場合、公的機関は、［欧州人権条約］第10条自体が定める根拠、例えば国家の安全保障、法執行目的、情報の秘密性、又は第三者の権利侵害などがないかぎり、公開を拒否できないことになる。いかなるアクセスの制限も、公共の利益のテストのひとつである必要性及び相当性を満たすものでなければならない。」[7]

メンデルは、米州人権裁判所と欧州人権裁判所の判決が、情報に対する権利の国際法上の位置づけを確固たるものにしたと指摘する。

これは日本にとって何を意味するだろうか。米州人権裁判所の判決も欧州人権裁判所の判決も、いうまでもなく日本において拘束力を持たない。しかし、日本の裁判所は、自由権規約第19条第2項の「情報を受領する権利」に基づく請求を審理するにあたり、これらの判決を、洗練された裁判所による、法の深い理解に基づく説得力ある先例として考慮に入れるべきである。自由権規約委員会の一般的意見もまた考慮すべきである。これらは、世界的な「情報に対する権利」の発展のための道標となるものである。　　　　（訳・藤本美枝）

3) http://www.corteidh.or.cr/docs/casos/articulos/seriec_151_ing.pdf

4) ヨーロッパ人権条約は、「情報及び考えを受け及び伝える権利」を明示的に定めた最も古い国際人権条約であり、1950年に署名のために公開され1953年に発効した。同条約に基づいて欧州人権裁判所が設置され、加盟国について生じた事件を審理している。

5) http://hudoc.echr.coe.int/eng?i=001-167828

6) この事件の優れた解説としてhttps://clinic.cyber.harvard.edu/2016/11/22/the-european-court-of-human-rights-and-access-to-information-clarifying-the-status-with-room-for-improvement/　参照。

7) https://www.cfoi.org.uk/2016/11/landmark-ruling-on-article-10/

シンポジウム「そのワクチンほんとに必要ですか」報告と法曹界への期待

特定非営利活動法人コンシューマネット・ジャパン 古賀 真子

2017年3月18日、中央大学駿河台記念館において、自由人権協会、NPO海野人権基金、NPOコンシューマネット・ジャパンの共催で、「そのワクチンほんとに必要ですか」が開かれました。

4大裁判以後、増え続ける予防接種の現状

予防接種は主として子どもを感染症からまもるための公的介入として行われてきました。70年代に種痘ワクチンを中心に起きた4大裁判や、89年に導入され副作用多発により3年半で中止されたMMR新三種混合ワクチン禍訴訟の勝訴をうけ、94年に迅速な救済を目的とし、対象疾病の見直しと接種義務を緩和した改正予防接種法が成立しました。しかしその後、復活への地ならしは確実に進められてきました。

2001年には予防接種法が改正され、努力義務のある1類接種(後にA類接種)に加えて、努力義務を課さない2類接種(後にB類接種)としてインフルエンザワクチンが高齢者に定期接種されることになりました。94年改正時には6万本にまで減ったインフルエンザワクチンの生産はいま、5500万本にまで増えています。予防接種政策の見直しが本格的に始まり、2010年にだされた第二次提言により、ワクチンの増加・定期接種化に舵がとられ、次々と新しいワクチンの導入がすすめられました。

病気が増えたわけでも、乳児死亡が増えたわけでもないのですが、いま、0才児が1才までに定期接種だけでも15回も受ける時代となりました。接種間隔を考えると、いきおい同時接種(一度に2種類以上のワクチンを、左右両方の腕や同じ腕に2回以上打つこと)が行われ、そのことにより同時接種後死亡が発生しています。ワクチン接種後の死亡例の報告の9割が同時接種によるものですが、因果関係は認められず、乳児突然死症候群や、評価不能とされています。

2010年に乳児のヒブ、肺炎球菌と一緒に子宮頸がんワクチンが緊急事業接種として行われ、子宮頸がんワクチンは多くの被害者を出しましたが、その後もワクチンは増え続けています。

シンポジウムの様子（コンシューマーネット・ジャパン提供）

HPVワクチン薬害訴訟

HPVワクチンの被害者の酒井七海さんは、高校1年生の冬までピアノや琴を弾き、将来は国立大学受験と弁護士を目指していました。接種後生理が止まり、2回目接種からは失神、痺れ、突然の脱力、耐えがたい眠気、激しい頭痛、40度近い発熱、吐き気、下痢、めまい、右半身に力が入らない、動悸、倦怠感、脱力、強い痺れなどのさまざまな症状から、その後、高次脳機能障害、視野障害、学習障害、記憶障害等が判明。治療により、言語系の機能改善があり、浪人2年目で大学に進学することができましたが症状は改善せず、2015年10月より、鹿児島の病院で自己免疫性脳症としての治療をしています。免疫吸着の効果はあるものの、手足の障害はすでに後遺症の状態です。

様々な障害は全てHPVワクチン接種後から始まり、6年以上経過しても未だに新たな症状が発生しています。副反応の初期の段階で適切な治療がなされず、有効な治療に行きつくまでに3年かかりました。これまでの6年半の間に、25か所の医療機関を受診し、入院は29回、入院日数は420日を超えました。

誤報告による間違った判断をつづけ被害を認めない国

七海さんの最初の接種の3日後に、接種したクリニックから被害報告を製薬会社に出しましたが、副反応検討部会のHPVワクチン被害者一覧は、「回復」として処理。その後高次機能障害等の治療を行った病院が「高次脳機能障害」と報告書に明記したのに、その後の副反応検討部会資料では「精神的機能障害」と変更されていました。

国は被害の実態を正確に把握しようとせず、誤った報告をベースに副反応検討部会を開催し、被害者の症状を心身の反応と判断しています。酒井さんは、「国が接種後に発生した副反応情報を迅速に集め、医療機関と情報を共有し、初期の症状に対する治療を指示していれば、ここまで被害が拡大することはなかったと思う。国と製薬会社は、被害の実態と責任を認め、治療法を開発するよう」訴えるために裁判を起こしました。

HPVワクチン薬害訴訟全国弁護団共同代表の水口真寿美弁護士は、薬害オンブズパーソンとして、被害の実態調査や国や製薬会社への申し入れを続けた後、2016年7月に全国4か所で起こされた集団訴訟の共同代表をしています。同年12月には第二次提訴をし、原告は125人となりました。被害報告は3000を超え半分が重篤なもので、100万接種あたりの副作用が他のワクチン接種による重症者と比較しても桁違いに出ているとされています。被害者の肉体的苦しみも壮絶ですが、治療費もかかる。常時介護が必要で家族の生活にも支障が出る。様々な症状に苦しんでいても周りにも理解してもらえない。事業接種から6年、定期接種から3年以上たっても国は本気で対策しないし企業も認めないために、裁判で争うしかない、との被害者の声を受けての提訴だとします。

被害者の救済と制度改革、法曹への期待

MMR被害児を救援する会の栗原敦さんはこれまで、市町村が否認した予防接種被害について県に審査請求(不服申立制度)をしています。2016年1月にはC県でDPTワクチンによる障害をうけた子どもに不支給処分取消しの裁決がおりました。件数は少ないですが、訴訟ほど費用や期間がかからないことから救済制度としての将来性を強調しています。

4大裁判の際に訴訟を担当された河野敬弁護士は、「予防接種の裁判で勝訴するためには、接種と被害との因果関係とそれに関わる過失の証明が必要ですが、被害は中枢神経系のものが主となり、副反応には多様な症状があります。しかも、非特異的で、原因との関係で対応しないものもあり、別の原因でも生ずる症状もあります。後遺障害の証明を困難としている理由は、疫学的に反応の発生メカニズムが解明されていない点にあり、4大裁判でも白木3（4）原則という被害者救済に資する基準がたてられたものの、実際の勝負は臨床医学的判断の事実の問題として、副作用はないことを前提に争う国との戦いは困難を極めました。最初のデータを踏まえて専門の医療機関で改めて検査や診断を踏まえた診療をし、その記録が訴訟等の最初の不支給を取り消させる重要な資料となる」とされています。

子宮頸がんワクチン被害は、定期接種として行われたのが、2013年4月1日から6月13日の間だけで、ほとんどが緊急事業接種(国と県がお金を出して、自治体が予防接種賠償保険に入ることを義務付けて行った接種）のときの被害者です。救済申立てはPMDA（医薬品医療機器総合機構）が窓口となり、審査請求は使えません。自治体の賠償保険で1000万円単位の補償金が支給される事例が数件でています。

380万人以上の少女が接種し、多くの重篤な障害を発生させた子宮頸がんワクチン禍は、接種開始から8年が過ぎようとしています。提訴に至った人はごく一部です。PMDAに申請した人は2012年から2016年までに557人、支給決定されたのは187人。詳細な支給内容はわかりませんが、医療費や医療手当に留まると思われます。申請手続自体の煩雑さ、医療機関における副作用意識の低さから、申請にいたらない潜在的な被害者ははかりしれません。PMDA不支給の不服申立の実態も不明ですし、そもそもそうした手続自体が周知されておらず、有効なノウハウもないと思われます。自治体の賠償保険の存在すら知らない方が多いでしょう。

訴訟の支援は当然ですが、潜在的な被害者の声をどう拾い、救済につなげていくのか。子宮頸がんワクチンだけでなく、ワクチンの副作用被害の実態を知り、救済をひろげるために、法曹関係者に現行法での救済方法の検討や組織つくりをよびかけ、法改正も含めた議論をすすめていただきたいと思います。

2017年度総会記念講演

人権としての国籍

中央大学法科大学院教授 奥田 安弘

2017年の当協会の総会記念講演(5月27日、日比谷図書文化館にて実施)は、中央大学法科大学院教授奥田安弘氏をお招きし、「人権としての国籍」というテーマで、国籍の権利性や国籍法の解釈をご講演頂いた。
講演の最後に、当協会の田中宏監事から、公的機関による国籍差別の問題について話がなされた。

(報告:JCLU会員・弁護士 中村亮)

1 国籍の権利性

裁判で人権を主張するには、憲法や条約に根拠を求めることが前提である。国籍が人権であるか否かもこの観点が重要である。私は、これまで、たくさんの裁判で国籍法の解釈に関する意見書を作成してきた。そのうち、最高裁判所で3つの勝訴判決を得た。この講演ではそのうち2つの事件について、紹介したい。

奥田 安弘氏

2 アンデレちゃん事件と出生地主義、血統主義の比較

アンデレちゃん事件(1995年)は、日本在住のフィリピン人女性が子を出生後、間もなく、失踪してしまい、米国人牧師がその子(アンデレちゃん)の養親になった。その養親が、アンデレちゃんの国籍確認訴訟を提起した。

養親は、日本で生まれ育った以上、日本国籍を取得できないのは人権侵害と考えていたが、それは、米国の出生地主義の発想である。この裁判は、血統主義の例外として子が国籍を取得できる場合を規定した国籍法2条3号の「父母がともに知れない時」の解釈の問題であり、この解釈論について意見書を作成した。意見書は国籍法の趣旨に則した解釈論を展開し、人権という言葉は使わなかった。

また、かつて沖縄であった無国籍児の発生についても説明したい。無国籍となる原因の半分は米国の出生地主義の規定の仕方にある。沖縄の無国籍児は、日本が父系血統主義を採用していた1985年以前に、日本人女性とアメリカ人男性との間に出生した子の問題である。米国法では、国外で生まれた子については親の本国居住歴が必要である。沖縄のケースではアメリカ人の父親だけが米国に帰国してしまうと、米国内で父親を探し出すのが難しいため本国居住歴を証明できず、米国籍を取得できなくなってしまう。

なお、イギリス国籍法では、両親共にイギリス国籍でも外国生まれの三世以降は一律にイギリス国籍を取得できない。

このように血統主義でも出生地主義でも無国籍が生じる可能性はあり、人権の観点から、どちらか一方が優れているとは言えない。

3 2008年の国籍法違憲判決について

この裁判では、外国籍母と日本国籍父が婚姻せず、同父が出生後に認知した子の国籍の有無が争われた。国籍法の解釈では子の出生後に認知しても国籍法2条1号の「出生の時に」父が日本国民であることの要件を満たさない。そして、当時の国籍法3条では、日本人父が外国人母と婚姻をした場合に限り、国籍取得を認める規定になっていた。私が作成した意見書では、法3条は、血統主義を補完する規定なので、父母の婚姻という血統とは無関係の要素を持ち込むことの不合理性を指摘した。

最高裁判決の理由では、立法当時は法3条の規定に合理性があったものの、婚外子が増えた現在では不合理というものであった。しかし、この理由には、以下、2点の疑問がある。

一つは、規定の仕方で無国籍になってしまう人の数の大小で合理性が決まるものではない。人権侵害の発生が1人であっても救済するのが裁判所の役割であり、尊属殺重罰規定の違憲判決も対象者の数で合理性を判断していない。二つ目は、この判決当時は婚外子の相続差別を認めながら、国籍の場面だけ、社会通念が変化したとの説明は説得的でない。

ただ、最高裁判決は冒頭で、国籍は基本的人権を享受する前提となるから、国籍取得の場面での区別は慎重にあるべきと述べている。そのため、相続の場面での婚外子差別よりも早い時点で、違憲の判断が出たと説明できる。

また、判決では人権条約の平等原則に関する規定のみに言及したが、国籍取得権に関する規定にも言及すべきであった。

4 日本における重国籍否定の問題点

まず、マクリーン事件判決で外国人の入国の自由及び在留の権利が否定されている日本の入管行政の運用を前提とすると、日本人が国際結婚した場合における重国籍否定の弊害が大きい。特に子どもの権利条約の家族分離の禁止規定の解釈宣言がある関係で、外国籍の親が帰化をしない場合に在留資格喪失による家族分離が生じる恐れがある。

また、日本人配偶者が他方配偶者の国で居住していれば、当該国の管理職公務員になる場合や土地取得に当該国の国籍が必要になる場合がある。一方、離婚、死別、日本に残した親の将来における介護の可能性等を考えると、外国に帰化をして、自動的に日本国籍を失っていても、戸籍を抹消するための届出をすることは躊躇う人が出てきてしまう。つまり、外国に住んでいる以上、現地の国籍を取得することには、やむを得ない事情があるし、また日本国籍の喪失を隠すことにも、やむを得ない事情がある。G7諸国で国際結婚をした夫婦の重国籍を認めていないのは日本だけである。

なお、重国籍者は国家に対する忠誠義務を果たせないとの批判に対しては、どのように考えるか、という質問があった。忠誠の概念は、もともとは、国王の領土で生まれたことにより生じるものであり、国王への服従とともに、国王から保護を受ける権利としての側面もあった。現在は、多くが国民主権の国家であり、忠誠の概念は不要である。国籍は、各国における国民の範囲を決める概念であり、忠誠とは無関係である。重国籍者の差別は、戦前の帰化者に対する差別と同じことである。

5 国籍選択制度の欠陥

日本の国籍法では、重国籍になった者に対して一定期間内に国籍を選択することを義務付けており、選択をしない場合に、日本国籍を喪失する場合がある。しかし、選択不履行に対する刑事罰もなく、実際に日本政府から対象者に対して選択を催促したことが全くない。

なぜなら、国際結婚から生まれた子がすべて重国籍になるとは限らないし、日本人親から外国で出生した子が出生地国の国籍を取得するかどうかについても、出生時点の外国の国籍法を正確に調査し、実際に国籍取得の要件を満たしているかどうかを確認する必要があり、事実上、重国籍者を政府が把握することはできないからである。

6 意見書作成の方針

私が国籍に関して意見書を作成する際には、①まずは法解釈論で争う②外国法は調べるものの、最終的には日本法の解釈で勝負する③原告の立場に徹する、の3つの方針を貫いている。

代理人弁護士としても、国籍法の規定に様々な問題があっても、2008年の国籍法違憲判決以降、さらに違憲訴訟を試みても勝訴の見込みが少ない以上、若干トリッキーな国籍法の解釈に習熟することが子どもの権利保護につながることになるであろう。

7 田中宏監事からの国籍差別の話

当協会では、公的機関による国籍差別の問題を訴えている。そのきっかけとして、外国人登録証の不携帯による身柄拘束事案や、韓国人被爆者による被爆者手帳の交付申請の拒否や在日韓国人の司法試験合格者が最高裁判所から司法修習生としての採用を拒否されたといった出来事がある。

田中 宏氏

外国籍者への被爆者手帳の交付や司法修習生の採用は最終的に認められたが、日本国籍の有無による公的な差別は広い範囲に及んでいる。公的な国籍差別の現状を広く知ってもらうため、この問題に長年取り組んできた。このたび刊行した田畑ブックレットはそのひとつの成果である。

外国人問題
連続セミナー
第7回

変わる技能実習制度
――人権侵害はなくなるか

JCLU理事 旗手 明

第7回外国人問題連続セミナーは、2017年4月25日、外国人技能実習生権利ネットワークの運営委員であり、当協会の理事でもある旗手明氏（外国人の権利小委員会）から、人権侵害の指摘が繰り返されている技能実習制度について語っていただいた。
（報告：JCLU会員・弁護士 羽柴駿）

在留外国人の状況

日本に在留する外国人は、2016年末に238万人を超えている。毎年の増加数も1990年代～2000年台前半は5～6万人だったが、その後はリーマンショックや東日本大震災の影響で2万人前後に減っていた。しかし、昨年は15万人を超え、急増している。在留外国人のうち技能実習のような就労資格を有する者が50万人弱、永住者・定住者のように身分に基づく在留資格者が140万人余おり、留学生は28万人弱まで増えてきている。

また厚生労働省の「外国人雇用状況の届出状況」によると、特別永住者を除く外国人労働者数は1990年以降増加を続け、2016年には108万人余とはじめて100万人を超えた。国籍別の内訳をみると、中国31.8％、ベトナム15.9％、フィリピン11.8％、ブラジル9.8％、ネパール4.9％、韓国4.4％などである。

これら在留外国人のほかに帰化した者や親の一方が外国人である者らを加えると、外国にルーツを持つ者は日本国内におよそ300万人いると推測できる。他方、日本の人口は明治初期の3500万人弱から最近の1億2500万人余まで増加したが、いまや減少に転じ、50年のちには9000万人を割ると推計されている。

外国人労働者政策の推移

外国人研修制度は1950年代後半から始まり、90年には在留資格として「研修」が明記された。93年には技能実習制度が始まり、2010年には在留資格「技能実習」が創設され、研修と切り離して労働法規が全面適用されるに至った。2016年には技能実習法が制定された。

また日系人には1990年に在留活動が開放され（定住者や永住者として就労制限なし）、ピーク時

旗手 明氏

にはブラジル人31万人余（07年末）、ペルー人5.6万人（08年末）に至った。しかし、2008年のリーマンショックにより多数が帰国することとなった事態を受けて、09年に政府レベルの対応が取られ、内閣府に定住外国人施策推進室が設置されるなど、やっと日系人の定住に対する政策が進められ始めた。

政府間の経済連携協定（EPA）による看護・介護分野の労働者候補として、インドネシア、フィリピン、ベトナムの3カ国より、2008年度から2017年度までに累計3,900人ほどが入国した。しかし、在留期間内に資格試験に合格した者は、看護師1割前後、介護福祉士4～5割にとどまる。試験での平易な日本語の使用や仮名ふり、試験時間の延長等の配慮がなされているが、合格は容易でないのが実情だ。また、合格しても日本に残らない人も多く、課題となっている。

さらに高度人材、高度専門職の資格による受入れも2012年から始まっており、16年末で計5,500

人余となっている。

最近の動きとしては、建設・造船分野での外国人就労者の受入れ（15年4月施行）や家事労働者の受入れ（16年3月事業開始）のほか、介護分野での技能実習の開始（17年11月予定）などがある。

技能実習制度の実態

技能実習での在留者数は、いま急増を続けている。そして、つい最近まで中国が7割以上を占め圧倒的多数であったが、16年末には総数23万人弱のうちベトナムが38.6％、中国が35.4％と逆転した。

技能実習には、送出し国と取引や資本関係のある特定の企業が受入れる企業単独型と、監理団体を経由して一般的に受け入れるものとがあるが、新規入国者の9割以上（16年）を団体監理型が占める。また在留資格としての技能実習には、1年目は職種制限のない1号、2年目・3年目には職種制限のある2号がある。1号から2号への移行には技能評価試験（技能検定基礎2級）に合格する必要があるが、実に99.8％が合格できており、技能検定の意味をなしていない。

技能実習には以前から低賃金、賃金不払い、保証金・違約金、旅券取り上げ、強制帰国、恋愛禁止・外泊禁止などの私生活の制約、性的虐待など様々な問題があり、国際的な批判も集中している。

国連の自由権規約委員会、人種差別撤廃委員会、女性差別撤廃委員会、人身売買に関する特別報告者、移住者の人権に関する特別報告者など多くの機関から、性的虐待、強制労働、長時間労働、搾取や虐待、借金による束縛などが指摘、懸念されている。また、アメリカ国務省の人身取引報告書では、2007年以降毎年、「人身取引を示す実質的証拠があるにもかかわらず、政府はTITP（技能実習制度）における強制労働の被害者をこれまで1人も認知していない」などと指摘されている。

日本政府の資料によっても、暴力と傷害（法務省入管局）、違法な時間外労働、賃金不払い（厚労省労働基準局）、監理団体が実施した監査やJITCOによる巡回指導では不正行為を指摘できていない（総務省行政評価局）、などが報告されている。

このような批判に対し2010年には、研修と切り離した在留資格「技能実習」の創設、労働法の全面適用などを骨子とする入管法改定が行われた。

しかし、国際貢献の建前と低賃金労働力の確保という実態のかい離、労働権（職業選択の自由）の保障なし、監理団体の機能不全など、問題の本質は変わっていない。

技能実習法の成立とその限界

こうした技能実習制度の実態を適正化するためとして、2015年3月に技能実習法案が国会に提出され、2016年11月に成立した。今年11月1日から施行される。

技能実習法では、これまでの制度の枠組みを維持しながら、外部的な規制をかけて制度の適正化を図る一方、新たに「技能実習3号」という在留資格を設けて、優良な実習実施者・監理団体、優良な技能実習生には、さらに2年間の技能実習を認め、計5年間の在留を可能とした。

規制策としては、技能実習計画を認定制とし、監理団体は許可制、実習実施者は届出制とした。また、技能実習生に対する人権侵害行為（保証金・違約金、旅券・在留カードの取り上げ、私生活への制約など）に対して、新たに罰則規定を定めた。さらに、規制策の実施主体として新たに「外国人技能実習機構」という認可法人を設立し、本部のほか全国13ヶ所に事務所をおき、現役官僚も出向させて330人ほどの態勢を整える。

しかし、罰則規定は、送出し機関には適用されず、また強制帰国は対象とされていない。送出し機関に対しては、二国間取決めを締結して送出し国による規制を期待するが、法的な拘束力はなく、あくまで送出し国の対応に依存したものであり、実効性は覚束ない。

他方、拡大策はめざましく、常勤職員6人の実習実施者でも、優良とされれば5年間で最大36人もの実習生を受け入れることが可能となる。これでは、技能移転という制度の根幹が揺らいでしまう。また、その「優良」の判断基準も、かなり受入れ機関側に甘いものとなっており、制度拡大への傾斜は著しい。今後、介護分野での技能実習も始まるが、多くの送出し国では家族介護が中心であり、介護職は職業として確立されておらず、技能実習ニーズは疑わしい。

以上のように技能実習制度は大きな矛盾を抱えており、多くの外国人労働者を犠牲にしてきている。すみやかに労働権を保障し、健全な労働市場が機能する形での外国人労働者受入れ制度に改めるべきである。

例会報告

関西合同例会報告

映画『トークバック　沈黙を破る女たち』上映 &坂上香監督講演会

2017年3月4日の自由人権協会京都・関西合同例会では、京都弁護士会館地階大ホールにおいて、「映画「トークバック　沈黙を破る女たち」上映＆坂上香監督講演会」を開催しました。

（報告：JCLU京都会員・弁護士　仲晃生）

坂上監督の前作「ライファーズ」は、米国の刑務所で実施されている、終身刑あるいは無期懲役刑の男性受刑者たちの更生プログラムを題材としたものだそうですが、残念ながら私は未見です。今回上映された「トークバック　沈黙を破る女たち」は、女性の生きなおしがテーマで、サンフランシスコで活動しているアマチュア劇団「メデア・プロジェクト：囚われた女たちの劇場」が上演するパフォーマンス「愛の道化師と踊る」の制作過程に密着した作品でした。

「トークバック」には、言い返す、口答えするという意味があります。映画「トークバック」では、人生につまずき、絶望や卑下に囚われてきた出演者たちが、過去を見つめ、自分を見つめ、現実を見つめ、自らの言葉で世界に向かって「トークバック」することで過去を克服していった過程が描き出され、圧巻でした。

作品の冒頭から少し進んだところで、「愛の道化師と踊る」が創造されるきっかけをつくった医師エドワード・マッティンガーのインタビューが流れ、その内容に驚かされました。「HIVに感染した患者をこれまでに大勢看てきたが、HIVが原因で死んだ患者は一人もいなかった」。

今やHIVは薬も開発されて不治の病ではなくなっているのに、今もまだ死の病だと広く誤解されたままです。しかも、HIVのイメージは性やドラッグに結びつけられやすく、患者は社会の偏見にさらされがちです。その偏見ゆえに、患者たちは、羞恥心に苦しめられ、社会から疎外され、ドラッグに頼ったり自殺をしたり、HIV以外の理由で次々に死んでいってしまう。HIVはスティグマ（社会的烙印）の病であり、そのスティグマが人の命を奪いつづけている……。

マッティンガー医師が医学の道を志したのは、1980年代。アメリカ国内で同性愛者にHIVが広がっていると、おどろおどろしく語られていた時代です。自分自身がゲイである彼にとって、HIVは人生を賭けて立ち向かうべき未知の病だったのでしょう。しかし、それから30年近くが経ち、HIVは不治の病ではなくなったのに、病ではなく、「スティグマ」が患者たちを死に追い込んでいく。そしてその「スティグマ」を押しつけてくる社会には、HIV感染者の70％が子ども時代の虐待などのトラウマに苦しめられており、女性のHIV感染者の60％が性的虐待の被害者だという現実が、ある。

無知が差別を生み、差別が人を死に追いやる。洋の東西を問わない、この悪夢の連鎖です。HIV患者がスティグマを乗り越えて生きていくために、何かできないか。社会のHIVに対する偏見とスティグマを打ち破るために、できることはないのか。苦悩するマッティンガー医師が思いついたのが、メデア・プロジェクトのローデッサ・ジョーンズに協力を求めることでした。

ジョーンズは、刑務所内で女性受刑者たちと演劇パフォーマンスを創作し、刑務所外でその公演を行うことで、受刑者たちの社会復帰や彼女たち自身の過去の克服につなげてきた、パワフルな女性アーティストです。プロジェクトの名前の「メデア」は、ギリシア神話の王女メデアに由来するのだそうです。ジョーンズが25年前に出会ったある受刑者は、夫が子どもを連れ去ろうとして、夫への復讐のために自分の娘を殺してしまった。まさに、神話の王女メデアそのままに。

講演会の様子

家族や社会による残酷な仕打ちに追い詰められ、犯罪者の烙印、スティグマを押されるに至った女性たち。彼女たちの尊厳と生きる力を取り戻すことこそがメデア・プロジェクトの目的です。ジョーンズは、マッティンガー医師の提案に賛同し、プロジェクトへの参加者を募りました。しかし、メデア・プロジェクトの演劇パフォーマンスは、出演者が自分自身の過去を振り返り、それを自分自身の言葉で表現すべく悪戦苦闘する中から台詞を生み出し練り上げていくという、ある種のワークショップのような、精神的タフさを要求するプロセスが不可欠な創作活動です。ただでさえ、自分の過去や社会からのスティグマに苦しめられているHIV感染者たちが、はたして参加してくれるのか？

と、ここまでだけでも一本の映画が撮れそうな話です。しかし、これはまだ、本編のイントロ、さわりの一端に過ぎませんでした。

この後、映画は、ジョーンズの呼びかけを受けて最初に参集したカサンドラのインタビューから始まって、マルレネ、デボラ、フィーフィー、アンジー、ソニアそしてメアリーまで、7人の出演者の人生を、過去から撮影時まで、描き出していきました。彼女たちは、背景も年齢も様々です。HIVに感染した経緯も、薬物使用、レイプ被害、セックスなどいろいろですし、HIV陰性の人もいます。犯罪とは無縁に生きてきた人もいます。再婚したてで孫の世話に大忙しの人もいれば、AIDS脳症の進行の苦しみと闘いながらカウンセラーを目指して勉強している人もいます。ケースマネージャーとして精神疾患を患う高齢者のケアの仕事をしている人、第三世界の子どもたちを支援するNGOで職員として働いている人、保健医療を学ぶために再び大学にもどった人もいます。彼女たち一人ひとりが、どういういきさつで「愛の道化師と踊る」に参加することになり、その制作過程で何を考え、何に気づいて、何を、どう乗り越えたのか。各人各様の物語が折り重なって、映画は進みます。

興味深かったのが、パフォーマンスの上演後に行われる、観客と出演者たちの一体感あふれる「トークバック・セッション」の様子でした。出演者たちの経験を疑似体験した観客たちの共感の表出や、HIVに対する新たな視点を得た観客の語る言葉が、出演者たちを勇気づけスティグマを乗り越えるのを後押しします。単に上演するだけでは終わらない、メデア・プロジェクトの取組みの本質が現れるのが、このセッションなのでしょう。

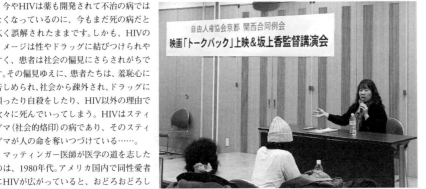

映画鑑賞の後、坂上監督の講演が始まりました。

米国や英国、オーストラリアなどでは、受刑者たちが刑務所外の施設でパフォーマンスを上演したり詩を朗読したりするイベントが珍しくないそうです。受刑者と社会との接点をもうけることで、また、創作活動を通じて受刑者に自己を見つめなおす機会を持たせることで、社会復帰や再犯防止を目指すというわけです。日本では想像しにくい取組みです。

お話の中で個人的に特に興味深かったのが、今回の映画の製作過程で取り入れたという「ワーク・イン・プログレス試写」という制作手法でした。映画に出資してくれる人や、この映画に関心をもってくれそうな人や団体などに、制作途中のフィルムを見てもらい、出してくれた意見を作品の内容にフィードバックしていくという、いわば「未来の観客」との共同制作作業です。寄せられた意見には坂上監督をひどく困惑させるものもあったそうで、そのエピソードが私には思いもつかない内容で、実に刺激的でした。

講演会の後半はワークショップ形式で、参加者が4人一組になり、出演者の中で気になった人物、理解しづらいと思った人物を、それぞれ1人ずつ挙げてその理由を説明しあい、グループごとに発表しました。実に面白いことに、7人の出演者すべてが、参加者の誰かにとって、「気になった」人物、「理解しづらい」人物でした。

参加者の感性のこの多様性に気づいたとき、「トークバック」の中での説明が思い出されました。アメリカは多様な社会だと言われるが、実は、人種や収入など、同じ階層の人たちが固まり合っていて、互いに分断されている。互いに固定されたイメージを刷り込まれていて、お互いの思い込みを変えて分断を解消していくことが必要なのだ、と。

思えば、今回の関西合同例会に参加した人たちも、自由や人権などに関心があるという点では共通していても、年齢や性別、職業や家族構成、その他もろもろ、当然に異なっています。そういう多様な人たちが集まって一つの映画を観て、その映画について語り合う。そこから、自分の気づかなかったことに気づき、新しい自分になって歩きはじめる。「愛の道化師と踊る」上演後に行われる「トークバック・セッション」に共通するものを感じました。

坂上監督は現在、「プリズン・サークル」という映画を製作中だそうです。今回は日本の刑務所を舞台にしたドキュメンタリーだそうで、非常に楽しみです。完成した折には、ぜひとも例会での上映会を実現したいものです。

Book Review

自由人権協会 編

『外国人はなぜ消防士になれないか――公的な国籍差別の撤廃に向けて』(田畑書店)

さいたま市議会議員　多文化共生・自治体政策研究会　高柳 俊哉

公的な国籍差別とは、日本国籍の有無により国、自治体で法制上の取り扱いが区別され、かつその区別に法的正当性が認められないか、疑義が残るものをいう。本書は、公益社団法人自由人権協会(JCLU)の「外国人の権利小委員会」が2010年以来おこなってきた公的な国籍差別に関する分析・検討成果に手を加えて、国籍差別撤廃に資するためにコンパクトにまとめたもの。近年では簡単に入手可能な類書が見当たらない中での貴重な一冊といえる。

本書は全4章と7つのコラム及び資料編から構成されている。

「第1章　公的な国籍差別の問題性」では、戦後日本における公的な国籍差別問題が旧植民地出身者への処遇から始まり国際化進展でさらなる広がりを見せていることと。「第2章　撤廃、見直しが必要な公的国籍差別」「第3章　外国人の公務就任権等」では、それぞれ法令上明文根拠の有無で分類された具体事例が紹介されている。「第4章　帰化その他国籍法に関する問題」では、血統主義を採用している日本の国籍法や帰化行政の問題点、複数国籍など公的な国籍差別と表裏をなす国籍(市民権)のもつ意味と役割も述べられている。

また7つのコラムでは、「北方領土返還とロシア人住民の地位・処遇」や「『国民』が姿を消した中曽根『改憲試案』」など従来マスメディアではほとんど触れられたことがない内容、しかし重要な論点がわかりやすい文章で書かれており読み物としても面白い。

さて、地方自治体における外国人住民の権利、多民族・多文化共生施策推進を求めてきた評者にとって特に興味深かったのが、外国人の公務就任権を扱った第3章。地方公務員法等の法令上の明文根拠を全く欠いたまま「公権力の行使又は国家意思の形成への参画に携わる公務員には、日本国籍を必要とする」との1953年の政府見解(当然の法理)が地方自治体にも準用され、現在でも多くの自治体で外国人は受験資格や昇進が制約されている。しかしながら本来、「曖昧な概念による権利の制約は許されない」し、「個別の公務の内容に応じて、日本国籍を必要とすることに合理性があるかどうかを厳密に吟味すべき」である。

たとえば「公権力行使等」公務員にあたるとされ、本書のタイトルの元となった消防吏員についても、消防法に基づく消火活動や国民保護法に基づく避難誘導活動にせよ、緊急時における生命・身体の安全確保や財産を保護する活動について日本国籍を有することに合理的理由はなく、現に東日本大震災において海外諸国より派遣された救援隊が現地で活躍したことからも国籍要件の必要性に疑問を呈する本書の主張は大いに説得力を持つ。各地方自治体の担当者は固定観念にとらわれることなく人事全般についての再検討をすべきである。

本書にもグラフで紹介されているが、共同通信社の「外国人住民に関する全国自治体アンケート」(2016年)によれば、回答のあった1612市区町村のうち、「国籍要件なし」と回答したのが519自治体あり、そのうち278自治体が「任用制限なし」としているのは心強い。今後、ぜひそうした具体事例の共有化を図りながら地方自治体からの"うねり"を全国に広げて法解釈の変更や必要な法改正を勝ち取っていくためにも本書の持つ意味は大きい。外国人当事者とその支援者など関係者のみならず、一人でも多くの方にもぜひ手にとってもらいたい。

あたごの杜から
事務局長日誌

◆共謀罪法が成立し施行された。同法案に反対するJCLUの一連の取組みについては、本号の旗手理事の記事を参照されたい。テロ抑止を掲げて国家が市民的自由の制約や監視の強化を進めるのは、世界的な傾向である。「安全か、自由・プライバシーか」の単純な二元論に陥らず、市民が国家のこうした活動の実態を把握し、必要な歯止めをかけるためにはどうしたらよいか。10月1日の70周年記念シンポ「デジタル時代の監視とプライバシー」は、外国の取組みに学びながら、このような議論を始める場としたい。◆4月25日、外国人問題連続セミナー第7回は、旗手理事より技能実習制度について。法改正を経ても、技術移転の建前と外国人労働力受入れという実態の本質的な矛盾は解消されないままである。正面からの外国人労働者受入れを検討すべき時がとうに来ている。◆5月20日、大阪兵庫支部の総会に出席。今日世界を席巻するポピュリズムが「過剰な安全保障化」と連動しているという土佐弘之教授の分析を興味深く伺う。◆5月27日、JCLUの定時総会を開催、記念講演は奥田安弘教授。日本で重国籍が否定されていることの問題点について、専門家として説得力のある指摘に頷く。重国籍については感情的とも思える議論が声高になされるが、重国籍を認めないことの弊害についての冷静な検討が必要。◆5月29日、情報公開クリアリングハウス主催のレペタ会員の講演会に出席。このたび生活の本拠を米国に移されるのを機に、JCLUの理事を退任された。理事会ではいつも一味違う観点からの貴重なご意見をいただいた。長い間本当に有難うございました。◆5月、田畑書店よりJCLU編『外国人はなぜ消防士になれないか―公的な国籍差別の撤廃に向けて―』を刊行。「これが実現すれば、日本は生まれ変わる。」◆6月24日、JCLU京都の総会に出席。昨年に続きテーマはイスラーム。小杉麻李亜氏より在日ムスリムのリアルな日常について伺う。人生にポジティブであり、人との交流を重視。食事は常に大勢でにぎやかに！厳しい戒律に服するというイメージと異なるムスリム像が新鮮。小杉先生のお話はNHKラジオ第2「宗教の時間」で聴くことができる。◆7月14日、7月例会のテーマは子どもの貧困。阿部彩教授が数々のデータを用いて現状と課題を明快に説明。日本の貧困対策が無策なのは、関心が低い一般市民の責任と厳しい指摘も。JCLUとしてどのような取組みができるか、ご意見があったらぜひお寄せください。
(藤本)

2017年5月から7月までのJCLU

5月11日	5月理事会
5月15日	「共謀罪(テロ等準備罪)の創設に反対し、廃案を求める声明」を発表
5月20日	JCLU大阪・兵庫支部総会、総会記念講演「今日の世界とポピュリズム」(土佐弘之・神戸大学大学院国際協力研究科教授)大阪弁護士会館
5月27日	JCLU総会、総会記念講演「人権としての国籍」(奥田安弘・中央大学法科大学院教授、田中宏・一橋大学名誉教授・JCLU監事)日比谷図書文化館スタジオプラス(小ホール)
5月31日	「5・31共謀罪法案の廃案を求める市民の集い」共催　日比谷野外音楽堂
5月31日	田畑ブックレット「外国人はなぜ消防士になれないか－公的な国籍差別の撤廃に向けて－」発行
6月22日	6月理事会
6月24日	JCLU京都総会、総会記念講演「在日ムスリムとの共生～世界一明るい宗教から生きていてしんどい日本人へ～」(小杉麻李亜・立命館大学講師・関西大学講師)京都弁護士会地階大ホール
7月14日	JCLU7月例会「子どもの貧困　貧困の連鎖をどう断ち切ればよいのか～その現状と課題～」(阿部彩・首都大学東京教授)専修大学神田キャンパス
7月19日	7月理事会・ビアパーティー

【発行日】2017年7月24日　【発　行】公益社団法人 自由人権協会
〒105-0002　東京都港区愛宕1-6-7 愛宕山弁護士ビル306
TEL：03-3437-5466　FAX：03-3578-6687　URL：http://jclu.org/　Mail：jclu@jclu.org
(大阪・兵庫支部)
〒530-0047 大阪市北区西天満1-10-8　西天満 第11松屋ビル3F 堺筋共同法律事務所内
TEL：06-6364-3051　FAX：06-6364-3054
協会設立：1947.11.23　本紙創刊：1950.5.1　購読料：年間2,500円　郵便振替：00180-3-62718　発行人：藤本美枝
JCLU

マ行

ヤ行

ラ行

ワ行

サ行

タ行

ナ行

ハ行

執　筆　者　索　引

ア行

カ行

事務局

JCLU の１年

事務局長報告

合宿

70周年記念事業

地方の活動

自由人権協会京都

大阪・兵庫支部

追悼

書評

書評・著者紹介

人物交流

人物交流

お知らせ・活動報告

組織

役員動静

連載・コラム

人権裁判の周辺

人権の泉

随想・所感・追悼

随想・所感・聞き取り

集会・シンポ

総会・周年事業

久保田メモリアルシンポジウム

例会・集会・講演会・シンポジウム

人種差別・差別禁止法・ヘイトスピーチ

企業と人権

企業と人権

CSR

国際人権

カウンターレポート・政府審査

国際人権一般

海外事情

海外事情

NGO

NGO活動

性同一性障害・セクシャルマイノリティ

障がい者・アイヌ・格差・貧困・その他国内人権

障がい者

格差・貧困

その他国内人権

外国人・人種差別

外国人市民

沖縄・平和

平和・沖縄・安全保障

戦後補償

薬害・環境・原発問題

医療

原発問題

教育・子ども

子どもの権利

女性・性

女性の権利・性差別

知る権利・その他情報公開

思想・良心の自由・信教の自由

思想・良心の自由

君が代・日の丸

信教の自由

プライバシー・個人情報

プライバシー侵害・個人情報保護

言論・表現の自由

取材・報道の自由

表現の自由一般・その他

情報公開・知る権利

情報公開制度

司法情報公開

特定秘密（秘密保護法）

事 項 索 引

意見書・声明・提案等

意見書・声明

訴訟・支援事件

JCLU 支援事件

その他訴訟

国家賠償

憲法

憲法

憲法改正

凡　例

1　索引項目末尾の数字は号数と面を表す。例えば、365–1は第365号の第１面を表す。
2　記事が数面にわたっているものについては、初出の面を記した。
3　事項索引各分類のうちでは、掲載の順に収録した。
4　執筆者索引の掲載順は、電話帳の方式に準拠した。
5　索引の字句は原則として記事中の見出しに準拠したが、必要に応じて用語を修正・省略・補充した。
6　１つの記事が多項目にわたる場合は、重複して掲載した。同じ号の関連記事を１つにまとめた場合がある。
7　単なる例会等の案内・告知だけの記事は、掲載していない。
8　講演・例会報告については、講師名がわかるよう配慮した。事項索引で報告者名を記載したものについては、執筆者索引においても講演・報告者と執筆者の双方を収録した。

索　　引

索 引 目 次

2017年11月23日　第1版第1刷発行

人権新聞縮刷版 4

編著者　公益社団法人 自由人権協会
(JCLU)
〒105-0002　東京都港区愛宕1-6-7 愛宕山弁護士ビル306号
電話 (03) 3437-5466

印刷・製本　平　文　社

●落丁本・乱丁本はお取替えいたします. Printed in Japan
ISBN978-4-915723-49-0